B. R. Hergenhahn

Professeur émérite
Université Hamline

Introduction à
l'histoire de la psychologie

Révision scientifique

Ward O'Neill
Université de Moncton

Traduction

Miville Boudreault
Annie Desbiens
Pierrette Mayer
Anne-Marie Mesa

THOMSON

GROUPE MODULO

Australie   Canada   Espagne   États-Unis   Mexique   Royaume-Uni   Singapour

Introduction à l'histoire de la psychologie est la traduction de *An Introduction to the History of Psychology, fifth edition* de B. R. Hergenhahn. ISBN 0-534-55401-6. © 2005, Wadsworth, une division de Thomson Learning, Inc. Tous droits réservés. Traduit avec la permission de Wadsworth, une division de Thomson Learning, Inc.

Nous reconnaissons l'aide financière du gouvernement du Canada par l'entremise du Programme d'Aide au Développement de l'Industrie de l'Édition (PADIÉ) pour nos activités d'édition.

Catalogage avant publication de Bibliothèque et Archives Canada

Hergenhahn, B. R., 1934-

    Introduction à l'histoire de la psychologie

    Traduction de: An introduction to the history of psychology.

    Comprend des réf. bibliogr. et un index.

    ISBN 2-89593-834-2

    1. Psychologie - Histoire. I. Titre.

BF81.H3914 2006   150.9   C2006-942048-3

Équipe de production
Éditeurs : Bianca Lam, Bruno Thériault
Responsable de la production éditoriale : Dominique Lefort
Chargée de projet : Suzanne Champagne
Révision linguistique : Isabelle Canarelli, Isabelle Maes
Correction d'épreuves : Catherine Baron, Marie Calabrese, Manon Lewis, Alexandra Soyeux
Typographie : Carole Deslandes
Montage : Nathalie Ménard
Maquette et couverture : Marguerite Gouin
Droits (textes et photos) : Claire Demers

THOMSON
GROUPE MODULO

Introduction à l'histoire de la psychologie
© Groupe Modulo, 2007
233, av. Dunbar
Mont-Royal (Québec)
Canada H3P 2H4
Téléphone : (514) 738-9818 / 1 888 738-9818
Télécopieur : (514) 738-5838 / 1 888 273-5247
Site Internet : www.groupemodulo.com

Dépôt légal — Bibliothèque et Archives nationales du Québec, 2007
Bibliothèque nationale du Canada, 2007
ISBN 10 : 2-89593-834-2
ISBN 13 : 978-2-89593-834-7

Imprimé au Canada
1 2 3 4 5   11 10 09 08 07

À mon fils, Glenn Apollo,
avec toute mon affection.

J'espère qu'il trouvera certains de mes propos
aussi intéressants qu'il m'est souvent arrivé
de trouver les siens.

Remerciements

Je désire remercier les personnes suivantes qui ont collaboré à l'édition anglaise du présent ouvrage et dont les nombreuses suggestions ont permis de l'améliorer : Mary Ballou de la Northeastern University, Jerry Bruce de la Sam Houston State University, Craig Nagoshi de l'Arizona State University, Jonathan Raskin de la State University of New York à New Paltz, Michael Scavio de l'University of California à Irvine et Harry Whitaker de l'University of Northern Michigan. Bien que les commentaires des réviseurs aient permis d'améliorer grandement le texte, je demeure seul responsable des défauts qu'on pourrait lui trouver.

La publication d'un livre est le résultat d'un travail collectif et j'ai eu la chance de faire partie d'une équipe caractérisée par la cordialité et l'efficacité. Les membres de cette équipe comprennent : Michele Sordi, éditrice en psychologie chez Wadsworth ; Paula Berman, chargée de projet chez Wadsworth ; Thomas Dorsaneo de la firme Thomas E. Dorsaneo Publishing Consultants, qui a coordonné la production de la présente édition; Leslie Tilley, qui a fait un remarquable travail de correction du manuscrit ; Linda Rill, qui a trouvé de nouvelles photographies et négocié les frais d'utilisation ; Marianne Rogoff, qui a corrigé les épreuves.

Enfin, je désire remercier Lois Chin, qui a tapé plusieurs brouillons du présent ouvrage alors que son fils, Jade Lucas, se développait dans son ventre. Le présent ouvrage a donc en un sens un jumeau.

Table des matières

CHAPITRE 3

Après Aristote : la recherche d'une bonne vie 61

CHAPITRE 4

Les débuts de la science et de la philosophie modernes 93

CHAPITRE 5

L'empirisme, le sensualisme et le positivisme 123

CHAPITRE 14

La psychologie de la forme 437

CHAPITRE 15

Les débuts du diagnostic, de la définition et du traitement de la maladie mentale 467

CHAPITRE 19

La psychobiologie 579

CHAPITRE 20

La psychologie cognitive 595

CHAPITRE 21

La psychologie contemporaine 613

CHAPITRE 1

Introduction

La définition de la psychologie s'est modifiée au fur et à mesure que son centre d'intérêt changeait. À différentes époques, on a défini ce champ comme l'étude de la psyché ou du psychisme, de l'esprit, de la conscience et, plus récemment, comme l'étude ou la science du comportement. On obtiendrait donc peut-être une définition acceptable de la psychologie moderne en observant les activités des psychologues contemporains.

- Certains cherchent les corrélats biologiques de phénomènes mentaux, telles la sensation, la perception et l'idéation.
- Certains se concentrent sur la compréhension des principes qui régissent l'apprentissage et la mémoire.
- Certains s'efforcent de comprendre les humains en étudiant les autres animaux.
- Certains étudient les motivations inconscientes.
- Certains cherchent à améliorer la productivité industrielle et organisationnelle, les pratiques en matière d'enseignement ou d'éducation des enfants en s'appuyant sur les principes de la psychologie.
- Certains tentent d'expliquer le comportement humain en fonction de la théorie de l'évolution.
- Certains essaient de rendre compte des différences individuelles ayant trait à la personnalité, à l'intelligence et à la créativité.
- Certains s'intéressent avant tout au perfectionnement des outils thérapeutiques utilisés pour aider les individus souffrant de troubles mentaux.
- Certains se concentrent sur les stratégies que les gens emploient pour s'adapter à leur milieu ou résoudre des problèmes.
- Certains étudient l'évolution du langage et les liens entre le langage à son plein développement et diverses activités culturelles.
- Certains examinent des programmes informatiques servant de modèles pour la compréhension des processus cognitifs humains.

- D'autres, enfin, étudient les changements qui surviennent chez un individu au cours de sa vie en fonction de la maturation et de l'expérience.

Et il ne s'agit là que de quelques champs d'action des psychologues contemporains.

Il est clair qu'une unique définition de la psychologie ne peut rendre compte de la large gamme d'activités des psychologues partout dans le monde, l'American Psychological Association comptant à elle seule plus de 150 000 membres. Il semble préférable de dire simplement que la psychologie est définie par les activités professionnelles des psychologues qui se caractérisent par la grande diversité des méthodes employées, des sujets étudiés et des hypothèses concernant la nature humaine. L'un des objectifs principaux du présent ouvrage consiste à examiner les origines de la psychologie moderne et à montrer que la plupart des centres d'intérêts actuels dans ce domaine sont liés à des thèmes faisant partie de la psychologie depuis des siècles, et même, dans certains cas, depuis des millénaires.

Les problèmes liés à la rédaction d'une histoire de la psychologie

L'**historiographie** est l'étude de l'art d'écrire un texte de nature historique. Ce sujet complexe soulève de nombreuses questions restées sans réponse définitive. Dans la présente section, nous proposons nos propres réponses à quelques questions fondamentales qu'on ne peut éviter de se poser lorsqu'on entreprend la rédaction d'un texte de ce genre.

Par où commencer ?

Le mot *psychologie* désigne étymologiquement l'étude du psychisme, ou de l'esprit, dont les débuts remontent à l'apparition de l'espèce humaine. Par exemple, les

Anciens tentèrent d'expliquer les rêves, la maladie mentale, les émotions et les fantasmes. S'agissait-il là de psychologie ? Ou bien doit-on considérer que celle-ci prit naissance au moment où les explications de l'expérience cognitive humaine, et notamment celles des Grecs de l'Antiquité, acquièrent un caractère plus systématique ? Platon et Aristote, entre autres, créèrent des théories élaborées en tentant de rendre compte de processus tels la mémorisation, la perception et l'apprentissage. Est-ce là l'origine de la psychologie ? Ou est-elle née lorsqu'elle est devenue une science autonome, au XIXe siècle ? Aujourd'hui, c'est souvent ce moment qu'on choisit comme point de départ d'une histoire de la psychologie. Mais ce choix présente deux lacunes, car il ne tient pas compte : 1° de l'immense héritage de la philosophie, qui a modelé la psychologie jusqu'à en faire la science qu'elle est finalement devenue ; 2° de plusieurs aspects de la psychologie qui n'appartiennent pas au domaine de la science. Même s'il est vrai que, depuis le milieu du XIXe siècle, la psychologie a adopté dans une large mesure la méthode scientifique, plusieurs psychologues ayant eu une grande influence ne se sont pas sentis tenus de se conformer aux préceptes de cette méthode, et on ne peut cependant ignorer leur œuvre.

Le présent ouvrage ne couvre pas l'histoire des conceptions des Anciens. Même si, à notre avis, celles-ci sont du domaine de la psychologie, les limites de ce livre ne permettent pas d'être aussi exhaustif. L'ouvrage s'ouvre plutôt sur les principaux philosophes grecs, dont les explications du comportement humain et des processus cognitifs n'ont pas cessé depuis de susciter des réactions chez les philosophes et les psychologues.

Quel en sera le contenu ?

En général, quel que soit le sujet abordé, pour déterminer le contenu d'un texte d'histoire, on dresse une liste des personnes, des idées et des événements ayant mené à ce qui est important aujourd'hui. C'est la démarche adoptée dans cet ouvrage: on examine l'état actuel de la psychologie, puis on tente de montrer comment on en est arrivé à ce stade. Toutefois, ce choix comporte au moins un risque majeur. Stocking (1965) appelle ce type d'approche **présentisme**, par opposition à ce qu'il nomme **historicisme** — soit l'étude du passé pour le passé, sans la recherche de liens entre celui-ci et le présent. Copleston (2001) décrit comme suit l'historicisme appliqué à la philosophie :

Si on veut comprendre la philosophie d'une époque donnée, il faut s'efforcer de saisir la mentalité et les présuppositions des gens qui ont vécu à cette époque, peu importe que l'on partage ou non leur mentalité et leurs présuppositions. (p. 11 [notre traduction])

Par contre, le présentisme consiste à essayer de comprendre le passé en fonction des connaissances et des normes contemporaines. Cette approche présuppose que l'état actuel d'une discipline représente son point de développement le plus avancé auquel ont mené les événements antérieurs. Autrement dit, ce qui est le plus récent est ce qu'il y a de mieux. Bien que nous nous fondions sur la psychologie actuelle pour décider du contenu de cet ouvrage d'histoire, nous ne pensons pas qu'elle soit nécessairement meilleure que celle des autres époques. La psychologie est simplement trop vaste pour que l'on puisse porter un tel jugement. Elle examine aujourd'hui de nombreux sujets, elle emploie toute une gamme de méthodes et elle pose des hypothèses très diversifiées. Il est impossible de savoir lesquelles des études actuelles retiendront l'attention des futurs historiens de ce domaine. Le fait de prendre comme repère la science actuelle n'implique donc pas que le passé de la psychologie ait mené à ce qu'elle est aujourd'hui, ni que la psychologie actuelle soit meilleure que toutes les autres. Ainsi, nous considérons que, en général, l'historicisme fournit un cadre plus satisfaisant que le présentisme pour comprendre l'histoire de la psychologie.

Une fois qu'on a décidé de prendre la psychologie contemporaine comme guide pour choisir quels individus, quelles idées et quels événements feront partie d'une histoire de la psychologie, il reste encore à préciser la quantité de détails que l'on veut présenter. Par exemple, si on tente de retracer tous les éléments ayant mené à une idée, on risque d'entreprendre une tâche pratiquement interminable. En fait, après avoir essayé de déterminer l'origine d'une idée ou d'un concept de la psychologie, on a l'impression que rien n'est jamais tout à fait nouveau. Il n'arrive que rarement, sinon jamais, qu'un seul individu donne naissance à une idée ou un concept. Chacun, sans exception, subit à divers degrés l'influence des personnes qui gravitent autour de lui. On peut donc se représenter l'histoire d'un sujet quelconque comme un flot ininterrompu d'événements étroitement liés. Les individus que l'on qualifie de « grands » sont habituellement ceux qui, en faisant la synthèse d'idées existantes mais nébuleuses, ont élaboré une vision claire et puissante. Si on cherchait à décrire dans un texte d'histoire tous les éléments ayant participé à la genèse d'une idée ou d'un concept important, l'ouvrage renfermerait tellement de détails qu'il serait trop volumineux et probablement ennuyeux. On choisit donc généralement d'omettre une grande quantité d'informations, de sorte qu'on produit une histoire sélective. Cela signifie que, dans la majorité des cas, on ne retient que les personnalités ayant le plus contribué à l'élaboration ou à la diffusion d'une idée. Ainsi, on associe habituellement le nom de Charles Darwin à la théorie de l'évolution alors que, en réalité, celle-ci existait sous une forme ou une autre depuis des millénaires. Mais les données recueillies par Darwin et les preuves qu'il a fournies font qu'il est devenu difficile de nier la validité de cette théorie. Donc, même si Darwin n'a pas été le premier à l'énoncer, on lui doit beaucoup en ce qui a trait à la preuve et à la diffusion de la théorie de l'évolution, ce qui explique que son nom soit resté attaché à celle-ci. Et on peut en dire autant de Freud et de la notion de la motivation inconsciente.

Le présent ouvrage porte essentiellement sur les individus ayant *le plus* contribué à l'élaboration d'une idée ou que l'on a associés à une idée pour une raison ou une autre. Malheureusement, cette sélection ne rend pas justice à de nombreuses personnes dont l'importance justifierait qu'on les nomme, ni à ceux dont la trace s'est perdue dans la nuit des temps, non plus qu'à ceux n'ayant pas été assez loquaces ou lucides pour revendiquer une reconnaissance historique.

Le choix d'une approche

Une fois que l'on a déterminé le contenu d'une histoire de la psychologie, il reste à choisir une approche. Une possibilité consiste à mettre l'accent sur l'influence de facteurs non psychologiques, tels l'évolution des autres sciences, le climat politique, les progrès technologiques et la situation économique. Ces facteurs et d'autres forment ce qu'on appelle le **Zeitgeist**, c'est-à-dire l'esprit du temps, qui est, selon plusieurs historiens, d'une importance capitale pour la compréhension de toute évolution historique. On peut aussi adopter l'**approche des grands personnages**, centrée sur l'œuvre d'individus tels Platon, Aristote, Descartes, Darwin et Freud. Ralph Waldo Emerson (1841/1981), qui opte pour cette méthode pour étudier l'histoire, dit que celle-ci

« se ramène facilement à la biographie de quelques personnes énergiques et passionnées » (p. 138 [notre traduction]). Enfin, il est également possible de choisir l'**approche de l'évolution historique**, qui consiste à montrer comment des individus ou des événements ont contribué à modifier une idée ou un concept au cours des ans. Par exemple, on peut s'intéresser à l'évolution du concept de la maladie mentale au fil de l'histoire.

Dans son approche de l'histoire de la psychologie, E. G. Boring (1886-1968) insiste sur l'importance de l'esprit du temps quand on cherche à déterminer si une idée ou un point de vue seront acceptés, ou dans quelle mesure ils le seront. Les idées ne naissent évidemment pas dans le vide. Pour qu'une idée nouvelle soit acceptée, ou même qu'on accepte de l'examiner, il faut qu'elle soit compatible avec celles existantes. Autrement dit, on tolère une idée seulement si elle prend naissance dans un milieu susceptible de l'assimiler. Une idée ou un point de vue émis avant que les gens n'y soient préparés ne seront pas compris suffisamment pour qu'on les évalue d'un œil critique. Il est important de noter que, dans ce cas, la validité n'est pas le seul critère en fonction duquel on juge une idée : des facteurs psychologiques et sociologiques jouent un rôle au moins aussi important. Savoir si une idée sera acceptée, rejetée ou ignorée est une autre affaire.

L'approche adoptée dans le présent ouvrage est une combinaison des approches de l'esprit du temps, des grands personnages et de l'évolution historique. Nous tentons d'y montrer que l'esprit du temps produit parfois de grandes personnalités et que ces dernières influent parfois sur l'esprit du temps. Nous expliquons aussi comment à la fois les grands personnages et le climat général d'une époque peuvent modifier la signification d'une idée ou d'un concept. En d'autres mots, nous adoptons une **approche éclectique**, qui vise à employer pour chaque aspect de l'histoire de la psychologie l'approche qui semble la plus appropriée pour le mettre en lumière.

Pourquoi étudier l'histoire de la psychologie ?

L'élargissement de la perspective

Nous avons souligné qu'à sa naissance, une idée a rarement, sinon jamais, atteint son plein développement.

En général, elle connaît plutôt une longue évolution. En saisissant les idées dans leur perspective historique, l'étudiant comprend mieux l'objet de la psychologie moderne. Toutefois, on se sent humble et parfois frustré quand on considère les problèmes et questions dont s'occupe actuellement la psychologie comme des manifestations de problèmes et questions remontant à des siècles. Après tout, si on examine les problèmes de la psychologie depuis aussi longtemps, on devrait bien avoir déjà trouvé des solutions. Par contre, de savoir que les sujets étudiés aujourd'hui ont été l'objet des recherches de certains des plus grands esprits de l'humanité est plutôt excitant.

L'approfondissement de la compréhension

Lorsqu'on élargit la perspective, on approfondit la compréhension. Si l'étudiant a certaines connaissances historiques, il n'aura pas à croire aveuglément en l'importance de l'objet de la psychologie moderne. S'il développe une conscience historique, il connaîtra l'origine des sujets étudiés par la psychologie et saura pourquoi on les considère comme importants. De même que l'on acquiert une meilleure compréhension du comportement actuel d'une personne en prenant connaissance de ses expériences passées, on approfondit sa compréhension de la psychologie actuelle en étudiant ses origines historiques. Boring (1950) exprime clairement ce point de vue relativement à la psychologie expérimentale :

> Le psychologue en psychologie expérimentale [...] doit avoir de solides connaissances historiques dans le champ de sa spécialité. Autrement, la perspective qu'il aura du présent sera déformée : il risque de considérer des faits anciens et de vieilles conceptions comme des éléments nouveaux, et d'être incapable de déterminer la signification de nouveaux mouvements et de nouvelles méthodes. Je n'insisterai jamais assez sur la conviction que j'ai de la nécessité de connaître l'histoire. Une formation en psychologie qui ne comporterait aucune composante historique ne me semble pas mériter le nom de formation. (p. ix [notre traduction])

La reconnaissance des lubies et des modes

Quand on étudie l'histoire de la psychologie, on constate souvent avec étonnement qu'un point de vue n'est pas mis de côté nécessairement parce qu'il est inexact ;

plusieurs conceptions disparaissent parce qu'elles sont devenues impopulaires. En psychologie, la popularité des conceptions varie avec l'esprit du temps. Par exemple, lorsqu'elle se transforma en science indépendante, on mit l'accent sur son caractère de science « pure », c'est-à-dire sur l'acquisition de connaissances sans égard à leur utilité. Plus tard, quand la théorie de l'évolution de Darwin devint populaire, le centre d'intérêt de la psychologie se déplaça vers les processus humains reliés à la survie ou permettant aux individus d'avoir une vie plus productive. Aujourd'hui, on accorde beaucoup d'attention aux processus cognitifs, entre autres, ce qui s'explique en partie par les progrès de l'informatique.

Le célèbre théoricien de la personnalité Gordon W. Allport (1897-1967) dit ce qui suit des modes en psychologie :

> Notre profession progresse par à-coups, en grande partie sous l'influence de la mode. [...] Il semble que nous ne résolvons jamais nos problèmes, ni n'épuisons nos concepts ; nous nous en lassons simplement. [...]
>
> Les modes comportent à la fois des aspects amusants et sérieux. Cela fait parfois sourire de voir comment les coiffeurs résolvent des problèmes de mise en pli. Si on se lasse de la « suggestibilité », alors on adopte le nouveau style appelé « persuasibilité ». L'ethnologie moderne nous enthousiasme, et de savoir qu'il y a un siècle John Stuart Mill a retenu ce terme pour désigner une science nouvelle, soit celle du caractère humain, ne nous dérange pas. [...] Le concept de renforcement nous paraît intéressant, mais non le débat séculaire sur l'hédonisme. Nous mettons de côté la question de la liberté, car nous lui préférons celle des « points de choix ». Nous évitons le problème du corps et de l'esprit, mais nous sommes dans le coup lorsque nous parlons de « modèles du cerveau ». En bref, nous sommes persuadés qu'un vieux vin a meilleur goût si on le sert dans une bouteille neuve.
>
> L'aspect sérieux de la question fait surface lorsque nos étudiants et nous oublions que le vin est effectivement vieux. En feuilletant un numéro récent du *Journal of Abnormal and Social Psychology*, j'ai constaté que, dans trente et un articles rédigés par des psychologues américains, 90 % des références renvoient à des ouvrages parus au cours des dix dernières années, même si la majorité des problèmes traités sont beaucoup plus anciens. [...] Doit-on alors s'étonner si les étudiants de troisième cycle qui lisent les revues spécialisées en viennent à la conclusion que la littérature publiée il y a plus de dix ans n'a aucune valeur et qu'on ne perd rien à ne pas la consulter ? Récemment, au cours d'une soute-

nance de thèse de doctorat, on a demandé au candidat quels liens existaient entre sa thèse sur les situations physiologiques et psychologiques stressantes et le problème du corps et de l'esprit. Il a avoué n'avoir jamais entendu parler de cette question. Un étudiant de premier cycle a affirmé que tout ce qu'il savait de Thomas Hobbes, c'est qu'il a coulé avec le *Leviathan* lorsque celui-ci a heurté un iceberg, en 1912. (Allport, 1964, p. 149-151 [notre traduction])

Ces exemples illustrant la façon dont un sujet de recherche scientifique devient à la mode ou tombe en désuétude confirment que la « positivité » n'est pas la seule variable qui détermine l'acceptation d'une idée. L'étude des facteurs émotionnels et sociétaux liés à l'accumulation du savoir permet à l'étudiant de replacer les connaissances généralement acceptées aujourd'hui dans une perspective plus réaliste. Il peut alors se rendre compte que la détermination de l'ensemble des idées et théories considérées comme importantes ou « vraies » est, en partie tout au moins, subjective et arbitraire. Lorsque l'esprit du temps change, ce qui est à la mode en science change aussi, et la psychologie n'est pas à l'abri de ce processus.

La prévention de la répétition des erreurs

George Santayana a dit : « Ceux qui ne se souviennent pas du passé sont condamnés à le répéter. » Ce genre de répétition serait déjà déplorable si on s'en tenait aux réussites parce que ce serait une perte considérable de temps et d'énergie. Mais la répétition est particulièrement regrettable lorsqu'il s'agit d'erreurs. Nous verrons dans le présent ouvrage que la psychologie a eu sa part d'erreurs et d'impasses. On a eu tort par exemple d'adhérer à la *phrénologie*, soit la croyance que l'on peut déduire des caractéristiques de la personnalité d'un individu en analysant les bosses et les creux de sa boîte crânienne (voir le chapitre 8). On peut considérer comme une voie sans issue toute l'école du structuralisme, dont les adeptes ont tenté d'étudier les éléments de la pensée au moyen de la méthode introspective (voir le chapitre 9). On pense généralement que les efforts des structuralistes, qui jouissaient pourtant d'une très grande popularité à leur époque, ont été stériles et improductifs. Mais ces efforts ont été fructueux pour la psychologie puisqu'ils ont montré que ce type d'approche donne peu de résultats utiles. Cette leçon et bien d'autres tout aussi importantes ne serviraient à rien si on répétait les erreurs du passé par manque de connaissance de l'histoire.

Une source d'idées fécondes

L'étude de l'histoire permet de découvrir des idées élaborées dans le passé, mais qui sont restées latentes pour une raison ou une autre. L'histoire des sciences offre plusieurs exemples d'idées qui se sont répandues seulement quand on les a redécouvertes, longtemps après leur première énonciation. Ce fait s'intègre parfaitement à l'interprétation de l'histoire fondée sur l'esprit du temps, car il suggère que certaines circonstances favorisent plus que d'autres l'acceptation d'une idée. Les notions d'évolution, de motivation inconsciente et de réaction conditionnée ont été proposées à maintes reprises avant que le climat ne se prête à leur évaluation critique. Même la théorie héliocentrique « révolutionnaire » de Copernic avait été étudiée par les Grecs plusieurs siècles avant que l'astronome polonais ne l'énonce. La latéralisation des fonctions cérébrales offre un dernier exemple. Bien des gens croient que l'idée selon laquelle les deux hémisphères cérébraux fonctionnent de façon totalement distincte est récente. Pourtant, « Have We Two Brains or One ? » d'Édouard Brown-Séquard (1890) n'est que l'un des nombreux articles publiés sur le sujet il y a plus d'un siècle. Il ne fait aucun doute que plusieurs idées pouvant s'avérer fructueuses attendent dans l'histoire de la psychologie qu'on les mette de nouveau à l'épreuve dans des conditions différentes où elles bénéficieraient peut-être d'une plus grande réceptivité.

La satisfaction de la curiosité

Au lieu de se demander pourquoi on devrait étudier l'histoire de la psychologie, il serait peut-être plus sensé de se poser la question : « Pourquoi pas ? » Plusieurs personnes étudient l'histoire des États-Unis parce que ce pays les intéresse, et les plus jeunes membres d'une famille prennent souvent grand plaisir à écouter les anecdotes que racontent les membres les plus âgés concernant leur enfance et leur jeunesse. En d'autres termes, il est naturel de chercher à en savoir le plus possible sur un sujet ou une personne auxquels on s'intéresse, y compris leur passé. Et la psychologie ne fait pas exception à la règle.

Qu'est-ce que la science ?

À différentes époques, des individus influents (dont Galilée et Kant) ont affirmé que la psychologie ne serait jamais une **science** parce qu'elle étudie l'expérience subjective. Plusieurs spécialistes des sciences naturelles sont encore de cet avis et certains psychologues ne cherchent pas à réfuter ce point de vue. La façon de rédiger une histoire de la psychologie dépend du fait qu'on puisse ou non considérer cette discipline comme une science. Pour répondre à cette question, on doit d'abord tenter de définir le mot. La science est née des efforts déployés pour répondre à des questions sur la nature en examinant directement celle-ci plutôt qu'en se rapportant aux dogmes religieux, à l'autorité des Anciens, aux superstitions ou aux seuls processus de la pensée abstraite. Depuis ses débuts, l'autorité suprême de la science est l'**observation empirique**, c'est-à-dire l'observation directe de la nature, mais la science ne se réduit pas à celle-ci. Pour être utiles, les faits observés doivent être structurés ou classés d'une façon quelconque, et il faut noter en quoi ils ressemblent à d'autres observations ou s'en distinguent. Après avoir noté ces similitudes et ces différences, plusieurs scientifiques essaient en outre d'expliquer les faits observés. On dit donc souvent de la science qu'elle se caractérise par ses deux grandes composantes : 1° l'observation empirique ; 2° la théorie. Selon Hull (1943), ces deux aspects se sont manifestés dans les tous premiers efforts des humains pour comprendre l'univers :

> Les humains se sont de tout temps adonnés à la double activité consistant à faire des observations, puis à chercher une explication des faits révélés. Tous les humains normaux ont, à toutes les époques, observé le lever et le coucher du soleil, de même que les phases de la lune. Les plus réfléchis se sont ensuite posé la question : « pourquoi ? Pourquoi la lune croît-elle et décroît-elle ? Pourquoi le soleil se lève-t-il et se couche-t-il, et où va-t-il lorsqu'il disparaît à l'horizon ? » Cela illustre les deux éléments essentiels de la science moderne : l'observation de faits constitue la composante empirique ou factuelle, et la tentative systématique d'expliquer les faits constitue la composante théorique. Au fur et à mesure de l'évolution de la science, on a assisté à la spécialisation, ou division du travail ; certains se sont consacrés principalement à l'observation, tandis qu'un plus petit nombre a centré ses efforts sur les problèmes d'explication. (p. 1 [notre traduction])

Une combinaison de rationalisme et d'empirisme

Ce qui fait de la science un outil aussi puissant, c'est qu'elle associe deux méthodes anciennes d'acquisition du savoir : le **rationalisme** et l'**empirisme**. Le rationaliste pense qu'il faut avoir recours à des opérations mentales ou à des principes pour acquérir des connaissances. Par exemple, il affirme qu'on peut déterminer la validité ou l'invalidité de propositions en appliquant minutieusement les lois de la logique. L'empiriste soutient que la source de toute connaissance est l'observation au moyen des sens. Le savoir réel provient donc nécessairement de l'expérience sensorielle, ou bien il est validé par elle. Après des siècles de recherche, on a découvert que, séparément, le rationalisme et l'empirisme étaient d'une utilité limitée. La science a associé ces deux conceptions et, depuis, l'accumulation du savoir a connu une croissance exponentielle.

L'aspect rationnel de la science évite d'accumuler simplement une quantité considérable de faits empiriques sans lien entre eux. Comme le scientifique doit trouver une signification quelconque à ses observations, il lui faut recourir à la théorie. Une **théorie scientifique** a deux fonctions principales : 1° elle structure les observations empiriques ; 2° elle sert de guide pour les observations ultérieures. La seconde fonction mène à la formulation de **propositions vérifiables**. Autrement dit, une théorie suggère des propositions que l'on met à l'épreuve de façon expérimentale. Si les propositions dérivées d'une théorie sont confirmées par l'expérimentation, la théorie s'en trouve renforcée ; dans le cas contraire, la théorie est affaiblie. Une théorie qui donne naissance à un trop grand nombre de propositions erronées doit être révisée ou abandonnée. Donc, les théories scientifiques doivent pouvoir être soumises à l'expérimentation, c'est-à-dire qu'elles doivent générer des hypothèses que l'on peut valider ou invalider de façon empirique. En science, l'observation directe de la nature est donc importante, mais elle s'effectue souvent en prenant la théorie comme guide.

La recherche de lois

Une autre caractéristique de la science est la recherche de relations s'apparentant à des lois. On peut définir une **loi scientifique** comme une relation entre deux ou plusieurs ensembles de faits empiriques, observée de façon constante. Par exemple, quand X se produit, Y a aussi tendance à se produire. En insistant sur les lois, la science manifeste son intérêt pour les généralités plutôt que les cas particuliers. Elle ne s'est jamais attardée aux événements à caractère unique ou particulier, mais aux lois générales que l'on peut observer et vérifier au grand jour. En d'autres mots, une loi scientifique est de nature générale et, parce qu'elle décrit une relation entre des faits empiriques, elle se prête à l'**observation publique**. Ce concept d'observation publique est un aspect important, car toute affirmation scientifique doit pouvoir être vérifiée par toute personne qui désire le faire. En science, il n'existe pas de savoir secret réservé aux autorités compétentes.

Il existe deux grandes classes de lois scientifiques. La première est celle des **lois corrélationnelles**, qui décrivent comment des classes d'événements varient conjointement d'une façon systématique quelconque. Par exemple, les résultats à des tests d'intelligence ont tendance à présenter une corrélation positive avec les résultats à des tests de créativité. Les informations de ce type permettent seulement de faire des prédictions, c'est-à-dire que, si on connaît les résultats d'un individu à un test d'intelligence, on peut savoir à l'avance ses résultats à un test de créativité et vice versa. Les lois de la deuxième classe, soit les **lois causales**, sont plus puissantes ; elles précisent les relations de cause à effet entre des événements. Par exemple, si on connaît les causes d'une maladie, on peut prévenir cette maladie *et* la contrôler. En bref, les lois corrélationnelles permettent de faire des prédictions, alors que les lois causales servent à la fois à faire des prédictions et à exercer un certain contrôle. On considère donc les secondes comme plus puissantes et on cherche habituellement à énoncer de préférence des lois de ce type.

L'un des principaux objectifs de la science est de découvrir les causes des phénomènes naturels. Il s'agit là toutefois d'une tâche très complexe qui exige généralement d'importantes recherches expérimentales. Par exemple, on ne peut pas supposer que la contiguïté soit une preuve de la causalité. S'il pleut après l'exécution d'une danse de la pluie, on ne peut en conclure que la danse a nécessairement provoqué la pluie. Ce qui complique encore les choses, c'est qu'un événement n'a que rarement, sinon jamais, une cause unique : les causes sont pour ainsi dire toujours multiples. On est loin d'avoir résolu entièrement des questions comme : qu'est-ce qui est à l'origine de la Seconde Guerre mondiale ? qu'est-ce qui cause la schizophrénie ? Même des questions plus simples, telles pourquoi Pierre a-t-il quitté son emploi ? ou pourquoi Marie a-t-elle épousé Pierre ? sont en fait extrêmement complexes. Dans

l'histoire de la philosophie et de la psychologie, la causalité est l'un des concepts qui suscitent le plus de perplexité (voir, entre autres, Clatterbaugh, 1999).

L'hypothèse du déterminisme

Étant donné que l'un de ses objectifs fondamentaux est de découvrir des relations ayant force de loi, la science suppose que l'objet de ses recherches se prête à l'énoncé de lois. Par exemple, le chimiste croit que les réactions chimiques sont régies par des lois et le physicien suppose qu'il en est de même du monde physique. On appelle **déterminisme** l'hypothèse selon laquelle il est possible de comprendre l'objet d'étude en fonction de lois causales. Taylor (1967) définit le déterminisme comme la doctrine philosophique qui « affirme qu'il existe pour tout événement des conditions telles que, si elles sont présentes, l'événement en question est inévitable » (p. 359 [notre traduction]). Le déterministe suppose donc que tout ce qui se produit est tributaire d'un nombre fini de causes et que, si on les connaît, on peut prédire un événement de façon très précise. Il n'est toutefois pas nécessaire de connaître *toutes* les causes d'un événement ; le déterminisme présume simplement qu'elles existent, et que les prédictions sont d'autant plus précises que le nombre de causes connues est élevé. Par exemple, presque tous admettent que la température est fonction d'un nombre fini de variables, dont les taches solaires, les courants atmosphériques à grande vitesse en haute altitude et la pression barométrique ; pourtant, les prévisions météorologiques sont toujours de nature probabiliste parce que plusieurs des variables changent constamment et que d'autres ne sont tout simplement pas connues. L'*hypothèse* sous-jacente aux prévisions météorologiques est néanmoins le déterminisme. *Toutes les sciences posent l'hypothèse du déterminisme.*

Une révision des conceptions traditionnelles de la science

Selon la vision traditionnelle, la science comprend l'observation empirique, la formulation d'une théorie, la vérification de la théorie, la révision de la théorie, l'énoncé de prédictions, la vérification de celles-ci, la recherche de relations s'apparentant à des lois et l'hypothèse du déterminisme. D'éminents philosophes des sciences émettent des objections au moins sur certains

Karl Popper

aspects de la conception traditionnelle. Karl Popper et Thomas Kuhn sont du nombre.

Karl Popper

Karl Popper (1902-1994) n'est pas d'accord avec la description traditionnelle de la science sur deux points fondamentaux. Premièrement, il ne pense pas que la première étape de l'activité scientifique soit l'observation empirique. Selon lui, la vision ancienne de la science suppose que les scientifiques se promènent en faisant des observations et qu'ils tentent ensuite d'expliquer ce qu'ils ont observé. Popper (1963/2002a, éd. fr. 1985) décrit la difficulté suscitée par cette conception :

> Il y a vingt-cinq ans, j'ai essayé de démontrer cette même idée devant un groupe d'étudiants en physique, à Vienne, en donnant à ceux-ci au début du cours les instructions suivantes : « Prenez du papier et un crayon, observez attentivement et consignez ce que vous aurez observé ! » Ils m'ont demandé, bien évidemment, *ce que* je voulais qu'ils observent. Il est manifeste que la consigne « observez ! » est absurde […]. L'observation est toujours sélective. Elle requiert qu'on ait choisi l'objet, circonscrit la tâche, qu'on parte d'un intérêt, d'un point de vue, d'un problème. (p. 79)

Ainsi, selon Popper, l'activité scientifique a comme point de départ un problème, et celui-ci détermine quelles observations feront les scientifiques. L'étape suivante consiste à proposer des solutions au problème (conjectures), puis à essayer de trouver des failles à ces solutions (réfutations). Popper considère que la méthode scientifique présente trois composantes : les problèmes, les théories (les solutions proposées) et la critique.

Le principe de falsifiabilité D'après Popper, le critère de démarcation permettant de distinguer les théories scientifiques de celles qui ne le sont pas est le **principe de falsifiabilité** : une théorie scientifique doit être réfutable. Contrairement à ce que bien des gens pensent, si on peut concevoir une observation en accord avec la théorie, alors cette théorie est faible, et non puissante. Popper a longuement critiqué les théories de Freud et d'Adler pour cette raison. Tout ce que fait une personne peut être considéré, sans exception, comme une confirmation de l'une et l'autre de ces théories, car elles sont suffisamment vagues pour être vérifiées relativement à n'importe quel événement. Popper affirme aussi que c'est parce que l'horoscope créé par les astrologues est vague qu'on ne peut le soumettre à aucune épreuve (éd. fr. 1985, p. 66). Il compare les théories de ce type aux théories d'Einstein, qui prédisent de façon très précise ce qui devrait arriver ou ne pas arriver si elles sont justes. Ces dernières théories sont réfutables, et donc scientifiques, contrairement aux théories de Freud et d'Adler et aux prédictions des astrologues.

Donc, selon Popper, une théorie est scientifique seulement si elle génère des **prédictions risquées**, c'est-à-dire des prédictions réellement susceptibles d'être inexactes. Les théories qui ne génèrent pas de prédictions risquées ou qui expliquent les phénomènes *après* qu'ils se sont produits ne sont pas scientifiques. L'un des principaux problèmes que présentent plusieurs théories de la psychologie (dont celles de Freud et d'Adler), en plus de leur caractère vague, c'est le fait qu'elles donnent lieu à des **postdictions** (ou explications de phénomènes qui se sont déjà produits) plutôt qu'à des prédictions. Que ce soit en raison de l'une ou l'autre de ces caractéristiques, les théories de ce type ne génèrent pas de prédictions *risquées*, et il est donc impossible de les réfuter. Ce ne sont donc pas des théories scientifiques.

D'après Popper, ce sont les prédictions inexactes d'une théorie, et non ses prédictions exactes, qui font avancer la science. Marx et Goodson (1976) expriment bien cette idée :

Dans la pratique de la science, la contribution des théories ne vient généralement pas de ce qu'elles sont exactes, mais de ce qu'elles *sont fausses*. Autrement dit, les progrès de la science, tant sur le plan théorique que sur le plan expérimental, reposent le plus souvent sur les corrections successives d'un nombre important d'erreurs petites et grandes. La croyance populaire selon laquelle seules les théories exactes sont utiles n'est donc pas fondée. (p. 249 [notre traduction])

Du point de vue de Popper, *toutes* les théories scientifiques se révèlent tôt ou tard fausses et sont remplacées par des théories plus appropriées ; ce n'est toujours qu'une question de temps. La position la plus envieuse qu'une théorie scientifique puisse occuper est donc celle de théorie *non encore infirmée*, selon Popper. La science telle qu'il la définit est une recherche sans fin de solutions de problèmes ou d'explications de phénomènes toujours meilleures. Brett (1912-1921/1965) exprime cette conception :

On a tendance à se représenter la science comme un « ensemble de connaissances » que l'on a commencé à accumuler au moment où on a découvert la « méthode scientifique ». Mais c'est là une superstition. Selon l'histoire de la pensée, on devrait plutôt décrire la science comme l'ensemble des mythes sur le monde dont on n'a pas encore démontré la fausseté. (p. 37 [notre traduction])

Cela signifie-t-il que Popper pense que les théories non scientifiques sont inutiles ? Pas du tout ! Il affirme au contraire ce qui suit :

[…] historiquement, toutes les théories scientifiques — ou quasiment toutes — procèdent de mythes, et ceux-ci peuvent formuler d'importantes anticipations des théories scientifiques. […] J'ai donc estimé que lorsqu'une théorie se révèle être non scientifique ou « métaphysique » […], elle ne se révèle pas pour autant négligeable, insignifiante, « vide de sens » ou encore « absurde ». (éd. fr. 1985, p. 67)

Popper emploie la réfutabilité comme critère de démarcation entre les théories scientifiques et non scientifiques, pas entre les théories utiles et inutiles. Plusieurs théories de la psychologie ne passent pas l'épreuve de la réfutabilité, soit parce qu'elles sont énoncées en termes tellement généraux que presque toutes les observations les confirment, soit parce qu'elles génèrent des postdictions plutôt que des prédictions. Mais elles s'avèrent souvent utiles même si elles manquent de rigueur scientifique. Les théories de Freud et d'Adler en sont des exemples.

Thomas Kuhn

Thomas Kuhn

Il y a peu de temps, beaucoup de gens pensaient encore que la méthode scientifique est un gage d'objectivité et que la science fournit des informations de façon constante et progressive. On croyait que le monde est constitué de « vérités » connaissables et qu'en appliquant des méthodes scientifiques, la science obtient systématiquement des approximations de ces vérités. Autrement dit, l'activité scientifique était guidée par la **théorie de la vérité par correspondance**, « notion selon laquelle, lors de l'évaluation de lois ou de théories scientifiques, l'objectif est de déterminer si celles-ci correspondent ou non à un monde extérieur, indépendant de l'esprit » (Kuhn, 2000a, p. 95 [notre traduction]). Thomas Kuhn (1922-1996) a modifié cette conception de la science en montrant qu'il s'agit d'une activité hautement subjective.

Les paradigmes et la science normale   Selon Kuhn, en sciences physiques, la majorité des spécialistes d'un même domaine partagent généralement un même point de vue. Ainsi, en physique ou en chimie, la plupart des chercheurs s'entendent sur un ensemble d'hypothèses et de croyances au sujet de l'objet de leur science. Kuhn appelle **paradigme** un point de vue largement accepté. Même s'il donne à ce terme différents sens, l'un des principaux est « l'ensemble de croyances, de valeurs reconnues et de techniques qui sont communes aux membres d'un groupe [scientifique] donné » (éd. fr. 1983, p. 238). Pour les scientifiques qui adoptent un paradigme, celui-ci constitue *la* façon de voir et d'analyser l'objet de leur science. Une fois qu'un paradigme est accepté, les activités de ceux qui s'y rallient reviennent à en examiner les implications. Kuhn appelle de telles activités **science normale**. Ce type de science se consacre à ce que Kuhn nomme une « opération de nettoyage » en fonction d'un paradigme. En se fondant sur le paradigme, les scientifiques examinent en profondeur les problèmes définis par celui-ci en employant les techniques qu'il suggère. Kuhn compare la science normale à la **résolution d'énigmes**. En effet, comme une énigme, un problème de la science normale a nécessairement une solution et il obéit « à des règles limitant d'une part la nature des solutions acceptables, et d'autre part, les étapes permettant d'y parvenir » (Kuhn, éd. fr. 1983, p. 64). Selon Kuhn, ni la science normale ni la résolution d'énigmes n'exigent beaucoup de créativité : « Le caractère le plus frappant des problèmes de recherche normale [...] est peut-être qu'ils se préoccupent très peu de trouver des nouveautés d'importance capitale, tant dans le domaine des concepts que dans celui des phénomènes » (éd. fr. 1983, p. 60). Même si un paradigme restreint la gamme des phénomènes examinés par les scientifiques, il garantit l'étude en profondeur de certains d'entre eux.

> En concentrant l'attention sur un secteur limité de problèmes relativement ésotériques, le paradigme force les scientifiques à étudier certains domaines de la nature avec une précision et une profondeur qui autrement seraient inimaginables. [...] durant la période où le paradigme [fonctionne] avec succès, les membres de la profession [résolvent] des problèmes qu'on aurait difficilement imaginés et qu'on n'aurait pas entrepris de résoudre sans l'adhésion au paradigme. Et il arrive toujours qu'une partie au moins de ces solutions se révèle durable. (Kuhn, éd. fr. 1983, p. 47)

C'est là l'avantage d'avoir des recherches guidées par un paradigme, mais cette pratique présente aussi un inconvénient. Bien que la science normale permette l'analyse en profondeur des phénomènes sur lesquels est centré un paradigme, elle rend les scientifiques aveugles à tous les autres phénomènes et les empêche peut-être d'entrevoir des explications plus satisfaisantes de leur objet d'étude.

> C'est à des opérations de nettoyage que se consacrent la plupart des scientifiques durant toute leur carrière. Elles constituent ce que j'appelle ici la science normale, qui, lorsqu'on l'examine de près, soit historiquement, soit dans le cadre du laboratoire contemporain, semble être une tentative de forcer la nature à se couler dans la boîte préformée et inflexible que fournit le paradigme. La science normale n'a jamais pour but de mettre en lumière des phénomènes d'un genre nouveau ; ceux qui ne cadrent pas avec la boîte passent même souvent inaperçus. Les scientifiques n'ont pas non plus pour but, normalement, d'inventer de nouvelles théories, et ils sont souvent intolérants envers celles qu'inventent les autres. Au contraire, la recherche de la science normale est dirigée vers l'articulation des phénomènes et théories que le paradigme fournit déjà. (Kuhn, éd. fr. 1983, p. 46-47)

Un paradigme détermine donc ce qui constitue un problème de recherche *et* comment chercher la solution de ce problème. Autrement dit, il guide le chercheur dans toutes ses activités. Ce qui est toutefois plus important, c'est que ce dernier en vient à éprouver des émotions pour son paradigme, qui devient partie intégrante de sa vie et auquel il ne peut renoncer que difficilement.

Comment les sciences se modifient Comment les paradigmes scientifiques changent-ils ? Selon Kuhn, ce processus n'est pas facile. Premièrement, il doit exister des observations persistantes qu'un paradigme accepté à un moment donné n'arrive pas à expliquer ; de telles observations sont appelées **anomalies**. Généralement, un scientifique isolé ou un petit groupe de scientifiques propose un point de vue nouveau qui rend compte de la majorité des phénomènes expliqués par le paradigme en cours, de même que des anomalies. Kuhn indique qu'un nouveau paradigme suscite habituellement beaucoup de résistance et qu'il ne fait des adeptes que très lentement. À la longue, toutefois, le nouveau paradigme l'emporte et il remplace l'ancien. D'après Kuhn, cela décrit ce qui s'est passé quand Einstein a mis en doute la conception newtonienne de l'Univers. Aujourd'hui le paradigme einsteinien fournit sa propre science normale et il va continuer de le faire jusqu'à ce qu'il soit détrôné par un autre paradigme.

Kuhn décrit la science comme une méthode de recherche qui associe la méthode scientifique objective et la composante émotionnelle des scientifiques. Selon lui, la science progresse parce que les scientifiques sont obligés de modifier leur *système de croyances* ; et il est très difficile pour un groupe de scientifiques, et d'ailleurs pour qui que ce soit, d'opérer un tel changement.

Les étapes de l'évolution de la science D'après Kuhn, l'élaboration d'un paradigme qui en vient à dominer la science s'accomplit sur une longue période. Avant de formuler un paradigme, une science passe généralement par un **stade préparadigmatique**, au cours duquel il existe plusieurs points de vue concurrents. Durant cette période, que Kuhn qualifie de *préscientifique*, une discipline se caractérise par la présence de plusieurs écoles ou camps rivaux, ce qui empêche l'unification et mène au rassemblement essentiellement aléatoire de faits. Cette situation perdure jusqu'à ce qu'une école réussisse à vaincre ses opposants et à imposer son paradigme. C'est à ce moment qu'une discipline devient une science, ce qui marque le début d'une période de science normale. La science normale créée par le paradigme continue d'exister jusqu'à ce que ce paradigme soit remplacé par un autre, nouveau, qui génère à son tour sa propre science normale. Kuhn affirme donc que la science passe par trois stades distincts : le stade préparadigmatique, durant lequel des écoles ou des camps s'opposent et se font concurrence pour dominer un champ d'étude ; le **stade paradigmatique**, durant lequel on s'adonne à la résolution d'énigmes, aussi appelée science normale ; le **stade révolutionnaire**, durant lequel un paradigme existant est remplacé par un nouveau paradigme.

Les paradigmes et la psychologie

Qu'est-ce que tout cela a donc à voir avec la psychologie ? On a décrit celle-ci comme une discipline préparadigmatique (Staats, 1981) parce qu'elle n'a aucun paradigme largement accepté, mais plusieurs écoles concurrentes, ou camps, qui existent simultanément. Ainsi, on voit actuellement en psychologie des camps qualifiés de béhavioriste, fonctionnaliste, cognitiviste, neurophysiologique, psychanalytique, évolutionniste et humaniste. Certains considèrent que cette situation préparadigmatique est indésirable et clament que la psychologie est prête à synthétiser tous ses éléments en un seul paradigme unifié (par exemple, Staats, 1981, 1989, 1991). D'autres psychologues nient que la psychologie soit une discipline préparadigmatique ; ils affirment que c'est une discipline qui possède, et a peut-être toujours possédé, plusieurs paradigmes (ou du moins des thèmes et des traditions de recherche)

coexistants. Selon eux, il n'y a jamais eu de révolution au sens kuhnien, et le besoin ne s'en est jamais senti (par exemple, Koch, 1981 et 1983 ; Leahey, 1992 ; Royce, 1975 ; Rychlak, 1975). Ils pensent que la coexistence de plusieurs paradigmes en psychologie est saine et productive, et peut-être inévitable étant donné que cette discipline étudie les humains.

Mayr (1994) note que Kuhn était physicien et que son analyse du changement en science s'applique peut-être uniquement à la physique. Par exemple, il fait remarquer qu'il y a toujours eu simultanément plusieurs paradigmes en biologie, et qu'il y existe une sorte de concurrence darwinienne pour l'acceptation des idées. Celles qui ont du succès survivent, quelle que soit leur origine, et celles qui n'en ont pas meurent. Cette sélection naturelle des idées, appelée *épistémologie évolutionniste*, s'oppose au concept kuhnien de changement de paradigme. Il reste à savoir si la psychologie ressemble davantage à la biologie ou à la physique sur ce point. Dans le présent ouvrage, nous supposons que la psychologie est une discipline multiparadigmatique plutôt qu'une discipline au stade préparadigmatique de son évolution.

Depuis la publication de *The Structure of Scientific Revolutions*, en 1962 (une édition augmentée a été publiée en 1970 et une troisième édition, en 1996 ; quant à la traduction française citée, *La structure des révolutions scientifiques*, elle date de 1983), la majorité des psychologues ont adopté les concepts et la terminologie de Kuhn pour décrire l'état et l'histoire de leur discipline. Driver-Linn (2003) examine les raisons qui expliqueraient cet usage répandu, de même que quelques-unes des ambiguïtés et des débats qui en résultent.

Une comparaison entre Popper et Kuhn

Le concept de science normale de Kuhn fut une source importante de désaccord entre Kuhn et Popper. Nous avons vu que, selon Kuhn, une fois qu'un paradigme est accepté, la majorité des scientifiques entreprennent des projets de recherche qui en découlent, c'est-à-dire qu'ils s'adonnent à la science normale.

D'après Popper, ce que Kuhn appelle science normale n'est pas du tout de la science. Les problèmes scientifiques n'ont rien à voir avec les énigmes parce qu'il n'existe aucune restriction quant à ce qui est considéré comme une solution, ni quant aux processus employés pour arriver à une solution. Popper affirme que la résolution de problèmes scientifiques est une activité requérant beaucoup d'imagination et de créativité, qui ne ressemble absolument pas à la résolution d'énigmes décrite par Kuhn. De plus, selon ce dernier, il est impossible de comprendre la science sans tenir compte de facteurs psychologiques et sociologiques. Il soutient qu'il n'existe pas d'observation scientifique neutre : les observations se font toujours à travers le prisme d'un paradigme. De tels facteurs sont étrangers à la conception poppérienne de la science : il existe des problèmes et les solutions proposées résistent ou non aux tentatives de les réfuter. Donc, l'analyse kuhnienne de la science met l'accent sur les conventions et les facteurs subjectifs, tandis que celle de Popper insiste sur la logique et la créativité. D. N. Robinson (1986) suggère que les conceptions de Popper et de Kuhn seraient toutes deux exactes : « Dans un esprit de conciliation, on peut suggérer que le principal désaccord entre Kuhn et Popper s'évanouirait si on considérait que les propos de Kuhn décrivent ce que la science a été historiquement, et que Popper énonce ce qu'elle devrait être » (p. 24 [notre traduction]). Il est cependant à noter qu'il y a une différence fondamentale entre les philosophies de la science de Popper et de Kuhn. Le premier pense qu'il existe au sujet du monde physique des vérités dont la science peut donner des approximations. Autrement dit, il acquiesce à la théorie de la vérité par correspondance. Kuhn rejette par contre cette théorie : il affirme que c'est plutôt le paradigme accepté par un groupe de scientifiques qui crée la « réalité » que ceux-ci étudient. C'est pourquoi « il en est venu à la vision radicale selon laquelle la vérité elle-même est relative à un paradigme » (Okasha, 2002, p. 88 [notre traduction]).

D'autres philosophes des sciences pensent que toute tentative de caractériser la science induit en erreur. Selon eux, il n'existe pas de méthode scientifique ni de principe uniques, et toute description de la science doit mettre l'accent sur la créativité et la détermination des scientifiques eux-mêmes. C'est dans cet esprit que le célèbre physicien Percy W. Bridgman (1955) soutient que les scientifiques ne suivent « pas de ligne d'action prescrite […]. La science est ce que font les scientifiques, et il y a autant de méthodes scientifiques qu'il y a de scientifiques » (p. 83 [notre traduction]). Dans *Against Method : Outline of an Anarchistic Theory of*

Knowledge (1975, publié en français sous le titre *Contre la méthode. Esquisse d'une théorie anarchiste de la connaissance*, 1979), Paul Feyerabend (1924-1994) se dit d'accord avec les philosophes des sciences qui affirment que les scientifiques ne se conforment pas à un ensemble de règles prescrites. En fait, selon lui, quelles que soient les règles existantes, il faut les enfreindre si on veut avancer en science. Il résume ainsi sa position sur le sujet :

> *Ma thèse est que l'anarchisme contribue au progrès, quel que soit le sens qu'on lui donne. Même une science fondée sur la loi et l'ordre ne réussira que si des mouvements anarchistes ont occasionnellement le droit de se manifester.* (1979, p. 25)

> Certaines prescriptions épistémologiques peuvent bien paraître admirables comparées à d'autres, ou à des principes généraux — mais qui peut garantir que ce sont elles qui permettent le mieux de découvrir, non pas quelques « faits » isolés, mais aussi des secrets de la nature profondément cachés ? (p. 16)

Même si on prend en compte les révisions suggérées par Popper, Kuhn et Feyerabend, la science conserve plusieurs de ses aspects traditionnels. On considère encore l'observation empirique comme l'autorité suprême, on recherche toujours des relations s'apparentant à des lois, on continue de formuler des théories et de les mettre à l'épreuve, et on maintient l'hypothèse du déterminisme.

La psychologie est-elle une science ?

On a obtenu d'excellents résultats en appliquant la méthode scientifique en psychologie. Des psychologues en psychologie expérimentale ont démontré des lois établissant des relations entre des classes d'événements environnementaux (ou stimuli) et des classes de comportements, et ils ont conçu des théories rigoureuses, réfutables, afin de rendre compte de ces lois. Les théories de Hull et de Tolman en sont des exemples, parmi bien d'autres. Des psychologues travaillent étroitement avec des chimistes et des neurologues qui essaient de déterminer les corrélats biochimiques de la mémoire et de divers processus cognitifs. Enfin, d'autres psychologues travaillent avec des biologistes évolutionnistes et des généticiens dans le but de comprendre les origines du comportement social des humains liées à l'évolution. En fait, on ne risque pas de se tromper en disant que les psychologues d'orientation scientifique ont fourni une quantité énorme d'informations utiles dans tous les domaines de la psychologie, dont l'apprentissage, la perception, la mémoire, la personnalité, l'intelligence, la motivation et la psychothérapie. Cependant, même si certains psychologues sont de toute évidence des scientifiques, plusieurs ne le sont pas, et c'est peut-être même le cas de la majorité. Nous verrons sous peu pourquoi il en est ainsi.

Le déterminisme, l'indéterminisme et le non-déterminisme

Le déterminisme Les psychologues de tendance scientifique acceptent de poser l'hypothèse du déterminisme au cours de leur étude des humains. Bien que tous les déterministes pensent qu'il existe des causes à tout comportement, il y a plusieurs sortes de déterminismes. Le **déterminisme biologique** insiste sur l'importance des facteurs physiologiques et des prédispositions génétiques dans l'explication du comportement. Par exemple, les psychologues évolutionnistes croient que le comportement des humains, de même que celui des autres animaux, reflète largement des dispositions issues de leur long passé évolutif. Le **déterminisme environnemental** fait ressortir l'importance des stimuli du milieu en tant que déterminants du comportement. Voici une description du type de déterminisme qui situe les causes du comportement humain dans l'environnement :

> La théorie béhavioriste insiste sur le fait que les événements environnementaux jouent un rôle crucial dans la détermination du comportement humain. La source de l'action se situe non à l'intérieur de l'individu, mais dans son milieu. Si on arrive à comprendre tout à fait comment les événements environnementaux influent sur le comportement, on aura compris complètement le comportement. C'est cet aspect de la théorie béhavioriste — soit l'importance accordée aux événements environnementaux en tant que déterminants du comportement — qui la distingue des autres approches de la nature humaine. [...] Si cette théorie triomphe, la tendance actuelle à tenir les gens responsables de leurs actes et à rechercher dans leurs souhaits, leurs désirs, leurs objectifs, leurs intentions, etc., l'explication de leurs actions, sera remplacée par une orientation entièrement différente [...] qui consistera à attribuer la responsabilité des actions à des événements environnementaux. (Schwartz et Lacey, 1982, p. 13 [notre traduction])

Le **déterminisme socioculturel** est une forme de déterminisme environnemental qui met l'accent non sur les stimuli physiques en tant que causes du comportement, mais sur les règles culturelles et sociétales, les réglementations, les coutumes et les croyances qui régissent le comportement humain. Par exemple, Erikson (1977) considère la culture comme « une version de l'existence humaine » (p. 79 [notre traduction]). C'est la culture qui détermine dans une large mesure ce que l'on considère comme désirable, indésirable, normal ou anormal ; elle est donc un puissant déterminant du comportement.

D'autres déterministes pensent que les causes du comportement résident dans l'interaction de facteurs biologiques, environnementaux et socioculturels. De toute façon, les déterministes pensent que le comportement est attribuable à des événements antérieurs et ils se donnent pour tâche de les découvrir. On suppose que plus on découvrira de causes du comportement humain, plus il sera facile de le prédire et de le contrôler. En fait, on considère généralement la capacité de prédire et de contrôler le comportement comme un critère acceptable pour démontrer qu'on a découvert les causes du comportement.

Même si les déterministes supposent que le comportement découle de certaines causes, ils s'entendent habituellement pour dire qu'il est presque impossible de connaître *toutes* ces causes, pour au moins deux raisons. Premièrement, le comportement a généralement plusieurs causes. Selon Freud, le comportement est en grande partie *surdéterminé*, c'est-à-dire qu'il n'est que rarement, et peut-être jamais, attribuable à un événement unique ou à quelques événements seulement. C'est plutôt une multitude d'événements entrant en interaction qui en constitue la cause. Deuxièmement, certaines causes du comportement relèvent du hasard. Par exemple, le fait d'assister à contrecœur à une fête peut permettre de rencontrer son futur conjoint. Bandura (1982) affirme à ce sujet : « Les rencontres dues au hasard jouent un rôle capital dans le cours d'une vie humaine », et il donne l'exemple suivant :

> Il n'est pas rare que des élèves de niveau collégial décident de tâter d'une matière uniquement parce qu'ils veulent annuler leur inscription à un cours en raison du temps dont ils disposent et de l'horaire du cours. Ce processus à demi fortuit permet à certains de faire la connaissance d'enseignants qui les inspirent au point

d'avoir une influence marquante sur leur choix de carrière. (p. 748 [notre traduction])

Le fait qu'il existe des circonstances fortuites ne va pas à l'encontre de l'analyse déterministe du comportement ; il la complique simplement. Les circonstances de ce type sont par définition impossibles à prédire dans le cours d'une vie, mais, lorsqu'elles se présentent, il existe des relations causales entre elles et le comportement.

Le hasard n'est que l'un des facteurs responsables de la complexité des causes du comportement humain. Les déterministes affirment que cette complexité explique que les prédictions relatives au comportement humain sont nécessairement de nature probabiliste. Ils n'en pensent pas moins qu'au fur et à mesure que notre connaissance des causes du comportement s'accroît, la précision de nos prédictions de celui-ci augmente.

Les déterminismes biologique, environnemental et socioculturel ont ceci en commun que les déterminants du comportement sur lesquels ils mettent l'accent sont mesurables. Comme il est possible d'étudier et de quantifier les gènes, les stimuli du milieu et les traditions culturelles, ces facteurs représentent des formes de **déterminisme physique**. Toutefois, des psychologues scientifiques insistent sur le rôle de l'expérience cognitive et émotionnelle dans leur explication du comportement humain. Selon eux, les déterminants les plus importants du comportement sont de nature subjective et comprennent les croyances, les émotions, les sensations, les perceptions, les idées, les valeurs et les objectifs d'une personne. Ces psychologues mettent l'accent sur le **déterminisme psychique** plutôt que sur le déterminisme physique. On compte parmi eux les psychologues qui accordent une grande importance aux événements mentaux conscients et ceux qui, comme Freud, insistent sur l'importance des événements mentaux inconscients.

En plus d'accepter une forme quelconque de déterminisme, les psychologues scientifiques cherchent des lois générales et élaborent des théories, et ils considèrent l'observation empirique comme l'autorité suprême quand il s'agit de juger de la validité de ces théories. La psychologie qu'ils pratiquent est sans aucun doute scientifique, mais tous les psychologues ne sont pas d'accord avec leurs hypothèses et leurs méthodes.

L'indéterminisme   D'abord, certains psychologues pensent que le comportement humain est déterminé,

mais qu'il est impossible d'en mesurer les causes de façon précise. Cela témoigne de leur adhésion au **principe d'incertitude** de Heisenberg. Le physicien allemand Werner Karl Heisenberg (1901-1976) découvrit que le fait même d'observer un électron influe sur son comportement, ce qui met en doute la validité de l'observation. Heisenberg en vint à la conclusion que toute certitude est impossible en science. Si on le transpose en psychologie, le principe de Heisenberg signifie que, même si le comportement humain est déterminé, on n'arrivera jamais à connaître certaines de ses causes, car en tentant de l'observer, on le modifie. En ce sens, le dispositif expérimental lui-même peut constituer une variable qui entrave la recherche des causes d'un comportement humain. Les psychologues qui adoptent ce point de vue pensent qu'il existe des causes spécifiques du comportement, mais qu'il est impossible de les connaître précisément. On appelle cette conception **indéterminisme**. Elle a comme autre exemple la conclusion d'Emmanuel Kant (1724-1804) selon laquelle il ne peut y avoir une science de la psychologie parce que l'esprit ne peut effectuer une étude objective de lui-même. MacLeod (1975) résume comme suit la position de Kant :

> Kant s'est attaqué aux fondements mêmes d'une science de la psychologie. Si cette discipline étudie « l'esprit », et que chaque observation et chaque déduction sont des opérations de l'esprit qui imposent subrepticement leurs propres catégories à l'objet d'observation, alors comment l'esprit peut-il se tourner vers lui-même et observer ses propres opérations compte tenu qu'en raison de sa nature même il observe uniquement en fonction de ses propres catégories ? *Cela a-t-il du sens d'allumer la lumière pour voir à quoi ressemble l'obscurité ?* [L'italique est de nous.] (p. 146 [notre traduction])

Le non-déterminisme   Certains psychologues rejettent totalement la science en tant que méthode d'étude de l'être humain. Ils travaillent habituellement à l'intérieur d'un paradigme humaniste ou existentialiste et pensent que les causes fondamentales du comportement sont issues de la personne elle-même. Selon eux, le comportement est choisi librement et est donc indépendant de toute cause physique ou psychique. Cette croyance au **libre arbitre** va à l'encontre de l'hypothèse du déterminisme, de sorte que les entreprises des psychologues de ce groupe ne sont pas scientifiques. Leur conception est appelée **non-déterminisme**. D'après les non-déterministes, puisque l'individu choisit librement sa ligne d'action, il est seul responsable de ses actes.

Le déterminisme et la responsabilité   L'accepta-tion du libre arbitre mène naturellement à la croyance en la responsabilité personnelle, mais il existe aussi une variante du déterminisme psychique qui consi-dère que les humains sont responsables de leurs actes. William James (1884-1956, éd. fr. 1920) fait la dis-tinction entre *déterminisme rude* et *déterminisme adouci*. Dans le premier cas, les causes du comportement humain fonctionnent de façon automatique ou méca-niste, de sorte que la notion de responsabilité person-nelle n'a pas de sens. Dans le second cas, par contre, les processus cognitifs, et notamment les intentions, les motifs, les croyances et les valeurs, relient l'expé-rience et le comportement. Selon ce dernier point de vue, le comportement humain résulte d'un examen approfondi des diverses possibilités que présente une situation donnée. Puisque les processus rationnels ont lieu avant l'action, la personne est responsable de ses actes. Même si la version adoucie est bien une forme de déterminisme, elle fait une place aux processus cognitifs propres aux humains dans l'ensemble des causes du comportement humain. Elle constitue donc un moyen terme entre le déterminisme rude et le libre arbitre, moyen terme qui rend possible la responsabi-lité humaine. (On trouve des exemples de psycho-logues contemporains qui optent pour le détermi-nisme adouci dans Bandura, 1989 ; D. N. Robinson, 1985 ; et Sperry, 1993.)

On considère ou non la psychologie comme une science selon qu'on s'intéresse particulièrement à l'un ou l'autre de ses aspects. Dans sa réponse à la question « la psychologie est-elle une science ? », un éminent psychologue et philosophe met l'accent sur la nature non scientifique de cette discipline :

> On se fait une fausse idée de la psychologie si on la voit comme une science cohérente, ou une quelconque disci-pline cohérente qui se consacre à l'étude empirique de l'être humain. Selon moi, la psychologie n'est pas une discipline unique, mais plutôt un ensemble d'études de différentes natures, dont seulement quelques-unes peuvent être considérées comme scientifiques. (Koch, 1993, p. 902 [notre traduction])

Sigmund Koch (1917-1996) déclare que la psychologie devrait avoir recours autant aux sciences pures qu'aux sciences humaines dans sa tentative de comprendre les humains. Par la largeur de son point de vue, il a exercé une grande influence ; une bonne partie du numéro de

mai 2001 de l'*American Psychologist* examine les impli-cations de sa vision.

On ne devrait pas juger trop durement la psychologie même si elle présente des aspects non scientifiques ou même antiscientifiques. La science existe depuis relati-vement peu de temps sous sa forme actuelle, même si l'objet de la majorité des sciences, et peut-être de toutes les sciences, est très ancien. Ce qu'on examine aujour-d'hui sous un angle scientifique, on l'a étudié aupara-vant d'un point de vue philosophique ou théologique, comme le note Popper. On créa d'abord des catégories nébuleuses qui firent pendant des siècles l'objet de dé-bats non scientifiques. Mais ceux-ci ont pavé la voie au « raffinement » que la science a apporté à plusieurs catégories de recherche.

La psychologie actuelle rassemble toutes sortes de su-jets de recherche. Certains concepts ont une longue histoire philosophique et se prêtent maintenant à une étude scientifique ; d'autres sont en cours d'élaboration et ne se prêtent pas à ce genre d'étude ; enfin, d'autres encore ne pourront peut-être jamais faire l'objet de recherches scientifiques en raison même de leur nature. Cette diversité semble indispensable au développement de la psychologie, dont chaque aspect est utile aux autres.

Des questions toujours actuelles en psychologie

La psychologie se posait déjà à ses débuts plusieurs des questions auxquelles elle tente encore de répondre. Dans bien des cas, seules les méthodes de recherche ont changé. Nous avons déjà traité de l'un de ces pro-blèmes : le comportement humain découle-t-il d'un choix libre ou est-il déterminé ? Dans la présente sec-tion, nous passons en revue d'autres questions non en-core résolues, ce qui donne un bon aperçu du contenu du reste de l'ouvrage.

Qu'est-ce que la nature humaine ?

Une théorie de la nature humaine tente de formuler des vérités universelles au sujet des humains. Autrement dit, elle cherche à déterminer ce que tous les humains possèdent à la naissance. Elle se demande, entre autres, quelle partie de l'héritage animal se retrouve dans la nature humaine. Par exemple, l'agressivité est-elle une composante héréditaire? Les freudiens répondent oui. La nature humaine est-elle fondamentalement bonne et non violente? Oui, disent les membres du camp humaniste, auquel appartiennent Rogers et Maslow. Ou alors, la nature humaine serait-elle ni bonne ni mauvaise, mais neutre, comme l'affirment les béhavioristes, dont Watson et Skinner? Ces derniers soutiennent que c'est l'expérience qui rend une personne bonne ou mauvaise, ou telle qu'elle est. Les humains jouissent-ils du libre arbitre? Oui, disent les psychologues existentialistes; non, disent les psychologues d'orientation scientifique. À chaque paradigme de la psychologie est associée une hypothèse sur le caractère de la nature humaine, et chacune de ces hypothèses a une longue histoire. Tout au long du présent ouvrage, nous donnerons des exemples des diverses conceptions de la nature humaine et des méthodes auxquelles elles donnent naissance.

Quels liens unissent l'esprit et le corps?

La question à savoir si l'esprit existe et, si oui, quelle est sa relation avec le corps, se posait déjà au tout début de la psychologie. Chaque psychologue doit en traiter de façon explicite ou implicite. Au cours des ans, on a formulé presque toutes les conceptions imaginables sur la relation entre l'esprit et le corps. Certains psychologues tentent de tout expliquer d'un point de vue physique; selon eux, même les événements dits mentaux s'expliquent en fin de compte au moyen des lois de la physique et de la chimie. On leur a donné le nom de **matérialistes** parce qu'ils pensent que la matière constitue la seule réalité et que tout ce qui existe, y compris le comportement des organismes, s'explique donc nécessairement en fonction de la matière. On les appelle aussi **monistes**, car ils tentent de tout expliquer au moyen d'une réalité unique: la matière. D'autres psychologues se situent à l'extrême opposé en affirmant que même le monde dit physique est constitué d'idées. Ce sont les **idéalistes**, qui sont aussi monistes puisqu'ils cherchent à tout expliquer en fonction de la conscience. Toutefois, plusieurs psychologues admettent l'existence à la fois d'événements physiques et d'événements mentaux, et supposent que ces deux classes sont régies par des principes différents. Cette dernière conception est appelée dualisme. Le **dualiste**

pense qu'il existe des événements physiques et des événements mentaux. Une fois admise l'existence d'un domaine physique et d'un domaine mental, il reste à déterminer quelle relation les unit. Le problème de l'esprit et du corps ne se pose évidemment pas pour le moniste.

Les types de dualisme   L'une des formes de dualisme, appelée **interactionnisme**, affirme que l'esprit et le corps agissent l'un sur l'autre, c'est-à-dire que l'esprit influe sur le corps et que le corps influe sur l'esprit. Selon cette conception, l'esprit est susceptible de déclencher le comportement. C'est le point de vue adopté par Descartes et la majorité des membres du camp humaniste-existentialiste. Depuis Freud, les psychologues de tendance psychanalytique ont toujours été interactionnistes. Ils pensent que bien des problèmes physiques ont une origine *psychogène*, c'est-à-dire qu'ils sont causés par des événements mentaux, tels un conflit, l'anxiété ou la frustration. L'une des explications de la relation entre l'esprit et le corps qui connaît actuellement une certaine popularité est l'**émergentisme**, qui soutient que les états mentaux découlent d'états cérébraux. L'une des formes de l'émergentisme explique qu'après avoir émergé de l'activité cérébrale, des événements mentaux sont susceptibles d'influer sur l'activité ultérieure du cerveau et, donc, sur le comportement. Étant donné qu'elle postule une influence réciproque entre l'activité cérébrale (le corps) et les événements mentaux (l'esprit), cette forme d'émergentisme est qualifiée d'interactionniste. Sperry (1993), entre autres, adopte le point de vue de l'émergentisme interactionniste.

L'**épiphénoménisme** est une forme d'émergentisme non interactionniste. Les épiphénoménistes pensent que les événements mentaux sont causés par le cerveau mais qu'ils ne sont pas responsables du comportement. Selon ce point de vue, les événements mentaux sont simplement des conséquences (ou épiphénomènes) des processus cérébraux et ils n'ont rien à voir avec le comportement.

D'après une autre vision dualiste, une expérience environnementale provoque *simultanément* des événements mentaux et des réactions physiques, et ces deux classes sont tout à fait indépendantes l'une de l'autre. On appelle cette conception **parallélisme psychophysiologique**.

Une autre conception dualiste, appelée **théorie du double aspect**, affirme qu'on ne peut diviser une personne en deux composantes, esprit et corps; c'est en fait une unité qui vit tout événement simultanément sur les plans physiologique et mental. Tout comme «pile» et «face» sont les deux côtés d'une pièce de monnaie, les événements physiologiques et les événements mentaux sont deux aspects d'une personne. Il n'y a pas d'interaction entre l'esprit et le corps, mais on ne peut pas non plus les séparer. Ce sont simplement deux aspects de toute expérience vécue par un être humain. Enfin, d'autres dualistes soutiennent qu'il existe une **harmonie préétablie** entre les événements physiques et les événements mentaux, c'est-à-dire que les deux types d'événements sont différents et indépendants, mais qu'ils sont coordonnés par un agent externe quelconque, par exemple Dieu. Selon Nicolas de Malebranche (1638-1715), lorsqu'un désir naît dans l'esprit, Dieu fait agir le corps. De même, s'il se produit quelque chose sur le plan physique, Dieu provoque l'expérience mentale correspondante. La position de

Malebranche sur la relation de l'esprit et du corps s'appelle **occasionnalisme**.

Toutes les conceptions de la relation de l'esprit et du corps présentées ci-dessus font partie de l'histoire de la psychologie et nous y reviendrons tout au long du présent ouvrage. La figure 1.1 reproduit un résumé fantaisiste des points de vue décrits, imaginé par Chisholm.

Le nativisme et l'empirisme

Dans quelle mesure les attributs humains comme l'intelligence sont-ils héréditaires et dans quelle mesure sont-ils déterminés par l'expérience? Le **nativiste** met l'accent sur le rôle de l'hérédité dans son explication de l'origine des différents attributs humains, tandis que l'empiriste insiste sur le rôle de l'expérience. Ceux qui considèrent que certains aspects du comportement humain sont instinctifs ou qui affirment que la nature humaine est fondamentalement bonne, mauvaise, grégaire, etc., sont également nativistes. Les empiristes soutiennent au contraire que si les humains sont ce

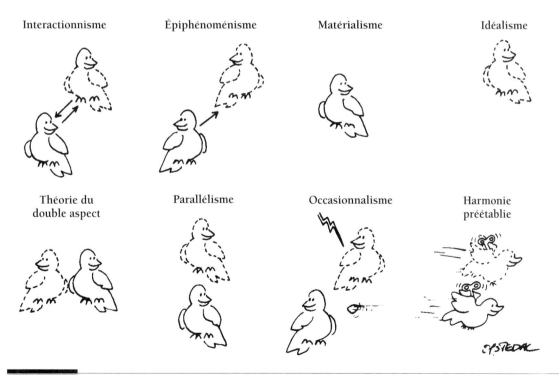

| Interactionnisme | Épiphénoménisme | Matérialisme | Idéalisme |

| Théorie du double aspect | Parallélisme | Occasionnalisme | Harmonie préétablie |

FIGURE 1.1   Illustrations de Chisholm des différentes conceptions de la relation de l'esprit et du corps. L'oiseau dessiné en pointillé représente l'esprit et l'oiseau dessiné au trait plein, le corps. (Tiré de Taylor, 1963, p. 130, et reproduit avec la permission de Roderick M. Chisholm.)

qu'ils sont, c'est en grande partie à cause de leurs expériences. On n'a évidemment pas encore résolu cette question. Le débat entre nativistes et empiristes est étroitement relié à celui de la nature de l'être humain. Par exemple, ceux qui affirment que les humains sont agressifs de nature soutiennent en fait qu'ils ont une prédisposition innée à être agressifs.

Tous les psychologues, ou presque, admettent maintenant que le comportement humain est influencé à la fois par l'expérience et l'hérédité ; ce qui distingue les nativistes et les empiristes, c'est l'importance qu'ils accordent à l'un ou l'autre facteur.

Le mécanisme et le vitalisme

Une autre des questions non résolues de l'histoire de la psychologie est de savoir si le comportement humain s'explique entièrement en fonction de lois mécaniques. Selon le **mécanisme**, le comportement de tous les organismes, y compris les humains, s'explique de la même façon que celui d'une machine quelconque, soit en fonction de ses composantes et des lois qui les régissent. Le mécaniste pense que l'explication du comportement humain ressemble à celle du fonctionnement d'une horloge, sauf que les humains sont plus complexes. Par contre, selon le **vitalisme**, il est impossible de réduire entièrement la vie à des objets matériels et à des lois mécaniques. Les êtres vivants renferment une force vitale qu'on ne trouve pas dans les objets inanimés. On nommait anciennement cette force « âme », « esprit » ou « souffle de vie », et on pensait que sa séparation du corps entraîne la mort.

Le débat entre mécanisme et vitalisme a occupé une place prépondérante dans l'histoire de la psychologie, et nous le retrouverons sous diverses formes tout au long du présent ouvrage.

Le rationalisme et l'irrationalisme

Les explications rationalistes du comportement humain insistent généralement sur l'importance des processus de la pensée logique, systématique et intelligente. C'est peut-être pour cette raison que la plupart des contributions fondamentales aux mathématiques ont été réalisées par des philosophes de tradition rationaliste, tels Descartes et Leibniz. Les rationalistes recherchent les principes universels abstraits qui régissent les événements du monde empirique. La plupart

des philosophes grecs de l'Antiquité sont rationalistes, et certains vont jusqu'à affirmer que la sagesse et la vertu sont une seule et même chose. Si on connaît la vérité, dit Socrate, alors on agit conformément à celle-ci. Les personnes sages sont donc également bonnes. La plus grande passion des Grecs est celle de la connaissance. Il existe bien sûr d'autres passions, mais on devrait les soumettre au contrôle de la raison. La philosophie et la psychologie occidentales ont perpétué dans une large mesure la glorification de l'intellect aux dépens de l'expérience émotionnelle.

On n'a toutefois pas toujours été d'avis que l'intellect constitue le meilleur guide de la pensée et du comportement humains. À différentes époques, on a accordé plus de valeur à l'émotivité qu'à l'intellect. Cela a été le cas au début de l'ère chrétienne, durant la Renaissance et à divers moments où l'influence de la philosophie et de la psychologie existentialistes-humanistes s'est particulièrement fait sentir. Tous ces points de vue insistent davantage sur les sentiments des humains que sur leur raison, et c'est pourquoi on les qualifie d'*irrationnels*.

Toute explication du comportement humain qui met l'accent sur des déterminants inconscients est aussi dite irrationnelle. Les théories psychanalytiques de Freud et de Jung sont des exemples d'**irrationalisme** parce qu'elles soutiennent que les causes réelles du comportement sont inconscientes et qu'elles ne peuvent donc être soumises à la raison.

La tension entre les conceptions de l'humain centrées sur l'intellect (ou la raison) et celles qui insistent sur les émotions ou l'inconscient (l'esprit) s'est manifestée tout au cours de l'histoire de la psychologie et elle est encore présente dans la psychologie contemporaine.

Quels liens existe-t-il entre les humains et les autres animaux ?

Il s'agit avant tout de savoir si les humains se distinguent qualitativement ou quantitativement des autres animaux. Si la différence est de nature quantitative (soit une différence de degré), alors on peut au moins apprendre quelque chose sur les humains en étudiant les animaux. L'école béhavioriste fait une large place à la recherche sur ceux-ci et croit que ce sont les mêmes principes qui régissent leur comportement et celui des humains. Il est donc facile d'étendre les recherches sur le règne animal aux humains. Les humanistes et les existentialistes se situent à l'extrême opposé : ils pensent que les humains se distinguent qualitativement des autres animaux, de sorte qu'on ne peut rien apprendre d'important sur les premiers en étudiant les seconds. Selon eux, les êtres humains sont les seuls êtres vivants qui choisissent librement leur ligne d'action et qui sont donc moralement responsables de leurs actes. Cela justifie que l'on considère le comportement humain comme « bon » ou « mauvais », alors que cela n'a pas de sens de juger le comportement des autres animaux. La culpabilité n'existe pas sans la capacité de raisonner et de choisir. La majorité des psychologues se situent entre les deux extrêmes : ils pensent qu'on peut apprendre seulement un certain type de choses sur les humains en étudiant les autres animaux.

Quelle est l'origine du savoir humain ?

L'étude de la connaissance s'appelle **épistémologie** (du grec *epistêmê*, qui signifie « science »). L'épistémologiste pose des questions comme : que peut-on connaître ? Quelles sont les limites de la connaissance ? Comment la connaissance s'acquiert-elle ? La psychologie s'est de tout temps intéressée à l'épistémologie parce que l'un de ses objets fondamentaux est de déterminer comment les humains acquièrent des informations sur eux-mêmes et le monde qui les entoure. L'empiriste radical soutient que toute connaissance provient de l'expérience sensible que le cerveau enregistre et emmagasine d'une façon ou d'une autre. Le rationaliste pense que l'information sensorielle constitue souvent, sinon toujours, une étape importante de l'acquisition de la connaissance, mais il ajoute que l'esprit joue ensuite un rôle actif en transformant d'une manière quelconque cette information en connaissance. Certains nativistes affirment qu'une partie de la connaissance est innée. Platon et Descartes, par exemple, pensent que plusieurs idées font naturellement partie intégrante de l'esprit.

Quand ils tentent de répondre à des questions épistémologiques, les empiristes postulent l'existence d'un **esprit passif** qui représente les expériences physiques sous forme d'images mentales, de remémorations et d'associations. En d'autres mots, on considère que l'esprit passif reflète sur le plan cognitif ce qui se passe, ou ce qui s'est produit, dans le monde physique. Les expériences physiques qui se répètent constamment selon un modèle donné sont représentées sur le plan cognitif suivant ce modèle et seront aussi généralement conformes à ce modèle dans les souvenirs. Les rationalistes supposent par contre l'existence d'un **esprit actif** qui *transforme* de façon importante les données de l'expérience. Tandis que l'esprit passif représenterait la réalité matérielle, l'esprit actif serait un mécanisme qui organise, soupèse, comprend ou apprécie la réalité matérielle. Selon le rationaliste, l'esprit ajoute à l'expérience mentale quelque chose qui ne se trouve pas dans l'expérience sensorielle.

Donc, du point de vue empiriste, la connaissance se compose de la description précise de la réalité physique telle qu'elle est révélée par l'expérience sensible et enregistrée dans l'esprit. Selon le rationaliste, la connaissance est constituée de concepts et de principes qui sont accessibles seulement à un esprit actif réfléchi. Certains nativistes pensent qu'au moins une partie de la connaissance est présente à la naissance en tant que composante naturelle de l'esprit. Les conceptions empiriste, rationaliste et nativiste, et leurs diverses combinaisons, ont toujours fait partie de la psychologie, et on les retrouve encore aujourd'hui sous une forme ou une autre. Dans le présent ouvrage, nous verrons comment ces trois courants philosophiques fondamentaux se sont manifestés de différentes manières tout au long de l'histoire de la psychologie.

La réalité objective et la réalité subjective

La différence entre ce qui est « vraiment » présent dans le monde physique (réalité matérielle ou objective) et ce qui constitue l'expérience mentale (réalité subjective ou phénoménale) fait l'objet de débats au moins depuis les Grecs de l'Antiquité. Certains acceptent le **réalisme naïf**, selon lequel l'expérience mentale est tout à fait identique à ce qui existe dans le monde physique. Bien d'autres toutefois affirment qu'il se perd ou se crée quelque chose durant le passage de l'expérience sensorielle à l'expérience phénoménale. Il est possible que les deux types d'expériences divergent si les récepteurs sensoriels ne réagissent que partiellement à la réalité matérielle, par exemple s'ils réagissent seulement à certains sons ou à certaines couleurs. On peut aussi observer une divergence si l'information est perdue ou déformée au cours de la transmission des récepteurs sensoriels au cerveau. Le cerveau lui-même peut aussi transformer l'information sensorielle, créant ainsi une divergence entre les réalités matérielle et phénoménale. La question fondamentale est la suivante : étant donné l'existence du monde physique et du monde psychique, quelle relation existe-t-il entre eux ? Et une autre question se rattache à la première : étant donné qu'on ne peut faire directement que l'expérience de sa propre réalité subjective, comment peut-on en venir à connaître quoi que ce soit au sujet du monde physique ? Il s'agit là du problème de la **réification** ou de la tendance à croire que si une chose possède un nom, elle a de ce fait une existence indépendante. J. S. Mill (1843/1874, éd. fr. 1988) décrit cette erreur :

> Ce sophisme peut s'énoncer en cette formule générale : — Ce qui peut être pensé à part existe à part. C'est principalement par la personnification d'abstractions qu'il se manifeste. Les hommes ont eu de tout temps une forte propension à conclure que là où il y a un nom, il doit y avoir une entité distincte correspondant à ce nom ; et qu'à toute idée complexe formée par l'esprit opérant sur ses conceptions des choses individuelles devait se rapporter une réalité objective extérieure. (1988, tome II, p. 320)

Tout au long de l'histoire de l'humanité, on a imaginé des entités telles que l'âme, le psychisme, les dieux, le démon, les esprits et le soi, puis on a supposé qu'elles existaient. Depuis un certain temps, on dispose évidemment de processus permettant de déterminer si une entité imaginée a un référent dans le monde empirique. Nous avons vu qu'une théorie scientifique tente d'établir une corrélation entre d'une part des mots et des symboles, et d'autre part des observations empiriques. Dans le cas de la réification toutefois, on postule simplement l'existence de la relation entre l'imaginaire et le réel. La tendance à la réification est puissante et durable, et nous y reviendrons souvent.

Le problème du soi

Même si les expériences sensibles d'un individu présentent une grande diversité, il perçoit une certaine unité entre elles. Ainsi, on avance en âge, on perd ou prend du poids, on change de lieu, on vit à différents moments, mais malgré tous ces changements et bien d'autres, les expériences d'une vie ont une certaine continuité. On se perçoit comme étant la même personne d'un instant à l'autre, d'un jour à l'autre et d'une année à l'autre bien que peu de choses en soi restent inchangées. La question est de savoir à quoi sont attribuables l'unité et la continuité de notre expérience. Au cours des siècles, on a suggéré des entités tels l'âme et

l'esprit, et, depuis un certain temps, c'est le soi qui est l'organisateur de l'expérience le plus populaire.

On considère souvent que le soi a une existence indépendante, comme le sous-entend l'affirmation : « Je me suis dit… » En plus d'organiser l'expérience et de procurer une impression de continuité dans le temps, le soi aurait d'autres attributs, dont la capacité de déclencher et d'évaluer l'action. Parmi les autres expériences contribuant à la croyance en un soi autonome, on note le sentiment d'intentionnalité ou de délibération dans les pensées et le comportement, la conscience de la conscience, l'habileté à fixer son attention sur l'objet de son choix, et les moments d'intenses émotion et introspection. Nous verrons que le fait de postuler un soi ayant des pouvoirs autonomes crée un certain nombre de problèmes qui suscitent des débats en psychologie depuis plusieurs années. Il est évident que de proposer l'existence d'un soi autonome comme organisateur de l'expérience ou comme instigateur et évaluateur du comportement ramène dans les deux cas au problème de l'esprit et du corps.

L'universalisme et le relativisme

Tout au long de l'histoire de la philosophie, de la science et de la psychologie, des individus ont cherché, ou ont affirmé avoir découvert, des vérités universelles sur le monde en général ou les humains en particulier. L'objectif de ces universalistes est de décrire l'essence, les lois et les principes généraux qui régissent le monde et la perception qu'on en a. Il y a par ailleurs des individus qui soutiennent qu'il n'existe pas de vérités universelles ou qu'il est impossible de les connaître si elles existent. Ce sont des relativistes, qui pensent que les humains influent sur tout ce qu'ils observent et que la recherche d'universaux indépendants de l'existence des humains est donc vaine. Ils disent qu'au contraire toute « vérité » est nécessairement relative aux perspectives d'un individu ou d'un groupe d'individus. Selon eux, il n'y a pas une Vérité, mais seulement des vérités. Ce débat opposant l'**universalisme** et le **relativisme** a d'abord été formulé par les philosophes grecs de l'Antiquité (voir le chapitre 2), et nous verrons qu'il est resté vivant tout au long de l'histoire de la philosophie et de la psychologie. Nous en avons vu un exemple quand nous avons survolé les philosophies des sciences de Popper et de Kuhn. Même si Popper pense que le savoir scientifique est nécessairement provisoire, il suppose qu'il existe un monde physique et que la science telle qu'il la décrit permet d'acquérir une connaissance approximative de ce monde. Popper est donc universaliste. Kuhn, par contre, pense que l'activité scientifique est toujours guidée par un paradigme et que toute conclusion relative au monde est généralement en accord avec les préceptes de ce paradigme. Autrement dit, selon Kuhn, la conception du monde change en même temps que le paradigme ; cela n'a donc pas de sens de parler de l'existence d'un monde indépendant des observateurs humains. Kuhn est relativiste.

Nous verrons au chapitre 21 que la tension entre le modernisme et le postmodernisme, au sein de la philosophie et de la psychologie contemporaines, est la dernière manifestation de l'ancienne tension entre universalisme et relativisme.

Nous constaterons tout au long de l'ouvrage que les positions des psychologues sur les sujets que nous venons de présenter reposent sur une large gamme d'hypothèses, d'intérêts et de méthodes, et il en est de même en psychologie contemporaine.

Résumé

La définition la plus satisfaisante de la psychologie consiste à la décrire comme l'ensemble des activités des psychologues, et celles-ci ont varié au cours des siècles. Même si les débuts de la psychologie remontent à l'aube de la civilisation, notre version de l'histoire de la psychologie commence avec les Grecs de l'Antiquité. La perspective adoptée dans le présent ouvrage est un exemple de présentisme parce que nous prenons la psychologie actuelle comme guide pour déterminer ce que nous examinerons d'un point de vue historique. Cependant, l'historicisme est généralement considéré comme l'approche la plus valable pour comprendre l'histoire de la psychologie. Dans notre ouvrage, nous présentons donc les grands personnages, les idées persistantes, l'esprit du temps et les contributions provenant d'autres disciplines. Cette façon de procéder est multiple et dite « éclectique ». L'étude de l'histoire de la psychologie devrait permettre à l'étudiant d'élargir sa perspective et d'approfondir sa compréhension de la psychologie moderne, et d'apprendre en outre que ce sont parfois les circonstances socioculturelles qui déterminent ce sur quoi on met l'accent en psychologie. Enfin, l'étude de l'histoire de la psychologie permet d'éviter de répéter les erreurs du passé, de découvrir des idées pouvant s'avérer fécondes et de satisfaire la curiosité qu'on a naturellement pour ce que l'on considère comme important.

Traditionnellement, on pensait que la première étape de la science était l'observation empirique et que celle-ci était suivie de l'élaboration d'une théorie. On évaluait ensuite cette théorie en fonction de sa capacité à générer des prédictions, confirmées ou non par les résultats d'expériences. Les théories qui fournissaient des prédictions confirmées devenaient plus puissantes, et celles qui suggéraient des prédictions erronées étaient révisées ou abandonnées. En associant l'observation empirique et la théorie, la science faisait le pont entre les écoles philosophiques empiriste et rationaliste. La science pose l'hypothèse du déterminisme et cherche des lois générales. Popper n'est pas d'accord avec la conception traditionnelle de la science ; selon lui, le point de départ de l'activité scientifique n'est pas l'observation empirique, mais un problème quelconque qui guide les observations empiriques du scientifique. Il soutient en outre que, si une théorie scientifique est constamment confirmée, il y a plus de chances qu'elle soit mauvaise que bonne. Une bonne théorie doit faire des prédictions risquées qui, si elles ne sont pas confirmées, réfutent la théorie. Pour être considérée comme scientifique, une théorie doit préciser à l'avance quelles observations pourraient la réfuter. C'est le principe de falsifiabilité, qui permet de déterminer si une théorie est scientifique ou non. Une théorie scientifique doit prendre le risque d'être inexacte et préciser à quelles conditions elle serait fausse. En psychologie, les théories comme celles de Freud et d'Adler sont trop vagues pour qu'on puisse vraiment les mettre à l'épreuve et elles fournissent davantage de « postdictions » que de prédictions. Sur ces deux points, elles ne respectent pas le principe de falsifiabilité. Kuhn est lui aussi en désaccord avec la conception traditionnelle de la science. Son analyse met l'accent sur des facteurs sociologiques et psychologiques. À n'importe quel moment, les scientifiques acceptent un cadre général pour leurs activités de recherche, et Kuhn appelle ce cadre « paradigme ». Un paradigme détermine ce qui constitue un problème de recherche et comment on peut tenter de le résoudre. D'après Popper, ce sont les problèmes qui servent de guide à l'activité scientifique, tandis que, selon Kuhn, c'est un paradigme largement accepté par les scientifiques. Popper affirme que la science exige la résolution créative de problèmes et Kuhn pense qu'elle ressemble à la résolution d'énigmes. Selon ce dernier, le progrès scientifique s'effectue en trois étapes qu'il qualifie de stades préparadigmatique, paradigmatique et révolutionnaire. Le fait que Popper accepte la théorie de la vérité par correspondance alors que Kuhn la rejette reflète une différence fondamentale entre les conceptions de la science des deux hommes. D'autres philosophes des sciences, dont Feyerabend, pensent que toute caractérisation de la science ou de la méthode scientifique induit en erreur. Ils affirment que la science, c'est ce que font les scientifiques, et qu'elle progresse seulement en transgressant toutes les règles et régulations existantes.

Certains aspects de la psychologie sont scientifiques, tandis que d'autres ne le sont pas. Les psychologues qui admettent l'hypothèse du déterminisme physique ou psychique au cours de leur étude des humains sont plus souvent d'orientation scientifique que ceux qui rejettent cette hypothèse. Les non-déterministes supposent que le comportement humain résulte d'un choix libre et qu'il ne se prête donc pas à l'analyse scientifique traditionnelle. Les indéterministes pensent que le comportement humain est déterminé, mais qu'il n'est pas toujours possible d'en connaître les déterminants de façon certaine. La psychologie n'a pas à rougir de ses aspects non scientifiques parce que leur apport à la compréhension de l'être humain a souvent été important. En outre, dans certains cas, les concepts élaborés par des psychologues d'orientation non scientifique ont été par la suite affinés par d'autres psychologues à l'aide de la méthode scientifique.

Nous avons décrit brièvement plusieurs questions ayant fait l'objet de débats tout au long de l'histoire de la psychologie, dont les suivantes : dans quelle mesure l'être humain est-il libre et dans quelle mesure son comportement est-il déterminé par des causes connaissables ? Quelle est la nature de l'être humain ? Quelle relation existe-t-il entre l'esprit et le corps ? Dans quelle mesure les attributs humains sont-ils déterminés par l'hérédité (nativisme) plutôt que par l'expérience (empirisme) ? Est-il possible de comprendre entièrement le comportement humain en fonction de principes mécanistes ou faut-il postuler l'existence d'un principe vital ? Dans quelle mesure le comportement humain est-il rationnel plutôt qu'irrationnel ? Quels liens existe-t-il entre l'être humain et les autres animaux ? Quelle est l'origine du savoir humain ? Quelle est la différence entre ce qui existe dans le monde physique et les expériences mentales, et comment peut-on connaître cette différence et l'expliquer ? Comment a-t-on utilisé le concept du soi aux différentes époques de l'histoire de la psychologie en tentant d'expliquer la continuité de l'expérience individuelle dans le temps, et quels problèmes ce concept soulève-t-il ? Existe-t-il des vérités universelles sur le monde en général ou sur les humains en particulier, ou une vérité est-elle toujours relative aux perspectives d'un individu ou d'un groupe d'individus ?

Des questions à débattre

1. Décrivez les choix à faire avant d'entreprendre la rédaction d'une histoire de la psychologie, en faisant la distinction entre présentisme et historicisme.

2. Que peut apporter l'étude de l'histoire de la psychologie ?

3. Résumez les principales caractéristiques de la science.

4. Décrivez les raisons pour lesquelles on peut décrire la psychologie soit comme une science soit comme une discipline non scientifique, et énumérez les caractéristiques de la science que certains psychologues n'acceptent pas au cours de leur étude des êtres humains.

5. Qu'est-ce qui distingue les conceptions poppérienne et traditionnelle de la science ?

6. Quelles sont les deux principales raisons pour lesquelles Popper considère que les théories comme celles de Freud et d'Adler ne sont pas scientifiques ?

7. Résumez les idées de Kuhn sur la façon dont la science progresse et définissez les expressions suivantes : *discipline préparadigmatique*, *paradigme*, *science normale* et *révolution scientifique*.

8. Dans un contexte scientifique, qu'est-ce que la théorie de la vérité par correspondance ? Expliquez pourquoi on peut affirmer que Popper accepte cette théorie alors que Kuhn la rejette.

9. Résumez la conception de la science de Feyerabend.

10. La psychologie devrait-elle s'efforcer de devenir une discipline fondée sur un unique paradigme ? Justifiez votre réponse.

11. La psychologie est-elle une science ? Justifiez votre réponse.

12. Définissez ces expressions : *déterminisme physique*, *déterminisme psychique*, *indéterminisme* et *non-déterminisme*.

13. Faites la distinction entre *déterminisme rude* et *déterminisme adouci*.

14. Que tente de faire une théorie de la nature humaine ?

15. Résumez les diverses réponses proposées au problème de l'esprit et du corps en incluant une définition des expressions *monisme*, *dualisme*, *matérialisme*, *idéalisme*, *émergentisme*, *interactionnisme*, *parallélisme psychophysiologique*, *épiphénoménisme*, *harmonie préétablie*, *théorie du double aspect* et *occasionnalisme*.

16. Décrivez les explications nativiste et empiriste de l'origine des attributs humains.

17. Décrivez d'abord les positions du mécanisme et du vitalisme, puis dites quelle position vous adoptez et pourquoi.

18. Décrivez le rationalisme et l'irrationalisme dans le contexte de l'explication du comportement humain.

19. Décrivez de quelle façon un empiriste, un rationaliste et un nativiste expliqueraient respectivement l'acquisition du savoir.

20. Décrivez les problèmes rencontrés au cours de la découverte et de l'explication de la divergence entre ce qui existe dans le monde physique et l'expérience subjective. Définissez la *réification* et donnez un exemple de ce processus.

21. Pourquoi les psychologues ont-ils employé, dans un sens ou un autre, le concept du soi ? Quels problèmes ce concept permet-il de résoudre et quels problèmes soulève-t-il ?

22. Résumez les débats sur la nature de la vérité opposant les universalistes et les relativistes.

Des suggestions de lectures

Churchland, Paul M. *Matière et conscience*, traduit de l'américain par Gérard Chazal, Seyssel, Éditions Champ Vallon, 1999.

Conant, J., et Haugeland, J. (dir.) (2000). *Thomas S. Kuhn : The Road Since* Structure. Chicago : University of Chicago Press.

Honderich, T. (1993). *How free are you ? The determinism problem*. New York : Oxford University Press.

Klemke, E. D., Hollinger, R., et Kline, A. D. (dir.). (1988). *Introductory readings in the philosophy of science*. Buffalo, NY : Prometheus Books.

Kuhn, Thomas S. *La structure des révolutions scientifiques*, traduit de l'américain par Laure Meyer, Paris, Flammarion, 1983.

Notturno, M. A. (dir.) (1996). *Karl R. Popper : Knowledge and the body-mind problem*. New York : Routledge.

Okasha, S. (2002). *Philosophy of science : A very short introduction*. New York : Oxford University Press.

Popper, Karl R. *La quête inachevée : autobiographie intellectuelle*, traduit de l'anglais par Renée Bouveresse, Paris, Calmann-Lévy, 1989.

Popper, Karl R. *Conjectures et réfutations : la croissance du savoir scientifique*, traduit de l'anglais par Michelle-Irène et Marc B. de Launay, Paris, Payot, 1985.

Raphael, F. (1999). *Popper*. New York : Routledge.

Robinson, D. N. (1982). *Toward a science of human nature : Essays on the psychologies of Mill, Hegel, Wundt, and James*. New York : Columbia University Press.

Robinson, D. N. (1985). *Philosophy of psychology*. New York : Columbia University Press.

Stevenson, L., et Haberman, D. L. (1998). *Ten theories of human nature* (3ᵉ éd.). New York : Oxford University Press.

Glossaire

Anomalie　Observation persistante qu'on ne peut expliquer au moyen d'un paradigme existant. Les anomalies entraînent tôt ou tard le remplacement d'un paradigme par un autre.

Approche de l'évolution historique　Approche de l'histoire centrée sur un élément d'un domaine ou d'une discipline, qui décrit comment la compréhension de cet élément ou le point de vue adopté pour l'étudier ont changé en fonction du temps. On décrirait par exemple comment on a défini et étudié la maladie mentale au fil des siècles.

Approche des grands personnages　Approche de l'histoire centrée sur les individus les plus importants du point de vue de leur contribution au sujet ou au domaine étudié.

Approche éclectique　Approche de l'histoire consistant à retenir le meilleur de plusieurs points de vue. L'approche de l'histoire de la psychologie adoptée dans le présent ouvrage est éclectique parce qu'elle allie la description des grands personnages, l'évolution des idées et des concepts, l'esprit du temps et les contributions des disciplines autres que la psychologie.

Déterminisme　Conception qui affirme que tout événement se produit en raison de causes connues ou connaissables et que, si l'on connaissait ces causes, on pourrait prédire l'événement de façon tout à fait précise. De même, dans le cas où l'on connaît et prévient les causes d'un événement, on peut alors prévenir l'événement, donc le prédire et le contrôler.

Déterminisme biologique　Forme de déterminisme qui met l'accent sur les causes de nature biochimique, génétique, physiologique ou anatomique du comportement.

Déterminisme environnemental　Forme de déterminisme qui met l'accent sur les causes du comportement extérieures à l'organisme.

Déterminisme physique　Forme de déterminisme qui met l'accent sur les causes matérielles du comportement.

Déterminisme psychique　Forme de déterminisme mettant l'accent sur les causes mentales du comportement.

Déterminisme socioculturel　Forme de déterminisme environnemental qui met l'accent sur les règles culturelles et sociétales, les coutumes, les régulations ou les attentes comme causes du comportement.

Dualiste　Personne qui pense que l'être humain présente deux aspects, l'un physique et l'autre mental.

Émergentisme　Perspective selon laquelle les processus mentaux sont issus de processus cérébraux. Selon l'émergentisme interactionniste, après son émergence, un état mental peut influer sur l'activité ultérieure du cerveau et, donc, sur le comportement. Selon l'émergentisme épiphénoméniste, l'état mental émergent n'a rien à voir avec le comportement.

Empirisme　Conception selon laquelle toute connaissance est fondée sur l'expérience.

Épiphénoménisme　Forme d'émergentisme selon laquelle les événements mentaux sont issus de l'activité cérébrale, mais n'ont par la suite rien à voir avec le comportement.

Épistémologie　Étude de la nature du savoir.

Esprit actif　Esprit qui transforme, interprète, comprend ou évalue l'expérience sensible. Les rationalistes présupposent que l'esprit est actif.

Esprit passif　Esprit qui, sur le plan cognitif, ne fait que refléter ses expériences sensibles. L'empiriste présuppose que l'esprit est passif.

Harmonie préétablie　Conception selon laquelle les événements physiques et les événements mentaux sont séparés mais corrélés, puisque ces deux ensembles ont été conçus pour évoluer de la même façon.

Historicisme　Étude du passé pour ce qu'il est, sans tenter de l'interpréter ou de l'évaluer en fonction des connaissances et des normes actuelles, comme le fait le présentisme.

Historiographie　Étude des principes guidant la rédaction d'un texte d'histoire.

Idéaliste　Personne qui pense que la réalité est ultimement constituée d'idées ou de perceptions et qu'elle n'est donc pas de nature matérielle.

Indéterminisme　Affirmation selon laquelle, même si le déterminisme existe, toute tentative de mesurer les causes d'un événement influe sur celles-ci, de sorte qu'il est impossible de les connaître de façon certaine. Cette affirmation porte aussi le nom de principe d'incertitude de Heisenberg.

Interactionnisme   Perspective de la problématique de la relation entre l'esprit et le corps selon laquelle les expériences sensibles influent sur l'esprit et celui-ci agit sur le corps.

Irrationalisme   Toute explication du comportement humain qui met l'accent sur des déterminants non soumis au contrôle de la raison ; par exemple, les explications qui accordent de l'importance aux émotions ou à des mécanismes inconscients sont de cette nature.

Libre arbitre   Voir *Non-déterminisme*.

Loi causale   Énoncé décrivant une relation de cause à effet. Une loi de ce type précise les conditions nécessaires et suffisantes pour qu'un événement donné se produise. La connaissance des lois causales permet à la fois de prédire des événements et de les contrôler.

Loi corrélationnelle   Énoncé exprimant une relation systématique entre des classes d'événements empiriques. Les événements décrits ne sont pas nécessairement reliés par la causalité comme dans une loi causale. On peut constater, par exemple, que, si la température quotidienne moyenne augmente, le taux de crimes augmente aussi, sans que l'on sache (ou même que l'on veuille savoir) s'il existe une relation de cause à effet entre les deux événements.

Loi scientifique   Énoncé établissant une relation entre des classes d'événements empiriques qu'on peut observer de façon constante.

Matérialiste   Personne qui pense que tout ce qui existe est de nature matérielle (ou physique), y compris ce que certains qualifient de mental.

Mécanisme   Conception selon laquelle le comportement de tout organisme, y compris l'humain, s'explique entièrement en fonction de lois mécaniques.

Moniste   Personne qui pense qu'il existe une réalité unique. Tout matérialiste est moniste puisqu'il croit que seule la matière existe. De même, un idéaliste est nécessairement moniste parce qu'il pense que tout ce qui existe, y compris le monde « matériel », est issu de la conscience humaine et est donc de nature mentale.

Nativiste   Toute personne qui pense que des attributs importants, comme l'intelligence, sont en grande partie héréditaires.

Non-déterminisme   Conception selon laquelle la pensée et le comportement humains font l'objet d'un choix libre de l'individu, et ne sont donc pas causés par des événements physiques ou mentaux antérieurs.

Observation empirique   Observation directe de l'objet d'étude dans le but de le comprendre.

Observation publique   Observation faite suivant la condition *sine qua non* que les lois scientifiques puissent être soumises à l'observation de toute personne qui s'y intéresse. En général, la science étudie les relations empiriques que toute personne qui le désire peut vérifier.

Occasionnalisme   Conception selon laquelle la relation entre l'esprit et le corps se fait par l'intermédiaire de Dieu, ou un agent externe.

Paradigme   Point de vue adopté par plusieurs scientifiques au cours de l'examen de l'objet de leur science. Un paradigme détermine quels sont les problèmes valables, de même que la méthodologie employée pour résoudre ces problèmes.

Parallélisme psychophysiologique   Conception selon laquelle toute expérience sensible cause simultanément une activité physique et une activité mentale qui sont indépendantes l'une de l'autre.

Postdiction   Tentative de rendre compte d'un événement après qu'il est survenu. La « postdiction » s'oppose à la prédiction en ce sens que celle-ci tente de préciser les conditions nécessaires pour qu'un événement ultérieur se produise.

Prédiction risquée   Selon Popper, prédiction issue d'une théorie scientifique et probablement susceptible de démontrer que la théorie est fausse. Par exemple, si une théorie météorologique prédit qu'il va pleuvoir en un lieu donné à un instant donné, alors ou bien il pleuvra ou bien il aura été démontré que la théorie est inexacte.

Présentisme   Étude du passé en interprétant et en évaluant des événements historiques en fonction des connaissances et des normes contemporaines.

Principe d'incertitude   Voir *Indéterminisme*.

Principe de falsifiabilité   Affirmation de Popper selon laquelle une théorie peut être considérée comme scientifique seulement si elle précise quelles observations pourraient la réfuter. Une théorie doit donc faire des prédictions risquées pour être considérée comme scientifique. (Voir aussi *Prédiction risquée*.)

Proposition vérifiable   En science, proposition pouvant être validée au moyen d'expériences.

Rationalisme   Conception philosophique selon laquelle le savoir s'acquiert uniquement au moyen d'un type donné d'activité mentale systématique.

Réalisme naïf   Conception selon laquelle l'expérience mentale se confond avec ce qui est présent dans le monde physique.

Réification   Conception selon laquelle les abstractions qu'on a nommées ont une existence indépendante de leur nom.

Relativisme   Croyance selon laquelle il est inutile de rechercher une vérité universelle indépendante de l'expérience humaine parce que toute expérience est filtrée par les perspectives individuelles et collectives. Du point de vue d'un relativiste, la Vérité n'existe pas ; il existe seulement des vérités.

Résolution d'énigmes   Selon Kuhn, la science normale se compare à la résolution d'énigmes en ce sens que les problèmes auxquels elle s'intéresse sont définis par un paradigme et nécessairement résolubles, et qu'il faut suivre des règles données pour arriver à une solution.

Science   Traditionnellement, tentative systématique de classer des observations empiriques selon des critères rationnels ou de les expliquer. Popper décrit la science comme une façon de mettre rigoureusement à l'épreuve les solutions proposées à un problème, et Kuhn insiste sur l'importance des paradigmes qui guident les scientifiques dans leurs activités de recherche. Quant à Feyerabend, il pense qu'il est impossible d'énoncer une conception générale de la science ou de la méthode scientifique.

Science normale   Selon Kuhn, activités de recherche menées par les scientifiques qui examinent les implications d'un paradigme.

Stade paradigmatique   Selon Kuhn, stade de développement d'une science durant lequel l'activité scientifique est guidée par un paradigme. Autrement dit, c'est la période durant laquelle s'exerce la science normale. (Voir aussi *Science normale*.)

Stade préparadigmatique   Selon Kuhn, première étape du développement d'une science, caractérisée par l'existence de factions opposées qui se font concurrence pour définir l'objet et la méthodologie de la discipline.

Stade révolutionnaire   Selon Kuhn, étape du développement de la science au cours de laquelle un paradigme existant est remplacé par un autre. Une fois la substitution terminée, le nouveau paradigme génère la science normale, ce qu'il continue de faire jusqu'à ce qu'il soit éventuellement remplacé à son tour par un nouveau paradigme.

Théorie de la vérité par correspondance   Croyance selon laquelle les lois et les théories scientifiques sont justes dans la mesure où elles reflètent le monde physique de façon exacte.

Théorie du double aspect   Conception selon laquelle les événements physiques et mentaux sont inséparables. Chaque expérience comporte ces deux aspects.

Théorie scientifique   Traditionnellement, explication proposée d'un certain nombre d'observations empiriques ; selon Popper, solution proposée d'un problème.

Universalisme   Conception selon laquelle il existe des vérités universelles relatives aux humains et au monde physique en général, que chacun peut découvrir en appliquant des méthodes de recherche appropriées.

Vitalisme   Conception selon laquelle il est impossible d'expliquer la vie en fonction de processus inanimés. Selon le vitaliste, la vie requiert une force transcendant les objets matériels ou les processus inanimés par lesquels elle se manifeste. La vie nécessite la présence d'une force vitale.

Zeitgeist   Terme allemand qui se traduit par « esprit du temps ».

CHAPITRE 2

Les philosophes de la Grèce antique

Le monde avant la civilisation

Imaginez que vous ayez vécu il y a 15 000 ans environ. À quoi aurait ressemblé votre vie ? On peut supposer qu'au cours de votre existence, vous auriez été témoin de la plupart des phénomènes suivants : la foudre, le tonnerre, les arcs-en-ciel, les phases de la lune, la mort, la naissance, les rêves (y compris les cauchemars), les météorites, les éclipses de soleil ou de lune, et peut-être aussi un tremblement de terre, une tornade, une inondation, une sécheresse ou une éruption volcanique. Comme ces manifestations vous auraient touché de très près, il aurait été tout naturel de vouloir leur trouver une explication, mais laquelle ? Même de nos jours, le commun des mortels ne saurait expliquer plusieurs d'entre elles, la foudre par exemple. Si aujourd'hui les gens savent que les scientifiques peuvent expliquer une foule de phénomènes, ce qui les rassure, ce n'était pas le cas dans l'Antiquité, où l'on n'avait pas acquis ces connaissances. Comme nous l'avons déjà mentionné au chapitre précédent, les penseurs ont toujours fait des observations empiriques pour ensuite essayer d'expliquer ces observations. L'observation et l'explication sont des éléments clés de la science moderne. Or, les explications proposées il y a 15 000 ans n'avaient rien de scientifique.

L'animisme et l'anthropomorphisme

L'**animisme** est l'attitude par laquelle on considère la nature comme un être vivant, et l'**anthropomorphisme**, celle par laquelle on lui attribue des qualités humaines. Les hommes ont d'abord tenté d'expliquer les phénomènes naturels en recourant à l'une et à l'autre. Ainsi, le ciel et la terre pouvaient être en colère ou sereins, tout comme un être humain. Les hommes ne faisaient alors aucune distinction entre les objets animés (vivants) et les objets inanimés, ni entre les choses matérielles et immatérielles.

Certains postulaient plutôt qu'un fantôme ou un esprit bien réel habitait toute chose, y compris les êtres humains, et que les phénomènes qui se manifestaient tant dans la nature que dans le comportement humain pouvaient donc être considérés comme des caprices de ces esprits. Le mot *esprit* vient du mot latin *spiritus*, qui signifie « souffle ». Le souffle (et plus tard l'esprit, l'âme, la psyché ou le fantôme) est le principe qui donne vie à toute chose et qui, s'il s'en retire, en provoque la mort. Cet élément vital pouvait parfois quitter le corps puis y revenir, mouvement par lequel on expliquait le rêve. En outre, lorsque quelqu'un rêvait ou pensait à une personne morte, c'était le signe qu'elle existait encore puisqu'on croyait que tout ce qui pouvait être un objet de la pensée existait bel et bien (réification). Suivant cette logique, tout ce que la pensée pouvait faire apparaître était réel ; aussi, l'imagination et les rêves créèrent une foule de démons, d'esprits, de monstres et (plus tard) de dieux pour expliquer tous les phénomènes naturels.

La magie

Comme on croyait en l'existence d'esprits dotés de qualités humaines, il était tout naturel d'essayer de communiquer avec eux pour les amadouer. Si, par exemple, on considérait que l'un d'eux donnait trop de pluie ou pas assez, on essayait de le persuader de modifier son action. De même, on considérait les gens malades comme étant possédés par de mauvais esprits, qu'il fallait convaincre de sortir du corps de ces personnes. Pour les influencer, les hommes élaborèrent donc un ensemble de pratiques compliquées : la **magie**. Les gens pensaient que certains mots, certains objets, certaines cérémonies ou certaines actions pouvaient agir sur les esprits. Ces croyances étaient rudimentaires, mais avaient néanmoins l'avantage de donner aux hommes le sentiment d'avoir un peu d'emprise sur leur destin.

Les hommes ont toujours eu besoin de comprendre la nature, de la prédire et de la contrôler. L'animisme, l'anthropomorphisme, la magie, la religion, la philosophie et la science sont autant d'efforts qu'ils ont déployés pour satisfaire ce besoin. Voici ce que Waterfield (2000) dit à ce sujet :

> Tous les systèmes de croyances évoluent dans le but d'élucider l'ordre des choses et de comprendre le monde. En ce sens, la science est un mythe au même titre que les autres systèmes ; elle donne aux individus qui l'acceptent — c'est-à-dire à ceux qui deviennent volontairement membres de cette société — un cadre, un modèle pour expliquer et représenter la réalité, et ce, pendant aussi longtemps qu'ils seront suffisamment nombreux pour l'accepter. Ainsi, loin d'avoir banni les dieux, la science est tout simplement devenue la matrice d'une nouvelle génération de dieux scientifiques, descendants des anciens dieux. (p. xxxii [notre traduction])

La religion dans la Grèce antique

Aux Ve et VIe siècles avant Jésus-Christ, les Grecs s'appuyaient encore beaucoup sur la religion pour expliquer la nature. Deux grandes religions existaient alors : la **religion olympienne** et l'**orphisme**. La première vénérait les dieux olympiens qu'Homère avait décrits dans ses poèmes. On disait que ces divinités s'intéressaient bien peu aux angoisses du genre humain, qu'elles étaient plutôt irascibles, amorales et qu'elles se souciaient peu de l'immortalité humaine. Les olympiens croyaient que le « souffle » survivait après la mort, mais sans les souvenirs et les traits de personnalité de la personne qu'il avait habitée. Aussi les gens voulaient-ils vivre leur vie le plus pleinement possible, le plus agréablement possible, et la meilleure façon d'y parvenir était de viser la gloire en accomplissant des gestes nobles : « À la seule pensée de la gloire, la plupart des Grecs trouvaient une consolation à la sombre incertitude du tombeau » (Bowra, 1957, éd. fr. 1969, p. 54). Par ailleurs, les dieux olympiens personnifiaient l'ordre ainsi que la rationalité, et valorisaient l'intelligence. En somme, ils avaient à peu près les mêmes caractéristiques et croyances que les membres des classes supérieures ; il n'est pas étonnant que la noblesse grecque ait privilégié la religion olympienne.

Si les classes supérieures pouvaient se maintenir, c'était en grande partie grâce aux très nombreux paysans, ouvriers et esclaves dont la vie se caractérisait par l'incertitude économique et politique. Relativement pauvres et non éduqués, les gens de ces couches sociales étaient plus attirés par l'orphisme, la deuxième grande religion d'importance à cette époque. Fondé sur le mythe de Dionysos, dieu du vin et du délire mystique, et de son disciple Orphée, l'orphisme présentait l'idée de la **transmigration de l'âme**. Au cours de son existence divine, lorsqu'elle vivait parmi les dieux, l'âme avait commis un péché, pour le rachat duquel on l'avait enfermée dans un corps comme dans une prison. Tant et aussi longtemps que l'âme ne s'était pas rachetée, elle suivait un « cycle de naissances » qui l'amenait à vivre dans une plante, puis un animal, puis un humain, puis une plante encore, et ainsi de suite. Elle cherchait à se libérer de cette transmigration afin de retourner à son existence divine, pure et transcendante parmi les divinités. Les rites pratiqués dans l'espoir de libérer l'âme de sa prison (le corps) incluaient le jeûne, les diètes particulières, les cérémonies spectaculaires et divers tabous.

Plus tard, la croyance orphique selon laquelle l'âme cherchait à s'échapper de son existence terrestre, contaminée, et à retrouver un état céleste après la mort devint extrêmement populaire et fut intégrée à l'héritage judéo-chrétien.

Pour comprendre l'être humain et le monde, les Grecs de l'Antiquité avaient donc le choix entre la religion olympienne et l'orphisme. À partir de là, les explications que chacun voulait bien accepter pour appréhender le monde dépendaient aussi bien du tempérament individuel et des circonstances que de la pensée rationnelle personnelle, comme c'est d'ailleurs encore le cas aujourd'hui.

Comme nous le verrons dans la prochaine section, plusieurs des philosophes grecs de l'Antiquité optèrent pour la relative rationalité de la religion olympienne. Quelques philosophes très influents préférèrent toutefois le mysticisme de l'orphisme ; Pythagore et Platon en sont deux exemples très connus.

Les premiers philosophes

Durant la plus grande partie de l'histoire ancienne, on recourut à la magie, à la superstition et au mysticisme pour essayer de comprendre les phénomènes naturels. Ce fut donc un pas gigantesque pour la pensée humaine lorsque certains en proposèrent des explications *naturelles* plutôt que surnaturelles. Les Grecs de l'Antiquité furent les premiers à offrir de telles explications, qui, forcément, étaient très simples au début. La philosophie (qui signifie littéralement « amour de la connaissance » ou « sagesse ») est née lorsque les explications naturelles (*logos*) commencèrent à remplacer les explications surnaturelles (*mythos*). Waterfield (2000) reprend les termes de Kuhn pour décrire l'importance de cette évolution : « La révolution présocratique fut une révolution véritable — un changement de paradigme de première importance » (p. xxiii [notre traduction]). Les premiers philosophes étaient appelés *cosmologistes* parce qu'ils cherchaient à expliquer l'origine du cosmos (l'Univers), sa structure et les processus qui le gouvernent. Le mot grec *kosmos*, toutefois, ne faisait pas uniquement référence à la totalité des choses ; il comportait aussi l'idée d'un univers élégant et ordonné. D'ailleurs, la connotation esthétique du mot *kosmos* se retrouve aujourd'hui dans le mot français *cosmétique*. Les premiers cosmologistes grecs considéraient donc l'Univers comme une chose agréable à contempler et ordonnée. Ce dernier aspect s'avère extrêmement important, car un univers ordonné est, en principe du moins, un univers explicable.

Thalès

Comme nous l'avons dit au chapitre 1, il est très rare qu'une idée naisse déjà pleinement développée d'un seul individu. Considéré par plusieurs comme le premier philosophe, **Thalès** (vers 625-547 av. J.-C.) possédait un riche bagage intellectuel. Il alla en Égypte et à Babylone, et les civilisations avancées qu'il put y observer marquèrent sans aucun doute sa philosophie. Par exemple, les Égyptiens connaissaient déjà depuis des siècles la géométrie, à laquelle Thalès put s'initier. En Égypte et à Babylone, cependant, le savoir avait une visée soit pratique (la géométrie servait à planifier les champs destinés à l'agriculture), soit religieuse (l'anatomie et la physiologie servaient à préparer les morts pour leur séjour dans l'au-delà). L'importance de Thalès dans l'histoire des idées vient de ce qu'il privilégiait les explications naturelles plutôt que les explications surnaturelles. Ainsi, dans sa **cosmologie**, il avançait que,

loin de dépendre des caprices des dieux, les choses de l'Univers étaient faites de substances naturelles et gouvernées par des principes naturels. L'Univers était donc aussi connaissable, il pouvait devenir un objet de la compréhension humaine.

Thalès chercha la substance, le principe unique dont tout le reste était issu. Les Grecs l'appelaient la **physis** (nature), et ceux qui la cherchaient, les **physiciens**. Les physiciens actuels tentent encore de déterminer qu'elle est la « substance » qui compose toute chose. Thalès conclut que la physis était l'eau parce que beaucoup de choses semblent être dérivées de cet élément. La vie dépend de l'eau, qu'on retrouve sous plusieurs formes (glace, vapeur, grêle, neige, nuages, brouillard, rosée, etc.), laquelle se trouve dans tout. Cette conclusion qui faisait de l'eau la substance primaire avait un mérite considérable.

> La plus importante des idées de Thalès est que le monde est fait d'eau. Cette affirmation n'est pas aussi exagérée qu'elle paraît à première vue, et ce n'est pas non plus pure imagination dénuée d'observation. À notre époque, on a tenu l'hydrogène, le corps qui entre dans la composition de l'eau, pour l'élément chimique à partir duquel tous les autres éléments peuvent être produits par synthèse. L'idée que toute matière est une représente une hypothèse scientifique tout à fait honorable. Quant à l'observation, la proximité de la mer rend plausible qu'on puisse remarquer que l'eau s'évapore sous l'action du soleil et que la brume s'élève de la surface pour former les nuages, qui sont à nouveau dissous sous forme de pluie. Selon ce point de vue, la terre est une forme d'eau concentrée. Si fantaisistes que soient les détails, c'est tout de même un exploit que d'avoir découvert qu'une substance reste la même sous différents états. (Russell, 1959, éd. fr. 1961, p. 16-17)

En plus de cette découverte, Thalès parvint à prédire des éclipses, à élaborer des méthodes de navigation se référant aux astres et aux planètes, et à appliquer des principes géométriques à la mesure de choses telles que la hauteur des édifices. On dit même qu'il aurait contrôlé le marché de l'huile d'olive en prédisant les tendances météorologiques. Ses multiples talents d'ordre pratique firent de Thalès un homme célèbre et conférèrent à la philosophie sa respectabilité. Thalès montra qu'une connaissance de la nature recourant le moins possible au surnaturel pouvait donner aux hommes un pouvoir sur leur environnement, ce qu'ils cherchaient depuis la nuit des temps.

Mais ce qui est encore plus important, c'est qu'il présentait ses idées comme des spéculations et invitait les autres à les remettre en question. Ce faisant, Thalès initia la *tradition critique* qui allait caractériser les philosophes grecs : « J'imagine que Thalès est le premier maître qui ait dit à ses disciples : "C'est ainsi que je vois les choses, je crois en avoir donné une description effective. À vous d'y apporter des perfectionnements" » (Popper, 1958, éd. fr. 1985, p. 228). Nous reviendrons sur l'importance de cette tradition critique plus loin dans ce chapitre.

Anaximandre

Disciple de Thalès, **Anaximandre** (vers 610-547 av. J.-C.) affirma que même l'eau était la composante d'une matière encore plus fondamentale. (Remarquez ici qu'Anaximandre examinait le point de vue de son maître et le critiquait.) Selon lui, la physis était quelque chose qui pouvait devenir n'importe quoi. Il nomma cette chose l'« infini » ou l'« indéfini ». Anaximandre proposa aussi une théorie rudimentaire de l'évolution. Dans un mélange d'eau chaude et de terre, sont d'abord apparus les poissons. Comme ils ne pouvaient pas survivre s'ils n'étaient pas protégés pendant leur croissance, les premiers bébés humains se sont développés dans ces poissons jusqu'à la puberté. Les poissons porteurs ont alors éclaté et expulsé les hommes devenus assez forts pour survivre par eux-mêmes. Anaximandre exhortait donc ses semblables à ne pas manger de poissons, qui étaient en un certain sens leurs parents. On voit ici à quel point l'environnement physique peut influencer la conception qu'on se fait des choses : Thalès et Anaximandre vivaient tous deux sur le bord de la Méditerranée, ce qui a de toute évidence marqué leur philosophie.

Héraclite

Convaincu que chaque chose dans la nature est en perpétuel changement, **Héraclite** (vers 540-480 av. J.-C.) soutint que la physis, cette substance primaire de la matière sur laquelle chacun s'interrogeait, était le feu, puisque tout se transformait en sa présence. Pour lui, l'Univers se caractérisait d'abord et avant tout par le fait qu'il n'était pas dans un état « stable », mais toujours en « **devenir** ». Par exemple, une chose n'était ni chaude ni froide, elle devenait plus chaude ou plus froide ; une chose n'était ni rapide ni lente, elle devenait plus rapide ou plus lente. Héraclite résumait bien sa philosophie en

disant : « On ne se baigne jamais deux fois dans le même fleuve » (Waterfield, 2000, p. 41 [notre traduction]), ce qui signifie que chaque jour le fleuve change et n'est donc plus tout à fait celui dans lequel on s'est baigné la veille.

Héraclite croyait que toute chose se situe quelque part entre deux pôles : la nuit et le jour, la vie et la mort, l'hiver et l'été, le haut et le bas, le froid et le chaud, le sommeil et l'état de veille. Pour lui, une extrémité définit l'autre, et les deux pôles sont inséparables. Par exemple, c'est seulement par rapport à l'injustice qu'on peut définir la justice et par rapport à la santé qu'on peut définir la maladie.

Il soulevait ainsi une question épistémologique qui demeure actuelle : comment peut-on arriver à connaître de façon certaine une chose qui change constamment ? Si une chose présente des différences à deux moments dans le temps et qu'elle n'est donc plus tout à fait le même objet, comment savoir ce qu'elle est vraiment ? La connaissance nécessite-t-elle la permanence ? On commença alors à se demander si l'on peut vraiment se fier aux sens pour acquérir des connaissances, puisqu'ils ne peuvent témoigner que d'un monde en évolution. Pour répondre à la question « Que peut-on savoir avec certitude ? », on ne pouvait pas utiliser de faits empiriques, car les événements fluctuent constamment. Ceux qui cherchaient quelque chose d'immuable et, par le fait même, de connaissable devaient donc choisir entre, d'un côté, une chose réelle mais indétectable par les sens, ce que proposèrent les atomistes et les mathématiciens pythagoriciens (nous en reparlerons plus loin), et, de l'autre, une chose de l'esprit (les idées ou l'âme), ce que privilégièrent les platoniciens et les chrétiens. Les deux écoles de pensée estimaient qu'une réalité appréhendée par les sens n'était pas assez fiable pour être connue. Même aujourd'hui, le but de la science est de découvrir des lois générales qui sont des abstractions *dérivées* d'expériences sensorielles. En tant qu'abstractions, les lois scientifiques sont considérées comme infaillibles, mais pour ce qui est des manifestations concrètes, elles ne peuvent qu'énoncer des probabilités.

La philosophie d'Héraclite décrivait clairement la principale lacune des différents types d'empirisme : même si nos récepteurs sensoriels pouvaient détecter correctement les objets et les phénomènes du monde physique, nous ne connaîtrions que des objets et des phénomènes qui changent d'un instant à l'autre. Pour cette raison, on dit que les empiristes étudient ce qui est en devenir plutôt que ce qui est. **Être** suppose un état de permanence et donc, à tout le moins, la possibilité d'une certaine connaissance, tandis que les événements empiriques — parce qu'ils sont en mouvement permanent — ne peuvent, au mieux, que faire l'objet que de probabilités. Dans l'histoire de la psychologie, on a considéré comme des rationalistes ceux qui affirmaient qu'il existe des choses permanentes et donc connaissables concernant l'Univers ou les hommes, et comme des empiristes ceux qui ont postulé que toute chose dans l'Univers, y compris les hommes, fluctue constamment et est donc impossible à connaître avec certitude.

Parménide

Tenant un discours tout à fait opposé à celui d'Héraclite, **Parménide** (né vers 515 av. J.-C.) croyait que tout changement n'est qu'illusion et qu'il existe une seule réalité. Cette réalité serait finie, uniforme, immuable et fixe, et elle ne pourrait être comprise que par la raison. Par conséquent, la connaissance ne peut s'acquérir que par la pensée rationnelle puisque l'expérience sensorielle ne procure qu'une illusion. Parménide défendait son point de vue par la logique. Comme les premiers hommes, il considérait que le fait de parler d'une chose ou d'y penser impliquait que celle-ci existe puisqu'on ne peut pas penser à quelque chose qui n'existe pas (réification). Voici un résumé du discours de Parménide :

> Quand vous pensez à quelque chose, quand vous vous servez d'un nom, il faut que ce soit le nom de quelque chose. Par conséquent, pensée et langage ont besoin d'objets en dehors d'eux-mêmes. Et puisque vous pouvez penser à une chose ou en parler à un moment aussi bien qu'à un autre, tout ce qui peut être pensé, tout ce dont on peut parler doit exister en tout temps. Par conséquent, il ne peut y avoir aucun changement puisque le changement consiste en choses qui viennent à l'existence et qui cessent d'exister. (Russell, 1945, éd. fr. 1953, p. 69)

Disciple de Parménide, Zénon d'Élée (vers 495-430 av. J.-C.) utilisa des arguments logiques pour démontrer que le mouvement est une illusion. Selon lui, pour qu'un objet se déplace du point A au point B, il doit d'abord parcourir la moitié de la distance entre A et B, puis parcourir la moitié de la distance restante, et ainsi

de suite. Et comme il existe un nombre infini de points entre deux points quels qu'ils soient, le processus ne s'arrête jamais. En outre, l'objet doit passer par un nombre infini de points en un temps fini, et cela est impossible. Par conséquent, il est logiquement impossible que cet objet finisse par atteindre le point B. Si l'on a l'impression qu'il y parvient, c'est à cause de la faiblesse des sens. On illustre très souvent ce raisonnement, appelé **paradoxe de Zénon**, de la façon suivante : si, dans une course, on permet à un coureur de partir un peu avant un autre, le second coureur ne pourra jamais dépasser le premier, quelles que soient la lenteur du premier coureur ou la rapidité du second.

Avec Parménide et Zénon, on se trouve devant l'exemple parfait de ce à quoi peut mener un raisonnement qui n'est pas remis en question. Parvenus à la conclusion que ce sont ou bien la logique, les mathématiques et la raison qui sont justes, ou bien l'information fournie par les sens, ces philosophes optèrent pour les premières. Cette erreur se répéta plusieurs fois dans l'histoire. D'un autre côté, ne se fier qu'aux informations fournies par nos sens conduit aussi à des conceptions erronées. Il a fallu attendre l'apparition de la science proprement dite au XVIᵉ siècle pour que le rationalisme et l'empirisme se rejoignent, et que les explications proposées par la raison soient corroborées par des données sensorielles. La science permit ainsi de modérer les positions extrêmes de ces deux courants de pensée.

Pythagore

Pythagore (vers 580-500 av. J.-C.) eut une influence considérable sur l'Occident, principalement par celle qu'il eut sur Platon. On considère que Pythagore fut le premier à employer le mot *philosophie* et à se faire appeler *philosophe* (Guthrie, 1987, p. 19). Pythagore disait que l'explication fondamentale de chaque chose de l'Univers se trouve dans les nombres et dans les relations entre les nombres. Il avait découvert que le carré de l'hypoténuse d'un triangle rectangle est exactement égal à la somme des carrés de ses deux autres côtés, ce qu'on appela plus tard le « théorème de Pythagore », même si tout porte à croire que les Babyloniens connaissaient déjà cette relation. Pythagore avait aussi observé qu'on obtenait un son harmonieux lorsqu'une des cordes d'une lyre était exactement deux fois plus longue qu'une autre. Cette observation sur la nécessité que les cordes respectent certains rapports de longueur

pour produire des sons agréables est peut-être la première loi psychophysique de la psychologie. En effet,
on a depuis démontré que les phénomènes physiques
(les relations entre les cordes) sont systématiquement
reliés à des phénomènes psychologiques (la perception
de sons agréables). En fait, les pythagoriciens exprimaient cette relation psychophysique en termes
mathématiques.

De la même façon que la musique agréable vient du
mélange harmonieux de certains sons, la santé dépend
du mélange harmonieux de certains éléments corporels. Les pythagoriciens voyaient dans la maladie une
perturbation de l'équilibre du corps, le traitement médical consistait donc à rétablir cet équilibre. (Nous verrons plus loin que cette vision pythagoricienne de la
médecine allait avoir une très grande influence sur le
développement de cette science.) Ils joignirent ces observations à d'autres du même type et formèrent une
école de pensée qui magnifiait les mathématiques. Pythagore et ses disciples appliquèrent des principes mathématiques à presque tous les aspects de l'existence
humaine, et créèrent ainsi « un fabuleux mélange qui
liait mysticisme religieux, musique, mathématiques,
médecine et cosmologie » (Esper, 1964, p. 52 [notre
traduction]).

Selon les pythagoriciens, les nombres, quoique abstraits,
et les relations entre eux sont réels et exercent une
influence sur le monde physique. Le monde des nombres existe indépendamment du monde matériel et
peut être appréhendé dans sa forme pure par la seule
raison. Lorsqu'on le conceptualise, le théorème de
Pythagore est parfaitement exact et s'applique à tous les
triangles rectangles qui ont existé et existeront. Tant
qu'on applique ce théorème de manière rationnelle à
des triangles imaginaires, il est infaillible ; lorsqu'on tente de le faire avec des triangles réels, toutefois, il ne l'est
plus parce qu'il est impossible de trouver des triangles
parfaits dans le monde matériel. En fait, pour les pythagoriciens, *rien* n'est parfait dans le monde matériel. La
perfection ne se trouve que dans le monde mathématique abstrait qui existe au-delà des sens et qui, donc, ne
peut être appréhendé que par la raison.

Les pythagoriciens postulaient que l'Univers est double :
à la fois abstrait, permanent et intellectuellement intelligible (comme celui proposé par Parménide), et empirique, changeant et appréhendé par les sens (comme

celui proposé par Héraclite). L'expérience sensorielle ne
permet donc pas d'atteindre la connaissance. En fait,
pour les pythagoriciens, elle fait obstacle à l'acquisition
de la connaissance et doit être écartée. Méprisant
ouvertement l'expérience sensorielle et les plaisirs corporels, les pythagoriciens partirent donc en croisade
contre le vice, l'anarchie et les excès physiques de
toutes sortes. Les tenants de cette école de pensée s'as-
treignaient à de longues périodes de silence pour renforcer leur pensée rationnelle. Pour purger leur esprit, ils
s'imposaient des exercices physiques et mentaux très
durs, ils s'interdisaient notamment de manger de la
viande ainsi que des haricots ; les haricots occasionnant
des flatulences, on était convaincu qu'ils nuisent à la
quiétude d'esprit nécessaire à la recherche de la vérité.
En ce sens, les pythagoriciens furent les premiers à
croire que « l'on est ce que l'on mange », car ils considéraient que « chaque type d'aliment ingéré par l'être
humain peut causer telle ou telle disposition » (Guthrie,
1987, p. 107 [notre traduction]).

Les pythagoriciens croyaient aussi que l'Univers se caractérise par une harmonie mathématique et que tous
les éléments de la nature sont reliés les uns aux autres.
Suivant ce point de vue, ils encouragèrent les femmes à
se joindre à leur organisation (il était *très* inhabituel
pour des Grecs de considérer les femmes comme les
égales des hommes dans quelque domaine que ce fut),
plaidèrent en faveur de l'humanisation du traitement
des esclaves et, comme nous l'avons dit, développèrent
des pratiques médicales fondées sur le principe que
la santé découle du fonctionnement harmonieux du
corps, et la maladie, d'une perturbation ou d'un
déséquilibre.

C'est donc des pythagoriciens que vient la croyance
selon laquelle l'expérience du corps est inférieure à
celle de l'esprit — une croyance qui occupe une grande
place dans la théorie de Platon et une plus grande place
encore dans la théologie chrétienne à ses débuts. Plus
tard, Platon deviendra un membre de l'organisation
pythagoricienne. Les concepts qu'il y apprendra consti-
tueront d'ailleurs les fondements de son Académie, sur
le fronton de laquelle il fera graver : « Que nul n'entre
ici s'il n'est géomètre. »

Pythagore postulait qu'il y a deux mondes, l'un physique et l'autre abstrait, les deux étant en interaction. Il
considérait le monde abstrait comme le meilleur des

deux. Il croyait également au dualisme chez les hommes, affirmant que nous disposons non seulement de l'expérience des sens, mais aussi de capacités de raisonnement qui nous permettent d'acquérir une compréhension du monde abstrait. Le raisonnement était vu comme une fonction de l'âme, que les pythagoriciens disaient immortelle. Leur philosophie constitua l'un des premiers dualismes esprit-corps clairement définis dans l'histoire de la pensée occidentale.

On peut dégager plusieurs éléments communs entre l'orphisme et la philosophie pythagoricienne. Les deux considéraient le corps comme une prison dont l'âme doit s'échapper, ou que, à tout le moins, l'âme doit minimiser les désirs charnels de cette vile enveloppe qui l'emprisonne et se concentrer sur la contemplation rationnelle de vérités immuables. Les deux acceptaient aussi la notion de transmigration des âmes et l'idée que seule une purification peut interrompre le « cycle des naissances ». La notion de transmigration entretenait chez les pythagoriciens un esprit de parenté avec tous les êtres vivants. C'est pour cette raison qu'ils acceptaient les femmes dans leur organisation, étaient en faveur de l'humanisation des conditions de vie des esclaves et s'opposaient aux mauvais traitements envers les animaux. « Quand passait un chien qu'on avait battu […] [les pythagoriciens] avaient pitié de lui et disaient : "Cessez de le battre car il porte l'âme d'un ami cher" » (Barnes, 2001, p. 29 [notre traduction]). Pour la même raison, les pythagoriciens suivaient un régime végétarien. L'origine d'autres tabous pythagoriciens sont plus difficiles à déterminer. Par exemple, « ne pas uriner vers le soleil » (Guthrie, 1987, p. 146 [notre traduction]).

Nous verrons plus loin dans ce chapitre que Platon emprunta beaucoup aux enseignements pythagoriciens, et que c'est par la philosophie platonicienne que certains éléments de l'orphisme s'intégrèrent à l'héritage de la civilisation occidentale.

Empédocle

Empédocle (vers 490-430 av. J.-C.) était médecin et disciple de Pythagore. Il était persuadé que son âme migrait depuis très longtemps : « Car j'ai déjà été un garçon, et une fille, et un buisson, et un oiseau, et un poisson silencieux dans la mer » (Barnes, 2001, p. 157 [notre traduction]). Selon lui, toute chose dans l'Univers est faite non pas d'un seul élément, mais de quatre : la terre, le feu, l'air et l'eau, lesquels sont combinés ou séparés par l'action de deux forces : l'amour et la haine.

L'amour attire et combine ces éléments, tandis que la haine les sépare. Ensemble, ces deux forces créent un cycle cosmique infini comptant quatre phases. Dans la première, l'amour domine, et la combinaison des quatre éléments est parfaite (le « Un formé du Multiple »). Dans la deuxième, la haine perturbe cette unité parfaite en séparant progressivement les divers éléments. Dans la troisième, elle parvient à les isoler complètement (le « Multiple sorti de l'Un »). Enfin, dans la quatrième, l'amour redevient dominant et combine de nouveau les éléments. Chaque fois que le cycle recommence, des mondes naissent puis meurent. Ce n'est que dans les deuxième et quatrième phases de ce cycle que les choses de l'Univers sont intelligibles pour l'homme, car c'est là que s'opère la combinaison des éléments. L'homme n'échappe pas à la règle des quatre éléments : la terre forme la partie solide de son corps ; l'eau, la partie liquide ; l'air lui procure son souffle vital, et le feu, sa capacité de réflexion. En lui agissent comme en tout corps les deux forces essentielles de l'amour et de la haine. Lorsque l'amour domine, l'homme éprouve le besoin de s'unir avec le monde et avec d'autres personnes ; lorsque la haine prend le dessus, il cherche à s'en isoler. De toute évidence, nous avons ici tous les ingrédients des conflits personnels et interpersonnels que Freud et plusieurs autres s'attacheront à décrire beaucoup plus tard.

Pour Empédocle, les quatre éléments, tout comme l'amour et la haine, avaient toujours existé. En fait, tout ce qui pouvait être représentait nécessairement une combinaison de ces éléments et de ces deux forces. Rien en dehors de ces combinaisons n'était possible. « De ce qui n'existe pas, rien ne peut venir à l'existence, et de ce qui existe, rien ne peut être détruit » (Barnes, 2001, p. 131 [notre traduction]). Il s'agit d'une idée assez proche de la loi moderne de la conservation de l'énergie, qui veut que l'énergie prenne différentes formes, mais que rien ne se perde ni ne se crée.

Empédocle proposa une théorie de l'évolution plus complexe que celle d'Anaximandre. Dans la phase où l'amour s'unit à la haine, toutes sortes de choses pouvaient naître, dont certaines très bizarres. Les animaux, y compris les hommes, se formaient non pas en une fois, mais une partie à la fois. « Beaucoup de têtes sans cou surgissaient. [...] Des bras nus allaient sans but, dépourvus d'épaules, et des yeux erraient seuls, implorant un front » (Barnes, 2001, p. 142 [notre traduction]). Comme elles erraient, ces parties du corps étaient combinées au hasard : « Plusieurs naissaient avec deux têtes, deux poitrines — des bœufs au visage humain, puis des hommes au visage bovin —, des créatures se formaient moitié à partir de la nature mâle, moitié à partir de la nature femelle » (Barnes, 2001, p. 143 [notre traduction]). Dans un autre de ses écrits, Empédocle décrit ce qui arrive lorsque les quatre éléments sont soumis à l'amour et à la haine : « Pendant qu'ils se mélangeaient, d'innombrables créatures mortelles surgissaient, de toutes les formes imaginables, une merveille à voir » (Barnes, 2001, p. 128 [notre traduction]). La plupart des combinaisons donnent des créatures incapables de survivre qui finissent par mourir. Cependant, certains mélanges produisent des créatures viables qui survivent — notamment les hommes. Nous avons là une version rudimentaire de la sélection naturelle par la survie du mieux adapté (Esper, 1964, p. 97).

Empédocle fut par ailleurs le premier philosophe à proposer une théorie de la perception. Selon lui, les objets de l'environnement émettent de minuscules copies d'eux-mêmes appelées « émanations », ou **eidola** (*eidolon*, au singulier). Celles-ci passent par les pores de la peau pour entrer dans le sang, lequel, au même titre que tout corps dans l'Univers, comporte les quatre éléments fondamentaux. Comme les semblables s'attirent, les eidola se mélangent avec les éléments qui leur ressemblent. Cette fusion entre des éléments venant du milieu externe et du milieu interne crée la perception et a lieu dans le cœur. Bref, nous percevons les objets par des copies intériorisées d'eux-mêmes.

Comme il fut le premier à prétendre que nous nous formons des images du monde en suivant un processus analogue à celui de la perception sensorielle, on dit parfois d'Empédocle qu'il fut le premier philosophe empirique. Empédocle fit sienne la conception pythagoricienne de la santé en précisant que celle-ci reflète l'équilibre entre les quatre éléments constitutifs de toute chose dans l'Univers. Nous verrons bientôt que ces théories médicales de Pythagore et d'Empédocle

influencèrent fortement les penseurs qui leur succédèrent.

Anaxagore

Mentor et ami de Périclès, **Anaxagore** (vers 500-428 av. J.-C.) professa que toutes les choses du monde tel qu'il existe sont à l'origine mélangées et que la totalité de la matière, y compris les hommes, continue d'être un agrégat de ce mélange initial. À l'instar d'Empédocle, Anaxagore croyait que rien ne vient de rien. Cependant, si le premier postulait qu'il existe quatre éléments de base, Anaxagore soutenait qu'il existe un nombre infini d'éléments qu'il appelait « germes », comme l'eau, le feu, le poil, le pain, la viande, l'air, l'humide, le sec, le chaud, le clair, l'épais, le bois, le métal et la pierre. Chacun de ces éléments n'est pas isolé des autres, mais, au contraire, contient tous les autres. Comment, alors, les choses se différencient-elles ? « Tout est contenu dans chaque germe et dans chaque chose de l'Univers, mais dans des proportions différentes » (Waterfield, 2000, p. 118 [notre traduction]). C'est donc dans ce dosage particulier des divers éléments que les choses trouvent leurs caractéristiques. « L'apparence des choses [...] est due à l'élément prédominant. Par exemple, toutes choses contiennent du feu mais nous n'appelons feu que la substance où cet élément domine » (Russell, 1945, éd. fr. 1953, p. 82).

Seule exception reconnue par Anaxagore, l'esprit serait pur en ce sens qu'il ne contient aucun autre élément. D'ailleurs, l'esprit n'est pas présent dans tous les éléments, mais seulement dans la matière vivante, chez les hommes et d'autres créatures vivantes, et non dans les pierres ou les rivières. Anaxagore était, par conséquent, un vitaliste.

Anaxagore ne parlait pas de la « providence » dans sa philosophie, et très peu de l'éthique et de la religion. Ses contemporains l'accusèrent d'ailleurs d'athéisme, ce qui était probablement vrai si l'on en croit Russell (1945, p. 63).

Démocrite

Démocrite (vers 460-370 av. J.-C.) fut le dernier des cosmologistes grecs antiques. Les philosophes qui lui succédèrent se penchèrent davantage sur la nature humaine que sur la nature de l'Univers physique.

Démocrite disait que toute chose est constituée de minuscules parties indivisibles appelées atomes (du mot grec *atomos*, qui signifie « indivisible »). Les différences entre les choses s'expliquent par la forme, la taille, le nombre, l'emplacement et la combinaison de ces atomes. Ceux-ci sont indestructibles, mais peuvent présenter différentes combinaisons ; donc, même si les atomes comme tels ne changent pas, les objets qui les contiennent le peuvent. Les hommes sont eux aussi faits d'un amas d'atomes, et leurs expériences mentales sont l'œuvre de l'ensemble d'atomes de feu très mobiles qui constitue leur âme (ou esprit). Pour Démocrite, les êtres animés et inanimés ainsi que les phénomènes cognitifs se réduisent donc à des combinaisons d'atomes et à l'activité de ceux-ci. Comme il considérait que le comportement des atomes est soumis à des lois, on dit de sa philosophie qu'elle est déterministe. C'est aussi un exemple de monisme physique (matérialisme) parce que chaque chose trouve son explication dans la combinaison des atomes et qu'il n'y a aucune force vitale indépendante. Démocrite niait donc le vitalisme. La philosophie de Démocrite est aussi élémentiste, car elle énonce que tout objet, peu importe sa complexité, trouve son explication dans les atomes et l'activité atomique. Enfin, elle est réductionniste puisqu'elle tente d'expliquer les objets et les événements d'un type (les phénomènes observables) par des objets d'un autre type (les atomes et leur activité). Le **réductionnisme** diffère de l'**élémentisme** en ce que le premier fait intervenir deux types d'explications, tandis que le second tente d'isoler les composantes les plus simples d'un phénomène complexe. Ainsi, expliquer le comportement humain par des processus biochimiques ou par la physique relève du réductionnisme, alors qu'expliquer les processus mentaux humains en les isolant pour les étudier séparément, ou le comportement humain, très complexe, en isolant des habitudes particulières ou des associations stimulus-réponse, relève de l'élémentisme. Démocrite était donc à la fois réductionniste et élémentiste.

Les explications d'Empédocle et de Démocrite sur la sensation et la perception font ressortir l'importance des eidola (émanations). Cependant, pour Démocrite, les sensations et les perceptions se manifestent quand des atomes (et non des répliques minuscules) émanent des objets et pénètrent dans le corps par un des cinq systèmes sensoriels (plutôt que par les pores de la peau) avant d'être transmis au cerveau (plutôt qu'au cœur).

Lorsqu'elles entrent dans le cerveau, ces eidola incitent les atomes très mobiles du feu à produire une copie d'elles-mêmes. Cette association entre les eidola et les atomes du cerveau cause la perception. Démocrite insistait sur le fait que les eidola ne sont pas l'objet lui-même et que l'association entre les eidola et les atomes du cerveau peut ne pas être exacte. Donc, il peut y avoir des différences entre l'objet physique et sa perception. Comme nous l'avons mentionné dans le chapitre 1, un des problèmes les plus persistants en psychologie a été de déterminer ce qui est gagné ou perdu lorsque les sens perçoivent les objets dans l'environnement. Démocrite était très conscient de ce problème (Waterfield, 2000, p. 176-177).

Il situait la pensée dans le cerveau, les émotions dans le cœur et l'appétit dans le foie. Il décrivait cinq sens — la vision, l'audition, l'odorat, le toucher et le goût — et quatre couleurs primaires — le noir, le rouge, le blanc et le vert. Il croyait que tous les atomes du corps se dispersent après la mort et qu'il n'y a donc pas de vie après la mort. Il fut le premier à proposer une conception de l'Univers totalement naturaliste, dépourvue de considérations surnaturelles. Même si, dans sa philosophie, aucun dieu, aucun esprit ne guide le comportement humain, Démocrite ne tolérait pas l'hédonisme (la recherche du plaisir), mais prêchait plutôt la modération, comme le fera son disciple Épicure cent ans plus tard.

La médecine de la Grèce antique

Dans *L'Odyssée*, Homère dit des médecins qu'ils se promenaient un peu partout pour vendre leurs services à ceux qui en avaient besoin. Ces praticiens connaissaient un tel succès que leur réputation les précédait ; quelques-uns furent même considérés comme des dieux, et l'on édifia des temples pour les honorer après leur mort. D'autres temples furent nommés en l'honneur d'Asclépios, le dieu grec de la médecine. Asclépios était considéré comme le fils d'Apollon et le père d'Hygie, la déesse de la santé. Une vieille statue d'Asclépios le représente avec un bâton autour duquel s'enroule un serpent. Le serpent symbolise le mystère, le pouvoir et la connaissance. On l'utilisait dans plusieurs rituels de guérison. Le bâton et le serpent sont encore aujourd'hui le symbole de la profession médicale. Dans ces temples, des prêtres pratiquaient la médecine selon les enseignements de leurs célèbres prédécesseurs. Ils gardaient secrets ces enseignements et les protégeaient jalousement. Cette **médecine sacrée** devint très populaire, on lui attribuait même de nombreuses cures miracles. En fait, dans la mesure où les affections traitées étaient psychosomatiques, il est tout à fait possible que cette médecine sacrée ait été efficace puisqu'elle s'appuyait fortement sur des rituels et des cérémonies. Par exemple, les patients devaient attendre avant de consulter le prêtre, boire une eau « sacrée », porter une robe spéciale et dormir dans un sanctuaire. Il arrivait souvent que, durant son sommeil — un des moments critiques du traitement —, le patient, comme on l'appelait déjà, rêve qu'un prêtre ou un dieu le guérissait ou lui disait ce qu'il devait faire pour aller mieux. En fait, la guérison relevait de l'acte de foi, et les méthodes médicales, de la magie.

Alcmaeon

Alcmaeon (vers 500 av. J.-C.) fut parmi les premiers à délaisser la médecine sacrée au profit d'une approche plus rationnelle et naturaliste. Il considérait que la santé vient de l'équilibre entre la chaleur et le froid, l'humidité et la sécheresse, l'amer et le sucré, et que la maladie apparaît quand une ou plusieurs qualités prédominent dans le corps de la personne. Le médecin avait donc pour tâche de diagnostiquer l'origine du déséquilibre et de décider du moyen à utiliser pour rétablir l'équilibre perdu et permettre ainsi au patient de recouvrer sa santé. Par exemple, la fièvre venait d'un excès de chaleur et se traitait en refroidissant le patient, la sécheresse excessive se traitait par l'humidité, et ainsi de suite.

En faisant la promotion de la médecine naturaliste, Alcmaeon fit beaucoup pour libérer la médecine de la superstition et de la magie. Il fut notamment l'un des premiers, sinon *le* premier, à disséquer des cadavres humains. Cela lui apprit plusieurs choses très importantes sur le corps humain et, au premier chef, que le cerveau est relié aux organes sensoriels. Ainsi, il disséqua un œil humain et put remonter le nerf optique jusqu'au cerveau. Contrairement à Empédocle et à Aristote qui allaient plus tard situer les facultés intellec-

tuelles dans le cœur, Alcmaeon en arriva à la conclusion, remarquable pour l'époque, que la sensation, la perception, la mémoire, la pensée et la compréhension se produisent dans le cerveau. Par ailleurs, intéressé par les problèmes psychologiques, Alcmaeon utilisa des données physiologiques pour tirer des conclusions sur le fonctionnement de la psyché et créa ce faisant une tradition dans laquelle s'inscriraient bien après lui des scientifiques aussi illustres que Helmholtz, Wundt, James et Freud.

Hippocrate

Hippocrate (vers 460-377 av. J.-C.) est né sur l'île de Kos, en Grèce, dans une famille de prêtres et de médecins. Il étudia dans une école réputée de Kos et reçut sa formation médicale de son père et d'autres praticiens. Lorsqu'il s'installa à Athènes, il avait déjà acquis une maîtrise remarquable du diagnostic, du pronostic et du traitement de la maladie. Il tenait à jour des dossiers dans lesquels il décrivait dans le détail plusieurs maladies, dont les oreillons, l'épilepsie, l'hystérie, l'arthrite et la tuberculose, pour n'en nommer que quelques-unes. Sa formation et ses observations poussèrent Hippocrate à conclure que toutes les maladies (tant mentales que physiques) sont causées par des facteurs naturels tels que la prédisposition génétique, les lésions organiques et le déséquilibre des liquides corporels. Bien que plusieurs considèrent Hippocrate comme le père de la médecine, il serait plus juste de voir en lui « un continuateur plutôt qu'un précurseur » (Brett, 1912-1921/1965, p. 54 [notre traduction]). Comme nous l'avons vu, d'autres médecins importants, comme Alcmaeon et Empédocle, avaient avant lui remis en question la pratique médicale fondée sur la superstition et la magie. Il reste qu'Hippocrate a fait avancer considérablement la médecine naturaliste.

Comme pour les pythagoriciens, il est difficile de départager le discours d'Hippocrate et celui de ses disciples. Les textes antiques qui sont parvenus jusqu'à nous sont cependant assez nombreux et cohérents entre eux pour qu'on puisse les qualifier d'hippocratiques (voir, par exemple, Lloyd, 1978). Nous parlerons donc dorénavant non plus d'Hippocrate mais des « hippocratiques ».

Les hippocratiques attaquèrent vigoureusement les vestiges de la médecine surnaturelle qui subsistaient à leur époque. Par exemple, on appelait l'épilepsie la

« maladie sacrée » parce qu'on croyait qu'un esprit malin possédait la personne atteinte. Les hippocratiques n'étaient pas de cet avis ; ils étaient convaincus que toutes les maladies ont des causes naturelles et non surnaturelles. Selon eux, c'était pour masquer son ignorance que l'on attribuait la maladie à des causes surnaturelles.

> Voici ce qu'il en est de la maladie dite sacrée : elle ne me paraît avoir rien de plus divin ni de plus sacré que les autres, mais la nature et la source en sont les mêmes que pour les autres maladies. Sans doute c'est grâce à l'inexpérience et au merveilleux qu'on en a regardé la nature et la cause comme quelque chose de divin ; en effet elle ne ressemble en rien aux autres affections. [...] Ceux qui, les premiers, ont sanctifié cette maladie, furent à mon avis ce que sont aujourd'hui les mages, les expiateurs, les charlatans, les imposteurs, tous gens qui prennent des semblants de piété et de science supérieure. Jetant donc la divinité comme un manteau et un prétexte qui abritassent leur impuissance à procurer chose qui fût utile, ces gens, afin que leur ignorance ne devînt pas manifeste, prétendirent que cette maladie était sacrée. (Hippocrate trad. fr. par Littré, 1849, vol. 6, p. 353, 355)

À l'instar d'Empédocle, les hippocratiques affirmaient que toute chose est issue de quatre éléments — l'eau, l'air, le feu et l'eau — et que les hommes sont eux aussi constitués de ces éléments. Cependant, ils associaient ces quatre éléments à quatre humeurs présentes dans le corps : la terre à la bile noire, l'air à la bile jaune, le feu au sang et l'eau au flegme. Les personnes dont les humeurs étaient correctement équilibrées se portaient bien ; celles dont les humeurs étaient déséquilibrées tombaient malades.

Les hippocratiques croyaient fermement que le corps peut se guérir lui-même et que le travail du médecin consiste à favoriser cette guérison naturelle. Par conséquent, les « cures » recommandées par les hippocratiques incluaient le repos, une diète appropriée, de l'exercice, de l'air frais, des massages et des bains. Selon eux, la *pire* chose qu'un médecin pouvait faire était d'interférer avec le pouvoir de guérison naturel du corps. Ils trouvaient très important de traiter le patient dans son intégrité et son unicité plutôt que de soigner seulement sa maladie. Le traitement dépendait de deux autres facteurs essentiels : le médecin devait faire preuve de compréhension, et le patient, être confiant et optimiste. Les hippocratiques recommandaient aussi que les médecins ne fassent rien payer aux patients pauvres.

> [...] parfois même vous donnerez des soins gratuits, rappelant ou le souvenir passé d'une obligation ou le motif actuel de la réputation. S'il y a lieu de secourir un homme étranger et pauvre, c'est surtout le cas d'intervenir ; car là où est l'amour des hommes est aussi l'amour de l'art. Quelques malades, sentant que leur mal est loin d'être sans danger et se fiant en l'humanité du médecin, recouvrent la santé. (Hippocrate trad. fr. par Littré, 1861, vol. 9, p. 259)

On trouve d'autres maximes sur la pratique médicale dans le fameux serment d'Hippocrate, qui dit notamment :

> Je dirigerai le régime des malades à leur avantage, suivant mes forces et mon jugement, et je m'abstiendrai de tout mal et de toute injustice. Je ne remettrai à personne du poison, si on m'en demande, ni ne prendrai l'initiative d'une pareille suggestion ; semblablement, je ne remettrai à aucune femme un pessaire abortif. Je passerai ma vie et j'exercerai mon art dans l'innocence et la pureté. [...] Dans quelque maison que j'entre, j'y entrerai pour l'utilité des malades, me préservant de tout méfait volontaire et corrupteur, et surtout de la séduction des femmes et des garçons, libres ou esclaves. Quoi que je voie ou entende dans la société pendant l'exercice ou même hors de l'exercice de ma profession, je tairai ce qui n'a jamais besoin d'être divulgué, regardant la discrétion comme un devoir en pareil cas. (Hippocrate trad. fr. par Littré, 1844, p. 632, 633)

Selon V. Robinson, le travail des hippocratiques « produisit la plus grande révolution de l'histoire de la médecine » (1943, p. 51 [notre traduction]). Nous reparlerons des hippocratiques lorsque nous nous pencherons sur les premiers traitements de la maladie mentale dans le chapitre 15.

Environ cinq cents ans après eux, **Galien** (vers 130-200 apr. J.-C.) associa les quatre humeurs du corps à quatre *tempéraments* (le terme tempérament vient du mot latin *temperare*, qui signifie « adoucir »), de sorte que si l'une des humeurs prédominait, la personne présentait les caractéristiques associées à cette humeur (voir le tableau 2.1). En développant ainsi la théorie d'Hippocrate, Galien proposait les rudiments d'une théorie de la personnalité, ainsi qu'une méthode diagnostique qui allait dominer la médecine durant environ quatorze siècles. En fait, la théorie de la personnalité est encore à ce jour largement influencée par les idées de Galien (voir, par exemple, Eysenck et Eysenck, 1985 ; Lagan, 1994).

Tableau 2.1
La théorie des humeurs d'Hippocrate reprise par Galien.

Humeur	Tempérament	Caractéristique
Flegme	Flegmatique	Léthargique, peu émotif
Sang	Sanguin	Gai
Bile jaune	Colérique	Irascible, fougueux
Bile noire	Mélancolique	Triste

La relativité de la vérité

Si passer des explications surnaturelles aux explications naturelles pour comprendre le monde représenta à n'en pas douter un gigantesque progrès, les philosophes furent peut-être trop nombreux à le faire. Pour certains d'entre eux, il existait un seul principe fondamental (physis), que ce soit l'eau, le feu, les nombres, les atomes ou l'infini; pour d'autres, il y en avait plus d'un. Plusieurs affirmaient que les choses changent constamment; certains, que tout est immuable; et d'autres encore, que seulement certaines choses se transforment. La plupart de ces philosophes et de leurs disciples étaient des orateurs remarquables qui présentaient et défendaient leurs théories avec vigueur et en usant d'une logique convaincante. Comment l'individu en quête de la vérité pouvait-il s'y retrouver? Pensons à un étudiant universitaire d'aujourd'hui qui assisterait à un cours, en ressortirait convaincu de quelque chose — que la psychologie est une science, par exemple — et irait ensuite à un autre cours qui le persuaderait du contraire. Qu'est-ce qu'il devrait considérer comme vrai?

Devant cette confusion, un groupe de philosophes arriva à la conclusion qu'il n'y a pas qu'une vérité mais plusieurs. En fait, ils croyaient qu'une chose est vraie dès lors qu'on peut convaincre quelqu'un qu'elle l'est. Rien, disaient-ils, n'est fondamentalement vrai ou faux, car une chose devient vraie ou fausse selon qu'on y croit ou non. Appelés **sophistes**, ils enseignaient la rhétorique et la logique, et soutenaient que c'est l'efficacité de la communication qui fait qu'une idée est reconnue comme vraie, non pas la justesse de cette idée. Comme la vérité est relative, il n'en existe aucune qui soit unique. Cette façon de voir représente

un virage très important en philosophie. La question n'était plus tant: «De quoi est fait l'Univers?» que: «Qu'est-ce que les hommes peuvent savoir et comment peuvent-ils le savoir?» En d'autres mots, on se tournait vers les questions épistémologiques.

Protagoras

Protagoras (vers 485-410 av. J.-C.) est sans conteste le plus connu et le plus ancien des sophistes, dont il résumait ainsi le point de vue: «De toutes les choses, la mesure est l'homme: de celles qui sont, du fait qu'elles sont; de celles qui ne sont pas, du fait qu'elles ne sont pas» (Waterfield, 2000, p. 211 [notre traduction]). Cette affirmation est lourde de sens. Premièrement, elle suppose que la vérité dépend de la personne qui la perçoit plutôt que de sa réalité physique. Deuxièmement, que la perception varie d'une personne à l'autre suivant les expériences de chacune. Troisièmement, que ce que l'on considère comme la vérité est déterminé en partie par la culture, qui influence les expériences de l'individu. Et enfin, quatrièmement, que pour comprendre pourquoi une personne croit ce qu'elle croit, il faut d'abord comprendre cette personne. Ainsi, selon Protagoras, tous les philosophes qui l'avaient précédé avaient présenté leur propre point de vue sur la réalité physique plutôt que la «vérité» objective de celle-ci. Paraphrasant une célèbre phrase d'Héraclite, Protagoras affirmait: «On ne se baigne jamais *une seule fois* dans le même fleuve», car le fleuve est *au départ* différent pour chaque individu. Protagoras insistait sur l'importance des aptitudes rhétoriques pour faire valoir un point de vue et, ensuite, le faire prévaloir. En échange d'honoraires, ce qui était pratique courante chez les sophistes, Protagoras apprenait à ses élèves à se pencher sur les deux aspects d'une question, et il organisait ensuite des joutes oratoires pour les initier à «l'art de débattre». Des critiques accusèrent Protagoras d'enseigner une façon de «faire triompher l'argument le plus faible» ou de «faire triompher le pire argument ou l'argument le moins moral au détriment de l'argument le plus solide» (Waterfield, 2000, p. 205-206 [notre traduction]). Cependant, Protagoras s'intéressait d'abord à l'enseignement des aptitudes nécessaires pour rendre la communication efficace; sous le règne démocratique de Périclès, cette habileté était à l'honneur.

Dans la démocratie directe qui régnait à Athènes à cette époque, les discours pouvaient entraîner la réussite ou l'échec d'une carrière politique, et la constitution était telle qu'il était quasiment sûr que chaque figure importante allait un jour ou l'autre se retrouver devant un juge, où un bon discours pourrait encore lui sauver la vie, ou du moins lui éviter la perte de ses biens et de son prestige. (Waterfield, 2000, p. 207 [notre traduction])

Même si Protagoras professait que rien n'est faux, il considérait que certaines croyances sont plus valables que d'autres. Par exemple, il jugeait certaines croyances dans la sphère politique plus propices à l'harmonie utilitaire et, pensait-il, une argumentation efficace pouvait en faire la démonstration (Waterfield, 2000, p. 209).

En ce qui a trait à l'existence des dieux grecs, Protagoras était agnostique. Il disait : « Au sujet des dieux, je ne puis rien dire, ni qu'ils soient ni qu'ils ne soient pas ; trop de choses m'empêchent de le savoir. Il existe plusieurs obstacles à ce type de connaissance, y compris l'obscurité de la question et la brièveté de la vie humaine » (Waterfield, 2000, p. 211 [notre traduction]).

Avec Protagoras, la recherche philosophique se concentra davantage sur l'expérience humaine que sur l'univers physique. Il existait maintenant une théorie du *devenir* qui était différente de celle proposée par Héraclite. *L'homme* était la mesure de toute chose, et il n'y avait donc pas de vérité universelle, ni de code d'éthique universel ni quoi que ce soit du genre. Au chapitre 21, nous verrons que l'extrême relativisme des sophistes présente plusieurs points communs avec le mouvement contemporain appelé postmodernisme.

Gorgias

Gorgias (vers 485-380 av. J.-C.), philosophe sophiste, avait une position encore plus extrême que Protagoras. Protagoras concluait que, comme c'est l'expérience individuelle qui détermine ce qui semble être vrai pour chaque personne, « toutes les choses sont également vraies ». Cependant, Gorgias voyait dans le fait que la connaissance est subjective et relative une preuve que « toutes les choses sont également fausses ». En outre, en supposant que l'individu ne connaît que ses propres perceptions, il ne peut y avoir de fondement objectif pour déterminer la vérité. La philosophie de Gorgias, de même que celle de Protagoras, relève du **nihilisme** parce qu'elle dit qu'il n'existe pas de façon objective de déterminer la connaissance ou la vérité. Le point de vue des sophistes est également un exemple de **solipsisme**,

parce que le soi ne peut être conscient de quoi que ce soit, sauf de ses propres expériences et de son propre état mental. C'est ainsi que Gorgias arriva à ses trois fameuses conclusions : rien n'existe ; si quelque chose existait, cela ne serait pas intelligible ; et si ce qui existe était intelligible, cette connaissance serait incommunicable.

Dans la mesure où Gorgias parlait du monde physique lorsqu'il soutenait que « rien n'existe », il était inconstant, car il disait parfois que le monde physique existe (Waterfield, 2000, p. 223). Cependant, sur ses deuxième et troisième conclusions, il était parfaitement logique. Premièrement, il disait que si le monde matériel existe, l'individu ne peut l'appréhender que par son expérience sensorielle ; or, la relation entre le monde matériel et les perceptions sensorielles n'est pas intelligible. Deuxièmement, il affirmait que l'individu ne pense pas avec ses perceptions sensorielles, mais avec les mots qui décrivent ces perceptions. Par conséquent, pour Gorgias, un fossé infranchissable sépare les phénomènes sensoriels causés par le monde matériel et les mots utilisés pour décrire ces phénomènes. Troisièmement, comme il considérait que la signification des mots employés pour exprimer des pensées est propre à chaque individu, il en déduisit qu'un fossé infranchissable demeure entre les pensées d'une personne et celles d'une autre. Selon Gorgias, il ne pouvait donc y avoir de communication exacte entre les individus.

À l'instar des autres sophistes, Gorgias fit donc ressortir le pouvoir du langage. Il établissait un lien entre l'effet des mots sur l'esprit et l'effet des drogues sur le corps (Waterfield, 2000, p. 223). Il estimait aussi que les mots sont profondément trompeurs. Selon lui, ils ne décrivent pas les choses telles qu'elles sont dans le monde physique, mais plutôt des croyances à leur sujet. Étant constituées par les mots, les croyances peuvent par conséquent être manipulées par eux — d'où l'importance des techniques de rhétorique.

Les sophistes décrivirent clairement et d'une manière convaincante le gouffre qui existe entre le monde physique et la perception individuelle. Ils firent également ressortir qu'il est difficile de déterminer les relations entre les termes, les concepts et les choses physiques. En fait, comme nous l'avons vu, les sophistes étaient également très conscients de la difficulté de démontrer l'existence extérieure (physique) de toute chose. Nous avons dit au chapitre 1 que les hommes avaient toujours eu une forte tendance à recourir à la réification — c'est-à-dire à croire qu'une chose existe parce qu'elle a un nom. Sur ce point, Gorgias disait :

> Si ce que nous pensons existe véritablement, toutes les choses auxquelles nous pensons existent, de quelque manière que nous le pensions, ce qui est une affirmation invraisemblable. Ce n'est pas parce qu'on pense à un homme volant ou à des chars roulant sur la mer qu'il s'ensuivrait effectivement qu'un homme vole ou que des chars roulent sur la mer. (Kennedy, 1972, p. 45 [notre traduction])

Les sophistes soulevèrent aussi cette épineuse question : qu'est-ce qu'une conscience humaine peut savoir d'une autre conscience humaine ? Personne n'a jamais trouvé de réponse satisfaisante à cette question.

Xénophane

Avant même les sophistes, **Xénophane** (vers 560-478 av. J.-C.) avait attaqué la religion en disant qu'elle constitue une invention humaine. Il fit remarquer que les dieux olympiens agissaient de façon suspecte, comme les hommes ; qu'ils mentaient, volaient, avaient des mœurs légères et commettaient même des meurtres : « Homère […] attribua aux dieux toutes les choses qui étaient honteuses et blâmables — le vol et l'adultère, la tromperie mutuelle » (Barnes, 2001, p. 42 [notre traduction]). Xénophane releva le fait que les gens à la peau foncée adoraient des divinités à la peau foncée, alors que les gens à la peau claire en vénéraient d'autres à la peau claire. Il alla même jusqu'à dire que si les animaux pouvaient décrire leurs dieux, ceux-ci auraient les mêmes caractéristiques que ces bêtes :

> Les mortels croient que les dieux naissent comme eux, qu'ils ont des vêtements, un langage et une forme semblables aux leurs… Mais si les vaches et les chevaux et les lions avaient des mains et qu'ils dessinaient et faisaient les choses comme les hommes, alors les chevaux dessineraient des dieux qui seraient des chevaux, les vaches en dessineraient qui seraient des vaches, et les corps de ces dieux auraient les mêmes formes qu'eux. (Barnes, 2001, p. 43 [notre traduction])

En ce qui a trait à la religion, Xénophane peut être considéré comme un des premiers sophistes. Pour lui, les hommes créent non seulement toute « vérité » quelle qu'elle soit, mais aussi toute religion. Les codes moraux n'étaient donc pas inspirés par les dieux, ils résultaient de l'invention humaine.

Plusieurs trouvaient de mauvais goût le relativisme que cultivaient les sophistes envers la vérité, et souhaitaient que la vérité fût plus que la projection de la réalité subjective qu'un individu a du monde. Comme nous le verrons, ce débat devint un thème constant dans l'histoire de la philosophie, et continue de l'être.

Socrate fut le premier à remettre en cause le relativisme des sophistes, avec qui il partageait néanmoins certaines idées.

Socrate

Socrate (vers 470-399 av. J.-C.) convenait avec les sophistes que l'expérience individuelle est importante. Il citait le commandement inscrit sur le portail du temple d'Apollon à Delphes, « Connais-toi toi-même », pour faire ressortir l'importance de connaître le contenu de son propre esprit ou de sa propre âme (Allen, 1991, p. 17). Il allait jusqu'à dire « qu'une vie non examinée ne vaut pas la peine d'être vécue » (Jowett, 1988, p. 49 [notre traduction]). Cependant, il ne partageait pas l'idée des sophistes suivant laquelle aucune vérité autre que l'opinion personnelle n'existe. Dans sa quête de la vérité, Socrate utilisait une méthode

Socrate

appelée parfois **définition inductive** (ou méthode de la conversation), qui commençait par l'étude d'exemples de concepts tels que la beauté, l'amour, la justice ou la vérité, puis progressait vers des questions comme celle-ci : qu'ont en commun *tous* les exemples de beauté ? En d'autres mots, Socrate se demandait pourquoi une chose est belle, ou juste, ou vraie. En ce sens, il cherchait à découvrir des concepts généraux en examinant des exemples isolés. Il considérait que ces concepts transcendaient leurs manifestations individuelles et étaient, par le fait même, permanents et connaissables. Ce que Socrate cherchait à découvrir, c'était l'**essence** de concepts tels que la beauté, la justice, la vérité, quelles étaient leur nature fondamentale, leurs caractéristiques propres et permanentes. Selon Socrate, pour connaître véritablement une chose, il fallait comprendre son essence. Il ne suffisait pas d'affirmer qu'une chose était belle, encore fallait-il savoir *pourquoi* elle l'était. Il devenait nécessaire de savoir ce que *toutes* les manifestations de la beauté avaient en commun, ce qu'était l'essence de la beauté. Il est important de faire remarquer que Socrate, même s'il cherchait l'essence de certains concepts, ne croyait pas que celle-ci avait une existence abstraite. À ses yeux, elle résidait dans la définition universellement acceptable d'un concept — une définition à la fois exacte et recevable pour tous. Ce n'est qu'une fois ces définitions formulées que les individus concernés pourraient communiquer adéquatement. Contrairement aux sophistes qui concevaient la vérité comme étant personnelle et incommunicable, Socrate avançait qu'elle peut avoir un caractère universel et être partagée. Toutefois, les essences que Socrate recherchait étaient des définitions verbales, rien de plus.

Pour ce philosophe, la compréhension des essences constituait le savoir, et le but de la vie était d'acquérir un savoir. Lorsque la connaissance guidait la conduite d'une personne, celle-ci était forcément morale. Par exemple, si quelqu'un savait ce qu'était la justice, il agissait de façon juste. La connaissance et la moralité étaient intimement liées ; la connaissance menait à la vertu, et la mauvaise conduite découlait de l'ignorance. Contrairement à la plupart des premiers philosophes, Socrate s'intéressait principalement à la condition humaine et aux problèmes liés à l'existence humaine. C'est pourquoi on dit parfois de lui qu'il est le premier philosophe existentiel.

En 399 av. J.-C. — il avait alors soixante-dix ans — Socrate fut blâmé, car on considéra qu'il manquait de respect envers les dieux de la cité et qu'il corrompait la moralité de la jeunesse d'Athènes, parce qu'il incitait les jeunes à douter de tout, y compris de nombreuses croyances traditionnelles importantes pour leurs aînés. Il s'était peut-être rendu coupable de la seconde accusation, mais il se vit finalement inculper des deux chefs d'accusation et condamné à mort. Cependant, l'issue de son procès coïncida avec une célébration religieuse pendant laquelle les exécutions devenaient illégales. Durant un mois, Socrate fut emprisonné, mais il pouvait rencontrer régulièrement ses amis. Il semble qu'il aurait été facile pour lui de s'enfuir d'Athènes au cours de cette période ; ses proches l'y encouragèrent d'ailleurs. On a même prétendu que cette évasion aurait été pardonnée par les autorités « pour qui l'exécution d'une personnalité aussi importante était probablement embarrassante » (Taylor, 1998, p. 11 [notre traduction]). Mais Socrate préféra la mort à l'exil de cette ville d'Athènes qu'il chérissait et, à la fin du délai, il but lui-même une coupe de ciguë, conformément à la procédure.

Quelles étaient les vraies raisons de la condamnation de Socrate ? Dans *L'Apologie de Socrate*, Platon explique qu'en attendant de procéder à sa propre exécution, Socrate raconta une histoire qui expliquait comment il en était venu à être considéré comme le plus grand sage. Un de ses amis avait demandé un jour à l'oracle de Delphes s'il existait un homme plus sage que Socrate, et l'oracle lui avait répondu que non. Socrate était resté stupéfait d'entendre cette réponse, car il se considérait comme ignorant. Il s'était donc mis en tête de trouver un homme plus sage que lui afin de pouvoir réfuter les dires de l'oracle. Il avait interrogé tous ceux qui avaient la réputation d'être sages. Au terme de sa quête, il était arrivé à la conclusion suivante : les personnes qu'il avait rencontrées ne savaient rien, en réalité, mais croyaient qu'elles savaient. Socrate, lui, considérait qu'il ne savait rien. C'était peut-être pour cela que l'oracle l'avait proclamé l'homme le plus sage.

Alors pourquoi Socrate fut-il condamné à mort ? Après la défaite d'Athènes aux mains de Sparte, la démocratie athénienne fut remplacée par le régime des « trente tyrans », dont certains étaient associés à Socrate. Lorsque la démocratie fut rétablie en 403 av.

J.-C., Socrate fut peut-être considéré comme une personne subversive à cause de ses liens avec les tyrans (Roochnik, 2002, lecture 8). Par ailleurs, la méthode de recherche de Socrate était contrariante. Ainsi, lorsqu'il se mit à la recherche d'une personne plus sage que lui, il questionna plusieurs des citoyens les plus en vue d'Athènes, dont un certain nombre de politiciens. Comme celles qu'il fit parmi la jeunesse d'Athènes, ces rencontres fournissaient à Socrate l'occasion de remettre en question plusieurs croyances chères aux citoyens, sur la justice, par exemple, le courage ou même la démocratie. En plus de considérer Socrate comme un être menaçant l'ordre établi, les Athéniens les plus en vue « étaient peut-être simplement très las des questionnements incessants de Socrate » (Roochnik, 2002, lecture 8 [notre traduction]).

Après la mort de Socrate, c'est Platon, son plus célèbre disciple, qui perpétua et développa sa philosophie.

Platon

L'œuvre de **Platon** (vers 427-347 av. J.-C.) a connu deux périodes. Durant la première, Platon a présenté la pensée et la méthode de son maître. Lorsque Socrate mourut, cependant, Platon s'exila dans le sud de l'Italie, où il fut influencé par les pythagoriciens. Après son retour à Athènes, il fonda sa propre école, l'Académie, et ses écrits combinèrent alors la méthode de Socrate avec la philosophie mystique des pythagoriciens. À l'instar de Socrate, Platon souhaitait trouver une chose permanente qui pouvait être objet de connaissance, mais sa quête de permanence le mena beaucoup plus loin que les essences que Socrate avait définies.

La théorie des formes ou des idées

Comme nous l'avons vu, les pythagoriciens soutenaient que les nombres et les relations numériques sont réels et peuvent exercer une influence sur le monde physique, bien que, comme toute abstraction, ils ne peuvent pas être appréhendés par les sens. Ils pensaient toutefois que le résultat de cette influence est inférieur à l'abstraction qui la cause. Comme nous l'avons mentionné, le théorème de Pythagore était rigoureusement vrai lorsqu'on l'appliquait à des triangles abstraits (ima-

ginés), mais jamais lorsqu'on l'appliquait à un triangle dans le monde empirique (par exemple, une figure dessinée). Cet écart s'explique par le fait que, dans le monde physique, les lignes formant l'angle droit d'un triangle rectangle ne sont jamais parfaitement exactes.

Platon alla plus loin. Selon sa **théorie des formes**, toute chose du monde empirique est la manifestation d'une forme (idée) pure qui existe dans l'abstrait. Par conséquent, une chaise, un chariot, une roche, un chat, un chien, une personne sont des manifestations moindres des **formes** pures. Ainsi, les centaines de chats qu'une personne peut rencontrer au cours de sa vie ne sont que de pâles copies d'une forme abstraite de « l'idée d'un chat », qui existe sous sa forme pure dans l'abstrait. Cette théorie de Platon s'appliquait à tout objet qui portait un nom. Ce que l'individu perçoit avec ses sens vient d'une interaction entre la forme pure et la matière, et, parce que la matière perçue par les sens change constamment, le résultat de l'interaction est nécessairement moins parfait que l'idée pure avant son interaction avec la matière. Platon remplaça le concept d'essence que Socrate cherchait par celui de forme en tant qu'aspect d'une réalité permanente et, donc, connaissable. En somme, Socrate acceptait l'idée qu'une définition détaillée définisse l'essence d'un objet ou d'un concept, tandis que Platon affirmait que l'essence d'un objet ou d'un concept réside dans sa forme. Pour ce dernier, l'essence (la forme) a une existence séparée de ses manifestations particulières. Malgré leurs différences, Socrate et Platon avançaient tous deux, cependant, que la connaissance s'acquiert uniquement par la raison.

L'analogie de la ligne divisée

Qu'advenait-il, alors, de ceux qui comptaient acquérir la connaissance en examinant le monde physique au moyen des sens ? Selon Platon, ils étaient voués à l'ignorance ou, au mieux, à l'opinion. La véritable connaissance impliquait la saisie des formes elles-mêmes, et cela ne pouvait se faire que par la pensée rationnelle. Platon résuma ce point de vue dans sa célèbre **analogie de la ligne divisée** (voir la figure 2.1).

L'imagination était considérée comme la forme de compréhension la plus inférieure parce qu'elle se fonde sur des images. Par exemple, le portrait d'une personne présente un écart vis-à-vis de celle-ci. De même, des

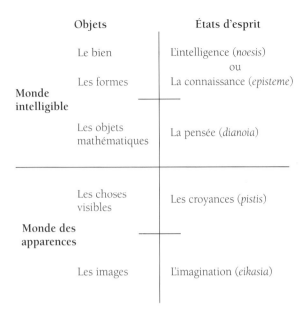

Figure 2.1
L'analogie de la ligne divisée de Platon (extrait de Platon, *La République*, traduit par Cornford, 1941/1968, p. 222).

reflets dans l'eau sont des images, parce qu'ils sont distancés des objets reflétés. Il était préférable d'appréhender les objets eux-mêmes plutôt que leurs images, mais le mieux que l'on pouvait faire lorsqu'on les appréhendait directement, c'était de formuler une opinion ou une croyance à leur sujet. Les croyances ne constituaient toutefois pas un savoir. C'est pourquoi il valait encore mieux, selon Platon, examiner les relations mathématiques, mais ce savoir ne constituait pas non plus la forme de connaissance la plus élevée puisque l'on appliquait cette connaissance à la résolution de problèmes pratiques (empiriques) et qu'une grande partie des relations mathématiques existait seulement par définition. Autrement dit, on supposait que ces relations étaient vraies, mais cela pouvait aussi être faux. Il fallait toutefois préférer la conception abstraite des mathématiques à l'étude d'images ou d'objets physiques. La forme de pensée la plus élevée impliquait la compréhension des formes elles-mêmes, et la véritable intelligence ou connaissance provenait *uniquement* de la compréhension des formes abstraites. Le « bien », ou la « forme du bien », restait la plus haute forme de sagesse parce qu'il englobait toutes les autres formes et montrait leur interdépendance. La forme du bien illuminait toutes les autres formes et les rendait connais-

sables. C'était la vérité la plus élevée. Plus tard, dans la théologie chrétienne, on fera correspondre la forme du bien à Dieu.

L'allégorie de la caverne

Dans l'**allégorie de la caverne** (Jowett, 1986), Platon décrit des prisonniers fictifs qui vivent toute leur vie dans une caverne. Ces captifs sont enchaînés d'une manière telle qu'ils ne peuvent regarder que droit devant eux. Derrière ces personnes se trouve une route sur laquelle des gens vont et viennent avec divers objets. De l'autre côté du chemin brûle un grand feu, dont les flammes projettent les ombres des passants et des objets sur le mur qui se trouve devant les prisonniers. Pour ceux-ci, les ombres projetées sont la réalité. Cela correspond à la forme la moins élevée de la compréhension dans la ligne divisée de la figure 2.1. Platon explique ensuite ce qui pourrait se passer si l'un des prisonniers se débarrassait de ses chaînes et sortait de la caverne. Se tournant vers le feu, cet homme serait ébloui, et il pourrait décider de retourner dans son monde d'ombres. Il pourrait aussi s'habituer à la vive lumière des flammes, puis observer les passants et les objets dont il n'avait vu que les ombres jusque-là. Cela représente la compréhension des phénomènes physiques dans la ligne divisée de la figure 2.1. Le feu est comme le soleil qui illumine ces phénomènes. Platon nous demande de supposer que le prisonnier s'éloigne de la caverne pour continuer sa promenade. Une fois dans le « monde supérieur », l'ancien captif serait aveuglé par la vraie réalité. C'est seulement après une période d'adaptation qu'il pourrait voir les choses de ce monde et reconnaître qu'elles sont plus réelles que les ombres de la caverne. Enfin, Platon nous incite à imaginer ce qui arriverait à ce prisonnier libéré s'il retournait dans la caverne pour éclairer ses semblables emprisonnés. Encore un peu ébloui par une expérience aussi illuminatrice, le prisonnier trouverait difficile de se réhabituer au monde d'ombres qu'il a connu. Il se montrerait probablement maladroit au moment d'expliquer ce que sont les ombres et de prédire l'ordre des objets. Cela suffirait à dissuader ses semblables de quitter leur monde. En fait, quiconque essaierait d'inciter les prisonniers à sortir de l'ombre de la caverne serait tué (Jowett, 1986, p. 257).

Les prisonniers enchaînés représentent les hommes qui confondent la réalité et le monde ombreux de l'expérience sensorielle. Le prisonnier qui s'échappe représente l'individu dont les actions sont dictées par la raison plutôt que par l'expérience sensorielle. Le prisonnier libéré voit que les objets réels (les formes) sont à l'origine des ombres et des objets de la caverne (information sensorielle) ; il est en présence de la vraie connaissance. Après une expérience aussi éclairante, il arrive souvent qu'on souhaite voir les autres sortir de leur ignorance pour leur montrer la voie de la connaissance. Le sort réservé à Socrate illustre bien ce qui peut arriver lorsqu'un individu tente de libérer les autres des chaînes de l'ignorance.

La théorie de la connaissance

Comment peut-on comprendre les formes si on ne peut les connaître par l'expérience sensorielle ? La réponse à cette question est l'aspect le plus mystique de la théorie de Platon : elle témoigne de l'influence de la notion pythagoricienne de l'immortalité de l'âme. Pour les pythagoriciens, la forme la plus élevée de la pensée est la raison, une fonction de l'âme immortelle. Platon développa cette idée. Il affirmait qu'avant de s'introduire dans le corps, l'âme baigne dans la connaissance pure et parfaite, c'est-à-dire dans les formes. Une fois que l'âme a pénétré le corps, l'information sensorielle commence à contaminer ce qu'elle savait. La seule façon de parvenir à la véritable connaissance est d'ignorer l'expérience des sens et de concentrer sa pensée sur le contenu de l'esprit. Selon la **théorie de la connaissance** de Platon, tout savoir est inné et ne peut être retrouvé que par l'**introspection**, c'est-à-dire par l'examen des expériences intérieures. Au mieux, l'expérience sensorielle aide l'individu à se rappeler ce qu'il savait déjà. Par conséquent, pour Platon, toute connaissance vient de la réminiscence, du souvenir des expériences que l'âme avait déjà accumulées avant de s'incarner. Dans *Menon*, Platon présente clairement sa théorie :

> Ainsi, en tant que l'âme est immortelle et qu'elle a eu plusieurs naissances, en tant qu'elle a vu toutes choses, aussi bien celles d'ici-bas que celles de chez Hadès, il n'est pas possible qu'il y ait quelque réalité qu'elle n'ait point apprise. Par conséquent, ce n'est pas du tout merveille que, concernant la vertu comme le reste, elle soit capable de se ressouvenir de ce dont même elle avait certes, auparavant, la connaissance. De fait, en tant que la nature, tout entière, est d'une même famille, en tant que tout sans exception a été appris par l'âme, rien n'empêche que, nous ressouvenant d'une seule chose, ce que

précisément nous appelons apprendre, nous retrouvions aussi tout le reste, à condition d'être vaillants et de ne pas nous décourager dans la recherche : c'est que, en fin de compte, chercher et apprendre sont, en leur entier, une remémoration.(trad. fr. par Robin, 1999, p. 139, 140)

On peut donc constater que Platon appartient au courant nativiste aussi bien qu'à celui rationaliste, car, pour lui, les opérations de la pensée sont un moyen de parvenir à la vérité (rationalisme) et que la vérité à laquelle on aboutit était innée (*nativisme*). Il était également idéaliste parce qu'il croyait que la réalité ultime réside dans les idées ou les formes.

La nature de l'âme

Platon était convaincu que l'âme avait non seulement une composante rationnelle, qui était immortelle, mais aussi une composante vive (qualifiée également d'émotionnelle, courageuse ou motrice selon les traductions) et une autre appétitive. Les composantes vive et appétitive de l'âme faisaient partie du corps et étaient donc mortelles. À partir de cette structure de l'âme, Platon supposait une situation dans laquelle les hommes se trouvent presque toujours dans un état de conflit, une situation non étrangère à celle décrite par Freud bien des siècles plus tard. Selon Platon, le corps a des appétits (des besoins comme la faim, la soif et le désir sexuel) qu'il doit satisfaire et qui exercent une motivation importante dans la vie de tous les jours. Les hommes éprouvent également des émotions diverses telles que la peur, l'amour et la rage. Cependant, si l'individu veut parvenir à la vraie connaissance, il doit supprimer les besoins physiques et se concentrer sur des quêtes rationnelles telles que l'introspection. Comme ses besoins primaires ne peuvent être ignorés, l'individu doit consacrer une énergie considérable à les contrôler — mais il se doit de les maîtriser. Il incombe à la partie rationnelle de l'âme de reporter ou d'inhiber les gratifications immédiates lorsque le bien-être à long terme de l'individu l'exige. L'individu chez qui l'âme rationnelle domine n'est pas impulsif. Sa vie se place sous les principes moraux et les objectifs futurs, et n'est pas menée par la satisfaction immédiate des besoins biologiques ou émotionnels. L'objectif suprême de l'existence, selon Platon, consiste à libérer l'âme autant que possible des appétences de la chair. Sa pensée s'accorde avec celle des pythagoriciens.

Platon se rendit compte que la pensée rationnelle intense n'était pas à la portée de tous ; il affirmait que la composante appétitive de l'âme prévalait chez certains individus, tandis que la partie vive (émotionnelle) ou la partie rationnelle se manifestait plus fortement chez d'autres. Dans sa *République*, Platon invente une société utopique dans laquelle les trois types d'individus ont des fonctions spécifiques. Ceux chez qui la partie appétitive s'avère la plus forte forment la classe des ouvriers et des esclaves ; ceux chez qui la partie vive (courageuse) domine sont soldats, et ceux que la raison gouverne, philosophes-rois. Dans le schème de Platon, une relation inversement proportionnelle existe entre l'importance qu'un individu accorde aux expériences du corps et son statut dans la société. Dans le livre V de *La République*, Platon défend avec vigueur sa conviction suivant laquelle les sociétés ont peu de chance de survivre si elles ne sont pas dirigées par des individus dotés de la sagesse des philosophes :

> Tant que les philosophes ne seront pas rois dans les cités, ou que ceux qu'on appelle aujourd'hui rois et souverains ne seront pas vraiment et sérieusement philosophes ; tant que la puissance politique et la philosophie ne se rencontreront pas dans le même sujet ; tant que les nombreuses natures qui poursuivent actuellement l'un ou l'autre de ces buts de façon exclusive ne seront pas mises dans l'impossibilité d'agir ainsi, il n'y aura de cesse […] aux maux des cités, ni, ce me semble, à ceux du genre humain, et jamais la cité que nous avons décrite tantôt ne sera réalisée, autant qu'elle peut l'être, et ne verra la lumière du jour. (trad. fr. par Baccou, 1966, p. 229)

On peut voir le côté nativiste de Platon non seulement dans son rapport à la connaissance, mais également dans son rapport au tempérament et à l'intelligence. Il était d'avis que l'éducation a une valeur limitée pour les enfants peu doués. Dans une large mesure, donc, l'hérédité déterminait si un individu était destiné à devenir esclave, soldat ou philosophe-roi. À partir de ses trois types de tempéraments, Platon élabora une théorie rudimentaire de la personnalité. Il avait également des idées très élaborées sur l'éducation, qui combinaient sa théorie des formes et ses trois types de tempéraments. Cette philosophie est mise en avant dans sa *République* (Jowett, 1986).

L'héritage de Platon

Comme la science est tributaire de l'observation empirique, la philosophie de Platon ne contribua guère à la promouvoir et, même, inhiba son développement. Platon amena un dualisme qui divise l'humain en un corps, matériel et imparfait, et un esprit (une âme), qui possède la connaissance pure. En outre, pour lui, l'âme rationnelle est immortelle. Si la philosophie avait continué d'être dénuée de questions théologiques, la théorie de Platon aurait peut-être été contestée par les philosophes qui lui succédèrent et progressivement remplacée par des opinions philosophiques plus tempérées. En fait, Aristote essaya de modifier le point de vue de Platon, mais ses efforts avortèrent. Le mysticisme du christianisme naissant s'intégra à la philosophie de Platon, ce qui créa un dogme religieux incontestable. Lorsque les écrits d'Aristote furent revisités, plusieurs siècles plus tard, ils furent eux aussi soigneusement modifiés et assimilés au dogme de l'Église. Ce n'est qu'à la Renaissance que le platonisme (et l'aristotélisme) se vit ouvertement réfuté et rejeté en grande partie.

Aristote

Aristote (384-322 av. J.-C.) naquit dans l'obscure cité de Stagire, en Macédoine, située entre la mer Noire et la mer Égée. Médecin à la cour du roi Amyntas II de Macédoine, son père mourut alors qu'Aristote n'était qu'un jeune garçon ; même s'il fut élevé par un tuteur, on croit qu'Aristote reçut une formation en médecine. En 367 av. J.-C., Aristote séjourna à Athènes et devint rapidement l'un des plus brillants élèves de Platon. Il avait dix-sept ans à cette époque, et Platon, soixante. Aristote continua d'étudier à l'Académie jusqu'à l'âge de trente-sept ans environ. Lorsque Platon mourut en 347 av. J.-C., Aristote alla s'installer en Asie Mineure et y entreprit des recherches biologiques et zoologiques. En 343 av. J.-C., Aristote revint en Macédoine, où il devint le précepteur du fils de Philippe de Macédoine II, le futur Alexandre le Grand, durant environ quatre ans. Après quelques séjours à l'étranger, il revint à Athènes et fonda, à l'âge de quarante-huit ans, sa propre école : le Lycée. Comme le Lycée comptait de nombreux enseignants, offrait des cours magistraux réguliers et disposait d'une bibliothèque bien garnie de même que de vastes collections en sciences naturelles, on le considère comme la première université du monde (Esper, 1964, p. 128). Quand Alexandre le Grand mourut en 323 av. J.-C., Aristote s'enfuit d'Athènes et mourut l'année suivante à Challis ; il avait soixante-trois ans.

Aristote

Pourquoi Aristote s'enfuit-il d'Athènes ? La Macédoine, sa région natale, était un pays du nord de la Grèce où l'on parlait le grec ancien. Désireux d'unifier les différentes communautés grecques en une puissante nation gréco-macédonienne, le roi Philippe II de Macédoine envahit et conquit un certain nombre de Cités-États, dont Athènes. Après l'assassinat de Philippe II, en 336 av. J.-C., son fils de dix-neuf ans, Alexandre (l'exélève d'Aristote) devint roi. Ses exploits militaires subséquents sont légendaires. Aristote eut de nombreux désaccords avec Alexandre, mais les deux préférèrent « la solidarité grecque au patriotisme civique » (Durant, 1926/1961, éd. fr. 1938, p. 113). À la mort d'Alexandre le Grand, en 323 av. J.-C. (il avait alors trente-deux ans), le parti macédonien fut renversé à Athènes, qui proclama à nouveau son indépendance. Sans doute en raison de son association avec les Macédoniens, Aristote se vit accusé d'impiété et d'avoir enseigné que la prière et le sacrifice demeuraient inefficaces. Évidemment, cela rappelle ce qui est arrivé à Socrate. Contrairement à celui-ci, cependant, Aristote décida de fuir

Athènes plutôt que d'affronter l'inévitable sort qui l'attendait, disant qu'« il ne voulait pas donner à Athènes l'occasion de commettre un second crime contre la philosophie » (Durant, 1926/1961, éd. fr. 1938, p. 114).

Aristote fut le premier philosophe à traiter en profondeur de nombreux sujets qui allaient plus tard faire partie de la psychologie. Dans ses écrits, il aborde la question de la mémoire, de la sensation, du sommeil, des rêves, de l'apprentissage, de même que celle de la vieillesse (gériatrie). Dans son livre *De Anima* (*De l'âme*), l'introduction est même considérée comme la première histoire de la psychologie. À elles seules, les contributions d'Aristote à ce domaine sont très impressionnantes. En réalité, à l'exception possible des mathématiques, Aristote fit avancer toutes les branches de la connaissance. L'influence de sa pensée sur des sujets philosophiques et scientifiques tels que la logique, la métaphysique, la physique, la biologie, l'éthique, la politique, la rhétorique et la poésie se fait encore sentir aujourd'hui. On dit souvent qu'Aristote demeure le dernier humain à avoir connu tout ce qu'il y avait à connaître à son époque.

La différence fondamentale entre Platon et Aristote

Platon et Aristote s'intéressèrent tous deux aux essences ou aux vérités qui allaient au-delà de la simple apparence des choses, mais leurs méthodes pour découvrir ces essences furent très différentes. Pour Platon, elles correspondaient aux formes qui existaient *indépendamment* de la nature, et on ne pouvait y accéder qu'en ignorant l'expérience sensorielle et en dirigeant ses pensées vers l'intérieur (introspection). Pour Aristote, les essences existaient, mais on ne pouvait les connaître qu'en étudiant la nature. Aristote croyait que si on analysait suffisamment de manifestations individuelles d'un principe ou d'un phénomène, on pouvait finir par en déduire l'essence. Dans l'introduction de son livre *Métaphysique*, Aristote adopte une attitude beaucoup plus favorable à l'expérience sensorielle que Platon :

> Tous les hommes ont, par nature, le désir de connaître ; le plaisir causé par les sensations en est la preuve, car, en dehors même de leur utilité, elles nous plaisent par ellesmêmes, et, plus que toutes les autres, les sensations visuelles. En effet, non seulement pour agir, mais même lorsque nous ne nous proposons aucune action, nous préférons, pour ainsi dire, la vue à tout le reste. La cause

en est que la vue est, de tous nos sens, celui qui nous fait acquérir le plus de connaissances, et qui nous découvre le plus de différences. (trad. fr. par Tricot, 1933, p. 1-2)

La philosophie d'Aristote montre la difficulté qu'on éprouve souvent lorsqu'on essaie de séparer nettement le rationalisme et l'empirisme. Comme nous l'avons mentionné au chapitre 1, le rationaliste dit que ce sont les opérations logiques de la pensée qui doivent servir à acquérir la connaissance, tandis que pour l'empiriste, c'est l'expérience sensorielle qui joue un rôle de premier plan. Aristote était à la fois rationaliste et empiriste. Il convenait qu'il faut utiliser la raison pour atteindre la connaissance (rationalisme), mais il affirmait que l'objet de la pensée rationnelle réside dans l'information fournie par les sens (empirisme). Ce point de vue n'est pas unique. Tout au long de l'histoire, la plupart des rationalistes ont reconnu et accepté le rôle important de l'expérience sensorielle, de même que la majorité des empiristes ont postulé que les opérations de la pensée agissent sur l'information sensorielle. En somme, trouver un rationaliste ou un empiriste *pur* serait très difficile, et l'on classe les philosophes dans l'un ou l'autre groupe selon qu'ils privilégient les opérations de la pensée ou l'expérience sensorielle. En ce sens, on peut dire qu'Aristote était davantage rationaliste qu'empiriste.

Les principes généraux que Platon et Aristote (et d'autres philosophes) considéraient comme réels et connaissables portèrent plusieurs noms au fil du temps — par exemple, les principes fondamentaux furent appelés essences ou universels. Dans chaque cas, on supposait qu'un principe fondamental abstrait existait dont la connaissance n'était possible qu'en étudiant ses exemples ou ses manifestations individuelles. Une certaine activité rationnelle devait s'accomplir pour déterminer le principe (l'essence) qui sous-tendait les manifestations individuelles. La recherche des premiers principes, des essences, des universaux, a marqué les débuts de la philosophie et, en un sens, elle continue de caractériser la science moderne dans sa quête des lois qui gouvernent la nature. Platon disait qu'on parvient aux premiers principes par la pensée pure ; Aristote, par l'étude directe de la nature. Pour le premier, toute connaissance existe indépendamment de la nature ; pour le second, la nature et la connaissance sont inséparables. Du point de vue d'Aristote, donc, le

corps ne représente pas un obstacle à la recherche du savoir comme le croyaient Platon et les pythagoriciens. Aristote n'avait pas non plus la même vision des mathématiques que Platon. Pour lui, les mathématiques étaient essentiellement inutiles, seule comptait l'étude minutieuse de la nature par l'observation et la classification. Cela montre encore l'angle empirique dans la philosophie d'Aristote. Au Lycée fondé par Aristote, on fit un nombre incroyable d'observations de phénomènes physiques et biologiques. On travailla ensuite à déterminer les catégories auxquelles ces observations appartenaient. À l'aide de cette méthode d'observation, de définition et de classification, Aristote compila une encyclopédie de la nature. Il voulait étudier les choses du monde physique et apprendre leurs fonctions. Comme Aristote chercha à expliquer biologiquement de nombreux phénomènes psychologiques, on peut le considérer comme le premier psychologue physiologique (D. N. Robinson, 1986, p. 81-82).

Si la philosophie de Platon suit la tradition mathématique des pythagoriciens, celle d'Aristote épouse la tradition biologique d'Hippocrate. Les idées de Platon et d'Aristote sur les sources de la connaissance ont ouvert la voie à la recherche épistémologique, qui se poursuit encore de nos jours. Presque tous les philosophes, ainsi que la plupart des psychologues, peuvent être vus comme appartenant soit à l'école de Platon, soit à l'école d'Aristote.

Causalité et téléologie

Pour comprendre véritablement une chose, selon Aristote, il faut en connaître quatre aspects. Plus précisément, toute chose aurait quatre causes.

- La **cause matérielle** est la matière dont l'objet est composé. Par exemple, une statue est faite de marbre.

- La **cause formelle** est la forme particulière, ou modèle, d'un objet. Par exemple, un morceau de marbre prend la forme de Vénus.

- La **cause efficiente** est la force qui transforme la matière. Par exemple, l'énergie du sculpteur transforme le bloc de marbre.

- La **cause finale** est la fin ou le motif en vue duquel l'objet existe. Dans le cas de la statue, le motif peut être d'apporter du plaisir à celui qui le voit. La cause finale est « la raison pour laquelle une chose existe ».

Par conséquent, bien qu'elle figure en dernier, la cause finale (la raison d'être d'une chose) précède en fait les trois autres.

La philosophie d'Aristote explique la **téléologie** parce que, pour lui, chaque objet de la nature a sa raison d'être. Par « raison d'être », cependant, Aristote ne faisait pas référence à une intention consciente. Il voulait plutôt dire que chaque objet de la nature a une fonction intrinsèque. Cette fonction, ou cette raison d'être, était appelée **entéléchie**. L'entéléchie conserve à un objet son mouvement ou son développement dans la direction prévue jusqu'à ce qu'il ait atteint son plein potentiel. Par exemple, l'œil existe pour procurer le sens de la vue et il continue à se développer jusqu'à ce qu'il puisse accomplir sa fonction. Pour Aristote, la cause finale d'une chose vivante fait partie de sa nature ; elle existe en tant que potentiel dès sa formation. Ainsi, un gland possède le potentiel de devenir un chêne, mais il ne peut devenir une grenouille ou un olivier ; son entéléchie est d'être un chêne. La nature, pour Aristote, se caractérise par le changement et le mouvement qui se produisent pendant que les objets transforment lentement leur potentiel en réalité — c'est-à-dire que ces objets se dirigent vers leur cause finale ou raison d'être. Aristote considérait également que la cause finale, ou raison d'être, constitue l'essence de toute chose.

Selon sa philosophie, toutes les choses naturelles, qu'elles soient animées ou inanimées, ont donc une fonction intrinsèque. De plus, la nature a elle-même une fonction grandiose. Aristote affirmait que les catégories des éléments naturels demeurent fixes, ceci excluant l'évolution, mais il pensait qu'une grande hiérarchie existe parmi les choses. Sa *scala naturae* (échelle de la nature) faisait référence à l'idée que la nature s'organise selon une hiérarchie qui part de la matière neutre jusqu'au **premier moteur**. Le premier moteur, pour Aristote, est une réalité pure et la cause de toute chose naturelle, il lui donne sa raison d'être. Dans son échelle de la nature, plus une chose est proche du premier moteur, plus elle est parfaite. Parmi les animaux, l'humain s'approcherait le plus du premier moteur, tous les autres animaux suivant plus ou moins loin derrière.

Bien qu'Aristote ne tenait pas compte de l'idée d'évolution, son échelle de la nature constituait une hiérarchie

phylogénétique qui se divisait en catégories et qui permettait ainsi d'étudier les animaux « inférieurs » pour mieux comprendre les hommes. Les données dérivées de l'étude des premiers présentaient toutefois une valeur limitée, car Aristote considérait les hommes comme étant uniques en leur genre. Encore une fois, sa position était totalement téléologique : toutes les choses naturelles avaient une entéléchie, et la nature elle-même avait une raison d'être.

La hiérarchie des âmes

Pour Aristote comme pour la plupart des philosophes grecs, l'âme constituait le principe qui donnait la vie ; par conséquent, toute chose vivante en possédait une. Selon Aristote, il existait trois types d'âme, chacun déterminant le potentiel d'une chose vivante (sa raison d'être).

- **L'âme végétative** (ou nutritive) se trouvait dans les plantes. Elle permettait uniquement la croissance, l'assimilation de nourriture et la reproduction.

- **L'âme sensitive** était celle qui habitait les animaux mais pas les plantes. En plus d'assumer des fonctions végétatives, les organismes qui possédaient une âme sensitive percevaient l'environnement et réagissaient face à lui, ils expérimentaient le plaisir et la douleur, et avaient une mémoire.

- **L'âme rationnelle** (ou intellective) était propre aux hommes. Elle avait toutes les fonctions des deux autres types, mais elle permettait également la pensée rationnelle.

Comme c'était l'âme qui conférait à un organisme vivant ses propriétés distinctives, il était futile pour Aristote de se demander si le corps et l'âme existaient indépendamment l'un de l'autre : « […] il ne faut pas chercher si le corps et l'âme sont une seule et même chose, pas plus qu'il ne faut chercher si la cire et la figure qu'elle reçoit sont identiques » (trad. fr. par Barthélemy-Saint-Hilaire, 1846, p. 165).

La sensation

Aristote soutenait que l'information qui nous renseigne sur l'environnement est recueillie par nos cinq sens : la vue, l'ouïe, le goût, le toucher et l'odorat. Contrairement à certains de ses prédécesseurs, dont Empédocle et Démocrite, Aristote ne croyait pas que les objets faisaient pénétrer de minuscules copies d'eux-mêmes par les pores de la peau (eidola). Il était plutôt d'avis que le mouvement des objets qui stimulaient un des sens créait la perception. Selon lui, le mouvement des objets présents dans l'environnement engendrait des mouvements par l'intermédiaire de différents éléments, et chacun des cinq sens était particulièrement sensible à certains types de mouvement. Par exemple, la vue provenait du mouvement de la lumière causé par un objet ; l'ouïe et l'odorat résultaient du mouvement de l'air, tandis que le goût et le toucher étaient une conséquence du mouvement de la chair. C'est ainsi qu'Aristote expliquait comment nous percevons réellement les objets de notre environnement sans qu'ils émettent des copies matérielles d'eux-mêmes. Contrairement à Platon, Aristote était persuadé qu'on pouvait se fier aux sens pour se représenter fidèlement l'environnement.

Le sens commun, la raison passive et la raison active

Aussi importante que fût l'information sensorielle pour Aristote, elle ne représentait que la première étape dans l'acquisition de la connaissance. Autrement dit, *l'expérience sensorielle était un élément nécessaire, mais non suffisant, pour parvenir à la connaissance.* Tout d'abord, pour Aristote, chaque système sensoriel apportait, au sujet de l'environnement, une information isolée qui, en soi, n'était pas très utile. Par exemple, voir un bébé gigoter donnait un indice sur son état, l'entendre pleurer en fournissait un autre, le sentir renseignait peut-être sur la raison de son inconfort, et le toucher pouvait révéler qu'il était fiévreux. C'était donc l'information unifiée fournie par l'ensemble des sens qui permettait les interactions les plus efficaces avec l'environnement.

Aristote postulait que le **sens commun** était un mécanisme qui coordonnait l'information recueillie par les sens. Le philosophe le situait, comme toutes les autres fonctions mentales, dans le cœur. Le sens commun avait pour fonction de synthétiser l'expérience sensorielle, et la rendre ainsi plus significative. Cependant, l'information sensorielle, même une fois synthétisée, ne renseignait que sur les manifestations particulières des choses. C'est la **raison passive** qui avait pour fonction d'utiliser l'expérience sensorielle pour composer efficacement avec la vie quotidienne, mais la raison passive ne menait pas à une compréhension des essences, ou premiers principes. Pour qu'un individu arrive à

l'abstraction des premiers principes à partir de ses nombreuses expériences sensorielles, il devait utiliser sa **raison active**, considérée comme la forme la plus élevée de la pensée. Aristote détermina donc des niveaux de connaissance ou de compréhension très semblables à la ligne divisée de Platon.

- Raison active : abstraction des principes, ou essences, de l'expérience sensorielle unifiée (synthétisée).
- Raison passive : utilisation de l'expérience unifiée.
- Sens commun : expérience sensorielle unifiée.
- Information sensorielle : perceptions isolées.

Pour comprendre les relations entre ces niveaux de compréhension, il faut penser à la façon dont l'électricité est perçue par certains sens : la vue (voir une décharge électrique), le toucher (ressentir la douleur d'un choc) et l'ouïe (entendre la décharge électrique). Ces expériences correspondent au niveau de la perception sensorielle. Le sens commun indiquerait que toutes ces perceptions ont une source commune : l'électricité. La raison passive apprendrait que l'électricité peut servir à toutes sortes de choses, tandis que la raison active chercherait les lois régissant l'électricité et essaierait de comprendre son essence. Ce qui a commencé par un simple ensemble d'expériences empiriques débouche sur la recherche des principes susceptibles d'expliquer ces expériences.

Selon Aristote, la partie de l'âme qui correspondait à la raison active permettait aux hommes de poursuivre leurs plus grands desseins, c'est-à-dire qu'elle leur donnait leur entéléchie. Tout comme le but ultime d'un gland était de devenir un chêne, la finalité de l'humain était de s'engager dans la raison active. Aristote croyait également qu'agir conformément à sa nature apportait du plaisir et qu'agir autrement causait de la douleur. Dans le cas de l'être humain, la raison active était la source du plus grand plaisir. À ce sujet, Aristote était essentiellement du même avis que Socrate et Platon. En outre, comme Aristote postulait un potentiel inné chez l'humain, que celui-ci pouvait atteindre ou non, sa théorie représente la première théorie psychologique de la réalisation de soi. Les théories concernant l'accomplissement de soi de Jung, de Maslow et de Rogers reflètent la pensée d'Aristote au sujet de l'entéléchie humaine.

En élaborant ce concept de raison active, Aristote introduisit une composante mystique ou surnaturelle à sa philosophie qui était, par ailleurs, naturaliste. La partie de l'âme qui correspondait à la raison active était considérée comme immortelle, mais lorsqu'elle quittait le corps après la mort, elle n'emportait aucun souvenir avec elle. Aristote la voyait comme un mécanisme de pensée pure et la considérait comme étant identique pour tous les hommes. On ne jugeait pas l'âme en fonction du caractère moral de celui qu'elle habitait précédemment, et il n'y avait pas d'union ou de réunion avec Dieu. La raison active de l'âme n'allait ni au paradis ni en enfer. Plus tard, cependant, les chrétiens allaient interpréter l'âme aristotélicienne dans ce sens.

La notion de premier moteur est une autre composante mystique de la théorie d'Aristote. Pour lui, toute chose naturelle avait une raison d'être intrinsèque. Cette raison d'être, ou entéléchie, expliquait pourquoi une chose était ce qu'elle était et pourquoi elle faisait ce qu'elle faisait. Mais si toute chose naturelle avait sa raison d'être, d'où venait cette raison d'être ? Comme nous l'avons vu, Aristote supposait l'existence d'un premier moteur, d'un principe qui était la cause de toute chose mais qui n'était lui-même causé par rien. Pour Aristote, le premier moteur mettait la nature en marche et ne faisait guère plus ; c'était une nécessité logique et non une déité. De même que la notion d'immortalité de l'âme, la notion de premier moteur plut beaucoup aux chrétiens.

Le souvenir et l'évocation

Conformément à l'aspect empirique de sa philosophie, Aristote explique, dans *De la mémoire*, que le souvenir et l'évocation découlent de la perception sensorielle. Ce point de vue contraste avec l'explication de Platon, qui est essentiellement nativiste. Le **souvenir**, pour Aristote, consiste à se rappeler spontanément quelque chose qui a déjà existé. Par exemple, on voit une personne et on se rappelle l'avoir déjà vue, ou avoir eu telle conversation avec elle. L'**évocation**, elle, consiste à rechercher mentalement une expérience passée. C'est en rapport avec l'évocation qu'Aristote postula les lois qui furent appelées **lois de l'association**. La loi de l'association la plus fondamentale est la **loi de la contiguïté** ; elle stipule que lorsqu'on pense à une chose, on a également tendance à penser aux choses qu'on a vécues en rapport avec cette chose. La **loi de la similarité**, elle, indique que lorsqu'on pense à quelque chose, on a tendance à penser à des choses semblables. La **loi des contraires** dit que, lorsqu'on pense à quelque chose, on a aussi tendance à penser à ce qui lui est opposé. Aristote fait observer que, en de rares occasions, on peut établir une forte association entre deux événements après les avoir vécus en même temps une seule fois. Toutefois, plus des événements sont vécus ensemble souvent, plus habituellement l'association est forte. Par conséquent, Aristote élabora aussi la **loi de la fréquence**, qui dit que, en général, plus la simultanéité des expériences vécues se répète, plus leur association est forte. Selon Aristote, l'être humain associe les événements de façon naturelle, par exemple le tonnerre succède aux éclairs, ou avec l'usage, par exemple l'apprentissage des lettres de l'alphabet ou l'association de tel nom à telle personne. Dans les deux cas, c'est généralement la fréquence de l'occurrence qui détermine la force de l'association. Dans *De la mémoire*, Aristote écrit : « [...] naturellement telle chose vient après telle autre, de même il en est ainsi grâce à l'acte de l'esprit. Et la répétition engendre une nature » (trad. fr. par Mugnier, 1953, p. 60).

Les lois de l'association d'Aristote constituèrent le fondement de la théorie de l'apprentissage pendant plus de deux mille ans. En fait, le concept de l'association mentale est encore au cœur de la plupart des théories de l'apprentissage. L'idée selon laquelle on peut utiliser une ou plusieurs lois d'association pour expliquer l'origine des idées, la mémoire et la formation d'idées complexes à partir d'idées simples est appelée **associationnisme**.

L'imagination et le rêve

Nous avons vu que la philosophie d'Aristote comporte à la fois des éléments rationnels et des éléments empiriques. Par exemple, son exposé sur le souvenir et l'évocation est empirique. On remarque la même chose dans son explication sur l'**imagination** et le **rêve**. Selon Aristote, la perception d'une sensation entraîne des images qui perdurent beaucoup plus longtemps que la stimulation qui les a produites. La rétention de ces images constitue la mémoire. Ces images créent aussi un lien important entre la sensation et la pensée rationnelle, car c'est sur ces images produites par l'expérience qu'agissent la raison passive et la raison active. L'imagination est la somme des effets subsistants de l'expérience sensorielle. Aristote se demanda si le produit de l'imagination était fiable. Les sensations, disait-il, ont tendance à être dénuées d'erreur en raison du lien étroit qui existe entre les objets perçus et les organes des sens. Comme l'imagination ne fait pas partie de ce lien, elle s'avère beaucoup plus sujette à l'erreur.

Par ailleurs, Aristote trouva une explication au rêve en fonction des images de l'expérience passée. Durant le sommeil, des événements à l'intérieur et à l'extérieur du corps peuvent stimuler les images du passé. Les raisons pour lesquelles nos impressions résiduelles (images) semblent souvent bizarres dans un rêve sont les suivantes : 1° durant le sommeil, les images ne sont pas organisées par la raison et 2° durant l'état d'éveil, nos images sont coordonnées avec la stimulation sensorielle continue, ou régies par celle-ci, et cette stimulation interagit avec les images du passé ; pendant le sommeil, cela ne se produit pas.

Aristote faisait preuve d'un scepticisme extrême au sujet du pouvoir des rêves de nous renseigner sur les événements futurs. Le plus souvent, affirmait-il, ces productions mentales ont rapport aux activités récentes du rêveur, mais il est possible qu'une ligne de conduite dont on a rêvé soit si marquante que cela suggère un plan d'action au rêveur dans la réalité. Selon Aristote, toutefois, la plupart des cas d'apparentes prophéties révélées par les songes doivent être considérés comme de simples coïncidences :

> De même donc que se souvenir de quelqu'un n'est ni le signe ni la cause que cette personne se présente, de même le rêve n'est pas non plus alors pour celui qui le voit le signe ni la cause de ce qui arrive, mais une simple coïncidence. C'est pourquoi aussi beaucoup de rêves ne se « réalisent » pas ; la simple coïncidence n'est en effet ni perpétuelle ni générale. […] « si vous lancez beaucoup de flèches, vous atteindrez le but tantôt une fois, tantôt une autre », de même, à ce sujet aussi, cela arrive. (trad. fr. par Mugnier, 1953, p. 90-91)

Il est intéressant de noter que l'éminent homme d'État et philosophe romain Cicéron (106-43 av. J.-C.) était d'accord avec l'analyse d'Aristote au sujet des rêves :

> De visions d'ivrognes et de fous, on pourrait sans doute déduire d'innombrables conséquences par conjecture, laquelle pourrait sembler présager des événements futurs. Car quelle personne visant une cible à longueur de journée ne finira pas par l'atteindre ? Nous dormons chaque nuit ; et nous rêvons d'à peu près tout. Comment alors être surpris de voir un rêve s'accomplir ? » (Yonge, 1997, p. 251 [notre traduction])

Aristote croyait cependant que les rêves pouvaient prédire des événements futurs dans un domaine bien particulier : étant donné que les sensations étaient souvent exagérées dans les rêves, les changements corporels subtils pouvaient être reflétés dans les rêves mais pas en état d'éveil. Selon Aristote, il était donc sensé que les médecins analysent les rêves pour détecter les premiers signes de maladie (Barnes, 1984, vol. 1, p. 736-737).

La motivation et le bonheur

Selon Aristote, le bonheur repose sur le fait de faire ce qui nous paraît naturel parce que cela permet à l'individu d'accomplir sa raison d'être. Or, si l'entéléchie de l'humain réside dans la pensée rationnelle, penser rationnellement est donc ce qui le comble le plus. Cependant, l'être humain est aussi, pour Aristote, un organisme biologique caractérisé par les fonctions suivantes : la nutrition, la sensation, la reproduction et le mouvement. Autrement dit, même si les hommes et les animaux diffèrent les uns des autres (en raison de la capacité de raisonner des premiers), ils ont beaucoup de sources de motivation communes. Comme chez les animaux, les appétits influencent une grande partie du comportement humain. L'action vise toujours à satisfaire un appétit. En somme, pour Aristote, le comportement humain est motivé par des états internes comme la faim, l'excitation sexuelle, la soif ou le désir de confort physique. Comme la manifestation d'un appétit entraîne un inconfort, un malaise, elle stimule l'activité qui doit éliminer ce malaise. S'il réussit à répondre à son besoin, l'animal ou l'individu éprouve du plaisir. Le comportement humain ou animal est donc largement hédoniste, car il tend à procurer du plaisir ou à éviter la douleur.

Contrairement aux autres animaux, cependant, l'être humain peut utiliser ses capacités rationnelles pour inhiber ses appétits. En outre, son plus grand bonheur ne découle pas de la satisfaction de ses besoins biologiques, il vient plutôt de l'exercice maximal de ses facultés rationnelles. Étant donné que l'être humain a à la fois des appétits et la capacité de penser, des conflits naissent souvent, selon Aristote, entre la satisfaction de ses appétits et des objectifs rationnels plus éloignés. Le portail du temple d'Apollon à Delphes portait deux inscriptions. La première était celle qui inspira tant Socrate : « Connais-toi toi-même. » La seconde était : « De la mesure en toute chose » ; elle traduisait l'importance que les Grecs accordaient à la maîtrise de soi, et Aristote n'y faisait pas exception. Dans *Éthique à Nicomaque* (Ross, 1990), Aristote affirme que la meilleure vie est celle vécue dans la modération, c'est-à-dire selon le **juste milieu**. Par exemple, il considère le courage comme le juste milieu entre la lâcheté et la témérité, la tempérance comme celui entre l'abstinence et l'excès, et la générosité comme celui entre l'extravagance et l'avarice. Une vie de modération nécessite, selon Aristote, la maîtrise rationnelle de ses appétits. Même le meilleur des hommes, cependant, peut agir de manière hédoniste plutôt que rationnelle, « car le désir aveugle est comme une bête, et l'emportement de la passion bouleverse les gouvernants, même les meilleurs des hommes » (trad. fr. par Aubonnet, 1989, p. 95-96). Selon Aristote, l'existence de beaucoup d'êtres humains n'est régie par rien de plus que le plaisir et la douleur causés par la satisfaction ou l'insatisfaction des appétits. Ces êtres ne sont pas différents des animaux. Les appétits et la raison font partie de chaque personne, dont le caractère dépend de la prédominance de l'une ou des autres.

Les émotions et la perception sélective

En général, dans la philosophie aristotélicienne, les émotions ont pour fonction d'amplifier toute tendance existante. Par exemple, les gens vont courir plus vite s'ils ont peur que s'ils courent simplement pour faire de l'exercice. De même, les émotions donnent une raison d'agir — par exemple, les gens peuvent être enclins à se battre lorsqu'ils éprouvent de la colère. Mais les émotions jouent aussi sur la façon dont les gens perçoivent les choses, c'est-à-dire qu'elles peuvent causer une *perception sélective*. Aristote donne les exemples suivants :

> […] nous nous trompons facilement au sujet des sensations, plongés que nous sommes dans nos affections, les uns et les autres diversement, par exemple le lâche dans sa frayeur, l'amoureux dans son amour ; par suite, l'un croit voir des ennemis à la suite d'une petite ressemblance et l'autre, l'objet aimé ; et la moindre similitude fait d'autant plus apparaître ces illusions qu'on est davantage sous le coup de l'émotion. De la même façon aussi les hommes se trompent dans les crises de colère et dans toutes les passions, et d'autant plus qu'ils sont davantage sous le coup de ces affections. (trad. fr. par Mugnier, 1953, p. 82)

Nous pouvons ici introduire le concept de présentisme et faire remarquer qu'Aristote a fait plusieurs erreurs.

Par exemple, il attribuait la pensée et le sens commun au cœur et affirmait que le cerveau avait pour principale fonction de refroidir le sang. Il croyait que le nombre d'espèces d'organismes dans le monde était fixe ; il niait donc le concept d'évolution. Il disait également que la Terre était le centre de l'Univers. Ses erreurs sont toutefois mineures compte tenu de ses nombreuses contributions. Plusieurs de ses observations s'avérèrent incorrectes, mais Aristote privilégia l'observation empirique comme moyen d'atteindre la connaissance et, ce faisant, il fit considérablement progresser la philosophie grecque.

L'importance des philosophes de la Grèce antique

Pour comprendre l'importance des philosophes de la Grèce antique, il faut se rappeler la philosophie des sciences de Popper. Comme nous l'avons vu au chapitre 1, la science, pour Popper, consiste à formuler un problème, à proposer des solutions à ce problème et à essayer de réfuter les solutions proposées. La solution qui résistera à ce processus sera celle qui, provisoirement, ne peut pas être réfutée. Autrement dit, le plus haut statut qu'une solution proposée peut atteindre, c'est *de ne pas encore avoir été réfutée*. L'hypothèse de Popper, dans sa philosophie des sciences, est que tous les « faits » et toutes les « théories » finiront par l'être.

En quoi ceci mène à l'importance des philosophes de l'Antiquité ? Du point de vue de Popper, la science commença lorsque les hommes se mirent à douter des histoires qu'on leur racontait sur eux-mêmes et sur le monde. Selon Brett, « les cosmologistes grecs ont été importants parce qu'ils se sont éloignés des traditions religieuses établies pour élaborer des histoires qu'ils considéraient plus crédibles sur l'origine et la composition du monde. Ils conjecturaient » (1912-1921/1965, p. 38 [notre traduction]). Non seulement les philosophes grecs conjecturaient, mais ils respectaient les conjectures des autres.

À l'exception des pythagoriciens, qui créèrent un culte secret visant à perpétuer le dogme, les philosophes grecs s'adonnaient à un échange ouvert et critique de leurs idées respectives. Pour Popper, cette disposition à discuter en confrontant les idées fut le début d'une tradition extrêmement importante :

> Or il y a là un phénomène unique, qui est étroitement lié à l'étonnante liberté et inventivité de la philosophie grecque. Mais comment l'expliquer ? *Ce qu'il convient d'élucider, c'est l'émergence d'une tradition.* Celle-ci permet ou favorise de manière active les échanges critiques entre diverses écoles et, ce qui est plus surprenant encore, au sein d'une seule et même école. Car, en dehors des Pythagoriciens, on ne trouve aucune école qui ait eu pour vocation de préserver un corps de doctrine. On découvre, au contraire, des évolutions, des idées inédites, des modifications, et on assiste à la critique exhaustive des conceptions du maître. (1958, éd. fr. 1985, p. 227)

Comme nous l'avons vu, Popper attribua les fondements de cette nouvelle tradition de liberté à Thalès, qui non seulement tolérait la critique, mais l'encourageait. Selon Popper, il s'agit là d'une « innovation capitale » parce qu'elle rompait avec la tradition dogmatique n'autorisant qu'une seule vraie doctrine et qu'elle favorisait une pluralité de doctrines, lesquelles tendaient toutes à s'approcher de la vérité par la discussion critique. Celle-ci, se déployant de façon libre, a provoqué la prise de conscience qu'un questionnement n'est jamais fini, qu'il est toujours provisoire et sujet à l'amélioration. Voici ce que disait Popper de cette tradition :

L'ensemble de cette démarche conduit, par une sorte de nécessité, à une prise de conscience : nos tentatives pour saisir et découvrir la vérité ne présentent pas un caractère définitif mais sont susceptibles de perfectionnement, notre savoir, notre corps de doctrine sont de nature conjecturale, ils sont faits de suppositions, d'hypothèses, et non de vérités certaines et dernières ; enfin, la critique et la discussion sont les seuls moyens qui s'offrent à nous pour approcher la vérité. On aboutit ainsi à cette tradition qui consiste à formuler des conjectures hardies et à exercer la libre critique, tradition qui a été à l'origine de la démarche rationnelle et scientifique et, partant, de cette culture occidentale qui est la nôtre [...]. (1958, éd. fr. 1985, p. 229)

La mort d'Aristote, en 322 av. J.-C., marqua la fin de l'âge d'or de la Grèce, qui avait commencé environ 300 ans plus tôt avec la philosophie de Thalès. La plupart des concepts philosophiques qui ont été développés depuis cette grande période de l'Antiquité y trouvent leur origine. Après la mort d'Aristote, les philosophes poursuivirent l'enseignement des maîtres ou centrèrent leur questionnement sur des modèles du comportement humain. Ce n'est qu'à la Renaissance, bien des siècles après la disparition d'Aristote, qu'on redécouvrit et raviva la tradition critique des philosophes de la Grèce antique.

Résumé

Les hommes de l'Antiquité avaient pour croyance que toutes les choses de la nature étaient vivantes ; ils ne faisaient aucune distinction entre les choses animées et inanimées — cette façon de voir le monde est appelée animisme. Ils tendaient aussi à attribuer des émotions et des sentiments humains à la nature, autrement dit à faire de l'anthropomorphisme. On croyait qu'un esprit ou un fantôme habitait toute chose et lui donnait vie. L'utilisation courante de la magie visait à exercer un pouvoir sur ces esprits ; ces pratiques donnaient aux hommes le sentiment qu'ils pouvaient contrôler la nature. Il existait deux religions dans la Grèce antique : la religion olympienne, qui reposait sur la foi en certains dieux dont les activités ressemblaient beaucoup à celles des Grecs des classes supérieures, et l'orphisme, selon lequel l'âme était prisonnière du corps et attendait d'être libérée pour se retrouver de nouveau parmi les dieux. La religion olympienne gagna des adeptes dans les classes bien nanties, tandis que l'orphisme était privilégié au sein des classes inférieures de la société.

Les premiers philosophes mettaient l'accent sur des explications naturelles plutôt que surnaturelles. Ils cherchaient l'élément primaire, appelé physis, dont toute chose était issue. Pour Thalès, cette substance primaire était l'eau ; pour Anaximandre, c'était l'infini ; pour Héraclite, le feu ; pour Parménide, l'« unité » ou la « permanence » ; pour Pythagore, les nombres ; pour Démocrite, l'atome ; pour Hippocrate et Empédocle, les quatre éléments que sont l'eau, la terre, le feu et l'air ; pour Anaxagore, enfin, c'était un nombre infini d'éléments. Les philosophes de la Grèce antique étaient appelés cosmologistes parce qu'ils cherchaient à expliquer l'origine, la structure et les processus de l'Univers (cosmos). En plus des quatre éléments, Empédocle supposait qu'il y avait également les forces de l'amour, qui tendaient à rapprocher les éléments, et celles de la haine, qui tendaient à les séparer. Lorsque le mélange d'éléments et de forces était équilibré, des parties d'animaux et d'hommes se formaient et se combinaient de presque toutes les façons possibles. Seul un nombre limité de ces combinaisons aléatoires pouvaient survivre, dont les hommes.

Le débat entre Héraclite, qui croyait que tout change constamment, et Parménide, qui postulait que rien ne change, souleva un certain nombre de questions épistémologiques, par exemple, existe-t-il une chose suffisamment immuable pour être connue avec certitude, et comment l'expérience sensorielle, en supposant qu'elle renseigne uniquement sur un monde en perpétuel changement, peut être une source de connaissance. Ces questions et d'autres du même ordre ont persisté jusqu'à nos jours.

La plupart de ces philosophes de l'Antiquité étaient également monistes, c'est-à-dire qu'ils ne faisaient aucune distinction entre l'esprit et le corps ; l'élément ou les éléments qu'ils découvraient étaient censés tout expliquer. Chez les pythagoriciens, cependant, nous remarquons un véritable dualisme entre l'esprit et le corps ainsi qu'entre le physique et l'abstrait. En outre, les nombres étaient des abstractions réelles ; ils ne pouvaient être connus que par la pensée rationnelle, et non par l'expérience sensorielle. Celle-ci ne pouvait qu'empêcher de parvenir à la connaissance abstraite ; il fallait donc l'éviter. On considérait l'esprit, ou l'âme, comme immortel.

Dans la Grèce antique, la médecine se fondait sur la superstition et la magie, d'où son appellation de médecine sacrée. Grâce aux travaux d'Alcméon et d'Hippocrate, entre autres, la pratique médicale devint objective et naturaliste. La croyance suivant laquelle la maladie était causée par de mauvais esprits fit place à une toute nouvelle manière de penser : la santé reposait sur le bon équilibre des éléments ou processus corporels, tandis que la maladie résultait d'un déséquilibre.

Les sophistes arrivèrent à la conclusion qu'il existait plusieurs points de vue philosophiques aussi valables les uns que les autres. La « vérité », pour eux, était fonction de l'éducation d'une personne, de ses expériences personnelles, de sa culture et de ses croyances. L'acceptation d'une « vérité » par les autres dépendait de l'aptitude d'une personne à communiquer cette vérité. Les idées des sophistes ont beaucoup en commun avec le postmodernisme contemporain. Socrate affirmait, comme les sophistes, que la vérité est subjective, mais il croyait également que l'examen minutieux des expériences subjectives d'une personne révèle des concepts stables et connaissables qui, une fois connus, peuvent mener à la vertu.

Influencé par les pythagoriciens, Platon développa l'idée de Socrate pour affirmer que les idées ou concepts ont une existence indépendante, tout comme le nombre pythagoricien. Pour lui, les idées ou les formes sont la réalité ultime et ne peuvent être connues que par la raison. L'expérience sensorielle mène à l'ignorance — ou, au mieux, à l'opinion. Avant de s'incarner, l'âme baigne dans la connaissance pure et parfaite, que l'être humain peut se rappeler s'il dirige ses pensées vers l'intérieur, loin du monde empirique. Pour Platon, la connaissance vient du rappel de l'expérience de l'âme avant de s'introduire dans le corps. C'est sa théorie de la connaissance, axée sur la réminiscence. Platon croyait que le pouvoir rationnel de l'esprit (rationalisme) doit être dirigé vers l'intérieur (introspection) pour redécouvrir des idées présentes à la naissance (nativisme).

Aristote, lui aussi, s'intéressa aux concepts généraux plutôt qu'aux faits isolés, mais, contrairement à Platon, il affirmait que l'étude de la nature permet de comprendre ces concepts généraux. Selon lui, il ne faut surtout pas éviter l'expérience sensorielle, car celle-ci est la source de toute la connaissance. Son rationalisme reposait en grande partie sur l'empirisme, car il soutenait qu'on définit les concepts à partir de l'examen minutieux des observations sensorielles. Pour Aristote, toute chose possède une entéléchie, ou raison d'être. Un gland, par exemple, a le potentiel de devenir un chêne ; sa raison d'être est donc de le devenir. Il existerait trois catégories de choses vivantes : les êtres vivants dont l'âme est végétative, ceux dont l'âme est sensitive et ceux qui ont une âme rationnelle. Seule la race humaine possède une âme rationnelle, qui a deux fonctions : la raison passive et la raison active. La première s'exerce sur l'information fournie par les cinq sens et par le sens commun, lequel synthétise, unifie l'expérience sensorielle. La seconde sert à isoler les concepts permanents (essences) qui se manifestent dans l'expérience sensorielle. Aristote considérait que la raison active est immortelle. Il postulait aussi l'existence d'un premier moteur, qui serait l'entéléchie de toute chose dans la nature. Ce premier moteur est la cause de tout mais n'est lui-même causé par rien. Aristote croyait que la nature s'organise selon une grande hiérarchie qui va de la matière sans forme aux plantes, puis aux animaux, puis aux hommes et, enfin, au premier moteur. Il était également d'avis que les hommes ont beaucoup en commun avec les autres animaux et qu'on peut donc apprendre des choses sur l'être humain en étudiant ceux-ci.

Aristote fait une distinction entre le souvenir, qu'il qualifie de spontané, et l'évocation, qui consiste à rappeler activement à la mémoire une expérience passée. C'est en rapport avec l'évocation qu'Aristote élabora ses lois de l'association — loi de la contiguïté, de la similarité, des contraires et de la fréquence. Aristote explique que l'imagination et le rêve découlent des images qui persistent après l'expérience sensorielle. Contrairement à ce que presque tout le monde croyait à l'époque, il pensait que les rêves ne prédisent pas l'avenir et que, si cela se produit, c'est une pure coïncidence. Toutefois, de petits changements corporels sont exagérés dans les rêves, et ceux-ci peuvent servir à détecter les premiers signes de maladie. Selon Aristote, les hommes sont disposés de par leur nature à utiliser leurs aptitudes rationnelles pour parvenir à la connaissance, mais ils ont aussi des appétits semblables à ceux des autres animaux. Il suppose que la présence d'un appétit stimule le comportement qui le satisferait. Lorsque cet appétit est satisfait, la personne ou l'animal éprouvent du plaisir; dans le cas contraire, de la douleur. L'humain peut et doit, selon Aristote, utiliser sa rationalité pour maîtriser ses appétits et ses émotions, mais ceux-ci envahissent parfois le meilleur en lui. La vie idéale, du point de vue d'Aristote, consiste à vivre conformément à sa règle d'or : le juste milieu, c'est-à-dire une vie de modération. Il affirme que les émotions amplifient les pensées et les comportements en cours et incitent parfois l'individu à percevoir ou à interpréter faussement des événements. Aristote fit plusieurs conjectures erronées, mais ses accomplissements dépassent de loin ses erreurs.

Les philosophes de la Grèce antique sont importants parce qu'ils ont remplacé les explications surnaturelles par des explications naturalistes et parce qu'ils ont incité à la critique ouverte et à l'évaluation des idées.

Des questions à débattre

1. Décrivez des phénomènes qui ont vraisemblablement préoccupé les hommes de l'Antiquité, puis expliquez comment ceux-ci comprenaient ces événements et tentaient d'exercer un pouvoir sur eux.

2. Résumez les principales différences entre la religion olympienne et l'orphisme.

3. En quoi les tentatives des philosophes de l'Antiquité pour comprendre la nature sont-elles différentes de celles de leurs prédécesseurs ?

4. Qu'est-ce que les cosmologistes ont tenté de faire ?

5. Pourquoi les philosophes de la Grèce antique étaient-ils appelés physiciens ? Indiquez ce qu'était la physis selon Thalès, puis selon Anaximandre, Héraclite, Parménide, Pythagore, Empédocle, Anaxagore et Démocrite.

6. Quelle vision de l'Univers avait Empédocle ?

7. Résumez comment Empédocle voyait la façon dont les animaux, y compris les hommes, viennent au monde.

8. Quelle importante question épistémologique la philosophie d'Héraclite a-t-elle soulevée ?

9. Donnez des exemples de la façon dont on utilisait la logique pour défendre l'idée de Parménide selon laquelle le changement et le mouvement sont des illusions.

10. Expliquez la différence entre l'élémentisme et le réductionnisme, puis donnez un exemple de chacun.

11. Quelles étaient les principales différences entre la médecine sacrée et le type de médecine exercée par Alcmaeon et Hippocrate ?

12. En quoi les sophistes différaient-ils des philosophes qui les avaient précédés ? Comment les sophistes voyaient-ils la connaissance ? Sur quoi Socrate était-il d'accord avec eux, et sur quoi était-il en désaccord ?

13. Quelles observations Xénophane fit-il au sujet de la religion ?

14. Quel était, pour Socrate, le but de la recherche philosophique ? Quelle méthode utilisa-t-il pour poursuivre ce but ?

15. Quelles furent les accusations portées contre Socrate par les Athéniens ? Quelles étaient vraisemblablement les raisons véritables du procès de Socrate et de sa condamnation à mort ?

16. Décrivez la théorie de Platon sur les formes ou idées.

17. Dans la philosophie de Platon, quelle est l'analogie de la ligne divisée ?

18. Résumez l'allégorie de la caverne de Platon et expliquez sa signification.

19. Expliquez la théorie de la connaissance de Platon, axée sur la réminiscence.

20. Comparez l'attitude d'Aristote et celle de Platon à l'égard de l'expérience sensorielle.

21. Démontrez que la philosophie d'Aristote comporte des composantes à la fois rationnelles et empiriques.

22. Selon Aristote, quelles sont les quatre causes de toute chose ?

23. Expliquez le concept d'entéléchie d'Aristote.

24. Décrivez la *scala naturae* d'Aristote et indiquez comment ce concept renvoie à une psychologie comparative.

25. Expliquez la façon dont Aristote concevait l'âme.

26. Expliquez la relation entre l'expérience sensorielle, le sens commun, la raison passive et la raison active.

27. Résumez l'idée d'Aristote au sujet de l'imagination et des rêves.

28. Expliquez la façon dont Aristote voyait le bonheur. Qu'est-ce qui, selon lui, procure le plus grand bonheur ? Décrivez ce qu'est une existence vécue conformément au juste milieu.

29. Expliquez l'idée d'Aristote sur les émotions.

30. Dans la philosophie d'Aristote, quelle est la fonction du premier moteur ?

31. Décrivez les lois de l'association qu'Aristote proposa.

32. Résumez pourquoi la philosophie grecque joua un rôle important dans le développement de la civilisation occidentale.

Des suggestions de lecture

Allen, R. E. (dir.). (1991). *Greek philosophy from Thales to Aristotle* (3e éd.). New York : Free Press.

Annas, J. (2003). *Plato : A very short introduction*. New York : Oxford University Press.

Barnes, J. (2001). *Early Greek philosophy* (éd. revue). New York : Penguin Putnam.

Bremmer, J. N. (1993). *The early Greek concept of the soul*. Princeton, NJ : Princeton University Press.

Cartledge, P. (1999). *Democritus*. New York : Routledge.

Guthrie, K. S. (comp. et trad.). (1987). *The Pythagorean sourcebook and library*. Grand Rapids, MI : Phanes Press.

Hicks, R. D. (trad.). (1991). *Aristotle : De anima*. Buffalo, NY : Prometheus Books.

McLeish, K. (1999). *Aristotle*. New York : Routledge.

Robinson, D. N. (1989). *Aristotle's psychology*. New York : Columbia University Press.

Robinson, T. M. (1995). *Plato's psychology* (2e éd.). Toronto : University of Toronto Press.

Ross, D. (trad.). (1990). *Aristotle : The Nicomachean ethics*. New York : Oxford University Press.

Taylor, C. C. W. (1998). *Socrates*. New York : Oxford University Press.

Waterfield, R. (2000). *The first philosophers : The Presocratics and the Sophists*. New York : Oxford University Press.

Glossaire

Alcmaeon (vers 500 av. J.-C.)   Il fut un des premiers médecins grecs à s'écarter de la magie et de la superstition qui imprégnaient la médecine dite sacrée et à élaborer une compréhension et un traitement naturalistes de la maladie.

Allégorie de la caverne   Allégorie de Platon qui explique que des individus vivent leur existence dans les ombres de la réalité définie par l'expérience sensorielle plutôt que dans la vraie réalité qui dépasse cette expérience.

Âme rationnelle (ou intellective)   Selon Aristote, type d'âme propre à l'être humain qui intègre les fonctions de l'âme végétative et de l'âme sensitive. Ce type d'âme permet la réflexion sur les événements du monde matériel (raison passive) et l'abstraction des concepts qui caractérisent les événements du monde matériel (raison active).

Âme sensitive   Selon Aristote, type d'âme que les animaux possèdent. Elle inclut les fonctions accomplies par l'âme végétative, et elle confère la capacité d'interagir avec l'environnement et de retenir l'information perçue dans ces interactions.

Âme végétative (ou nutritive)   Type d'âme que les plantes possèdent. Elle permet seulement la croissance, l'assimilation de la nourriture et la reproduction.

Analogie de la ligne divisée   Illustration de Platon de son idée selon laquelle il y a une hiérarchie de la compréhension. Le niveau le moins élevé de la compréhension est fondé sur des images des objets physiques. Le niveau suivant consiste à appréhender les objets empiriques eux-mêmes, mais cette compréhension ne conduit qu'à l'opinion. On parvient ensuite à une compréhension des principes mathématiques abstraits, qui est aussi celle des formes. Enfin, la compréhension la plus élevée (la véritable connaissance) concerne la forme du bien et implique une connaissance de toutes les formes ainsi que de leur organisation.

Anaxagore (vers 500-428 av. J.-C.)   Ce philosophe croyait que toute chose est issue d'un nombre infini d'éléments (germes) et contient tous les éléments ; ce qui différencie une chose d'une autre dépend des éléments qui prédominent. L'esprit fait exception en ce sens qu'il ne contient aucun autre élément mais peut se combiner avec d'autres éléments, créant la vie.

Anaximandre (vers 610-547 av. J.-C.)   Ce philosophe proposa l'hypothèse selon laquelle le principe fondamental est l'« infini » ou l'« indéfini » et il formula une théorie rudimentaire de l'évolution.

Animisme   Attitude consistant à croire que toute chose naturelle est vivante.

Anthropomorphisme   Attitude consistant à attribuer à la nature ou aux choses des qualités et des réactions humaines.

Aristote (384-322 av. J.-C.)   Ce philosophe affirmait que l'expérience sensorielle est à la base de toute connaissance, mais que les cinq sens et le sens commun ne font que fournir l'information dont la connaissance est issue. Aristote croyait aussi que toute chose dans la nature possède une entéléchie (une raison d'être) qui détermine son potentiel. La raison active, considérée comme la partie immortelle de l'âme, permet aux hommes de développer leur plus grand potentiel ; par conséquent, les hommes pleinement présents doivent privilégier la raison active. Comme tout devait avoir une cause, Aristote postulait qu'un premier moteur est à l'origine de toute chose dans le monde, mais que ce premier moteur n'est lui-même causé par rien. (Voir aussi *Premier moteur*.)

Associationnisme   Croyance philosophique suivant laquelle les phénomènes mentaux comme l'apprentissage, le souvenir et l'imagination peuvent être expliqués par les lois de l'association. (Voir aussi *Lois de l'association*.)

Cause efficiente   Selon Aristote, force qui transforme une chose.

Cause finale   Selon Aristote, raison d'être de toute chose. (Voir aussi *Entéléchie*.)

Cause formelle   Selon Aristote, forme particulière que prend toute chose.

Cause matérielle   Selon Aristote, ce dont une chose est faite.

Cosmologie   Étude de l'origine de l'Univers, de sa structure et des processus qui le régissent.

Définition inductive   Technique utilisée par Socrate lorsqu'il examinait les nombreux exemples individuels d'un concept pour découvrir ce qu'ils avaient en commun.

Démocrite (vers 460-370 av. J.-C.)   Ce philosophe proposa l'idée que les atomes sont les éléments primordiaux. Toute chose de la nature, y compris les hommes, peut s'expliquer par les atomes et l'activité atomique. Démocrite fut le premier à formuler une théorie totalement matérialiste du monde et des hommes.

Devenir   Selon Héraclite, état de toute chose dans l'Univers. Rien n'est statique et immuable ; toute chose de l'Univers est plutôt dynamique — c'est-à-dire en devenir.

Eidola   Minuscules copies qui, selon certains philosophes de la Grèce antique, émanent de la surface des choses de l'environnement et leur permettent d'être perçues.

Élémentisme   Croyance selon laquelle même les objets complexes peuvent être compris en étudiant les éléments dont ils sont issus.

Empédocle (vers 490-430 av. J.-C.)   Ce philosophe supposa que la terre, le feu, l'air et l'eau sont les quatre éléments dont toute chose, incluant l'humain, est issue, et que deux forces, soit l'amour et la haine, combinent et séparent en alternance ces éléments. Empédocle fut le premier philosophe à proposer une théorie de la perception, et il formula une théorie de l'évolution qui comportait une forme rudimentaire de sélection naturelle.

Entéléchie   Selon Aristote, raison d'être de toute chose, qui demeure potentielle jusqu'à ce qu'elle soit accomplie. La raison active, par exemple, est l'entéléchie de l'être humain, mais elle demeure à l'état potentiel chez de nombreuses personnes.

Essence   Nature fondamentale d'une chose, ses caractéristiques propres qui lui donnent son identité unique.

Être   Une chose qui ne change pas et qui peut dès lors être connue, en principe, avec certitude. Être suppose la stabilité et la certitude ; devenir implique l'instabilité et l'incertitude.

Évocation   Pour Aristote, recherche mentale active du souvenir d'expériences passées.

Formes   Selon Platon, réalités abstraites et pures qui sont immuables et permanentes et, par conséquent, connaissables. Ces formes créent des manifestations imparfaites d'elles-mêmes lorsqu'elles interagissent avec la matière. Ce sont ces manifestations imparfaites des formes qui sont les objets de nos perceptions. (Voir aussi *Théorie des formes*.)

Galien (vers 130-200 apr. J.-C.)   Ce médecin associa un tempérament à chacune des quatre humeurs d'Hippocrate ; ce faisant, il formula une théorie rudimentaire de la personnalité.

Gorgias (vers 485-380 av. J.-C.)   Sophiste, il croyait que la seule réalité qu'une personne peut percevoir est sa réalité subjective, et que cette réalité ne peut jamais être communiquée fidèlement à une autre personne.

Héraclite (vers 540-480 av. J.-C.)   Ce philosophe affirma que le feu est l'élément primordial parce que, en présence de celui-ci, rien ne reste dans son état initial. Il considérait que le monde est en mouvement perpétuel et se demandait donc ce qu'on peut connaître avec certitude.

Hippocrate (vers 460-377 av. J.-C.)   Il est considéré comme le père de la médecine moderne parce qu'il croyait que la maladie a des causes naturelles et non surnaturelles. Pour Hippocrate, la santé est fonction d'un équilibre des quatre humeurs corporelles, tandis que la maladie traduit un déséquilibre. Le rôle du médecin est de favoriser l'aptitude naturelle du corps à se guérir lui-même.

Imagination   Selon Aristote, expression des images retenues des expériences passées.

Introspection   Examen minutieux que fait une personne de ses propres expériences intérieures.

Juste milieu   Règle d'or qu'Aristote proposait de suivre pour éviter les excès et vivre une vie sous le sceau de la modération.

Loi de la contiguïté   Une des lois de l'association voulant que la pensée d'une chose tend à entraîner la pensée de choses qui sont habituellement vécues parallèlement à celle-là.

Loi de la fréquence   Loi selon laquelle plus des expériences sont vécues simultanément, plus elles deviennent en général associées dans la mémoire.

Loi de la similarité   Loi voulant que la pensée d'une chose amène à penser à des choses semblables.

Loi des contraires   Loi qui explique que la pensée d'une chose suscite la pensée de choses qui sont ses contraires.

Lois de l'association   Lois d'Aristote auxquelles il attribue le fait de retenir des événements dans la mémoire en vertu d'un lien entre eux. Pour lui, les lois de l'association sont celles de la contiguïté, des contraires, de la similarité et de la fréquence.

Magie   Cérémonies et rituels visant à influencer les esprits.

Médecine sacrée   Type de médecine pratiquée par des prêtres dans les temples de la Grèce antique et qui reposait sur la superstition et la magie. Alcmaeon et Hippocrate, entre autres, la critiquèrent vigoureusement et contribuèrent à développer la médecine naturaliste — une médecine cherchant les causes naturelles de la maladie plutôt que des causes surnaturelles.

Nihilisme Croyance selon laquelle toute recherche d'une vérité universelle (interpersonnelle) est vouée à l'échec puisque la perception de la vérité varie d'une personne à l'autre. Autrement dit, il n'y a pas de vérité. Les sophistes étaient nihilistes.

Orphisme Religion dont la croyance principale était que l'âme devenait prisonnière du corps en raison d'une transgression qu'elle avait commise. Selon cette religion, l'âme suivait un cercle de transmigrations jusqu'à ce qu'elle soit purgée du péché, moment où elle pouvait alors échapper à l'existence terrestre et retourner à son existence pure et divine parmi les dieux. On considérait que certaines pratiques de magie aidaient à libérer l'âme du corps qui était son tombeau.

Paradoxe de Zénon Raisonnement selon lequel, pour passer d'un point A à un point B, on doit d'abord parcourir la moitié de la distance entre ces points, puis la moitié de la distance restante, et ainsi de suite. Comme ce processus doit se répéter un nombre infini de fois, Zénon avait conclu qu'un objet parti d'un point A ne peut jamais, en toute logique, atteindre le point B.

Parménide (né vers 515 av. J.-C.) Ce philosophe croyait que le monde est solide, immuable et immobile et que, par conséquent, toute apparence de changement ou de mouvement est une illusion.

Physiciens Ceux qui postulent l'existence de la physis et qui la cherchent.

Physis Substance ou élément primaire dont toute chose serait issue.

Platon (vers 427-347 av. J.-C.) D'abord disciple de Socrate, ce philosophe fut ensuite influencé par les pythagoriciens. Il postula l'existence d'un monde abstrait de formes ou d'idées qui, lorsqu'elles se manifestent dans la matière, constituent les objets du monde physique. Le seule véritable connaissance est celle des formes, et on ne peut l'atteindre qu'en étudiant le contenu inné de l'âme. Selon Platon, l'expérience sensorielle nuit à la connaissance et doit être évitée.

Premier moteur Selon Aristote, réalité pure, principe qui donne sa raison d'être, ou cause finale, à la nature, mais qui n'est lui-même causé par rien. Dans la philo-

sophie d'Aristote, le premier moteur est une nécessité logique.

Protagoras (vers 485-410 av. J.-C.) Étant un sophiste, il enseignait que «l'homme est la mesure de toute chose». En d'autres mots, ce qu'on considère comme la vérité varie selon l'expérience individuelle de chacun; par conséquent, il n'y a pas de vérité objective, seulement des versions de la vérité.

Pythagore (vers 580-500 av. J.-C.) Ce philosophe pensait qu'un monde abstrait reposant sur les nombres et les relations numériques exerce une influence sur le monde matériel. Il formula une théorie dualiste des hommes suivant laquelle nous aurions, en plus d'un corps, un esprit (une âme) qui pourrait, par le raisonnement, comprendre le monde abstrait des nombres. En outre, Pythagore croyait que l'âme humaine est immortelle. Sa philosophie eut une influence considérable sur Platon et, par l'intermédiaire du christianisme, sur tout le monde occidental.

Raison active Selon Aristote, faculté de l'âme à chercher les essences ou les concepts abstraits qui se manifestent dans le monde physique. Aristote croyait que cette partie de l'âme est immortelle.

Raison passive Selon Aristote, utilisation pratique de l'information fournie par le sens commun.

Réductionnisme Tentative d'expliquer les objets ou les événements d'un domaine en utilisant la terminologie, les concepts, les lois et les principes d'un autre domaine. L'explication d'un phénomène observable (domaine$_1$) à l'aide de la théorie atomique (domaine$_2$) en est un exemple; l'explication du comportement humain et de la cognition (domaine$_1$) à l'aide des principes biochimiques (domaine$_2$) en est un autre. En un sens, on peut dire que les événements du domaine$_1$ sont *réduits* aux événements du domaine$_2$.

Religion olympienne Religion fondée sur la croyance aux dieux olympiens tels que décrits par Homère. Cette religion tendait à prévaloir au sein des classes favorisées, tandis que l'orphisme était plus populaire chez les paysans, les ouvriers et les esclaves. (Voir aussi *Orphisme*.)

Rêve Selon Aristote, le rêve est constitué d'images retenues des expériences vécues à l'état d'éveil. Les rêves sont souvent bizarres parce que les images perçues durant le sommeil ne sont pas organisées par la pensée rationnelle ni validées par une expérience sensorielle unifiée. Si les rêves correspondent parfois à des événements postérieurs, ce n'est que pure coïncidence. Toutefois, comme les processus corporels sont exagérés dans les rêves, les médecins peuvent de temps en temps utiliser les rêves pour détecter les premiers signes de la maladie.

Scala naturae Croyance d'Aristote suivant laquelle la nature s'organise selon une hiérarchie qui va de la matière informe au premier moteur. Dans cette grande hiérarchie, la seule chose plus élevée que l'humain est le premier moteur.

Sens commun Selon Aristote, aptitude située dans le cœur et qui synthétise l'information perçue par les cinq sens.

Socrate (vers 470-399 av. J.-C.) Ce philosophe rejeta l'hypothèse des sophistes selon laquelle il n'y a pas de vérité discernable au-delà de l'opinion individuelle. Socrate croyait qu'en examinant un certain nombre de manifestations différentes d'un concept, on peut définir clairement et précisément le concept général lui-même. Ces définitions générales sont stables et intelligibles et, lorsqu'elles sont connues, elle guident la conduite morale.

Solipsisme Croyance suivant laquelle la réalité subjective d'une personne est la seule réalité qui existe et qui peut être connue.

Sophistes Groupe de philosophes-maîtres qui pensaient que la « vérité » est ce que les gens croient qu'elle est. Pour convaincre d'autres personnes qu'une chose est « vraie », un individu a besoin de bonnes aptitudes de communication ; ce sont ces aptitudes que les sophistes enseignaient.

Souvenir Pour Aristote, réminiscence passive d'expériences passées.

Téléologie Croyance selon laquelle la nature a une raison d'être. La philosophie d'Aristote était téléologique.

Thalès (vers 625-547 av. J.-C.) Il est souvent considéré comme le premier philosophe parce qu'il a tenté de donner des explications naturelles plutôt que surnaturelles pour appréhender le monde. Encourageant l'évaluation critique de ses propres idées et de celles des autres, Thalès est reconnu pour avoir amorcé l'âge d'or de la philosophie grecque. Il croyait que l'eau est l'élément primaire dont toute chose est issue.

Théorie de la connaissance Croyance de Platon selon laquelle on acquiert la connaissance en se souvenant d'expériences que l'âme a vécues lorsqu'elle baignait parmi les formes, avant d'entrer dans le corps.

Théorie des formes Théorie de Platon selon laquelle la réalité ultime consiste en des idées ou formes abstraites qui correspondent à tous les objets du monde matériel. La connaissance de ces abstractions est innée et ne peut être atteinte que par l'introspection.

Transmigration de l'âme Croyance orphique suivant laquelle l'âme, en raison d'une transgression, est vouée à errer d'une prison terrestre (un corps) à une autre jusqu'à ce qu'elle soit purifiée. Cette transmigration peut se produire à différents moments dans les plantes, les animaux et les hommes, lorsque l'âme cherche la rédemption.

Xénophane (vers 560-478 av. J.-C.) Ce philosophe affirmait que les hommes avaient eux-mêmes créé les dieux à leur image. Il fit remarquer que les gens à la peau foncée vénéraient des divinités à la peau foncée ; les gens à la peau claire, des dieux à la peau claire. Xénophane postulait que si les animaux créaient des dieux, ceux-ci auraient les mêmes traits qu'eux.

CHAPITRE 3

Après Aristote :
la recherche d'une bonne vie

Après la défaite d'Athènes contre Sparte lors de la guerre du Péloponnèse (431-404 av. J.-C.), les cités-États de la Grèce commencèrent à s'effondrer, et le peuple grec perdit peu à peu le moral. Dans cette atmosphère d'après-guerre, Socrate, Platon et Aristote gagnaient en popularité, mais un fossé se creusa de plus en plus entre la philosophie, d'une part, et les besoins psychologiques du peuple, d'autre part. Peu après la mort d'Aristote (322 av. J.-C.), les Romains envahirent le territoire grec et rendirent plus précaire encore une situation déjà instable. En cette période où la vie quotidienne était très difficile, les philosophies complexes et abstraites apportaient peu de réconfort. Les gens avaient besoin d'une philosophie plus concrète, d'une philosophie qui aborderait les problèmes de la vie de tous les jours. Les grandes questions changeaient. On ne se demandait plus « quelle est la nature de la réalité physique ? » ou « que peut-on connaître et comment ? », mais plutôt « de quelle façon est-il préférable de vivre ? », « qu'est-ce qu'une bonne vie ? » ou « à quoi vaut-il la peine de croire ? ». Ces questions donnèrent naissance aux philosophies des sceptiques, des cyniques, des épicuriens, des stoïciens et, enfin, des chrétiens.

Le scepticisme et le cynisme

Les sceptiques et les cyniques critiquèrent les autres philosophies en alléguant qu'elles étaient complètement fausses ou qu'elles ne convenaient pas aux besoins humains. Comme solution, les sceptiques proposaient d'arrêter de croire en quelque chose, tandis que les cyniques incitaient à se retirer de la société.

Le scepticisme

Pyrrhon d'Élis (vers 360-270 av. J.-C.) est considéré comme le fondateur de l'école du **scepticisme**. Les adeptes de cette doctrine avaient beaucoup en com-

mun avec les sophistes qui les avaient précédés. Il n'existe plus aucun écrit de Pyrrhon aujourd'hui, et la majeure partie de ce que l'on sait de ses idées vient de son disciple Sextus Empiricus, qui écrivit *Esquisses pyrrhoniennes* (Bury, 1990) au troisième siècle de notre ère.

Les sceptiques attaquèrent surtout les dogmatiques. Pour eux, un **dogmatique** était quelqu'un qui prétendait être parvenu à une vérité incontestable. Les sceptiques croyaient que les arguments qui appuyaient ou réfutaient toute doctrine philosophique se valaient les uns les autres. Les prétendues vérités de ces philosophies étant chacune aussi incertaines, ils préconisaient donc de laisser tout jugement en suspens. Leurs croyances n'étaient pas dogmatiques, cependant, et les sceptiques disaient toujours « voici comment les choses nous apparaissent » ou « voici comment les choses m'apparaissent ». Ils n'appuyaient ni ne niaient aucune croyance ; ils se contentaient d'avancer qu'ils ne connaissaient aucun critère fiable qui puisse leur permettre de distinguer une vérité meilleure qu'une autre. Ils affirmaient que « personne ne savait quoi que ce soit avec certitude, et ils eurent la louable cohérence de dire qu'eux-mêmes connaissaient cette troublante situation » (Barnes, 1982, p. 136 [notre traduction]).

Les sceptiques faisaient ressortir l'idée suivante : peu importe la croyance de quelqu'un, celle-ci peut être réfutée ; donc, on peut éviter la frustration d'avoir tort simplement en ne croyant à rien. En s'interdisant de porter des jugements sur des choses qu'on ne pouvait pas comprendre véritablement, les sceptiques recherchaient une vie de « quiétude », de « tranquillité », d'« imperturbabilité ». C'étaient les dogmatiques qui se querellaient entre eux et qui vivaient des vies agitées. Mais alors, si la « vérité » n'était pas ce qui guidait les sceptiques, qu'est-ce qui le faisait ? Les défenseurs du scepticisme avaient deux principaux guides : les apparences et les conventions. Par « apparences », les sceptiques faisaient référence aux simples sensations et sentiments. Par « conventions », ils entendaient les traditions, les lois et les coutumes de la société. Par exemple, ils reconnaissaient que certaines substances goûtaient sucré ou amer, mais l'essence du « sucré » ou de l'« amertume » échappait à leur compréhension et, par conséquent, leur préoccupation. De même, ils reconnaissaient que différents comportements procuraient du plaisir ou de la douleur, mais les concepts moraux de bonté ou de méchanceté dépassaient leur compréhension. De façon générale, les apparences (les simples sensations et émotions) étaient acceptables pour orienter sa vie, tandis que les jugements portés sur celles-ci ou les interprétations qu'on en faisait ne l'étaient pas. La disposition des sceptiques à vivre conformément aux conventions sociales se voulait un prolongement de leur philosophie du sens commun.

> De nos jours, un disciple [du scepticisme] irait à l'église le dimanche et ferait la génuflexion correctement, mais n'aurait pas les croyances religieuses censées inspirer ces actions. Les sceptiques de l'Antiquité suivaient tous les rituels païens ; certains étaient même prêtres. Leur scepticisme leur donnait l'assurance qu'on ne pourrait pas leur reprocher leur comportement, et leur sens commun […] leur démontrait que cette attitude était commode. (Russell, 1945, p. 233 [notre traduction])

Les conventions que les sceptiques étaient prêts à accepter incluaient « l'enseignement des arts » (Bury, 1990, p. 23 ; Hankinson, 1995, p. 293-294). Ici, les « arts » font référence aux métiers et professions aidant à la survie économique au sein d'une culture. Toutefois, pour les sceptiques, le travail était le travail ; ils ne cherchaient dans cette activité aucun sens ou but ultime.

Sextus Empiricus, à la fois médecin et défenseur du scepticisme, voyait le dogmatisme comme une sorte de maladie qu'il fallait soigner. Pour lui, certaines formes de dogmatisme s'avéraient si strictes qu'elles nécessitaient un traitement puissant (des arguments s'opposant fortement) ; d'autres, moins strictes, pouvaient se traiter avec des remèdes plus doux (des arguments moins vigoureux) (Bury, 1990, p. 283).

Il est intéressant de noter que les premiers chrétiens tirèrent avantage de la popularité dont jouissait le scepticisme dans la société romaine : « Si le philosophe dit que rien n'est vrai ni faux et qu'il n'existe pas de critères de jugement fiables, alors pourquoi ne pas accepter la révélation chrétienne, et pourquoi ne pas reprendre la foi et la coutume comme sources d'inspiration ? » (Kurtz, 1992, p. 41 [notre traduction]).

Le doute que les sophistes et les sceptiques cultivaient au sujet des vérités universelles se manifesta à nouveau dans le romantisme et l'existentialisme (voir le chapitre 7), dans la psychologie humaniste (force de synthèse ; voir le chapitre 18) et dans le postmodernisme (voir le chapitre 21).

Le cynisme

Antisthène (vers 445-365 av. J.-C) étudia avec le sophiste Gorgias et, plus tard, devint un compagnon de Socrate. D'après Platon, Antisthène assista à la mort de ce dernier. À un certain moment, cependant, Antisthène perdit foi en la philosophie et renonça à sa vie privilégiée au sein de la classe aisée. Il pensait que la société, centrée sur les biens matériels, le statut et le travail, était une déformation de la nature et qu'il fallait l'éviter. En accord avec certaines idées des sophistes et des sceptiques, Antisthène s'interrogea sur la valeur des quêtes intellectuelles, disant, par exemple, « Un cheval, je peux le voir, mais la nature chevaline, je ne peux pas la voir » (Esper, 1964, p. 133 [notre traduction]). Antisthène préconisait un retour à la nature ainsi qu'une vie qui serait dépourvue de tout besoin, de toute passion et de toutes les conventions de la société. Il pensait que le vrai bonheur réside dans l'autosuffisance. Le **cynisme** se caractérisait par la recherche d'une vie naturelle, simple, que l'on mène de façon autonome. Voici un aperçu du style de vie d'Antisthène après son renoncement à la vie aristocratique :

> Il ne désirait que la bonté simple. Il s'associa avec des ouvriers et s'habilla comme eux. Il se mit à prêcher en plein air, dans un style que les gens non instruits pouvaient comprendre. Il considérait comme inutiles toutes les philosophies raffinées ; selon lui, tout ce qui était connaissable, l'homme ordinaire pouvait le connaître. Il croyait en un « retour à la nature » et porta cette croyance à son paroxysme. Sa vision ne comportait ni gouvernement, ni propriété privée, ni mariage, ni religion établie. Ses disciples, si ce n'est lui-même, condamnaient l'esclavage […]. Antisthène méprisait le luxe et toute recherche des plaisirs sensuels, qui étaient pour lui artificiels. (Russell, 1945, p. 230-231 [notre traduction]).

La renommée d'Antisthène fut surpassée par celle d'un de ses disciples du nom de **Diogène** (vers 412-323 av.

J.-C.). Diogène était le fils d'un banquier de mauvaise réputation qui avait été emprisonné pour avoir fabriqué de la fausse monnaie. Il décida d'aller plus loin que son père en défigurant les « devises » du monde. Les étiquettes conventionnelles telles que *roi*, *général*, *honneur*, *sagesse* et *bonheur* étaient pour ce sceptique des devises sociales qu'il fallait mettre à découvert, c'està-dire défigurer. Dans sa vie personnelle, Diogène rejetait les conventions de la religion, des manières, des habitations, de l'alimentation et des modes. Il vivait en mendiant et se disait frère non seulement de tous les humains, mais aussi des animaux. On raconte qu'Alexandre le Grand vint voir Diogène un jour et qu'il lui demanda s'il désirait quelque chose ; « Que tu t'ôtes de mon soleil », fut la réponse de Diogène (Russell, 1945, p. 231 [notre traduction]). La légende dit également qu'Alexandre le Grand fut si impressionné par l'autosuffisance de Diogène et par son absence de honte qu'il déclara : « Si je n'étais pas Alexandre, je voudrais être Diogène » (Branham, 1996, p. 88 [notre traduction]). Il est intéressant de noter que Diogène mourut, dit-on, à Corinthe le 13 juin 323 av. J.-C., le même jour qu'Alexandre à Babylone (Long, 1996, p. 45).

Diogène mena une vie des plus rudimentaires et fut surnommé « le Cynique », mot qui signifiait littéralement « comme un chien » (Branham et Goulet-Cazé, 1996, p. 4 [notre traduction]). En fait, les cyniques disaient que les animaux représentent le meilleur modèle de conduite pour les humains. Premièrement, tous leurs besoins sont naturels et, par conséquent, la satisfaction de ces besoins est simple. Deuxièmement, ils n'ont pas de religion.

> Pour Diogène et ses disciples, la religion semblait être un obstacle au bonheur humain, ce qui explique pourquoi les cyniques disaient que la condition d'une créature sans esprit rationnel était de loin préférable à la condition des hommes, qui souffraient du malheur d'avoir un concept de la divinité. (Goulet-Cazé, 1996, p. 64 [notre traduction])

Manifestement, le principal message des cyniques était que la nature, et non les conventions sociales, doit guider le comportement. Les conventions sociales étant des inventions humaines, vivre conformément à celleci engendre honte, culpabilité, hypocrisie, avidité, envie et haine, entre autres choses. Par conséquent, « le cynique rejetait la famille et toutes les distinctions fon-

dées sur le sexe, la naissance, le rang, la race ou l'éducation » (Moles, 1996, p. 116 [notre traduction]). Dans le même ordre d'idées, les sacrifices accomplis pour les autres, le patriotisme et la dévotion à une cause commune s'avéraient simplement ridicules. En plus de l'individualisme, les cyniques prônaient l'amour libre et se voyaient comme des citoyens du monde plutôt qu'appartenant à un pays donné.

Pour faire comprendre que « rien de ce qui est naturel n'est mauvais », Diogène s'adonnait souvent à des comportements qu'on considérait comme outrageux, « pétant bruyamment en public ; urinant, se masturbant ou déféquant devant tout le monde » (Krueger, 1996, p. 222 [notre traduction]). De son habitude de se masturber en public, Diogène disait : « Je veux seulement soulager mon appétit en me frottant le ventre » (Branham, 1996, p. 98 [notre traduction]). Évidemment, Diogène rejetait la distinction conventionnelle que ses spectateurs faisaient entre les activités « privées » et « publiques ». Au lieu de cela, il mettait en avant sa croyance que « les désirs naturels sont mieux satisfaits s'ils le sont de la façon la plus facile, la plus commode et la moins coûteuse » (Branham, 1996, p. 89 [notre traduction]). Ainsi, en rejetant le contrôle du corps, Diogène rejetait le contrôle social (Krueger, 1996, p. 237).

Le cynisme devint un thème constant dans l'histoire de la philosophie. Dans l'Empire romain, les réactions concernant le personnage de Diogène étaient ambivalentes : « Tant les païens que les chrétiens louangeaient Diogène pour la pauvreté volontaire dans laquelle il vivait, mais ils condamnaient son obscénité » (Krueger, 1996, p. 225 [notre traduction]). Nous verrons plus loin les manifestations du cynisme dans les philosophies de Rousseau et de Nietzsche (voir le chapitre 7) ainsi que dans la psychologie humaniste (voir le chapitre 18).

L'épicurisme et le stoïcisme

L'**épicurisme** et le **stoïcisme** sont nés en réaction aux sceptiques et aux cyniques qui soutenaient que la philosophie n'apportait rien d'utile à la vie de tous les jours. L'épicurisme et le stoïcisme concernaient directement la conduite morale des humains, et les deux se fondaient sur l'expérience du monde empirique.

Épicure

L'épicurisme

Épicure de Samos (vers 341-270 av. J.-C.) fonda sa philosophie sur l'atomisme de Démocrite tout en rejetant son déterminisme. Selon Épicure, les atomes composant les êtres humains ne perdaient jamais leur capacité de se mouvoir librement ; il croyait donc au libre arbitre de l'humain. Il est important de retenir, cependant, que c'était les atomes et l'activité atomique qui conféraient aux humains leur libre arbitre, et non une âme désincarnée. Comme Démocrite, les épicuriens étaient des matérialistes qui pensaient que « l'Univers était éminemment physique, y compris l'âme de l'homme » (O'Connor, 1993, p. 11 [notre traduction]). Épicure partageait le point de vue de Démocrite sur le fait qu'il n'y avait pas de vie après la mort, que l'âme était faite d'atomes se déplaçant librement et qui se dispersaient après la mort. Les atomes n'étaient jamais créés ni détruits ; ils se réarrangeaient simplement. Il s'ensuivait que les atomes constituant une personne faisaient partie d'une autre entité après sa mort. Toutefois, les épicuriens présumaient que rien n'était retenu ou transféré d'une entité à une autre. En ce sens, Épicure libérait les humains d'une de leurs principales préoccupations : comment est l'existence après la mort et comment doit-on s'y préparer. Selon Épicure, l'humain doit essayer de mener une bonne vie en ce bas monde, car il n'y en a pas d'autre. De façon générale, Épicure prétendait que croire qu'il y a des influences surnaturelles dans la nature suscite de la terreur pour la plupart des gens et que l'idée de l'immortalité détruit le seul espoir que les gens ont d'échapper à leur souffrance. Épicure croyait aux dieux olympiens, mais il pensait que ceux-ci ne s'intéressaient aucunement au monde et aux humains. Les épicuriens préféraient les explications naturelles aux explications surnaturelles, et ils dénonçaient la magie, l'astrologie et la divination. C'est ce refus d'accorder foi à l'idée des influences surnaturelles qui conduisit Lucrèce, le disciple passionné d'Épicure (vers 96-55 av. J.-C.), à surnommer fièrement son maître « le destructeur de la religion ». Dans son livre *De la nature des choses*, Lucrèce déplore les pratiques religieuses de son époque, qu'il jugeait superficielles :

> La piété [n'est pas] qu'un *homme* soit vu, la *tête* voilée, se tournant vers une pierre et se rapprochant de tous les autels ; ou de tomber prostré sur le sol et d'étirer les bras devant les tombeaux des dieux ; ou d'arroser copieusement les autels du sang de quelque *bête* à quatre pattes, et de prononcer serment sur serment ; la *piété*, c'est *plutôt* être capable de contempler toute chose avec sérénité. (J. S. Watson, 1997, p. 236 [notre traduction])

Épicure et ses disciples menèrent une vie simple. Par exemple, ils ne mangeaient et ne buvaient principalement que du pain et de l'eau, ce qui suffisait à Épicure : « Mon cœur est saturé de plaisir quand j'ai du pain et de l'eau, et je crache sur les plaisirs luxueux, non pas pour ce qu'ils sont, mais à cause des dérangements qui viennent après » (Russell, 1945, p. 242 [notre traduction]). Selon Épicure, il faut éviter les plaisirs intenses parce que la souffrance s'ensuit (par exemple, on souffre d'indigestion lorsqu'on mange ou boit trop), ou parce que les plaisirs intenses rendent moins plaisants les petits bonheurs ordinaires. Donc, le type d'**hédonisme** prescrit par Épicure prône le plaisir simple de satisfaire ses besoins fondamentaux. En ce sens, la bonne vie, selon les épicuriens, réside davantage dans l'absence de souffrance que dans la recherche du plaisir — du moins le plaisir intense. Épicure exhortait ses disciples à se tenir loin du pouvoir et de la gloire parce que

que ceux-ci rendent les autres envieux et peuvent en faire des ennemis. Les individus sages tentent de vivre leur vie sans se faire remarquer (O'Connor, 1993, p. 11). Lorsqu'on associe les épicuriens aux hédonistes recherchant tous les plaisirs, on fait fausse route. En ce qui concerne les plaisirs sexuels, Épicure disait : « [Ils] n'ont jamais fait de bien à un homme, et chanceux est celui à qui ils n'ont pas fait de mal » (Russell, 1945, p. 245 [notre traduction]). Aussi, la forme la plus élevée du plaisir social est l'amitié.

Nous pouvons donc voir que, selon Épicure, le but existentiel est le bonheur individuel, mais cette notion de bonheur ne repose pas sur l'hédonisme simple (rechercher le plaisir et fuir la souffrance). Épicure s'intéressait davantage au bonheur à long terme de l'individu qu'on peut atteindre seulement en évitant les extrêmes. Les plaisirs extrêmes sont de courte durée et finissent par engendrer la souffrance ou la frustration. Par conséquent, les humains doivent rechercher la tranquillité que procure un équilibre entre l'insuffisance d'une chose et son excès. Aussi ne peuvent-ils pas simplement suivre leurs pulsions pour mener une bonne vie ; il leur faut exercer leur capacité de raisonner et de choisir pour arriver à un équilibre. Pour Épicure, mener une bonne vie, c'était mener une vie libre, simple, rationnelle et modérée.

L'épicurisme a perduré six cents ans après la mort d'Épicure, mais avec une influence de moins en moins grande. Les populations devinrent de plus en plus opprimées par les vicissitudes de la vie, cependant, et elles se tournèrent vers la philosophie et la religion en espérant un réconfort plus efficace que celui apporté par le cynisme, le scepticisme et l'épicurisme. La réaction des philosophes et des théologiens fut de se tourner vers un plus grand mysticisme. Lorsque le christianisme émergea, on croyait que la meilleure vie était celle vécue après la mort, une idée complètement à l'opposé de celle d'Épicure.

Le stoïcisme

Zénon de Citium (vers 335-263 av. J.-C.) enseignait dans une école qui avait un *stoa poikilè*, ou « portique des peintures », et c'est de ce nom que fut dérivé le nom de sa philosophie : le stoïcisme (Annas, 1994, p. 12). Zénon affirmait qu'un plan divin gouvernait le monde et que tout dans la nature, y compris les humains, avait

sa raison d'exister. Les stoïques étaient d'avis que vivre conformément à la nature constituait la plus grande vertu. L'essentiel de cette théorie du « plan divin » reposait sur la croyance que tout ce qui arrive arrive pour une raison, qu'il n'y a pas d'accident, et que tout doit simplement être accepté comme faisant partie de ce plan. Mener une bonne vie revenait à accepter son propre sort avec indifférence, y compris la souffrance. En fait, le courage devant la souffrance ou le danger méritait la plus grande admiration. S'il fallait mourir, on pouvait vivre cet événement sans gémir ; s'il fallait aller en prison, on pouvait le faire sans se plaindre ; s'il fallait s'exiler, on pouvait partir en souriant, paisiblement. On pouvait enchaîner un corps, mais pas la volonté. En somme, un stoïque était une personne qui pouvait être malade, souffrante, en danger, mourante, exilée ou en disgrâce, mais heureuse malgré tout : « Chaque homme est un acteur dans une pièce de théâtre ; il est de son devoir de jouer son rôle honorablement, quel qu'il soit » (Russell, 1945, p. 264 [notre traduction]).

Les stoïques ne valorisaient guère les possessions matérielles parce qu'on pouvait les perdre ou se les faire enlever. Seule la vertu importait. Tous devaient accepter leur position dans la vie et accomplir leur devoir sans se poser de question. Savoir que chacun participait à un plan d'ensemble, même si celui-ci pouvait sembler incompréhensible, procurait la joie de vivre. La seule liberté personnelle consistait à choisir d'agir conformément au plan de la nature. Lorsque la volonté de l'individu était conforme à la loi naturelle, l'individu restait vertueux. Dans le cas contraire, l'individu était immoral. Les stoïques n'avaient pas de réponse à savoir comment la volonté humaine peut être libre dans un univers complètement déterminé. Le même problème reviendra avec le christianisme qui admettra à la fois l'existence d'un dieu tout-puissant et omniscient, et la capacité de l'humain de choisir entre le bien et le mal. En fait, autant les stoïques que les chrétiens eurent du mal à expliquer l'existence du mal et des pécheurs. Si tout dans l'Univers était prévu par une providence bienfaisante, comment expliquer le mal, la capacité de choisir le mal, et le fait qu'un être humain fasse ce choix ?

Même si les stoïques parlaient du libre arbitre de l'individu, leur philosophie était, comme celle des épicuriens, complètement matérialiste. L'âme — dans le sens de *pneuma* (« souffle »), une substance physique —

d'une personne faisait les choix rationnels. C'étaient les propriétés de ce *pneuma* qui rendaient possibles la prise de décision et les autres phénomènes psychologiques. Le *pneuma* et le corps interagissaient, mais cette interaction ne représentait pas un dualisme esprit-corps. Il s'agissait plutôt d'un dualisme corps-corps : « Seuls les corps interagissent ; or, l'âme et le corps interagissent ; donc, l'âme est un corps » (Annas, 1994, p. 41 [notre traduction]).

Dans l'Empire romain, le stoïcisme l'emporta sur l'épicurisme, peut-être parce que le stoïcisme était compatible avec l'importance que les Romains accordaient à la loi et à l'ordre. On constate à quel point l'attrait pour le stoïcisme touchait toutes les classes lorsqu'on sait que Sénèque (vers 4 av. J.-C.–65 apr. J.-C.), un philosophe ; Épictète (vers 55-135), un esclave ; et Marc Aurèle (121-180), un empereur, l'adoptèrent. Tant que le gouvernement romain assura bonheur et sécurité de façon minimale, le stoïcisme demeura la philosophie acceptée ; mais l'Empire romain commença à se dégrader. La corruption du gouvernement, les récoltes déficitaires, les problèmes économiques et les invasions barbares perduraient. Le peuple chercha alors une nouvelle définition de ce qu'était une bonne vie, une vie qui lui apporterait réconfort et espoir en ces temps périlleux. Le moment de se tourner vers les cieux pour recevoir de l'aide était venu.

Avant d'aborder cette solution de remplacement que constitua le christianisme, cependant, examinons brièvement une philosophie qui devint partie intégrante de la pensée chrétienne.

Le néoplatonisme

À Rome, les stoïques et les épicuriens assistèrent à l'émergence d'un intérêt renouvelé pour la pensée de Platon. Ce **néoplatonisme**, cependant, mettait surtout en avant les aspects mystiques de la philosophie de Platon au détriment des aspects rationnels. Les deux néoplatoniciens dont nous parlerons ici offraient des éléments intéressants pour les théologiens chrétiens qui cherchaient un fondement philosophique à leur religion.

Un de ces deux philosophes combina la pensée de Platon avec le judaïsme et, ce faisant, fit naître deux choses

jusque-là absentes des religions et philosophies : une préoccupation pour l'immortalité individuelle et la passion humaine.

> Malgré les aspirations élevées de Platon et la résignation tout aussi élevée des stoïques, la littérature occidentale avait des lacunes [et] aucun Grec ne pouvait nommer cette lacune. […] il fallait un caractère d'une autre trempe ; il fallait un peuple dont le Dieu était jaloux, et la foi, un feu flamboyant ; en un mot, les Grecs avaient réfléchi sur eux-mêmes jusqu'à ce qu'ils soient indifférents à toute chose et désespérément sceptiques ; les Juifs avaient encore le feu de la passion et l'impétuosité de la foi ; les Grecs rendirent leur vie plus intéressante en fusionnant en un seul ensemble les éléments attirants de chaque doctrine connue. Ce qui en résulta était essentiellement inintelligible, mais inspiré. La force de cette nouvelle influence résidait exactement dans cette étrange ferveur qui dut apparaître aux Grecs comme une sorte de folie. (Brett, 1912-1921/1965, p. 171 [notre traduction])

C'est dans la philosophie de Philon que l'on voit pour la première fois ce mélange de platonisme et de judaïsme.

Philon

Surnommé le « Platon juif », **Philon d'Alexandrie** (vers 25 av. J.-C.–50 apr. J.-C.) fonda sa philosophie sur le récit biblique où l'on raconte la création de l'homme. Cette histoire relate que le corps de l'homme fut créé à partir de terre et que l'âme humaine faisait partie de Dieu lui-même : « L'Éternel Dieu forma l'homme de la poussière de la terre, il souffla dans ses narines un souffle de vie, et l'homme devint un être vivant » (Genèse 2, 7). Donc, pour Philon, les humains avaient une nature double : le corps était peu important et méprisable, tandis que l'âme était un fragment de l'être divin ou, du moins, un rayon de la lumière divine. L'existence d'un humain pouvait se développer dans l'une ou l'autre de ces directions : vers le bas, loin de la lumière intérieure et près des expériences physiques ; ou vers le haut, loin des expériences physiques et vers la lumière intérieure. Philon, à la suite des pythagoriciens et de Platon, condamna l'expérience sensorielle parce qu'elle ne permettait pas d'accéder à la connaissance et parce qu'elle nuisait à la compréhension de Dieu et à la communication directe avec lui.

Selon Philon, toute connaissance venait de Dieu. Pour recevoir la sagesse de cette divinité, cependant, l'âme (l'esprit) devait être purifiée. Autrement dit, il fallait libérer l'esprit de toute distraction sensorielle. On pouvait accéder à la connaissance véritable uniquement en ayant l'esprit purifié et passif qui agit comme récipient de l'illumination divine. Les humains en eux-mêmes ne savaient rien ni ne pouvaient rien savoir. Dieu seul avait la connaissance, et lui seul pouvait la donner.

Philon, les pythagoriciens et Platon s'accordaient donc sur le point suivant : la connaissance ne provient pas de l'expérience sensorielle. Pour ces philosophes, l'expérience sensorielle en inhibe plutôt l'acquisition. Toutefois, contrairement à Pythagore et à Platon, Philon ne croyait pas que l'introspection centrée sur le contenu de l'âme permettait d'atteindre la connaissance ; celle-ci venait d'une relation personnelle directe avec Dieu. Philon décrit ainsi ce qu'il vécut lorsqu'il reçut lui-même la parole divine :

> Une fois en me rendant au travail, vide, je me suis soudain senti rempli, des idées de manière invisible ont fusé en moi et s'y sont implantées venant d'en haut ; par l'influence de l'inspiration divine, je suis devenu très excité, et je ne savais plus où j'étais, qui était là, ni moi-même, ni ce que je disais, ni ce que j'écrivais ; car alors je suis devenu conscient d'une richesse d'interprétation et d'un plaisir de la lumière, une vision des plus pénétrantes, une énergie des plus manifestes dans ce que j'allais faire, avec autant d'effet sur mon esprit que la démonstration oculaire la plus claire sur les yeux. (Brett, 1912-1921/1965, p. 178 [notre traduction])

Cette description représentait une nouvelle vision de la connaissance, vision probablement étrangère aux Grecs. Plutôt que de chercher la connaissance rationnellement, c'était par Dieu qu'elle se révélait, mais seulement aux âmes préparées à la recevoir — c'est-à-dire celles qui, par une méditation intense, s'étaient purgées de toutes les influences de la chair. Encore une fois, les humains pouvaient connaître uniquement ce que Dieu accordait. Outre la méditation, l'âme pouvait recevoir la connaissance durant les rêves et les transes parce que, dans ces états particuliers, l'esprit se coupait de la matière de l'Univers. Donc, à la méfiance et à l'aversion qu'éprouvaient Pythagore et Platon à l'égard de l'expérience sensorielle ainsi qu'à la glorification de la rationalité, Philon ajouta la croyance que l'âme (l'esprit) est le souffle de Dieu et le moyen par lequel il se révèle et révèle sa sagesse aux hommes.

Brett (1912-1921/1965) fit l'importante observation suivante au sujet de la pensée de Philon et de toutes les philosophies et religions subséquentes qui furent centrées sur les expériences intérieures intenses :

> La psychologie est à la fois vécue et décrite ; les expériences personnelles constituent son histoire ; à l'esprit qui cherche et croit, de nouveaux mondes peuvent s'ouvrir, et si nous trouvons assez peu, chez ces auteurs, au sujet des sens ou des sujets du genre, ils sont eux-mêmes une mine d'informations sur la vie de l'esprit. [...] L'histoire de la psychologie est l'histoire de deux choses : les observations faites par les humains sur d'autres humains ; et les observations que les plus puissants esprits sont capables de faire sur eux-mêmes. Car pendant un long siècle après Philon, on pourra noter les progrès de la psychologie dans ces deux sens. Il ne serait pas sensé d'avoir au départ des préjugés contre ces données subjectives qui ne peuvent rien prouver ; ces données peuvent enfin être les axiomes de toute la psychologie. (p. 171 [notre traduction])

Au cours de la lecture du chapitre, et même du reste du livre, gardons à l'esprit ce commentaire de Brett sur l'importance des données subjectives.

Plotin

Comme Philon, **Plotin** (vers 205-270) se réfugia dans le monde spirituel pour échapper à la misère terrestre : « Il était en harmonie avec tous les hommes les plus sérieux de son âge. Pour eux tous, chrétiens et païens confondus, le monde des affaires pratiques semblait n'offrir aucun espoir, et seul l'Autre Monde paraissait valoir l'allégeance » (Russell, 1945, p. 284 [notre traduction]). Étant donné que Plotin détournait toujours l'attention de sa vie personnelle pour parler de sa philosophie, on connaît peu de détails sur lui-même. Un seul fait, lié aux débuts de sa vie, fut confié à un de ses amis proches : « Sa compulsion infantile à téter le sein de sa nourrice continua jusqu'à huit ans, âge auquel le ridicule le força à arrêter » (Gregory, 1991, p. 3 [notre traduction]).

Plotin classa toutes les choses selon une hiérarchie au haut de laquelle se trouvait l'Unique, Dieu suprême et inconnaissable. Dans la hiérarchie se trouvait ensuite l'Esprit, qui était une partie de chaque âme humaine ; en faisant honneur à l'Esprit, on pouvait connaître l'Unique. Au troisième rang figurait l'Âme. Même si l'Âme était inférieure à l'Unique et à l'Esprit, elle constituait la cause de tout ce qui existait dans le monde physique. De l'Unique émanait l'Esprit, de l'Esprit émanait l'Âme, et de l'Âme, la nature. Lorsque l'Âme entrait dans quelque chose de matériel, comme un corps, elle essayait de créer une copie de l'Esprit, qui était lui-même une copie de l'Unique. Étant donné que l'Unique se reflétait dans l'Esprit, que l'Esprit se reflétait dans l'Âme, et que l'Âme créait le monde physique, l'Unique inconnaissable faisait réellement partie de la nature. Même si Plotin était généralement d'accord avec la pensée de Platon, il ne partageait pas son opinion au sujet de l'expérience sensorielle. Il croyait plutôt que le monde sensible était beau et il donnait comme exemples l'art, la musique et les êtres humains attrayants. Le monde sensible ne représentait pas le mal : il était simplement moins parfait que le monde spirituel.

Même si la philosophie de Plotin se voulait plus ouverte à l'expérience sensorielle que celle de Platon, Plotin concluait que le monde matériel était une copie inférieure du royaume divin. Comme Platon, il croyait que lorsqu'une âme entrait dans le corps, elle fusionnait avec quelque chose d'inférieur et, donc, la vérité qu'elle renfermait s'obscurcissait. Selon Plotin, l'humain devait aspirer à appréhender le monde qui existait au-delà de l'univers matériel, c'est-à-dire le monde abstrait dont le second était dérivé. C'était uniquement dans ce monde que les choses étaient éternelles, immuables et dans un état de béatitude.

Passer du néoplatonisme à la naissance du christianisme ne fut pas difficile. Pour les chrétiens, l'Autre Monde des néoplatoniciens devint le Royaume de Dieu qu'on pouvait apprécier après la mort. On fit cependant une importante et malheureuse modification à la philosophie de Plotin : « Il n'y a, dans le mysticisme de Plotin, rien de morose ou d'hostile à la beauté. Mais Plotin est le dernier enseignant religieux de qui on pourra dire cela avant plusieurs siècles » (Russell, 1945, p. 292 [notre traduction]).

Comme Platon et tous les autres néoplatoniciens, Plotin voyait le corps comme la prison de l'âme. Grâce à la méditation intense, l'âme pouvait, selon lui, se libérer du corps et se retrouver dans l'éternel et l'immuable. Plotin croyait tous les humains capables de telles expériences transcendantales et les y encourageait, parce qu'aucune autre expérience n'était aussi importante ou satisfaisante. À la définition que les stoïques donnaient

de la bonne vie, soit une acceptation sereine de son propre sort, puis à celle proposée par les épicuriens, soit la recherche du plaisir, nous pouvons maintenant en ajouter une troisième : se détourner du monde empirique afin d'entrer en communion avec les choses éternelles qui se trouvent au-delà de la réalité physique ou charnelle. Sans être chrétienne à proprement parler, la théorie de Plotin influença fortement la pensée chrétienne qui lui succéda.

L'importance de l'Esprit

L'Empire romain débuta quand Auguste devint empereur en 27 avant Jésus-Christ, et il dura plus de quatre cents ans. En 410, la « cité éternelle », Rome, fut pillée par les Wisigoths. Peu après, presque tout l'empire se trouvait aux mains des Germaniques. Le 4 septembre 476, le dernier empereur romain, Romulus Augustule, âgé de seize ans, fut déposé par Odoacre, le chef des mercenaires germaniques. Il est coutume de situer la chute de l'Empire romain cette année-là, mais la cité connaissait un sérieux déclin depuis plus de cinquante ans déjà.

Au sommet de sa gloire, l'Empire romain comprenait le monde occidental en entier, du Proche-Orient aux îles Britanniques. L'expansion impériale, puis la chute, imprégnèrent la culture romaine d'un certain nombre d'influences, dont les religions de l'Inde et de la Perse. Le **védantisme** indien, par exemple, enseignait qu'on pouvait approcher la perfection en entrant dans des transes semi-extatiques. Il y eut également le **Zoroastrisme**, qui décrivait les humains comme étant pris dans une lutte éternelle entre la sagesse et la justesse, d'un côté ; l'ignorance et le mal, de l'autre côté. On croyait que toutes les bonnes choses provenaient du soleil divin, brillant, et que toutes les mauvaises choses venaient des ténèbres. Un certain nombre d'anciennes **religions du mystère** influencèrent également les sociétés grecque et romaine, surtout du Proche-Orient, tels les cultes de *Magna Mater* (Grande Mère), d'Isis et de Mithras (Angus, 1975). Les religions du mystère (ou cultes) avaient plusieurs choses en commun : des rites d'initiation secrets, des cérémonies (comme les sacrifices) visant à amener les initiés en communion avec la ou les déités, l'importance de la mort et de la renaissance ; des rituels apportant la purification et la rémission des péchés (comme la confession et le baptême dans l'eau bénite), la confession des péchés, le théâtre sacramentel, qui procurait aux initiés l'exaltation d'une vie nouvelle, et la manifestation d'un sentiment d'appartenance à la communauté des croyants. De toute évidence, les religions du mystère avaient beaucoup en commun avec le christianisme naissant (Angus, 1975).

La culture grecque exerça elle aussi une influence sur l'Empire romain à ses débuts. En général, les Romains reconnaissaient l'importance du savoir grec et cherchaient à le préserver et à le répandre. Même si le stoïcisme autant que l'épicurisme devinrent des philosophies romaines, ils avaient leurs racines dans la philosophie grecque ; cela était vrai également du néoplatonisme. Le judaïsme aussi influa considérablement sur la pensée romaine. Les Juifs croyaient en un dieu suprême qui, contrairement aux dieux olympiens et romains plutôt indifférents, se préoccupait de la conduite de chaque être humain. En outre, les Juifs avaient un code moral strict qui stipulait que si un individu se conduisait conformément à ce code, Dieu le récompensait ; si l'individu ne suivait pas ces règles, Il le punissait. Les individus étaient donc responsables de leurs transgressions. Ce fut de ce mélange de plusieurs influences que le christianisme émergea. La cité d'Alexandrie, en Égypte, offrit le cadre dans lequel les religions orientales, les religions du mystère, le judaïsme et la philosophie grecque se combinèrent pour engendrer la pensée chrétienne.

Jésus

Même s'il subsiste une controverse concernant une bonne partie des détails sur sa vie (voir, par exemple, Wells, 1991, 1996), **Jésus** (vers 6 av. J.-C. – 30 apr. J.-C.) est au cœur de la religion chrétienne. Cet homme enseignait, entre autres choses, que la connaissance du bien et du mal était révélée par Dieu et que, une fois révélée, cette connaissance devait guider la conduite humaine. Mais Jésus lui-même n'était pas un philosophe ; c'était un simple humain ayant des buts limités :

> Jésus lui-même n'avait pas d'intérêt spéculatif ; il se souciait d'abord et avant tout du développement religieux de l'individu. De par son attitude, il représentait pour l'érudit l'homme pratique qui avait une foi simple et une connaissance intuitive, qui faisait confiance à l'expérience plutôt qu'à un livre, et à son cœur plutôt qu'à sa tête. Il savait intuitivement à quoi s'attendre des gens et

quelles étaient les influences qui modelaient leur développement. Brillant diagnosticien et guérisseur des âmes, il ne s'intéressait guère à formuler ou à systématiser ses suppositions. (Brett, 1912-1921/1965, p. 143-144 [notre traduction])

Aucun de ceux qui formalisèrent les enseignements de Jésus ne le connut personnellement. On spécule encore aujourd'hui sur ce qui reste de l'intention originelle de cet homme après les différentes tentatives qui ont été faites pour formaliser ses idées. Quoi qu'il en soit, ceux qui proclamèrent que Jésus était le fils de Dieu furent appelés chrétiens. Cependant, avant que le christianisme ne devienne une force dominante dans le monde occidental, il fallait lui procurer un fondement philosophique, et c'est essentiellement vers Platon qu'on se tourna. On peut donc dire que l'Église chrétienne est le produit de la tradition judéo-chrétienne associée au platonisme ou, plus exactement, au néoplatonisme. Cette association se fit graduellement et atteignit son apogée avec saint Augustin (dont nous parlerons plus loin). Au cours de cette synthèse, on prit un virage important : on privilégia de plus en plus l'aspect spirituel (sur lequel la tradition judéo-chrétienne met l'accent) et de moins en moins l'aspect rationnel (que la philosophie grecque met en avant).

Saint Paul

Les nombreuses influences qui convergèrent vers le christianisme naissant sont joliment illustrées dans l'œuvre de **saint Paul** (vers 10-64), qui fut le premier à affirmer et à prêcher que Jésus de Nazareth était le Messie. On dit que Paul, sur la route qui le menait de Jérusalem à Damas, eut une vision lui révélant que Jésus était le Messie annoncé par les prophètes juifs. Après cette expérience, Saül de Tarse fut appelé Paul, Jésus devint le Christ et le christianisme vit le jour. Paul, citoyen romain, avait étudié tant les enseignements judaïques que la philosophie grecque. De la tradition judaïque, il avait appris qu'un seul Dieu avait créé l'Univers et tressé la destinée des humains. Ce Dieu était omniscient (savait tout), omniprésent (était partout) et omnipotent (pouvait tout). Toujours suivant cette tradition, les humains avaient perdu leur état de grâce dans le jardin d'Éden et cherchaient depuis ce jour à effacer le péché originel. À ces croyances, Paul ajouta celle que Dieu avait sacrifié son fils pour racheter notre transgression commune — c'est-à-dire le péché originel. Ce sacrifice rendait possible la communion avec Dieu. En un sens, chaque individu était maintenant capable de commencer sa vie dans la virginité : « Et comme tous meurent en Adam, de même aussi tous revivront dans le Christ » (I Corinthiens 15, 22). Accepter le Christ en tant que sauveur était l'unique moyen de rédemption.

Au cours de sa formation en philosophie grecque, saint Paul fut surtout influencé par Platon, dont il transforma la croyance selon laquelle la véritable connaissance s'acquiert uniquement en échappant à l'influence de l'expérience sensorielle ; selon Paul, il existe une bataille entre l'âme, qui contient l'étincelle de Dieu, et les désirs de la chair. Mais il fit ensuite une chose que la plupart des philosophes grecs auraient trouvée odieuse : il plaça la foi au-dessus de la raison. À ses yeux, seule la foi apporte le salut à l'individu. Mener une bonne vie ne se définissait plus par rapport à la rationalité, mais par rapport à la volonté individuelle de livrer son existence à la volonté de Dieu, qui est la cause de tout, sait tout et a un plan pour tout. En croyant — en ayant la foi —, les humains s'unissaient à lui et recevaient sa grâce. Si un individu vivait son existence conformément à la volonté de Dieu, il jouissait du privilège de passer l'éternité dans la grâce divine au moment de sa mort. Pour beaucoup de gens, le prix à payer pour cette béatitude semblait bien modeste compte tenu de leurs conditions de vie sur terre.

L'influence de Paul suscita de grandes questions pour les théologiens qui lui succédèrent. Par exemple, étant donné l'omniscience et l'omnipotence divines, restait-il une place pour la volonté humaine ? Et étant donné l'importance de la foi pour le salut, quelle était la fonction ou la valeur de la raison humaine ? On peut formuler ces questions différemment : si tout était déterminé par la volonté de Dieu, pourquoi avait-Il, semble-t-il, donné aux humains la capacité de choisir ? Et si les humains étaient incapables de comprendre le plan de Dieu — et, en fait, s'il n'était pas nécessaire pour eux de le comprendre —, pourquoi possédaient-ils la capacité de raisonner ? Une troisième question se posait également : si Dieu était parfait et aimant, qu'est-ce qui représentait le mal dans le monde ? Après saint Paul, les théologiens tentèrent pendant plusieurs siècles de répondre à ces questions et à nombre d'autres encore.

L'humain était maintenant clairement divisé en trois parties : le corps, l'esprit et la raison. À l'instar des pythagoriciens, de Platon et des néoplatoniciens, les premiers chrétiens voyaient dans le corps la principale source de difficulté. L'esprit, lui, était la part de Dieu insufflée aux hommes et représentait donc l'aspect le plus valorisé de la nature humaine. Grâce à l'esprit, que l'on considérait comme étant immortel, l'humain réussissait à s'approcher de Dieu. Quant à la partie rationnelle des humains, elle était vue comme prise entre le corps et l'esprit — servant tantôt le corps, l'élément mauvais, tantôt l'esprit, l'élément bon.

Les humains, par conséquent, se trouvaient dans une lutte éternelle entre la tentation de la chair et la loi de Dieu. La loi pouvait être comprise et acceptée, et un désir pouvait exister pour que l'humain agisse conformément à celle-ci, mais, souvent, les passions du corps contrevenaient à la loi et l'emportaient sur elle. La connaissance de ce qui est moral ne garantissait pas un comportement moral. Ce combat perpétuel résultait du fait que les humains sont des animaux qui possèdent une étincelle de Dieu ; le conflit était une conséquence obligée. Pour saint Paul, tout plaisir physique était péché, le pire étant le plaisir sexuel. Ce conflit entre le bon, le mal et le rationnel est très semblable à celui décrit par Freud plusieurs siècles après.

L'attitude de Paul envers les femmes On accuse souvent saint Paul d'avoir été misogyne. Cela vient en partie de son attitude négative à l'égard de la sexualité. Il glorifiait le célibat et ne sanctionnait la sexualité qu'avec répugnance, même à l'intérieur du mariage : « C'est une bonne chose pour un homme de n'avoir pas à faire avec les femmes ; mais parce qu'il y a tant d'immoralité, laissons chaque homme avoir sa propre épouse et chaque femme avoir son propre époux » (I Corinthiens 1-3). Cependant, cette attitude négative allait plus loin que la sexualité. Paul disait :

> Que la femme écoute l'instruction en silence, avec une entière soumission. Je ne permets pas à la femme d'enseigner, ni de prendre de l'autorité sur l'homme ; mais elle doit demeurer dans le silence. Car Adam a été formé le premier, Ève ensuite ; et ce n'est pas Adam qui a été séduit, c'est la femme qui, séduite, s'est rendue coupable de transgression. (1 Timothée 3, 11-14)

Ailleurs, Paul dit :

> Comme dans toutes les églises de ceux qui appartiennent à Dieu, que les femmes n'interviennent pas dans les

assemblées ; car il ne leur est pas permis de se prononcer. Qu'elles sachent se tenir dans la soumission comme le recommande aussi la Loi. Si elles veulent s'instruire sur quelque point, qu'elles interrogent leur mari à la maison. En effet, il est inconvenant pour une femme de se prononcer dans une assemblée. (1 Corinthiens 14, 34-35)

En outre, Paul affirma que l'homme « est l'image de Dieu et reflète sa gloire. La femme, elle, est la gloire de l'homme. [...] En effet, l'homme n'a pas été tiré de la femme, mais la femme de l'homme » (I Corinthiens, 11, 7-8).

D'un autre côté, on trouve des éléments touchant à l'égalité des sexes dans les écrits de Paul. Par exemple, il dit : « Il n'y a plus ni Juif ni Grec, il n'y a plus ni esclave ni homme libre, il n'y a plus ni homme ni femme ; car tous vous êtes un en Jésus Christ » (Galates 3, 28). De toute façon, si Paul croyait les femmes socialement et intellectuellement inférieures aux hommes, il ne faisait que répéter une opinion qui avait prévalu dans toute l'histoire romaine (Fagan, 1999, conférence 40). Pour plus de détails sur les points de vue parfois conflictuels de Paul à l'égard des femmes, voir Maccoby, 1986.

Au cours des trois cents années qui suivirent la mort de Jésus, le christianisme gagna peu à peu en popularité dans l'Empire romain. Au début, le christianisme était essentiellement celui décrit par saint Paul — c'est-à-dire un mélange combinant le judaïsme et le néoplatonisme. On pouvait atteindre le salut en menant une vie simple et pure, et en reconnaissant la médiocrité des choses matérielles. En ce qui a trait à cette seconde condition, « on a dit que les cyniques avaient représenté un modèle païen important pour les premières communautés chrétiennes » (Branham et Goulet-Cazé, 1996, p. 19). La confession des péchés et l'ignorance ouvraient la voie au salut éternel par la grâce de Dieu. À mesure que le christianisme se complexifia, de nombreux débats tentèrent de distinguer ce qui relevait de la véritable croyance chrétienne de ce que l'on considérait comme une hérésie. Nous donnerons quelques brefs exemples de ces débats. À l'extérieur de l'Église, les païens (le mot signifiait d'abord « paysan », mais il en vint à signifier « non-chrétien ») avaient tendance à voir les chrétiens comme des athées, des magiciens et des non-conformistes (Benko, 1984 ; Wilken, 2003). À mesure que les adeptes du christianisme se firent plus nombreux, certains empereurs romains considérèrent leur non-conformité comme une menace et les persécutèrent, parfois gravement. Les trois cents premières années du christianisme furent loin d'être tranquilles.

L'empereur Constantin

En 312, l'empereur **Constantin** (vers 272-337) eut une vision qui bouleversa le cours de l'histoire du christianisme. Il raconta que, juste avant une grande bataille (la bataille du pont Milvius), il vit la croix chrétienne dans le ciel, accompagnée des mots « Par ce signe tu vaincras ». Il ordonna à ses soldats de marquer leurs boucliers du symbole et, le jour suivant, malgré l'insuffisance de ses troupes face à l'ennemi, il gagna la bataille. Constantin attribua sa victoire au Dieu des chrétiens et s'intéressa dès lors à leur religion. En 313, il signa l'édit de Milan qui accordait la tolérance religieuse envers les chrétiens dans l'Empire romain.

À l'époque de Constantin, il existait plusieurs versions conflictuelles du christianisme. L'empereur romain trouva cette situation inacceptable. Par exemple, on débattait à propos de la nature de Jésus : Dieu le Père était-il supérieur à Jésus son Fils ; avaient-ils le même statut ; ou Jésus était-il simplement un individu exceptionnel ? Pour statuer sur la question, Constantin convoqua à Nicée, en 325, une convention d'ecclésiastes provenant d'un peu partout dans l'Empire romain. Après des débats très amers, le concile de Nicée établit que Dieu le Père et Jésus le Fils avaient des statuts égaux. Dès lors, il fut hérétique de prétendre autre chose. Par ailleurs, à l'époque de Constantin, il n'existait aucun corpus de documents universellement acceptés au sujet de la vie et des enseignements de Jésus. Les diverses communautés chrétiennes utilisaient plutôt différents documents pour définir leur foi. Cette situation déplaisait à Constantin, aussi chargea-t-il la convention d'ecclésiastes de convenir d'un seul corpus que toutes les communautés chrétiennes utiliseraient. Après plusieurs débats, encore une fois, on créa le Nouveau Testament tel que nous le connaissons aujourd'hui. Comment se fait-il que, de tous les documents qui existaient à l'époque, seulement vingt-sept d'entre eux furent considérés comme faisant partie des Saintes Écritures ? Ehrman (2002) explique cette histoire de façon intéressante.

Malgré son grand intérêt pour les affaires de l'Église chrétienne, Constantin continua d'entretenir un certain nombre de croyances païennes, et plusieurs dirent de lui que sa sympathie pour la chrétienté résidait davantage dans l'opportunisme politique que dans la conviction religieuse. L'édit de Milan parvint néanmoins à réduire l'agitation sociale qui régnait et rehaussa considérablement le pouvoir de l'empereur. Constantin ne reçut son baptême chrétien que sur son lit de mort, en 337. Scarre (1995) avance que la vérité se trouve peut-être quelque part entre la véritable foi et l'opportunisme politique : « On ne saurait, certes, douter de la sincérité de ses convictions religieuses, mais Constantin est un habile propagandiste, un chef militaire doué, un manipulateur déterminé et sans scrupule » (éd. fr., p. 213).

Avant Constantin, le christianisme demeurait une religion qui touchait une minorité de gens. On estime que ses adeptes représentaient à peine cinq pour cent de la population de l'Empire romain, alors que le paganisme rassemblait presque la totalité du peuple (Ehrman, 2002, conférence 13). Après Constantin, cependant, le christianisme était défini par un seul ensemble de croyances et d'écrits, en grande partie grâce aux efforts de l'empereur, et cela aida à en augmenter la popularité. Cette religion se répandit considérablement, non seulement parmi les gens ordinaires, mais également parmi les intellectuels. L'intérêt qu'y portèrent ceux-ci ramena les questionnements des tenants du christianisme et, bientôt, il n'apparut plus suffisant d'accepter les croyances chrétiennes sur la seule base de la foi. Il fallait expliquer ces dogmes, les défendre et les justifier. Autrement dit, le christianisme avait besoin d'un fondement philosophique, et ce fut Augustin, plus que tout autre, qui le constitua.

Saint Augustin

Une fois le christianisme toléré, il s'ensuivit un débat au sein de l'Église au sujet du statut des croyances non chrétiennes (païennes). D'un côté, saint Jérôme (vers 347-420) estimait qu'il fallait condamner la philosophie non chrétienne. De l'autre côté, saint Ambroise (vers 340-397) disait que l'Église devait accepter les éléments des autres philosophies jugées compatibles avec le christianisme. Le point de vue de saint Ambroise l'emporta et trouva son plus important porte-parole en **saint Augustin** (vers 354-430). Saint Augustin fut celui qui combina le stoïcisme, le néoplatonisme et le judaïsme en une vision du monde qui allait dominer la

Saint Augustin

vie et la pensée occidentales jusqu'au XIIIᵉ siècle. Ses œuvres théologiques font autorité et sont souvent considérées comme marquant le début du Moyen Âge, aussi appelé l'époque médiévale de l'histoire (du latin *medius*, qui signifie « milieu », et *aevium*, qui signifie « âge »).

Augustin se concentra presque exclusivement sur la spiritualité humaine. En ce qui a trait au monde matériel, les humains avaient seulement besoin de savoir que c'était Dieu qui l'avait créé. À l'instar des pythagoriciens, de Platon, des néoplatoniciens et des premiers chrétiens, Augustin manifestait un mépris pour la chair. Lorsqu'on centrait ses propres pensées sur Dieu, les choses matérielles ne comptaient pas. L'atteinte de la véritable connaissance exigeait de l'individu qu'il passe de la conscience de son corps à la perception sensorielle, puis à la connaissance intérieure des formes (idées universelles) et, enfin, à la conscience de Dieu, l'auteur de ces formes. Pour Augustin, comme les premiers chrétiens, la connaissance ultime consistait à connaître Dieu. L'humain était considéré comme un être dualiste ayant un corps semblable à celui des animaux et un esprit proche de Dieu ou en faisant partie. Ce conflit entre les deux aspects de la nature humaine, déjà présent dans la philosophie de Platon, allait devenir la lutte chrétienne entre le paradis et l'enfer, c'est-à-dire entre Dieu et Satan.

La volonté Selon saint Augustin, Dieu parlait à chaque individu à travers l'âme de celui-ci, *mais cet individu n'avait pas besoin d'écouter* ; les individus restaient libres de choisir entre la voie de la chair (Satan), qui était péché, et la voie de Dieu. Cette capacité expliquait pourquoi le mal était présent dans le monde : le mal existait parce que les gens le choisissaient. Cela, évidemment, soulevait une question épineuse : pourquoi Dieu donnait-il aux humains le pouvoir de choisir le mal ? Par exemple, pourquoi Dieu avait-il permis le péché originel dans le jardin d'Éden ? Sur ces questions, Augustin disait : « Nous n'avons pas à comprendre plus que ce que nous devrions comprendre » (Bourke, 1993, p. 241 [notre traduction]).

Selon Augustin, l'être humain possède un **sens intérieur** qui l'aide à évaluer ses expériences en lui donnant la conscience de la vérité, de l'erreur, de l'obligation personnelle et du droit moral. Se détourner de ce sens provoque un sentiment de culpabilité. En fait, l'individu n'a pas besoin d'*agir* contrairement à son sens intérieur pour se sentir coupable, la seule intention d'agir ainsi suffit. La seule pensée de faire quelque chose qui est péché fait naître autant de culpabilité que l'acte lui-même. Il faut donc contrôler son comportement de l'intérieur plutôt que de l'extérieur. Autrement dit, plutôt que de laisser contrôler son comportement par des récompenses ou des punitions administrées extérieurement, l'individu doit contrôler ses propres sentiments de vertu ou de culpabilité.

Est-ce que le fait d'être baptisé et de choisir constamment le bien plutôt que le mal garantissait à une personne d'aller au paradis après sa mort ? Augustin soutint que non. Depuis la chute dans le jardin d'Éden, *tous* les humains avaient hérité du péché originel et étaient, par conséquent, voués à la damnation éternelle. Et cela était vrai peu importe que l'individu soit chrétien et qu'il fasse le bien plutôt que le mal au cours de son existence. Cependant, pour Augustin, certaines personnes étaient, avant même leur naissance, choisies par Dieu (les élus) pour entrer au paradis au moment de leur mort. En somme, *rien* de ce qu'un individu

faisait au cours de son existence ne lui permettait d'entrer par la suite au Royaume du Seigneur. Seule la grâce de Dieu pouvait déterminer si un individu irait ou non au paradis. La raison pour laquelle Dieu agissait ainsi était incompréhensible aux humains et devait à jamais demeurer un mystère. La damnation de certains humains n'était due qu'au fait que tous la méritaient ; le fait que certains se voyaient accorder le salut montrait la miséricorde de Dieu. Cette doctrine de **prédestination** d'Augustin souleva de nombreuses questions auxquelles on n'apporta jamais de réponse satisfaisante. Par exemple, si le salut était un cadeau divin indépendant des actions faites par l'individu, qu'est-ce qui empêchait la négligence morale (Chadwick, 2001, p. 124) ? Au cours des siècles qui suivirent la mort d'Augustin, la doctrine de prédestination fut fréquemment débattue par les théologiens chrétiens. Dans la plupart des cas, on rejeta la doctrine en faveur de la croyance que *tous* les humains peuvent gagner leur salut en acceptant que le Christ soit leur sauveur et en évitant le péché durant leur vie. La théologie de John Calvin (1509-1564) fournit un exemple du contraire. Sous l'autorité de Calvin, la croyance de la prédestination devint un ingrédient clé d'une version du christianisme qu'on appela par la suite calvinisme.

Les *Confessions* de saint Augustin Augustin joua un rôle important dans ce virage qui fit en sorte que le contrôle du comportement humain passa de l'extérieur à l'intérieur. Pour lui, c'était l'acceptation du libre arbitre qui rendait significative la responsabilité individuelle. Comme tout individu était personnellement responsable de ses actions, on pouvait le louanger ou le blâmer, et il pouvait se sentir bien ou mal à son *propre égard* selon les choix qu'il faisait. Si quelqu'un préférait le mal au bien de temps à autre, cependant, il n'avait pas besoin de se sentir coupable pour toujours. S'il admettait son péché réel ou intentionnel (par exemple à la confession), il était pardonné et pouvait poursuivre sa vie pure de chrétien. En fait, les *Confessions* d'Augustin (écrites en 400 environ) décrivent la longue série de ses propres péchés, qui vont du vol pour le plaisir de voler aux péchés de la chair. À ce chapitre, Augustin avoue avoir eu au moins deux maîtresses, dont une lui a donné un enfant. Lorsque la mère d'Augustin décida qu'il était temps pour lui de se marier, il fut forcé d'abandonner sa maîtresse, une séparation qui lui causa une grande douleur.

Celle qui partageait ma couche, étant devenue un obs-tacle à mon mariage, me fut arrachée, et mon cœur qui était soudé au sien se déchira et répandit son sang. Elle retourna en Afrique, vous fit vœu de vivre dans la conti-nence et me laissa le fils naturel que j'avais eu d'elle. (Saint Augustin, trad. fr. par Gougaud, 1924, p. 193)

On dut retarder le mariage d'Augustin de deux années parce que sa future épouse était trop jeune ; cependant, il prit une autre maîtresse dans l'intervalle. Augustin commença alors à se rendre compte qu'il était un jeune homme « misérable » et il pria Dieu : « Donnez-moi la chasteté et la continence, mais pas encore mainte-nant ! » Il explique ainsi cette prière à Dieu : « Je crai-gnais de voir trop tôt ma prière exaucée et d'être guéri de ce mal de la concupiscence, que j'aimais mieux satisfaire que déraciner » (Saint Augustin, trad. fr. par Gougaud, 1924, p. 236). Ce n'est qu'à l'âge de trente-deux ans qu'Augustin abandonna la luxure et se convertit au christianisme. Après cette conversion, Augustin fut consumé par sa passion de connaître Dieu, et il y voua le reste de sa vie.

L'idéologie chrétienne avait beaucoup d'attrait. Pour les peuples qui souffraient de la faim, de la peste et de la guerre, il était réconfortant de trouver une religion axée sur un monde non matériel parfait. Les esclaves et les individus des classes inférieures éprouvaient un sentiment de justice en sachant que tous les humains étaient créés à l'image de Dieu. Quant aux pauvres, ils se consolaient d'apprendre que le monde matériel n'avait pas d'importance pour vivre une vie heureuse. Les criminels, eux, ne demeureraient pas des criminels puisqu'ils seraient pardonnés et qu'ils avaient autant de chances que les autres de se voir accorder le salut. Tous les humains faisaient partie d'une confrérie ; leurs origines étaient les mêmes, ainsi que leur but ultime.

Connaître Dieu   Pour saint Augustin, il n'était pas nécessaire d'attendre la mort physique pour connaître Dieu ; on pouvait y parvenir au cours même de son existence. Avant d'arriver à cette conclusion, Augustin eut besoin de trouver, au sujet de l'expérience humaine, une chose dont il pouvait être certain. Il chercha cette chose dont on ne pourrait pas douter, et il conclut finalement qu'on ne pouvait pas douter du fait qu'il doutait. Dans le livre vingtième, chapitre 10, de *De la trinité*, Augustin écrit :

Qui doute jamais qu'il vit, se rappelle, et comprend, et veut et pense, et sait et juge ? Il voit que même s'il doute,

il vit ; s'il doute, il se rappelle pourquoi il doute ; s'il doute, il comprend qu'il doute ; s'il doute, il veut être certain ; s'il doute, il pense ; s'il doute, il sait qu'il ne sait pas ; s'il doute, il juge ; s'il doute, il sait qu'il se doit de ne pas affirmer sans réfléchir. Quiconque, donc, doute de quoi que ce soit d'autre se doit de ne pas douter de toutes ces choses ; si elles n'étaient pas, il ne pourrait douter de rien. (Hadden, 1912, p. 133-134 [notre tra-duction])

Augustin parvint ainsi à établir la validité de l'expé-rience subjective intérieure. (Comme nous le verrons au chapitre 4, Descartes utilisa la même technique pour arriver à sa célèbre conclusion : « Je pense, donc je suis. ») On pouvait se fier au sens intérieur, pas à l'ex-périence extérieure (sensorielle). Pour Augustin, donc, une autre façon de connaître Dieu (la première étant d'étudier les Écritures) était l'**introspection**, c'est-à-dire l'examen de ses propres expériences intérieures. On voit ici l'influence de Platon, qui croyait lui aussi qu'on pouvait atteindre la vérité par l'introspection. Cependant, celle décrite par Augustin permettait de parvenir à une communion personnelle avec Dieu. Selon saint Augustin, le sentiment d'amour qu'un indi-vidu éprouvait lorsqu'il contemplait Dieu faisait naître une extase inégalée comparativement aux autres émo-tions humaines. Connaître cette extase constituait le but premier de l'existence humaine ; tout ce qui était compatible avec l'atteinte de cet état était bon, tandis que tout ce qui l'empêchait était mal. La foi et l'union émotionnelle personnelle avec Dieu étaient, pour Augustin, les principaux ingrédients de l'existence humaine. La raison, que les Grecs avaient élevée à un rang suprême, perdit de l'importance, non seulement en regard de la foi, mais en regard de l'émotion humaine. La raison demeura dans cette position d'infé-riorité pendant presque mille ans, période durant laquelle les écrits de saint Augustin prévalurent et représentèrent la pierre angulaire du dogme de l'Église. Augustin avait démontré que l'esprit humain pouvait se connaître sans affronter le monde empirique. Étant donné que l'Esprit saint se trouvait dans ce royaume de pensée pure, l'introspection intense, fortement émo-tionnelle, était encouragée. Cette introspection éloi-gnait l'individu du monde empirique.

L'analyse de l'expérience du temps selon Augustin

Les *Confessions* de saint Augustin sont une longue conversation avec Dieu dans laquelle Augustin demande à celui-ci de l'aider à résoudre les mystères de l'existence. Un de ces mystères était, pour lui, l'expérience du temps. Dieu, disait-il, n'avait aucun sens du temps parce qu'il vivait dans le présent éternel. Les mortels, cependant, avaient des conceptions du passé, du présent et de l'avenir, et là résidait le mystère. Selon Augustin, on disait pouvoir mesurer depuis combien de temps un événement était survenu, mais les événements passés n'existaient plus et ne pouvaient donc pas être mesurés. On disait pouvoir calculer dans combien de temps un événement se produirait, mais les événements futurs n'existaient pas encore et ne pouvaient donc pas être mesurés. Même le présent, qui correspondait à l'espace fugace de temps entre le passé et l'avenir, se déroulait trop rapidement pour être mesuré. « Nous ne mesurons ni le temps à venir, ni le temps passé, ni même le temps présent ; et pourtant nous mesurons le temps » (Pusey, 1961, p. 203 [notre traduction]). Il était clair pour Augustin que les termes *passé*, *présent* et *futur* ne pouvaient pas faire référence au monde matériel. Mais alors, qu'est-ce qui rendait compte des expériences humaines du passé, du présent et du futur ? La réponse d'Augustin était étonnamment moderne :

> C'est en toi, mon esprit, que je mesure le temps. [...] L'impression que produisent en toi les choses qui passent persiste quand elles ont passé : c'est elle que je mesure, elle qui est présente, et non les choses qui l'ont produite et qui ont passé. (Pusey, 1961, p. 203 [notre traduction])

Pour Augustin, donc, l'expérience du temps dépendait de l'expérience sensorielle et de la mémoire de cette expérience sensorielle. En ce sens, les humains, comme Dieu, expérimentaient seulement le présent. Le passé, c'était la présence dans l'esprit des choses remémorées ; le futur, l'anticipation présente des événements à venir à partir de la mémoire des expériences passées. Le présent est simplement l'expérience sensorielle actuelle.

Augustin écrivit beaucoup sur la mémoire, et certaines de ses observations n'étaient pas différentes de celles faites plus tard par des empiristes modernes (voir le chapitre 5). Par exemple, Augustin avait le concept suivant de la trace mnémonique :

> Même si, lorsque les faits passés sont liés, ils sont sortis de la mémoire, non pas les choses elles-mêmes qui ont passé, mais les mots, conçus par les images de ces choses, ont, en passant, laissé, par les sens, des traces dans la mémoire (Pusey, 1961, p. 197 [notre traduction])

L'âge des ténèbres

Certains historiens font coïncider le début de cette partie du Moyen Âge appelée âge des ténèbres avec le pillage de Rome par les Wisigoths en 410 ; d'autres avec la mort d'Augustin en 430 ; d'autres encore avec l'abdication du dernier empereur romain en 476. Dans tous les cas, c'est à peu près à ce moment de l'histoire que des livres grecs et romains furent perdus ou détruits ; on ne faisait guère de progrès, sinon aucun, en science, en philosophie ou en littérature ; la loi uniforme romaine s'effondrait et cédait la place à une variété de coutumes locales ; les villages s'armaient contre les attaques de leurs voisins aussi bien que de leurs envahisseurs étrangers. Durant cette période d'incertitude, et peut-être à cause de celle-ci, l'Église chrétienne devint de plus en plus puissante. À partir de 400 jusqu'à 1000 environ, l'Europe fut dominée par le mysticisme, la superstition et l'anti-intellectualisme ; l'Europe était, en général, dans les ténèbres.

Comme le dogme de l'Église n'était plus remis en question, il fut immensément puissant pendant cette période. Les questions que l'Église débattait concernaient les incohérences au sein même de sa doctrine. On avait déjà résolu la question de la vérité, et il n'était pas nécessaire de chercher ailleurs. On classait les gens en deux catégories : les croyants, et les hérétiques, qui furent durement traités. L'Église possédait de vastes propriétés ; le pape avait le pouvoir de couronner ou de découronner les rois ; et les prêtres contrôlaient le comportement, les sentiments et les pensées des citoyens. Les huit croisades (1095-1291) contre les Arabes montrèrent le pouvoir que le christianisme avait de mobiliser ses disciples pour contrer l'influence islamique qui s'était propagée très rapidement dans toute l'Europe.

Ce fut durant ces « guerres saintes » qu'on redécouvrit les écrits d'Aristote. Des siècles plus tôt, principalement à cause des conquêtes d'Alexandre le Grand, l'influence grecque s'était répandue sur un vaste territoire, et la philosophie, la science et l'art grecs avaient pris leur essor. En fait, beaucoup jugent que les Grecs s'éparpillèrent trop et furent ainsi incapables de contrôler leur empire. Lorsque les Romains commencèrent à envahir celui-ci, les intellectuels grecs s'enfuirent dans des territoires qui furent ensuite conquis par les Arabes. Ces exilés emportèrent avec eux un grand nombre d'œuvres d'art et d'écrits, parmi lesquels ceux d'Aristote. Ses écrits furent donc préservés dans les grandes universités islamiques et les mosquées, et ils servirent à développer la philosophie, la religion, les mathématiques et la médecine arabes. Sous l'influence de l'islam, les Arabes se déplacèrent vers l'Ouest, tandis que sous l'influence du christianisme, les armées européennes se déplacèrent vers l'Est. Le choc entre les deux cultures provoqua ces sanglantes guerres saintes dont nous avons fait mention, mais il permit également à l'Occident de redécouvrir la philosophie d'Aristote. Au début, les autorités religieuses l'accueillirent favorablement, mais, au terme d'une analyse plus en profondeur, elles la bannirent. Il était clair que pour être « acceptée », la pensée d'Aristote devait être christianisée.

Bien avant que les écrits d'Aristote ne soient redécouverts par l'Occident, cependant, les Arabes en bénéficièrent considérablement. En fait, plus de deux cents ans avant que l'Europe ne tente de christianiser cette œuvre, plusieurs philosophes arabes travaillèrent à la rendre compatible avec l'islam.

Les influences arabes et juives

On emploie souvent l'expression « âge des ténèbres » pour désigner la période s'étendant de 400 à 1000 environ, mais l'obscurité à laquelle cette expression fait référence concerne le monde occidental. Durant cette période, l'Islam constituait une force puissante dans le monde. Mahomet naquit à La Mecque en 570. Après avoir eu une révélation de Dieu l'annonçant comme prophète, Mahomet appela sa religion islam, qui signifie « se livrer à Dieu », et les disciples de cette religion, musulmans. Les enseignements de Mahomet sont contenus dans le Coran. L'islam se propagea à une vitesse foudroyante : trente ans après la mort de Mahomet en 632, les musulmans avaient conquis l'Arabie, la Syrie, l'Égypte, la Perse, la Sicile et l'Espagne. Cent ans après la mort du prophète, l'Empire musulman s'étendait sur un territoire plus grand que celui de l'Empire romain à son apogée (R. I. Watson, 1978, p. 106). Cette expansion mit les musulmans en contact avec des œuvres antiques depuis longtemps perdues pour le monde occidental. Les philosophes arabes se mirent donc à traduire, à étudier et à propager le savoir ancien de la Grèce et de Rome, et les écrits d'Aristote les intéres-

sèrent beaucoup. En utilisant ce savoir, les Arabes firent de grands pas en médecine, en science et en mathématiques — des domaines particulièrement importants durant l'expansion de l'Empire islamique en raison de leur valeur pratique. Lorsque les conditions se stabilisèrent, cependant, on s'intéressa davantage à rendre ce savoir compatible avec l'islam. On se concentra principalement sur la philosophie d'Aristote, mais on étudia également le néoplatonisme. Les traductions arabes des philosophes grecs et romains, de même que les questions soulevées par les tentatives de rendre leurs pensées compatibles avec l'islam, servirent de nombreuses années plus tard, lorsque les chrétiens essayèrent de les concilier avec le christianisme. Il est intéressant de noter que les efforts des Arabes et des chrétiens furent semblables sur davantage de points que ce qu'on pourrait penser.

Avicenne

On compte de nombreux philosophes arabes remarquables, mais nous n'en présenterons ici que deux, brièvement. **Avicenne** (en arabe, Ibn Sinä, 980-1037) était un enfant prodige qui, à l'âge de dix ans, avait mémorisé le Coran. À l'adolescence, « il avait lu *Métaphysique* d'Aristote quarante fois et pouvait pratiquement le réciter par cœur » (Goodman, 1992, p. 38 [notre traduction]). Il devint médecin avant l'âge de vingt ans et, peu après, il était considéré comme le meilleur de sa profession dans le monde arabe (Alexander et Selesnick, 1966, p. 63). Il écrivit des livres dans plusieurs domaines, dont la médecine, les mathématiques, la logique, la métaphysique, la théologie musulmane, l'astronomie, la politique et la linguistique. Son ouvrage intitulé *Le Canon de la médecine* fut utilisé dans les universités européennes pendant plus de cinq siècles (S. Smith, 1983). Pour la majeure partie de son œuvre, il puisa abondamment dans celle d'Aristote, à laquelle il apporta des modifications qui persistèrent durant des centaines d'années.

Dans son analyse de la pensée humaine, Avicenne prit comme point de départ les cinq sens externes — la vue, l'ouïe, le toucher, le goût et l'odorat —, et postula sept « sens internes », organisés selon une hiérarchie. En premier figurait le sens commun, qui synthétisait l'information fournie par les sens externes. En deuxième se trouvait l'imagination de rétention, soit la capacité de se rappeler l'information synthétisée par le sens

Avicenne

commun. Les troisième et quatrième sens internes étaient l'imagination animale et l'imagination humaine de composition. L'imagination de composition permettait tant aux humains qu'aux animaux d'apprendre de quoi s'approcher et s'éloigner dans l'environnement ; mais pour les seconds, il s'agissait strictement d'un processus d'association. Les objets ou événements associés à la souffrance étaient évités, tandis que ceux associés au plaisir étaient recherchés. L'imagination de composition, par ailleurs, permettait la combinaison créative de l'information à partir du sens commun et de l'imagination de rétention. Par exemple, les humains pouvaient imaginer une licorne sans en avoir jamais vu une ; les animaux non humains ne possédaient pas cette capacité. Le cinquième sens interne selon Avicenne était le pouvoir d'estimation, cette capacité innée de porter des jugements sur les objets de l'environnement. Ainsi, les agneaux pouvaient avoir une peur innée des loups, et les humains pouvaient avoir une peur innée des araignées et des serpents, ou alors une tendance naturelle à aller vers les choses favorables à la survie. Le sixième

sens était la capacité de se rappeler les résultats du traitement d'information qui se produisait plus bas dans la hiérarchie, tandis que le septième sens était la capacité d'utiliser cette information.

Même si Aristote ne postula que trois sens internes (le sens commun, l'imagination et la mémoire) et Avicenne, sept, celui-ci était essentiellement un aristotélicien. Sa seule réserve à l'égard de la philosophie de son prédécesseur concernait l'intellect actif. Pour Aristote, l'intellect actif servait à comprendre les principes universaux auxquels on ne pouvait pas accéder par la simple observation d'événements empiriques. Pour Avicenne, l'intellect actif avait des qualités surnaturelles ; c'était, chez les humains, l'aspect qui leur permettait de comprendre le plan cosmique et d'entrer en relation avec Dieu. Pour Avicenne, la compréhension de Dieu représentait le plus haut niveau du fonctionnement intellectuel.

En tant que médecin, Avicenne utilisa une grande variété de traitements pour des maladies physiques et mentales. Par exemple, il essayait de soigner les patients mélancoliques en leur faisant la lecture ou en leur faisant écouter de la musique. À certains moments, il essaya même d'effrayer ses patients pour les sortir de leur maladie. Alexander et Selesnick (1966) donnent l'exemple suivant :

> Lorsqu'un de ses patients disait qu'il était une vache et qu'il meuglait comme une vache, Avicenne disait au patient qu'un boucher s'en venait pour l'abattre. Le patient avait les pieds et les mains attachés ; puis Avicenne disait qu'il était trop maigre et qu'il fallait l'engraisser, puis il le détachait. Le patient commençait à manger avec enthousiasme, « gagnait de la force, abandonnait son délire et était guéri ». (p. 64 [notre traduction])

Les travaux d'Avicenne ont revêtu une très grande importance pour le développement de la philosophie en Occident : « Sans Avicenne et ses collègues du monde islamique du XIe siècle, les progrès philosophiques des XIIe et XIIIe siècles en Europe — progrès si solidement ancrés dans l'aristotélisme — sont presque inimaginables » (D. N. Robinson, 1986, p. 145 [notre traduction]).

Averroès

Averroès (en arabe, Ibn Rushd, 1126-1198) ne croyait pas comme Avicenne que l'intelligence humaine était organisée selon une hiérarchie où seul le plus haut échelon permettait aux humains d'entrer en contact avec Dieu. Selon Averroès, toutes les expériences humaines reflétaient l'influence de Dieu. Sur presque toutes les autres questions, cependant, Averroès avait le même point de vue qu'Avicenne et était essentiellement un aristotélicien. Ses écrits sont principalement constitués de commentaires sur la philosophie d'Aristote, particulièrement sur ses travaux concernant les sens, la mémoire, le sommeil et l'état de veille, ainsi que les rêves. En outre, à l'instar d'Aristote, Averroès disait que seule la partie de l'intellect actif de l'âme survivait à la mort et que, parce que l'intellect actif était le même pour tout le monde, aucun des éléments individuels ne demeurait après la mort. Cependant, ce point de vue était contraire à la pensée chrétienne, et l'interprétation qu'Averroès faisait d'Aristote, appelée « averroisme », fut très critiquée par les philosophes chrétiens qui lui succédèrent.

Principalement connu pour ses travaux philosophiques, Averroès apporta également une contribution considérable à la science. Par exemple, Crombie (1961) lui accorde d'avoir découvert que c'est la rétine, et non le cristallin, qui est la partie photosensible de l'œil. Averroès fut également un des premiers à observer que les personnes atteintes de la variole et qui y survivaient étaient par la suite immunisées contre la maladie, ce

Averroès

qui donnait à penser que l'inoculation de la maladie permettait de la prévenir.

Maïmonide

Maïmonide (Mosheh ben Maymon, 1135-1204) est un philosophe juif qui vit le jour un 30 mars à Cordoue, en Espagne. À cette époque, en Espagne, les Juifs et les Arabes islamiques vivaient en harmonie (Averroès vit aussi le jour à Cordoue à peu près au même moment que Maïmonide). Maïmonide, en plus d'être un intellectuel étudiant la Bible et le Talmud, était médecin. Entre autres choses, il devança l'intérêt moderne à l'égard des maladies psychosomatiques en montrant la relation entre la vie morale et la vie mentale (Alexander et Selesnick, 1966, p. 64).

À mesure que les écrits des anciens philosophes, en particulier ceux d'Aristote, devinrent plus accessibles, la tension monta entre la philosophie et la religion. Maïmonide écrivit *Le Guide des égarés* (Friedländer, 1956) pour les intellectuels qui ne comprenaient pas le conflit apparent entre la religion, d'une part, et la pensée scientifique et philosophique du jour, d'autre part. En fait, Maïmonide cherchait une réconciliation entre le judaïsme et la philosophie aristotélicienne. Il tenta de démontrer que plusieurs passages de l'Ancien Testament et du Talmud pouvaient se comprendre rationnellement et que, par conséquent, il n'était pas nécessaire de les appréhender avec la foi seulement. D'autres passages ne devaient être interprétés que comme des allégories plutôt que lus littéralement. Maïmonide alla jusqu'à dire que si l'on pouvait démontrer qu'une chose était fausse, elle devait être rejetée, même si on pouvait la retrouver inscrite dans la Bible ou le Talmud. Par exemple, lorsqu'on lui demanda son opinion sur l'astrologie, laquelle est présentée comme une vérité dans la Bible et le Talmud, voici ce que Maïmonide répondit :

> L'homme devrait croire uniquement ce qu'il peut saisir avec ses facultés intellectuelles, ou percevoir avec ces sens, ou ce qu'il peut accepter d'une autorité digne de confiance. Il ne devrait croire rien d'autre. Les exposés astrologiques, qui ne sont fondés sur aucune de ces sources de connaissance, doivent être rejetés. (Friedländer, 1956, p. xxv [notre traduction])

Comme ce fut le cas avec les philosophes arabes, les efforts que déploya Maïmonide pour réconcilier la foi et la raison ou, plus précisément, la religion et l'aristotélisme, influencèrent considérablement les théologiens chrétiens lorsqu'ils tentèrent de faire la même chose pour leur doctrine.

Il était temps pour le monde occidental d'intégrer l'aristotélisme dans ses croyances religieuses, mais il fallait d'abord faire un autre pas : rendre à nouveau respectable la capacité de raisonnement des humains, minimisée dans la philosophie de saint Augustin mais si importante dans la philosophie d'Aristote. En somme, il fallait rendre compatibles la raison et la foi. Nous ne présenterons ici que deux des philosophes qui participèrent à cette importante tâche.

La réconciliation entre la foi chrétienne et la raison

Saint Anselme

Dans *Fides quaerens intellectum* (Deane, 1962), **saint Anselme** (vers 1033-1109) affirme que la perception et la raison peuvent et doivent augmenter la foi chrétienne. Même si saint Anselme était essentiellement un augustinien, son acceptation de la raison comme moyen de comprendre Dieu représentait une réserve importante à l'égard de la tradition de l'Église, qui accordait une grande importance à la foi. Pour montrer comment utiliser la raison dans la foi chrétienne, saint Anselme écrivit sa célèbre **preuve ontologique de l'existence de Dieu** (voir Deane, 1962). Il s'agit d'un argument complexe, mais qui dit principalement ceci : si on peut penser à une chose, cette chose est forcément la cause de la pensée. Autrement dit, si l'être humain pense à une chose, il existe forcément une réalité qui correspond à sa pensée (réification). Saint Anselme exhortait à penser à un être jusqu'à ce qu'on l'imagine si bon ou si grand « que rien de plus grand ne puisse être pensé ». Cet être parfait que l'on se représenterait serait Dieu, et puisqu'on pouvait se le représenter, il existait. Évidemment, l'existence du diable pouvait être « prouvée » en appliquant la même logique. Saint Anselme fut l'un des premiers théologiens chrétiens à tenter d'employer la logique pour appuyer les croyances religieuses. Comme tous les théologiens chrétiens de son époque, il essaya de soutenir ce en quoi il croyait déjà. En somme, pour lui, la foi précédait les efforts pour comprendre. S'adressant à Dieu, saint Anselme écrivit :

Je suis impatient de comprendre jusqu'à un certain point la vérité à laquelle mon cœur croit et qu'il aime. Car je ne cherche pas à comprendre afin de croire, mais je crois afin de comprendre. Car je crois à cela aussi — qu'à moins de croire, je ne comprendrai pas. (Deane, 1962, p. 53 [notre traduction])

La preuve ontologique de saint Anselme au sujet de l'existence de Dieu a été controversée pendant des siècles (voir, par exemple, Deane, 1962) et continue de l'être (voir, par exemple, Bencivenga, 1993). D'autres, cependant, croient que l'argument de saint Anselme a été mal interprété et présente un fondement solide (voir, par exemple, Hartshorne, 1965).

Pierre Lombard

Un autre augustinien, **Pierre Lombard** (vers 1095-1160), défendit la place de la raison au sein du christianisme plus vigoureusement encore que saint Anselme. Mais, chose plus importante peut-être, il insista sur la possibilité de connaître Dieu en étudiant sa création. Les humains, selon lui, n'avaient pas besoin de fuir le monde empirique pour comprendre l'Être suprême. Pour Lombard, il existait donc trois voies pour atteindre une connaissance de Dieu : la foi, la raison et l'étude de l'œuvre divine (le monde empirique). Des philosophes comme saint Anselme et Lombard contribuèrent à créer un climat d'ouverture à l'égard des travaux d'Aristote, qui allaient avoir un impact majeur et durable sur la philosophie occidentale.

La scolastique

Les guerres saintes mirent le monde occidental en contact avec l'œuvre d'Aristote. La question consista dès lors à se demander comment l'utiliser. La réaction de l'Église à la redécouverte des écrits de ce philosophe se déroula en trois temps. On accueillit d'abord favorablement la pensée d'Aristote. Toutefois, aussitôt qu'on fit ressortir ses incohérences en regard du dogme de l'Église, la philosophie fut déclarée païenne. Par la suite, on s'efforça d'y apporter les modifications qui permettraient de l'incorporer au dogme ecclésiastique. Quelques-uns des plus grands penseurs de l'histoire de l'Occident entreprirent donc une tâche monumentale : synthétiser la philosophie aristotélicienne et la théologie chrétienne, puis montrer l'incidence de cette synthèse sur la façon de vivre sa vie. Cette synthèse fut appelée **scolastique**.

Pierre Abélard

C'est **Pierre Abélard** (vers 1079-1144) qui fit d'Aristote *le* philosophe de la pensée occidentale. Non seulement Abélard traduisit-il l'œuvre d'Aristote, mais il mit au point une méthode d'étude qui allait caractériser la période scolastique. Dans son livre intitulé *Sic Et Non* (parfois traduit par *Pour ou contre*, d'autres fois par *Oui ou non*), Abélard élabora sa **méthode dialectique**. Il y énuméra cent cinquante-huit questions théologiques auxquelles on avait répondu de manière contradictoire à l'aide des Écritures ou de la pensée de divers théologiens chrétiens. Pour Abélard, l'étude des arguments et des contre-arguments était une bonne façon d'éclaircir une question et d'arriver à des conclusions valables. Il ne cherchait pas à contredire le dogme de l'Église, mais à résoudre les incohérences qu'il trouvait dans les affirmations des théologiens au fil des ans. À l'aide de sa méthode dialectique, il opposa les unes aux autres les diverses figures d'autorité, mais il escomptait que l'autorité de la Bible en sorte gagnante. La méthode dialectique d'Abélard fut controversée, car elle semblait parfois remettre en question la validité des croyances religieuses. Abélard ne s'en souciait pas outre mesure, toutefois, car il avait la conviction que Dieu existait et que toutes les méthodes de recherche allaient le prouver. Le croyant n'avait donc rien à craindre de la logique, de la raison ou, même, de l'étude directe de la nature.

Le réalisme contre le nominalisme À l'époque d'Abélard, on débattit beaucoup à propos de l'existence des universaux— c'est-à-dire qu'on se demandait s'il existait réellement des essences telles que la « condition de chat », la « condition d'humain », le « sucré », indépendamment de leurs manifestations individuelles. D'un côté, on disait oui, ces essences existaient dans leur forme pure, dont les manifestations individuelles différaient seulement par accident. Ceux qui affirmaient que les universaux et les essences avaient une existence indépendante réelle étaient appelés réalistes. De l'autre côté se trouvaient ceux qui disaient que les universaux n'étaient qu'une désignation permettant de regrouper les objets ou les événements semblables. Pour ces nominalistes, ce que les autres appelaient universaux n'étaient rien de plus que des mots commodes qui regroupaient des expériences similaires. Le débat fut intense, car tant la philosophie de Platon que celle d'Aristote prônaient le **réalisme**. Le **nominalisme** était beaucoup plus en accord avec la philosophie empiriste qu'avec le rationalisme.

À cette époque, la cathédrale de Notre-Dame à Paris était l'école la plus connue de la chrétienté, et Guillaume de Champeaux figurait parmi les professeurs les plus célèbres. La salle où il enseignait était toujours bondée d'étudiants de tous les coins de l'Europe et « l'excitation générée par ses brillants discours atteignait parfois un tel degré que les autorités civiles devaient intervenir pour faire respecter l'ordre public » (Luddy, 1947, p. 3 [notre traduction]). À l'âge de vingt ans, Abélard décida de s'opposer à Guillaume sur la question du réalisme et du nominalisme. Guillaume était un réaliste fervent et éclairé, mais Abélard employa son talent considérable en rhétorique et en logique pour exposer habilement les sophismes contenus dans ce point de vue. La principale idée dans l'argumentation d'Abélard était qu'il ne fallait pas confondre les mots avec les choses. Les conclusions auxquelles on parvenait lorsqu'on appliquait la logique aux mots ne s'étendaient pas nécessairement au monde matériel. Au regard des universaux, cela signifiait ce qui suit : ce n'est pas parce qu'on utilise des mots pour décrire et comprendre les universaux, ou qu'on utilise des mots pour déduire logiquement leur existence, qu'il s'ensuit *nécessairement* qu'ils existent réellement. Abélard affirmait que la logique et la physique étaient deux disciplines différentes, et il voulait les maintenir très distinctes. Il accusait Guillaume de confondre les deux disciplines et, ce faisant, de commettre l'erreur de la réification (croire que si on peut nommer une chose, il existe nécessairement une chose réelle qui corresponde à ce nom).

D'une façon qui rappelle Socrate, puis Aristote sous certains aspects, Abélard proposa le **conceptualisme** comme compromis entre le réalisme et le nominalisme. Il prétendit que les essences universelles n'existaient pas, mais qu'il y avait des ressemblances au sein des catégories d'expériences. Ainsi, tous les exemples de choses qualifiées de belles avaient des points en commun, et c'était à partir de ceux-ci que l'on se formait le *concept* de la beauté. Donc, les concepts résumaient les manifestations individuelles (nominalisme), mais une fois formés, ces concepts, en un sens, existaient indépendamment des manifestations individuelles à partir desquelles on les avait élaborés (réalisme). Radice (1974) résume le conceptualisme d'Abélard comme suit : « Les universaux n'étaient ni des réalités ni de simples mots ; ils correspondaient aux concepts élaborés par l'intellect lorsque celui-ci faisait abstraction des ressemblances entre les choses perçues individuellement » (p. 14 [notre traduction]). La position défendue par Abélard fut appelée « réalisme modéré », mais il est évident qu'elle se rapproche davantage du camp des nominalistes que de celui des réalistes.

Au début, Guillaume de Champeaux eut beaucoup d'admiration pour Abélard et le voyait comme un élève prometteur, mais le sentiment de contrariété le gagna peu à peu : « Le résultat, c'est que le plus célèbre professeur du monde se sentit contraint de modifier sa doctrine sous la pression de ce… jeunot de vingt ans » (Luddy, 1947, p. 4 [notre traduction]). Après sa victoire sur Guillaume, Abélard décida d'étudier la théologie avec le réputé Anselme, qui ne l'impressionna pas plus.

> Quelques cours avec Anselme lui apprirent suffisamment du Docteur des docteurs [Anselme], […] qu'il trouva très éloquent, mais totalement dépourvu de bon sens et de raison. Il compare le malheureux professeur à un figuier stérile, dont la feuillaison est abondante, mais qui est dépourvu de fruit ; et à un feu de bois vert, qui nous aveugle de sa fumée au lieu d'éclairer. (Luddy, 1947, p. 5 [notre traduction])

Anselme souffrit beaucoup de cet affrontement avec Abélard et mourut peu de temps après.

Abélard décida d'ouvrir sa propre école. En tant que professeur, il fit preuve « d'une originalité stupéfiante, de vivacité et de polyvalence » (Luddy, 1947, p. 6 [notre traduction]). Bientôt, Abélard, ou « maître Pierre », comme les élèves le surnommaient, devint un professeur si populaire que les salles de cours des enseignants plus âgés étaient pratiquement désertes :

> Son éloquence, son esprit et son charisme, sa voix magnifique, son allure noble, la beauté de son visage et de sa silhouette, la hardiesse avec laquelle il critiquait les autorités les plus vénérables et essayait de trouver une solution naturelle aux mystères de la foi : tout cela concourrait à faire de lui, sans comparaison possible, l'enseignant le plus populaire de son âge. (Luddy, 1947, p. 6-7 [notre traduction])

La relation d'Abélard avec Héloïse Ainsi se continuèrent la renommée et la gloire d'Abélard, jusqu'à ce qu'il atteigne l'âge de quarante-deux ans, où il rencontra Héloïse, une jeune fille de dix-sept ans. Être chanoine de Notre-Dame et professeur, renommé et influent, apporta à Abélard richesse et distinction, ce qui plaisait à ses amis mais déplaisait à ses ennemis, notamment à son ancien maître Guillaume de Champeaux. En fait, le succès fut difficile pour Abélard :

> Le succès enfle toujours la tête aux sots, et la sécurité matérielle affaiblit la résolution de l'esprit et le détruit facilement par les tentations de la chair. Je commençais à me considérer comme le seul philosophe du monde, que rien n'effrayait, alors je me suis vautré dans la luxure. (Radice, 1974, p. 65 [notre traduction])

Héloïse était la belle et brillante nièce d'un autre chanoine de Notre-Dame, du nom de Fulbert. De son propre aveu, lorsqu'il vit Héloïse pour la première fois, Abélard décida de la séduire. Fulbert, qui avait beaucoup d'affection pour sa nièce, souhaitait ardemment parfaire l'éducation de celle-ci. Conscient de l'indéniable talent d'Abélard comme intellectuel et professeur, Fulbert fit un marché avec lui : il lui offrirait le gîte et le couvert dans sa propre demeure (dans laquelle habitait aussi Héloïse) si Abélard voulait bien être le précepteur de sa nièce. Abélard fut stupéfait de la naïveté du chanoine Fulbert : « J'étais ahuri par sa simplicité — il aurait confié un agneau sans défense à un loup affamé que cela ne m'eût pas surpris davantage » (Radice, 1974, p. 67 [notre traduction]). Abélard décrivit comme suit ce qui se passa par la suite :

> Sous prétexte d'étudier, nous étions donc tout entiers à l'amour ; ces mystérieux entretiens, que l'amour appelait de ses vœux, les leçons nous en ménageaient l'occasion. Les livres étaient ouverts, mais il se mêlait plus de paroles d'amour que de philosophie, plus de baisers que d'explications ; mes mains revenaient plus souvent à ses seins qu'à nos livres, nos yeux se cherchaient, réfléchissant l'amour, plus souvent qu'ils ne se portaient sur les textes. Pour mieux éloigner les soupçons, j'allais parfois jusqu'à la frapper, coups donnés par amour et par tendresse, non par exaspération ou colère, et ces coups dépassaient en douceur tous les baumes. Que vous dire ? Dans notre ardeur, nous avons traversé toutes les phases de l'amour ; tout ce que la passion peut imaginer de raffinement insolite, nous l'avons ajouté. Plus ces joies étaient nouvelles pour nous, plus nous les prolongions avec ardeur : nous ne pouvions nous en lasser. (Association culturelle Pierre Abélard, 1999)

Le « préceptorat » d'Abélard se poursuivit durant plusieurs mois avant que l'oncle d'Héloïse ne découvrît ce qui se passait réellement entre Abélard et sa nièce. Il bannit aussitôt le professeur de sa demeure. Lorsque Héloïse annonça sa grossesse, Abélard l'emmena chez sa sœur où elle donna naissance à leur fils, Pierre Astrolabe. Abélard proposa à Héloïse de l'épouser, mais elle refusa parce qu'elle trouvait que le mariage diminuerait les chances d'avancement d'Abélard au sein de l'Église. De plus, Abélard et elle avaient une piètre opinion du mariage ; ils appuyèrent leur décision sur les Écritures, les autorités religieuses et un certain nombre de préoccupations pratiques. Héloïse, en fait, souhaitait demeurer la maîtresse d'Abélard, disant qu'elle préférait « l'amour au mariage, et la liberté aux chaînes » (Radice, 1974, p. 114 [notre traduction]). Pour bien montrer son point de vue, voici ce qu'Héloïse écrivit dans une de ses lettres à Abélard :

> J'en prends Dieu à témoin : Auguste même, le maître du monde, eût-il daigné demander ma main et m'assurer à jamais l'empire de l'Univers, j'aurais trouvé plus doux et plus noble de conserver le nom de courtisane auprès de toi que de prendre celui d'impératrice avec lui ! (Association culturelle Pierre Abélard, 1999)

La situation se compliqua à un point tel, cependant, que le mariage devint une nécessité, et ils se marièrent à Paris. Pour différentes raisons, Abélard voulut garder cette union secrète, mais l'oncle d'Héloïse souhaitait que l'événement se déroule au grand jour pour protéger la réputation de sa nièce. Finalement, Abélard, ne pouvant supporter davantage la tension, habilla Héloïse en religieuse et l'accompagna dans un couvent où elle pouvait avoir l'air d'une sœur sans prononcer les vœux. Dans ce couvent, Abélard irait rendre visite secrètement à sa bien-aimée de temps à autre.

Croyant qu'Abélard avait forcé Héloïse à prendre le voile pour dissimuler ses propres péchés, Fulbert ne put contenir sa colère. Abélard décrivit le geste commis par l'oncle et ses acolytes :

> Outrés d'indignation, ils s'entendirent, et une nuit, pendant que je reposais chez moi, dans une chambre retirée, un de mes serviteurs, corrompu par eux, les ayant introduits, ils me firent subir la plus barbare et la plus honteuse des vengeances, vengeance que le monde entier apprit avec stupéfaction : ils me tranchèrent les parties du corps avec lesquelles j'avais commis ce dont ils se plaignaient, puis ils prirent la fuite. (Association culturelle Pierre Abélard, 1999)

Ce châtiment atterra particulièrement Abélard, pour des raisons autres que celles qui paraissent évidentes, car Abélard se rappela des passages de la Bible condamnant les hommes castrés, par exemple : « Celui dont les testicules auront été écrasés ou l'urètre coupée n'entrera point dans l'assemblée de l'Éternel » (Deutéronome 23, 1). Soit dit en passant, deux des responsables de la castration d'Abélard furent châtrés (Radice, 1974, p. 75).

Abélard se fit moine, Héloïse prit également l'habit, et leur liaison se limita désormais à une correspondance passionnée.

Une fois remis de son amputation, Abélard reprit ses études et son enseignement, toujours avec la méthode dialectique. Cette méthode controversée ainsi que ses manières caustiques lui causèrent à nouveau des ennuis avec les autorités religieuses. En 1140, le pape Innocent II lui ordonna de cesser d'enseigner et d'écrire. Abélard s'éteignit quelques années plus tard, dans la solitude et l'amertume. De son côté, Héloïse devint l'abbesse très respectée et influente d'un couvent du Paraclet, une école monastère fondée plusieurs années auparavant par Abélard. Le Paraclet demeura un centre d'apprentissage jusqu'à la Révolution française. Héloïse vécut quelque vingt et un ans de plus qu'Abélard. À sa mort, on l'enterra à côté d'Abélard, au Paraclet. On sait peu de choses sur la vie de leur fils (Radice, 1974, p. 43).

Saint Albert le Grand

Saint Albert le Grand (vers 1200-1280) fut l'un des premiers philosophes occidentaux à faire une révision approfondie des travaux d'Aristote ainsi que des interprétations islamiques et juives de cette œuvre. Cette tâche n'était pas une mince affaire, compte tenu du fait que l'Église considérait encore Aristote comme un hérétique. Saint Albert présenta aux intellectuels ecclésiastiques la pensée aristotélicienne sur la sensation, l'intelligence et la mémoire, et il essaya de démontrer comment les capacités rationnelles des êtres humains pouvaient être utilisées pour accéder au salut. Suivant les travaux d'Aristote, saint Albert fit des observations détaillées sur la nature et apporta lui-même de nombreuses contributions à la botanique. Il fut parmi les premiers depuis les Grecs à essayer de connaître la nature en faisant des observations empiriques minutieuses. Cependant, si Pierre Abélard et saint Albert le Grand contribuèrent à intégrer la philosophie d'Aristote dans la tradition chrétienne, c'est saint Thomas d'Aquin qui fut le plus grand scolastique.

Saint Thomas d'Aquin

Saint Thomas d'Aquin

Saint Thomas d'Aquin (1225-1274) était de forte corpulence et plutôt taciturne, aussi ses camarades novices le surnommaient-ils le « bœuf de Lucanie ». Il naquit dans une famille aristocratique distinguée, et son père avait une influence considérable au monastère bénédictin du Mont-Cassin, situé à quelques kilomètres seulement de leur château. Il était prévu qu'au terme de son noviciat, Thomas reviendrait au Mont-Cassin, où l'in-

fluence familiale allait l'aider à devenir abbé. Au lieu de cela, il décida de rejoindre l'ordre dominicain et devint un moine mendiant. Ce faisant, Thomas tournait le dos à la richesse et à l'influence de sa famille et réduisait ses chances d'avancement au sein de la hiérarchie de l'Église. Son père était décédé, mais sa mère prit tellement ombrage de son choix que, avec la complicité de quelques parents, elle enleva Thomas et l'emprisonna au château familial durant toute une année. Étrangement, cet enfermement ne contraria pas Thomas. En fait, il consacra son année à essayer de convertir sa famille. Thomas se mit en colère, toutefois, lorsque ses frères décidèrent d'éprouver sa volonté à demeurer chaste et firent entrer une séduisante prostituée dans les quartiers où il était enfermé. Thomas la fit sortir de la pièce en la menaçant avec un objet de fer chaud. Il était davantage vexé par le fait que ses frères aient pu songer qu'une chose aussi superficielle allait le faire succomber, que par la tentation elle-même. En 1245, Thomas fut libéré par sa famille et retourna auprès des dominicains. Thomas d'Aquin était un élève prodige. L'université de Paris avait une règle stipulant que personne ne pouvait recevoir de doctorat en théologie avant sa trente-quatrième année. On fit exception pour Thomas d'Aquin, cependant, et on lui décerna son doctorat à l'âge de trente et un ans. On le nomma ensuite à un des deux postes de professeur de philosophie de l'université de Paris.

D'Aquin fit tout ce qu'il lui fut possible pour synthétiser la pensée d'Aristote et la tradition chrétienne. C'était là un exploit, mais qui comportait un aspect négatif : une fois les idées d'Aristote intégrées dans le dogme de l'Église, on ne pouvait plus les remettre en question. En fait, les écrits d'Aristote devinrent presque aussi sacrés que la Bible. Cela était dommage, car une bonne partie de ce qu'Aristote avait écrit se révéla faux par la suite. L'Église fit avec Aristote ce qu'elle avait fait avec Platon : elle mit l'accent sur les idées les plus compatibles avec sa théologie. Les éléments incompatibles étaient modifiés ou carrément mis de côté. Même si cette « christianisation » fut plus facile à accomplir avec la philosophie de Platon qu'avec celle d'Aristote, il n'en demeure pas moins qu'Aristote avait avancé plusieurs choses qui, si on les modifiait ou embellissait légèrement, semblaient appuyer la doctrine de l'Église — par exemple, ses pensées sur l'immortalité de la raison active, sur la *scala naturae* (l'ordre hiérarchique de la nature), sur la position centrale de la Terre dans l'Univers, et sur le premier moteur.

La réconciliation de la foi et de la raison L'importance qu'Aristote avait accordée à la raison était si grande qu'on ne pouvait pas l'ignorer. Après tout, l'immense quantité d'information qu'il avait produite provenait de l'observation empirique guidée par la raison. L'Église se trouva ainsi dans une position délicate, elle qui, depuis son commencement, avait prôné surtout la révélation, la foi et l'expérience spirituelle, elle qui avait minimisé l'observation empirique et la rationalité. La plus grande tâche de Thomas d'Aquin (et sa plus grande réalisation) fut de réconcilier la foi et la raison, ce qu'il parvint à faire en affirmant efficacement qu'*elles n'étaient pas incompatibles*. Pour lui de même que pour les autres scolastiques, toutes les voies menaient à la même vérité — Dieu et sa gloire. Par conséquent, selon lui, on pouvait connaître Dieu par la révélation ; par les Écritures ; par l'examen de son expérience intérieure ; ou par la logique, la raison et l'étude de la nature.

L'expérience sensorielle fut donc de nouveau acceptée comme source d'information valide, mais d'Aquin, comme Aristote, avançait que les sens pouvaient renseigner seulement sur les particuliers, et non sur les universaux, que la raison devait extraire de l'expérience sensorielle. La raison et la foi ne pouvaient pas s'opposer parce que les deux menaient à la même réalité ultime : Dieu. Le philosophe utilisait la preuve logique et la démonstration pour en vérifier l'existence, tandis que le théologien chrétien croyait en son existence grâce à sa foi. Chacun arrivait à la même vérité par des moyens différents. D'Aquin consacra beaucoup de son temps à examiner les différences entre les humains et les animaux « inférieurs ». La plus grande différence qu'il reconnut fut que les animaux ne possédaient pas une âme rationnelle et que, par conséquent, le salut ne leur était pas possible.

La synthèse des pensées aristotélicienne et chrétienne fut aigrement débattue au sein de l'Église. Plus tôt dans ce chapitre, nous avons vu que les membres conservateurs du christianisme naissant (tel saint Jérôme) avaient affirmé que les philosophes non chrétiens devaient être condamnés et ignorés. Saint Augustin prétendit plutôt, lui, qu'il fallait intégrer le plus possible de la philosophie non chrétienne au dogme de

l'Église. Augustin gagna ce débat. Aujourd'hui, quelque neuf siècles plus tard, le même débat se poursuit au sujet de la pensée d'Aristote. Un des plus influents défenseurs du conservatisme fut **saint Bonaventure** (vers 1217-1274), qui condamna les œuvres d'Aristote. Bonaventure, comme Augustin, croyait qu'on pouvait connaître Dieu par l'introspection, et non par le raisonnement ou par l'étude de la nature. La position de Thomas d'Aquin prévalut, toutefois, et fut finalement acceptée comme doctrine officielle de l'Église. Mis à part quelques modifications, elle est encore aujourd'hui la pierre angulaire philosophique du catholicisme. La position défendue par saint Bonaventure, elle, trouve son prolongement dans le protestantisme, qui privilégie les Écritures davantage que la raison ainsi que le rapport personnel à Dieu plutôt que les prescriptions rituelles et religieuses.

L'influence de saint Thomas d'Aquin L'œuvre de saint Thomas d'Aquin eut plusieurs effets. D'abord, elle établissait une distinction entre la raison et la foi, ce qui permettait de les considérer séparément. Ensuite, elle rendait acceptable l'étude de la nature. Enfin, elle montrait au monde qu'il était possible de débattre du dogme de l'Église. Thomas D'Aquin escomptait renforcer la position de l'Église en admettant la raison comme moyen de connaître Dieu, mais ses efforts eurent l'effet opposé : plusieurs des philosophes qui lui succédèrent conclurent que si l'on pouvait étudier la foi et la raison séparément, on pouvait alors étudier la raison sans tenir compte des implications théologiques. La philosophie sans nuances religieuses devenait une possibilité — une possibilité qui n'existait plus depuis plus de mille ans.

Saint Thomas d'Aquin se préoccupa surtout de Dieu, mais il s'intéressa également aux êtres en chair et en os. Ce nouvel intérêt allait petit à petit déboucher sur la Renaissance. En attendant, l'Église continuait de contrôler la plupart des activités humaines.

Les limites de la philosophie scolastique

Étudier la nature pour essayer d'établir quels principes semblent la régir, comme le firent la plupart des philosophes grecs, est très différent de supposer qu'une chose est vraie pour ensuite essayer de rendre la nature conforme à cette vérité — ce que tentèrent de faire les théologiens chrétiens. De l'époque d'Augustin jusqu'à celle de Thomas d'Aquin, l'érudition consistait à démontrer la validité du dogme de l'Église. On acceptait les nouvelles connaissances seulement si l'on pouvait démontrer qu'elles étaient compatibles avec ce dogme ; si elles ne l'étaient pas, l'Église les rejetait. « La vérité » avait déjà été trouvée, on n'avait pas à la chercher ailleurs.

Les scolastiques, érudits remarquables et logiciens des plus subtils, n'alimentaient toutefois guère la philosophie ou la psychologie. Ils voulaient beaucoup plus maintenir le statu quo que révéler de nouvelles connaissances. Chose certaine, on ne s'intéressait aucunement à la nature physique, sauf pour les aspects qui pouvaient servir à prouver l'existence de Dieu ou à démontrer quelque chose sur sa nature. À l'instar des principaux philosophes grecs qui les avaient précédés, les scolastiques cherchaient les vérités universelles ou les principes universels qui se situaient au-delà du monde des apparences. Pour les pythagoriciens, c'étaient les relations numériques ; pour Platon, les formes pures ou idées ; pour Aristote, l'entéléchie, qui donnait à chaque catégorie de choses son essence ; et pour les scolastiques, c'était Dieu. Tous supposaient qu'il existait une vérité plus haute que celle appréhendée par les sens.

Comme nous l'avons mentionné, la distinction effectuée par d'Aquin entre la foi et la raison ouvrit la voie à ceux qui souhaitaient exercer la raison sans s'encombrer de la foi. Guillaume d'Occam fut le premier à le faire.

Guillaume d'Occam : un point tournant

Guillaume d'Occam (ou d'Ockham ; vers 1285-1349), un moine franciscain né en Grande-Bretagne, acceptait la distinction de Thomas d'Aquin entre la foi et la raison et il poursuivit dans cette voie. D'Occam croyait que, pour expliquer les choses, aucune supposition non nécessaire ne devait être faite — autrement dit, les explications devaient toujours demeurer aussi parcimonieuses (simples) que possible. Cette idée que les hypothèses non nécessaires devaient être « coupées » d'une explication ou d'une argumentation fut appelée **rasoir d'Occam**. Dans ses nombreux écrits, Occam affirmait ce principe de plusieurs façons, par exemple en disant : « il est futile d'expliquer avec beaucoup

d'éléments ce qu'on peut expliquer avec peu d'éléments » et « il ne faut pas multiplier les entités sans nécessité » (Kemp, 1998, p. 280 [notre traduction]).

Occam appliqua son « rasoir » au débat sur la réalité des universaux. Comme nous l'avons vu, certains intellectuels prétendaient que les idées ou principes universaux existaient et que les expériences empiriques individuelles n'en étaient que des manifestations. Ceux qui croyaient en l'existence indépendante des universaux étaient appelés réalistes. Ceux qui croyaient qu'ils n'étaient rien de plus que des termes verbaux employés pour décrire des groupes d'expériences ayant quelque chose en commun appartenaient à l'école des nominalistes. Étant donné qu'il considérait comme inutile la supposition que les universaux avaient une existence indépendante, d'Occam se déclara nominaliste en insistant sur le fait que ces universaux n'étaient simplement que des mots. Par exemple, étant donné que tous les chats avaient certaines caractéristiques en commun, il était commode de nommer *chat* tout ce qui présentait ces caractéristiques. La même chose prévalait pour les chiens, les arbres, les livres et toute autre catégorie d'objets ou d'expériences. Selon d'Occam, le fait que les expériences avaient des caractéristiques communes permettait d'utiliser des termes généraux pour les décrire ; mais l'utilisation de ces termes ne signifiait pas qu'une idée pure, une essence ou une forme existait au-delà de nos expériences. Le philosophe soutenait qu'on pouvait se fier aux sens pour savoir comment le monde était réellement, qu'on pouvait le connaître directement sans avoir besoin de se soucier de ce qui existait au-delà de l'expérience sensorielle.

D'Occam modifia la question qu'on se posait sur la nature de la connaissance : cette question n'était plus d'ordre métaphysique, mais psychologique. Il ne croyait pas à une réalité transcendante qu'on pouvait comprendre par le seul raisonnement abstrait ou par une profonde introspection. Selon lui, il fallait se demander comment l'esprit classait l'expérience, et sa réponse était que l'être humain réagissait habituellement d'une manière semblable aux objets semblables. Ainsi, on emploie le terme *femme* pour désigner une personne qui a suffisamment de points en commun avec d'autres personnes qu'on appelle femmes.

Nous avons vu qu'Abélard proposait une solution semblable au problème du nominalisme-réalisme, à savoir que les « universaux » n'étaient que des concepts à l'aide desquels l'être humain organisait ses expériences. D'Occam parvint à la même conclusion avec son « rasoir ». Pour lui, la supposition que des essences existent n'était pas nécessaire. On pouvait simplement supposer que la nature est telle que l'humain l'appréhende.

Dans sa conception de l'empirisme, d'Occam alla plus loin qu'Aristote. Aristote avait prétendu que l'expérience sensorielle constituait le fondement de la connaissance, mais qu'il fallait utiliser la raison pour extraire la connaissance des universaux et les essences des manifestations individuelles. Pour d'Occam, l'expérience sensorielle renseignait sur le monde — *point à la ligne*. La philosophie d'Occam marqua la fin de la scolastique. Malgré les efforts de l'Église pour l'étouffer, cette philosophie fut enseignée un peu partout. En fait, on peut considérer qu'elle est à l'origine de la philosophie empirique moderne. La pensée d'Occam préfigure l'arrivée de la Renaissance. Malgré sa conception radicale de l'empirisme, d'Occam était franciscain et croyait en Dieu. Il affirma, cependant, qu'on ne pourrait jamais en confirmer l'existence en étudiant la nature parce que rien dans la nature ne la prouvait directement. L'existence de Dieu, donc, demeurait une question de foi.

L'esprit du temps avant la Renaissance

Aux XIVᵉ et XVᵉ siècles, la philosophie servait encore la religion, comme le faisaient d'ailleurs toute personne et toute chose. Il y avait deux catégories de gens : les croyants et les non-croyants. Ces derniers, lorsqu'on n'arrivait pas à les convertir, se voyaient punis physiquement, emprisonnés ou tués : pour l'Église, soit ils étaient des idiots, soit ils étaient possédés par le démon. On n'envisageait pas d'autre explication. Si le Dieu contemplé par introspection était réel, il devait en

être ainsi des objets de la pensée tels les démons, le diable et les monstres. L'astrologie connaissait alors une énorme popularité, et la magie était pratiquée presque partout par presque tout le monde. La superstition ne se limitait pas au paysan, elle existait aussi parmi les rois, les intellectuels et au sein du clergé.

De toute évidence, ce n'était pas une époque où les penseurs cherchaient librement. Pour utiliser la terminologie de Kuhn (1996), la recherche reposait sur un seul et unique paradigme : la conception chrétienne des humains et du monde. Même si Kuhn s'est intéressé principalement à la science, sa notion de paradigme peut aussi s'appliquer à d'autres domaines de recherche. Dans le cas présent, le paradigme chrétien déterminait ce qui était acceptable comme problème et ce qui constituait une solution. Les philosophes s'adonnaient à la « philosophie normale », laquelle, comme la science normale, s'attachait uniquement à l'exploration des implications du paradigme reconnu. La créativité occupe une bien petite place dans la science normale ou la philosophie normale. Kuhn dit ceci : pour qu'il y ait un changement de paradigme, des anomalies doivent se manifester au sein du paradigme reconnu, c'est-à-dire qu'il doit exister des observations cohérentes qui ne peuvent pas être expliquées. Lorsque ces anomalies persistent, un nouveau paradigme gagne en popularité et parvient à détrôner l'ancien paradigme. Le processus est long, difficile et souvent traumatisant pour les dissidents. Dans la période ayant précédé la Renaissance, des anomalies se manifestèrent dans de nombreux aspects de la doctrine chrétienne ; de toute évidence, l'Église était en déclin. Depuis plusieurs siècles, peu de progrès avaient été faits dans le domaine de la philosophie, de la science ou de la théologie. Et pour que des progrès se réalisent, il fallait que l'autorité de l'Église s'écroule. Or des failles commençaient à paraître un peu partout.

Résumé

Après la mort d'Aristote, des philosophes se mirent à s'intéresser aux principes du comportement humain et posèrent une question : qu'est-ce qu'une bonne vie ? Pyrrhon d'Élis prôna le scepticisme. Pour lui, rien ne

pouvait être connu avec certitude, alors pourquoi croire en quoi que ce soit ? Les sceptiques n'entretenaient aucune croyance. Ils affirmaient que les humains devaient vivre leur existence en se laissant guider par les sensations et sentiments simples et par les conventions sociales. Antisthène et Diogène, eux, préconisèrent un retour à la nature parce qu'ils considéraient la société comme une déformation de celle-ci qu'il fallait rejeter. Selon eux, il fallait adopter une vie simple, proche de la nature, détachée de tout désir et de toute passion. Leur position fut par la suite appelée cynisme. Épicure de Samos, quant à lui, soutenait qu'une bonne vie consistait à rechercher le plus de plaisir possible le plus longtemps possible. Ce plaisir ne s'obtenait pas dans les extrêmes, mais dans la modération. Zénon de Citium, fondateur du stoïcisme, prétendait qu'une bonne vie était celle vécue en harmonie avec la nature, laquelle suivait un plan divin. Comme toute chose avait sa raison d'être, chacun devait accepter ce qui arrivait avec courage et indifférence. Les stoïques croyaient que les biens matériels n'avaient guère d'importance, et ils prônaient la vertu (l'acceptation de son sort).

Manifestement, ces philosophies morales se contredisaient ; un fondement philosophique solide manquait. Le problème fut « résolu » lorsque certains philosophes s'intéressèrent davantage à la religion qu'à l'éthique. À Alexandrie, la philosophie grecque, la tradition judaïque, les religions orientales et les religions du mystère coexistaient. Philon, un néoplatonicien, combina le judaïsme avec la philosophie de Platon pour arriver à un système qui glorifiait l'esprit et condamnait la chair. Plotin, un autre néoplatonicien, prétendait que de l'« Unique » (Dieu) émanait l'Esprit, que de l'Esprit émanait l'Âme, et que de l'Âme émanait le monde physique. L'Âme reflétait donc l'Esprit et Dieu. Comme tous les néoplatoniciens, Plotin enseignait que seul l'examen du contenu de l'âme permettait d'accéder à la vérité éternelle, immuable. Saint Paul, lui, établit que Jésus était le fils de Dieu et parvint ainsi à fonder la religion chrétienne. En 313, l'empereur Constantin fit du christianisme une religion tolérée dans l'Empire romain. Sous sa conduite, les nombreuses versions du christianisme qui existaient à l'époque furent fondues en une doctrine basée sur un corpus unique de documents et de croyances.

Saint Augustin avança que les humains pouvaient connaître Dieu par une intense introspection. L'extase qu'on ressentait à comprendre Dieu était considérée comme la plus grande émotion humaine, et on ne pouvait la ressentir qu'en évitant ou en minimisant l'expérience de la chair. En postulant que l'être humain est libre de choisir, Augustin affirmait plusieurs choses : le mal existe lorsque les humains le choisissent à la place du bien ; les humains sont responsables de leur propre destin ; le sentiment de culpabilité personnel est un moyen de contrôler sa conduite personnelle. Augustin était d'avis qu'il existait un sens intérieur qui révélait à chacun comment il devait agir en tant que chrétien. Agir contrairement à ce sens interne ou, même, avoir l'intention de le faire, engendrait la culpabilité. Cependant, mener une existence exempte de péchés ne garantissait aucunement la vie éternelle au paradis. Seule la grâce de Dieu pouvait accorder cette vie éternelle. Augustin disait aussi que les expériences du passé, du présent et de l'avenir résidaient respectivement dans la mémoire, dans les impressions sensorielles et dans les anticipations.

Durant l'âge des ténèbres, la culture arabe connut un essor et se répandit dans toute l'Europe. Les intellectuels arabes et juifs traduisirent les œuvres des philosophes grecs et romains et utilisèrent ce savoir pour faire avancer la médecine, la science et les mathématiques. Avicenne et Averroès se concentrèrent principalement sur l'œuvre d'Aristote ; ils la traduisirent et l'enrichirent, puis ils tentèrent de la rendre compatible avec l'islam. Maïmonide tenta, entre autres choses, de réconcilier l'aristotélisme et le judaïsme.

Avant que l'Occident n'adopte la philosophie d'Aristote, il fallait rendre respectable la capacité de raisonnement de l'humain. Saint Anselme et Lombard jouèrent un rôle décisif dans la démonstration que la raison et la foi sont compatibles, tandis qu'Abélard et Saint Albert le Grand furent parmi les premiers philosophes-théologiens occidentaux à comprendre l'œuvre d'Aristote. Au sein de l'Église, un débat perdurait entre les réalistes et les nominalistes. Les réalistes croyaient en l'existence des universaux (essences), affirmant que les expériences empiriques individuelles n'en étaient que des manifestations. Les nominalistes, eux, croyaient que les soi-disant universaux n'étaient rien de plus que des mots employés pour désigner des catégories d'expériences. Abélard proposa comme solution à ce problème un compromis appelé conceptualisme : les universaux sont moins que des essences mais plus que de simples mots.

Les scolastiques sont ceux qui essayèrent de réunir la philosophie d'Aristote et la religion chrétienne. Le plus réputé des scolastiques fut saint Thomas d'Aquin, et son principal accomplissement fut de faire accepter la raison et la foi comme moyens de connaître Dieu. Avant lui, seule la foi était mise en avant. L'acceptation de la raison comme moyen de connaître Dieu rendit leurs lettres de noblesse à l'étude de la nature, à l'argumentation logique et, même, à la remise en question de la doctrine même de l'Église. Il est largement reconnu que Thomas d'Aquin créa sans le vouloir un climat qui entraîna peu à peu le déclin de l'Église et mena à la Renaissance.

En ce qui concerne le débat entre le réalisme et le nominalisme, Guillaume d'Occam se rangea du côté des nominalistes parce qu'il considérait les universaux comme de simples mots. Il défendit cette position parce que c'était celle qui nécessitait le moins d'hypothèses. Le rasoir d'Occam est la croyance selon laquelle, entre deux ou plusieurs explications adéquates, c'est celle qui requiert le moins d'hypothèses qui prévaut.

À l'apogée du christianisme, le climat social était plutôt négatif. La superstition et la peur régnaient, ainsi que la persécution des non-croyants, la discrimination envers les femmes et les mauvais traitements envers les malades mentaux. Toute action ou pensée qui n'était pas conforme au dogme de l'Église était un péché. On tolérait l'activité sexuelle pour que les gens se reproduisent ; tout ce qui dépassait ce minimum était considéré comme un affreux péché. L'Église détenait le pouvoir absolu et punissait durement les dissidents. En somme, l'esprit de l'époque n'était pas propice à la recherche libre et objective.

Des questions à débattre

1. Indiquez brièvement ce que signifiait mener une bonne vie selon les sceptiques, les cyniques, les épicuriens et les stoïciens.

2. Que signifiait le dogmatisme pour les sceptiques, et comment s'y opposèrent-ils ?

3. En quoi l'épicurisme et le stoïcisme étaient-ils des philosophies matérialistes ?

4. Décrivez les facteurs qui contribuèrent au développement de la théologie chrétienne à ses débuts.

5. Qu'est-ce qui caractérisa la version du christianisme de saint Paul ?

6. Résumez la philosophie du néoplatonisme.

7. Expliquez comment Constantin influença l'histoire du christianisme.

8. Expliquez l'importance du libre arbitre dans la philosophie de saint Augustin.

9. Comment Augustin arriva-t-il à faire en sorte que le comportement de chaque individu soit considéré comme soumis au contrôle de forces intérieures plutôt qu'extérieures ?

10. Décrivez la doctrine de la prédestination.

11. Selon Augustin, de quoi les humains pouvaient-ils être certains ? Comment parvint-il à cette conclusion ? De quelle façon, selon lui, les humains pouvaient-ils connaître Dieu, et quel type d'émotion cette expérience engendrait-elle ?

12. Selon Augustin, qu'est-ce qui permettait aux humains d'avoir le sens du passé, du présent et de l'avenir ?

13. Expliquez en quoi l'âge des ténèbres était obscur.

14. Quelle fut l'importance des philosophies d'Avicenne, d'Averroès et de Maïmonide pour la pensée occidentale ?

15. De quelle façon les œuvres de saint Anselme et de Lombard préparèrent-elles l'Occident à accepter la philosophie d'Aristote ?

16. Quel argument ontologique saint Anselme utilisait-il pour prouver l'existence de Dieu ?

17. Quelle fut l'importance des travaux d'Abélard et de saint Albert le Grand ?

18. Résumez le débat entre les réalistes et les nominalistes. Quelle position Abélard défendait-il dans ce débat ?

19. Selon saint Thomas d'Aquin, comment les humains pouvaient-ils connaître Dieu ? Nommez quelques-unes des implications de son point de vue.

20. Qu'est-ce que la scolastique ? Donnez un exemple des réalisations des scolastiques.

21. Pourquoi Guillaume d'Occam représente-t-il un point tournant dans l'histoire de la psychologie ?

22. Guillaume d'Occam était-il un réaliste ou un nominaliste ? Justifiez votre réponse.

23. Qu'est-ce que le rasoir d'Occam ?

Des suggestions de lecture

Annas, J. E. (1994). *Hellenistic philosophy of mind*. Berkeley, CA : University of California Press.

Bourke, V. J. (1993). *Augustine's quest of wisdom : His life, thought, and works*. Albany, NY : Magi Books.

Branham, R. B., et Goulet-Cazé, M. O. (dir.) (1996). *The Cynics : The cynic movement in antiquity and its legacy*. Berkeley, CA : University of California Press.

Bury, R. G. (trad.). (1990). *Sextus Empiricus Outlines of Pyrrhonism*. Buffalo, NY : Prometheus Books.

Chadwick, H. (2001). *Augustine : A very short introduction*. New York : Oxford University Press.

Copleston, F. C. (2001 [1952]). *Medieval philosophy : An introduction*. Mineola, NY : Dover.

Deane, S. N. (trad.). (1962). *St. Anselm : Basic writings*. La Salle, IL : Open Court.

Grane, L. (1970). *Peter Abelard : Philosophy and Christianity in the Middle Ages* (trad. par F. Crowley et C. Crowley). New York : Harcourt, Brace & World.

Gregory, J. (trad.). (1991). *The Neoplatonists*. London : Kyle Cathie.

Hankinson, R. J. (1998). *The Sceptics*. New York : Routledge.

Kurtz, P. (1992). *The new Skepticism : Inquiry and reliable knowledge*. Buffalo, NY : Prometheus Books.

McInerny, R. (1990). *A first glance at St. Thomas Aquinas : A handbook for peeping Thomists*. Notre Dame, IN : University of Notre Dame Press.

O'Connor, E. (trad.). (1993). *The essential Epicurus : Letters, principal doctrines, Vatican sayings, and fragments*. Buffalo, NY : Prometheus Books.

Pusey, E. B. (trad.). (1961). *The confessions of St. Augustine*. New York : Macmillan.

Saunders, J. L. (dir.). (1966). *Greek and Roman philosophy after Aristotle*. New York : The Free Press.

Schoedinger, A. B. (dir.). (1996). *Readings in medieval philosophy*. New York : Oxford University Press.

Theissen, G. (1987). *Psychological aspects of Pauline theology* (trad. par J. P. Galvin). Edinburgh : T & T Clark.

Wilken, R. L. (2003). *The Christians as the Romans saw them* (2ᵉ éd.). New Haven : Yale University Press.

Glossaire

Abélard, Pierre (vers 1079-1144)   Il fut un des premiers philosophes-théologiens occidentaux à avoir mis en avant la pensée d'Aristote.

Albert le Grand, saint (vers 1200-1280)   Il fit une analyse détaillée de l'œuvre d'Aristote. Suivant la suggestion du philosophe, il fit également des observations directes et minutieuses de la nature.

Anselme, saint (vers 1033-1109)   Il affirmait que la perception sensorielle et les pouvoirs rationnels devaient enrichir la foi. (Voir aussi *Preuve ontologique de l'existence de Dieu*.)

Antisthène (vers 445-365 av. J.-C.)   Il fonda le cynisme.

Augustin, saint (354-430)   Après avoir démontré la validité de l'expérience subjective intérieure, il avança qu'on pouvait connaître Dieu par l'introspection aussi bien que par la vérité révélée dans les Écritures. Augustin écrivit aussi beaucoup au sujet du libre arbitre de l'être humain.

Averroès (1126-1198)   Ce médecin et philosophe arabe écrivit des commentaires influents sur les travaux d'Aristote au sujet des sens, de la mémoire, du sommeil et de l'état de veille, ainsi que des rêves.

Avicenne (980-1037)   Grâce à ses traductions et commentaires de l'œuvre d'Aristote, ce médecin et philosophe arabe influença fortement ses successeurs occidentaux.

Bonaventure, saint (vers 1217-1274)   Contemporain de saint Thomas d'Aquin, il affirmait que le christianisme devait demeurer augustinien et qu'il fallait rejeter tous les efforts pour intégrer la philosophie aristotélicienne au dogme de l'Église.

Conceptualisme   Compromis théorique proposé par Abélard au débat opposant le réalisme et le nominalisme. Abélard était d'avis que les Universaux n'avaient pas d'existence indépendante (réalisme), mais que, en tant qu'abstractions, ils étaient plus que de simples mots (nominalisme).

Constantin (vers 272-337)   Empereur romain sous le règne duquel on formalisa un ensemble très diversifié d'écrits et de croyances chrétiens, ce qui facilita l'acceptation générale du christianisme.

Cynisme   Philosophie voulant que la meilleure vie soit celle vécue en lien étroit avec la nature, en étant détachée des lois et des règles de la société.

Diogène (vers 412-323 av. J.-C.)   Comme son mentor Antisthène, il pensait que l'impulsion naturelle devait guider l'action plutôt que les conventions sociales.

D'Occam, Guillaume (vers 1285-1349)   Ce philosophe réfuta l'affirmation des réalistes selon laquelle les expériences de l'être humain n'étaient que les manifestations de principes abstraits. D'Occam se rangeait plutôt du côté des nominalistes, qui affirmaient que les soi-disant principes abstraits, ou universaux, n'étaient rien de plus que des mots servant à décrire des catégories d'expériences ou d'objets. Pour d'Occam, la réalité était ce que l'humain appréhendait directement, et on n'avait pas besoin de supposer qu'il existait une réalité « supérieure » au-delà de nos sens.

Dogmatique   Selon les sceptiques, toute personne qui prétend être parvenue à une vérité incontestable.

Épicure de Samos (vers 341-270 av. J.-C.)   Il fonda l'épicurisme.

Épicurisme   Doctrine voulant que la meilleure vie soit celle centrée sur le plaisir dans la modération.

Hédonisme   Philosophie prônant qu'une bonne vie consiste à rechercher le plaisir et à éviter la souffrance.

Introspection   Examen de ses propres expériences intérieures.

Jésus (vers 6 av. J.-C.-30 apr. J.-C.)   Homme simple et sensible que saint Paul et d'autres considérèrent comme le Messie. Ceux qui croyaient que Jésus était le fils de Dieu furent appelés chrétiens.

Lombard, Pierre (vers 1095-1160)   Il croyait qu'on pouvait connaître Dieu par la foi, la raison ou l'étude de son œuvre, la nature.

Maïmonide (1135-1204)   Médecin et philosophe juif qui tenta de réconcilier la philosophie aristotélicienne et le judaïsme.

Méthode dialectique   Technique utilisée par Abélard dans sa quête de la vérité. Elle consistait à poser des questions et à explorer plusieurs réponses possibles.

Néoplatonisme   Philosophie qui mettait en avant les aspects les plus mystiques de la philosophie de Platon. Les expériences transcendantales étaient considérées comme les expériences humaines les plus significatives.

Nominalisme   Croyance suivant laquelle les universaux n'étaient rien de plus que des mots ou des habitudes mentales servant à désigner les catégories d'expériences.

Paul, saint (vers 10-64)   Il fonda l'Église chrétienne en affirmant que Jésus était le fils de Dieu. Pour Paul, l'âme ou l'esprit occupait la plus haute position parmi les aptitudes de l'humain ; le corps, la position la moins élevée ; et la raison se situait entre les deux.

Philon d'Alexandrie (vers 25 av. J.-C.-50 apr. J.-C.)   Ce néoplatonicien combina la théologie juive et la philosophie de Platon. Philon établit une distinction entre le soi inférieur (le corps) et le soi spirituel, fait à l'image de Dieu. Le corps était la source du mal ; par conséquent, pour que le soi spirituel se développe pleinement, il fallait éviter ou réduire à son minimum l'expérience sensorielle.

Plotin (vers 205-270)   Ce néoplatonicien prôna l'importance de connaître son âme par l'introspection. Cette introspection était plus importante et renseignait davantage que les expériences physiques.

Prédestination   Croyance selon laquelle Dieu a déjà déterminé, avant même la naissance, quels individus recevront le salut (les élus) et lesquels seront voués à la damnation éternelle.

Preuve ontologique de l'existence de Dieu   Argument de saint Anselme selon lequel la capacité de penser à une chose fait que cette chose existe forcément et, par conséquent, la capacité de penser à un être parfait (Dieu) prouve que cet être parfait existe forcément.

Pyrrhon d'Élis (vers 360-270 av. J.-C.)   Il fonda le scepticisme.

Rasoir d'Occam Idée de Guillaume d'Occam suivant laquelle il faut, entre plusieurs explications aussi convaincantes les unes que les autres, accepter celle qui nécessite le moins d'hypothèses.

Réalisme Croyance suivant laquelle les universaux (essences) existent et les événements empiriques n'en sont que des manifestations.

Religions du mystère Ces anciennes religions (cultes) se caractérisaient par des rites d'initiation secrets, des cérémonies conçues pour rapprocher des initiés d'une ou plusieurs déités, pour symboliser la mort et la renaissance, pour offrir la purification et la rémission des péchés, et pour favoriser l'éclosion d'une nouvelle vie ; la confession des péchés ; et un sentiment d'appartenance chez les membres de la communauté.

Scepticisme Doctrine selon laquelle on pouvait prouver que toutes les croyances étaient fausses ; par conséquent, pour éviter la frustration d'avoir tort, il était préférable de ne croire en rien.

Scolastique Synthèse de la philosophie aristotélicienne et des enseignements chrétiens.

Sens intérieur Selon saint Augustin, connaissance intérieure du droit moral que l'être humain pouvait utiliser pour évaluer ses comportements et ses pensées.

Stoïcisme Philosophie suivant laquelle il fallait vivre selon le plan divin, comme tout élément de la nature, et accepter son propre sort avec indifférence ou, dans le cas d'épreuves difficiles, avec courage.

Thomas d'Aquin, saint (1225-1274) Suivant la démarche scolastique, il chercha à « christianiser » la pensée d'Aristote et à démontrer que la foi et la raison mènent toutes deux à la preuve de l'existence de Dieu.

Védantisme Religion indienne qui prône l'importance des transes semi-extatiques.

Zénon de Citium (vers 335-263 av. J.-C.) Il fonda le stoïcisme.

Zoroastrisme Religion perse qui décrivait l'humain comme un être en lutte perpétuelle entre la sagesse et la justesse, d'un côté, et l'ignorance et le mal, de l'autre côté. Elle faisait correspondre la vérité et le savoir à la brillance du soleil, et l'ignorance et le mal aux ténèbres.

CHAPITRE 4

Les débuts de la science et de la philosophie modernes

On situe généralement la **Renaissance** entre 1450 et 1600, bien que plusieurs historiens considèrent qu'elle a commencé beaucoup plus tôt. Elle doit son nom à la tendance à retourner, durant cette période, à la méthode de recherche caractéristique de la philosophie des Grecs de l'Antiquité, marquée par une plus grande ouverture d'esprit. À cette époque, le centre de la pensée européenne se déplace graduellement de Dieu à l'être humain. Si Dieu existe, cela signifie qu'il existe dans la nature ; l'étude de celle-ci est donc aussi l'étude de Dieu. En outre, Dieu ayant donné aux humains la capacité de créer des œuvres d'art, pourquoi ne pas utiliser au maximum cette habileté ? Selon cette nouvelle vision, l'être humain ne se réduit pas à son âme : puisqu'il possède des organes sensoriels fiables, pourquoi ne les emploierait-il pas ? Il est capable de raisonner, alors pourquoi ne le ferait-il pas ? Il est capable d'éprouver du plaisir, alors pourquoi n'en éprouverait-il pas ? Après tout, Dieu dans son infinie sagesse devait avoir une raison pour donner ces attributs aux humains. L'attention se détourne des cieux, qui avaient été le centre des pythagoriciens, des platoniciens et des premiers chrétiens, et se tourne vers les êtres humains vivant dans le monde. Les œuvres des humanistes de la Renaissance illustrent mieux que tout autre chose l'esprit du temps.

L'humanisme de la Renaissance

Les principaux thèmes

Dans le cadre de la Renaissance, le terme *humanisme* ne signifie pas *humanitarisme*, c'est-à-dire qu'il ne désigne pas une préoccupation profonde pour le bien-être des humains. Mais il n'est pas non plus synonyme d'*humanité*, soit l'attitude de celui qui traite ses semblables avec respect, sensibilité et dignité. Dans le contexte de la Renaissance, **humanisme** est un terme qui désigne un intérêt intense pour les êtres humains, du type que ceux-ci éprouveraient s'ils se découvraient pour la première fois. Cet intérêt porte sur un large éventail d'activités humaines : comment expliquer la pensée, le comportement, les sentiments ? De quoi l'être humain est-il capable ? Les quatre grands thèmes caractéristiques de l'humanisme de la Renaissance reflètent ces questions et d'autres connexes.

- *L'individualisme* On accorde une grande importance au potentiel et à l'accomplissement de l'être humain. La croyance dans la capacité de l'individu à changer le monde pour le mieux crée un vent d'optimisme.

- *La religion personnelle* Même si tous les humanistes de la Renaissance sont de fervents chrétiens, ils souhaitent que la religion soit plus personnelle, et moins formaliste et ritualiste. Ils plaident en faveur d'une religion dont chacun puisse faire l'expérience plutôt que d'une religion imposée au peuple par la hiérarchie de l'Église.

- *L'intérêt marqué pour le passé* Les humanistes de la Renaissance éprouvent un engouement pour le passé. Les œuvres des poètes, des philosophes et des hommes politiques de la Grèce et de la Rome antiques les intéressent tout particulièrement. Les érudits de la Renaissance veulent lire ce que les Anciens ont réellement écrit, et non l'interprétation d'une tierce personne. Ils s'efforcent de déterminer la paternité des vieux manuscrits, qui dans bien des cas n'ont pas été attribués à leurs véritables auteurs, et ils tentent de mettre au jour les falsifications. Ces activités permettent aux lettrés de la Renaissance de prendre connaissance d'une large gamme de points de vue émis dans le passé, dont plusieurs sont vigoureusement défendus par les humanistes. Par exemple, on découvre une grande partie de ce qui est resté inconnu de la philosophie de Platon, ce qui suscite un vif intérêt pour ce philosophe. En 1462, **Marsile Ficin** (en italien, Marsilio Ficino, 1433-1499) dirige l'Académie platonicienne de Florence. Il tente de faire pour la philosophie de Platon ce que les scolastiques firent pour celle d'Aristote. Presque toutes les philosophies de la Grèce et de la Rome antiques trouvent des adhérents chez les humanistes, mais l'influence de Platon est particulièrement grande. On redécouvre même des religions orientales très anciennes, d'où un vif intérêt pour les sciences occultes.

- *L'antiaristotélisme* Plusieurs humanistes estiment que l'Église a adhéré dans une trop large mesure à la philosophie d'Aristote, au point où celle-ci a acquis autant d'autorité que la Bible : on se reporte fréquemment à des passages des œuvres d'Aristote pour régler des débats théologiques. Les humanistes trouvent cela ridicule puisque le philosophe n'était qu'un être humain et qu'il pouvait, comme n'importe lequel de ses semblables, commettre des erreurs. Les humanistes déplorent qu'on ait utilisé la philosophie d'Aristote, conjointement à la théologie chrétienne, pour établir un ensemble de règles, de régulations et de croyances que chacun doit accepter s'il veut être chrétien. L'acceptation des dogmes de l'Église est devenue plus importante que la relation personnelle avec Dieu ; les humanistes attaquent donc violemment ces dogmes. Bien que de nombreux humanistes de la Renaissance méritent notre attention, nous devons nous limiter à une brève présentation de quelques-uns d'entre eux.

Pétrarque

L'écrivain italien **Pétrarque** (en italien, Francesco Petrarca, 1304-1374) eut une telle influence que plusieurs historiens affirment que ce sont ses écrits qui marquent le début de la Renaissance. Son œuvre renferme certainement tous les thèmes que nous venons d'énumérer. Pétrarque s'intéresse avant tout à la libération de l'esprit humain, emprisonné dans les traditions médiévales, et s'en prend surtout à la scolastique. Il pense qu'on doit étudier les classiques pour ce qu'ils sont, c'est-à-dire des ouvrages écrits par des êtres humains, sans les interpréter ni les embellir. Il a une piètre opinion de ceux qui les utilisent pour étayer leurs propres croyances ; voici ce qu'il en dit : « Comme ceux qui n'ont aucune notion d'architecture, ils en font leur profession pour blanchir des murs à la chaux » (R. I. Watson, 1978, p. 138 [notre traduction]). Les scolastiques étaient évidemment des interprètes de ce type.

De même que la majorité des humanistes de la Renaissance, Pétrarque plaide ardemment en faveur d'un retour à une religion personnelle, comme celle que décrit saint Augustin, c'est-à-dire une religion fondée sur la Bible, de même que sur la foi et les sentiments personnels. Il pense que la scolastique a fait de la religion une affaire trop intellectuelle en tentant de l'accorder avec le rationalisme aristotélicien. Il soutient également que la vie d'une personne dans le monde est au moins aussi importante que la vie après la mort. Dieu veut que les humains utilisent leurs immenses capacités, non qu'ils les réfrènent, dit Pétrarque. En actualisant le potentiel que Dieu leur a donné, ils peuvent changer le monde en mieux. En insistant sur le potentiel humain, Pétrarque a favorisé l'explosion d'œuvres artistiques et littéraires qui a caractérisé la Renaissance.

Pétrarque n'inventa rien sur le plan philosophique, mais il contribua à préparer l'entrée en scène d'individus tels Copernic, Kepler et Galilée en défiant les autorités religieuses et philosophiques. En d'autres mots, son scepticisme à l'égard des dogmes de toute espèce a pavé la voie à la science moderne.

Pic de La Mirandole

Giovanni Pico Della Mirandola, dit en français Jean **Pic de La Mirandole** (1463-1494), déclare que Dieu a alloué aux humains une place unique dans l'Univers. Étant parfaits, les anges n'ont pas besoin de changer, tandis que les animaux autres que les humains sont prisonniers de leurs instincts et ne peuvent donc pas changer. Seuls les humains, qui se situent entre les anges et les animaux, ont la capacité de changer. Ils peuvent vivre une vie sensuelle et instinctive, ce qui en fait des brutes, ou bien utiliser leur rationalité et leur intelligence pour se rapprocher des anges et ressembler davantage à Dieu.

La liberté dont jouissent les êtres humains leur permet non seulement de choisir parmi plusieurs modes de vie, mais aussi d'adopter presque n'importe quel point de vue. De La Mirandole soutient que toutes les philosophies ont des éléments communs ; par exemple, elles reflètent toutes la rationalité et l'individualité des humains. Il affirme également que, bien comprises, toutes les principales visions philosophiques (dont celles de Platon et d'Aristote) s'accordent essentiellement. On devrait donc étudier toutes les conceptions d'un point de vue objectif afin de découvrir ce qu'elles ont en commun. De La Mirandole insiste sur l'importance d'examiner l'ensemble des perspectives philosophiques et de les intégrer à la vision chrétienne du monde. Il aspire évidemment à ramener la paix entre les diverses factions philosophiques et religieuses. Selon lui, on devrait respecter toutes les œuvres humaines. Si on avait prêté l'oreille à son plaidoyer en faveur de la compréhension mutuelle entre individus prônant des points de vue différents, on aurait peut-être évité l'Inquisition. Ce ne fut cependant pas le cas, et c'est uniquement parce qu'il est mort jeune que La Mirandole n'eut pas à supporter de voir brûler ses livres.

Didier Érasme

Didier Érasme (en latin, Desiderius Erasmus, 1466-1536) naquit d'une mère célibataire un 27 octobre, à Rotterdam. Il fut ordonné prêtre, mais ne se sentait pas du tout attiré par la vie monastique, à laquelle il préféra l'étude, les voyages et l'indépendance. La fonction de précepteur lui permettant de subvenir à ses besoins, il effectua dans toute l'Europe des voyages qui l'amenèrent à rencontrer les principaux érudits. Il mourut à Bâle, à l'âge de soixante-neuf ans.

Érasme s'oppose à toute croyance fanatique, et cela dans tous les domaines. Il aime bien mettre en évidence les erreurs des Anciens et croit que les humains ne peuvent rien créer de parfait. Il s'en prend à l'exorcisme, à l'alchimie et à d'autres formes de superstition en montrant que ce sont des inepties. Il invite fortement les gens à prendre comme modèle la vie simple de Jésus plutôt que les pompes de l'Église institutionnelle. Il pense que la guerre est due au fanatisme et qu'elle ne se distingue pas de l'homicide, et il est particulièrement troublé par le fait que des évêques profitent de la guerre pour s'enrichir et acquérir la célébrité. Éclectique et pratique, Érasme était un fin observateur du monde et de ses problèmes. En ce qui concerne les femmes, il a à la fois des conceptions traditionnelles et progressistes. Il loue la capacité des femmes à s'occuper des autres, mais il estime, à l'encontre du point de vue dominant, qu'elles devraient avoir accès à l'éducation. Il s'oppose de plus à l'idée que le célibat soit supérieur au mariage (Rummel, 1996, p. 3).

Érasme termina l'*Éloge de la folie* (1512/1994, éd. fr. 1995) en 1512, lorsqu'il logeait chez son ami Thomas More, en Angleterre. L'œuvre fit sensation et fut réimprimée quarante fois du vivant de l'auteur. Dans cet ouvrage, Érasme s'en prend à l'Église et à la papauté, aux philosophes, aux nobles et aux superstitions de tout acabit. Il montre que les fous s'en tirent beaucoup mieux que les personnes dites sages parce qu'ils vivent en fonction de leurs sentiments réels et non des doctrines religieuses ou philosophiques. Les fous, dit-il, sont également plus heureux parce qu'ils n'ont pas peur de la mort, ne sont pas torturés par la culpabilité, ne craignent ni les fantômes, ni les esprits, ni les lutins, et ne se préoccupent pas de l'avenir. En outre, comme les autres animaux, les ivrognes et les enfants, les fous sont spontanés et disent la vérité. La philosophie d'Érasme présente évidemment beaucoup de points communs avec l'ancien cynisme.

Érasme dénonça les excès du catholicisme avec tellement de vigueur que cela a donné naissance à l'adage : « Érasme a pondu l'œuf [de la Réforme] et Luther l'a couvé » (Érasme, 1512/1994, p. vii [notre traduction]). Les critiques exprimées par Érasme à l'égard de l'Église catholique de l'époque sont très proches de celles de Luther :

> Le pape avait beaucoup trop de pouvoir ; l'accord d'indulgences avait dégénéré en un lucratif commerce éhonté ; la vénération des saints avait été corrompue par la superstition ; les églises regorgeaient d'images ; la musique accompagnant les funérailles aurait mieux convenu à une noce ou à une beuverie ; les prêtres qui disaient la messe vivaient comme des impies et accomplissaient ce rite comme un cordonnier exerce son métier ; la confession était devenue l'occasion de faire de l'argent et de courir les jupons ; les prêtres et les moines étaient des tyrans impudents. (Augustijn, 1991, p. 159-160 [notre traduction])

Dans le but peut-être de le réduire au silence, l'Église catholique offrit en secret à Érasme de le sacrer cardinal (Augustijn, 1991, p. 173). Ce dernier ayant refusé, elle inscrivit toutes ses œuvres à l'Index (le catalogue des livres dont la lecture est interdite par le Saint-Siège).

Quand la Réforme s'amorce (voir ci-dessous « Martin Luther »), Érasme éprouve la même répulsion pour les excès de celle-ci, de sorte qu'il est condamné autant par les protestants que les catholiques.

Martin Luther

Martin Luther (1483-1546), un augustin et un exégète, était dégoûté par ce qu'était devenue la religion chrétienne à son époque. Sa vision du christianisme s'accorde, comme celle des autres humanistes, avec les conceptions de saint Paul et de saint Augustin, plutôt qu'avec celles de saint Thomas d'Aquin. Tout ce qu'on a besoin de savoir au sujet des humains et du monde se trouve dans le Nouveau Testament. L'être humain naît dans le péché, et c'est seulement par le renoncement à la chair que l'âme peut se préparer au salut assuré par la grâce de Dieu. Les intentions des humains sont inspirées soit par Dieu, soit par Satan : elles mènent à l'accomplissement de l'œuvre de Dieu dans le premier cas, et au péché dans le second cas. Personne ne devrait pouvoir échapper aux conséquences de ses péchés grâce à la pénitence ou à l'absolution ; celui qui a péché doit en subir les conséquences, ce qui peut aller jusqu'à la damnation éternelle. En accord avec la théologie de saint Augustin, Luther propose une religion extrêmement personnelle, dans laquelle chacun répond de ses actes uniquement devant Dieu, et qui accorde peu d'importance aux rites et à la hiérarchie de l'Église.

La tradition veut que la **Réforme** débute en 1517 lorsque Luther affiche ses « 95 thèses » (où il remet en question les dogmes et la hiérarchie de l'Église) sur la porte de l'église du château de Wittenberg. En plus des sujets de désaccord déjà énumérés, Luther s'oppose en particulier à la vente d'indulgences par l'Église catholique, car cela permet aux pécheurs de réduire le châtiment associé à leurs fautes en versant une amende à un membre du clergé. Il prône l'idée que Dieu seul détermine ce qui est péché et décide comment traiter la question. Selon Luther, l'Église s'est grandement éloignée des enseignements de Jésus et de la Bible. Jésus prêche la splendeur de la vie simple, sans luxe ni privilèges, mais l'Église accorde de la valeur à ceux-ci et fait trop de place aux rites formalistes. Du point de vue de Luther, l'une des principales raisons de l'affaiblissement du catholicisme, c'est qu'il a assimilé la philosophie d'Aristote.

Lorsque Luther fut excommunié, en 1521, le courant de protestation qu'il représentait a donné naissance à un nouveau mouvement religieux, le **protestantisme** ; il en était le chef de file. Cette nouvelle religion ne reconnaît pas l'autorité du pape et croit que chaque individu a le droit d'interpréter la Bible à sa façon. Afin de faciliter cette pratique, Luther traduit la Bible dans la langue vernaculaire allemande. En réaction aux critiques exprimées entre autres par Luther, l'Église catholique transforme officiellement la version de la philosophie aristotélicienne christianisée par saint Thomas en dogme, auquel tous les chrétiens doivent se conformer. En peu de temps, le débat à savoir quelle version du christianisme est exacte divise l'Europe.

À ses débuts, le protestantisme présente au moins deux aspects rébarbatifs. Premièrement, c'est une religion sinistre, austère, sévère et impitoyable, et il est difficile d'imaginer que ses adhérents puissent être plus heureux que s'ils avaient opté pour le catholicisme. Deuxièmement, le protestantisme prône l'acceptation de l'existence de Dieu fondée uniquement sur la foi : comme il est vain de tenter de comprendre Dieu au moyen de la raison ou d'observations empiriques, on doit éviter de le faire. Donc, aux yeux de ceux qui considèrent que l'emploi de la raison et de l'observation de la nature pour connaître Dieu constituent un progrès, le protestantisme est synonyme de régression. Le protestantisme a toutefois une influence libératrice parce qu'il remet en question l'autorité du pape et d'Aristote ; il remplace celle-ci par la croyance que les sentiments personnels fournissent l'unique vérité dont chacun a besoin pour conduire sa vie.

Il est intéressant de noter que, même si on attribue souvent à Luther des traits sinistres, il était reconnu pour son sens de l'humour. Il a notamment dit : « Mes ennemis observent tout ce que je fais. Si je pète à Wittenberg, ils perçoivent les effluves à Rome » (P. Smith, 1911, p. 355 [notre traduction]).

Michel de Montaigne

La redécouverte du savoir des Anciens soulève une question qui avait préoccupé les sceptiques grecs et romains : existe-t-il une méthode valable pour distinguer la vérité parmi toutes les vérités proclamées ? Les sceptiques avaient répondu non, et on note des traces de cette conception dans les œuvres de Pétrarque et de Pic de La Mirandole, et surtout dans celles d'Érasme. Luther fait preuve de scepticisme au moins à l'égard de la philosophie d'Aristote et des pratiques religieuses élaborées à partir de l'époque de saint Augustin. Cependant, c'est dans l'œuvre de **Michel de Montaigne** (1533-1592) qu'on trouve la forme extrême de scepticisme représentée plus tôt par Pyrrhon d'Élis (voir le chapitre 3). Dans ses *Essais*, qui ont eu une influence considérable, il se demande s'il est même possible qu'un savoir incontestable existe. Suivant Érasme, il juge que la théologie des catholiques et celle des protestants ne sont pas plus défendables l'une que l'autre sur des bases rationnelles et que le seul fondement des convictions religieuses est la foi.

À l'opposé de la majorité des humanistes de la Renaissance qui l'ont précédé, Montaigne ne fait pas l'éloge de la rationalité humaine et il ne pense pas que l'être humain soit supérieur aux autres animaux (sur ce point, il est en désaccord avec Érasme). En fait, selon Montaigne, la rationalité de l'homme est responsable de la plupart des problèmes des humains (dont les guerres saintes), et les autres animaux sont supérieurs aux humains du fait qu'ils ne possèdent pas la capacité de raisonner. Il résume les doctrines philosophiques les plus célèbres et indique sur quels points elles se contredisent. Il soutient que la science n'est pas un moyen d'acquérir des connaissances fiables parce que la « vérité » scientifique change continuellement. Il va même plus loin que les sceptiques grecs et romains en énonçant que les sensations simples ne constituent pas un guide valable pour la conduite de la vie. Les sensations sont souvent source d'illusion, dit-il, et même si ce n'était pas le cas, il reste qu'elles subissent l'influence des états physiologiques et de l'histoire personnelle. Il est important de noter que Montaigne ne partage pas l'optimisme exprimé par les premiers humanistes de la Renaissance en ce qui a trait à la capacité des humains d'améliorer le monde.

Le scepticisme de Montaigne en incita plusieurs à montrer qu'il avait tort. Par exemple, Popkin (1967) affirme que Francis Bacon et René Descartes (deux hommes auxquels nous allons revenir dans le présent chapitre) réagirent tous deux aux doutes exprimés par Montaigne relativement au savoir humain en créant chacun un système philosophique qui leur semblait à l'abri d'un tel scepticisme.

On compte bien d'autres humanistes de la Renaissance. Ils illustrent la puissance de l'individu soit dans les arts (Léonard de Vinci, 1452-1519), soit en politique (Nicolas Machiavel, 1469-1527), soit en éducation (Juan Luis Vives, 1492-1540), soit en littérature (William Shakespeare, 1564-1616). Chaque fois, on met l'accent sur le même élément : l'individu. On commence à cette époque à être persuadé que les humains ont le pouvoir de changer le monde en mieux ; ils n'ont

plus à accepter celui-ci tel qu'il est ou à espérer simplement qu'il devienne meilleur. Même si les humanistes de la Renaissance n'ont rien apporté de nouveau en philosophie et en psychologie, leur insistance sur le fait que l'individu peut agir sur le monde dans le but de l'améliorer a mené au développement de la science. Les arts, la littérature et l'architecture progressèrent durant cette période, mais l'âge de la science était encore à venir.

Le moins qu'on puisse dire, c'est que la Renaissance est empreinte de contradictions. D'une part, on assiste à une explosion de l'intérêt pour les capacités des humains et à de grandes réalisations humaines. On peut à cet égard faire un rapprochement entre la Renaissance et les périodes classiques grecque et romaine. D'autre part, l'époque est marquée par la persécution, la superstition, la chasse aux sorcières et leur exécution, la peur, la torture et l'exorcisme. Même si on a beaucoup de considération pour les astrologues et les alchimistes, qui sont très populaires, on traite avec une extrême dureté les individus présentant des anomalies. Les guerres détruisent une grande partie de la France et de l'Allemagne, la peste décime environ un tiers de la population de l'Europe, de grandes famines et une épidémie de syphilis sévissent. Malgré tout cela, la créativité n'a probablement jamais atteint une telle intensité auparavant. La Renaissance illustre les meilleurs et les pires aspects de l'humanité, et c'est de ce mélange qu'émergeront la philosophie et la science modernes.

D'autres défis à l'autorité de l'Église

La Renaissance et l'effondrement de l'autorité de l'Église vont de pair. Les dogmes religieux étaient des vérités figées : il existe exactement sept corps célestes dans le système solaire ; la Terre est le centre de l'Univers ; les êtres humains ont été créés à l'image de Dieu ; etc. On remet petit à petit ces « vérités » en question et chaque fois qu'on réussit à montrer la fausseté de l'une d'elles, on incite du fait même à douter des autres. Une fois amorcé, le questionnement s'amplifie rapidement, et l'Église cherche désespérément à décourager quiconque de défier son autorité. Les érudits au service de l'Église essaient de montrer qu'il y a seulement apparence de contradiction. Cette démarche ne donnant pas les résultats escomptés, ils tentent d'imposer la censure, mais il est trop tard : le courant de défi s'est déjà répandu. Le déclin de l'autorité de l'Église est directement relié à la montée d'un nouvel esprit de recherche qui s'est donné comme autorité suprême l'observation empirique, en remplacement des Saintes Écritures, de la foi et de la révélation. Les dogmes de l'Église sont graduellement remplacés par ce à quoi cette dernière s'est le plus opposée : l'observation directe de la nature sans aucune considération d'ordre théologique. La transition, bien que constante, est lente et douloureuse. Plusieurs érudits de la Renaissance se sentent partagés entre la théologie et la science, en raison soit de croyances personnelles, soit de la peur de représailles de la part de l'Église. Ce n'est qu'avec une extrême prudence qu'ils font part de leurs observations, et certains exigent qu'on ne fasse connaître le résultat de leurs observations qu'après leur mort.

Il n'y a pas une raison unique qui expliquerait le réveil de l'esprit de recherche objective ; on établit que plusieurs facteurs en furent à l'origine. L'un de ceux-ci est l'acceptation par saint Thomas de la raison et de l'observation de la nature comme moyens de connaître Dieu. Une fois que l'Église eut sanctionné la capacité des humains à raisonner, cette capacité s'est appliquée à tous les domaines, y compris les dogmes religieux. Un autre facteur déterminant est le travail des humanistes, qui retrouvèrent l'esprit de questionnement ouvert reflété par les œuvres des Anciens. Les humanistes insistèrent en outre sur la capacité des humains à agir sur le monde et à le changer en mieux. On considère que les événements suivants sont aussi au nombre des facteurs ayant favorisé l'acceptation de l'étude objective de la nature parce qu'ils affaiblirent l'autorité de l'Église :

■ l'exploration de l'Asie centrale et de la Chine, de 1271 à 1295, par Marco Polo (v. 1254-1324) ;

■ la création de caractères métalliques mobiles (v. 1436-1440) par Johannes Gutenberg (v. 1397-1468) qui a mené ce dernier à l'invention de techniques d'imprimerie modernes. Ce sont ces techniques qui permirent d'imprimer la Bible dans les langues vernaculaires de l'époque, un événement d'une importance capitale pour l'avènement de la Réforme ;

■ la découverte du Nouveau Monde par Christophe Colomb (1492) ;

■ la remise en question du catholicisme par Martin Luther (1517) ;

■ le voyage de circumnavigation de Fernand de Magellan (1519-1522).

Ces événements et bien d'autres repoussèrent grandement les limites du monde connu. La découverte de la présence sur terre de peuples étranges ayant des coutumes bizarres créa beaucoup de problèmes à l'Église. Par exemple, il y eut un long débat à savoir si les « sauvages » du Nouveau Monde avaient ou non une âme rationnelle (on en vint à la conclusion qu'ils en avaient une). La presse typographique permit l'échange rapide d'idées, dans leur forme exacte, sur de grandes distances. Nous avons vu en outre que la remise en question du catholicisme par Luther mena à la création du mouvement protestant, qui s'opposait à l'autorité centralisée de l'Église et réclamait qu'on fasse une plus grande place à l'individu dans la religion chrétienne.

Malgré l'énorme influence des événements décrits ci-dessus, c'est le travail de quelques astronomes-physiciens qui porta le plus dur coup aux dogmes de l'Église et qui fut le plus déterminant pour la création d'une nouvelle méthode d'observation des secrets de la nature. On a donné à cette nouvelle méthode le nom de *science*.

Ptolémée, Copernic, Kepler et Galilée

Ptolémée

Au cours du deuxième siècle après Jésus-Christ, un Grec nommé **Claude Ptolémée**, qui séjourna en Égypte, résuma dans son *Almageste* toutes les connaissances de son temps, et celles de l'Antiquité, en astronomie mathématique et empirique. Dans sa conception de l'Univers, connue sous le nom de **système de Ptolémée**, les corps célestes, y compris la Terre, sont sphériques, et le Soleil, la Lune et les planètes se déplacent uniformément autour de la Terre en décrivant des orbites circulaires. Bien que ce système reflète le point de vue de la majorité des astronomes, ainsi que celui d'Aristote, quelques-uns ont une opinion divergente. **Aristarque de Samos** (v. 310 av. J.-C. – v. 230 av. J.-C.), le brillant astronome de l'école d'Alexandrie, mérite d'être nommé. Il affirme que la Terre tourne sur elle-même et autour du Soleil, et qu'il en est de même des autres planètes. Autrement dit, il énonce les hypothèses fondamentales du système de Copernic environ 1700 ans avant ce dernier. Malgré l'existence de quelques dissidents, dont Aristarque, la conception de l'Univers reflétée par le système de Ptolémée domine jusqu'au XVIIᵉ siècle, et sa longévité est due à au moins trois raisons :

- cette vision correspond au témoignage des sens : la Terre semble en effet occuper un point fixe au centre de l'Univers ;
- elle permet de faire des prédictions astronomiques crédibles ;
- elle n'est pas en conflit avec la théologie chrétienne, car elle place les humains au centre de l'Univers et corrobore ainsi le récit biblique de la création.

On trouve dans Taub (1993) une description complète du système de Ptolémée, qui couvre ses composantes mystiques et ses implications éthiques.

La théologie médiévale éleva une bonne partie des enseignements de Ptolémée au rang de dogmes de l'Église, au même titre que les enseignements d'Aristote, ce qui les rendait incontestables. La conception du monde fondée sur le système de Ptolémée fut ainsi profondément intégrée à la philosophie, à la théologie, à la science et à la vie quotidienne.

Nicolas Copernic

Le système de Ptolémée ne fut pas remis sérieusement en question jusqu'à ce que **Nicolas Copernic** (1473-1543), un pieux chanoine de l'Église catholique qui est né un 19 février à Toruń, en Pologne, publie *De revolutionibus orbium coelestium libri sex* (*Sur les révolutions des orbes célestes, VI livres*). Bien que des comptes rendus de la théorie héliocentrique de Copernic circulaient depuis 1515, *De revolutionibus* ne fut publié qu'en 1543, soit l'année du décès de son auteur. Cet ouvrage, dédié « Au Très Saint Maître Paul III, Pape », se propose de résoudre un problème fondamental auquel l'Église fait face, à savoir la création d'un calendrier précis. Le livre ne *semblait* donc pas hostile à cette institution. En outre, au moment de sa parution, seuls les mathématiciens et les astronomes les plus érudits étaient capables d'en comprendre le contenu. C'est peut-être parce qu'il était en apparence compatible avec les dogmes religieux et en raison de sa nature ésotérique que *De revolutionibus* ne fut pas immédiatement perçu comme une menace par l'Église (même s'il fut condamné par la suite). En tout cas, Copernic réussit dans cette œuvre à

Nicolas Copernic

convaincre que ce n'est pas le Soleil qui tourne autour de la Terre (**théorie géocentrique**), mais bien la Terre qui tourne autour du Soleil (**théorie héliocentrique**). Évidemment, cette affirmation contredisait clairement les dogmes religieux. Ce n'est que petit à petit qu'on se rendit compte que la théorie héliocentrique de Copernic remettait en question la conception traditionnelle de la place de l'humanité dans l'Univers. Cette prise de conscience souleva des questions connexes : les humains jouissent-ils de la faveur de Dieu, qui les aurait placés pour cette raison au centre de l'Univers ? Sinon, pourquoi ne l'a-t-il pas fait ? Si l'Église se trompe sur ce point crucial, est-elle dans l'erreur sur d'autres points ? Existe-t-il d'autres systèmes solaires qui abritent des êtres vivants ? Si oui, quels liens existe-t-il entre ces systèmes et le nôtre, et lequel Dieu favorise-t-il ? Étant donné que la théorie héliocentrique de Copernic remit en question une vision du monde profondément ancrée au moins depuis Aristote, on l'a qualifiée de révolutionnaire (Kuhn, éd. fr. 1983). Le sens commun dictait d'accepter la théorie géocentrique, et ceux qui la rejetaient passaient pour être mal informés ou fous. Au sein de l'Église, la remise en question de cette théorie équivalait à émettre des doutes sur les dogmes religieux et était donc considérée comme une hérésie.

Giordano Bruno (1548-1600) fut dominicain avant d'adopter une philosophie de l'Antiquité, soit l'hermétisme. Celui-ci professe, entre autres, la nature divine des humains, l'existence de forces magiques pouvant être mises au service de l'humanité, et l'harmonie entre les êtres humains, les étoiles et les planètes. En outre, selon la tradition hermétique, il existe dans l'Univers un nombre incalculable de mondes (ou de systèmes solaires) habités et, dans chacun d'eux, le Soleil est divin, ce qui vaut également pour notre propre système solaire. Bruno affirme que le « Soleil de Copernic annonce la résurgence au grand jour de la véritable philosophie antique qui avait été enfouie pendant des siècles dans de sombres cavernes » (Yates, 1964, p. 238 [notre traduction]). Il accepte donc la théorie héliocentrique de Copernic, non pour des raisons scientifiques, mais parce qu'elle restaure le statut divin accordé au Soleil par les Anciens. D'après Bruno, cette religion magique est la seule vraie religion, et elle a été rejetée dans les ténèbres et corrompue tant par le judaïsme que le christianisme (Yates, 1964, p. 11). L'Église ne pouvait pas en supporter autant et, le 26 mai 1592, elle traîna Bruno devant l'Inquisition, à Venise, et porta contre lui huit accusations d'hérésie. Bruno renia d'abord ses croyances et demanda la clémence du juge, mais il changea d'avis par la suite et dit n'avoir jamais été hérétique. Huit ans après avoir été emprisonné, il fut reconnu relaps (hérétique retombé dans l'hérésie) et mourut sur le bûcher le 17 février 1600. On ne doit cependant pas en conclure que Bruno est un martyr de la science : le nom de Copernic n'apparaît même pas dans les chefs d'accusation (M. B. Hall, 1994, p. 125).

Les réformateurs furent souvent aussi violents que ceux qu'ils voulaient réformer. Ainsi, le protestant Jean Calvin ordonna que le célèbre anatomiste Michel Servet (1511-1553) fût brûlé vif parce qu'il avait « décrit la Terre sainte comme une étendue sauvage aride (ce qu'elle était), contredisant ainsi la description biblique selon laquelle c'est un pays où coulent le lait et le miel » (Watson et Evans, 1991, p. 151 [notre traduction]). Le sort réservé à des individus tels Bruno et Servet aide à comprendre pourquoi les scientifiques et les philosophes de cette époque firent preuve d'autant de prudence.

Copernic était au courant qu'Aristarque avait proposé plusieurs siècles auparavant une théorie très semblable à la sienne, et cela le réconfortait. Il se rendait compte toutefois que la théorie héliocentrique n'en était pas moins révolutionnaire, et ce n'est pas sans raison qu'il était inquiet. Copernic savait aussi que, en dépit des bouleversements provoqués en théologie et en philosophie par l'utilisation de sa théorie, *celle-ci ne permettait aucunement à la science d'être plus précise*. Autrement dit, il savait que les prédictions astronomiques effectuées en se fondant sur sa théorie ne seraient pas plus précises que celles qui reposaient sur le système de Ptolémée. En outre, celui-ci permettait de rendre compte de tous les phénomènes célestes : il ne restait aucun grand mystère à expliquer. La *seule* raison qu'on pouvait avoir d'accepter la théorie héliocentrique de Copernic, c'est qu'elle replaçait les faits astronomiques connus dans un ordre mathématique plus simple et plus harmonieux.

Dans le système de Ptolémée, il est nécessaire de poser un certain nombre d'hypothèses complexes sur la trajectoire des planètes autour de la Terre. Cependant, une fois ces hypothèses énoncées, il est possible de faire des prédictions extrêmement précises relativement à la trajectoire des planètes et aux éclipses solaires et lunaires. L'apport de Copernic réside dans le fait que son système permet de réduire le nombre d'hypothèses requises pour en arriver aux mêmes prédictions. Nous avons vu qu'on assista aux XVe et XVIe siècles à une forte résurgence de l'intérêt porté à la philosophie de Platon, accompagnée d'une insistance sur l'aspect pythagoricien de celle-ci. Ce qui joua en faveur de l'acceptation du point de vue copernicien, c'est la vision, associée à la fois au pythagorisme et au platonisme, selon laquelle le fonctionnement de l'Univers est conforme à des principes mathématiques qui doivent toujours être aussi simples et harmonieux que possible. Ce n'est pas un hasard si les premiers à avoir adopté la théorie héliocentrique étaient des mathématiciens qui, à l'instar de Copernic, adhéraient à la conception pythagoricienne-platonicienne du monde. Aux yeux des adeptes de la philosophie non mathématique d'Aristote, l'idée d'opter pour la simplicité mathématique au prix de contredire l'observation était tout simplement ridicule.

Le débat opposant la théorie de Ptolémée à celle de Copernic représente la première révolution scientifique au sens kuhnien (Kuhn, 1957, 1996, éd. fr. 1973). Le système de Ptolémée était le paradigme scientifique accepté à l'époque. Comme tout paradigme, il définissait les problèmes, déterminait les solutions et fournissait à ceux qui l'acceptaient une vision du monde. Le paradigme copernicien reposait sur d'autres problèmes et méthodes de résolution et une conception du monde bien différente. Étant donné que l'acceptation de la théorie de Copernic n'allait pas sans le rejet de la vision dominante de l'Univers, une vigoureuse opposition s'est largement manifestée.

La théorie héliocentrique de Copernic ne fit que très lentement des adeptes. Johannes Kepler, un mathématicien de tendance pythagoricienne-platonicienne, figure parmi les premiers.

Johannes Kepler

Johannes Kepler (1571-1630) naquit un 27 décembre, près de Weil dans le duché de Württemberg, qui fait aujourd'hui partie de l'Allemagne. Il entreprit d'abord des études qui devaient le préparer à devenir ministre luthérien, mais, incapable d'accepter la rigidité de la doctrine de Luther, il passa à l'étude des mathématiques et de l'astronomie. Il eut la chance d'avoir comme professeur Michael Maestlin, qui incitait ses élèves à l'étude critique aussi bien de l'astronomie de Ptolémée que de celle de Copernic, même si Luther avait condamné la théorie héliocentrique parce qu'elle était de toute évidence en contradiction avec les enseignements de la Bible. Ce dernier dit notamment : « Ce fou souhaite renverser toute la science de l'astronomie ; mais l'Écriture sainte nous dit [...] que Josué commanda au Soleil de s'arrêter, et non à la Terre » (Kuhn, 1957, éd. fr. 1973, p. 228). D'autres dirigeants protestants rejetèrent à l'instar de Luther la théorie de Copernic. Calvin cite le premier verset du psaume 93 : « Le monde est stable, inébranlable ! », puis il demande : « Qui se hasardera à placer l'autorité de Copernic au-dessus de celle de l'Esprit-Saint ? » (Kuhn, éd. fr. 1973, p. 229). Il était donc risqué, même pour les protestants, d'adopter la théorie copernicienne, mais c'est pourtant ce que fit Kepler. Il semble avoir pris ce risque pour deux raisons. Premièrement, il était, tout comme Copernic, un platonicien à la recherche de l'harmonie mathématique simple qui décrit l'Univers. Deuxièmement, à l'instar de Bruno, il vénérait le Soleil et fut donc séduit par le fait que le système copernicien confère plus de dignité à cet astre. Chaque fois qu'on lui a demandé pourquoi il avait adhéré à la théorie de Copernic, il parlait sans exception d'abord de la place prédominante que cette théorie attribue au Soleil. Toujours fidèle à la philosophie de Pythagore et de Platon, Kepler pense que la *vraie* réalité est l'harmonie mathé-

matique qui existe au-delà du monde des apparences. Celui-ci, le monde sensible, n'est qu'une réflexion du monde mathématique immuable et certain, auquel il est donc inférieur.

Grâce à son savoir mélangeant la philosophie platonicienne, le mysticisme et la théorie copernicienne, Kepler réussit non seulement à gagner sa vie en tant qu'astrologue (il croit que les corps célestes influent sur la destinée humaine), mais à contribuer de façon significative à l'astronomie. Il formula mathématiquement et prouva plusieurs éléments du système de Copernic, ce qui contribua à l'acceptation de celui-ci. À l'aide de la déduction mathématique et de l'observation, il découvrit que les planètes décrivent autour du Soleil des orbites elliptiques et non sphériques (comme le croyait Copernic). Il observa que la vitesse des planètes est inversement proportionnelle à leur distance au Soleil, ce qui laisse entrevoir le concept de la gravitation de Newton. Enfin, il démontra qu'il est possible de décrire tous les mouvements des planètes au moyen d'un unique énoncé mathématique. Toutefois, la contribution scientifique de Kepler la plus importante est peut-être d'avoir insisté sur le fait que chaque déduction mathématique doit être vérifiée au moyen de l'observation empirique.

En étudiant directement la vision, Kepler découvrit en outre qu'un objet se trouvant dans le champ de vision projette une image inversée sur la rétine. Cette observation était en contradiction avec les théories antérieures, selon lesquelles la vision résulte de la projection d'une copie exacte de l'objet directement dans les récepteurs sensoriels. Kepler s'est également demandé si on pouvait percevoir correctement les choses, étant donné que l'image projetée sur la rétine est inversée, mais il laissa à d'autres le soin de résoudre ce problème.

Galilée

Galileo Galilei (1564-1642), nommé simplement **Galilée** en français, vit le jour à Pise, en Italie, un 15 février, dans une famille noble ruinée. Mathématicien brillant, il fut nommé professeur de mathématiques à l'université de Pise, à l'âge de 25 ans. À l'instar de Copernic et de Kepler, il voit le monde comme une machine parfaite dont on peut comprendre le fonctionnement uniquement à l'aide des mathématiques.

La philosophie est inscrite dans le grand livre constamment ouvert devant nos yeux — j'entends par là

Galilée

l'Univers —, mais nous sommes incapables de la comprendre si nous n'apprenons pas d'abord la langue et si nous ne saisissons pas les symboles employés pour écrire ce livre. La langue, c'est le langage mathématique, et les symboles sont des triangles, des cercles et d'autres figures géométriques sans l'aide desquels on ne comprendrait pas un mot ; on serait pour ainsi dire réduit à se promener en vain dans un labyrinthe obscur. (Burtt, 1932, p. 75 [notre traduction])

Tout comme Copernic et Kepler, Galilée considérait que sa tâche était d'expliquer la véritable réalité mathématique qui existe au-delà du monde des apparences. Fort de ces croyances pythagoriciennes-platoniciennes, il entreprit de corriger un certain nombre de conceptions fausses à propos du monde et des corps célestes. Il remit en question l'affirmation d'Aristote selon laquelle les objets lourds tombent plus vite que les objets légers parce que c'est dans leur nature de se comporter ainsi, et il *démontra* que tous les objets en chute libre tombent à la même vitesse. Il adhéra à la théorie héliocentrique de Copernic et rédigea un ouvrage dans lequel il détruit tous les arguments contre la reconnaissance de cette théorie. En 1609, au moyen de sa version modifiée du télescope qu'on venait d'inventer, Galilée découvrit les montagnes de la Lune et les taches

solaires, et observa que la Voie lactée est en fait constituée d'un grand nombre d'étoiles impossibles à distinguer à l'œil nu. Il nota également la présence de quatre satellites de Jupiter, prouvant ainsi l'existence d'au moins onze corps célestes dans le système solaire, alors que l'Église prétendait qu'il n'y en avait que sept.

La plupart des gens refusaient de regarder dans le télescope de Galilée parce qu'ils croyaient qu'il s'agissait d'un acte d'hérésie. Galilée raconta à Kepler une anecdote à ce sujet :

> Ah, mon cher Kepler ! Comme j'aimerais que nous soyons ensemble pour rire de tout cœur ! Le doyen de la faculté de philosophie est ici, à Padoue, et j'ai insisté à plusieurs reprises pour qu'il regarde la Lune et les planètes à l'aide de mon télescope. Il a toujours pernicieusement refusé. Pourquoi donc n'es-tu pas avec moi ? Cette glorieuse folie nous ferait crouler de rire ! Il fallait voir le professeur de philosophie de Pise s'esquinter à présenter des arguments logiques au grand-duc comme s'il s'agissait d'incantations magiques susceptibles de charmer les nouvelles planètes et de les faire disparaître du ciel. (Burtt, 1932, p. 77 [notre traduction])

Parmi ceux qui refusèrent de regarder dans le télescope de Galilée, certains déclarèrent que « si Dieu avait voulu que l'homme usât d'un tel moyen pour acquérir la connaissance, il lui aurait donné des lunettes astronomiques à la place des yeux. D'autres regardaient volontiers, […] admettaient les nouveaux phénomènes, mais prétendaient que ces nouveaux objets n'étaient que des illusions provoquées par la lunette elle-même » (Kuhn, éd. fr. 1973, p. 266).

Au cours de son étude de la dynamique des projectiles, Galilée démontra que le mouvement de tous les corps est en n'importe quelle circonstance régi par un ensemble unique de lois mathématiques. Ses recherches révélèrent qu'il n'est pas nécessaire d'avoir recours à la notion d'« animation » pour expliquer les événements physiques, c'est-à-dire que le comportement des objets et les événements s'expliquent en fonction de forces externes, de sorte qu'on n'a pas besoin de postuler un « lieu naturel », une « passion », une « fin », une « essence » ou quelque autre propriété inhérente.

On avait déjà beaucoup écrit sur le mouvement avant l'époque de Galilée, mais personne n'avait encore réellement mesuré le déplacement de corps en chute libre :

> Au moment où naquit Galilée, la physique, qui existait depuis déjà deux mille ans, n'avait pas encore fourni de

mesures même approximatives de mouvements réels. Il est frappant de constater que l'histoire de chaque science montre une certaine continuité à partir de l'instant où elle utilise la mesure, alors que tout ce qui précède relève de la métaphysique. Cela explique que la science de Galilée ait suscité une opposition farouche de la part de presque tous les philosophes de son époque. En effet, Galilée en avait éliminé la métaphysique autant que faire se peut, en effectuant des mesures aussi précises que possible compte tenu des moyens dont il disposait ou qu'il arriva à créer lui-même. (Drake, 1994, p. 233 [notre traduction])

Toutefois, le point de vue pythagoricien-platonicien de Galilée se reflète de nouveau dans son attitude envers l'expérimentation. La découverte d'une loi physique équivaut pour lui à découvrir une forme platonicienne. L'observation suggère l'existence d'une relation s'apparentant à une loi, puis on réalise des expériences afin de confirmer ou d'infirmer cette hypothèse. Cependant, une fois qu'une loi a été découverte, l'expérimentation n'est plus nécessaire : on emploie la déduction mathématique pour décrire précisément toutes les manifestations possibles de la loi. Galilée pense que l'expérience sert non seulement à vérifier l'existence de lois, mais aussi à convaincre les sceptiques que ces lois existent. Il se fie donc bien davantage à la déduction mathématique qu'à l'expérimentation. Relativement à l'opposition entre réalisme et nominalisme, il se situe clairement dans le camp des réalistes. Il existe des lois (ou formes) réelles qui agissent sur le monde physique. En véritable platonicien, Galilée affirme que les sens peuvent uniquement fournir des indices au sujet de la nature de la réalité. L'explication ultime de celle-ci est nécessairement fonction de l'ordre rationnel des choses, c'est-à-dire qu'elle ne peut être que d'ordre mathématique.

La réalité objective et la réalité subjective   Galilée distingue très nettement la réalité objective et la réalité subjective. La réalité objective existe indépendamment du fait qu'elle est perçue ou non par qui que ce soit, et ses attributs sont ce qu'on appellera plus tard les **qualités premières**. Celles-ci sont absolues, objectives et inaltérables, et elles se prêtent à une description mathématique précise. Elles comprennent la quantité, la forme, la taille, la position et l'état de mouvement ou de repos. À part les qualités premières (qui constituent la réalité physique), l'organisme sensible crée un autre type de réalité, composée par ce qu'on en est venu à

appeler les **qualités secondes**. Celles-ci sont purement des expériences psychiques (et constituent la réalité subjective) : elles n'ont pas d'analogue dans le monde physique. Les exemples de ces qualités comprennent l'expérience de la couleur, du son, de la température, de l'odeur et de la saveur. Selon Galilée, les qualités de cette nature sont relatives, subjectives et changeantes. On peut avoir une connaissance réelle des qualités premières (comme des formes de Platon), mais les qualités secondes appartiennent au domaine de l'opinion et de l'illusion.

Même si les qualités secondes paraissent aussi réelles que les qualités premières, elles ne le sont pas. Les qualités premières sont réelles, tandis que les qualités secondes sont uniquement des noms employés pour décrire des expériences subjectives (ou psychiques) :

> Je pense donc que les saveurs, les odeurs, les couleurs, etc., portées par un objet, dans lequel elles semblent exister, ne sont rien de plus que des noms, et elles se trouvent uniquement dans le corps sensible ; donc, si on éloigne l'animal, toutes les qualités de ce type sont totalement annihilées. Mais à partir du moment où nous les nommons, [...] nous nous faisons croire que leur existence est tout aussi réelle que celle des [qualités premières]. (Burtt, 1932, p. 85 [notre traduction])

Au cours de l'étude du monde physique, les qualités secondes n'ont, au mieux, aucune importance. Si un objet entre en collision avec un autre objet, la couleur, l'odeur et la saveur de ceux-ci n'entrent pas en ligne de compte dans la détermination de leurs trajectoires ultérieures. D'après Galilée, c'est la réalité physique, et non la réalité subjective, que l'on peut et que l'on doit étudier d'un point de vue scientifique.

Il ne peut exister d'expérience consciente en science   Étant donné qu'une grande partie des expériences conscientes se composent de qualités secondes et qu'on ne peut pas décrire ni comprendre celles-ci d'un point de vue mathématique, Galilée pense qu'il est impossible d'étudier la conscience au moyen des méthodes objectives de la science. Ses conceptions représentent sur le plan philosophique un changement majeur quant à la place de l'être humain dans le monde. Les philosophes et théologiens l'ayant précédé avaient, presque sans exception, attribué aux humains une position prééminente. S'il existe dans le monde des choses bonnes et d'autres mauvaises, des choses fluctuantes et d'autres stables, ces choses se retrouvent au sein de l'être humain. On voyait celui-ci comme un microcosme qui reflète l'immense macrocosme : « Jusqu'à l'époque de Galilée, on a toujours tenu pour acquis que l'être humain et la nature sont également parties intégrantes d'un tout plus vaste, dans lequel le premier occupe une place prépondérante » (Burtt, 1932, p. 89 [notre traduction]). L'arrivée de Galilée a modifié la conception qu'on se faisait des humains. On s'est mis à considérer les expériences les plus humaines — les joies, les déceptions, les passions, les ambitions, de même que les expériences visuelles, auditives et olfactives — comme inférieures au monde réel, qui existe à l'extérieur de l'expérience humaine.

Au mieux, les humains réussissent à connaître le monde de l'astronomie et celui des objets terrestres au repos ou en mouvement. Ce savoir ne s'acquiert cependant jamais uniquement au moyen de l'expérience sensible. On peut l'acquérir seulement en saisissant rationnellement les lois mathématiques qui existent au-delà de l'expérience sensible. C'était la première fois dans l'histoire qu'on percevait l'expérience consciente de l'être humain comme secondaire, irréelle et totalement dépendante des sens, auxquels il est impossible de se fier. Ce qui est réel, important et plein de dignité, c'est le monde extérieur aux humains : « Pour la première fois dans l'histoire de la pensée, l'être humain a le rôle d'un spectateur sans importance ; il n'est qu'une conséquence insignifiante du grand système mathématique qui donne sa substance à la réalité » (Burtt, 1932, p. 90 [notre traduction]).

Galilée exclut donc de la science une grande partie de ce qui constitue l'objet de la psychologie actuelle, et plusieurs naturalistes refusent le statut de science à la psychologie pour la même raison. Depuis Galilée, les efforts n'ont pas manqué pour tenter de quantifier l'expérience cognitive et, dans la mesure où ils ont été couronnés de succès, les conclusions de Galilée concernant la possibilité de mesurer les qualités secondes sont erronées. Quant à savoir jusqu'à quel point ces efforts ont donné des résultats, c'est une question qui a soulevé, et soulève toujours, beaucoup de controverse.

Nous avons vu que Galilée fit d'Aristote sa principale cible. Au moyen de l'observation empirique et du raisonnement mathématique, il démolit les « vérités » du philosophe, l'une après l'autre. Mais ce faisant, il s'en prenait au noyau même des dogmes de l'Église. À

70 ans, perclus de rhumatismes et presque aveugle, il fut cité à comparaître devant l'Inquisition, qui lui fit renier ses conclusions scientifiques. Il passa le reste de sa vie en résidence surveillée, mais bien que ses œuvres aient été condamnées, il continua à écrire en secret. C'est ainsi qu'il termina l'ouvrage auquel il accordait le plus de valeur, soit *Dialogue sur les deux principaux systèmes du monde* (1632), qu'il fit sortir clandestinement d'Italie. Galilée mourut le 9 janvier 1642 et ce n'est que le 31 octobre 1992 que l'Église catholique l'a absous officiellement de ses « péchés » (Reston, 1994, p. 283 [notre traduction]).

Les travaux de Copernic, de Kepler et de Galilée ressuscitèrent l'ancienne vision matérialiste de Démocrite, selon laquelle l'Univers est apparemment constitué de matière dont les mouvements sont régis par des forces externes. Dieu n'avait déjà plus qu'une importance minimale dans l'ordre des choses, et voilà que même la place de l'être humain était sérieusement remise en question. Les humains font-ils partie du monde naturel ? Si oui, on devrait pouvoir les expliquer en fonction des sciences naturelles. Ou bien les humains possèdent-ils quelque chose de particulier qui les distingue du monde naturel ? Si oui, qu'est-ce qui les distingue et quelles lois spécifiques régissent leur comportement ? La nouvelle science voyait plutôt les humains comme des phénomènes naturels. Les réalisations extraordinaires de Newton étoffèrent la vision matérialiste de l'Univers et favorisèrent sa généralisation aux humains. On allait sous peu considérer que l'Univers avec tout ce qui s'y trouve, y compris les humains, est de nature matérielle et comparable à une machine.

Isaac Newton

Isaac Newton (1642-1727) naquit le 25 décembre de l'année de la mort de Galilée, dans le village anglais de Woolsthorpe. Son père mourut avant sa naissance et, lorsque sa mère se remaria, il alla vivre chez sa grand-mère dans une ville voisine. Il était un élève médiocre, bien qu'il démontra beaucoup d'aptitude pour la construction de dispositifs mécaniques, tels des moulins à vent et des horloges à eau. À la mort de son second mari, la mère de Newton retira son fils de l'école et le ramena à Woolsthorpe, car elle espérait qu'il serait fermier. Mais l'un des professeurs de

Isaac Newton

Newton, ayant perçu le talent de son élève, réussit à convaincre la mère de laisser son fils se préparer à entrer à l'université de Cambridge. Newton entra au collège Trinity de Cambridge en 1661, où il fut sous la tutelle du professeur de mathématiques Isaac Barrow, et il obtint son diplôme quatre ans plus tard. Il écrivit en dix-huit mois son ouvrage le plus important, *Principes mathématiques de philosophie naturelle* (1687/1965, éd. fr. 1996), qui fut qualifié de chef-d'œuvre dès sa parution. Newton se rendait parfaitement compte que les travaux de ceux qui l'avaient précédé lui avaient été d'une grande utilité : « J'ai vu si loin parce que je me suis placé sur les épaules de géants » (Magee, 2001, p. 68). Copernic, Kepler et Galilée étaient certainement au nombre des géants auxquels pensait Newton.

En 1703, Newton fut élu président de la Royal Society et, en 1705, la reine Anne le fit chevalier. Il fut en outre membre du Parlement à deux reprises. Il est amusant de noter qu'en dépit de ses réalisations exceptionnelles, Newton considérait le fait qu'il soit resté célibataire toute sa vie comme le plus grand de ses accomplissements (D. N. Robinson, 1997, lecture 27). De plus, même si Newton est surtout célèbre grâce à ses contributions scientifiques, il a écrit beaucoup plus longuement sur la théologie et l'alchimie que sur la science (Honderich, 1995, p. 618).

Suivant Galilée, Newton concevait l'Univers comme une machine complexe créée par Dieu et régie par des lois. En s'appuyant sur cette vision, il élabora le calcul différentiel et intégral (Leibniz fit indépendamment la même découverte), énonça la loi de la gravitation universelle et fit œuvre de pionnier en optique. Sa conception de l'Univers prédomina en physique et en astronomie pendant plus de deux siècles, jusqu'à ce qu'Einstein ne la révise. Ses méthodes de vérification comprenaient, comme celles de Galilée, l'observation, la déduction mathématique et l'expérimentation. Profondément religieux, il suggéra un moyen de connaître Dieu à l'extrême opposé de la connaissance fondée sur la foi : puisque c'est Dieu qui a créé toute chose, l'étude objective de sa création permet de comprendre Dieu. Sur ce point, Newton était d'accord avec la plupart des scolastiques, de même qu'avec Copernic et Kepler.

Même si Newton pense que l'Univers est l'œuvre divine, il a énormément contribué à affaiblir l'influence de Dieu parce qu'il affirme que celui-ci, après avoir créé le monde et l'avoir mis en mouvement, a cessé d'y intervenir. Il n'y avait plus qu'un petit pas à franchir pour éliminer totalement Dieu. En peu de temps, le **déisme**, c'est-à-dire la croyance selon laquelle Dieu a façonné l'Univers puis a cessé d'y intervenir, devint populaire. Selon le déiste, c'est Dieu qui a conçu l'Univers, mais la révélation, les dogmes religieux, la prière et toutes les formes de communication surnaturelle avec l'Être suprême sont inutiles (Blackburn, 1994, p. 97). Ce n'était plus qu'une question de temps pour que les humains soient aussi perçus et analysés comme n'importe quelle machine dont le fonctionnement est conforme aux principes de Newton.

L'apport le plus important de ce scientifique est peut-être la loi de la gravitation universelle, qui résume un certain nombre de résultats antérieurs, dont l'observation des orbites elliptiques des planètes par Kepler et les mesures de l'accélération de corps en chute libre effectuées par Galilée. Selon la loi de la gravitation universelle, *tous* les objets de l'Univers s'attirent mutuellement, et la grandeur de la force d'attraction est directement proportionnelle au produit des masses des corps et inversement proportionnelle au carré de la distance qui les sépare. À elle seule, cette loi permet d'expliquer le mouvement de n'importe quel corps, où qu'il se trouve dans l'Univers. Même si celui-ci est une machine créée par Dieu, il fonctionne conformément à des principes que les humains sont capables de découvrir. Newton se rendit compte qu'il est possible d'exprimer ces principes de façon précise sous forme mathématique, et il en conclut que « Dieu est mathématicien ».

Les principes de la science newtonienne

Les puissants principes de la science newtonienne, qui ont eu une immense influence, se résument comme suit.

- Même si Dieu a créé le monde, il n'intervient pas directement dans les événements qui s'y produisent (déisme). Cela n'a donc pas de sens d'invoquer la volonté de Dieu pour expliquer quelque objet ou événement du monde matériel.

- Le monde matériel est régi par des lois naturelles, et celles-ci ne souffrent aucune exception.

- Le concept d'intention n'ayant pas sa place dans les lois naturelles, on est contraint de rejeter les causes finales d'Aristote. Autrement dit, on ne peut jamais expliquer un événement naturel en postulant l'existence de propriétés inhérentes. Par exemple, les corps tombent non en raison de leur tendance inhérente à tomber, comme le suppose Aristote, mais parce qu'ils sont soumis à différentes forces. En d'autres mots, un scientifique d'orientation newtonienne ne peut invoquer des explications d'ordre théologique.

- Il faut accepter le rasoir d'Occam, c'est-à-dire que toute explication doit être aussi simple que possible. Dans le *Livre III* de ses *Principes* (1687/1965, éd. fr. 1996), Newton fait la mise en garde suivante : « Il ne faut admettre des causes, que celles qui sont nécessaires pour expliquer les Phénomènes » (*Livre III*, p. 2). C'est en vertu de ce principe même que Copernic et plusieurs de ses collègues mathématiciens rejetèrent le système géocentrique au profit du système héliocentrique. Dieu donne la préférence à ce qui est le plus simple ; les mathématiciens et les scientifiques devraient l'imiter. La conception de l'Univers de Newton ne pourrait être plus simple. Tout ce qui existe s'explique en fonction : 1° de l'espace, formé de points ; 2° du temps, qui se compose d'instants ; 3° de la matière qui se trouve dans l'espace et possède une

masse ; 4° de forces, responsables des variations du mouvement de la matière. Newton et ses disciples pensent qu'il est possible d'expliquer la totalité de l'Univers physique au moyen de ces quatre réalités. En fait, l'explication de tout événement naturel consiste à décrire celui-ci sous forme mathématique en fonction de l'espace, du temps, de la matière et de forces.

- Les lois naturelles ont un caractère absolu, mais la compréhension humaine est en tout temps imparfaite. Les scientifiques doivent donc souvent se contenter de probabilités, la certitude étant inatteignable. Mais cela est dû à l'ignorance humaine et non à une flexibilité quelconque des lois naturelles.

- La classification n'est pas une explication. L'observation selon laquelle le fait de pourchasser les chats semble être caractéristique des chiens n'explique pas *pourquoi* les chiens ont tendance à poursuivre les chats. Si on veut comprendre pourquoi telle chose agit comme elle le fait, il faut connaître les attributs physiques (comme la masse) de l'objet qui subit l'action et la nature des forces qui s'exercent sur lui. On doit se rappeler qu'on ne peut attribuer aucune intention ni à l'objet ni aux forces qui s'y appliquent.

Les résultats obtenus par Copernic, Kepler, Galilée et Newton au moyen de l'observation empirique et de la déduction mathématique stimulèrent les érudits de toutes les disciplines et donnèrent naissance à un esprit de curiosité et d'expérimentation qui subsiste encore aujourd'hui. De même, les réussites découlant de la vision selon laquelle l'Univers se compare à une machine allaient avoir des conséquences profondes en psychologie. La science avait fait ses preuves en tant que méthode permettant de déceler les secrets de la nature, et on s'y adonnait avec un grand enthousiasme. La science était en passe de devenir, et cela en plus d'un sens, la nouvelle religion :

> Pendant des siècles, l'Église avait imposé aux humains les limites de sa propre sagesse. L'esprit de Dieu est insondable. Dieu emprunte des voies mystérieuses pour accomplir ses merveilles. L'être humain doit se satisfaire d'une connaissance partielle ; ce qu'il ne comprend pas, il doit simplement y croire. Les individus tels Galilée et Newton ne pouvaient accepter une telle restriction de la curiosité humaine. Le scientifique pouvait admettre que certaines choses soient en fin de compte inintelligibles sauf sur la base de la foi, mais sa persévérance à effectuer des observations, des mesures et des expériences l'amena à résoudre une partie de plus en plus grande des

énigmes de la nature. En fait, il expliquait par des moyens naturels des phénomènes tenus jusque-là pour inintelligibles. Il ne faut donc pas s'étonner qu'on ait commencé à croire que la nouvelle science délogerait la théologie. Peu de faits démontrent que cette croyance a été plus qu'un faible espoir aux XVIᵉ et XVIIᵉ siècles. La semence avait tout de même été mise en terre ; les scientifiques révélaient de plus en plus de secrets de la nature et formulaient un nombre toujours plus grand d'explications « sans l'aide du clergé ». (MacLeod, 1975, p. 105 [notre traduction])

Francis Bacon

Francis Bacon (1561-1626) naquit dans une famille de politiciens distingués, un 22 janvier, à Londres. Après avoir étudié pendant trois ans à Cambridge, il se rendit en France pour occuper un poste auprès d'un ambassadeur. De retour à Londres, il exerça le droit et, en 1584, il fut élu à la chambre des communes. Peu de temps après la publication de son œuvre maîtresse, *Novum Organum* (1620/1994, éd. fr. 1986), le Parlement entama contre lui la procédure d'impeachment pour concussion. Il fut condamné à payer une forte amende (dont il ne s'acquitta jamais) et à faire un bref

Francis Bacon

séjour (quatre jours) dans la Tour de Londres. Son retrait forcé des affaires judiciaires et législatives, à l'âge de soixante ans, lui permit de se concentrer sur la science et la philosophie, et il publia plusieurs ouvrages importants en un court laps de temps.

Bacon a longtemps été considéré comme le principal porte-parole de la nouvelle science de par sa révolte contre l'autorité des Anciens, et en particulier d'Aristote. Étant donné son esprit vif et son style brillant, certains lui ont attribué la paternité des drames de Shakespeare. Bacon était contemporain de Galilée ; il vécut presque un siècle après Copernic et avait trente-cinq ans de plus que Descartes (dont il sera question dans la prochaine section). C'était un empiriste radical qui pensait que seule l'étude directe et objective de la nature permet de la comprendre. Les exposés qui indiquent comment on *devrait* expliquer la nature en prenant comme base les Saintes Écritures, la foi ou une autorité philosophique ou théologique quelconque ne font que contrecarrer les efforts de ceux qui cherchent à comprendre de quelle façon le monde fonctionne réellement. On attribue à Bacon l'histoire satirique suivante, où son orientation positiviste et son dédain pour l'autorité sont manifestes :

> En l'an de grâce 1432, une grave dispute s'éleva entre des frères au sujet du nombre de dents dans la bouche d'un cheval. La querelle fit rage sans arrêt pendant treize jours. On rassembla toutes les œuvres et chroniques des Anciens et on étala une érudition merveilleuse et imposante, comme on n'en avait jamais vu jusque-là dans la région. À l'aube du quatorzième jour, un jeune moine de bon maintien demanda à ses supérieurs érudits la permission de placer un mot. Immédiatement, au grand étonnement des controversistes, qui en éprouvèrent une vive insulte à leur sagesse, il les pria, ce qui était d'une vulgarité incroyable, de se dresser sur la pointe des pieds et de regarder dans la bouche ouverte d'un cheval afin de trouver la réponse à leur question. Sur ce, leur dignité ayant été gravement bafouée, les frères entrèrent en courroux et, poussant des cris à l'unisson, ils se jetèrent sur le jeune moine, le battirent comme plâtre, puis le bannirent sur le champ. Et cela parce que, dirent-ils, c'était sûrement Satan qui avait poussé ce néophyte téméraire à suggérer une façon profane et inouïe, contraire à tous les enseignements des Pères, de découvrir la vérité. Après plusieurs jours de lutte intense, la colombe de la paix descendit sur l'assemblée, et les frères, déclarant que le problème constituait un mystère éternel en raison d'une grave pénurie d'indications historiques et théologiques sur le sujet, ordonnèrent donc d'une seule voix

que cela fût consigné par écrit. (Baars, 1986, p. 19 [notre traduction])

La science baconienne

Même si Bacon et Galilée étaient contemporains, leurs méthodes scientifiques sont très différentes. Galilée cherche des principes généraux (ou lois) qu'il peut exprimer sous forme mathématique et dont il peut tirer des déductions ; il s'agit là d'une approche qui exige en fait très peu d'expérimentation. Ce qui est important pour Galilée, c'est de découvrir les lois qui régissent le monde physique. Une fois que des lois de ce type ont été perçues et exprimées sous forme mathématique, on peut déduire un grand nombre de leurs manifestations (la **déduction** consistant à prédire un événement particulier à l'aide d'un principe général). À l'inverse, Bacon veut que l'on fonde la science sur l'**induction**. Selon lui, la science ne devrait comporter ni théorie, ni hypothèse, ni formule mathématique, ni déduction ; elle devrait plutôt reposer uniquement sur les faits observés. Il soutient que tout chercheur qui a des idées préconçues a tendance à voir la nature en fonction de ces idées. Autrement dit, l'acceptation d'une théorie risque de déformer les observations. Bacon donne l'exemple d'Aristote, qui n'était pas d'après lui un chercheur impartial : étant donné que ce dernier avait supposé que les objets présents dans la nature sont soumis à des causes finales, ses recherches confirmèrent l'existence de telles causes. « [Bacon] soutient que si on présuppose l'existence de "causes finales" et qu'on applique celles-ci à la science, on projette alors dans la nature ce qui existe uniquement dans notre imagination. Au lieu de comprendre les *choses*, on discute des *mots*, que chacun interprète à sa propre convenance » (Esper, 1964, p. 290 [notre traduction]).

Bacon se méfie du rationalisme, à cause de l'importance que celui-ci accorde aux mots, et des mathématiques, en raison de la place qu'y occupent les symboles ; il écrit : « Les mots ne sont que des images de la matière, en tomber amoureux revient à tomber amoureux d'un tableau » (Magee, 2001, p. 75). Bacon se fie uniquement à l'observation directe de la nature et à l'enregistrement des faits. Ayant opté pour l'empirisme radical, il insiste sur le fait que, en science, l'autorité ultime est l'observation empirique. Aucune autorité, aucune théorie, aucun énoncé, aucune formule mathématique, aucune croyance, ni aucune fantaisie ne peut remplacer

l'observation empirique comme fondement de la connaissance factuelle. On a plus tard appelé **positivisme** l'approche scientifique de Bacon.

Cependant, Bacon ne voit pas d'objection à ce qu'on classe les observations empiriques. Il pense qu'après avoir réalisé plusieurs observations, on peut faire des généralisations et établir des similarités et des différences entre les observations. Les généralisations peuvent servir à décrire des classes d'événements ou d'expériences. Dans la science baconienne, on procède à partir de l'observation en allant jusqu'à la généralisation (induction) ; dans la science galiléenne, on part d'une loi générale pour en arriver à la prédiction d'événements empiriques particuliers (déduction). Bacon ne nie pas l'importance de la puissance rationnelle de l'esprit, il juge cependant que cette capacité doit être utilisée pour comprendre les faits naturels et non les créations de l'imagination. La vision qu'il propose (1620/1994, éd. fr. 1986) se situe à mi-chemin entre l'empirisme traditionnel (simple accumulation de faits) et le rationalisme (formulation de principes abstraits) :

> Ceux qui ont traité les sciences furent ou des empiriques ou des dogmatiques. Les empiriques, à la manière des fourmis, se contentent d'amasser et de faire usage ; les rationnels, à la manière des araignées, tissent des toiles à partir de leur propre substance ; mais la méthode de l'abeille tient le milieu : elle recueille sa matière des fleurs des jardins et des champs, mais la transforme et la digère par une faculté qui lui est propre. Le vrai travail de la philosophie est à cette image. Il ne cherche pas son seul principal appui dans les forces de l'esprit ; et la matière que lui offre l'histoire naturelle et les expériences mécaniques, il ne la dépose pas telle quelle dans la mémoire, mais modifiée et transformée dans l'entendement. Aussi, d'une alliance plus étroite et plus respectée entre ces deux facultés, expérimentale et rationnelle (alliance qui reste à former), il faut bien espérer. (*Livre I*, p. 156-157)

Selon Bacon, les scientifiques devraient s'imposer deux règles fondamentales : « la première, de renoncer aux opinions et aux notions reçues ; la seconde, de retenir pour un temps leur esprit, loin des propositions les plus générales et de celles qui s'en approchent » (*Livre I*, p. 183). On voit donc que Bacon ne s'oppose pas à toute généralisation, seulement à la généralisation hâtive.

Bacon résume sous la forme de ses célèbres « idoles » (1620/1994, éd. fr. 1986) les quatre sources d'erreurs susceptibles, selon lui, de se produire dans la recherche scientifique.

- Les **idoles de la caverne** sont les préjugés dus «à la nature propre et singulière de chacun», à ses expériences, à son éducation et à ses sentiments. N'importe lequel de ces éléments peut influer sur la façon dont un individu perçoit et interprète le monde. (*Livre I*, Aphorisme 42)

- Les **idoles de la race** «ont leur fondement dans la nature humaine elle-même». Tous les humains partagent la capacité d'imaginer, de vouloir et d'espérer; ces attributs peuvent déformer les perceptions, ce qu'ils font généralement. Par exemple, on voit souvent les choses comme on voudrait qu'elles soient et non comme elles le sont en réalité. Donc, la tendance à percevoir les choses de façon sélective fait partie intégrante de la nature humaine. (Aphorisme 41)

- Les **idoles de la place publique** naissent de l'importance excessive accordée au sens des mots. Les étiquettes et les descriptions verbales sont susceptibles d'influer sur la compréhension du monde et de fausser les observations. Bacon pense que plusieurs débats philosophiques portent sur la définition des mots plutôt que sur la nature de la réalité. Sur ce point, la philosophie baconienne présente une similitude avec le postmodernisme contemporain (voir le chapitre 21). (Aphorisme 43)

- Les **idoles du théâtre** résultent de l'adhérence aveugle à un point de vue philosophique ou théologique quelconque. (Aphorisme 44)

La science devrait fournir des informations utiles

En outre, Bacon soutient que la science pourrait et devrait changer le monde en mieux. Elle peut fournir les connaissances qui permettraient d'améliorer la technologie, et le perfectionnement de celle-ci contribuerait à rendre le monde meilleur. Bacon donne comme exemple de la puissance du savoir technique trois inventions: l'imprimerie, la poudre à canon et la boussole (1620/1994, éd. fr. 1986):

> Elles ont toutes trois changé la face et la condition des choses, sur toute la terre; la première dans les lettres, la seconde dans la guerre, la troisième dans la navigation. Il s'en est suivi d'innombrables changements, si considérables qu'aucun empire, aucune secte, aucune étoile ne semble avoir exercé davantage de puissance et d'influence sur les affaires humaines, que ne l'ont fait ces arts mécaniques. (p. 182)

Selon Bacon, le savoir pratique fourni par la science est à tel point important pour l'amélioration de la société qu'on devrait allouer des fonds publics substantiels à l'activité scientifique. Étant donné son intérêt pour les connaissances pratiques, il est un peu ironique que Bacon soit mort, le 9 avril 1629, des conséquences d'un refroidissement qu'il avait subi pendant qu'il farcissait un poulet de neige afin d'étudier les effets du froid sur la conservation de la viande (Bowen, 1993, p. 225).

Même si Bacon pense qu'il faut toujours évaluer la science en fonction de ses résultats pratiques, il affirme également qu'«on ne triomphe de la nature qu'en lui obéissant. C'est pourquoi ces deux fins jumelées, la Science et la Puissance humaines, aboutissent véritablement au même. Et la privation des œuvres provient avant tout de l'ignorance des causes» (1620/1994, éd. fr. 1986, p. 87). C'est ainsi que Bacon en vient à sa fameuse formule: «La connaissance est en elle-même puissance» (Descartes, 1597/1953). Il faut donc comprendre la nature avant d'essayer de la contrôler. Et ce que Bacon entend par compréhension de la nature, c'est la connaissance des relations de cause à effet entre les choses; une fois qu'on a découvert ces relations, on peut en examiner les conséquences sur le plan pratique. Bacon suggère deux types d'expériences: *experimenta lucifera* (les expériences lumineuses), conçues pour découvrir des relations causales, et *experimenta fructifera* (les expériences fructueuses), faites pour examiner les usages possibles des lois de la nature. L'approche baconienne de la science reste inductive qu'il soit question de l'un ou l'autre type d'expériences; il faut dans les deux cas se prémunir contre les idoles. Les expériences révèlent les secrets de la nature et fournissent des informations utiles uniquement si elles sont réalisées correctement, ce qui signifie pour Bacon *de façon impartiale*.

Bacon est en avance sur son temps quand il insiste sur la nécessité pour les scientifiques de purger leur esprit de tout préjugé. Il avait constaté que ceux-ci sont des humains comme les autres, et que leurs préconceptions peuvent influer sur leurs observations. Kuhn (1996, éd. fr. 1983) attire lui aussi l'attention sur ce fait relativement à son concept de paradigme; actuellement, on s'entend généralement pour dire que les observations de tous les scientifiques (et d'ailleurs de quiconque) sont «teintées» par la théorie, c'est-à-dire que la théorie à laquelle une personne adhère influe sur les observations qu'elle fait et la façon dont elle les interprète.

L'histoire montre que l'approche inductive de Bacon a peu retenu l'attention, tandis que l'approche déductive de Galilée et de Newton a eu une influence considérable. Contrairement à ce que pense Bacon, la science ne peut être productive sans une mise à l'épreuve approfondie de la théorie et des hypothèses. Il n'est pas mauvais d'avoir des intuitions ou même des croyances sur l'état des choses, mais on commet une erreur si on refuse de modifier ces intuitions ou croyances lorsque les faits l'exigent. Popper fait remarquer que les découvertes scientifiques importantes ne sont jamais le fruit de l'induction, contrairement à ce que pense Bacon : « Des idées audacieuses, des anticipations injustifiées et des spéculations constituent notre seul moyen d'interpréter la nature, […] notre seul instrument pour la saisir. […] L'expérience est une action concertée dont chaque étape est guidée par la théorie » (Popper, 1935/2002b, éd. fr. 1982, p. 286).

Depuis son époque, la majorité des scientifiques rejettent la dépendance extrême à la méthode inductive préconisée par Bacon, mais il y a des exceptions. En psychologie, Skinner et ses disciples (voir le chapitre 13) adoptent la philosophie athéorique de Bacon. Skinner a écrit en 1950 un article intitulé « Are Theories of Learning Necessary ? » (« Avons-nous besoin de théories de l'apprentissage ? »), et sa réponse à cette question est non. En 1956, il a décrit son approche de l'expérimentation, qui consiste à faire différentes tentatives, puis à poursuivre les choses qui semblent prometteuses et à abandonner les autres. L'approche skinnérienne de la recherche ne comporte aucune théorie, aucune hypothèse, aucune analyse mathématique et, soi-disant, aucune préconception. De plus, à l'instar de Bacon, les skinnériens voient l'amélioration de la condition humaine comme l'objectif fondamental de la science.

Bacon est un personnage clé à cause de son extrême scepticisme à l'égard de toutes les sources de savoir, à l'exception de l'examen direct de la nature. Il suggère instamment de ne reconnaître d'autre autorité que la nature elle-même dans la recherche de réponses à des questions épistémologiques. Il insiste en particulier sur la nécessité de faire abstraction de toute préconception philosophique, théologique ou personnelle durant l'observation. Le scepticisme envers l'information provenant du passé caractérise également le premier grand philosophe du nouvel âge, René Descartes, dont on traite dans la prochaine section.

René Descartes

Né un 31 mars à La Haye (aujourd'hui Descartes), en France, et fils de parents aisés, **René Descartes** (1596-1650) était véritablement un homme de la Renaissance. Il a été tour à tour soldat, mathématicien, philosophe, scientifique et psychologue. Il était de surcroît un homme du monde : il appréciait le jeu, la danse et l'aventure. Mais c'était aussi un homme qui protégeait sa vie privée ; il aimait la solitude et évitait la création de liens interpersonnels émotionnels. Au moment où il commençait à être connu, il se rendit en Hollande, où il déménagea vingt-quatre fois sans laisser d'adresse afin de ne pas être importuné.

La mère de Descartes mourut peu de temps après la naissance de son fils. Étant donné que le père de Descartes, un avocat fortuné, exerçait sa profession à une certaine distance de son domicile, l'enfant fut élevé principalement par sa grand-mère, une bonne d'enfants, et son frère et sa sœur, plus âgés que lui. Comme on s'y attend, Descartes était un élève très brillant. À

René Descartes

l'âge de dix ans, on l'inscrivit au collège des Jésuites de La Flèche, et il en sortit diplômé à seize ans. Durant son séjour à La Flèche il étudia, ainsi que les autres élèves de l'époque, les œuvres de Platon, d'Aristote et des premiers philosophes chrétiens. L'éducation consistait alors à démontrer sur le plan logique la validité des vérités révélées (la scolastique). Lorsqu'il était à l'école, Descartes manifesta un attrait particulier pour les mathématiques et, à vingt et un ans, il connaissait essentiellement tout ce qu'on pouvait savoir sur le sujet.

Après sa sortie de La Flèche, Descartes vagabonda en Europe et goûta à plusieurs plaisirs de la vie avant de s'installer dans le quartier parisien de Saint-Germain. C'est alors qu'il eut l'occasion d'observer un groupe d'automates que les fontainiers de la reine avaient construit pour distraire la souveraine. Ces sculptures renfermaient un système d'amenée d'eau qui, lorsqu'on l'actionnait en mettant le pied sur une plaque dissimulée dans le sol, produisait une série de mouvements et de sons complexes. Nous allons voir sous peu que l'idée de mouvements complexes causés par une substance s'écoulant dans des tuyaux allait jouer un rôle important dans l'élaboration de la philosophie de Descartes.

Descartes à la recherche de la vérité philosophique

À peu près à l'époque où il s'installa à Saint-Germain, Descartes vécut une crise intellectuelle. Il se rendit compte que tout ce qu'il avait appris, en particulier la philosophie, était inutile. Il nota que les philosophes sont à la recherche de la vérité depuis des siècles et qu'ils sont pourtant incapables de s'entendre sur quoi que ce soit ; il en conclut qu'aucun élément de la philosophie n'est à l'abri du doute. À la suite de cette prise de conscience, Descartes s'enfonça dans une profonde dépression. Il décida qu'il s'en sortirait mieux en tentant d'apprendre des choses par lui-même plutôt qu'en s'en remettant aux « spécialistes » : « [Je résolus] de ne chercher plus d'autre science que celle qui se pourrait trouver en moi-même, ou bien dans le grand livre du monde » (1637/1956, éd. fr. 1953, p. 131). Comme Francis Bacon l'avait fait avant lui, Descartes se mit à la recherche d'une « forteresse intellectuelle capable de résister aux assauts des sceptiques » (Popkin, 1979, éd. fr. 1995, p. 228).

La méthode de l'examen de soi de Descartes donne presque immédiatement des résultats. Il examine habituellement les nombreuses idées nouvelles qui lui viennent à l'esprit lorsqu'il médite intensément, allongé sur son lit ; c'est durant l'une de ces séances de méditation qu'il a l'une de ses plus grandes intuitions. Il invente la géométrie analytique après avoir observé une mouche qui se trouvait dans sa chambre. Il se rend compte qu'il peut décrire très précisément la position de l'insecte à un instant donné à l'aide de seulement trois nombres : la distance perpendiculaire entre la mouche et deux murs, et le plafond. En généralisant cette observation, il montre comment intégrer l'algèbre et la géométrie, ce qui permit de représenter les phénomènes astronomiques, tels les orbites des planètes, au moyen de nombres. De façon plus générale, Descartes avait découvert une correspondance exacte entre le domaine des nombres et celui de la physique, de sorte qu'il devenait possible de décrire sous forme mathématique tous les événements naturels, peu importe leur degré de complexité. Comme l'avaient déjà fait Copernic, Kepler et Galilée, et comme allait le faire Newton, Descartes en est venu à la conclusion que le savoir ultime est toujours de nature mathématique. L'invention de la géométrie analytique a permis de décrire et de mesurer de façon précise pratiquement tous les phénomènes physiques connus. En ce sens, Descartes étaie la conception de l'Univers de Pythagore et de Platon, que Copernic, Kepler et Galilée avaient adoptée et que Newton allait élaborer davantage.

Descartes se met ensuite à la recherche d'autres domaines du savoir humain susceptibles d'être compris avec autant de certitude que la géométrie analytique. Encouragé par ses succès en mathématique, il résume les quatre règles qui permettent d'avoir accès à la certitude dans n'importe quel domaine (1637/1956, éd. fr. 1953, *Discours de la méthode*) :

> Le premier [précepte] était de ne recevoir jamais aucune chose pour vraie que je ne la connusse évidemment être telle ; c'est-à-dire d'éviter soigneusement la précipitation et la prévention ; et de ne comprendre rien de plus en mes jugements que ce qui se présenterait si clairement et si distinctement à mon esprit que je n'eusse aucune occasion de le mettre en doute.

> Le second, de diviser chacune des difficultés que j'examinerais en autant de parcelles qu'il se pourrait et qu'il serait requis pour les mieux résoudre.

Le troisième, de conduire par ordre mes pensées, en commençant par les objets les plus simples et les plus aisés à connaître, pour monter peu à peu, comme par degrés, jusques à la connaissance des plus composés ; et supposant même de l'ordre entre ceux qui ne se précèdent point naturellement les uns les autres.

Et le dernier, de faire partout des dénombrements si entiers, et des revues si générales, que je fusse assuré de ne rien omettre. (éd. fr. 1953, p. 137-138)

C'est ainsi que Descartes commence sa recherche de la vérité philosophique. Il se résigne à douter de tout ce dont on peut douter et décide d'utiliser ce qui est certain comme s'il s'agissait d'axiomes mathématiques. Autrement dit, ce qui est certain peut servir à déduire d'autres certitudes. Après une pénible recherche, Descartes en vient à la conclusion que la seule chose dont il est sûr est le fait qu'il doute ; mais douter, c'est penser, et il n'y a pas de pensée sans penseur. C'est ainsi qu'il en arrive à sa fameuse formule : *Cogito, ergo sum* (« Je pense, donc je suis »). Descartes a établi la certitude de ses propres processus cognitifs, et c'est ce qui lui garantit la validité de la quête introspective du savoir. Il n'est peut-être pas inutile de rappeler que saint Augustin avait employé plus d'un millénaire avant Descartes la même méthode du doute pour prouver la justesse de ses expériences subjectives (voir le chapitre 3).

Les idées innées

En poursuivant l'analyse de ses pensées, Descartes découvre que certaines idées se présentent à lui de façon tellement claire et distincte qu'il ne peut faire autrement que de les considérer comme vraies, même s'il n'en trouve aucune analogue dans son expérience personnelle. Il pense que ces **idées** sont **innées**, c'est-à-dire que ce sont des composantes naturelles de l'esprit. Par exemple, il observe que bien qu'il soit imparfait, il lui vient des idées parfaites. Puisque rien de parfait ne peut provenir d'une chose imparfaite, il en conclut qu'il ne peut être l'auteur de telles idées : « il restait [que l'idée d'un être plus parfait que le mien] eût été mise en moi par une nature qui fût véritablement plus parfaite que je n'étais, et même qui eût en soi toutes les perfections dont je pouvais avoir quelque idée, c'est-à-dire, pour m'expliquer en un mot, qui fût Dieu » (1637/ 1956, éd. fr. 1953, p. 149). Descartes inclut dans les idées innées celles de l'unité, de l'infini, de la perfection, les axiomes de la géométrie, et Dieu.

Puisque Dieu existe, qu'il est parfait et qu'il n'induit pas les humains en erreur, on peut tenir pour fiable l'information fournie par les sens. Cependant, toute information sensorielle doit être claire et distincte pour qu'on la considère comme valable. Une idée *claire* est une information que la conscience se représente clairement ; une idée *distincte*, une expérience de la conscience dont on ne peut douter et qui ne peut être divisée en vue d'une analyse plus approfondie. Descartes donne l'exemple d'une personne qui, observant un bâton partiellement immergé, en déduit que celui-ci est arqué. L'observation du bâton apparemment courbé mène à une expérience cognitive claire, mais un examen plus approfondi, exigeant par exemple qu'on retire le bâton de l'eau, montrerait que cette expérience est une illusion. Descartes en vient donc à la conclusion que : 1° les processus rationnels sont valables, et on peut accepter la connaissance du monde physique acquise au moyen des sens parce que Dieu n'induit pas les humains en erreur ; 2° même l'information sensorielle doit être analysée rationnellement afin d'en déterminer la validité.

La méthode de Descartes repose donc sur l'intuition et la déduction. L'**intuition** est le processus par lequel un esprit impartial et attentif forme une idée claire et distincte, c'est-à-dire dont la validité ne fait aucun doute. Après avoir découvert une telle idée, on peut en déduire plusieurs autres valables. Par exemple, si on forme l'idée que Dieu existe, on peut ensuite en déduire que les informations provenant des sens sont fiables, car Dieu n'induit pas les humains en erreur. Il est important de noter que Descartes a réhabilité l'expérience purement subjective, que la philosophie de Galilée avait discréditée. En fait, Descartes a découvert qu'il pouvait mettre en doute l'existence de tout objet matériel (y compris son propre corps), mais il ne pouvait pas douter de sa propre existence en tant que penseur. Les premiers préceptes de la philosophie de Descartes sont de nature cognitive, et il les a obtenus au moyen de l'intuition. En outre, aucun concept mathématique n'est plus certain que le cogito ; c'est pourquoi on peut diriger son attention vers son propre esprit (le soi, l'âme, l'ego) et examiner des expériences subjectives telles que la pensée, la volonté, la perception, le sentiment et l'imagination. Donc, bien que Descartes soit rationaliste (il insiste sur l'importance des processus de la pensée logique) et nativiste (il accorde beaucoup d'importance aux idées innées), il est aussi

phénoménologue : il analyse au moyen de l'introspection la nature de l'expérience consciente intacte. Sa méthode, fondée sur l'intuition et la déduction, est censée être aussi valable appliquée au monde de l'expérience intérieure qu'au monde physique.

Même si la philosophie de Descartes est ancrée dans des processus rationnels et phénoménologiques, sa conception du monde physique, de tout comportement animal et d'une grande partie du comportement humain est tout à fait mécaniste. La façon dont les animaux réagissent au monde s'explique selon lui au moyen de principes physiques. Si on veut comprendre ces principes, il faut se rappeler les automates que Descartes avait observés à Saint-Germain.

Le réflexe

Descartes prend les automates de Saint-Germain comme modèle pour expliquer tous les comportements animaux et une bonne partie de celui de l'humain (c'est-à-dire qu'il explique à la fois le comportement des automates et celui des animaux au moyen de principes mécaniques). Les récepteurs sensoriels du corps ressemblent aux plaques de pression qui déclenchent l'écoulement de l'eau dans les tuyaux et, du fait même, le mouvement des automates. Descartes imagine les nerfs comme des tubes creux renfermant des « fils délicats », qui relient les récepteurs sensoriels au cerveau. Ces fils sont connectés aux cavités ou ventricules du cerveau, remplis d'**esprits animaux**. Le concept d'esprits animaux, populaire chez les Grecs de l'Antiquité (dont Aristote), a été transmis par Galien (v. 129 – v. 199), un médecin qui a eu une influence considérable. Puisqu'ils croyaient que la présence d'esprits animaux distingue les êtres vivants des objets inanimés, ces philosophes et médecins étaient des adeptes d'une forme de *vitalisme* (voir le chapitre 1). Descartes décrit les esprits animaux comme un vent léger ou une flamme subtile. Les fils délicats contenus dans les nerfs sont généralement tendus, mais, quand un événement extérieur stimule un organe sensoriel, ils se tendent encore davantage, de sorte qu'ils ouvrent un « pore » ou « conduit » dans la région correspondante du cerveau ; c'est alors que le pore libère des esprits animaux dans les nerfs. Les esprits animaux descendent ensuite jusqu'aux muscles appropriés, qui se dilatent alors et déclenchent ainsi le comportement. Descartes donne comme exemple le pied d'une personne qui s'approche

d'une flamme. La chaleur exerce une traction sur les fils reliés à des cavités du cerveau contenant des esprits animaux, ce qui provoque l'ouverture d'une ou de plusieurs de ces cavités, d'où l'écoulement d'esprits animaux qui descendent dans de minces tubes creux (les nerfs) jusqu'aux muscles du pied, dont la dilatation provoque l'éloignement du pied de la flamme. Il s'agit là de la première description de ce qu'on appellera plus tard un réflexe. Autrement dit, un événement extérieur (la chaleur) provoque une réaction automatique (le retrait du pied) en raison de la constitution même de l'organisme (nerfs, muscles et esprits animaux).

En avançant l'idée que l'interaction aussi bien des animaux que des humains avec le milieu est de nature réflexe, Descartes rend légitime l'étude des animaux autres que les humains dans le but d'en apprendre davantage sur le fonctionnement du corps humain. Il conclut de ses recherches, incluant de nombreuses dissections, qu'il est possible d'expliquer au moyen de principes mécaniques non seulement les interactions avec le milieu, mais aussi la digestion, la respiration, la nutrition et la croissance du corps, la circulation sanguine, et même le sommeil et les rêves. En 1628, le physiologiste britannique William Harvey (1578-1657) avait démontré que le cœur est une grosse pompe qui pousse le sang dans les artères, puis dans les veines, puis dans les poumons, puis de nouveau dans les artères. En d'autres mots, Harvey avait compris que le cœur est responsable de la circulation sanguine et que son fonctionnement s'explique à l'aide des mêmes principes mécaniques et hydrauliques que l'on applique aux systèmes inorganiques. Descartes considère que la découverte d'Harvey est une autre preuve du fait que bon nombre des fonctions du corps (sinon toutes) sont de nature mécanique.

Déjà du vivant de Descartes, on apporta des preuves que son analyse du comportement réflexe est inexacte. Des faits totalement concluants montraient que les nerfs ne sont pas creux, et on accumulait de plus en plus de preuves de l'existence de deux types de nerfs : les nerfs sensoriels, qui transmettent l'information des récepteurs sensoriels au cerveau, et les nerfs moteurs, qui transmettent l'information du cerveau aux muscles. En outre, on avait souvent observé que plusieurs animaux continuent de bouger et de réagir à certains types de stimuli même après avoir été décapités, et chacun savait que les animaux sont capables d'acquérir de nouvelles réponses. Même si ces observations constituaient un problème pour Descartes lors de son analyse du comportement réflexe, il ne modifia jamais sa position. Cependant, d'autres corrigeraient bientôt la théorie cartésienne. (On emploie l'adjectif *cartésien* et le nom *cartésianisme* pour décrire certains aspects de la philosophie ou de la méthodologie de Descartes et de ses disciples.)

L'explication de Descartes du sommeil et des rêves

Dans son explication du sommeil, Descartes note d'abord qu'à l'état de veille, les cavités du cerveau d'un organisme sont remplies d'esprits animaux au point où les tissus cérébraux qui les entourent sont dilatés, ce qui accroît légèrement la tension dans les fils délicats de sorte que la réactivité de ceux-ci à la stimulation sensorielle est maximale. La quantité d'esprits animaux dans les cavités du cerveau diminue tout au long de la journée, et les tissus entourant ces cavités se relâchent, ce qui entraîne une diminution de la tension dans les fils délicats. Dans cet état, l'organisme ne réagit plus beaucoup au milieu : on dit qu'il dort. Il se produit des courants aléatoires d'esprits animaux dans les cavités et, de temps en temps, des cavités isolées se remplissent de ce fluide, et les fils qui en partent se tendent. C'est ce qui cause les expériences aléatoires sans suite qu'on appelle les rêves.

L'interaction de l'esprit et du corps

Nous avons déjà souligné que Descartes pense que tous les comportements et tous les processus internes des animaux s'expliquent d'un point de vue mécanique, et qu'il en est de même d'une bonne partie des comportements et des processus internes des humains. Il existe néanmoins une différence importante entre les êtres humains et les autres animaux. Seuls les premiers possèdent un esprit qui leur donne la conscience, le libre arbitre et la rationalité. De plus, l'esprit n'est pas matériel, à l'inverse du corps, c'est-à-dire que le corps, contrairement à l'esprit, occupe une portion d'espace. Descartes croit avoir découvert la nature immatérielle de l'esprit au cours du processus qui l'a mené au premier précepte de sa philosophie, le cogito. Il décrit comme suit ce qu'il a déduit de son premier précepte (1637/1956, éd. fr. 1953) :

Puis, examinant avec attention ce que j'étais, et voyant que je pouvais feindre que je n'avais aucun corps, et qu'il n'y avait aucun monde ni aucun lieu où je fusse ; mais que je ne pouvais pas feindre pour cela que je n'étais point ; et qu'au contraire, de cela même que je pensais à douter de la vérité des autres choses, il suivait très évidemment et très certainement que j'étais ; au lieu que, si j'eusse seulement cessé de penser, encore que tout le reste de ce que j'avais imaginé eût été vrai, je n'avais aucune raison de croire que j'eusse été ; je connus de là que j'étais une substance dont toute l'essence ou la nature n'est que de penser, et qui, pour être, n'a besoin d'aucun lien, ni ne dépend d'aucune chose matérielle. En sorte que ce moi, c'est-à-dire l'âme, par laquelle je suis ce que je suis, est entièrement distincte du corps, et même qu'elle est plus aisée à connaître que lui, et qu'encore qu'il ne fût point, elle ne laisserait pas d'être tout ce qu'elle est. (p. 148)

En affirmant que l'esprit non matériel peut influer sur le corps matériel, Descartes s'attaque directement au vieux problème de l'esprit et du corps. Ce qui reste implicite chez plusieurs philosophes venus après Pythagore est explicite dans la philosophie cartésienne. Descartes énonce clairement que les humains possèdent un corps qui fonctionne conformément à des principes physiques et un esprit non régi par ceux-ci, et que ces deux composantes agissent l'une sur l'autre. En ce qui concerne le problème de l'esprit et du corps, Descartes se range donc du côté des **dualistes**, et le type de dualisme qu'il prône est l'**interactionnisme** (aussi appelé *dualisme cartésien*). Il reste évidemment à savoir comment se produit l'interaction.

Si on suppose que l'esprit est immatériel, alors il ne peut se situer en aucun lieu. Descartes pense que l'esprit imprègne la totalité du corps. Celui-ci n'abrite pas l'esprit à la façon dont un bateau abrite son capitaine, comme le montre le fait que les expériences sensorielles embellissent les expériences cognitives (par exemple, au moyen de la couleur) et qu'on éprouve la sensation consciente d'états physiques telles la faim, la soif et la douleur. Ces expériences et sensations ne seraient nullement possibles sans l'existence d'un lien étroit entre l'esprit et le corps. Descartes cherche néanmoins en quel endroit l'esprit exerce son influence sur le corps. Il cherche une structure dans le cerveau, car c'est là que sont emmagasinés les esprits animaux. En outre, cette structure doit être unique puisque l'expérience consciente est unique, même si elle provient souvent de la stimulation des yeux ou des oreilles. Enfin, ce doit être une structure propre aux humains étant donné qu'ils sont les seuls à posséder un esprit. Descartes choisit l'*épiphyse* parce qu'elle est entourée d'esprits animaux (qu'on appelle aujourd'hui liquide cérébrospinal), qu'il ne s'agit pas d'un organe pair comme les autres structures cérébrales et qu'on la trouve (croit-il à tort) uniquement dans le cerveau des humains. C'est par l'intermédiaire de l'épiphyse que l'esprit transmet au corps la volonté d'agir ou qu'il inhibe l'action. Quand l'esprit souhaite qu'une chose se produise, il stimule l'épiphyse, qui stimule à son tour les régions appropriées du cerveau, ce qui provoque l'écoulement d'esprits animaux vers divers muscles et déclenche ainsi le comportement désiré.

Puisque l'esprit est libre, il peut inhiber ou modifier le comportement réflexe déclenché de façon automatique par le milieu. Il existe une relation entre les émotions et la quantité d'esprits animaux prenant part à une réaction : plus cette quantité est grande, plus l'émotion est intense. On éprouve consciemment les émotions sous la forme de *passions*, par exemple l'amour, l'admiration, la haine, le désir, la joie, la colère et la tristesse. Selon Descartes, la volonté peut et devrait contrôler les passions de manière que la conduite soit vertueuse. Si on éprouve par exemple de la colère et qu'un comportement violent est approprié, l'esprit permet un tel comportement et peut même le faciliter ; mais si un comportement violent semble inapproprié, alors l'esprit tente de l'inhiber. Quand on éprouve une passion intense, la volonté est parfois incapable de prévenir le comportement réflexe, et on agit de façon irrationnelle.

Descartes se rend bien compte des difficultés qui se posent lorsqu'on essaie d'expliquer comment un esprit immatériel peut entrer en interaction avec un corps matériel. Après de nombreuses tentatives, il se résigne à admettre qu'il n'existe pas d'explication logique de ce processus. Il s'en remet au sens commun pour étayer son hypothèse d'un esprit et d'un corps constituant deux entités séparées qui agissent l'une sur l'autre. Chacun, dit-il, éprouve à la fois des expériences de nature physique et de nature consciente, et chacun sent bien que les unes influent sur les autres. Ainsi, le philosophe rationaliste par excellence fait appel à l'expérience quotidienne pour étayer l'une de ses conceptions les plus fondamentales (Tibbetts, 1975).

L'apport de Descartes à la psychologie

Descartes essaie de trouver une explication entièrement mécaniste de plusieurs fonctions physiques et d'une grande partie du comportement. On peut considérer que son analyse mécaniste du comportement réflexe marque les débuts de la théorie psychologique stimulus-réponse et du béhaviorisme. Il attire l'attention sur le cerveau en tant que médiateur important dans le comportement, et sa description de la relation entre l'esprit et le corps est suffisamment claire pour que d'autres puissent la confirmer ou la réfuter. Les réactions suscitées par sa notion des idées innées ont été tellement vives qu'elles ont donné naissance à de nouvelles visions philosophiques et psychologiques (empirisme et sensualisme modernes). L'examen réel du corps d'animaux dans le but d'en apprendre davantage sur son fonctionnement et, par conséquent, sur le fonctionnement du corps humain est à l'origine à la fois de la psychophysiologie et de la psychologie comparée modernes. En réhabilitant l'expérience purement subjective, Descartes pave la voie à l'étude scientifique de la conscience. Son étude du conflit n'est pas centrée sur l'opposition entre comportement coupable et moral, mais entre comportement animal et humain, entre comportement rationnel et irrationnel ; il s'intéresse en fait au type de conflit que Freud examinera plus tard. Enfin, comme il emploie l'introspection pour trouver des idées claires et distinctes, on peut considérer Descartes comme l'un des premiers phénoménologues.

Plusieurs philosophes poussèrent plus loin l'aspect mécaniste de la théorie de Descartes, allant jusqu'à dire que les humains ne sont *rien d'autre* que des machines et que le concept d'esprit est donc inutile. D'autres mirent l'accent sur l'aspect cognitif de la philosophie cartésienne en affirmant que la conscience est ce qu'il y de plus important chez l'être humain. En tout cas, ce qui suit Descartes constitue d'une façon ou d'une autre une réaction à son œuvre ; c'est pourquoi on considère souvent, en général, qu'il est le père de la philosophie moderne et, en particulier, de la psychologie moderne.

La controverse au sujet des croyances religieuses de Descartes reflète clairement le fait qu'il vécut durant une période de transition. Si on prend ce qu'il dit au pied de la lettre, il ne fait pas de doute qu'il croyait en l'existence de Dieu et acceptait l'autorité de l'Église (voir en particulier *Méditations touchant la première philosophie dans Descartes*, 1953). Cependant, il était partagé entre sa loyauté envers l'Église catholique et sa recherche objective de la vérité. Entre 1629 et 1633, il travailla à son *Traité du monde*, dans lequel il approuve plusieurs des conclusions exprimées par Galilée dans son *Dialogue sur les deux principaux systèmes du monde* (1632). Même si Descartes croyait en la validité des arguments de Galilée, il renonça à publier son *Traité* quand il apprit quel sort l'Inquisition avait réservé au savant italien. Dans une lettre à son ami Marin Mersenne, il se dit d'accord avec les conceptions de Galilée, mais il ajoute : « je ne voudrais pour rien du monde qu'il sortît de moi un discours, où il se trouvât le moindre mot qui fût désapprouvé de l'Église » (« Lettre à Mersenne, fin novembre 1633 », dans *Descartes*, 1953). Le *Traité du monde* parut finalement en 1664, soit quatorze ans après la mort du philosophe. On pourrait conclure de ce qui précède que Descartes était un croyant fervent, mais

> l'hypothèse inverse, c'est-à-dire que Descartes était essentiellement athée, semble plus plausible. [...] Descartes était un naturaliste pur coincé dans une situation sociale où le non-conformisme pouvait valoir d'être persécuté ou même condamné à mort. Il n'avait aucunement envie d'être un martyr ; il tint donc secrètes celles de ses conceptions qui auraient pu lui attirer des ennuis et embellit le reste de démonstrations de piété qui équivalaient littéralement à une assurance vie. (Lafleur, 1956, p. xviii [notre traduction])

Le sort de Descartes

Malgré les efforts déployés pour apaiser les autorités religieuses, les livres de Descartes furent mis à l'Index, ce catalogue des ouvrages dont la lecture est interdite par l'Église catholique, car elle pense qu'ils incitent à l'athéisme. Le philosophe écrivit donc moins, mais il échangea avec des petits groupes ou des individus désireux de partager son savoir. L'une de ces personnes était

la reine Christine de Suède, qui l'invita en 1649 en tant que philosophe en résidence, et Descartes accepta cette offre. Malheureusement, la reine insistait pour recevoir des leçons particulières à cinq heures tous les matins, de sorte que, durant le rude hiver suédois, Descartes devait se rendre au palais avant l'aube. Six mois seulement après son arrivée en Suède, le philosophe contracta une pneumonie, et il mourut le 11 février 1650. On l'enterra en Suède, dans un cimetière réservé aux étrangers de marque, mais cette triste histoire ne s'arrête pas là :

> Seize ans plus tard, on exhuma son corps, car plusieurs de ses amis et disciples estimaient qu'il serait plus approprié que ses restes reposent en France ; peut-être ne respectèrent-ils pas autant que Descartes l'eût souhaité le fait qu'il pensait que l'esprit est désincarné et que des processus mentaux peuvent avoir lieu même en l'absence de cerveau. L'ambassadeur de France en Suède fut chargé de l'affaire. Il sectionna d'abord le petit doigt de la main droite de Descartes pour le conserver en souvenir. On se rendit ensuite compte que le cercueil spécialement fabriqué en cuivre pour le transport du corps n'était pas assez long. On coupa donc le cadavre à la base du cou et on décida que la tête voyagerait séparément. Le cercueil arriva intact à Paris et on enterra en grande pompe le corps étêté de Descartes. Sa tête connut un sort plus sordide : elle fut volée par un capitaine de l'armée, passa d'un collectionneur suédois à un autre, et aboutit finalement à Paris 150 ans plus tard. On a déposé le crâne de Descartes sur une tablette à l'Académie des sciences, et il s'y trouve encore aujourd'hui. (Boakes, 1984, p. 88 [notre traduction])

Sur un ton plus léger, Robinson (1997, lecture 26) raconte une plaisanterie que les philosophes aiment répéter au sujet de l'affirmation de Descartes : « Je pense, donc je suis. » Attablé dans un café, le philosophe finissait son verre lorsque le garçon lui demanda s'il en désirait un autre. « Je ne pense pas », répondit Descartes... et il disparut.

Résumé

Les quatre principaux thèmes de l'humanisme de la Renaissance sont : la croyance dans les capacités de l'individu, l'insistance sur le fait que la religion est une affaire personnelle plutôt qu'institutionnelle, un intérêt prononcé pour les Anciens et une attitude négative à

l'égard de la philosophie d'Aristote. Les humanistes jouèrent un grand rôle dans l'affaiblissement de l'autorité de l'Église institutionnelle et de la philosophie d'Aristote ; sans ce changement, le développement d'une attitude scientifique aurait été impossible. Même s'il est vrai que la Renaissance fut une époque troublée, elle fut aussi marquée par une curiosité et une créativité exceptionnelles. Au fur et à mesure que le pouvoir de l'Église diminuait, la recherche se faisait plus objective puisqu'il n'était plus nécessaire que les résultats soient conformes aux dogmes religieux. Jusqu'à l'arrivée de Copernic, le système de Ptolémée, selon lequel la Terre occupe un point fixe au centre du système solaire (et de l'Univers), jouissait pratiquement d'une acceptation universelle. Copernic démontra que la Terre ne se trouve pas au centre du système solaire et Kepler découvrit que les planètes ne décrivent pas des trajectoires circulaires mais elliptiques. Galilée observa, entre autres, que tous les corps matériels en chute libre tombent à la même vitesse ; de plus, à l'aide d'un télescope, il découvrit quatre des satellites de Jupiter. Galilée conclut de ses observations que l'Univers est régi par des lois et qu'il est possible de résumer les résultats d'expériences sous forme mathématique. Il en vint aussi à la conclusion qu'il ne peut pas exister de science de la psychologie parce que les processus cognitifs humains sont de nature subjective.

Newton voit l'Univers comme une machine complexe, régie par des lois et connaissable, qui a été créée et mise en mouvement par Dieu. La science newtonienne est hautement théorique et elle accorde une large place à la déduction. Le fait que Newton ait réussi à expliquer une grande partie de l'Univers physique en fonction de quelques lois fondamentales a eu une profonde influence sur la science, la philosophie et, ultérieurement, la psychologie. En fait, les théories newtoniennes ont eu tellement de succès que les gens ont commencé à penser que la science pourrait tôt ou tard répondre à toutes les questions. La science était en un sens en passe de devenir une nouvelle religion.

Bacon voulait qu'on débarrasse complètement la science des erreurs du passé et il pensait que, pour y arriver, il fallait que la recherche scientifique soit inductive et exempte de toute théorie, hypothèse et formule mathématique. Il souhaitait de plus que la science soit orientée vers la résolution de problèmes humains. Il décrit quatre sources d'erreurs susceptibles de s'immiscer dans la recherche scientifique : les idoles de la caverne, ou préjugés résultant de l'expérience personnelle ; les idoles de la race, qui ont leur fondement dans la nature humaine elle-même ; les idoles de la place publique, causées par la signification traditionnelle des mots ; les idoles du théâtre, résultant de l'acceptation aveugle de l'autorité ou de la tradition.

À l'instar de Bacon, Descartes tente d'élaborer une méthode de recherche qui permette d'acquérir des connaissances tout à fait certaines. Il doute de tout, sauf du fait qu'il doute, et en conclut que l'introspection est une méthode de recherche de la vérité valable. Il pense, en outre, qu'on peut faire confiance à l'information sensorielle puisque les organes sensoriels ont été créés par Dieu et que celui-ci n'induit pas les humains en erreur. L'observation d'automates amène Descartes à conclure que tout comportement animal et une bonne partie du comportement humain sont de nature mécanique. Il compare les récepteurs sensoriels à des plaques de pression : lorsqu'ils sont stimulés, ils tirent sur de minces fils situés dans les nerfs. Quand une traction s'exerce sur eux, ces fils ouvrent des pores dans le cerveau, permettant ainsi aux esprits animaux de descendre dans les nerfs jusqu'aux muscles, ce qui a pour effet de dilater ceux-ci. Les muscles en expansion déclenchent à leur tour le comportement. Selon Descartes, l'esprit et le corps sont séparés, mais ils agissent l'un sur l'autre : le corps influe sur l'esprit et celui-ci influe sur le corps. On appelle interactionnisme cette forme de dualisme. Descartes pense en outre que l'esprit renferme plusieurs idées innées et que le comportement émotionnel, perçu consciemment comme une passion, est déterminé par la quantité d'esprits animaux intervenant dans le comportement. Descartes a suscité beaucoup d'intérêt pour la relation entre l'esprit et le corps ; il a provoqué une vive controverse à propos des idées innées ; il a étudié les phénomènes psychiques au moyen de l'introspection ; il a stimulé la recherche sur les animaux (et de ce fait la psychophysiologie et la psychologie comparée) ; il a été le premier à décrire le réflexe, un concept qui allait prendre une importance considérable en psychologie.

Les philosophes et scientifiques des XVIᵉ et XVIIᵉ siècles dont il est question dans le présent chapitre font partie des figures qui ont assuré la transition. Leur vie associe la subjectivité religieuse et le besoin d'une objectivité absolue. Ces penseurs n'étaient pas opposés à la religion, mais aux dogmes religieux. La majorité d'entre eux pensait que leur travail servait à révéler les secrets de Dieu. Ce qui les distingue de leurs prédécesseurs, c'est le refus de se laisser influencer dans leur recherche par les croyances et les méthodes du passé, et leurs travaux furent en fait motivés par la présence évidente d'erreurs dans les dogmes acceptés jusque-là.

Des questions à débattre

1. Décrivez les quatre thèmes caractéristiques de l'humanisme de la Renaissance et donnez un exemple pour chacun de ces thèmes.

2. Pourquoi dit-on de la Renaissance que c'est une époque empreinte de contradictions?

3. De quelle façon le scepticisme de Montaigne a-t-il favorisé l'élaboration des systèmes philosophiques de Bacon et de Descartes?

4. Décrivez le système astronomique de Ptolémée et expliquez pourquoi les théologiens chrétiens l'ont adopté.

5. Selon Copernic, pour quelles raisons sa théorie héliocentrique devait-elle remplacer la théorie géocentrique de Ptolémée?

6. Sur quelle conception philosophique de l'Univers les travaux de Copernic, de Kepler et de Galilée reposaient-ils? Explicitez votre réponse.

7. Résumez les implications sur le plan théologique de la théorie héliocentrique de Copernic.

8. En quoi la confrontation du système de Ptolémée et du système de Copernic s'apparente-t-elle à une révolution scientifique au sens kuhnien?

9. Décrivez les implications en psychologie de la distinction que fait Galilée entre les qualités premières et les qualités secondes.

10. Qu'est-ce que le déisme?

11. Décrivez la conception newtonienne de la science.

12. Résumez la conception de la science de Bacon.

13. Décrivez les idoles de la caverne, de la place publique, du théâtre et de la race.

14. Expliquez la distinction établie par Bacon entre expériences lumineuses et expériences fructueuses, et décrivez les liens qui existent entre ces deux classes d'expériences.

15. De quoi Descartes affirma-t-il être certain? Après avoir acquis cette certitude, comment l'utilisa-t-il pour élaborer sa philosophie?

16. Comment Descartes en vint-il à la conclusion que certaines idées sont innées? Donnez des exemples d'idées qui sont innées selon Descartes.

17. Résumez le point de vue de Descartes sur la relation entre l'esprit et le corps.

18. Expliquez l'importance de l'intuition et de la déduction dans la philosophie de Descartes.

19. Pourquoi est-on justifié de qualifier Descartes de phénoménologue?

20. Comment Descartes en arriva-t-il à la conclusion que l'esprit est immatériel et qu'il a une existence indépendante de celle du corps?

21. Quel est l'apport de Descartes à la psychologie?

22. Quelle était généralement l'attitude envers la religion des individus dont il est question dans le présent chapitre?

Des suggestions de lectures

Augustijn, C. (1991). *Erasmus: His life, works, and influence* (traduit par J. C. Grayson). Toronto: University of Toronto Press.

Bacon, Francis. *Novum Organum*, traduit par Michel Malherbe et Jean-Marie Pousseur, Presses universitaires de France, 1986.

Bacon, F. (2001 [1605]). *The advancement of learning*. New York: Modern Library.

Bowen, C. D. (1993). *Francis Bacon: The temper of a man*. New York: Fordham University Press.

Cottingham, J. (dir.). (1992). *The Cambridge companion to Descartes*. New York: Cambridge University Press.

Crew, H., et de Salvio, A. (trad.). (1991 [1638]). *Galileo Galilei: Dialogues concerning two new sciences*. Buffalo, NY: Prometheus Books.

Descartes, René. *Descartes. Œuvres et lettres*, Paris, Gallimard, 1953.

Drake, S. (1994). *Galileo: Pioneer scientist*. Toronto: University of Toronto Press.

Érasme, Didier. *Éloge de la folie*, traduit du latin par Claude Blum, Paris, Slatkine, 1995 [1512].

Galilée. *Dialogues sur les deux grands systèmes du monde*, traduit de l'italien par René Fréreux et François de Gandt, Paris, 1992 [1632].

Hall, M. B. (1994). *The scientific renaissance 1450-1630*. New York : Dover.

Kuhn, Thomas S. *La révolution copernicienne*, traduit de l'anglais par Avram Hayli, Paris, Fayard, 1973.

Losee, J. (2001). *A historical introduction to the philosophy of science* (4ᵉ éd.). New York : Oxford University Press.

Rummel, E. (dir.). (1996). *Erasmus on women*. Toronto : University of Toronto Press.

Sorell, T. (2000). *Descartes : A very short introduction*. New York : Oxford University Press.

Taub, L. B. (1993). *Ptolemy's universe : The natural philosophical and ethical foundations of Ptolemy's astronomy*. La Salle, IL : Open Court.

Tibbetts, P. (1975). An historical note on Descartes's psychophysical dualism. Journal of the History of the Behavioral Sciences, 9, 162-165.

Urbach, P. (1987). *Francis Bacon's philosophy of science : An account and a reappraisal*. La Salle, IL : Open Court.

Wilson, J. (trad.). (1994 [1512]). *Desiderius Erasmus : The praise of folly*. Amherst, NY : Prometheus Books.

Yates, F. A. (1964). *Giordano Bruno and the hermetic tradition*. Chicago : University of Chicago Press.

Glossaire

Aristarque de Samos (v. 310 av. J.-C. – v. 230 av. J.-C.) Nommé parfois le « Copernic de l'Antiquité », il spécula que les planètes, y compris la Terre, gravitent autour du Soleil et que la Terre tourne sur elle-même, et cela 1700 ans avant Copernic.

Bacon, Francis (1561-1626) Il préconisa une science inductive utile, libérée des erreurs du passé et exempte de toute influence théorique.

Bruno, Giordano (1548-1600) Il adopta la philosophie mystique non chrétienne appelée hermétisme, de même que la théorie héliocentrique de Copernic, croyant, à tort, que celle-ci appuyait l'hermétisme. Il mourut sur le bûcher à cause de ses croyances.

Copernic, Nicolas (1473-1543) Il affirma que la Terre tourne autour du Soleil et, du fait même, qu'elle n'occupe pas le centre du système solaire et de l'Univers, comme le soutenait l'Église.

Déduction Méthode de raisonnement dans laquelle les conclusions découlent nécessairement d'hypothèses, de principes et de concepts donnés. Par exemple, s'il y a cinq personnes dans une pièce, on peut en déduire qu'il y en a également quatre ; si on suppose que tout ce qui se trouve dans la nature existe pour une raison donnée, on peut en conclure que les humains existent pour une raison quelconque. Le raisonnement par déduction part du général pour aller au particulier.

Déisme Croyance selon laquelle l'intervention de Dieu s'est limitée à la création de l'Univers.

Descartes, René (1596-1650) Il pensait que le comportement humain s'explique en bonne partie par des causes mécaniques, que l'esprit et le corps sont deux entités séparées qui agissent l'une sur l'autre, et que l'esprit renferme des idées innées. Son œuvre marqua les débuts de la psychophysiologie comparée, de la psychologie stimulus-réponse et de la phénoménologie, et elle suscita le débat à savoir s'il existe des idées innées. Elle attira de plus l'attention sur la nature de la relation entre l'esprit et le corps.

Dualiste Toute personne qui pense que l'être humain se constitue de deux entités séparées : un esprit, responsable des expériences mentales et de la rationalité, et un corps, qui fonctionne suivant les mêmes principes biologiques et mécaniques que le corps des autres animaux.

Érasme, Didier (1466-1536) Humaniste et théologien de la Renaissance qui s'opposa au fanatisme, aux rites religieux et à la superstition.

Esprits animaux Substance que Descartes, entre autres, localise dans les cavités du cerveau et dont le mouvement dans les nerfs, depuis le cerveau jusqu'aux muscles, entraîne le gonflement de ceux-ci, ce qui déclenche le comportement.

Ficin, Marsile (1433-1499) Il fonda l'Académie platonicienne de Florence en 1462 et tenta de faire pour la philosophie de Platon ce que les scolastiques avaient fait pour celle d'Aristote.

Galilée (1564-1642)   Il démontra que plusieurs «vérités» d'Aristote sont fausses et, à l'aide d'un télescope, fit augmenter à onze le nombre de corps célestes du système solaire connus. Il affirma que la science ne peut étudier que la réalité objective et que, les perceptions humaines étant subjectives, elles n'appartiennent pas au domaine de la science.

Humanisme   Philosophie, prévalant durant la Renaissance, qui met l'accent sur quatre points : l'individualisme, le caractère personnel de la relation avec Dieu, l'intérêt pour la sagesse des Anciens et une attitude négative envers la philosophie d'Aristote.

Idées innées   Idées, tels la perfection et les axiomes de la géométrie, qui ne peuvent pas, selon Descartes, provenir de l'expérience individuelle. Descartes affirme que c'est Dieu qui place les idées de ce type dans l'esprit des êtres humains.

Idoles de la caverne   Expression utilisée par Bacon pour désigner les préjugés personnels qui découlent des caractéristiques ou des expériences de l'individu.

Idoles de la place publique   Expression utilisée par Bacon pour désigner les erreurs découlant de l'utilisation de termes dans leur sens traditionnel pour décrire des choses.

Idoles de la race   Expression utilisée par Bacon pour désigner les préjugés découlant de la tendance naturelle des humains à se faire du monde une vision sélective.

Idoles du théâtre   Expression utilisée par Bacon pour désigner l'inhibition de la recherche objective résultant de l'acceptation d'un dogme, d'une tradition ou d'une autorité.

Induction   Méthode de raisonnement dans laquelle on part du particulier pour aller au général. Après avoir observé un grand nombre de cas, on tente d'en inférer un thème ou un principe commun. Le raisonnement déductif a comme point de départ une hypothèse quelconque, contrairement au raisonnement inductif.

Interactionnisme   Forme de dualisme qui affirme l'existence d'un esprit et d'un corps séparés, agissant l'un sur l'autre.

Intuition   Dans la philosophie de Descartes, processus d'introspection par lequel on découvre les idées claires et distinctes.

Kepler, Johannes (1571-1630)   Il détermina, au moyen de l'observation et de la déduction mathématique, les orbites elliptiques des planètes autour du Soleil. Il contribua également au développement de l'optique.

Luther, Martin (1483-1546)   Il fut particulièrement troublé par la corruption qui existait au sein de l'Église catholique et par l'importance que celle-ci accordait aux rituels. Il pensait que l'une des principales causes de la chute de l'Église résidait dans l'acceptation de la philosophie d'Aristote. Aussi préconisa-t-il le retour à la religion personnelle décrite par saint Augustin. Les attaques qu'il dirigea contre l'Église institutionnelle ont contribué à l'avènement de la Réforme, qui a divisé l'Europe en factions ennemies.

Montaigne, Michel de (1533-1592)   Il pensait, comme les sceptiques grecs et romains de l'Antiquité, qu'il n'existe pas de méthode objective permettant de faire la distinction entre plusieurs «vérités». Les doutes qu'il a exprimés relativement au savoir humain ont inspiré d'autres penseurs, dont Bacon et Descartes.

Newton, Isaac (1642-1727)   Il poursuivit l'œuvre de Galilée en montrant que le mouvement de n'importe quel corps dans l'Univers s'explique par la loi de la gravitation. Même s'il croyait en l'existence de Dieu, il pensait qu'on ne peut évoquer la volonté divine pour expliquer quelque phénomène physique que ce soit. Selon sa vision, l'Univers est une machine complexe créée par Dieu, qui l'a mise en mouvement, puis a cessé d'intervenir dans son fonctionnement.

Pétrarque (1304-1374)   Humaniste considéré par plusieurs historiens comme le père de la Renaissance, il reprocha aux scolastiques d'étouffer l'esprit humain et insista sur l'importance d'étudier les œuvres des Anciens, non pour en tirer des enseignements religieux, mais parce qu'elles ont été produites par des individus uniques. Il affirma que si Dieu a donné aux humains un large éventail de capacités, c'est pour qu'ils s'en servent. La vision de Pétrarque quant aux capacités des humains a contribué à l'explosion de réalisations artistiques et littéraires qui caractérise la Renaissance.

Phénoménologue   Personne qui étudie les expériences conscientes intactes au moyen de l'introspection. Descartes était phénoménologue.

Pic de La Mirandole, Jean (1463-1494) Il soutint que les humains, contrairement aux anges et aux animaux, ont la capacité de se changer eux-mêmes et de changer le monde. Il pensait qu'il faut respecter toutes les conceptions philosophiques et chercher quels éléments elles ont en commun.

Positivisme Croyance selon laquelle la recherche scientifique devrait porter uniquement sur les objets et les événements directement observables. Le positiviste s'efforce d'éviter toute spéculation métaphysique.

Protestantisme Mouvement religieux qui nie l'autorité du pape et d'Aristote, et s'élève contre la hiérarchie et les rituels de l'Église. Il préconise plutôt une religion simple, extrêmement personnelle et introspective, comme celle qu'ont décrite saint Paul et saint Augustin.

Ptolémée, Claude (IIe siècle ap. J.-C.) Astronome grec ayant vécu en Égypte qui résuma tous les travaux d'astronomie réalisés avant lui et par ses contemporains, ce qui donna ce que l'on a appelé le système de Ptolémée. (Voir aussi *Système de Ptolémée*.)

Qualités premières Attributs des objets matériels, comme la taille, la forme, le nombre, la position et le mouvement.

Qualités secondes Attributs apparents des objets matériels qui n'existent en fait que dans l'esprit de celui qui les perçoit : par exemple, l'expérience de la couleur, du son, de l'odeur, de la température et de la saveur. En l'absence d'un être capable de les percevoir, ces phénomènes n'existent pas.

Réforme Tentative de théologiens, Luther entre autres, de réformer l'Église chrétienne de manière à la rendre plus conforme à la doctrine de saint Augustin. Ce mouvement provoqua la division de la chrétienté de l'Europe de l'Ouest en deux Églises : protestante et catholique romaine.

Renaissance Période allant approximativement de 1450 à 1600, durant laquelle s'opéra un retour à la recherche objective effectuée avec un esprit ouvert, qui avait caractérisé les philosophes grecs de l'Antiquité.

Système de Ptolémée Conception du système solaire selon laquelle la Terre en occupe le centre. Au Moyen Âge, le système de Ptolémée était largement accepté pour les raisons suivantes : 1° il s'accordait avec l'expérience quotidienne ; 2° il permettait de prédire et d'expliquer tous les phénomènes astronomiques connus à l'époque ; 3° il situait l'être humain au centre de l'Univers, ce qui est conforme au récit biblique de la création.

Théorie géocentrique Théorie proposée par Ptolémée, selon laquelle le Soleil et les planètes tournent autour de la Terre.

Théorie héliocentrique Théorie proposée par Copernic, selon laquelle les planètes, y compris la Terre, tournent autour du Soleil.

CHAPITRE 5

L'empirisme, le sensualisme et le positivisme

L'influence de la philosophie de Descartes fut telle que la plupart de celles qui suivirent furent en réaction à l'un ou l'autre de ses aspects. Les principales réactions se concentrèrent dans certaines régions d'Europe. Les philosophes français et anglais rejetaient l'affirmation de Descartes voulant que certaines idées soient innées, et prétendaient au contraire que toutes les idées dérivent de l'expérience. Ces philosophes voulaient décrire le fonctionnement de l'esprit comme Newton avait décrit le fonctionnement de l'Univers. Ils étaient à la recherche d'un petit nombre de principes ou de lois qui auraient pu expliquer toute l'expérience cognitive humaine.

Selon les philosophes allemands, un esprit actif était au cœur de la nature humaine. En général, ils postulaient que l'esprit pouvait découvrir et comprendre les principes abstraits qui constituaient l'ultime réalité. Selon eux, l'esprit ne se limitait pas à enregistrer et à stocker des expériences sensorielles, mais il transformait continuellement l'information sensorielle pour lui donner un sens qu'elle n'aurait pas autrement. Pour ces rationalistes allemands, connaître les mécanismes de cet esprit actif était vital pour déterminer comment les êtres humains appréhendent et comprennent le monde.

Éparpillés à travers l'Europe, les philosophes romantiques s'élevaient contre l'empirisme et le rationalisme. Pour les romantiques, ces deux philosophies ne s'intéressaient qu'à l'un des aspects des êtres humains en négligeant les autres. Ils professaient une vision globale de l'être humain qui incluait deux aspects minimisés ou négligés par les autres philosophies : les sentiments humains et l'unicité de chaque individu. Les romantiques préconisaient également l'adoption d'une vie simple et naturelle. Ils avaient donc beaucoup d'idées en commun avec les cyniques (voir le chapitre 3) et avec certains humanistes de la Renaissance, comme Érasme (voir le chapitre 4).

Après Descartes, et dans une large mesure grâce à lui, les philosophies anciennes de l'empirisme, du rationalisme et du romantisme furent présentées avec plus de clarté et de manière plus détaillée qu'auparavant. Des manifestations modernes de ces philosophies, émergea la psychologie telle que nous la connaissons aujourd'hui. Dans ce chapitre, nous nous pencherons sur l'empirisme anglais et le sensualisme français, et dans les chapitres 6 et 7, sur le rationalisme allemand et le romantisme.

L'empirisme anglais

Quiconque croit que la connaissance dérive de l'expérience est un empiriste. L'empiriste accorde une grande importance à l'expérience et non aux idées innées supposées émerger de manière indépendante de l'expérience. L'**empirisme** est donc une philosophie axée sur l'importance de l'expérience dans l'acquisition de la connaissance. Dans cette définition de l'empirisme, le mot *expérience* pose cependant problème, car il existe plusieurs types d'expérience. Certaines expériences sont « intérieures », comme les rêves, les fantasmes, et les diverses émotions. Aussi, lorsque nous réfléchissons de manière logique, par exemple en effectuant des déductions mathématiques, nous vivons une expérience intérieure (intellectuelle). Toutefois, on exclut généralement ces expériences intérieures de la définition de l'empirisme, pour ne retenir que les *expériences sensorielles*. Or, même en se limitant à celles-ci, la définition de l'empirisme est toujours problématique, car celle suppose que tout philosophe qui croit en l'importance de l'expérience sensorielle dans l'acquisition de la connaissance peut être considéré comme un empiriste. Ainsi, même Descartes aurait pu être tenu pour un empiriste puisque, pour lui, un grand nombre d'idées venaient de l'expérience sensorielle. Par conséquent, *le seul fait* de reconnaître l'importance de l'expérience sensorielle ne suffit pas pour qu'on soit reconnu comme un empiriste.

Avant d'aller plus loin dans l'explication de ce qu'*est* un empiriste, il importe de clarifier une autre confusion quant au sens du mot *empirisme*. En psychologie, l'empirisme est souvent mis en opposition avec le mentalisme, ce qui est une erreur, car la plupart des empiristes modernes étaient aussi des adeptes du mentalisme. En fait, leur principal outil de recherche était l'introspection et leur principal objectif était l'explication des phénomènes mentaux (idées). Qu'est-ce alors qu'un empiriste? Dans cet ouvrage, nous utiliserons la définition suivante de l'empirisme:

> L'empirisme est la théorie de la connaissance qui affirme que *le témoignage des sens fournit la matière première de toute connaissance, que la connaissance ne peut pas exister sans témoignage préalable, et que tous les processus intellectuels subséquents ne doivent utiliser que ce témoignage pour formuler sur le monde réel des propositions qui soient recevables.* (D. N. Robinson, 1986, p. 205 [notre traduction])

Il importe de revenir sur certains mots utilisés dans la définition de Robinson. Premièrement, cette définition affirme que l'expérience sensorielle est la matière *première* de toute connaissance, et non qu'elle constitue à elle seule la connaissance. Deuxièmement, elle prétend qu'il ne peut exister de connaissance si aucune expérience sensorielle n'a été vécue auparavant; pour un empiriste, l'acquisition de la connaissance *commence* donc avec l'expérience sensorielle. Troisièmement, *tous les processus intellectuels* subséquents doivent utiliser uniquement l'expérience sensorielle dans la formulation de propositions sur le monde. Par conséquent, ce n'est pas la reconnaissance des processus mentaux qui distingue l'empiriste du rationaliste, mais plutôt leur vision quant à l'objet de ces processus. Répétons-le, si la plupart des théories de la connaissance font de l'expérience sensorielle un des éléments à l'origine de la connaissance, l'empirisme se distingue en lui accordant un rôle capital.

Thomas Hobbes

Même s'il s'inscrivait dans la tradition de Guillaume d'Occam et de Francis Bacon, **Thomas Hobbes** (1588-1679) fut souvent considéré comme le père de l'empirisme britannique. Formé à Oxford, Hobbes comptait parmi ses amis Galilée et Descartes. Il fut également le secrétaire de Bacon pendant une courte période de temps. Hobbes naquit le 5 avril à Malmesbury, dans le Wiltshire, en Angleterre. Il disait souvent à la blague que la peur et lui étaient des jumeaux, car sa mère attribuait sa naissance prématurée à l'annonce de l'arrivée de l'Armada espagnole. Quant au père de Hobbes, un vicaire anglican, il disparut après une bagarre à la porte de son église. Enfant unique, Hobbes fut alors confié aux soins d'un oncle prospère qui, plus tard, l'envoya étudier à Oxford. Hobbes affirmera avoir peu appris de son séjour là-bas. Oxford, malgré sa tradition puritaine, était un endroit où régnaient les « beuveries, le libertinage, le jeu et le vice » (Peters, 1962, p. 7 [notre traduction]). Hobbes vécut une longue vie productive et exerça une influence considérable. Il jouait encore au tennis à l'âge de 70 ans et, à 84 ans, il écrivit son autobiographie. À 86 ans, il publia une traduction de l'*Iliade* et de l'*Odyssée* pour le seul plaisir de s'adonner à une activité. Au seuil de sa mort, il s'amusa à demander à ses amis de préparer des épitaphes à son intention. Hobbes connut la célébrité de son vivant: « En fait, comme Bernard Shaw, il était presque devenu une institution britannique au moment de son décès » (Peters, 1962, p. 16 [notre traduction]).

Les humains considérés comme des machines

Hobbes ne commença à s'intéresser sérieusement à la

Thomas Hobbes

psychologie et à la philosophie qu'à l'âge de 40 ans, après avoir lu les *Éléments* d'Euclide. Cet ouvrage le convainquit que l'utilisation de techniques de géométrie pouvait permettre de comprendre les êtres humains. En d'autres mots, qu'en utilisant quelques prémisses incontestables, on pouvait tirer un certain nombre de conclusions incontestables. Toute la question était de savoir par quelles prémisses commencer. La réponse lui vint de Galilée. Après l'avoir rencontré en 1635, Hobbes fut convaincu que l'Univers était fait uniquement de matière et de mouvement, et qu'il était possible de comprendre l'une et l'autre en fonction de principes mécanistes. Hobbes se demanda alors pourquoi nous ne pourrions pas considérer les êtres humains comme des machines constituées uniquement de matière et de mouvement. Galilée expliquait le mouvement des objets matériels par les forces externes qui agissaient sur eux, c'est-à-dire sans avoir recours ni à leur nature intime ni à leur essence. Les êtres humains ne font-ils pas partie de la nature, se demandait Hobbes, et, si oui, ne pourrait-on pas dire de leur comportement que c'est aussi de la matière en mouvement ? Hobbes tira de cette question la vérité évidente dont il avait besoin pour appliquer la méthode de la géométrie à l'étude de l'être humain : *les êtres humains sont des machines*. Il considéra dès lors les hommes comme des machines évoluant à l'intérieur d'une machine plus grande encore (l'Univers) : « [...] la vie n'est rien d'autre qu'un mouvement des membres [...] Qu'est-ce que le cœur, sinon un ressort, les nerfs, sinon des cordons, les articulations, sinon autant de rouages, imprimant le mouvement [...] à l'ensemble du corps » (Hobbes, 1651/1962, éd. fr. 2004, p. 11) ?

Il est intéressant de noter que, malgré la grande amitié qui le liait à Francis Bacon et le fait qu'il jouissait d'une très grande réputation, Hobbes ne fut jamais invité à joindre les rangs de la prestigieuse British Royal Society (fondée en 1660). La raison ? En effet, cette société était dominée par les adeptes de Bacon dont Hobbes méprisait beaucoup la méthode inductive. Il accusait les baconiens de consacrer trop de temps aux gadgets et aux expériences, et de privilégier leurs yeux, leurs oreilles et le bout de leurs doigts au détriment de leur cerveau. Préconisant plutôt la méthode déductive de Galilée et de Descartes, Hobbes fut le premier à tenter d'appliquer les idées et les techniques de Galilée à l'étude de l'être humain.

Le gouvernement protège les êtres humains de leurs propres instincts destructeurs Hobbes s'intéressait surtout à la politique. Il était profondément convaincu que la monarchie absolue représentait la meilleure forme de gouvernement. Il considérait les humains comme des êtres naturellement agressifs, égoïstes et cupides ; aussi, la démocratie était-elle dangereuse, car elle laissait trop de latitude à ces tendances naturelles négatives. Selon lui, la loi et l'ordre ne pouvaient régner que si le peuple et l'Église étaient soumis à l'autorité d'un monarque. Sans cette régulation, la vie humaine serait « solitaire, indigente, digne des bêtes brutes, et brève » (Hobbes, 1651/1962, éd. fr. 2004, p. 107). La tristement célèbre conclusion de Hobbes, *homo homini lupus* (« l'homme est un loup pour l'homme »), sera plus tard citée avec compassion par Schopenhauer (voir le chapitre 7) et Freud (voir le chapitre 16). Pour Hobbes, la peur de la mort pousse les êtres humains à créer un ordre social. En d'autres mots, la civilisation constitue un moyen d'autodéfense ; chacun de nous doit être découragé de commettre des crimes envers autrui. À moins d'une intervention pour les empêcher, les êtres humains rechercheraient égoïstement le pouvoir pour s'assurer la satisfaction de leurs propres besoins : « [...] je pose en premier lieu, comme disposition [*mos*] commune à tous les hommes, le fait qu'ils poursuivent puissance après puissance, perpétuellement et sans relâche, à travers toute leur vie » (1651/1962, éd. fr. 2004, p. 88). Pour Hobbes, le monarque était l'arbitre suprême capable de régler toute question relevant de la loi, de la morale et de la religion, et la liberté des individus se limitait uniquement aux activités permises par la loi. Le monarque adoptait et appliquait les lois. Hobbes offensait tous les chrétiens en affirmant que l'Église devait se soumettre à l'État, que toutes les actions humaines pouvaient être expliquées mécaniquement et que, par conséquent, la liberté était une illusion. L'œuvre la plus célèbre de Hobbes, le *Léviathan* (1651), est d'abord et avant tout un traité politique, une tentative d'expliquer et de justifier l'autorité du monarque. Au début du livre, Hobbes présente sa vision de la psychologie, car il croyait que, pour gouverner efficacement, un monarque devait comprendre la nature humaine.

Le *Léviathan* fut reçu comme l'œuvre d'un athée et, en 1666, le Parlement adopta une motion condamnant Hobbes au bûcher pour hérésie. La peste de 1665 et le grand incendie de Londres l'année suivante furent interprétés par plusieurs comme la revanche de Dieu sur l'Angleterre pour la punir d'avoir donné naissance à Hobbes. Le roi Charles II vint cependant à son secours et, comme nous le disions plus haut, Hobbes put jouir d'une vie longue et productive. Il s'éteignit le 4 décembre 1679 à l'âge de 91 ans.

L'empirisme de Hobbes   Même si Hobbes rejetait la méthode inductive de Bacon et préférait la méthode déductive, il reconnaissait comme lui l'importance de l'expérience sensorielle :

> Leur origine à toutes [les pensées] est appelée le *sens*. En effet, il n'est pas de conception de l'esprit qui n'ait pas d'abord été engendrée dans quelqu'un des sens, soit tout entière en une seule fois, soit partie par partie ; or de ces premières conceptions, toutes, par la suite, découlent. (Hobbes, 1651/1962, éd. fr. 2004, p. 15)

Même s'il acceptait la méthode déductive de Descartes, Hobbes rejetait son concept d'idées innées. Pour lui, toutes les idées venaient de l'expérience ou, plus spécifiquement, de l'*expérience sensorielle*.

Le matérialisme de Hobbes   S'inscrivant dans la tradition de Démocrite, Hobbes se définissait comme un matérialiste. Étant donné que tout ce qui existe est matière et mouvement, Hobbes jugeait absurde de supposer l'existence d'un esprit immatériel comme Descartes l'avait fait. Tous les prétendus phénomènes mentaux peuvent être vus comme des expériences sensorielles venant du mouvement interne provoqué par la stimulation des récepteurs sensoriels par le mouvement de corps externes. Ce que certains considéraient comme l'« esprit » ne représentait rien d'autre pour Hobbes que la somme des activités intellectuelles d'une personne, c'est-à-dire une série de mouvements qui s'exerçaient à l'intérieur d'elle. Quant à la relation corps-esprit, Hobbes adoptait une position de moniste physique ; il niait l'existence d'un esprit immatériel.

L'explication des phénomènes psychologiques   L'*attention* s'expliquait par le fait que, tant et aussi longtemps que les organes sensoriels gardent en mémoire le mouvement causé par certains objets externes, ils ne peuvent pas réagir aux autres. L'*imagination* s'expliquait par le fait que les impressions sensorielles se dégradent avec le temps. Hobbes disait : « L'imagination n'est donc rien d'autre qu'une sensation défaillante [...] ; elle est commune à l'homme et à presque tous les autres ani-

maux, qu'ils veillent ou qu'ils dorment » (1651/1962, éd. fr. 2004, p. 20). Lorsqu'une sensation s'était dégradée pendant une longue période de temps, elle devenait un *souvenir* ; « de sorte qu'*imagination* et *souvenir* sont la même chose, mais désignée par des noms différents selon qu'on se place à des points de vue différent » (1651/1962, éd. fr. 2004, p. 21). Les *rêves* avaient également une origine sensorielle : « Les imaginations des gens endormis sont les *rêves*. Elles aussi, comme toutes les autres imaginations, se sont trouvées auparavant dans la sensation, soit tout entières, soit par fragments » (1651/1962, éd. fr. 2004, p. 21). Si les rêves semblent habituellement si réels pendant le sommeil, c'est parce qu'aucune nouvelle impression sensorielles n'entre en compétition avec l'imagination.

L'explication de la motivation   Pour Hobbes, les objets extérieurs produisent non seulement des impressions sensorielles, mais influencent aussi les fonctions vitales du corps. Ces impressions externes qui facilitent les fonctions vitales sont des expériences perçues comme agréables, que la personne cherche à conserver ou à retrouver. À l'inverse, les impressions sensorielles incompatibles avec les fonctions vitales sont des expériences perçues comme douloureuses, que la personne cherche à éliminer ou à éviter. Par conséquent, le comportement humain est motivé par l'*appétit* (la recherche ou le maintien des expériences agréables) et l'*aversion* (l'évitement ou l'élimination des expériences douloureuses). En d'autres mots, Hobbes endossait une théorie hédoniste de la motivation. Selon lui, on utilise des mots comme *amour* et *bien* pour décrire les réalités agréables, et des mots comme *haine* et *mal* pour décrire les réalités envers lesquelles nous ressentons de l'aversion. En assimilant ainsi le bien avec le plaisir, et le mal avec douleur, Hobbes adoptait une position claire sur les questions morales : « En supposant cette identité, Hobbes énonçait et expliquait tout à la fois le relativisme moral : il n'y avait pas de propriétés morales objectives, mais ce qui semblait bon était ce qui était agréable pour un individu ou était bon pour *lui* » (Tuck, 2002, p. 65 [notre traduction]).

La négation du libre arbitre   Dans sa vision déterministe du comportement humain, Hobbes ne laissait aucune place au *libre arbitre*. Les gens peuvent *croire* qu'ils « choisissent » parce que, à tout moment, ils font face à divers désirs et aversions auxquels ils peuvent réagir de différentes façons. Hobbes appelait la reconnaissance de ces tendances contradictoires la « délibération », et le comportement adopté par suite de cette délibération, la *volonté* : « Dans la *délibération*, le dernier appétit ou la dernière aversion, immédiatement attaché à l'action dont on a *délibéré*, est la *volonté* : [...] les bêtes, qui *délibèrent*, sont aussi douées de *volonté* » (1651/1962, éd. fr. 2004, p. 56). En d'autres mots, la volonté se définissait comme l'action qui prévalait lorsque plusieurs s'offraient simultanément. Ce qui apparaît comme un choix n'est rien d'autre qu'une étiquette que nous utilisons pour décrire les attractions et les aversions que nous ressentons en interagissant avec l'environnement. Lorsque la tendance comportementale dominante émerge, la « liberté » se résume au fait qu'il n'y ait « aucun obstacle à l'obtention de ce que l'on désire » (Tuck, 2002, p. 57 [notre traduction]).

Les processus de pensée complexes Jusqu'à présent, nous avons parlé des impressions sensorielles, des images et des souvenirs qui en découlent, et de la tendance hédoniste plus générale à rechercher le plaisir et à éviter la douleur. Examinons maintenant comment Hobbes expliquait les processus de pensée plus complexes dans sa philosophie matérialiste et mécaniste. Par exemple, Hobbes s'interrogeait sur « le fil de la pensée », cette tendance d'une pensée à en suivre une autre de manière cohérente, et se demandait comment se produisait un tel phénomène. Pour répondre à cette question, Hobbes réintroduisit la loi de la contiguïté d'abord proposée par Aristote. Ainsi, les événements vécus simultanément sont remémorés simultanément et surgissent donc dans l'esprit simultanément. Tous les empiristes britanniques qui succédèrent à Hobbes utilisèrent ce concept d'association pour expliquer pourquoi les événements mentaux étaient vécus ou remémorés dans un ordre particulier.

Pour résumer la position de Hobbes, nous pouvons affirmer qu'il était un *matérialiste*, parce qu'il croyait que tout ce qui existait était matériel ; *mécaniste*, car il considérait l'Univers et tout ce qu'il contenait (incluant les êtres humains) comme des machines ; *déterministe*, car il croyait que toute activité (incluant le comportement humain) résultait de forces qui agissaient sur les objets matériels ; *empiriste*, parce qu'il croyait que toute la connaissance découlait de l'expérience sensorielle ; et enfin *hédoniste*, car il croyait que le comportement humain (ainsi que celui des animaux) était motivé par la recherche de plaisir et l'évitement de la souffrance.

Même si, comme nous allons le voir, tous les empiristes se réclamant de Hobbes ne furent pas aussi matérialistes ni mécanistes que lui, ils rejetaient tous comme lui l'existence des idées innées.

John Locke

John Locke (1632-1704) naquit le 29 août à Wrington, dans le Somerset, en Angleterre, six ans après la mort de Francis Bacon. Son père, un puritain, était petit propriétaire terrien et avocat. Locke avait 17 ans et étudiait à Westminster School lorsque, le 30 janvier 1649, le roi Charles Ier fut exécuté pour trahison à sa patrie. Cette exécution, dont Locke fut peut-être témoin, se déroula dans la cour de Whitehall Palace, situé tout près de l'école de Locke. La naissance de Locke eut lieu dix ans avant le déclenchement de la guerre civile ; il vécut donc cette grande révolte qui occupe une place importante dans l'histoire anglaise. C'est en partie grâce au Zeitgeist que Locke et plusieurs de ses confrères étudiants développèrent un intérêt pour la politique. En fait, Locke devint l'un des philosophes politiques les plus influents de l'Europe de l'après-Renaissance.

John Locke

En 1652, à l'âge de 20 ans, Locke décrocha une bourse de l'université Oxford, où il obtint un baccalauréat en 1656 et une maîtrise en 1658. Sa première publication, alors qu'il était encore étudiant, fut un poème en hommage à Oliver Cromwell. Locke resta à Oxford pendant 30 ans et il y enseigna le grec, la rhétorique et la philosophie morale. Il étudia également la médecine et la philosophie empirique, et, en 1673, après une troisième tentative, il obtint finalement son doctorat en médecine. Pendant ses études en médecine et en philosophie empirique, il rencontra Robert Boyle (1627-1691), qui allait plus tard exercer sur lui une influence majeure. Boyle fut l'un des fondateurs de la Royal Society et l'un des pères de la chimie moderne. Locke devint l'ami, l'élève et l'assistant de recherche de Boyle. Celui-ci enseigna à Locke que les objets matériels sont composés de « particules minuscules » qui ne possèdent qu'un petit nombre de qualités intrinsèques. Le nombre de ces particules est susceptible de varier et celles-ci peuvent former divers assemblages dont certains résultent de leurs qualités premières et d'autres, de leurs qualités secondes. Il sera question plus loin de l'influence que Boyle et son « hypothèse des particules » ont eu sur la philosophie de Locke. Ce dernier devint membre de la Royal Society et, en tant que membre, il étudia la chimie et la météorologie, et en fit quelques démonstrations. Newton n'était âgé que de dix ans lorsque Locke arriva à Oxford, mais les deux hommes se rencontrèrent en 1689. Locke appelait Newton « l'incomparable M. Newton ». Il correspondit avec Newton jusqu'à la fin de sa vie, principalement sur des questions d'ordre théologique (ils étaient tous les deux profondément religieux).

Parmi les publications moins connues de Locke, on retrouve ses éditions de *General History of the Air* de Boyle, une édition des *Fables* d'Ésope, un livre destiné à aider les enfants dans leur apprentissage du latin, ainsi qu'un livre sur l'argent et les taux d'intérêt (Gregory, 1987). Toutefois, son ouvrage le plus connu, et le plus important pour la psychologie, reste son *Essai sur l'entendement humain* (*An Essay Concerning Human Understanding*) publié pour la première fois en 1690. Locke travailla sur son *Essai* pendant 17 ans, et le résultat final de ces remaniements fut publié lorsque Locke eut presque atteint l'âge de 60 ans. Locke révisa son *Essai* à plusieurs reprises, ce qui totalisa cinq éditions. La cinquième fut publiée à titre posthume en 1706, et le texte suivant est basé sur cette dernière version. Locke avait produit très peu d'ouvrages avant son *Essai*, mais, par la suite, il publia de manière prolifique sur des sujets comme l'éducation, le gouvernement, l'économie et le christianisme. Voltaire (1694-1778) admirait beaucoup Locke et le comparait à Newton. Voltaire fit beaucoup pour créer une image positive de Locke sur le continent, particulièrement en France.

Même si Hobbes se définissait clairement comme un empiriste, c'est Locke qui exerça l'influence la plus grande sur les empiristes britanniques. Par exemple, la plupart des empiristes britanniques emboîtèrent le pas à Locke dans l'acceptation de la dualité corps-esprit ; ils rejetaient donc le monisme physique de Hobbes. Alors que Hobbes associait les images mentales à des mouvements internes qui se produisaient dans le cerveau et qui étaient causés par les mouvements externes agissant sur les sens, Locke se limitait à dire que la simulation sensorielle générait *d'une quelconque manière* les idées. Au début de son *Essai*, Locke ne proposait aucune explication sur le pouvoir du physique sur le mental : ce pouvoir existait, c'était tout.

L'opposition aux idées innées L'*Essai* de Locke réfutait en partie la philosophie de Descartes. Il attaquait non pas le dualisme de Descartes, mais plutôt son concept d'idées innées. En dépit des efforts de Hobbes, le concept d'idées innées restait encore très en vogue à l'époque de Locke. La croyance voulant que Dieu ait instillé des idées innées de moralité aux êtres humains exerçait toujours une grande influence. Ceux qui acceptaient l'innéité de la moralité se retrouvaient surtout parmi les membres du clergé. Locke, en attaquant l'existence des idées innées, s'attaquait en fait à l'Église. Il en était venu à la conclusion que, si l'esprit contenait des idées innées, alors tous les êtres humains devaient en avoir, ce qui de toute évidence n'était pas le cas. Les êtres humains, disait-il, ne naissent pas avec des idées innées, qu'elles soient de nature morale, théologique, logique ou mathématique.

D'où provenaient alors les idées que concevaient les êtres humains ? Voici la célèbre réponse de Locke (1706/ 1974) :

> Supposons donc qu'au commencement l'âme est ce qu'on appelle une *table rase*, vide de tout caractère, sans aucune idée, quelle qu'elle soit. Comment vient-elle à recevoir des idées ? Par quel moyen acquiert-elle cette prodigieuse quantité que l'imagination de l'homme, toujours agissante et sans bornes, lui présente avec une

variété presque infinie? D'où puise-t-elle tous ces matériaux qui sont comme le fond de tous ses raisonnements et de toutes ses connaissances? À cela je réponds en un mot : de l'*expérience*. C'est là le fondement de toutes nos connaissances, et c'est de là qu'elles tirent leur première origine. Les observations que nous faisons sur les objets extérieurs et sensibles, ou sur les opérations intérieures de notre âme, que nous apercevons et sur lesquelles nous réfléchissons nous-mêmes, fournissent à notre esprit les matériaux de toutes ses pensées. Ce sont là les deux sources d'où découlent toutes les idées que nous avons, ou que nous pouvons avoir naturellement. (éd. fr. 1972, p. 61 [notre adaptation])

La sensation et la réflexion   Pour Locke, une **idée** est simplement une image mentale que l'on peut utiliser tout en réfléchissant : « J'appelle *idée* tout ce que l'esprit aperçoit en lui-même, toute perception qui est dans notre esprit lorsqu'il pense » (1706/1974, éd. fr. 1972, p. 89 [notre adaptation]). Locke affirme que toutes les idées proviennent de la **sensation** ou de la **réflexion**. Elles peuvent résulter de la stimulation sensorielle directe ou d'une réflexion à partir des traces laissées par une stimulation sensorielle antérieure. La réflexion, cette seconde source de connaissance mentionnée dans la citation précédente, se définit comme la capacité de l'esprit à réfléchir sur lui-même.

Par conséquent, la sensation est donc la source de toutes les idées ; or comme il est possible d'agir à partir des idées générées par la sensation et de réorganiser ces idées par des opérations mentales, on peut donner naissance à de nouvelles idées. Les opérations applicables par l'esprit aux idées générées par la sensation incluent « *apercevoir, penser, douter, croire, raisonner, connaître, vouloir* » (Locke, 1706/1974, éd. fr. 1972, p. 61 [notre adaptation]). On dit souvent que Locke prenait comme postulat qu'un esprit passif recevait et emmagasinait les idées générées par la stimulation sensorielle. Toutefois, cela n'était exact que dans le cas des sensations. Une fois que les idées produites par la sensation se retrouvaient dans l'esprit, elles pouvaient être activement transformées en une variété presque infinie d'autres idées par le biais d'opérations mentales liées à la réflexion.

Il importe de souligner que ce fut l'insistance de Locke sur le fait que *toute* la connaissance provient en bout de ligne de l'expérience sensorielle qui permit qu'il soit considéré comme un empiriste. Cependant, même si le *contenu* de l'esprit provient de la stimulation sensorielle, les opérations de l'esprit, elles, n'en proviennent

pas. Elles font partie de la nature humaine ; elles sont innées. Par conséquent, même si on peut considérer la philosophie de Locke comme relevant de l'empirisme, elle reste en partie nativiste. Locke s'opposait au concept d'idées innées spécifiques, mais non à celui d'opérations (facultés) innées de l'esprit. La sensation se trouvait à l'origine des idées simples sur le monde physique (comme la blancheur, l'amertume, le mouvement), et les idées simples à propos de l'esprit provenaient de la réflexion (comme la perception, la volonté, le raisonnement, la remémoration).

Les idées simples et les idées complexes   Les **idées simples**, qu'elles proviennent de la sensation ou de la réflexion, sont les atomes (particules) de l'expérience, car elles ne peuvent être divisées ou décomposées en d'autres idées. Par ailleurs, les **idées complexes** sont des composés d'idées simples dont on peut analyser les composants (les idées simples). C'est lorsque les opérations de l'esprit sont appliquées aux idées simples que se forment les idées complexes. En d'autres mots, grâce à des opérations comme la comparaison, la remémoration, la discrimination, la combinaison et l'agrandissement, l'abstraction et le raisonnement, les idées simples se combinent en idées complexes. Comme l'expliquait Locke (1706/1974) :

> Or ces idées simples, qui sont les matériaux de toutes nos connaissances, ne sont suggérées à l'âme que [...] par la *sensation*, et par la *réflexion*. Lorsque l'entendement a une fois reçu ces *idées simples*, il a la puissance de les répéter, de les comparer, de les unir ensemble, avec une variété presque infinie, et de former par ce moyen de nouvelles idées complexes, selon qu'il le trouve à propos. Mais il n'est pas au pouvoir des esprits les plus sublimes et les plus vastes, quelque vivacité et quelque fertilité qu'ils puissent avoir, de former dans leur entendement aucune nouvelle idée simple qui ne vienne par l'une de ces deux voies que je viens d'indiquer ; et il n'y a aucune force dans l'entendement qui soit capable de détruire celles qui y sont déjà. [...] Et pour moi, je serais bien aise que quelqu'un voulût essayer de se donner l'idée de quelque goût dont son palais n'eût jamais été frappé, ou de se former l'idée d'une odeur qu'il n'eût jamais sentie ; et lorsqu'il pourra le faire, j'en conclurai tout aussitôt qu'un aveugle a des idées des couleurs, et un sourd des notions distinctes des sons. (éd. fr. 1972, p. 75-76 [notre adaptation])

L'esprit, alors, ne peut ni créer ni détruire des idées, mais il peut réorganiser les idées existantes en un nombre presque infini de configurations.

Les émotions Locke prétendait que des sensations de plaisir ou de douleur accompagnaient autant les idées simples que les idées complexes. Il croyait que les autres passions (émotions) comme l'amour, le désir, la joie, la haine, le chagrin, la colère, la peur, le désespoir, l'envie, la honte et l'espoir prenaient leur origine dans ces deux sensations fondamentales, c'est-à-dire le plaisir et la douleur. Ce qui cause du plaisir est bon et ce qui cause de la douleur est mauvais (notons ici la similitude avec Hobbes). Pour Locke, le « bien suprême » résidait dans la liberté d'entretenir des pensées agréables. Tout comme Hobbes, sa théorie de la motivation humaine était hédoniste, car il soutenait que les êtres humains étaient motivés par la recherche du plaisir et l'évitement de la douleur. Par conséquent, pour Locke, l'information transmise par les sens fournissait matière à réflexion à l'esprit et provoquait chez l'être humain des réactions émotives.

Les qualités premières et secondes La distinction entre les qualités premières et les qualités secondes est une distinction que plusieurs philosophes grecs de l'Antiquité, et par la suite Galilée, faisaient entre ce qui est physiquement présent et ce qui est psychologiquement ressenti. Toutefois, c'est l'ami et maître à penser de Locke, Robert Boyle, qui introduisit les expressions **qualités premières** et **qualités secondes**, que Locke lui emprunta (Locke, 1706/1974). Malheureusement, les qualités premières et secondes avaient été définies de deux manières complètement différentes à travers les siècles. Une de ces options définissait les qualités premières comme les caractéristiques d'une réalité physique, et les qualités secondes, comme les caractéristiques d'une réalité subjective ou psychologique. En d'autres mots, les qualités premières concernaient les caractéristiques réelles d'objets ou d'événements alors que les qualités secondes désignaient les expériences psychologiques ne possédant aucun équivalent dans le monde physique. Nous avons suivi cette approche dans notre présentation de Galilée, au chapitre 4. Boyle et Locke adoptèrent une approche différente. Pour eux, autant les qualités premières que les qualités secondes étaient en lien avec les caractéristiques du monde physique ; ce qui les distinguait était le type d'expériences psychologiques qu'elles provoquaient. Emboîtant le pas à Boyle, Locke considérait que tout aspect d'un objet physique est susceptible de générer une idée en tant que **qualité**. Les qualités premières ont le pouvoir de susciter en nous des idées qui correspondent aux caractéristiques physiques réelles d'objets matériels : par exemple, des idées de solidité, d'agrandissement, de forme, de mouvement ou de repos, de quantité. Avec les qualités premières, il existe un lien entre ce qui existe physiquement et ce qui est vécu psychologiquement. Les qualités secondes des objets possèdent également le pouvoir de produire des idées, mais celles-ci ne correspondent nullement à ce qui existe dans le monde physique. Parmi les idées produites par les qualités secondes, on retrouve les couleurs, les sons, la température, le goût.

Les qualités premières aussi bien que les qualités secondes génèrent des idées. Avec les qualités premières, la stimulation physique est suffisamment forte pour produire une idée correspondant à la caractéristique physique qui en est la cause. Cependant, dans le cas des qualités secondes, seules des fractions (particules minuscules) des corps matériels nous stimulent. Cette stimulation fractionnée qui émane des corps matériels nous excite, mais nos sens ne sont pas suffisamment raffinés pour capter la nature physique de ces stimulations. Nous expérimentons plutôt psychologiquement une chose qui n'existe pas (réellement) physiquement. La différence entre les idées générées par les qualités premières et par les qualités secondes se résume donc à une question d'acuité des sens.

Le **paradoxe des bassins** de Locke illustre avec éloquence la nature des idées produites par les qualités secondes. Supposons la question suivante : la température est-elle une caractéristique du monde physique ? En d'autres mots, est-il hasardeux de supposer que des objets du monde physique sont chauds ou froids, ou quelque chose entre les deux ? Vue de cette façon, la température serait une qualité primaire. Locke invitait ses lecteurs à prendre trois bassins : un contenant de l'eau froide (bassin A), un, de l'eau chaude (bassin B), et un autre de l'eau tiède (bassin C). Si une personne place une main dans le bassin A et une main dans le bassin B, une main ressent de la chaleur et l'autre ressent du froid, ce qui tend à confirmer l'affirmation voulant que le chaud et le froid sont des qualités de l'eau (c'est-à-dire que la température est une qualité primaire). Ensuite, Locke demandait au lecteur de placer les deux mains dans le bassin C (eau tiède). Pour la main qui avait été plongée dans le bassin A (eau froide), l'eau dans le bassin C semblait chaude ; pour la main qui avait été plongée dans le bassin B (eau chaude), l'eau semblait froide, même si la température de l'eau dans le bassin C était physiquement la même pour les deux mains. Locke démontrait ainsi que l'expérience du chaud et du froid variait selon la personne et que, par conséquent, la température reflétait des qualités secondes.

Locke cherchait à montrer que certaines expériences psychologiques reflétaient le monde physique tel qu'il était réellement (celles qui étaient en lien avec les qualités premières), alors que d'autres ne le reflétaient pas (celles qui étaient en lien avec les qualités secondes). Il n'allait pas jusqu'à affirmer, à l'instar de Galilée, que la réalité subjective était inférieure à la réalité physique. Pour Locke, la réalité subjective était analysable de manière aussi objective que la réalité physique, et c'est précisément ce qu'il fit.

Les associations d'idées L'associationnisme est une «théorie psychologique qui fait de l'association le principe fondamental de la vie mentale en fonction duquel peuvent être expliqués les processus mentaux supérieurs» (Drever, 1968, p. 11 [notre traduction]). Selon cette définition, il est possible de rejeter l'associationnisme tout en admettant l'existence de l'apprentissage associatif. C'était le cas de Locke. En fait, son intérêt pour l'association lui vint après coup, et ce n'est qu'à la quatrième édition de l'*Essai* qu'il ajouta un court chapitre, intitulé «L'association d'idées». Et même là, l'association n'était utilisée principalement que pour expliquer les *erreurs* de raisonnement.

Comme nous l'avons vu, Locke croyait que la connaissance s'acquérait principalement par une réflexion active sur les idées présentes à l'esprit. En comparant les idées, en les combinant, en faisant des liens entre elles et en réfléchissant autrement à leur sujet, nous acquérons une compréhension du monde, de la moralité et de nous-mêmes. Alors, où l'association dans le discours de Locke se situe-t-elle? Locke utilisait l'association pour expliquer les *fausses croyances* qui peuvent résulter d'accidents liés au temps ou aux circonstances. Il qualifiait d'«espèce de folie» les croyances qui résultaient de l'apprentissage associatif (1706/1974, p. 250), car elles s'opposaient à la raison. En plus des idées qui s'agglutinent dans l'esprit en raison des liens logiques qui existent entre elles, certaines idées s'associent naturellement, par exemple l'odeur du pain en

train de cuire et l'idée de pain. Ce type d'association est inoffensif, car il est déterminé par des liens naturels. Les associations qui relèvent d'une «espèce de folie» sont apprises par hasard, par habitude ou par erreur. Ces associations mènent à des malentendus, ce qui n'est pas le cas avec les associations naturelles.

Locke croyait que les idées qui se succédaient les unes aux autres en raison de motifs naturels ou rationnels incarnaient la connaissance véritable, mais que les idées associées fortuitement, uniquement en raison de leur contiguïté, pouvaient mener à des croyances déraisonnables. Pour illustrer les croyances déraisonnables, Locke (1706/1974, p. 252-254) utilisait notamment les exemples suivants: une personne qui mange une trop grande quantité de miel tombe malade et, par la suite, évite de penser au miel (nous appelons aujourd'hui l'effet Garcia le fait d'éviter les substances qui causent des maladies); un bambin dont la gardienne associe les ténèbres aux forces maléfiques grandira avec la peur du noir; une personne qui subit une chirurgie douloureuse développera une aversion pour le chirurgien; des enfants qui apprennent à lire avec des méthodes coercitives développeront une aversion pour la lecture.

Selon la définition de l'association de Drever (1968), dans une tentative de ramener toutes les activités mentales aux principes associatifs, la philosophie de Locke ne peut servir d'exemple d'associationnisme. Même si son bref chapitre sur l'association d'idées aborde l'apprentissage des associations naturelles, Locke s'intéressa surtout à l'apprentissage des associations non naturelles. Comme nous le verrons, pour les empiristes britanniques et les sensualistes français qui suivirent Locke, les lois associatives prirent une importance accrue. Dans leurs efforts pour devenir des «Newton de l'esprit», ils prétendaient que leurs idées correspondaient aux particules de Boyle et que les lois associatives constituaient le ciment qui liait toutes ces idées.

L'éducation Le livre de Locke *Some Thoughts on Education* (1693/2000) exerça dans le monde occidental une grande influence sur l'éducation. En insistant sur le fait que l'éducation (l'expérience) a une plus grande importance que la nature (la capacité innée) dans le développement du caractère, la vision de Locke sur l'éducation concordait avec sa philosophie empiriste.

Pour Locke, l'éducation significative avait lieu à la maison et à l'école. Il encourageait les parents à renforcer la tolérance au stress chez leurs enfants (un processus qu'il appelait *endurcissement*) en les obligeant à dormir sur des lits durs plutôt que sur des lits mous. L'exposition des enfants à des degrés raisonnables de froid et d'humidité augmenterait également leur tolérance aux inévitables épreuves de la vie. Au besoin, les pleurs devaient être découragés au moyen de châtiments corporels. Les parents devaient fournir à leurs enfants du repos, de la nourriture, de l'air frais et de l'exercice en quantités suffisantes, car une bonne santé et un apprentissage efficace demeurent indissociables.

Quant aux pratiques qui avaient lieu en classe, les châtiments corporels mineurs à l'endroit des élèves étaient préconisés, mais non les châtiments sévères. Selon Locke, les enseignants devaient rendre l'expérience pédagogique le plus agréable possible afin que l'apprentissage se poursuive au-delà de l'école. Si l'apprentissage avait lieu dans des conditions défavorables, les élèves en développeraient une aversion, autant à l'école qu'à l'extérieur de l'école. Pour l'enseignement des sujets plus complexes, Locke recommandait une approche graduelle pour éviter de surcharger les élèves et susciter en eux de la frustration. Pour la même raison, les travaux excessifs et trop rigoureux devaient être proscrits. La tâche principale de l'enseignant consistait à reconnaître les accomplissements des élèves et à en faire l'éloge.

Quel comportement fallait-il adopter face aux peurs irrationnelles d'un enfant? Locke utilisait en guise d'exemple l'histoire d'un enfant qui avait peur des grenouilles :

> Votre enfant frémit et prend la fuite à la vue d'une grenouille : faites prendre une grenouille à une autre personne, et ordonnez-lui de la mettre à une bonne distance de votre enfant. Accoutumez-le premièrement à jeter les yeux dessus, et quand il peut la regarder sans peine, à la souffrir plus près de lui et à la voir sauter sans émotion ; après cela, faites-la lui toucher légèrement pendant qu'un autre la tient ferme entre ses mains, continuant ainsi par degrés à lui rendre cet animal familier jusqu'à ce qu'il puisse le manier avec autant d'assurance qu'il manie un papillon ou un moineau. Par la même méthode, vous pourrez affranchir votre enfant de toute frayeur chimérique, si vous prenez bien garde de n'aller pas trop vite, et que vous n'exigiez point de lui un nouveau degré d'assurance avant qu'il soit entièrement

confirmé dans celui qui précède immédiatement […]. (1693/2000, éd. fr. 1882, p. 174)

Le conseil donné par Locke pour traiter les peurs irrationnelles ressemblait remarquablement au type de thérapie comportementale utilisée bien des années plus tard par Mary Cover Jones (voir le chapitre 12).

Sauf en ce qui concerne l'enseignement de la tolérance au stress, les idées de Locke sur l'éducation semblent maintenant banales, ce qui était loin d'être le cas au moment où il les proposa.

Le gouvernement par le peuple et pour le peuple

Locke s'attaqua non seulement au concept d'idées innées, mais également à celui de principes moraux innés. Il croyait qu'un dogme avait été érigé autour de la notion de vérité morale innée et que les gens devaient chercher eux-mêmes la vérité plutôt que de se la laisser imposer. Pour cette raison, notamment, l'empirisme était considéré comme un mouvement radical qui cherchait à remplacer la religion, issue d'une révélation, par une loi naturelle. Jouissant d'une grande influence sur le plan politique, Locke remit en question le droit divin des rois et proposa un gouvernement qui serait dirigé par le peuple pour le peuple. Sa philosophie politique fut endossée avec enthousiasme par les utilitaristes du XIXe siècle et influa grandement sur la rédaction de la Déclaration d'indépendance des États-Unis.

George Berkeley

George Berkeley (1685-1753) naquit le 12 mars à Kilkenny, en Irlande. Il fréquenta d'abord le Kilkenny College ; puis, en 1700, à l'âge de 15 ans, il entra au Trinity College (université de Dublin), où il obtint en 1704, à l'âge de 19 ans, un baccalauréat puis, en 1907, à l'âge de 22 ans, une maîtrise. Il fut ordonné diacre de l'Église anglicane à l'âge de 24 ans. Il écrivit également à l'âge de 24 ans *An Essay Towards a New Theory of Vision* (1709) et, un an plus tard, il publia son œuvre peut-être la plus importante, *A Treatise Concerning the Principles of Human Knowledge* (1710). Sa troisième œuvre majeure, *Three Dialogues Between Hylas and Philonous*, fut publiée en 1713 à l'occasion de son premier voyage en Angleterre. Ces trois ouvrages assurèrent la renommée de Berkeley avant qu'il n'atteignît l'âge de 30 ans. Il continua à enseigner la théologie et la philosophie grecque à Trinity College jusqu'en 1724, où il participa à la création d'un nouveau collège aux

George Berkeley

Bermudes destiné autant aux autochtones qu'aux colons blancs américains. En 1728, il se rendit à Newport, dans le Rhode Island, pour assurer le financement de son projet. Cependant, les subventions gouvernementales qu'il espérait ne se matérialisèrent pas, et Berkeley retourna à Londres. La maison de Berkeley à Whitehall (près de Newport) est devenue aujourd'hui un musée qui contient les artéfacts de sa visite dans la colonie américaine. Pendant les 18 dernières années de sa vie, Berkeley fut l'archevêque anglican de Cloyne, dans le comté de Cork, en Irlande. Il mourut subitement le 14 janvier 1753, à Oxford, alors qu'il aidait son fils à entrer à l'université. Près d'un siècle plus tard, le site de la première université de la Californie fut baptisé en l'honneur de l'évêque Berkeley.

L'opposition au matérialisme Berkeley faisait remarquer que la chute de la scolastique, qui résultait d'attaques à la philosophie d'Aristote, entraînait un scepticisme religieux généralisé, voire l'athéisme. Il notait également que la nouvelle philosophie du *matérialisme* érodait encore plus les fondements de la croyance religieuse. Pendant son séjour au Trinity College, Berkeley étudia les travaux de personnes comme

Descartes, Hobbes, Locke et Newton, et il rendit ces individus responsables de la propagation de la philosophie matérialiste. Selon Berkeley, la vision du monde créée par la philosophie matérialiste se résumait à la nature atomique de la matière ; par conséquent, tous les événements physiques étaient explicables avec des lois mécaniques. Le monde n'est rien de plus que de la matière en mouvement, et ce mouvement s'explique avec des lois naturelles qui s'expriment en termes mathématiques. Berkeley concluait, avec raison, que la philosophie matérialiste remplaçait Dieu de plus en plus et que, par conséquent, elle était dangereuse, sinon fatale, pour la morale et la religion. Berkeley décida donc d'attaquer les fondements mêmes du matérialisme, c'est-à-dire l'affirmation voulant que la *matière* existe.

« Être, c'est être perçu » La solution de Berkeley à ce problème fut à la fois audacieuse et radicale : il tenta de démontrer que la matière n'existe pas et que tous les principes présentés par la philosophie matérialiste étaient, par le fait même, erronés. Dans son refus du matérialisme, Berkeley était à la fois en accord et en désaccord avec Locke. Il était d'accord avec Locke pour dire que la connaissance humaine est fondée *uniquement* sur les idées. Toutefois, Berkeley était en profond désaccord avec Locke sur le fait que toutes les idées découlaient de l'interaction avec le monde empirique. Même en supposant l'existence d'un tel monde, disait Berkeley, nous ne pourrions être en contact direct avec lui. Toutes les choses prennent vie au moment où elles sont perçues, et, par conséquent, la réalité se résume à nos perceptions et à rien d'autre.

Seules les qualités secondes existent Dans son exploration des qualités premières et des qualités secondes, Berkeley parlait des premières comme de supposées caractéristiques d'objets physiques, et des secondes, comme d'idées ou de perceptions. Une fois ces distinctions faites, il rejetait l'existence des qualités premières. Pour lui, seules les qualités secondes (perceptions) existaient. Bien entendu, cette vision s'inscrivait dans son affirmation « être, c'est être perçu ». Pour Berkeley, le matérialisme était à rejeter, car le monde physique n'existait pas.

Berkeley ne niait pas l'existence d'une réalité extérieure Bien entendu, l'affirmation de Berkeley que tout ce qui existe se limite à une perception soulève plusieurs questions. Par exemple, si la réalité se définit uniquement par une affaire de perception, cesse-t-elle d'exister dès qu'elle cesse d'être perçue? Sur quelles bases peut-on supposer que la réalité qui est perçue par une personne est la même que celle qui est perçue par une autre? Premièrement, Berkeley ne niait pas l'existence d'une réalité extérieure. Ce qu'il réfutait, c'était que la réalité externe consistait en de la matière inerte, comme le prétendaient les matérialistes:

> Je ne nie pas l'existence d'une chose que nous pouvons appréhender par les sens ou la réflexion. Les choses que je vois avec mes yeux et que je touche avec mes mains existent, existent réellement. La seule chose dont nous nions l'existence est ce que les *philosophes* appellent la matière ou la substance corporelle. (Armstrong, 1965, p. 74 [notre traduction])

La perception divine crée la réalité externe. Avec le temps, cette perception divine stabilise la perception externe et la rend uniforme pour tous. Les prétendues lois de la nature sont des idées dans l'esprit de Dieu. En de rares occasions, Dieu peut changer d'idée et modifier les «lois de la nature», créant des «miracles», mais, la plupart du temps, ses perceptions restent les mêmes.

Ce que nous ressentons au moyen de nos sens sont les idées issues de l'esprit de Dieu; avec l'expérience, nos idées finissent par ressembler à celles de Dieu et nous percevons alors avec exactitude la réalité externe. «Être, c'est être perçu», et la perception du monde physique par Dieu lui permet de prendre forme; nous percevons les perceptions de Dieu et ces perceptions prennent vie dans notre esprit sous la forme d'idées. Si les qualités secondes sont vues comme des idées, leur existence dépend de la personne qui les perçoit; la réalité est donc faite de qualités secondes.

Le principe associatif   Selon Berkeley, chaque modalité des sens fournit sur un objet un type d'information (idée) différent et distinct. C'est à travers l'expérience que nous apprenons que certaines idées sont toujours associées à un objet spécifique:

> Par la vue, j'ai les idées de la lumière et des couleurs avec leurs différents degrés et variations. Par le toucher, je perçois, par exemple, le dur et le mou, la chaleur et le froid, le mouvement et la résistance, et tout cela plus ou moins eu égard à la quantité ou au degré. L'odorat me fournit des odeurs, le palais, des saveurs, et l'ouïe transmet des sons à l'esprit avec toute leur variété de ton et de composition.

Et comme plusieurs d'entre elles sont observées s'accompagnant les unes les autres, elles arrivent à être marquées par un seul nom et ainsi à être considérées comme une seule chose. Ainsi, par exemple, une couleur, une saveur, une odeur, une figure, une consistance données qui se sont offertes ensemble à l'observation sont tenues pour une seule chose distincte signifiée par le nom de pomme. D'autres collections d'idées constituent une pierre, un arbre, un livre et autres semblables choses sensibles; ces choses, comme elles sont plaisantes ou désagréables, provoquent les passions de l'amour, de la haine, de la joie, du chagrin, et ainsi de suite. (Berkeley, éd. fr. 1991)

Ainsi, ce que nous nommons objets sont des agrégats des sensations qui s'accompagnent habituellement les unes les autres. Comme Locke, Berkeley acceptait la loi de la contiguïté comme principe associatif. Cependant, contrairement à Locke, il ne s'intéressait pas aux associations fortuites ou arbitraires. Pour Berkeley, *toutes* les sensations que nous ressentons simultanément et de manière constante s'associent. En fait, selon lui, les objets sont des agrégats de sensations, rien de plus.

La théorie de la perception de la distance de Berkeley   Pour Berkeley comme pour Locke, même si une personne née aveugle recouvrait la vue, elle serait incapable de distinguer un cube d'un triangle. Une telle discrimination requiert l'association d'expériences tactiles et visuelles. Berkeley alla plus loin en affirmant qu'une telle personne se trouverait également incapable de percevoir la distance pour la même raison. Afin d'évaluer adéquatement la distance par rapport à un objet, il faut associer plusieurs perceptions. Par exemple, lorsqu'elle regarde un objet et avance en sa direction, une personne reçoit une stimulation tactile. Après plusieurs expériences avec une même distance et avec des distances différentes, les caractéristiques visuelles d'un objet suggèrent à elles seules la distance qui le sépare de cette personne. En d'autres mots, un objet plus petit suggère une distance plus grande et un objet plus gros suggère une distance moins grande. Par conséquent, l'apprentissage des indices en lien avec la distance se fait par un processus d'association. Pour la même raison, les modalités des autres sens fournissent également des indices. Berkeley donnait l'exemple suivant:

> Assis à mon bureau, j'entends une calèche qui s'approche dans la rue; je regarde à la fenêtre et je l'aperçois; je sors et je monte à bord. Le simple bon sens me dirait que j'ai entendu, que j'ai vu et que j'ai touché une même

chose. Or, les idées transmises par mes sens sont indiscutablement très différentes et distinctes les unes des autres ; pourtant, les ayant observées constamment en tant qu'ensemble, elles deviennent une seule et même chose. Grâce aux variations de bruit, je perçois la distance à laquelle la calèche se trouve et je sais qu'elle s'approche même si je ne la vois pas. Grâce à mes oreilles, je perçois la distance de la même manière qu'avec mes yeux. (Armstrong, 1965, p. 302-303 [notre traduction])

Avec sa théorie empirique de la perception de la distance, Berkeley réfutait la théorie défendue par Descartes et par d'autres sur le lien qui existe entre la perception de la distance et la géométrie de l'optique. En vertu de cette théorie, la distance entre deux yeux dessine la base d'un triangle, et l'objet fixé constitue le sommet du triangle. Un objet distant forme un triangle long et étroit tandis qu'un objet rapproché forme un triangle large et court. De même, l'angle du sommet du triangle variera directement avec la distance de l'objet observé ; plus grande sera la distance et plus grand sera l'angle du sommet, et vice versa. La convergence et la divergence des yeux représentent des éléments importants dans cette théorie, mais uniquement parce que ces mouvements créent la géométrie de la perception de la distance.

Selon Berkeley, le problème avec cette théorie de la distance fondée sur la « géométrie naturelle » réside dans le fait que les gens ne perçoivent pas la distance de cette façon. La convergence et la divergence des yeux étaient extrêmement importantes dans l'analyse de Berkeley, mais non en raison des angles de vision créés par ces mouvements. Elles étaient importantes parce que les sensations qu'elles produisaient, associées aux autres sensations, fournissaient des indices sur la distance :

> *Premièrement*, l'expérience nous enseigne que, lorsque nous regardons un objet rapproché avec nos deux yeux, selon qu'il s'approche ou s'éloigne de nous, nous modifions la position de nos yeux en réduisant ou en agrandissant l'intervalle entre les pupilles. Cette disposition est accompagnée d'une sensation, ce qui, il me semble, fournit à l'esprit l'idée d'une distance plus grande ou plus courte. (Armstrong, 1965, p. 288 [notre traduction])

L'analyse de la perception de la grandeur (taille) est semblable à celle de la perception de la distance. En fait, la signification d'un mot est déterminée par la sensation qui accompagne habituellement ce mot. Nous l'avons vu dans le cas du mot *pomme*. Berkeley donne d'autres exemples :

> Lorsque nous percevons la distance, nous percevons aussi la taille. Nous les percevons comme nous percevons la honte ou la colère dans le regard d'un homme. Ces passions sont en soi invisibles ; elles sont néanmoins détectées par l'œil en même temps que les couleurs et les altérations de l'expression qui sont directement observables. Ces couleurs et ces altérations sont alors simplement associées à ces passions qu'elles accompagnaient au moment où elles ont été observées. Sans une telle expérience, une rougeur au visage pourrait autant être le signe de la honte que de la gaieté. (Armstrong, 1965, p. 309 [notre traduction])

L'exposé empirique de Berkeley sur la perception et sa signification représentait un point tournant dans l'histoire de la psychologie, car Berkeley montrait que toutes les perceptions complexes pouvaient être considérées comme des éléments des sensations élémentaires telles que la vue, l'ouïe et le toucher. Atherton (1990) offre un compte rendu plus détaillé de la théorie de la perception de Berkeley et explique en quoi celle-ci est « révolutionnaire ».

David Hume

Né le 26 avril à Édimbourg, en Écosse, **David Hume** (1711-1776) étudia le droit et le commerce à l'université

David Hume

d'Édimbourg, mais sans obtenir de diplôme. Jouissant d'une aisance financière relative grâce à un héritage, Hume s'établit à La Flèche, en France, où Descartes avait étudié pendant sa jeunesse. C'est là que Hume, à l'âge de 28 ans, rédigea son ouvrage célèbre, *Treatise of Human Nature, Being an Attempt to Introduce the Experimental Method of Reasoning into Moral Subjects*. Le premier volume fut publié en 1739, et le second, en 1740. Hume parlait ainsi de son traité : « Il est tombé à plat sans même attirer le moindre murmure de la part des zélateurs » (Flew, 1962, p. 305 [notre traduction]). En 1742, Hume publia *Philosophical Essays*, qui reçut un accueil favorable. Hume était persuadé que le mauvais accueil réservé à son traité tenait davantage à sa présentation qu'à son contenu. En 1748, il en publia une version abrégée intitulée *An Enquiry Concerning Human Understanding*. Le propos qui suit se fonde en grande partie sur son édition posthume de 1777.

Contrairement aux autres philosophes de son époque, Hume n'enseigna jamais à l'université. Il reçut deux fois une nomination, mais l'opposition du clergé anglais l'empêcha d'accéder au poste de professeur. Il manifestait un scepticisme envers les croyances religieuses, et les affrontements avec l'Église furent un thème central de sa vie. À propos de la religion, Hume disait : « L'Église est une énigme, un mystère inexplicable. Le doute, l'incertitude, l'absence de jugement semblent être les seules conclusions auxquelles nous mène notre examen minutieux du sujet » (Yandell, 1990, p. xiv [notre traduction]. Hume usait de son jugement en matière de religion ; à ses yeux, la religion était à la fois irrationnelle et impraticable :

> En premier lieu, l'impact sur notre vie quotidienne de la peur de Dieu et de l'espérance d'une vie après la mort est moins grand qu'on ne le suppose généralement. En deuxième lieu, les religions sont nuisibles. Elles inventent des péchés mortels comme le suicide, qui n'est en rien une dépravation naturelle, et créent des « mérites frivoles » qui ne relèvent d'aucun bien naturel. De plus, [...] les religions sont responsables de persécutions cruelles, de sectarisme, de querelles entre sectes ou entre les sectes et le pouvoir civil, et de persécution des opinions non orthodoxes. (Gaskin, 1998, p. xvii [notre traduction])

Plutôt que de se laisser entraîner dans de furieuses disputes sur les croyances religieuses, Hume trouvait refuge dans les « régions calmes, mais parfois obscures, de la philosophie » (Yandell, 1990, p. xiv [notre traduction]).

Vers la fin de sa vie, Hume confia son manuscrit des *Dialogues Concerning Natural Religion* à son ami Adam Smith, le célèbre économiste, en espérant que ce dernier se chargerait de sa publication. Toutefois, à la mort de Hume en 1776, Smith, craignant peut-être des représailles contre lui-même, jugea préférable de ne pas y donner suite. Le livre ne fut publié qu'en 1779, sans mention du nom de l'éditeur (Steinberg, 1977).

L'objectif de Hume Selon Hume, « il apparaît évident que toutes les sciences sont plus ou moins en lien avec la nature humaine ; peu importe dans quelle mesure elles semblent s'en éloigner ou non, elles y retournent toujours par un moyen ou par un autre » (Flew, 1962, p. 172 [notre traduction]). Par le mot « science », Hume entendait des champs d'étude comme les mathématiques, la philosophie naturelle (la physique), la religion, la logique, la morale, la critique et la politique. En d'autres mots, toutes les matières importantes reflétaient la nature humaine ; par conséquent, la compréhension de cette nature s'avérait essentielle. En formulant sa science de l'être humain, Hume s'inscrivait dans la tradition empirique des d'Occam, Bacon, Hobbes et Berkeley : « La science de l'homme étant le seul fondement solide des autres sciences, les seuls fondements solides que nous pouvons accorder à cette science de l'homme doivent être l'expérience et l'observation » (Flew, 1962, p. 173 [notre traduction]).

Toutefois, les accomplissements de la science newtonienne impressionnaient grandement Hume ; il voulait faire pour la « philosophie morale » ce que Newton avait fait pour la « philosophie naturelle ».

> Hume croyait qu'il était possible, s'il suivait les mêmes méthodes d'enquête que Newton, de réformer la philosophie morale d'une manière comparable à ce que la révolution newtonienne avait fait pour la physique. Il voulait être le Newton des sciences morales. Ses accomplissements surpasseraient en fait ceux de Newton ; la science de l'être humain serait non seulement le fondement indispensable de la philosophie naturelle, mais elle serait d'une « importance plus grande » et d'une « utilité supérieure ». (E. F. Miller, 1971, p. 156 [notre traduction])

À l'époque de Hume, la « philosophie morale » était l'équivalent de ce que nous appelons aujourd'hui les sciences sociales, et la « philosophie naturelle » désignait ce que nous appelons maintenant les sciences physiques.

En plus d'être une science empirique, la science de l'être humain serait également une science « expérimentale ». Les expériences s'avéreraient aussi utiles dans les sciences humaines qu'elles l'étaient dans les sciences physiques. Toutefois, pour les sciences humaines, Hume n'utilisait pas les expériences de la même manière que pour les sciences physiques. En sciences physiques, une expérience comportait la manipulation d'une variable environnementale et l'observation de l'effet de cette manipulation sur une autre variable. Les deux variables étaient observables et mesurables. Comme nous le verrons plus loin, les principaux déterminants du comportement dans le système de Hume étaient de nature cognitive ; il était donc impossible de les observer directement. Pour Hume, le mot *expérience* signifiait *expérience cognitive*. Que signifiait alors le mot *expérimentation* pour lui ? Par expérimentation, il entendait l'observation attentive de la façon dont les expériences étaient reliées entre elles, puis de la façon dont elles étaient reliées au comportement. Hume précisa que l'expérimentation en sciences humaines différerait de celle qui était de mise en sciences physiques, mais que cette différence ne signifierait pas que l'une était inférieure à l'autre. En fait, sa science serait même supérieure aux autres sciences (Flew, 1962, p. 175).

L'objectif de Hume consistait à combiner la philosophie empirique de ses prédécesseurs avec les principes de la science de Newton pour créer une science humaine. Il est ironique de penser que, en dépit de la grande admiration que Hume vouait à Newton, il avait tendance à privilégier la méthode inductive baconienne à la méthode déductive newtonienne. L'axe majeur de l'approche de Hume était l'observation méticuleuse et la formulation d'une généralisation prudente à partir de cette observation. À l'occasion, Hume formula une hypothèse et la vérifia grâce à l'expérimentation, mais il mettait nettement l'accent sur l'induction par rapport à la déduction.

Les impressions et les idées   Comme les empiristes qui l'ont précédé, Hume croyait que les contenus de l'esprit étaient générés par l'expérience. Ainsi, à l'exemple de ses prédécesseurs, Hume croyait que l'expérience (perception) pouvait être stimulée par des événements internes ou externes. Comme Berkeley, Hume pensait que l'être humain n'expérimente pas directement ce qui est physique, mais qu'il n'en a que des perceptions :

> C'est une question de fait de savoir si les perceptions des sens sont produites par des objets extérieurs qui leur ressemblent. Comment cette question sera-t-elle résolue ? Assurément par l'expérience, comme toutes les autres questions d'une semblable nature ; mais ici, l'expérience est, et doit être, entièrement silencieuse. L'esprit n'a rien d'autre qui lui soit présent que les perceptions, et il ne lui est jamais possible d'atteindre quelque expérience de leur connexion aux objets. La supposition d'une telle connexion est donc sans aucun fondement quand nous raisonnons. (Hume, 1748, éd. fr. 2002)

Hume ne niait pas l'existence d'une réalité physique ; il niait uniquement la possibilité d'y accéder directement. Même si la nature ultime de la réalité physique devait demeurer obscure, selon Hume, son existence devait être tenue pour acquise dans toutes les discussions. « Cette question est inutile. Le corps existe-t-il ou non ? C'est pourtant un fait dont nous devons tenir compte dans tous nos raisonnements » (Mossner, 1969, p. 238 [notre traduction]).

Hume établissait une distinction entre les **impressions** qui étaient fortes, les perceptions précises et les idées qui étaient des perceptions relativement faibles :

> Par conséquent, nous pouvons ici diviser toutes les perceptions de l'esprit en deux classes ou espèces, qui seront distinguées par les différents degrés de force et de vivacité. Les perceptions les moins fortes, les moins vives, sont communément appelées *pensées* ou *idées*. Celles de l'autre classe n'ont pas de nom dans notre langue, ni dans la plupart des autres langues, et je suppose que ce défaut s'explique par l'inutilité, sinon à des fins philosophiques, de placer ces perceptions sous une appellation ou un terme général. Usons donc de quelque liberté et appelons-les *impressions*, en employant ce mot dans un sens quelque peu différent du sens habituel. Par le mot *impression*, donc, j'entends toutes nos plus vives perceptions, quand nous entendons, voyons, sentons, aimons, haïssons, désirons ou voulons. Et les impressions sont distinguées des idées, qui sont les perceptions les moins vives dont nous sommes conscients quand nous réfléchissons à l'une des sensations où à l'un des mouvements dont nous venons de parler. (Hume, 1748, éd. fr. 2002)

Les idées simples, les idées complexes et l'imagination   Hume établissait la même distinction que Locke entre les idées simples et les idées complexes. Même si, selon Hume, toutes les idées simples sont au départ des impressions, toutes les idées complexes ne correspondent pas nécessairement à des impressions complexes. Une fois que les idées existent dans l'esprit, elles peuvent être réorganisées de manière presque infinie par l'**imagination** :

> Rien n'est plus libre que l'imagination de l'homme ; et bien qu'elle ne puisse aller au-delà de cette réserve originelle d'idées fournies par les sens externes et le sens interne, elle a un pouvoir illimité de mêler, de composer, de séparer et de diviser ces idées dans toutes les variétés de la fiction et de la vision. Elle peut feindre une suite d'événements, avec toute l'apparence de la réalité, leur attribuer un temps et un lieu particuliers, les concevoir comme existants, et se les dépeindre avec toutes les circonstances qui appartiennent à un fait historique auquel elle croit avec la plus grande certitude. En quoi consiste donc la différence entre une telle *fiction* et la *croyance* ? Elle ne se trouve pas simplement dans une idée particulière, qui serait ajoutée à une conception de façon telle qu'elle commanderait notre assentiment, idée qui ferait défaut à toute fiction connue. Car, comme l'esprit a autorité sur toutes ses idées, il pourrait volontairement ajouter cette idée particulière à n'importe quelle fiction et, par conséquent, il pourrait croire tout ce qui lui plaît ; contrairement à ce que nous trouvons par expérience quotidienne. Nous pouvons, dans notre représentation, unir la tête d'un homme et le corps d'un cheval, mais il n'est pas en notre pouvoir de croire qu'un tel animal ait jamais existé dans la réalité. (Hume, 1748, éd. fr. 2002)

Il est intéressant de remarquer que, pour Hume, ce qui différencie un fait de la fiction sont les sentiments produits par une expérience. Les idées dont on a fait l'expérience de manière regroupée et constante créent la *croyance* que ces idées s'enchaînent les unes aux autres. Pour nous, ces croyances représentent la réalité. À l'inverse, les idées qui ne font que traverser notre imagination n'ont aucune histoire de concordance et, par conséquent, ne créent aucune croyance forte que l'une appartient à l'autre. Ce qui distingue un fait de la fantaisie, c'est le degré de la croyance qu'une idée appartient à une autre, et une telle croyance est déterminée uniquement par l'expérience.

Encore une fois, les contenus de l'esprit proviennent uniquement de l'expérience, mais lorsqu'elles atteignent l'esprit, les idées peuvent être réorganisées à volonté. Nous pouvons donc entretenir des pensées qui ne correspondent pas nécessairement à la réalité. Hume donnait l'exemple de Dieu : « L'idée de Dieu, entendu comme un être infiniment intelligent, infiniment sage et infiniment bon, provient d'une réflexion sur les opérations de notre propre esprit, en accroissant sans limites ces qualités de bonté et de sagesse » (Hume, 1748, éd. fr. 2002).

Pour comprendre Hume, il est important de se rappeler que toute la connaissance humaine est fondée sur de simples impressions. Hume énonçait ce fait sous la forme d'une proposition générale : « À première vue, toutes nos idées simples dérivent de simples impressions auxquelles elles correspondent et qu'elles représentent fidèlement » (Hume, 1748, éd. fr. 2002).

Les associations d'idées Si les idées étaient regroupées uniquement par l'imagination, elles seraient « éparpillées et sans lien entre elles », et seul le hasard permettrait de les regrouper. De plus, les associations entre les idées différeraient d'une personne à l'autre, car rien ne justifierait qu'elles soient similaires. Toutefois, Hume croyait plutôt le contraire. Pour lui, il existait une grande similitude entre les associations faites par tous les êtres humains, et cette similitude devait être expliquée.

Hume considérait son analyse des associations d'idées comme l'une de ses plus grandes réalisations. « S'il y a une chose qui permet à l'auteur de recevoir le titre d'*inventeur*, c'est son utilisation du principe d'association qui apparaît dans l'ensemble de sa philosophie » (Flew, 1962, p. 302 [notre traduction]). Hume semblait ignorer le fait que les lois associatives remontaient aussi loin qu'à Aristote et qu'elles avaient été utilisées par Hobbes, dans une moindre mesure par Locke, et de manière approfondie par Berkeley. Cependant, il est vrai que la philosophie de Hume reposait tellement sur les principes associatifs qu'elle pouvait servir d'exemple d'associationnisme. Pour Hume, les lois associatives ne cimentent pas les idées ensemble de manière que leur association devient immuable. Comme nous l'avons déjà vu, l'imagination peut remodeler les idées dans l'esprit dans presque toutes les configurations possibles. Hume considérait plutôt les lois associatives comme une « force bienveillante » qui crée certaines associations par rapport à d'autres.

Selon Hume, trois lois associatives influencent nos pensées. Selon la **loi de la ressemblance**, nos pensées peuvent facilement passer d'une idée à d'autres similaires, par exemple lorsque le fait de penser à un ami stimule le souvenir d'autres amis. Selon la **loi de la contiguïté**, le fait de penser à un objet amène une tendance à se remémorer des objets dont nous avons fait l'expérience au même moment et au même endroit que l'expérience de l'objet auquel nous pensons, par exemple lorsque le souvenir d'un cadeau stimule les pensées à propos de la personne qui l'a offert. Selon la **loi de cause à effet**, le fait de penser à un résultat (effet) amène une tendance à penser aux événements qui précèdent habituellement ce résultat, par exemple lorsque nous apercevons un éclair et que nous anticipons le tonnerre. Selon Hume, « aucune relation ne crée un lien aussi fort dans l'imagination et permet de se remémorer une idée plus facilement à partir d'une autre que la relation de cause à effet » (Mossner, 1969, p. 58-59 [notre traduction]). Étant donné que Hume considérait la loi de cause à effet comme la loi associative la plus importante, nous l'examinerons plus en détail.

L'analyse de la causalité   Depuis Aristote et la scolastique jusqu'à Hume, on croyait que certaines causes, par leur nature même, produisaient certains effets. Dire que « A cause B », c'était parler de l'essence même de A et de B ; on supposait l'existence d'une relation naturelle entre les deux événements, et le fait de connaître A permettait de prédire B. Connaître les essences de A et de B permettait donc de faire une prédiction sans observer nécessairement les deux événements ensemble. Hume désapprouvait complètement cette analyse de la causalité. Pour lui, il était impossible de savoir s'il existait un lien entre deux événements à moins d'avoir expérimenté ce lien. En fait, selon Hume, une relation de causalité se définissait par une relation observée de manière continue, et rien d'autre. La causalité n'était pas une nécessité logique, mais une expérience psychologique.

Hume n'avait pas l'intention de nier l'existence des relations de causalité et de miner les fondements de la science, dont ces relations était l'objet de recherche. Il cherchait plutôt à préciser le sens des relations de causalité et les mécanismes menant aux croyances en de telles relations. Hume décrivait ainsi les observations à faire avant de conclure à l'existence d'une causalité entre deux événements :

1. La cause et l'effet doivent être contigus dans l'espace et le temps.

2. La cause doit être antérieure à l'effet.

3. Il doit exister un lien constant entre la cause et l'effet. C'est cette qualité qui crée la relation.

4. La même cause produit toujours le même effet et cet effet ne peut se produire qu'à partir de cette cause (Flew, 1962, p. 216).

Par conséquent, à partir d'observations constantes, il est possible de faire des inférences de causalité. Les prédictions fondées sur de telles observations supposent que ce qui est survenu dans le passé continuera de se produire dans l'avenir, *mais qu'il n'existe aucune garantie en ce sens*. Nous tablons, d'une part, sur la *croyance* qu'une relation observée dans le passé continuera d'exister dans l'avenir et, d'autre part, sur la foi prêtée à cette croyance. En outre, même si toutes les conditions énumérées sont réunies, nous pouvons encore en arriver à une inférence de causalité erronée, par exemple lorsque nous concluons que le coucher de soleil cause le lever de soleil parce que l'un précède l'autre et que l'un ne peut se produire sans que l'autre se produise. Selon Hume, ce n'est donc pas la rationalité qui gouverne nos vies, mais l'expérience cumulative, qu'il nomme *accoutumance* :

> L'accoutumance est donc le grand guide de la vie humaine. C'est ce principe seul qui rend l'expérience utile, et nous fait attendre, dans le futur, une suite d'événements semblables à ceux qui ont paru dans le passé. Sans l'influence de l'accoutumance, nous serions totalement ignorants de toute chose de fait au-delà de ce qui est immédiatement présent à la mémoire et aux sens. Nous ne saurions jamais ajuster les moyens aux fins, ou employer nos pouvoirs naturels pour la production d'un effet. Ce serait sur-le-champ la fin de toute action, aussi bien que de la majeure partie de la spéculation. (Hume, 1748, éd. fr. 2002)

L'analyse de l'esprit et du moi   Comme nous le mentionnions dans le chapitre 1, un problème persistant dans l'histoire de la psychologie fut d'expliquer l'unicité de l'expérience. Même si nous faisons face à une myriade de situations changeantes, nos expériences conservent une continuité à travers le temps et les conditions. Les entités les plus souvent posées en postulats pour expliquer l'unicité de l'expérience furent l'esprit ou le moi. L'affirmation de Hume sur l'absence d'un esprit ou d'un moi fut donc un événement significatif dans l'histoire de la psychologie.

Selon Hume, toutes les croyances résultent d'expériences récurrentes et s'expliquent par les lois associatives. Toutes les entités métaphysiques comme Dieu, l'âme et la matière sont les produits de l'imagination, comme le sont les prétendues lois de la nature. Le scepticisme de Hume s'étendait au concept d'esprit si important pour beaucoup de philosophes, dont Descartes, Locke et Berkeley. Selon Hume, l'« esprit » ne représente rien de plus que les perceptions que nous ressentons à un moment donné : «Nous pouvons observer que ce que nous appelons l'*esprit* n'est rien d'autre qu'un amoncellement ou une collection de perceptions différentes réunies par diverses relations et auxquelles nous prêtons faussement une simplicité et une identité parfaites » (Mossner, 1969, p. 257 [notre traduction]).

Puisqu'il n'existe aucun esprit indépendant des perceptions, il n'y a pas de moi indépendant des perceptions :

> Pour ma part, lorsque je pénètre de la manière la plus intime possible dans ce que j'appelle le *moi*, je rencontre invariablement une quelconque perception de chaleur ou de froid, de lumière ou d'ombre, d'amour ou de haine, de plaisir ou de douleur. Je ne peux accéder au *moi* sans perception et je ne peux observer autre chose que des perceptions. Lorsque mes perceptions sont temporairement mises hors circuit, par exemple lors d'un sommeil profond, je reste insensible au *moi* et je peux affirmer qu'il n'existe plus. Lorsque toutes mes perceptions disparaîtront à ma mort et que je ne pourrai plus penser, ressentir, aimer ou haïr, après la décomposition de mon corps, je serai complètement annihilé. (Flew, 1962, p. 259 [notre traduction])

Les passions (émotions) sont les déterminants ultimes du comportement Hume faisait remarquer que, tout au long de l'histoire humaine, les êtres humains avaient manifesté les mêmes passions, et ces passions, motivé des comportements similaires.

> Il est universellement reconnu qu'il y a une grande uniformité entre les actions des hommes, dans toutes les nations et à toutes les époques, et que la nature humaine demeure toujours la même dans ses principes et ses opérations. Les mêmes motifs produisent toujours les mêmes actions, les mêmes événements s'ensuivent des mêmes causes. L'ambition, l'avarice, l'égoïsme, la vanité, l'amitié, la générosité, l'esprit public : ces passions, mêlées à des degrés divers, et distribuées dans toute la société, ont été, depuis le commencement du monde, et sont toujours, la source de toutes les actions et entreprises qui aient jamais été observées en l'humanité. (Hume, 1748, éd. fr. 2002)

Hume constatait que, même si tous les êtres humains vivent les mêmes passions, ils ne les vivent pas tous au même degré. De plus, comme chaque individu a son propre modèle de passion, il réagira différemment face aux diverses situations. Les passions d'une personne déterminent sa *personnalité*, et celle-ci détermine son comportement. La personnalité permet à un individu

d'interagir de manière cohérente avec les autres. C'est à travers l'expérience individuelle que des impressions et des idées s'associent à des émotions. La passion issue de ces impressions et de ces idées déterminera le comportement d'une personne. Voilà une autre application des lois associatives. Cependant, dans le cas présent, les associations relient des expériences diverses et les passions (émotions), et les passions et le comportement. Généralement, nous pouvons affirmer que les individus rechercheront des expériences associées au plaisir et éviteront les expériences associées à la douleur.

Le fait que le comportement humain est parfois contradictoire n'est pas un signe de liberté, et le fait que le temps est parfois imprévisible non plus :

> Les principes et motifs intérieurs peuvent opérer d'une manière uniforme, malgré ces apparentes irrégularités ; comme le vent, la pluie, les nuages, et autres variations du temps qui sont supposées être gouvernées par des principes réguliers, quoiqu'on ne puisse pas facilement les découvrir par la sagacité et la recherche humaines. (Hume, 1748, éd. fr. 2002)

Les êtres humains apprennent à réagir aux différentes circonstances comme le font les animaux, c'est-à-dire à travers l'expérience de la récompense et de la punition. Dans les deux cas, la capacité de raisonnement n'entre pas en ligne de compte.

> C'est encore plus évident des effets de la discipline et de l'éducation sur les animaux qui, si on leur applique à bon escient des récompenses et des punitions, peuvent apprendre une suite d'actions, et des plus contraires à leur instinct et à leurs penchants naturels. N'est-ce pas l'expérience qui fait qu'un chien craint la douleur quand vous le menacez ou que vous levez le fouet pour le battre ? N'est-ce pas encore l'expérience qui le fait répondre à son nom et inférer, à partir de tel son arbitraire, que vous le désignez plutôt que ses compagnons, et que vous voulez l'appeler quand vous prononcez son nom d'une certaine manière, avec un certain ton ou un certain accent ? [...] Les animaux ne sont pas guidés dans ces inférences par le raisonnement ; ni les enfants ; ni la plupart des hommes dans leurs actions et leurs conclusions ordinaires ; ni les philosophes eux-mêmes qui, dans toutes les parties actives de la vie, sont en somme semblables au vulgaire et sont gouvernés par les mêmes maximes. (Hume, 1748, éd. fr. 2002)

Ce ne sont pas les idées ou les impressions qui produisent le comportement, mais les passions qui sont associées à ces idées et à ces impressions. Comme le disait Hume, c'est pour cette raison que «nous ne parlons pas de manière stricte et philosophique lorsque nous parlons du combat entre la passion et la raison. La raison est et ne doit être que l'esclave des passions, et elle ne peut prétendre à un autre rôle que celui de les servir et de leur obéir » (Mossner, 1969, p. 462 [notre traduction]).

L'influence de Hume Grâce à Hume, l'importance de ce que nous appelons aujourd'hui la psychologie s'est considérablement accrue. En fait, il a subordonné la philosophie, la religion et la science à la psychologie. Tout ce que les êtres humains savent, ils l'ont appris par l'expérience. Toutes les croyances se résument simplement à l'attente que les événements qui ont été reliés dans le passé seront encore reliés dans l'avenir. De telles croyances ne sont pas déterminées de manière rationnelle, pas plus qu'elles ne sont défendues rationnellement. Elles résultent de l'expérience. Selon Hume, aucune certitude n'existe pour les êtres humains. C'est pour cette raison que Hume est souvent considéré comme le sceptique suprême.

Hume n'acceptait que deux types de connaissance : la connaissance démonstrative et la connaissance empirique. La *connaissance démonstrative* relie les idées aux idées, comme en mathématiques. Une telle connaissance n'est vraie qu'avec des définitions reconnues, et elle n'aborde pas nécessairement les faits ou les objets extérieurs à l'esprit. La connaissance démonstrative est entièrement abstraite et entièrement le produit de l'imagination. Cela ne signifie pas que la connaissance démonstrative est inutile, car les relations fournies par l'arithmétique, l'algèbre et la géométrie sont de type démonstratif et représentent une pensée claire et précise. Cependant, une telle connaissance n'est fondée que sur la déduction d'une idée à l'autre ; par conséquent, elle ne révèle pas nécessairement quelque chose sur les événements empiriques. À l'inverse, la *connaissance empirique* repose sur l'expérience et peut à elle seule fournir la connaissance qui nous guidera efficacement dans le monde. Selon Hume, pour être utile, la connaissance doit être démonstrative ou empirique ; sinon, cette connaissance demeure irréelle, ce qui la rend inutile.

> Quand nous parcourons les bibliothèques, persuadés de ces principes, quel dégât devons-nous faire ? Si nous prenons en main un volume quelconque, de théologie ou de métaphysique scolastique, par exemple, demandons-nous : *contient-il des raisonnements abstraits sur la quan-*

tité et le nombre ? Non. *Contient-il des raisonnements expérimentaux sur les choses de fait et d'existence ?* Non. Confiez-le donc aux flammes, car il ne peut contenir que sophismes et illusions. (Hume, 1748, éd. fr. 2002)

L'insistance de Hume sur la nature démonstrative ou empirique de toutes les propositions le place de manière non équivoque dans la tradition positiviste de Bacon. Plus loin dans ce chapitre, nous aborderons plus en détail le positivisme.

David Hartley

Fils de pasteur, **David Hartley** (1705-1757) compléta sa formation de ministre du culte à l'université de Cambridge, mais son intérêt pour la biologie l'orienta vers une carrière de physicien. Hartley demeura toute sa vie un homme profondément religieux, car il croyait que la compréhension des phénomènes naturels renforçait la foi en Dieu. Il fallut plusieurs années à Hartley pour rédiger sa longue et difficile œuvre intitulée *Observations on Man, His Frame, His Duty, and His Expectations* (1749). Cet ouvrage monumental est divisé en deux parties : la première partie (sur la structure du corps humain) est la contribution de Hartley à la psychologie ; la seconde (concernant les devoirs et les espérances de l'humanité) est presque entièrement théologique.

L'objectif de Hartley Même si les *Observations* ont été publiées plusieurs années après le *Treatise on Human Nature* de Hume (1739-1740), Hartley travaillait sur son œuvre depuis plusieurs années et ne semble pas avoir été influencé par Hume. Deux personnes l'influencèrent principalement : Locke et Newton. Hartley était d'accord avec Newton lorsque celui-ci prétendait que les nerfs sont solides (et non creux comme le croyait Descartes) et que l'expérience sensorielle cause des vibrations dans les nerfs. Ces vibrations étaient appelées *impressions*. Elles se rendaient jusqu'au cerveau et provoquaient des vibrations dans les « particules infinitésimales et médullaires », lesquelles à leur tour causaient des *sensations*. Newton observa également que les vibrations dans le cerveau font preuve d'une certaine inertie ; en effet, elles continuent de vibrer même après qu'ont cessé les impressions qui les ont provoquées. Selon Newton, ce phénomène expliquait pourquoi nous voyons un cercle de lumière autour d'un morceau de charbon tourbillonnant. Pour Hartley, les idées étaient le prolongement des vibrations

David Hartley

dans le cerveau subséquentes à une sensation. Les idées étaient donc de pâles imitations des sensations. L'objectif de Hartley était de synthétiser la conception de Newton sur la transmission nerveuse par vibration avec les versions antérieures des empiristes, plus particulièrement celle de Locke.

L'explication de Hartley sur l'association   Comme nous l'avons vu, Hartley croyait que les impressions sensorielles produisaient des vibrations dans les nerfs, lesquelles étaient transmises au cerveau et causaient des vibrations similaires dans la « substance médullaire » du cerveau. Les vibrations du cerveau causées par les impressions sensorielles engendrent des sensations. Une fois que cessent les vibrations sensorielles, il ne reste dans le cerveau que des vibrations amoindries, baptisées par Hartley **vibratiuncles**. Ce sont les vibratiuncles qui correspondent aux idées. Les vibratiuncles ressemblent, en plus faibles cependant, aux vibrations du cerveau qui sont associées aux sensations. Si on sait comment les impressions sensorielles produisent les idées, la question suivante est de savoir comment les idées s'associent.

Si on associe les sensations A, B et C [etc.] les unes avec les autres un nombre de fois suffisant, elles acquièrent un tel pouvoir sur les idées a, b et c [etc.] correspondantes, que n'importe quelle sensation A, une fois imprimée, devrait être en mesure de stimuler dans le mental, b, c [etc.], le reste des idées. (Hartley, 1759/1834, p. 41 [notre traduction])

La notion de Hartley qui explique que les expériences qui se produisent avec constance et de manière simultanée sont enregistrées dans le cerveau sous la forme d'un ensemble étroitement relié et que l'expérience d'un des éléments de cet ensemble entraînera la prise de conscience de l'ensemble des éléments est d'une remarquable modernité. Nous verrons dans le chapitre 19 que Donald Hebb en est arrivé essentiellement à la même conclusion environ 200 ans plus tard.

Même si Hartley distinguait les associations simultanées des associations successives, les deux constituent des exemples de la *loi de la contiguïté*. Les expériences successives sont rapprochées dans le temps tandis que les événements simultanés se produisent au même moment ; les deux fournissent des exemples de contiguïté. La loi de la contiguïté se trouvait au cœur de celle de Hartley, comme dans la plupart des théories associatives de l'époque. Ce qui différait dans le cas de Hartley, c'était sa tentative d'établir une corrélation entre l'ensemble des activités mentales et l'activité neurophysiologique.

Les idées simples et les idées complexes   Contrairement à Locke, qui croyait que les idées complexes se formaient à partir d'idées simples par la réflexion, Hartley soutenait que toutes les idées complexes se formaient automatiquement grâce au processus associatif. Pour Hartley, aucun processus actif de l'esprit n'était en cause. Les idées complexes se formaient par l'association et la contiguïté d'idées simples. De la même manière, les idées complexes associées par contiguïté s'associaient ensuite en idées « décomplexifiées ». Comme les idées simples se combinent en idées complexes et que les idées complexes se combinent pour former des idées « décomplexifiées », il pouvait s'avérer difficile de se remémorer les sensations individuelles à la base de ces idées. Toutefois, pour Hartley, toutes les idées, peu importe leur degré de complexité, étaient issues de sensations. En outre, l'association est l'*unique* processus responsable de la conversion des idées simples en idées complexes.

L'application des lois associatives au comportement Hartley chercha à démontrer que le prétendu **comportement volontaire** se formait à partir d'un comportement involontaire ou réfléchi. Il se servait de la loi associative pour expliquer comment le comportement involontaire se transforme graduellement en comportement volontaire, puis redevient presque involontaire (automatique). Le comportement involontaire se produit automatiquement (par réflexe) en réaction à une stimulation sensorielle. Le comportement volontaire survient en réaction aux idées ou aux stimuli qui ne sont pas associés au départ avec le comportement. Ce comportement volontaire peut devenir par la suite si habituel qu'il en devient automatique, comme l'est un comportement involontaire. L'explication de Hartley suppose que tous les comportements sont initialement involontaires et qu'ils deviennent graduellement volontaires grâce au processus associatif. Dans l'exemple suivant, nous pouvons voir que l'explication de Hartley (1749/1834) sur le développement du comportement volontaire se rapproche beaucoup de ce qui sera appelé plus tard un réflexe conditionné.

> Les doigts d'un jeune enfant se replient de presque toutes les façons vers la paume de sa main pour recréer le geste instinctif d'agripper. Après un nombre suffisant de répétitions des vibrations moteurs qui accompagnent cette action, il se crée des vibratiuncles qui s'associent de manière étroite avec d'autres vibrations ou vibratiuncles, les plus communs, je suppose, étant ceux excités par la vue du jouet favori que l'enfant a l'habitude d'agripper et de tenir dans sa main. Ainsi, selon la doctrine associative, l'enfant fait et répète le geste d'agripper lorsqu'un jouet apparaît dans son champ de vision. Ce comportement de l'enfant est un fait connu. En utilisant la même méthode de raisonnement, nous constatons que, après un nombre suffisant de répétitions des bonnes associations, le son des mots *agripper*, *prendre*, [etc.], l'image de la main de la nourrice en état de contraction, l'idée de main et particulièrement de la propre main de l'enfant dans cet état, et le nombre incalculable d'autres circonstances associées, c'est-à-dire de sensations, d'idées et de mouvements, inciteront l'enfant à faire le geste d'agripper jusqu'à ce que, enfin, l'idée, ou l'état d'esprit que nous pouvons appeler volonté d'agripper, se produise et s'associe suffisamment avec l'action correspondante pour la produire simultanément. Dans un tel cas, ce geste reste parfaitement volontaire ; par la suite, grâce aux innombrables répétitions de ce geste dans cet état parfaitement volontaire, il se crée finalement un lien avec tant de sensations, d'idées et de mouvements, que le seul fait de les suivre rend ce geste secondairement automatique, tout comme les actions automatiques originales suivent les sensations correspondantes. De la même manière, il devient possible d'expliquer les actions effectuées par les mains, tous ces gestes familiers qui partent de l'état automatique original pour passer à travers divers degrés de volontarisme jusqu'à en devenir parfaitement volontaires, puis qui repassent dans l'ordre inverse par les mêmes degrés jusqu'à ce qu'ils deviennent dans d'autres circonstances secondairement automatiques, mais tout en conservant leur caractère volontaire lorsqu'un acte explicite de la volonté se manifeste. (p. 66-67 [notre traduction])

Ainsi, le comportement est d'abord involontaire puis devient de plus en plus volontaire au fur et à mesure que les stimuli provoquent le comportement grâce au processus associatif. Finalement, lorsque l'action volontaire devient habituelle, on dit qu'elle est « automatique secondaire ». Précisons ici que Hartley n'employait pas le mot volontaire dans le sens de délibéré. Pour lui, le comportement volontaire était déterminé par la loi de contiguïté, ce qui signifie qu'il n'y avait pas de libre choix.

Déployer un effort tel que celui fourni par Hartley pour expliquer la relation entre les idées et le comportement était très rare chez les philosophes de son époque ; cette relation n'avait pratiquement jamais été étudiée auparavant. Plusieurs éléments contenus dans l'explication de Hartley se retrouvent dans les théories d'apprentissage modernes.

L'importance de l'émotion Hartley croyait que les vibrations excessives produisaient l'expérience de la douleur et que les vibrations plus douces et plus modérées produisaient l'expérience du plaisir. Encore une fois, le phénomène de l'association jouait un rôle prédominant dans l'analyse de Hartley. À travers l'expérience, des objets, des événements et des gens devenaient associés à la douleur, et d'autres, au plaisir. Nous apprenons à aimer et à désirer les choses qui nous procurent du plaisir, nous les espérons lorsqu'elles sont absentes et nous ressentons de la joie lorsqu'elles sont présentes. De la même façon, nous apprenons à détester et à éviter les choses qui provoquent en nous de la douleur, nous craignons leur apparition et nous ressentons de la souffrance lorsqu'elles sont présentes. Un disciple de Hartley, Joseph Priestley (1733-1804), célèbre chimiste et co-découvreur de l'oxygène, explora les répercussions de l'analyse de Hartley sur les émotions en éducation. Priestley écrivit également *Hartley's Theory of the Human Mind, on the Principle of the Association of Ideas* (1775), qui contribua à faire connaître les idées de Hartley.

L'influence de Hartley   À l'époque, Hartley récupéra les spéculations entourant la neurophysiologie et il les utilisa dans son analyse de l'association. Ses efforts constituèrent la première tentative majeure, depuis Descartes, pour expliquer la neurophysiologie de la pensée et du comportement. Les mécanismes de la neurophysiologie postulés par Hartley étaient largement erronés, mais l'amélioration des connaissances sur la transmission neurale et les mécanismes du cerveau permit de remplacer ces vieux mythes par une information plus précise. Hartley fut donc un précurseur de la recherche sur la corrélation biologique des phénomènes mentaux, recherche qui se poursuit encore aujourd'hui.

Précédemment dans ce chapitre, l'associationnisme a été défini comme une théorie psychologique qui a pour fondement le principe d'association (Drever, 1968). La philosophie de Hobbes et celle de Locke ne correspondent pas à cette définition. Celle de Hume y correspond probablement, mais il n'en demeure par moins que « Hartley fut le premier que l'on put qualifier sans l'ombre d'un doute d'associationniste » (Drever, 1968, p. 14 [notre traduction]). L'associationnisme de Hartley exerça une influence considérable et fit autorité pendant environ 80 ans, ou jusqu'à l'arrivée de James Mill.

James Mill

James Mill (1773-1836), un Écossais né le 6 avril, étudia pour devenir ministre du culte à l'université d'Édimbourg. En 1802, il s'installa à Londres pour amorcer une carrière littéraire. Il devint l'éditeur du *Literary Journal* et écrivit pour divers périodiques. Avec la publication en 1817 de ce que plusieurs considèrent comme sa plus belle œuvre littéraire, *History of British India*, commencée en 1806, Mill amorça une carrière lucrative chez la East India Company. La plus importante contribution de Mill à la psychologie fut *Analysis of the Phenomena of the Human Mind*, publiée une première fois en 1829, puis revue sous la supervision de son fils, John Stuart Mill, en 1869. Nous utilisons l'édition de 1869 de l'*Analysis* comme source primaire de ce résumé des idées de Mill. L'*Analysis* de Mill est considérée comme la synthèse la plus complète de l'associationnisme jamais réalisée.

Comme nous le verrons plus loin, Mill fut influencé par Hume et, plus particulièrement, par Hartley dans son analyse de l'association.

L'utilitarisme et l'associationnisme   En 1808, James Mill rencontra **Jeremy Bentham** (1748-1832), et les deux hommes devinrent des amis très proches. Bentham était le principal porte-parole du mouvement politique et social britannique appelé **utilitarisme**. Bentham rejetait tous les arguments d'ordre métaphysique et théologique à propos du gouvernement, de la moralité et des institutions sociales. Il préconisait plutôt le concept ancien d'hédonisme (du mot grec *hedone*, qui signifie « plaisir ») et en faisait la pierre angulaire de sa théorie politique et éthique :

> La nature a placé l'humanité sous la gouverne de deux maîtres souverains, la *douleur* et le *plaisir*. Ceux-ci nous indiquent ce que nous devrions faire et ce que nous devons faire. La distinction du juste et de l'injuste, d'une part, et l'enchaînement des causes et des effets, d'autre part, sont rattachés à leur trône. Ils gouvernent toutes nos actions, toutes nos paroles et toutes nos pensées ; chaque effort visant à nous défaire de leur emprise ne sert qu'à la démontrer et à la confirmer. (Bentham, 1781/1988, p. 1 [notre traduction])

Bentham définissait ainsi le bonheur humain entièrement en fonction de notre capacité d'éprouver du plaisir et d'éviter la douleur. De la même manière, le meilleur gouvernement était celui qui apporterait le plus de bonheur possible au plus grand nombre de personnes possible. Même si l'utilitarisme était implicite dans les philosophies de plusieurs empiristes britanniques qui avaient précédé Bentham, c'est ce dernier qui appliqua l'hédonisme à la société dans son ensemble. Les efforts de Bentham exercèrent une grande influence sur la société et initièrent des réformes dans les institutions juridiques et sociales. En psychologie, le « principe de plaisir » apparut par la suite non seulement dans la théorie de Freud, mais aussi dans un certain nombre de théories sur l'apprentissage, par exemple dans les théories de consolidation de Thorndike (voir le chapitre 11) et de Skinner (voir le chapitre 13).

James Mill fut l'un des disciples les plus enthousiastes de Bentham, et nous examinerons brièvement l'impact de l'utilitarisme sur la vision associationniste de Mill. Toutefois, Mill fut davantage reconnu pour sa vision newtonienne, mécaniste et élémentiste de l'esprit.

L'analyse de l'association de James Mill Dans la foulée de Hartley, Mill chercha à démontrer que l'esprit était composé uniquement de sensations et d'idées amalgamées par contiguïté. Suivant l'exemple de Hartley, Mill affirmait que les idées complexes étaient formées d'idées simples. Toutefois, lorsqu'on expérimentait ces idées en continu, l'association entre elles devenait si forte qu'elles apparaissaient à la conscience comme une seule et même idée :

> Le mot « or », par exemple, ou le mot « fer », semble exprimer une idée aussi simple que le mot « couleur » ou le mot « son ». Or, nous constatons immédiatement que l'idée de chacun de ces métaux est composée de plusieurs idées distinctes liées à des sensations : couleur, dureté, extension, poids. Ces idées se présentent en une union si intime qu'elles sont considérées comme une, et non comme plusieurs. Nous exprimons notre idée du fer, notre idée de l'or ; la décomposition de ces idées exige de nous un effort de réflexion. […] Grâce à cette grande loi de l'association, nous retraçons la formation des idées que nous appelons objets externes : c'est-à-dire, les idées liées à des sensations, perçues ensemble de manière si fréquente qu'elles fusionnent et sont vues comme une idée unitaire. De là surgit ce que nous appelons l'idée d'un arbre, l'idée d'un caillou, l'idée d'un cheval, l'idée d'un homme. (J. S. Mill, 1869/1967, p. 91-93 [notre traduction])

En fait, toutes les choses que nous nommons objets externes sont des grappes de sensations qui ont été constamment perçues ensemble. En d'autres mots, puisqu'il s'agit d'idées complexes, elles sont réductibles en idées simples.

Mill présentait de manière explicite ce qui apparaissait plus implicite chez les autres « newtoniens de l'esprit » tels que Locke, Berkeley, Hume et Hartley. Ainsi, peu importe le degré de complexité qu'une idée atteint, il est toujours possible de retracer les idées simples à partir desquelles elle a été construite. Les idées simples peuvent s'ajouter à d'autres idées simples ; les idées complexes peuvent s'ajouter à d'autres idées complexes pour générer des idées encore plus complexes ; et ainsi de suite. Encore là, le fondement de toute expérience mentale se situe dans les sensations et les idées provoquées par celles-ci.

Les déterminants de la force des associations Selon Mill, les variations dans les forces des associations dépendaient de deux facteurs : la *netteté* et la *fréquence*. Les sensations ou les idées plus nettes forment des associations plus fortes que les sensations et les idées moins nettes ; de même, les sensations et les idées regroupées avec plus de régularité forment des associations plus fortes que les sensations et les idées qui sont regroupées de façon moins régulière. Pour Mill, la fréquence ou la répétition représentait « la cause la plus remarquable et la plus importante de la force des associations » (J. S. Mill, 1869/1967, p. 87 [notre traduction]).

Sur la clarté, Mill disait que 1) les sensations sont plus claires que les idées et que, par conséquent, les associations entre les sensations sont plus fortes que celles qui existent entre les idées ; 2) les sensations et les idées associées au plaisir ou à la douleur sont plus claires et, par conséquent, elles forment des associations plus fortes que les sensations et les idées qui ne sont pas associées au plaisir ou à la douleur ; 3) les idées récentes sont plus claires et, par conséquent, elles forment des associations plus fortes que les idées moins récentes.

L'influence de James Mill On considère l'*Analysis* de Mill comme la synthèse la plus complète de l'associationnisme jamais réalisée. Comme nous l'avons vu, Mill tenta de montrer que l'esprit était fait de sensations et d'idées réunies par contiguïté. Il insista sur la possibilité de ramener l'expérience mentale aux idées simples qui en étaient l'origine. Il offrit donc une conception de l'esprit fondée sur la physique de Newton. Pour Newton, l'Univers était constitué d'éléments matériels maintenus ensemble par des forces physiques au comportement prévisible. Pour Mill, l'esprit était constitué d'éléments mentaux regroupés par les lois associatives ; par conséquent, l'expérience mentale était aussi prévisible que l'étaient les phénomènes physiques.

James Mill n'ajouta rien de nouveau à l'associationnisme. Son objectif avoué était de fournir à l'associationnisme les preuves manquantes dans l'analyse de Hartley. C'est ce qu'il fit et, ce faisant, il mena l'associationnisme à sa conclusion logique ; toutefois, plusieurs croient que la déconstruction minutieuse de l'associationnisme en révèle l'absurdité. Quoi qu'il en soit, l'esprit tel que vu par Mill (et par Hartley) était complètement passif ; il ne possédait aucune faculté créatrice. L'associationnisme était le seul processus par lequel les idées s'organisaient, et ce processus était automatique. Cette conception de l'esprit, parfois appelée « physique mentale » ou « mécanique mentale », prit fin pour l'essentiel avec James Mill. En fait, comme nous le verrons ensuite, le fils de James Mill, John Stuart Mill, fut parmi les premiers à corriger la vision purement mécaniste et élémentiste de son père.

John Stuart Mill

L'intérêt de James Mill pour la psychologie était purement accessoire. Il était en fait un réformiste social et, comme Hobbes, professait un changement social, politique et éducatif qui faciliterait la compréhension de la nature humaine. Il croyait que le benthanisme, associé à l'associationnisme, jetait les bases d'une philosophie politique radicale et libérale. James Mill et ses disciples parvinrent à obtenir un changement social significatif. James Mill mit également à l'essai sa théorie de la nature humaine à une échelle plus petite, plus personnelle, en l'utilisant comme guide pour l'éducation de son fils **John Stuart Mill** (1806-1873), né le 20 mai. La tentative de James Mill d'appliquer les principes associatifs à l'éducation de son fils donna certains résultats.

John Stuart Mill

En effet, John Stuart apprit le grec à l'âge de trois ans, le latin et l'algèbre à l'âge de huit ans, et la logique à l'âge de 12 ans. Toutefois, peut-être en raison des pratiques pédagogiques intensives de son père, J. S. Mill souffrit de périodes de dépression sévère pendant toute sa vie. Cette dépression s'expliquait aussi en partie, comme il le nota dans son autobiographie (1873/1969, p. 32, 33), par le manque d'affection entre ses parents et envers leurs enfants. Néanmoins, J. S. Mill fut en mesure d'entretenir une relation amoureuse. Il rencontra Harriet Taylor alors qu'il était âgé de 25 ans, et elle, de 23 ans. À cette époque, Harriet était mariée et mère de deux enfants. Pendant plus de 20 ans, J. S. Mill entretint avec Harriet une relation platonique. En 1851, deux ans après le décès de son mari, Harriet épousa J. S. Mill. Elle mourut sept années plus tard à l'âge de 50 ans.

L'œuvre la plus célèbre de J. S. Mill fut son *System of Logic, Ratiocinative and Inductive : Being a Connected View of the Principles of Evidence, and the Methods of Scientific Investigation* (1843). Ce livre connut un succès immédiat, fut publié huit fois au cours de la vie de Mill et resta un best-seller pendant tout le XIXᵉ siècle. Le livre de Mill fut considéré comme une lecture essentielle pour tous les scientifiques de la fin du XIXᵉ siècle. (Le résumé suivant du travail de Mill utilise la huitième édition du *System of Logic*, publiée en 1874.) Dans son livre *Examination of Sir William Hamilton's Philosophy* (1865), J. S. Mill réagissait aux critiques de sa philosophie. Il élabora et défendit sa vision de la nature humaine présentée dans son *System of Logic*. En 1869, il publia une nouvelle édition de l'*Analysis* de son père, en ajoutant de nombreuses notes en bas de page qui prolongeaient et clarifiaient les opinions de son père sur la psychologie associationniste, et qui les critiquaient parfois.

J. S. Mill fut l'un des pionniers dans le développement de la psychologie en tant que science. Il décrivit la méthodologie qui devait être utilisée par toutes les sciences et montra de manière très détaillée comment elle pouvait servir à l'étude de cette science humaine. En fait, il croyait que la légitimité de la pensée, des émotions et de l'action humaine favorisait la recherche scientifique.

La chimie mentale versus la physique mentale

Dans l'ensemble, J. S. Mill acceptait le type d'associationnisme préconisé par son père. J. S. Mill croyait que

1) chaque sensation laisse dans l'esprit une idée qui s'apparente à elle, mais qui possède une intensité plus faible (J. S. Mill appelait les idées «états mentaux secondaires» et les sensations «états mentaux primaires»); 2) les idées similaires ont tendance à se stimuler les unes les autres (James Mill avait ramené la loi de la similitude à la loi de la fréquence, mais J. S. Mill l'acceptait comme une loi distincte); 3) les sensations ou les idées fréquemment perçues ensemble, soit simultanément, soit successivement, s'associent (loi de la contiguïté); 4) les sensations et les idées plus claires forment des associations plus fortes que les sensations et les idées moins claires; 5) la force d'une association varie en fonction de la fréquence. Avec la seule exception mineure de la loi de la similitude, cette liste résume le concept de «physique mentale» ou de «mécanique mentale» de James Mill, concept que J. S. Mill acceptait dans une large mesure.

Cependant, John Stuart s'opposa à son père sur une question importante. Refusant de considérer les idées complexes comme étant *invariablement* des agrégats d'idées simples, il proposa plutôt un type de **chimie mentale**. Il était impressionné par le fait que des éléments se combinent pour former une substance entièrement différente des éléments de départ, par exemple la combinaison de l'hydrogène et de l'oxygène pour produire de l'eau. Newton avait également démontré que la combinaison de toutes les couleurs du spectre produit de la lumière blanche. Pour J. S. Mill, le même phénomène pouvait se reproduire dans l'esprit. En d'autres mots, les idées élémentaires pouvaient fusionner et produire une idée totalement différente des éléments qui la composaient.

L'affirmation de J. S. Mill, à savoir qu'une idée entièrement nouvelle, non décomposable en idées simples ou en sensations, pouvait émerger d'expériences contiguës, permit à la psychologie associationniste de dépasser les limites rigides de la mécanique mentale. Or, pour trouver cet esprit dynamique et autonome, il fallait regarder ailleurs. Lorsqu'une nouvelle idée émerge de la synthèse d'idées ou de sensations contiguës, elle le fait automatiquement. Comme la combinaison adéquate d'hydrogène et d'oxygène ne peut produire que de l'eau, une personne qui perçoit une présentation rapide et successive de couleurs primaires ne peut voir que du blanc. De toute évidence, le constat qu'un phénomène apparenté à la chimie mentale se produisait à

l'occasion ne freina aucunement l'enthousiasme de Mill pour le développement de la science de la nature humaine (la psychologie).

Vers une science de la nature humaine   D'autres avant lui (comme Locke, Hume et Hartley) avaient poursuivit l'objectif de créer une science mentale équivalente aux sciences naturelles. Toutefois, c'est J. S. Mill, profitant de sa position de philosophe de la science, philosophe peut-être le plus respecté de son époque, qui contribua le plus au développement de la psychologie en tant que science.

J. S. Mill amorça sa réflexion en attaquant la croyance communément admise que les pensées, les émotions et les actions humaines ne pouvaient être sujettes à l'analyse scientifique de la même manière que l'était la nature physique. Il insista sur le fait que tout système gouverné par des lois est sujet à l'examen scientifique, et ce, même si ces lois sont encore mal comprises. Mill donna l'exemple de la météorologie. Personne ne contestait le fait que les phénomènes météorologiques étaient régis par des lois naturelles, et pourtant, de tels phénomènes ne pouvaient être prédits avec certitude; nous ne pouvons qu'en calculer la probabilité. De plus, même si plusieurs lois naturelles gouvernant la température sont connues (par exemple les lois sur la chaleur, l'électricité, l'évaporation et l'élasticité des fluides), d'autres nous échappent toujours. En outre, observer l'interaction de toutes les causes d'un phénomène météorologique à un moment précis s'avère extrêmement difficile, voire impossible. Pourtant, la météorologie est considérée comme une science parce qu'elle est gouvernée par des lois naturelles. Cependant, c'est une science inexacte, car la connaissance de ces lois reste incomplète, et la mesure de leurs manifestations particulières demeure problématique. Il existe donc des sciences dont les lois sont connues et dont les manifestations de ces lois sont mesurables de manière précise et aisée; alors que, pour d'autres sciences, les lois ne sont que partiellement comprises, et les manifestations ne se mesurent que très difficilement. Dans cette dernière catégorie, Mill rangeait les sciences dont les **lois premières** sont connues; si *aucune autre cause n'entre en ligne de compte*, les phénomènes produits sont observables, mesurables et prévisibles. Toutefois, les **lois secondes** interagissent souvent avec les lois premières, ce qui complique la compréhension et la prévisibilité. Étant donné que les lois premières sont encore en action, les principaux effets restent observables, mais les variations et les modifications provoquées par les lois secondes font en sorte que les prédictions relèvent davantage de la probabilité que de la science. Mill (1843/1874, éd. fr. 1865) utilisait la science des marées en guise d'exemple :

> Il en est ainsi, par exemple, de la théorie des marées. Personne ne doute que l'étude de ce phénomène ne soit réellement une science. Tout ce qui, dans le phénomène, dépend de l'attraction du soleil et de la lune est parfaitement expliqué, et peut être prédit avec certitude pour une partie quelconque, même inexplorée, de la surface de la terre ; et c'est de ces causes que dépend la plus grande partie du phénomène. Mais les circonstances locales ou accidentelles, comme la configuration du fond de l'océan, le degré du resserrement des eaux dans les terres, la direction du vent, etc., ont une influence en beaucoup de lieux, ou même partout, sur la hauteur et l'heure de la marée ; et une partie de ces circonstances ne pouvant être exactement connues et mesurées ou prévues avec certitude, la marée, dans des lieux connus, présente ordinairement avec les résultats du calcul une différence que nous ne pouvons expliquer, et dans les lieux inconnus, il se peut qu'il y en ait d'autres que nous sommes hors d'état de prévoir ou de conjecturer. Et cependant, non seulement il est certain que ces variations ont des causes agissant d'après des lois parfaitement uniformes, non seulement donc, la théorie des marées est une science comme la météorologie, mais elle est, ce que n'est pas la météorologie, jusqu'à présent du moins, une science très utile dans la pratique. On peut établir des lois générales pour les marées, et fonder sur ces lois des prévisions qui se trouveront en général, sinon complètement, du moins à peu près justes. (Mill (1843/1874, éd. fr. 1865)

Ainsi, la météorologie et la théorie des marées se définissent comme des sciences, mais ce ne sont pas des sciences exactes. Or, une science inexacte peut devenir une science exacte. Par exemple, l'astronomie devint une science exacte lorsque les lois gouvernant les mouvements des corps astraux furent suffisamment comprises pour permettre de prédire non seulement la trajectoire générale de ces corps, mais également les aberrations apparentes. C'est l'incapacité d'une science à traiter de la causalité secondaire qui la rend inexacte.

Mill considérait la science de la nature humaine (la psychologie) un peu comme la science des marées ou l'astronomie avant que ne soit comprise la causalité secondaire. En effet, il est impossible de prédire les pensées, les émotions et les actions des individus avec une grande précision, car il est impossible d'anticiper les circonstances auxquelles ces individus devront faire face. Cela ne signifie pas que les pensées, les émotions et les actions ne peuvent être provoquées ; cela signifie simplement que les causes primaires des pensées, des émotions et des actions interagissent avec un large éventail de causes secondaires. Les prédire avec précision s'avère extrêmement difficile. Toutefois, la difficulté réside surtout dans la compréhension et la prédiction *en détail* de la pensée et du comportement humains, et non dans la prédiction de ses caractéristiques plus générales. Comme dans le cas des marées, le comportement humain est gouverné par quelques lois premières, ce qui nous permet de le comprendre et de le prédire de manière générale, ainsi que ses émotions et ses pensées. La science de la nature humaine dispose donc d'une série de lois premières qui s'appliquent à tous les êtres humains et qui peuvent être utilisées afin de prédire les tendances générales pour tout ce qui touche les pensées, les émotions et les actions. Cependant, la science de la nature humaine *ne* dispose *pas* d'une connaissance des mécanismes d'interaction qui existent entre les lois premières et les lois secondes (les personnalités et les circonstances individuelles) et résultent en pensées, en émotions et en actions spécifiques. Mill croyait éventuellement possible la description des « corollaires » des lois premières (universelles) de la nature humaine. Cette description nous permettrait de comprendre et de prédire de manière plus subtile les pensées, les émotions et les actions humaines. Quelles sont ces lois premières (universelles) de la nature humaine à partir desquelles une science plus exacte de la nature humaine pourrait être déduite ? Ce sont les lois de l'esprit grâce auxquelles les sensations engendrent les idées, et les idées s'associent entre elles. En d'autres mots, il s'agit, d'une manière générale, des lois établies par l'ensemble des empiristes anglais et, plus spécifiquement, par Hume, Hartley et James Mill.

La science de l'éthologie de J. S. Mill Dans le chapitre 5 du livre VI de son *System of Logic*, Mill proposait le développement d'une « science de la formation de la personnalité » qui porterait le nom d'**éthologie**. Notons que l'éthologie telle que proposée par Mill diffère grandement de l'éthologie moderne, qui consiste en l'étude du comportement des animaux dans leur habitat naturel dans le but d'expliquer ce comportement en termes d'évolution. Pour Mill, l'éthologie découlerait d'une science plus fondamentale de la nature humaine. D'abord, la science de la nature humaine (la psychologie) découvrirait les lois universelles qui régissent chaque esprit humain ; par la suite, l'éthologie expliquerait comment les esprits ou les personnalités des individus se forment dans des circonstances spécifiques. La science de la nature humaine fournirait les lois mentales premières et l'éthologie fournirait les lois mentales secondes. En d'autres mots, nous pouvons affirmer que la science de la nature humaine offre de l'information sur tous les éléments communs aux êtres humains (la nature humaine), tandis que l'éthologie s'intéresse aux personnalités individuelles (les différences entre les individus).

Mill recherchait l'information nécessaire qui permettrait de faire passer la psychologie du statut de science inexacte, comme la science des marées ou l'astronomie ancienne, à celui de science exacte. Il voulait aller au-delà des tendances générales ; il souhaitait également expliquer les subtilités du comportement individuel dans des circonstances précises.

Il est intéressant de mentionner que Mill se limita à exposer ses idées sur l'éthologie. Il ne tenta jamais de développer cette science lui-même, et même si la plupart des sections de son *System of Logic* ont été substantiellement révisées ou modifiées lors des nombreuses éditions subséquentes, cela n'a pas été le cas pour la section sur l'éthologie. Selon Leary (1982), la tentative de Mill de développer une science de l'éthologie échoua en raison des déficiences de la science de la nature humaine, laquelle devait lui servir de point de départ. En effet, la théorie sur la nature humaine de Mill était excessivement intellectuelle. Par exemple, elle accordait une grande importance au mécanisme d'association des idées. Il est difficile d'imaginer comment la personnalité, qui est dans une large mesure de nature émotive, peut découler d'une philosophie fondée sur l'association des idées. Le sort de la science de l'éthologie de Mill était étroitement lié à celui de sa théorie sur la nature humaine ; les défaillances de la seconde rejaillirent sur la première. Cependant, l'éthologie ne disparut pas complètement. Elle réapparut en France comme étude de la personnalité individuelle. L'approche française mettait davantage l'accent sur les facteurs émotionnels que celle préconisée par Mill et ses disciples, et cette approche connut un plus grand succès.

La réforme sociale Comme son père, J. S. Mill était un fervent réformiste social. Il militait en faveur de la liberté d'expression, d'un gouvernement responsable et de l'émancipation de la femme. Il commençait d'ailleurs son livre *De l'assujettissement des femmes* (1861/1986) avec l'énoncé suivant :

> L'objet de cet essai est d'expliquer aussi clairement que possible les fondements d'une opinion à laquelle j'adhère depuis que se sont élaborées mes idées sur les problèmes sociaux et politiques, et qui, bien loin de s'affaiblir ou de se modifier, s'est sans cesse renforcée sous l'effet conjugué de mes réflexions et de l'expérience. Je considère que le principe qui régit les relations sociales existant entre les deux sexes — la subordination légale d'un sexe à l'autre — est mauvais en soi et représente, à l'heure actuelle, l'un des principaux obstacles au progrès de l'humanité. Je considère qu'il doit être remplacé par un principe d'égalité totale qui refuse tout pouvoir ou privilège pour l'un des deux sexes, toute incapacité pour l'autre. (éd. fr. 1975, p. 57)

J. S. Mill observa que le sexisme utilisait souvent la loi naturelle (les femelles sont biologiquement inférieures aux mâles) ou une quelconque croyance religieuse pour se justifier. Mill considérait ces explications irrecevables et croyait qu'une science de la nature humaine (la psychologie) servirait de base à l'égalité sociale. Le sexisme, disait-il, survivra « tant qu'une saine psychologie ne [le] renversera pas en révélant l'origine véritable de bien des choses qui sont actuellement révérées comme relevant des desseins de la nature et l'ordonnance divine » (1861/1986, éd. fr. 1975, p. 61). Comme il fallait s'y attendre, le livre de Mill suscita une hostilité considérable chez la gent masculine.

À l'exemple de son père, Mill endossa l'utilitarisme de Bentham : chaque geste qu'on fait devrait procurer le plus de plaisir possible (bonheur) au plus grand nombre de personnes possible. Ce principe devrait s'appliquer autant au plaisir à court terme qu'à celui à long terme et considérer le bonheur des autres comme égal au bonheur d'un seul individu. Les sociétés peuvent être jugées par la manière dont elles font usage du principe utilitariste.

Même si J. S. Mill acceptait le principe général de l'utilitarisme, sa version différait considérablement de celle de Bentham. Dans l'évaluation du bonheur de Bentham, toutes les formes de plaisir étaient d'égale valeur. Par exemple, les plaisirs intellectuels sublimes égalaient ceux de la table. J. S. Mill désapprouvait cette vision ; il affirmait plutôt que la plupart des plaisirs intellectuels humains importaient davantage que les plaisirs biologiques que nous partagions avec les êtres non humains. Mill disait : « Vaut mieux être un être humain insatisfait qu'un porc satisfait ; vaut mieux être un Socrate insatisfait qu'un idiot satisfait » (1861/1979, p. 10 [notre traduction]).

Alexander Bain

Né à Aberdeen, en Écosse, **Alexander Bain** (1818-1903) était un enfant précoce dont le père était tisserand ; dès son plus jeune âge, Bain lui-même travailla sur le métier à tisser pour payer ses études. Il eut la chance de vivre peut-être dans le seul pays (l'Écosse) où, à l'époque, tout étudiant possédant des aptitudes intellectuelles pouvait recevoir une éducation universitaire. Il fréquenta le Marischal College, qui devint en 1858 l'université d'Aberdeen. Une fois son diplôme en poche, Bain s'installa à Londres, où il travailla comme

Alexander Bain

journaliste pigiste. Dans cette ville, il fréquenta un groupe d'intellectuels dynamiques dans lequel se trouvait John Stuart Mill, et les deux hommes devinrent des amis intimes. Au cours de l'année qui précéda la publication du célèbre *System of Logic* (1843), Bain aida John Stuart Mill à préparer son manuscrit. Il l'aida également à annoter l'édition de 1869 de l'*Analysis* de James Mill. Bain écrivit les biographies de James et de J. S. Mill.

Pendant son séjour à Londres, Bain tenta à plusieurs reprises de décrocher un poste de professeur, mais sans succès. La publication de ses deux classiques de la psychologie, *The Senses and the Intellect* (1855) et *The Emotions and the Will* (1859), lui permit finalement de se faire remarquer. Ces deux livres devaient constituer les deux volumes d'un même ouvrage publiés simultanément, mais l'éditeur retarda la publication du second volume pendant quatre ans en raison des faibles ventes du premier. Quoi qu'il en soit, en 1860, à l'âge de 42 ans, alors que sa réputation était établie, Bain décrocha un poste à l'université d'Aberdeen. Il retourna à son *alma mater* en tant que professeur de logique et de rhétorique, et y demeura pour le reste de sa longue et productive vie, en occupant divers postes honorifiques.

Bain est souvent présenté comme le premier véritable psychologue. Ses livres, *The Senses* et *The Emotions*, sont considérés comme les premiers ouvrages systématiques sur la psychologie. Chacun fut réédité trois fois et devint un classique de la psychologie des deux côtés de l'Atlantique pendant presque 50 ans. Jusqu'à la publication du *Principles of Psychology* de William James (1890), ces deux livres furent pour plusieurs le premier contact avec la psychologie. En plus de ses ouvrages sur la psychologie, Bain fut le premier à rédiger un livre entièrement consacré à la relation qui existe entre le corps et l'esprit (*Mind and Body*, 1873) ; en 1876, il fonda *Mind*, considéré comme le premier périodique entièrement consacré à la psychologie.

L'objectif de Bain L'objectif premier de Bain était de décrire les corrélations physiologiques entre les phénomènes mentaux et les phénomènes comportementaux. Dans sa préparation pour *The Senses*, Bain relut l'information la plus récente sur la neurologie, l'anatomie et la physiologie. Il tenta ensuite de montrer comment ces processus biologiques étaient reliés aux processus psychologiques. Le style de son texte était moderne, en ce sens qu'il commençait avec un chapitre sur la neurologie, une pratique que plusieurs ouvrages de psychologie adoptèrent par la suite.

Après Bain, l'exploration des relations entre les processus physiologiques et psychologiques devint partie intégrante de la psychologie. Bain fut le premier à tenter d'établir le lien entre les processus physiologiques réels et les phénomènes psychologiques. Hartley avait tenté de faire de même, mais ses principes physiologiques s'avéraient largement imaginaires.

Les lois associatives   Pour Bain, l'esprit était composé de trois éléments : l'émotion, la volonté et l'intellect. L'intellect s'expliquait avec les lois associatives. À l'instar des autres empiristes anglais, Bain faisait de la loi de la contiguïté le principe associatif fondamental. Selon Bain (1855/1977a), la loi de la contiguïté s'appliquait aux sensations, aux idées et aux sentiments.

> Les actions, les sensations, les états de sensibilité, qui se présentent l'un avec l'autre ou l'un immédiatement après l'autre, tendent à s'unir étroitement, à adhérer l'un à l'autre, de cette façon que lorsque l'un d'eux se présente par la suite à l'esprit, les autres sont susceptibles d'être évoqués par la pensée. (éd. fr. 1874, p. 285)

Comme c'était souvent le cas chez les empiristes britanniques, Bain complétait la loi de la contiguïté avec la loi de la fréquence. Toutefois, Bain se distinguait des autres empiristes par son hypothèse que des changements neurologiques, ou ce que nous appellerions aujourd'hui des changements dans les synapses entre les neurones, expliquaient les effets de ces deux lois. « À tout acte de la mémoire, à tout exercice d'une faculté physique, à chaque habitude, à chaque souvenir, à chaque groupe d'idées correspond un groupe particulier, une coordination de sensations et de mouvements à l'aide de développements spéciaux des cellules de jonction » (Bain, 1873/1875, éd. fr. 1880, p. 95).

Comme John Stuart Mill, Bain acceptait la loi de la similarité comme principe associatif. Alors que la loi de la contiguïté associe les événements vécus simultanément ou en succession rapprochée, la loi de la similarité explique comment des événements séparés dans le temps deviennent associés. L'expérience d'un événement ramène les souvenirs d'événements similaires, et ce, même si ceux-ci se sont déroulés à des époques et dans des circonstances complètement différentes.

Aux lois associatives traditionnelles, Bain ajoutait deux lois de son cru : la loi de l'association composée et la loi de l'association constructive. Selon la **loi de l'association composée**, les associations sont rarement des liens entre une idée et une autre. Une idée s'associe plutôt à plusieurs autres, par contiguïté ou par similarité. Le cas échéant, il s'agit d'une association composée. Avec de telles associations, expérimenter un, voire plusieurs éléments de l'association, ne suffit pas pour amener l'idée correspondante. Toutefois, si l'idée est associée à un grand nombre d'éléments et que plusieurs de ces éléments sont présents, cette idée sera alors remémorée. Pour Bain, cette loi suggérait un moyen d'améliorer la mémoire et la capacité de remémoration : « Les actions, sensations, pensées, émotions passées, sont plus aisément rappelées, quand elles sont associées soit par contiguïté soit par similarité, avec *plus d'une* impression présente » (1855/1977a, éd. fr. 1874, p. 502).

Avec la **loi de l'association constructive**, Bain ajoutait un élément créatif à l'associationnisme, comme Hume l'avait fait. À l'exemple de celui-ci, Bain insistait également sur les capacités d'imagination de l'esprit. Dans sa présentation de la loi de l'association constructive, Bain affirmait : « Au moyen de l'association, l'esprit a le pouvoir de former de *nouvelles* combinaisons, ou des agrégats qui *diffèrent* de chacun de ceux qui y ont été présentés dans le cours de l'expérience » (Bain, 1855/1977a, éd. fr. 1874, p. 528). En d'autres mots, l'esprit peut réorganiser les souvenirs d'expériences diverses en un nombre presque infini de combinaisons. Bain croyait que la loi de l'association constructive permettait d'expliquer la créativité manifestée notamment par les poètes, les artistes et les inventeurs.

Le comportement volontaire   Dans son analyse du comportement volontaire, Bain établissait une distinction importante entre le comportement réflexe, qui représentait un élément important de la physiologie à l'époque, et l'**activité spontanée**. Le comportement réflexe se produit automatiquement en réaction à un stimulus externe, réaction qui s'explique par la structure du système nerveux de l'organisme. À l'inverse, les organismes agissent parfois de manière spontanée. Selon la terminologie des adeptes modernes de Skinner, Bain prétendait que certains comportements étaient émis, et non amenés.

L'activité spontanée constitue l'un des ingrédients du comportement volontaire, l'autre étant l'hédonisme. Nous avons vu que James Mill fut fortement influencé par Jeremy Bentham, tout comme le fut son fils, John Stuart Mill. La psychologie de Bain acceptait également l'importance fondamentale du plaisir et de la douleur, surtout dans l'analyse du comportement volontaire. Il semble que l'idée de combiner dans son analyse le comportement spontané et les sensations de plaisir et de douleur vint à Bain un jour où il fut témoin de la naissance d'un agneau. À cette occasion, il observa que les premiers mouvements de l'agneau vers la tétine de sa mère semblaient complètement erratiques, mais dès qu'un contact finissait par se produire avec la peau de la mère, et éventuellement avec sa tétine, le comportement de l'agneau devenait de plus en plus « délibéré ».

> Six ou sept heures après la naissance, l'animal avait fait de notables progrès. […] En moins de vingt-quatre heures il put à la vue de sa mère s'avancer pour la rejoindre, déjà une image visible particulière s'était associée à un mouvement défini. Ce qui frappait le plus dans les premiers mouvements de la vie de l'animal c'était l'absence d'associations de ce genre. Il pouvait maintenant se rapprocher de la mamelle et téter, guidé uniquement par son désir et par la vue de l'objet. (Bain, 1855/1977a, éd. fr. 1874, p. 373)

Bain (1859/1977b) utilisait l'hédonisme pour expliquer comment l'activité spontanée se convertissait en comportement volontaire.

> Je ne peux approfondir davantage les mystères de l'organisation cérébrale, sinon énoncer le fait suivant : lorsque la douleur coexiste avec un mouvement qui la soulage ou que le plaisir coexiste avec un mouvement qui le perpétue, de tels mouvements deviennent sujets au contrôle des émotions correspondantes qui les accompagnent. À travers toutes les étapes de l'existence consciente, dès que les vestiges d'une action vers un but précis sont discernables, il faut présumer l'existence de lien. Peu importe l'angle sous lequel on aborde la question, ce lien ultime entre les deux grandes manifestations primaires de notre nature — le plaisir et la douleur, avec une instrumentalité active — doit être considéré comme au fondement de notre capacité à atteindre nos desseins. (p. 349 [notre traduction])

Avec le comportement volontaire, les lois associatives sont toujours en action. Certaines actions spontanées deviennent associées au plaisir et, par conséquent, sont répétées ; d'autres sont associées à la douleur, et leur fréquence s'en trouve réduite. De même, conformément à la loi de la fréquence, les tendances à répéter les réactions agréables ou à éviter les réactions douloureuses augmentent avec la fréquence des conséquences agréables ou douloureuses. Comme c'était le cas précédemment avec Hartley, il importe de mentionner que pour Bain le mot volontaire ne signifiait pas « délibéré ». Le prétendu comportement volontaire était contrôlé de manière déterministe comme un comportement réflexe, mais différemment. Bain affirmait : « Les actions de la volonté […] ne sont rien d'autre pour moi qu'une action stimulée, et guidée, par l'émotion » (D. N. Robinson, 1977, p. 72 [notre traduction]). Pour résumer, Bain expliquait le développement du comportement volontaire de la manière suivante :

1. Lorsqu'un besoin comme la faim ou l'envie de sortir d'un endroit confiné survient, une activité spontanée ou aléatoire se produit.

2. Certains mouvements spontanés produiront les conditions nécessaires à la satisfaction de ce besoin ou permettront de s'en rapprocher, alors que d'autres ne le feront pas.

3. Les activités qui permettent de satisfaire ce besoin sont conservées en mémoire.

4. La prochaine fois que l'organisme se retrouvera dans une situation similaire, il effectuera les activités qui ont déjà répondu à ce besoin.

Les actions faites en raison de leur efficacité passée, dans une situation donnée, sont volontaires plutôt que réflexes.

Bain décrivait essentiellement l'apprentissage par essais et erreurs, apprentissage qui prendrait une grande importance pour Thorndike plusieurs années plus tard. Bain décrivait également le conditionnement opérant de Skinner. Selon ce dernier, le conditionnement opérant est simplement émis par l'organisme ; il est donc spontané. Cependant, une fois émis, ce comportement opérant se retrouve sous le contrôle de ses conséquences. Les réactions qui résultent des conséquences agréables (consolidation) tendent à se répéter dans des circonstances similaires, alors que c'est l'inverse avec les réactions qui résultent des conséquences douloureuses (punition). (Pour une présentation plus détaillée de l'explication de Bain sur le comportement volontaire, voir Greenway, 1973.)

Grâce à son effort pour synthétiser ce qui était connu à l'époque sur la physiologie avec l'associationnisme et son traitement du comportement volontaire, Bain jeta les bases de la psychologie en tant que science expérimentale.

Le sensualisme français

Les philosophes français aspiraient également à devenir des newtoniens de l'esprit, et ils partageaient beaucoup de choses avec leurs confrères anglais. Les newtoniens de l'esprit français furent appelés naturalistes, mécanistes, empiristes, matérialistes et sensualistes. Chacun de ces vocables s'applique aux philosophes français qui seront présentés dans les pages suivantes, de même qu'à la majorité des philosophes britanniques dont nous venons d'examiner les travaux. L'objectif des philosophes français et britanniques était d'expliquer l'esprit comme Newton avait expliqué le monde physique, c'est-à-dire de trouver un moyen de mettre en évidence la nature mécanique de l'esprit ; de réduire l'ensemble de l'activité mentale à ses éléments de base ; d'utiliser quelques principes de base simples ; et de minimiser ou d'éliminer les spéculations métaphysiques. Nous utiliserons le terme « sensualistes » pour désigner les philosophes français parce que certains d'entre eux soulignent l'importance des sensations dans leur explication des expériences conscientes ; de plus, cette étiquette constitue un moyen pratique de distinguer les philosophes français des philosophes anglais. Toutefois, les ressemblances entre les uns et les autres étaient généralement plus grandes que leurs différences. Mis à part l'influence commune de Newton (ou de Galilée dans le cas de Hobbes), les deux groupes s'opposaient fortement au rationalisme de Descartes, plus spécifiquement à sa croyance dans les idées innées et dans l'autonomie de l'esprit. Toutes les idées, affirmaient autant les empiristes anglais que les sensualistes français, provenaient de l'expérience, et la majeure partie, sinon la totalité, de l'activité mentale s'expliquait grâce aux lois associatives qui agissaient sur ces idées.

La question posée en même temps par les empiristes britanniques et les sensualistes français était la suivante : pourquoi les êtres humains échapperaient-ils aux lois mécaniques qui expliquent tous les autres éléments de l'Univers ? Même si la métaphore comparant les êtres humains aux machines se retrouvait dans l'œuvre de Copernic, de Kepler, de Galilée et de Newton, elle fut poussée plus loin par Descartes. La conception dualiste des êtres humains de Descartes signifiait que nos corps agissent selon des principes mécaniques (nos corps sont des machines), mais non nos esprits. Cependant, sans l'esprit autonome postulé par Descartes, les êtres humains étaient ramenés au rang d'animaux et pouvaient donc être analysés comme des machines. Cette métaphore des humains en tant que machines séduisait particulièrement les sensualistes français. En fait, beaucoup croyaient que Descartes lui-même entrevoyait la possibilité de considérer les êtres humains comme des machines, mais qu'il ne l'avait pas évoquée de crainte de subir le sort de Galilée et des autres philosophes naturalistes (scientifiques) de son époque. Il existait encore des motifs de craindre l'Église dans la France du milieu du XVIIIe siècle, mais, malgré l'opposition féroce de l'Église, les sensualistes français persévérèrent avec courage et audace à utiliser la métaphore de l'homme en tant que machine.

Pierre Gassendi

Pierre Gassendi (1592-1655), un contemporain de Descartes et de Hobbes, vécut une vie paisible et studieuse dans un monastère et fut respecté en tant que mathématicien et philosophe. Autant Locke que Newton rendirent hommage à Gassendi, dont l'objectif majeur fut de dénoncer la philosophie purement déductive (axiomatique) et dualiste pour la remplacer par une science de l'observation (inductive) fondée sur le monisme physique. Gassendi critiqua à plusieurs reprises le dualisme corps-esprit proposé par Descartes. Sa critique la plus sévère était que, si l'esprit était immatériel, il ne pouvait prendre conscience des objets matériels. Seulement les objets physiques, disait-il, peuvent influencer d'autres objets physiques et être influencés par eux. Gassendi ne pouvait également comprendre pourquoi Descartes consacrait tant d'énergie à prouver qu'il existait, alors qu'il était évident pour Gassendi que tout ce qui bouge existe. Descartes aurait pu dire : « Je bouge, donc je suis. » En fait, selon Gassendi, une telle conclusion aurait marqué un progrès considérable par rapport à « Je pense, donc je suis ». Poursuivant ses attaques à l'endroit de Descartes, Gassendi se demandait pourquoi les animaux « inférieurs » se déplaçaient avec aisance sans l'aide de l'esprit, tandis que les êtres humains en avaient besoin. Pourquoi alors, ajoutait Gassendi, ne pas imputer les opérations attribuées à l'esprit aux fonctions du cerveau (qui est de nature physique)? En d'autres mots, Gassendi ne voyait aucune raison de postuler l'existence d'un esprit immatériel pour expliquer les activités humaines.

Gassendi concluait que les êtres humains n'étaient rien d'autre que de la matière et que, par conséquent, ils pouvaient être étudiés et compris au même titre que tous les autres éléments de l'Univers. Gassendi proposait un monisme physique qui s'apparentait à celui des premiers atomistes grecs tels que Démocrite et plus tard Épicure. En fait, Gassendi était un adepte d'Épicure et des philosophes épicuriens, et il contribua à raviver l'intérêt à leur endroit. Par exemple, il acceptait le principe épicurien d'hédonisme à long terme comme seul guide raisonnable de la conduite humaine. Pour ces raisons, Gassendi est souvent considéré comme le père du matérialisme moderne, même si cet honneur pourrait également être attribué à Hobbes, contemporain de Gassendi.

Gassendi eut des adeptes de renom : voici trois d'entre eux.

Julien de La Mettrie

Julien de La Mettrie (1709-1751) naquit le 25 décembre. Son père voulait qu'il devienne prêtre, mais un médecin lui fit remarquer que même un médecin médiocre gagnait davantage qu'un bon prêtre. Après des études en médecine, La Mettrie se distingua rapidement au sein de la communauté médicale avec ses articles qui traitaient de sujets comme les maladies vénériennes, le vertige et la variole. Toutefois, La Mettrie n'attirait guère la sympathie en raison de la jalousie de ses confrères, de sa tendance à ridiculiser la profession médicale et de son tempérament bouillant. En 1742, il devint le médecin d'un régiment de gardes qui servit pendant la guerre entre la France et l'Autriche. Durant cette campagne militaire, La Mettrie fut victime d'une violente fièvre; pendant sa convalescence, il commença à se poser des questions sur la relation entre le corps et l'esprit.

Une fois rétabli, La Mettrie écrivit *L'histoire naturelle de l'âme* (1745), ouvrage qui établissait un lien plus étroit entre le corps et l'esprit que ne l'avait supposé Descartes. Si l'esprit est complètement séparé du corps et ne l'influence qu'au moment de son choix, comment alors expliquer l'effet de substances comme le vin, le café, l'opium et même un bon repas sur les pensées d'une personne? En fait, La Mettrie fut l'un des premiers philosophes modernes à suggérer que « l'on est ce que l'on mange ».

> La viande crue rend les animaux féroces; les hommes le deviendront par la même nourriture. Cette férocité produit dans l'Âme l'orgueil, la haine, le mépris des autres Nations, l'indocilité et autres sentiments, qui dépravent le caractère, comme des aliments grossiers font un esprit lourd, épais, dont la paresse et l'indolence sont les attributs favoris. (La Mettrie, 1748/1960, p. 155)

Pour La Mettrie, il était clair que ce qui influençait l'esprit influençait le processus de pensée, mais il poussa encore plus loin ce raisonnement. Selon lui, rien d'autre n'existait dans l'Univers que la matière et le mouvement. Les sensations et les pensées ne représentaient rien d'autre que des mouvements de particules dans le cerveau. La Mettrie, comme Hobbes et Gassendi, était donc un matérialiste convaincu.

Julien de La Mettrie

L'histoire naturelle de l'âme fut l'objet de critiques féroces de la part du clergé français. Le ressentiment à son endroit fut si intense qu'il dut s'exiler en Hollande. Pendant son séjour, il écrivit son livre le plus célèbre, *L'Homme machine* (1748). Ce livre souleva un tollé tel chez le clergé hollandais que La Mettrie dut également fuir la Hollande. Heureusement, Frédéric le Grand offrit à La Mettrie pension et refuge à Berlin. La Mettrie poursuivit là ses travaux sur des sujets d'ordre médical, jusqu'à sa mort survenue le 11 novembre 1751, alors qu'il était âgé de 41 ans.

L'Homme-Machine La Mettrie était de ceux qui croyaient que Descartes était un mécaniste, même dans sa vision des êtres humains, et que ses écrits sur Dieu et sur l'âme cherchaient surtout à tromper le clergé sur sa pensée véritable pour éviter la persécution (La Mettrie, 1748/1912, p. 143). Quoi qu'il en fût, La Mettrie croyait que, s'il avait suivi sa propre méthode, Descartes en aurait conclu que les êtres humains, comme les êtres non humains, étaient des automates (machines). La Mettrie s'employa alors à corriger les erreurs de Descartes au sujet des êtres humains, ou à faire ce que Descartes aurait voulu faire, mais sans peur de persécution.

La Mettrie conclut *L'Homme-Machine* de la manière suivante : « Concluons donc hardiment que l'Homme est une Machine ; et qu'il n'y a dans tout l'Univers qu'une seule substance diversement modifiée » (1748/1960, p. 197). Bien entendu, cette seule substance était la matière, et tout ce qui existait, y compris les êtres humains, était fait de matière et de rien d'autre. Pour La Mettrie, croire en l'existence d'une âme immatérielle (esprit) relevait de l'absurde. Selon lui, seul un philosophe qui n'était pas en même temps un médecin pouvait postuler l'existence d'une âme immatérielle indépendante du corps. Les preuves écrasantes que les prétendus événements mentaux dépendent des états corporels empêcheraient (ou devraient empêcher) les médecins de croire au dualisme.

La différence entre les êtres humains et les êtres non humains est une affaire de degré La Mettrie (1742/1960) faisait l'équation entre, d'une part, l'intelligence et certains traits de personnalité, et, d'autre part, la taille et la qualité du cerveau :

Je conclurai seulement ce qui s'ensuit clairement de ces incontestables Observations, 1° que plus les Animaux sont farouches, moins ils ont de cerveau ; 2° que ce viscère semble s'agrandir en quelque sorte, à proportion de leur docilité ; 3° qu'il y a ici une singulière condition imposée éternellement par la Nature, qui est que, plus on gagnera du côté de l'Esprit, plus on perdra du côté de l'instinct. (p. 158-159)

Si on peut considérer les êtres humains comme supérieurs aux êtres non humains, c'est en raison de l'éducation et du développement du langage. Étant donné que le cerveau d'un primate est presque aussi grand et complexe que celui d'un être humain, on peut en conclure que, si le primate pouvait apprendre un langage, il ressemblerait à l'être humain dans presque tous ses aspects. La question est alors : les primates peuvent-ils apprendre un langage ?

Parmi les Animaux, les uns apprennent à parler et à chanter ; ils retiennent des airs, et prennent tous les tons, aussi exactement qu'un Musicien. Les autres, qui montrent cependant plus d'esprit, tels que le Singe, n'en peuvent venir à bout. Pourquoi cela, si ce n'est par un vice des organes de la parole ? [...] En un mot serait-il absolument impossible d'apprendre une Langue à cet Animal ? Je ne le crois pas. (1748/1960, p. 160 [notre adaptation])

La similitude de la structure et des opérations du Singe est telle, que je ne doute presque point, si on exerçait parfaitement cet Animal, qu'on ne vînt enfin à bout de lui apprendre à prononcer, et par conséquent à savoir une langue. Alors ce ne serait plus ni un Homme Sauvage, ni un Homme manqué : ce serait un Homme parfait, un petit Homme de Ville, avec autant d'étoffe ou de muscles que nous-mêmes, pour penser et profiter de son éducation. (1748/1960, p. 162 [notre adaptation])

Selon La Mettrie, l'intelligence était influencée par trois facteurs : la taille du cerveau, sa complexité et l'éducation. Les êtres humains sont généralement d'une intelligence supérieure aux animaux, car nous avons un cerveau plus gros et plus complexe, et nous sommes mieux éduqués. Or, par le mot « éducation », La Mettrie ne faisait pas référence uniquement à l'éducation formelle, mais aussi aux expériences quotidiennes, par exemple aux interactions avec les autres personnes.

Affirmer que les êtres humains sont moralement supérieurs aux animaux, c'est refuser de reconnaître le côté plus sombre des activités humaines comme le cannibalisme, l'infanticide, les guerres où « nos Compatriotes se battent, Suisses contre Suisses, Frères contre Frères, se reconnaissent, s'enchaînent, ou se tuent sans remords, parce qu'un Prince paie leurs meurtres » (La Mettrie, 1748/1960, p. 172). La religion, ancrée dans la croyance en un être suprême, n'avait en aucun cas amélioré la condition humaine. Pour La Mettrie, l'athéisme pouvait encourager les êtres humains à devenir plus humains.

En résumé, la différence entre les êtres humains et les êtres non humains en était une de degré, et non de nature : « L'Homme n'est pas pétri d'un Limon plus précieux ; la Nature n'a employé qu'une seule et même pâte, dont elle a seulement varié les levains » (La Mettrie, 1748/1960, p. 172). Il est à noter que cette observation fut faite 100 ans avant la publication de *L'origine des espèces* de Darwin (1859, éd. fr. 1873).

L'acceptation du matérialisme améliorera le monde   Selon La Mettrie, croire au caractère unique des êtres humains (dualisme) et croire en Dieu est non seulement une erreur, mais est également la cause d'une misère généralisée. Accepter la continuité avec le règne animal servirait mieux les êtres humains. Nous devrions accepter le fait que, tout comme les autres animaux, les êtres humains sont des machines, des machines complexes certes, mais tout de même des machines. La Mettrie (1748/1960) décrivait ainsi la vie d'une personne qui accepterait la philosophie matérialiste-mécaniste :

> Qui pensera ainsi, sera sage, juste, tranquille sur son sort, et par conséquent heureux. Il attendra la mort, sans la craindre, ni la désirer ; et chérissant la vie, comprenant à peine comment le dégoût vient corrompre un cœur dans ce lieu plein de délices ; plein de respect pour la Nature ; plein de reconnaissance, d'attachement, et de tendresse, à proportion du sentiment, et des bienfaits qu'il en a reçus, heureux enfin de la sentir, et d'être au charmant Spectacle de l'Univers, il ne la détruira certainement jamais dans soi, ni dans les autres. Que dis-je ! plein d'humanité, il en aimera la caractère jusques dans ses ennemis. Jugez comme il traitera les autres. Il plaindra les vicieux, sans les haïr ; ce ne seront à ses yeux que des Hommes contrefaits. Mais en faisant grâce aux défauts de la conformation de l'Esprit et du corps, il n'en admirera pas moins leurs beautés, et leurs vertus. [...] Enfin le Matérialiste convaincu, quoi que murmure sa propre vanité, qu'il n'est qu'une Machine, ou qu'un Animal, ne maltraitera point ses semblables ; trop instruit sur la Nature de ces actions, dont l'inhumanité est toujours proportionnée au degré d'Analogie prouvée ci-devant ; et ne voulant pas en un mot, suivant la Loi Naturelle donnée à tous les Animaux, faire à autrui, ce qu'il ne voudrait pas qu'on lui fît. (p. 196-197)

Contrairement à plusieurs autres philosophes de son époque qui préféraient en parler dans l'intimité, La Mettrie osa discuter ouvertement de ces idées. Ce faisant, il offensa beaucoup de gens puissants. Même s'il est évident qu'il influença plusieurs penseurs qui apparurent par la suite, ses travaux et même son nom sont rarement cités. Le fait qu'il mourut d'une indigestion après un festin de faisans et de truffes fut perçu par plusieurs comme une fin appropriée pour un philosophe athée.

Étienne Bonnot de Condillac

Étienne Bonnot de Condillac (1714-1780) naquit un 30 septembre dans une famille aristocratique de Grenoble. Il était un contemporain de Hume et de Rousseau, qui étaient environ du même âge, et de Voltaire, de 20 ans son aîné. Il fréquenta un séminaire jésuite de Paris et, peu après son ordination comme prêtre catholique, il commença à fréquenter les salons littéraires et philosophiques de Paris et se désintéressa graduellement de la carrière ecclésiastique. En fait, il devint un critique virulent des dogmes religieux. Condillac traduisit l'*Essay* de Locke, et son premier livre, *Essai sur l'origine des connaissances humaines* (1746), a été rédigé dans le but de prolonger la réflexion empirique du philosophe anglais. Huit années plus tard, dans son *Traité des sensations* (1754), Condillac suggéra que Locke avait inutilement attribué trop de pouvoirs innés à l'esprit. Selon lui, tous ces pouvoirs dérivaient simplement de la capacité de sentir, de se remémorer et d'expérimenter le plaisir et la douleur.

La statue de constitution humaine   Pour illustrer sa pensée, Condillac demandait à ses lecteurs d'imaginer une statue de marbre capable de sentir, de se remémorer et de ressentir, mais dotée uniquement du sens de l'odorat. La vie mentale de la statue étant alimentée uniquement par les odeurs, elle ne peut concevoir l'apparence externe d'une chose ni en percevoir les couleurs, les sons ou les goûts. La statue possède la capacité d'*attention*, car elle sera attentive à toutes les odeurs qu'elle expérimentera. Avec l'attention vient l'*émotion*, car prêter attention à une odeur agréable suscitera le plaisir et prêter attention à une odeur désagréable provoquera le déplaisir. Si la statue n'avait vécu qu'une seule expérience continue plaisante ou déplaisante, elle ne pourrait ressentir de désir, car elle ne disposerait d'aucun point de comparaison. Or si la sensation plaisante cessait, le fait de se la remémorer ferait naître chez la statue le désir qu'elle réapparaisse. De même, si la sensation déplaisante cessait, le fait de se la remémorer ferait naître chez la statue le désir qu'elle ne réapparaisse plus. Pour Condillac, tous les désirs reposent sur des expériences de plaisir et de déplaisir. La statue *aime* les expériences plaisantes et *déteste* les expériences déplaisantes. La statue, compte tenu de sa capacité à se remémorer, peut, en plus d'expérimenter les odeurs présentes, se souvenir des odeurs expérimentées dans le passé. Habituellement, les premières offrent une sensation plus forte que les secondes.

Si la statue sent une odeur de rose à un moment et une odeur d'œillet à un autre moment, elle disposera d'un point de *comparaison*. On peut comparer en sentant une odeur et en se remémorant l'autre, ou en se remémorant les deux odeurs. Cette capacité de comparaison s'accompagne d'une capacité d'être surpris. La *surprise* survient dès que la statue connaît une expérience qui se démarque radicalement de celles qui ont été vécues précédemment : « elle ne pourra manquer de l'être si elle passe tout à coup d'un état auquel elle était accoutumée, à un état tout différent, dont elle n'avait point encore d'idée » (Condillac, 1754/1983, p. 194). Avec la capacité de comparaison vient la capacité de jugement. Comme c'est le cas avec la remémoration, plus la statue fait des comparaisons et porte des jugements, plus cela est facile à faire pour elle. Les sensations sont remémorées dans l'ordre où elles furent ressenties ; les souvenirs forment ainsi une chaîne. La statue est alors capable de se remémorer des souvenirs anciens en passant d'une idée à l'autre, jusqu'à ce qu'elle remonte à l'idée la plus ancienne. Selon Condillac, les vieux souvenirs seraient perdus à jamais si l'on ne possédait pas la capacité de se remémorer d'abord les idées intermédiaires. Si la statue se remémore les sensations dans l'ordre où elles sont apparues, on parle d'un processus de *récupération*. Si elle se les rappelle dans un ordre différent, on parle alors d'*imagination*. Le *rêve* est une forme d'imagination. Retrouver ou imaginer ce qui est détesté fait naître la *peur*. Retrouver ou imaginer ce qui est aimé fait naître l'*espoir*. La statue, qui a maintenant ressenti diverses sensations, peut constater que celles-ci peuvent être regroupées de différentes manières : intenses, faibles, plaisantes ou déplaisantes. Avec les sensations ou les souvenirs ainsi regroupés en fonction de leurs points communs, la statue se forme des *idées abstraites*, par exemple d'agrément. De plus, en prenant conscience que certains souvenirs ou sensations sont plus tenaces que d'autres, la statue acquiert la notion de *durée*.

Lorsque notre statue aura accumulé un grand nombre de souvenirs, elle aura tendance à s'arrêter davantage aux souvenirs agréables qu'aux souvenirs désagréables. En fait, selon Condillac, c'est finalement vers la recherche du plaisir ou le refus de la douleur que la capacité mentale de la statue s'oriente : « Il y a donc deux principes qui déterminent le degré d'action de ses facultés : d'un côté, c'est la vivacité d'un bien qu'elle n'a plus ; de l'autre, c'est le peu de plaisir de la sensation actuelle, ou la peine qui l'accompagne » (Condillac, 1754/1983, p. 201).

Le moi, l'ego ou la personnalité de la statue est fait de sensations, de souvenirs et de diverses autres capacités mentales. Grâce aux souvenirs, elle peut nourrir des désirs autres que ceux qu'elle nourrit dans le moment présent. En se remémorant d'autres sensations, elle peut désirer que les sensations présentes se poursuivent ou cessent. Les expériences (dans le cas présent, les odeurs) qui n'ont jamais été expérimentées ne peuvent faire partie de la vie mentale de la statue, laquelle est constituée de sensations et de souvenirs de sensations.

De toute évidence, le texte de Condillac ne porte pas sur les statues, mais sur le lien qui existe entre les capacités mentales humaines et les sensations, les souvenirs et quelques émotions fondamentales. Bien entendu, les êtres humains disposent de plusieurs sens ; ils sont donc plus complexes que la statue, même si le principe de base demeure le même. Par conséquent, Locke et d'autres défendaient inutilement la présence de pouvoirs innés de l'esprit. Selon Condillac (1754/1983), les pouvoirs de l'esprit sont une conséquence naturelle des sensations :

> Ayant prouvé que notre statue est capable de donner son attention, de se ressouvenir, de comparer, de juger, de discerner, d'imaginer ; qu'elle a des notions abstraites, des idées de nombre et de durée ; qu'elle connaît des vérités générales et particulières ; qu'elle forme des désirs, se fait des passions, aime, hait, veut ; qu'elle est capable d'espérance, de crainte et d'étonnement ; et qu'enfin elle contracte des habitudes : nous devons

conclure qu'avec un seul sens l'entendement a autant de facultés qu'avec les cinq réunis. (p. 234-235)

Claude Helvétius

Claude Helvétius (1715-1771) naquit à Paris et fut éduqué par des jésuites. Après avoir fait fortune comme percepteur d'impôt, il épousa une séduisante comtesse et se retira à la campagne, où il écrivit et fréquenta certains des esprits les plus érudits d'Europe. En 1758, il écrivit un livre intitulé *De l'esprit*, qui fut condamné par la Sorbonne et jeté au bûcher. Son œuvre posthume, *De l'Homme, de ses facultés intellectuelles et de son éducation* (1772), émut Jeremy Bentham à un point tel que celui-ci déclara que ce que Francis Bacon avait fait pour notre compréhension du monde physique, Helvétius l'avait fait pour notre compréhension de l'univers moral. Par ailleurs, James Mill prétendit avoir utilisé la philosophie d'Helvétius comme guide dans l'éducation de son fils, John Stuart.

Helvétius ne contredisait aucun des dogmes importants des empiristes britanniques ou des sensualistes français, pas plus qu'il ne proposait d'idées nouvelles.

Claude Helvétius

Il explora plutôt en profondeur les conséquences de l'affirmation voulant que les contenus de l'esprit proviennent uniquement de l'expérience. En d'autres mots, contrôler les expériences, c'était contrôler les contenus de l'esprit. Les répercussions de cette croyance sur l'éducation et même sur la structure de la société apparaissaient évidentes, et, entre les mains d'Helvétius, l'empirisme se radicalisa pour devenir l'*environnementalisme*. Tout ce qui touchait aux aptitudes sociales, à la moralité et même au génie pouvait être enseigné par le contrôle des expériences (éducation). Russel (1945) disait à propos d'Helvétius : « Sa doctrine verse dans l'optimisme, car il suffirait d'une éducation parfaite pour produire un homme parfait. Il suggère même qu'il serait plus facile d'atteindre cette éducation parfaite si on éliminait les prêtres » (p. 772 [notre traduction]).

Helvétius était aussi un hédoniste ; l'éducation prise dans son sens le plus large pouvait être vue comme la manipulation d'expériences agréables et douloureuses. Aujourd'hui, nous dirions la même chose en parlant du renforcement des idées et des comportements désirables ainsi que de l'évitement ou de la sanction des idées et des comportements indésirables. La position d'Helvétius ressemble en plusieurs points à celle des béhavioristes modernes.

Le positivisme

Autant les empiristes anglais que les sensualistes français croyaient que toutes les connaissances proviennent de l'expérience, c'est-à-dire que les idées innées n'existent pas. Ils partageaient également un même dégoût pour la spéculation métaphysique. Toute la connaissance, disaient-ils, même la connaissance morale, tire son origine de l'expérience. Le refus des principes moraux innés ne plaçait pas les empiristes et les sensualistes en conflit direct avec l'Église, mais les dogmes religieux.

Grâce au succès remporté par les sciences physiques et les sciences psychologiques à travers l'Europe, et en raison de l'ambiguïté croissante qui entourait la doctrine religieuse, une nouvelle croyance émergea : celle qui affirmait que la science est capable de résoudre tous les problèmes humains ; on la nomma **scientisme**. Pour les adeptes du scientisme, la connaissance scientifique est la seule connaissance valable ; par conséquent, elle offre la seule information crédible. Selon ces adeptes, la science possède même certaines caractéristiques propres à une religion. Auguste Comte était l'un de ces adeptes.

Auguste Comte

Auguste Comte (1798-1857) naquit le 19 janvier dans la ville française de Montpellier et grandit dans la période des grands bouleversements qui suivit la Révolution française (1789-1799). À l'école, Comte était un élève doué et fauteur de troubles. En août 1817, il rencontra le philosophe social Henri Saint-Simon (1760-1825), qui convertit Comte, jusqu'alors fervent défenseur des principes de liberté et d'égalité, à une vision plus élitiste de la société. Les deux hommes collaborèrent à divers essais, mais, en 1824, après une acerbe dispute, ils cessèrent de se fréquenter. En avril 1826, Comte amorça une série de conférences sur sa philosophie positiviste, c'est-à-dire sur sa tentative d'utiliser les méthodes des sciences physiques pour créer une science de l'histoire et du comportement social des êtres humains. Plusieurs personnalités connues assistèrent à ces rencontres. Toutefois, après seulement trois conférences, Comte fut victime d'un effondrement psychologique. Malgré des traitements à l'hôpital, il sombra dans une profonde dépression et tenta même de se suicider. Il ne reprit ses conférences qu'en 1829. Les problèmes financiers, le manque de reconnaissance de ses pairs et des difficultés conjugales contribuèrent à le plonger de nouveau dans l'isolement. Entre 1830 et 1842, il se consacra principalement à la rédaction de son œuvre en six volumes, *Cours de philosophie positive*. Le *Cours* de Comte fut traduit en anglais en 1853 (*A Positive Philosophy*) par la philosophe féministe Harriet Martineau (1802-1876). Les *Cours* attirèrent à Comte quelques admirateurs, dont John Stuart Mill. Toutefois, peu après leur publication, la femme de Comte le quitta. En 1844, il rencontra Clothilde de Vaux et en tomba amoureux. Même si celle-ci succomba des suites d'une tuberculose peu de temps après leur rencontre, il fit le serment de dédier le reste de sa vie à sa mémoire. Peu après, Comte commença à écrire *Système de politique positive*, où il présenta sa religion de l'humanité (que nous verrons plus loin). Le *Système* de Comte lui coûta la plu-

Auguste Comte

part de ses adeptes influents, incluant John Stuart Mill. Aucunement ébranlé, Comte continua de se concentrer sur sa nouvelle religion, dont il se nomma grand prêtre. Il consacra ses dernières années à convertir des gens. Il tenta même de recruter certaines personnalités parmi les plus puissantes d'Europe, dont le tsar Nicolas Ier et le supérieur des jésuites.

Le positivisme de Comte Selon Comte, la seule chose dont nous pouvons être sûrs est ce qui est socialement observable, c'est-à-dire les expériences sensorielles susceptibles d'être partagées avec d'autres personnes. Les données scientifiques sont socialement observables, donc dignes de confiance. Par exemple, les lois scientifiques sont des énoncés sur les variations des phénomènes empiriques, et, une fois établies, elles peuvent être expérimentées par une tierce partie. L'insistance de Comte à faire l'équation entre la connaissance et les observations empiriques est appelée **positivisme**.

Comte était un réformiste social et s'intéressait à la science uniquement comme moyen d'améliorer la société. La connaissance, qu'elle soit scientifique ou non, n'avait aucune importance à moins d'avoir une quelconque valeur pratique. Comte écrivait : « J'ai en suprême aversion les travaux scientifiques dont l'utilité, directe ou indirecte, m'échappe » (Esper, 1964, p. 213 [notre traduction]). Selon Comte, la science devait chercher à découvrir les relations entre les phénomènes physiques. Une fois ces lois connues, elles sont utilisables pour prédire et contrôler les événements et, par conséquent, pour améliorer la vie. Un des slogans préférés de Comte était « Savoir pour prévoir » (Esper, 1964, p. 213 [notre traduction]). L'approche de Comte face à la science était sensiblement la même que celle qui avait été suggérée par Francis Bacon. Selon Comte et Bacon, la science devait être concrète et non spéculative. Comte expliquait à ses lecteurs qu'il existe deux types d'énoncés : « L'un se rapporte à l'objet des sens et est un énoncé scientifique. L'autre n'est qu'une idiotie » (D. N. Robinson, 1986, p. 333 [notre traduction]).

Notons que la pensée positiviste existait sous une forme ou une autre depuis la Grèce antique.

> Nous pourrions affirmer que l'histoire du positivisme remonte aux temps anciens jusqu'à l'époque actuelle. Dans la Grèce antique, le positivisme était incarné par des penseurs comme Épicure, qui cherchait à libérer l'homme de la théologie en lui offrant une explication de l'Univers selon des lois naturelles ; et par les Sophistes, qui désiraient appliquer une connaissance positive aux affaires humaines. Les succès cumulatifs de la méthode scientifique au XVIIe et au XVIIIe siècles ont considérablement favorisé l'acceptation de l'attitude positiviste chez les intellectuels. En Angleterre, la philosophie empirique, qui commence avec Francis Bacon et culmine avec Hume et John Stuart Mill, devient un élément essentiel de la tradition positiviste. (Esper, 1964, p. 212-213 [notre traduction])

En fait, étant donné que tous les empiristes anglais et les sensualistes français insistaient sur l'importance de l'expérience sensorielle, et rejetaient les spéculations métaphysiques et théologiques, nous pouvons affirmer qu'ils manifestaient un certain penchant pour le positivisme.

La loi des trois états   Selon Comte, les sociétés passent par trois états définis en fonction de la manière

dont leurs membres expliquent les phénomènes naturels. Le premier état, le plus primitif, est *théologique* ; les explications reposent sur la superstition et le scepticisme. Le deuxième état est *métaphysique* ; les idées sont fondées sur des essences, des principes, des causes ou des lois invisibles. Le troisième état est *scientifique* ; c'est l'état suprême. Dans cet état, la description a préséance sur l'explication ; la prédiction et le contrôle des phénomènes naturels prennent alors toute leur importance. Comte utilisait le terme **sociologie** pour décrire l'étude de l'évolution des sociétés par la comparaison de leur cheminement à travers ces trois états d'évolution.

Il décrivait les événements qui caractérisaient la transition entre deux états un peu comme Kuhn (1996) décrivait les changements de paradigme en science. Selon Comte, les croyances propres à un état deviennent un mode de vie pour les personnes vivant à l'intérieur d'une société. Seuls les individus les plus avisés entrevoient l'état suivant et commencent à paver la voie à son avènement. Arrive alors une étape critique, au cours de laquelle la société vit une transition entre un état et un autre. Les croyances caractéristiques du nouvel état deviennent alors le mode de vie dominant, jusqu'à ce que le processus recommence. Lors d'un changement de paradigme, il subsiste dans chaque nouvel état des vestiges des états précédents.

Pour prouver sa loi des trois états, Comte notait que les individus traversaient la même évolution :

> Le progrès de l'esprit d'un individu est non seulement une illustration, mais aussi une preuve indirecte du progrès de l'esprit en général. Puisque le point de départ de l'individu et de la race est le même, les phases pour l'esprit d'un homme correspondent aux époques pour l'esprit de la race. Aujourd'hui, chacun d'entre nous, s'il jette un regard en arrière sur sa propre histoire, est conscient qu'il était un théologien pendant l'enfance, un métaphysicien pendant l'adolescence et un philosophe naturel pendant sa vie adulte. Tous les hommes sensés peuvent le vérifier eux-mêmes. (Martineau, 1853/1893, p. 3 [notre traduction])

La religion de l'humanité   À la fin des années 1840, Comte parlait du positivisme comme s'il s'agissait d'une religion. Pour lui, la science offrait à l'individu tout ce qu'il avait besoin de croire et tout ce qu'il devait croire. Comte décrivait une société utopique fondée sur des croyances et des principes scientifiques, et encadrée par une organisation remarquablement similaire à l'Église catholique. Toutefois, Dieu était remplacé par l'humanité, et les prêtres, par les scientifiques et les philosophes. Les disciples de la nouvelle religion viendraient des classes ouvrières et, plus particulièrement, des femmes.

> Le triomphe du positivisme attendait l'unification des trois classes suivantes : les philosophes, le prolétariat et les femmes. Les premiers établiraient les principes et les méthodes intellectuels et scientifiques nécessaires ; le deuxième garantirait le lien essentiel entre réalité et utilité ; les dernières apporteraient à l'ensemble l'altruisme et la résolution morale si naturels à la condition féminine. (D. N. Robinson, 1982, p. 41-42 [notre traduction])

La religion de l'humanité de Comte explique en partie le désenchantement de John Stuart Mill à son endroit. L'utopie de Comte mettait l'accent sur le bonheur collectif et minimisait le bonheur individuel. Dans la vision utilitariste de Mill, c'était exactement le contraire.

La hiérarchie des sciences Comte classait de manière hiérarchique les sciences, de la plus élémentaire et première à avoir été formulée jusqu'à la plus complète et dernière à avoir été formulée. Cette hiérarchie était la suivante : les mathématiques, l'astronomie, la physique, la chimie, la physiologie et la biologie, et enfin la sociologie. Il est particulièrement intéressant de remarquer que la psychologie n'apparaît pas dans la liste des sciences de Comte. Si pour Comte le mot *psychologie* faisait référence à une analyse introspective de l'esprit, la psychologie était alors pour lui une absurdité métaphysique. Pour Comte, la science s'intéressait à ce qui était socialement observable et excluait ainsi les données introspectives. Il détestait l'introspection et se distinguait ainsi de presque tous les empiristes britanniques et les sensualistes français, qui avaient recours presque exclusivement à cette méthode pour analyser l'esprit.

> Pour être en mesure d'observer l'intellect, toute activité doit cesser ; et pourtant, c'est l'effet de cette même activité que nous voulons observer. Sans pause, il est impossible d'observer ; si vous faites une pause, il n'y a plus rien à observer. Le résultat d'une telle méthode est directement proportionnel à son absurdité. Après deux mille ans de recherche psychologique, aucune proposition n'a été établie à la satisfaction de ses adeptes. À ce jour, ceux-ci sont divisés en une multitude d'écoles et se montrent incapables de s'entendre sur les éléments les plus

fondamentaux de leur doctrine. Cette observation de l'intérieur fait en sorte qu'il existe presque autant de théories que d'observateurs. Nous attendons en vain une seule découverte, grande ou petite, qui aurait été faite grâce à cette méthode. (Martineau, 1853/1893, p. 10 [notre traduction])

Pour Comte, toutefois, deux méthodes pouvaient permettre une étude objective des individus. La première était la *phrénologie*, qui tentait d'établir le lien entre les phénomènes mentaux et l'anatomie et les processus du cerveau. La seconde consistait à étudier les manifestations de l'esprit, c'est-à-dire le comportement, plus particulièrement le comportement social. L'étude du comportement social humain est le deuxième sens que Comte accordait au mot *sociologie*. En résumé, la première méthode réduisait la psychologie à la physiologie, tandis que la deuxième méthode la réduisait à la sociologie. Dans ce dernier cas, seul le « nous » était analysé, et non le « moi ». Nous voyons alors deux raisons supplémentaires qui expliquent pourquoi J. S Mill s'éloigna de Comte. Premièrement, l'analyse de l'esprit de Mill demeurait très dépendante de l'introspection ; deuxièmement, Mill rejetait la phrénologie (et l'histoire lui donne raison en ce sens).

Un deuxième type de positivisme

Comte insistait sur l'importance d'accepter uniquement ce dont les gens étaient certains, c'est-à-dire ce qui était socialement observable. Pour Comte, l'introspection était à éliminer, car elle portait uniquement sur les expériences personnelles. Toutefois, un autre type de positivisme émergea par la suite avec à sa tête le physicien **Ernst Mach** (1838-1916).

Pour Mach, comme pour Comte, la science ne devait porter que sur ce qui était connu avec certitude. Ni la vision de la science de Comte ni celle de Mach ne laissaient place aux spéculations métaphysiques. Cependant, les deux hommes étaient en total désaccord à propos de ce dont les scientifiques peuvent être certains. Pour Comte, il s'agissait de phénomènes physiques que n'importe quel observateur intéressé pouvait expérimenter. De son côté, Mach adhérait plutôt à la vision de Berkeley et de Hume, qui croyaient que l'expérience du monde physique ne peut se faire directement. Nous expérimentons uniquement des sensations ou des phénomènes mentaux. Pour Mach, le travail du scientifique était de constater quelles sensations

Ernst Mach

connaissance a priori du monde. Il n'y a que des expériences qui, une fois organisées de manière systématique, peuvent prétendre au statut de connaissances scientifiques » (D. N. Robinson, 2000, p. 1020 [notre traduction]). Comme Hume, Mach concluait que les prétendues relations de cause à effet se résument à des relations fonctionnelles entre des phénomènes mentaux. Même si pour Mach l'objet ultime de *toute* science était nécessairement cognitif, ce fait n'empêchait nullement les scientifiques de faire leur travail objectivement et sans s'engager dans des spéculations métaphysiques. Dans son influent ouvrage *The Science of Mechanics* (1883/1960), Mach insistait sur la nécessité de définir les concepts scientifiques en fonction des procédés utilisés pour les mesurer plutôt qu'en fonction de leur « réalité ultime » ou de leur « essence ». Ce faisant, Mach anticipait le concept de définition opérationnelle de Bridgman (voir le chapitre 13). Einstein soulignait souvent l'importance de Mach dans sa vie et dans son œuvre. Si Comte et Mach était des positivistes, ils l'étaient donc de manière différente.

Le positivisme fut revu au fil des ans et il se transforma graduellement en *positivisme logique*. C'est à travers le positivisme logique que la philosophie positiviste eut le plus grand impact sur la psychologie. Nous aborderons le positivisme logique et ses effets sur la psychologie au chapitre 13.

avaient tendance à se regrouper, et de décrire, à l'aide de termes mathématiques précis, les relations qui existaient entre elles. Selon Mach, « il ne peut y avoir de

Résumé

Un groupe de philosophes britanniques s'opposa au concept d'idées innées de Descartes. Pour ces philosophes, toutes les idées dérivaient de l'expérience. Les empiristes prétendaient que l'expérience était la base de toute connaissance. Hobbes insistait sur le fait que toute l'activité humaine pouvait se résumer à des principes physiques et mécaniques ; en plus d'être un empiriste, il était matérialiste et mécaniste. Selon lui, la société se devait de combler les besoins des individus et d'empêcher qu'ils se battent entre eux. Il croyait également que le comportement humain était motivé par la recherche du plaisir et l'évitement de la douleur.

À titre d'empiriste, Locke faisait la distinction entre les qualités premières des objets, lesquelles produisaient les idées qui ressemblaient en réalité aux caractéristiques de ces mêmes objets ; et les qualités secondes, lesquelles produisaient des expériences psychologiques sans équivalent aucun dans le monde physique. Locke croyait que l'esprit pouvait réorganiser toutes les idées en différentes configurations. Il affirmait qu'un esprit bien pourvu possède la capacité de croire, ainsi que l'imagination, le raisonnement et la volonté. Comme les autres empiristes, Locke croyait que toutes les émotions humaines dérivaient de deux émotions fondamentales, le plaisir et la douleur. Locke utilisait les lois associatives principalement pour expliquer le développement des associations « non naturelles ». Sa vision de l'éducation était compatible avec sa philosophie empiriste et il exerça une influence considérable en ce domaine.

Berkeley niait l'existence du monde matériel ; il prétendait plutôt que tout ce qui existe n'est que perceptions. Même si un monde externe existe parce qu'il est perçu par Dieu, nous ne connaissons que notre propre vision du monde. Cependant, nous pouvons supposer que nos perceptions du monde reflètent précisément la réalité externe, car Dieu ne laisserait pas nos sens nous tromper. Berkeley proposait une théorie empirique de la perception de la distance.

Hume croyait comme Berkeley que la seule chose que nous expérimentons directement est notre propre expérience subjective ; mais, contrairement à lui, il ne croyait pas que nos perceptions reflétaient avec exactitude le monde physique. Selon Hume, nous ignorons tout du monde physique, car tout ce dont nous ferons jamais l'expérience se limite à la pensée et aux schémas de pensée. Comme Locke, Hume défendait le postulat selon lequel une imagination active pouvait organiser les idées d'infinies manières. Contrairement à Locke, Hume faisait de la loi associative la pierre d'assise de sa philosophie. Il supposait l'existence de trois lois : la loi de la contiguïté, qui stipule que des événements vécus ensemble sont remémorés ensemble ; la loi de la ressemblance, qui stipule que le fait de se remémorer un événement tend à stimuler la remémoration d'événements similaires ; la loi de cause à effet, qui décrit la tendance à croire que les circonstances qui précèdent de manière constante un événement causent ce même événement. Hume réduisait l'esprit et le moi à des expériences sensorielles. Selon Hume, les passions (émotions) dictent le comportement ; étant donné que les combinaisons d'émotions diffèrent d'un individu à l'autre, les comportements individuels diffèrent également. Les combinaisons d'émotions d'un individu déterminent sa personnalité.

Hartley tenta d'associer l'empirisme et l'associationnisme à une conception rudimentaire de la physiologie. Il fut l'un des premiers à montrer qu'il était possible d'utiliser les lois associatives pour expliquer le comportement appris. D'après son analyse, le comportement involontaire (réflexe) s'associe graduellement aux stimuli environnementaux, par exemple lorsque le geste d'agripper chez un enfant devient associé à son jouet favori. Une fois cette association faite, l'enfant peut volontairement agripper son jouet dès qu'il l'aperçoit. Avec la répétition des expériences, le comportement volontaire peut devenir presque aussi automatique que

le comportement involontaire. Conformément à la tradition empiriste, Hartley croyait que le plaisir et la douleur dictent le comportement, et c'est son disciple, Priestley, qui explora les répercussions de l'hédonisme de Hartley dans les pratiques éducatives.

James Mill poussa l'empirisme et l'associationnisme à leur conclusion logique en affirmant que l'expérience et les principes associatifs permettaient d'expliquer n'importe quelle idée. Il affirmait que même les idées les plus complexes pouvaient être ramenées à des idées simples. John Stuart Mill était en désaccord avec l'affirmation de son père voulant que les idées simples demeurent intactes lorsqu'on les combine en idées plus complexes. Il soutenait qu'un certain nombre d'idées simples fusionnent et que les idées complexes qu'elles produisent peuvent être très différentes des idées simples de départ. Cette idée de fusion de J. S. Mill portait le nom de chimie mentale. Il croyait en la possibilité de créer une science mentale qui deviendrait éventuellement l'égale des sciences physiques. Selon J. S. Mill, les lois premières qui gouvernaient le comportement étaient déjà connues ; pour qu'elles deviennent une science exacte, il manquait à la science mentale une compréhension des lois secondes qui déterminent le comportement des individus dans des circonstances spécifiques. J. S. Mill proposait une science de l'éthologie qui s'intéresserait aux lois secondes qui gouvernent le comportement. Il endossait plusieurs causes sociales, incluant l'émancipation des femmes, et acceptait l'utilitarisme de Bentham, mais, contrairement à lui, il insistait sur la qualité plutôt que sur la quantité d'expériences agréables.

Alexander Bain fut le premier à écrire des manuels de psychologie sur les relations entre l'esprit et le corps, à utiliser des faits neurologiques connus pour expliquer des phénomènes psychologiques et à fonder un journal de psychologie. Il utilisa le comportement spontané et l'hédonisme pour expliquer le comportement volontaire, et ajouta les lois de l'association composée et de l'association constructive à la liste des lois traditionnelles de l'association.

À l'instar des empiristes britanniques, les sensualistes français croyaient que toutes les idées dérivaient de l'expérience, et ils niaient l'existence du type d'esprit autonome proposé par Descartes. Les sensualistes étaient soit des matérialistes (comme Hobbes) qui rejetaient l'existence des phénomènes mentaux, soit des mécanistes qui croyaient que tous les phénomènes mentaux pouvaient s'expliquer grâce aux sensations simples et aux lois associatives. Gassendi jugeait absurde la division faite par Descartes entre un corps matériel et un esprit immatériel. Tous les prétendus événements mentaux, affirmait-il, sont le produit du cerveau et non de l'esprit. Comme Hobbes, Gassendi concluait que tout ce qui existe est matière, ce qui incluait l'être humain dans tous ses aspects. Dans son livre *L'Homme-Machine*, La Mettrie avançait que l'unique différence entre les êtres humains et les êtres non humains était une question de degré de complexité et que les deux pouvaient être considérés comme des machines. Si nous nous considérions comme faisant partie de la nature, disait La Mettrie, nous serions moins enclins à abuser de l'environnement, des animaux et des autres êtres humains. Condillac, utilisant l'exemple d'une statue de constitution humaine dotée du seul sens de l'odorat, de la capacité de se remémorer et de la capacité de sentir le plaisir et la douleur, cherchait à montrer que toutes les expériences cognitives et émotionnelles des êtres humains peuvent s'expliquer; par conséquent, avancer le postulat de l'existence d'un esprit autonome s'avérait inutile. Helvétius appliquait l'empirisme et le sensualisme au domaine de l'éducation, et il affirmait que le contrôle de l'expérience permettait de contrôler le contenu de l'esprit.

Avec le succès grandissant de la science, certaines personnes en vinrent à croire que la science pouvait résoudre tous les problèmes et répondre à toutes les questions. Une telle croyance était appelée scientisme et s'apparentait à une croyance religieuse. Endossant le scientisme, Comte proposa le positivisme, selon lequel seule une information scientifique pouvait être considérée comme valide. Tout ce qui n'était pas socialement observable devenait suspect et était considéré comme impropre en tant qu'objet d'étude. Comte suggérait que les cultures traversaient trois étapes dans leur tentative d'expliquer les phénomènes: l'étape théologique, l'étape métaphysique et l'étape scientifique. Comte ne croyait pas que la psychologie pouvait devenir une science, car l'étude de l'esprit exigeait l'utilisation d'une méthode d'introspection d'une efficacité douteuse. Les gens, disait-il, peuvent être étudiés de manière objective par l'observation de leur comportement manifeste ou à travers l'expérience phrénologique. Quelques

années après Comte, Mach proposa un autre type de positivisme fondé sur les expériences phénoménologiques des scientifiques. Pour Mach, le travail des scientifiques consistait à décrire avec précision les relations entre les événements cognitifs. Contrairement à Comte, le type de positivisme de Mach permettait l'analyse introspective (et reposait même sur une telle analyse). Comme Comte, Mach voulait débarrasser la science des spéculations métaphysiques.

Des questions à débattre

1. Définissez l'empirisme. À quelles autres philosophies l'empirisme s'opposait-il?

2. Selon vous, pourquoi peut-on affirmer que Hobbes était un empiriste, un mécaniste et un matérialiste?

3. Quelles étaient les fonctions d'un gouvernement selon Hobbes?

4. Comment Hobbes expliquait-il la motivation humaine?

5. Expliquez pourquoi il est erroné de prétendre que Locke croyait en l'existence d'un esprit passif. Énumérez les pouvoirs de l'esprit conçu par Locke.

6. Selon Locke, quelle était la différence entre les qualités premières et les qualités secondes? Comment le paradoxe des bassins de Locke illustrait-il cette différence?

7. Quelle utilisation Locke faisait-il des lois associatives dans sa philosophie?

8. Expliquez l'énoncé de Berkeley: « Être, c'est être perçu. » Berkeley niait-il l'existence d'une réalité externe? Expliquez.

9. Résumez l'explication de Berkeley sur la perception de la distance.

10. Quelle est la fonction de la faculté d'imagination dans la philosophie de Hume?

11. Présentez les principes associatifs de contiguïté, de ressemblance et de cause à effet de la manière dont Hume les utilisait.

12. Résumez l'analyse de causalité de Hume.

13. Comment Hume définissait-il l'*esprit* et le *moi* ?

14. Quels étaient selon Hume les déterminants ultimes du comportement ? Expliquez.

15. Hume croyait-il en l'existence d'un monde physique au-delà de la réalité subjective ? Si oui, que pouvions-nous connaître de ce monde selon lui ?

16. Quel était l'objectif philosophique de Hartley ?

17. Résumez l'explication de l'association selon Hume.

18. Comment, selon Hartley, le comportement involontaire se transformait-il en comportement volontaire ?

19. Quel rôle jouait l'émotion dans la philosophie de Hartley ?

20. Résumez l'associationnisme selon James Mill.

21. Comparez la « physique mentale » de James Mill avec la « chimie mentale » de son fils, John Stuart Mill.

22. Pourquoi John Stuart Mill croyait-il qu'une science de la nature humaine était possible ? Qu'est-ce qui caractériserait une telle science dans les premières étapes de son développement ? dans ses dernières étapes ? Incluez dans votre réponse une présentation des lois premières et des lois secondes.

23. Présentez la science de l'éthologie proposée par J. S. Mill. Pourquoi les efforts pour développer cette science ont-ils échoué ?

24. Quel était l'objectif philosophique de Bain ?

25. Résumez la contribution de Bain à la psychologie. Incluez dans votre réponse les nouvelles lois associatives et son explication de la transformation de l'activité spontanée en comportement volontaire.

26. Quels étaient les principaux éléments du sensualisme français ?

27. Sous quels aspects la philosophie de Gassendi était-elle similaire à celle de Hobbes ?

28. Pourquoi La Mettrie jugeait-il inappropriée la séparation du corps et de l'esprit ?

29. Qu'avaient en commun les êtres humains et les êtres non humains selon La Mettrie ?

30. Selon La Mettrie, pourquoi l'acceptation d'une philosophie matérialiste assurerait-elle un monde meilleur et plus humain ?

31. Comment Condillac utilisait-il l'analogie avec une statue à constitution humaine pour expliquer l'origine des processus mentaux chez l'homme ? Donnez des exemples du développement de l'attention, des émotions, de la comparaison et de la surprise.

32. Comment Helvétius appliquait-il l'empirisme et le sensualisme à l'éducation ?

33. Que signifiait le positivisme selon Comte ?

34. Décrivez les étapes que traversaient les cultures selon Comte pour expliquer les phénomènes.

35. Comte croyait-il que la psychologie pouvait être une science ? Pourquoi ?

36. Quels étaient les deux moyens valables d'étudier les êtres humains selon Comte ?

37. Comparez la version du positivisme de Mach avec celle de Comte.

Des suggestions de lecture

Armstrong, D. M. (dir.). (1965). *Berkeley's philosophical writings*. New York : Macmillan.

Berman, D. (1999). *Berkeley*. New York : Routledge.

Bricke, J. (1974). Hume's associationist psychology. *Journal of the History of the Behavioral Sciences*, 10, 397-409.

Condillac, E. B. de (2001 [1746]). *Essay on the origin of human knowledge* (H. Aarsell, trad.). New York : Cambridge University Press.

Dancy, J. (1987). *Berkeley : An introduction*. New York : Basil Blackwell.

Flew, A. (dir.). (1962). *David Hume : On human nature and the understanding*. New York : Macmillan.

Gaskin, J. C. A. (1998). *David Hume : Principal writings on religion*. New York : Oxford University Press.

Grayling, A. C. (1986). *Berkeley : The central arguments*. LaSalle, IL : Open Court.

Greenway, A. P. (1973). The incorporation of action into associationism : The psychology of Alexander Bain. *Journal of the History of the Behavioral Sciences*, 9, 42-52.

Herbert, G. B. (1989). *Thomas Hobbes: The unity of scientific and moral wisdom.* Vancouver: University of British Columbia Press.

Hobbes, Thomas. *Léviathan*, Paris, Librairie philosophique J. Vrin et Dalloz, 2004.

La Mettrie, Julien de. Dans Vartanian, *L'Homme-Machine: a Study in the Origins of an idea*, Princeton N. J. Princeton University Press, 1960 [1748].

Locke, John. *Essai philosophique concernant l'entendement humain*, traduit par Coste, Paris, Librairie philosophique Vrin, 1972.

Mill, J. S. *L'asservissement des femmes*, traduit par M.-F. Cachin, Paris, Petite bibliothèque Payot, 1975.

Mill, J. S. (1988 [1843]). *The logic of the moral sciences.* La Salle, IL: Open Court.

Miller, E. F. (1971). Hume's contribution to behavioral science. *Journal of the History of the Behavioral Sciences, 7*, 154-168.

Popkin, R. H. (dir.). (1980 [1779]). *David Hume: Dialogues concerning natural religion.* Indianapolis: Hackett Publishing.

Steinberg, E. (dir.). (1977 [1777]). *David Hume: An enquiry concerning human understanding.* Indianapolis: Hackett Publishing.

Tuck, R. (2002). *Hobbes: A very short introduction.* New York: Oxford University Press.

Wilson, F. (1990). *Psychological analysis and the philosophy of John Stuart Mill.* Toronto: University of Toronto Press.

Glossaire

Activité spontanée   Selon Bain, comportement émis par l'organisme et non provoqué par une stimulation externe.

Associationnisme   Doctrine qui veut que les lois associatives offrent les principes fondamentaux permettant d'expliquer tous les phénomènes mentaux.

Bain, Alexander (1818-1903)   Premier à tenter de relier les faits physiologiques connus aux phénomènes psychologiques. Il rédigea les premiers textes psychologiques et fonda la première publication de psychologie, *Mind* (1876). Bain expliqua le comportement volontaire un peu comme les théoriciens modernes de l'apprentissage expliquèrent par la suite le comportement qui consiste à faire des essais et des erreurs. Enfin, Bain ajouta la loi de l'association composée et la loi de l'association constructive aux lois associatives plus traditionnelles.

Bentham, Jeremy (1748-1832)   Affirma que le comportement humain est dicté principalement par la recherche du plaisir et l'évitement de la douleur. Bentham affirma également que la société idéale est celle qui assure le meilleur bien-être au plus grand nombre d'individus.

Berkeley, George (1685-1753)   Affirma que les perceptions ou qualités secondes sont les seules choses dont nous faisons directement l'expérience. Berkeley offrit une explication empirique de la perception de la distance, disant que nous apprenons à associer les sensations produites par la convergence et la divergence des yeux par rapport à certaines distances. Berkeley rejetait le matérialisme et affirmait plutôt que la réalité existe parce que Dieu la perçoit. Nous pouvons faire confiance à nos sens pour refléter les perceptions de Dieu, car Dieu n'aurait pas créé un système sensoriel qui nous induirait en erreur.

Chimie mentale   Processus par lequel les sensations individuelles peuvent se combiner pour former une nouvelle idée ou une sensation différente des sensations individuelles de départ.

Comportement volontaire   Selon Bain, dans certaines circonstances, activité spontanée de l'organisme dont les conséquences sont agréables. Au bout de plusieurs occurrences, l'organisme adoptera volontairement le comportement qui était spontané à l'origine.

Comte, Auguste (1798-1857)   Fondateur du positivisme et inventeur du mot *sociologie*. Il croyait que les sociétés traversent trois étapes dans leur tentative d'expliquer les phénomènes: l'étape théologique, l'étape métaphysique et l'étape scientifique.

Condillac, Étienne Bonnot de (1714-1780)   Prétendit que toutes les caractéristiques mentales des êtres humains pouvaient s'expliquer uniquement par le concept de sensation ; affirmer l'existence d'un esprit autonome s'avérait par conséquent inutile.

Empirisme   Doctrine selon laquelle toutes les connaissances proviennent de l'expérience, plus particulièrement de l'expérience sensorielle.

Éthologie   Étude du comportement spécifique des individus dans diverses circonstances proposée par J. S. Mill. En d'autres mots, il s'agit de l'étude de l'interaction entre les lois premières et les lois secondes dans le comportement humain, laquelle interaction dicte le comportement d'un individu dans une situation donnée.

Gassendi, Pierre (1592-1655)   Considéra les êtres humains comme rien de plus que des machines physiques complexes et conclut à l'inutilité du concept d'esprit immatériel. Gassendi possédait beaucoup d'idées en commun avec Hobbes.

Hartley, David (1705-1757)   Combina l'empirisme et l'associationnisme avec des notions rudimentaires de physiologie.

Helvétius, Claude (1715-1771)   Explora les répercussions de l'empirisme et du sensualisme sur l'éducation, c'est-à-dire qu'il étudia comment le développement intellectuel d'une personne peut être déterminé par un contrôle sur ses expériences.

Hobbes, Thomas (1588-1679)   Croyait que la motivation principale du comportement humain est la recherche du plaisir et l'évitement de la douleur. Pour Hobbes, le gouvernement avait pour fonction de satisfaire le plus possible les besoins des êtres humains et de les empêcher de se battre entre eux. Hobbes croyait que toute l'activité humaine, incluant l'activité mentale, était décomposable en mouvements d'atomes ; par conséquent, il était un matérialiste.

Hume, David (1711-1776)   Accepta comme Berkeley que nous ne faisons l'expérience que de notre propre réalité subjective, mais s'opposa à l'affirmation de Berkeley selon laquelle nous pouvons supposer que nos perceptions reflètent fidèlement le monde physique, car Dieu ne permettrait pas que nous soyons induits en erreur. Pour Hume, nous ne pouvons être certains de rien. Même la notion de cause à effet, si importante pour la physique newtonienne, se limite à un schéma de pensée. Hume distinguait

les impressions, qui sont vives, des idées, qui ne sont que de pâles imitations des impressions.

Idée   Événement mental qui demeure dans l'esprit après qu'ont cessé les impressions ou les sensations.

Idées complexes   Composés d'idées simples.

Idées simples   Vestiges mentaux des sensations.

Imagination   Selon Hume, capacité de l'esprit à organiser ou à réorganiser les idées en un nombre infini de configurations.

Impressions   Selon Hume, expériences mentales suffisamment fortes pour provoquer une stimulation sensorielle. Pour Hume, l'impression est essentiellement la même chose que ce que d'autres appellent la sensation.

La Mettrie, Julien de (1709-1751)   Affirma que les êtres humains étaient des machines et que la seule différence entre eux et les autres animaux en était une de complexité. La Mettrie croyait que les prétendues expériences mentales ne sont rien de plus que des mouvements de particules dans le cerveau. Il croyait également que l'acceptation du matérialisme produirait un monde meilleur et plus humain.

Locke, John (1632-1704)   Empiriste qui nia l'existence des idées innées, mais supposa l'existence de plusieurs pouvoirs nativistes de l'esprit. Locke faisait la distinction entre les qualités premières, qui produisaient des sensations correspondant aux caractéristiques réelles des corps physiques ; et les qualités secondes, qui produisaient des sensations sans équivalent dans le monde réel. Parmi les types d'idées postulés par Locke, on retrouvait celles qui sont produites par la stimulation sensorielle, par la réflexion, les idées simples et les idées complexes, composées d'idées simples.

Loi de cause à effet   Selon Hume, si l'expérience d'un événement précède toujours un autre événement, nous avons tendance à croire que le premier événement cause le second.

Loi de l'association composée   Selon Bain, des événements contigus ou similaires forment des idées composées et sont remémorés ensemble. L'expérience d'un ou de plusieurs éléments d'une idée composée peut favoriser la remémoration de tout l'ensemble.

Loi de l'association constructive   Selon Bain, l'esprit peut réorganiser les souvenirs d'expériences variées et faire des associations créatives différentes des expériences qui sont à l'origine.

Loi de la contiguïté   Tendance pour les événements survenus ensemble à être remémorés ensemble.

Loi de la ressemblance   Selon Hume, la tendance pour nos pensées de passer d'un événement à des événements similaires. Loi semblable à ce que d'autres appellent la loi, ou le principe, de similarité.

Lois premières   Selon J. S. Mill, les lois générales qui déterminent l'ensemble du comportement des phénomènes à l'intérieur d'un système.

Lois secondes   Selon J. S. Mill, lois qui interagissent avec les lois premières et déterminent la nature des événements personnels dans des circonstances spécifiques.

Mach, Ernst (1838-1916)   Proposa un type de positivisme fondé sur les expériences phénoménologiques des scientifiques. Comme les scientifiques, ou quiconque d'ailleurs, ne peuvent faire l'expérience directe du monde physique, le travail du scientifique consiste précisément à décrire les relations entre les phénomènes mentaux sans recourir à la spéculation métaphysique.

Mill, James (1773-1836)   Affirma que tous les événements mentaux étaient composés de sensations et d'idées (copies de sensations) groupées ensemble par association. Peu importait le degré de complexité d'une idée, Mill croyait qu'elle était décomposable en idées simples.

Mill, John Stuart (1806-1873)   Exprimant son désaccord avec son père James sur la décomposition de toutes les idées complexes en idées simples, J. S. Mill proposa un processus de chimie mentale selon lequel les idées complexes pouvaient différer des idées simples (éléments) dont elles étaient issues. J. S. Mill avait la ferme conviction qu'une science de la nature humaine pouvait et devait être créée.

Paradoxe des bassins   Observation de Locke quant au fait que l'eau tiède apparaîtra chaude ou froide selon que l'on place la main d'abord dans l'eau chaude ou dans l'eau froide. Étant donné que l'eau ne peut être chaude et froide simultanément, la température doit être une qualité secondaire, et non primaire.

Positivisme   Doctrine qui soutient que la science devrait s'intéresser uniquement aux choses que l'on peut expérimenter directement. Pour Comte, il s'agissait d'événements socialement observables ou de comportements manifestes. Pour Mach, il s'agissait des sensations des scientifiques.

Qualité   Selon Locke, aspect d'un objet physique qui possède le pouvoir de produire une idée. (Voir aussi *Qualités premières* et *Qualités secondes*.)

Qualités premières   Selon plusieurs, caractéristiques des objets physiques. Selon Locke, ces caractéristiques peuvent générer en nous des idées correspondantes.

Qualités secondes   Selon plusieurs, sensations sans équivalent dans le monde réel. Selon Locke, caractéristiques d'objets ou d'événements physiques qui produisent des sensations différentes d'elles. C'est-à-dire que, pour Locke, les qualités secondes sont des caractéristiques d'objets ou d'événements physiques qui produisent des expériences psychologiques sans équivalent dans le monde physique.

Réflexion   Selon Locke, capacité d'utiliser les pouvoirs de l'esprit pour réorganiser de manière créative les idées qui découlent de l'expérience sensorielle.

Scientisme   Croyance quasi religieuse en la capacité de la science de répondre à toutes les questions et de résoudre tous les problèmes.

Sensation   Expérience mentale rudimentaire qui résulte de la stimulation d'un ou de plusieurs capteurs sensoriels.

Sociologie   Pour Comte, étude des types d'explications des phénomènes naturels utilisés par diverses sociétés. Il croyait que, au fur et à mesure que les sociétés progressaient, elles passaient des explications théologiques aux explications métaphysiques puis, positivistes. Avec le mot *sociologie*, Comte désignait également l'étude du comportement manifeste des êtres humains, plus particulièrement du comportement social.

Utilitarisme Doctrine selon laquelle la meilleure société ou le meilleur gouvernement se mesure à sa capacité d'assurer le plus grand bien-être (bonheur) au plus grand nombre d'individus. Jeremy Bentham, James Mill et John Stuart Mill se définissaient comme des utilitaristes.

Vibratiuncles Selon Hartley, vibrations qui restent dans le cerveau après qu'ont cessé les vibrations initiales causées par une stimulation externe.

CHAPITRE 6

Le rationalisme

Au chapitre 5, l'*empirisme* a été défini comme la croyance en l'expérience en tant que fondement de toute connaissance. Tous les empiristes et les sensualistes admettaient l'importance de l'information sensorielle, même si la plupart d'entre eux utilisaient l'introspection pour analyser ce que devenait l'information après sa transmission à l'esprit. Le terme *empirisme* ne devrait pas être opposé à celui de *mentalisme*. À l'exception de Hobbes, de Gassendi et de La Mettrie, tous les empiristes et les sensualistes avançaient l'hypothèse que des phénomènes comme l'association, la réflexion, l'imagination, la mémoire et la généralisation se produisaient dans l'esprit. Ce qui distinguait alors les empiristes des rationalistes était non pas leur croyance en l'existence ou non de l'esprit, mais le *type* d'esprit qu'ils définissaient.

Les empiristes tendaient à décrire un **esprit passif**, c'est-à-dire un esprit qui réagit aux sensations et aux idées de manière automatique et mécanique. Pour leur part, les rationalistes émettaient l'hypothèse d'un **esprit actif**, c'est-à-dire un esprit qui agit sur l'information en provenance des sens et donne à cette information une signification qu'elle n'aurait pu posséder autrement. Pour les rationalistes, l'esprit ne se limitait pas à organiser et à entreposer les données sensorielles, mais il leur ajoutait quelque chose. Typiquement, le rationaliste admettait l'existence de structures, d'opérations, de capacités et de principes mentaux innés qui servaient à analyser le contenu de la pensée. De plus, il avait tendance à croire en l'existence de vérités sur soi-même et sur le monde, vérités difficiles à appréhender en se basant simplement sur le contenu de son esprit. De telles vérités ne pouvaient être découvertes qu'au moyen de processus tels que la déduction logique, l'analyse, l'argumentation et l'intuition. En d'autres mots, le rationaliste avait tendance à croire en l'existence de vérités qui ne pouvaient être découvertes uniquement à l'aide de données sensorielles. Pour en arriver à ces vérités, l'information fournie par les sens devait plutôt être traitée par un système rationnel. Pour le rationaliste, il importait de comprendre non seulement le contenu de l'esprit, dont une partie pouvait effectivement provenir de l'expérience, mais également de savoir comment les mécanismes, les capacités ou les facultés des processus de l'esprit permettaient d'accéder à des vérités philosophiques supérieures.

Pour les empiristes, l'expérience, la mémoire, l'association et l'hédonisme déterminent non seulement comment une personne pense et agit, mais également sa moralité. Pour le rationaliste, toutefois, des motifs rationnels expliquent pourquoi certains gestes ou certaines pensées sont plus pertinents que d'autres. Par exemple, il existe des principes moraux; si ces principes sont bien compris et respectés par les gens, ceux-ci adoptent un comportement moral acceptable. L'empiriste insiste davantage sur les *causes* mécanistes du comportement, alors que le rationaliste s'intéresse plutôt aux *raisons* qui expliquent le comportement. Même si le débat sur les causes d'une action donnée par opposition aux raisons qui poussent à cette action peut s'avérer complexe, un exemple simple permettrait peut-être de clarifier davantage la position des rationalistes. Si on demande à une automobiliste pourquoi elle roule en deçà de la limite de vitesse permise, elle peut répondre : « Parce que je ne veux pas recevoir une contravention pour excès de vitesse » ou « Je veux respecter la loi ». Pouvons-nous affirmer que la limite de vitesse a *amené* cette automobiliste à rouler à une certaine vitesse ? La réponse est négative si on considère que l'automobiliste a été contrainte d'agir en vertu des lois de la nature ; la réponse est affirmative si on considère qu'elle a réfléchi aux conséquences du non-respect de cette limite et qu'elle a décidé de les éviter. Ceux qui accordent une plus grande importance aux raisons qu'aux causes adhèrent habituellement au concept de libre arbitre. Pour eux, les causes d'un comportement sont mécaniques et automatiques, mais les raisons de ce comportement sont librement choisies. Toutefois, comme nous l'avons vu au chapitre 1, il est possible de croire à la prédominance des raisons sur un comportement et, par conséquent, à la responsabilité personnelle, tout en rejetant le concept de libre arbitre. Nous verrons bientôt que Spinoza, pourtant rationaliste, rejetait ce concept.

Alors que l'empiriste met l'accent sur l'*induction* (l'acquisition de connaissances à travers l'expérience sensorielle et la généralisation subséquente), le rationaliste met l'accent sur la *déduction*. À partir de certaines données sensorielles et règles de pensée, on peut arriver à certaines conclusions. Il n'est guère étonnant de constater que les mathématiques (particulièrement la géométrie) et la logique (un type de géométrie linguistique) furent toujours plus importantes pour les rationalistes que pour les empiristes.

Cela ne signifie pas qu'il existe toujours une distinction très nette entre l'empirisme et le **rationalisme**. Certains empiristes croyaient en un esprit qui était tout sauf passif (par exemple Locke), tandis que la plupart des rationalistes, sinon la totalité, acceptaient l'importance de l'information sensorielle dans la quête de la connaissance et de la vérité. Dans la plupart des cas, la différence entre un empiriste et un rationaliste dépendait de ce sur quoi chacun insistait. L'empiriste (et le sensualiste) mettait l'accent sur l'importance de l'information sensorielle et admettait l'existence d'un esprit relativement passif qui avait tendance à fonctionner selon des lois mécanistes. Le rationaliste mettait l'accent sur l'importance des structures, des principes et des concepts innés et admettait l'existence d'un esprit actif qui transforme, de manière significative, les données transmises par les sens.

Même la différence entre l'empirisme et le rationalisme par rapport au nativisme demeure relative. De toute évidence, les empiristes et les sensualistes étaient solidaires dans leur opposition au concept d'idées innées ; plusieurs rationalistes ne s'y opposaient pas. Par contre, plusieurs empiristes et sensualistes accordaient une grande importance aux émotions innées (comme le plaisir et la douleur) et aux capacités mentales (telles que la réflexion, l'association, l'imagination et la remémoration). Des éléments nativistes et empiriques existent dans la plupart des prises de position philosophiques, et ce qui distingue une position d'une autre est ce sur quoi on met l'accent.

Alors que Bacon est habituellement considéré comme le père de l'empirisme moderne, Descartes est plutôt considéré comme le père du rationalisme moderne. Bacon et Descartes partageaient une motivation commune : éliminer les erreurs et les préjugés philosophiques du passé (principalement ceux d'Aristote et des adeptes et interprètes de sa scolastique). Les empiristes, tout comme les rationalistes, recherchaient une vérité objective qui résisterait aux critiques des sceptiques ; cependant, ils effectuaient cette recherche d'une manière différente.

Dans le reste de ce chapitre, nous examinerons le travail de plusieurs rationalistes qui contribuèrent à l'édification de la psychologie moderne.

Baruch Spinoza

Baruch (parfois appelé *Benoît*) **Spinoza** (1632-1677) naquit de parents juifs portugais le 24 novembre, dans la ville chrétienne d'Amsterdam. Durant son enfance, la

Baruch Spinoza

Hollande était un havre de liberté intellectuelle et attirait des individus, tels que Descartes et Locke, qui avaient souffert de persécution ailleurs en Europe. Spinoza fut d'abord influencé par la philosophie de Descartes ; un des premiers livres de Spinoza fut un compte rendu sur la philosophie cartésienne. Cependant, Spinoza en arriva à rejeter l'affirmation de Descartes voulant que Dieu, la matière et l'esprit forment des entités distinctes. Pour Spinoza, la matière et l'esprit ne représentaient que des aspects différents d'une même substance. En d'autres mots, pour lui, Dieu, la matière et l'esprit demeuraient inséparables. La philosophie de Spinoza allait à contre-courant de l'image anthropomorphique de Dieu véhiculée par les religions juives et chrétiennes, vision qu'il condamnait d'ailleurs. Alors qu'il était âgé de 27 ans, un rabbin accusa Spinoza d'hérésie et le somma de se repentir. Le 27 juillet 1656, il fut excommunié et le décret suivant fut publié :

> Sachez que vous ne devez avoir avec Spinoza aucune relation ni écrite ni verbale. Qu'il ne lui soit rendu aucun service et que personne ne l'approche à moins de quatre coudées. Que personne ne demeure sous le même toit que lui et que personne ne lise ses écrits. (Scruton, 2002, p. 10 [notre traduction])

Les autorités civiles, agissant sur le conseil du rabbin et du clergé calviniste, bannirent Spinoza d'Amsterdam. Peu de temps après, cependant, le philosophe revint dans sa ville et gagna sa vie en donnant des leçons privées de philosophie cartésienne et en polissant des lentilles. Il refusa systématiquement les cadeaux et l'argent que lui offraient ses admirateurs, parmi lesquels figurait le grand philosophe Leibniz (qui sera présenté un peu plus loin). Spinoza refusa également la chaire de philosophie de l'université de Heidelberg, car accepter ce poste lui aurait enlevé toute possibilité de critiquer le christianisme (Alexander et Selesnick, 1966).

Spinoza entretint une longue correspondance avec un grand nombre de penseurs importants de son époque, mais un seul de ses livres fut publié de son vivant (et ce livre fut publié anonymement). Son principal ouvrage, *The Ethics Demonstrated with Geometrical Order*, fut publié à titre posthume, en 1677. Un certain nombre de ses travaux furent rassemblés par ses amis et publiés peu de temps après son décès. Spinoza avait contracté une maladie pulmonaire, causée sans doute par son travail de polissage de lentilles. Il s'éteignit le 21 février, à l'âge de 44 ans. Comme le sous-entend le titre complet

de *Ethics*, Spinoza fut fortement influencé par la méthode déductive de la géométrie. Dans sa foi en l'utilisation des méthodes géométriques pour découvrir la vérité dans les domaines non liés aux mathématiques, Spinoza abondait dans le sens de Descartes et de Hobbes. Dans *Ethics*, Spinoza présenta plusieurs axiomes « dont l'évidence allait de soi » à partir desquels il proposait de déduire d'autres vérités sur la nature de la réalité. Son objectif ultime était de découvrir un mode de vie qui serait à la fois correct du point de vue de l'éthique et satisfaisant d'un point de vue personnel.

La nature de Dieu

Comme nous l'avons vu, Descartes fut sévèrement critiqué pour sa conceptualisation de Dieu en tant que puissance qui donna naissance au monde et qui se retira par la suite (déisme). Ceux qui suivirent alors Descartes purent étudier le monde sans tenir compte de considérations théologiques, et c'est essentiellement ce que fit Newton. Pour Spinoza, Dieu avait non seulement donné naissance au monde, mais il demeurait omniprésent dans la nature. Comprendre la loi de la nature équivalait à comprendre Dieu. Pour Spinoza, Dieu était la nature. Il adopta donc le **panthéisme**, c'est-à-dire la croyance en la présence de Dieu partout et en tout. Avec le panthéisme, Spinoza adoptait une forme d'animisme (voir le chapitre 2). En mettant Dieu et la nature sur un pied d'égalité, Spinoza élimina la distinction entre le sacré et le séculier. Il niait l'existence des démons, de la révélation et d'un Dieu anthropomorphique. De telles idées lui valurent une condamnation, principalement par les chefs religieux, même dans sa libérale Hollande natale. Par la suite, lorsque les idées de Spinoza furent mieux comprises, on parla de lui comme d'un « homme intoxiqué de Dieu » (Delahunty, 1985, p. 125 [notre traduction]).

La relation corps-esprit

Les dualistes, comme Descartes, qui croyaient en l'existence d'un corps matériel et d'un esprit immatériel durent expliquer la relation entre les deux. Les matérialistes, quant à eux, furent obligés d'expliquer l'origine de ce que nous expérimentons sous la forme de phénomènes mentaux (idées). En supposant que le corps et l'esprit représentaient deux aspects d'une même chose, l'être humain vivant, Spinoza contourna les difficultés que les dualistes et les matérialistes avaient éprouvées. Pour Spinoza, le corps et l'esprit étaient les deux côtés d'une même pièce de monnaie même s'ils différaient. Ainsi, le corps et l'esprit restaient indissociables ; tout ce qui arrivait au corps était vécu sous forme d'émotions et de pensées ; les émotions et les pensées influençaient le corps. De cette façon, Spinoza combinait la physiologie et la psychologie en un système unifié. La position de Spinoza sur la relation corps-esprit fut appelé **théorie du double aspect** (voir le chapitre 1, figure 1.1).

Le point de vue de Spinoza sur la relation corps-esprit découlait nécessairement de sa conception de Dieu. La nature de Dieu se caractérisait à la fois par l'expansion (matière) et la pensée (laquelle n'est pas en expansion) ; étant donné que Dieu *est* nature, la nature dans son ensemble est caractérisée autant par l'expansion que par la pensée. Dieu étant une substance pensante et matérielle, tout ce qui se trouve dans la nature est une substance pensante et matérielle. Selon Spinoza, les êtres humains, qui font partie de la nature, sont des substances pensantes et matérielles. L'activité mentale ne se limitait donc pas aux êtres humains ni même à la matière organique. Tout ce qui existait, organique ou inorganique, se trouvait dans une seule substance, Dieu, et par conséquent, tout ce qui existait possédait des caractéristiques physiques et mentales. Pour Spinoza, l'unicité du corps et de l'esprit ne représentait qu'une des manifestations de l'unicité globale de la matière et de l'esprit. Le panthéisme de Spinoza nécessitait un *panpsychisme* : si Dieu était partout, l'esprit l'était également.

Le rejet du libre arbitre

Dieu est nature et la nature est légitime. Les êtres humains font partie de la nature et, par conséquent, les pensées et les comportements humains sont légitimes ; ils sont donc déterminés. Même si les êtres humains croient qu'ils agissent et pensent librement, en réalité ils ne sont pas libres. Selon Spinoza, le libre arbitre n'existe pas :

> Dans l'esprit, il n'y a ni absolu ni libre arbitre ; ce qui amène l'esprit à désirer ceci ou cela, c'est une cause qui a elle-même été déterminée par une autre cause, et ainsi de suite. (Elwes, 1955, p. 119 [notre traduction])

Spinoza affirma aussi que c'est l'ignorance humaine face aux causes des événements qui nous pousse à croire au libre arbitre. « Les hommes se croient libres dans la mesure où ils sont conscients de leur volonté et de leurs désirs. Dans leur ignorance, ils sont loin d'imaginer les causes qui les ont menés à ces souhaits et à ces désirs » (Elwes, 1955, p. 75 [notre traduction]).

Notre « liberté » consiste alors à comprendre que tout ce qui existe doit nécessairement exister et que tout ce qui se produit doit nécessairement se produire. Rien ne peut être différent, car tout résulte de Dieu. Comprendre la nécessité de la nature constitue le plaisir le plus grand, car on se considère ainsi comme faisant partie de l'éternel. Selon Spinoza, il est insensé de voir en Dieu la cause de toute chose *et*, simultanément, de croire que l'être humain possède un libre arbitre.

Même si le Dieu de Spinoza ne jugeait pas les êtres humains, Spinoza considérait qu'il était essentiel de comprendre Dieu. Il insistait sur le fait que la vie la meilleure était celle qui était vécue avec une connaissance de la cause de nos comportements et de nos pensées. Cette connaissance constituait la plus grande liberté qu'il était possible d'atteindre : « L'homme libre est l'homme conscient des nécessités auxquelles il est confronté » (Scruton, 2002, p. 91 [notre traduction]). Le meurtrier n'est pas plus responsable de son comportement que la rivière qui inonde un village. Si on comprend les causes de l'un et de l'autre, les événements adverses peuvent être contrôlés ou empêchés.

L'autoconservation en tant que motif suprême

Spinoza était un hédoniste parce qu'il affirmait que ce à quoi nous faisons habituellement référence lorsque nous utilisons les mots « bien » et « mal » n'est « rien d'autre que des émotions de plaisir et de douleur » (Elwes, 1955, p. 195 [notre traduction]). Toutefois, pour Spinoza, le mot « plaisir » signifiait « entretenir des idées claires ». Une *idée claire* est une idée qui favorise la survie de l'esprit parce qu'elle renvoie à la nécessité d'une compréhension de la cause. Elle indique donc une connaissance des raisons expliquant pourquoi les choses sont comme elles sont. Lorsque l'esprit entretient des idées floues ou est submergé par la passion, il devient faible et vulnérable, et ressent de la douleur. Le plaisir suprême provient alors de la compréhension de Dieu, car le comprendre équivaut à comprendre les lois de la nature. Si l'esprit se confine aux perceptions ou aux passions momentanées, il devient passif et agit à l'encontre de sa survie ; un tel esprit ressent de la douleur. L'esprit comprend que la plupart des perceptions sensorielles produisent des idées floues et, par conséquent, inadéquates, car elles sont dénuées de netteté, de discernement et des caractéristiques évidentes des idées vraies (claires). Étant donné que les idées floues n'apportent aucun plaisir, l'esprit cherche à les remplacer avec des idées claires et adéquates, à travers le processus de la réflexion raisonnée. En d'autres mots, un esprit actif doit rechercher les idées claires ; celles-ci n'apparaissent pas automatiquement. Nous savons intuitivement que le corps doit être entretenu, car il est inséparablement lié à l'esprit. Par conséquent, le corps, comme l'esprit, tentera d'éviter les expériences qui lui sont nuisibles et il cherchera celles qui sont nécessaires à sa survie.

Selon Spinoza, voici en quoi consiste une bonne vie :

> qu'est-ce qui est le plus « utile » — favorable — à notre nature ; ce qui est contraire à une vie dissolue. Le vice et la perversité doivent être évités, non parce qu'ils sont punis par Dieu (qui ne commet aucun de ces gestes absurdes), mais parce qu'ils sont contraires à notre nature et nous mènent au désespoir (Scruton, 2002, p. 78 [notre traduction]).

Les émotions et les passions

Pour plusieurs personnes, l'analyse des émotions faites par Spinoza fut sa contribution la plus importante à la psychologie. En commençant avec quelques émotions fondamentales, comme le plaisir et la douleur, Spinoza montra comment des émotions de base en interaction avec différentes situations de la vie quotidienne pouvaient générer jusqu'à 48 émotions additionnelles. Nous examinerons quelques exemples de liens qui peuvent exister entre ces émotions et la vie de tous les jours. Toutefois, nous discuterons d'abord de l'importante distinction faite par Spinoza entre l'*émotion* et la *passion*.

Spinoza croyait que l'expérience de la passion réduisait la probabilité de survie. Contrairement à une émotion, qui est liée à une pensée spécifique, la passion n'est associée à aucune pensée particulière. L'amour d'un enfant pour sa mère est une émotion tandis qu'un bouleversement émotif généralisé constitue un exemple de passion qui n'est pas dirigée vers quelque chose de spécifique. Étant donné que la passion peut causer un comportement non adapté, elle doit être encadrée par la raison. Le comportement et les pensées guidés par la raison favorisent la survie, contrairement au comportement et aux pensées qui sont guidés par la passion. La compréhension des causes de la passion permet à la raison de la contrôler, comme la connaissance des rivières permet de prévenir les inondations. L'insistance de Spinoza sur la possibilité de nous améliorer, en clarifiant nos pensées à l'aide d'une analyse et d'un contrôle rationnel de nos passions, s'apparente énormément à la psychanalyse freudienne. En fait, si nous remplaçons le mot *passion* par les mots *déterminants inconscients du comportement*, nous voyons les similitudes entre la position de Spinoza et celle de Freud. Alexander et Selesnick (1966, p. 96) considèrent Spinoza comme le plus grand psychologue préfreudien.

Voici quelques exemples qui montrent comment les émotions fondamentales interagissent les unes avec les autres et de quelle manière elles sont transférables d'un objet à un autre ou d'une personne à une autre. Spinoza (Elwes, 1955) disait que si une chose est d'abord aimée puis détestée, elle finira par être détestée davantage que si elle n'avait jamais été aimée au départ. Si des objets nous procurent du plaisir ou nous causent de la douleur, non seulement nous aimerons ou détesterons ces objets selon le cas, mais nous aimerons ou détesterons les objets qui leur ressemblent. Réfléchir à des idées d'événements qui ont causé à la fois du plaisir et de la douleur suscite en nous des émotions contradictoires d'amour et de haine. Les images d'événements agréables ou douloureux qui surgissent du passé ou sont projetées dans le futur peuvent causer autant de plaisir ou de douleur que ne le feraient les événements présents. Si quelque chose produit des sentiments agréables par rapport à un objet que nous aimons, nous serons portés à aimer cette chose ; au contraire, si quelque chose cause de la douleur par rapport à un objet que nous aimons, nous aurons tendance à détester cette chose. Si quelqu'un procure du plaisir à une personne que nous détestons, nous détesterons cette personne, ou inversement, si quelqu'un cause de la douleur à une personne que nous détestons, nous aurons tendance à l'aimer.

Spinoza (Elwes, 1955) examina ces émotions et montra que chacune d'entre elles contenait les mêmes émotions fondamentales de plaisir ou de douleur : émerveillement, mépris, amour, haine, dévouement, espoir, peur, confiance, désespoir, joie, désappointement, pitié, indignation, jalousie, envie, sympathie, humilité, repentir, fierté, honneur, honte, regret, gratitude, revanche, lâcheté, ambition, désir. Personne, avant Spinoza, n'avait abordé aussi en profondeur les émotions humaines.

L'influence de Spinoza

On considère habituellement la philosophie de Descartes comme marquant le début de la psychologie moderne. À l'exception peut-être des propos de Descartes sur le comportement réflexe, la plupart de ses idées ne furent pas soumises à une analyse scientifique : par exemple, son dualisme corps-esprit, ses croyances sur l'esprit animal et le corps pinéal, ses croyances sur le libre choix et les idées innées, et les fondements téléologiques et théologiques d'une grande partie de sa théorisation. Bernard (1972) estimait que Spinoza a eu une influence plus grande que Descartes sur le développement de la psychologie moderne : « Si on considère uniquement les principes scientifiques généraux qui sont à la base de la psychologie scientifique moderne, on remarque qu'ils sont d'une importance capitale dans la pensée spinozienne, mais qu'ils sont absents de la pensée cartésienne » (p. 208 [notre traduction]). Bernard offrait en guise d'exemple le *déterminisme psychique* de Spinoza comme principe favorisant une analyse scientifique de l'esprit :

> Un des principes les plus importants [de la philosophie de Spinoza] est celui du *déterminisme psychique*, l'hypothèse qui mène clairement à l'attitude scientifique voulant que les processus de l'esprit sont également soumis aux lois naturelles et que ces lois peuvent par conséquent être examinées. Ainsi, Spinoza, combattant la notion téléologique qui veut que la nature agisse « en poursuivant un objectif », parle plutôt d'un déterminisme strict qui régit tous les processus psychologiques. (p. 208 [notre traduction])

Bernard conclut son analyse de la contribution de Spinoza à la psychologie moderne en la qualifiant de substantielle et de supérieure à celle de Descartes. R. I. Watson (1978) fait également référence au travail de pionnier de Spinoza :

> Spinoza fut peut-être le premier penseur moderne à voir le monde, incluant l'homme, d'un point de vue strictement déterministe. Le corps et l'esprit possèdent un statut égal et les deux sont soumis à la loi naturelle. Spinoza voyait clairement que sa vision déterministe de l'homme

nécessitait l'existence de lois de la nature applicables à l'homme. (p. 167 [notre traduction])

Nous avons déjà souligné la similitude entre la philosophie de Spinoza et la pensée psychanalytique. Les deux visions insistent sur l'importance de clarifier les pensées floues et du contrôle des passions par l'esprit rationnel. Nous verrons, aux chapitres 8 et 9, la forte influence qu'exerça la philosophie de Spinoza sur deux chercheurs qui jouèrent un rôle déterminant dans la mise en place de la psychologie en tant que science expérimentale : Gustav Fechner et Wilhelm Wundt.

Avant d'aborder d'autres philosophes et d'autres psychologues rationalistes, nous examinerons brièvement une autre conception de la relation corps-esprit en vogue à l'époque de Spinoza. Nous parlerons de la position de Malebranche pour montrer que presque toutes les relations susceptibles d'exister entre le corps et l'esprit furent proposées à une époque ou à une autre.

Nicolas de Malebranche

Prêtre adepte du mysticisme, **Nicolas de Malebranche** (1638-1715) acceptait la position de Descartes en ce qui concerne la séparation du corps et de l'esprit, mais rejetait son explication de l'interaction qui existe entre les deux. Pour Malebranche, Dieu servait de médiateur dans les interactions entre le corps et l'esprit. Par exemple, lorsqu'une personne éprouve le désir de bouger un bras, Dieu est conscient de ce désir et fait bouger le bras de cette personne. De la même façon, lorsque le corps est blessé, Dieu est conscient de cette blessure et éveille la douleur chez la personne. En réalité, il n'y a aucun contact entre le corps et l'esprit, même s'il semble y en avoir en raison de l'intervention divine. Le souhait d'une personne de poser un geste offre l'occasion à Dieu d'amener le corps à poser ce geste, et c'est pour cette raison que ce point de vue prend le nom d'**occasionnalisme**. Cette vision de la relation corps-esprit peut également être appelée parallélisme avec l'intervention divine. Sans intervention divine, il n'y aurait aucun lien entre les activités de l'esprit et celles du corps, et nous aurions un parallélisme psychophysique. (Voir le chapitre 1, figure 1.1, pour la position de Malebranche sur la relation corps-esprit.) Malebranche faisait référence à une explication plus ancienne des origines de la connaissance en suggérant que les idées ne sont pas innées et ne proviennent pas de l'expérience. Elles proviennent plutôt de Dieu et nous ne connaissons que ce que Dieu nous révèle de notre âme.

Gottfried Wilhelm von Leibniz

Comme plusieurs autres rationalistes, **Gottfried Wilhelm von Leibniz** (1646-1716) était un grand mathématicien. Il naquit le 1ᵉʳ juillet à Leipzig, en Allemagne. En fait, il mit au point le calcul intégral et différentiel au même moment que Newton, mais il le fit indépendamment de ce dernier. Leibniz vivait à une époque stimulante sur le plan intellectuel ; il était un contemporain de Hobbes, de Spinoza et de Locke. Malebranche mourut un an avant la naissance de Leibniz, alors que Newton décéda onze ans plus tard. Le père de Leibniz enseignait la philosophie morale à l'université de Leipzig, où Leibniz fit son entrée à l'âge de 15 ans. Dans son instruction de base figurent les classiques grecques et romains ainsi que les œuvres de Bacon, de Descartes et de Galilée. Il reçut un doctorat en droit à l'âge de 20 ans.

Gottfried Wilhelm von Leibniz

Un désaccord avec Locke

Même si Descartes mourut alors que Leibniz n'était âgé que de 4 ans, la philosophie de Descartes dominait l'Europe lorsque Leibniz entra dans sa période productive. Son premier ouvrage fut toutefois une critique de l'*Essai* de Locke (1690). Même si sa réfutation de la philosophie de Locke, *New Essays on the Understanding*, fut complétée en 1704, elle ne fut publiée que presque 50 ans après le décès de Leibniz en 1765. Ce délai s'explique par la mort de Locke en 1704 : Leibniz voyait peu d'intérêt à argumenter avec un défunt (Remnant et Bennett, 1982).

Se concentrant sur la description de Locke de l'esprit en tant que *tabula rasa*, Leibniz attribuait à Locke la croyance que rien n'existe dans l'esprit avant qu'il ne soit d'abord apparu aux sens. Leibniz interpréta mal Locke en croyant que si les idées qui dérivaient de l'expérience disparaissaient de l'esprit, il ne resterait rien. Or, nous avons vu au chapitre 5 que Locke affirmait en réalité qu'un esprit bien nanti possédait des capacités innées. Quoi qu'il en soit, Leibniz s'employa à corriger la philosophie de Locke telle qu'il la comprenait. Leibniz affirmait que rien n'existait dans l'esprit avant qu'il ne soit d'abord apparu aux sens, *à l'exception de l'esprit lui-même*. Contrairement à la notion d'esprit passif que Leibniz attribuait à Locke, Leibniz affirmait que l'esprit est extrêmement actif. Qui plus est, Leibniz rejetait complètement la suggestion de Locke voulant que toutes les idées viennent de l'expérience ; il affirmait plutôt qu'*aucune* idée ne provenait de l'expérience. Leibniz croyait que rien de matériel (par exemple, l'activation d'un récepteur sensoriel) ne pouvait générer une idée de nature immatérielle. Leibniz suggérait d'imaginer une machine capable de penser (d'avoir des idées). Il suggérait ensuite d'imaginer une machine de plus en plus grosse, au point que nous puissions pénétrer à l'intérieur. Selon Leibniz, notre exploration ne nous permettrait de voir que des éléments physiques en interaction. Rien de ce qu'il nous serait possible de voir, que se soit à l'intérieur d'une machine ou à l'intérieur d'un être humain, ne nous permettrait d'expliquer l'origine d'une idée. Puisque les idées ne peuvent être créées par un élément physique comme le cerveau, elles doivent donc être innées. Toutefois, ce qui est inné, c'est le *potentiel* d'avoir une idée. L'expérience peut permettre d'actualiser une idée potentielle, mais elle ne peut créer une idée. Leibniz (1765/1982, éd. fr. 1990) a illustré ce point avec sa célèbre métaphore de la statue de marbre :

Or la réflexion n'est autre chose qu'une attention à ce qui est en nous, et les sens ne nous donnent point ce que nous portons déjà avec nous. Cela étant, peut-on nier qu'il y ait beaucoup d'inné en notre esprit, puisque nous sommes innés, à nous-mêmes pour ainsi dire, et qu'il y a en nous : Être, Unité, Substance, Durée, Changement, Action, Perception, Plaisir, et mille autres objets de nos idées intellectuelles ? Et ces objets étant immédiats et toujours présents à notre entendement (quoiqu'ils ne sauraient être toujours aperçus à cause de nos distractions et de nos besoins), pourquoi s'étonner que nous disions que ces idées nous sont innées avec tout ce qui en dépend ? Je me suis servi aussi de la comparaison d'une pierre de marbre qui a des veines, plutôt que d'une pierre de marbre toute unie, ou des tablettes vides, c'est-à-dire de ce qui s'appelle *tabula rasa* chez les philosophes. Car si l'âme ressemblait à ces tablettes vides, les vérités seraient en nous comme la figure d'Hercule est dans un marbre, quand le marbre est tout à fait indifférent à recevoir ou cette figure ou quelque autre. Mais s'il y avait des veines dans la pierre qui marquassent la figure d'Hercule préférablement à d'autres figures, cette pierre y serait plus déterminée, et Hercule y serait comme inné en quelque façon, quoiqu'il fallût du travail pour découvrir ces veines, et pour les nettoyer par la polissure, en retranchant ce qui les empêche de paraître. C'est ainsi que les idées et les vérités nous sont innées, comme des inclinations, des dispositions, des habitudes ou des virtualités naturelles, et non pas comme des actions, quoique ces virtualités soient toujours accompagnées de quelques actions souvent insensibles qui y répondent. (éd. fr., p. 40)

La monadologie

Leibniz combinait la physique, la biologie, l'introspection et la théologie pour former une vision du monde à la fois étrange et complexe. Un des objectifs de Leibniz consistait à réconcilier les dernières découvertes scientifiques importantes avec une croyance traditionnelle en Dieu. Comme nous l'avons vu, Spinoza tenta la même démarche en mettant Dieu et la nature sur un pied d'égalité, c'est-à-dire en éliminant toutes les frictions entre la religion et la science. La solution proposée par Leibniz à ce problème s'avérait plus complexe.

À l'aide d'un outil nouvellement inventé, le microscope, Leibniz voyait que la vie existait partout, même là où l'œil nu ne pouvait rien distinguer. Pour lui, la division entre le vivant et le non-vivant était absurde. En fait, il considérait que tout était vivant. L'Univers consistait en un nombre infini d'unités de vie appelées **monades**. Une monade (du grec *monas* qui signifie unité) est comme un atome vivant, et toutes les monades sont actives et conscientes. Cependant il existe une hiérarchie dans la nature, semblable à la *scala naturae* proposée par Aristote. Même si toutes les monades sont actives et conscientes, la clarté et la spécificité des pensées qu'elles peuvent avoir varient. En d'autres mots, les monades diffèrent en intelligence. Ce qui est parfois appelé matière inerte est constitué de monades incapables de générer autre chose que des pensées confuses. Puis, selon une échelle d'augmentation graduelle de l'intelligence arrivent les plantes, les microbes, les insectes, les animaux, les êtres humains et Dieu. Les différences entre les éléments qui composent l'univers sont quantitatives, et non qualitatives. Toutes les monades cherchent à clarifier leurs pensées, dans la mesure où elles en sont capables, car une pensée claire amène le plaisir. C'est un point important sur lequel Aristote et Leibniz se trouvaient d'accord, car Leibniz voyait la monade comme un potentiel cherchant à s'actualiser. En d'autres mots, chaque monade et, par conséquent, l'ensemble de la nature, se caractérise par une cause ou un objectif ultime.

Suivant Dieu, les êtres humains possèdent des monades capables de générer les pensées les plus claires. Toutefois, comme les êtres humains possèdent tous les types de monades, y compris celles de la matière, des plantes et des animaux, nos pensées manquent souvent de clarté ; dans la plupart des cas, elles en sont dénuées. En tant qu'êtres humains, nous possédons néanmoins le potentiel nécessaire pour produire des idées claires comme celles de Dieu. Leibniz prétendait que nous étions des agrégats de monades représentant différents niveaux de conscience (intelligence). Toutefois, suivant encore une fois l'exemple d'Aristote, il croyait que chaque organisme possède une âme (esprit) qui domine son système ; c'est cette monade dominante qui détermine le potentiel intellectuel d'un organisme. C'est la nature de la monade dominante (âme) des êtres humains qui leur procure le meilleur potentiel intellectuel après celui de Dieu. Le fait que les êtres humains possèdent beaucoup de monades d'une nature inférieure et que les idées générées par notre monade dominante existent uniquement en tant que potentialités explique pourquoi le degré de clarté des idées que nous expérimentons varie. Selon Leibniz, les monades ne peuvent être influencées par autre chose que par elles-mêmes. Par conséquent, le seul moyen pour elles de changer (de devenir plus claires) est par développement interne, c'est-à-dire par l'actualisation de leur potentiel.

La relation corps-esprit

Comme nous l'avons vu, Leibniz croyait en la nécessité de l'expérience, car celle-ci concentre l'attention sur les pensées déjà présentes en nous et nous permet de les structurer afin d'agir en conséquence. Toutefois ce n'est pas l'expérience qui produit les idées. En effet, la confrontation entre les organes sensoriels et le monde physique ne peut en aucune façon produire quelque chose de purement mental (une idée). Pour cette raison, Leibniz rejetait le dualisme corps-esprit de Descartes. Il rejetait aussi l'interactionnisme de Descartes, car selon lui il était impossible que quelque chose de physique produise quelque chose de mental. Leibniz rejetait également l'occasionnalisme, car il jugeait absurde de croire que le corps et l'esprit étaient coordonnés à travers les interventions continuelles de Dieu. Pour remplacer l'interactionnisme de Descartes et l'occasionnalisme de Malebranche, Leibniz proposa un **parallélisme psychophysique** fondé sur une **harmonie préétablie**. Leibniz croyait que les monades ne s'influencent pas les unes les autres ; elles n'en donnent que l'impression. Dès le moment où nous percevons qu'une monade semble être la cause de quelque chose, d'autres monades sont créées afin de présenter ce qui semblent être les effets de cette cause. L'univers entier fut créé par Dieu pour être en parfaite harmonie et, pourtant, rien dans l'univers n'exerce une influence sur autre chose. Il existe un lien entre l'état de perception de chaque monade et les conditions qui lui sont externes. Toutefois, ces perceptions ne sont que le « reflet » des événements externes : elles ne peuvent donc pas être causées par eux. De la même façon, les monades qui forment l'esprit et celles qui forment le corps sont toujours en accord, car Dieu l'a voulu ainsi, mais il n'existe aucun lien de causalité entre elles. Leibniz suggère d'imaginer deux horloges parfaitement identiques qui ont été réglées à la même heure au même moment. Par la suite, les horloges seront toujours réglées de manière identique, mais elles n'interagiront pas l'une avec l'autre. Selon Leibniz, toutes les monades, incluant celles qui constituent le corps et l'esprit, sont comme des horloges. (Voir le chapitre 1, figure 1.1, pour cette forme d'harmonie préétablie de parallélisme psychophysique.)

La monadologie de Leibniz fut critiquée pour plusieurs raisons, et seules quelques caractéristiques essentielles influencèrent les développements subséquents de la philosophie et de la psychologie. Une de ces critiques déplorait que la monadologie rejette la possibilité que le monde s'améliore, parce qu'il a été créé par Dieu. Dans le *Candide* de Voltaire, Leibniz est dépeint comme un professeur hurluberlu qui persiste à dire, même s'il est témoin de tragédies successives, « qu'il s'agit du meilleur des mondes possibles ».

La perception consciente et inconsciente

Pour Leibniz, la notion de « perception inconsciente » était aussi utile à la psychologie que celle des atomes insensibles l'était à la physique. Dans les deux cas, ce qui est réellement vécu consciemment peut s'expliquer en termes d'événements qui sortent du domaine de l'expérience consciente. Leibniz (1765/1982, éd. fr. 1990) résumait ainsi sa croyance en la **loi de la continuité** (à ne pas confondre avec la loi de la contiguïté) :

> Rien ne se fait tout d'un coup, et c'est une de mes grandes maximes et des plus vérifiées que la nature ne fait jamais des sauts : ce que j'appelais la loi de la continuité, lorsque j'en parlais autrefois dans les *Nouvelles de la République des lettres*, et l'usage de cette loi est très considérable dans la physique. Elle porte qu'on passe toujours du petit au grand et à rebours par le médiocre, dans les degrés comme dans les parties, et que jamais un mouvement ne naît immédiatement du repos ni ne s'y réduit que par un mouvement plus petit, comme on n'achève jamais de parcourir aucune ligne ou longueur avant que d'avoir achevé une ligne plus petite. Quoique jusqu'ici ceux qui ont donné les lois du mouvement n'aient point observé cette loi, croyant qu'un corps peut recevoir en un moment un mouvement contraire au précédent. Et tout cela fait bien juger que les perceptions remarquables viennent par degrés de celles qui sont trop petites pour être remarquées. En juger autrement, c'est peu connaître l'immense subtilité des choses qui enveloppe toujours et partout un infini actuel. (Leibniz, éd. fr., p. 43)

Pour démontrer le fait qu'il n'existe aucun raccourci dans le domaine de la perception, Leibniz (1765/1982, éd. fr. 1990) utilisait l'exemple de la perception du bruit de la mer :

> Et pour juger encore mieux des petites perceptions que nous ne saurions distinguer dans la foule, j'ai coutume de me servir de l'exemple du mugissement ou du bruit de la mer dont on est frappé quand on est au rivage. Pour entendre ce bruit comme l'on fait, il faut bien qu'on entende les parties qui composent ce tout, c'est-à-dire le

bruit de chaque vague, quoique chacun de ces petits bruits ne se fasse connaître que dans l'assemblage confus de tous les autres ensemble, et qu'il ne se remarquerait pas si cette vague qui le fait était seule. Car il faut qu'on en soit affecté un peu par le mouvement de cette vague et qu'on ait quelque perception de chacun de ces bruits, quelque petits qu'ils soient ; autrement on n'aurait pas celle de cent mille vagues, puisque cent mille riens ne sauraient faire quelque chose. D'ailleurs, on ne dort jamais si profondément qu'on n'ait quelque sentiment faible et confus, et on ne serait jamais éveillé par le plus grand bruit du monde, si on n'avait quelque perception de son commencement qui est petit, comme on ne romprait jamais une corde par le plus grand effort du monde, si elle n'était tendue et allongée un peu par des moindres efforts, quoique cette petite extension qu'ils font ne paraisse pas. (Leibniz, éd. fr., p. 41-42)

Leibniz appelait les perceptions situées sous le niveau de conscience **petites perceptions**. Avec l'accumulation de ces petites perceptions, la combinaison de leur force sera éventuellement suffisante pour éveiller la conscience, ou ce que Leibniz appelle **aperception**. Il existe également un continuum entre les perceptions conscientes et les perceptions inconscientes. Leibniz fut peut-être le premier philosophe à défendre clairement l'existence d'un esprit inconscient. Il introduisit également le concept de **seuil** en psychologie. Nous sommes conscients des expériences qui se situent au-delà d'un certain agrégat de petites perceptions, mais les expériences qui se situent en deçà de cet agrégat (seuil) demeurent inconscientes. Le concept de seuil de Leibniz prendra une grande importance à la fin des années 1800, lorsque la psychologie deviendra une science. Nous verrons, plus loin dans ce chapitre, l'influence exercée par la philosophie de Leibniz sur Johann Friedrich Herbart, qui, à son tour, en influença beaucoup d'autres. Les conséquences de la notion d'inconscient de Leibniz sur le développement de la psychanalyse apparaissent évidentes. Avec sa notion de hiérarchie de la conscience, Leibniz encouragea l'étude de la conscience chez les animaux, une étude qui aurait été impossible avec la philosophie de Descartes. Cependant, il faudra attendre l'arrivée de Darwin pour que l'étude de la conscience et de l'intelligence animales reprenne avec intensité.

La philosophie de Leibniz reçut des critiques mitigées de la part des historiens de la psychologie. Parmi les critiques négatives figure l'évaluation d'Esper (1964) :

En Leibniz [...] nous avons un exemple classique de ce qui arrive à la « psychologie » lorsqu'on la place entre les mains de philosophes dont les principaux intérêts et outils intellectuels sont la théologie, les mathématiques et la logique, et qui utilisent les concepts de sciences physiques et biologiques à des fins de spéculation métaphysique ; Leibniz est le Parménide du XVIIᵉ siècle. (p. 224 [notre traduction])

Poursuivant dans la même veine, Esper (1964) mentionne : « En fait, je pense que Leibniz projeta la psychologie dans un véritable fouillis sans issue qui occupa son esprit, ses livres et ses journaux jusqu'aux années 1920 et qui domina toujours la majeure partie de sa littérature intuitive et non-expérimentale » (p. 228 [notre traduction]).

Quant aux critiques positives, Brett (1912-1921/1965) affirme : « Le travail de Leibniz fut tellement brillant et si inspiré qu'il est souvent considéré comme le début spontané de la philosophie allemande » (p. 406 [notre traduction]). La vision de l'esprit humain de Leibniz domina la philosophie rationaliste allemande pendant plusieurs années. Brett (1912-1921/1965) décrivait ainsi cette vision : « Leibniz insistait sur la spontanéité de l'âme ; pour lui, le travail de l'esprit était beaucoup plus que l'organisation, le classement et l'association ; il était essentiellement productif, créatif et librement actif. » (p. 407 [notre traduction]). De la même manière, Fancher et Schmidt (2003) écrivent : « Leibniz offrait une argumentation solide en affirmant que l'esprit humain ne peut être compris simplement comme un réflecteur passif de ce qu'il expérimente, mais comme un agent actif important de sa propre expérience » (p. 16 [notre traduction]). Le disciple de Leibniz, Christian von Wolff (1679-1754) fut parmi les premiers à utiliser le terme *psychologie* dans ses livres (*La psychologie empirique*, 1732 ; *La psychologie rationnelle*, 1734). Wolff fut également parmi les premiers philosophes modernes à décrire l'esprit en termes de facultés et de pouvoirs. La version de la psychologie des facultés de Wolff exerça une influence significative sur Emmanuel Kant (présenté plus loin dans ce chapitre).

Thomas Reid

Thomas Reid (1710-1796) naquit le 26 avril à Strachan, dans une paroisse située à 30 km d'Aberdeen, en Écosse, où son père servit comme ministre du culte pendant 50 ans. Sa mère était membre d'une famille connue en Écosse, et un de ses oncles enseignait l'astronomie à Oxford en plus d'être un ami intime de Newton. Comme Hume, Reid était Écossais ; mais, contrairement à Hume, défenseur de l'empirisme, Reid représentait le rationalisme. Il défendait le pouvoir du raisonnement en disant que même ceux qui niaient son existence l'utilisaient pour mettre en doute son existence même. L'esprit raisonne et l'estomac digère la nourriture, et les deux exécutent leur travail parce qu'ils sont disposés à le faire de façon innée. Reid croyait en la nécessité de la raison pour que nous puissions contrôler nos émotions, nos appétits et nos passions ; pour que nous soyons également en mesure de comprendre et de remplir nos devoirs envers Dieu et envers les autres êtres humains.

Hume prétendait que les impressions sensorielles étaient les seules réalités que nous pouvons expérimenter et que, par conséquent, toutes nos connaissances devaient être issues de ces impressions. Pour Hume, la connaissance de concepts tels que Dieu, le moi, la causalité et même la réalité externe était tout simplement inatteignable. Pour Reid, qui affirmait que, puisque nous possédions une telle connaissance, l'argument de Hume était erroné. Reid présenta ses arguments contre Hume et les autres empiristes dans *An Inquiry into the Human Mind on the Principles of Common Sense* (1764), *Essays on the Intellectual Powers of Man* (1785) et *Essays on the Active Powers of Man* (1788). Reid développa principalement sa **philosophie du sens commun** dans le premier de ces ouvrages et sa psychologie des facultés dans les deux derniers.

Le sens commun

Reid prétendait que si tous les êtres humains étaient convaincus de la réalité physique, cette réalité devait donc exister. De plus, devant les tribunaux, les témoins oculaires étaient considérés comme importants :

> En vertu des lois de toutes les nations et dans les procès les plus solennels, lorsque le sort et la vie des hommes sont en jeu, une sentence est donnée en fonction de ce qu'ont vu et entendu les témoins crédibles. Un juge honnête écoutera avec impartialité toutes les objections faites à l'endroit de la crédibilité d'un témoin et considérera la possibilité qu'il soit corrompu ; par contre, il ne permettra pas qu'on maltraite un témoin qui fait confiance à ce qu'il a vu et entendu. Si un avocat scep-

tique prononce un plaidoyer à l'encontre du témoignage de témoins qui ne disposent d'aucune autre preuve pour ce qu'ils déclarent sauf le témoignage de ce qu'ils ont vu et entendu, et que cet avocat prétend que nous ne devrions pas prêter foi à nos sens au point de risquer de priver un homme de sa vie ou de sa bonne fortune, aucun juge honnête n'admettra un plaidoyer de ce genre. Je crois qu'aucun avocat, peu importe son scepticisme, n'osera offrir un tel argument ; s'il le fait, il devrait être rejeté avec mépris.

> Peut-on donner une preuve plus éloquente qu'il est admis universellement que la preuve des sens est le type de preuve sur lequel nous pouvons nous fier pour toutes préoccupations humaines importantes ; c'est le type de preuve contre laquelle nous ne pouvons admettre aucun raisonnement. Pourtant, qu'on soit pour ou contre, n'est-ce pas une insulte au sens commun ?

> Le comportement général de l'humanité dans les détails de la vie quotidienne, ainsi que dans les procédures officielles des procès civils et criminels, montre que [...] Il apparaît, par conséquent, que le témoignage clair et précis de nos sens comporte une conviction irrésistible pour chaque homme de la justesse de son jugement. (Beanblossom et Lehrer, 1983, p. 161-163 [notre traduction])

Si la logique de Hume mène à la conclusion que nous ne pouvons jamais connaître le monde physique, il y a quelque chose d'erroné dans la logique de Hume, disait Reid. Nous pouvons nous fier à nos impressions du monde physique, car elles incarnent le *bon sens* pour nous. Nous sommes naturellement dotés de capacités qui nous permettent d'interpréter le bon sens et de comprendre le monde. Selon Reid : « Lorsqu'un homme, pour des raisons métaphysiques, s'éloigne des principes du sens commun, il verse dans ce que nous pouvons appeler un *délire métaphysique* » (Beanblossom et Lehrer, 1983, p. 118-119 [notre traduction]).

Reid décrivait ainsi ce que serait la vie si nous supposions que nos sens ne reflètent pas fidèlement la réalité.

> J'en conclus que je ne dois pas me fier à mes sens. Je me fracasse le nez contre un obstacle qui se trouve sur mon chemin ; je mets le pied dans un caniveau crasseux ; après une vingtaine de gestes sensés et rationnels du genre, on m'attrape et on m'enferme dans un asile de fous. » (Beanblossom et Lehrer, 1983, p. 86 [notre traduction])

Les gens peuvent *affirmer* qu'ils ne peuvent savoir avec certitude si leurs sensations reflètent fidèlement le monde physique comme le prétendait Hume, mais tous, incluant Hume, supposait que c'était le cas. Affirmer le contraire, selon Reid, menait tout droit à l'asile.

Le réalisme direct

Pour Reid, non seulement nos sensations reflètent fidèlement la réalité, mais elles le font immédiatement. Avec le **réalisme direct** (aussi appelé réalisme naïf ; voir Henle, 1986), le monde est tel que nous le percevons dans l'immédiat. Même si Reid était réellement un rationaliste, comme nous le verrons un peu plus loin, il ne croyait pas en la nécessité d'un esprit rationnel pour percevoir l'environnement avec exactitude, pas plus qu'il ne croyait en la nécessité des principes associatifs des empiristes. En d'autres mots, Reid ne croyait pas que la conscience se formait par l'ajout d'une sensation à une autre ou par la remémoration de sensations. Grâce au pouvoir inné de perception, nous percevons plutôt immédiatement les objets. Nous percevons le monde *directement* sous la forme d'unités significatives, et non sous la forme de sensations isolées, combinées grâce aux principes associatifs. Cette même croyance se retrouve dans la philosophie de Kant (que nous présenterons brièvement) et, par la suite, dans la psychologie de la forme (voir le chapitre 14).

Reid (1785/1969) explique ainsi pourquoi il croyait que la capacité de raisonnement ne constitue pas une condition préalable à une perception fidèle du monde.

> L'Être suprême voulait que nous possédions une conscience des objets matériels qui nous entourent, condition nécessaire qui nous permet de combler nos besoins naturels et d'éviter les dangers auxquels nous sommes constamment exposés ; à cette fin, il nous a admirablement pourvus de pouvoirs de perception. [Si] l'intelligence des objets externes était accordée à l'homme uniquement par le raisonnement, l'homme se trouverait souvent pris au dépourvu ; en grande partie, l'homme n'a jamais appris à raisonner ; pendant la petite enfance et l'enfance, personne ne possède la capacité de raisonner. Cette intelligence des objets qui nous entourent, et qui peut être si utile ou si nuisible, est nécessaire autant à l'enfant qu'à l'adulte, autant à l'ignorant qu'à l'érudit. Dans sa grande sagesse, Dieu nous le donne également à tous. L'information transmise par les sens est parfaite et fiable aussi bien pour le plus ignorant que pour le plus érudit. (p. 118 [notre traduction])

La psychologie des facultés

Dans la formulation des pouvoirs de raisonnement de l'esprit, Reid analysa plusieurs *facultés* ; il peut donc être décrit comme un psychologue des facultés. Les psychologues des facultés (ou philosophes) sont ceux qui décrivent l'esprit notamment à partir des diverses capacités ou des pouvoirs mentaux. Au fil des ans, la **psychologie des facultés** a souvent été mal comprise ou mal représentée. On prêtait fréquemment aux psychologues des facultés la croyance voulant que chaque faculté de l'esprit loge dans un endroit spécifique du cerveau. Toutefois, à l'exception des phrénologues (voir le chapitre 8), cela était rarement le cas. On affirmait également que le postulat des facultés tenait lieu d'explication des phénomènes mentaux complexes. Par exemple, les gens perçoivent parce qu'ils possèdent la faculté de perception. Or, dans la plupart des cas, les philosophes ou les psychologues des facultés ne croyaient pas que les facultés correspondaient à divers emplacements dans le cerveau, pas plus qu'ils ne les utilisaient pour *expliquer* les phénomènes mentaux. La plupart du temps, le mot *faculté* était utilisé uniquement pour décrire un certain type de capacité mentale :

> Au XVIIᵉ siècle, le mot « faculté » apparaissait souvent dans les discussions sur l'esprit. Locke lui-même l'utilisait à toutes les sauces, mais en prenant soin de préciser que ce mot désignait simplement un « pouvoir » ou une « capacité » d'effectuer un type d'action (comme percevoir ou se remémorer), mais qu'il ne désignait aucunement un agent ou une substance, et ne possédait aucune valeur explicative. Pour Locke et pour tous les penseurs qui l'ont suivi, une « faculté » se définit simplement comme une catégorie de classification, utile uniquement dans un sens taxinomique. (Albrecht, 1970, p. 36 [notre traduction])

Même si l'observation d'Albrecht que les psychologues des facultés utilisaient le mot *faculté* uniquement comme catégorie de classification est vraie dans l'ensemble, elle ne l'était pas dans le cas de Reid. Pour ce dernier, les facultés mentales représentent des pouvoirs actifs de l'esprit ; elles existent réellement et influencent les pensées et les comportements des individus. Cependant, ces facultés mentales ne sont que des aspects d'un esprit unique et unifié, et ne fonctionnent jamais isolément. Ainsi, lorsqu'une faculté est en opération, elle l'est conjointement aux autres facultés. Selon Reid, l'accent doit toujours être mis sur l'unicité de l'esprit :

Dans la psychologie de Reid, l'esprit constitue l'entité la plus fondamentale. Même si l'introspection révélait différents types de pensées et d'activités, Reid supposait, à l'instar d'autres psychologues de l'esprit, l'existence d'un principe unificateur. Il donnait à ce principe le nom d'esprit ou d'âme ; l'esprit pouvait posséder différents pouvoirs, mais ces pouvoirs n'étaient que des aspects différents d'une même substance. (Brooks, 1976, p. 68 [notre traduction])

En résumé, Reid voyait dans les facultés des aspects de l'esprit qui existaient réellement et influençaient les pensées et le comportement humains. Toutes les facultés étaient considérées comme innées et elles coopéraient avec les autres facultés. Après un examen minutieux des livres de Reid, Brooks (1976) en arriva à la conclusion que Reid mentionnait plus de 43 facultés de l'esprit ; ces facultés incluaient l'abstraction, l'attention, la conscience, la délibération, la généralisation, l'imitation, le jugement, la mémoire, la moralité, la perception, la pitié, la compassion et la raison. Au chapitre 8, nous verrons comment la psychologie des facultés influença le développement du tristement célèbre domaine de la phrénologie.

Emmanuel Kant

Emmanuel Kant

Quatrième enfant d'une famille de neuf, **Emmanuel Kant** (1724-1804) naquit le 22 avril à Königsberg, en Prusse. Pauvres, les parents de Kant étaient de fervents luthériens. Son père fabriquait des harnais d'attelage. Il est intéressant de noter que pendant les quatre-vingt années de sa vie, Kant ne voyagea jamais à plus de 60 km de son lieu de naissance (Boring, 1950, p. 246). Wolman (1968a) résume ainsi le type de vie que mena Kant :

Plusieurs fauteuils ont joué un rôle important dans l'histoire de l'humanité, mais peu d'entre eux peuvent se comparer à celui qu'occupa Emmanuel Kant. Kant mena une vie peu mouvementée : aucun changement, aucun voyage, aucune tentative de sortir des sentiers battus, aucun intérêt particulier à l'extérieur de son bureau ou de sa classe d'université. La vie de Kant fut une vie de réflexion. Sa plume lui servait de sceptre, son pupitre représentait son royaume et son fauteuil, son trône.

Kant était plus ponctuel et précis que l'horloge de la ville de Königsberg. Il s'habillait toujours de la même façon. Les passants réglaient leur montre dès qu'ils apercevaient *Herr Professor Doktor* Emmanuel Kant s'adonner à sa promenade quotidienne. Qu'il pleuve ou qu'il fasse beau ; en temps de guerre ou de paix, de révolution ou de contre-révolution, rien n'exerçait autant d'influence sur lui que la lecture d'un livre et rien ne comptait plus que la nouvelle idée qui germait dans son esprit. Les pensées de Kant représentaient pour lui le centre de l'univers. (p. 229 [notre traduction])

Kant étudia à l'université de Königsberg et y enseigna jusqu'à l'âge de 73 ans, alors qu'il démissionna pour protester contre l'interdiction qu'on lui fit de livrer ses opinions sur la religion dans ses conférences. Il devint si célèbre de son vivant que les étudiants en philosophie venaient de toutes les régions d'Europe pour assister à ses conférences. Pour éviter les admirateurs qui voulaient l'observer pendant qu'il prenait son repas, Kant devait changer constamment de restaurants. Lorsqu'il décéda le 12 février 1804, ses funérailles provoquèrent une cohue à Königsberg. Les cloches de la ville retentirent et une procession formée de milliers d'admirateurs se fraya un chemin vers la cathédrale de l'université. Les livres les plus célèbres de Kant, *Critique of Pure Reason* (1781/1990) et *Critique of Practical Reason* (1788/1996), donnèrent le ton à la philosophie rationaliste et à la psychologie allemande pour des générations.

Kant fut d'abord un disciple de Leibniz, mais la lecture de la philosophie de Hume le secoua de sa « torpeur dogmatique » ; il chercha alors à sauver la philosophie du scepticisme dont Hume l'avait entouré. Hume prétendait que toutes les conclusions auxquelles nous arrivons envers toute chose sont fondées sur des expériences subjectives, car ces expériences constituent les seuls éléments avec lesquels nous entrons en contact direct. Selon Hume, toutes les affirmations sur la nature du monde physique ou sur la moralité dérivent des impressions, des idées et des sentiments qu'elles ont fait naître, ainsi que de la manière dont elles sont structurées en vertu des lois associatives. Même la causalité, si importante pour plusieurs philosophes et scientifiques, se voit réduite, dans la philosophie de Hume, à une habitude de l'esprit. Par exemple, même si B suit toujours A et que l'intervalle entre les deux reste toujours le même, on ne peut jamais en conclure que A cause B, car il n'existe aucun moyen de vérifier s'il existe une relation de causalité réelle entre les deux événements. Pour Hume, la philosophie rationnelle, la science physique et la philosophie morale n'étaient que de la psychologie subjective. Par conséquent, on ne peut être sûr de rien, car toutes les connaissances sont fondées sur l'interprétation de l'expérience subjective.

Les catégories de pensées

Kant s'employa à corriger l'erreur de Hume en démontrant que certaines vérités étaient indéniables alors que d'autres étaient fondées uniquement sur une expérience subjective. Il se concentra sur l'analyse du concept de causalité de Hume. Kant rejoignait Hume sur le fait que ce concept ne correspondait à rien en matière d'expérience. En d'autres mots, rien dans une expérience ne prouvait qu'une chose en causait une autre. Kant se demandait donc *d'où provenait* la notion de causalité si elle n'avait pas l'expérience pour origine. Kant prétendait que les ingrédients nécessaires à la pensée, en matière de causalité, ne pouvaient provenir de l'expérience et que, par conséquent, ils devaient exister *a priori*, indépendamment de l'expérience. Kant ne niait pas l'importance des données sensorielles, mais il croyait que l'esprit devait ajouter quelque chose aux données avant d'accéder à la connaissance ; cet ajout était fourni par des **catégories de pensées** *a priori* (innées). Selon Kant, des concepts purs de l'esprit modifie ce que nous expérimentons subjectivement, ce

qui rend ces expériences plus significatives qu'elles ne l'étaient au départ. Kant incluait les éléments suivants dans sa liste de concepts purs, ou catégories de pensées, *a priori* : l'unicité, la totalité, le temps, l'espace, la cause et l'effet, la réalité, la quantité, la qualité, la négation, la possibilité/impossibilité et l'existence/non-existence.

Sans l'influence de ces catégories, nous ne pourrions formuler des énoncés comme ceux qui commencent par le mot *tout*, car jamais nous n'expérimentons la totalité d'une chose. Selon Kant, accepter jusqu'à un certain point, à partir de plusieurs expériences individuelles, de généraliser pour toute une catégorie d'événements ne fait que préciser les conditions en vertu desquelles nous pouvons employer la catégorie innée de totalité, car le mot *tout* ne peut jamais être basé sur l'expérience. Kant montrait ainsi que, même si les empiristes insistaient, avec raison, sur l'importance de l'expérience, une analyse plus poussée de cette même expérience dénotait les opérations d'un esprit actif. Pour Kant, « [s]ans la sensibilité, nul objet ne nous serait donné et sans l'entendement nul ne serait pensé. Des pensées sans contenu (*Inhall*) sont vides, des intuitions sans concepts, aveugles » (Kant, éd. fr. 1944, p. 77).

Étant donné que Kant avançait l'hypothèse des catégories de pensée, nous pouvons le définir comme un psychologue des facultés. Toutefois, il en était un à la manière de Reid, c'est-à-dire qu'il émettait l'hypothèse d'un esprit unique et unifié qui possède diverses caractéristiques ou capacités. Ces caractéristiques entrent en interaction constante et ne logent dans aucun endroit spécifique de l'esprit, et certainement pas dans le cerveau.

Les causes de l'expérience mentale

Comme Hume, Kant acceptait que nous ne percevions jamais directement le monde physique et que, par conséquent, nous ne pouvions jamais le connaître avec certitude. Toutefois, pour Hume, nos cognitions consistaient uniquement en impressions sensorielles, en idées et en combinaisons d'idées structurées par les lois associatives ou par l'imagination. Kant allait plus loin en croyant que les catégories de pensées structurent invariablement les impressions sensorielles et que notre *expérience phénoménologique* résulte de l'interaction entre les sensations et les catégories de pensées. Cette interaction demeure incontournable. Même si les physiciens croient décrire le monde physique, ils décrivent en réalité l'esprit humain. Pour Kant, l'esprit prescrit les lois de la nature. En ce sens, il était encore plus révolutionnaire que Copernic, car l'esprit humain devenait pour lui le centre de l'univers. En fait, selon Kant, notre esprit crée l'univers, à tout le moins tel que nous le percevons. Kant appelait « choses en soi » ou *nooumena* les objets qui constituent la réalité physique. Nous ignorons tout de ce *nooumena* et il en sera toujours ainsi. Nous n'en connaissons que les apparences (phénomènes), lesquelles sont régies et modifiées par les catégories de pensées. Conscient de la nature radicale de ses affirmations, Kant lui-même mentionnait qu'elles représentaient une « révolution copernicienne » de la philosophie (Scruton, 2001, p. 39).

La perception du temps   L'esprit ajoute même le concept de perception du temps à l'information sensorielle. Sur le plan sensoriel, nous percevons une série d'événements distincts, par exemple les images d'un cheval qui trotte dans la rue. Nous voyons le cheval à un point, puis à un autre point, puis encore à un autre point, et ainsi de suite. Prises isolément, ces sensations ne permettent pas de conclure qu'une sensation s'est produite avant ou après une autre. C'est pourtant la conclusion à laquelle nous arrivons ; or, comme rien dans les sensations elles-mêmes ne suggère le concept de temps, ce concept doit donc exister *a priori*. De la même façon, il n'y a aucune raison — tout au moins aucune raison fondée sur l'expérience — de croire qu'une idée reflétant une expérience d'enfance devrait être perçue comme s'étant produite il y a longtemps. Toutes les notions de temps, comme « il y a longtemps », « récemment » et « hier », ne peuvent provenir de l'expérience ; elles doivent donc provenir d'une catégorie de temps *a priori*. La mémoire ne contient que des idées susceptibles de varier uniquement en intensité ou en netteté ; c'est l'esprit qui superpose ces expériences en matière de temps. Par conséquent, un peu comme le faisait Augustin (voir le chapitre 3), Kant concluait que l'expérience du temps ne peut être comprise autrement que comme une création de l'esprit.

En fait, Kant indiquait que la description faite par Hume de la causalité comme perception d'une corrélation reposait sur le concept de temps. En effet, selon Hume, nous finissons par croire qu'un événement en

suit un autre s'il existe habituellement une corrélation entre les deux. Toutefois, sans la notion d'avant et d'après (c'est-à-dire sans la notion de temps), l'analyse de Hume n'aurait aucun sens. Par conséquent, selon Kant, l'analyse de la causalité de Hume supposait au minimum une catégorie de pensée innée (*a priori*).

La perception de l'espace   Kant croyait également que notre expérience de l'espace avait pour origine une catégorie innée de l'esprit. Comme Hume, Kant estimait que nous ne percevons pas directement le monde physique même si nous en avons l'impression. Pour la plupart d'entre nous, sinon pour nous tous, le monde physique semble apparaître devant nos yeux et exister indépendamment de nous. En d'autres mots, nous ne percevons pas simplement les sensations telles qu'elles existent dans notre rétine et dans notre cerveau. Nous expérimentons un éventail de sensations qui semblent refléter le monde physique. Les sensations varient selon leur importance, leur fréquence et leur intensité, et elles semblent être distribuées dans l'*espace*, et non dans nos rétines ou nos cerveaux. De toute évidence, disait Kant, cette projection d'une structure spatiale ne peut fournir uniquement des impressions sensorielles. Toutes les sensations sont internes, c'est-à-dire qu'elles n'existent que dans l'esprit. Pourquoi alors faisons-nous l'expérience des objets comme s'ils étaient distribués dans l'espace, extérieurement à notre corps et à notre esprit ? Encore une fois, répondait Kant, l'expérience de l'espace, comme l'expérience de temps, résultait d'une catégorie *a priori* de pensée. Selon Kant, les catégories innées de temps et d'espace sont fondamentales, car elles fournissent un contexte pour tous les phénomènes mentaux, incluant (comme nous l'avons vu) la causalité.

Il est important de préciser que, contrairement à Descartes, Kant ne proposait pas d'*idées* innées spécifiques. Il proposait plutôt des *catégories* innées de pensées qui structuraient toutes les expériences sensorielles. Si Kant et Descartes étaient des nativistes, leurs types de nativisme différaient de manière significative.

L'impératif catégorique

Kant tenta également de venir à la rescousse de la philosophie morale que les empiristes avaient réduite à l'utilitarisme. Pour Kant, il ne suffisait pas de dire que certaines expériences étaient bonnes et d'autres non ; il se demandait quelle règle ou quel principe était applicable à ces émotions pour les rendre désirables ou indésirables. Il donna le nom d'**impératif catégorique** au principe rationnel qui gouverne ou devrait gouverner le comportement moral : « Agis uniquement d'après la maxime qui fait que tu peux vouloir en même temps qu'elle devienne une loi universelle » (Kant, 1785/ 1981, éd. fr. 1980, p. 94). Kant donna en exemple cette maxime : « Mentir si les circonstances le justifient. » Si on élevait une telle maxime au rang de loi morale universelle, il en résulterait une méfiance généralisée et un chaos social. Par ailleurs, faire de la maxime « Toujours dire la vérité » une loi morale universelle favoriserait la confiance et l'harmonie. Selon Kant, si chacun prenait ses décisions morales conformément à l'impératif catégorique, il en résulterait une communauté formée de membres libres et égaux. Bien entendu, Kant demeurait conscient qu'il décrivait un idéal inatteignable. Il savait également qu'il n'ajoutait rien de nouveau à la philosophie morale. Son impératif catégorique était similaire à des préceptes moraux plus anciens, comme celui de la règle d'or (« Ne fais pas aux autres ce que tu n'aimerais pas qu'on te fasse »). Kant désirait clarifier le principe moral sous-jacent à des préceptes moraux comme la règle d'or (Scruton, 2001, p. 86).

Alors que l'analyse du comportement moral des empiristes mettait l'accent sur l'hédonisme, celui de Kant était basé sur un principe rationnel et sur la croyance au libre arbitre. Pour Kant, l'idée de responsabilité morale n'avait de sens que si l'on supposait la rationalité et le libre arbitre. Nous avons ici un exemple clair de la distinction entre les raisons d'un comportement et ses causes. Pour les empiristes, le comportement (moral ou autre) provenait des sensations de plaisir et de douleur (hédonisme). Pour Kant, il existait une raison qui incitait à agir de façon morale et si cette raison était librement choisie, il en résultait un comportement moral.

L'influence de Kant

Le rationalisme de Kant reposait en grande partie sur l'expérience sensorielle et les facultés innées. Son influence sur la psychologie fut considérable et, depuis, un débat subsiste encore en psychologie sur l'importance des facteurs innés dans des domaines tels que la perception, le langage, le développement cognitif et la résolution de problème. Les psychologues rationalistes modernes abondent dans le sens de Kant, en insistant sur l'importance des structures et des opérations du cerveau déterminées génétiquement. Les psychologues empiristes croient plutôt que de tels processus psychologiques s'expliquent en tant que résultats d'expériences sensorielles, d'apprentissage et de lois associatives passives. Ces psychologues suivent ainsi la tradition des empiristes britanniques et des sensualistes français.

Même si l'influence de Kant apparaissait clairement évidente au moment où la psychologie s'imposa comme science indépendante à la fin des années 1800, Kant doutait que la psychologie puisse devenir une science expérimentale. Premièrement, il estimait que l'esprit lui-même ne peut être étudié de manière objective, car il n'est pas de nature physique. Deuxièmement, l'esprit ne peut être étudié scientifiquement par introspection, parce qu'il ne s'agit pas d'une réalité immuable qui demande une analyse ; en constant changement, il ne peut être analysé de manière fiable. De plus, le processus même d'introspection influence l'état de l'esprit et limite la valeur de ce qui peut être découvert grâce à cette méthode. Comme la plupart des philosophes de tradition rationaliste, Kant croyait que pour être considérée comme une science, une discipline devait être traduisible en termes mathématiques précis, ce qui n'était pas le cas avec la psychologie. Il est ironique de penser que lorsque la psychologie s'imposa finalement comme science à part entière, elle le fit à titre de science expérimentale de l'esprit et utilisa l'introspection comme outil de recherche primaire (voir le chapitre 9).

Kant définissait la psychologie comme une analyse introspective de l'esprit. Il croyait que la psychologie ainsi définie ne pouvait être une science. Il existait toutefois un moyen d'étudier les êtres humains. Ce moyen, bien que non scientifique, offrait néanmoins des informations utiles en permettant d'étudier *comment* les gens se comportent. Cette discipline, appelée **anthropologie** par Kant, pouvait même fournir les informations nécessaires pour prédire et contrôler le comportement humain. L'anthropologie intéressait grandement Kant et ce dernier fit de nombreuses conférences sur le sujet avant de publier *Anthropologie du point de vue pragmatique* (1798/1912, éd. fr. 1994). *Anthropologie* est un livre très intéressant et même divertissant. Cet ouvrage traite notamment de folie, de différences entre les sexes, de suggestions pour un mariage réussi, de pensée limpide, de conseils aux auteurs, de facultés intellectuelles humaines, de types de personnalité, de besoins humains et d'imagination.

Les influences les plus directes de Kant sur la psychologie contemporaine apparaissent dans la psychologie de la forme, que nous verrons au chapitre 14, et dans l'approche de traitement de l'information, que nous examinerons au chapitre 20.

Johann Friedrich Herbart

Johann Friedrich Herbart (1776-1841) naquit le 4 mai à Oldenburg, en Allemagne. À la suite d'un accident, il devint un enfant chétif et sa mère dut lui servir de tuteur. Il n'entra à l'école qu'à l'âge de 12 ans et manifesta un intérêt précoce pour la logique. Il fréquenta le *Gymnasium* (école secondaire) d'Oldenburg. Lorsqu'il eut 16 ans, la philosophie de Kant fit une profonde impression sur lui. À 18 ans, il entra à l'université de Jena, où il continua à s'intéresser à la philosophie de Kant. Après trois années à Jena, il quitta l'université pour devenir tuteur en Suisse. Cette expérience de tutorat suscita chez Herbart un intérêt marqué pour l'éducation. En fait, avant de quitter la Suisse, Herbart

Johann Friedrich Herbart

consulta le célèbre réformiste en éducation J. H. Pestalozzi (1746-1827). À 23 ans, après deux années de tutorat, Herbart s'installa dans la ville de Bremen où, pendant trois ans, il étudia les questions liées à la philosophie et à l'éducation. En 1802, il entra à l'université de Göttingen, où il obtint son doctorat et resta comme *dozent* (instructeur) jusqu'en 1809. Malgré son attirance initiale pour la philosophie de Kant, Herbart critiqua ce dernier dans sa thèse de doctorat et commença à élaborer sa propre philosophie, laquelle s'inscrivait davantage dans la lignée de Leibniz.

Signe de son succès, une invitation fut lancée à Herbart par l'université de Königsberg en 1809 pour qu'il occupe le poste qu'avait occupé Kant. Herbart n'était âgé que de 33 ans à l'époque et il resta à l'université de Königsberg pendant 24 ans. Il retourna ensuite à l'université de Göttingen, en raison de l'hostilité du gouvernement prussien envers ses recherches en éducation. Il resta à Göttinberg jusqu'à sa mort, qui survint huit ans plus tard, en 1841.

Les deux plus importants livres de Herbart en psychologie sont le *Textbook in Psychology* (1816) et son long et difficile ouvrage *Psychology as a Science, Newly based on Experience, Metaphysics, and Mathematics* (1824-1825).

La psychologie en tant que science

Si Herbart croyait, comme Kant, que la psychologie ne pourrait jamais devenir une science expérimentale, il estimait possible d'exprimer mathématiquement les capacités de l'esprit ; en ce sens, la psychologie *pouvait* être une science. Comme nous l'avons dit, selon Herbart, la psychologie ne pouvait devenir une science expérimentale, car l'expérimentation nécessitait la division d'une chose en ses parties. Puisque l'esprit fonctionnait comme un tout, il ne pouvait être fractionné. Pour cette raison, Herbart s'opposait fermement à la psychologie des facultés si populaire à son époque. Il s'opposait à la psychologie physiologique pour la même raison, soit l'impossibilité de fractionner l'esprit. Après un survol des idées maîtresses de Herbart, nous examinerons de plus près sa tentative de « mathématiser » la psychologie.

La mécanique psychique

Herbart emprunta son concept d'idée aux empiristes, c'est-à-dire qu'il considérait les idées comme étant les vestiges des impressions sensorielles. Toutefois, suivant l'exemple de Leibniz, il supposa que les idées (comme les monades) contenait une force ou une énergie, et qu'elles n'avaient pas besoin des lois associatives pour se lier entre elles. Le système de Herbart portait le nom de **mécanique psychique**. Selon lui, les idées possèdent le pouvoir d'attirer ou de repousser d'autres idées, en fonction de leur compatibilité. En effet, les idées ont tendance à attirer des idées similaires ou compatibles ; elles forment ainsi des idées complexes. De la même manière, les idées utilisent leur énergie pour repousser des idées dissemblables ou incompatibles ; elles tentent ainsi d'éviter les conflits. Selon Herbart, toutes les idées cherchent à s'exprimer dans la conscience, mais elles entrent en concurrence les unes avec les autres. Dans le système de Herbart, une idée n'est jamais complètement détruite ou oubliée ; elle se manifeste de manière consciente ou non. Ainsi, à un moment donné, son expression peut être consciente et, à un autre moment, redevenir inconsciente.

Même si les idées ne sont jamais complètement détruites, elles varient en force ou en intensité. Pour Herbart, des idées intenses sont des idées claires et toutes les idées cherchent à devenir le plus clair possible. Étant donné que seules les idées dont nous sommes conscients sont claires, toutes les idées cherchent à s'intégrer à l'esprit conscient. Les idées présentes dans le conscient sont brillantes et claires ; celles présentes dans l'inconscient sont sombres et obscures. Herbart utilisait le terme *autoconservation* pour décrire la tendance d'une idée à chercher et à maintenir une expression consciente. Ainsi, chaque idée tente de se préserver en tant qu'idée intense, claire et consciente. Cette tendance à l'autoconservation incite naturellement chaque idée à entrer en conflit avec les idées dissemblables à la recherche, elles aussi, d'une expression consciente. Par conséquent, Herbart voyait l'esprit comme un champ de bataille où les idées luttaient les unes contre les autres pour trouver une expression consciente. Lorsqu'une idée s'avouait vaincue face aux autres, elle n'était pas détruite, mais elle perdait momentanément une partie de son intensité (clarté) et sombrait dans l'inconscient.

La position de Herbart représentait une déviation majeure par rapport aux empiristes, car ces derniers croyaient que les idées, comme les particules de matière de Newton, demeuraient passivement soumises à des forces externes, par exemple les lois associatives. Comme les empiristes, Herbart considérait que les idées proviennent de l'expérience, mais il affirmait qu'une fois arrivées à l'existence, ces idées possèdent une vie autonome. Pour Herbart, une idée ressemble à un atome doté d'une énergie et d'une conscience autonomes : cette vision est très proche du concept de monade de Leibniz. Cependant, contrairement à ce dernier, Herbart insistait sur le fait que toutes les idées proviennent de l'expérience ; cette concession majeure aux empiristes faisait le pont entre ces derniers et les rationalistes.

La masse aperceptive

Non seulement les idées de Herbart s'apparentaient beaucoup aux monades de Leibniz, mais Herbart lui emprunta également le concept d'aperception. Selon Herbart, des idées compatibles peuvent à tout moment accéder à la conscience et se regrouper. Ce groupe d'idées compatibles constitue une **masse aperceptive**. La masse aperceptive est l'équivalent de l'attention, c'est-à-dire qu'elle contient toutes les idées auxquelles nous portons attention.

Les idées entrent en compétition les unes avec les autres dans cette masse aperceptive. Une idée externe à la masse aperceptive (c'est-à-dire une idée inconsciente) pénétrera à l'intérieur de la masse aperceptive uniquement si elle est compatible aux autres idées qui s'y trouvent à ce moment précis. Si cette idée est incompatible, les idées présentes dans la masse aperceptive mobiliseront leur énergie pour l'empêcher d'y pénétrer. Ainsi, qu'il s'agisse d'une idée nouvelle qui provient de l'expérience ou d'une idée qui existe déjà dans l'inconscient, elle pourra accéder à l'expression consciente seulement si elle est compatible avec les idées déjà présentes dans la masse aperceptive.

Herbart utilisait le mot *répression* pour décrire la force utilisée pour maintenir dans l'inconscient les idées incompatibles avec la masse aperceptive. Il affirmait également que, si on retrouvait un nombre suffisant d'idées similaires réprimées dans l'inconscient, celles-ci pourraient combiner leur énergie pour pénétrer de force dans le conscient et supplanter la masse aperceptive existante. Les idées réprimées continuent d'exister, intactes, et elles attendent l'occasion d'entrer dans le conscient. Elles doivent attendre une masse aperceptive plus compatible pour émerger ou joindre ses forces à d'autres idées réprimées afin de se frayer un chemin vers le conscient et créer une nouvelle masse aperceptive.

Herbart utilisait le mot *seuil* pour décrire la frontière qui existe entre l'esprit conscient et l'esprit inconscient. Il avait comme objectif d'exprimer mathématiquement la relation entre la masse aperceptive, le seuil et le conflit entre les idées. Pour les mathématiques, Herbart s'inspira des deux individus qui l'influencèrent probablement le plus, Leibniz et Newton. En fait, un des principaux objectifs d'Herbart consistait à décrire l'esprit en termes mathématiques, comme Newton l'avait fait pour le monde physique. Utilisant des calculs pour quantifier des phénomènes mentaux complexes, il fut l'un des premiers à appliquer un modèle mathématique à la psychologie. Même si nous n'aborderons pas cet aspect en détail dans le présent ouvrage, le lecteur intéressé de voir l'application par Herbart des mathématiques à l'étude de l'esprit pourra consulter le livre de Herbart, *Psychology as a Science* (1824-1825); Boring (1950); Boudewijnse, Murray et Bandomir (1999, 2001); ou Wolman (1968b).

La psychologie pédagogique

En plus d'avoir été l'un des premiers psychologues mathématiques, Herbart fut considéré par plusieurs comme le premier psychoéducateur. Il appliqua sa théorie pédagogique en offrant aux enseignants les conseils suivants.

1. Revoir la matière déjà apprise.

2. Préparer l'élève à la nouvelle matière en lui en proposant un survol; cela crée une masse aperceptive réceptive.

3. Présenter le nouveau matériel.

4. Établir le lien entre la nouvelle matière et ce qui a déjà été appris.

5. Présenter des exemples de mise en applications de la nouvelle matière et offrir un survol de ce qui sera aborder ensuite.

Pour Herbart, il faut tenir compte de la masse aperceptive, ou attitude, de l'élève au moment de présenter la nouvelle matière. Celle qui est incompatible avec la masse aperceptive d'un élève sera simplement rejetée ou restera à tout le moins incomprise. Herbart disait: « L'enseignant qui demande à un élève d'apprendre [une matière] sans préparation adéquate […] joue d'un instrument auquel il manque des cordes » (1812/1888, p. 150 [notre traduction]). La théorie pédagogique de Herbart s'apparente énormément à la théorie plus moderne de Jean Piaget. Celui-ci affirmait que, pour être efficace, l'enseignement devait commencer avec ce qu'un élève est capable d'intégrer à sa structure cognitive. Une information incompatible avec la structure cognitive d'un élève ne pourra être apprise. En substituant l'expression *masse aperceptive* à celle de *structure cognitive*, nous voyons une grande similitude entre les théories d'Herbart et celles de Piaget. (Voir le chapitre 20, pour une explication plus détaillée de la théorie de Piaget.)

L'influence de Herbart

Herbart influença la psychologie de plusieurs façons. Premièrement, son insistance à voir en la psychologie une science mathématique lui conféra un statut et une respectabilité supérieurs à ce que Kant avait réussi à acquérir. Malgré son refus de considérer la psychologie comme une science expérimentale, ses efforts pour quantifier les phénomènes mentaux encouragèrent le développement de la psychologie expérimentale. Deuxièmement, ses concepts de l'inconscient, de la répression et du conflit ainsi que sa croyance que les idées continuaient d'exister intactes, même lorsque nous n'en étions plus conscients, se sont retrouvés dans la théorie psychanalytique de Freud. Une autre notion qui se retrouve également dans la psychologie de Freud consiste en ce que les idées inconscientes cherchent à s'exprimer dans la conscience, là où elles rencontrent de la *résistance* en cas d'incompatibilité avec les idées déjà présentes dans la conscience. Troisièmement, le concept de seuil de Herbart (et de Leibniz) fut d'une grande importance pour Gustav Fechner (voir le chapitre 8), dont la psychophysique fut instrumentale dans l'évolution de la psychologie en tant que science. Quatrièmement, Herbart influença Wilhelm Wundt, le fondateur de la psychologie en tant que discipline scientifique distincte, de plusieurs façons. Par exemple, Wundt utilisa abondamment le concept d'appréhension d'Herbart (et de Leibniz). Au chapitre 9, nous examinerons plus en détail l'influence de Herbart sur Wundt.

Georg Wilhelm Friedrich Hegel

Georg Wilhelm Friedrich Hegel (1770-1831) naquit le 27 août à Stuttgart ; il apprit le latin de sa mère. Plus tard, à l'université de Tübingen, il se concentra sur les classiques grecs et romains, et sur la théologie. Après l'obtention de son doctorat en 1793, il étudia le personnage historique de Jésus ainsi que les textes produits par les meilleurs esprits à travers l'histoire sur le sens de la vie. En 1799, le père de Hegel mourut en lui laissant un modeste héritage. Hegel s'inscrivit à l'université de Jena, où il arrondit ses fins de mois en donnant des conférences. À Jena, il eut un fils illégitime avec sa propriétaire. En 1811, âgé de 41 ans, il épousa la fille d'une famille en vue. Hegel et sa femme, qui avait environ la moitié de son âge, eurent deux fils et élevèrent aussi son fils illégitime (Singer, 2001, p. 11). Alors qu'il était enseignant, Hegel dut changer plusieurs fois d'emplois en raison de l'agitation politique qui secouait l'Europe à cette époque, mais, en 1818, il accepta l'un des plus prestigieux postes universitaires

Georg Wilhelm Friedrich Hegel

d'Europe : la chaire de philosophie de l'université de Berlin. Hegel resta à Berlin, où il contracta le choléra lors d'une épidémie : il s'éteignit le 14 novembre 1831, à l'âge de 61 ans.

L'Absolu

Comme Spinoza, Hegel considérait l'univers comme une unité interdépendante qu'il appelait **l'Absolu**. La seule compréhension véritable selon Hegel était la compréhension de l'Absolu. La véritable connaissance ne pouvait être atteinte par l'examen de cas isolés, sauf si ces cas étaient reliés par un « tout ». Russell (1945, éd. fr. 1952) décrivait ainsi cet aspect de la philosophie de Hegel.

> L'idée d'Hegel, et de nombreux autres philosophes, est que le caractère de toute portion de l'univers est si profondément affecté par ses relations avec les autres parties et avec l'ensemble, qu'aucun raisonnement véritable ne peut être posé pour une partie sans tenir compte de sa place dans l'ensemble. Puisque sa place dans l'ensemble dépend de toutes les autres parties, un raisonnement juste sur sa place dans l'ensemble assignera en même temps la place de chacune des autres parties dans l'ensemble. Par conséquent il ne peut y avoir qu'un seul raisonnement qui soit vrai. Il n'y a pas de vérité en dehors de toute la vérité. De même, rien n'est tout à fait réel excepté l'ensemble, car aucune partie, lorsqu'elle est isolée, ne change de caractère du fait qu'elle est isolée et, par conséquent, n'apparaît pas exactement ce qu'elle est en réalité. D'autre part, quand une partie est considérée dans son rapport avec l'ensemble, comme cela se doit, on voit qu'elle ne subsiste pas par elle-même et n'est pas capable d'exister, sauf comme partie de cet ensemble qui, seul, est vraiment vrai. (éd. fr. 1952, p. 755)

Le processus proposé par Hegel pour la quête de la connaissance était identique à celui qui était proposé par Platon. Premièrement, il faut reconnaître que les impressions sensorielles sont de peu d'utilité à moins que l'on détermine les concepts généraux qu'elles sont censées exemplifier. Une fois ces complexes compris, l'étape suivante consiste à déterminer comment ces concepts sont reliés les uns aux autres. Établir la corrélation entre les concepts équivaut à expérimenter l'Absolu, lequel est similaire au concept de bien de Platon. Hegel mettait l'Absolu et Dieu sur un pied d'égalité : « À son niveau le plus élevé, la philosophie contemple le concept de tous les concepts, l'éternel absolu, le Dieu vénéré par la religion. La philosophie culmine alors en théologie spéculative » (Hegel, 1871/1973, sec. 17 [notre traduction]). Même si Hegel était souvent en désaccord avec les dogmes de l'Église (par exemple, il ne croyait pas aux miracles), ses premiers livres, *Vie de Jésus* (1795) et *L'esprit du christianisme* (1799), révèlent une sympathie envers la théologie chrétienne.

La croyance de Hegel voulant que le tout soit plus important que ses parties le mena à la conclusion que l'État (le gouvernement) était plus important que les individus qui le composaient. En d'autres mots, pour Hegel, le peuple est au service de l'État. Cette position s'opposait à celle de Locke, qui affirmait que l'État est au service du peuple. Russell (1945) a admirablement bien résumé la vision de Hegel sur la relation entre l'individu et l'État : « Hegel conçoit la relation morale des citoyens envers l'État comme celle de l'œil par rapport au corps. À sa place, le citoyen est une partie d'un tout important mais isolé, il est aussi inutile qu'un œil isolé » (éd. fr. 1952, p. 755).

Le processus dialectique

Pour Hegel, autant l'histoire humaine en général que l'intellect humain en particulier évoluait vers l'Absolu via le **processus dialectique**. Même si le terme *dialectique* fut utilisé de plusieurs façons par les philosophes, il signifie généralement une tentative d'arriver à une argumentation à deux sens entre des visions conflictuelles (voir le chapitre 3, pour l'utilisation par Abélard de la méthode dialectique). Grâce à l'étude de l'histoire grecque, Hegel nota que, dès qu'un philosophe prenait une position, un autre la rejetait ; un troisième philosophe tentait alors de formuler une vision mitoyenne entre ces deux visions opposées. Par exemple, Héraclite affirma que tout était en constant changement. Parménide affirma que rien ne changeait jamais, puis Platon déclara que certaines choses changeaient et d'autres non. La version de Hegel du processus dialectique comporte une *thèse* (un point de vue), une *antithèse* (un point de vue opposé) et une *synthèse* (un compromis entre la thèse et l'antithèse). Une fois le cycle complété, la synthèse précédente devient la thèse du cycle suivant et le processus se répète indéfiniment. De cette manière, autant l'histoire humaine que l'intellect humain évoluent vers l'Absolu.

En un sens, Hegel infligea à Kant le même traitement que celui que Kant infligea à Hume. Comme nous l'avons vu, Kant abondait dans le sens de Hume en croyant que rien dans l'expérience ne prouve la causa-

lité et, pourtant, nous sommes convaincus de son existence. Kant expliquait qu'il existe une catégorie *a priori* de pensée responsable de notre tendance à structurer le monde en fonction des causes et des effets. Hegel acceptait toutes les catégories de pensée de Kant et en ajoutait d'autres de son cru. Toutefois, il souleva une question cruciale oubliée par Kant : pourquoi les catégories de pensée existaient-elles ? Kant introduisit sa philosophie en tentant d'expliquer la notion de causalité, car comme Hume il croyait qu'une telle notion ne pouvait provenir de l'expérience. De la même manière, Hegel fonda sa philosophie sur une tentative d'explication des catégories de Kant. Pour Hegel, les catégories provenaient d'un processus dialectique et, pour cette raison, elles rapprochaient les humains de l'Absolu. Hegel ne voyait dans les catégories qu'un moyen d'arriver à une fin, la fin étant de se rapprocher de l'Absolu. Grâce au processus dialectique, toutes les choses, incluant l'esprit humain, se rapprochent de l'Absolu.

L'influence de Hegel

Nous retrouvons l'influence de Hegel dans plusieurs aspects de la psychologie. Comme nous le verrons au chapitre 8, Hegel influença fortement Fechner et, par conséquent, le développement de la psychophysique. Certains voient dans le concept du ça, du moi et du surmoi de Freud des manifestations du processus dialectique (voir par exemple D. N. Robinson, 1982). D'autres voient les racines de la réalisation du moi (comme dans Jung, Rogers et Maslow) dans la philosophie de Hegel. D'autres encore y voient les débuts de la phénoménologie, laquelle s'est manifestée finalement dans la psychologie de la forme, humaniste et existentialiste.

De même, le concept d'*aliénation* joue un rôle central dans la philosophie de Hegel. Par aliénation, Hegel entendait la réalisation de l'esprit qui existe en marge de l'Absolu, en marge de ce qu'il est censé atteindre. Dans la mesure où l'esprit n'a pas complété sa quête vers l'Absolu, il connaît l'aliénation. (Les marxistes utiliseront par la suite le mot *aliénation* pour décrire la séparation entre la population et le gouvernement ou le fruit de leurs labeurs, mais Hegel utilisait ce terme de manière différente.) Les variations du concept d'aliénation de Hegel apparaîtront par la suite dans les théories d'Éric Fromm et de Carl Rogers. Fromm utilisait le mot *aliénation* pour décrire la séparation entre les humains et leurs racines naturelles et il prétendait qu'une des principales motivations des humains consistait à retrouver un sentiment d'appartenance. Rogers utilisait le mot *aliénation* pour décrire la séparation entre le moi et le besoin biologique fondé sur la réalisation du moi.

Étant donné que la philosophie de Hegel visait à montrer les interconnexions entre tous les éléments de l'univers, elle stimula énormément les tentatives de synthèse entre l'art, l'histoire et la science. Russell (1945) commenta ainsi la grande popularité de Hegel : « À la fin du XIXᵉ siècle, les chefs de la philosophie universitaire, en Amérique et en Grande-Bretagne, étaient largement hégéliens. En dehors de la philosophie pure, de nombreux théologiens protestants adoptèrent ses doctrines et sa philosophie de l'histoire affecta profondément la théorie politique » (éd. fr. 1952, p. 742).

Les rationalistes des XVIIᵉ, XVIIIᵉ et XIXᵉ siècles perpétuèrent la tradition de Platon, d'Augustin, de Thomas d'Aquin et de Descartes, tradition encore bien vivante en psychologie. Toutes les théories qui soutiennent la participation d'un esprit actif dans l'intelligence, de la perception, de la mémoire, de la personnalité, de la créativité ou du traitement de l'information en général tirent leurs origines dans la tradition rationaliste. En fait, dans la mesure où la psychologie moderne est scientifique, elle est en partie une entreprise rationnelle. Comme nous le mentionnions au chapitre 1, la théorie scientifique est une combinaison de l'empirisme et du rationalisme.

Résumé

L'empirisme britannique mettait l'accent sur l'expérience sensorielle et sur les lois associatives, qui permettent d'expliquer le fonctionnement de l'intellect. Si on accepte l'hypothèse de la présence de l'esprit, c'est un esprit relativement passif. Les sensualistes français allaient plus loin, en affirmant la non-nécessité de l'existence d'un esprit autonome et en prétendant que les sensations et les lois associatives suffisaient pour expliquer les expériences cognitives. De leur côté, les rationalistes acceptaient l'importance de l'information sensorielle, ils défendaient l'hypothèse d'un esprit actif qui, non seulement transformait l'information fournie par les sens, la rendant encore plus significative, mais qui était également capable de découvrir et de comprendre les concepts et les principes non contenus dans l'information sensorielle. Pour les rationalistes, l'esprit représentait plus qu'une collection d'idées provenant de l'expérience sensorielle et liées par les lois associatives. Dans leur explication du comportement, les rationalistes se penchaient sur les raisons, tandis que les empiristes s'intéressaient aux causes. Dans leur quête de la connaissance, les rationalistes utilisaient la déduction, tandis que les empiristes utilisaient l'induction.

Spinoza mettait Dieu et la nature sur un pied d'égalité, ce qui lui valut d'être mis au ban des sociétés chrétienne et juive. Il croyait que Dieu est nature et que la nature est légitime. Étant donné que les êtres humains font partie de la nature, les pensées et le comportement humains sont également légitimes et déterminés. Par conséquent, le libre arbitre n'existe pas. Pour Spinoza, une seule réalité fondamentale existait (Dieu) et cette réalité était matérielle et consciente ; tout dans l'univers possède ces deux aspects, incluant les humains. Un être humain est considéré comme un objet matériel duquel la conscience (esprit) ne peut être séparée. Cette hypothèse de relation entre l'esprit et le corps était appelée théorie du double aspect, ou simplement double aspectisme. Selon Spinoza, le plaisir suprême consistait à avoir des idées claires, c'est-à-dire des idées qui reflétaient les lois naturelles. Il considérait que les émotions étaient désirables parce qu'elles n'interféraient pas avec une pensée claire, mais il croyait que les passions étaient indésirables parce qu'elles interféraient avec une telle pensée. Spinoza démontra comment un large éventail d'émotions pouvait découler des émotions fondamentales de plaisir et de douleur, et il fut parmi les premiers à analyser de manière détaillée les émotions humaines. Spinoza présenta un compte rendu entièrement déterministe des pensées, des actions et des émotions humaines, et il contribua à ouvrir la voie au développement de la psychologie.

De son côté, Malebranche croyait en la réalité d'un esprit et d'un corps, mais pensait qu'il n'existait aucune interaction entre les deux. Dieu seul pouvait assurer la coordination entre eux. Si une idée était présente dans l'esprit, Dieu le savait et commandait au corps d'agir en conséquence. Cette croyance prit le nom d'occasionnalisme.

Leibniz se montrait totalement en désaccord avec Locke quant au fait que les idées provenaient de l'expérience sensorielle. Il affirmait plutôt que l'esprit avait le potentiel inné de concevoir des idées et que ce potentiel s'actualisait par l'expérience sensorielle. Ce philosophe suggérait que l'univers était constitué d'entités invisibles appelées monades. Toutes les monades sont indépendantes et elles n'interagissent pas avec les autres. De plus, toutes les monades contiennent de l'énergie et possèdent une conscience. L'harmonie entre les monades fut créée par Dieu et, par conséquent, ces monades demeurent imperfectibles. L'affirmation de Leibniz quant à l'existence d'une corrélation parfaite entre les monades de l'esprit et celles du corps fut appelée harmonie préétablie. Expérimenter une petite monade ou quelques petites monades génère de petites perceptions qui apparaissent sous le niveau de conscience. Toutefois, si suffisamment de petites monades sont ressenties simultanément, leur influence combinée franchit le seuil et elles sont alors expérimentées de manière consciente. Par conséquent, pour Leibniz, la différence entre une expérience consciente et une expérience inconsciente varie en fonction du nombre de monades en cause. À l'instar de Spinoza, Leibniz croyait que toute la matière possède une conscience, mais que la capacité de penser clairement varie selon les corps physiques. Cette capacité atteint son degré suprême chez Dieu d'abord, chez les êtres humains ensuite, puis chez les animaux, les plantes et finalement dans la matière inerte. Puisque les êtres humains ont en commun des monades incluant tout ce qui a été mentionné précédemment, leurs pensées sont parfois claires et d'autres fois, elles ne le sont pas.

Reid rejetait le scepticisme de Hume, convaincu que le bon sens commandait que nous acceptions le monde physique tel qu'il apparaît. L'hypothèse de Reid sur le fait que nous expérimentons la réalité porte le nom de réalisme direct ou réalisme naïf. Si on admet le fait qu'une sensation s'ajoute constamment à une autre par les lois associatives, la vaste diversité de l'expérience consciente humaine demeure inexplicable. Pour expliquer les divers phénomènes conscients, Reid insistait plutôt sur les pouvoirs de l'esprit ou sur les facultés mentales.

Pour sa part, Kant se montrait d'accord avec Hume pour dire que toutes les conclusions auxquelles nous arrivons à propos de la réalité physique sont basées sur l'expérience subjective. Toutefois, il se demandait d'où provenaient certains concepts, tel que celui de cause à effet, si nous ne faisons pas directement l'expérience de la relation de causalité. Selon lui, il existe plusieurs catégories de pensées innées et l'information sensorielle est modifiée par ces catégories. Ce que nous expérimentons consciemment est déterminé par les influences combinées de l'information sensorielle et des catégories innées de pensées. Étant donné que nos expériences de la totalité, de la causalité, du temps et de l'espace n'appartiennent pas à l'expérience sensorielle, c'est donc l'esprit qui les applique aux expériences. L'impératif catégorique demeure un principe moral inné, mais les gens peuvent choisir d'agir ou non en fonction de ce principe ; ceux qui choisissent d'agir dans ce sens agissent moralement et ceux qui refusent, agissent de manière immorale. En vertu de la catégorie impérative de Kant, les maximes qui gouvernent le comportement humain devraient être les pierres d'assise d'une loi morale universelle. Cependant, comme les êtres humains jouissent d'un libre arbitre, les individus doivent accepter ces maximes ou les rejeter. Pour Kant, sans liberté de choix, le concept de moralité était dénué de sens. Il ne voyait pas, en la psychologie, une science, car il croyait qu'il était impossible de mesurer l'expérience subjective avec une précision mathématique. Il jugeait bénéfique l'analyse du comportement humain, une discipline qu'il appelait anthropologie. Son influence sur la psychologie apparaît principalement dans la psychologie de la forme et dans la psychologie cognitive moderne.

Contrairement aux empiristes, qui comparaient une idée à une particule de Newton déterminée par des forces externes, Herbart comparait une idée à une monade de Leibniz et considérait qu'une idée possédait une conscience et une énergie propre. De plus, il affirmait que les idées cherchaient une expression consciente. L'ensemble d'idées compatibles, dont nous sommes conscients à un moment donné, forme une masse aperceptible. Toutes les autres idées restent dans l'inconscient. Une idée peut franchir le seuil entre l'esprit conscient et l'esprit inconscient si cette idée est compatible avec celles qui forment la masse aperceptible ; autrement, elle est rejetée. Herbart tenta de traduire mathématiquement la nature de la masse aperceptive, le seuil entre les idées et le conflit qui existe entre elles. Il fut le premier à appliquer les mathématiques à la psychologie. Il est aussi considéré comme le premier psychoéducateur parce qu'il appliqua sa théorie aux pratiques pédagogiques. Par exemple, il disait que si un élève apprend une nouvelle matière, celle-ci doit être compatible avec la masse aperceptible de l'élève.

À l'instar de Spinoza, Hegel voyait en l'univers une entité interdépendante. Pour Hegel, la connaissance formait cette entité, qu'il appelait l'Absolu. Selon lui, l'intellect humain progresse grâce au processus dialectique, lequel comporte une thèse (une idée), une antithèse (l'opposé de cette idée) et une synthèse (un compromis entre l'idée originale et son opposé). La synthèse devient ensuite la thèse de l'étape de développement suivante. Au fur et à mesure que ce processus se poursuit, les êtres humains se rapprochent de la connaissance de l'Absolu.

La popularité de domaines tels que le traitement de l'information, la prise de décision, la psychologie de la forme et la science en général montre l'influence des rationalistes sur la psychologie moderne.

Des questions à débattre

1. En général, quelles sont les différences fondamentales entre l'empirisme, le sensualisme et le rationalisme ? Incluez dans votre réponse une distinction entre un esprit actif et un esprit passif.

2. Supposons qu'une personne cambriole une banque. Expliquez en termes généraux le comportement de cette personne en regard des causes, puis en regard des raisons. Dans quel cas la personne serait-elle tenue responsable de ses gestes ?

3. Quelle est la conception de la nature de Spinoza ? Quelle est sa position sur la relation corps-esprit ?

4. Résumez la position de Spinoza sur la relation entre le libre arbitre et le déterminisme.

5. Quelle distinction Spinoza fait-il entre les émotions et les passions ? Donnez un exemple pour illustrer votre réponse.

6. Selon Spinoza, quelle est la motivation principale du comportement humain ? Expliquez comment cette motivation se manifeste.

7. De quelle façon la psychologie de Spinoza encouragea-t-elle le développement de la psychologie scientifique ?

8. Quelle est la position de Malebranche sur la relation corps-esprit ?

9. Leibniz conteste l'affirmation de Locke voulant que toutes les idées proviennent de l'expérience. Comment Leibniz explique-t-il l'origine des idées ?

10. Résumez la monadologie de Leibniz.

11. Présentez la solution proposée par Leibniz sur le problème corps-esprit.

12. Présentez la loi de la continuité de Leibniz.

13. Décrivez la relation entre les perceptions, le seuil et l'aperception.

14. Résumez la philosophie du sens commun de Reid. Incluez dans votre réponse une définition du réalisme direct.

15. Qu'est-ce que la psychologie des facultés ? Quel malentendu majeur fut perpétué au fil des ans à l'endroit de la psychologie des facultés ?

16. Que signifie pour Kant une catégorie de pensée *a priori* ? Selon Kant, comment de telles catégories influencent-elles ce que nous ressentons consciemment ?

17. Résumez brièvement l'explication de Kant sur les expériences de causalité, de temps et d'espace.

18. Discutez de l'importance de l'impératif catégorique dans la philosophie de Kant.

19. Kant croyait-il que la philosophie pouvait devenir une science ? Pourquoi ?

20. En quoi le concept d'idée d'Herbart diffère-t-il de celui des empiristes ?

21. Présentez le concept de masse aperceptive de Herbart. Par exemple, expliquez comment la masse aperceptive détermine les idées ressenties consciemment.

22. Comment Herbert appliqua-t-il ses théories aux pratiques pédagogiques ?

23. Présentez le concept de l'Absolu de Hegel. Décrivez le processus dialectique qui permet selon Hegel de se rapprocher de l'Absolu.

24. Donnez un exemple de l'influence de la philosophie rationaliste sur la psychologie moderne.

Des suggestions de lecture

Beanblossom, R. E., et Lehrer, K. (dir.). (1983). *Thomas Reid's inquiry and essays.* Indianapolis : Hackett.

Bernard, W. (1972). Spinoza's influence on the rise of scientific psychology : A neglected chapter in the history of psychology. *Journal of the History of the Behavioral Sciences*, 8, 208-215.

Brooks, G. P. (1976). The faculty psychology of Thomas Reid. *Journal of the History of the Behavioral Sciences*, 12, 65-77.

Elwes, R. H. M. (trad.). (1955). *Benedict de Spinoza : On the improvement of the understanding ; the ethics ; and correspondence.* New York : Dover.

Fancher, R. E., et Schmidt, H. (2003). Gottfried Wilhelm Leibniz : Underappreciated pioneer of psychology. Dans G. A. Kimble et M. Wertheimer (dir.), *Portraits of pioneers in psychology* (vol. 5, p. 1-17). Washington, DC : American Psychological Association.

Guyer, P. (dir.). (1992). *The Cambridge companion to Kant.* New York : Cambridge University Press.

Kant, I. (1977 [1783]). *Prolegomena to any future metaphysics.* (trad. par J. W. Ellington). Indianapolis : Hackett.

Scruton, R. (2001). *Kant : A very short introduction.* New York : Oxford University Press.

Scruton, R. (2002). *Spinoza : A very short introduction.* New York : Oxford University Press.

Singer, P. (2001). *Hegel : A very short introduction.* New York : Oxford University Press.

Wolman, B. B. (1968a). *Immanuel Kant and his impact on psychology.* Dans B. B. Wolman (dir.), *Historical roots of contemporary psychology* (p. 229-247). New York : Harper et Row.

Wolman, B. B. (1968b). The historical role of Johann Friedrich Herbart. Dans B. B. Wolman (dir.), *Historical roots of contemporary psychology* (p. 29-46). New York : Harper et Row.

Glossaire

Absolu, l' Selon Hegel, la totalité de l'Univers. Une connaissance de l'Absolu constitue la seule vraie connaissance et les différents aspects de l'Univers peuvent être compris uniquement en fonction de leur relation avec l'Absolu. Grâce au processus dialectique, l'histoire humaine et l'intellect progressent vers l'Absolu.

Anthropologie Étude du comportement humain proposé par Kant. Une telle étude fournirait de l'information utilisable pour prédire et contrôler le comportement.

Aperception Expérience consciente.

Catégories de pensées Attributs innés de l'esprit suggérés par Kant pour expliquer les expériences subjectives que l'on ne peut expliquer uniquement avec les expériences sensorielles comme l'expérience du temps, de la causalité et de l'espace.

Esprit actif Esprit pourvu de catégories ou d'opérations utilisées pour analyser, structurer ou modifier l'information sensorielle et pour découvrir des concepts ou des principes abstraits qui ne sont pas compris avec l'expérience sensorielle. Les rationalistes défendaient la réalité d'un tel esprit.

Esprit passif Esprit dont le contenu est déterminé par l'expérience sensorielle. L'esprit contient des principes mécanistes pour structurer, emmagasiner et généraliser les expériences sensorielles. Les empiristes britanniques et les sensualistes français avaient tendance à postuler l'existence d'un tel esprit.

Harmonie préétablie Affirmation de Leibniz selon laquelle Dieu a créé les monades composant l'univers de manière à ce qu'il existe une harmonie ininterrompue entre elles. Cela expliquait la coordination entre les événements physiques et mentaux.

Hegel, Georg Wilhelm Friedrich (1770-1831) Croyait, comme Spinoza, que l'univers est une entité où tout est relié. Hegel appelait cette entité l'Absolu et croyait que l'histoire et l'intellect humains progressent vers l'Absolu via le processus dialectique. (Voir aussi *l'Absolu*)

Herbart, Johann Friedrich (1776-1841) Compara les idées aux monades de Leibniz en disant qu'elles possédaient leur propre énergie et leur propre conscience. Selon Herbart, les idées cherchent à entrer dans le domaine conscient. Les idées compatibles avec la masse aperceptive d'une personne se voient accorder une expression consciente, alors que celles qui ne le sont pas restent sous le seuil de l'esprit inconscient. Herbart est considéré comme un des premiers psychologues mathématiques et pédagogiques.

Impératif catégorique Selon Kant, principe rationnel qui gouverne ou devrait gouverner le comportement moral afin que chacun puisse utiliser les maximes qui gouvernent nos décisions morales comme guide pour son propre comportement.

Kant, Emmanuel (1724-1804) Croyait que les expériences comme l'unité, la causalité, le temps et l'espace ne pouvaient dériver de l'expérience sensorielle et devaient par conséquent être attribuées aux catégories de pensée. Il croyait également que la moralité est gouvernée par l'impératif catégorique inné. Il ne croyait pas que la psychologie pouvait devenir une science, en raison de l'impossibilité de quantifier mathématiquement l'expérience subjective.

Leibniz, Gottfried Wilhelm von (1646-1716) Croyait que l'univers consiste en unités indivisibles appelées monades. Comme la structure des monades avait été créée par Dieu, notre monde était le meilleur possible. Quelques minuscules monades suffisaient pour ressentir de minuscules perceptions de nature inconscientes. En ressentant simultanément suffisamment de monades, il y avait aperception, c'est-à-dire expérience consciente. (Voir aussi *Petites perceptions*)

Loi de la continuité Selon Leibniz, absence d'écarts ou de bonds majeurs dans la nature. Les différences dans la nature se font plutôt graduellement.

Malebranche, Nicolas de (1638-1715) Affirma que l'esprit et le corps étaient séparés, mais que Dieu coordonnait leurs activités.

Masse aperceptive Selon Herbart, regroupement d'idées liées entre elles et dont nous avons conscience.

Mécanique psychique Terme utilisé par Herbart pour décrire la lutte entre les idées pour l'acquisition d'une expression consciente.

Monades Selon Leibniz, unités indivisibles qui composaient tout ce qui se trouve dans l'Univers. La conscience est une caractéristique commune à toutes les monades, mais certaines la possèdent davantage que d'autres. La conscience de la matière inerte est faible. La capacité de penser avec clarté augmente ensuite avec les plantes, les animaux, les êtres humains et finalement Dieu. Chaque monade a pour objectif de penser le plus clairement possible en fonction de ses capacités. Étant donné que les êtres humains ont des monades communes avec la matière, les plantes et les animaux, nos pensées sont parfois moins claires.

Occasionnalisme Croyance que les événements physiques et mentaux sont coordonnés par l'intervention de Dieu.

Panthéisme La croyance en l'omniprésence de Dieu.

Parallélisme psychophysique Affirmation voulant que les phénomènes physiques et mentaux sont en corrélation sans qu'il y ait interaction entre eux.

Petites perceptions Selon Leibniz, perception qui se produit sous le niveau de conscience en raison du faible nombre de monades.

Philosophie du sens commun Position d'abord proposée par Reid et qui permet de supposer l'existence du monde physique et des pouvoirs du raisonnement humain parce que cette existence relève du bon sens.

Processus dialectique Selon Hegel, processus qui comprend une idée de départ, la négation de cette idée de départ et la synthèse de la nouvelle idée et de sa négation. La synthèse devient alors le point de départ (l'idée) du cycle suivant du processus de développement.

Psychologie des facultés Croyance voulant que l'esprit soit composé de plusieurs pouvoirs ou facultés.

Rationalisme Prise de position philosophique où un esprit actif transforme l'information sensorielle et est capable de comprendre des principes ou des concepts abstraits non réalisables à partir de l'information sensorielle.

Réalisme direct   Croyance voulant que l'expérience sensorielle représente fidèlement la réalité. Aussi appelé réalisme naïf.

Reid, Thomas (1710-1796)   Croyait en la fiabilité des impressions sensorielles pour refléter avec précision la réalité physique, parce que cela relevait du bon sens. Reid attribuait plusieurs facultés rationnelles à l'esprit, ce qui en faisait un psychologue des facultés.

Seuil   Pour Leibniz et Herbart, frontière entre l'esprit conscient et l'esprit inconscient.

Spinoza, Baruch (1632-1677)   Plaçait Dieu et la nature sur un pied d'égalité et disait que tout dans la nature, y compris les êtres humains, était fait de matière et de conscience. La solution proposée par Spinoza au problème corps-esprit est appelée la théorie du double aspect. Selon Spinoza, la meilleure façon de vivre consiste à vivre en conformité avec les lois de la nature. L'expérience émotive est agréable, car contrôlée par la raison, ce qui n'est pas le cas de l'expérience passionnelle, plutôt indésirable. Le point de vue déterministe de Spinoza face à la cognition, aux activités et aux émotions humaines facilita grandement le développement de la psychologie scientifique.

Théorie du double aspect   Affirmation de Spinoza voulant que la substance matérielle et la conscience soient deux aspects inséparables de tous les éléments de l'Univers, incluant les êtres humains. Aussi appelé aspectisme psychophysique double et monisme double.

CHAPITRE 7

Le romantisme et l'existentialisme

L'autorité de l'Église fut d'abord remise en question par les humanistes de la Renaissance (voir le chapitre 4) et il s'ensuivit une période où on fit plus de place à la recherche objective sur le monde et les humains. Le travail d'individus tels Copernic, Kepler, Galilée, Hobbes, Newton, Bacon et Descartes annonce la période de la philosophie dite le **Siècle des lumières**. Cette appellation vise à mettre en évidence le fait que cette période contraste avec l'obscurité liée à l'irrationalité et à la superstition caractéristiques de l'âge des ténèbres. Selon les penseurs du Siècle des lumières, dont la majorité sont déistes ou carrément athées, « l'acceptation de croyances doit reposer uniquement sur la raison, non sur l'autorité des prêtres, des textes sacrés ou de la tradition » (Inwood, 1995, p. 236 [notre traduction]). En outre, le savoir est synonyme de pouvoir. « Savoir » signifie comprendre les principes abstraits qui régissent l'Univers, et « pouvoir » signifie appliquer le savoir à l'amélioration de la société. La croyance selon laquelle la société peut approcher de la perfection grâce à l'application des connaissances objectives (scientifiques et autres) est largement répandue au Siècle des lumières, de sorte qu'un grand optimisme caractérise cette période.

Il est clair que les penseurs du Siècle des lumières considèrent que le principal attribut des humains est la rationalité. Selon eux, les différences individuelles sont moins importantes que le fait que tous les humains ont en commun la rationalité.

> Le Siècle des lumières dénigre les préjugés et les coutumes, nés de particularités historiques et non de l'exercice de la raison. Peu importe qu'on soit français ou allemand ; ce qui compte, c'est qu'on soit, en tant qu'individu, membre de la fraternité des humains, avec lesquels on partage la rationalité. (Inwood, 1995, p. 236 [notre traduction])

Les penseurs du Siècle des lumières déprécient ainsi les aspects irrationnels de la nature humaine, y compris les émotions. Il ne faut donc pas s'étonner qu'on ait aussi appelé cette période l'âge de la raison (Inwood, 1995, p. 236).

Selon Inwood (1995, p. 237), il est difficile de déterminer exactement à quel moment commence le Siècle des lumières, et encore plus difficile de dire quand il se termine, si seulement il est terminé. En tout cas, les empiristes britanniques (en particulier Hobbes, Locke et John Stuart Mill), les sensualistes français et les positivistes (voir le chapitre 5) adoptent les idéaux du Siècle des lumières. L'épistémologie de cette période glorifie l'expérience sensible et la rationalité, qui sont les deux composantes fondamentales de la science. Nous avons en fait souligné au chapitre 5 que les empiristes britanniques et français tentent d'appliquer la science de Newton à la compréhension de la nature humaine, c'est-à-dire qu'ils essaient d'expliquer la nature humaine d'un point de vue objectif, en fonction de quelques principes de base.

Bien qu'on trouve dans les philosophies respectives de Hume (voir le chapitre 5) et de Kant (voir le chapitre 6) plusieurs des idéaux du Siècle des lumières, ces philosophies ont largement contribué à montrer les limites de la rationalité humaine. Par exemple, Hume et Kant démontrent tous deux qu'il est impossible de faire directement l'expérience de la réalité physique, de sorte qu'il est impossible de connaître celle-ci. D'autres philosophes commencent à se rendre compte que la quête de principes abstraits universels régissant le comportement humain est non seulement froide et impersonnelle, mais qu'elle induit en erreur. Le comportement humain, disent-ils, n'est pas régi par de tels principes mais par l'expérience personnelle et les perspectives individuelles. En niant l'existence de vérités universelles et en insistant sur celle de multiples vérités individuelles, ces philosophes se rapprochent des sophistes (voir le chapitre 2) et des sceptiques (voir le chapitre 3) de l'Antiquité. Le romantisme et l'existentialisme font partie des principaux courants qui se sont opposés à la vision du Siècle des lumières, et ce sont ces deux mouvements philosophiques qui font l'objet du présent chapitre.

Le romantisme

Des philosophes commencent à affirmer que l'être humain ne se réduit pas à un intellect et à des idées dérivées de l'expérience. Les humains, disent-ils, possèdent un large éventail de sentiments irrationnels (émotions), d'intuitions et d'instincts. Les philosophes qui mettent l'accent sur l'importance de ces composantes irrationnelles de la nature humaine sont qualifiés de *romantiques*. Ils sont convaincus que la pensée rationnelle a souvent mené sur la mauvaise voie les individus à la recherche d'information valable et que les empiristes réduisent les humains à des machines insensibles. Selon les romantiques, la meilleure façon de découvrir ce qu'est vraiment l'être humain consiste à étudier la personne dans sa *totalité*, plutôt que d'examiner uniquement ses capacités rationnelles ou les idées élaborées de manière empirique. Ils pensent qu'« il faut revenir au monde des vivants et à l'ouverture d'esprit caractéristique de l'enfance » (Schneider, 1998, p. 278 [notre traduction]). Nous avons noté au chapitre 5 qu'on trouve certains aspects du romantisme dans le cynisme de l'Antiquité et l'humanisme de la Renaissance.

Les empiristes et les sensualistes ne se désintéressent évidemment pas complètement de l'émotivité humaine, mais ils s'étendent peu sur le sujet ou lui accordent une importance secondaire. Ils pensent généralement que toutes les émotions humaines découlent des sentiments de plaisir ou de douleur, et qu'elles s'associent à diverses sensations et idées conformément aux lois mécaniques d'association qui expliquent également les liens entre les idées. Les rationalistes ne se désintéressent pas non plus des émotions humaines. Par exemple, Spinoza pense lui aussi que les émotions découlent en majorité, sinon en totalité, des sentiments de plaisir ou de douleur. Il affirme en outre, comme bien d'autres rationalistes, que l'expérience émotionnelle est souvent destructrice si elle n'est pas soumise au contrôle des processus rationnels. Les romantiques cherchent à élever au rang de principal guide de la conduite humaine les émotions, les intuitions et les instincts, auxquels la philosophie a attribué un statut inférieur.

Les efforts des philosophes rationalistes, empiristes et positivistes (soit les philosophes du Siècle des lumières) pour créer des systèmes politiques et éthiques fondés sur leur vision n'ont pas donné les résultats escomptés. Selon les romantiques, cet échec est dû au fait qu'ils considèrent essentiellement les humains soit comme des victimes de l'expérience, soit comme les véhicules de grandioses principes rationnels. D'après le mouvement romantique, qui va de la fin du XVIIIe siècle au milieu du XIXe siècle, mener une bonne vie signifie vivre honnêtement, en conformité avec sa nature intérieure. Il ne faut pas se fier aux grands systèmes philosophiques et la science n'est habituellement d'aucune utilité pour comprendre les humains, lorsqu'elle n'entrave pas les efforts de compréhension. On traite dans la prochaine section de la philosophie de Rousseau, qui est généralement considéré comme le père du **romantisme**.

Jean-Jacques Rousseau

Jean-Jacques Rousseau (1712-1778) naquit un 28 juin, à Genève. Son père était horloger et il fut élevé dans la tradition calviniste. Sa mère décéda peu de temps après sa naissance, et son père ne put oublier que c'est lui qui la lui avait enlevée. En fait, le père de Rousseau dut quitter Genève alors que son fils était âgé de dix ans et il laissa ce dernier sous la tutelle d'un oncle. Rousseau, qui souffrit toute sa vie d'une mauvaise santé, quitta

Jean-Jacques Rousseau

l'école à douze ans ; il changea souvent de domicile et commença son apprentissage en divers métiers. À une occasion, la faim le poussa à se convertir au catholicisme afin de recevoir gratuitement le gîte et le couvert dans une église de cette confession. Il dit de cet épisode : « je ne pus me dissimuler que la sainte œuvre que j'allais faire n'était au fond que l'action d'un bandit » (1781/1996, éd. fr. 2002, livre II, p. 93). À l'adolescence, Rousseau ressentit d'intenses désirs sexuels, mais il ne savait pas comment réagir. « Mon sang allumé remplissait incessamment mon cerveau de filles et de femmes : mais, n'en sentant pas le véritable usage, je les occupais bizarrement en idée à mes fantaisies sans en savoir rien faire de plus » (1781/1996, éd. fr. 2002, livre III, p. 120). Par exemple le jeune Rousseau tenta de satisfaire ses pulsions en s'adonnant à l'exhibitionnisme : « J'allais chercher des allées sombres, des réduits cachés, où je pusse m'exposer de loin aux personnes du sexe dans l'état où j'aurais voulu pouvoir être auprès d'elles » (1781/1996, éd. fr. 2002, livre III, p. 121). Il lui arriva une fois d'être dénoncé par une victime, mais il se tira d'affaire en racontant une histoire à l'homme qui le poursuivait : « Je lui dis que j'étais un jeune étranger de grande naissance, dont le cerveau s'était dérangé ; que je m'étais échappé de la maison paternelle parce qu'on voulait m'enfermer » (1781/1996, éd. fr. 2002, livre III, p. 122). Rousseau demanda à l'homme de lui faire grâce et, à son grand étonnement, ce dernier le laissa partir après l'avoir réprimandé brièvement.

À l'âge de 15 ans, Rousseau fit la connaissance de madame de Warens, une baronne suisse de 28 ans qui s'était convertie au catholicisme. Elle avait reçu une éducation religieuse et avait des connaissances en littérature et en philosophie. Elle fut la maîtresse et la tutrice de Rousseau pendant 10 ans. Lorsque cette relation prit fin, ce dernier vécut comme un vagabond pendant plusieurs années en gagnant de l'argent comme il le pouvait, ayant parfois recours à des procédés illégaux ou frauduleux. En 1745, il se lia avec Thérèse Levasseur, domestique à l'hôtel où il logeait, à Paris. Il vécut avec elle (et sa mère) le reste de sa vie, et ils eurent cinq enfants qui furent tous déposés au bureau des Enfants-Trouvés. Rousseau avait toujours été coureur de jupons et il le demeura après avoir rencontré Thérèse. Il n'est pas facile de comprendre qu'il ait choisi de partager sa vie avec cette femme qui n'avait aucune instruction et

était peu attrayante. Lorsque Rousseau fit sa connaissance, elle ne savait ni lire ni écrire et était incapable de nommer les mois de l'année. Au fil des ans, il lui apprit à écrire, mais elle ne sut jamais lire. Après plusieurs années de cohabitation, elle se mit à boire et à courir après les garçons d'écurie. « Sans doute devait-il se plaire dans le sentiment qu'il lui était nettement supérieur, financièrement et intellectuellement, et qu'elle dépendait entièrement de lui » spécule Russell (1945, éd. fr. 1953, p. 699). Il n'est pas clair si Rousseau épousa Thérèse ; Russell (éd. fr. 1953, p. 699) affirme que non mais Wokler (1995, p. 3) soutient le contraire.

À son arrivée à Paris, Rousseau, alors âgé de 30 ans, se joignit à un groupe d'intellectuels parisiens influents, bien qu'il n'eut lui-même aucune instruction. Comme il était très solitaire, la vie mondaine de la ville ne lui plût pas. En 1756, il quitta Paris pour retrouver le calme de la campagne mais la parution, en 1762, de ses deux œuvres les plus célèbres, *Du contrat social* et *Émile*, mit fin à sa tranquille vie champêtre. Moins d'un mois après la publication de ces ouvrages, ceux-ci furent condamnés par la ville de Paris, et la ville natale de Rousseau, Genève, émit un mandat d'arrêt contre lui. Il vécut comme un réfugié les quatre années suivantes et, en 1765, David Hume lui offrit finalement asile en Angleterre. L'opposition suscitée par les idées de Rousseau s'atténua à la longue, de sorte que ce dernier put rentrer à Paris, où il vécut dans la misère jusqu'à sa mort. Certains pensent qu'il se serait suicidé (Russell, éd. fr. 1953, p. 702).

Les sentiments et la raison   Le premier chapitre *Du contrat social* s'ouvre comme suit : « L'homme est né libre, et partout il est dans les fers » (Rousseau, 1762/1947, éd. fr. 2005, p. 159). Rousseau veut montrer que tous les gouvernements européens de l'époque sont fondés sur une hypothèse erronée à propos de la nature humaine, soit que les êtres humains ont besoin d'être gouvernés. Selon lui, la seule forme de gouvernement défendable est celle qui permettrait aux humains de développer pleinement leur potentiel et d'exercer sans contrainte leur libre arbitre. Le meilleur guide qu'une personne puisse prendre pour la conduite de sa vie, ce sont ses sentiments sincères et ses inclinations : « Posons pour maxime incontestable que les premiers mouvements de la nature sont toujours droits : il n'y a point de perversité originelle dans le cœur humain » (Rousseau, 1762/1974, éd. fr. 1999, p. 81). L'idéalisation de la nature humaine non corrompue rapproche Rousseau des cyniques de l'Antiquité (voir le chapitre 3). En fait ses contemporains l'appelaient le « nouveau Diogène » (Niehues-Pröbsting, 1996, p. 340 [notre traduction]). Rousseau se méfie de la raison, de la religion institutionnelle, de la science et des lois sociétales en tant que guides de la conduite humaine. Lorsqu'il a eu besoin de se défendre, le protestantisme a utilisé la philosophie rousseauiste parce qu'elle développe la conception selon laquelle on peut soutenir l'existence de Dieu sur la base de sentiments personnels, sans tenir compte des dictats de l'Église.

Nous allons voir au chapitre 18 que le psychologue humaniste Carl Rogers partage la confiance que Rousseau accorde aux sentiments personnels en tant que guide de l'action.

Le noble sauvage   Rousseau n'a pas été le premier à examiner les pulsions naturelles dans le but de comprendre les humains ; nous avons vu au chapitre 5 que Hobbes avait fait la même chose. Ce qui distingue surtout les deux philosophes, ce sont les conclusions auxquelles ils arrivent à propos de la nature humaine. Selon Hobbes, celle-ci est proche de la nature animale et égoïste, et elle doit être soumise au contrôle d'un gouvernement. Cette conception était partagée par plusieurs théologiens et philosophes, qui affirmaient qu'il est quasi nécessaire d'employer constamment la raison pour soumettre les pulsions humaines bestiales. Rousseau n'est pas du tout d'accord ; il affirme au contraire que les humains sont essentiellement bons à la naissance. Il renverse la doctrine de la faute originelle en insistant sur le fait que les humains naissent bons et que ce sont les institutions sociales qui les corrompent.

Rousseau déclare que si on pouvait trouver un **noble sauvage** (soit un être humain non corrompu par la société), on constaterait que son comportement est régi par ses sentiments et qu'il n'est pas égoïste. Selon Rousseau, les humains sont de par leur nature des animaux sociaux qui désirent vivre en harmonie avec leurs semblables. Si on leur permettait de se développer librement, ils seraient heureux et libres, ils se réaliseraient et se soucieraient du sort de la communauté. Ils agiraient en fonction de ce qui est le mieux pour eux-mêmes et les autres si seulement on leur laissait la liberté de le faire.

La volonté générale   Même si les conceptions de la nature humaine de Hobbes et de Rousseau sont essentiellement opposées, ces deux philosophes proposent des formes de gouvernement très similaires. Rousseau admet que, pour vivre dans une société civilisée, l'être humain doit renoncer à une partie de son indépendance primitive. Dans *Du contrat social*, il examine la question à savoir comment on peut gouverner les humains en les laissant aussi libres que possible. C'est pour y répondre qu'il crée la notion de **volonté générale**, qui décrit ce qui est le mieux au sein d'une communauté. Il faut distinguer nettement la volonté générale de la volonté de l'individu et même d'un accord unanime entre quelques individus.

> Il faut faire une distinction nette entre la volonté générale et ce que les membres d'une société pourraient décider être bon pour eux par un vote majoritaire ou même unanime. Une telle décision, que Rousseau appelle la « volonté de tous », pourrait être mauvaise. La volonté générale ne peut par définition être erronée parce que c'est l'étalon même de la rectitude. (Frankel, 1947, p. xxiv [notre traduction])

Chaque individu a tendance à la fois à être égoïste (volonté particulière) et à agir en vue du bien commun (volonté générale). S'il veut vivre en harmonie avec les autres, chacun doit agir conformément à la volonté générale et réprimer sa volonté particulière.

On peut donc résumer le « contrat social » comme suit : « Chacun de nous met en commun sa personne et toute sa puissance sous la suprême direction de la volonté générale ; et nous recevons en corps chaque membre comme partie indivisible du tout » (Rousseau, 1762/1947, éd. fr. 2005, p. 180). Dans l'« utopie » rousseauiste, si la volonté particulière d'un individu est contraire à la volonté générale, on peut contraindre la personne à se conformer à cette dernière. De plus, il n'y a jamais d'élections et la propriété privée n'existe pas : « l'État à l'égard de ses membres est maître de tous leurs biens par le contrat social » (Rousseau, 1762/1947, éd. fr. 2005, p. 190). La forme de gouvernement préconisée par Rousseau est en fait tout sauf démocratique.

L'éducation   L'*Émile* (1762/1974, éd. fr. 1999) s'ouvre sur le même ton que *Du contrat social*, par une condamnation de la société qui tente de modifier la nature et les pulsions naturelles des humains.

Tout est bien sortant des mains de l'Auteur des choses, tout dégénère entre les mains de l'homme. Il force une terre à nourrir les productions d'une autre, un arbre à porter les fruits d'un autre ; il mêle et confond les climats, les éléments, les saisons ; il mutile son chien, son cheval, son esclave ; il bouleverse tout, il défigure tout, il aime la difformité, les monstres ; il ne veut rien tel que l'a fait la nature, pas même l'homme ; il le faut dresser pour lui, comme un cheval de manège ; il le faut contourner à sa mode, comme un arbre de son jardin. (éd. fr. p. 5)

Selon Rousseau, l'éducation devrait tirer parti des pulsions naturelles au lieu de les déformer. Elle ne devrait pas consister à bourrer les élèves d'informations, dans une école extrêmement structurée. Elle devrait plutôt créer une situation favorable au développement des capacités et des intérêts naturels de l'enfant. Selon Rousseau, l'enfant a naturellement un large éventail d'instincts positifs, et l'éducation idéale est celle qui permet la réalisation de ces pulsions.

Dans l'*Émile* (1762 / 1974, éd. fr. 1999), un traité sur l'éducation rédigé sous forme de roman, Rousseau décrit ce qu'il considère être les conditions les plus favorables à l'éducation. Un enfant et son tuteur quittent la civilisation pour retourner à la nature ; dans ce milieu, l'enfant est libre d'agir en fonction de ses talents et de sa curiosité. Le tuteur répond aux questions de son élève plutôt que de chercher à lui imposer ses propres conceptions. Au fur et à mesure que l'enfant acquiert de la maturité, ses capacités et ses intérêts changent, et ce qui constitue une expérience éducative valable change donc aussi. Toutefois, ce sont toujours les capacités et les intérêts naturels de l'enfant qui doivent servir de guide au cours du processus éducatif. Rousseau (1762 / 1974, éd. fr. 1999) décrit comment l'éducation doit prendre en compte les intérêts et les capacités particulières de chaque élève.

Chaque esprit a sa forme propre, selon laquelle il a besoin d'être gouverné ; et il importe au succès des soins qu'on prend qu'il soit gouverné par cette forme, et non par une autre. Homme prudent, épiez longuement la nature, observez bien votre élève avant de lui dire le premier mot ; laissez d'abord le germe de son caractère en pleine liberté de se montrer, ne le contraignez en quoi que ce puisse être, afin de le mieux voir tout entier. [...] Le sage médecin ne donne pas étourdiment des ordonnances à la première vue, mais il étudie premièrement le tempérament du malade avant de lui rien prescrire ; il commence tard à le traiter, mais il le guérit, tandis que le médecin trop pressé le tue. (p. 84)

Le psychologue humaniste Carl Rogers (voir le chapitre 18) exprime, à l'époque moderne, une philosophie de l'éducation très semblable à celle de Rousseau.

Johann Wolfgang von Goethe

Né un 28 août, le poète, dramaturge, scientifique et philosophe **Johann Wolfgang von Goethe** (1749-1832) fut l'une des personnalités les plus respectées de la vie intellectuelle de l'Allemagne de la fin du XVIIIe siècle et du début du XIXe. On le considère généralement comme l'initiateur du mouvement littéraire *Sturm und Drang* (« tempête et élan ») ; ses œuvres littéraires et philosophiques reflètent sa vision, selon laquelle les humains sont déchirés par les assauts de la vie et les conflits. Il pense que la vie est faite de forces opposées : l'amour et la haine, la vie et la mort, le bien et le mal, etc. Le but de la vie devrait être d'intégrer ses forces au lieu de nier leur existence ou de chercher à les surmonter. On devrait vivre passionnément et s'efforcer constamment de s'améliorer. Même les aspects les plus

Johann Wolfgang von Goethe

sombres de la nature humaine peuvent inciter à la croissance personnelle. L'idée de la transformation d'une forme d'individu (non accomplie) en une autre forme (accomplie) est courante dans le mouvement romantique. Nous allons voir dans le présent chapitre que la philosophie de la vie de Goethe a profondément influencé Nietzsche.

En 1774, Goethe écrit *Les souffrances du jeune Werther*, un roman mettant en scène un jeune homme qui vit un amour sans espoir. La peinture de ses tourments est d'une telle vivacité que « Werther a causé plus de suicides que la plus belle femme », dit madame de Staël. En 1808, Goethe publie la première partie de son poème dramatique intitulé *Faust*, dont la seconde partie ne paraîtra qu'en 1833, soit après la mort de l'auteur. (La traduction du *Faust* de Gérard de Nerval et celle du *Second Faust* par Alexandre Arnoux et R. Biemel sont parues en un seul volume, chez Mazenod, en 1963.) Bien des gens considèrent que *Faust* figure parmi les plus grandes œuvres littéraires de tous les temps. Au début du poème, le vieux docteur Faust, totalement désespéré, songe à se suicider. Méphistophélès apparaît et lui propose un marché : il s'emparera de l'âme de Faust si ce dernier vit une expérience qu'il souhaite voir se poursuivre éternellement. Une fois le marché conclu, Méphistophélès transforme le vieil homme en un beau jeune homme brillant. Le jeune Faust se met immédiatement en quête d'une source de bonheur telle qu'il voudra en faire éternellement l'expérience. Il ordonne finalement au temps de s'arrêter lorsqu'il rencontre des gens auxquels il est permis d'exprimer librement leur individualité. Autrement dit, il considère que la liberté humaine est la source suprême de bonheur.

Bien que la majorité des romantiques s'opposent à la science, il n'en va pas de même de Goethe. Il fit d'importantes découvertes en anatomie et en botanique, et rédigea un *Traité des couleurs* (1810, éd. fr. 2000), dans lequel il tente de réfuter la théorie newtonienne de la vision des couleurs en proposant sa propre théorie. Même si on prouva par la suite que celle-ci est inexacte, la méthodologie de Goethe a profondément influencé la psychologie. Goethe démontre qu'il est possible d'étudier objectivement les expériences sensorielles au moyen de l'introspection. Il soutient en outre que c'est l'expérience psychique entière, significative, qui doit être l'objet d'étude, et non les sensations isolées, dépourvues de signification. On a par la suite appelée

phénoménologie cette insistance sur la nécessité d'étudier des expériences significatives dans leur totalité. L'effet des couleurs contrastantes simultanées, appelé parfois « ombres de Goethe », fournit un exemple. Goethe observa notamment que si on projette de la lumière rouge sur un objet, l'ombre de celui-ci paraît verte, le vert étant la couleur complémentaire du rouge (Gregory, 1987, éd. fr. 1993). Ce phénomène a joué un rôle dans l'élaboration de la théorie de la vision des couleurs d'Edwin Land (Land, 1964, 1977). Goethe proposa aussi, plusieurs années avant Darwin, une théorie de l'évolution selon laquelle une espèce vivante peut se transformer graduellement en une autre espèce. Il a même employé une forme de thérapie qu'on qualifierait aujourd'hui de béhavioriste afin d'atténuer quelques problèmes personnels et soulager un étudiant en théologie déprimé qui lui avait demandé son aide (Bringmann et autres, 1997). Au lieu de nier l'importance de la science, Goethe en reconnaît les limites : il pense que plusieurs attributs humains importants sont hors de portée de la méthode scientifique. Goethe mourut le 22 mars 1832, à l'âge de 82 ans.

L'influence de Goethe   D. N. Robinson (1982) résume bien l'influence de Goethe.

> C'est à lui [...] que revient en grande partie le mérite d'avoir éveillé les érudits au problème de l'*esthétique* et d'avoir insufflé dans les écrits philosophiques allemands le souci d'examiner minutieusement les aspects créatifs et dynamiques du psychisme humain. Grâce à Goethe, chaque ouvrage philosophique important de l'Allemagne du XIXe siècle réserve une place particulière à l'art. En fait, il faut voir dans le romantisme une « intégration unique de l'esthétique et de la métaphysique. » (p. 97 [notre traduction])

En raison de son influence considérable sur l'ensemble de la culture allemande, Goethe a joué un rôle dans le développement de nombreux aspects de la psychologie. Jung, un collègue de Freud, est au nombre des psychologues célèbres qui ont été influencés directement par les écrits de Goethe.

> L'esprit de ces temps m'emprisonna dans mes jeunes années (vers 1893) et je n'avais nul moyen de m'y soustraire. *Faust* a fait vibrer en moi une corde et m'a frappé d'une façon que je ne pouvais comprendre que d'un point de vue personnel. Le problème des contraires, du bien et du mal, de l'esprit et de la matière, du clair et de l'obscur fut celui qui me toucha le plus profondément. (Jung, 1963, éd. fr. 1973, p. 272)

Freud subit lui aussi l'influence des écrits de Goethe. Les théories jungienne et freudienne insistent toutes deux sur les forces conflictuelles qui agissent au cours de la vie d'un individu, et elles mettent toutes deux l'accent sur le conflit, la frustration et la lutte constante entre les pulsions animales et le comportement civilisé. En outre, Freud et Jung soutiennent tous deux qu'il ne faut pas chercher à éliminer totalement les désirs de nature animale ; il faut plutôt essayer de les contrôler et de les faire servir à la croissance personnelle. Et toutes ces idées se trouvent dans les écrits de Goethe.

Arthur Schopenhauer

Le grand philosophe allemand **Arthur Schopenhauer** (1788-1860) naquit un 22 février à Danzig (aujourd'hui Gda∫sk), en Pologne. Son père était banquier et sa mère, une romancière célèbre. Après la mort de son père (qui s'est probablement suicidé) en 1805, sa mère, Johanna ouvrit un salon artistique et intellectuel qui fut fréquenté par plusieurs des sommités de l'époque, dont Goethe. Le fait de côtoyer ces personnalités fut très bénéfique à Schopenhauer. Cependant, sa relation avec sa mère devient de plus en plus houleuse et, en 1814,

Arthur Schopenhauer

elle le chassa de chez elle et ne le revit plus jamais (Janaway, 1994, p. 3). Il étudia à l'université de Göttingen et à celle de Berlin, et enseigna également à cette dernière institution. Alors qu'il était à Berlin, il mit à l'épreuve son habileté à attirer des étudiants en donnant ses cours aux mêmes heures que Hegel ; les résultats furent si décevants qu'il décida de ne plus enseigner. Il subit principalement l'influence de Kant et des philosophes indiens et perses de l'Antiquité : dans son bureau, on pouvait admirer un buste de Kant et un bronze de Bouddha.

À l'époque, il n'était pas rare que l'on considère les femmes comme inférieures aux hommes, mais Schopenhauer était particulièrement dur envers elles. Il dit par exemple : « Les femmes restent des enfants toute leur vie : elles voient uniquement ce qui se trouve dans leur environnement immédiat ; elles s'accrochent au présent ; elles prennent les apparences pour la réalité ; elles préfèrent les banalités aux choses importantes » (Janaway, 1994, p. 52 [notre traduction]). Ce que Schopenhauer entend par « banalités », c'est entre autres l'amour, l'habillement, le maquillage, la danse et la conquête des hommes. Il reconnaît que les femmes sont plus « affectueuses » et ont davantage de sens pratique, mais il affirme constamment qu'elles sont inférieures aux hommes quant aux capacités de raisonnement et au caractère.

Schopenhauer ne s'est jamais marié, mais il eut de nombreuses liaisons. Il s'agissait le plus souvent de relations purement sensuelles, parfois avec des prostituées ou des domestiques, et il eut un enfant de l'une de ces dernières (Magee, 1997, p. 18 et 258). Toutefois, sa relation avec Caroline Richter, qui était choriste au Théâtre national de Berlin, dura 10 ans ; il conserva son amitié toute sa vie et lui légua une partie de ses biens (Magee, 1997, p. 258).

La volonté de vivre Schopenhauer publia son œuvre maîtresse, *Le monde comme volonté et comme représentation*, en 1818, alors qu'il n'avait pas tout à fait trente ans, et il y ajouta un second tome lors de la parution de la deuxième édition, en 1844. Il pensait avoir élucidé les mystères du monde dans cet ouvrage, mais 17 ans après sa publication très peu d'exemplaires avaient été vendus (Magee, 1997, p. 19-20). On en vint cependant à considérer *Le monde* comme un chef-d'œuvre.

Schopenhauer prend la philosophie de Kant comme assise pour élaborer la sienne, le plus important étant qu'il accepte la distinction kantienne entre le monde nouménal (la chose en soi) et le monde phénoménal (l'expérience consciente). Il pose l'équivalence entre le monde nouménal et la « volonté », qu'il décrit comme une force aveugle, dépourvue de but et de fin, et impossible à connaître. Chez les humains, cette force se manifeste par la **volonté de vivre**, qui engendre un cycle sans fin où se succèdent des besoins et la satisfaction de ceux-ci. Selon Schopenhauer, la plus grande partie du comportement humain s'explique par un puissant désir de survie, non par l'intellect ou la moralité. Le comportement humain est donc dans une large mesure irrationnel. Afin de satisfaire la volonté de vivre, on mange, on dort, on urine et on défèque, on boit et on a des relations sexuelles. La douleur engendrée par un besoin non satisfait pousse à agir de manière à satisfaire celui-ci. On ressent ensuite une satisfaction (ou un plaisir) momentanée, jusqu'à ce qu'un autre besoin se fasse sentir, et ainsi de suite. Le passage suivant illustre bien la vision pessimiste de la condition humaine de Schopenhauer.

> Tout *vouloir* procède d'un besoin, c'est-à-dire d'une privation, c'est-à-dire d'une souffrance. La satisfaction y met fin; mais pour un désir qui est satisfait, dix au moins sont contrariés; [...] La satisfaction d'aucun souhait ne peut procurer de contentement durable et inaltérable. C'est comme l'aumône qu'on jette à un mendiant; elle lui sauve la vie pour prolonger sa misère jusqu'à demain. — Tant que notre conscience est remplie par notre volonté, tant que nous sommes asservis à l'impulsion du désir, aux espérances et aux craintes continuelles qu'il fait naître, tant que nous sommes sujets du vouloir, il n'y a pour nous ni bonheur durable, ni repos. (Schopenhauer, 1818/1966, éd. fr. 2004, tome I, p. 252)

La satisfaction d'un besoin procure un plaisir passager, mais la satisfaction de tous les besoins cause l'ennui. Avec son pessimisme notoire, Schopenhauer affirme qu'on travaille six jours par semaine pour satisfaire ses besoins et qu'on passe le dimanche à s'ennuyer; c'est ce que Viktor Frankl appelle la *névrose du dimanche*.

Les êtres intelligents souffrent le plus Du point de vue de Schopenhauer, la souffrance varie en fonction de la conscience. Les plantes n'éprouvent pas de douleur puisqu'elles n'ont pas d'expériences conscientes; chez les représentants des espèces animales les moins évoluées et les insectes, la faculté de souffrir est très limitée, et les représentants des espèces supérieures souffrent davantage. Ce sont évidemment les humains qui souffrent le plus, et leur souffrance est d'autant plus grande qu'ils sont plus intelligents.

Il pense qu'une certaine noblesse est associée à la souffrance due à la sagesse, alors que la vie d'un fou est dépourvue de sens sur un plan supérieur. Il n'y a pas vraiment de doute quant au type de vie qui paraissait le plus souhaitable à Schopenhauer.

Les personnes très intelligentes recherchent la solitude, tandis que les philistins (les gens ordinaires) sont grégaires. Selon Schopenhauer, « plus l'homme a en soi, moins les autres peuvent lui apporter » (1851/1995b, éd. fr. 1983, p. 103). La solitude offre à l'homme ayant de grandes capacités intellectuelles un double avantage : le premier, c'est d'être avec lui-même, donc avec ses propres pensées, et le second, de n'être pas avec les autres, la vaste majorité des gens lui étant inférieurs sur le plan intellectuel. Schopenhauer affirme que « presque tous nos maux dérivent de la société » (éd. fr. 1983, p. 106). Il emploie à plusieurs reprises la même formule que Hobbes pour décrire les relations humaines, soit *homo homini lupus* (« l'homme est un loup pour l'homme »).

La lutte pour la survie Selon Schopenhauer (1818/ 1966, éd. fr. 2004), on peut aussi voir la vie comme un ajournement de la mort. Dans cette lutte pour la survie, la mort est cependant toujours victorieuse :

> la vie de notre corps n'est qu'une agonie sans cesse arrêtée, une mort d'instant en instant repoussée [...] À chaque gorgée d'air que nous rejetons, c'est la mort qui allait nous pénétrer, et que nous chassons; ainsi nous lui livrons bataille à chaque seconde, et de même, quoique à de plus longs intervalles, quand nous prenons un repas, quand nous dormons, quand nous nous réchauffons, etc. Enfin il faudra qu'elle triomphe; car il suffit d'être né pour lui échoir en partage; et si un moment elle joue avec sa proie, c'est en attendant de la dévorer. Nous n'en conservons pas moins notre vie, y prenant intérêt, la soignant, autant qu'elle peut durer; quand on souffle une bulle de savon, on y met tout le temps et les soins nécessaires; pourtant elle crèvera, on le sait bien. (éd. fr., tome I, p. 394)

Schopenhauer affirme que « ce n'est pas tant l'amour de la vie, que la peur de la mort » (1818/1966, éd. fr. 2004, tome I, p. 395) qui pousse les humains à s'accrocher à la vie.

La sublimation et le déni   Bien que des forces irrationnelles puissantes font partie intégrante de l'existence humaine, on peut, et on doit, tendre à s'élever au-dessus d'elles. Au prix de grands efforts, l'être humain est capable d'approcher du nirvana, un état dans lequel il est libéré de tout élan irrationnel. Schopenhauer laisse entrevoir le concept de sublimation de Freud lorsqu'il dit qu'on peut échapper en partie aux forces irrationnelles, ou atténuer la souffrance qui leur est associée, en se plongeant dans des activités n'ayant aucun lien avec un besoin quelconque, qui pourrait entraîner de la frustration ou la satiété, donc des expériences telles que la poésie, le théâtre, les arts visuels, la musique, l'étude de la philosophie de Platon, et un amour empreint de compassion, de nature non sexuelle et désintéressé. On peut aussi essayer de contrer les forces irrationnelles, et en particulier les pulsions sexuelles, en menant une vie ascétique.

Nous avons vu que Schopenhauer pense que les humains souffrent davantage que les autres animaux parce qu'en raison de leur intelligence supérieure ils perçoivent les élans irrationnels qui les habitent. Cependant, c'est aussi grâce à leur intellect qu'ils peuvent échapper tant soit peu au cycle du besoin et de la satisfaction de celui-ci, en s'adonnant à des activités intellectuelles sans lien avec les besoins physiologiques. Ils peuvent aussi s'attaquer de front à la volonté en la privant autant que possible de satisfaction. Étant donné que, selon Schopenhauer, tout émane de la volonté, nier celle-ci revient à caresser l'idée de néant. Se rapprocher autant que faire se peut de la non-existence, c'est échapper dans la mesure du possible au contrôle de la volonté. Il faut se mettre plus au service de cette dernière pour que la vie continue, mais on peut la servir avec réticence.

Même si Schopenhauer était athée, il savait que sa philosophie de l'abnégation fait partie intégrante de plusieurs grandes religions, dont le christianisme, l'hindouisme et le bouddhisme. Les saints et les mystiques de ces religions sont vénérés pour avoir été, leur vie durant, indifférents aux plaisirs reliés à la nourriture, à la boisson, au confort physique et intellectuel, à la sexualité et aux biens matériels, le but de l'abnégation étant toujours de comprendre le caractère illusoire du monde phénoménal et de se libérer de son emprise. Cette libération accomplie, les saints et les mystiques font, autant qu'il est possible de le faire, l'expérience du monde nouménal, à la différence que ce que Schopenhauer entend par monde nouménal (la volonté), ils le nomment Dieu.

Schopenhauer considère que son apport à ces questions transcendantales consiste à les examiner dans le cadre de la philosophie, sans faire appel à la foi religieuse ou à la révélation (Magee, 1997, p. 225). On trouve dans Atwell (1990) un exposé des multiples questions que soulève la philosophie de Schopenhauer à propos de la moralité, du caractère et de la liberté de l'être humain.

À la lecture de Schopenhauer, il vient à l'esprit que le suicide est un moyen de se soustraire à la misère humaine. Cependant, la majorité des individus refusent de poser cet acte parce qu'il s'oppose diamétralement à la volonté de vivre. C'est pourquoi, selon Schopenhauer, même une personne souffrant d'une maladie incurable très douloureuse a de la difficulté à mettre fin à ses jours, bien que ce serait peut-être rationnellement indiqué de le faire. Schopenhauer pense en outre que l'un des principaux objectifs de l'être humain est de comprendre son existence. L'essence de l'existence humaine est la relation entre les mondes nouménal (la volonté, puissante et dépourvue d'intention) et phénoménal (la conscience). Nous avons vu que cette relation est responsable d'un cycle sans fin de besoins et de satisfaction de ces derniers. Cependant, la réaction appropriée à cette condition tragique est de lutter pour s'élever au-dessus d'elle ou, au moins, de l'adoucir. Se suicider, c'est renoncer à fournir ce noble effort, et c'est donc une erreur.

L'importance de l'inconscient   Schopenhauer devance également Freud lorsqu'il fait observer que tous les humains ont des pulsions positives (intellectuelles, rationnelles) et des pulsions négatives (animales).

> Suivant une belle comparaison du néo-platonicien Proclus, ainsi qu'on rencontre dans chaque ville, à côté des nobles et des gens distingués, la populace de toute sorte, ainsi dans tout homme, même le plus noble et le plus élevé, se trouve à l'état de virtualité l'élément bas et vulgaire de la nature humaine, et même bestiale. Cette populace ne doit pas être excitée au tumulte ; il ne faut pas lui permettre non plus de se montrer aux fenêtres, car la vue en est fort laide. (1851/1995b, éd. fr. 1983, p. 116)

Schopenhauer dit ailleurs : « La conscience n'est que la surface de notre esprit ; de même que pour la terre, nous ne connaissons de ce dernier que l'écorce, non l'intérieur » (1818/1966, éd. fr. 2004, tome II, p. 823).

Le philosophe parle aussi du refoulement des pensées indésirables dans l'inconscient et de la résistance qu'oppose une personne à la reconnaissance d'idées refoulées. Freud reconnaît que Schopenhauer a été le premier à parler de ces processus, mais il affirme les avoir aussi découverts par lui-même. En tout cas, on trouve une grande partie de la philosophie de Schopenhauer dans la théorie psychanalytique de Freud. En plus des concepts de refoulement et de sublimation, ce dernier partage avec le philosophe la conception selon laquelle des forces irrationnelles (l'inconscient) constituent le principal moteur du comportement humain et que le mieux que l'on puisse faire est de réduire au maximum l'influence de ces forces. Les deux hommes ont donc une vision pessimiste de la nature humaine.

Søren Kierkegaard

L'existentialisme

Les romantiques n'ont pas été les seuls philosophes à se rebeller contre le rationalisme, l'empirisme et le sensualisme (c'est-à-dire contre la philosophie du Siècle des lumières). Un autre courant philosophique insiste également sur l'importance du sens de la vie pour l'individu et la capacité de ce dernier à choisir librement quel sens il veut donner à la sienne. L'**existentialisme** met l'accent sur le sens de l'existence humaine, le libre arbitre et le caractère unique de chaque personne. Selon les existentialistes, les aspects les plus importants de l'être humain consistent en son interprétation subjective, personnelle de la vie et dans les choix qu'il fait à la lumière de cette interprétation. À l'instar des romantiques, les existentialistes considèrent l'expérience et le sentiment personnels comme les guides les plus fiables pour la conduite de la vie.

On peut retracer les origines de la philosophie existentialiste au moins jusqu'à Socrate, qui fit sienne la devise du temple de Delphes, « Connais-toi toi-même », et dit : « Une vie qu'on n'examine pas ne vaut pas la peine d'être vécue » ; toutefois, Søren Kierkegaard est l'un des premiers philosophes existentialistes modernes.

Søren Kierkegaard

Le théologien et philosophe **Søren Kierkegaard** (1813-1855) naquit un 5 mai, à Copenhague. Il était le cadet d'une famille nombreuse, dont seulement deux enfants survécurent : Søren et son frère aîné. Le père, qui avait 56 ans à la naissance du philosophe, était un commerçant prospère, très croyant. La mère avait travaillé comme domestique pour le père de Søren avant que ce dernier n'en fasse sa seconde épouse. Le philosophe dit très peu de choses au sujet de sa mère. Son père prêchait une religion sévère et pendant de nombreuses années Søren considéra qu'il était l'égal de Dieu. Il déclencha un « véritable séisme » quand, en 1835, il avoua s'être adonné à la débauche ; son fils réagit en se rebellant à la fois contre son père et la religion. Le jour de son 25ᵉ anniversaire, Søren se réconcilia aussi bien avec l'un que l'autre et il en éprouva une « joie indescriptible ». Son père mourut peu de temps après en lui laissant une fortune considérable. Par respect pour son père qui en avait exprimé le désir, le philosophe entreprit des études sérieuses en théologie, mais il ne fut jamais pasteur.

À l'université de Copenhague, Kierkegaard étudia d'abord la théologie, puis la littérature et la philosophie. Il n'avait aucun souci financier et mena une vie insouciante. C'est vers cette époque qu'il décida de demander en mariage Regine Olsen, qu'il connaissait depuis plusieurs années. Après des fiançailles qui durèrent deux ans, Kierkegaard interpréta comme une « protestation divine » le fait que l'union aurait été fondée sur quelque chose de faux (dont il ne dévoila jamais la nature) et, en 1841, il écrivit une lettre à Regine pour mettre fin à leur relation.

> Ce fut une période de grande souffrance : devoir être aussi cruel et en même temps aimer autant que j'aimais. Elle s'est battue comme une tigresse. Si je n'avais pas cru que Dieu avait posé son veto, elle aurait remporté la victoire. (Bretall, 1946, p. 17 [notre traduction])

Kierkegaard alla voir Regine pour lui demander de lui pardonner. Voici comment il décrit leurs adieux.

> Elle me fit promettre de penser à elle, ce que je fis. Elle me demanda de l'embrasser, et je l'embrassai sans passion. Dieu de miséricorde ! C'est ainsi que nous nous sommes quittés. Je pleurai toute la nuit dans mon lit. [...] Une fois les liens rompus, voici ce que furent mes pensées : ou je plonge dans une vie des plus débridées, ou bien je me consacre à la religion. (Bretall, 1946, p. 17-18 [notre traduction])

Kierkegaard opta pour la seconde possibilité. Il est intéressant de noter qu'il décrit souvent une authentique relation avec Dieu comme une relation amoureuse.

> À maintes reprises, Kierkegaard compare la relation d'un individu avec Dieu à une expérience amoureuse : elle procure à la fois de la peine et du bonheur ; elle est faite de passion et d'insatisfaction ; elle est ancrée dans le temps, et pourtant infinie. Après la rupture avec Regine Olsen, Kierkegaard était libre de « s'engager envers Dieu ». (Hubben, 1952, p. 24 [notre traduction])

Après sa rupture avec Regine, Kierkegaard se rendit à Berlin, où il se plongea dans l'étude de la philosophie et termina son premier ouvrage, soit *Ou bien... ou bien* (1843).

Kierkegaard fut mélancolique et replié sur lui-même toute sa vie. Plusieurs passages de son journal relatent le fait que, même lorsqu'il paraissait heureux, il pleurait intérieurement. Voici un extrait qui illustre la différence entre qui était Kierkegaard en privé et en public : « Je rentre à l'instant d'une soirée dont j'étais l'âme ; les saillies volaient de ma bouche, tout le monde riait, m'admirait — mais je partis, et le trait à tirer ici doit être aussi long que le rayon terrestre — et je voulais me tirer une balle dans la tête » (Kierkegaard, Søren. *Journal* (extraits), 1834-1846, traduit du danois par Knud Perlov et Jean-J. Gateau, 1942, 270 p., mars 1836, p. 45). Des spécialistes de Kierkegaard attribuent sa mélancolie et son introversion au fait qu'il était bossu, mais Hubben (1952) pense que sa difformité ne l'affectait que très peu.

> [Kierkegaard] était faible et maladif, et ses limites physiques l'ont probablement poussé à adopter le même esprit de bravade qui caractérise Dostoïevski et Nietzsche. Mais quelle que soit la vérité à propos du fait qu'il était bossu, il semble indiqué de faire preuve de retenue dans toute interprétation psychologique et religieuse de cette difformité. (p. 17 [notre traduction])

On considère généralement que Kierkegaard est le premier existentialiste moderne bien que Nietzsche, comme nous allons le voir, ait un peu plus tard élaboré des idées semblables de façon indépendante. Les idées de Kierkegaard ont peu attiré l'attention de son vivant. Les autres philosophes, la presse et ses concitoyens l'ont ridiculisé, car il leur paraissait excentrique. Alors qu'il était étudiant, Kierkegaard rejeta le christianisme et devint un fervent disciple de Hegel. L'inverse se produisit par la suite : il rejeta Hegel et adhéra au christianisme, mais pas celui de l'église institutionnelle. Il reprocha ouvertement à cette dernière son attachement aux biens matériels et son insistance sur l'acceptation des dogmes. Selon lui, une relation avec Dieu pleine de sens est purement personnelle et découle d'un choix libre ; ce ne peut être une relation dont la nature et la teneur sont dictées par l'église.

Voici quelques-unes des œuvres les plus importantes de Kierkegaard : *Ou bien... ou bien* (1843, également publié en français sous le titre *L'alternative*), *Crainte et tremblement* (1843), *La répétition* (1843), *Deux discours édifiants* (1843), *Miettes philosophiques* (1844), *Le concept de l'angoisse* (1844), *Étapes sur le chemin de la vie* (1845), *Post-scriptum définitif et non scientifique aux miettes philosophiques* (1846), *Le livre sur Adler* (1846), *Discours édifiants à plusieurs points de vue* (1847), *Les œuvres de l'amour* (1847), *Point de vue explicatif de mon œuvre d'écrivain* (1848), *La maladie à la mort* (1849), *L'école du christianisme* (1850), *Deux discours pour la communion du vendredi* (1851), *Comment Christ juge le christianisme officiel* (1854-1855) et *De l'immutabilité de Dieu* (1855).

Compte tenu de l'ampleur de son œuvre et de l'influence que celle-ci a eu sur la philosophie et la religion, on a peine à croire que Kierkegaard est mort à 44 ans, soit le 11 novembre 1855.

Une religion trop rationnelle et mécanique À l'époque de Kierkegaard, le luthéranisme était l'Église officielle au Danemark. L'État considérait qu'il était de son devoir de protéger et de promouvoir cette institution, ce qu'elle faisait en imposant l'instruction religieuse dans toutes les écoles et en accordant aux membres du clergé le statut de fonctionnaire. Kierkegaard était persuadé que ce système de contrôle et de protection étatique allait à l'encontre des principes fondamentaux du christianisme et du caractère hautement personnel de l'expérience religieuse. Kierkegaard en vint à rejeter la philosophie de Hegel parce qu'elle accordait trop d'importance à l'aspect logique et rationnel de la nature humaine, et pas assez à l'aspect irrationnel et émotionnel. C'est pour la même raison qu'il rejeta la science : il la trouvait trop mécanique. Il pensait qu'elle ne permet pas de considérer les humains comme des êtres émotionnels, doués du libre arbitre. Selon Kierkegaard, l'individu atteint l'état d'être suprême quand il décide de contempler Dieu et de croire en son existence sans avoir besoin d'explication logique, rationnelle ou scientifique sur les raisons pour lesquelles on en arrive à cette décision et sur la façon dont on y arrive.

Kierkegaard était profondément affecté de constater qu'un grand nombre de chrétiens n'entretenaient pas une relation réelle avec Dieu ; ils priaient de façon mécanique et acceptaient les dogmes religieux sur le plan rationnel, sans se laisser toucher émotionnellement. Même si Kierkegaard n'aurait certainement pas été d'accord avec l'affirmation de Nietzsche selon laquelle Dieu est mort (voir la prochaine section), il aurait convenu que la majorité des gens n'ont pas une authentique relation personnelle et émotionnelle avec Dieu et que pour eux *c'est tout comme si* Dieu était mort.

« La subjectivité est la vérité » Selon Kierkegaard, la vérité est toujours ce qu'une personne croit sur le plan individuel et émotionnel. On ne peut enseigner la vérité au moyen d'arguments logiques : il faut en faire l'expérience. Dans le domaine religieux, plus on tente de saisir Dieu en adoptant un point de vue logique,

moins on le comprend. La croyance en Dieu est un « saut fondé sur la foi » : on choisit de croire en l'absence de toute information objective et factuelle. Il est impossible de prouver l'existence de Dieu, de le comprendre ou de l'expliquer à l'aide de la logique, car il est infini et éternel. Il faut simplement croire en Dieu, et c'est un choix extrêmement personnel et subjectif. Si on tente de comprendre Jésus d'un point de vue objectif, on se trouve face à de nombreux paradoxes. Le Christ est à la fois de nature divine et humaine ; c'est « la vérité éternelle apparue dans le temps » ; il vécut il y a 2000 ans mais il existe aussi actuellement ; il viole les lois naturelles en accomplissant des miracles. Ni les faits, ni la logique ne permettent d'élucider ces paradoxes ; en fait, ils leur donnent naissance. Seul le choix de croire permet de les résoudre : la vérité réside dans la subjectivité, *non* dans l'objectivité. Il faut faire l'expérience de la foi chrétienne ; il faut la ressentir émotionnellement. Il est impossible de la comprendre ou de l'apprécier vraiment en tant qu'abstraction rationnelle. Selon Kierkegaard, c'est précisément parce qu'on ne peut pas connaître Dieu sur le plan objectif qu'il faut croire en son existence.

> Sans risque pas de foi. La foi est justement la contradiction entre la passion infinie de l'intériorité et l'incertitude objective. Si je peux saisir Dieu objectivement, je ne crois pas, mais justement parce que je ne le peux pas il faut que je croie [...] (Kierkegaard, éd. fr. 1949, p. 135)

> [...] sans risque pas de foi, et plus il y a de risque plus il y a de foi ; plus il y a de certitude objective moins il y a d'intériorité (car l'intériorité est justement la subjectivité) ; moins il y a de certitude objective, plus profonde est l'intériorité possible. (éd. fr. 1949, p. 138)

Dans *Crainte et tremblement* (1843), Kierkegaard rappelle le récit biblique d'Abraham se préparant à sacrifier son fils sur l'ordre de Dieu. L'instant où Abraham lève le couteau pour frapper illustre ce qu'est la foi religieuse pour Kierkegaard : c'est un saut dans l'obscurité, qui suscite la peur, l'appréhension et l'angoisse. C'est précisément la divergence entre la compréhension humaine et la vérité ultime qui donne naissance à un paradoxe. Celui-ci consiste dans la compréhension qu'il existe des choses qu'on ne peut jamais connaître, le plus grand des paradoxes (le « paradoxe absolu ») étant Dieu. On sait que Dieu existe et, en même temps, on sait qu'on ne peut le comprendre ; voilà un paradoxe. Dieu donne heureusement aux humains un moyen de faire face aux paradoxes de ce type, y compris le paradoxe absolu : il s'agit de la *foi*. Il faut croire aux vérités éternelles, car il est impossible de les admettre d'un point de vue objectif. On ne pourra jamais expliquer rationnellement le paradoxe que représente le fait que Dieu soit devenu un être fini en s'incarnant dans le Christ ; il faut simplement y croire.

Une relation d'amour avec Dieu   Nous avons déjà souligné que Kierkegaard, en raison peut-être de ses fiançailles malheureuses avec Regine Olsen, présente souvent la relation d'un individu avec Dieu comme une expérience amoureuse, à la fois passionnée et source de bonheur et de douleur. Il dit aussi qu'on devrait lire la Bible comme on lit une lettre d'amour, c'est-à-dire que le lecteur doit laisser les mots l'atteindre sur les plans émotionnel et personnel. Le sens des mots *est* leur effet émotionnel sur le lecteur.

> Un jeune homme reçoit de sa fiancée une lettre—aussi précieuse à ses yeux, je le suppose, que la parole de Dieu l'est aux tiens ; et je l'admets encore, tu lis et estimes que tu dois lire la parole comme il lit sa lettre. (Kierkegaard, éd. fr. 1966, tome XVIII, p. 84)

On ne lit pas une lettre d'amour en cherchant le sens des mots dans le dictionnaire, et il ne faut pas non plus lire la Bible de cette façon. La signification de la Bible, aussi bien que d'une lettre d'amour, réside dans les sentiments qu'elle suscite chez le lecteur. Personne ne devrait dire à qui que ce soit ce qu'il doit ressentir en lisant une lettre d'amour ou la Bible, pas plus qu'il ne devrait lui dire comment interpréter l'une ou l'autre. Ce sont les sentiments et l'interprétation d'un individu qui lui indiquent ce que cette expérience comporte de vrai pour lui. La vérité réside dans la subjectivité, c'est-à-dire la subjectivité *du lecteur*.

Le développement de la liberté individuelle   Dans *Ou bien… ou bien* (ou *L'alternative*, 1843), Kierkegaard affirme que le chemin vers une liberté individuelle totale comporte trois étapes. Au cours de la première, le **stade esthétique**, les gens sont ouverts à l'expérience et recherchent diverses formes de plaisir et d'excitation, mais ils ne se rendent pas compte de leur capacité de choisir. Ils sont hédonistes, et ce mode de vie mène, à plus ou moins long terme, à l'ennui et au désespoir. Durant la deuxième étape, le **stade éthique**, les gens acceptent la responsabilité de faire des choix, mais ils prennent comme guide des principes éthiques établis

par d'autres, par exemple les dogmes religieux. Bien que Kierkegaard considère que le stade éthique est supérieur au stade esthétique, il affirme qu'à cette étape les gens ne sont pas encore pleinement conscients de leur liberté et cela se reflète dans leurs actions. Il nomme **stade religieux** le niveau d'existence le plus élevé. À cette étape, les gens reconnaissent et acceptent leur liberté et établissent une relation personnelle avec Dieu. Le caractère de celle-ci n'est pas déterminé par des conventions ou l'acceptation générale des lois morales, mais par la nature de Dieu et la conscience de soi. Ceux qui atteignent ce stade voient dans la vie des possibilités qui vont souvent à l'encontre de ce qui est généralement accepté, et ils ont donc tendance à être non conformistes.

Friedrich Wilhelm Nietzsche

Friedrich Wilhelm Nietzsche (1844-1900) naquit un 15 octobre, dans les environs de Leipzig. Son père et ses deux grands-pères étaient des pasteurs luthériens. Nietzsche n'avait pas encore cinq ans lorsque son père mourut, et il grandit entouré de sa mère, de sa sœur, de deux tantes célibataires et de sa grand-mère. C'était un enfant modèle et un très bon élève ; à l'âge de dix ans, il avait déjà écrit plusieurs pièces et il composait de la musique. À 14 ans, il entra au réputé collège de Pforta.

Friedrich Wilhelm Nietzsche

La religion et la littérature grecque et romaine figuraient parmi les sujets où il excellait le plus. En 1864, il fut admis à l'université de Bonn, où il ne cacha pas son dégoût pour le comportement de ses camarades qui buvaient volontiers de la bière et, en général, faisaient la fête. Lorsque son professeur favori (Friedrich Ritschl) fut transféré à l'université de Leipzig, Nietzsche le suivit. Sa vie d'étudiant prit fin quand, à l'âge de 24 ans, il accepta d'enseigner la philologie classique (étude de la langue et de la pensée des Anciens) à l'université de Bâle, qui lui fit cette offre avant même qu'il n'obtienne son doctorat. Il conserva ce poste pendant 10 ans, soit jusqu'à ce que sa santé l'oblige à prendre sa retraite, à 35 ans. Il rédigea ses œuvres maîtresses après s'être retiré de l'enseignement.

Durant son séjour à Bâle, Nietzsche écrivit : *La naissance de la tragédie* (1872) et *Considérations inactuelles* (1873-1876), deux ouvrages fortement marqués par la philosophie de Schopenhauer, et qui développent celle-ci. Après que Nietzsche eut pris sa retraite, ses livres reflètent davantage sa propre pensée. Les plus importants sont : *Humain, trop humain* (1878), *Aurore* (1881), *Le gai savoir* (1882), *Ainsi parlait Zarathoustra* (1883-1885), *Par-delà bien et mal* (1886), *Généalogie de la morale* (1887), *Le crépuscule des idoles* (1889), *L'Antéchrist* (1895) et *Nietzsche contre Wagner* (1895). Les derniers ouvrages de Nietzsche, *La volonté de puissance* (1904) et *Ecce homo* (1908) (son autobiographie), furent publiés après sa mort.

En avril 1882, soit à l'âge de 37 ans, Nietzsche fit la connaissance de Lou Salomé, une jeune femme de 21 ans attrayante et intelligente, fille d'un général russe. Hollingdale (1969) dit de cette liaison que ce fut « la seule relation amoureuse sérieuse que Nietzsche ait eue de toute sa vie » (p. 20 [notre traduction]). Nietzsche considérait Lou Salomé comme son égale sur le plan intellectuel et caressait l'idée d'en faire sa partenaire dans la poursuite de l'œuvre de sa vie. Il la demanda en mariage à deux reprises : une fois par l'intermédiaire d'un ami et l'autre fois directement. Dans l'un et l'autre cas, elle refusa. Tanner (2000) affirme que ce rejet fut « de loin l'expérience la plus dévastatrice de la vie de Nietzsche » (p. 67 [notre traduction]). C'est sous l'effet du contrecoup de cette expérience que le philosophe commença la rédaction de *Ainsi parlait Zarathoustra*, et certains voient un lien entre le refus de Lou Salomé et le ton de cet ouvrage. Par exemple, Tanner (2000)

Lou Andreas-Salomé

affirme : « Zarathoustra est sujet à la dépression, à l'effondrement, au coma et à un doute de lui-même paralysant ; en raison de cet ensemble de caractéristiques, on ne peut s'empêcher d'identifier le héros à son auteur » (p. 68 [notre traduction]). Nous allons voir que Nietzsche pensait lui-même que toute philosophie comporte une part autobiographique. Entre parenthèses, Lou Salomé épousa Friedrich Carl Andreas, un orientaliste, en 1887. Plus tard, elle s'intéressa à la psychanalyse et fit partie des meilleurs amis et disciples de Freud (Gay, 1988, éd. fr. 1991, tome 1, p. 314-315). Roazen (Roazen, 1992, éd. fr. 1986, p. 245-256) relate la participation de Lou Andreas-Salomé au cercle freudien.

À partir de 1880 environ, Nietzsche perdit de plus en plus contact avec la vie quotidienne. Le matin du 3 janvier 1889, il aperçut un cocher qui battait son cheval. Pris de compassion, il enlaça en sanglotant le cou de l'animal, puis il s'effondra comme une masse. Interné dans un asile à la suite de cet épisode, il commença à s'identifier à des figures comme le duc de Cumberland, le Kaiser, Dionysos, « Le Crucifié » et même Dieu (Hayman, 1999, éd. fr. 2000, p. 84-85). Hubben (1952) affirme : « Les instances médicales ne se sont jamais mises d'accord sur la maladie qui l'accablait, mais une infection de nature syphilitique et la parésie associée à celle-ci font probablement partie des facteurs responsables de son effondrement » (p. 99 [notre traduction]). Nietzsche survécut plus de 11 ans dans un état de prostration extrême ; il mourut le 25 août 1900, soit quelques semaines avant son 56ᵉ anniversaire. On l'enterra dans sa ville natale, dans le cimetière de l'église où son père l'avait baptisé.

Les aspects apollinien et dionysiaque de la nature humaine Nietzsche pense que la nature humaine comporte essentiellement deux aspects, qu'il qualifie d'apollinien et de dionysiaque. L'**aspect apollinien de la nature humaine** représente la composante rationnelle, qui recherche la sérénité, les choses prévisibles et l'ordre. L'**aspect dionysiaque de la nature humaine** représente la composante irrationnelle, attirée par le chaos créatif et les expériences passionnées et dynamiques. Selon Nietzsche, les meilleures œuvres artistiques et littéraires reflètent la fusion de ces deux tendances, et la vie idéale en est une de passion maîtrisée. Quant à la philosophie occidentale, elle met l'accent sur l'intellect et minimise les passions humaines, ce qui mène à un rationalisme dénué de vigueur. Nietzsche croit que l'un de ses principaux objectifs doit être de faire revivre l'esprit de Dionysos. Il ne suffit pas de vivre, dit-il, il faut vivre passionnément. Il ne faut pas mener une vie ordonnée et planifiée, mais prendre des risques. Même les échecs résultant de la prise de risques peuvent servir à la croissance personnelle. Nietzsche n'incitait donc pas à une vie passionnée totalement irrationnelle, mais à une vie modérément passionnée, alliant les tendances apolliniennes et dionysiaques.

Nietzsche, le psychologue Nietzsche considérait qu'il était avant tout psychologue : « La première chose que constatera peut-être un bon lecteur — un lecteur comme celui que je mérite —, est que c'est un psychologue sans égal qui s'exprime dans mes écrits » (Golomb, 1989, p. 13 [notre traduction]). Nous allons voir qu'en fait une grande partie de ce qu'on trouve dans l'œuvre de Freud se trouvait déjà dans celle de Nietzsche. De plus, les psychologies freudienne et nietzschéenne ont toutes deux comme objectif d'aider l'individu à apprendre à maîtriser ses puissantes pulsions irrationnelles afin qu'il puisse mener une vie plus créative et plus saine.

La tension entre les tendances apolliniennes et dionysiaques est au cœur de la psychologie de Nietzsche. Ces dernières, que le philosophe qualifie de « barbares », ne peuvent se manifester dans toute leur intensité sans entraîner la destruction de l'individu. Nietzsche devance Freud lorsqu'il nomme ces désirs barbares *das es*, c'est-à-dire le ça. Il faut donc modifier (ou sublimer) les tendances dionysiaques (les processus primaires selon la terminologie freudienne) au moyen de la rationalité apollinienne (que Freud nomme processus secondaires) pour qu'elles puissent s'exprimer. Tant du point de vue de Nietzsche que de celui de Freud, cette sublimation explique l'existence des œuvres d'art et des autres réalisations culturelles, de même que le contenu des rêves. Ceux-ci sont un exemple de chaos barbare modifié par la rationalité apollinienne, et cette transformation crée ce dont on se souvient d'un rêve. Sans l'influence dionysiaque, l'aspect apollinien de la personnalité serait dépourvu d'émotivité : « Apollon ne peut vivre sans Dionysos » (Golomb, 1989, p. 48 [notre traduction]). Par ailleurs, sans l'influence d'Apollon, l'aspect dionysiaque de la personnalité resterait informe. Si les pulsions dionysiaques deviennent trop menaçantes, la rationalité apollinienne les réprime. Nietzsche parle souvent du concept de refoulement, qui allait devenir la pierre angulaire de la psychanalyse freudienne. Ainsi, dans *Par-delà bien et mal* (1886/1998a, éd. fr. 2000)[1], il écrit : « "Je l'ai fait" dit ma mémoire. Je ne puis l'avoir fait — dit mon orgueil, qui reste inflexible. La mémoire — finit par céder » (Quatrième section, p. 690).

Le déterminisme est un sujet de profond désaccord entre les psychologues nietzschéens et freudiens ; Freud accepte le déterminisme, ce qui n'est pas le cas de Nietzsche. Ce dernier devance clairement les philosophes existentialistes modernes lorsqu'il affirme : « Chaque être humain est un miracle unique » ; « Nous sommes responsable de notre propre existence face à nous-mêmes » ; « La liberté nous rend responsable de notre caractère, à la manière dont un artiste est responsable de ses créations » (Golomb, 1989, p. 123, 128 et 129 [notre traduction]). Toutefois, l'être humain n'est libre que *virtuellement*. La personnalité est une œuvre artistique et certains sont de meilleurs artistes que les autres. Si on emploie sa volonté de puissance (voir plus

---

1. Toutes les citations de Nietzsche sont tirées de Nietzsche, Friedrich. *Œuvres*, Paris, Flammarion, 2000.

loin) pour modeler les ingrédients dont on dispose de manière à en faire une personnalité unique et authentique, alors on est libre. Si on vit conformément à des normes morales qu'on n'a pas établies soi-même, alors on est un esclave. La différence entre liberté et esclavage est donc affaire de choix : « Celui qui veut devenir libre doit y parvenir grâce à ses propres efforts. [...] [La] liberté ne tombe pas du ciel comme la manne » (Golomb, 1989, p. 244 [notre traduction]).

La mort de Dieu Nietzsche (1889/1998b, éd. fr. 2000, *Le crépuscule des idoles*) pose la question : « L'homme ne serait-il qu'une méprise de Dieu ? Ou bien Dieu ne serait-il qu'une méprise de l'homme ? » (*Le crépuscule des idoles*, Maximes et pointes, p. 1022). De toute façon, Nietzsche annonce que Dieu est mort et que c'est « nous » qui l'avons tué — par « nous » il entend les philosophes et les scientifiques de son époque. Étant donné que les humains ont très longtemps attendu de Dieu qu'il leur dise quel sens donner à leur vie et quels préceptes moraux observer, ils se sentent perdus maintenant qu'il est mort. Où doit-on alors chercher le sens des choses et un idéal moral ? Les philosophes et les scientifiques mêmes qui ont tué Dieu ont en outre éliminé de l'Univers l'intentionnalité qu'on trouve dans la philosophie téléologique d'Aristote et ils ont dépouillé l'être humain de sa place privilégiée dans le monde. Selon la théorie de l'évolution, par exemple, les humains ont une origine tout aussi humble que les autres êtres vivants et ils ont le même destin : la mort. En outre, les principes évolutionnistes sont dépourvus d'intentionnalité. On entend par sélection naturelle simplement que les organismes dotés de caractéristiques leur permettant de s'adapter à leur milieu survivent et se reproduisent. Les humains ne peuvent donc même pas tirer de fierté ou un sens du fait qu'ils ont survécu plus longtemps ou de manière différente que les autres espèces. L'évolution n'est aucunement synonyme d'amélioration. Nietzsche dit de la théorie de Darwin qu'elle est « vraie mais funeste » (Golomb, 1989, p. 138 [notre traduction]). En outre, l'astronomie a montré que les humains n'occupent pas une place privilégiée dans l'Univers. La Terre n'est qu'une boule d'argile de taille moyenne tournant autour d'un Soleil qui est semblable à des centaines de milliards d'autres.

Donc, il n'existe pas de Dieu qui prend soin des humains ; l'espèce humaine n'occupe pas de place privilégiée dans le règne animal ; la Terre n'est qu'un astre insignifiant parmi bien d'autres. Avec Dieu sont mortes les ombres de Dieu (la métaphysique). Privés de religion, de science et de métaphysique, les humains sont face à une « *tabula rasa* cosmique » et n'ont donc plus aucun principe transcendantal, aucune force pour les guider. Selon Nietzsche, en l'absence de ces sources traditionnelles de sens et de moralité, l'être humain ne peut s'en remettre qu'à lui-même. Il n'existe pas de vérités abstraites qui attendent simplement que tous les découvrent ; il n'y a que des perspectives individuelles. Il faut considérer aussi les philosophies élaborées au cours des âges comme l'extension de perspectives individuelles : « toute grande philosophie [fut] jusqu'à présent [...] l'auto-confession de son auteur et des sortes de mémoires involontaires et inaperçus » (1886/1998b, éd. fr. 2000, *Par-delà bien et mal*, Première section, p. 629). Donc selon Nietzsche toutes les philosophies, y compris la sienne, ont un caractère autobiographique.

Il est clair que le **perspectivisme** de Nietzsche est diamétralement opposé à la philosophie du Siècle des lumières et plusieurs considèrent qu'il annonce le postmodernisme (voir le chapitre 21).

La volonté de puissance D'après Nietzsche, ce n'est qu'en eux-mêmes que les humains peuvent trouver la solution à leurs maux. Il leur faut donc apprendre à se connaître afin d'agir sur ce savoir. Le sens et la moralité ne peuvent (ou ne devraient) pas être imposés par une instance extérieure : il faut les découvrir à l'intérieur de soi. L'auto-examen révèle que le principal motif de l'être humain est la **volonté de puissance**. À l'instar de Schopenhauer, Nietzsche pense que les humains sont fondamentalement irrationnels ; cependant, à l'inverse de Schopenhauer, il affirme qu'il ne faut pas réprimer les instincts ni les sublimer, mais leur donner l'occasion de s'exprimer. Même les tendances agressives ne doivent pas être totalement inhibées. La volonté de puissance est entièrement satisfaite seulement si l'individu agit conformément à ses sentiments, c'est-à-dire de manière à satisfaire tous ses instincts : « La volonté de puissance est la force motrice primaire de laquelle découlent tous les autres motifs » (Sahakian, 1981, p. 80 [notre traduction]). Même le bonheur, que les utilitaristes entre autres considèrent comme une motivation très importante, résulte de l'accroissement de la puissance. « Il existe une seule réalité : *la volonté de chaque* centre de puissance de devenir plus fort* — il ne s'agit pas de survie mais du désir de s'approprier les choses, de s'en rendre maître, de devenir toujours plus et toujours plus fort » (Sahakian, 1981, p. 80 [notre traduction]). Dans *Le gai savoir*, Nietzsche dit : « la grande et la petite luttes tournent partout autour de la prépondérance, autour de la croissance et de l'extension, autour de la puissance, conformément à la volonté de puissance, qui est précisément la volonté de la vie » (1882/1974, éd. fr. 2000, *Le gai savoir*, Cinquième livre, p. 264). Ainsi, toute conception de ce qui est bien, de ce qui est mauvais et du bonheur est reliée à la volonté de puissance.

> Qu'est-ce qui est bon ? — Tout ce qui élève en l'homme le sentiment de la puissance, la volonté de puissance, la puissance même.
>
> Qu'est-ce qui est mauvais ? — Tout ce qui provient de la faiblesse.
>
> Qu'est-ce que le bonheur ? — Le sentiment que la force *croît*, — qu'une résistance est surmontée. (Nietzsche, éd. fr. 2000, *L'Antéchrist*, 2, p. 1130)

Nietzsche est donc en désaccord avec tous ceux qui affirment (comme Spinoza et Schopenhauer) que le principal motif de l'être humain est la survie. Les humains ne cherchent pas à se protéger, mais à se dépasser, ou du moins c'est ce qu'ils devraient faire.

L'homme supérieur   La volonté de puissance est la tendance à acquérir la maîtrise de soi-même et de sa destinée. Si on lui permet de s'exprimer, la volonté de puissance amène l'individu à rechercher de nouvelles expériences et à atteindre ultimement son plein potentiel. Cette croissance personnelle ne peut pas (ou ne devrait pas) être inhibée par la morale traditionnelle : elle se situe « au-delà du bien et du mal ». Les personnes qui tendent vers leur plein potentiel sont des **hommes supérieurs** parce que leur vie n'est pas régie par la morale traditionnelle. Ils s'élèvent au-dessus de cette dernière et mènent une vie indépendante et créatrice. Nietzsche affirme : « *Tous les dieux sont morts, ce que nous voulons à présent, c'est que le Surhumain vive* » (1883-1885/1969, éd. fr. 2000, *Ainsi parlait Zarathoustra*, Les discours de Zarathoustra, p. 387).

C'est dans *Ainsi parlait Zarathoustra* que Nietzsche donne la description la plus détaillée de son concept de surhomme. (Il est à noter qu'il emploie le terme *Übermensch*, que l'on peut traduire par « homme supérieur », « surhumain » ou « surhomme ».) Après avoir passé dix ans seul dans la montagne, à méditer, Zarathoustra décide de retourner vers la civilisation et de partager ses connaissances avec ses semblables. (Il est clair que ce personnage exprime en fait les pensées de Nietzsche.)

> *Je vous enseigne le Surhumain.* L'homme n'existe que pour être dépassé. Qu'avez-vous fait pour le dépasser ?
>
> [...]
>
> Le singe, qu'est-il pour l'homme ? Dérision ou honte douloureuse. Tel sera l'homme pour le Surhumain : dérision ou honte douloureuse.
>
> Vous avez fait le chemin qui va du ver à l'homme, et vous avez encore beaucoup du ver en vous. [...]
>
> Voici, je vous enseigne le Surhumain.
>
> Le Surhumain est le sens de la terre. Que votre volonté dise : *Puisse le Surhumain devenir le sens de la terre !*
>
> Je vous en conjure, ô mes frères, *demeurez fidèles à la terre* et ne croyez pas ceux qui vous parlent d'espérances supraterrestres. Sciemment ou non, ce sont des empoisonneurs.
>
> Ce sont des contempteurs de la vie, des moribonds, des intoxiqués dont la terre est lasse : qu'ils périssent donc ! (Nietzsche, 1883-1885/1969, éd. fr. 2000, *Ainsi parlait Zarathoustra*, Prologue de Zarathoustra, p. 330)

Les humains se trouvent dans une situation précaire. Ils ne sont plus des animaux, pas encore des hommes, et Dieu, qui est mort, ne peut les aider : « L'homme est une corde tendue entre la bête et le Surhumain — une corde au-dessus d'un abîme. Danger de franchir l'abîme — danger de suivre cette route — danger de regarder en arrière — danger d'être saisi d'effroi et de s'arrêter court ! » (Nietzsche, 1883-1885/1969, éd. fr. 2000, *Ainsi parlait Zarathoustra*, Prologue de Zarathoustra, p. 332) Les problèmes caractéristiques de la condition humaine se résolvent au niveau de l'individu. Si chaque personne s'efforçait d'être tout ce qu'elle peut être, davantage de problèmes touchant tous les humains seraient résolus. L'amélioration de soi ou l'amour de soi est donc un préalable à l'amélioration de la condition humaine.

> Médecin, guéris-toi toi-même ; tu guériras ton malade par surcroît. Ta meilleure cure sera de lui montrer un homme qui s'est guéri lui-même.
>
> Il est encore mille sentiers que nul n'a foulés, mille ressources de santé, des centaines d'îlots secrets de la vie. On n'a encore épuisé ni découvert l'homme lui-même, ni la terre de l'homme.
>
> [...]

En vérité, la terre deviendra, quelque jour, un séjour salutaire. Déjà un parfum nouveau l'enveloppe, une odeur salubre — et une nouvelle espérance. (Nietzsche, 1883-1885/1969, éd. fr. 2000, *Ainsi parlait Zarathoustra*, Les discours de Zarathoustra, p. 385-386)

Nous avons vu que l'homme supérieur exerce sa volonté de puissance en exprimant toutes ses pensées, même celles qui sont négatives.

Parlons de ces choses, sages insignes, quelque peine que cela vous fasse. Le silence est pire. Les vérités que l'on tait s'enveniment.

Et qu'importe si tout ce qui est fragile vient à se briser contre vos vérités ? Il y a tant de demeures à construire encore ! (Nietzsche, 1883-1885/1969, éd. fr. 2000, *Ainsi parlait Zarathoustra*, Deuxième partie, p. 423)

Pas plus que Goethe, Nietzsche ne croit qu'il faille nier les expériences et les pulsions négatives. On devrait plutôt apprendre de ces expériences : « le chemin qui mène à notre propre ciel passe toujours par la volupté de notre propre enfer » (1882/1974, éd. fr. 2000, *Le gai savoir*, Quatrième livre, p. 248). Nietzsche ajoute : « Ce qui ne me fait pas mourir me rend plus fort » (1889/1998b, éd. fr. 2000, *Le crépuscule des idoles*, Maximes et pointes, p. 1022), et il explicite sa pensée comme suit.

Je me suis souvent demandé si je n'étais pas beaucoup plus redevable aux années difficiles de ma vie qu'à n'importe quelles autres. [...] Et en ce qui concerne mon long état valétudinaire, ne lui dois-je pas incomparablement plus qu'à ma santé ? Je lui dois une santé *supérieure*, une santé telle qu'elle se renforce de ce qui ne la tue pas ! *Je lui dois aussi ma philosophie...* Seule la grande douleur est l'ultime libérateur de l'esprit [...] Seule la grande douleur, cette longue, lente douleur qui nous fait rôtir pour ainsi dire à un feu de bois vert, qui prend son temps —, nous contraint, nous autres philosophes, à accéder à notre ultime profondeur et à nous défaire de toute confiance, de toute bonhomie, de tout camouflage, de toute édulcoration, de toute demi-mesure où nous avions placé autrefois notre humanité. Je doute qu'une telle souffrance nous « améliore » : mais je sais qu'elle nous rend plus *profonds*... (Nietzsche, éd. fr. 2000, *Nietzsche contre Wagner*, Épilogue, p. 1323-1324)

Le concept d'homme supérieur est la réponse nietzschéenne au dilemme philosophique et moral des humains. Le sens et la moralité de la vie individuelle proviennent de soi. Les personnes saines et fortes recherchent l'accomplissement de soi en faisant des expériences, en vivant dangereusement. La vie présente un nombre presque infini de possibilités et l'individu sain (l'homme supérieur) en explore autant qu'il peut. Les religions et les philosophies qui enseignent la pitié, l'humilité, la soumission, le mépris de soi, la retenue, la culpabilité ou le sens de la communauté sont dans l'erreur. Par ailleurs, Nietzsche a une grande admiration pour les cyniques de l'Antiquité (voir le chapitre 3), dont il parle souvent dans son œuvre. Il apprécie particulièrement leur critique de la moralité traditionnelle (Niehues-Pröbsting, 1996, p. 359). Selon Nietzsche, une bonne vie est faite de changement perpétuel et de difficultés à surmonter ; elle est dépourvue de regret ; elle est intense, créatrice et dangereuse. Elle consiste à *se dépasser*. Vivre en fonction de la volonté de puissance, c'est vivre de manière à devenir plus que ce que l'on est, c'est mener une vie de renouvellement perpétuel. La science, la philosophie et en particulier la religion ne peuvent qu'étouffer la bonne vie, la vie de l'homme supérieur. On devrait s'écarter de toute conception qui promeut la conformité au troupeau plutôt que l'individualité. Nietzsche pense que la civilisation répressive est la cause principale de l'angoisse humaine, et Freud se dira d'accord avec lui.

Le sens de la vie se situe donc à l'intérieur de l'individu, et c'est là que le trouve l'homme audacieux, surhumain : « Osez donc un peu croire à vous-mêmes et à ce que vous avez dans le ventre ! Quand on ne croit pas en soi-même, on ment » (1883-1885/1969, éd. fr. 2000, Nietzsche, *Ainsi parlait Zarathoustra*, Deuxième partie, p. 429). L'homme supérieur est nécessairement fortement individualiste ; et pourtant, tous les hommes supérieurs partagent une même philosophie de la vie : « Je suis Zarathoustra l'impie ; où trouverait-on mon pareil ? Mes pareils, ce sont ceux qui fixent eux-mêmes leur propre vouloir et fuient toute résignation » (Nietzsche, 1883-1885/1969, éd. fr. 2000, *Ainsi parlait Zarathoustra*, Troisième partie, p. 471).

Nietzsche invite donc les gens à utiliser leur volonté de puissance pour intégrer leurs tendances dionysiaques et apolliniennes d'une façon qui leur soit unique. Cette création artistique est la seule assise sensée de la moralité. En dehors de ce concept, Nietzsche ne donne pas de formule générale pour la conduite de la vie. Voici ce qu'il répond, par la bouche de Zarathoustra, à ceux qui lui réclame une philosophie de la vie : « Voilà — c'est là *mon* chemin ; — et vous, où est le vôtre ? C'est ce que je réponds à ceux qui demandent "le chemin". *Le* chemin, en effet — cela n'existe pas! » (Nietzsche, 1883-1885/ 1969, éd. fr. 2000, *Ainsi parlait Zarathoustra*, Troisième partie, p. 493) Et, toujours par la bouche de Zarathoustra, Nietzsche avait dit plus tôt : « C'est mal récompenser un maître que de rester toujours son disciple » (Nietzsche, 1883-1885/1969, éd. fr. 2000, *Ainsi parlait Zarathoustra*, Les discours de Zarathoustra, p. 386).

Donc, selon Nietzsche, il est important pour chaque individu de trouver un sens dans sa propre vie et de vivre ensuite conformément à ce sens. Cette conception est très proche de ce qu'on allait appeler l'existentialisme. Nietzsche dit encore : « Si l'on possède son *pourquoi*? de la vie, on s'accommode de presque tous les *comment*? » (Nietzsche, 1889/1998b, éd. fr. 2000, *Le crépuscule des idoles*, Maximes et pointes, p. 1023)

L'interprétation erronée de l'« homme supérieur »
de Nietzsche Il est souvent arrivé, à toutes les époques, qu'on déforme les œuvres scientifiques ou philosophiques afin de s'en servir pour étayer une idéologie politique. La philosophie de Nietzsche en est un exemple. Elle a été adoptée par les membres du parti national-socialiste allemand (les nazis), qui affirmèrent que les hommes supérieurs dont parle Nietzsche, c'est le peuple allemand. En donnant à l'expression *homme supérieur* son sens littéral, les nazis ont proclamé que les Allemands sont supérieurs aux autres êtres humains. Rien n'est plus étranger à la pensée de Nietzsche que la supériorité liée à la nationalité ou à la race. Le philosophe a mis fin à l'étroite relation qu'il entretenait avec le célèbre compositeur Richard Wagner notamment parce que ce dernier avait des idées fortement nationalistes et antisémites (Blackburn, 1994, p. 262). Selon Nietzsche, tout individu peut devenir un homme supérieur. Ce qui distingue ce dernier de l'homme ordinaire, c'est la passion, le courage, la perspicacité, et rien d'autre. Nietzsche donne, comme exemples d'hommes supérieurs, Jésus en tant que figure historique, Goethe (auquel il emprunte l'expression *homme supérieur*), Dostoïevski et lui-même. Freud pense que Nietzsche compte effectivement au nombre des hommes supérieurs : « [Freud] dit plusieurs fois que Nietzsche avait de lui-même une plus pénétrante connaissance que tout homme ayant déjà vécu ou devant vivre un jour futur. Voilà certes un beau compliment sorti de la bouche du premier explorateur de l'inconscient » (Jones, 1995, éd. fr. 1982, tome II, p. 365).

Il faut rappeler que Schopenhauer et Nietzsche pensent tous deux que les instincts irrationnels ont une profonde influence sur le comportement humain. Toutefois, Schopenhauer affirme qu'il faut réprimer ces instincts, alors que Nietzsche dit qu'il faut leur donner largement l'occasion de s'exprimer. Sur ce point, Freud a subi davantage l'influence de Schopenhauer, tandis qu'Alfred Adler, l'un des premiers disciples de Freud, se range plutôt du côté de Nietzsche. Non seulement Adler insiste sur l'importance d'accroître sa puissance afin de surmonter ses sentiments d'infériorité, mais il partage avec Nietzsche la conception selon laquelle les individus faibles acquièrent souvent du pouvoir sur les autres en suscitant leur pitié ou en les blessant avec leur souffrance. Freud reconnaît aussi ce phénomène quand il définit son concept de « bénéfice secondaire » d'une névrose. Carl Jung, un collègue de Freud, a également été influencé par Nietzsche. Selon la fameuse distinction qu'il fait entre introversion et extraversion, l'introverti est dominé par ses tendances apolliniennes et l'extraverti, par ses tendances dionysiaques (Golomb, 1989, p. 35).

Kierkegaard et Nietzsche

Il semble que Nietzsche ne connaissait pas l'œuvre de Kierkegaard ; plusieurs des idées qu'il a élaborées ont pourtant plusieurs points communs avec les idées de ce dernier. À l'instar de Kierkegaard, Nietzsche rejette ce qui est traditionnellement accepté, notamment l'église institutionnelle et la science. Les deux hommes font de la philosophie hégélienne l'une de leurs cibles principales et ils recommandent de s'en remettre à l'expérience personnelle directe. Ce qui distingue fondamentalement les deux penseurs, c'est que Kierkegaard accepte l'existence de Dieu, tandis que Nietzsche affirme qu'il n'existe pas. Les deux hommes se sont mis presque tout le monde à dos, en particulier les autorités établies. Ainsi, presque personne n'acheta les livres de Kierkegaard lors de leur première publication. Trois ans après la parution de *Miettes philosophiques* (1884/ 1985, éd. fr. 1990), seulement 229 exemplaires d'un tirage de 525 avaient été vendus (Hong et Hong, 1985, p. xix). Cet ouvrage est maintenant très apprécié et on considère que c'est l'un des meilleurs et des plus influents écrits de Kierkegaard.

Les premiers philosophes romantiques et existentialistes avaient beaucoup en commun. En fait, on classe Nietzsche aussi souvent parmi les premiers que les seconds. Les thèmes traités par les deux courants philosophiques mettent l'accent sur les émotions humaines, l'importance de l'expérience subjective, un profond respect de l'individualité, la croyance dans le libre arbitre et la méfiance à l'égard des théories grandioses sur la nature humaine élaborées par les rationalistes, les empiristes et les sensualistes, de même que les spécialistes des sciences naturelles. Selon les romantiques et les existentialistes, ces théories minimisent l'impor-tance des efforts déployés par l'individu pour trouver un sens à sa vie et pour agir conformément à sa propre interprétation du sens de la vie.

La fusion du romantisme et de l'existentialisme a donné naissance à la psychologie de la force de synthèse, à laquelle appartiennent les théories de Rogers, de Maslow, de May et de Kelly, dont il sera question au chapitre 18. De plus, le postmodernisme, traité au chapitre 21, fait écho aux préoccupations des philosophes romantiques et existentialistes.

Résumé

Les réalisations individuelles d'hommes tels Hobbes, Bacon, Descartes et Newton ont inauguré la période de la philosophie occidentale dite Siècle des lumières. Celui-ci se caractérise par le scepticisme envers les dogmes religieux et les autres formes d'autorité traditionnelle. Il régnait alors un optimisme général quant à la possibilité de découvrir les principes régissant l'Univers et de les appliquer à l'amélioration de la condition humaine. Sous l'égide du Siècle des lumières, les philosophies empiriste, sensualiste et rationaliste ont représenté les humains comme des machines complexes, qui sont le résultat de l'expérience, ou comme des êtres extrêmement rationnels fonctionnant conformément à de nobles principes abstraits. De l'avis de certains, toutes ces philosophies ont omis une chose importante dans leur analyse, soit l'aspect irrationnel des humains. Les philosophes qui ont attiré l'attention sur l'importance de l'irrationalité de l'être humain sont dits romantiques. En général, les romantiques mettent l'accent sur l'expérience personnelle intérieure et ils se méfient de la science et des philosophes qui représentent les humains comme un produit de l'expérience, des machines ou des êtres entièrement rationnels.

On considère habituellement Rousseau comme le père du romantisme moderne. Il affirme que les humains sont nés libres et bons, mais que la société ne tarde pas à les corrompre. Les pulsions naturelles « venant du cœur » doivent servir de guide dans la conduite de la vie et l'élaboration des pensées. Rousseau dit que les humains sont à la fois volonté individuelle et volonté générale et que le gouvernement ne peut fonctionner si les gens ne renoncent pas à leur volonté individuelle. Au cours de l'éducation, il faut prendre en compte la curiosité naturelle de l'enfant et ne pas chercher à modeler celui-ci comme s'il s'agissait d'une motte d'argile ou d'une plaque vierge. Goethe, à la fois écrivain, philosophe et scientifique, pense que la vie se ramène à une série de choix entre des forces antagonistes (le bien et le mal, l'amour et la haine, etc.). Selon lui, la vie est d'autant meilleure qu'elle est plus passionnée, et une vie passionnée est propice à la croissance personnelle. Goethe affirme que les sciences physiques sont d'une utilité très limitée pour comprendre les gens, bien qu'elles soient un moyen efficace d'obtenir des informations pratiques.

À la suite de Kant, Schopenhauer fait la distinction entre monde nouménal (la chose en soi) et monde phénoménal (la conscience). Ce que Kant appelle « monde nouménal », Schopenhauer le nomme « volonté universelle ». Lorsque celle-ci se manifeste dans un individu, elle devient la volonté de vivre, qui est le moteur le plus puissant du comportement humain. Selon Schopenhauer, la vie est un cycle sans fin de besoins et de satisfaction de ceux-ci. Étant donné que les organismes intelligents sont plus conscients que les autres de leurs besoins, ils souffrent davantage. La satisfaction des besoins ajourne simplement la mort, qui est inévitable. Le seul moyen pour un être humain d'atténuer sa souffrance, c'est de nier ou de réduire ses besoins au maximum. Il est possible de sublimer ceux-ci en s'adonnant à des activités comme la musique, les arts visuels et la poésie. L'esprit rationnel est également capable de refouler les pensées indésirables et de les reléguer dans l'inconscient. Schopenhauer soutient que l'esprit rationnel peut et doit inhiber les puissants besoins reliés à la survie biologique. Sa philosophie a eu une influence considérable sur la théorie psychanalytique de Freud.

L'existentialisme a été lui aussi une réaction à la philosophie du Siècle des lumières. Il met l'accent sur le sens de la vie, le libre arbitre, l'expérience subjective, la responsabilité personnelle et le caractère unique de l'individu. Kierkegaard est généralement considéré comme le premier philosophe existentialiste moderne. Il pense que la philosophie rationaliste, la science et l'église institutionnelle découragent les gens d'avoir une relation personnelle profonde avec Dieu. La logique et les faits ne jouent aucun rôle dans une relation de ce type, qui repose uniquement sur la foi. Si on accepte l'existence de Dieu sur la base de la foi, ce dernier devient une réalité vivante et émotionnelle de l'expérience subjective. Selon Kierkegaard, la seule vérité est la vérité subjective, c'est-à-dire la croyance personnelle. De plus, l'acceptation de l'existence de Dieu soulève des paradoxes logiques insolubles sur le plan logique. Il est impossible, et il n'est pas nécessaire, de prouver l'existence de Dieu au moyen d'arguments rationnels ; seul un acte de foi permet de l'accepter. On devrait établir une relation émotionnelle avec Dieu et lire sa parole (la Bible) à la manière dont on lit une lettre d'amour.

Nietzsche reconnaît, à l'instar de Schopenhauer, que plusieurs désirs humains sont irrationnels mais, contrairement à Schopenhauer, il affirme qu'il ne faut pas réprimer ces désirs ni les sublimer. Selon Nietzsche, le motif fondamental de l'être humain est la volonté de puissance, que celui-ci satisfait en se conduisant conformément à ses sentiments. Le fait d'agir sur ses instincts irrationnels amène l'individu à faire de nouvelles expériences et, ainsi, à se développer en tant que personne. Nietzsche soutient que la science, la religion, le rationalisme et l'empirisme répriment l'irrationalité et inhibent du même coup le développement humain. Il affirme que la philosophie rationaliste et la science mettent l'accent sur l'aspect apollinien, ou rationnel, de la nature humaine, aux dépens de son aspect dionysiaque, alors que l'idéal est de permettre aux deux

aspects de s'exprimer raisonnablement. À cause du développement de la science et de la philosophie, il est devenu impossible pour les gens de prendre les superstitions religieuses comme guide pour la conduite de leur vie. Nietzsche propose de remplacer ces dernières par des valeurs et des croyances choisies par l'individu. L'unique source d'information pour déterminer ce qui est bien et ce qui est mal, désirable ou indésirable, est la personne elle-même. Il n'existe pas de vérités universelles, mais uniquement des perspectives individuelles. On peut établir de nombreuses similitudes entre le perspectivisme de Nietzsche et le postmodernisme contemporain. Nietzsche appelle « homme supérieur » (ou « surhumain ») l'individu qui a le courage de vivre conformément à ses propres valeurs et de s'élever ainsi au-dessus de la moralité traditionnelle. Les hommes supérieurs font des expériences de vie et sont constamment engagés dans le processus par lequel ils deviennent plus que ce qu'ils sont.

L'influence du romantisme et de l'existentialisme s'observe, en psychologie moderne, dans la psychanalyse, la psychologie humaniste et le postmodernisme.

Des questions à débattre

1. Contre quoi le romantisme est-il une réaction ? Décrivez les principales caractéristiques du mouvement romantique.

2. Quelles hypothèses Rousseau pose-t-il à propos de la nature humaine ? Expliquez ce qu'il veut dire lorsqu'il affirme : « L'homme est né libre, et partout il est dans les fers. »

3. Qu'est-ce que Hobbes et Rousseau ont en commun ? Sur quels points ne sont-ils pas d'accord ?

4. Expliquez la distinction que fait Rousseau entre volonté individuelle et volonté générale.

5. Résumez la conception de l'éducation de Rousseau.

6. Quelle est la conception de la vie de Goethe ? Quelle attitude a-t-il à l'égard de la science ? Quel est son apport à la psychologie ?

7. Selon Schopenhauer, quel est le principal motif du comportement humain ? Décrivez les conséquences de cet état de choses sur l'existence humaine.

8. Pourquoi qualifie-t-on généralement la philosophie de Schopenhauer de pessimiste?

9. Quels moyens Schopenhauer suggère-t-il pour réduire au maximum l'influence des puissantes forces irrationnelles qui se trouvent en chaque individu?

10. Qu'est-ce que l'existentialisme? Qu'est-ce qui distingue l'existentialisme du romantisme?

11. À quelle forme de religion Kierkegaard s'oppose-t-il? Quelle forme préconise-t-il?

12. Expliquez ce qu'entend Kierkegaard lorsqu'il affirme: « La subjectivité est la vérité. »

13. Décrivez le type de relation que l'individu devrait établir avec Dieu, selon Kierkegaard.

14. Décrivez les trois stades sur le chemin de la liberté personnelle définis par Kierkegaard.

15. Quels sont les aspects importants de la psychanalyse freudienne qu'on trouve déjà dans les écrits de Nietzsche?

16. Expliquez l'importance des tendances innées dionysiaques et apolliniennes dans la psychologie de Nietzsche.

17. Expliquez la conception nietzschéenne de la liberté individuelle.

18. Selon Nietzsche, quelles conséquences la mort de Dieu (et de ses « ombres ») a-t-elle pour l'existence humaine?

19. Comparez le perspectivisme de Nietzsche et la philosophie du Siècle des lumières.

20. Qu'est ce que Nietzsche entend par l'homme supérieur? Donnez cinq exemples d'interprétations erronées du concept nietzschéen d'homme supérieur.

21. En quoi consiste une vie riche et pleine de sens selon Nietzsche?

22. Qu'est-ce que les philosophies romantique et existentialiste ont en commun?

Des suggestions de lectures

Gardiner, P. (2002). *Kierkegaard: A very short introduction*. New York: Oxford University Press.

Golomb, J. (1989). *Nietzsche's enticing psychology of power*. Ames, IA: Iowa State University Press.

Hayman, Ronald. *Nietzsche. Les voix de Nietzsche*, traduit de l'anglais par Christian Cler, Paris, Éditions du Seuil, 2000.

Janaway, C. (2002). *Schopenhauer: A very short introduction*. New York: Oxford University Press.

Kaufmann, W. (dir. et trad.). (1982). *The portable Nietzsche*. New York: Viking Books/Penguin Press.

Magee, B. (1997). *The philosophy of Schopenhauer* (éd. rév.). New York: Oxford University Press.

Nietzsche, Friedrich. *Ainsi parlait Zarathoustra*, dans *Œuvres*, traduit par Geneviève Bianquis, Flammarion, 2000.

Rousseau, Jean-Jacques. *Du contrat social*, Paris, Hachette, 2005.

Rousseau, Jean-Jacques. *Émile*, Paris, Garnier, 1999.

Tanner, M. (2000). *Nietzsche: A very short introduction*. New York: Oxford University Press.

Watkin, J. (1997). *Kierkegaard*. New York: Geoffrey Chapman.

Wokler, R. (1995). *Rousseau*. New York: Oxford University Press.

Glossaire

Aspect apollinien de la nature humaine Selon Nietzsche, partie de l'individu qui recherche l'ordre, la sérénité et les choses de nature prévisible.

Aspect dionysiaque de la nature humaine Selon Nietzsche, partie de l'individu qui recherche le chaos, l'aventure et les expériences passionnantes.

Existentialisme Philosophie qui examine le sens de la vie et insiste sur la liberté des humains à choisir leur propre destinée. À l'instar du romantisme, l'existentialisme met l'accent sur l'expérience subjective et le caractère unique de l'individu.

Goethe, Johann Wolfgang von (1749-1832) Pense que la vie se caractérise par une succession de choix entre des forces opposées et qu'une grande partie de ce qui concerne les humains échappera toujours à la connaissance scientifique.

Homme supérieur   Expression utilisée par Nietzsche pour désigner tout individu qui a le courage de s'élever au-dessus de la morale traditionnelle et de la conformité au troupeau pour suivre ses propres inclinaisons. L'expression allemande *Übermensch* se traduit par « homme supérieur », « Surhumain » ou « surhomme ».

Kierkegaard, Søren (1813-1855)   Pense que la religion est devenue beaucoup trop rationnelle et mécanique, et que la relation avec Dieu doit être une expérience extrêmement personnelle et hautement émotionnelle, à la manière d'une relation amoureuse. Si une personne a foi en l'existence de Dieu, ce dernier devient pour elle une vérité vivante. Kierkegaard en conclut que « la subjectivité est la vérité ».

Nietzsche, Friedrich Wilhelm (1844-1900)   Soutient que les humains ne peuvent plus prendre comme guide la superstition religieuse ou la spéculation métaphysique pour la conduite de leur vie; ils doivent plutôt déterminer eux-mêmes le sens de la vie. En exerçant leur volonté de puissance, les gens peuvent se développer et surmonter la morale traditionnelle. L'expression *homme supérieur* désigne ceux qui s'adonnent à des expériences concernant la vie et les sentiments, et qui cherchent constamment à se dépasser.

Noble sauvage   Expression employée par Rousseau pour désigner l'être humain non corrompu par la société. Un noble sauvage agit conformément à ses sentiments réels; il est dépourvu d'égoïsme et vit en harmonie avec ses semblables.

Perspectivisme   Conception de Nietzsche selon laquelle il n'existe pas de vérités universelles, seulement des perspectives individuelles.

Romantisme   Philosophie qui met l'accent sur le caractère unique de la personne et accorde plus de valeur à l'irrationalité qu'à la rationalité. Selon les romantiques, les gens peuvent et doivent se fier à leurs pulsions naturelles.

Rousseau, Jean-Jacques (1712-1778)   Considéré comme le père du romantisme moderne. Pense que la nature humaine est foncièrement bonne et que la forme idéale de société en est une où les gens soumettent leur volonté individuelle à la volonté générale. La meilleure éducation est celle qui est individualisée et prend en compte les aptitudes naturelles et la curiosité de l'élève.

Schopenhauer, Arthur (1788-1860)   Pense que la volonté de vivre est le motif le plus puissant des humains. La vie se caractérise par un cycle de besoins et de satisfaction de ces derniers, la satisfaction des besoins servant uniquement à ajourner la mort. Tout ce qu'une personne peut faire, c'est de réduire au maximum les forces irrationnelles à l'œuvre à l'intérieur d'elle-même en les sublimant ou les réprimant.

Siècle des lumières   Période durant laquelle la philosophie occidentale a cru que la raison impartiale ou les méthodes objectives de la science permettent de découvrir les principes qui régissent l'Univers, la connaissance de ces principes pouvant ensuite servir à améliorer la condition humaine.

Stade esthétique   Selon Kierkegaard, première étape sur le chemin de la liberté personnelle totale. À ce stade, la personne prend plaisir à faire de nombreuses expériences mais elle n'exerce pas encore sa liberté.

Stade éthique   Selon Kierkegaard, seconde étape sur le chemin de la liberté personnelle totale. À ce stade, la personne prend des décisions de nature éthique mais, pour ce faire, elle utilise comme guide des principes élaborés par d'autres.

Stade religieux   Selon Kierkegaard, la troisième étape sur le chemin de la liberté personnelle totale. À ce stade, l'individu reconnaît qu'il est libre et choisit d'établir une relation personnelle avec Dieu.

Volonté de puissance   Selon Nietzsche, besoin fondamental qu'éprouvent les humains de devenir plus forts, plus complets, en un mot supérieurs. Si elle satisfait sa volonté de puissance, une personne devient constamment plus que ce qu'elle est.

Volonté de vivre   Selon Schopenhauer, puissant besoin de prolonger sa propre vie en satisfaisant ses besoins physiologiques.

Volonté générale   Selon Rousseau, tendance innée à vivre en harmonie avec ses semblables.

CHAPITRE 8

Les débuts de la physiologie et l'émergence de la psychologie expérimentale

Aux XVIIe et XVIIIe siècles, des progrès scientifiques ont permis d'examiner certaines questions philosophiques anciennes d'une manière neuve et plus précise qu'auparavant. On avait beaucoup appris sur le monde physique ; le temps était maintenant venu d'appliquer la méthode scientifique à l'étude des mécanismes par lesquels les humains appréhendent le monde physique. Plus précisément, on se posait la question suivante : par quels mécanismes la conscience en vient-elle à se représenter les événements empiriques ? On se consacra à tout étudier, de la perception sensorielle aux réponses motrices, et c'est de cette étude qu'émergea la psychologie expérimentale. Pour découvrir les origines de la psychologie, il faut remonter aux Grecs de l'Antiquité. Toutefois, pour connaître celles de la psychologie *expérimentale*, il faut se tourner vers les premiers développements de la physiologie, de l'anatomie, de la neurologie et même de l'astronomie.

Les différences individuelles

Les astronomes furent les premiers à constater que les connaissances puisées dans la physiologie humaine pouvaient servir à toutes les sciences. En 1795, l'un d'eux, Nevil Maskelyne, et son assistant David Kinnebrook réglaient des horloges marines selon le moment où une certaine étoile croisait un fil dans un télescope. Maskelyne remarqua que les observations de Kinnebrook étaient d'environ une demi-seconde plus lentes que les siennes. Il avisa Kinnebrook de son « erreur » et lui demanda de la corriger. Toutefois, l'écart entre les observations de Kinnebrook et celles de Maskelyne atteignit les huit dixièmes de seconde, et Kinnebrook fut relevé de ses fonctions. Vingt ans plus tard, l'incident attira l'attention de l'astronome allemand Friedrich Bessel (1784-1846), qui postula que l'erreur n'était pas due à l'incompétence de l'assistant de Maskelyne mais à des *différences individuelles* entre les observateurs. Bessel décida de comparer ses propres observations avec celles de ses collègues et trouva effectivement des différences systématiques entre elles. Son étude comparative fut la première sur les **temps de réaction**, et elle servit à corriger les différences entre observateurs. Pour faire cette correction, il fallait calculer les **équations personnelles**. Par exemple, si on ajoutait huit dixièmes de seconde au temps de réaction de Kinnebrook, ses observations concordaient avec celles de Maskelyne. Bessel nota des différences systématiques entre les observations individuelles et il trouva un moyen de compenser ces écarts, mais ses découvertes eurent peu d'impact sur les débuts de la psychologie expérimentale. Comme nous le verrons, les premiers psychologues expérimentaux s'intéressèrent à ce qui est vrai au sujet de la conscience humaine *en général* ; par conséquent, les différences individuelles qu'ils observaient entre les sujets expérimentaux étaient généralement imputables à une méthodologie négligée. Plus tard dans l'histoire de la psychologie (après Darwin), l'étude des différences individuelles prit une énorme importance.

Bessel eut tout de même le mérite d'avoir démontré que l'observateur a une influence sur ses observations. Étant donné que tous les éléments de la science se fondent sur l'observation, il fallait poursuivre dans cette voie, c'est-à-dire étudier les processus qui convertissent la stimulation physique en expérience consciente.

La différence entre réalité objective et réalité subjective

Évidemment, la démonstration de *tout* écart entre un événement physique et la perception qu'en a une personne intéressait beaucoup les scientifiques naturels, qui considéraient que leur travail consistait à décrire et à expliquer le monde physique avec exactitude. On pouvait contourner le problème créé par la distinction de Galilée et de Locke entre les qualités primaires et secondaires en se concentrant simplement sur les qualités primaires — autrement dit, sur les événements dont les qualités physiques concordent avec les sensations qu'ils provoquent. Il devenait de plus en plus évident, toutefois, que la non-concordance entre des événements physiques et les perceptions de ces événements est fréquente. Newton (1704-1952) avait observé que la lumière blanche telle qu'on la perçoit est en fait composée de toutes les couleurs du spectre, même si chacune d'elles n'est pas perçue individuellement. En 1760, Van Musschenbroek découvrit que si des couleurs complémentaires, comme le jaune et le bleu, sont présentées dans certaines proportions sur un disque qui tourne rapidement, l'observateur ne voit ni le jaune ni le bleu, mais seulement du gris. Il était évident que la réalité physique ne concorde pas toujours en tous points avec la perception de cette réalité. Comme la source la plus probable de cette non-concordance était l'organisme qui réagit, les scientifiques intéressés par l'aspect physique se tournèrent vers cette nouvelle science, la physiologie, qui consistait à étudier les processus biologiques par lesquels les humains interagissent avec le monde physique. Les physiologistes étudièrent la nature des nerfs, la conduction nerveuse, les comportements réflexes, la perception sensorielle, le fonctionnement du cerveau et, plus tard, la relation systématique entre la stimulation sensorielle et la sensation. Ce sont les travaux des physiologistes qui établirent le lien nécessaire entre la philosophie mentale et la science de la psychologie.

La notion d'équation personnelle s'avéra importante, car elle démontrait que l'observateur a une influence sur les observations, mais aussi parce que l'évaluation quantitative qu'elle permettait contribua à mettre en doute la position de Kant et d'autres, pour qui la psychologie ne pouvait pas être une science, les mathématiques ne s'appliquant pas aux phénomènes psychologiques. De manière générale, l'équation personnelle mettait en lumière l'écart qui existe entre la réalité physique et la réalité psychologique (subjective), et c'est cet écart qui fit que l'anatomie, la physiologie et, enfin, la psychologie en vinrent à être considérées comme des aspects importants de la science. En un sens, les sciences physiques rendirent inévitable la psychologique scientifique :

> Lorsque les sciences physiques commencèrent pour de bon, il était inévitable que la psychologie scientifique émerge. Les vieilles sciences elles-mêmes rendirent la chose nécessaire. Les chercheurs durent s'intéresser de plus en plus à l'organisme qui observait et à la nécessité de tenir compte de ses réactions pour que leur comptes rendus soient exacts et complets. (Heidbreder, 1933, p. 74 [notre traduction])

Nous verrons dans ce chapitre que ce sont principalement les physiologistes qui tentèrent de répondre à la question suivante : comment l'être humain influence-t-il ce qu'il observe ? Plus tard, leur questionnement s'incorpora à la nouvelle science qu'était la psychologie. Dans une large mesure, c'est la physiologie qui donna le premier contenu de ce qui allait devenir la psychologie, de même que les méthodologies qui allaient servir à explorer ce contenu.

Dans la prochaine section, nous présentons un survol des principales observations en physiologie qui ont donné naissance à la science de la psychologie.

La loi de Bell-Magendie

Jusqu'au XIXᵉ siècle, deux points de vue prévalaient au sujet de la composition des nerfs et de leur fonctionnement : celui de Descartes et celui de Hartley. Pour Descartes, des fibres reliant les récepteurs sensoriels au cerveau formaient les nerfs. Elles passaient dans des tubes creux qui transmettaient les « esprits animaux » depuis le cerveau jusqu'aux muscles. Pour Hartley, les nerfs étaient les voies par lesquelles des « vibrations » se transmettaient des récepteurs sensoriels jusqu'au cerveau et vice-versa. En 1811, le réputé physiologiste britannique **Charles Bell** (1774-1842) imprima et distribua à ses amis cent exemplaires d'une brochure qui allait changer radicalement la façon dont on voyait la conduction nerveuse. Ce document résume sa recherche sur l'indépendance anatomique et fonctionnelle des nerfs sensoriels et moteurs. En faisant des expériences sur des lapins, Bell réalisa que les nerfs sensoriels pénètrent dans les racines postérieures (dorsales) de la moelle épinière, tandis que les nerfs moteurs sortent des racines antérieures (ventrales). La découverte de Bell divisa donc l'étude de la physiologie nerveuse selon deux types de fonctions : sensorielles et motrices. Les travaux de Bell furent importants, puisqu'ils démontrent que les diverses fonctions mentales dépendent de structures anatomiques différentes. Autrement dit, des nerfs distincts régissent les mécanismes sensoriels et les réactions à ces mécanismes. Bell

Charles Bell

François Magendie

émit l'hypothèse qu'il existe une relation très complexe entre les nerfs sensoriels et la sensation, mais ce fut Johannes Müller qui étaya cette hypothèse à l'aide de données expérimentales. Nous reviendrons plus loin sur l'apport de Müller aux travaux de Bell.

L'existence supposée des deux types de nerfs date d'aussi loin qu'Érasistrate de Céos, au IIIe siècle av. J.-C., et Galène, au IIe siècle avant J.-C. En fait, tant Descartes qu'Hartley firent des conjectures sur cette hypothèse. Toutefois, ce fut Bell qui la confirma à l'aide de données expérimentales probantes. Comme nous l'avons mentionné, Bell fit connaître ses découvertes uniquement au sein de son cercle d'amis. Cela peut expliquer pourquoi le célèbre physiologiste français **François Magendie** (1783-1855) publia des résultats semblables à ceux de Bell onze ans plus tard sans avoir été au courant des travaux de Bell. Un débat eut lieu entre les tenants de Bell et ceux de Magendie au sujet de la paternité de cette découverte établissant une distinction entre les nerfs sensoriels et les nerfs moteurs. L'histoire régla la controverse en nommant la théorie **loi de Bell-Magendie**. (Pour plus de détails sur la controverse Bell-Magendie, voir Cranefield, 1974.)

Après Bell et Magendie, il ne fut plus possible de considérer les nerfs comme les transporteurs généraux de vibrations ou d'esprits. Il existait maintenant une « loi de sens direct » qui expliquait le système nerveux : les nerfs sensoriels transmettent les influx directement au cerveau depuis les récepteurs sensoriels, tandis que les nerfs moteurs envoient les influx directement aux muscles et aux glandes à partir du cerveau. La loi de Bell-Magendie montre que la moelle épinière comporte des voies distinctes pour les influx sensoriels et moteurs et donne à penser que ces voies correspondent à des régions sensorielles et motrices tout aussi distinctes.

La doctrine des énergies nerveuses spécifiques

Comme nous venons de le voir, la loi de Bell-Magendie stipulait que les nerfs ne sont ni les conduits creux transmettant des esprits animaux depuis le cerveau ou jusqu'à celui-ci, ni des structures générales accomplissant à la fois les fonctions sensorielles et les fonctions motrices. Bell et Magendie avaient établi qu'il existe deux types de nerfs et de fonctions. Comme nous en avons fait mention, Bell avait également supposé qu'il existe différents types de nerfs sensoriels. En fait, sans pouvoir le prouver, Bell avait postulé que chacun des cinq sens est desservi par un certain type de nerf sensoriel.

Johannes Müller

Le grand physiologiste allemand **Johannes Müller** (1801-1858) approfondit la loi de Bell-Magendie et élabora la **doctrine des énergies nerveuses spécifiques**. Après avoir reçu son doctorat de l'université de Bonn en 1822, Müller y demeura pour enseigner jusqu'en 1833. Il accepta ensuite un poste nouvellement créé de professeur en physiologie à l'université de Berlin. L'ouverture de ce poste consacrait la physiologie en tant que science (R.I. Watson, 1978). Suivant l'hypothèse de Bell, Müller démontra qu'il existe cinq types de nerfs sensoriels contenant chacun une énergie caractéristique, et que la stimulation de chacun de ces types de nerf produit une sensation caractéristique. En d'autres mots, chaque nerf réagit de manière spécifique, *quelle que soit la façon dont il est stimulé*. Par exemple, la stimulation de l'œil par des ondes lumineuses, un courant électrique, une pression ou un coup à la tête cause dans tous les cas des sensa-

Johannes Müller

tions visuelles. Emil du Bois-Reymond, un des élèves de Müller, alla jusqu'à dire que si l'on pouvait couper et croiser les nerfs visuel et auditif, on pourrait entendre avec ses yeux et voir avec ses oreilles (Boring, 1950, p. 93).

La recherche expérimentale détaillée de Müller mit fin pour de bon à la vieille théorie des émanations, selon laquelle de minuscules copies des objets physiques s'infiltraient dans les récepteurs sensoriels, et suivaient les nerfs jusqu'au cerveau où elles créaient une image de l'objet. Selon cette ancienne théorie, n'importe quel nerf sensoriel pouvait transmettre de l'information sensorielle au cerveau.

La stimulation adéquate Müller prétendit que les différents nerfs contenaient leur propre énergie, mais il ne croyait pas que tous les organes sensoriels étaient aussi sensibles les uns que les autres aux divers genres de stimulation. Il affirmait plutôt que chacun de ces cinq organes présentait une sensibilité maximale à un certain type de stimulation. Müller appelait cette sensibilité *irritabilité spécifique*, qui fut plus tard nommée **stimulation adéquate**. L'œil est plus facilement stimulé par les ondes lumineuses, l'oreille par les ondes sonores, la peau par la pression, etc. L'œil peut être stimulé par la pression, mais celle-ci est un stimulus moins adéquat qu'une onde lumineuse pour la vision. Lorsqu'une personne appréhende son environnement, la sensibilité spécialisée de ses différents sens lui procure une foule de sensations. Son cerveau peut ainsi élaborer un « tableau » de l'environnement physique, mais la nature de ce tableau — par exemple sa netteté — dépend des systèmes sensoriels de la personne.

Pour Müller, donc, la concordance entre les sensations et les objets du monde matériel était déterminée par les sens et leur irritabilité spécifique. Müller se posa longuement la question suivante : étaient-ce les caractéristiques du nerf lui-même qui lui donnaient sa spécialisation ou plutôt la zone du cerveau où ce nerf aboutissait ? Il parvint à la conclusion que c'étaient les caractéristiques qui déterminaient son irritabilité, mais des recherches ultérieures démontrèrent qu'il s'agissait plutôt de la zone cérébrale où se terminait le nerf.

Nous sommes conscients des sensations, et non de la réalité physique Pour la psychologie, la principale implication de la doctrine de Müller est la suivante : la nature du système nerveux central, et non celle du stimulus physique, détermine les sensations de l'être humain. Selon Müller, l'être humain est conscient non pas des objets du monde matériel mais des différents influx sensoriels. Il s'ensuit que la connaissance qu'un être humain a du monde physique se limite nécessairement aux types de récepteurs sensoriels qu'il possède.

Fervent disciple de Kant, Müller croyait qu'il avait découvert l'équivalent physiologique des catégories de pensée de ce philosophe. Selon Kant, l'information sensorielle était transformée par les catégories innées de pensée avant d'être éprouvée de façon consciente. Selon Müller, le système nerveux constituait l'intermédiaire entre les objets physiques et la conscience. Le nativisme de Kant mettait de l'avant des catégories mentales, tandis que Müller supposait des mécanismes physiologiques. Dans les deux cas, l'information sensorielle était modifiée ; par conséquent, ce que l'humain éprouvait consciemment différait de ce qui existait physiquement. Müller, cependant, estimait que les sensations n'épuisaient pas la vie mentale. Dans son célèbre *Handbuch der Physiologie der Menschen* (*Manuel de physiologie humaine*, 1833-1840), dans une section intitulée « De l'esprit », il postula que l'esprit était capable de percevoir certaines sensations à l'exclusion d'autres. Ainsi, même dans son système autrement mécaniste, Müller trouvait le moyen d'inclure un esprit actif, démontrant encore une fois sa fidélité à Kant.

Müller fut l'un des plus grands physiologistes expérimentaux de son époque, et il sut résumer dans son manuel les connaissances d'alors dans son domaine. Il fonda également l'Institut mondial de physiologie expérimentale à l'université de Berlin, le tout premier du genre. Müller avait pressenti le lien étroit qui existe entre la physiologie et la psychologie. Il affirmait : « Personne ne peut être psychologue sans d'abord devenir physiologiste » (Fitzek, 1997, p. 46 [notre traduction]).

La plupart de ceux qui allaient devenir les physiologistes les plus connus du XIXe siècle étudièrent avec Müller, y compris Helmholtz.

Hermann von Helmholtz

Plusieurs considèrent **Hermann von Helmholtz** (1821-1894) comme le plus important scientifique du

Hermann von Helmholtz

XIXe siècle. Comme nous le verrons, il apporta une contribution considérable à la physique, à la physiologie et à la psychologie. Né un 31 août à Postdam, en Allemagne, Helmholtz était un enfant malingre et un élève médiocre, qui éprouvait ses plus grandes difficultés en langues étrangères et en poésie. Sa soi-disant médiocrité scolaire traduit peut-être un manque de la part de ses enseignants puisque Helmholtz passait son temps libre à lire des livres scientifiques et à calculer les principes géométriques que décrivaient les différentes configurations de son jeu de cubes. Son père, un professeur, n'avait pas les moyens de lui payer la formation scientifique que Helmholtz désirait. Heureusement, le gouvernement offrait un programme qui permettait aux élèves doués d'aller à l'école de médecine gratuitement, en échange de quoi ces élèves devaient servir dans l'armée pendant huit ans à titre de chirurgiens après leurs études. Helmholtz s'inscrivit dans ce programme et entreprit sa formation en médecine et en chirurgie à la Berlin Royal Friedrich-Wilhelm Institute. Il avait alors dix-sept ans. Dès sa deuxième année à cet établissement, Helmholtz commença à étudier avec Johannes Müller.

La position de Helmholtz contre le vitalisme

Même si Helmholtz acceptait plusieurs des conclusions de Müller, les deux hommes entretenaient certains désaccords. Par exemple, contrairement à Helmholtz, Müller croyait au **vitalisme**. En biologie et en physiologie, le problème du vitalisme opposé au matérialisme ressemblait beaucoup à celui opposant l'esprit et le corps en philosophie et en psychologie. Les vitalistes soutenaient que la vie ne pouvait pas s'expliquer par les seules interactions entre les processus physiques et chimiques. Pour eux, la vie était « plus » qu'un processus physique, et ne se réduisait donc pas à lui. De plus, n'étant pas physique, la « force vitale » ne pourrait jamais se soumettre à une analyse scientifique. Au contraire, les matérialistes ne voyaient rien de mystérieux dans la vie et affirmaient qu'elle s'expliquait entièrement par les processus physiques et chimiques. Il n'y avait donc aucune raison d'exclure l'étude de la vie ou de quoi que ce soit d'autre du domaine de la science. Helmholtz partageait le point de vue des matérialistes, selon qui les mêmes lois s'appliquaient aux choses vivantes et non vivantes, de même qu'aux événements mentaux et non mentaux. Helmholtz et plusieurs de ses camarades d'études croyaient tellement au matérialisme qu'ils signèrent le serment suivant (de leur propre sang, disent certains) :

> Seules les forces physiques et chimiques, à l'exclusion de toute autre, agissent sur l'organisme. Dans les cas qui ne peuvent pas s'expliquer par ces forces, il faut soit s'attacher à découvrir la manière ou la forme spécifique de leur action à l'aide de la méthode physicomathématique, soit présumer que de nouvelles forces aussi importantes que les forces physiques et chimiques sont inhérentes à la matière, et se réduisent à la force d'attraction et de répulsion. (Bernfeld, 1949, p. 171 [notre traduction])

Parmi ceux qui signèrent ce serment figuraient Du Bois-Reymond (qui, à la mort de Müller, devint professeur de physiologie à l'université de Berlin), Carl Ludwig (dont les cours de physiologie à l'université de Leipzig influencèrent un certain Ivan Pavlov) et Ernst von Brücke (qui enseigna la physiologie à l'université de Vienne, où il se lia d'amitié avec Sigmund Freud). En signant un manifeste qui rejetait le vitalisme, ce groupe de scientifiques affirmaient que les organismes vivants, y compris les humains, représentaient des machines complexes (mécanisme) et que ces machines n'étaient constituées que de substances matérielles. La philosophie mécaniste-matérialiste, soutenue par ces scientifiques, eut une profonde influence sur la physiologie, la médecine et la psychologie.

Le principe de la conservation de l'énergie

Helmholtz obtint son diplôme de médecine à l'âge de vingt et un ans et commença aussitôt son service militaire. Dans l'armée, il parvint à se faire un petit laboratoire et à poursuivre les recherches qu'il avait commencées sur les processus métaboliques de la grenouille. Il put démontrer que l'apport de nourriture et d'oxygène expliquait l'énergie totale qu'un organisme dépensait. Il fut ainsi en mesure d'appliquer aux organismes vivants le **principe de conservation de l'énergie**, déjà connu. Selon ce principe qui avait précédemment servi à expliquer des phénomènes physiques, l'énergie d'un système ne se perd pas et ne se crée pas ; elle ne fait que passer d'une forme à une autre. Appliquée aux organismes vivants, cette explication concordait manifestement avec la philosophie matérialiste, car elle rapprochait la physique, la chimie et la physiologie. En 1847, Helmholtz publia un article intitulé « La conservation de la force », qui eut une telle influence qu'on releva Helmholtz de ses fonctions dans l'armée.

En 1848, Helmholtz fut nommé professeur d'anatomie à l'Académie des arts de Berlin. L'année suivante, il fut nommé professeur de physiologie à Königsberg, où Kant avait enseigné toute sa vie. Ce fut à Königsberg qu'Helmholtz mena sa recherche, devenue célèbre, au sujet de la vitesse de la conduction nerveuse.

La vitesse de la conduction nerveuse

Helmholtz était en désaccord avec Müller non seulement au sujet du vitalisme, mais également au sujet de la vitesse supposée de la conduction nerveuse. Müller avait maintenu que la conduction nerveuse était presque instantanée et donc trop rapide pour être mesurée. Son point de vue reflétait la croyance ancienne, encore très populaire à l'époque, qu'il existait un agent non matériel vital qui se déplaçait instantanément et qui déterminait le comportement des organismes. De nombreux philosophes avaient cru que l'esprit ou l'âme contrôlait les actions du corps et que, puisque l'esprit et l'âme recevaient l'inspiration de Dieu, leur effet dans le corps entier était instantané. Ceux qui croyaient en l'existence d'un esprit animal, d'une force vitale, d'un esprit ou d'une âme immatériel, croyaient que la mesure de la vitesse de la conduction nerveuse était impossible.

Helmholtz, cependant, n'excluait rien de l'analyse scientifique, pas même la vitesse de la conduction nerveuse. Pour mesurer cette vitesse, Helmholtz isola la fibre nerveuse qui conduit au muscle d'une patte de grenouille. Il stimula ensuite la fibre nerveuse à différentes distances du muscle et nota le temps de réaction de celui-ci. Il découvrit que la réponse musculaire avait lieu plus rapidement quand le nerf moteur était stimulé plus près du muscle. En soustrayant un temps de réaction de l'autre, il put conclure que l'influx nerveux se déplaçait à une vitesse d'environ 27,4 mètres par seconde. Helmholtz fit ensuite des expériences sur des humains. Il demandait à ses sujets de réagir à une stimulation de leur jambe en appuyant sur un bouton. Il découvrit que le temps de réaction était plus lent lorsqu'il stimulait l'orteil que lorsqu'il stimulait la cuisse ; il conclut, de nouveau par soustraction, que la vitesse de la conduction nerveuse chez les humains se situait entre 50,3 et 100,6 mètres par seconde. Cet aspect de la recherche de Helmholtz est significatif parce qu'il montre que l'on peut effectivement mesurer les influx nerveux mesurables, et que ceux-ci sont, en fait, relativement lents. On se servit de ces expériences pour prouver que c'était des processus physicochimiques qui intervenaient dans les interactions de l'humain avec son environnement, et non quelque mystérieux processus que la science ne pouvait étudier.

Même si la mesure du temps de réaction fut extrêmement utile à Helmholtz pour déterminer la vitesse de la conduction nerveuse, il découvrit qu'elle variait considérablement d'un sujet à l'autre et aussi chez un même sujet à différents moments. Il en conclut que le temps de réaction n'offrait pas assez de fiabilité pour servir de mesure valide et cessa de l'observer. Ses doutes se confirmèrent des années plus tard lorsque des mesures plus précises indiquèrent que les vitesses de conduction nerveuse qu'il avait notées étaient trop lentes. Mais cela n'enlève rien à l'importance des recherches innovatrices de Helmholtz.

La théorie de la perception

Même si Helmholtz croyait que les mécanismes de la sensation relevaient du système physiologique du corps, il affirmait que c'était l'expérience passée de l'observateur qui transformait une **sensation** en **perception**. Les sensations, donc, étaient des éléments bruts de l'expérience consciente, tandis que les perceptions étaient des sensations auxquelles les expériences passées donnaient un sens. Pour expliquer la transformation des sensations en perceptions, Helmholtz se basa sur la notion d'**inférence inconsciente**. Selon lui, pour traduire par le mot « chaise » une sensation visuelle, il fallait appliquer une bonne part d'expérience antérieure, comme lorsque nous persistons à dire que les rails d'une voie ferrée sont parallèles alors que la sensation visuelle nous indique qu'elles convergent au loin. De la même façon, nous percevons le mouvement d'images en mouvement parce que nous avons l'expérience d'événements qui créent une série d'images sur la rétine. Et nous apprenons par expérience que la distance perçue est inversement liée à la grandeur de l'image rétinienne. Helmholtz détermina que la perception de la profondeur venait du fait que l'image rétinienne d'un objet était légèrement différente sur les deux rétines. L'expérience passée de cette différence rétinienne créait l'inférence inconsciente de la profondeur. Helmholtz n'aimait pas employer le terme *inférence inconsciente*, parce qu'il sous-entendait la présence d'un processus mystérieux qui allait à l'encontre de son serment, mais il ne pouvait pas trouver un meilleur terme.

Pour appuyer sa théorie empirique de la perception, Helmholtz donna comme exemple les personnes aveugles de naissance qui retrouvaient la vue et devaient apprendre à percevoir, même si toutes les sensations fournies par l'appareil visuel étaient présentes. Ses expériences classiques sur des lentilles qui déformaient la vision venaient elles aussi appuyer sa théorie. Helmholtz faisait porter à ses sujets des lentilles qui déplaçaient le champ visuel de quelques centimètres vers la gauche ou la droite. Au début, les sujets avaient du mal à repérer correctement les objets ; après quelques minutes, cependant, une *adaptation perceptive* s'établissait, et les sujets pouvaient à nouveau interagir correctement avec leur environnement. Lorsqu'ils enlevaient les lentilles, les sujets éprouvaient encore quelques difficultés puis s'adaptaient de nouveau.

Une à la fois, Helmholtz montra comment chacune des catégories de pensée de Kant était dérivée de l'expérience. Au sujet des axiomes de la géométrie, que Kant considérait comme innés, Helmholtz disait que si le monde était organisé autrement, notre expérience serait différente et, par conséquent, nos axiomes aussi.

Helmholtz et Kant s'entendaient cependant sur ce point important : le sujet qui perçoit transforme son expérience sensorielle. Pour Kant, cette transformation s'accomplissait lorsque les facultés mentales innées structuraient l'information sensorielle. Pour Helmholtz, la transformation se produisait lorsque l'information sensorielle était enrichie par l'expérience passée de la personne. L'explication que donnait Kant de la perception était donc nativiste et celle de Helmholtz, empiriste. La notion d'inférence inconsciente de Helmholtz se rapproche d'une notion qui allait bientôt faire partie de la psychologie : pour qu'une inférence inconsciente convertisse une sensation en perception, le souvenir des apprentissages antérieurs doit interagir avec cette sensation. Bien que les processus d'apprentissage et la mémoire allaient plus tard devenir des aspects essentiels de la psychologie, Helmholtz ne se considéra jamais comme un psychologue. Il trouvait que ce domaine frôlait la métaphysique, à laquelle il ne s'intéressait aucunement.

La théorie de la vision des couleurs

Helmholtz mena ses recherches sur la vision entre 1853 et 1868 aux universités de Königsberg, de Bonn et de Heidelberg, et il publia ses résultats dans un ouvrage en trois volumes : *Handbook of Physiological Optics* (1856-1866). Plusieurs années avant la naissance de Helmholtz, Thomas Young (1773-1829) avait proposé une théorie de la vision des couleurs très semblable à celle de Helmholtz, mais elle n'avait pas été reconnue. Helmholtz changea légèrement la théorie de Young et l'étaya de données expérimentales. La théorie que nous présentons ici porte aujourd'hui le nom de **théorie de la vision des couleurs de Young-Helmholtz** (aussi appelée théorie trichromatique de Young-Helmholtz).

En 1672, Newton avait démontré que si on faisait passer la lumière solaire blanche à travers un prisme, elle ressortait sous la forme d'une bande de lumières colorées dont le rouge se trouvait à une extrémité, puis l'orange, le jaune, le vert, le bleu, l'indigo et le violet. Le prisme séparait les différentes longueurs d'onde qui,

ensemble, donnaient du blanc. Les premières hypothèses avançaient qu'une longueur d'onde différente correspondait à chaque couleur et que les différentes sensations chromatiques dérivaient des variations entre les longueurs d'onde. Cependant, Newton lui-même trouvait cette explication déficiente. Lorsqu'il mélangea différentes longueurs d'onde, il lui apparut clair que cette propriété de la couleur ne résidait pas dans les longueurs d'onde proprement dites, et qu'elle dépendait plutôt de l'observateur. Par exemple, la sensation du blanc existe soit quand toutes les longueurs d'onde du spectre sont présentes, soit quand celles correspondant aux couleurs rouge et bleu-vert sont combinées. De la même façon, une personne ne peut pas distinguer la sensation de l'orange causée par la longueur d'onde correspondant à l'orange de celle de l'orange issue du mélange de rouge et de jaune. La question était de savoir comment expliquer le manque de concordance entre le stimulus physique présent et les sensations causées par ces stimuli.

Pour répondre à cette question, Helmholtz approfondit la doctrine de Müller sur les énergies nerveuses spécifiques et avança qu'il y avait trois types de récepteurs chromatiques sur la rétine. Autrement dit, plutôt que de postuler que la vision des couleurs avait une énergie nerveuse spécifique qui lui était associée, comme Müller l'avait cru, Helmholtz affirma qu'elle faisait intervenir trois récepteurs distincts, chacun doté de sa propre énergie. On savait déjà à l'époque que les différentes combinaisons de couleurs—rouge, vert et bleu-violet, les couleurs primaires additives — pouvaient produire toutes les autres couleurs. Helmholtz spécula qu'il existait trois types de récepteurs chromatiques correspondant aux trois couleurs primaires additives. Si on présentait une lumière rouge à un sujet, les soi-disant récepteurs rouges du sujet étaient stimulés, et l'œil percevait alors du rouge ; si on présentait une lumière verte, les récepteurs verts étaient stimulés et l'œil voyait du vert. Si on offrait à l'œil toutes les couleurs primaires en même temps, il percevait du blanc. Si la couleur montrée n'était pas une couleur primaire additive, elle stimulait différentes combinaisons des trois récepteurs, ce qui donnait une sensation chromatique subjective correspondant à la combinaison des longueurs d'onde présentes. Par exemple, la présence simultanée d'une lumière rouge et d'une lumière verte produisait la sensation chromatique subjective du jaune. Aussi, la même sensation chromatique pouvait être causée par différentes configurations des trois systèmes de récepteurs. C'est ainsi que Helmholtz expliqua pourquoi beaucoup de longueurs d'onde physiques produisaient la même sensation chromatique.

La théorie de la vision des couleurs de Young-Helmholtz fut extrêmement utile pour expliquer les nombreuses formes de daltonisme. Par exemple, si une personne ne possédait pas un ou plusieurs systèmes de récepteurs correspondant aux couleurs primaires, elle ne pouvait pas percevoir certaines couleurs subjectivement, même si le monde physique n'avait pas changé. Les sens actualisent donc les éléments du monde physique qui, autrement, ne peuvent qu'être des sensations potentielles.

Helmholtz était toujours étonné de voir comment les mécanismes physiologiques déformaient l'information qu'une personne reçoit du monde physique, mais il était encore plus surpris de constater la non-concordance entre les événements physiques et les sensations psychologiques (comme la perception des couleurs). Helmholtz exprimait ainsi ses impressions :

> Les inexactitudes et les imperfections de l'œil comme instrument d'optique, de même que les anomalies de l'image sur la rétine, semblent maintenant insignifiantes en comparaison avec les incongruités que nous avons constatées sur le plan des sensations. On pourrait presque penser que la Nature se contredit elle-même délibérément dans le but de détruire tout rêve d'une harmonie préexistante entre le monde intérieur et le monde extérieur. (Kahl, 1971, p. 192 [notre traduction])

La théorie de la perception auditive

Pour étudier l'audition, Helmholtz fit la même chose que pour la vision des couleurs : il raffina la doctrine de Müller sur les énergies nerveuses spécifiques. Il constata que l'oreille n'était pas qu'un simple récepteur sensoriel, mais un appareil très complexe doté de nombreux récepteurs. Alors que l'appareil visuel se constitue de trois types de fibres nerveuses, chacune ayant sa propre énergie nerveuse, l'appareil auditif comporte des milliers de types de fibres nerveuses dotées chacune d'une énergie nerveuse spécifique. Helmholtz découvrit que lorsqu'on prélevait et déroulait la principale membrane de l'oreille interne, appelée la membrane basilaire, celle-ci avait la forme d'une harpe. Supposant que cette membrane était à l'oreille ce que la

rétine était à l'œil, Helmholtz spécula que les différentes fibres qui bordaient la membrane basilaire étaient sensibles aux différences de fréquence des ondes sonores. Les fibres courtes réagissent à des fréquences supérieures ; les fibres longues réagissent à des fréquences inférieures. Une onde d'une certaine fréquence fait vibrer la fibre appropriée de la membrane basilaire, causant une sensation sonore qui correspond à cette fréquence. Ce processus fut appelé *vibration sympathique*, et on peut le démontrer en faisant vibrer un diapason d'une fréquence donnée et en notant que la corde de piano correspondant à cette fréquence commence aussi à vibrer. Helmholtz supposa qu'un processus similaire avait lieu dans l'oreille moyenne et qu'on pouvait expliquer, par les différentes combinaisons de la stimulation des fibres, la grande diversité des sensations auditives. Cette théorie s'appelle **théorie de la perception auditive selon la zone de résonance**. Des variantes de la théorie de Helmholtz existent encore aujourd'hui.

La théorie des signes

Bien que Helmholtz eût une façon empiriste d'expliquer la sensation et la perception, il postulait que l'esprit était actif. Selon lui, l'esprit avait pour fonction de créer une conception raisonnablement exacte de la réalité à partir des différents « signes » qu'il recevait des systèmes sensoriels du corps. Helmholtz supposait qu'une relation dynamique existait entre la volition, la sensation et la réflexion lorsque l'esprit essayait d'élaborer une représentation fonctionnelle de la réalité extérieure. Il voyait l'esprit d'une façon différente de Kant qui, lui, croyait que les catégories mentales de la pensée élaboraient automatiquement une conception de la réalité. Le point de vue de Helmholtz différait aussi de celui des empiristes anglais et des sensationnalistes français, pour qui l'esprit restait en grande partie passif. Pour Helmholtz, la tâche de l'esprit était de construire une conception fonctionnelle de la réalité à partir d'informations incomplètes, et peut-être déformées, issues des sens (Turner, 1977).

Les contributions de Helmholtz

Helmholtz supposait donc un esprit actif, mais il acceptait l'explication empirique au sujet de l'origine du contenu de l'esprit. Sa façon d'expliquer la sensation (l'événement mental qui résulte de la stimulation sensorielle) et la perception (la sensation enrichie de l'inférence inconsciente) était empiriste. Sa façon d'étudier les phénomènes physiologiques et psychologiques était, sans équivoque, scientifique. Helmholtz démontra que la conduction nerveuse n'était pas instantanée, comme on l'avait cru, mais qu'elle était plutôt lente et qu'elle reflétait la présence de processus physiques. Plus que quiconque avant lui, Helmholtz montra, avec une grande rigueur expérimentale, les mécanismes par lesquels l'être humain interagit avec le monde physique — mécanismes pouvant s'expliquer par des lois physiques, objectives. Il avait observé que la concordance entre ce qui existe physiquement et ce qui est perçu psychologiquement n'était pas très bonne, mais il arrivait à expliquer ce manque de concordance à l'aide des propriétés des systèmes de récepteurs et à l'aide des inférences inconscientes de l'observateur. Il ne faisait intervenir aucune force mystique ou non scientifique. Les travaux de Helmholtz jetèrent des ponts entre la physique, la chimie, la physiologie et la psychologie. Ce faisant, il prépara le terrain pour l'émergence de la psychologie expérimentale, qui fut à plusieurs points de vue une suite naturelle de ses travaux. (Cahan [1994] explique brillamment les contributions de Helmholtz à la science moderne ainsi que le climat culturel dans lequel il évolua.)

En 1871, Helmholtz réalisa son ambition de toujours : il fut nommé professeur de physique à l'université de Berlin. En 1882, l'empereur allemand lui conféra la noblesse, et son nom devint Hermann *von* Helmholtz. En 1893, Helmholtz se rendit aux États-Unis pour voir l'exposition internationale de Chicago et rendre visite à William James. Durant son voyage de retour en Allemagne, il tomba du bateau, mais il sembla n'avoir subi que des coupures et des ecchymoses. Après cet accident, toutefois, il commença à se plaindre de fatigue générale. L'année suivante, il fit une hémorragie cérébrale et mourut le 8 septembre 1894.

Ewald Hering

À l'époque de Helmholtz, une intense controverse avait lieu au sujet du caractère inné ou acquis des phénomènes de la perception. La notion d'inférence inconsciente plaça Helmholtz du côté de ceux qui affirmaient que les perceptions étaient acquises. **Ewald Hering** (1834-1918) partageait le point de vue des nativistes.

Ewald Hering

Après avoir reçu son diplôme de médecine de l'université de Leipzig, Hering y demeura plusieurs années avant d'accepter un poste de professeur à la Vienna Military Medical Academy, où il travailla avec Josef Breuer (1842-1925), qui joua par la suite un rôle essentiel dans la naissance de la psychanalyse (voir le chapitre 16). Ensemble, Hering et Breuer démontrèrent que la respiration était en partie causée par les récepteurs des poumons — une découverte d'ailleurs appelée réflexe de Hering-Breuer. En 1870, Hering commença à travailler à l'université de Prague, où il succéda au grand physiologiste Jan E. Purkinje (1787-1869). À l'instar de Goethe, à qui il dédia un de ses plus importants ouvrages, Purkinje était un phénoménologue. Il affirmait que le phénomène de l'esprit, auquel on accédait par une analyse introspective consciencieuse, devait être ce qu'essayaient d'expliquer les physiologistes. Selon Purkinje, le physiologiste se devait d'expliquer non seulement les sensations et les perceptions « normales », mais aussi les sensations et les perceptions « anormales », comme les illusions et les images consécutives. Il observa de nombreux phénomènes, dont le fait que la vivacité relative des couleurs changeait selon que la lumière était tamisée ou forte. Plus précisément, à mesure que le crépuscule approche, les nuances qui correspondent à des longueurs d'onde courtes, comme le violet et le bleu, semblent plus claires que les nuances qui correspondent aux longueurs d'onde plus longues, comme le jaune et le rouge. Ce changement dans l'éclat des couleurs en fonction de la luminosité est connu sous le nom de *Purkinje shift*. Hering était lui aussi un phénoménologue, et sa théorie sur la vision des couleurs, que nous traitons un peu plus loin, repose en grande partie sur le phénomène des images consécutives négatives.

La perception de l'espace

En ce qui a trait à la perception spatiale, nous avons vu que Helmholtz croyait qu'elle se développait lentement, avec l'expérience, en fonction de la corrélation des événements physiologiques et psychologiques. Hering, toutefois, croyait que chaque point sur la rétine, lorsque stimulé, produisait automatiquement trois types d'information au sujet du stimulus : la hauteur, la position gauche-droite et la profondeur. Comme Kant, Hering croyait que la perception spatiale existait *a priori*. Pour Kant, la perception spatiale appartenait aux catégories innées de la pensée ; pour Hering, elle était une caractéristique innée de l'œil.

La théorie de la vision des couleurs

Après avoir travaillé sur le problème de la perception spatiale pendant environ dix ans, Hering s'intéressa à la vision des couleurs. Il observa un certain nombre de phénomènes qu'il estimait soit incompatibles avec la théorie trichromatique de Young-Helmholtz, soit inexplicables en utilisant cette théorie. Il remarqua que certaines paires de couleurs produisaient, lorsqu'on les mélangeait, la sensation de gris. Cela était vrai pour le rouge et le vert, le bleu et le jaune, ainsi que le noir et le blanc. Il constata aussi qu'une personne qui fixait du rouge puis qui regardait ailleurs avait une image consécutive de vert ; de la même façon, le bleu donnait une image consécutive de jaune. Hering remarqua également que les personnes qui avaient de la difficulté à distinguer le rouge du vert pouvaient toutefois voir le jaune, et qu'il était habituel pour une personne daltonienne de perdre la sensation à la fois du rouge et du vert, et non d'une seule de ces deux couleurs. Toutes ces observations contribuèrent à remettre en question la théorie de Young-Helmholtz, et peut-être même à la contredire.

Pour expliquer ces phénomènes, Hering supposa qu'il existait trois types de récepteurs rétiniens mais que chacun pouvait réagir de deux façons. Un de ces types de récepteurs réagissait au rouge-vert ; un autre, au jaune-bleu et un autre, au blanc-noir. Le rouge, le jaune et le blanc causaient une « destruction », ou *catabolisme*, de leurs récepteurs respectifs. Le vert, le bleu et le noir provoquaient une « construction », ou *anabolisme*, de leurs récepteurs respectifs. Si les deux couleurs auxquelles un récepteur était sensible se trouvaient présentes en même temps, les processus de catabolisme et d'anabolisme s'annulaient, et il en résultait une sensation de gris. Si une seule des deux couleurs auxquelles un récepteur réagissait était présente, le processus correspondant s'amoindrissait, ce qui faisait que seul le processus opposé produisait une image consécutive. Enfin, la théorie de Hering expliquait pourquoi les personnes qui ne réagissaient pas au rouge ou au vert pouvaient cependant voir le jaune et pourquoi l'incapacité de voir le rouge s'accompagnait habituellement de celle de voir le vert.

Pendant presque cinquante ans, un débat se poursuivit entre ceux qui acceptaient la théorie de Young-Helmholtz et ceux qui optaient pour celle de Hering ; la controverse existe encore aujourd'hui. De nos jours, on croit que la théorie trichromatique de Young-Helmholtz explique correctement l'existence de cellules rétiniennes sensibles au rouge, au vert et au bleu, mais il existe aussi des processus neuraux, au-delà de la rétine, qui concordent davantage avec les processus métaboliques proposés par Hering.

Christine Ladd-Franklin

Née le 1er décembre, Christine Ladd (1847-1930) termina ses études au Vassar College, un établissement d'enseignement qui était alors nouveau, en 1869. Elle poursuivit ses études en mathématiques à l'université Johns Hopkins, également nouvelle à l'époque, et, même si elle avait réussi tous les cours nécessaires à l'obtention du doctorat en 1882, on lui refusa son diplôme parce qu'elle était une femme. Le Vassar College lui décerna cependant un doctorat honorifique en 1887. Lorsque le climat social devint moins discriminatoire envers les femmes, Ladd reçut son doctorat de l'université Johns Hopkins. C'était en 1926, quarante-quatre ans après avoir terminé ses études doctorales (elle avait alors presque quatre-vingts ans).

Christine Ladd-Franklin

En 1882, elle épousa Fabian Franklin, professeur de mathématiques à l'université Johns Hopkins. Durant le congé sabbatique de son mari en Allemagne, **Christine Ladd-Franklin** donna suite à l'intérêt pour la psychologie qu'elle avait manifesté plus tôt (elle avait publié un article sur la vision en 1887). Même si les femmes, à cette époque, se voyaient généralement exclues des universités en Allemagne, elle parvint à être acceptée pour une durée d'un an (1891-1892) au laboratoire Georg E. Müller à Göttingen, où on appuyait la théorie de la vision des couleurs de Hering. Après cette année où elle fut influencée par Müller, elle étudia avec Helmholtz à l'université de Berlin, où elle se familiarisa avec sa théorie trichromatique de la vision des couleurs.

Avant de quitter l'Europe, Ladd-Franklin voulut faire connaître sa propre théorie sur la question qui, selon elle, améliorait celles de Helmholtz et de Hering. Elle présenta donc le fruit de son travail à l'International Congress of Experimental Psychology, à Londres, en 1892. Une fois de retour aux États-Unis, Ladd-Franklin enseigna la logique et la psychologie à Johns Hopkins jusqu'à ce qu'elle déménage avec son époux à New York, où elle enseigna et défendit sa théorie de la vision des couleurs à l'université Columbia de 1910 jusqu'à sa mort en 1930.

Ladd-Franklin basait sa théorie sur l'évolution. Elle avait remarqué que certains animaux sont daltoniens et supposa que la vision achromatique était apparue en premier au cours de l'évolution, et qu'ensuite seulement s'était développée la vision des couleurs. Elle pensa également que l'œil humain portait les vestiges des développements qu'il avait connus au cours de l'évolution. Elle observa que la partie la plus évoluée de l'œil était la fovéa où, du moins à la lumière du jour, l'acuité visuelle et la sensibilité chromatique étaient les plus grandes. De la fovéa à la périphérie de la rétine, l'acuité se réduisait et la capacité de distinguer les couleurs disparaissait. Cependant, en périphérie de la rétine, la vision de nuit et la perception du mouvement étaient meilleures que dans la fovéa. Ladd-Franklin supposa que la vision périphérique (produite par les bâtonnets rétiniens) était plus primitive que la vision fovéale (produite par les cônes rétiniens), parce que la vision de nuit et la détection du mouvement constituent des éléments essentiels à la survie. Cependant, si la vision des couleurs apparut plus tard que la vision achromatique au cours de l'évolution, n'était-il pas possible que la vision chromatique elle-même eût évolué par étapes progressives ?

Après avoir étudié en profondeur les zones chromatiques établies sur la rétine et certains faits liés au daltonisme, Ladd-Franklin arriva à la conclusion que la vision des couleurs avait évolué en trois stades. La vision achromatique était apparue en premier, puis la sensibilité au bleu et au jaune, puis celle au rouge et au vert. L'hypothèse voulant que le dernier stade soit le plus fragile expliquait la prévalence du daltonisme au rouge-vert. Le daltonisme au bleu-jaune est moins fréquent parce qu'il a évolué avant et qu'une déficience reste moins probable. La vision achromatique, apparue en premier, reste ainsi plus difficile à dérégler.

Ladd-Franklin connaissait évidemment les théories de Helmholtz et de Hering, mais elle ne présenta pas sa propre théorie dans le but de s'opposer à l'un ou à l'autre de ces chercheurs, bien qu'elle avait une préférence pour la théorie de Hering. Elle essaya simplement d'expliquer les origines de l'anatomie de l'œil et des capacités visuelles à l'aide du processus de l'évolution.

La théorie de Ladd-Franklin connut une certaine popularité, puis elle tomba dans l'oubli parce que Ladd-Franklin ne disposait pas des installations de recherche qui lui auraient permis de faire avancer ses travaux. Toutefois, certains pensent que son analyse de la vision des couleurs est encore valide (voir, par exemple, Hurvich, 1971). Furomoto (1992) ainsi que Scarborough et Furumoto (1987) présentent d'intéressantes esquisses biographiques de Ladd-Franklin.

Les premières recherches sur le fonctionnement du cerveau

Vers la fin du XVIIIe siècle, il était très répandu de croire qu'on pouvait déterminer le caractère d'une personne en analysant les traits de son visage, la structure de son corps ainsi que sa façon de se tenir et de bouger. Une telle analyse est appelée **physiognomonie** (Jahnke, 1997, p. 30). La phrénologie est une variante de la physiognomonie et connut une grande popularité.

La phrénologie

Peu après la description des facultés mentales par Reid et d'autres (voir le chapitre 6), des chercheurs décidèrent de faire une nouvelle analyse de la psychologie des facultés. **Franz Joseph Gall** (1758-1828) fut l'un de ces chercheurs. Gall acceptait la croyance largement répandue selon laquelle les facultés mentales agissaient

Franz Joseph Gall

sur les informations sensorielles et les transformaient, mais il émit trois autres hypothèses qui changèrent l'histoire de la psychologie sur ce sujet :

- les facultés mentales ne sont pas les mêmes chez tous les humains ;
- les facultés mentales logent dans des zones spécifiques du cerveau ;
- lorsqu'une faculté mentale est très développée chez une personne, celle-ci présente une bosse ou une saillie sur la partie correspondante du crâne. De la même façon, lorsqu'une faculté mentale est sous-développée, on observe un creux sur la partie correspondante du crâne.

Ainsi, Gall prétendait qu'on pouvait déterminer l'ampleur des facultés mentales d'une personne en examinant les caractéristiques de son crâne. Ce type d'analyse est appelée **phrénologie**. Cette idée n'était pas nécessairement mauvaise. En fait, Gall fut l'un des premiers à essayer de relier à des fonctions cérébrales spécifiques certains traits de personnalité et certains schèmes de comportement manifestes. Le problème résidait dans les données qu'il utilisait pour démontrer cette relation. Par exemple, en observant qu'une personne avait tel trait de personnalité prononcé et une structure cérébrale bien développée, il attribuait le premier à la seconde. Après avoir observé une telle relation chez une personne, il en faisait une généralisation pour tous les individus. Dans leurs recherches sur les facultés mentales, certains des partisans de Gall allèrent même plus loin :

> Si *Gall* se montra désinvolte dans l'interprétation de ses données, que dire de certains de ses partisans qui se servirent de la phrénologie de manière carrément douteuse. Ainsi, lorsqu'un moule du côté droit du crâne de Napoléon sembla indiquer des qualités contradictoires par rapport à la personnalité connue de l'empereur, un phrénologue répliqua que c'était parce que le côté dominant de Napoléon avait été le gauche —un moule qui, comme par hasard, manquait. Lorsqu'on examina le crâne de Descartes et qu'on trouva une déficience dans les régions de la raison et de la réflexion, des phrénologues rétorquèrent qu'on avait toujours surestimé la rationalité de ce philosophe. (Fancher, 1990, p. 79 [notre traduction])

Bien que ce chercheur soit une figure plutôt négative dans l'histoire de la psychologie, il contribua tout de même d'une façon positive à l'étude du fonctionnement du cerveau. Par exemple, il étudia les cerveaux de plusieurs espèces animales, y compris des cerveaux humains, et fut le premier à supposer une relation entre le développement du cortex et les fonctions mentales. Il observa qu'un cortex de grandes dimensions et bien développé est associé à un comportement plus intelligent. En outre, il fut le premier à expliquer les fonctions de la substance grise et de la substance blanche dans le cerveau. À elles seules, ces découvertes valent qu'on reconnaisse l'importance de Gall dans l'histoire de la psychologie, mais on lui doit d'autres contributions. Au début du XIXᵉ siècle, l'idée selon laquelle différentes régions corticales correspondaient à différentes fonctions était de plus en plus acceptée. C'est en grande partie grâce à Gall : « La plupart des historiens considèrent que Gall, plus que tout autre scientifique, est le père du concept de la localisation corticale » (Finger, 1994, p. 32 [notre traduction]).

La popularité de la phrénologie Le terme *phrénologie* fut proposé par Thomas Foster en 1815 (Bakan, 1966). Gall rejeta ce terme (lui préférant celui de physiognomonie), mais son élève et collègue **Johann Kaspar Spurzheim** (1776-1832) l'accepta et le popularisa. La diffusion de la phrénologie dans les pays anglophones fut facilitée par deux ouvrages de Spurzheim : *The Physiognomical System of Drs. Gall and Spurzheim* (1815) et la traduction d'un ouvrage de Gall intitulé *Anatomie et physiologie du système nerveux en général et du cerveau en particulier avec des observations sur la possibilité de reconnaître plusieurs dispositions intellectuelles et morales de l'homme et des animaux par la configuration de leur tête* (1835).

La phrénologie devint extrêmement populaire, et certains des plus importants intellectuels européens de l'époque (dont Bain et Comte) l'adoptèrent, en partie en raison de la réputation considérable de Gall, mais aussi parce qu'on pensait avoir peut-être enfin trouvé une méthode d'analyse du cerveau matérialiste et objective : « Un thème central ressort de tous les ouvrages sur la phrénologie : on peut étudier scientifiquement l'homme lui-même et, plus particulièrement, analyser objectivement les phénomènes mentaux et les expliquer par des causes naturelles » (Bakan, 1966, p. 208 [notre traduction]).

La popularité de la phrénologie était également attribuable au fait que, contrairement à la philosophie, elle semblait générer des données pratiques. Pour toutes ces raisons, la phrénologie eut également du succès aux États-Unis. Par exemple, Charles Caldwell (1772-1853) fonda la Central Phrenological Society à Philadelphie en 1822. En 1824, Caldwell publia *Elements of Phrenology*, le premier manuel américain sur le sujet. En 1827, une deuxième édition de cet ouvrage parut. En raison de la popularité de la phrénologie, Spurzheim reçut, lorsqu'il arriva aux États-Unis le 4 août 1832, un accueil digne d'un héros. Il donna des conférences dans plusieurs universités du pays, dont celle de Harvard et de Yale, et son auditoire comptait des médecins, des ministres, des éducateurs, des professeurs d'université et des administrateurs d'asiles. O'Donnell (1985) a fait remarquer que les personnes venues l'écouter étaient à la recherche du type d'information que certains allaient trouver plus tard dans le béhaviorisme (voir le chapitre 12) :

> Avec ou sans l'aspect des protubérances crâniennes, la théorie phrénologique de la nature humaine et de la personnalité s'imposait aux professionnels qui se regroupaient entre eux et qui cherchaient des « connaissances positives ». [… Ils] trouvèrent dans la phrénologie une explication étiologique du comportement humain aberrant ; une technologie prédictive pour évaluer le caractère, le tempérament et l'intellect ; et un point de départ pour une réforme sociale. Les ingénieurs sociaux du XXᵉ siècle, en collaboration avec leurs protecteurs et leurs défenseurs, n'attendaient rien de moins du béhaviorisme expérimental moderne. Lorsque la nouvelle psychologie (le béhaviorisme) arriva sur la scène américaine, un auditoire avide anticipait déjà le rôle qu'elle allait jouer. Gall, Spurzheim […] et leurs partisans en avaient déjà écrit le scénario. (p. 78 [notre traduction])

Spurzheim mourut peu après son arrivée aux États-Unis. Le jour de ses funérailles, le 17 novembre 1832, on fonda la Boston Phrenological Society. D'autres sociétés du genre se multiplièrent ensuite un peu partout dans le pays (Bakan, 1966), et de nombreuses revues consacrées à la phrénologie virent le jour en Europe ainsi qu'aux États-Unis. L'une d'entre elles, *Phrenological Journal*, parut de 1837 jusqu'en 1911.

Un certain nombre de « tableaux phrénologiques » apparurent après la publication des ouvrages de Gall et de Spurzheim. Le nombre de facultés mentales qui y figurait variait entre vingt-sept (tel que supposé par Gall) et quarante-trois selon les auteurs.

La discipline formelle La phrénologie a aussi beaucoup influencé le milieu de l'éducation. Plusieurs

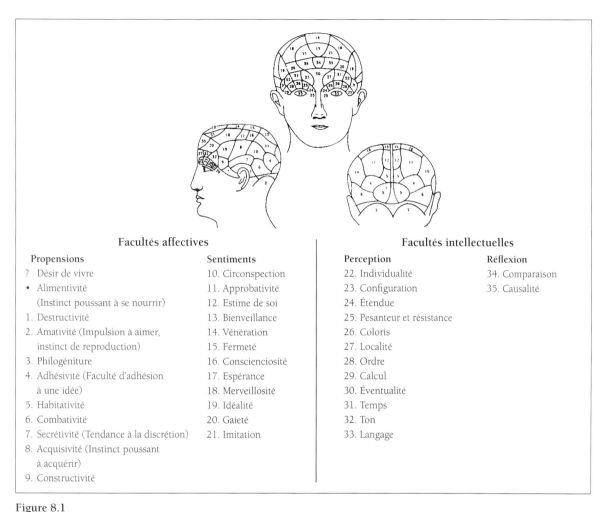

Facultés affectives

Propensions		Sentiments
?	Désir de vivre	10. Circonspection
•	Alimentivité	11. Approbativité
	(Instinct poussant à se nourrir)	12. Estime de soi
1.	Destructivité	13. Bienveillance
2.	Amativité (Impulsion à aimer,	14. Vénération
	instinct de reproduction)	15. Fermeté
3.	Philogéniture	16. Consciencosité
4.	Adhésivité (Faculté d'adhésion	17. Espérance
	à une idée)	18. Merveillosité
5.	Habitativité	19. Idéalité
6.	Combativité	20. Gaieté
7.	Secrétivité (Tendance à la discrétion)	21. Imitation
8.	Acquisivité (Instinct poussant	
	à acquérir)	
9.	Constructivité	

Facultés intellectuelles

Perception	Réflexion
22. Individualité	34. Comparaison
23. Configuration	35. Causalité
24. Étendue	
25. Pesanteur et résistance	
26. Coloris	
27. Localité	
28. Ordre	
29. Calcul	
30. Éventualité	
31. Temps	
32. Ton	
33. Langage	

Figure 8.1
Le tableau phrénologique proposé par Spurzheim (1834) montre les « pouvoirs et organes de l'esprit ».

phrénologues prétendaient que les facultés mentales se renforçaient avec l'exercice, tout comme les muscles. Cette idée encouragea un certain nombre d'éducateurs à voir le cerveau comme un « muscle mental ». Pour eux, l'éducation consistait à renforcer les facultés mentales en faisant travailler les traits qui y étaient associés. Par exemple, on pouvait améliorer sa capacité de raisonner en étudiant les mathématiques. Cette croyance selon laquelle on pouvait organiser l'apprentissage de façon à améliorer certaines facultés fut appelée **discipline formelle**. Même si Edward L. Thorndike l'analysa systématiquement et démontra qu'elle était fausse (voir le chapitre 11), cette théorie de la discipline formelle persiste encore aujourd'hui. Par exemple, Frances Rauscher, Gordon Shaw, Linda Levine et Katherine Ky

(voir Martin, 1994) observèrent que l'étude ou l'écoute de la musique pendant aussi peu que dix minutes par jour augmentait considérablement le raisonnement spatial chez les enfants. Selon eux, une amélioration avait lieu parce que l'une et l'autre faisaient intervenir l'activité corticale : l'exercice d'une faculté (la musique) facilitait l'autre (le raisonnement spatial).

Pour des raisons que nous verrons un peu plus loin, les hypothèses des phrénologues étaient incorrectes, mais la phrénologie continua d'influencer la psychologie de plusieurs façons : elle montra que l'esprit et le cerveau étaient étroitement liés, elle incita les chercheurs à étudier la localisation des fonctions cérébrales et elle démontra l'importance des données pratiques.

Pierre Flourens

Pierre Flourens

Au tournant du XIXe siècle, on reconnaissait généralement que le cerveau était l'organe de la pensée. Sous l'influence de Gall et des autres phrénologues, on voyait que la relation cerveau-esprit s'articulait autour d'un certain nombre de facultés situées dans des zones spécifiques. La phrénologie eut pour effet d'inciter les scientifiques à étudier la localisation des fonctions dans le cerveau. Cette discipline obtint une popularité parmi les scientifiques, dont les neurophysiologistes, mais elle était loin d'être universellement reconnue. Un certain nombre de chirurgiens réputés la remettaient en question. Il ne suffisait toutefois pas de prétendre que les hypothèses de la phrénologie étaient fausses, encore fallait-il étayer scientifiquement cette réfutation. Ce fut l'objectif de **Pierre Flourens** (1794-1867), qui utilisa la méthode d'extirpation, ou d'ablation, pour faire ses recherches neurologiques. Sa méthode consistait à détruire une partie du cerveau pour ensuite noter les conséquences de cette opération sur le comportement. Comme le fit Gall, Flourens supposa que le cerveau des animaux inférieurs était similaire, à plusieurs égards, à celui des humains. Il utilisa donc des organismes, des chiens et des pigeons par exemple, comme sujets pour ses expériences. Il découvrit que l'ablation du cervelet perturbait la coordination et l'équilibre, que celle du cerveau en tant que tel causait la passivité et que la destruction des canaux semi-circulaires provoquait une perte d'équilibre.

Lorsqu'il examina le cerveau entier, Flourens tira la conclusion qu'il existait une certaine localisation, mais que contrairement à ce que les phrénologues croyaient, les hémisphères corticaux n'avaient pas de fonctions localisées, qu'ils fonctionnaient plutôt comme un tout. Cherchant d'autres preuves des liens existant dans le cerveau, Flourens observa que des animaux recouvraient parfois les fonctions qu'une ablation leur avait fait perdre. Donc, au moins une partie du cerveau avait la capacité de prendre la relève d'une autre partie et d'accomplir ses fonctions. La réputation de Flourens en tant que scientifique, ainsi que sa conclusion sur le fonctionnement global du cortex, fit taire les phrénologues au sein de la communauté scientifique. Des recherches subséquentes montrèrent toutefois que leur silence était prématuré.

Paul Broca

À l'aide de la **méthode clinique**, **Paul Broca** (1824-1880) sema le doute concernant l'hypothèse de Flourens selon laquelle le cortex agissait comme un tout. Boring (1950) décrivit ainsi l'observation de Broca :

> La célèbre observation de Broca était en elle-même très simple. On avait admis en 1831 à Bicêtre, un asile d'aliénés près de Paris, un homme dont la seule déficience semblait être une incapacité de parler. Il communiquait de façon compréhensible par signes et était par ailleurs normal. Il resta à Bicêtre durant trente ans puis, le 12 avril 1861, le chirurgien Broca le soigna pour une infection gangreneuse. Pendant cinq jours, Broca l'examina soigneusement et observa qu'aucun obstacle n'entravait la musculature du larynx ni les organes d'articulation de cet homme, qu'aucune paralysie ne l'empêchait de parler et que l'homme était assez intelligent pour parler. Le 17 avril, le patient — heureux hasard pour la science, pourrait-on dire — mourut ; dès le lendemain, Broca put faire une autopsie et découvrit une lésion dans la troisième circonvolution de l'hémisphère gauche du cerveau ; il présenta ce cerveau conservé dans l'alcool à la Société d'anthropologie. (p. 71 [notre traduction])

Broca n'était pas le premier à affirmer qu'on pouvait faire des observations cliniques pour ensuite pratiquer une autopsie afin de localiser la zone cérébrale responsable de la maladie. Le scientifique français Jean-Baptiste Bouillaud (1796-1881) l'avait d'ailleurs déjà fait en 1825. En appliquant la méthode clinique sur un

Paul Broca

grand nombre de cas, Bouillaud était essentiellement arrivé à la même conclusion que celle à laquelle Broca parvint un peu plus tard, avec la même technique, au sujet de la localisation d'une zone associée à la parole dans le cortex. Pourquoi alors attribuer à Broca, et non à Bouillaud, d'avoir fourni les premières preuves crédibles de la localisation corticale ? Principalement parce que Bouillaud s'intéressait de près à la phrénologie et que, au moment où Broca fit ses observations, « [l]a communauté scientifique avait peur de s'associer à quoi ou qui que ce soit en rapport avec Gall ou la phrénologie » (Finger, 1994, p. 37 [notre traduction]). De toute façon, des études subséquentes confirmèrent l'observation de Broca, c'est-à-dire qu'une partie de l'hémisphère cortical gauche intervenait dans la production de la parole. Cette zone fut appelée **aire de Broca**. En 1874, à peine une décennie après la découverte de Broca, le neurologue allemand **Carl Wernicke** (1848-1905) découvrit, tout près de l'aire de Broca, l'aire corticale qui assure la compréhension du langage. Située sur le lobe temporal gauche du cortex, celle-ci porte le nom d'**aire de Wernicke**.

La localisation d'une fonction corticale par Broca allait dans le sens de la théorie des phrénologues et réfutait l'hypothèse de Flourens selon laquelle le cortex fonctionnait d'un seul bloc. Malheureusement pour les phrénologues, cependant, Broca avait localisé l'aire du langage dans une zone autre que celle qu'ils avaient proposée.

Certains autres aspects des travaux de Broca impressionnaient moins. Suivant l'esprit de son époque, Broca s'intéressa à la craniométrie (mesure du crâne et de ses caractéristiques) afin de déterminer le lien entre la taille du cerveau et l'intelligence. Il commença sa recherche fortement convaincu d'une telle relation et (comme on pouvait s'y attendre compte tenu de sa conviction) il en trouva des preuves. En 1861, Broca résuma ainsi ses résultats :

> *En moyenne* la masse de l'encéphale est plus considérable chez l'adulte que chez le vieillard, chez l'homme que chez la femme, chez les hommes éminents que chez les hommes médiocres, et chez les races supérieures que chez les races inférieures. [...] *Toutes choses égales d'ailleurs*, il y a un rapport remarquable entre le développement de l'intelligence et le volume du cerveau. (Gould, 1981, éd. fr. 1983, p. 86)

Broca connaissait plusieurs faits qui contredisaient sa théorie : il existait un très grand nombre de criminels au cerveau volumineux, de femmes brillantes et de personnes très talentueuses dotées d'un petit cerveau, sans compter les Asiatiques, qui en possédaient un plus petit que la moyenne mais dont l'intelligence dépassait celle de certains groupes ethniques qui en ont des plus volumineux. Malgré ces contradictions, et en l'absence de données probantes, Broca continua jusqu'à sa mort de soutenir qu'il y avait une relation entre le volume du cerveau et l'intelligence. On découvrit ensuite que le sien pesait 1 kilo 424 grammes : « légèrement au-dessus de la moyenne certes, mais il n'y avait pas là de quoi pavoiser » (Gould, éd. fr. 1983, p. 96).

Broca et d'autres craniométriciens n'avaient pas pour but de tromper l'opinion publique, mais comme il arrive souvent, ils finirent par trouver ce qu'ils cherchaient :

> Les sommités de la craniométrie n'étaient pas des idéologues politiques conscients. Ils se considéraient comme des serviteurs de leurs chiffres, comme des apôtres de l'objectivité. Et ce faisant, ils confirmèrent tous les préjugés habituels confortant la position des hommes blancs [...] et selon lesquels les Noirs, les femmes et les pauvres

devaient leur rôle subalterne aux durs préceptes de la nature. (Gould, 1981, éd. fr. 1983, p. 75)

Mais alors, quelle relation y a-t-il entre le volume du cerveau et l'intelligence? Après avoir analysé les études contemporaines sur le sujet, Deary (2001) arrive à la conclusion suivante: « Il existe une légère association entre le volume du cerveau et […] l'intelligence. Les gens possédant un gros cerveau ont tendance à obtenir de meilleurs résultats dans les tests d'intelligence. Mais on ne connaît pas encore la cause de cette association » (p. 45 [notre traduction]). Il semble donc que Broca et les autres craniométriciens n'avaient pas entièrement tort et que Gould les critiqua trop sévèrement. Cependant, leurs données étaient loin de suffire pour étayer leurs hypothèses. Comme nous le verrons au chapitre 10, la tendance à confirmer « scientifiquement » des croyances personnelles au sujet de l'intelligence continua, même lorsque les outils pour mesurer l'intelligence se raffinèrent.

Gustav Fritsch, Eduard Hitzig et David Ferrier

En stimulant électriquement le cortex exposé d'un chien, **Gustav Fritsch** (1838-1927) et **Eduard Hitzig** (1838-1907) firent deux découvertes importantes: premièrement, que le cortex n'était pas insensible comme on l'avait supposé; ensuite, que la stimulation d'une certaine zone du cortex provoquait des mouvements musculaires du côté opposé. La stimulation de divers points de cette *aire motrice* du cerveau causait le mouvement de différentes parties du corps. Fritsch et Hitzig avaient donc localisé une autre fonction dans le cortex. Pour sa part, **David Ferrier** (1843-1928) trouva l'aire corticale correspondant aux sens cutanés. Plus tard, d'autres chercheurs découvrirent les aires visuelle et auditive.

Les données dont on disposait semblaient claires: les fonctions mentales étaient vraiment localisées dans le cortex, exactement comme les phrénologues l'avaient prétendu. Cependant, ces données n'appuyaient pas la phrénologie traditionnelle puisque les fonctions (facultés) se trouvaient rarement là où les phrénologues l'avaient indiqué. En outre, ces derniers avaient parlé de facultés comme la vitalité, la fermeté, l'amour et l'amabilité, alors que les chercheurs identifièrent plutôt des aires sensorielles et motrices. Ces découvertes éten-

daient la loi de Bell-Magendie au cerveau. Autrement dit, la sensation éprouvée semblait dépendre davantage de l'aire corticale stimulée que du nerf sensoriel stimulé. C'était comme si le cerveau était un tableau de contrôle complexe où l'information sensorielle était lancée pour ensuite provoquer des réactions motrices. Les études sur la localisation cérébrale semblaient favoriser la position empiriste-matérialiste plutôt que la position rationnelle.

Les recherches neurologiques, que l'on mena alors intensivement pour évaluer les hypothèses des phrénologues, démontrèrent clairement que la stimulation physique causait différents types de sensations subjectives et que celles-ci étaient directement reliées à l'activité cérébrale. L'étape à franchir pour que la psychologie devienne une science expérimentale consistait maintenant à déterminer *scientifiquement* comment la stimulation sensorielle était systématiquement associée à l'expérience consciente.

L'ascension de la psychologie expérimentale

On avait reconnu depuis très longtemps déjà la différence très importante qui existait entre ce qui est présent physiquement et ce qui est éprouvé psychologiquement, et on s'était beaucoup interrogé à ce sujet. Cet écart avait poussé Galilée à conclure qu'une science de la psychologie s'avérait impossible, et Hume, à conclure que personne ne pouvait connaître le monde physique avec certitude. Kant amplifia encore cette différence en affirmant que l'esprit embellissait l'expérience sensorielle, et Helmholtz parvint à la même conclusion avec son concept d'inférence inconsciente.

Les progrès de la science avaient permis d'en apprendre beaucoup sur le monde physique, c'est-à-dire sur la stimulation physique. De même, comme nous l'avons vu, on en savait beaucoup plus sur les récepteurs sensoriels, qui convertissent la stimulation physique en influx nerveux, et sur les structures du cerveau où ces influx aboutissent. On ne douta jamais vraiment de l'existence de la conscience, le problème se résumait à déterminer ce qui la causait et de quoi l'être humain était conscient. Jusqu'alors, on reconnaissait généralement que les sensations conscientes étaient déclenchées par les processus cérébraux, eux-mêmes déclenchés par les récepteurs sensoriels. Toutefois, la question demeurait : quelle relation existe-t-il entre les deux (entre les sensations mentales et les processus sensoriels) ?

Sans mesure, la science ne peut exister. Par conséquent, on supposait qu'une science de la psychologie n'était possible qu'à condition de pouvoir mesurer la conscience aussi objectivement que le monde physique. Non seulement les événements mentaux devaient-ils être mesurables, mais il fallait aussi qu'ils varient d'une manière systématique en fonction des événements physiques. Ernst Heinrich Weber et Gustav Theodor Fechner furent les premiers à mesurer la variation systématique des sensations en fonction de la stimulation physique.

Ernst Heinrich Weber

Ernst Heinrich Weber (1795-1878), un contemporain de Johannes Müller, vit le jour un 24 juin à Wittenberg. Fils d'un professeur de théologie, il était le troisième d'une famille de treize enfants. Weber obtint son doctorat à l'université de Leipzig en 1815 et y enseigna jusqu'à sa retraite, en 1871. Physiologiste, Weber s'intéressait au sens du toucher et à la **kinesthésie** (sens musculaire). Avant lui, la majeure partie des recherches menées sur la perception sensorielle s'était limitée à la vision et à l'audition. Les travaux de Weber

Ernst Heinrich Weber

consistèrent essentiellement à explorer de nouveaux domaines, en particulier les sensations cutanées et musculaires. Weber fut l'un des premiers à démontrer que les sensations tactiles ne relevaient pas d'un seul sens, mais de plusieurs. Par exemple, ce qu'on appelle habituellement le sens du toucher inclut la sensibilité à la pression (baresthésie), celle à la température (thermoesthésie) et celle à la douleur. Weber arriva à démontrer qu'il existait également un sens musculaire. C'est par rapport à ce sens que Weber effectua des recherches sur les différences juste perceptibles, que nous allons décrire.

Les travaux de Weber sur le toucher Pour la sensation du toucher, Weber essaya de déterminer la plus petite distance spatiale à laquelle on pouvait distinguer deux points de contact sur la peau. À l'aide d'un instrument semblable à un compas et comportant deux pointes, il appliquait simultanément deux points de pression sur la peau du sujet. Le **seuil de discrimination tactile** était la distance minimale qui devait exister entre les deux points pour que leur stimulation simultanée soit perçue séparément. Dans son célèbre ouvrage *On Touch : Anatomical and Physiological Notes* (1834), Weber présenta des tableaux du corps entier portant sur le seuil de discrimination tactile. Il avait découvert que le plus petit seuil se trouvait sur la langue (environ 1 mm) et le plus grand, au milieu du dos (environ 60 mm). Il supposa que ces différences selon la région du corps étaient dues à la disposition anatomique des récepteurs sensoriels pour le toucher : plus les récepteurs étaient nombreux, plus la discrimination était fine.

Les travaux de Weber sur la kinesthésie Dans l'histoire de la psychologie, les recherches de Weber sur le sens musculaire, ou kinesthésie, revêtent encore plus d'importance que ses travaux sur le sens du toucher. Ce fut au cours de ses recherches sur la kinesthésie que Weber mena ses précieuses expériences sur la discrimination de poids. De manière générale, il cherchait à déterminer l'écart minimal à laquelle on pouvait distinguer deux poids différents. Pour y arriver, il demandait au sujet de soulever un poids (le poids étalon) qui demeurait le même durant une série de comparaisons, puis d'en soulever d'autres. Le sujet devait ensuite indiquer si les différentes charges soulevées étaient plus lourdes, moins lourdes ou aussi lourdes que le poids étalon. Il observa que lorsque les divers poids étaient très légèrement différents de l'étalon, le sujet les jugeait identiques en pesanteur. Par une série de comparaisons, Weber arriva à déterminer la **différence juste perceptible** entre le poids étalon et le poids variable. Il importe de noter que ces différences étaient, même si Weber ne les nomma pas ainsi, des *expériences psychologiques* (sensations) qui pouvaient ou non se produire, selon la relation entre le poids étalon et les poids variables.

Weber effectua son expérience de base sur la discrimination du poids dans deux conditions. Dans l'une, les mains du sujet reposaient sur la table, paumes vers le haut, et on plaçait les poids sur ses mains. Ainsi, le jugement du sujet dépendait principalement des sensations tactiles. Dans l'autre condition, les poids se trouvaient dans les mains du sujet qui les soulevait. Ainsi, le jugement du sujet dépendait surtout des sensations tactiles et kinesthésiques. Weber observa que les sujets pouvaient détecter des différences beaucoup plus fines quand ils soulevaient les poids que lorsqu'on les plaçait simplement dans leurs paumes reposant sur la table. Weber en conclut que c'était l'intervention du sens kinesthésique qui permettait aux sujets de noter de plus petites différences.

Les jugements sont relatifs et non absolus Au cours de ses recherches sur la kinesthésie, Weber observa avec étonnement que la différence juste perceptible est une fraction constante du poids étalon. Pour la partie de l'expérience où les sujets soulèvent les poids, cette fraction est de 1/40 ; pour celle où ils ne les soulèvent pas, la fraction est de 1/30. Dans le cas des poids soulevés, si l'étalon est de 40 grammes, le poids variable devrait peser 41 grammes pour que le sujet le juge plus lourd, ou 39 grammes pour qu'il le sente plus léger. De même, si le poids étalon pèse 160 grammes, le poids variable devrait peser 164 grammes ou 156 grammes pour que le sujet remarque la différence. Weber se rangea du côté des nombreux scientifiques et philosophes qui croyaient qu'il n'existait pas de correspondance univoque entre ce qui existe physiquement et ce qui est éprouvé psychologiquement. Weber observa que la discrimination ne dépend pas de la différence absolue entre deux poids mais de la différence relative entre les deux, ou du rapport de l'un à l'autre. Weber étendit sa recherche à d'autres modalités sensorielles et obtint des données qui montraient qu'une fraction constante correspond aux différences juste perceptibles pour chaque modalité.

La découverte que les différences juste perceptibles correspondaient à une fraction constante d'un stimulus étalon fut subséquemment appelée **loi de Weber**. On peut la considérer comme la première loi quantitative de l'histoire de la psychologie. *On formulait pour la première fois une relation systématique entre une stimulation physique et une sensation psychologique.* Toutefois, Weber était physiologiste, et la psychologie n'était pas sa préoccupation première. C'est Fechner qui comprit l'incidence des recherches de Weber sur la psychologie et qui y vit la solution possible au problème de la dualité corps-esprit.

Gustav Theodor Fechner

Né le 19 avril, **Gustav Theodor Fechner** (1801-1887) était un homme brillant, complexe et peu banal. Son père et son grand-père avaient été pasteurs dans son village natal. Après la mort de son père, Fechner passa neuf ans avec sa mère, son frère et son oncle, qui était aussi pasteur. À l'âge de seize ans, Fechner commença ses études en médecine à l'université de Leipzig (où Weber étudiait également) et il obtint son diplôme en 1822 à l'âge de vingt et un ans. Fechner commença alors à s'intéresser davantage à la physique et aux mathématiques qu'aux sciences biologiques. À cette

Gustav Theodor Fechner

époque, il gagnait modestement sa vie en traduisant en allemand des manuels français de physique et de chimie, et en donnant des leçons ou des cours. Fechner s'intéressait aux propriétés des courants électriques ; en 1831, il publia un article important sur le sujet qui le fit connaître comme physicien. En 1834, à l'âge de trente-trois ans, Fechner fut nommé professeur de physique à Leipzig. Il s'intéressa très bientôt à la question des sensations et, en 1840, il avait déjà publié plusieurs articles sur la vision des couleurs et les images consécutives.

Vers 1840, Fechner fit une « dépression nerveuse », quitta son poste de professeur à Leipzig et devint ermite. En plus des conflits philosophiques avec lesquels il fut aux prises (nous en traitons dans la section suivante), Fechner faillit devenir aveugle, apparemment en regardant le soleil avec des verres colorés, dans le cadre de ses recherches sur les images consécutives. À l'époque de sa vie où il fit cette dépression, qui dura plusieurs années, Fechner délaissa la physique pour la philosophie. Pendant toute sa vie adulte, il s'était toujours intéressé à ce domaine. Il n'était pas à l'aise avec le matérialisme, qu'il appelait la « vision de nuit », et y préférait la « vision de jour », axée sur l'esprit, l'âme et la conscience. Il acceptait la position dualiste de Spinoza sur l'esprit et la matière et croyait donc que la conscience était aussi dominante que la matière dans l'Univers. Comme il prétendait qu'on ne pouvait pas séparer la conscience des choses physiques, sa position appartenait au **panpsychisme**, une doctrine selon laquelle toute chose physique est également consciente. Ce fut cet intérêt de Fechner pour la relation entre l'esprit et le corps qui donna lieu au développement de la psychophysique, dont nous parlerons un peu plus loin.

Au cours de sa vie, Fechner rédigea cent quatre-vingt-trois articles et quatre-vingt-un livres, en plus de collaborer à plusieurs autres (Bringmann, Bringmann et Balance, 1992). Il mourut dans son sommeil le 18 novembre 1887, à l'âge de quatre-vingt-six ans, quelques jours après un accident vasculaire cérébral. Il reçut un éloge funèbre de son ami et collègue Wilhelm Wundt.

Les aventures du docteur Mises Fechner était un chercheur remarquable, mais la science ne le comblait pas tout à fait. Théoricien matérialiste, il était également satiriste, philosophe et spiritualiste, ainsi que mystique.

Or, un jeune scientifique qui aurait dévoilé toutes ces appartenances, en particulier celles incompatibles avec la science, aurait couru à sa perte. Fechner inventa donc de toutes pièces une personne qui parlerait au nom de cette partie de lui-même qu'il devait dissimuler, et c'est ainsi que naquit le « docteur Mises ». Le pseudonyme de Dr Mises apparut pour la première fois alors que Fechner était encore étudiant en médecine. Sous ce nom de plume, Fechner écrivit *Proof That the Moon is Made of Iodine* (1821), une satire sur la tendance de la profession médicale à voir l'iode comme une panacée. En 1825, le Dr Mises publia *The Comparative Anatomy of Angels*, dans lequel il explique ironiquement le raisonnement prouvant que les anges ne peuvent avoir de jambes. Marshall (1969) résume ainsi son argument :

> Les mille-pattes ont je ne sais combien de pattes ; les papillons et les scarabées en ont six ; les mammifères en ont quatre ; les oiseaux, ces créatures terrestres qui ressemblent le plus aux anges, en ont seulement deux. À chaque stade de développement, on perd une paire de pattes. Et « étant donné que la dernière catégorie observable de créatures possèdent seulement deux pattes, il est impossible que les anges en aient ». (p. 51 [notre traduction])

Le Dr Mises donnait également l'argument que puisque la sphère constituait la forme la plus parfaite et que l'on voyait les anges comme des êtres parfaits, les anges devaient être sphériques ; et comme les planètes avaient aussi une forme sphérique, alors les anges étaient forcément des planètes.

Suivirent les ouvrages *The Little Book of Life After Death* (1836), *Nanna, or Concerning the Mental Life of Plants* (1848) et *Zend-Avesta, or Concerning Matters of Heaven and the Hereafter* (1851). En tout, le Dr Mises publia quatorze fois entre 1821 et 1879. Fechner se servit toujours de son pseudonyme pour exprimer sa vision de jour, selon laquelle l'Univers était vivant et conscient. Derrière sa satire et son humour, Fechner faisait toujours passer le message qu'il fallait prendre au sérieux cette vision des choses. Marshall (1969) dit de l'œuvre *Zend-Avesta* :

> En effet, dans le dogme zoroastrien, *Zend-Avesta* signifiait le « mot vivant », et Fechner voulait que son propre *Zend-Avesta* soit le mot qui révélerait que toute la nature était vivante. Dans ses ouvrages, Fechner affirme que la Terre a une âme, tout comme l'être humain, mais que la Terre possède une spiritualité qui surpasse celle de ses créatures. (p. 54 [notre traduction])

En fait, c'est dans cet ouvrage que Fechner décrivit pour la première fois ce qui allait devenir la psychophysique :

> [Fechner] traça les grandes lignes de son programme [la psychophysique] dans *Zend-Avesta*, un livre sur le paradis et le futur. Imaginons, de nos jours, envoyer un doctorant en psychologie à l'École de la divinité pour y suivre un cours sur l'immortalité, en préparation à des recherches expérimentales avancées en psychophysique ! Comme nous sommes devenus étroits d'esprit ! (Boring, 1963, p. 128 [notre traduction])

Dans *The Little Book of Life After Death* (Fechner, 1836/ 1992), écrit pour consoler un ami qui venait de perdre un être cher, le Dʳ Mises expliquait que l'existence humaine se déroulait en trois étapes. L'individu passait la première étape seul, à dormir continuellement dans l'obscurité du ventre de sa mère. La deuxième étape avait lieu après la naissance ; elle consistait à dormir, à être éveillé et à être en compagnie d'autres gens. Durant cette partie de la vie, la personne avait souvent des aperçus de la troisième étape, sous la forme de moments de foi intense ou d'intuitions, qu'elle ne pouvait pas expliquer par son expérience de la vie. Le Dʳ Mises affirmait que l'être humain commençait la troisième étape à sa mort : « Le passage de la première étape à la deuxième est appelé naissance ; celui de la deuxième à la troisième est appelé mort » (Fechner, 1836/1992, p. 7 [notre traduction]). Tout comme les enfants à naître ne pouvaient pas entrevoir les expériences qu'ils vivraient à la deuxième étape, les personnes ne pouvaient pas entrevoir celles qu'elles vivraient durant la troisième. À la dernière étape, l'âme de la personne fusionnait avec d'autres âmes pour faire partie de « l'Esprit suprême ». C'était seulement à ce moment que la nature ultime de la réalité se révélait.

Que ce soit sous son pseudonyme ou non, Fechner porta toujours son attention aux phénomènes spirituels. Il s'intéressait également à la parapsychologie et assista même à plusieurs séances durant lesquelles il fit l'expérience de mouvements anormaux d'une table, d'un lit ou de lui-même. Ses croyances et ses expériences parapsychologiques sont clairement exposées dans un livre qu'il signa de son pseudonyme : *The Dayview as Compared to the Nightview* (1879).

La psychophysique L'intérêt de Fechner pour la psychophysique découlait de son intérêt philosophique pour la relation entre l'esprit et le corps. Il voulait désespérément résoudre le problème de cette dualité d'une manière qui satisferait les scientifiques matérialistes de son époque. La philosophie mystique de Fechner lui apprit que le physique et le mental étaient simplement deux aspects de la même réalité fondamentale. Par conséquent, comme nous l'avons vu, il acceptait la théorie du double aspect que Spinoza avait proposée. Toutefois, de dire qu'il existe une relation démontrable entre l'esprit et le corps est une chose ; la prouver en est une autre. Selon Fechner lui-même, la solution au problème lui apparut le 22 octobre 1850, alors qu'il était étendu sur son lit (Adler, 1996, p. 6). Il lui vint alors l'idée qu'il pourrait démontrer la relation systématique entre l'expérience du corps et l'expérience de l'esprit en demandant à une personne de rendre compte de la variation de ses sensations pendant qu'on ferait varier systématiquement un stimulus physique. Fechner postulait ceci : pour que les sensations éprouvées varient de façon arithmétique, il fallait que le stimulus physique varie de façon géométrique. En testant cette idée, Fechner créa un champ d'étude de la psychologie qu'il appela **psychophysique**.

Tel que nous l'avons mentionné, cette hypothèse de Fechner au sujet de la relation entre les stimuli et les sensations fut présentée pour la première fois dans *Zend-Avesta* (1851). Fechner passa ensuite quelques années à vérifier expérimentalement son idée et il publia deux courts articles sur la psychophysique en 1858 et en 1859. Puis, en 1860, il publia son célèbre *Elements of Psychophysics*, un ouvrage qui contribua considérablement à faire de la psychologie une science expérimentale.

Comme son nom le suggère, la psychophysique est l'étude de la relation entre les phénomènes physiques et les phénomènes psychologiques. Pour étudier cette relation, Fechner énonça mathématiquement ce que Weber avait trouvé et nomma cette équation mathématique loi de Weber :

$$\frac{\Delta R}{R} = k$$

où

- R = *Reiz* (mot allemand signifiant « stimulus »). Dans la recherche de Weber, R était le stimulus étalon.
- ΔR = la variation minimale de R qu'on peut détecter ; c'est-à-dire la variation minimale de la stimulation physique nécessaire pour obtenir une différence juste perceptible.

k = une constante ; comme nous l'avons vu, Weber avait observé que cette constante représentait 1/40 de R pour les poids soulevés.

La loi de Weber représente la quantité dont il faut faire varier un stimulus avant que le sujet ne perçoive une différence ou un changement de sensation (S). Par une série de calculs mathématiques, Fechner arriva à sa formule très connue qui, selon lui, exprimait la relation entre le mental et le physique (l'esprit et le corps) :

$$S = k \log R$$

Cette formule énonce mathématiquement l'idée de Fechner : pour que des sensations varient arithmétiquement (membre gauche de l'équation), la valeur du stimulus physique doit varier géométriquement (membre droit de l'équation). Cela signifie que plus un stimulus est important, plus la variation doit augmenter pour que le changement soit perçu. Par exemple, si le stimulus (R) est de 40 grammes, une différence de seulement 1 gramme peut être perçue ; si le stimulus est de 200 grammes, il faut une différence de 5 grammes pour obtenir une différence juste perceptible. Autrement dit, les sensations sont toujours une fonction de la stimulation de base. Dans une pièce sombre, par exemple, l'ajout d'une lumière tamisée sera immédiatement perçu, tout comme un chuchotement dans une pièce silencieuse. Par contre, dans une pièce très éclairée, l'ajout d'une lumière tamisée sera indétectable, comme le chuchotement dans une pièce bruyante. Fechner, cependant, ne croyait pas que sa formule s'appliquait seulement à l'évaluation de stimuli simples. Il prétendait qu'elle s'appliquait aussi au domaine plus complexe des valeurs humaines :

> Nos biens matériels [...] n'ont aucune valeur ou signification parce que ce sont des choses inanimées, mais ils constituent un moyen de faire naître en nous une somme de valeurs psychiques. À ce point de vue, ils prennent la place des stimuli. Un dollar a, en ce sens, beaucoup moins de valeur pour un homme riche que pour un pauvre. Il peut rendre un mendiant heureux durant une journée entière, mais le millionnaire ne le remarquera même pas si on l'ajoute à sa fortune. (1860/ 1966, p. 197 [notre traduction])

Le seuil de discrimination comme unité de sensation Fechner supposa qu'à mesure qu'augmentait la grandeur d'un stimulus à partir de zéro, il arrivait un point auquel le stimulus était consciemment détecté. L'intensité minimum à laquelle un stimulus est détec- table est appelée **seuil absolu**. En d'autres mots, le seuil absolu est l'intensité à partir de laquelle une sen- sation résulte et sous laquelle aucune sensation détec- table ne se produit. Selon Fechner, les niveaux d'inten- sité inférieurs au seuil absolu causaient des sensations, mais celles-ci restaient inconscientes. En ce qui a trait à ces **sensations négatives**, le point de vue de Fechner ressemblait beaucoup à celui de Leibniz (petites per- ceptions) et de Herbart (seuil d'inconscience). Pour ces trois scientifiques, les effets de la stimulation s'accumu- laient et, à un certain point (le seuil absolu), ils pou- vaient causer une sensation consciente.

Fechner commença son analyse de la sensation en étu- diant le concept de seuil absolu, mais étant donné que ce seuil ne représentait qu'une seule mesure, son utilité était limitée. Ce dont Fechner avait besoin, c'était une échelle continue qui aurait montré comment les sensa- tions supérieures au seuil absolu variaient en fonction de l'intensité du stimulus. Ce fut le **seuil différentiel** qui lui permit d'élaborer cette échelle. Il indique com- ment l'intensité d'un stimulus doit augmenter ou dimi- nuer avant que le sujet ne détecte une différence. C'est par rapport à ce seuil différentiel que Fechner observa qu'un stimulus doit varier géométriquement pour que la sensation varie arithmétiquement. En supposant que l'intensité d'un stimulus augmente géométriquement, Fechner supposa que les sensations augmentent pro- portionnellement. Selon cette hypothèse, il est pos- sible, à l'aide de l'équation de Fechner, de déduire à combien de différences juste perceptibles, au-dessus du seuil absolu, se trouve une sensation donnée, à n'im- porte quel degré d'intensité du stimulus. En d'autres mots, la loi de Fechner supposait que les sensations augmentent proportionnellement à l'augmentation géométrique du stimulus à partir du seuil absolu.

Fechner crut que cette équation permettait enfin de faire le lien qu'il cherchait entre la réalité physique et le psychique — un lien scientifiquement respectable. Des recherches subséquentes démontrèrent que les prédic- tions générées par l'équation de Fechner s'avéraient justes, surtout pour les étendues moyennes des degrés d'intensité. Les prédictions devenaient moins justes pour les degrés d'intensité très élevés ou peu élevés.

Les méthodes psychophysiques Après avoir mon- tré que des phénomènes mentaux et physiques variaient systématiquement et, donc, qu'une science de l'esprit était effectivement possible (contrairement aux croyances de scientifiques comme Galilée, Comte et Kant), Fechner employa plusieurs méthodes pour explorer davantage la relation entre le corps et l'esprit.

- La **méthode des limites** (également appelée méthode de la différence juste perceptible). Avec cette méthode, un seul stimulus varie et est comparé à un étalon. Pour commencer, le stimulus variable peut être égal à l'étalon pour ensuite varier, ou alors il peut être plus fort ou plus faible que l'étalon. L'objectif est de déterminer l'étendue de stimuli que le sujet considère égale au stimulus étalon.

- La **méthode des stimuli constants** (aussi appelée méthode des cas vrais et faux). En suivant cette méthode, on présente des paires de stimuli au sujet. Un des deux stimuli est l'étalon et ne varie pas, tandis que l'autre change d'une présentation à l'autre. Le sujet doit indiquer si le stimulus variable lui semble supérieur, inférieur ou égal au stimulus étalon.

- La **méthode d'ajustement** (aussi appelée méthode de l'erreur moyenne). Avec cette méthode, le sujet peut contrôler le stimulus variable : on lui demande de régler l'intensité du stimulus de façon que celui-ci soit égal au stimulus étalon. Une fois l'intensité réglée, on mesure la différence moyenne entre le stimulus variable et le stimulus étalon.

Ces méthodes encore largement utilisées de nos jours font partie de ce que Fechner a légué à la psychologie.

Les contributions de Fechner En plus d'avoir créé la psychophysique, Fechner donna naissance à un domaine appelé esthétique expérimentale. Entre 1865 et 1876, Fechner rédigea plusieurs articles pour tenter de quantifier les réactions de l'être humain à des œuvres d'art. Par exemple, pour déterminer les variables qui rendaient certaines œuvres plus agréables que d'autres, Fechner analysa 20 000 peintures dans 22 musées (Fechner, 1871). Après avoir publié son principal ouvrage sur l'esthétique (1876), il consacra le reste de sa vie professionnelle à répondre aux critiques sur la psychophysique. Arnheim (1985) présente de manière intéressante l'esthétique expérimentale de Fechner et sa relation avec ses croyances philosophiques.

Fechner ne parvint pas à résoudre la question du corps et de l'esprit. Cette question, d'ailleurs, existe encore dans toute son ampleur au sein de la psychologie moderne. Comme Weber, cependant, Fechner réussit à démontrer qu'il était possible de mesurer des événements mentaux et de les mettre en lien avec des événements physiques. Un certain nombre d'historiens estiment que le début de la psychologie expérimentale coïncide avec la publication d'*Elements* par Fechner en 1860. Ce point de vue est défendable, mais la plupart conviennent qu'une autre étape devait être franchie pour que la psychologie devienne une science en bonne et due forme : il fallait *fonder* la psychologie comme discipline distincte. Comme nous le verrons au chapitre 9, ce fut Wilhelm Wundt qui arriva à franchir cette étape.

Résumé

Au XVIIIe siècle, des astronomes qui observaient des phénomènes astronomiques constatèrent des différences individuelles. Ce sont ces différences individuelles qui incitèrent des chercheurs, même ceux voués aux sciences physiques, à étudier la façon dont l'être humain percevait le monde physique et se le représentait mentalement. Un questionnement intensif sur l'appareil sensoriel et le système nerveux de l'humain s'ensuivit. Bell et Magendie découvrirent que certains nerfs étaient spécialisés dans la transmission des informations sensorielles au cerveau et que d'autres nerfs assuraient celle des informations sensorielles depuis le cerveau jusqu'aux muscles. Cette distinction entre les

nerfs sensoriels et moteurs fut appelée loi de Bell-Magendie. Müller découvrit ensuite que chaque nerf sensoriel était spécialisé dans la production d'un certain type de sensation. Par exemple, peu importe comment le nerf optique était stimulé, il produisait la sensation lumineuse. La même chose était vraie pour tous les autres nerfs sensoriels du corps. Cette découverte de Müller fut appelée doctrine des énergies nerveuses spécifiques.

Helmholtz est un personnage monumental dans l'histoire de la science. Il s'opposa au vitalisme que son professeur Müller et d'autres défendaient. Les vitalistes maintenaient que la vie ne pouvait pas être réduite à des processus physiques et qu'elle ne pouvait donc pas être étudiée scientifiquement. Pour Helmholtz, rien ne pouvait échapper à l'investigation scientifique. Il démontra que la quantité d'énergie dépensée par un organisme était directement proportionnelle à son apport de nourriture et d'oxygène. Ce faisant, il montra que le principe de conservation de l'énergie s'appliquait aux organismes vivants aussi bien qu'aux systèmes physiques. Faisant fi de la croyance voulant que les influx nerveux soient trop rapides pour être mesurés, il calcula leur vitesse et s'aperçut qu'ils étaient étonnamment lents.

Helmholtz établit la distinction entre les sensations et les perceptions, les premières étant les images brutes fournies par les récepteurs sensoriels, les secondes étant la lecture que l'expérience antérieure permettait de faire de ces sensations brutes. Par le processus de l'inférence inconsciente, Helmholtz affirmait que la richesse de l'expérience que l'être humain possède au sujet des objets et des événements influe sur les sensations et les convertit en perceptions. Helmholtz utilisait l'inférence inconsciente pour donner une explication empirique de la perception plutôt qu'une explication nativiste comme Kant et d'autres avant lui. Il étendit la doctrine des énergies nerveuses spécifiques à la vision des couleurs en disant que des récepteurs spécifiques situés sur la rétine correspondaient à chacune des trois couleurs primaires additives : le rouge, le vert et le bleu-violet. Si un des trois récepteurs manquait ou ne fonctionnait pas, la personne ne percevait pas la couleur à laquelle ce récepteur était sensible. Pour Helmholtz, toutes les sensations chromatiques s'expliquaient par la stimulation d'un des trois types de récepteurs ou par la stimulation d'une combinaison de ces récepteurs. Étant donné que Young avait déjà proposé une théorie semblable sur la vision des couleurs, la théorie fut plus tard appelée théorie de la vision des couleurs de Young-Helmholtz (ou théorie trichromatique).

Helmholtz expliqua également la perception auditive à l'aide de la doctrine des énergies nerveuses spécifiques. Il affirmait que chacune des minuscules fibres de la membrane basilaire réagissait à une fréquence différente et que la perception auditive résultait de la combinaison des différentes fibres qui sont stimulées à tout moment. Il s'agit de la théorie de la perception auditive selon la zone de résonance. Les travaux de Helmholtz montraient clairement qu'il y a une différence entre ce qui existe physiquement et ce qui est éprouvé psychologiquement. Selon lui, cet écart provient du fait que les outils sensoriels du corps sont incapables de réagir à tout ce qui est présent physiquement. Même si Helmholtz trouva des décalages entre ce qui existait physiquement et ce qui était éprouvé psychologiquement, il supposa que l'esprit actif captait toutes les informations sensorielles et faisait la meilleure interprétation possible de la réalité externe. Les travaux de Helmholtz ont rapproché la physiologie de la psychologie et ont ouvert la voie à la psychologie expérimentale.

Dans son explication des phénomènes perceptifs, Helmholtz partageait le point de vue des empiristes, mais Hering se rangea du côté des nativistes. Dans son hypothèse sur la vision des couleurs, Hering supposa que des récepteurs rétiniens pour le rouge-vert, le jaune-bleu et le noir-blanc causaient soit une « destruction » (causant respectivement des sensations chromatiques de rouge, de jaune et de blanc), soit une « construction » (causant respectivement des sensations chromatiques de vert, de bleu et de noir). La théorie de Hering pouvait expliquer un certain nombre de sensations chromatiques que la théorie de Helmholtz ne permettait pas de comprendre. Ladd-Franklin, elle, proposa une théorie chromatique basée sur les principes de l'évolution.

Gall et Spurzheim étendirent la psychologie des facultés à la phrénologie, selon laquelle les différentes facultés ne sont pas aussi développées d'un être humain à l'autre. Ils situaient les facultés mentales dans différentes aires du cerveau et affirmaient qu'on pouvait évaluer les facultés d'une personne en examinant les creux et les bosses de son crâne. La phrénologie fut très populaire parce qu'elle semblait représenter une méthode objective pour étudier l'esprit et parce qu'elle semblait générer des données pratiques. Un grand nombre de phrénologues soutenaient qu'on pouvait améliorer diverses facultés mentales en pratiquant les activités qui leur sont associées. Cette croyance donna naissance à la discipline formelle, c'est-à-dire à une approche de l'éducation basée sur « le muscle mental ». Flourens vérifia expérimentalement plusieurs des conclusions des phrénologues au sujet de la localisation des fonctions cérébrales, et même s'il observa que certaines fonctions semblaient localisées dans les parties inférieures du cerveau, il tira la conclusion que le cortex lui-même fonctionnait comme un tout. En raison de la réputation prestigieuse de Flourens, le milieu scientifique commença à mettre en doute les hypothèses des phrénologues sur la localisation corticale. À l'aide de la méthode clinique, cependant, Broca découvrit qu'une certaine aire du cortex assurait la production de la parole. Plus tard, Wernicke observa qu'une autre aire corticale était responsable de la compréhension du langage. En outre, Fritsch et Hitzig trouvèrent une aire motrice dans le cortex, et Ferrier, une aire sensorielle. Il semblait donc exister une localisation des fonctions dans le cortex, mais ces fonctions, pas plus que leur localisation, n'étaient celles proposées par les phrénologues.

Weber fut le premier à tenter de quantifier la relation entre un stimulus physique et la sensation causée par ce stimulus. Il détermina le seuil de discrimination des différentes parties du corps en observant la distance minimale qui devait exister entre deux points pour que leur stimulation simultanée soit perçue séparément. À l'aide de poids, Weber calcula également combien de grammes, de plus ou de moins que le poids étalon, le poids variable devait avoir avant que le sujet ne perçoive une différence. Celle-ci fut appelée différence juste perceptible. Weber trouva que dans le cas des poids soulevés par le sujet, un écart de 1/40 par rapport à l'étalon suffisait pour que le sujet sente une différence. Si elle était inférieure à 1/40, celle-ci restait indétectable. Dans le cas des poids non soulevés mais simplement déposés dans les mains des sujets, la différence juste perceptible était de 1/30. Les travaux de Weber permirent de supposer pour la toute première fois qu'il existait une relation systématique entre les événements physiques et les événements mentaux.

Fechner approfondit les travaux de Weber en démontrant que les différences juste perceptibles étaient géométriquement liées à la stimulation. Autrement dit, plus l'intensité du stimulus étalon est grande, plus la quantité à ajouter au stimulus variable ou à soustraire de celui-ci devait augmenter pour que l'écart soit perçu. Dans ses travaux sur la psychophysique, Fechner utilisa trois méthodes : la méthode des limites, par laquelle on maintenait constant un stimulus alors qu'on faisait varier l'autre afin de déterminer quelles valeurs du stimulus variable étaient perçues comme égales à celles du stimulus étalon ; la méthode constante, selon laquelle on présentait des paires de stimuli au sujet qui devait alors indiquer lequel des deux lui paraissait supérieur, inférieur ou égal au stimulus étalon ; et la méthode d'ajustement, qui consistait à demander au sujet de régler l'intensité d'un stimulus jusqu'à ce que celui-ci lui semble égal au stimulus étalon. En plus de la psychophysique, Fechner créa le champ de l'esthétique expérimentale. Maintenant qu'on avait pu démontrer que les événements mentaux pouvaient être étudiés expérimentalement, la psychologie pouvait enfin devenir une science expérimentale.

Des questions à débattre

1. À un moment donné, on observa que les temps de réaction des astronomes différaient. Que signifia cette observation pour l'histoire de la psychologie ?

2. Qu'est-ce que la loi de Bell-Magendie ? Quel fut l'impact de cette loi sur l'histoire de la psychologie ?

3. Résumez la doctrine des énergies nerveuses spécifiques de Müller.

4. Définissez le vitalisme. Müller appartenait-il à cette école ? Et Helmholtz ?

5. Comment Helmholtz appliqua-t-il le principe de la conservation de l'énergie aux organismes vivants ?

6. Décrivez la méthode utilisée par Helmholtz pour mesurer la vitesse de la conduction nerveuse.

7. Comment Helmholtz expliquait-il la perception ? Dans votre réponse, décrivez un exemple d'inférence inconsciente.

8. Résumez la théorie trichromatique de Young-Helmholtz.

9. Résumez la théorie de la perception auditive selon la zone de résonance.

10. Expliquez l'importance des travaux de Helmholtz dans le développement de la psychologie en tant que science.

11. Expliquez en quoi Helmholtz était un naturaliste.

12. Comment Hering expliquait-il sa théorie de la perception tactile ?

13. Résumez la théorie chromatique de Hering.

14. Expliquez la théorie chromatique proposée par Ladd-Franklin.

15. Décrivez le point de vue des phrénologues. Indiquez aussi pour quelles raisons la phrénologie fut populaire et expliquez son influence sur la psychologie.

16. Décrivez l'approche de Flourens à l'égard de la recherche sur le cerveau. Ses conclusions appuyaient-elles la phrénologie ou la réfutaient-elles? Expliquez.

17. Décrivez l'approche de Broca à l'égard de la recherche cervicale. Quelles conclusions tira-t-il au sujet du fonctionnement du cerveau, et au sujet de l'intelligence?

18. Décrivez les fonctions associées aux aires corticales de Broca et de Wernicke.

19. Quelle approche Fritsch et Hitzig adoptèrent-ils à l'égard de la recherche sur le cerveau? Leurs résultats appuyaient-ils ceux de Gall ou de Flourens? Expliquez.

20. Quel fut l'impact des travaux de Weber sur le développement de la psychologie expérimentale? Dans votre réponse, décrivez les techniques de recherche et les résultats de Weber.

21. Pourquoi Fechner éprouva-t-il le besoin d'inventer le Dr Mises?

22. Quelle solution Fechner proposa-t-il au problème de la dualité corps-esprit? Quelle preuve utilisa-t-il pour défendre cette solution?

23. Que voulait dire Fechner par l'expression *sensation négative*?

24. Expliquez la différence entre le seuil absolu et le seuil différentiel.

25. Résumez les méthodes psychophysiques de Fechner.

26. Quelle fut la contribution de Fechner au développement de la psychologie en tant que science?

Des suggestions de lecture

Adler, H. E. (1996). Gustav Theodor Fechner: A German *Gelehrter*. Dans G. A. Kimble, C. A. Boneau, et M. Wertheimer (dir.), *Portraits of pioneers in psychology* (vol. 2, p. 1-13). Washington, DC: American Psychological Association.

Adler, H. E. (2000). Hermann Ludwig Ferdinand von Helmholtz: Physicist as psychologist. Dans G. A. Kimble et M. Wertheimer (dir.), *Portraits of pioneers in psychology* (vol. 4, p. 15-31). Washington, DC: American Psychological Association.

Bakan, D. (1966). The influence of phrenology on American psychology. *Journal of the History of the Behavioral Sciences 2*, 200-220.

Cahan, D. (dir.). (1994). *Hermann von Helmholtz and the foundation of nineteenth-century science*. Berkeley: University of California Press.

Cahan, D. (dir.). (1995). *Hermann von Helmholtz: Science and culture*. Chicago: University of Chicago Press.

Fechner, G. (1992 [1836]). The little book of life after death. *Journal of Pastoral Counseling: An Annual, 27*, 7-31.

Marshall, M. E. (1969). Gustav Fechner, Dr. Mises, and the comparative anatomy of angels. *Journal of the History of the Behavioral Sciences, 5*, 39-58.

Turner, R. S. (1977). Hermann von Helmholtz and the empiricist vision. *Journal of the History of the Behavioral Sciences, 13*, 48-58.

Glossaire

Aire de Broca   Aire du langage située dans le lobe frontal gauche du cortex (gyrus frontal inférieur).

Aire de Wernicke   Aire du lobe temporal gauche du cortex, associée à la compréhension de la parole.

Bell, Charles (1774-1842)   Ce physiologiste découvrit, dans les temps modernes, la différence entre les nerfs sensoriels et les nerfs moteurs.

Broca, Paul (1824-1880)   Il démontra qu'une partie du lobe frontal gauche du cortex se spécialise dans la production de la parole.

Différence juste perceptible   Sensation obtenue lorsque la variation de l'intensité d'un stimulus excède le seuil différentiel. (Voir aussi *Seuil différentiel*.)

Discipline formelle   Croyance qu'on peut renforcer les facultés de l'esprit en exerçant les fonctions qui leur sont associées. Par exemple, une personne pourrait améliorer son raisonnement en étudiant les mathématiques et la logique.

Doctrine des énergies nerveuses spécifiques Chaque nerf sensoriel, quelle que soit la façon dont on le stimule, libère une énergie qui lui est spécifique.

Équations personnelles Formules mathématiques utilisées pour corriger les différences dans les temps de réaction des observateurs.

Fechner, Gustav Theodor (1801-1887) Il approfondit la loi de Weber et démontra ce qui suit : pour que des différences juste perceptibles varient arithmétiquement, l'intensité d'un stimulus doit varier géométriquement.

Ferrier, David (1843-1928) Il découvrit l'aire sensorielle du cortex.

Flourens, Pierre (1794-1867) Il postula que la région corticale du cerveau agissait d'un seul bloc et n'était pas divisée en un certain nombre d'aires correspondant à des facultés mentales, comme l'avaient maintenu les phrénologues.

Fritsch, Gustav (1838-1927) En collaboration avec Hitzig, il découvrit les aires motrices du cortex en stimulant directement le cortex exposé d'un chien.

Gall, Franz Joseph (1758-1828) Il croyait que la force des facultés mentales variait d'un individu à l'autre et qu'on pouvait déterminer les facultés d'une personne en examinant les bosses et les creux de son crâne. On appela phrénologie ce type d'analyse. (Voir aussi *Phrénologie*.)

Helmholtz, Hermann von (1821-1894) Figure monumentale de l'histoire de la science, il effectua des recherches importantes sur les aires de la conduction nerveuse, la sensation, la perception, la vision des couleurs et l'audition.

Hering, Ewald (1834-1918) Il proposa une explication nativiste de la perception spatiale et une théorie chromatique basée sur l'existence de trois récepteurs chromatiques, chacun capable de catabolisme et d'anabolisme. La théorie chromatique de Hering pouvait expliquer certaines sensations chromatiques que la théorie de Helmholtz ne pouvait pas expliquer.

Hitzig, Eduard (1838-1907) En collaboration avec Fritsch, il découvrit les aires motrices du cortex en stimulant directement le cortex exposé d'un chien.

Inférence inconsciente Selon Helmholtz, processus par lequel la réminiscence des expériences passées s'ajoute aux sensations, les convertissant ainsi en perceptions.

Kinesthésie Sensations causées par une activité musculaire.

Ladd-Franklin, Christine (1847-1930) Elle proposa une théorie chromatique basée sur l'évolution.

Loi de Bell-Magendie Il existe deux types de nerfs : les nerfs sensoriels, qui transmettent les influx depuis les récepteurs sensoriels jusqu'au cerveau, et les nerfs moteurs, qui transmettent les influx depuis le cerveau jusqu'aux muscles et aux glandes du corps.

Loi de Weber Loi selon laquelle des différences juste perceptibles correspondent à une proportion constante d'un stimulus étalon.

Magendie, François (1783-1855) Ce physiologiste découvrit, onze ans après Bell, la différence entre les nerfs sensoriels et moteurs.

Méthode clinique Technique que Broca utilisa. Elle consiste d'abord à déterminer un trouble du comportement chez un patient vivant, puis, après son décès, à situer la partie du cerveau responsable du trouble de comportement.

Méthode d'ajustement Méthode dans laquelle le sujet règle un stimulus variable jusqu'à ce que celui-ci lui paraisse égal au stimulus étalon.

Méthode des limites Méthode qui consiste à présenter au sujet des stimuli d'intensités diverses en même temps qu'un stimulus étalon (constant) afin de déterminer l'étendue d'intensités que le sujet perçoit comme égale à l'étalon.

Méthode des stimuli constants Méthode qui consiste à présenter au sujet des stimuli de différentes intensités en même temps qu'un stimulus étalon et à lui demander ensuite d'indiquer si l'intensité lui semble supérieure, inférieure ou égale à celle de l'étalon.

Müller, Johannes (1801-1858) Il approfondit la loi de Bell-Magendie en démontrant que chaque récepteur sensoriel libère, lorsque stimulé, une énergie qui lui est propre. Cette découverte fut appelée doctrine des énergies nerveuses spécifiques.

Panpsychisme Croyance voulant que toute chose de l'Univers possède une conscience.

Perception Selon Helmholtz, expérience mentale qui a lieu lorsqu'une sensation est embellie par le souvenir d'expériences passées.

Phrénologie Analyse des bosses et des creux du crâne dans le but de déterminer les forces et les faiblesses des différentes facultés mentales.

Physiognomonie Tentative de déterminer le caractère d'une personne en analysant les traits de son visage, la structure de son corps ainsi que les façons dont elle se tient et bouge.

Principe de conservation de l'énergie Principe selon lequel l'énergie à l'intérieur d'un système est constante ; par conséquent, on ne peut rien y ajouter ni en soustraire, l'énergie peut seulement passer d'une forme à une autre.

Psychophysique Étude systématique de la relation entre les événements physiques et les événements psychologiques.

Sensation Expérience mentale brute causée par les récepteurs sensoriels lorsque ceux-ci sont stimulés par un stimulus environnemental.

Sensations négatives Selon Fechner, sensations qui se produisent sous le seuil absolu et qui, par conséquent, échappent à la conscience.

Seuil absolu Stimulus minimal pouvant être détecté par un organisme.

Seuil de discrimination tactile Distance minimale qui doit exister entre deux points pour que leur stimulation simultanée soit perçue séparément par le sujet.

Seuil différentiel Valeur de la variation qu'il faut appliquer à un stimulus avant qu'une différence de sensation soit détectée.

Spurzheim, Johann Kaspar (1776-1832) Élève et collègue de Gall, il contribua considérablement à diffuser et à promouvoir la phrénologie.

Stimulation adéquate Stimulation à laquelle une modalité sensorielle est la plus sensible.

Temps de réaction Laps de temps qui s'écoule entre la mise en présence d'un stimulus et la réaction du sujet.

Théorie de la perception auditive selon la zone de résonance Théorie selon laquelle les minuscules fibres de la membrane basilaire de l'oreille interne sont stimulées par différentes fréquences sonores. Plus la fibre est courte, plus la fréquence à laquelle elle réagit est élevée.

Théorie de la vision des couleurs de Young-Helmholtz Théorie selon laquelle des systèmes de récepteurs rétiniens distincts sont sensibles à chacune des trois couleurs primaires : rouge, vert et bleu-violet. Elle est aussi appelée théorie trichromatique de Young-Helmholtz.

Vitalisme Croyance selon laquelle la vie ne peut pas s'expliquer uniquement à partir des forces physiques et biologiques.

Weber, Ernst Heinrich (1795-1878) À l'aide du seuil de discrimination et des différences juste perceptibles, il fut le premier à démontrer la relation systématique entre la stimulation et la sensation.

Wernicke, Carl (1848-1905) Il découvrit une aire, sur le lobe temporal gauche du cortex, associée à la compréhension de la parole.

CHAPITRE 9

Le volontarisme, le structuralisme et autres premières écoles de psychologie

Dans le chapitre précédent, nous avons vu que Helmholtz, Weber et Fechner furent les pionniers de la psychologie expérimentale. C'est Wilhelm Wundt, toutefois, qui synthétisa les réalisations contenues dans les travaux de ces scientifiques ainsi que ceux d'autres chercheurs, pour en faire un programme de recherche unifié s'articulant autour de certaines croyances et de certaines méthodes. En 1862, Wundt fit une expérience qui le persuada que la psychologie expérimentale était susceptible de devenir une discipline à part entière. Au moyen d'un appareil (voir la figure 9.1), Wundt prouva qu'il fallait un court laps de temps pour que l'attention du sujet passe du son de la cloche à la position du pendule et vice versa. Le « pendule de complication » démontrait, selon lui, que l'être humain ne pouvait avoir qu'une seule pensée à la fois et qu'il lui fallait environ un dixième de seconde pour détourner son attention d'un stimulus et répondre à un autre.

À partir de cette première expérience, Wundt conclut que, d'une part, la psychologie expérimentale était une chose possible et que, d'autre part, elle devait être axée sur l'attention sélective, ou volition :

> Wundt se rendit soudainement compte qu'il était en train de mesurer la vitesse d'un processus mental central et que la psychologie expérimentale émergeait de son expérience. On pouvait mesurer le temps nécessaire pour porter son attention d'un stimulus à un autre, et ce temps se situait autour d'un dixième de seconde.
>
> C'est à ce moment que le système théorique de Wundt commença à se déployer. Car ce n'était pas tant la vitesse mesurée de l'attention sélective qui impressionnait Wundt, que la démonstration d'un processus de contrôle volontaire central. Dès lors, la psychologie selon Wundt eut un thème principal : la distinction entre les actions volontaires et involontaires. (Blumenthal, 1980, p. 121-122 [notre traduction])

Dans l'introduction de son ouvrage intitulé *Contributions to A Theory of Sense Perception* (1862a), Wundt mentionnait la nécessité d'ouvrir un nouveau champ

Figure 9.1

Le « pendule de complication » de Wundt. Cette horloge était réglée pour que le pendule (B) se déplace devant une échelle graduée (M). L'appareil faisait en sorte que la cloche (g) était heurtée par la tige de métal (s) aux deux extrémités d'oscillation du pendule (d, b). Wundt découvrit que s'il regardait l'échelle graduée lorsque la cloche sonnait, il n'était jamais à la position d ou b mais à quelque distance de l'une ou l'autre. La détermination de la position exacte du pendule au moment où la cloche tintait restait donc impossible. Les valeurs enregistrées présentaient toujours un écart d'environ un dixième de seconde. Wundt en déduisit qu'on pouvait être attentif soit à la position du pendule, soit au tintement de la cloche, mais pas aux deux en même temps (tiré de Wundt, 1862b, p. 264 [notre traduction]).

d'études en psychologie expérimentale qui permettrait de mettre en lumière les différents aspects de la conscience humaine. Dans son livre marquant, *Principles of Physiological Psychology* (1874/1904), Wundt indiquait clairement qu'il avait pour objectif de créer un tel champ. Il faut noter ici que, à l'époque de Wundt, le terme *physiologique* signifiait à peu près la même chose qu'*expérimental*. Aussi l'expression « psychologie physiologique » qui figure dans le titre de ce livre fait-elle davantage référence à la « psychologie expérimentale » qu'à la recherche de liens biologiques entre la pensée et le comportement, comme c'est souvent le cas dans la psychologie physiologique d'aujourd'hui.

En 1890, Wundt atteignit son but, et la toute première école de psychologie vit le jour. Une **école** se définit comme un groupe de personnes qui posent les mêmes hypothèses, travaillent sur des problèmes communs et utilisent les mêmes méthodes. Cette définition du terme *école* est très similaire à celle que Kuhn donne au terme *paradigme*. Tant dans une école de pensée que dans un paradigme, les individus travaillent à explorer des problèmes posés selon un point de vue particulier. Autrement dit, ils s'adonnent à ce que Kuhn (1996) a appelé la science normale.

En 1890, des étudiants de partout dans le monde se rendaient à Leipzig pour recevoir une formation en psychologie expérimentale au laboratoire de Wundt. Il ne faisait guère plus de doute que la psychologie scientifique pouvait être une discipline productive. On doit une quantité astronomique de travaux de recherche à ce laboratoire ; en outre, de nombreux laboratoires du même genre furent créés un peu partout dans le monde, y compris aux États-Unis.

Le volontarisme

Wundt s'était donné pour objectif de comprendre la conscience, et la poursuite de cet objectif était typique de la tradition rationaliste allemande :

> Wundt disait que Herbart était, après Kant, celui à qui il devait le développement de ses idées. [...] Mais mis à part Herbart et Kant, on sentait aussi l'influence de Leibniz, dans l'ombre duquel Wundt avait l'impression de travailler depuis les tout premiers débuts. [...] Beaucoup [...] de références à Leibniz concernant des points clés des travaux plus théoriques de Wundt indiquent

clairement qu'il avait des affinités particulières avec ce philosophe. (Danziger, 1980a, p. 75-76 [notre traduction])

Wundt s'opposait au matérialisme, dont il disait ceci : « La psychologie matérialiste [...] est contredite par [...] l'existence de la conscience elle-même, qui n'est sûrement pas issue des qualités physiques des molécules ou des atomes » (1912/1973, p. 155 [notre traduction]). Il s'opposait également à l'empirisme des philosophes britanniques et français, lesquels considéraient l'individu comme le réceptacle passif de sensations elles-mêmes « organisées » passivement par les lois de l'association. Ce qui faisait défaut à l'empirisme, selon Wundt, c'étaient les processus de volition centraux qui agissaient sur les éléments de la pensée et leur donnaient ainsi des formes, des qualités ou des valeurs qu'on ne trouvait ni dans les stimuli externes ni dans les événements élémentaires.

Wundt ne cherchait pas à comprendre uniquement la conscience telle que l'individu la ressentait, mais aussi les lois mentales qui régissaient la dynamique de la conscience. Le plus important, pour lui, était le concept de **volonté** tel qu'il se manifestait dans l'attention et la volition. Wundt soutenait que la volonté constituait le concept principal autour duquel toutes les grandes questions de la psychologie devaient s'articuler (Danziger, 1980b, p. 108). Il croyait que les humains possédaient la faculté de choisir l'objet de leur attention et, par le fait même, ce qui est perçu clairement. De plus, il affirmait qu'une grande partie du comportement et de l'attention sélective relevait de l'intention ; autrement dit, que ces activités étaient motivées. Wundt appelait **volontarisme** son approche de la psychologie, parce qu'elle s'articulait autour de la volonté, du choix et de l'intention.

Le volontarisme, donc, fut la première école de psychologie — et non le structuralisme, comme on l'a souvent dit. Le structuralisme est une école rivale fondée par Edward Titchener, un élève de Wundt dont il sera question plus loin. Comme nous le verrons, ces deux écoles avaient très peu de choses en commun.

Wilhelm Maximilian Wundt

Wilhelm Maximilian Wundt (1832-1920) vit le jour un 16 août, la même année où Goethe mourut, à

Wilhelm Maximilian Wundt

Neckarau, une banlieue du grand centre commercial qu'était Mannheim. Lorsqu'il avait quatre ans, Wilhelm Wundt et les siens déménagèrent dans la petite ville de Heidelsheim. Fils d'un ministre luthérien, il était le benjamin de quatre enfants. La famille du côté de son père comptait des historiens, des théologiens, des économistes et deux recteurs de l'université de Heidelberg. Du côté maternel, on retrouvait des médecins, des scientifiques et des représentants du gouvernement. Malgré ce milieu intellectuel stimulant dans lequel il grandit (ou peut-être à cause de ce milieu), Wundt fut toujours une personne timide et réservée qui craignait la nouveauté. Des quatre enfants, seuls son frère de huit ans son aîné et lui survécurent. Ce frère fréquentait une école située dans une autre ville ; le seul compagnon de son âge que Wundt avait était un garçon déficient mental qui parlait à peine. Lorsqu'il atteignit sa huitième année, on confia son éducation à un jeune pasteur qui travaillait à l'église de son père. Ce pasteur fut le plus proche ami de Wundt jusqu'à ce que celui-ci commence l'école secondaire. La première année de Wundt à l'école secondaire fut désastreuse : il ne se lia d'amitié avec personne, rêvassa à longueur de journée, fut physiquement puni par ses enseignants et finit par échouer. À cette époque, un de ses enseignants affirma même qu'une carrière au service des postes serait une ambition raisonnable pour Wundt (Diamond, 1980, p. 12-13). L'année suivante, Wundt redoubla et changea d'établissement. Il suivit ses cours dans une école

de Heidelberg, où son frère et un cousin étudiaient. Même s'il ne fut pas un élève très doué, il réussit beaucoup mieux à cet endroit.

Après la fin du secondaire, Wundt s'inscrivit au cours prémédical de l'université de Tübingen. Il y demeura pendant un an, puis alla poursuivre son cours à l'université de Heidelberg, où il devint l'un des meilleurs étudiants en médecine. Il obtint un diplôme avec mention très bien et arriva premier aux examens nationaux. Après avoir reçu son diplôme de médecine en 1855, à l'âge de vingt-trois ans, Wundt se rendit à Berlin et étudia avec Johannes Müller. Ce professeur exerça une telle influence sur Wundt que ce dernier décida de faire carrière en physiologie expérimentale plutôt qu'en médecine. Après avoir travaillé et étudié durant un an à l'institut de Müller, Wundt retourna à l'université de Heidelberg, où il fut assistant au laboratoire de Helmholtz. Pendant la période où il travailla pour lui, Wundt donna son premier cours de psychologie en tant que science naturelle et rédigea son premier ouvrage, *Contributions to a Theory of Sense Perception* (1862a). Dans ce livre, Wundt présentait son projet pour faire avancer la psychologie ; il allait en suivre les grandes lignes le restant de sa vie. L'année suivante, il publia *Lectures on Human and Animal Psychology* (1863), où ressortaient clairement les deux champs d'intérêt qu'il entretint en psychologie durant toute sa carrière. Wundt soutenait que la psychologie expérimentale pouvait permettre de comprendre la conscience immédiate (dont il sera question plus loin), mais qu'elle était inutile pour l'étude des processus mentaux supérieurs et de leurs produits. Pour étudier ceux-ci, seules l'observation naturaliste et l'analyse historique s'avéraient utiles. La première partie de *Lectures* comprenait une histoire de la psychologie, un aperçu de la recherche sur la sensation et la perception, ainsi que le compte rendu d'une recherche sur l'équation personnelle. La seconde partie des *Lectures* renfermait des explications sur l'esthétique et les sentiments religieux, les jugements moraux, le développement des sociétés, la religion comparative, le langage et la volonté. En fait, la plupart des sujets qui figurèrent plus tard dans *Völkerpsychologie* (1900-1920), l'œuvre monumentale en dix volumes à laquelle Wundt travailla durant les vingt dernières années de sa vie, furent traités pour la première fois dans *Lectures*, en 1863.

Wundt enseigna à Heidelberg jusqu'en 1874, année où il accepta un poste de professeur de philosophie inductive à l'université de Zürich, en Suisse. L'année suivante, on lui offrit d'enseigner la philosophie scientifique à l'université de Leipzig. Wundt accepta et resta dans cet établissement pendant quarante-cinq ans.

Wundt voulut enseigner la psychologie expérimentale à Leipzig en 1875, mais l'université ne disposait pas de l'espace nécessaire au matériel de Wundt. Il enseigna donc l'anthropologie, la logique et le langage. Un an après, il obtint l'espace dont il avait besoin et commença à donner des cours de psychologie expérimentale. En 1879, son laboratoire était déjà très productif, et Wundt supervisait la recherche de plusieurs étudiants. On retient habituellement cette année pour marquer la fondation de son premier laboratoire voué exclusivement à la recherche en psychologie. Wundt le nomma l'Institut de psychologie expérimentale. Au début, les dirigeants de l'université n'appuyaient pas l'institut de Wundt, qui ne figura dans le catalogue de l'université qu'à partir de 1883. Cependant, l'Institut de psychologie expérimentale connut un très grand succès, et les cours de Wundt étaient les plus courus de l'université, attirant parfois plus de deux cent cinquante étudiants (Bringmann, Bringmann et Ungerer, 1980, p. 147). En 1881, Wundt fonda *Philosophical Studies*, la toute première revue à être consacrée exclusivement à la psychologie expérimentale. Il aurait souhaité l'appeler *Psychological Studies*, mais il existait déjà une publication portant ce nom, et elle traitait de spiritualisme et de phénomènes parapsychologiques. Quelques années plus tard, Wundt remplaça le nom de sa revue par celui, plus approprié, de *Psychological Studies*.

Comme l'institut de Wundt connaissait un succès croissant, il fut agrandi plusieurs fois. Alors que le laboratoire comptait une seule pièce à son origine, on lui en ajouta huit en 1882 et, en 1897, on offrit à Wundt un édifice entier à la conception duquel il contribua. Wundt fut dès lors une figure dominante de la psychologie expérimentale, et il le demeura pendant trois décennies. Au cours de la période qu'il passa à Leipzig, Wundt supervisa cent quatre-vingt-six thèses de doctorat (dont soixante-dix en philosophie et cent seize en psychologie). Ses étudiants devinrent des pionniers de la psychologie expérimentale dans le monde entier. Nous en présenterons quelques-uns dans les sections qui viennent.

Wundt fut l'une des personnes les plus productives de l'histoire de la psychologie. Boring (1950) a estimé que, de 1853 à 1920, Wundt rédigea un total de 53 735 pages :

> En partant du fait qu'il y a 24 836 jours dans 68 années, cela signifie que Wundt écrivit ou révisa en moyenne 2,2 pages par jour entre 1853 et 1920, ce qui revient à un mot toutes les deux minutes, jour et nuit, pendant 68 ans. (p. 345 [notre traduction])

De toute évidence, Wundt était entièrement dévoué à son travail :

> Il ne se passionnait guère pour autre chose que son travail. Même son épouse et sa famille ne font l'objet que d'un seul paragraphe dans son autobiographie. Son dévouement était si grand qu'il analysa ses propres expériences psychologiques alors même qu'il était très malade et mourant ; il s'était déjà demandé comment pouvait être l'expérience de la mort. (Michael Wertheimer, 1987, p. 62 [notre traduction])

Son autobiographie fut le dernier ouvrage sur lequel Wundt travailla. Il la termina quelques jours avant sa mort ; il avait alors quatre-vingt-huit ans.

Les buts de la psychologie

Wundt n'était pas d'accord avec des penseurs comme Galilée, Comte et Kant, qui affirmaient que la psychologie ne deviendrait jamais une science, pas plus qu'avec Herbart, qui prétendait que la psychologie pouvait être une science mathématique, mais pas une science expérimentale. Wundt demeurait pour sa part convaincu que la psychologie était déjà devenue une science expérimentale. Pourtant, comme nous l'avons vu, l'expérimentation ne jouait qu'un rôle limité dans la vision d'ensemble que Wundt avait de la psychologie. Wundt soutenait qu'on pouvait utiliser l'expérimentation pour étudier les processus fondamentaux de l'esprit, mais qu'elle ne pouvait pas servir à comprendre les processus mentaux supérieurs. Pour analyser ceux-ci, il fallait utiliser différentes formes d'observation naturaliste. Lorsque nous traiterons de la *Völkerpsychologie* de Wundt, un peu plus loin, nous verrons de quelle façon il se proposait d'étudier les processus mentaux supérieurs. Là encore, cependant, le rôle de la psychologie expérimentale était capital pour Wundt. L'étude des processus conscients simples permettait d'appréhender les processus plus complexes : « N'oublions pas la règle, aussi valable pour la psychologie que pour n'importe quelle autre science, selon laquelle nous ne pouvons pas comprendre les phénomènes complexes avant d'en savoir plus sur les phénomènes plus simples qu'ils présupposent » (Wundt, 1912/1973, p. 151 [notre traduction]). En somme, pour Wundt, le but de la psychologie était de comprendre tant les phénomènes conscients simples que les phénomènes conscients complexes. Pour comprendre les premiers, on pouvait selon lui utiliser l'expérimentation ; mais pour comprendre les seconds, cela s'avérait insuffisant.

L'expérience médiate et l'expérience immédiate

Wundt disait que toutes les sciences se fondaient sur l'expérience et que la psychologie scientifique ne faisait pas exception. Toutefois, le *type* d'expérience que la psychologie utiliserait serait différent. Alors que les autres sciences reposaient sur l'**expérience médiate**, la psychologie reposerait sur l'**expérience immédiate**. Par exemple, les données qu'un physicien utilise sont générées par différents appareils de mesure tels les spectromètres (pour mesurer la longueur des ondes lumineuses) ou les phonétographes (pour mesurer la fréquence et l'intensité des ondes sonores). Le physicien note les données enregistrées par les appareils de mesure, puis les interprète pour analyser les caractéristiques du monde physique. Donc, l'expérience en science naturelle est médiate, c'est-à-dire qu'elle ne se fait pas directement, mais indirectement, par l'intermédiaire d'instruments. Pour Wundt, l'objet d'étude de la psychologie était la conscience humaine *au moment où elle s'exerce*. Wundt ne s'intéressait pas à la nature du monde physique ; il voulait plutôt comprendre les processus psychologiques par lesquels l'être humain appréhende ce monde.

Une fois les éléments mentaux isolés, on pouvait, selon Wundt, déterminer les lois qui régissent leur combinaison en expériences complexes. Donc, Wundt donna deux grands objectifs à sa psychologie expérimentale :

- découvrir les **éléments de la pensée** fondamentaux ;
- découvrir les lois par lesquelles les éléments mentaux s'assemblent en expériences mentales complexes.

Comment Wundt utilisait l'introspection

Pour étudier les processus mentaux fondamentaux qui intervenaient dans l'expérience immédiate, Wundt se servait de diverses méthodes, dont l'**introspection**. La façon dont il l'utilisait n'avait toutefois rien à voir avec

celle de saint Augustin pour explorer l'esprit afin de trouver l'essence de Dieu, ou celle de Descartes pour découvrir la vérité certaine. Elle différait également de la manière dont les empiristes et les sensualistes employaient l'introspection pour étudier des idées et des associations. Wundt faisait une distinction entre l'*introspection pure*, c'est-à-dire l'auto-observation relativement dépourvue de structure qu'utilisaient les premiers philosophes, et l'*introspection expérimentale*, qu'il considérait respectable du point de vue scientifique :

> Dans l'introspection expérimentale, on utilisait des instruments de laboratoire pour faire varier les conditions et, donc, rendre plus précis les résultats de la perception interne, comme dans les expériences psychophysiques amorcées par Fechner ou dans les expériences de Helmholtz sur la perception sensorielle. Dans la plupart des cas, dire « oui » ou « non » en réponse à un stimulus était tout ce qu'il fallait, sans aucune description des événements internes. Parfois, le sujet répondait en appuyant sur un manipulateur télégraphique. L'idée, c'était que l'introspection, sous la forme de perception interne, fût aussi précise que la perception externe. (Hilgard, 1987, p. 44 [notre traduction])

Wundt était agacé par certains collègues qui se servaient de l'introspection d'une façon plus philosophique et moins objective. En examinant cent quatre-vingt études effectuées au laboratoire de Wundt entre 1883 et 1903, Danziger (1980c) a constaté que toutes les études sauf quatre utilisaient l'introspection expérimentale, et que Wundt lui-même en critiquait deux de ces quatre. Wundt se servait de l'introspection plus ou moins de la même manière que les physiologistes (tel Helmholtz) et les psychophysiciens, c'est-à-dire comme une technique permettant de déterminer si une personne éprouvait ou non une sensation particulière. En fait, Wundt refaisait une bonne partie du travail sur l'audition et la vision que les physiologistes avaient accompli avant lui et une bonne partie du travail sur les seuils absolus et différentiels que les psychophysiciens avaient effectué dans le passé.

Wundt utilisait l'introspection d'une façon restrictive qui pouvait servir à étudier l'expérience immédiate, mais en aucun cas à étudier les processus mentaux supérieurs.

Les éléments de la pensée

Pour Wundt, il existe deux types d'expériences mentales : les sensations et les sentiments. Une **sensation** se produit chaque fois qu'un organe sensoriel est stimulé et que l'influx résultant se rend au cerveau. Les sensations se décrivent en fonction de leur *modalité* (visuelle, auditive, gustative, etc.) et de leur *intensité* (par exemple, la force d'un stimulus sonore). La modalité d'une sensation se divise elle-même en *qualités*. Ainsi, une sensation visuelle se définit en fonction de sa nuance (couleur) et de sa saturation («richesse» de la couleur); une sensation auditive, en fonction de sa hauteur et de son timbre («plénitude» du ton); une sensation gustative, en fonction de sa salinité, de son aigreur, de son amertume ou de sa douceur.

Toutes les sensations s'accompagnent de **sentiments**. Wundt parvint à cette conclusion en écoutant le battement d'un métronome pour finalement constater que certains rythmes étaient plus agréables que d'autres. À partir de ses propres introspections, il énonça sa **théorie tridimensionnelle du sentiment**, selon laquelle tout sentiment se définit par rapport aux trois attributs suivants, variables en degré: plaisir/déplaisir, excitation/calme, et stress/détente.

La perception, l'aperception et la synthèse créative

Expliquer le système de Wundt revient souvent à parler de son intérêt pour les éléments mentaux et de son utilisation particulière de l'introspection comme moyen d'isoler ces éléments. Une telle explication passe toutefois à côté d'une des plus importantes idées de Wundt. En effet, les sensations et les sentiments font partie des éléments de la conscience, mais dans la vie de tous les jours, ils sont rarement ressentis isolément et ne le sont peut-être jamais. La plupart du temps, plusieurs sentiments et émotions sont ressentis simultanément, et c'est alors que la **perception** apparaît. Selon Wundt, celle-ci est un processus passif régi par la stimulation physique en présence, la composition anatomique de la personne et ses expériences antérieures. Ces trois influences interagissent et déterminent le champ de perception de l'individu à tout moment. La partie du champ de perception à laquelle l'individu prête attention est *aperçue* (Wundt emprunta le terme *aperception* à Herbart). L'attention et l'aperception vont de pair; ce à quoi l'individu accorde son attention est aperçu. Contrairement à la perception, qui est passive et automatique, l'aperception est active et volontaire. Autre-

ment dit, l'individu exerce un contrôle sur l'aperception. Ce fut principalement parce que Wundt était convaincu que les individus pouvaient diriger leur attention en exerçant leur volonté qu'il appela volontarisme son approche de la psychologie. Wundt critiqua même le concept de «chimie mentale» de John Stuart Mill, selon qui deux idées ou plus pouvaient se combiner et faire surgir une idée différente de toutes celles dont elle était formée. Wundt rejetait ce processus parce que celui-ci était passif, comme la combinaison d'éléments chimiques. Pour Wundt, la différence essentielle entre sa position et celle des empiristes est l'accent qu'il met sur le rôle actif de l'attention. Lorsque l'individu dirige son attention sur certains éléments, il les arrange et les réarrange selon sa volonté; donc, des arrangements qui n'avaient jamais existé auparavant peuvent en résulter. Wundt appelait ce phénomène **synthèse créative** et soutenait qu'il intervenait dans toutes les activités d'aperception. Selon lui, le phénomène de synthèse créative faisait de la psychologie une discipline qualitativement différente des sciences physiques. Blumenthal (1998) a résumé comme suit la position de Wundt:

> Il n'y a pas de *qualités psychologiques* en physique. Par exemple, il n'existe pas de rouge, ou de vert, ou de bleu en ce monde. Les couleurs rouge, vert et bleu sont des phénomènes créés par le cortex de l'individu qui les perçoit. Une qualité musicale, la saveur du vin, ou la familiarité d'un visage relève d'une synthèse créative rapide qu'on ne peut pas, en principe, définir comme la simple *somme* de caractéristiques physiques fondamentales. (p. 45 [notre traduction])

Contrairement à ce que plusieurs pensaient, Wundt ne visait pas à déterminer les éléments cognitifs et émotionnels d'un esprit statique; il considérait que l'esprit était actif, créatif, dynamique et soumis à la volition. En fait, il croyait que le processus d'aperception était essentiel au fonctionnement mental normal, et il postulait que la schizophrénie résultait peut-être d'une dégradation des processus de l'attention. Si une personne perdait la capacité d'apercevoir, ses pensées se désorganisaient et perdaient leur sens, comme cela se produisait dans les cas de schizophrénie. C'est Emil Kraepelin (1856-1926), élève et ami de Wundt, qui approfondit cette théorie selon laquelle la schizophrénie découlerait possiblement de la dégradation des processus de l'attention. Selon Kraepelin, une anomalie du «poste de commande central» pouvait être associée à une capacité d'attention réduite, à une capacité d'attention intermittente ou à une capacité d'attention extrême, toutes trois susceptibles de causer de graves maladies mentales.

Comme nous l'avons vu, Wundt s'intéressait aux sensations et, lorsqu'il expliquait comment elles se combinaient pour former des perceptions, il demeurait proche de l'associationnisme traditionnel. Cependant, sa notion d'aperception s'articulait autour des aspects de l'attention, de la pensée et de la synthèse créative. Or tous ces processus se rapprochaient beaucoup plus de la tradition rationaliste que de la tradition empiriste.

La chronométrie mentale

Dans son ouvrage *Éléments de psychologie physiologique* (1874/1904), Wundt expliquait que le temps de réaction pouvait enrichir la technique d'introspection lorsqu'on l'utilisait pour étudier les éléments de la pensée et les activités de l'esprit. Au chapitre 8, nous avons vu que Friedrich Bessel effectua la première expérience sur les temps de réaction dans le but de recueillir des données qui pourraient servir à corriger les différences individuelles entre les observateurs d'événements astronomiques. Helmholtz, lui, utilisa le temps de réaction pour déterminer la vitesse de la conduction nerveuse, mais il cessa d'employer cette technique de mesure parce qu'il ne la considérait pas fiable.

Franciscus Cornelius Donders   Environ quinze ans après qu'Helmholtz eut abandonné la technique du temps de réaction, **Franciscus Cornelius Donders** (1818-1889), un physiologiste hollandais connu, commença une ingénieuse série d'expériences sur cette technique. Tout d'abord, Donders mesura le temps de réaction simple en notant le temps nécessaire à un sujet pour réagir d'une certaine façon (par exemple, en appuyant sur un bouton) à un stimulus donné (par exemple, un stimulus lumineux). Ensuite, Donders détermina que, en compliquant la situation, il pouvait mesurer le temps requis pour accomplir différentes tâches mentales.

Dans une de ses expériences, Donders présentait à ses sujets plusieurs stimuli différents, mais il leur demandait de ne réagir qu'à un seul d'entre eux, déterminé à l'avance. Les sujets devaient donc discriminer le stimulus choisi avant de réagir. On peut illustrer l'expérience comme suit :

Franciscus Cornelius Donders

Stimulus :	A	B	C	D	E
			↓		
Réponse :			c		

Afin de calculer le nombre de minutes nécessaires pour exécuter la tâche mentale de la *discrimination*, Donders soustrayait le temps de réaction simple de celui de la réaction impliquant l'opération mentale de la discrimination. Il compliqua ensuite davantage la situation en mettant les sujets en présence de plusieurs stimuli différents et en leur demandant de réagir à chacun d'entre eux différemment. L'expérience peut se schématiser comme suit :

Stimulus :	A	B	C	D	E
	↓	↓	↓	↓	↓
Réponse :	a	b	c	d	e

Pour désigner les réponses des sujets dans de telles conditions, Donders utilisait l'expression *temps de réaction à choix multiple*. Afin de calculer le temps nécessaire pour choisir, il soustrayait du temps de réaction à choix multiple le temps de réaction simple et celui impliquant la discrimination.

L'utilisation des méthodes de Donders par Wundt
Wundt entreprit avec enthousiasme d'essayer les méthodes de Donders, convaincu qu'elles pourraient générer une **chronométrie mentale**, ou un classement

précis du temps nécessaire pour exécuter différentes tâches mentales. Presque vingt pour cent des premiers travaux effectués au laboratoire de Wundt consistèrent à reproduire ou à poursuivre les recherches de Donders sur les temps de réaction. Wundt était persuadé que ces recherches fourniraient un autre moyen (en plus de l'introspection expérimentale) de faire ce que tant de chercheurs croyaient impossible : étudier expérimentalement l'esprit. Selon Danziger (1980b), les études que l'on effectua sur les temps de réaction durant les premières années d'existence du laboratoire de Wundt constituent le premier exemple d'un programme de recherche explicitement consacré aux questions psychologiques.

Wundt reproduisit et poursuivit plusieurs des expériences de Donders, persuadé au début qu'il pourrait arriver à mesurer précisément le temps nécessaire pour exécuter différentes tâches mentales. Toutefois, il en vint à abandonner ce projet, entre autres parce qu'il constata, comme Helmholtz, que les temps de réaction variaient trop d'une étude à l'autre, d'un sujet à l'autre, et même chez un même sujet à différents moments. Le temps de réaction changeait également selon la modalité stimulée, l'intensité du stimulus, le nombre d'éléments à discriminer et le degré de différence entre ces éléments, la préparation du sujet, ainsi que plusieurs autres facteurs. En somme, la situation était trop compliquée pour permettre d'obtenir des « constantes » psychologiques mesurables.

La causation psychologique et la causation physique

Wundt croyait que la causalité psychologique et la causalité physique étaient des « opposés polaires » parce qu'on pouvait prédire les événements physiques à partir des conditions antérieures, alors qu'on ne pouvait pas prédire les événements psychologiques. C'était la volonté qui faisait que la causalité psychologique s'avérait qualitativement différente de la causalité physique. Nous avons déjà vu que Wundt pensait que les humains pouvaient organiser volontairement les éléments de la pensée en n'importe quelle configuration (synthèse créative). Wundt croyait aussi que, étant créées par la volonté, les intentions ne pouvaient pas être prédites ou comprises en fonction de la causalité physique :

> [Wundt prétendait que] les sciences physiques [...] permettaient de décrire l'action qui consiste à accueillir un

ami, à manger une pomme ou à écrire un poème, tout cela en fonction des lois de la mécanique ou de la physiologie. Aussi détaillées et complexes fussent-elles, ces descriptions n'étaient pas utiles en tant que descriptions de phénomènes psychologiques. Ces phénomènes devaient être décrits par rapport à des intentions et à des objectifs, selon Wundt, parce que les actions, ou forces physiques, associées à un phénomène psychologique donné, pouvaient prendre une variété infinie de formes physiques. Donnant un exemple significatif, il disait qu'on ne pouvait pas décrire adéquatement le langage humain en fonction de sa forme physique ou de la segmentation des paroles, mais plutôt en fonction des règles et des intentions qui le sous-tendent. Car les façons d'exprimer une pensée par le langage sont infiniment variables. (Blumenthal, 1975, p. 1083 [notre traduction])

Un autre facteur rendait impossible la prédiction des événements psychologiques. C'était ce que Wundt appelait le **principe de l'hétérogonie des fins**. Selon ce principe, une activité accomplie dans un but précis atteint rarement ce but à l'exclusion de toute autre chose. Des phénomènes inattendus se produisent presque toujours, qui, à leur tour, changent tout le cadre motivationnel :

> Une action issue d'une intention donnée produit non seulement le but inhérent à l'intention, mais aussi d'autres influences, qui n'étaient pas directement motivées. Lorsque celles-ci se révèlent à la conscience et suscitent des sentiments et des impulsions, elles deviennent de nouveaux motifs, qui soit compliquent l'action initiale de volition, soit modifient ou remplacent cette action. (Wundt, 1912/1973, p. 168-169 [notre traduction])

Wundt utilisa également le **principe des contraires** pour expliquer la complexité de l'expérience psychologique. Il prétendait que les expériences opposées s'intensifient mutuellement. Par exemple, si on mange un aliment sucré après un aliment sur, l'aliment sucré goûte encore plus sucré, de même qu'un plaisir est encore plus agréable après une expérience douloureuse (Blumenthal, 1980). Le principe associé, le **principe du développement des contraires**, indiquait que, après une expérience prolongée d'un certain type, l'être humain manifeste une tendance accrue à rechercher le type d'expérience opposé. Ce principe ne s'appliquait pas seulement à la vie de l'humain en tant qu'individu, mais également à l'histoire humaine en général (Blumenthal, 1980). Ainsi, une période prolongée où le rationalisme prévalut, comme le Siècle des lumières, a tendance à être succédée par une autre durant laquelle les émotions humaines prédominent, comme celle du romantisme.

La volition est créative, mais elle n'est pas délibérée Wundt était un déterministe, c'est-à-dire qu'il ne croyait pas au libre arbitre. Pour lui, derrière toute action de volition se trouvaient des lois mentales qui influençaient le contenu de la conscience. Ces lois inconscientes et complexes, n'étaient pas connaissables par l'introspection ou d'autres formes d'expérimentation ; mais il s'agissait bien de lois dont dépendait toute action. Selon Wundt, les lois de l'activité mentale pouvaient être déduites seulement après coup ; en ce sens, le psychologue qui les étudiait agissait comme un historien :

> On ne peut jamais déterminer à l'avance les résultantes futures, mais [...] d'un autre côté, il est possible, à partir des résultantes données, d'arriver, dans des conditions favorables, à une déduction exacte au sujet des composantes. Le psychologue, comme l'historien psychologique, est un prophète aux yeux tournés vers le passé. Il doit non seulement être capable de dire ce qui arrive, mais aussi de dire ce qui est nécessairement arrivé, selon la position des événements. (Wundt, 1912/1973, p. 167 [notre traduction])

Wundt affirmait qu'il fallait utiliser l'approche historique pour étudier les processus mentaux supérieurs, et c'est cette approche qu'il utilisa dans sa *Völkerpsychologie*, qui est le sujet de la prochaine section.

La Völkerpsychologie

Wundt travailla d'arrache-pied pour fonder la psychologie expérimentale et en faire ainsi une branche distincte de la science. Il passa des années à faire des expériences pour ensuite les analyser, mais il croyait, comme nous l'avons vu, que les processus mentaux supérieurs, ceux qui se manifestent dans la culture humaine, ne pouvaient être étudiés que par l'analyse historique et l'observation naturaliste. Selon lui, on pouvait déduire la nature des processus mentaux supérieurs en étudiant des produits culturels tels que la religion, les coutumes sociales, les mythes, l'histoire, le langage, la morale, les arts et la loi. Wundt consacra les vingt dernières années de sa vie à l'étude de ces sujets, et ses recherches aboutirent à la publication d'un ouvrage en dix volumes, intitulé **Völkerpsychologie** (psychologie « de groupe » ou « culturelle »). Dans cet

ouvrage, Wundt met en avant l'étude du langage, et ses conclusions longtemps ignorées trouvent un écho surprenant dans la psychologie moderne.

Selon Wundt, la communication verbale commence par une **impression générale**, ou idée unifiée, qu'une personne veut transmettre. Le locuteur aperçoit cette impression générale, puis cherche des mots et des phrases pour l'exprimer. Les structures linguistiques et les mots choisis pour exprimer l'impression générale réussissent ou non à communiquer adéquatement celle-ci ; et il peut arriver qu'en entendant ses propres mots, le locuteur dise : « Non, ce n'est pas ce que j'avais à l'esprit », pour ensuite tenter de mieux exprimer l'impression générale. Une fois que le locuteur a choisi les phrases appropriées pour exprimer son impression générale, l'interlocuteur récepteur doit *apercevoir* les mots du locuteur. Autrement dit, l'interlocuteur récepteur doit comprendre l'impression générale que le locuteur essaie de transmettre. S'il comprend l'idée, il peut répondre à l'impression générale du locuteur en utilisant n'importe quel nombre de mots différents ou de structures de phrases. La communication verbale, donc, était pour Wundt un processus en trois étapes.

1. Le locuteur doit apercevoir sa propre impression générale.

2. Le locuteur choisit des mots et des structures de phrases pour exprimer son impression générale.

3. L'interlocuteur récepteur, après avoir entendu les mots et les phrases, doit apercevoir l'impression générale du locuteur.

Pour démontrer ce processus, Wundt faisait remarquer qu'on retient souvent le *sens* des mots d'une personne même si on a oublié depuis longtemps les mots exacts qu'elle a utilisés pour transmettre ce sens.

Le malentendu historique au sujet de Wundt

Bringmann et Tweney (1980) ont fait l'observation suivante : « Notre conception moderne de la psychologie — ses questions, ses méthodes, son rapport aux autres sciences et ses limites — découle en grande partie des recherches [de Wundt] » (p. 5 [notre traduction]). Et pourtant, Blumenthal (1975) a pour sa part émis ce commentaire : « Pour dire les choses simplement, les quelques personnes qui étudient Wundt aujourd'hui (et il en existe quelques-unes) sont plutôt d'accord pour dire que la description que l'on fait de Wundt dans beaucoup de manuels et de cours est très romancée et ne correspond guère au véritable personnage historique » (p. 1081 [notre traduction]). Blumenthal (1979) a également prétendu que, dans une large mesure, c'est la façon dont Wundt utilisait le mot *élément* à ses débuts qui explique l'incompréhension de plusieurs à son égard :

> Aujourd'hui, je ne peux m'empêcher de me demander si Wundt avait une quelconque notion des conséquences de son choix du mot « élément » dans le titre d'un de ses chapitres. Les générations suivantes se sont emparées de ce terme avec tellement d'enthousiasme qu'on a en fin de compte dénaturé Wundt et fait de sa pensée quelque chose de presque contraire à ce qu'elle était vraiment. (p. 549 [notre traduction])

Plus tôt dans le présent chapitre, nous avons vu qu'une des principales raisons de la déformation des idées de Wundt provenait du fait que sa psychologie reposait sur la tradition rationaliste, alors que la psychologie américaine embrassait la tradition empiriste-positiviste. La déformation des idées de Wundt commença tôt : « Beaucoup d'étudiants américains partaient à l'étranger pour suivre les cours de Wundt, mais très peu de ce qu'ils rapportaient de son système de pensée survivait au retour » (Blumenthal, 1980, p. 130 [notre taduction]). L'Anglais Edward Titchener (que nous présenterons dans la prochaine section) émigra aux États-Unis et se fit le représentant américain des idées de Wundt. Ce fut une erreur :

> On sent l'influence de Wundt dans la psychologie de Titchener, mais un énorme fossé culturel et intellectuel séparait l'approche générale des deux psychologues. [...] Il semble que [Titchener] ne pouvait naturellement pas penser en fonction des catégories qui différaient de manière fondamentale de la tradition positiviste anglaise. (Danziger, 1980a, p. 84-85 [notre traduction])

En dénaturant ainsi Wundt, la psychologie s'est privée de la richesse de ses idées. Heureusement, on est en train de redécouvrir la véritable psychologie de Wundt, peut-être en raison d'un intérêt renouvelé pour le domaine de la cognition :

> Aussi étrange que cela puisse paraître, Wundt est peut-être plus facile à comprendre aujourd'hui qu'il ne l'aurait été il y a quelques années à peine, en raison du contexte actuel de la psychologie cognitive et des recherches récentes sur le traitement de l'information chez l'humain. (Blumenthal, 1975, p. 1087 [notre traduction])

Edward Bradford Titchener

Né un 11 janvier à Chichester, en Angleterre, **Edward Bradford Titchener** (1867-1927) fréquenta le collège Malvern, une prestigieuse école secondaire. Il alla ensuite à Oxford de 1885 à 1890, où il se distingua. Pendant ses études universitaires, il s'intéressa à la psychologie expérimentale et traduisit en anglais la troisième édition de *Principles of Physiological Psychology* de Wundt. Une fois diplômé d'Oxford, Titchener partit pour Leipzig où il étudia auprès de Wundt durant deux ans.

Au cours de la première année de son séjour à Leipzig, Titchener se lia d'amitié avec Frank Angell, un étudiant qui, comme nous le verrons, allait jouer un rôle important dans le départ de Titchener pour les États-Unis. Après avoir fini son apprentissage auprès de Wundt, Angell partit pour l'université Cornell, à Ithaca, dans l'État de New York, pour y établir un laboratoire de psychologie. À peine un an plus tard, cependant, Angell décida d'accepter un poste à l'université de Stanford. Lorsque Titchener reçut son doctorat en 1892, on lui offrit de remplacer Angell. Titchener avait

Edward Bradford Titchener

également reçu une offre pour travailler à Oxford, mais, sachant qu'il n'y disposerait d'aucun laboratoire, il l'avait refusée. Aussi accepta-t-il l'offre de Cornell, où il allait créer par la suite le plus important programme de doctorat en psychologie des États-Unis. Lorsque Titchener arriva à Cornell, il avait vingt-cinq ans; il y habita toute sa vie. Titchener demeura toutefois un sujet britannique loyal et ne demanda jamais la citoyenneté américaine.

Titchener régnait sur son domaine avec une main de fer. Il décidait des projets de recherche qui seraient faits et des étudiants qui y travailleraient. Pour lui, la psychologie était synonyme de psychologie expérimentale (telle qu'il la définissait), et tout ce qui avait précédé sa vision de la psychologie n'en était pas: « Pour Titchener, la psychologie américaine antérieure aux années 1880 — et une bonne partie de celles d'après — n'était que du cartésianisme dilué, de la phrénologie codifiée ou, pis encore, de la théologie à peine déguisée » (Evans, 1984, p. 18 [notre traduction]). Lorsque l'école du béhaviorisme fut fondée par John B. Watson au début des années 1900 (voir le chapitre 12), Titchener (1914) prétendit qu'il s'agissait d'une technologie du comportement qui ne faisait pas partie de la psychologie. Titchener s'opposait également à la recherche de données psychologiques pour leur valeur appliquée; la science requérait la connaissance pure, et la psychologie (sa psychologie) était une science: « La science traite non pas de valeurs, mais de faits. La science n'a rien à voir avec le bon ou le mal, le malade ou le bien portant, l'utile ou l'inutile » (Titchener, 1915, p. 1 [notre traduction]). Titchener se tenait très au fait de l'essor de la psychopathologie, de la psychologie clinique, sociale et de celle du développement, ainsi que de la psychologie animale et comparative, et des tests psychologiques; il apportait même son soutien à la recherche menée dans ces domaines. Cependant, malgré l'utilité de ceux-ci, il soutenait qu'ils ne relevaient pas de la psychologie expérimentale pure — la psychologie telle qu'il la concevait, en somme.

Les anecdotes abondent au sujet du style autoritaire de Titchener. On raconte, entre autres, qu'il refusa une invitation à dîner du recteur de Cornell parce que celui-ci ne lui avait pas téléphoné pour le convier. Lorsque le recteur répliqua qu'il n'avait pas le temps de faire des invitations personnelles, Titchener répondit qu'il aurait pu au moins prendre la peine d'envoyer son

cocher pour délivrer le message. Le cocher du recteur vint donc, et Titchener alla au dîner (Hilgard, 1987, p. 76). Est-il besoin d'ajouter que les élèves de Titchener l'admiraient? Hilgard (1987) a décrit une expérience mémorable qu'Edwin Boring eut avec Titchener alors qu'il faisait ses études supérieures:

> Un jour, Boring fut invité à dîner chez Titchener pour célébrer l'anniversaire de ce dernier. Après le repas, on passa les cigares, et Boring ne put refuser d'en prendre un compte tenu de l'événement, même s'il n'en avait jamais fumé avant. Résultat: il dut s'excuser parce qu'il avait la nausée et dut sortir dehors pour vomir. Mais l'honneur d'avoir été invité une fois était si grand que, chaque année par la suite, on célébra l'anniversaire de Titchener au domicile de Boring, qui se devait de fumer un cigare, avec la conséquence inévitable qu'on connaît. (p. 106 [notre traduction])

Si Titchener était autoritaire dans son approche de la psychologie, on aurait tort de lui prêter un esprit étroit. Musicien accompli, il donna des cours de musique à Cornell jusqu'à ce qu'un département de musique voie le jour. Il dirigeait aussi un petit orchestre à son domicile les dimanches soir, auquel il encourageait les étudiants doués pour cet art à participer. Des conversations décontractées non centrées sur la psychologie succédaient à ces concerts. Titchener était également un collectionneur passionné et un fin connaisseur des pièces de monnaie anciennes. On disait de sa maison que c'était un « véritable musée ». En outre, il parlait plusieurs langues. Dans son autobiographie, Boring (1961) a donné un exemple du savoir général dont faisait preuve Titchener:

> Parmi tous ceux que j'ai fréquentés, il m'a toujours semblé être le plus proche qu'on puisse être du génie. […] Il avait de la facilité pour les langues et pouvait improviser en latin quand l'occasion l'exigeait. Si vous aviez des champignons, il pouvait vous dire comment les cuire. Si vous achetiez du chêne pour faire un parquet, il pouvait tout de suite vous expliquer les avantages du frêne. Si vous étiez fiancé, il vous donnait son avis assuré et insistant sur les aspects les plus inattendus de vos problèmes, et si vous étiez en voyage de noces, il vous écrivait, comme il l'a fait avec moi, pour vous rappeler le jour de votre retour au travail. (p. 22-23 [notre traduction])

Soit dit en passant, Boring (1886-1968) dédia son *Histoire de la psychologie expérimentale* (1950), devenu un classique, à Titchener. Ce livre a grandement contribué à perpétuer le mythe voulant que les visions de Wundt et Titchener soient similaires.

Titchener était membre fondateur de l'American Psychological Association (APA), mais il n'assista jamais aux rencontres, pas même au colloque national à Ithaca. Au lieu de cela, il fonda en 1904 sa propre organisation, appelée The Experimentalists, qu'il dirigea selon sa conception personnelle de la psychologie jusqu'à sa mort en 1927. Y adhéraient seulement ceux que Titchener invitait à le faire. Apparemment, Titchener créa cette organisation distincte de l'APA pour deux raisons. Tout d'abord, il était mécontent que l'APA n'ait pas expulsé un de ses membres qu'il accusait de plagiat. Deuxièmement, et c'est peut-être la raison la plus importante, il croyait que l'APA se montrait trop favorable à certains domaines appliqués et, donc, qu'elle s'éloignait de la psychologie expérimentale pure. (Pour une description intéressante des objectifs et des caractéristiques des expérimentalistes de Titchener, voir Furumoto, 1988.)

La relation paradoxale de Titchener avec les femmes psychologues   L'APA avait admis les femmes au sein de son organisation pratiquement dès ses débuts ; toutefois, lorsque Titchener fonda The Experimentalists, il décida de les exclure. Cette exclusion fut maintenue jusqu'au réaménagement de l'organisation deux ans après le décès de Titchener, en 1929. Parmi les membres de l'organisation de Titchener se trouvaient plusieurs des plus célèbres psychologues des États-Unis, mais peu d'entre eux critiquèrent cette discrimination, et plusieurs, même, l'appuyèrent.

Christine Ladd-Franklin (voir le chapitre 8) fut la plus outrée des femmes psychologues exclues de l'organisation de Titchener. Dans des lettres qu'elle échangea avec lui, elle lui fit part de son extrême indignation à l'égard de sa politique « dépassée ». À la remarque de Titchener qui lui répondait que les femmes pourraient être incommodées par l'abondante fumée de cigare qui flottait dans les salles de réunion de l'organisation, Ladd-Franklin répliqua : « Alors séparez les fumeurs des autres si vous voulez (bien que je fume toujours en compagnie de gens influents), mais une rencontre scientifique (quelque personnelle qu'elle soit) est une affaire publique, et il ne vous appartient pas d'exclure une classe de collègues sans commettre une extrême impolitesse » (Scarborough et Furumoto, 1987, p. 125 [notre traduction]). Les commentaires de Ladd-Franklin ne firent pas changer d'idée Titchener.

Cependant, le premier doctorant de Titchener fut Margaret Floy Washburn, qui, en juin 1894, devint la toute première femme à recevoir un doctorat en psychologie. Titchener était si impressionné par la thèse de Washburn, qui traitait de l'influence de l'imagerie visuelle sur le jugement des distances tactiles et de la direction, qu'il prit une initiative inhabituelle, celle de proposer à Wundt de publier cette thèse dans sa revue *Philosophical Studies*. Washburn fit par la suite des contributions remarquables à la psychologie comparative (voir le chapitre 11) et fut élue présidente de l'American Psychological Association en 1921.

Celestia Susannah Parrish (1855-1918) compte également parmi les femmes à qui Titchener enseigna sa conception de la psychologie expérimentale. En 1893, Titchener, qui venait d'être nommé professeur à Cornell, accepta Parrish comme étudiante au cours d'été. Parrish persuada Titchener de lui donner un cours par correspondance sur mesure pour elle, qu'elle pourrait suivre à l'automne parallèlement à sa charge de cours au Randolph-Macon Woman's College (R-MWC). Parrish, qui suivit d'autres cours d'été de Titchener en 1894 et en 1895, fonda plus tard le premier laboratoire de psychologie dans le sud des États-Unis au Randolph-Macon Woman's College à Lynchburg, en Virginie. En outre, elle présida le département de psychologie et de pédagogie au State Normal School de la Géorgie, qui fusionna par la suite avec l'université de Géorgie (Rowe et Murray, 1979).

La moitié des douze premiers doctorants de Titchener, en incluant Washburn et Parrish, étaient de sexe féminin. De même, sur les cinquante-six doctorants qu'il dirigea entre 1894 et 1927, dix-neuf étaient des femmes. Titchener admettait des étudiantes dans son programme de doctorat à une époque où des universités comme Harvard et Columbia n'en acceptaient pas. « Plus de femmes ont fait leur doctorat avec lui qu'avec tout autre homme psychologue de sa génération. [...] Titchener favorisait également l'embauche de femmes pour des postes de professeur lorsqu'elles étaient les candidates les plus qualifiées. À une occasion, il engagea une femme malgré l'objection du doyen » (Evans, 1991, p. 90 [notre traduction]).

Alors quelle était l'attitude de Titchener à l'égard des femmes psychologues ? Certains ont dit que, durant le mandat de Titchener, Cornell défendait des idées exceptionnellement libérales et avancées à leur sujet, idées auxquelles Titchener était obligé de se conformer. Cependant, compte tenu de ce que l'on sait sur sa personnalité autoritaire, il est difficile d'imaginer qu'il ait pu se conformer à quoi que ce soit qui ait été contraire à ses croyances.

Tant et aussi longtemps que Titchener fut bien portant, le structuralisme prospéra ; lorsque Titchener mourut le 3 août 1927 d'une tumeur au cerveau, à l'âge de soixante ans, le structuralisme disparut pratiquement avec lui. Nous reviendrons plus loin sur les raisons de la disparition du structuralisme.

Les buts de la psychologie

Titchener était d'accord avec Wundt sur le fait que la psychologie devait étudier l'expérience immédiate — c'est-à-dire la conscience. Il définissait la *conscience* comme la somme de l'expérience mentale à tout moment et l'*esprit* comme l'expérience accumulée au fil de la vie. Titchener soutenait que le but de la psychologie était de déterminer le quoi, le comment et le pourquoi de la vie mentale. Le *quoi* s'explorait selon lui par une introspection minutieuse, qui cataloguait les éléments mentaux fondamentaux rendant compte de toute l'expérience consciente. Le *comment* consistait à déterminer comment ces éléments se combinaient ; le *pourquoi*, à mettre en rapport les mécanismes neurologiques et les événements mentaux.

Contrairement à Wundt, qui cherchait à *expliquer* l'expérience consciente en fonction de processus cognitifs inobservables, Titchener tentait seulement de *décrire* l'expérience mentale. Favorable au positivisme d'Ernst Mach, Titchener prétendait que la spéculation sur des événements inobservables n'avait pas sa place en science. Il est intéressant de noter que Titchener adopta, au sujet de l'utilité de la théorie, le même point de vue que celui que B. F. Skinner (voir le chapitre 13) allait adopter plusieurs années plus tard. Pour Titchener et Skinner, théoriser signifiait pénétrer le monde de la spéculation métaphysique. Or, pour eux, la science était la description exacte des choses observables. Toutefois, Skinner se concentrait sur le comportement observable, tandis que Titchener donnait priorité aux événements conscients observables (à l'aide de l'introspection). Ce dernier voulait décrire la structure de l'esprit et, donc, il nomma son approche de la psychologie **structuralisme** (Titchener, 1898, 1899).

Titchener cherchait en fait un tableau périodique des éléments mentaux similaire au tableau des éléments physiques que les chimistes ont développé. Une fois les éléments mentaux isolés, Titchener comptait déterminer les lois qui régissaient leur combinaison en expériences plus complexes. Enfin, il voulait dégager les événements neurophysiologiques inhérents aux phénomènes mentaux. En 1899, le but du structuralisme, pour Titchener, était de décrire le *quoi* de la vie mentale ; il laissait le *pourquoi* aux autres.

L'utilisation de l'introspection par Titchener

La façon dont Titchener utilisait l'introspection était plus compliquée que celle de Wundt. En général, les sujets des expériences de Wundt n'avaient qu'à indiquer si une expérience était déclenchée par un objet ou un événement extérieur. Les sujets de Titchener, eux, devaient chercher les composantes élémentaires de leurs expériences. Leur tâche consistait à décrire les expériences élémentaires, brutes, fondamentales dont étaient issues les expériences cognitives complexes. Il fallait donc que les sujets de Titchener aient reçu une bonne formation pour apprendre à ne pas indiquer la *signification* d'un stimulus. La pire chose qu'ils pouvaient faire était de nommer l'objet de leur analyse introspective. Si, par exemple, on présentait aux sujets (ou, plus exactement, aux observateurs) une pomme, ils avaient pour tâche de décrire les nuances et les caractéristiques spatiales. Le fait de dire qu'il s'agissait d'une pomme revenait à commettre ce que Titchener appelait l'**erreur du stimulus**. Dans cet exemple, Titchener voulait que ses sujets indiquent les sensations, et non les perceptions. Titchener disait : « L'introspection faite à la lunette du sens […] est le péché mignon de la psychologie descriptive » (1899, p. 291 [notre traduction]).

Vers la fin de sa carrière, Titchener utilisa l'introspection de manière plus libérale (Evans, 1984). Il estimait qu'on pouvait recueillir des données importantes en laissant les introspectionnistes décrire simplement leur expérience phénoménologique. Autrement dit, il croyait que le compte rendu de l'expérience de tous les jours, telle qu'elle apparaît pour un « observateur » non scientifique, pouvait conduire à d'importantes découvertes scientifiques. Malheureusement, Titchener mourut avant de pouvoir explorer cette possibilité avec ses étudiants.

Les éléments mentaux

À partir de ses études d'introspection, Titchener arriva à la conclusion que les processus élémentaires de la conscience étaient les *sensations* (éléments des perceptions), les *images* (éléments des idées) et les *affections* (éléments des émotions). Selon Titchener, on pouvait connaître un élément uniquement en énumérant ses attributs. Les attributs des sensations et des images (ce qu'il reste des sensations) étaient la qualité, l'intensité, la durée, la clarté et l'étendue, qui était l'impression qu'une sensation ou une image donnait d'être plus ou moins déployée dans l'espace. Les affections pouvaient avoir les attributs de la qualité, de l'intensité et de la durée, mais pas de la clarté ni de l'étendue.

En pratique, Titchener et ses étudiants se concentraient la plupart du temps sur l'étude des sensations, ensuite sur celle des affections et, en dernier, sur celle des images. Titchener (1896) détermina qu'il existait plus de 40 000 sensations identifiables ; la plupart étaient liées au sens de la vision (environ 30 000), à l'audition (environ 12 000), puis aux autres sens (environ 20). Vers la fin de sa vie, Titchener changea l'objet de son analyse introspective : il se concentra sur les attributs (comme la qualité, l'intensité et la clarté) plutôt que sur les éléments eux-mêmes, parce que c'était seulement par ses attributs qu'on pouvait connaître un élément (Evans, 1972).

Titchener n'admettait pas la théorie tridimensionnelle du sentiment de Wundt. Titchener prétendait que les sentiments n'existaient que dans une seule dimension, et non trois comme le maintenait Wundt. Selon Titchener, les sentiments (affections) ne pouvaient se décrire qu'en fonction de la dimension plaisir-déplaisir de Wundt. Il soutenait que les deux autres dimensions que Wundt proposait (tension-détente et excitation-calme) étaient en fait des combinaisons de sensations et de véritables sentiments (plaisir-déplaisir). Le *quoi* de la psychologie, donc, incluait les sensations et les images en fonction de leur qualité, de leur intensité, de leur durée, de leur clarté et de leur intensité, ainsi que les sentiments qui s'articulaient autour du plaisir.

La loi de la combinaison

Après avoir isolé les éléments de la pensée, l'étape suivante consistait, pour Titchener, à déterminer le *comment*, c'est-à-dire la façon dont les éléments se combinent pour former des processus mentaux plus com-

plexes. En expliquant comment ceux-ci se combinent, Titchener réprouvait les notions que Wundt avait de l'aperception et de la synthèse créative, et leur préférait l'associationnisme traditionnel. Titchener (1910, éd. fr. 1922) fit de la loi de la contiguïté sa première loi d'association :

> Essayons cependant, d'obtenir une formule descriptive qui résume les faits que la théorie de l'association essaie d'expliquer. Nous trouvons alors ceci : chaque fois qu'un processus sensoriel ou imagé arrive à la conscience, avec lui apparaîtront vraisemblablement (sous forme d'images, naturellement) tous les processus sensoriels ou imagés qui se sont trouvés en même temps que lui dans quelque « présent conscient » antérieur. C'est ce qu'on peut appeler la loi de l'association. (éd. fr. 1922, p. 383)

Et qu'en est-il de l'attention, ce processus qui revêtait tant d'importance pour Wundt ? Pour Titchener, l'attention était simplement un attribut d'une sensation (clarté). L'humain n'éclaircissait pas ses sensations en y dirigeant son attention, comme Wundt le maintenait. Titchener avançait plutôt que l'humain dirigeait son attention sur certaines sensations parce qu'elles étaient plus claires que d'autres dans la conscience. Pour lui, aucun processus d'aperception ne sous-tendait la clarté ; certaines sensations étaient tout simplement plus vives et claires, et c'était à ces sensations que l'humain *disait* être attentif. La vague impression de concentration et d'effort qui accompagne l'« attention » n'était rien de plus que la contraction musculaire qui accompagne les sensations vives. Comme dans le positivisme, Titchener ne voyait pas la nécessité de supposer que ce sont des facultés, des fonctions ou des pouvoirs de l'esprit qui expliquent le processus d'attention apparemment rationnel. Pour lui, il y avait adéquation entre attention et sensation, point à la ligne.

Donc, en ce qui avait trait au *comment* des processus mentaux, Titchener admettait l'associationnisme traditionnel, s'alignant ainsi lui-même sur les empiristes britanniques.

Le lien entre les mécanismes neurologiques et les phénomènes mentaux

Titchener se considérait lui-même comme un psychophysicien paralléliste en ce qui a trait à la relation esprit-corps, et une bonne partie de ses écrits reflète effectivement cette position. À certains moments, cependant, il semblait partager la théorie du double aspect de Spinoza et, à d'autres, l'épiphénoménisme. Cette tergiversation inhabituelle de Titchener à l'égard de la relation entre le corps et l'esprit traduisait le désintérêt plutôt que le manque de clarté de sa pensée. Pour lui, essayer d'expliquer la relation entre le corps et l'esprit, c'était s'approcher dangereusement de la spéculation métaphysique, incompatible avec son positivisme. Essentiellement, Titchener soutenait que les processus physiologiques constituent un substrat continu qui donne aux processus psychologiques une continuité qu'autrement ils n'auraient pas. Par conséquent, même si, pour Titchener, le système nerveux ne causait pas les événements mentaux, il permettait d'expliquer certaines de leurs caractéristiques.

En fin de compte, les processus neurologiques rendaient compte du *pourquoi* de la vie mentale, si on admettait que le *pourquoi* consistait à décrire les circonstances dans lesquelles les processus mentaux ont lieu.

La théorie situationnelle du sens

Que signifie le mot *sens*? Titchener répondait à cette question en la liant encore une fois à l'associationnisme. Les sensations ne sont jamais isolées. Selon la loi de la contiguïté, chacune tend à susciter des images de sensations antérieurement ressenties en même temps que cette sensation. Une sensation vive ou un groupe de sensations vives forme un *noyau*, et les images suscitées forment un *contexte* qui donne au noyau son sens. Par exemple, il est possible qu'un hochet génère des images de bébé jouant avec lui, ce qui donne au hochet son sens pour l'observateur. De même, une photo d'un être cher a tendance à faire naître une grande diversité d'images liées aux mots et aux activités de cette personne, ce qui entoure la photo d'un sens. Même pour un concept aussi rationnel que le sens, la **théorie situationnelle du sens** de Titchener était compatible avec sa philosophie empiriste et associationniste.

Le déclin du structuralisme

Certains pourraient dire que le volontarisme de Wundt est encore vivant tandis que le structuralisme de Titchener a disparu. De fait, il apparaît évident qu'on retrouve encore plusieurs des idées de Wundt dans la psychologie moderne, alors que rien de substantiel du système de Titchener n'a survécu. On peut se demander ce qui a causé la quasi-disparition du structuralisme.

À plusieurs égards, le déclin de l'école du structuralisme s'avérait inévitable. Nous avons vu que le besoin de connaître l'esprit est aussi vieux que l'histoire elle-même, et que le questionnement sur les liens entre l'esprit et le corps remonte à la Grèce antique. Essentiellement préoccupés par le monde matériel, les premiers scientifiques ont fait des avancées importantes au fil du temps, et ces progrès les ont incités à élaborer une méthodologie scientifique qui pourrait permettre d'étudier l'esprit. Les empiristes et les rationalistes ont longtemps cru que les sens étaient la voie pour comprendre l'esprit; il n'est donc pas étonnant que la science, quand elle a commencé à être appliquée à l'humain, se soit d'abord penchée sur les processus sensoriels. À partir de là, il était logique et évident qu'il fallait aussi étudier la conduction neurale, les mécanismes cérébraux et, enfin, les sensations conscientes.

Le structuralisme fut essentiellement une tentative d'étudier scientifiquement les questions philosophiques du passé. Comment l'information sensorielle donne-t-elle naissance à des sensations simples, et comment celles-ci se combinent-elles en événements mentaux complexes? Le principal instrument des structuralistes, et même de leurs opposants, était l'introspection, ce qui constituait aussi un héritage du passé. Même si on commençait à l'utiliser de manière scientifique (c'est-à-dire dans des situations contrôlées), l'introspection générait des résultats qui différaient selon l'utilisateur et les données qu'il recherchait. En outre, les spécialistes qui connaissaient le plus l'introspection ne s'entendaient pas sur la façon de décrire correctement un stimulus.

D'autres arguments contre l'utilisation de l'introspection firent peu à peu leur apparition. Certains disaient que ce qu'on considérait comme de l'introspection était, en réalité, de la *rétrospection*, parce que l'événement décrit avait déjà eu lieu. Autrement dit, on rendait compte du souvenir d'une sensation plutôt que de la sensation elle-même. D'autres soutenaient qu'on ne pouvait pas se livrer à l'introspection sans modifier l'objet de ladite introspection — en d'autres mots, que l'observation changeait ce qui était observé. On commençait donc à penser que ceux qui estimaient impossible la science de l'esprit avaient raison.

L'apparent manque de fiabilité de l'introspection ne fut pas la seule raison du déclin du structuralisme. Le structuralisme excluait plusieurs découvertes importantes. Par exemple, les premières recherches sur le comportement animal n'intéressaient guère les structuralistes, qui travaillaient avant tout à déterminer les éléments fondamentaux de la conscience humaine ; pourtant, pour plusieurs chercheurs, l'étude des animaux renseignait, au contraire, énormément sur les humains. Les structuralistes ne s'intéressaient pas non plus aux recherches sur le comportement anormal, même si Freud et d'autres faisaient des percées dans la compréhension et le traitement des personnes atteintes d'une maladie mentale. Ils ne s'intéressaient pas davantage à l'étude de la personnalité, de l'apprentissage, du développement psychologique ni aux différences individuelles, alors même que des scientifiques faisaient des découvertes importantes dans ces domaines. Les structuralistes ne s'aidèrent pas non plus en refusant de se consacrer à la recherche de connaissances *pratiques*. Titchener prétendait chercher la connaissance pure et il ne comptait pas appliquer les principes de la psychologie pour résoudre des problèmes pratiques. Toutefois, la principale raison du déclin du structuralisme fut son incapacité à intégrer une des plus importantes percées dans l'histoire de l'humanité : la théorie de l'évolution. Pour toutes ces raisons, l'école du structuralisme ne survécut pas à la mort de Titchener.

La psychologie avait maintenant besoin d'une école de pensée qui puisse s'intéresser aux domaines que le structuralisme avait négligés, le faire dans le contexte de la théorie de l'évolution et utiliser des méthodes de recherche plus fiables et plus valides que l'introspection. Titchener donna lui-même le nom de fonctionnalisme à cette nouvelle école de psychologie, qui s'intéressait au *but* qu'avait l'esprit plutôt qu'à sa *structure* (1898, 1899). Le développement et les caractéristiques de l'école du fonctionnalisme feront l'objet des deux prochains chapitres.

Les autres approches des débuts en psychologie

Le volontarisme de Wundt et le structuralisme de Titchener ont dominé la psychologie durant de nombreuses années, mais ces écoles avaient leurs détracteurs, dont les critiques contribuèrent à l'apparition d'autres écoles de psychologie.

Franz Clemens Brentano

Né un 16 janvier, **Franz Clemens Brentano** (1838-1917) était le petit-fils d'un commerçant italien qui avait immigré à Marienburg, la ville natale de Franz. Comme Wundt, Brentano avait un entourage familial influent : certains de ses oncles et tantes furent écrivains à l'époque du romantisme allemand, et son frère gagna un prix Nobel pour ses travaux sur l'histoire intellectuelle. À l'âge de dix-sept ans, Brentano commença à étudier pour devenir prêtre, mais il fit son doctorat en philosophie à l'université de Tübingen en 1862 avant de recevoir les ordres. Sa thèse s'intitulait *Sur la signification multiple de l'être selon Aristote*. Deux ans plus tard, il fut ordonné prêtre et, en 1866, il commença à enseigner à l'université de Würzburg. Plus tard, Brentano quitta les ordres en raison de son désaccord avec la doctrine de l'infaillibilité du pape, de son attitude favorable au positivisme de Comte, de ses critiques dirigées contre les scolastiques et de son désir de se marier (ce qu'il fit par la suite, deux fois). En 1874, il fut nommé professeur de philosophie à l'université de Vienne, où il vécut ses années les plus productives. Cette année-là, la même où parut *Principles of Physiological Psychology* de Wundt, Brentano publia son

Franz Clemens Brentano

ouvrage le plus connu, *Psychology from an Empirical Standpoint* (1874/1973). En 1894, les pressions exercées par l'Église obligèrent Brentano à quitter Vienne pour s'installer à Florence. La décision de l'Italie de participer à la Première Guerre mondiale allait à l'encontre du pacifisme de Brentano, aussi protesta-t-il en partant pour Zürich, où il mourut en 1917.

À l'instar de Wundt, Brentano estimait que la psychologie expérimentale avait des limites. Comme lui, il croyait que l'accent mis sur l'expérimentation (la manipulation systématique d'une seule variable et l'observation de ses effets sur une autre variable) détournait l'attention du chercheur des questions essentielles. Brentano ne partageait pas l'avis de Titchener au sujet de l'importance de connaître les mécanismes physiologiques qui sous-tendent les événements mentaux. Enfin, il estimait, comme Wundt, que la recherche des éléments mentaux supposait une vision statique de l'esprit qui allait à l'encontre des faits. Selon Brentano, ce qui comptait au sujet de l'esprit n'était pas son contenu, mais son action. En d'autres mots, Brentano pensait qu'une étude judicieuse de l'esprit devait s'articuler autour de ses *processus* plutôt que de ses contenus.

La vision de Brentano fut bientôt appelée **psychologie de l'acte** (ou psychologie fonctionnelle) parce qu'il estimait que les processus mentaux visaient toujours à accomplir quelque fonction. Il incluait dans les actes mentaux le jugement, le souvenir, les attentes, les inférences, le doute, l'amour, la haine et l'espoir. De plus, chaque acte mental se rapportait à un objet extérieur à lui-même. Par exemple, on juge, on se rappelle, on aime, etc., *quelque chose*. Brentano utilisait le terme **intentionnalité** pour décrire le fait que chaque acte mental incorpore un objet extérieur à lui-même. Par conséquent, Brentano faisait une distinction claire entre voir la couleur rouge, d'une part, et la couleur rouge qui est vue, d'autre part. Voir est un acte mental qui a, dans ce cas, la couleur rouge pour objet. Les actes et les contenus (objets) sont inséparables; chaque acte mental vise un objet ou un événement (ou se rapporte à lui, ou porte sur lui), qui est le contenu de l'acte. Pour Brentano, le terme *intentionnalité* n'était pas synonyme d'intention ou de but; il signifiait plutôt que chaque acte mental s'adresse (se rapporte) à un objet extérieur à lui-même.

Pour étudier les actes mentaux et leur intentionnalité, Brentano devait utiliser une forme d'introspection que

rejetaient Wundt et Titchener (jusqu'à ses dernières années). L'introspection analytique contrôlée et méticuleuse destinée à rendre compte de la présence ou de l'absence d'une sensation, voire des éléments d'une expérience, n'était pas utile à Brentano. Il utilisait plutôt le même type d'**introspection phénoménologique** — une analyse introspective axée sur des expériences porteuses de sens et entières — que Titchener intégra à son programme seulement vers la fin de sa vie. Manifestement, Brentano, comme Wundt, suivait la tradition du rationalisme. Pour lui, l'esprit était actif, et non passif comme le considéraient les empiristes anglais, les sensualistes français et les structuralistes.

Brentano écrivit très peu, estimant que la communication orale était la plus efficace, et sa première influence sur la psychologie s'est faite sentir par l'intermédiaire des personnes qu'il côtoya personnellement. Et comme nous le verrons, il y en eut plusieurs. Un des nombreux élèves de Brentano qui devint célèbre fut Sigmund Freud. Ce célèbre psychanalyste suivit ses seuls cours ne se rapportant pas à la médecine avec Brentano. Une grande partie de ce qui allait devenir la psychologie de la forme (gestaltisme) et la psychologie existentielle moderne a pris racine dans les idées de Brentano. Barry Smith (1994) a affirmé que l'influence de Brentano sur la philosophie et la psychologie fut si grande qu'il serait incorrect de parler d'une école de pensée propre à Brentano : « Dresser un tableau des étudiants de Brentano [...] serait [...] comme dresser un tableau de tous les mouvements philosophiques importants du vingtième siècle sur le continent de l'Europe » (p. 21 [notre traduction]).

Carl Stumpf

Né un 21 avril à Wiesentheid, en Bavière (qui fait maintenant partie de l'Allemagne), **Carl Stumpf** (1848-1936) était le troisième de sept enfants. Ses parents étaient des gens influents. Dès l'âge de sept ans, Carl jouait du piano. Très tôt, il apprit à jouer de cinq autres instruments et composa de la musique. Enfant malingre, Carl fut d'abord instruit à la maison par son grand-père, mais il fréquenta ensuite les écoles de son quartier et fut un excellent élève. Plus tard, il s'inscrivit à l'université de Würzburg, où il fut très influencé par Brentano, puis à l'université Göttingen, où il reçut son doctorat en 1868. Il retourna ensuite à Würzburg et suivit, encore une fois, les cours de Brentano. Stumpf

Carl Stumpf

chologie et la philosophie, et il consacra beaucoup d'énergie à essayer de convaincre la communauté scientifique du bien-fondé de cette idée (Sprung et Sprung, 2000, p. 57).

Comme Brentano, Stumpf soutenait qu'il fallait étudier les événements mentaux comme des unités porteuses de sens, tels qu'ils se manifestent à l'individu, et qu'on ne devait pas décomposer ces unités. Autrement dit, pour Stumpf, le véritable objet d'étude de la psychologie était le *phénomène* mental, et non les éléments conscients. Ce point de vue déboucha sur la phénoménologie, qui devint la pierre angulaire d'une autre école de la psychologie de la forme (voir le chapitre 14). En fait, la chaire que Stumpf occupa à l'université de Berlin durant vingt-six ans fut ensuite donnée au grand psychologue gestaltiste Wolfgang Köhler. Les deux autres fondateurs de la psychologie de la forme, Max Wertheimer et Kurt Koffka, étudièrent également avec Stumpf.

Il est intéressant de noter que Stumpf joua un rôle considérable dans la fameuse affaire de « Hans le cheval savant », un cheval que le Berlinois Wilhelm von Osten possédait et qu'il avait dressé. Hans parvenait à résoudre correctement des problèmes arithmétiques en tapant de la patte ou en secouant la tête le nombre de fois qui correspondait à la réponse. Des milliers de personnes vinrent voir ce cheval devenu célèbre. Certains parlèrent de fraude, et von Osten fit appel à l'administration scolaire de Berlin pour résoudre l'affaire. L'administration scolaire nomma un comité sous la direction de Stumpf, mais la première enquête du comité ne permit pas de déterminer comment Hans arrivait à répondre correctement aux questions d'arithmétique. Lors d'une seconde enquête, Stumpf demanda à Oskar Pfungst, un étudiant au programme de doctorat, d'étudier le cas de Hans. Pfungst découvrit que lorsque von Osten, le maître et dresseur du cheval, était hors du champ de vision de l'animal, la performance de celui-ci relevait simplement de la chance. Il devint évident que Hans réagissait à des signes très subtils que lui faisait involontairement son dresseur, par exemple hocher la tête quand le cheval était rendu au nombre correspondant à la réponse. Pfungst parvint à reproduire la performance initiale du cheval en lui faisant lui-même des signes subtils. On expliqua plusieurs autres cas de soi-disant exploits intellectuels d'animaux par les signes que leur faisaient leurs dresseurs, consciemment ou inconsciemment. Ce type de communication est main-

décida de devenir prêtre ; en 1869, il entra au séminaire catholique de Würzburg. Cependant, comme Brentano, il ne pouvait pas admettre le dogme nouvellement émis de l'infaillibilité papale. Il retourna donc à Göttingen pour faire des études postdoctorales. Ensuite, Stumpf occupa plusieurs postes dans le milieu universitaire, mais il accepta en 1893 la chaire de psychologie de l'université de Berlin. Cette nomination eut pour effet d'établir la psychologie comme discipline indépendante à l'université. Stumpf créa un laboratoire de psychologie (qui devint plus tard un « institut psychologique ») à Berlin, qui fit sérieusement concurrence à celui de Wundt à Leipzig.

En tant que psychologue expérimental, Stumpf s'intéressait principalement à la perception acoustique. Il avait publié un ouvrage important en deux volumes, intitulé *Psychology of Tone* (1883, 1890), avant sa nomination, et il continua d'étudier ce champ dans son nouveau laboratoire. Mais plusieurs autres domaines l'attiraient : « En tant que psychologue théorique, il s'intéressait à la psychologie émotionnelle et perceptive, à la théorie scientifique, à la méthodologie de la recherche et à la théorie de l'évolution » (Sprung et Sprung, 2000, p. 57 [notre traduction]). En outre, Stumpf croyait qu'il existait un lien étroit entre la psy-

tenant appelé **phénomène de Hans le cheval savant** (Zusne et Jones, 1989). Candland (1993) donne un compte rendu intéressant des détails entourant cette affaire, et il parle également de Pfungst qui a reproduit l'expérience du phénomène de Hans le cheval savant auprès des humains.

Ce fut Robert Rosenthal (par exemple 1966, 1967) qui explora les implications du phénomène de Hans le cheval savant pour la psychologie expérimentale en général. Rosenthal découvrit qu'un expérimentateur pouvait donner des signaux subtils qui, involontairement, transmettaient le résultat escompté de l'expérience aux participants de l'expérience et, donc, influaient sur le résultat. Cette influence sur le résultat d'une expérience est appelée *effet de l'anticipation de l'expérimentateur*, *effet Pygmalion* ou *effet Rosenthal*. Une des façons de minimiser cet impact consiste à utiliser une méthode à double insu selon laquelle ni l'expérimentateur ni le participant ne savent dans quelles conditions expérimentales le participant se trouve.

Edmund Husserl

Edmund Husserl (1859-1938) étudia avec Brentano de 1884 à 1886, puis il travailla avec Stumpf, à qui il dédia son livre *Logical Investigations* (1900-1901). Husserl adhérait au concept d'intentionnalité de Brentano, selon lequel les actes mentaux sont fonctionnels en ce sens qu'ils sont dirigés sur un objet extérieur à eux-mêmes. Pour Brentano, les actes mentaux constituaient les moyens par lesquels l'être humain entre en contact avec le monde physique. Pour Husserl, toutefois, l'étude de l'intentionnalité débouchait sur un seul type de connaissance, celle de l'individu tourné vers l'extérieur, vers son environnement. Il estimait tout aussi importante la connaissance issue de l'étude de la personne tournée vers l'intérieur. Dans ce type d'étude, il utilisait l'introspection pour examiner les actes mentaux par lesquels l'individu comprend le monde physique. Pour Husserl, donc, il existait deux types d'introspection : celle centrée sur l'intentionnalité, et celle centrée sur tout processus dont la personne fait l'expérience subjectivement. Par exemple, l'introspection centrée sur l'intentionnalité consistait à se demander sur quel objet extérieur l'action de voir portait, tandis que celle du second type consistait à décrire l'expérience pure de la vision. Les deux genres d'introspection relevaient de l'expérience phénoménologique,

Edmund Husserl

mais comme le second se rapportait aux essences des processus mentaux, Husserl le désignait par le terme **phénoménologie pure**. Lorsqu'on emploie le terme *phénomène* pour décrire un événement mental, on fait référence à l'expérience porteuse de sens et entière, et non pas aux fragments des expériences conscientes en tant que sensations isolées. En ce sens, Wundt (en tant qu'expérimentateur), ainsi que Titchener avant lui, n'étaient pas des phénoménologues, contrairement à Brentano, Stumpf et Husserl. L'important est de savoir qu'il est incorrect d'employer les termes *subjectif*, *cognitif* et *mental* comme synonymes de *phénoménologique*.

Les méthodes des sciences naturelles sont inadéquates pour étudier les phénomènes mentaux Selon Husserl, ceux qui croyaient que la psychologie devait être une science expérimentale faisaient une erreur en prenant pour modèle les sciences naturelles. Jennings (1986) a expliqué comme suit le raisonnement de Husserl :

> Tout au long de l'histoire, la psychologie a adopté les méthodes expérimentales utilisées par les sciences physiques (malgré le fait que les événements mentaux n'aient

pas la tangibilité des événements « naturels »), parce qu'elle voulait se réclamer d'un savoir faisant autant autorité que celui des sciences physiques. [...] Toutefois, la psychologie ne pouvait pas simplement adopter ces méthodes expérimentales sans également adopter leur perspective naturaliste implicite et les problèmes philosophiques inhérents à ce système de croyances. Premièrement, la nouvelle psychologie scientifique rejetait activement toute étude de la conscience par « vision » directe de ce que la conscience peut être, car une telle méthode était considérée comme une « introspection » non scientifique. Deuxièmement, et c'est le plus important, les psychologues étaient obligés de faire reposer le phénomène non naturel de la conscience sur les événements physiques qui s'étudiaient expérimentalement. Ce serait comme un idiot qui essaie de faire entrer douze oranges dans une boîte d'œufs parce que ce contenant est si pratique pour ranger les œufs. Au lieu de trouver un nouveau contenant qui conviendrait aux oranges (l'étude phénoménologique de la conscience), l'idiot découpe et recolle ladite boîte jusqu'à ce que les oranges y entrent. Ou, pis encore, l'idiot charcute les oranges elles-mêmes pour les faire entrer dans le carton d'œufs (l'étude expérimentale de la conscience). (p. 1234 [notre traduction])

Husserl ne niait pas qu'une psychologie expérimentale fût possible, il disait simplement qu'il fallait l'appuyer sur une analyse phénoménologique rigoureuse et méticuleuse. Husserl soutenait qu'il était prématuré de faire des expériences sur la perception, la mémoire et les sentiments sans d'abord connaître l'essence (la nature ultime) de ces processus. Sans cette connaissance, l'expérimentateur ne saurait pas comment la nature même de ce qu'il étudie peut modifier le résultat ou la façon dont les expériences étaient initialement organisées.

L'objectif de Husserl L'objectif de Husserl était de créer une taxonomie de l'esprit. Il voulait décrire les **essences mentales** par lesquelles les humains perçoivent le monde. Husserl avait la profonde conviction qu'une description de ces essences devait *précéder* toute tentative de comprendre les interactions entre les humains et leur environnement, ainsi que toute science de la psychologie. De fait, il affirmait qu'une telle compréhension est essentielle à *toute* science parce que toutes les sciences dépendent en fin de compte des attributs mentaux humains.

Le point de vue de Husserl différait radicalement de celui défendu par le structuralisme, en ce sens que Husserl cherchait à examiner les *significations* et les essences, et non les éléments mentaux, au moyen de

l'introspection. Lui et ses sujets commettraient ainsi la redoutable erreur du stimulus. Et contrairement à son professeur Brentano et à son collègue Stumpf, Husserl croyait en la phénoménologie pure, celle ne se préoccupant guère de déterminer la relation entre l'expérience subjective et le monde physique.

Brentano, Stumpf et Husserl convenaient tous les trois que le véritable objet de la psychologie est l'expérience psychologique porteuse de sens et entière. Cette approche phénoménologique allait bientôt transparaître dans la psychologie de la forme et dans la psychologie existentielle. Martin Heidegger, un des plus célèbres penseurs existentiels modernes, a dédié son livre *Being and Time* (1927) à Husserl. Nous reviendrons sur Husserl lorsque nous traiterons de la troisième force en psychologie au chapitre 18.

Oswald Külpe

Oswald Külpe (1862-1915) s'intéressait à une foule de choses, notamment à la musique, à l'histoire, à la philosophie et à la psychologie. À l'époque où il se passionnait pour la philosophie, il écrivit cinq livres destinés à un lectorat laïc, dont un sur la philosophie de Kant. Son intérêt pour la psychologie commença alors que, étudiant en histoire à l'université de Leipzig, il assista à une conférence de Wundt. Sous la supervision de Wundt, Külpe reçut son doctorat en 1887 et il resta l'assistant du professeur au cours des huit années suivantes. D'ailleurs, c'est à Wundt que Külpe dédia son livre *Outlines of Psychology* (1893/1909). C'est aussi durant cette période que Külpe rencontra Titchener avec qui il partagea un logement. Malgré leurs fréquents désaccords, ils se tenaient en haute estime. En fait, Titchener traduisit plusieurs livres de Külpe en anglais. En 1894, Külpe commença à travailler à l'université de Würzburg ; c'est pendant ses quinze années à Würzburg que ses travaux eurent le plus grand impact en psychologie. En 1909, il quitta la ville pour fréquenter l'université de Bonn, puis l'université de Munich. Après son départ de Würzburg, Külpe s'intéressa de plus en plus à la philosophie. Il travaillait sur des questions d'ordre épistémologique lorsqu'il mourut de l'influenza le 30 décembre 1915, âgé de cinquante-trois ans seulement.

La pensée sans images Külpe se rangea surtout dans le camp de Wundt, au début, mais il finit pas de-

Oswald Külpe

venir un de ses adversaires les plus coriaces. Contrairement à Wundt, Külpe rejetait l'idée que chaque pensée devait avoir un référent spécifique, c'est-à-dire une sensation, une image ou une émotion. Külpe croyait plutôt qu'il existait des pensées *sans images*. Il niait également l'affirmation de Wundt sur la possibilité d'étudier par expérimentation les processus mentaux supérieurs (comme la pensée) ; il démontra plutôt le contraire en utilisant ce qu'il appelait l'*introspection expérimentale systématique*. Selon cette technique, un sujet devait résoudre des problèmes et expliquer par la suite les opérations mentales utilisées pour y parvenir. Les sujets devaient également décrire les types de pensée qui intervenaient à chaque étape de résolution du problème. Ils devaient raconter leurs expériences mentales avant la présentation du problème, pendant sa résolution et une fois qu'il était résolu.

Grâce à ses techniques introspectives plus sophistiquées, Külpe démontrait l'existence de **pensées sans images** telles que l'interrogation, le doute, la confiance et l'hésitation. En 1901, un des collègues de Külpe, Karl Marbe, publia une étude pour laquelle on avait demandé à des sujets de déterminer si une charge était plus lourde ou plus légère qu'une charge étalon. Marbe s'intéressait moins à l'exactitude des évaluations qu'à la façon dont les sujets parvenaient à les faire. Ces derniers expliquaient qu'ils traversaient des périodes de doute, d'interrogation et d'hésitation avant d'en arriver à une évaluation. Marbe en conclut que les éléments de Wundt, c'est-à-dire les sensations, les images et les émotions, n'expliquaient pas le processus d'évaluation. Il semblait que l'acte mental de jugement était indépendant de l'objet à juger. Marbe déduisit qu'un tel acte était donc sans images. Par ailleurs, ces processus purs (sans images), comme l'évaluation, étaient précisément ce que Husserl cherchait à décrire par la phénoménologie pure telle qu'il la concevait.

L'attitude Le concept le plus important issu de l'**école de Würzburg** fut celui de l'*Einstellung*, ou de l'**attitude**. Selon ce concept, attirer l'attention d'un sujet sur un problème en particulier créait une *tendance déterminante* qui persistait jusqu'à ce que le problème fût résolu. De plus, même si cette tendance ou attitude était active, les sujets n'en avaient pas conscience, c'est-à-dire que cette activité restait sur un plan inconscient ; par exemple, un comptable pouvait balancer ses livres sans être conscient des opérations d'addition ou de soustraction qu'il effectuait. De la même manière, l'attitude pouvait être induite de manière expérimentale en demandant à des sujets d'effectuer diverses tâches ou de résoudre des problèmes. Les attitudes pouvaient également résulter des expériences passées d'une personne. William Bryant, un des étudiants américains qui travaillaient dans le laboratoire de Külpe, donnait l'exemple suivant pour illustrer une attitude induite expérimentalement. Il montrait un ensemble de cartes sur lesquelles on avait écrit des syllabes dénuées de sens, tracées avec des couleurs différentes et disposées de diverses manières. Les sujets qui devaient rester attentifs aux couleurs étaient capables par la suite de parler des couleurs qu'ils avaient vues, mais non des autres stimuli. À l'inverse, ceux qui devaient prêter attention aux syllabes pouvaient se les rappeler avec une exactitude relative, mais ne pouvaient pas se remémorer les couleurs avec précision. Les directives données au départ de l'expérience semblaient donc orienter l'attention des sujets vers certains stimuli plutôt que d'autres. On pouvait en déduire que les stimuli environnementaux ne créaient pas automatiquement des sensations qui se transformaient ensuite en images, que c'était plutôt le processus d'attention qui déterminait quelles sensations étaient ou non ressenties. Cette découverte allait dans le sens de Wundt en ce qui avait trait à l'attention, mais non dans celui de Titchener.

Narziss Ach, qui travailla également au laboratoire de Külpe, démontra le type d'attitude qui pouvait provenir de l'expérience. Ach découvrit qu'en faisant clignoter rapidement les chiffres sept et trois sans indiquer aux sujets comment réagir, il obtenait le plus souvent comme réponse « dix ». Ach expliquait ce phénomène en disant que l'attitude liée à l'addition était plus courante que celle liée à la soustraction, à la multiplication ou à la division, auxquels cas les réponses auraient été, respectivement, « quatre », « vingt et un » et « deux virgule trois ».

Titchener et ses étudiants relevèrent le défi lancé par l'école de Würzburg en publiant une série d'études entre 1907 et 1915. Dans ces travaux, on affirmait que la prétendue existence des pensées sans images résultait de méthodes d'introspection douteuses. Selon Titchener et ses étudiants, une introspection plus prudente révélait que les « pensées sans images » n'étaient que de vagues expériences sensorielles et que, par conséquent, ces expériences avaient des référents.

Les autres découvertes de l'école de Würzburg
En plus de prouver l'importance des attitudes dans la résolution de problème, les membres de l'école de Würzburg démontrèrent que les problèmes possédaient des propriétés motivationnelles. D'une certaine façon, les problèmes amenaient les sujets à continuer d'appliquer les opérations mentales pertinentes jusqu'à obtenir une solution. Les psychologues de la forme réussirent plus tard à mettre en évidence l'élément motivationnel de la résolution de problème. (Wertheimer, un des fondateurs de la psychologie de la forme, rédigea sa thèse de doctorat sous la supervision de Külpe.)

L'école de Würzburg montra qu'il était possible d'étudier de manière expérimentale les processus mentaux supérieurs et que certains d'entre eux se produisaient indépendamment du contenu (c'est-à-dire qu'ils étaient sans images). Cette école affirma également que l'associationnisme ne pouvait pas servir à expliquer les opérations mentales, ce qui remettait en question l'utilisation étroite de la méthode introspective par les volontaristes et les structuralistes. Les membres de l'école de Würzburg faisaient une distinction importante entre les pensées et la pensée ainsi qu'entre les contenus mentaux et les actes mentaux. Ces distinctions rapprochèrent de Brentano les membres de l'école de Würzburg tout en les éloignant de Wundt et, surtout, de Titchener. Brentano comme les membres de l'école de Würzburg s'intéressaient davantage au fonctionnement de l'esprit qu'aux éléments statiques qu'il contient.

Les controverses provoquées par l'école de Würzburg contribuèrent grandement à l'effondrement du volontarisme et du structuralisme. Existait-il ou non des pensées sans images ? Était-il possible, comme certains le prétendaient, que des individus aient des pensées sans images, et d'autres, non ? Si oui, quel en serait l'impact sur la recherche de vérités universelles à propos de l'esprit ? Comment alors utiliser adéquatement l'introspection ? Pouvait-elle servir à étudier les éléments statiques de l'esprit ou à étudier sa dynamique ? Le plus néfaste, c'était que la même technique de recherche, en l'occurrence l'introspection, utilisée par des individus différents, produisait des conclusions différentes. Peu à peu, toutes les formes d'introspection perdirent leur crédibilité. Ce questionnement sur la validité de l'introspection comme outil de recherche mena à la naissance de l'école du béhaviorisme (voir le chapitre 12).

Hans Vaihinger

En 1911, **Hans Vaihinger** (1852-1933) publia un ouvrage important : *The Philosophy of « As If »: A System of the Theoretical, Practical and Religious Fictions of Mankind*. Dans ce livre, Vaihinger se rangeait du côté des positivistes d'Ernst Mach en affirmant que tout ce que l'être humain ressent directement est de l'ordre des sensations et des relations entre les sensations ; par conséquent, selon lui, on ne pouvait être certain que des sensations. Le pas que Vaihinger franchit par la suite singularisa sa position. Il prétendait que, pour vivre en société, l'être humain devait donner un sens à ses sensations, c'est-à-dire s'inventer des termes, des concepts et des théories pour ensuite agir « comme si » elles étaient vraies. Autrement dit, même si c'était impossible pour l'humain de savoir si ses fictions correspondaient ou non à la réalité, il agissait comme si c'était le cas. Selon Vaihinger, cette tendance à donner un sens faisait partie de la nature humaine :

Hans Vaihinger

Tout comme une palourde recouvre du nacre qu'elle produit elle-même le grain de sable qui s'est glissé sous sa surface brillante, afin de transformer ce grain quelconque en perle étincelante, la psyché, une fois stimulée, transforme encore plus délicatement la matière fournie par les sensations en perles de pensée brillantes. (1911/1952, p. 7 [notre traduction])

Vaihinger n'accordait pas une valeur péjorative au mot *fiction*. Si un concept était faux dans le sens où il ne correspondait pas à la réalité physique, il pouvait néanmoins être utile :

Le principe du fictionnalisme est le suivant : lorsqu'une idée est incorrecte parce que sa fausseté théorique est admise, elle n'est pas pour autant sans valeur et inutile ; malgré sa nullité théorique, cette idée peut receler une grande importance pratique. (1911/1952, p. viii [notre traduction])

Selon Vaihinger, la communication dans la vie de tous les jours serait impossible sans l'existence de mots et de phrases fictifs. Il n'y aurait pas de science non plus sans des fictions telles que la matière et la causalité. Beau-

coup croient que la science décrit véritablement une réalité physique, mais, selon Vaihinger, cela sera toujours impossible : « Nous devons [...] considérer cette vision comme une faiblesse excusable de la science si celle-ci croit que ses idées relèvent de la réalité même » (1911/1952, p. 67 [notre traduction]). Les mathématiques n'existeraient pas sans des fictions telles que le zéro, les nombres imaginaires, l'infini et l'infinitésimal. La religion serait impossible aussi sans des fictions telles que Dieu, l'immortalité et la réincarnation ; de même que les concepts de moralité et de jurisprudence, sans celles de la liberté et de la responsabilité. La fiction de la liberté est particulièrement importante pour la vie en société :

Au seuil de ces fictions se trouve l'un des concepts les plus importants jamais créés par l'homme, l'idée de *liberté* : les actions humaines sont considérées comme étant libres et par conséquent « responsables », contrairement au cours « nécessaire » des événements naturels. Nous ne récapitulerons pas ici les antinomies familières contenues dans ce concept contradictoire ; elles sont en contradiction non seulement avec l'observation montrant que nous obéissons tous à des lois immuables, mais elles se contredisent elles-mêmes, car un acte absolument libre qui résulte du néant est aussi dénué de valeur d'un point de vue éthique qu'un geste absolument nécessaire. Malgré ces contradictions, nous utilisons ce concept non seulement dans notre vie quotidienne pour juger de la moralité de nos actions, mais également comme fondement de nos lois criminelles. Sans cette prémisse, tout châtiment infligé serait impensable d'un point de vue éthique, car cela constituerait uniquement une mesure préventive pour protéger les autres d'un crime. Le jugement que nous portons sur nos semblables serait lié à cette idée idéalisée qui nous est indispensable. Dans le cours de leur évolution, les hommes ont échafaudé cette construction à partir d'une nécessité immanente, car c'est seulement de là qu'un degré supérieur de culture et de moralité est possible. [...] Il n'existe rien dans le monde réel qui corresponde à l'idée de liberté, même s'il s'agit en réalité d'une fiction extrêmement importante. (1911/1952, p. 43 [notre traduction])

Il existe une similitude entre le fictionnalisme de Vaihinger et la philosophie du pragmatisme (voir par exemple William James au chapitre 11). Autant le fictionnalisme que le pragmatisme évaluent les idées en fonction de leur utilité. Toutefois, Vaihinger soutenait qu'il y avait une différence importante entre sa position et le pragmatisme. Pour un pragmatiste, disait-il, la vérité et l'utilité restaient indissociables : « Une idée jugée utile en pratique prouve de ce fait sa véracité théorique » (Vaihinger, 1911/1952, p. viii [notre traduction]). Vaihinger rejetait cette notion. Pour lui, un concept pouvait être manifestement faux et rester néanmoins utile. Par exemple, même si on démontrait que le concept de libre arbitre était faux, il pouvait être bénéfique d'agir comme s'il était vrai.

Nous verrons au chapitre 17 qu'Alfred Adler a fait du fictionnalisme de Vaihinger une partie intégrale de sa théorie de la personnalité. George Kelly a noté également une similitude entre sa pensée et celle de Vaihinger.

Hermann Ebbinghaus

Hermann Ebbinghaus (1850-1909) naquit un 24 janvier dans la ville industrielle de Barmen, près de Bonn. Son père était un riche marchand de papier et de textile. Hermann étudia les langues classiques, l'histoire et la philosophie aux universités de Bonn, de Halle et de Berlin avant de recevoir son doctorat de l'université de Bonn en 1873. Il rédigea sa thèse sur la philosophie de Hartmann concernant l'inconscient. Il passa les trois années et demie suivantes à voyager en Angleterre et en France. À Londres, il lut *Elements of Psychophysics* de Fechner, ouvrage qui fit sur lui une forte impression. D'ailleurs, Ebbinghaus dédia à Fechner son livre *Outline of Psychology* (1902), dans les termes suivants : « À celui à qui je dois tout. » Ignorant l'idée de Wundt selon laquelle il était impossible d'étudier de manière expérimentale les processus mentaux supérieurs, Ebbinghaus procéda à l'étude systématique de l'apprentissage et de la mémoire.

Il commença ses travaux à son domicile de Berlin en 1878, et ses premières recherches servirent à appuyer sa candidature à titre de conférencier en philosophie à l'université de Berlin. Le point culminant des travaux d'Ebbinghaus fut la publication d'une monographie intitulée *Memory : An Investigation in Experimental Psychology* (1885/1964), ouvrage qui marqua un tournant en psychologie. C'était la première fois que les processus d'apprentissage et de mémorisation étaient observés au moment même où ils se produisaient, et non après. De plus, on les analysait de manière expérimentale. Beaucoup de découvertes d'Ebbinghaus sont encore citées aujourd'hui dans les ouvrages de psychologie, ce qui prouve la minutie de son travail. Hoffman, Bringmann,

Hermann Ebbinghaus

Bamberg et Klein (1986) ont passé en revue les huit principales conclusions auxquelles en était venu Ebbinghaus à propos de l'apprentissage et de la mémoire ; la plupart sont encore valides aujourd'hui et font toujours l'objet de recherches. Son livre *Principles of Psychology* (1897) fut très utilisé comme manuel d'introduction à la psychologie, tout comme le fut *Outline of Psychology* (1902). C'est dans ce dernier ouvrage qu'Ebbinghaus écrivit cette phrase célèbre : « La psychologie a un long passé, mais une courte histoire. »

En collaboration avec Hering, Stumpf, Helmholtz et d'autres, Ebbinghaus fonda la deuxième revue de psychologie expérimentale, *Journal of Psychology and Physiology of the Sense Organs*, qui brisa le monopole que Wundt détenait sur la publication des résultats d'expériences en psychologie. Ebbinghaus fut également le premier à publier un article sur l'évaluation du quotient intellectuel des écoliers. Il conçut à cette fin un exercice qui consistait à compléter des phrases, exercice qui fut finalement intégré à l'échelle d'intelligence Binet-Simon (Hoffman et autres, 1986).

En 1909, Ebbinghaus contracta une pneumonie : il mourut le 26 février à l'âge de cinquante-neuf ans.

Le matériel dépourvu de sens Pour observer l'apprentissage en temps réel, Ebbinghaus avait besoin d'un matériel qui n'avait jamais fait l'objet d'expérience. À cette fin, il créa une série de 2300 « syllabes dépourvues de sens ». Hoffman et ses collaborateurs (1986) ont expliqué qu'il y a souvent méprise sur cette série de syllabes : ce qui est dénué de sens, ce ne sont pas les syllabes à proprement parler, ce sont les *séries* de syllabes qu'on présente au sujet. En fait, beaucoup d'entre elles étaient des mots réels ou ressemblaient à des mots réels. À partir de ces 2300 syllabes, Ebbinghaus choisissait une série à apprendre. Une série comptait habituellement douze syllabes, mais Ebbinghaus variait ce nombre afin d'étudier le rythme d'apprentissage en fonction de la quantité de matériel à mémoriser. En conservant les syllabes dans le même ordre et se prenant lui-même pour sujet, Ebbinghaus regardait chacune d'elles pendant une fraction de seconde. Après avoir observé les syllabes de cette manière, il faisait une pause de quinze secondes, puis il recommençait. Il continuait ainsi jusqu'à ce qu'il puisse réciter toutes les syllabes sans faire d'erreur, c'est-à-dire jusqu'à ce qu'il *maîtrise* la liste.

Une fois l'apprentissage maîtrisé, Ebbinghaus réapprenait le groupe de syllabes à différents intervalles de temps. Il notait le nombre d'expositions requises pour réapprendre le matériel et le soustrayait du nombre d'expositions qu'il avait fallu initialement pour l'apprendre. Il appelait **économie** la différence entre les deux. En représentant graphiquement les économies en fonction du temps, Ebbinghaus créa la première courbe de rétention en psychologie. Il découvrit que l'on oublie rapidement au bout des quelques heures suivant l'expérience d'apprentissage et que, par la suite, le fait d'oublier ralentit. Il découvrit également qu'en cas de surapprentissage du matériel de départ (si l'exposition au matériel continuait une fois la maîtrise atteinte), le degré d'oubli s'en trouvait considérablement réduit. Ebbinghaus étudia également l'effet de la *signification* sur l'apprentissage et la mémoire. Par exemple, il découvrit qu'il fallait dix fois plus d'expositions pour apprendre quatre-vingt syllabes choisies au hasard que pour apprendre quatre-vingt syllabes consécutives de *Don Juan* de Byron.

Finalement, Ebbinghaus découvrit que, « *avec tout nombre significatif de répétitions*, une distribution appropriée de celles-ci sur une certaine période de temps donne de meilleurs résultats qu'un regroupement en une seule fois » (1885/1964, p. 89 [notre traduction]). En d'autres mots, pour apprendre des séries de syllabes, la pratique répartie est plus efficace que la pratique en un seul coup.

Un autre malentendu au sujet d'Ebbinghaus est sa prétendue adhésion à la tradition empiriste. Hoffman et ses collaborateurs (1986) ont démontré le contraire. En effet, Herbart était l'auteur qu'Ebbinghaus citait le plus souvent, et les sujets qui l'intéressaient le plus (comme la signification, les images et les différences de styles cognitifs) s'inscrivaient dans la tradition rationaliste, et non empiriste.

Résumé

Wundt fut le fondateur tant de la psychologie expérimentale comme discipline distincte que de l'école du volontarisme. Un de ses objectifs était de découvrir les éléments de la pensée à l'aide de l'introspection expérimentale. Un second objectif était de découvrir comment ces éléments se combinaient pour former des expériences mentales complexes. Wundt trouva qu'il existait deux grands types d'expériences mentales : les sensations, qu'on pouvait décrire en fonction de leur modalité et de leur intensité, et les sentiments, qu'on pouvait définir selon les attributs plaisir-déplaisir, excitation-calme, stress-détente. Wundt établissait une distinction entre les sensations, éléments mentaux fondamentaux, les perceptions, expériences mentales auxquelles l'expérience passée donnait un sens, et les aperceptions, expériences mentales sur lesquelles l'attention portait. Étant donné que les humains pouvaient concentrer leur attention sur l'objet de leur choix, Wundt appela sa théorie volontarisme. En étant attentif aux différents aspects de l'expérience consciente, l'humain pouvait arranger et réarranger son expérience consciente de toutes sortes de façons ; l'aperception pouvait donc donner lieu à une synthèse créative. Wundt prétendait que si la capacité d'aperception se détériorait, une maladie mentale comme la schizophrénie risquait d'en résulter. Compte tenu de ce concept d'aperception, la vision de Wundt se rapprochait davantage du rationalisme que de l'empirisme.

Wundt crut d'abord que le temps de réaction pouvait enrichir l'introspection comme méthode d'étude de l'esprit. À l'aide des techniques élaborées par Donders, Wundt présenta des tâches de plus en plus complexes à ses sujets et constata que celles-ci requéraient des temps de réaction plus longs. Pour calculer le temps nécessaire à l'exécution d'une tâche mentale complexe, Wundt détermina qu'il fallait soustraire le temps nécessaire pour accomplir les opérations simples dont la tâche complexe était composée. Wundt finit par abandonner ses études sur le temps de réaction parce qu'il estimait que le temps de réaction n'était pas une mesure fiable.

Conformément à l'idée principale du volontarisme, Wundt soutenait qu'il était possible d'expliquer les événements physiques à partir des événements antécédents, mais non les événements psychologiques. Contrairement au comportement des objets physiques, on ne pouvait comprendre les événements psychologiques qu'en fonction de leur but. Les techniques utilisées dans les sciences physiques ne convenaient donc pas à la psychologie. Wundt croyait que les actes de volition faisaient loi, mais que les lois régissant ces actes ne s'étudiaient pas expérimentalement. Selon lui, on pouvait analyser les actes de volition seulement après coup, en analysant leurs résultats. Il croyait, donc, que les fonctions mentales supérieures ne pouvaient pas être étudiées au moyen d'expériences, mais seulement par l'analyse historique et l'observation naturaliste. Dans son ouvrage en dix volumes, *Völkerpsychologie*, Wundt montra comment ces techniques pouvaient servir à étudier des sujets comme les coutumes sociales, la religion, les mythes, la morale, les arts, la loi et le langage. Dans son analyse du langage, Wundt affirmait que la communication commence lorsqu'une personne se forme une impression générale. Ensuite, cette personne choisit les mots pour exprimer son impression générale. Enfin, si les mots la transmettent adéquatement et si l'interlocuteur récepteur l'aperçoit, la communication est réussie.

Titchener fonda l'école du structuralisme à l'université Cornell. Il se donna pour objectif de comprendre le quoi, le comment et le pourquoi de la vie mentale. Le quoi consistait à déterminer les éléments mentaux fondamentaux ; le comment, à définir de quelle façon ces éléments se combinaient, et le pourquoi, à dégager les liens entre les mécanismes neurologiques et les événements mentaux. Les introspectionnistes qui travaillaient avec Titchener étaient soigneusement formés pour ne pas commettre l'erreur du stimulus. Selon Titchener, les sensations et les images variaient selon la qualité, l'intensité, la durée, la clarté et l'étendue. Il répertoria plus de 40 000 éléments mentaux distincts. Titchener pensait que tous les sentiments variaient uniquement en fonction de la dimension du plaisir-déplaisir, s'opposant ainsi à la théorie tridimensionnelle de Wundt. Conformément à la tradition empiriste-associationniste, Titchener affirmait que l'attention n'était qu'une sensation claire. Selon la théorie situationnelle du sens, les sensations stimulaient toujours la mémoire d'événements qui avaient déjà été vécus en même temps que ces sensations, et c'étaient ces souvenirs qui donnaient un sens à ces sensations. Il existait un certain nombre de différences fondamentales entre le volontarisme de Wundt et le structuralisme de Titchener. De nombreux facteurs contribuèrent au déclin du structuralisme, dont la non-fiabilité de l'introspection, la critique voulant que l'introspection ne soit que de la rétrospection, ainsi que le non-intérêt des structuralistes pour les connaissances pratiques et pour l'étude du développement psychologique, du comportement anormal, de la personnalité, de l'apprentissage, des différences individuelles et de la théorie de l'évolution.

Brentano, Stumpf, Husserl, Külpe, Vaihinger et Ebbinghaus furent parmi ceux qui proposèrent des points de vue différents du volontarisme et du structuralisme. Brentano avançait qu'il fallait étudier les actes mentaux plutôt que les éléments mentaux ; cette idée est appelée psychologie de l'acte (ou psychologie fonctionnelle). Brentano employait le terme *intentionnalité* pour décrire le fait qu'un acte mental se rapporte (s'adresse) toujours à un objet extérieur à lui-même. À l'instar de Brentano, Stumpf croyait que l'analyse introspective devait s'articuler autour de l'expérience psychologique porteuse de sens et entière plutôt qu'autour des éléments isolés de la pensée. Il eut une grande influence sur les scientifiques qui fondèrent par la suite l'école de la psychologie de la forme (gestaltisme).

Husserl croyait qu'une psychologie scientifique devait s'appuyer sur une taxonomie de l'esprit. Pour créer une taxonomie mentale, il fallait selon lui explorer l'essence de l'expérience subjective à l'aide de la phénoménologie pure. Selon Husserl, on ne pouvait pas faire des expériences sur la perception, la mémoire ou le jugement sans d'abord connaître les essences de ces processus. Il fallait d'abord comprendre l'esprit avant de pouvoir étudier la façon dont il réagit aux objets qui lui sont extérieurs.

À l'aide de sa technique d'introspection expérimentale systématique, Külpe découvrit que l'esprit comporte des processus — et pas seulement des sensations, des images et des sentiments —, et que ces processus sont dépourvus d'images. Parmi les pensées sans images figuraient la recherche, le doute et l'hésitation. Külpe et ses collègues constatèrent qu'une attitude, qu'elle soit issue de directives ou d'une expérience personnelle, développe une tendance déterminante dans la résolution de problèmes. Ils constatèrent aussi que, une fois une attitude établie, l'humain peut résoudre des problèmes inconsciemment.

Vaihinger soutenait que toute référence à la soi-disant réalité physique était forcément fictive puisque les sensations étaient tout ce dont on pouvait être certain. Pour lui, la vie en société était entièrement basée sur des fictions qu'on ne pouvait évaluer qu'en fonction de leur utilité. Le fictionnalisme de Vaihinger se distinguait du pragmatisme : dans le pragmatisme, tant qu'une idée était considérée comme utile, elle était également considérée comme vraie. On pouvait, selon Vaihinger, démontrer la fausseté d'une idée même si celle-ci était utile.

À l'instar des membres de l'école de Würzburg, Ebbinghaus démontra que Wundt s'était trompé lorsqu'il disait qu'on ne pouvait pas étudier expérimentalement les processus mentaux supérieurs. À l'aide de matériel « incohérent », Ebbinghaus étudia de manière systématique l'apprentissage et la mémoire, d'une façon si approfondie, que ses conclusions sont encore citées aujourd'hui dans les manuels de psychologie.

Des questions à débattre

1. Qu'entend-on par « école de psychologie » ?

2. Pourquoi l'école de psychologie fondée par Wundt porte-t-elle le nom de volontarisme ?

3. Pourquoi Wundt soutenait-il que l'utilité de l'expérimentation en psychologie était limitée ?

4. Quelle différence Wundt établissait-il entre l'expérience médiate et l'expérience immédiate ?

5. Expliquez la façon dont Wundt utilisait l'introspection.

6. Pour Wundt, quels étaient les éléments de la pensée et quels étaient leurs attributs ? Dans votre réponse, expliquez la théorie tridimensionnelle du sentiment de Wundt.

7. Quelle distinction Wundt faisait-il entre la causalité psychologique et la causalité physique ?

8. Que voulait dire Wundt lorsqu'il affirmait que les actes de volition étaient créatifs mais pas délibérés ?

9. Définissez les termes *sensation*, *perception*, *aperception* et *synthèse créative* tels que Wundt les employait dans sa théorie.

10. Résumez comment Wundt utilisait le temps de réaction afin de déterminer le temps nécessaire pour exécuter diverses tâches mentales. Pourquoi Wundt cessa-t-il d'étudier le temps de réaction ?

11. Pourquoi Wundt crut-il nécessaire d'écrire son ouvrage *Völkerpsychologie* ? Quel type d'approche y trouvait-on pour l'étude des humains ?

12. Résumez la façon dont Wundt explique le langage.

13. Selon Titchener, quels buts la psychologie devait-elle poursuivre ?

14. Selon Titchener, quel était le « pourquoi » ultime de la psychologie ?

15. Comment l'explication de la combinaison des éléments mentaux de Titchener différait-elle de celle de Wundt ?

16. Quelle était la théorie situationnelle du sens proposée par Titchener ?

17. Comparez la vision de la psychologie de Wundt avec celle de Titchener.

18. Donnez les raisons du déclin du structuralisme. Dans votre réponse, indiquez les différentes critiques que l'on faisait à l'égard de l'introspection.

19. Résumez la psychologie de l'acte de Brentano.

20. Que voulait dire Brentano quand il parlait d'intentionnalité ?

21. Que voulait dire Husserl quand il parlait de phénoménologie pure ? Pourquoi croyait-il qu'il fallait d'abord comprendre l'essence de l'expérience subjective pour qu'une psychologie scientifique puisse exister ?

22. Qu'est-ce que Külpe voulait dire par « pensée sans images » ? Par « attitude » ?

23. Que voulait dire Vaihinger quand il affirmait que la vie en société serait impossible sans fictions ? Décrivez la différence entre le pragmatisme et le fictionnalisme.

24. Pourquoi est-il incorrect de dire que le matériel utilisé par Ebbinghaus dans ses recherches était constitué de « syllabes dépourvues de sens » ?

25. Expliquez la signification du travail d'Ebbinghaus dans l'histoire de la psychologie.

Des suggestions de lecture

Blumenthal, A. L. (1975). A reappraisal of Wilhelm Wundt. *American Psychologist, 30,* 1081-1088.

Blumenthal, A. L. (1998). Leipzig, Wilhelm Wundt, and psychology's gilded age. Dans G. A. Kimble et M. Wertheimer (dir.). *Portraits of pioneers in psychology* (vol. 3, p. 31-48). Washington, DC : American Psychological Association.

Bringmann, W. G., et Tweney, R. D. (dir.), (1980). *Wundt studies : A centennial collection.* Toronto : Hogrefe.

Danziger, K. (1980c). The history of introspection reconsidered. *Journal of the History of the Behavioral Sciences, 16,* 241-262.

Henle, M. (1971a). Did Titchener commit the stimulus error ? The problem of meaning in structural psychology. *Journal of the History of the Behavioral Sciences, 7,* 279-282.

Leahey, T. H. (1981). The mistaken mirror : On Wundt's and Titchener's psychologies. *Journal of the History of the Behavioral Sciences, 17,* 273-282.

Smith, B. (1994). *Austrian philosophy : The legacy of Franz Brentano.* Chicago, IL : Open Court.

Sprung, H., et Sprung, L. (2000). Carl Stumpf : Experimenter, theoretician, musicologist, and promoter. Dans G. A. Kimble et M. Wertheimer (dir.), *Portraits of pioneers in psychology* (vol. 4, p. 51-69). Washington DC : American Psychological Association.

Glossaire

Attitude   Stratégie de résolution de problème qui naît de directives extérieures ou de l'expérience, et qu'une personne utilise sans en être consciente.

Brentano, Franz Clemens (1838-1917)   Il soutenait qu'il fallait utiliser l'introspection pour comprendre les fonctions de l'esprit plutôt que ses éléments. Le point de vue de Brentano fut appelé psychologie de l'acte. (Voir aussi *Psychologie de l'acte.*)

Chronométrie mentale   Mesure du temps nécessaire pour accomplir divers actes mentaux.

Donders, Franciscus Cornelius (1818-1889)   Il utilisa le temps de réaction pour mesurer le temps nécessaire à l'exécution de diverses tâches mentales.

Ebbinghaus, Hermann (1850-1909)   Premier chercheur à étudier expérimentalement l'apprentissage et la mémoire.

École   Groupe de scientifiques qui partagent les mêmes points de vue, objectifs, problèmes et méthodes.

École de Würzburg   Groupe de psychologues ayant étudié sous la direction de Oswald Külpe à l'université de Würzburg. Ce groupe découvrit notamment que certaines pensées surviennent sans référent particulier (c'est-à-dire sans images), qu'on peut étudier expérimentalement les processus mentaux supérieurs, et que les problèmes ont des propriétés motivationnelles qui persistent jusqu'à leur résolution.

Économie   Différence entre le temps qu'il faut pour apprendre une chose pour la première fois et le temps qu'il faut pour la réapprendre.

Éléments de la pensée   Selon Wundt et Titchener, sensations fondamentales dont sont issues les pensées complexes.

Erreur du stimulus   Erreur qui consiste à laisser l'expérience passée influer sur un compte rendu introspectif.

Essences mentales   Selon Husserl, processus mentaux immuables et universels qui caractérisent l'esprit et en fonction desquels l'humain est en lien avec son environnement physique.

Expérience immédiate   Expérience subjective directe telle qu'elle a lieu.

Expérience médiate   Expérience dont on rend compte à l'aide de différents instruments de mesure et qui, donc, n'est pas une expérience directe, c'est-à-dire immédiate.

Husserl, Edmund (1859-1938)   Il préconisait l'utilisation d'une phénoménologie pure qui permettrait de découvrir l'essence de l'expérience subjective. (Voir aussi *Phénoménologie pure*.)

Impression générale   Pensée qui vient à l'esprit d'une personne avant que celle-ci ne choisisse les mots pour l'exprimer.

Intentionnalité   Concept proposé par Brentano, selon lequel les actes mentaux relèvent toujours d'une intention. Plus précisément, les actes mentaux se rapportent toujours à un objet du monde physique ou à une image mentale (idée).

Introspection   Réflexion sur une expérience subjective. Cette réflexion est orientée soit vers la détection de la présence ou de l'absence d'une sensation (introspection telle que vue par Wundt et Titchener), soit vers la détection de processus mentaux complexes (introspection telle que vue par Brentano, Stumpf, Külpe, Husserl et d'autres).

Introspection phénoménologique   Type d'introspection qui s'articule autour du phénomène mental plutôt que des éléments mentaux isolés.

Külpe, Oswald (1862-1915)   Il appliqua l'introspection expérimentale systématique à l'étude de la résolution de problèmes et démontra que certaines opérations mentales sont sans images.

Pensées sans images   Selon Külpe, actes mentaux purs tels que juger et douter, qui ne sont pas associés à des référents particuliers ou à des images particulières.

Perception   Expérience mentale qui a lieu lorsque des sensations prennent leur sens de par la mémoire des expériences passées.

Phénomène de Hans le cheval savant   Création de soi-disant performances intellectuelles chez des animaux en leur donnant consciemment ou inconsciemment des signaux subtils qui orientent leur comportement.

Phénoménologie pure   Type de phénoménologie proposé par Husserl, dont le but était de créer une taxonomie de l'esprit. Selon Husserl, pour que la psychologie soit une science, il faut comprendre les essences mentales en fonction desquelles l'être humain comprend le monde et y réagit.

Principe de l'hétérogonie des fins   Selon Wundt, principe selon lequel une activité orientée vers un but entraîne souvent des expériences qui modifient le schéma motivationnel initial.

Principe des contraires   Selon Wundt, principe selon lequel les expériences d'un certain type intensifient souvent des expériences de type contraire ; par exemple, manger un aliment sucré après avoir mangé un aliment sur lui donne un goût encore plus sucré que d'habitude.

Principe du développement des contraires   D'après Wundt, tendance selon laquelle l'individu, après avoir connu une expérience prolongée d'un certain type, ressent le désir d'un type d'expérience contraire.

Psychologie de l'acte (ou psychologie fonctionnelle)   Nom donné au type de psychologie proposée par Brentano parce qu'il s'articulait autour des opérations ou fonctions mentales. La psychologie de l'acte était axée sur l'interaction entre les processus mentaux et les événements physiques.

Sensation   Expérience mentale fondamentale qui est déclenchée par un stimulus environnemental.

Sentiments   Éléments fondamentaux de l'émotion qui accompagnent chaque sensation. Wundt soutenait que les émotions consistaient en différentes combinaisons des sentiments élémentaires. (Voir aussi *Théorie tridimensionnelle du sentiment*.)

Structuralisme   École de psychologie fondée par Titchener, dont le but est de décrire la structure de l'esprit.

Stumpf, Carl (1848-1936)   Ce psychologue s'intéressa d'abord à la perception acoustique. Il soutenait que la psychologie devrait avoir pour objet l'étude des expériences mentales porteuses de sens et entières plutôt que l'étude des éléments mentaux isolés.

Synthèse créative   Arrangement et réarrangement des éléments mentaux qui peuvent résulter de l'aperception.

Théorie situationnelle du sens   Théorie de Titchener selon laquelle une sensation revêt le sens que lui donnent les images qu'elle suscite. Autrement dit, pour Titchener, le sens était régi par la loi de la contiguïté.

Théorie tridimensionnelle du sentiment   Théorie de Wundt selon laquelle les sentiments varient en fonction de trois dimensions : plaisir-déplaisir, excitation-calme, et stress-détente.

Titchener, Edward Bradford (1867-1927)   Il fonda le structuralisme. Contrairement au volontarisme de Wundt, le structuralisme était proche de la tradition empiriste-associationniste.

Vaihinger, Hans (1852-1933)   Selon lui, étant donné que les sensations sont tout ce dont on peut être certain, toutes les conclusions au sujet de la soi-disant réalité physique relèvent forcément de la fiction. Même si les fictions sont fausses, elles sont néanmoins essentielles à la vie en société.

Völkerpsychologie   Ouvrage en dix volumes publié par Wundt, dans lequel il analyse les processus mentaux supérieurs à l'aide de l'analyse historique et de l'observation naturaliste.

Volontarisme   Nom donné à l'école de psychologie de Wundt parce que celui-ci prétendait que l'être humain, par le processus d'aperception, pouvait porter son attention sur l'objet de son choix.

Volonté   Selon Wundt, aspect de l'humain qui lui permet de porter son attention sur l'objet de son choix. En raison de l'importance qu'il accordait à la volonté, la vision qu'avait Wundt de la psychologie fut appelée volontarisme.

Wundt, Wilhelm Maximilian (1832-1920)   Il fonda la psychologie expérimentale en tant que discipline distincte et l'école du volontarisme.

CHAPITRE 10

L'influence de Darwin et l'introduction des tests d'intelligence

La psychologie expérimentale introspective est d'origine allemande. Comme elle ne convenait pas au tempérament américain, les efforts de Titchener pour exporter sa vision de cette psychologie aux États-Unis se sont finalement soldés par un échec. Quand ce britannique arriva à Cornell, en 1892, il y régnait un esprit d'indépendance, de pragmatisme et d'aventure incompatible avec les conceptions sévères, autoritaires et statiques du structuralisme. La longévité de celui-ci aux États-Unis témoigne de la forte personnalité de Titchener lui-même. Les américains, attirés par l'exploration, n'étaient prêts à accepter qu'un point de vue nouveau, pragmatique et exempt de toute analyse abstraite de l'esprit. La théorie de l'évolution, répondant à ces critères, fut plus largement acceptée aux États-Unis que dans tout autre pays. Même en Angleterre, le lieu de naissance de la théorie moderne de l'évolution, elle ne fut pas accueillie avec autant d'enthousiasme. Aux États-Unis, elle devint *le* thème dominant de presque tous les aspects de la psychologie, sinon tous. L'application de la théorie de l'évolution à la psychologie a donné naissance à un mouvement propre aux américains et a provoqué le déplacement du centre de la recherche en psychologie de l'Europe aux États-Unis, où il est demeuré jusqu'à aujourd'hui.

La théorie de l'évolution avant Darwin

L'idée qu'à la fois la terre et les organismes vivants changent d'une façon systématique quelconque avec le temps remonte aux Grecs de l'Antiquité. La Grèce étant un pays maritime, on y observait un large éventail de formes vivantes. Ces observations, conjointement à la tendance croissante à l'objectivité, amenèrent des Grecs à élaborer, au moins dès l'Antiquité, des théories rudimentaires de l'évolution. Le développement de celles-ci fut cependant entravé en grande partie parce que Platon

et Aristote les rejetèrent. Platon pense que le nombre de formes pures a été fixé définitivement et que ces formes sont elles-mêmes immuables. Selon Aristote, le nombre d'espèces est fixe et la transmutation entre espèces est impossible. Les premiers chrétiens ajoutèrent aux conceptions platonicienne et aristotélicienne la notion de création divine décrite dans la Genèse. Dans sa sagesse, Dieu a créé un nombre donné d'espèces, dont les humains, et ce nombre peut changer seulement grâce à un nouvel acte de Dieu, non sous l'effet de forces naturelles. Cette explication religieuse de l'origine des espèces a soustrait la question à toute investigation jusqu'à la période moderne.

Au XVIIIᵉ siècle, plusieurs personnalités éminentes formulèrent une théorie de l'évolution, dont Erasmus Darwin (1731-1802), le grand-père de Charles Darwin, qui pensait qu'une espèce peut se transformer graduellement en une autre. Ce qui manquait aux premières théories, c'est le mécanisme par lequel la transformation se produit. Jean de Lamarck fut le premier à formuler une hypothèse à ce sujet.

Jean de Lamarck

Dans sa *Philosophie zoologique* (1809/1914), **Jean-Baptiste de Monet de Lamarck** (1744-1829) note que les fossiles de diverses espèces indiquent l'existence de formes antérieures, différentes des formes actuelles, c'est-à-dire que les espèces changent avec le temps. Lamarck en conclut que des modifications environnementales sont responsables de changements structuraux chez les plantes et les animaux. Par exemple, quand les membres d'une espèce de chasseurs doivent courir plus vite pour capturer des proies parce que celles-ci se font rares, les muscles intervenant lors de la course se développent davantage en raison d'une utilisation plus intense. Lamarck pense que, si ces muscles ont atteint leur plein développement chez un adulte d'une espèce quelconque, alors les mêmes muscles

Jean de Lamarck

entièrement aux lectures qu'il fit durant cette période, et il fut particulièrement influencé par le *Système de logique déductive et inductive* de John Stuart Mill (1843/1874, éd. fr. 1988). Il compléta son « éducation » en fréquentant un petit groupe d'intellectuels auquel appartenaient entre autres Thomas Huxley (qui allait sous peu se porter publiquement à la défense de la théorie de Darwin), George Henry Lewes (un collègue journaliste qui s'intéressait à de nombreux domaines, dont la science, et était en outre acteur et biographe) et Mary Ann Evans (également journaliste et mieux connue comme romancière sous le pseudonyme George Eliot). Il est clair que le fait de ne pas avoir fréquenté d'institution scolaire n'a pas rendu Spencer timide.

> Grâce à son grand appétit pour les livres et à ses échanges avec un groupe d'amis au début des années 1850, Spencer acquit une vision générale du monde qui allait avoir sur la pensée du XIXᵉ siècle une influence plus étendue que celle de n'importe quel autre philosophe de la même époque. (Boakes, 1984, p. 10 [notre traduction])

seront déjà très développés à la naissance chez les descendants de ce dernier, ce qui accroîtra leurs chances de survie. C'est ce qu'on appelle la théorie de l'**hérédité des caractères acquis**. Il est évident que les adultes d'une espèce quelconque qui ne s'adaptent pas adéquatement à leur milieu ne survivent pas et n'ont donc pas de progéniture. C'est ainsi, selon Lamarck, que les caractéristiques d'une espèce changent en même temps que les traits indispensables à la survie, d'où la transmutation des espèces.

Herbert Spencer

Herbert Spencer (1820-1903) naquit dans la ville industrielle de Derby, en Angleterre. Ce fut d'abord son père, un instituteur, qui fut son précepteur et plus tard, son oncle ; il ne fréquenta donc aucun établissement d'enseignement. À 17 ans, il commença à travailler pour les chemins de fer et, au cours des dix années suivantes, il eut différents emplois, notamment comme arpenteur et ingénieur. En 1848, il se lança dans le journalisme à Londres, et fut d'abord rédacteur à l'*Economist*, puis journaliste pigiste. L'intérêt de Spencer pour la psychologie et la théorie de l'évolution est dû

Herbert Spencer

La conception de l'évolution de Spencer Spencer fut l'un des premiers disciples de Lamarck (et plus tard de Darwin). Il appliqua la notion d'évolution non seulement aux animaux mais aussi à l'esprit humain et aux sociétés humaines; en fait, il l'appliqua à tout ce qui existe dans l'Univers. Selon Spencer, chaque chose commence sous la forme d'un tout indifférencié mais, en raison de la différenciation évolutionniste, chaque système se complexifie toujours davantage. Cette vision vaut notamment pour le système nerveux de l'être humain, qui était simple et homogène il y a des lustres, mais que l'évolution a rendu hautement différencié et complexe.

Comme l'être humain possède maintenant un système nerveux complexe, il peut établir un nombre considérable d'associations, et un organisme est d'autant plus intelligent qu'il est capable de faire un grand nombre d'associations. Le terme *intelligence* remonte au moins à l'emploi que fit Cicéron du mot *intelligentia*, mais on attribue à Spencer le mérite de l'avoir introduit en psychologie (Guilford, 1967). Grâce à son système nerveux extrêmement complexe, l'être humain peut enregistrer de façon précise, par un processus neurophysiologique (donc mental), les événements qui surviennent dans son milieu, et cette habileté favorise la survie.

Spencer fait largement appel au principe de contiguïté pour expliquer comment se forment les associations. Le cerveau enregistre les événements se produisant simultanément ou à de courts intervalles dans le milieu, ce qui donne naissance à des représentations mentales de ces événements et, grâce au processus de contiguïté, les représentations en viennent à former une reproduction subjective des événements. Cependant, aux yeux de Spencer, le seul principe de contiguïté ne suffit pas à expliquer pourquoi certains comportements sont persistants, alors que d'autres ne le sont pas. Spencer a donc recours à l'explication du comportement volontaire de Bain pour rendre compte de la différence entre la persistance de divers comportements : « Au retour de pareilles circonstances, ces mouvements musculaires qui ont été suivis de succès se répéteront semblablement ; ce qui était d'abord une combinaison accidentelle de mouvements sera maintenant une combinaison offrant une probabilité considérable » (Spencer, 1870, éd. fr. 1892, tome 1, p. 592). Spencer interprète l'observation de Bain dans le contexte de la théorie de l'évolution en affirmant

qu'une personne répète les comportements favorables à sa survie (ou qui suscitent des sentiments agréables) et évite les comportements qui lui sont nuisibles (ou qui provoquent des sentiments pénibles). On a appelé « associationnisme évolutionniste » la synthèse du principe de la contiguïté et de la théorie de l'évolution réalisée par Spencer, et **principe de Spencer-Bain** l'affirmation selon laquelle la fréquence, ou la probabilité, d'un comportement donné augmente ou diminue selon que celui-ci est suivi d'un événement agréable ou désagréable. Ce principe allait servir de pierre angulaire au connexionnisme de Thorndike (voir le chapitre 11) et au comportement opérant de Skinner (voir le chapitre 13).

La démarche suivante de Spencer établit des liens directs entre sa théorie et celle de Lamarck. En effet, Spencer affirme qu'un individu hérite de l'ensemble des associations acquises par ses ancêtres. Les associations qu'une génération considère comme favorables à la survie sont transmises à la génération suivante : il existe une hérédité des associations acquises. La théorie de Spencer est un amalgame d'empirisme, d'associationnisme et de nativisme, puisqu'elle stipule que les associations acquises au moyen de l'expérience sont transmises aux descendants. Spencer est donc associationniste, mais il joint à l'associationnisme la théorie de l'évolution de Lamarck. Il soutient que les associations fréquemment utilisées sont transmises aux descendants, au même titre que les instincts et les réflexes. Selon Spencer, les instincts ne sont donc rien d'autre que des habitudes ayant favorisé la survie des générations précédentes. Ils ont été élaborés par ces dernières de la même manière qu'un organisme acquiert des habitudes au cours de sa vie, c'est-à-dire par association.

Après la publication de l'ouvrage de Darwin, Spencer a simplement transféré l'importance qu'il accordait aux caractéristiques acquises à la sélection naturelle. Le concept de **survivance des plus aptes** (introduit par Spencer en 1852 et adopté plus tard par Darwin) s'applique dans l'un et l'autre cas.

Le darwinisme social Il existe une différence fondamentale entre les conceptions de l'évolution de Spencer et de Darwin. Selon le premier, l'évolution est synonyme de progrès. Autrement dit, l'évolution a un but; elle est le mécanisme par lequel on tend vers la perfection. Mais ce n'est pas l'avis de Darwin.

Selon Darwin, jamais au cours de l'histoire naturelle l'évolution n'a laissé entrevoir un ordre quelconque ou une conception préstructurée, préétablie ou prédéterminée. L'évolution n'a pas dans l'ensemble de direction, c'est-à-dire qu'il n'existe pas d'intention ultime ou de but final de l'évolution organique en général, et de l'évolution des humains en particulier. (Birx, 1998, p. xxii [notre traduction])

Par ailleurs, Spencer pense que l'accession à la perfection humaine n'est qu'une question de temps. Il va jusqu'à dire que les principes évolutionnistes valent autant pour les sociétés que les individus. On a appelé **darwinisme social** l'application à la société que fit Spencer de sa notion de survivance des plus aptes. D'après lui, les humains vivant en société luttent pour leur survie, comme les autres animaux dans leur milieu naturel, et seuls les plus aptes réussissent. Si les conditions permettent que les principes évolutionnistes fonctionnent librement, tous les organismes vivants, y compris les humains, tendent vers la perfection. La meilleure politique qu'un gouvernement puisse adopter est donc celle du laissez-faire, car les citoyens peuvent alors se livrer une libre compétition. Les programmes gouvernementaux conçus pour aider les gens faibles ou pauvres font simplement obstacle aux principes évolutionnistes et ils inhibent la société dans sa marche vers la perfection.

L'affirmation suivante démontre à quel point Spencer était convaincu du bien-fondé de la politique du laissez-faire : « Si [un individu] est assez bien formé [physiquement et mentalement] pour vivre, alors *il vit*, et c'est bien ainsi ; si un individu n'est pas assez bien formé pour vivre, alors il meurt, et c'est mieux qu'il en soit ainsi » (1864, p. 415 [notre traduction]). Il est intéressant de noter que Spencer s'oppose uniquement aux programmes gouvernementaux conçus pour aider les personnes faibles ou pauvres. Il soutenait les œuvres de charité parce qu'à son avis elles renforcent le caractère des donateurs (Hofstadter, 1955, p. 41).

Les idées de Spencer sont de toute évidence compatibles avec le capitalisme et l'individualisme américains. Elles ont été enseignées dans la majorité des universités des États-Unis, et on a vendu des centaines de milliers d'exemplaires des ouvrages de Spencer dans ce pays. En fait, quand ce dernier se rendit aux États-Unis, en 1882, on le reçut en héros. Il n'y a rien d'étonnant à ce que le darwinisme social ait été particulièrement apprécié par les industriels américains. Voici un extrait d'une allocution prononcée par John D. Rockefeller devant une classe du dimanche.

La croissance d'une grande entreprise se réduit à la survivance des plus aptes. [...] Si on veut produire une rose American Beauty dont la splendeur et le parfum vaudront des compliments à son propriétaire, il faut sacrifier les premiers bourgeons qui poussent autour d'elle. En affaires, il ne s'agit pas là d'une tendance diabolique. C'est simplement l'application d'une loi de la nature et d'une loi de Dieu. (Hofstadter, 1955, p. 45 [notre traduction])

Andrew Carnegie va encore plus loin lorsqu'il dit que, selon lui, la théorie de l'évolution (c'est-à-dire le darwinisme social) a remplacé la religion traditionnelle.

Je me rappelle que je fus inondé de lumière et que tout devint clair. Non seulement j'étais débarrassé de la théologie et du surnaturel, mais j'avais trouvé la vérité de l'évolution. « Tout est bien puisque tout s'améliore » devint ma devise et mon véritable réconfort. L'être humain n'a pas d'instinct inné le poussant à sa propre dégénérescence ; il s'est, au contraire, élevé des formes les plus rudimentaires aux formes suprêmes. Et il est impossible de concevoir que sa progression vers la perfection s'arrête en route. Son visage est tourné vers la lumière ; il se tient debout dans le soleil et regarde en haut. (Hofstadter, 1955, p. 45 [notre traduction])

Il ne faudrait pourtant pas croire que Darwin était totalement opposé à l'application préconisée par Spencer des principes évolutionnistes à la société. Voici ce qu'il dit dans *La descendance de l'homme* (1874/1998a, éd. fr. 1894).

Chez les sauvages, les individus faibles de corps ou d'esprit sont promptement éliminés, et les survivants se font ordinairement remarquer par leur vigoureux état de santé. Quant à nous, hommes civilisés, nous faisons, au contraire, tous nos efforts pour arrêter la marche de l'élimination ; nous construisons des hôpitaux pour les idiots, les infirmes et les malades ; nous faisons des lois pour venir en aide aux indigents ; nos médecins déploient toute leur science pour prolonger autant que possible la vie de chacun. On a raison de croire que la vaccine a préservé des milliers d'individus qui, faibles de constitution, auraient autrefois succombé à la variole. Les membres débiles des sociétés civilisées peuvent donc se reproduire indéfiniment. Or, quiconque s'est occupé de la reproduction des animaux domestiques sait, à n'en pas douter, combien cette perpétuation des êtres débiles doit être nuisible à la race humaine. [...] à l'exception de l'homme lui-même, personne n'est assez ignorant ni assez maladroit pour permettre aux animaux débiles de reproduire. (éd. fr. 1894, p. 144-145)

Toutefois, c'est Spencer qui est l'initiateur de ce courant de pensée et qui met l'accent sur la croyance selon laquelle les sociétés, comme les individus, tendraient vers la perfection si on laissait les forces naturelles agir librement.

Charles Darwin

Charles Darwin (1809-1882) naquit dans la ville anglaise de Shrewsbury, le 12 février de l'année où Lamarck publia l'ouvrage dans lequel il décrit l'hérédité des caractères acquis. Entre parenthèses, par un caprice du destin, Darwin et Abraham Lincoln vinrent au monde à quelques heures d'intervalle. Nous avons déjà souligné que Erasmus Darwin, le grand-père de Charles, était un médecin célèbre et qu'il avait jonglé, entre autres choses, avec la théorie de l'évolution. Le père de Charles, Robert Darwin, était aussi un médecin en vue et sa mère, Susannah Wedgwood venait d'une famille dont la manufacture de porcelaine était réputée. Robert et Susannah eurent six enfants, et Charles était le cinquième. Sa mère mourut en 1817, alors qu'il avait 8 ans. Ce sont principalement deux de ses sœurs aînées qui s'occupèrent de lui par la suite. Il étudia chez lui pendant quelques années, puis on l'envoya à l'école, mais il était tellement mauvais élève que son père prédit qu'il couvrirait éventuellement de honte lui-même et sa famille. Toutefois, en dehors des heures de classe, Darwin passait la plus grande partie de son temps à ramasser des plantes, des coquillages et des roches, et à les classer. Ses résultats académiques ne s'améliorèrent pas vraiment lorsqu'il entra à la faculté de médecine de l'université d'Édimbourg, à l'âge de 16 ans. Il trouvait les cours ennuyeux et ne supportait pas d'observer les chirurgiens opérer sans avoir recours à l'anesthésie (qui n'avait pas encore été inventée). Sur les conseils de son père, il alla plutôt étudier à l'université de Cambridge dans le but de devenir pasteur anglican. Là-bas, il passa son temps à boire, à chanter et à manger (il était membre d'une association de gourmets) jusqu'à sa graduation, en 1831, et il quitta l'université avec un dossier académique médiocre. Il a affirmé que l'activité qui lui avait procuré le plus de plaisir alors qu'il était à Cambridge avait été de ramasser des coccinelles.

C'est sa passion pour l'entomologie (l'étude des insectes) qui amena Darwin à rencontrer les professeurs

Charles Darwin

de botanique et de géologie de Cambridge, avec lesquels il étudia et fit des recherches sur le terrain. Ainsi en 1831, immédiatement après la fin de ses études, il participa à une expédition géologique au pays de Galles, sous la direction de Adam Sedgwick, un professeur de géologie de Cambridge. Cela l'intéressait certainement, mais il y voyait aussi un moyen de retarder le moment où il devrait prononcer ses vœux de religion. Il allait bientôt avoir l'occasion de s'évader en haute mer pour une plus longue période. Alors qu'il était à Cambridge, il s'était lié d'amitié avec le botaniste John Henslow, à qui on offrit d'abord le poste de naturaliste à bord du *Beagle*. À cause d'obligations familiales, Henslow dut refuser et il suggéra qu'on le remplace par Darwin. Le père de Charles s'opposa d'abord à son départ parce qu'il aurait dû payer les frais du voyage et qu'il pensait que cela nuirait à la carrière de pasteur de son fils. Mais après en avoir discuté avec d'autres membres de la famille, il changea d'avis et approuva l'aventure.

Le voyage du *Beagle*

C'est donc à l'instigation de l'un de ses mentors que Darwin s'engagea comme naturaliste, sans rémunération, à bord du *Beagle*, auquel le gouvernement britannique avait confié une mission scientifique d'une durée de 5 ans (1831-1836). On rapporte plusieurs faits amusants au sujet de ce voyage. Premièrement, le capitaine du *Beagle*, Robert Fitz-Roy, qui croyait fermement dans le récit biblique de la création, souhaitait la présence d'un naturaliste à bord du navire afin de recueillir des preuves permettant de *réfuter* la théorie de l'évolution. Deuxièmement, au moment de s'embarquer, Darwin lui-même croyait en l'explication biblique de la création (Monte, 1975). Ce n'est qu'après avoir lu les *Éléments de géologie* de Sir Charles Lyell, alors qu'il était déjà en mer, qu'il se mit à douter du récit biblique. Troisièmement, et cela aurait bien pu changer le cours de l'histoire, le capitaine Fitz-Roy croyait en la physiognomonie (voir le chapitre 8), ce qui l'amena presque à refuser le poste de naturaliste à Darwin.

> Plus tard, devenu intime avec Fitz-Roy, j'appris que j'avais bien failli être éconduit à cause de la forme de mon nez ! [...] il était convaincu qu'il pouvait juger du caractère d'un homme d'après ses caractéristiques extérieures. Aussi doutait-il que quiconque pourvu d'un nez tel que le mien pût posséder une énergie et une détermination suffisantes pour le voyage. Mais la suite devait prouver, je pense, que mon nez avait menti. (Barlow, éd. fr. 1985, p. 56)

Le *Beagle* quitta le port anglais de Plymouth le 27 décembre 1831. Darwin avait alors 23 ans. L'expédition se rendit d'abord en Amérique du sud, où Darwin étudia les organismes marins, les fossiles et les tribus autochtones. Puis, à l'automne 1835, le *Beagle* fit escale aux îles Galápagos, où le naturaliste étudia des tortues géantes, des lézards, des otaries et 13 espèces de fringillidés. Le fait qu'il ait observé que les tortues, les plantes, les insectes et d'autres organismes différaient sensiblement d'une île à l'autre, même si elles étaient passablement proches, est particulièrement intéressant. Le *Beagle* se rendit ensuite à Tahiti, en Nouvelle-Zélande et en Australie ; enfin, en octobre 1836, Darwin revint en Angleterre, où il se consacra à la classification de l'énorme quantité de spécimens qu'il avait rapportée.

Le retour en Angleterre

Les observations qu'avait faites Darwin étaient décousues et il lui manquait un principe pour les relier entre elles. Il le trouva en lisant *Essay on the Principle of Population* (1798/1914) de l'économiste **Thomas Malthus** (1766-1834). Ce dernier avait constaté que les ressources alimentaires de la planète augmentaient suivant une progression arithmétique, alors que la population mondiale tendait à augmenter suivant une progression géométrique. Il en conclut que des phénomènes, telles les guerres, les famines et les maladies, maintenaient un équilibre entre les ressources alimentaires et la taille de la population. Darwin broda sur le concept de Malthus et l'appliqua aux animaux, aux plantes et aux humains.

En janvier 1839, Darwin épousa sa cousine Emma Wedgwood et le couple eut 10 enfants. À peu près à la même époque, Darwin commença à éprouver de graves problèmes de santé qui allaient l'accabler durant les 30 années suivantes. Il souffrit, à un moment ou à un autre, de douleurs gastriques, de palpitations, d'angoisse, de dépression, de pleurs convulsifs et de diverses affections de la peau. La majorité des spécialistes s'entendent pour dire que les troubles de Darwin étaient d'ordre psychosomatique : « Au cours de sa vie, Darwin consulta la plupart des médecins et des chirurgiens les plus éminents de son temps, mais jamais

Thomas Malthus

aucun d'eux ne trouva le moindre dérèglement organique » (Bowlby, 1991, éd. fr. 1995, p. xix). En partie à cause de sa santé précaire et en partie parce qu'il se rendait compte qu'il travaillait à quelque chose de révolutionnaire (et il existait peut-être un lien entre ces deux motifs), Darwin ajourna la publication de sa théorie de l'évolution pendant plus de 20 ans. En fait, il y a lieu de croire qu'elle serait parue seulement après la mort de l'auteur si les circonstances n'avaient pas clairement démontré que les esprits étaient prêts à accepter une théorie de ce type. En juin 1858, Darwin reçut une lettre d'**Alfred Russel Wallace (1823-1913)** décrivant une théorie de l'évolution presque identique à la sienne. Wallace avait été influencé lui aussi par l'essai de Malthus, et il s'était servi des observations qu'il avait faites lui-même en Amazonie et dans l'archipel malais. Charles Lyell, un géologue évolutionniste, passa en revue les idées de Darwin et de Wallace et proposa qu'on lise le compte rendu de ce dernier et un compte rendu préparé à la hâte par Darwin aux membres de la Linnaean Society, la même journée, en l'absence des deux auteurs. C'est ce qu'on fit, et ni l'un ni l'autre rapport ne suscita beaucoup d'intérêt (Boakes, 1984). L'ouvrage de Darwin *De l'origine des espèces par sélection naturelle* (1859), qui fit époque, parut deux mois plus tard. La théorie de l'évolution éveillait alors tellement de curiosité que les 1500 exemplaires imprimés furent vendus le premier jour.

Six ans après que Darwin eût publié sa théorie, le capitaine Fitz-Roy se suicida, peut-être parce qu'il se sentait partiellement responsable de l'élaboration de la théorie de l'évolution (Gould, 1976). À cause de l'abondance des faits recueillis par Darwin et de l'ampleur de son travail, c'est à lui plutôt qu'à Wallace qu'on attribue la théorie décrite ci-dessous, mais on l'appellera peut-être un jour la théorie de l'évolution de Darwin et Wallace. Darwin mourut le 19 avril 1882, à l'âge de 73 ans. Il fut inhumé à Westminster Abbey, non loin de la tombe où repose Isaac Newton.

Incidemment, Wallace fut l'un des opposants au darwinisme social les plus éloquents. Au lieu d'accepter une philosophie du laissez-faire face à la compétition humaine, il pensait que les humains pouvaient, et devraient, donner une direction à leur propre évolution, par exemple en créant des programmes gouvernementaux destinés à aider les individus moins doués pour la compétition dans une société complexe. Cette vision gagna la faveur seulement d'une petite minorité de gens à l'époque (Larson, 2001, lecture 8).

La théorie de l'évolution de Darwin

Les capacités de reproduction de tous les organismes vivants leur permettent d'avoir une progéniture beaucoup plus nombreuse que celle qui peut survivre dans un milieu donné, d'où la **lutte pour la survivance**. Les descendants de n'importe quelle espèce présentent d'énormes *différences interindividuelles*, et certains traits favorisent davantage la survie que d'autres. C'est ce qui explique la *survivance des plus aptes* (une expression que Darwin emprunta à Spencer). Par exemple, s'il y a pénurie de ressources alimentaires dans un milieu où vivent des girafes, seulement celles qui ont le cou assez long pour atteindre les quelques feuilles qui restent dans les grands arbres survivront assez longtemps pour se reproduire. Ainsi, tant que la nourriture se fait rare, les girafes ayant le cou plus court que les autres ont tendance à disparaître. C'est de cette façon que se produit la **sélection naturelle** parmi les descendants d'une espèce. La sélection naturelle des caractéristiques adaptatives à partir de l'ensemble des différences individuelles entre descendants explique la lente transmutation d'une espèce au cours des âges. L'évolution découle donc de la sélection naturelle, chez les membres d'une espèce, des variations accidentelles qui favorisent la survie.

Darwin entend par **aptitude** uniquement la capacité d'un organisme à survivre et à se reproduire. L'aptitude d'un organisme est donc fonction de ses caractéristiques et de son milieu. Les traits qui permettent l'adaptation de l'organisme à son milieu sont dits adaptatifs, et les organismes qui possèdent des **caractéristiques adaptatives** sont aptes ; ceux qui en sont dépourvu sont inaptes. Il est à noter que Darwin ne parle pas de force, d'agressivité ou de compétitivité. En fait, aucun de ces attributs ne rend *nécessairement* apte. Les traits adaptatifs sont ceux qui favorisent la survie dans un milieu donné, *indépendamment* de toute autre considération. On constate également que Darwin ne parle pas de progrès ni de perfection. Contrairement à Spencer, il pense que l'évolution se produit tout simplement, et qu'elle n'a ni direction ni but. L'orientation de l'évolution est entièrement déterminée par les caractéristiques des membres de différentes espèces d'organismes et de leurs milieux respectifs. Si le milieu change, alors les traits adaptatifs changent aussi, et ce cycle se poursuit indéfiniment.

Dans *De l'origine des espèces*, Darwin parle très peu des humains mais par la suite, dans *La descendance de l'homme et la sélection naturelle* (1871, édition révisée en 1874/1998a, éd. fr. 1891), il tente de prouver que les humains sont aussi le produit de l'évolution. Les êtres humains et les grands singes descendent tous d'un lointain ancêtre commun qui était un primate, dit-il.

De tous les ouvrages de Darwin, celui qui est le plus directement relié à la psychologie est *L'expression des émotions chez l'homme et les animaux* (1872/1998b, éd. fr. 1890), dans lequel il affirme que les émotions humaines sont les vestiges d'émotions animales autrefois indispensables à la survie. Dans un lointain passé, seuls les organismes capables notamment de mordre et de griffer vivaient assez longtemps pour se reproduire. Un peu plus tard, le simple fait de montrer les dents ou de gronder suffisait peut-être à faire fuir un agresseur, de sorte que ces gestes favorisaient la survie. Bien qu'elles n'aient pas la même fonction dans la société moderne, les émotions initialement associées à l'attaque ou à la défense font encore partie de la biologie des humains, comme le montrent leurs réactions lorsqu'ils sont soumis à des conditions extrêmes. Darwin note également que l'expression des émotions humaines appartient à la culture universelle. L'observation des expressions faciales d'une personne, où que ce soit dans le monde, permet de savoir si elle éprouve de la joie, du chagrin, de la colère, de la tristesse ou une autre émotion. Il a fallu attendre 100 ans pour que d'autres tentent de parfaire la recherche de Darwin sur les émotions. Ekman (1998) résume très bien la théorie des émotions de Darwin et examine sa pertinence dans le contexte actuel.

La comparaison directe entre les humains et les autres animaux établie par Darwin dans *L'expression des émotions*, de même que le fait qu'il soutient ardemment que les premiers diffèrent des seconds seulement de façon quantitative ont donné naissance à la psychologie comparée et à la psychologie animale modernes. Il était devenu clair qu'on peut apprendre beaucoup sur les humains en étudiant les autres animaux.

Darwin a également influé sur la psychologie des années subséquentes en observant minutieusement le développement de son fils aîné William (né en 1839). Il nota à quel moment apparurent différents réflexes et diverses habiletés motrices, de même que certaines capacités d'apprentissage. Bien qu'il n'ait pas publié ses observations avant que William n'ait atteint l'âge de 37 ans, le compte rendu de Darwin (1877) est l'un des premiers exemples de ce qu'on allait appeler la psychologie de l'enfant.

L'influence de Darwin

C'est peu de dire de la théorie de Darwin qu'elle était révolutionnaire. On a comparé son influence à celle des théories de Copernic et de Newton. Elle a modifié la conception traditionnelle de la nature humaine, ce qui a du même coup changé le cours de l'histoire de la philosophie et de la psychologie. Plusieurs des sujets que Titchener a rejetés parce qu'ils n'appartenaient pas selon lui à la psychologie purement expérimentale ont commencé à présenter de l'intérêt grâce aux théories de Darwin. Les sujets d'étude de la psychologie contemporaine qui suscitent le plus d'enthousiasme reflètent une forte influence darwinienne : la psychologie développementale, la psychologie animale, la psychologie comparée, la psychobiologie, l'apprentissage, la psychométrie, les émotions, la génétique comportementale, la psychopathologie et divers autres domaines regroupés sous le vocable de psychologie appliquée. En général, Darwin a éveillé l'intérêt pour l'étude des différences interindividuelles et a montré que l'examen du comportement est au moins aussi valable que celui de l'esprit. Nous allons voir que sa théorie de l'évolution a joué un rôle important dans l'élaboration du fonctionnalisme (voir le chapitre 11) et du béhaviorisme (voir le chapitre 12).

L'influence de Darwin n'a cependant pas été entièrement positive. Il avait adopté un certain nombre de croyances que l'on considère maintenant comme douteuses ou carrément erronées. En voici quelques-unes : 1° Les peuples primitifs actuels représentent le lien entre les primates et l'être humain moderne (c'est-à-dire européen) et sont donc inférieurs. 2° Les femmes sont inférieures aux hommes sur le plan intellectuel ; Alland (1985) dit : « Darwin n'est jamais aussi mauvais que lorsqu'il parle des femmes » (p. 24 [notre traduction]). 3° Le darwinisme social a du bon. 4° Les habitudes souvent répétées deviennent des instincts héréditaires ; autrement dit, lorsqu'il en vient à expliquer les différences culturelles entre les humains, Darwin accepte la théorie de Lamarck. Alland (1985) examine les croyances très controversées ou erronées de Darwin.

En plus de l'influence qu'elle a eue sur l'ensemble de la psychologie, la théorie de l'évolution exerce actuellement une action plus directe. Edward Wilson a publié *La sociobiologie* (1975, éd. fr. 1987), un ouvrage dans lequel il tente d'expliquer le comportement social des organismes, y compris les humains, à l'aide de la théorie de l'évolution. En modifiant la définition darwinienne de l'aptitude de l'individu à la survivance et à la reproduction pour en faire l'aptitude individuelle à propager ses gènes, la **sociobiologie** réussit à rendre compte d'un large éventail de comportements sociaux des humains. Ainsi, selon les sociobiologistes, l'aptitude se définit par le succès d'un individu à transmettre ses *gènes*, mais pas nécessairement par sa capacité à avoir des descendants. En mettant l'accent sur l'importance de la propagation des gènes, les sociobiologistes insistent sur les relations parentales, ou génétiques. Étant donné que les parents d'un individu sont porteurs de ses gènes, le fait de les aider à survivre et à se reproduire constitue un moyen efficace de propager ses propres gènes. En s'appuyant sur cette conception de la **valeur sélective nette** (*inclusive fitness*), les sociobiologistes tentent d'expliquer des phénomènes tels l'amour, l'altruisme, la guerre, la religion, la moralité, les modes d'accouplement, les méthodes de choix d'un partenaire et d'éducation des enfants, la xénophobie, les comportements agressifs, le népotisme et la réceptivité à l'endoctrinement. On nomme aujourd'hui **psychologie évolutionniste** la théorie que Wilson appelait sociobiologie. Il s'agit d'un courant de la psychologie contemporaine qui suscite beaucoup d'intérêt et nous y reviendrons au chapitre 19.

Dans le reste du présent chapitre, nous allons voir que les idées de Darwin ont finalement donné naissance à une psychologie typiquement américaine, qui met l'accent sur les différences interindividuelles et leur mesure, la valeur adaptative des pensées et du comportement, de même que l'étude du comportement animal. Mais avant d'étudier ce courant de la psychologie, nous allons examiner l'œuvre d'un homme qui constitue un lien important entre la théorie de Darwin et la psychologie américaine.

Sir Francis Galton

Erasmus Darwin, à la fois médecin, philosophe, poète et précurseur de la théorie de l'évolution, était le grand-père non seulement de Charles Darwin, mais aussi de **Francis Galton** (1822-1911). Le cousin de Charles naquit dans les environs de la ville anglaise de Birmingham, un 16 février. Il était le cadet d'une famille de sept enfants ; son père était un banquier fortuné et sa mère était la demi-sœur du père de Charles. Galton, qui fut éduqué chez lui, savait lire et écrire à deux ans et demi ; à cinq ans, il était capable de lire n'importe quel livre publié en anglais et à sept ans il lisait des auteurs tel Shakespeare pour son plaisir. Mais tout changea lorsqu'on l'envoya dans un internat, où il reçut le fouet, fut turbulent, supporta les sermons de ses enseignants et se battit avec ses camarades. À 16 ans, on le retira du pensionnat pour l'envoyer étudier la médecine au Birmingham General Hospital ; son apprentissage pratique terminé, il alla étudier au King's College de Londres, puis à l'université de Cambridge, où il obtint son diplôme en 1843. Galton avait l'intention de retourner au King's College afin d'obtenir un diplôme de médecine mais, lorsque son père mourut, il changea d'avis et mit un terme à ses études.

Francis Galton

Comme il était financièrement indépendant, Galton pouvait travailler à ce qu'il voulait, quand il le voulait. Après avoir terminé ses études, il voyagea en Égypte, au Soudan et au Moyen-Orient. À son retour en Angleterre, il passa quelques années à se divertir avec ses amis bien nantis : il faisait de l'équitation, allait à la chasse, participait à des ascensions en ballon et réalisait des expériences sur l'électricité. Après avoir consulté un phrénologue qui lui avait conseillé d'avoir une vie active, Galton décida d'adhérer à la Royal Geographical Society et il entreprit un voyage dans le sud-ouest de l'Afrique, qui allait durer deux ans. La Royal Geographical Society lui décerna, en 1853, à l'âge de 32 ans, sa plus haute décoration pour avoir cartographié des territoires d'Afrique jusque-là inexplorés (qui correspondent à la Namibie actuelle). Les habiletés de cartographe de Galton reflètent une passion qu'il conserva durant toute sa vie adulte, soit celle de mesurer les choses.

En 1853, Galton publia son premier ouvrage, *Narrative of an Explorer in Tropical South Africa*. Il acquit la réputation d'être un spécialiste des expéditions en région sauvage, et le gouvernement britannique le chargea d'enseigner les techniques de la vie en plein air à ses soldats. En 1855, il publia son second ouvrage, *The Art of Travel* (paru en français sous le titre *Petit manuel de survie*, 2004), dans lequel on trouve notamment des informations sur la façon de se comporter avec les animaux sauvages et les autochtones. En reconnaissance de son esprit créatif, Galton fut élu président de la Royal Geographical Society en 1856.

Voici d'autres réalisations de Galton qui illustrent sa passion de la mesure.

- Au cours de ses tentatives de mesurer et de prédire la température, il inventa la carte météorologique et fut le premier à employer les termes *haute pression*, *basse pression* et *front*.
- Il fut le premier à suggérer l'utilisation des empreintes digitales pour l'identification des individus, un procédé qui fut plus tard adopté par Scotland Yard.
- Il tenta de déterminer l'efficacité de la prière (qu'il jugea inutile).
- Il essaya de déterminer dans quel pays se trouvent les plus belles femmes.
- Il mesura le degré d'ennui des auditeurs à une conférence scientifique.

On s'imagine facilement le plaisir que Galton éprouva lorsqu'il prit connaissance de la théorie de l'évolution de son cousin et réalisa qu'elle met l'accent sur les différences interindividuelles. Il pensait que si de telles différences existent et sont importantes, alors il fallait certainement les mesurer et les classer, et il en fit la mission de sa vie.

La mesure de l'intelligence

Galton suppose que l'intelligence dépend de l'acuité sensorielle puisque ce n'est qu'au moyen de leurs sens que les humains peuvent connaître le monde. Il pose donc l'hypothèse qu'une personne est d'autant plus intelligente que ses sens sont aiguisés. De plus, l'acuité sensorielle étant principalement fonction de caractères innés, l'intelligence est héréditaire, de sorte qu'on peut s'attendre à ce qu'elle atteigne des extrêmes dans différentes familles. Galton suppose qu'une bonne réputation ou la célébrité sont des indicateurs valables de grandes capacités intellectuelles, et il entreprend de mesurer la fréquence de la célébrité chez les descendants de personnes illustres et de comparer cette fréquence à celle qu'on observe dans la population en général. Afin d'établir une comparaison, il examine les descendants de juges, d'hommes d'état, de commandants, de gens de lettres, de scientifiques, de poètes, de musiciens, de peintres et d'ecclésiastiques. Les résultats, publiés dans *Hereditary Genius : An Inquiry into Its Laws and Consequences* (1869), montrent clairement que la probabilité que les descendants d'individus illustres soient eux-mêmes célèbres est beaucoup plus grande qu'elle ne l'est pour les descendants de personnes non célèbres. Cependant, Galton observa aussi que seuls les gens chez qui l'ardeur et la vigueur s'allient aux capacités innées deviennent célèbres.

L'eugénisme Les conclusions de Galton ont fait entrevoir une possibilité fascinante, à savoir la *reproduction sélective*. Si l'intelligence est héréditaire, ne pourrait-on pas améliorer le degré moyen d'intelligence d'une population en incitant les individus brillants à se reproduire et en décourageant les personnes les moins intelligentes de le faire ? Galton répondit oui à cette question. Il appelle **eugénisme** l'amélioration des organismes vivants par la reproduction sélective et il plaide en faveur de l'application de celle-ci.

Je me propose de montrer dans le présent ouvrage que les habiletés naturelles de l'être humain sont héréditaires, exactement dans les mêmes limites que le sont la forme et les caractères physiques de tous les organismes. Donc, étant donné qu'il est facile, en dépit des limites indiquées, d'obtenir, par une sélection minutieuse, une race stable de chiens ou de chevaux doués pour la course, ou toute autre chose, il devrait être possible de produire une race d'humains extrêmement doués en réalisant des mariages judicieux pendant plusieurs générations consécutives. Je vais montrer que les agences de rencontre ordinaires, dont on minimise grandement l'influence, contribuent actuellement à la dégradation de la nature humaine et que les autres agences œuvrent à améliorer celle-ci. J'en conclus que chaque génération détient un pouvoir considérable quant aux dons naturels de leurs descendants et je soutiens que nous avons le devoir, à l'égard de l'humanité, d'examiner l'étendue de ce pouvoir et de l'exercer de la façon la plus bénéfique pour les futurs habitants de la terre, sans nous montrer imprudents en ce qui nous concerne. (Galton, 1869, p. 45 [notre traduction])

En 1865, Galton proposa de former des couples de façon scientifique et invita le gouvernement à offrir de l'argent aux personnes présentant des caractères désirables qui accepteraient de se marier. Selon lui, le gouvernement devrait aussi se charger de l'éducation de tous les descendants. Après avoir lu *Hereditary Genius*, Darwin écrivit ce qui suit à son cousin. « Tu as transformé un opposant en adepte en ce sens que j'ai toujours pensé qu'à l'exception des fous, les humains présentent peu de différences quant à l'intelligence, et qu'ils se distinguent davantage par leur ferveur et leur ardeur au travail » (Pearson, 1914, p. 6 [notre traduction]). Darwin reconnaît que c'est Galton qui a attiré son attention sur le fait qu'en permettant aux membres faibles d'une société de se reproduire, on affaiblit la race humaine. Nous avons en effet déjà souligné que Darwin ne s'opposait pas complètement au darwinisme social et qu'il ne rejetait pas entièrement non plus l'eugénisme.

La controverse de l'inné et de l'acquis Le nativisme extrême de Galton ne manqua pas de susciter des réactions. Alphonse de Candolle (1806-1893), entre autres, écrivit un ouvrage où il insiste sur l'importance du milieu pour l'émergence de scientifiques. Il suggère que le climat, la tolérance religieuse, un gouvernement démocratique et une économie florissante sont des facteurs au moins aussi déterminants que les capacités héréditaires des futurs scientifiques.

Les critiques de ce genre incitèrent Galton à publier un autre ouvrage, intitulé *English Men of Science: Their Nature and Nurture* (1874). Afin de recueillir des informations pour la rédaction de ce livre, il envoya un questionnaire à 200 collègues scientifiques de la Royal Society. Il s'agissait en fait du premier emploi du questionnaire en psychologie. Galton posa aux participants plusieurs questions d'ordre factuel, portant autant sur leur éducation politique et religieuse que sur la taille de leur chapeau. Il leur demanda aussi d'expliquer pourquoi ils s'étaient intéressés à la science en général et au domaine dans lequel ils œuvraient en particulier. Enfin, il demanda aux participants s'ils pensaient que leur intérêt pour la science était inné.

Même si le questionnaire était très long, la majorité des scientifiques y répondirent et le retournèrent à Galton ; la plupart pensaient en fait que leur intérêt pour la science était inné. Cependant, Galton constata qu'un nombre étonnamment élevé de scientifiques étaient écossais et qu'ils faisaient l'éloge du système d'éducation de l'Écosse, caractérisé par l'accessibilité et l'ouverture d'esprit. Les scientifiques anglais disaient au contraire peu de bien du système d'éducation de l'Angleterre. En s'appuyant sur ces commentaires, Galton fit valoir la nécessité de réformer les écoles anglaises sur le modèle écossais, ce qui revenait à reconnaître l'importance du milieu. Il modifia sa position en affirmant que le fait d'avoir un *potentiel* intellectuel élevé est inné, mais que le milieu doit permettre l'actualisation de celui-ci. Il a expliqué clairement la **controverse de l'inné et de l'acquis**, qui suscite encore beaucoup d'intérêt en psychologie moderne.

> L'expression « inné et acquis » exprime bien l'opposition entre deux classes d'éléments composant la personnalité. L'inné est tout ce qu'une personne a déjà en elle à la naissance, alors que l'acquis recouvre toutes les influences qui agissent sur elle après sa naissance. La distinction est claire : le premier représente ce qu'est réellement l'enfant, avec son potentiel de croissance et de développement intellectuel ; le second se rapporte au milieu dans lequel la croissance a lieu, et qui peut renforcer les tendances naturelles ou les étouffer, et même faire naître des tendances tout à fait nouvelles. (Galton, 1874, p. 12 [notre traduction])

Dans son ouvrage suivant, *Inquiries into Human Faculty and Its Development* (1883), Galton étaie sa position fondamentalement nativiste par l'étude de jumeaux. Il constate que les jumeaux monozygotes (un œuf unique) se ressemblent énormément même s'ils sont élevés séparément et que les jumeaux dizygotes (deux œufs) sont différents même s'ils sont élevés ensemble. Ce fut par la suite très courant d'étudier les jumeaux, à l'instar de Galton, pour déterminer la part relative de l'inné et de l'acquis dans divers attributs, dont l'intelligence, et la recherche sur les jumeaux suscite encore aujourd'hui beaucoup d'intérêt (voir entre autres le travail de Thomas Bouchard et de ses collègues, décrit dans le chapitre 19).

Le test d'association verbale

Dans *Inquiries*, Galton présente le premier test psychologique d'association verbale. Il avait écrit 75 mots différents, chacun sur un bout de papier, puis il avait lu rapidement chaque mot et noté sa réaction sur un autre bout de papier. Il avait refait l'expérience à quatre occasions différentes en ayant soin de modifier préalablement l'ordre des mots au hasard. Trois choses l'ont frappé. Premièrement, les réactions aux stimuli verbaux étaient généralement constantes ; il avait fréquemment noté quatre fois la même réaction à un mot donné. Deuxièmement, ses réponses provenaient souvent d'expériences qu'il avait faites durant son enfance. Troisièmement, il avait l'impression que le procédé révélait des aspects de l'esprit restés jusque-là inconnus.

> L'impression la plus forte que m'ont laissé ces expériences a peut-être trait à la diversité du travail de l'esprit dans un état de demi-conscience et au fait qu'elles fournissent une raison de croire en l'existence de couches encore plus profondes des opérations de l'esprit, qui se situeraient entièrement sous le niveau de la conscience et expliqueraient peut-être des phénomènes dont il est impossible de rendre compte autrement. (Galton, 1883, p. 145 [notre traduction])

On ne sait pas si Freud a été influencé par Galton, mais le travail de ce dernier dans le domaine de l'association verbale laisse entrevoir deux aspects de la psychanalyse, soit l'utilisation de la libre association et la reconnaissance de motivations inconscientes.

L'imagerie mentale

Galton fut l'un des premiers, sinon le premier, à étudier l'imagerie mentale. Dans *Inquiries*, il décrit les résultats qu'il avait obtenus en demandant à des gens de se représenter le moment où ils se sont assis pour prendre leur petit déjeuner. Il constate que la distribution de la capacité à imaginer est essentiellement normale, certains individus étant tout à fait incapables d'élaborer une image mentale, tandis que d'autres arrivaient à former une représentation presque intégrale de la scène. Galton trouve amusant que plusieurs de ses amis scientifiques soient pratiquement incapables d'élaborer des images mentales. Si les sensations et leurs vestiges (les images mentales) constituent le matériau servant à l'élaboration de toute pensée, comme le supposent les empiristes, comment se fait-il que de nombreux scientifiques semblent incapables de former des représentations et de les utiliser ? Galton fut moins étonné de constater que quelle que soit la capacité d'une personne à élaborer des images, elle pense que chacun possède la même habileté.

L'anthropométrie

Le désir qu'avait Galton de mesurer les différences interindividuelles chez les humains l'amena à créer, à l'International Health Exhibition de Londres, en 1884, ce qu'il a appelé un « laboratoire d'anthropométrie ». Durant une période d'environ un an, il y mesura 9337 personnes de toutes les façons qu'il put imaginer. Par exemple, il mesura les dimensions de la tête, la longueur des bras, la taille en position debout et assise, la longueur du majeur, le poids, la force de préhension de la main (à l'aide d'un dynamomètre), la capacité pulmonaire, l'acuité visuelle et auditive, le temps de réaction à des stimuli visuels et auditifs, le seuil absolu de sons aigus et la rapidité de frappe (c'est-à-dire le temps que met une personne à frapper un coussin). Galton avait inclus certaines de ces mesures parce qu'il pensait qu'il existe un lien entre l'acuité sensorielle et l'intelligence et, pour cette même raison, on peut considérer son « laboratoire d'anthropométrie » comme une tentative de mesure de l'intelligence. Incidemment, Galton mesura les dimensions de la tête parce qu'il pensait obtenir une mesure indirecte de la taille du cerveau : « Il supposait que les individus les plus brillants ont nécessairement les plus gros cerveaux et, par conséquent, les plus gros crânes » (Finger, 1994, p. 312 [notre traduction]). En 1888, Galton installa, dans les salles du South Kensington Museum consacrées à la science, un laboratoire semblable qu'il exploita plusieurs années. Un prospectus en décrivait les objectifs aux participants éventuels :

1. S'adresse à ceux qui désirent être mesurés de façon précise sous plusieurs aspects, soit parce qu'ils

veulent être informés à temps de défauts dans leur développement auxquels il est possible de remédier, soit parce qu'ils veulent connaître leurs capacités.

2. Vise à établir un dossier méthodique des principales mesures de chaque individu, dont ce dernier pourra obtenir par la suite une copie, en tout temps, à des conditions raisonnables. Les initiales et la date de naissance de la personne sont inscrites dans son dossier, mais pas son nom, celui-ci étant enregistré dans un fichier séparé.

3. Permet d'obtenir des informations sur les méthodes, les pratiques et les utilisations de la mesure des caractéristiques humaines.

4. Sert à la réalisation d'expériences et à la recherche en anthropométrie, et permet de recueillir des données destinées à des études statistiques. (Pearson, 1924, p. 358)

Il en coûtait trois pennies (soit une somme modique) à une personne pour se faire mesurer sous tous les aspects décrits ci-dessus, et elle pouvait demander qu'on reprenne les mêmes mesures plus tard pour seulement deux pennies. On donnait à chaque participant une copie des résultats et Galton en gardait une copie dans ses dossiers. Il désirait étudier, parmi bien d'autres choses, les relations entre des tests successifs, les différences liées au sexe et les corrélations entre diverses mesures, les relations entre différentes mesures et la situation socioéconomique, de même que les ressemblances entre diverses mesures liées aux liens de parenté. Étant donné que Galton recueillit une quantité incroyable de données avant l'invention de l'ordinateur ou même de la machine à calculer, la plus grande partie ne fut pas analysée à l'époque. Toutefois, d'autres chercheurs ont fait depuis l'analyse d'une partie des données n'ayant pas été examinées. On trouve dans Johnson, et autres (1985) un compte rendu des résultats des analyses de Galton lui-même, des analyses des données de Galton effectuées par des chercheurs qui lui ont succédé, de même que les analyses des données de Galton qui n'avaient pas encore été examinées, réalisées par les auteurs eux-mêmes.

Bien qu'on ne pense plus qu'il existe un lien entre l'intelligence et l'acuité sensorielle, certains considèrent que l'œuvre de pionnier de Galton marque les débuts du courant de la psychologie fondé sur les tests mentaux. Nous allons voir dans la prochaine section quelle

tournure a pris la mesure d'intelligence à la suite du travail de Galton.

Le concept de corrélation

La dernière des nombreuses contributions de Galton à la psychologie que nous allons examiner est sa notion de corrélation, qui est à la base de l'une des méthodes statistiques les plus répandues en psychologie. En 1888, Galton publia son article « Co-Relations and Their Measurement, Chiefly from Anthropometric Data » et, en 1889, il publia un livre intitulé *Natural Inheritance*. Les deux textes décrivent les concepts de corrélation et de régression. Voici comment Galton (1888) définit lui-même la notion de **corrélation** (*co-relation*).

> On dit qu'il existe une corrélation entre deux organes variables si la variation de l'un s'accompagne en moyenne d'une variation plus ou moins grande de l'autre dans le même sens. Par exemple, la longueur du bras est corrélée avec la longueur de la jambe puisqu'une personne ayant de longs bras a habituellement aussi de longues jambes, et vice-versa. (p. 135 [notre traduction])

Dans une définition du concept de corrélation, le mot *tend* est très important. Dans la dernière citation, Galton affirme qu'un individu qui a de longs bras a *habituellement* de longues jambes. Après avoir semé des pois de différentes grosseurs et avoir mesuré la taille de leurs descendants, Galton constata que les très gros pois avaient tendance à donner des pois un peu moins gros qu'eux et que les très petits pois avaient tendance à donner des pois un peu plus gros qu'eux. Il appela ce phénomène **régression vers la moyenne**, et l'observa de nouveau lorsqu'il corréla la taille d'enfants et celle de leurs parents. En fait, Galton constata une régression chaque fois qu'il mit en corrélation des caractéristiques héréditaires. Il avait observé plus tôt que les individus éminents avaient seulement *tendance* à avoir des descendants éminents.

En représentant ses données corrélationnelles par un nuage de points, Galton découvrit qu'il est possible de déterminer graphiquement la force d'une relation. C'est **Karl Pearson** (1857-1936) qui conçut une expression mathématique représentant la puissance d'une relation. La formule de Pearson donne le **coefficient de corrélation (*r*)**, un concept maintenant bien connu.

En plus d'avoir introduit la notion de corrélation, Galton a défini le concept de *médiane* en tant que mesure de la tendance centrale. Il constata que les points extrêmes d'une distribution influent exagérément sur la *moyenne* et préféra utiliser le point central (ou médiane) d'une distribution.

L'apport de Galton à la psychologie

Peu d'individus ont réalisé autant de premières en psychologie que l'a fait Galton. Il fut le premier à étudier la question de l'inné et de l'acquis, à utiliser un questionnaire, à employer un test d'association verbale, à effectuer des recherches sur les jumeaux, à étudier l'imagerie mentale, à mesurer l'intelligence, et il a élaboré la technique de la corrélation. Toute son œuvre reflète un intérêt pour les différences interindividuelles et leur mesure, et cet intérêt fut éveillé par la théorie de l'évolution de Darwin.

La mesure de l'intelligence après Galton

James McKeen Cattell

C'est principalement **James McKeen Cattell** (1860-1944) qui fut responsable de l'importation des méthodes de mesure de Galton aux États-Unis. Il avait étudié à la fois avec Wundt et avec Galton, en Europe, mais avait été influencé surtout par ce dernier. Né un 25 mai à Easton, en Pennsylvanie, il était le fils d'un pasteur presbytérien, également professeur de latin et de grec au collège de Lafayette, dont il fut aussi le directeur. James entra au collège avant son 16e anniversaire et fut le premier de sa classe sans avoir à fournir beaucoup d'efforts. Les mathématiques et la physique faisaient partie de ses matières favorites. Après sa graduation au collège de Lafayette, en 1880, il se rendit en Allemagne pour étudier avec le physiologiste kantien R. H. Lotze (1817-1881). Ce dernier avait fait une forte impression sur Cattell, qui eut un choc lorsque son maître mourut, un an après son arrivée en Europe. Cattell retourna aux États-Unis l'année suivante et la rédaction d'un mémoire sur la philosophie de Lotze lui permit d'obtenir une charge de cours à l'université Johns Hopkins (1882-1883). Il y fit des recherches dans le laboratoire de «nouvelle psychologie» de G. Stanley Hall (voir le chapitre 11) et décida de devenir psychologue. En 1883, il retourna en Allemagne et étudia cette fois avec Wundt. Il fut non seulement le pre-

James McKeen Cattell

mier assistant de recherche de ce dernier, mais aussi le premier étudiant américain à obtenir un doctorat sous sa direction, en 1886. Cattell et l'un de ses camarades firent de nombreuses études sur les temps de réaction sous la supervision de Wundt. Cattell observa entre autres que ses propres temps de réaction différaient constamment de ceux de ses collègues chercheurs et proposa à Wundt d'étudier les différences interindividuelles dans ce domaine. Ce dernier refusa parce que la nature de l'esprit en général l'intéressait davantage que les différences interindividuelles.

Après avoir obtenu son doctorat, Cattell rentra aux États-Unis, où il enseigna au collège Bryn Mawr et à l'université de Pennsylvanie. C'est vers cette époque qu'il apprit l'existence du laboratoire londonien d'anthropométrie de Galton et qu'il commença à correspondre avec ce dernier, essentiellement au sujet de la mesure du temps de réaction. Il ne tarda pas à demander une bourse de recherche de deux ans à l'université de Cambridge, et il l'obtint. Il y travailla avec Galton et découvrit enfin quelqu'un qui avait comme lui un immense intérêt pour les différences interindividuelles. Galton confirma la conviction de Cattell quant à l'importance de ces différences et à la possibilité de les mesurer de façon objective. Sous l'influence de Galton, Cattell en vint à croire que l'intelligence est reliée à l'acuité sensorielle et qu'elle est donc, dans une large mesure, héréditaire.

> Il est clair que Cattell, qui affirmait lui-même être un disciple de Francis Galton, s'intéressait à l'eugénisme. […] Il a suggéré qu'on adopte des mesures pour inciter « les meilleurs éléments de l'humanité » à se marier entre eux et à avoir de nombreux descendants [Cattell et sa femme eurent eux-mêmes sept enfants.], et il offrit en fait de verser 1000 $ à chacun de ses enfants s'ils épousaient une personne dont le père était professeur dans un collège. (Sokal, 1971, p. 630 [notre traduction])

À son retour aux États-Unis, en 1888, Cattell fut d'abord affilié à l'université de Pennsylvanie et il y fonda, en 1889, le premier laboratoire de psychologie destiné aux étudiants de premier cycle. C'est également à l'université de Pennsylvanie qu'il réalisa sur ses étudiants des mesures du même type que celles que Galton effectuait. En 1890, il publia un article décrivant ses techniques et les résultats qu'il avait obtenus, dans lequel l'expression *test mental* fut utilisée pour la première fois.

> La psychologie ne pourra jamais atteindre la certitude et la précision des sciences physiques à moins qu'on ne l'assoie sur l'expérience et la mesure. On pourrait faire un pas dans cette direction en soumettant un grand nombre d'individus à un ensemble de tests mentaux et de mesures. Les résultats auraient une valeur scientifique considérable pour qui veut étudier la permanence des processus mentaux, leur interdépendance et leur variation en fonction des circonstances. (p. 373 [notre traduction])

C'est dans le même article que Cattell décrit dix tests mentaux qu'il pense pouvoir administrer au grand public et un ensemble de 50 tests qu'on devrait, selon lui, faire passer aux étudiants universitaires. Les dix tests mentaux sont pour la plupart dus à Galton, mais Cattell y a ajouté quelques mesures empruntées au laboratoire de Wundt. Ils portent notamment sur la force de préhension de la main, le seuil de douleur, le seuil différentiel de deux poids, le temps de réaction, la précision dans la bissection d'un segment de 50 cm, l'évaluation d'un intervalle de 10 s, et l'habileté à mémoriser une série de lettres. L'ensemble plus vaste de 50 tests est essentiellement formé d'un plus grand nombre d'éléments semblables, dont la majorité a trait à la mesure d'une forme quelconque d'acuité sensorielle ou de temps de réaction.

En 1891, Cattell alla travailler à l'université Columbia, où il commença à administrer ses tests aux étudiants de première année. Le programme de Cattell supposait implicitement que, si un certain nombre de tests mesurent la même la chose (l'intelligence), alors il devrait exister une corrélation élevée entre les résultats à ces tests. Il supposait aussi implicitement que si des tests mesurent l'intelligence, les résultats devraient être fortement corrélés avec les résultats académiques obtenus au collège. Autrement dit, un test d'intelligence est valide seulement s'il permet de faire des prédictions différentielles sur la réussite des individus lors de la réalisation de tâches où intervient l'intelligence.

En 1901, Clark Wissler, un étudiant de troisième cycle de Cattell, mit les hypothèses de ce dernier à l'épreuve. À l'aide du coefficient de corrélation perfectionné depuis peu par Pearson, il mesura les relations d'une part, entre divers tests de Cattell et d'autre part, entre les résultats à différents tests et les résultats académiques. Cette étude eut des conséquences funestes pour le programme de mesure de Cattell. Wissler constata que les corrélations entre les divers tests étaient très faibles et que la corrélation entre les résultats aux tests et la réussite au collège était presque nulle (Guilford, 1967). Les tests ne mesuraient donc pas tous la même chose car, si cela avait été le cas, ils auraient été fortement corrélés ; de plus, ils n'étaient pas valides parce que, s'ils l'avaient été, il aurait existé une forte corrélation entre les résultats aux tests et les résultats académiques.

Ces conclusions, nettement négatives, provoquèrent un rapide déclin de l'intérêt pour les tests mentaux. Wissler se dirigea vers l'anthropologie et devint ouvertement environnementaliste, et Cattell se tourna vers d'autres aspects de la psychologie appliquée. Étant donné que ce dernier était une figure de proue du courant fonctionnaliste, nous en reparlerons dans le prochain chapitre. La psychologie américaine mettait l'accent sur le pragmatisme et les mesures de Galton ne semblaient pas très utiles, du moins en ce qui concerne l'intelligence. Cependant, ce moratoire sur les tests mentaux allait être de courte durée.

Alfred Binet

En France, on mettait à l'épreuve une approche différente de la mesure de l'intelligence, qui donnait apparemment de meilleurs résultats que la méthode de Galton. Elle consistait à mesurer *directement* les opérations mentales complexes qui semblent intervenir dans l'intelligence. **Alfred Binet** (1857-1911) se fit le champion de cette méthode, qui se rattachait davantage à la tradition rationaliste qu'à la tradition empiriste.

Binet naquit un 11 juillet dans la ville française de Nice. Son père et ses deux grands-pères étaient médecins. Ses parents se séparèrent alors qu'il était enfant. Il était fils unique et fut élevé surtout par sa mère, une artiste renommée. Bien qu'il ait d'abord suivi la tradition familiale en étudiant la médecine, il se tourna vers la psychologie après avoir obtenu son diplôme. Comme il était financièrement indépendant, il put consacrer du temps à des études autodidactes ; il lut entre autres les œuvres de Darwin, de Galton et des empiristes britanniques (en particulier John Stuart Mill). Il ne s'inscrivit jamais à un programme de psychologie.

Alfred Binet

Binet entreprit sa carrière en psychologie en travaillant avec Jean-Martin Charcot (1825-1893), le psychiatre de la Salpêtrière de renommée mondiale. À l'instar de Charcot, Binet effectua des recherches sur l'hypnotisme et il affirma avoir réussi, au cours d'une expérience, à agir sur les symptômes et les sensations d'un participant hypnotisé en déplaçant un aimant autour de celui-ci. Il soutenait également que l'emploi de l'aimant pouvait transformer la peur d'un objet, par exemple un serpent, en de l'affection pour celui-ci. Il pensait que ces constatations auraient des implications importantes sur la pratique de la médecine en général, et de la psychiatrie en particulier, mais d'autres chercheurs, n'ayant pas réussi à reproduire les résultats obtenus par Binet, en conclurent que ces derniers étaient attribuables à la médiocrité du contrôle expérimental. Par exemple, on se rendit compte que les participants de Binet savaient toujours ce qu'on attendait d'eux et répondaient aux attentes. Si les participants n'étaient pas au courant des attentes du chercheur, le phénomène observé par Binet ne se manifestait pas. Les résultats obtenus étaient donc attribuables à la suggestion et non à l'aimant. Après avoir longtemps tenté de défendre son point de vue, Binet admit finalement que la cause des résultats était la suggestion et non la puissance de l'aimant, et il offrit sa démission à la Salpêtrière en 1890. L'humiliation d'avoir admis publiquement qu'il avait employé des procédés de recherche médiocres hanta Binet toute sa vie. Lorsqu'il affirme : « Dites-moi ce que vous cherchez et je vous dirai ce que vous allez trouver » (Wolf, 1973, p. 347 [notre traduction]), il s'adresse aux métaphysiciens, mais sa propre expérience lui a enseigné que cela peut aussi s'appliquer aux chercheurs.

Binet eut heureusement plus de succès au cours de sa seconde carrière en psychologie. Alors qu'il n'occupait pas de poste, il se concentra sur le développement intellectuel de ses deux filles (Alice et Madeleine), alors âgées respectivement de deux ans et demi et de quatre ans et demi. Les tests qu'il mit au point pour étudier les opérations mentales de ses enfants ressemblaient beaucoup à ceux que Piaget allait élaborer plus tard. Par exemple, il leur demanda de dire laquelle de deux piles contenait le plus d'objets et il constata que la réponse ne dépendait pas du nombre d'objets dans une pile mais de l'espace occupé par la pile sur la table. Binet chercha aussi à déterminer à quel point ses filles étaient capables de se rappeler des objets qu'il leur montrait puis soustrayait à leur vue. Il utilisa également certains tests employés par Galton et Cattell pour mesurer l'acuité visuelle et le temps de réaction. En 1890, il publia trois mémoires où il décrit les recherches qu'il a menées sur ses filles et, en 1903, il publia *The Experimental Study of Intelligence*, un ouvrage dans lequel il résume son étude longitudinale du développement intellectuel de ses filles.

En 1891, Binet entra au laboratoire de psychophysiologie de la Sorbonne, où il mena des recherches dans divers domaines, dont la mémoire, la nature des peurs de l'enfant, la fiabilité de la déposition de témoins oculaires, la créativité, la pensée abstraite, la psychophysique, la psychopathologie, la phrénologie et la graphologie. Durant ses années à la Sorbonne, il étudia également les différences individuelles dans la perception de taches d'encre avant que Rorschach ne réalise ses célèbres travaux. Dans sa remarquable biographie de Binet, Theta Wolf (1973) dit que ce dernier est le père de la psychologie expérimentale en France et qu'il a eu plus d'influence que Wundt sur la psychologie américaine. (Le lecteur se rapportera à l'ouvrage de Wolf pour en connaître davantage sur la vie de Binet et ses nombreuses recherches dans des domaines entièrement nouveaux.)

La psychologie individuelle Binet s'intéressa d'abord non pas à ce que les humains ont en commun mais à ce qui les distingue les uns des autres. En 1896, il publia, avec son assistant Victor Henri (1872-1940), un article intitulé « Psychologie individuelle », où les auteurs énumèrent des variables, ayant principalement trait à l'intelligence, qui diffèrent d'un individu à l'autre. Les deux hommes cherchaient en fait à établir une liste de variables importantes et une façon de déterminer dans quelle mesure chaque variable se trouve chez un individu donné. Ils espéraient que, s'ils arrivaient à isoler ces variables et à découvrir un moyen de les mesurer, ils pourraient « évaluer » n'importe quelle personne en un temps relativement court. Ils rejetèrent les travaux de Galton et de Cattell parce qu'ils accordaient trop d'importance aux processus sensoriels, et pas assez aux processus mentaux supérieurs. En d'autres mots, Binet et Henri se proposaient d'étudier les habiletés cognitives *directement* plutôt qu'indirectement par le biais de l'acuité sensorielle. Ils mirent de côté les travaux de Galton et de Cattell également parce qu'ils minimisent

d'importantes différences entre l'esprit de l'enfant et celui de l'adulte. Selon Binet et Henri, les variables importantes pour lesquelles les individus se distinguent sont des processus complexes d'ordre supérieur qui changent en fonction de l'âge. La liste des variables proposée par les deux chercheurs en 1896 comprend : la mémoire, l'imagerie, l'imagination, l'attention, la compréhension, la suggestibilité, le jugement esthétique et moral, la puissance de la volonté et l'évaluation de l'espace visuel.

Binet et Henri ne réussirent malheureusement pas à évaluer les processus mentaux supérieurs d'un individu en un temps relativement court. L'administration des tests durait plusieurs heures et l'interprétation des résultats exigeait l'exercice du jugement clinique subjectif pendant un temps encore plus long. Cependant, l'étude des tests de Binet et Henri menée par Stella Sharp, une étudiante de troisième cycle de l'université Cornell, fut encore plus décourageante. Sharp (1899) constata qu'il n'existait qu'une très faible corrélation entre les tests des deux chercheurs et elle en conclut (comme Wissler l'avait fait à propos des tests de Cattell) qu'ils ne pouvaient pas tous mesurer un même attribut (supposément l'intelligence). Les résultats de Sharp ajoutés aux propres résultats décevants de Binet et de Henri amenèrent ces derniers à abandonner leur projet de « psychologie individuelle ». Toutefois, l'expérience qu'il avait acquise allait être fort utile à Binet au cours de son projet suivant.

L'évaluation de la déficience intellectuelle En 1899, **Théodore Simon** (1873-1961), alors interne dans une grande institution qui s'occupait d'enfants souffrant de retard mental, demanda à Binet de diriger sa recherche de doctorat. Binet accepta et y vit l'occasion d'avoir accès à un bassin important de participants. La même année, Binet devint membre de la Société française pour l'étude psychologique des enfants, un organisme qui avait comme objectif de recueillir des informations scientifiquement valables sur les enfants et, en particulier, les problèmes d'apprentissage. Binet prit rapidement la direction de la Société. En 1903, Binet et Simon se joignirent au groupe chargé par le gouvernement français d'étudier les problèmes des élèves souffrant de retard mental. Les deux hommes ne tardèrent pas à comprendre que, si on devait offrir une éducation spéciale à ces enfants, il fallait disposer d'une méthode adéquate pour les distinguer des enfants normaux. À l'époque, on employait des variantes des tests de Galton pour déceler le retard mental et Binet constata qu'en raison de leur utilisation, des enfants aveugles ou sourds étaient classés à tort parmi les déficients mentaux.

En 1904, Binet et Simon entreprirent d'élaborer des tests permettant de distinguer les enfants ayant une intelligence normale des autres enfants. La première étape consista à former deux groupes d'enfants, les premiers ayant été clairement diagnostiqués comme ayant une intelligence normale et les seconds, comme ayant une intelligence déficitaire. La deuxième étape consista à administrer divers tests aux deux groupes dans l'espoir de découvrir des mesures qui permettraient de distinguer nettement les membres de l'un et l'autre groupe. À cause de ses recherches antérieures, Binet était convaincu que la meilleure façon d'étudier les différences interindividuelles était d'examiner les processus mentaux complexes, de sorte que plusieurs des tests administrés aux enfants ayant une intelligence normale et aux enfants ayant une intelligence déficitaire portaient sur de tels processus. Après bien des tâtonnements, Binet et Simon élaborèrent un premier test qui mesurait l'intelligence directement plutôt qu'indirectement, par le biais de l'acuité sensorielle.

L'échelle métrique de Binet et Simon de 1905 et les versions révisées Les deux chercheurs proposèrent l'**échelle métrique de Binet et Simon** comme méthode valable de distinguer les enfants normaux et ceux qui présentent une déficience intellectuelle. Ces tests devaient remplacer les indicateurs physiques, sociaux et éducationnels, moins fiables, utilisés jusque-là pour déterminer quels enfants souffraient de retard mental. L'échelle de 1905 comportait 30 tests dont le degré de difficulté croissait d'un simple mouvement oculaire à des définitions abstraites. Trois de ces tests mesuraient le développement moteur et les 27 autres étaient conçus pour évaluer les habiletés cognitives. Ils étaient tous administrés selon un ordre de difficulté croissante, de sorte qu'on supposait que l'intelligence d'un enfant était d'autant plus développée qu'il réussissait plus de tests. On administra l'échelle à des enfants normaux et à des enfants qu'on pensait souffrir d'un retard, tous âgés entre deux et douze ans.

Binet et Simon constatèrent que presque tous les enfants normaux de deux ans et plus réussissaient les six premiers tests ; les enfants souffrant d'un retard léger à modéré réussissaient une partie de ces tests ou même les six tests ; les enfants souffrant d'un grave retard mental ne réussissaient que quelques-uns des six premiers tests, ou même aucun. Les enfants normaux de deux à cinq ans réussissaient la plupart des tests 7 à 15 ; les enfants souffrant d'un léger retard réussissaient plusieurs de ces tests ; les enfants souffrant d'un retard modéré éprouvaient beaucoup de difficulté et la grande majorité des enfants souffrant d'un grave retard mental ne réussissaient aucun de ces tests. Les enfants normaux de cinq à douze ans réussissaient généralement les tests 16 à 30, mais les enfants souffrant ne serait-ce que d'un léger retard mental éprouvaient une très grande difficulté, et les enfants souffrant d'un retard modéré à grave ne réussissaient habituellement aucun de ces tests.

L'échelle de Binet et Simon reflète la conviction de Binet que l'intelligence n'est pas une fonction unique mais qu'elle est formée de plusieurs habiletés. Cette conception est elle-même le reflet de celle de la psychologie universitaire de plusieurs philosophes rationalistes. Binet n'acceptait cependant pas le nativisme souvent associé à la vision rationaliste. Il soutenait que l'hérédité impose une limite supérieure aux capacités intellectuelles de l'individu, mais il pensait également que presque personne n'atteint son plein potentiel. Il pensait donc que *chacun* peut se développer sur le plan intellectuel et que ce fait est d'une importance cruciale pour les éducateurs.

En 1908, Binet et Simon révisèrent leur échelle. Ils ne voulaient alors plus simplement distinguer les enfants normaux de ceux qui souffrent de retard mental, mais distinguer divers degrés du développement intellectuel chez les enfants normaux. Ils administrèrent des tests à un grand nombre d'enfants intellectuellement normaux âgés entre trois et treize ans. Si au moins 75 % des sujets d'un âge donné réussissaient un test donné, alors on assignait ce test à cet âge. Par exemple, la majorité des enfants de quatre ans sont capables de reproduire un carré, mais pas un losange. Les chercheurs constatèrent plus précisément que seulement une minorité des enfants de trois ans étaient capables de reproduire un carré, mais que la majorité des enfants de quatre ans (au moins 75 %) et presque tous les enfants de cinq ans arrivaient à le faire. De cette façon, les chercheurs pouvaient déterminer si un enfant donné avait des capacités moyennes, ou supérieures ou inférieures à la normale.

Dans ce système, on considère qu'un enfant de cinq ans qui réussit les tests que réussissent la majorité des enfants de son âge a une intelligence normale ; mais si un enfant de cinq ans réussit uniquement les tests que réussissent généralement les enfants de 4 ans, alors on considère qu'il a une intelligence inférieure à la normale. Par contre, si un enfant de cinq ans réussit les tests que réussissent généralement les enfants de six ans, alors on considère qu'il a une intelligence supérieure à la normale. Autrement dit, on détermine le degré de développement intellectuel d'un enfant en fonction du fait qu'il réussit mieux ou moins bien que la moyenne. La révision de 1908 de l'échelle de Binet et Simon comporte 58 tests et indique à quel âge au moins 75 % des participants devraient réussir chaque test.

La révision de 1911 de l'échelle comporte des données normatives sur les adultes (15 ans) et exactement cinq tests pour chaque âge. Elle fournit une mesure plus précise de l'intelligence. Par exemple, si un enfant de huit ans réussit tous les tests correspondant à son âge, on considère qu'il est normal. Il arrive toutefois qu'un enfant de huit ans réussisse aussi une partie des tests que ne réussissent habituellement que les enfants âgés d'au moins neuf ans. Le procédé révisé permet d'ajouter un cinquième d'une année au résultat d'un enfant pour chaque test correspondant à un âge supérieur qu'il réussit. Il est donc possible d'exprimer le « degré de développement intellectuel » d'un enfant en fonction de son âge mental, c'est-à-dire de l'âge associé aux tests les plus difficiles qu'il réussit.

Binet prévient qu'il faut faire preuve d'une extrême prudence lorsqu'on interprète l'« âge mental » d'un enfant. Il fait d'abord remarquer que beaucoup d'enfants ont un âge mental inférieur d'une année seulement à leur âge chronologique et qu'ils auront probablement peu de problèmes à l'école. Les enfants dont l'âge mental est de deux à trois ans inférieur à leur âge chronologique auront vraisemblablement de la difficulté à s'intégrer à une classe normale et nécessiteront une attention spéciale. Mais même dans ce dernier cas, des résultats médiocres aux tests ne signifient pas nécessairement que l'enfant souffre d'une déficience intellectuelle. Avant de lui appliquer cette étiquette, l'administrateur des tests doit s'assurer que l'enfant était en bonne santé et motivé au moment où il a passé les tests, et qu'il connaissait suffisamment la culture française pour comprendre les aspects culturels des tests.

Le quotient intellectuel En 1911, le psychologue allemand **William Stern** (1871-1938) introduisit l'expression **âge mental**. Selon lui, on détermine l'âge mental d'un enfant en fonction de ses résultats aux tests de Binet et Simon. Il propose également de diviser l'âge mental par l'âge chronologique et d'appeler le résultat **quotient intellectuel (QI)**. Par exemple, si un enfant de sept ans réussit tous les tests correspondant à son âge, il a un quotient intellectuel de 7/7 ou 1,00 ; par ailleurs, si un enfant de sept ans réussit uniquement les tests que réussissent généralement les enfants de cinq ans, alors il a un quotient intellectuel de 5/7 ou 0, 71. En 1916, Lewis Terman suggéra de multiplier le quotient intellectuel par 100 afin d'éliminer les décimales. Il introduisit également le sigle QI pour désigner le *quotient intellectuel*. En combinant les propositions de Stern et de Terman, on obtient la formule suivante du QI.

$$QI = \frac{\text{Âge mental (AM)}}{\text{Âge chronologique (AC)}} \times 100$$

Binet s'opposa à l'emploi du quotient intellectuel, car il pensait que l'intelligence est trop complexe pour qu'on la représente simplement par un terme ou un nombre. L'histoire a cependant montré que les simplifications de Stern ont eu le dessus sur les réticences de Binet. Binet et Simon avaient élaboré une méthode de mesure de l'intelligence relativement rapide et facile à appliquer, et elle devint extrêmement populaire. Au début de la Première Guerre mondiale, on utilisait l'échelle de Binet et Simon presque partout dans le monde.

Le point de vue de Binet sur son échelle métrique Avant de passer en revue ce qui advint de l'échelle de Binet et Simon aux États-Unis, il est important d'examiner le point de vue de Binet sur sa propre échelle. Tout d'abord, il considérait celle-ci comme un moyen pour déterminer quels enfants ont besoin d'une forme quelconque d'éducation spéciale. Il était convaincu qu'il serait très bénéfique pour les enfants ayant des résultats médiocres aux tests de recevoir une attention particulière. Même s'il pensait que l'hérédité détermine le potentiel intellectuel, il soutenait également que chacun peut développer son intelligence s'il est stimulé adéquatement. Le fait que des enseignants pensent que les capacités intellectuelles de leurs élèves sont entièrement déterminées par l'hérédité le préoccupait énormément. Cette croyance est particulièrement néfaste pour les enfants dont on pense qu'ils ont une intelligence inférieure à la normale.

J'ai constaté souvent, et avec bien des regrets, qu'il existe une prévention fréquente contre l'éducabilité de l'intelligence. Le proverbe familier qui dit : « Quand on est bête, c'est pour longtemps » semble être pris au pied de la lettre par des maîtres sans critique ; ceux-ci se désintéressent des élèves qui manquent d'intelligence ; ils n'ont pour eux ni sympathie ni même de respect, car leur intempérance de langage leur fait tenir devant ces enfants des propos tels que celui-ci : « C'est un enfant qui ne fera jamais rien… il est mal doué… il n'est pas intelligent du tout. » J'ai entendu trop souvent de ces paroles imprudentes. On les répète chaque jour dans le primaire, et le secondaire n'est pas exempt. (Binet, éd. fr. 1909, p. 140-141)

La réaction de Binet face à ceux qui soutiennent que certains enfants ne feront *jamais* telle ou telle chose indique clairement qu'il n'accepte pas la conception purement nativiste de l'intelligence.

« Jamais ! » Quel gros mot ! Quelques philosophes récents semblent avoir donné leur appui moral à ces verdicts déplorables en affirmant que l'intelligence d'un individu est une quantité fixe, une quantité qu'on ne peut pas augmenter. Nous devons protester et réagir contre ce pessimisme brutal ; nous allons essayer de démontrer qu'il ne se fonde sur rien. (Binet, éd. fr. 1909, p. 141)

L'orthopédie mentale   Binet pense que l'orthopédie mentale pourrait préparer les enfants moins doués à l'école. Il entend par **orthopédie mentale** des exercices susceptibles d'améliorer la volonté, l'attention et la discipline d'un enfant, un ensemble d'habiletés qu'il considère comme essentiel à l'éducation en classe. Binet pense que l'orthopédie mentale permet à l'enfant d'apprendre à apprendre.

Maintenant, si l'on considère que l'intelligence n'est pas une fonction une, indivisible et d'essence particulière, mais qu'elle est formée par le concert de toutes ces petites fonctions de discrimination, d'observation, de rétention, etc., dont on a constaté la plasticité et l'extensibilité, il paraîtra incontestable que la même loi gouverne l'ensemble et ses éléments, et que par conséquent l'intelligence de quelqu'un est susceptible de développement ; avec de l'exercice et de l'entraînement, et surtout de la méthode, on arrive à augmenter son attention, sa mémoire, son jugement, et à devenir littéralement plus intelligent qu'on ne l'était auparavant, et cela progresse ainsi jusqu'au moment où l'on rencontre sa limite. (Binet, éd. fr. 1909, p. 143)

Binet et Galton moururent tous deux en 1911. Galton était un vieillard de 89 ans qui avait eu une longue vie très productive ; Binet n'avait que 54 ans et il était au faîte de sa carrière.

Charles Spearman et le concept d'intelligence générale

Charles Spearman (1863-1945) œuvra dans l'armée anglaise jusqu'à l'âge de 34 ans, puis il entreprit une carrière en psychologie en étudiant d'abord avec Wundt et Külpe, en Allemagne. Il interrompit ses études avec le premier pour retourner en Angleterre et servir dans l'armée durant la guerre des Boers (1899-1902). C'est à cette époque qu'il commença la lecture des ouvrages de Galton. Grandement impressionné, il réalisa quelques expériences avec des élèves d'une école de village et les résultats tendaient à confirmer la croyance de Galton selon laquelle il existe une relation entre l'acuité sensorielle et l'intelligence. Il constata non seulement une forte corrélation entre les diverses mesures de l'acuité sensorielle mais, ce qui est plus important, une forte corrélation ($r = 0,38$) entre ces dernières et la réussite scolaire. En 1904, il publia *"General Intelligence" Objectively Determined and Measured*. En partie à cause de cet article controversé, on offrit à Spearman un poste à l'université de Londres, où il entreprit une carrière qui allait l'amener à s'attaquer à l'empirisme, au sensualisme, à l'associationnisme, à l'hédonisme et à la majorité des autres croyances philosophiques et psychologiques généralement acceptées à l'époque.

Afin d'examiner plus en profondeur la nature de l'intelligence, Spearman posa les bases de ce qu'on allait appeler l'**analyse factorielle**, une technique statistique complexe fondée sur la corrélation. Elle consiste à mesurer d'abord divers aspects d'un individu ou d'un groupe d'individus, puis à corréler toutes les mesures entre elles pour déterminer lesquelles varient conjointement de façon systématique. On suppose que les valeurs (par exemple, des résultats à des tests) qui varient en fonction l'une de l'autre (c'est-à-dire qui sont corrélées) mesurent une même chose. La dernière étape consiste à examiner la matrice des corrélations afin de déterminer quelles mesures varient conjointement et combien de facteurs (ou influences) il faut présupposer pour rendre compte des corrélations observées.

Spearman constata qu'on peut expliquer l'intelligence en postulant deux facteurs. Les individus se distinguent par leurs capacités dans des domaines comme les mathématiques, le langage et la musique. Les habiletés de ce type sont appelées *facteurs spécifiques (s)*. Les mesures de *s* tendant à être corrélées, Spearman supposa l'existence d'une intelligence prépondérante qu'il appela facteur général, ou **intelligence générale (g)**. Il pensait que le facteur g est déterminé presque exclusivement par l'hérédité. Il avait donc élaboré une théorie bifactorielle de l'intelligence : le facteur s décrit les habiletés spécifiques et le facteur g, l'intelligence générale.

À l'aide de son analyse factorielle et de sa théorie bifactorielle de l'intelligence, Spearman remit en question les résultats de diverses études, dont celles de Wissler, qui indiquaient seulement une faible corrélation entre les mesures de l'acuité sensorielle de Galton et de Cattell, et une corrélation presque nulle entre les mesures de l'acuité sensorielle et les résultats académiques. Comme ses propres résultats étaient presque diamétralement opposés, Spearman en conclut que les résultats qui contredisaient les siens étaient des artefacts statistiques. Il en vint aussi à la conclusion que, puisqu'il avait constaté que les mesures de l'acuité sensorielle sont corrélées entre elles, alors il devait s'agir d'une mesure de g.

Les conclusions de Spearman au sujet de la nature de l'intelligence sont importantes pour trois raisons : 1° Il met l'accent sur la nature unitaire de l'intelligence, tandis que Binet insiste sur la diversité de celle-ci. 2° Il considère que l'intelligence est en grande partie déterminée par l'hérédité, tandis que Binet pense que l'expérience peut la modifier. 3° Le mouvement américain de mesure de l'intelligence a retenu principalement la conception de Spearman de l'intelligence, non celle de Binet ; c'est-à-dire qu'il soutient que le QI mesure quelque chose d'apparenté au facteur g de Spearman et non le degré de développement intellectuel aux multiples facettes défini par Binet.

Cyril Burt

Cyril Burt (1883-1971) était un collègue de Spearman à l'université de Londres. Il accepta le concept de facteur g et pensait qu'il fallait créer différents niveaux d'éducation correspondant à l'intelligence innée des élèves. On devrait offrir à ceux qui sont dotés de grandes capacités intellectuelles innées une éducation plus exigeante que celle que recevraient ceux qui sont moins

doués. Burt pensait également qu'il est vain d'essayer d'améliorer les capacités intellectuelles des élèves par des programmes de rattrapage.

Burt prit sa retraite en 1950 mais il continua à publier des articles contenant des données qui expliquaient l'idée que le facteur g est en grande partie héréditaire. Par exemple, il étudia des jumeaux identiques (monozygotes) élevés ensemble, et d'autres élevés séparément. Il rapporta que dans les deux cas la corrélation entre les mesures de l'intelligence est d'au moins $r = 0,70$. Par ailleurs, la corrélation n'est que de $r = 0,40$ ou $r = 0,50$ si on compare les jumeaux identiques à leurs frères ou sœurs plus jeunes ou plus âgés. Ces données renforcèrent l'idée que l'intelligence est, dans une large mesure, innée et que le changement de milieu n'a que peu d'effet. Dans un article publié après sa mort, soit en 1972, Burt résume les résultats des recherches sur l'intelligence qu'il a menées toute sa vie, y compris ceux qui sont décrits ci-dessus.

Le scandale Leon Kamin (1974, 1977) passa en revue les données de Burt contenues dans l'article de 1972 et découvrit plusieurs contradictions qui laissaient penser que ces données avaient été inventées. Le journaliste britannique Oliver Gillie essaya de communiquer avec des gens dont le nom apparaissait sur la liste des personnes à qui Burt aurait demandé de recueillir des données pour lui et il constata que ces individus n'existaient pas ou qu'ils n'avaient jamais recueilli de données. Gillie (1977) demanda qu'on crée un comité chargé de mettre à jour les impostures scientifiques. Enfin, dans sa biographie de Burt, Leslie Hearnshaw (1979) accuse Burt d'avoir publié sous un pseudonyme de fausses données étayant sa théorie et d'avoir cosigné des articles avec un auteur qui n'existait pas.

Les accusations portées contre Burt semblaient entièrement fondées, mais certains (dont Fletcher, 1991, et Joynson, 1989) affirmèrent qu'elles étaient exagérées ou qu'il n'existait pas de preuves. Après avoir examiné les accusations, Green (1992) affirma : « L'accusation d'avoir délibérément falsifié des données est impossible à prouver ou à réfuter de façon certaine » (p. 331 [notre traduction]). On trouve un compte rendu complet du scandale Burt dans Samelson (1992 et 1993).

Il est intéressant de noter que les conclusions de Burt, qu'elles reposent sur des faits ou des données fabriquées, ont été essentiellement confirmées par d'autres chercheurs ayant examiné comme lui des jumeaux identiques. Par exemple, Raymond B. Cattell (1905-1998), qui étudia également avec Spearman, en vint à la conclusion que l'intelligence est déterminée génétiquement dans une proportion d'environ 65 % (Cattell, 1982). Quant à Thomas Bouchard (voir le chapitre 19), il dit avoir constaté que l'héritabilité de l'intelligence est d'environ 70 %.

Finalement, l'histoire Burt est peut-être plus instructive en ce qui concerne la politique des sciences que la nature de l'intelligence. Ceux qui croyaient que le caractère hautement héréditaire de l'intelligence avait été démontré scientifiquement se sont rangés du côté de Burt, et il ne faut pas oublier que cette thèse a, ou devrait avoir, des conséquences en matière de politique sociale et éducationnelle. D'autre part, les critiques de Burt pensaient «non seulement que les faits appuyant l'héritabilité du QI ne sont pas convaincants mais que, de toute façon, la décision d'offrir une aide accrue à certains élèves repose sur des principes éthiques plutôt que scientifiques» (Tucker, 1997, p. 156 [notre traduction]). La publication de *The Bell Curve: Intelligence and Class Structure in American Life* (1994), par Herrnstein et Murray, a ravivé cette controverse entre «conservateurs» (les innéistes) et «libéraux» (les partisans de l'acquis). Nous allons reparler de cet ouvrage dans le présent chapitre.

L'échelle de Binet et Simon aux États-Unis

Henry Herbert Goddard

Henry Herbert Goddard (1866-1957) naquit dans une famille quaker de la Nouvelle-Angleterre et fit un baccalauréat et une maîtrise au Harverford College. Après avoir enseigné au niveau secondaire et dirigé une école pendant plusieurs années, il entreprit un doctorat en psychologie à l'université Clark afin de pousser plus loin son intérêt pour l'éducation et la psychologie. Il rédigea son mémoire de doctorat, qui portait sur les facteurs psychologiques intervenant dans la guérison par la foi, sous la direction de G. Stanley Hall (voir le chapitre 11). Après avoir obtenu son diplôme, en 1899, il occupa d'abord un poste de professeur à la Pennsylvania's State Normal School puis, en 1906, il devint directeur de recherche à la New Jersey Training School

Henry Herbert Goddard

de Vineland, qui avait été fondée pour éduquer et prendre soin des enfants «faibles d'esprit».

C'est Goddard qui traduisit l'échelle de Binet et Simon en anglais. Bien qu'il ait été au départ sceptique quant à la valeur de cette échelle, il constata qu'elle était très utile pour classer les enfants selon le degré de leur retard mental. Il traduisit ensuite tous les écrits de Binet et Simon en anglais et, après la mort de Binet en 1911, il devint le plus fervent partisan de l'approche de la mesure de l'intelligence de Binet sur le plan mondial. Toutefois, même s'il acceptait les tests de Binet, il partageait plutôt la vision de la nature de l'intelligence de Galton, Cattell et Spearman.

Goddard administra l'échelle de Binet et Simon, dans sa traduction, non seulement aux enfants de la Training School mais aussi à 2000 élèves des écoles publiques du New Jersey. Il fut consterné de constater qu'un bon nombre de ces derniers avaient des résultats correspondant à un âge mental inférieur à leur âge chronologique. Cette découverte le préoccupait particulièrement parce qu'il croyait que l'intelligence est dans une large mesure héréditaire et il pensait que cette conviction était étayée par le fait que nombre d'enfants de Vineland avaient des frères ou sœurs également « faibles d'esprit », pour employer la terminologie de Goddard.

L'étude de la famille Kallikak Goddard décida d'examiner plus en profondeur la relation entre les antécédents familiaux et l'intelligence. En 1911, il administra l'échelle de Binet et Simon à une jeune femme qui vivait à la Training School depuis 1897 et qu'il appelle Deborah Kallikak. Goddard a créé ce patronyme fictif en combinant les mots grecs *kalos* (bon) et *kakos* (mauvais). L'âge chronologique de Deborah était de 22 ans, mais son âge mental mesuré par les tests était de 9 ans, ce qui donne un QI de 41. Goddard inventa le terme de *moron* pour désigner le degré de développement intellectuel de Deborah. Il établit ensuite la généalogie de la jeune femme jusqu'à la Révolution américaine. C'est à cette époque que Martin Kallikak Sr avait eu une liaison avec une serveuse de taverne prétendument arriérée, qui avait donné naissance à Martin Kallikak Jr. Après avoir quitté l'armée, Martin Sr épousa une « brave fille » et le couple eut sept enfants. Martin Jr finit par se marier et eut dix enfants. Dans l'analyse de Goddard, les descendants de Martin Sr et de la brave fille constituent la « bonne » ascendance de Deborah, alors que les descendants de Martin Jr forment sa « mauvaise » ascendance.

Goddard constata qu'aucun des enfants de Martin Sr ne souffrait d'une déficience mentale, tandis que cinq des enfants de Martin Jr en étaient atteints. Goddard découvrit également que, du côté de ce dernier, les générations subséquentes comptaient un grand nombre d'individus souffrant d'une déficience mentale. À cette époque, les gens pensaient que le retard mental est la cause de la majorité des comportements criminels, immoraux ou antisociaux, et Goddard étaya cette croyance en montrant que les descendants de Martin Jr comptaient plusieurs voleurs de chevaux, prostituées, criminels, alcooliques, parents d'enfants illégitimes et pervers. Des centaines de descendants issus du mariage de Martin Sr, seulement trois avaient souffert de déficience mentale et un seul avait été étiqueté « immoral » en raison de son comportement sexuel ; plusieurs étaient devenus médecins, avocats, enseignants ou avaient occupé un poste prestigieux quelconque.

Goddard rendit compte des résultats de ses recherches dans *The Kallikak Family, a Study in the Heredity of Feeble-Mindedness* (1912). On se servit de cet ouvrage pour appuyer la croyance de Galton selon laquelle l'intelligence est déterminée par l'hérédité. Se joignant à Goddard, plusieurs scientifiques éminents insistèrent sur la nécessité de stériliser les personnes souffrant de déficience mentale et de les isoler de la société. Ils affirmèrent que, comme on ne pouvait pas s'attendre à ce que les « simples d'esprit » exercent un contrôle sur leur propre reproduction, les membres intelligents de la société devaient le faire pour eux.

> Si les deux parents sont faibles d'esprit, tous leurs enfants seront faibles d'esprit. Il est évident que de tels accouplements ne devraient pas être autorisés. Il est parfaitement clair qu'on ne devrait pas permettre à un faible d'esprit de se marier ou de devenir parent. Il va de soi que si cette règle doit être appliquée, c'est la partie intelligente de la société qui a le devoir de la faire respecter. (Goddard, 1914, p. 561, cité dans Gould, éd. fr. 1997, p. 201)

Pas moins de 20 États adoptèrent des lois sur la stérilisation et des milliers d'« indésirables » furent effectivement stérilisés. Dans certains États, la loi sur la stérilisation fut appliquée jusque dans les années 1970. Galton en aurait été ravi.

Les tests mentaux et l'immigration De 1905 à 1913, des millions d'Européens immigrèrent aux États-Unis et on commençait à se préoccuper du fait que plusieurs de ces immigrants puissent souffrir d'une déficience mentale. La question était de savoir comment on pouvait déterminer avec certitude si c'était ou non le cas. En 1912, le commissaire à l'immigration invita Goddard à aller examiner les immigrants à Ellis Island. Ce dernier affirma que la simple observation des caractéristiques physiques de plusieurs immigrants lui permettait de dire qu'ils souffraient d'une déficience mentale mais, pour s'en assurer, il leur administra l'échelle de Binet et Simon. En s'appuyant sur les résultats aux tests, on attribua à bon nombre d'immigrants l'étiquette « déficient mental » et des milliers furent déportés. Goddard alla jusqu'à préciser quels pays européens fournissaient le pourcentage le plus élevé d'immigrants souffrant de déficience mentale. Il en vint à la conclusion qu'en général, de 40 à 50 % des immigrants étaient « crétins » (*moron*).

Comme il l'avait fait antérieurement, Goddard supposa que les résultats des immigrants aux tests reflétaient principalement l'intelligence héréditaire et non l'éducation, la culture ou l'expérience personnelle, alors qu'on devait constater plus tard que ces derniers facteurs influent effectivement sur les résultats. De plus, les immigrants passaient les tests dans des conditions bien particulières.

> Venons-en à la raison évidente : nous avons affaire en l'occurrence à un groupe d'hommes et de femmes effrayés qui ne parlent pas anglais et qui viennent d'endurer les fatigues d'un long voyage en troisième classe dans l'entrepont d'un navire. La plupart sont pauvres et n'ont jamais été à l'école ; nombreux sont ceux qui n'ont jamais tenu un crayon ou un stylo en main. Ils descendent en rangs serrés du bateau ; peu de temps après, une des collaboratrices de Goddard [...] prend l'un d'eux à part, le fait asseoir, lui tend un crayon et lui demande de reproduire sur le papier une figure qu'on lui a montrée quelques secondes et qu'on vient de soustraire à sa vue. L'échec qui s'ensuit ne pourrait-il pas résulter des conditions dans lesquelles les tests se sont déroulés, de la faiblesse, de la peur, de l'état de confusion, plutôt que de la stupidité innée ? Goddard envisagea bien cette possibilité, mais la rejeta. (Gould, 1981, éd. fr. 1997, p. 203-204)

De plus, la capacité du traducteur qui administra les tests à traduire ces derniers de façon précise dans la langue maternelle des immigrants ne fit l'objet d'aucune vérification.

L'intervention de Goddard fit grimper le taux de déportations de 350 % en 1913 et de 570 % en 1914. Même s'il regrettait que les États-Unis soient ainsi privés d'une main-d'œuvre bon marché, Goddard était heureux des résultats. Toutefois, vers la fin de sa vie, il modifia radicalement ses croyances et adopta plusieurs des points de vue de Binet. Par exemple, il se dit finalement d'accord avec le fait que la meilleure façon de traiter les individus ayant de faibles résultats aux tests d'intelligence est de leur offrir une éducation spéciale, et non de les soumettre à la ségrégation et à la stérilisation. Mais il avait déjà causé tellement de tort !

Lewis Madison Terman

Lewis Madison Terman (1877-1956) naquit un 15 juillet dans une famille d'agriculteurs de l'Indiana. Il était le douzième de quatorze enfants et fréquenta une école à classe unique, où il termina la huitième année à l'âge de 12 ans. À 9 ans, un camelot qui vendait des livres de phrénologie fit l'analyse de chaque membre de la famille Terman. L'analyse phrénologique de Lewis lui prédisait un brillant avenir, ce qui l'encouragea à envisager une vie loin de la ferme familiale. À 15 ans, il alla

Lewis Madison Terman

étudier au Central Normal College de Danville, dans l'Indiana ; à 17 ans, il entreprit une carrière d'enseignant dans une école rurale. Au cours des six années qui suivirent son départ de la ferme, il enseigna et obtint trois baccalauréats : un en arts, un en sciences et le troisième en pédagogie. Les trois années suivantes furent également bien remplies ; il fut nommé directeur d'une école secondaire, se maria et devint père. En 1901, il entreprit une maîtrise en pédagogie à l'université d'Indiana. Après avoir obtenu son diplôme, il prévoyait se mettre à la recherche d'un poste de professeur lorsqu'on lui offrit une bourse d'étude doctorale à l'université Clark. Grâce à l'aide financière de sa famille, il put accepter l'invitation et alla étudier avec G. Stanley Hall, comme l'avait fait Goddard. Il ne rédigea cependant pas son mémoire sous la direction de Hall. Il se découvrit un intérêt croissant pour les tests mentaux, qui suscitaient peu d'enthousiasme chez Hall. Sous la direction de Edmund C. Stanford, Terman forma un groupe d'élèves « brillants » et un groupe d'élèves « bouchés », puis il tenta de déterminer le type de tests qui permettrait de distinguer les uns des autres. (Il ne savait pas que Binet et Simon avaient déjà fait essentiellement la même chose.) Il intitula son mémoire *Genius and Stupidity : A Study of the Intellectual Processes of Seven "Bright" and Seven "Stupid" Boys*. Il affirma plus tard que tous ses intérêts professionnels avaient pris naissance lors de son séjour à Clark.

Avant d'obtenir son doctorat de l'université Clark, en 1905, Terman fut gravement atteint de la tuberculose et, bien qu'il s'en soit remis, il pensa qu'il devrait aller travailler sous un climat chaud. C'est pourquoi il accepta la position de directeur d'une école secondaire de San Bernardino, en Californie. Un an plus tard, il alla enseigner la psychopédagogie et la pédagogie à l'école normale de Los Angeles (qui allait devenir plus tard l'université de Californie à Los Angeles). En 1910, Terman accepta un poste au département d'éducation de l'université Stanford, où il resta jusqu'à la fin de sa carrière. Il devint doyen du département de psychologie en 1922, et le demeura jusqu'à sa retraite, en 1942.

C'est au moment de son entrée en fonction à Stanford que Terman prit connaissance de l'échelle métrique de Binet et Simon (dans la traduction de Goddard). Il commença immédiatement à l'utiliser et constata qu'il était impossible de l'appliquer de façon précise à des enfants américains sans la modifier.

L'échelle d'intelligence Stanford-Binet Terman constata que les résultats des enfants américains à l'échelle de Binet et Simon étaient inégaux, c'est-à-dire que, à divers âges, les résultats moyens d'un groupe d'enfants étaient soient supérieurs ou inférieurs à leur âge chronologique. Par exemple, Terman observa que des items de l'échelle Binet et Simon étaient trop faciles pour des enfants de cinq ans et trop difficiles pour des enfants de douze ans. Il s'ensuivait que l'âge mental moyen des premiers était arbitrairement élevé et celui des seconds, arbitrairement bas. Avec l'aide d'un de ses élèves de troisième cycle, H. G. Childs, Terman enleva des items de l'échelle de Binet et Simon et en ajouta de nouveaux jusqu'à ce que le résultat moyen d'un échantillon d'enfants soit de 100, quel que soit l'âge des sujets. Ainsi, l'âge mental de chaque groupe d'enfants d'un âge donné soumis aux tests était égal à leur âge chronologique. Terman and Childs publièrent leur première version révisée de l'échelle de Binet et Simon en 1912 et, en 1916, Terman publia seul une version révisée, que l'on nomma finalement le Stanford-Binet. C'est également en 1916 que Terman adopta la notion de « quotient intellectuel » de Stern et qu'il suggéra de multiplier ce rapport par 100 pour éliminer les décimales et de le nommer QI. Le Stanford-Binet, grâce auquel Terman devint riche et célèbre, fut révisé en 1937, puis en 1960 (après la mort de Terman). Incidemment, Wolf (1973, p. 35) note que Terman acheta les droits de traduction en anglais de l'échelle de Binet et Simon pour la somme de un dollar.

Le point de vue de Terman sur l'héritabilité de l'intelligence Durant toute sa carrière, Terman pensa que l'intelligence est, dans une large mesure, héréditaire. De plus, à l'instar de Goddard, il soutenait qu'un faible développement intellectuel est la cause de la majorité des comportements antisociaux, criminels ou autres. Selon Terman (1916), une personne stupide ne peut être morale.

> Tous les criminels ne sont pas des débiles, mais tous les débiles sont des criminels, au moins en puissance. Personne ne contestera le fait que toute femme débile est une prostituée potentielle. Le jugement moral, tout comme le sens des affaires ou la perspicacité sociale ou toute autre sorte de processus de pensée supérieure est fonction de l'intelligence. La moralité ne peut pas fleurir et porter des fruits si l'intelligence demeure infantile. (p. 11, cité dans Gould, éd. fr. 1997, p. 217)

Et voici ce que dit Terman en 1912.

> Rien n'est plus important que le QI d'un individu, si ce n'est peut-être sa moralité. [...] le grand problème de la démocratie est de trouver comment s'adapter aux différences de QI considérables entre les membres de n'importe quelle race ou nationalité, dont il est possible de démontrer l'existence. [...] Tous les faits scientifiques dont nous disposons appuient la théorie de Galton selon laquelle les capacités intellectuelles sont essentiellement innées. [...] C'est vers la tranche des 25 %, et plus particulièrement des 5 %, d'individus supérieurs que nous devons nous tourner pour trouver ceux qui pourront devenir des dirigeants capables de faire progresser les sciences, les arts, le gouvernement et l'éducation, et d'accroître le bien-être de la société en général. [...] Les 15 à 20 % d'individus les moins intelligents représentent le lest de la démocratie ; ils ne sont pas tous inutiles, mais risquent toujours de devenir un poids mort. Toutes les démocraties se posent éternellement la question à savoir comment tirer le meilleur parti des capacités limitées de ces individus, à la fois dans leur propre intérêt et celui de la société, et comment les diriger sans en faire des victimes impuissantes de l'oppression. (Minton, 1988, p. 99 [notre traduction])

Bien que Terman ait été impressionné par le travail de Binet et qu'il ait emprunté beaucoup à ce dernier, sa conception de l'intelligence ressemblait davantage à celle de Galton. Ce dernier avait fait une telle impression sur lui, que Terman publia son portrait intellectuel, dans lequel il lui attribue un QI d'environ 200 (Terman, 1917).

L'affirmation de Terman selon laquelle le QI est une mesure valable de l'intelligence innée ne manqua pas de susciter la controverse. Le journaliste Walter Lippmann compte parmi les critiques les plus acerbes. Il débattit de la question avec Terman dans une série d'articles publiés dans la *New Republic* en 1922-1923. Voici ce qu'écrit Lippmann dans l'un de ces articles (1923).

> Je hais l'impudence de l'affirmation selon laquelle, en cinquante minutes, vous [Terman] pouvez juger et classer l'adaptation innée d'un être humain à la vie. Je hais sa prétention. Je hais l'abus de méthode scientifique qu'elle implique. Je hais le sentiment de supériorité qu'elle crée et le sentiment d'infériorité qu'elle impose. (p. 146, cité dans Paicheler, éd. fr. 1992, p. 197)

Terman valida le Stanford-Binet en établissant des corrélations entre, d'une part, les résultats aux tests et, d'autre part, l'évaluation de la performance académique et de l'intelligence fournie par les enseignants et les résultats académiques. Il constata que la corrélation était assez élevée dans chaque cas, mais il n'y a là rien d'étonnant puisque les caractéristiques et les habiletés auxquelles l'école et les enseignants accordent de la valeur sont les mêmes qui permettent d'obtenir des résultats élevés au Stanford-Binet. Les corrélations indiquent néanmoins que les résultats aux tests permettent dans une certaine mesure de prédire la performance académique. Terman n'a toutefois jamais déterminé si les tests mesurent effectivement l'intelligence innée.

L'étude de la douance de Terman À l'époque de Terman, la croyance selon laquelle les enfants très brillants sont anormaux, et cela pas seulement d'un point de vue statistique, était très répandue. On disait couramment d'eux : « mûrs avant le temps, pourris avant le temps », ce qui laissait entendre que si les habiletés intellectuelles se développent trop rapidement en bas âge, il n'en reste pas suffisamment à l'âge adulte. Afin d'examiner de façon objective l'expérience des enfants doués au cours des ans, Terman mena l'une des études les plus célèbres de l'histoire de la psychologie. En identifiant des enfants très intelligents et en les observant sur une longue période, il fut en mesure de mettre à l'épreuve sa conception selon laquelle les enfants ayant un QI élevé réussissent mieux que les autres dans la vie.

Terman définit d'abord le génie comme un résultat d'au moins 135 à son test. Il administra ensuite celui-ci, avec l'aide de collègues, à des milliers d'élèves californiens, parmi lesquels il retint 1528 enfants doués (856 garçons et 672 filles). L'âge chronologique moyen du groupe était de 11 ans et le QI moyen, de 151. Terman s'efforça d'en apprendre le plus possible sur ses participants : leurs intérêts, leurs antécédents familiaux, leur état de santé, leurs caractéristiques physiques et leur personnalité. Il avait l'intention d'étudier les expériences des membres du groupe au cours de leur maturation. Il entreprit sa recherche en 1921 et rapporta les premiers résultats dans *Genetic Studies of Genius* (1926). On peut donner au mot *génétique* deux sens différents. Dans le premier sens, celui où l'entendait Terman, une étude génétique s'intéresse à la façon dont une chose varie en fonction de la maturation, ou du temps. Il peut ensuite signifier relatif à la genèse, c'est-à-dire au développement, ou relatif aux gènes ou aux chromosomes responsables de diverses caractéristiques.

Terman constata que les parents des participants de son étude (qui se nommaient eux-mêmes les « termites ») avaient des antécédents académiques supérieurs à la moyenne, que leurs enfants avaient appris à lire en bas âge, qu'ils participaient à un large éventail d'activités et qu'ils travaillaient généralement très bien à l'école. Il n'y avait là rien d'étonnant ; la principale question était de savoir comment ces enfants se comporteraient en vieillissant. Terman effectua un suivi en 1927-1928, puis un autre en 1939-1940, l'âge moyen du groupe étant d'environ 16 ans dans le premier cas et d'environ 29 ans dans le second. Ces études indiquèrent que les résultats aux tests se situaient encore dans le 1 % supérieur de l'ensemble de la population, que les participants prenaient part encore à une large gamme d'activités et excellaient dans la plupart d'entre elles, et que leurs résultats académiques étaient toujours exceptionnels. Parmi les participants, 70 % des hommes et 67 % des femmes avaient obtenu un diplôme collégial, et 56 % des hommes et 33 % des femmes avaient entrepris des études supérieures. Tous ces pourcentages sont beaucoup plus élevés qu'ils ne l'étaient à l'époque pour l'ensemble de la population.

En 1947, Terman participa à l'émission radiophonique *Quiz Kids*, au cours de laquelle on posait des questions extrêmement difficiles à des enfants sains et brillants qui connaissaient généralement la réponse. Terman accepta d'y participer parce qu'il avait l'impression qu'elle contribuait à corriger des conceptions fausses à propos des enfants doués. En fait, il pensait que l'émission avait une plus grande influence à ce sujet que ses propres travaux.

> J'ai consacré une bonne partie de ma vie à la recherche sur les enfants ayant un QI élevé. [...] Mais en dépit de toutes mes études, et de celles d'autres personnes, bien des gens croient encore que les enfants très intelligents sont anormaux, c'est-à-dire physiquement chétifs, intellectuellement déséquilibrés, asociaux et névrotiques. Puis il y a eu l'émission *Quiz Kids*, qui présente de vrais jeunes extrêmement doués qui sont de toute évidence en bonne santé, équilibrés, bien adaptés, sociables, très enjoués et qui ont plus de talents qu'on ne pourrait l'imaginer. [...] Et bien ! Le résultat, c'est que l'émission a fait plus pour corriger les conceptions fausses, largement répandues, sur les enfants doués que tous les livres jamais écrits. (Minton, 1988, p. 222-223 [notre traduction])

C'est probablement une bonne chose que l'on n'ait découvert seulement après la mort de Terman qu'on donnait souvent avant l'émission les réponses des questions aux « enfants prodiges » (Minton, 1988, p. 223).

Le dernier suivi auquel Terman participa eut lieu de 1950 à 1952, et il montra que les membres du groupe excellaient encore dans la majorité des catégories étudiées. À cette époque, plusieurs participants avaient acquis une certaine notoriété en tant que médecins, avocats, enseignants, juges, ingénieurs, auteurs, acteurs, scientifiques ou gens d'affaires. À la mort de Terman, Robert R. Sears, professeur à Stanford et lui-même « termite », assuma la direction de la recherche. Deux autres professeurs de Stanford s'intégrèrent à l'équipe de chercheurs durant les années 1970, soit Lee J. Cronbach (un autre « termite ») et Pauline S. Sears, l'épouse de Robert. La dernière étape de la cueillette de données se termina en 1986 et elle eut lieu sous la supervision de Robert Sears et d'Albert Hastorf.

Le groupe d'individus doués formé par Terman en 1921 a fait l'objet d'études intensives pendant plus de 80 ans, et la recherche se poursuit. Par exemple, Tomlison-Keasey et Little (1990) ont examiné 1069 des 1528 « termites » et ont constaté que, bien que la majorité aient réussi et se soient bien adaptés, quelques-uns y sont arrivés mieux que d'autres. Les auteurs isolèrent les variables ayant trait à la réussite et à l'adaptation personnelle différentielles qui peuvent servir à prédire et à favoriser la réussite et l'adaptation d'autres individus doués. Friedman, et autres (1995) examinèrent les antécédents d'un échantillon de « termites » décédés avant 1991. Ils découvrirent que certaines variables psychosociales et comportementales constituaient des prédicteurs valables de la mortalité précoce ; c'est le cas du divorce des parents durant l'enfance, d'une vie maritale instable à l'âge adulte, de certains traits de personnalité pendant l'enfance (comme le fait de ne pas être consciencieux), de l'instabilité psychologique à l'âge adulte et d'habitudes malsaines (comme l'usage du tabac et l'abus d'alcool).

Du point de vue des chercheurs ayant participé à l'étude longitudinale de Terman, les premiers résultats sont clairs : *Les enfants doués deviennent des adultes doués*. Cette étude a mis fin à plusieurs croyances erronées à propos des enfants doués, mais elle n'a pas permis de déterminer si la « douance » est héréditaire ou si elle découle de l'expérience. Terman était convaincu qu'elle est héréditaire, mais d'autres chercheurs ont montré ultérieurement que les résultats obtenus s'expliqueraient aussi en fonction des expériences des participants. La question à savoir dans quelle mesure l'intelligence est déterminée par les gènes et dans quelle mesure elle résulte de l'expérience continue de susciter de vifs débats en psychologie. La plupart des chercheurs modernes admettent toutefois que les deux facteurs sont importants. En tout cas, l'étude longitudinale de Terman sur les individus doués montre clairement que ceux qui obtiennent durant l'enfance des résultats élevés aux tests dits de mesure de l'intelligence ne perdent pas leurs capacités par la suite. En fait, les résultats de l'étude montrent que les personnes qui réussissent le mieux pendant leur jeunesse sont généralement les mêmes qui réussissent le mieux à l'âge adulte.

Leta Stetter Hollingworth

Selon Terman, le principal objectif de l'administration des tests mentaux est l'identification des individus doués, de manière qu'on puisse encourager ces derniers à atteindre leur plein potentiel et à jouer un rôle de premier plan dans la société. Terman pense qu'il est essentiel d'instituer un système de repérage des étudiants doués et de leur offrir une éducation différente si on veut que la démocratie survive. À cause principalement de l'influence de Terman et de ses collègues, la mesure de l'intelligence et le regroupement des élèves en fonction de leurs habiletés étaient des pratiques très répandues dans les écoles primaires américaines durant

Leta Stetter Hollingworth

les années 1930. Cependant, même s'il préconisait fortement un programme d'études différent, Terman ne fit aucune recommandation précise quant aux méthodes pédagogiques à adopter pour combler les besoins des enfants les plus intelligents. C'est **Leta Stetter Hollingworth** (1886-1939) qui s'intéressa principalement à l'élaboration de stratégies éducatives susceptibles d'assurer le développement harmonieux des enfants doués.

Née Leta A. Stetter, Hollingworth obtint un baccalauréat de l'université du Nebraska. Elle enseigna d'abord dans cet État et en 1908 elle accompagna son mari, Harry, à New York, car il avait obtenu un poste de professeur de psychologie au collège Barnard de l'université Columbia. Harry L. Hollingworth acquit lui-même une grande renommée en tant que psychologue. Après avoir obtenu un doctorat de Columbia sous la direction de Cattell, il rédigea 25 ouvrages sur des sujets relevant de la psychologie et fut président de l'American Psychological Association (APA) en 1927. Leta Hollingworth avait l'intention d'enseigner aussi à New York, mais elle apprit que la politique de la ville interdisait aux femmes mariées d'occuper un poste d'enseignant. Elle décida de s'inscrire au troisième cycle à l'université Columbia, où elle suivit les cours de Edward L. Thorndike (voir le chapitre 11), qui devint son conseiller.

C'est lui qui éveilla son intérêt pour les tests d'intelligence. Cependant, Hollingworth s'intéressait aussi aux nombreuses conceptions fausses sur les femmes qui prévalaient à l'époque. Elle fut très étonnée que Thorndike accepte de diriger son mémoire intitulé *Functional Periodicity*, où elle examine la croyance selon laquelle les femmes sont psychologiquement diminuées durant les menstruations. Elle ne découvrit aucune preuve d'un tel handicap (Hollingworth, 1914).

Hollingworth remit aussi en question ces croyances très répandues si l'intelligence est dans une large mesure héréditaire et les femmes sont inférieures aux hommes sur le plan intellectuel. À l'époque, Thorndike partageait ces croyances. Hollingworth (1940) pensait que si moins de femmes que d'hommes occupent des postes importants, ce n'est pas parce qu'elles sont moins douées sur le plan intellectuel mais à cause des rôles sociaux qu'on leur assigne.

> Pourquoi ne prenons-nous pas d'abord en considération le fait établi, évident et inévitable que les femmes portent et élèvent la race et que cela a toujours signifié, et signifie encore aujourd'hui, qu'elles consacrent presque 100 % de leur énergie à la réalisation et à la supervision de tâches ménagères et à d'autres choses semblables, un domaine où il n'est pas question de célébrité. Personne ne sait qui est la meilleure ménagère américaine. Elle n'existe pas, et il ne peut pas exister de ménagères illustres. Si on veut débattre de la question de la différence des sexes en matière d'accomplissements, on devrait d'abord examiner les facteurs déterminants les plus évidents. Autrement la discussion est futile du point de vue scientifique. (p. 16 [notre traduction])

Thorndike en vint à modifier sa conception de l'intelligence en accordant plus d'importance à l'acquis qu'à l'inné. Hollingworth pensait qu'elle était au moins en partie responsable de ce changement de point de vue. Elle discuta également avec Thorndike de sa conviction que si l'on classe plus d'hommes que de femmes parmi les individus doués, ce n'est pas en raison d'une différence dans les capacités intellectuelles mais à cause de facteurs sociaux. Terman finit par modifier sa vision nativiste à propos des différences liées au sexe en matière d'intelligence, en admettant l'influence de facteurs sociaux, mais il continua de penser que l'intelligence est dans une large mesure déterminée par l'hérédité.

Après avoir obtenu sa maîtrise, en 1913, Hollingworth occupa pendant un moment un poste de psychologue clinicienne à la New York City Clearing-House for Mental Defectives, où elle administra l'échelle de Binet. Elle travailla ensuite à l'hôpital Bellevue, toujours comme psychologue clinicienne, jusqu'à ce qu'elle obtienne un doctorat de l'université Columbia, en 1916. Peu de temps après, elle commença à enseigner en éducation au Teachers College de la même université. Son travail à la Clearing-House lui avait permis de se rendre compte qu'on entretenait autant de mythes au sujet des individus prétendument déficients mentaux qu'au sujet des femmes. Par exemple, elle observa que bon nombre d'individus étiquetés « déficients » avaient en réalité des problèmes d'adaptation personnelle et sociale. Elle rédigea les ouvrages suivants pour tenter de pallier à cet état de choses et à des problèmes connexes : *The Psychology of Subnormal Children* (1920), *Special Talents and Defects : Their Significance for Education* (1923) et *The Psychology of the Adolescent* (1928). Ce dernier devint l'ouvrage de base dans son domaine, en remplacement du livre de G. Stanley Hall (voir le chapitre 11).

Hollingworth concentra ensuite son attention sur l'éducation des enfants doués. Elle nota qu'il ne suffit pas de déterminer qu'un enfant est doué. On accordait souvent trop d'importance aux résultats à des tests abstraits ou aux caractéristiques de groupes et pas suffisamment aux besoins de chaque élève en particulier. À titre d'exemple, elle décrit l'expérience de Jean, une fillette douée de huit ans qui accomplissait généralement les tâches assignées plus rapidement que ses camarades. La réaction de l'enseignant à ce problème fut de demander à Jean d'écrire sans arrêt des nombres dans un cahier jusqu'à ce que les autres aient terminé.

> Jean avait apporté le cahier dans lequel, au cours de la dernière année, elle avait écrit un nombre à la suite de l'autre pendant des heures. Sa mère dit : « Elle en est venue à détester les nombres. Sa main se crispe ». Je souhaiterais que vous puissiez voir les milliers de colonnes de chiffres tracées docilement par l'élève intelligente. Elle finit par éclater en sanglots et dit : « Je ne supporte plus les nombres ». (Hollingworth, 1940, p. 127 [notre traduction])

Hollingworth consacra le reste de sa carrière au redressement de ce genre de mauvais traitements infligés aux enfants doués. En 1926, elle publia *Gifted Children*, qui fut l'ouvrage de base pendant plusieurs années dans les facultés d'éducation. *Children Above 180 I.Q.* parut en 1942, soit après la mort de l'auteure. (Benjamin, 1975, et Shields, 1975 et 1991, contiennent d'intéressantes esquisses biographiques de Hollingworth.)

La mesure de l'intelligence dans l'armée

Robert M. Yerkes

Robert M. Yerkes (1876-1956) était l'aîné d'une famille d'agriculteurs de Pennsylvanie. La vie sur la ferme l'ennuyait et il rêvait de devenir médecin. Pour pouvoir étudier au collège Ursinis, il alla habiter chez un oncle qui payait ses frais de scolarité en échange de corvées. Il étudia ensuite à Harvard, où il s'intéressa au comportement animal. Après avoir obtenu son doctorat, en 1902, il enseigna à Harvard. Avec son ami John B. Watson (voir le chapitre 12), qui enseignait alors à l'université Johns Hopkins, il établit les bases de la psychologie comparée aux États-Unis. En reconnaissance de cet ultime accomplissement, il fut élu président de l'APA en 1917.

Robert M. Yerkes

Alors qu'il était étudiant, Yerkes avait dû emprunter une somme d'argent considérable et son poste de professeur à Harvard n'était pas très bien rémunéré. Il fut donc obligé d'accepter des emplois à temps partiel pour joindre les deux bouts. Ainsi, en 1912, il devint directeur de la recherche en psychologie au Boston Psychopathic Hospital, et c'est là qu'il fit ses premières expériences en mesure de l'intelligence. Au Boston Hospital, on administrait l'échelle de Binet et Simon pour vérifier si elle faciliterait les diagnostics cliniques. Le biologiste Charles Davenport, qui avait été l'un des professeurs de Yerkes à Harvard et était devenu un ami et collègue, correspondait avec Galton et était l'un des dirigeants du mouvement eugénique américain. Yerkes devint lui aussi un fervent partisan de l'eugénisme. Il consacra de plus en plus de temps à l'administration de tests au Boston Psychopathic Hospital, au point de négliger son travail en psychologie comparée.

L'apport de Yerkes à la mesure de l'intelligence est d'avoir suggéré que tous les individus répondent à tous les items de l'échelle de Binet et Simon et qu'on leur attribue des points pour chaque bonne réponse. Ainsi, le résultat d'une personne est le total des points et non un QI. Yerkes éliminait de cette façon le facteur âge. La procédure traditionnelle suivie lors de l'administration de l'échelle de Binet et Simon consistait à déterminer l'ensemble de tests approprié à un individu donné. Par exemple, dans le cas d'un enfant de sept ans, on administrait les tests associés à son âge. S'il échouait à l'un des tests, on lui administrait alors l'échelle associée à l'âge immédiatement inférieur, soit six ans; s'il réussissait initialement tous les tests, on lui administrait alors l'échelle associée à huit ans, et ainsi de suite jusqu'à ce qu'il échoue à des tests. En d'autres mots, en employant l'âge comme référence, on adaptait la procédure d'administration de l'échelle à chaque enfant. Avec le « système de points » de Yerkes, cela n'était plus nécessaire. Yerkes fit cependant remarquer qu'il était possible d'établir des normes de pointage pour différents âges ou groupes que l'on désirerait comparer. Il pensait que, en plus de faciliter l'administration de l'échelle, le système de points se prêtait mieux à l'analyse statistique que le QI. En outre, comme tous les individus, quel que soit leur âge, passaient les mêmes tests, il devenait plus simple d'administrer ceux-ci à un groupe, alors que l'échelle de Binet et Simon avait été conçue pour être administrée à un individu à la fois. Yerkes n'allait

pas tarder à voir sa méthode mise à l'épreuve à une dimension qu'il n'aurait jamais crue possible.

Le programme de mesure de l'intelligence de l'armée Au moment où les États-Unis firent leur entrée dans la Première Guerre mondiale, en 1917, Yerkes était président de l'APA. Il convoqua les membres à une assemblée spéciale pour déterminer comment les psychologues pourraient participer à l'effort de guerre. On décida qu'ils pourraient concevoir des méthodes de sélection et d'évaluation des recrues des forces armées. À l'invitation de Goddard, un petit groupe de psychologues, dont Yerkes et Terman, se rendit à la Training School de Vineland pour élaborer des tests psychologiques, que l'on mit ensuite à l'épreuve dans diverses bases de l'armée et de la marine. Les résultats furent assez encourageants pour que l'armée nomme Yerkes major et lui confie la tâche d'organiser un programme de mesure de l'intelligence pour toute l'armée de terre (la marine, quant à elle, rejeta l'idée). Les objectifs du programme étaient d'identifier les « incompétents mentaux », de classer les hommes en fonction de leur développement intellectuel et de choisir des individus destinés à un entraînement spécial, par exemple pour devenir officiers. Yerkes pensait que, si on voulait être efficace, il fallait employer un test : que l'on ferait passer à un groupe et non à un individu ; qui mesurerait l'intelligence « innée » ; qui serait facile à administrer et à évaluer. En utilisant le système de points de Yerkes, les psychologues élaborèrent un test qui satisfaisait à ces critères. Ils constatèrent toutefois que 40 % des recrues ne lisaient pas assez bien pour passer le test. Ils résolurent le problème en créant deux formes de tests : l'Army Alpha, destiné aux individus sachant lire, et l'Army Beta pour les illettrés et ceux qui parlaient et lisaient une autre langue que l'anglais.

La guerre se termina en 1918 et on mit fin au programme de mesure en 1919. Entre temps, on avait administré des tests à plus de 1,75 million d'individus. Plusieurs clamèrent que le programme avait démontré le caractère pratique de la psychologie, mais aucun fait n'étaie cette affirmation. Samelson (1977) rapporte que seulement 0,005 % de ceux qui ont passé les tests firent l'objet d'une recommandation de les réformer pour déficience mentale et, dans plusieurs cas, l'armée ne donna pas suite à cette recommandation. En outre, si l'armée avait jugé que le programme était efficace, elle n'y aurait pas mis fin aussi rapidement après la guerre.

Voici les conclusions de l'évaluation de Reed (1987) du programme de mesure de l'intelligence des recrues de l'armée dirigé par Yerkes.

> Rétrospectivement, le plus beau coup de Yerkes en tant que bureaucrate et promoteur scientifique n'a pas été de convaincre le médecin-général de faire une place aux psychologues dans l'armée, bien que cela soit un accomplissement remarquable, ni d'avoir élaboré des tests, recruté des centaines d'officiers et de techniciens et administré les tests à plus de 1,7 million d'individus en dépit de la compétition féroce que lui livraient les officiers et les psychiatres de l'armée pour l'utilisation des ressources et la reconnaissance de leur statut, même si cela fut aussi une réalisation remarquable. L'accomplissement le plus notable de Yerkes fut la création du mythe que le programme de mesure de l'intelligence de l'armée avait été un énorme succès sur le plan pratique et qu'il avait fourni une mine de données d'une valeur inestimable sur l'héritabilité de l'intelligence. (p. 84 [notre traduction])

La détérioration de l'intelligence nationale

L'utilisation des tests Alpha et Bêta de l'armée ressuscita l'inquiétude au sujet de la détérioration du degré de développement mental de la nation. Environ la moitié des hommes blancs qui avaient passé les tests dans l'armée avait une intelligence innée équivalente tout au plus à celle d'un enfant de 13 ans et les résultats des hommes noirs étaient encore plus médiocres. La réaction de Goddard fut d'affirmer que les gens ayant de faibles capacités mentales ne devraient pas avoir le droit de voter. Non seulement Goddard, mais aussi Terman et Yerkes, se dirent très inquiets de la détérioration de l'intelligence de la nation et ils attribuèrent celle-ci à l'immigration et au fait que les individus « mentalement inférieurs » se reproduisaient davantage que les personnes au-dessus de la moyenne.

Conformément à une tendance de l'époque, Yerkes pensait que bon nombre des problèmes de la nation étaient attribuables aux individus ayant un faible développement mental et que les politiques d'immigration ne faisaient qu'aggraver la situation.

> Certains considéraient comme une nécessité et une bénédiction que des immigrants présentent un faible développement intellectuel ; mais, si on regarde bien en face tous les faits disponibles, il semble bien que cela constitue plutôt un fardeau. Les résultats des examens psychologiques effectués dans l'armée américaine établissent un lien certain entre, d'une part, un faible développement intellectuel et, d'autre part, la délinquance et la criminalité, et ils étayent la croyance selon laquelle un pays fait en réalité tout ce qu'il faut pour accroître les dépenses publiques si, sous prétexte qu'il a besoin de main-d'œuvre, il encourage, ou même permet, l'immigration de simples d'esprit et d'individus non instruits, déficients, malades ou ayant des tendances criminelles. (Yerkes, 1923, p. 365 [notre traduction])

> Quiconque souhaite des impôts élevés, des asiles bondés, un nombre croissant d'écoles pour les déficients, d'institutions de correction, de pénitentiers, d'hôpitaux et de classes spéciales dans nos écoles, doit œuvrer par tous les moyens pour une immigration sans restriction ni sélection. (Yerkes, 1923, cité dans G. Paicheler, éd. fr. 1992, p. 202)

Nous avons vu cependant que le nativisme extrême représenté par Goddard, Terman et Yerkes ne manqua pas de susciter la controverse. De plus en plus de gens se rendaient compte que les résultats à de prétendus tests d'intelligence s'expliquaient en partie par des facteurs comme les expériences et l'éducation au cours de l'enfance. Au lieu de mesurer simplement l'intelligence innée, ces tests mesuraient aussi apparemment l'accomplissement personnel et l'influence des conditions de vie. Par conséquent, une personne obtiendra des résultats d'autant plus élevés aux tests qu'elle aura l'occasion de faire des expériences enrichissantes et qu'elle sera choyée sur le plan éducatif. Par exemple, l'érudit afro-américain Horace Mann Bond fit remarquer que les Noirs habitant dans le Nord avaient généralement des résultats plus élevés aux tests d'intelligence que ceux qui habitaient dans le Sud (Urban, 1989). Il n'était pas facile pour les nativistes extrêmes d'expliquer ce fait.

The Bell Curve : Intelligence and Class Structure in American Life (1994), publié par Richard J. Herrnstein et Charles Murray, reflète plusieurs des croyances à propos de l'intelligence que partageaient Galton, Cattell, Spearman, Burt, Goddard, Terman et Yerkes. Herrnstein et Murray structurent leur ouvrage autour de six conclusions, ou conceptions, au sujet de l'intelligence, « prouvées hors de tout doute ». Voici ce qu'ils entendent par là.

> Nous voulons dire que si, en prenant soin de représenter tous les points de vue, on rassemblait les meilleurs

experts en matière de tests et d'habiletés cognitives afin qu'ils débattent de ces conclusions loin des caméras de télévision et des journalistes, il apparaîtrait rapidement qu'il existe déjà sur toutes ces questions un consensus qui, dans certains cas, frôle l'unanimité. (p. 23 [notre traduction])

Les six points considérés comme confirmés sont les suivants :

1. Il existe bel et bien un facteur général de capacité intellectuelle, qui varie d'un humain à l'autre.

2. Tous les tests normalisés d'aptitudes ou de réalisations académiques mesurent à divers degrés ce facteur général, mais ce sont les tests de QI, conçus expressément à cette fin, qui le mesurent avec le plus de précision.

3. La valeur du QI correspond, au premier degré, à ce que les gens veulent dire lorsqu'ils emploient le mot *intelligent* ou *brillant* dans le langage courant.

4. La valeur du QI est constante, mais pas de façon parfaite, durant la plus grande partie de la vie d'un individu.

5. S'ils sont administrés correctement, les tests de QI ne comportent pas de préjugés démontrables à l'égard des divers groupes sociaux, économiques, ethniques ou raciaux.

6. La capacité intellectuelle est dans une large mesure héréditaire, c'est-à-dire à pas moins de 40 % et à tout au plus 80 %. (p. 22-23 [notre traduction])

L'affirmation selon laquelle, aux États-Unis, les meilleurs emplois et les revenus les plus élevés ont tendance à revenir aux gens les plus intelligents, soit l'« élite intellectuelle », ne fait pas partie de la liste présentée ci-dessus, mais on la trouve dans le livre. Les individus les moins doués sur le plan intellectuel sont voués à des emplois subalternes dans une économie fondée sur l'information, en supposant qu'ils arrivent tout simplement à obtenir du travail. Si on ajoute à cela que, selon Herrnstein et Murray, l'intelligence est dans une large mesure héréditaire, on est en face d'un grave problème, à savoir une structure de classes économiques fondée sur l'intelligence innée. Les auteurs ne proposent aucune solution à ce problème, mais d'autres l'ont fait. Galton, Cattell, Goddard, Terman et Yerkes ont tous décrit un problème similaire et ils ont tous suggéré d'y remédier en décourageant d'une façon ou d'une autre les individus les moins intelligents de se

reproduire. Il n'y a rien de nouveau dans la liste de Herrnstein et de Murray, mais elle contient des idées passablement anciennes. En fait, chacun de leurs « points indiscutables » sur l'intelligence a suscité de vifs débats et continue de le faire (voir entre autres Azar, 1994, 1995a et 1995b ; DeAngelis, 1995 ; Jacoby et Glauberman, 1995 ; *The New Republic*, 1994).

La controverse suscitée par *The Bell Curve* comporte plusieurs des éléments déjà associés au « scandale Burt ». Selon Zenderland (1997), elle touche « un nerf national toujours sensible, irrité par les questions qu'elle soulève au sujet de la race, des classes et de l'égalité sociale » (p. 135 [notre traduction]). Weidman (1997) décrit cette controverse comme une guerre culturelle qui

projette la gauche académique, soit les tenants de l'importance de l'acquis ou du milieu, contre les conservateurs, soit les tenants de l'inné, des attributs héréditaires et de la capacité déterminée génétiquement. Les seconds accusent les premiers de faire preuve de « déni biologique », de ne rien comprendre et de mésestimer grandement le rôle de la biologie dans la détermination du comportement. La gauche répond que le comportement est malléable, que personne n'est incapable d'apprendre en raison de l'hérédité et que n'importe qui peut devenir n'importe quoi s'il est placé dans le milieu approprié. Dans cette escarmouche entre partisans de l'inné et partisans de l'acquis, *The Bell Curve* pèse de tout son poids du côté des conservateurs. (p. 143 [notre traduction])

Une controverse comme celle-ci reflète des visions du monde diamétralement opposées et ne peut être résolue au moyen de la science ; les deux camps soutiennent que leur point de vue repose sur des faits scientifiques. Le débat de l'inné et de l'acquis suscite depuis un certain temps des torrents d'émotions chaque fois que quelqu'un émet une idée allant dans le sens du déterminisme biologique. On comprendra peut-être mieux ce qui est en jeu lorsqu'on se rendra compte que ce débat est essentiellement de nature morale, philosophique ou politique, et non scientifique.

On ne s'entend même pas encore sur une définition adéquate de l'intelligence. Quand on a demandé à 24 chercheurs éminents œuvrant dans ce domaine de définir l'intelligence, ils fournirent 24 définitions différentes (Sternberg et Detterman, 1986). Après avoir examiné quelles notions relatives à l'intelligence sont fondées sur le plan scientifique et lesquelles ne le sont pas, Neisser, et autres (1996) en sont venus à la conclusion suivante.

Dans un domaine où un aussi grand nombre de problèmes sont non résolus et autant de questions restent sans réponse, le ton plein de confiance ayant caractérisé la majorité des débats sur le sujet ne convient vraiment pas. L'étude de l'intelligence n'a que faire d'affirmations et de récriminations empreintes de vues politiques ; elle requiert de la retenue, de la réflexion et une quantité considérable de recherches supplémentaires. Les questions qu'il reste à résoudre sont importantes tant sur le plan social que scientifique. Il n'y a pas de raison de penser qu'elles soient insolubles mais, si on veut trouver des réponses, il faudra fournir des efforts soutenus dans un esprit de partage et y consacrer des ressources scientifiques substantielles. Nous recommandons fortement qu'on alloue précisément de telles ressources. (p. 97 [notre traduction])

Résumé

La théorie de l'évolution existe sous une forme ou une autre depuis les Grecs de l'Antiquité. Le récit biblique de l'origine des espèces imposa le silence sur cette théorie pendant plusieurs siècles mais, au XVIIIᵉ siècle, on recommença à spéculer sur le processus évolutionniste. Lamarck affirme que les caractéristiques acquises par un individu au cours de sa vie et qui sont favorables à la survie sont transmises à ses descendants. Spencer suivit d'abord les traces de Lamarck en soutenant que les associations fréquemment utilisées sont transmises aux descendants sous forme de réflexes et d'instincts. Il accepta toutefois plus tard la version darwinienne de la théorie de l'évolution et appliqua celle-ci à la société, qui devrait selon lui laisser à chacun suffisamment de liberté pour que les individus les plus aptes à survivre se distinguent des autres. C'est ce qu'on a appelé le darwinisme social.

Au retour de son voyage de cinq ans à bord du *Beagle*, Darwin se rendit compte que les membres d'une espèce vivant dans des lieux différents possèdent des caractéristiques différentes et que celles-ci changent avec le temps, mais il ne put expliquer ces faits. Il trouva la réponse dans un essai de Malthus (1798/1914), où ce dernier fait observer qu'une espèce produit toujours beaucoup plus de descendants que les réserves alimentaires ne le permettent, et que la taille d'une population est limitée par des événements tels que les famines et les maladies. En élargissant la vision de Malthus, Darwin en vint à sa notion de lutte générale pour les ressources, de laquelle seuls les plus aptes sortent vivants. D'après lui, une espèce produit beaucoup plus d'individus que le nombre qui peut survivre. Les membres d'une même génération présente des différences interindividuelles : certains possèdent des caractéristiques favorables à la survie que d'autres non pas. Seuls les plus aptes survivent. Il se produit donc une sélection naturelle des individus présentant les traits les plus favorables à la survie dans les conditions prévalentes. Dans ses ouvrages (1871, 1872, 1874), Darwin démontre que le processus évolutionniste s'applique aussi bien aux humains qu'aux autres organismes vivants. Il définit l'aptitude en fonction de la réussite d'un individu à se reproduire. En modifiant cette définition pour en faire la capacité d'un individu à transmettre des copies de ses *gènes* aux générations subséquentes, les sociobiologistes ont expliqué un large éventail de comportements sociaux humains en fonction de la théorie de l'évolution. Ce qu'on a d'abord appelé sociobiologie, on la nomme actuellement psychologie évolutionniste.

Francis Galton, un cousin de Darwin, avait la passion de la mesure. Il posa l'équivalence entre intelligence et acuité sensorielle, puis mesura la première essentiellement en mesurant la seconde. Comme il croyait que l'intelligence est héréditaire, il milita en faveur de l'eugénisme, ou de la reproduction sélective, dans le but d'améliorer l'intelligence humaine. En utilisant le premier test psychologique d'association verbale, Galton constata que les réactions aux mots-stimuli tendent à être constantes et à provenir des expériences de l'enfance, et qu'elles suggèrent l'existence d'un esprit inconscient. Au cours de sa recherche sur l'imagerie mentale, Galton observa également que les capacités en ce domaine varient grandement d'un individu à l'autre et que, même si les enfants ont tendance à hériter des caractéristiques de leurs parents, il existe une régression vers la moyenne. Par exemple, les parents très grands tendent à avoir de grands enfants, mais ces derniers tendent à être plus petits que leurs parents. En démontrant comment deux choses varient conjointement, Galton inventa la méthode de corrélation. C'est

Pearson qui énonça la formule qui permet d'évaluer la taille d'une corrélation en calculant un coefficient de corrélation (*r*). Galton fut aussi le premier à employer la médiane comme mesure de la tendance centrale.

Cattell importa aux États-Unis la notion galtonienne de mesure de l'intelligence et il fut le premier à utiliser l'expression *test mental*. Les recherches de Wissler indiquèrent que les tests sensoriels et moteurs de Galton ne mesuraient pas tous la même chose (supposément l'intelligence) parce que les corrélations entre les tests étaient faibles. Quand Wissler constata qu'il n'existait pratiquement pas de lien entre les résultats aux tests et les résultats académiques d'élèves de collège, on en conclut que les tests avaient peu de valeur sur le plan pratique.

En France, Binet adopta une approche différente pour mesurer l'intelligence. Ses premières recherches et celles d'autres chercheurs avaient indiqué que celle-ci consiste en plusieurs habiletés intellectuelles différentes dont la mémoire, l'imagerie, l'attention, la compréhension et le jugement. L'objectif de Binet était de créer des tests qui mesureraient directement ces habiletés. À la demande du gouvernement français qui désirait disposer d'un instrument fiable pour distinguer les enfants normaux et ceux qui présentent une déficience mentale, Binet et Simon conçurent, en 1905, une échelle de l'intelligence. Celle-ci se composait de 30 tests administrés par ordre de difficulté croissante. Plus un enfant réussissait de tests, plus sa note était élevée. On supposait que les résultats variaient en fonction de l'intelligence. En 1908, Binet et Simon révisèrent leur échelle de manière qu'elle permette de distinguer non seulement les enfants normaux et déficients, mais aussi les divers degrés de développement mental chez les premiers. Ils administrèrent l'échelle à des enfants âgés entre trois et treize ans, et tous les tests qu'au moins 75 % des enfants d'un âge donné réussissaient furent associés à cet âge. Ainsi, il était possible de déterminer si un enfant donné avait des résultats équivalents, inférieurs ou supérieurs à la moyenne des autres enfants du même âge. En 1911, Binet et Simon révisèrent de nouveau leur échelle de manière que cinq tests correspondent à chaque âge. Cela permettait d'ajouter un cinquième d'année au résultat d'un enfant pour chaque test que ce dernier réussissait au-delà de la moyenne des enfants de son âge. Stern proposa l'expression *âge mental* et la notion de quotient intellectuel. Ce dernier

se calcule en divisant l'âge mental d'un enfant (c'est-à-dire son résultat à l'échelle de Binet et Simon) par son âge chronologique. C'est Terman qui suggéra plus tard de multiplier le quotient par 100 pour éliminer les décimales et de représenter le quotient intellectuel par le sigle QI. Binet pensait que l'intelligence n'est pas une capacité mentale unique mais un ensemble d'habiletés ; il s'opposait donc à la description de l'intelligence au moyen du QI. Il était de plus convaincu que, même si le potentiel intellectuel est héréditaire, la majorité des gens n'atteignent pas leur plein potentiel, de sorte que tous peuvent tirer profit de l'éducation, y compris ceux qui présentent une déficience mentale, à qui une éducation spéciale peut être très bénéfique.

À l'encontre des conclusions que Wissler avait tirées à la suite de son évaluation des tests de Cattell, Spearman calcula de fortes corrélations entre des mesures de l'acuité sensorielle et les résultats académiques. À l'aide d'une technique que l'on allait appeler analyse factorielle, il en vint à la conclusion que l'intelligence se compose de deux facteurs : le facteur *s* représente des habiletés spécifiques et le facteur *g*, la capacité intellectuelle générale. Spearman affirma de plus que le facteur *g* est presque uniquement héréditaire. Burt, un collègue de Spearman, accepta la conception de ce dernier concernant le facteur *g* et il proposa qu'on structure l'éducation en strates correspondant à la capacité intellectuelle innée des élèves. On l'accusa plus tard d'avoir falsifié ses données et il s'ensuivit un énorme scandale. Il semble que les opposants dans ce débat étaient davantage divisés sur la base de considérations morales, politiques et philosophiques que de faits scientifiques.

Goddard traduisit l'échelle de Binet et Simon en anglais et il l'administra à la fois aux enfants intellectuellement retardés de la New Jersey Training School, où il travaillait, et à des élèves des écoles publiques du New Jersey. Consterné de constater que plusieurs de ces derniers avaient un âge mental inférieur à leur âge chronologique, il en vint à la conclusion que ces piètres résultats reflétaient une détérioration de l'intelligence innée de la nation. Afin d'examiner la relation entre l'hérédité et l'intelligence, Goddard étudia l'histoire familiale d'une jeune femme retardée qui vivait à la Training School. Il constata que l'un de ses lointains ancêtres avait eu un enfant avec une serveuse de taverne prétendument « faible d'esprit » et que la descendance de cet enfant illégitime était caractérisée par la déficience mentale et des comportements criminels et antisociaux. Le père de l'enfant illégitime avait épousé par la suite une femme « normale » et la descendance du couple ne comptait que très peu d'individus déficients. De plus, plusieurs descendants du couple avaient occupé des positions éminentes. Goddard et plusieurs autres utilisèrent ces constatations pour appuyer la conception selon laquelle l'intelligence est héréditaire. Plusieurs États votèrent des lois permettant la stérilisation des individus présentant une déficience intellectuelle et de ceux qui étaient considérés comme socialement indésirables, l'influence de l'expérience personnelle sur l'intelligence étant essentiellement niée. La peur de « la menace que représentaient les faibles d'esprit » attira l'attention sur ceux qui cherchaient à immigrer aux États-Unis. L'administration de l'échelle de Binet et Simon mena à l'affirmation que plusieurs immigrants souffraient de déficience mentale et ils furent déportés en Europe. Goddard examina d'abord la possibilité que les faibles résultats aux tests soient dus à une pauvre expérience éducative, culturelle ou personnelle, mais il rejeta cette hypothèse. Cependant, vers la fin de sa vie, il reconnu l'influence possible de ces facteurs sur les résultats.

Terman révisa l'échelle de Binet et Simon afin de l'adapter à la culture américaine et de faciliter l'analyser statistique des résultats. Cette révision, appelée le Stanford-Binet, fut utilisée pour identifier 1528 enfants doués sur le plan intellectuel, qui firent l'objet d'une étude intensive le reste de leur vie. On constata qu'au cours des ans, les membres du groupe continuèrent de se classer dans le 1 % supérieur de la population aux tests d'intelligence, qu'ils participaient à un large éventail d'activités et y excellaient et qu'ils obtenaient des résultats académiques exceptionnels. Le fait que l'étude montra que les enfants doués étaient devenus des adultes sains et bien adaptés qui réussissaient dans la vie, mit fin à la croyance selon laquelle les enfants doués font des adultes handicapés sur le plan physique ou mental. Bien que Terman ait insisté sur l'emploi des tests mentaux pour identifier les enfants doués afin de les préparer à jouer le rôle de dirigeants dans la société, c'est Leta Stetter Hollingworth qui tenta de déterminer les expériences éducatives optimales pour les enfants de cette catégorie. Elle joua de plus un rôle important dans l'amélioration de l'éducation des enfants « arriérés ». En outre, elle remit en question plusieurs croyances au sujet des femmes qui prévalaient à l'époque ; par exemple, la croyance selon laquelle les femmes sont moins efficaces durant les menstruations et qu'elles sont inférieures aux hommes sur le plan intellectuel.

Lorsque les États-Unis firent leur entrée dans la Première Guerre mondiale, Yerkes et d'autres pensèrent que la psychologie pourrait contribuer à l'effort de guerre en élaborant des tests qui permettraient de classer les recrues de l'armée en fonction de leur degré de développement intellectuel. Les psychologues conçurent le test « Army Alpha » pour les recrues sachant lire et écrire l'anglais et le test « Army Beta » pour les illettrés et ceux qui ne connaissaient pas l'anglais. Bien que 1,75 million de recrues aient passé les tests, on recommanda qu'un petit nombre seulement soient réformés en raison de la faiblesse de leurs résultats. L'armée ne tint pas compte de la plupart de ces recommandations et mit fin au programme peu de temps après la fin de la guerre.

Le programme de mesure de l'intelligence de l'armée révéla qu'environ la moitié des hommes blancs avaient un âge mental d'au plus 13 ans et la situation était pire pour les hommes noirs. On proposa de nouveau de restreindre le droit au mariage et d'établir un vaste programme de stérilisation des individus présentant une déficience mentale. Cependant, à l'époque, un nombre de plus en plus grand d'individus éminents se demandaient si les prétendus tests d'intelligence mesuraient vraiment l'intelligence génétiquement déterminée. Ils affirmaient que les résultats aux tests dépendaient davantage de l'éducation et de l'expérience personnelle que de l'hérédité, et on avait de plus en plus tendance à penser que si les possibilités de faire des expériences étaient égales, les résultats aux tests convergeraient davantage.

La publication de *The Bell Curve*, en 1994, ressuscita plus ou moins la même controverse qui avait entouré le « scandale » Burt. Une fois encore, les questions semblaient être d'ordre moral, politique ou philosophique plutôt que scientifique.

Les efforts déployés pour définir l'intelligence et déterminer la meilleure façon de mesurer celle-ci se poursuivent en psychologie contemporaine. Aujourd'hui, la majorité des psychologues pensent que l'intelligence dépend à la fois de facteurs innés et de facteurs acquis. Le débat porte surtout maintenant sur les contributions relatives de chaque type de facteurs.

Des questions à débattre

1. Étant donné que l'existence de théories rudimentaires de l'évolution remonte au moins aux Grecs de l'Antiquité, pourquoi une théorie adéquate a-t-elle été élaborée seulement au XIXe siècle ?

2. Résumez la théorie de l'évolution de Lamarck.

3. Décrivez le darwinisme social de Spencer et expliquez pourquoi il fut accueilli avec autant d'enthousiasme aux États-Unis.

4. Qu'est-ce que le principe Spencer-Bain ?

5. Qu'est-ce qui est ironique au sujet du voyage de Darwin à bord du *Beagle* ?

6. Pourquoi Darwin ajourna-t-il aussi longtemps la parution de sa théorie ? Qu'est-ce qui le poussa finalement à la publier ?

7. Résumez la théorie de l'évolution de Darwin.

8. Comparez le concept d'aptitude de Darwin et celui de valeur sélective nette des sociobiologistes. Quelle influence la différence entre ces deux concepts a-t-elle sur l'explication du comportement social humain ?

9. Sur quoi repose l'affirmation de Galton selon laquelle on devrait pratiquer l'eugénisme ?

10. Expliquez pourquoi les mesures de l'« intelligence » de Galton étaient essentiellement de nature sensorielle.

11. Résumez l'apport de Galton à la psychologie.

12. Décrivez l'approche de la mesure de l'intelligence de Cattell et expliquez pourquoi cette approche a finalement été abandonnée.

13. Sur quels points l'approche de la mesure de l'intelligence de Binet diffère-t-elle de celles de Galton et de Cattell ?

14. Décrivez l'échelle métrique de Binet et Simon de 1905. De quelle façon fut-elle modifiée en 1908 ? en 1911 ?

15. Quel procédé Stern proposa-t-il d'employer pour représenter l'intelligence d'une personne ? Pourquoi Binet s'opposa-t-il à cette façon de faire ?

16. Qu'entendait Binet par orthopédie mentale ? Pourquoi estimait-il que de tels exercices sont utiles ?

17. Résumez la conception de l'intelligence de Spearman.

18. Qu'est-ce que le « scandale » Burt ? En quoi reflète-t-il la controverse séculaire au sujet de l'inné et de l'acquis ? Les enjeux étaient-ils d'ordre scientifique ou politique ?

19. Quelles furent les conclusions de Goddard suite à l'administration de l'échelle de Binet et Simon à des élèves américains ?

20. Quelles mesures Goddard proposa-t-il de prendre pour mettre fin à la détérioration de l'intelligence aux États-Unis ? Sur quelle hypothèse reposait sa proposition ?

21. Résumez les conclusions tirées par Goddard après qu'il eut établi la généalogie de Deborah Kallikak.

22. Goddard a-t-il provoqué la déportation injustifiée d'un grand nombre d'immigrants ? Expliquez votre réponse.

23. Quelles modifications importantes Terman apporta-t-il à l'échelle de Binet et Simon ?

24. Qu'est-ce qui incita Terman à entreprendre son étude longitudinale sur les enfants doués ? Résumez les résultats de cette étude.

25. Résumez l'apport de Leta Stetter Hollingworth à la psychologie.

26. De quelle façon Yerkes pensait-il que les psychologues pourraient contribuer à l'effort de guerre ? La mise en application de sa suggestion fut-elle couronnée de succès ou se solda-t-elle par un échec ?

27. Quels arguments opposa-t-on à l'affirmation selon laquelle les tests d'intelligence mesurent l'intelligence innée ?

28. Quelle similitude la controverse suscitée par la publication de *The Bell Curve* présente-t-elle avec le « scandale » Burt ?

29. Quelle est la position actuelle de la majorité des psychologues sur la question de l'inné et de l'acquis en ce qui a trait à l'intelligence ?

Des suggestions de lectures

Boakes, R. (1984). *From Darwin to behaviourism: Psychology and the minds of animals*. New York : Cambridge University Press.

Crosby, J. R., et Hastorf, A. H. (2000). Lewis Terman : Scientist of mental measurement and product of his time. Dans G. A. Kimble et M. Wertheimer (dir.), *Portraits of pioneers in psychology* (vol. 4, p. 131-147). Washington DC : American Psychological Association.

Deary, I. J. (2001). *Intelligence : A very short introduction.* New York : Oxford University Press.

Desmond, A. (1997). *Huxley : From devil's disciple to evolution's high priest.* Reading, MA : Perseus Books.

Fancher, R. E. (1985). *The intelligence men : Makers of the IQ controversy.* New York : Norton.

Fancher, R. E. (1998). Alfred Binet, general psychologist. Dans G. A. Kimble et M. Wertheimer (dir.), *Portraits of pioneers in psychology* (vol. 3, p. 67-83). Washington DC : American Psychological Association.

Gould, Stephen Jay. (1997) *La mal-mesure de l'homme*, traduit de l'américain par Jacques Chabert et Marcel Blanc, Paris, Éditions Odile Jacob.

Jacoby, R., et Glauberman, N. (dir.). (1995). *The Bell Curve debate : History, documents, opinions.* New York : Random House.

Jensen, A. R. (2000). Charles E. Spearman : The discoverer of g. Dans G. A. Kimble et M. Wertheimer (dir.). *Portraits of pioneers in psychology* (vol. 4, p. 93-111). Washington DC : American Psychological Association.

Masterton, R. R. (1998). Charles Darwin : Father of evolutionary psychology. Dans G. A. Kimble et M. Wertheimer (dir.), *Portraits of pioneers in psychology* (vol. 3, p. 17-29). Washington DC : American Psychological Association.

Minton, H. L. (1988). *Lewis M. Terman : Pioneer in psychological testing.* New York : New York University Press.

Samelson, F. (1977). World War I intelligence testing and the development of psychology. *Journal of the History of the Behavioral Sciences, 13,* 274-282.

Snyderman, M., et Rothman, S. (1990). *The IQ controversy, the media and public policy.* New Brunswick, NJ : Transaction Publishers.

Sokal, M. M. (dir.). (1987). *Psychological testing and American society : 1890-1930.* New Brunswick, NJ : Rutgers University Press.

White, M., et Gribbin, J. (1995). *Darwin : A life in science.* New York : Dutton.

Zenderland, L. (2001). *Measuring minds : Henry Herbert Goddard and the origins of American intelligence testing.* New York : Cambridge University Press.

Glossaire

Âge mental Selon Stern, résultat complexe qui reflète tous les niveaux de l'échelle de Binet et Simon qu'un enfant peut réussir.

Analyse factorielle Méthode statistique complexe comportant l'analyse de corrélations entre des mesures et visant à expliquer les corrélations observées au moyen de divers facteurs (ou influences).

Aptitude Selon Darwin, capacité d'un organisme à survivre et à se reproduire.

Binet, Alfred (1857-1911) Constata que les méthodes de mesure de l'intelligence de Galton menaient souvent à conclure à tort que des enfants sourds ou muets avaient une intelligence peu développée. Il tenta de mesurer directement les habiletés cognitives qui, selon lui, constituent l'intelligence.

Burt, Cyril (1883-1971) Affirma que ses études conjointes de jumeaux identiques élevés ensemble et de jumeaux identiques élevés séparément montrent que l'intelligence est, dans une large mesure, innée. Des faits indiquent que Burt aurait inventé des données, ce qui donna lieu à un énorme scandale.

Caractéristiques adaptatives Caractéristiques d'un organisme qui lui permettent de survivre et de se reproduire.

Cattell, James McKeen (1860-1944) Travailla avec Galton et acquit un intérêt marqué pour la mesure des différences interindividuelles. Il importa aux États-Unis les méthodes de mesure de l'intelligence de Galton.

Coefficient de corrélation (*r*) Expression mathématique de la taille de la corrélation entre deux variables.

Controverse de l'inné et de l'acquis Débat portant sur la part de l'inné et de l'acquis dans des attributs importants.

Corrélation Variation conjointe systématique de deux variables.

Darwin, Charles (1809-1882)   Élabora une théorie de l'évolution qui met l'accent sur une lutte pour la survie ayant comme conséquence la sélection naturelle des organismes les plus aptes. En montrant la continuité entre l'être humain et les autres animaux et l'importance des différences interindividuelles et du comportement adaptatif, il exerça une profonde influence sur l'évolution de la psychologie.

Darwinisme social   Conception de Spencer selon laquelle, si chacun est libre d'entrer en compétition dans la société, les individus les plus aptes vont l'emporter et les plus faibles vont échouer, et c'est ainsi que les choses doivent être.

Échelle métrique de Binet et Simon   Ensemble de tests conçus par Binet et Simon pour mesurer directement les diverses habiletés cognitives qui, selon eux, font partie de l'intelligence. L'échelle fut créée en 1905, puis révisée en 1908 et de nouveau en 1911.

Eugénisme   Emploi de la reproduction sélective visant à accroître l'intelligence générale d'une population.

Galton, Francis (1822-1911)   Sous l'influence de son cousin, Charles Darwin, s'intéressa vivement à la mesure des différences interindividuelles. Il était convaincu que la capacité intellectuelle est héréditaire et il recommanda par conséquent l'application de l'eugénisme, ou reproduction sélective des humains. Il fut le premier à tenter de mesurer l'intelligence de façon méthodique, à avoir recours à un questionnaire pour recueillir des données, à utiliser un test d'association verbale, à étudier l'imagerie mentale, à définir et à employer les concepts de corrélation et de médiane, et à étudier les jumeaux de façon méthodique.

Goddard, Henry Herbert (1866-1957)   Traduisit l'échelle métrique de Binet et Simon en anglais et l'employa pour mesurer l'intelligence d'enfants souffrant de retard mental et les classer. Il était partisan du nativisme extrême et recommanda que les personnes présentant une déficience mentale soit stérilisées ou placées dans des institutions. Il s'efforça, avec succès, d'amener les autorités à réduire considérablement le nombre d'immigrants entrant aux États-Unis.

Hérédité des caractères acquis   Affirmation de Lamarck selon laquelle les habiletés adaptatives qu'un organisme acquiert au cours de son existence se transmettent à ses descendants.

Hollingworth, Leta Stetter (1886-1939)   Rejeta la croyance, très répandue à l'époque, selon laquelle les réalisations des femmes sont moins remarquables que celles des hommes parce que les femmes sont inférieures à ces derniers sur le plan intellectuel; elle proposa une explication qui met plutôt l'accent sur les différences entre les chances offertes par la société à chaque sexe. Son travail porte principalement sur l'amélioration de l'éducation aussi bien des enfants ayant des retards d'apprentissage que des enfants doués.

Intelligence générale (g)   Aspect de l'intelligence qui, selon Spearman, est dans une large mesure héréditaire et coordonne les habiletés intellectuelles spécifiques.

Lamarck, Jean-Baptiste de Monet de (1744-1829)   Suggéra que les traits adaptatifs qu'un organisme acquiert au cours de son existence se transmettent à ses descendants. Il s'agit là du mécanisme par lequel les espèces se transforment. (Voir aussi *Hérédité des caractères acquis*.)

Lutte pour la survivance   Situation résultant du fait que les ressources du milieu sont insuffisantes pour subvenir aux besoins de tous les membres d'une espèce.

Malthus, Thomas (1766-1834)   Économiste, auteur de *Essai sur le principe de la population* (1798), qui fournit à Darwin le principe dont il avait besoin pour expliquer les observations qu'il avait faites au cours de son voyage à bord du *Beagle*. Ce principe affirme que, étant donné que les ressources du milieu ne suffisent à subvenir aux besoins de tous les individus qui y naissent, une lutte se produit pour l'utilisation des ressources et seuls les plus aptes survivent.

Orthopédie mentale   Exercices suggérés par Binet pour accroître la volonté, l'attention et la discipline, et préparer ainsi un enfant à suivre des cours normaux.

Pearson, Karl (1857-1936)   Énonça la formule permettant de calculer le coefficient de corrélation.

Principe de Spencer-Bain   Observation faite d'abord par Spencer, et plus tard par Bain, selon laquelle un comportement ayant des conséquences agréables a tendance à être répété, tandis que la probabilité qu'un comportement ayant des conséquences désagréables soit répété est faible.

Psychologie évolutionniste (ou sociobiologie) Extension moderne de la théorie de l'évolution de Darwin visant à expliquer le comportement social des humains et des autres animaux.

Quotient intellectuel (QI) Mesure de l'intelligence proposée par Stern. Le quotient intellectuel s'obtient en divisant l'âge mental d'un individu par son âge chronologique.

Régression vers la moyenne Tendance que présentent les valeurs extrêmes des caractères d'un individu à s'éloigner des extrêmes chez ses descendants. Par exemple, les descendants de parents très grands ont tendance à être plus petits que ces derniers.

Sélection naturelle Concept fondamental de la théorie de l'évolution de Darwin. Étant donné que les ressources du milieu ne suffisent pas à subvenir aux besoins de tous les membres d'une espèce, la nature choisit ceux qui possèdent les caractéristiques les plus favorables à la survie dans les conditions du moment, ce qui leur permet de se reproduire.

Simon, Théodore (1873-1961) Mit au point, avec Binet, la première échelle destinée à mesurer directement l'intelligence.

Sociobiologie Voir *Psychologie évolutionniste*.

Spearman, Charles (1863-1945) Au moyen de l'une des premières formes de l'analyse factorielle, en vint à la conclusion que l'intelligence comporte des facteurs spécifiques (*s*) qui composent l'intelligence générale (*g*). Il pensait que cette dernière est dans une large mesure héréditaire. (Voir aussi *Intelligence générale*.)

Spencer, Herbert (1820-1903) D'abord disciple de Lamarck puis de Darwin, il appliqua les principes darwiniens à la société. Il affirma que celle-ci devrait adopter une politique du laissez-faire afin que les individus les plus aptes prédominent. On appelle darwinisme social la vision de Spencer. (Voir aussi *Darwinisme social*.)

Stern, William (1871-1938) Créa l'expression *âge mental* et proposa la notion de quotient intellectuel pour mesurer l'intelligence. (Voir aussi *Quotient intellectuel*.)

Survivance des plus aptes Notion selon laquelle, lors d'une lutte pour l'utilisation de ressources limitées, les organismes présentant des traits adaptatifs dans les conditions du moment sont ceux qui survivent et se reproduisent.

Terman, Lewis Madison (1877-1956) Révisa l'échelle métrique de Binet et Simon afin de l'adapter à la culture américaine. Conjointement avec Goddard et Yerkes, il joua un rôle dans la création des tests «Army Alpha» et «Army Beta». Il réalisa également une étude longitudinale sur des enfants doués et constata, à l'encontre de la conception de l'époque, que les enfants doués ont tendance à devenir des adultes sains et doués.

Valeur sélective nette Forme d'aptitude définie en fonction de la survie d'un individu et de la propagation de copies de ses gènes aux générations subséquentes. Selon cette définition étendue de l'aptitude, une personne peut être tout aussi apte si elle aide des membres de sa parenté à survivre et à se reproduire qu'en ayant elle-même des descendants.

Wallace, Alfred Russel (1823-1913) Élabora une théorie de l'évolution presque identique à celle de Darwin, à peu près au moment où ce dernier conçut la sienne.

Yerkes, Robert M. (1876-1956) Proposa que la psychologie participe à l'effort de guerre (au moment de la Première Guerre mondiale) en concevant des tests destinés à déterminer quel poste conviendrait le mieux à chaque recrue compte tenu de ses habiletés et à identifier les individus qui devraient être réformés en raison de leur incompétence intellectuelle. Le programme mis en place fut très inefficace et abandonné peu de temps après la fin de la guerre.

CHAPITRE 11

Le fonctionnalisme

Au chapitre 9, nous avons vu que le type de psychologie de Titchener, qui est appelé structuralisme, était essentiellement une psychologie de la conscience pure qui s'intéressait peu aux applications d'ordre pratique. Dans ce chapitre-ci, nous examinerons d'abord l'état de la psychologie avant Titchener, puis la combinaison entre la doctrine de l'évolution et le *Zeitgeist* américain qui allait donner naissance à un domaine spécifique de la psychologie américaine, le fonctionnalisme.

La genèse de la psychologie américaine

On suppose souvent que la psychologie américaine n'existait pas avant Titchener et William James. Dans un discours prononcé en 1929 à l'université Yale, à l'occasion du IXe Congrès international de psychologie, James McKeen Cattell affirmait que l'histoire de la psychologie américaine avant 1880 « était aussi brève qu'un livre sur les serpents en Irlande depuis l'époque de saint Patrick. Du point de vue de la psychologie, l'Amérique était un paradis où il n'y avait aucune âme damnée qui vive » (1929, p. 2 [notre traduction]).

Pour affirmer une telle chose, Cattell supposait que la *vraie* psychologie se limitait à la psychologie expérimentale, le reste ne relevant que de la philosophie mentale ou morale. Titchener préconisait une séparation complète entre la psychologie expérimentale et la philosophie, et plus particulièrement la théologie. Le problème avec les positions de Cattell et de Titchener résidait dans l'ignorance du fait que la psychologie expérimentale était issue de la psychologie non expérimentale et que la compréhension de la seconde était essentielle à celle de la première.

Dans une tentative de rétablir les faits, deux livres, *American Psychology Before William James* (1939) de J.W. Fay et *History of American Psychology* (1952) de

A.A. Roback, racontent l'histoire de la psychologie américaine depuis l'époque coloniale. En outre, Josef Brožek dirigea un ouvrage intitulé *Explorations in the History of Psychology in the United States* (1984). Pour notre part, nous utiliserons les quatre étapes de l'évolution de la psychologie américaine de Sahakian (1975).

Première étape : la philosophie morale et mentale (1640-1776)

Au tout début des cent trente-six années d'histoire de la philosophie morale et mentale, la psychologie abordait des sujets comme l'éthique, la divinité et la philosophie. Au cours de cette période, la psychologie se penchait sur les questions relatives à l'âme, et ce qui était enseigné n'était jamais remis en question. Apprendre la psychologie équivalait à apprendre la théologie du moment. Tout comme les autres disciplines enseignées à cette époque, la psychologie s'amalgamait à de l'endoctrinement religieux. Les premières universités américaines comme Harvard (fondée en 1636) calquaient le modèle britannique dont l'objectif principal était la perpétuation des croyances religieuses.

La période « des Lumières » américaine s'amorça en 1714 avec l'arrivée dans les colonies de l'*Essai sur l'entendement humain* (1690) de John Locke, ouvrage dont l'influence fut considérable. Samuel Johnson (1696-1772), qui fut le premier recteur de l'université Columbia (fondée en 1754), adopta avec enthousiasme la philosophie de Locke et écrivit un livre reprenant plusieurs de ses idées. Ce livre abordait également un certain nombre de sujets de nature clairement psychologique, par exemple la psychologie infantile, la nature de la conscience, la nature de la connaissance, l'introspection et la perception. La philosophie de Locke offrait le fondement logique et psychologique qui pouvait appuyer les croyances religieuses. Sur cette période, Roback écrit : « La psychologie était au service de la logique et la logique était au service de Dieu» (1952, p. 23 [notre traduction]).

Deuxième étape : la philosophie intellectuelle (1776-1886)

Pendant l'étape de la philosophie intellectuelle, la psychologie devint une discipline distincte aux États-Unis, principalement sous l'influence de la philosophie écossaise du sens commun. Comme nous l'avons vu au chapitre 6, cette philosophie se voulait une réaction aux propos des philosophes, comme Hume, qui affirmaient qu'on ne pouvait être certain de rien et que les lois morales et scientifiques n'étaient rien de plus que des habitudes mentales. Les philosophes écossais comme Thomas Reid (1710-1796) pensaient le contraire, soutenant que l'information sensorielle était acceptable en tant que telle (réalisme naïf). Ils affirmaient également que l'auto-examen, ou introspection, donnait des informations valables et que la moralité se fondait sur des intuitions allant de soi. Les répercussions de la philosophie du sens commun sur la théologie paraissaient évidentes : l'existence et la nature de Dieu n'ont pas à être démontrées de manière logique, car on peut se fier aux sensations ressenties sur ces questions.

Une fois la respectabilité des sens et des émotions bien établies, les philosophes de cette école abordèrent des sujets comme la perception, la mémoire, l'imagination, l'association, l'attention, le langage et le raisonnement. Un de leurs ouvrages, *Elements of the Philosophy of the Human Mind* (1792) de Dugald Stewart (1753-1828), fut utilisé à l'université Yale en 1824.

Rapidement, des ouvrages américains s'apparentant de plus en plus à ceux des philosophes écossais commencèrent à apparaître, comme *The Human Intellect : With an Introduction upon Psychology and the Soul* (1868) de Noah Porter. Le texte de Porter représentait la transition entre une psychologie liée à la philosophie et à la théologie et une psychologie devenue une discipline distincte. Le livre de Porter définissait la psychologie comme une science de l'âme humaine et abordait des sujets comme la psychologie en tant que branche de la physique, la psychologie en tant que science, la conscience, la perception sensorielle, le développement de l'intellect, l'association d'idées, la mémoire et la raison. Nous pouvons constater dans l'essai de Porter, ainsi que dans beaucoup d'autres ouvrages de l'époque,

la forte influence de la philosophie écossaise du sens commun ainsi que l'intérêt marqué pour l'individu, qui caractériserait par la suite la psychologie américaine moderne.

Troisième étape : la renaissance américaine (1886-1896)

Pendant la renaissance américaine, la psychologie se libéra complètement de la religion et de la philosophie pour devenir une science empirique. En 1886, John Dewey (qui sera présenté un peu plus loin) publia *Psychology*, dans lequel on retrouvait une description de cette nouvelle science empirique. En 1887 parut également le premier numéro de l'*American Journal of Psychology*, première publication américaine consacrée à la psychologie, et en 1890, William James publia *Principles of Psychology*. Tous ces événements marquèrent le début d'une psychologie qui s'intéressait aux différences individuelles, à l'adaptation à l'environnement et au pragmatisme, c'est-à-dire une psychologie parfaitement compatible avec la théorie évolutionniste. En effet, depuis l'époque des pionniers, les Américains accordaient une grande importance à l'individualisme, au pragmatisme et à l'adaptation à l'environnement. C'est pourquoi les États-Unis furent un terrain si fertile pour la physiognomonie, la phrénologie, l'hypnotisme et le spiritualisme, pratiques qui prétendaient aider les individus à mieux vivre.

C'est aussi à cette période que Titchener mit sur pied son très influent programme de structuralisme à l'université Cornell (1892), programme qui rivalisa avec le fonctionnalisme pendant plusieurs années.

Quatrième étape : le fonctionnalisme américain (de 1896 jusqu'à aujourd'hui)

Pendant l'étape du fonctionnalisme américain, la combinaison entre la science, l'importance accordée au pragmatisme et à l'individu et la théorie évolutionniste donna naissance à l'école fonctionnaliste. Selon Sahakian (1975), l'année 1896 marque le début du fonctionnalisme avec la publication de l'article de John Dewey « The Reflex Arc in Psychology ». Cette date est quelque peu arbitraire. D'autres estiment que le **fonctionnalisme** débute formellement en 1890 avec la publication du livre révolutionnaire de James, *The Principles of Psychology*.

Si ses origines remontent à la publication des *Principes* de James, le fonctionnalisme précède donc l'école du structuralisme et évolue de manière parallèle. Titchener était à Cornell entre 1892 et 1927. Les membres des deux écoles s'opposaient, et il y avait peu de dialogue constructif entre eux. Ces écoles illustrent bien le concept de paradigme de Kuhn, en ce sens que leurs affirmations, leurs objectifs et leurs méthodologies différaient passablement. Pour un structuraliste, les affirmations au sujet de l'esprit s'inspiraient de l'empirisme français et britannique, la psychologie visait à comprendre la structure de l'esprit, et l'outil principal de recherche était l'introspection. Pour un fonctionnaliste, les affirmations au sujet de l'esprit découlaient de la théorie évolutionniste, le but était de comprendre comment l'esprit et le comportement interagissaient pour aider l'organisme à s'adapter à l'environnement, et les outils de recherche comprenaient tout ce qui était instructif, incluant l'introspection, l'étude du comportement humain et l'étude de la maladie mentale. En d'autres mots, l'école du structuralisme et celle du fonctionnalisme avaient trop peu en commun pour qu'il existe un lien entre elles.

Les caractéristiques de la psychologie fonctionnaliste

Le fonctionnalisme ne fut jamais une école de pensée bien définie ayant à sa tête un leader reconnu par tous et une méthodologie unique. Dans la mosaïque qu'il forme se retrouvent néanmoins des thèmes communs à tous ceux que nous appellerons les fonctionnalistes. Nous adopterons à cette fin la liste de Keller (1973).

- Les fonctionnalistes s'opposaient à ce qu'ils considéraient comme une quête stérile des éléments de la conscience dans laquelle s'étaient engagés les structuralistes.

- Les fonctionnalistes cherchaient à comprendre le fonctionnement de l'esprit plutôt qu'à décrire de manière statique son contenu. Ils croyaient que le processus mental avait une fonction : aider l'organisme à s'adapter à son environnement. C'est pourquoi ils s'intéressaient davantage à l'utilité de l'esprit qu'à sa nature, à sa fonction plutôt qu'à sa structure.

- Les fonctionnalistes voulaient faire de la psychologie une science appliquée et non une science pure ; ils souhaitaient utiliser leurs découvertes pour améliorer la qualité de vie des individus, l'éducation, l'industrie et ainsi de suite. Les structuralistes rejetaient une telle approche axée sur le concret.

- Les fonctionnalistes étaient en faveur de l'élargissement de la psychologie pour y inclure la recherche sur les animaux, l'enfance et les anormalités humaines. Ils professaient également un élargissement de la méthodologie pour englober tout ce qui pouvait être d'une quelconque utilité comme les casse-têtes, les labyrinthes et les tests mentaux.

- L'intérêt des fonctionnalistes pour le « pourquoi » des processus mentaux et du comportement les mena à s'intéresser à la motivation. Étant donné qu'un organisme réagira différemment dans un même environnement au gré de l'évolution de ses besoins, la compréhension de ces besoins devait précéder celui de son comportement.

- Les fonctionnalistes acceptaient, comme objets de recherche légitimes de la psychologie, *à la fois* les processus mentaux et le comportement, et la plupart voyaient l'introspection comme un outil de recherche valable parmi d'autres.

- Les fonctionnalistes s'intéressaient davantage aux différences entre les organismes qu'à leurs ressemblances.

- Tous les fonctionnalistes furent directement ou indirectement influencés par William James qui, lui-même, l'avait été fortement par la théorie de l'évolution de Darwin.

Nous procéderons maintenant à un survol de la pensée de certains membres de l'école fonctionnaliste en commençant par William James, le fonctionnaliste le plus influent, et en terminant par Edward L. Thorndike, une figure de transition qui pourrait aisément se ranger du côté des premiers béhavioristes.

William James

William James (1842-1910) représente le pont entre les psychologies européenne et américaine. Si ses idées ne furent pas suffisamment développées pour se transformer en école de pensée, elles renfermaient toutefois les germes de ce qui allait devenir l'école du fonctionnalisme. Comme nous le mentionnions précédemment,

William James

James avait déjà attiré l'attention sur la psychologie américaine avec la publication de *Principles of psychology*, deux ans avant l'arrivée de Titchener à Cornell. James était de vingt-cinq ans son aîné et il mourut en 1910, au moment où Titchener était au faîte de sa gloire. Cependant, l'influence de la psychologie de James fut beaucoup plus grande que celle de Titchener. En fait, peu après la publication des *Principes*, James commença à disputer à Wundt le titre de chef de file mondial de la psychologie. En 1896, le IIIe Congrès international de psychologie se déroula à Munich. Le laboratoire de Wundt, alors âgé de soixante-quatre ans, existait depuis dix-sept ans. La publication des *Principes* de James, qui était alors âgé de cinquante-quatre ans, remontait à six ans. À l'époque, un journal de Berlin surnommait Wundt le « pape de la psychologie du Vieux Monde » et James, le « pape de la psychologie du Nouveau Monde » (Hilgard, 1987, p. 37 [notre traduction]). Wundt et James n'assistèrent pas au congrès, mais le qualificatif de « pape » par lequel on les désignait confirmait leur statut de figure dominante de la psychologie.

William James naquit le 11 janvier à New York. Son frère Henry, qui allait devenir un romancier célèbre,

arriva quinze mois plus tard. Leur père, Henry James, Sr., qui avait perdu accidentellement une jambe pendant l'adolescence, était un adepte de la religion mystique d'Emanuel Swedenborg (1688-1772). Cette religion suscitait un tel enthousiasme chez James père qu'il y consacra un livre intitulé *The Secret of Swedenborg*. Henry James Sr. était indépendant de fortune et voulait que ses enfants reçoivent la meilleure éducation possible. Après avoir inscrit William dans diverses écoles privées américaines, le père décréta que les écoles européennes produiraient de meilleurs résultats ; aussi, William fréquenta-t-il des écoles en Suisse, en France, en Allemagne et en Angleterre. Ses premières années furent donc extrêmement stimulantes et comportèrent de nombreux voyages ainsi que d'intenses discussions de nature intellectuelle. En 1860, à l'âge de dix-huit ans, après avoir manifesté un talent certain pour la peinture, William décida de devenir un artiste. Toutefois, son père, désemparé par ce choix de carrière, éloigna William de son professeur d'art et menaça même de se suicider si son fils persistait dans ses intentions (Fancher, 1990). Malheureusement pour William, aucun choix de carrière ne satisfaisait son père :

> M. James critiquait non seulement le désir de peindre de William, mais même lorsque son fils s'orienta vers la science conformément à ses vœux, il discrédita ce choix. Quand William opta finalement pour la métaphysique parce que son père considérait la philosophie comme la quête intellectuelle suprême, Henry reprocha à son fils de ne pas avoir choisi le bon type de philosophie. (Bjork, 1983, p. 22-23 [notre traduction])

Il n'est guère étonnant de constater que William James manifesta, tout au long de sa vie, une incertitude et une ambivalence quant à sa carrière.

En 1861, James entreprit des études en chimie à l'université Harvard. Il bifurqua rapidement vers la physiologie pour se préparer à une carrière en médecine et, en 1864 (à l'âge de vingt-deux ans), il s'inscrivit à l'école de médecine de Harvard. James interrompit ses études pour accepter une invitation de Louis Agassiz, célèbre biologiste de Harvard et adversaire de la théorie darwinienne, pour participer à une expédition au Brésil. En plus de souffrir du mal de mer, James contracta la petite vérole. Une fois rétabli, il décida de poursuivre ses études en médecine, mais de retour au pays, il vit sa santé se détériorer de nouveau, sa vue décliner, et il souffrit de graves maux de dos. En 1867, James se rendit en Allemagne afin de suivre une cure thermale pour soigner ses problèmes de dos. Pendant son séjour, il découvrit la psychologie et la philosophie allemandes. Dans son journal, on retrouve une lettre écrite à un ami qui montre que c'est à cette époque que James découvrit Wundt. Comme Wundt, il croyait le moment venu de transformer la psychologie en science (James, 1920, vol. 1, p. 118 et 119).

La crise de James

James retourna aux États-Unis et, en 1869, à l'âge de vingt-sept ans, il obtint finalement son diplôme en médecine de Harvard. Par la suite, sa santé continua de se détériorer, et il sombra dans une profonde dépression. Une des raisons de son état réside dans les répercussions qu'eurent sur lui la physiologie et la psychologie matérialistes allemandes. Pour James, il apparaissait évident que si la philosophie matérialiste était vraie, elle s'appliquait également à lui. Cela signifiait que tout ce qui lui arrivait était prédéterminé et échappait à son contrôle. Par exemple, il était destiné à sombrer dans la dépression et chercher à la combattre s'avérait inutile. Son adhésion à la théorie de l'évolution de Darwin exacerba le problème. Dans la vision darwinienne, on retrouve la variation, la sélection naturelle et la survie du plus fort ; la liberté, l'espoir ou le choix n'existent pas.

Un point tournant majeur dans la vie de James se produisit lors de la lecture d'un essai sur le libre arbitre de Charles-Bernard Renouvier (1815-1903). Après avoir lu cet essai, James écrivit (1920, éd. fr. 1924) dans son journal :

> Je crois que la journée d'hier a marqué une crise dans ma vie. J'ai achevé la première partie des seconds *Essais* de Renouvier, et je ne vois pas pourquoi la définition qu'il donne du libre arbitre : le fait de soutenir une idée parce que j'en ai ainsi décidé, alors que j'aurais pu m'arrêter à d'autres idées, serait forcément la description d'un mirage. En tout cas, je veux admettre pour le moment, mettons jusqu'à l'année prochaine, que ce n'est pas une illusion. Mon premier acte de libre arbitre consistera à croire au libre arbitre. Jusqu'à la fin de cette année-ci, je m'abstiendrai de la pure spéculation et de l'analyse trop subtile auxquelles je me plais tant par nature, pour cultiver délibérément le sentiment de la liberté morale, par la lecture d'ouvrages où elle est exposée avec sympathie, et par mes actes mêmes. Après le premier janvier, et lorsque je commencerai de pouvoir voler un peu de mes propres ailes, il se peut que je revienne aux études métaphysiques et au scepticisme, sans danger pour mon pouvoir d'agir. Donc, pour le présent : me soucier peu de la

> spéculation, et beaucoup de la *forme* de mes actes ; me rappeler que ce n'est que lorsqu'on a acquis des habitudes d'ordre que l'on peut s'avancer vers des champs d'action réellement intéressants, et ainsi accumuler des décisions volontaires, une à une, comme un avare, sans oublier jamais qu'une maille lâchée emporte tout l'ouvrage, si considérable soit-il [...] Jusqu'ici, lorsque j'avais le désir de prendre une initiative libre, d'oser agir d'une manière qui me soit personnelle, sans vouloir attendre que la contemplation du monde extérieur prît pour moi la décision, c'est le suicide qui me paraissait la plus virile forme d'action par laquelle manifester mon audace ; maintenant, je ferai faire à ma volonté un pas de plus ; avec elle non seulement j'agirai, mais je croirai en ma réalité individuelle et en ma puissance créatrice. (James, éd. fr. 1924, p. 55-56)

Ces changements de perspective permirent à James de guérir sa dépression et stimulèrent énormément sa productivité. C'est le début du **pragmatisme** de James, c'est-à-dire la croyance que si une idée fonctionne, c'est qu'elle est valide. En d'autres mots, le critère ultime pour jauger une idée devrait être son utilité ou sa « valeur marchande ». Cette étape fut également marquée par le conflit perçu par James entre le point de vue objectif et scientifique basé sur le déterminisme d'une part et les émotions personnelles et subjectives, comme l'impression de jouir d'un libre arbitre, d'autre part. James se servit du pragmatisme pour résoudre ce problème. En psychologie, disait-il, même avec la méthode scientifique, il fallait également supposer que le comportement humain était déterminé. Toutefois, aussi utile que pouvait être cette affirmation, elle avait des limites. Certaines questions scientifiques se situaient au-delà de la portée de la science et une approche subjective demeurait plus pertinente pour les aborder. Par conséquent, selon James, il fallait utiliser une approche *à la fois* scientifique et philosophique dans l'étude de la pensée et du comportement humains. Supposer qu'il était possible de connaître tous les aspects des êtres humains grâce à la recherche scientifique équivalait selon lui au médecin qui donnerait à ses patients des tics nerveux sous prétexte que c'est la seule chose qu'il est capable de soigner. Selon James, même s'il s'avérait impossible d'étudier efficacement un quelconque aspect des êtres humains — le libre arbitre par exemple — à l'aide d'une méthode déjà existante, on ne nierait pas pour autant cet aspect de l'existence humaine. On chercherait plutôt d'autres méthodes d'étude. En d'autres mots, pour James, ce n'était pas le rôle de la science de déterminer quels aspects de l'expérience humaine valent la peine d'être étudiés ou non. James proposait un **empirisme radical** en vertu duquel tous les aspects de l'expérience humaine méritaient considération. Heidbreder (1933) disait à propos de James : « Il croyait que rien se présentant comme une possibilité ne pouvait être rejeté sans être d'abord examiné » (p. 157 [notre traduction]). Suivant son propre conseil, une habitude chez lui, James explora le phénomène de l'expérience religieuse et présenta ses conclusions dans *The Varieties of Religious Experience* (1902). L'empressement de James à accepter des méthodes allant des anecdotes à l'expérimentation rigoureuse témoigne de sa foi dans le pragmatisme et l'empirisme radical.

En 1872, James enseigna pendant un an la physiologie à Harvard. Il passa ensuite une année en Europe et retourna encore une fois à Harvard pour y enseigner, mais son cours portait cette fois sur les relations entre la physiologie et la psychologie. En 1875, James mit au point une petite démonstration en laboratoire qu'il utilisait pendant ses cours. Ce fait souleva d'ailleurs une controverse sur l'identité de la première personne à avoir mis au point une expérience de laboratoire en psychologie : Wundt en 1879 ou James en 1875 ? Habituellement, on accorde le crédit à Wundt, car son expérience était plus complexe et conçue spécifiquement à des fins de recherche, et non une simple démonstration à des fins d'enseignement.

En 1878, l'éditeur Henry Holt offrit à James un contrat pour la publication d'un ouvrage sur la psychologie. Le livre fut finalement publié douze ans plus tard, en 1890, alors que James était âgé de quarante-huit ans. Si son essai *Principles of psychology* allait révolutionner le domaine, James (1920) n'en avait pas vraiment conscience, comme en témoigne cette lettre expédiée à son éditeur en même temps que son manuscrit.

> Impossible d'être plus dégoûté que je le suis quand je contemple mon ouvrage. Il n'y a pas de sujet qui vaille d'être traité en 1000 pages ! Si je disposais encore de dix ans, je pourrais le refondre en 500 ; mais tel qu'il est, c'est cela ou rien : une masse répugnante, gonflée, tuméfiée, enflée, hydropique, ne prouvant que deux choses : 1° qu'il n'existe pas de *science* de la psychologie, et 2° que W. J. est un incapable. (James, éd. fr. 1924, p. 114)

Ce livre très influent s'étalait sur deux tomes, vingt-huit chapitres et 1393 pages. Deux années plus tard, James en publia une version abrégée : *Psychology : The Briefer Course* (1892/1985). Ce dernier fut surnommé Jimmy, tandis que la version originale en deux tomes fut baptisée James.

James prit sa retraite de Harvard en 1907 et mourut d'une crise cardiaque à sa maison de campagne près de Mount Chocorua, au New Hampshire, le 26 août 1910.

Ni dans ses écrits ni chez l'individu qu'il était ne se trouve une théorie structurée. Il y a plutôt une grande variété de sujets qui furent traités plus tard par de nombreux chercheurs. Comme nous le verrons, les thèmes du pragmatisme et de l'individualisme imprègnent l'ensemble de ses écrits. Fidèle à son empirisme radical, James s'était toujours intéressé à une grande variété d'idées, allant de la religion, du mysticisme, de la guérison par la foi et des phénomènes psychiques aux faits et aux méthodes les plus rigoureusement scientifiques qu'offrait la psychologie à cette époque.

George Santayana (1920), philosophe et poète américain d'origine espagnole, qui était un collègue de James à Harvard, écrivait ceci à propos de ce dernier :

> Je pense qu'il aurait sombré dans la dépression s'il avait avoué qu'une question importante avait finalement été réglée. Il aurait toujours gardé espoir qu'un fait nouveau surgisse et que, au moment où le bourreau scientifique s'apprêtait à exécuter le pauvre condamné à mort, un témoin imprévu arriverait à l'improviste et prouverait son innocence. (p. 82 [notre traduction])

Nous explorerons maintenant quelques-uns des concepts les plus célèbres de James.

L'opposition à l'approche de Wundt en psychologie

La presque totalité du contenu des *Principes* peut être vue comme une critique de l'approche de Wundt en psychologie telle que James l'entendait. Selon James, cette approche se résumait à une recherche d'éléments de la conscience. Le passage suivant illustre toute la sévérité de la critique de James (1890/1950) :

> En quelques années, ce que nous pourrions qualifier de psychologie microscopique est apparu en Allemagne. Cette psychologie utilise des méthodes expérimentales, est constamment à la recherche de données introspectives et règle le problème d'imprécision en opérant à grande échelle à l'aide de moyens statistiques. Cette méthode qui met la patience à rude épreuve n'aurait pu voir le jour dans un pays où les gens ont horreur de

l'ennui ce qui, de toute évidence, n'est pas le cas d'Allemands comme Weber, Fechner […] et Wundt. Le succès qu'il ont remporté dans cette discipline a attiré bon nombre de jeunes psychologues expérimentaux, lesquels à leur tour étudient les *éléments* de la vie mentale, les dissèquent à partir des résultats bruts qu'ils ont obtenus et essaient de les traduire en échelles quantitatives. Une fois que cette méthode d'attaque simple et ouverte a donné ce qu'elle peut commence la méthode de la patience, de l'épuisement et du harcèlement jusqu'à la mort ; l'Esprit doit subir un *siège* en bonne et due forme où les avantages, les plus minimes soient-ils, obtenus de jour comme de nuit par les forces qui l'encerclent, s'additionnent pour le soumettre. Il reste peu de choses de ce style grandiose fait de prismes, de pendules et de ces philosophes-chronographes. Ces gens n'entendent pas à rire. Ce que la divination généreuse et la supériorité de la vertu qui, selon Cicéron, devaient aider l'homme à comprendre la nature n'ont pas réussi à faire, eux y parviendront sans doute un jour à force d'épier, et de gratter et de faire montre d'une ténacité mortelle et d'une roublardise presque diabolique. (vol. 1, p. 192-193 [notre traduction])

Bien entendu, James réagissait à Wundt l'expérimentateur. Si James s'était penché davantage sur le volontarisme de Wundt et sur son *Völkerpsychologie*, il aurait constaté une remarquable similitude entre Wundt et lui. Quoi qu'il en soit, c'est Wundt, l'expérimentateur, qui, après avoir lu les *Principes* de James, disait : « C'est de la littérature, c'est magnifique, mais ce n'est pas de la psychologie » (Blumenthal, 1970, p. 238 [notre traduction]).

Même si James appréciait les excursions de Fechner dans le surnaturel (James écrivit l'introduction de la traduction anglaise du livre de Fechner, *The Little Book of Life After Death*), il ne tenait pas en haute estime ses travaux scientifiques qui avaient tant impressionné Wundt (James, 1890/1950, vol. 1, p. 534, 549).

Le courant de la conscience

Avec son concept de **courant de la conscience**, James s'opposait à ceux dont les recherches portaient sur les *éléments* de la pensée. D'abord, disait James, la *conscience est individuelle*. Elle reflète les expériences d'un individu et, par conséquent, il est téméraire de chercher des éléments communs à tous les esprits. Deuxièmement, *la conscience est continue et ne peut être subdivisée à des fins d'analyse* :

Essayez de découper une pensée en plein milieu pour en examiner l'intérieur. […] Le courant de pensée est d'une

telle rapidité, que la conclusion se présente devant nos yeux avant que nous puissions faire quoi que ce soit. Et si nous l'arrêtons, cette pensée cesse immédiatement d'être elle-même, tel un flocon de neige emprisonné dans la tiédeur de notre main qui cesse d'être un flocon pour se transformer en goutte. Donc, au lieu d'avoir l'impression d'attraper une suite qui arrive à sa conclusion, nous attrapons quelque chose de substantiel, habituellement le dernier mot prononcé, mais pris isolément ; sa fonction, sa tendance et son sens particulier dans la phrase ont disparu. Dans un tel cas, tenter une analyse introspective équivaut à immobiliser une toupie pour analyser son mouvement, ou essayer de fermer le gaz suffisamment rapidement pour voir à quoi ressemble l'obscurité. (James, 1890/1950, vol. 1, p. 244 [notre traduction])

Troisièmement, la *conscience est en changement constant*. Même si la conscience est continue et s'apparente à un courant ininterrompu qui va de la naissance à la mort, elle change aussi constamment. James citait l'aphorisme d'Héraclite sur l'impossibilité de sauter deux fois dans la même eau d'une rivière. Pour James, l'expérience consciente relevait du même principe. On ne peut avoir exactement la même idée deux fois, car le courant de la conscience qui sert de toile de fond à l'idée est lui aussi en changement constant.

Quatrièmement, la *conscience est sélective*. Beaucoup d'événements pénètrent dans la conscience pour y subir un examen plus approfondi, alors que d'autres sont inhibés. Encore une fois, James (1850/1950) jonglait avec l'idée de libre arbitre :

Nous constatons qu'à chacune des étapes l'esprit est le théâtre de possibilités simultanées. La conscience compare ces possibilités les unes avec les autres, en sélectionne certaines et supprime celles qui restent en consolidant et en inhibant l'attention. (vol. 1, p. 288 [notre traduction])

Finalement, et c'est peut-être l'aspect le plus important, la *conscience est fonctionnelle*. Cette idée, omniprésente dans l'œuvre de James, est le point de départ de l'école du fonctionnalisme. Selon James, l'élément le plus important à propos de la conscience — négligé, du reste, par les élémentistes — est son rôle dans l'adaptation à l'environnement. On constate ici la grande influence de Darwin lors de la genèse de la psychologie scientifique américaine.

La conscience est donc individuelle, continue, en changement constant, sélective et fonctionnelle. Cette vision est peu compatible avec la vision de Wundt l'expérimentateur (tout en se rapprochant beaucoup de celle de Wundt le volontariste), ou plus tard avec celle des structuralistes. James (1890/1950) en arriva à la célèbre conclusion suivante au sujet de la conscience :

> On ne peut dépecer la conscience en petits morceaux. Les mots comme « chaîne » et « train » ne s'appliquent pas à elle. Elle ne possède aucune articulation. Elle s'écoule. Les mots « rivière » ou « courant » sont les métaphores qui la décrivent le plus naturellement. *Il faut donc parler de courant de pensée, de conscience ou de vie subjective.* (vol. 1, p. 239 [notre traduction])

Même si James utilisa l'expression « courant de pensée » dans un article publié en 1884 et intitulé « On Some Omissions of Introspective Psychology », J. Gill Holland (1986) indique que George Henry Lewes utilisa ce terme quatre années auparavant dans son *Problems of Life and Mind* (1880).

Les habitudes et les instincts

James (1890/1950) croyait que l'instinct régissait le comportement animal et humain :

> *Pourquoi les animaux posent-ils des gestes en apparence étranges* en réaction à des stimuli si incongrus ? Par exemple, pourquoi la poule s'astreindrait-elle à incuber un objet si mortellement inintéressant qu'un œuf, à moins qu'il n'existe quelque lien prophétique avec le résultat à venir ? La seule réponse est *ad hominem*. Nous ne pouvons interpréter les instincts des brutes qu'à partir de ce que nous savons à propos de nous-mêmes. Pourquoi les individus s'allongent-ils toujours, lorsqu'ils en ont le choix, sur des lits douillets plutôt que sur des planchers durs ? Pourquoi se rassemblent-ils autour d'un poêle chaud lorsqu'il fait froid ? Pourquoi, lorsqu'ils se trouvent dans une pièce, se placent-ils quatre-vingt-dix-neuf fois sur cent le visage tourné vers le centre plutôt que vers le mur ? Pourquoi préfèrent-ils la selle d'agneau et le champagne aux biscuits de mer et à l'eau des fossés ? Pourquoi la jeune fille vierge intéresse-t-elle tant le jeune homme au point d'en devenir la chose la plus importante et la plus significative de tout l'Univers ? Tout est question d'habitude humaine et chaque créature *aime* sa façon d'agir et se comporte en conséquence. (vol. 2, p. 386-387 [notre traduction])

Pour James, le comportement instinctif n'est « ni aveugle ni invariable ». Selon lui, un tel comportement est modifiable avec l'expérience. De plus, il croyait possible pour un organisme d'acquérir de nouveaux modèles de comportement de type instinctif au cours de sa vie. James appelait **habitudes** ces modèles de comportement acquis.

Selon James, la répétition crée l'habitude. Elle favorise la création de chemins neurologiques vers le cerveau, à l'intérieur et à partir de lui, qui facilitent le transfert d'énergie (voir 1890/1950, vol. 1, p. 566). James proposait une explication neurophysiologique de la création des habitudes qui s'apparentait beaucoup à celle de Pavlov. Les habitudes sont fonctionnelles parce qu'elles simplifient les mouvements requis pour atteindre un résultat donné, accroître la justesse du comportement, réduire la fatigue et diminuer la nécessité d'agir consciemment pour poser certains gestes.

Pour James (1890/1950), l'habitude rend la vie en société possible :

> L'habitude est [...] l'énorme gouvernail de la société, son mécanisme de conservation le plus précieux. Elle nous permet de rester à l'intérieur des limites de ce qui est prescrit, de protéger les enfants privilégiés de la révolte envieuse des pauvres. Elle nous permet d'accomplir les tâches les plus difficiles et les plus répugnantes. [...] Elle ne nous laisse d'autre choix que de nous débattre à l'intérieur des limites de notre éducation ou de nos choix initiaux, et de faire de notre mieux en cas de conflit, car il n'y a rien que nous puissions faire, sans compter que recommencer de nouveau est impossible. Elle empêche le mélange entre les couches sociales. Chez le voyageur de commerce, le médecin, le ministre du culte et l'avocat, on constate dès l'âge de vingt-cinq ans des signes de maniérisme professionnel. Apparaît alors le clivage subtil dans les personnalités, les façons de penser, les préjugés, les façons de faire. L'homme ne peut y échapper, pas plus qu'un vêtement ne peut éviter les plis. Il en va de l'intérêt de tous qu'à l'âge de trente ans, notre personnalité se durcisse comme un ciment qui ne reviendra plus à l'état liquide. (vol. 1, p. 121 [notre traduction])

Grâce à la formation des habitudes, nous pouvons faire de notre système nerveux notre allié plutôt que notre ennemi.

> *Pour cela nous devons le plus tôt possible rendre automatiques et habituelles le plus grand nombre possible d'actions utiles, et nous garder comme de la peste des habitudes qui pourraient quelque jour nous être désavantageuses.* (James, 1892/1985, éd. fr. 1909, p. 186)

James (éd. fr. 1909) proposait cinq maximes à suivre pour acquérir de bonnes habitudes et éliminer les mauvaises.

■ Placez-vous dans des circonstances qui encouragent les bonnes habitudes et découragent les mauvaises.

■ N'agissez pas de manière contraire à l'habitude que vous cherchez à acquérir : « Toute faute ressemble à la chute d'une pelote de fil que l'on est en train d'enrouler soigneusement : quel travail pour l'enrouler à nouveau de tous les tours échappés en une fois ! » (éd. fr. 1909, p. 187).

■ N'essayez pas d'acquérir une bonne habitude ou d'en éliminer une mauvaise de manière graduelle. Adoptez immédiatement les bonnes habitudes et éliminez immédiatement les mauvaises.

■ Ce n'est pas l'*intention* d'acquérir une bonne habitude ou d'en éliminer une mauvaise qui compte : c'est de le faire maintenant : « Le rêveur sentimental et sans énergie qui passe sa vie dans le flux et le reflux d'un océan d'émotions, sans jamais aboutir à une action concrète et virile, est bien le caractère le plus méprisable qui soit » (éd. fr. 1909, p.189).

■ Imposez-vous une manière d'agir qui est bénéfique pour vous même si d'agir ainsi est, au départ, désagréable et requiert beaucoup d'efforts.

Toutes les maximes de James se fondent en un principe fondamental. Agissez de manière compatible avec le type de personne que vous souhaiteriez être.

Le moi

James (éd. fr. 1909) parlait de ce qu'il appelait le **moi empirique** ou le « moi » de la personnalité, lequel est composé de tout ce qui appartient en propre à une personne :

> Cependant, *au sens le plus large du mot, le moi enveloppe tout ce qu'un homme peut appeler sien*, non seulement son corps et ses facultés psychiques, mais encore ses vêtements, sa maison, sa femme et ses enfants, ses ancêtres et ses amis, sa réputation et ses œuvres, ses champs et ses chevaux, son yacht et son compte de banque. (éd. fr. 1909, p. 228)

James divisait le moi empirique en trois éléments : le moi matériel, le moi social et le moi spirituel. Le *moi matériel* comprenait tout ce qui appartient à une personne, par exemple son corps, sa famille, sa propriété. Le *moi social* est celui connu des autres. « À proprement parler, *un homme a autant de moi sociaux qu'il y a d'individus à « le connaître » et à se faire de lui une idée ou une opinion quelconques* » (éd. fr. 1909, p. 231). Le *moi spirituel* est l'état de conscience d'une personne. C'est tout ce qui meuble notre esprit lorsque nous pensons à nous-mêmes en tant qu'êtres doués de pensée. Toutes les émotions associées aux différents états de conscience font également partie du moi spirituel. Celui-ci est en lien avec la réalité subjective perçue par l'individu.

Le moi en tant qu'outil de connaissance Le moi empirique (le moi) incarne la personne telle qu'elle se définit ; il existe également un élément du moi en charge de cette connaissance (le je). Par conséquent, James considère le moi comme « étant à la fois le sujet connaisseur et l'objet connu » (éd. fr. 1909, p. x). James admettait qu'il était plus facile de traiter avec le « moi » qu'avec le « je », qu'il appelait « ego pur ». James avait de la difficulté à définir son concept de **moi en tant qu'outil de connaissance** et reconnaissait sa similitude avec les concepts philosophiques et théologiques d'« âme », d'« esprit » et d'« ego transcendantal ».

L'estime de soi James fut parmi les premiers à examiner les circonstances qui font en sorte que les gens se sentent bien ou mal par rapport à eux-mêmes. Il en conclut que l'**estime de soi** est liée au rapport entre ce qui est tenté et ce qui est accompli :

> Qui n'essaie pas n'échoue pas ; qui n'échoue pas n'encourt pas d'humiliation. Ainsi nous nous estimons en ce monde exactement d'après ce que nous prétendons être et prétendons faire ; nous prenons ici pour mesure de notre valeur le rapport qu'il y a entre les résultats que nous obtenons et ceux que nous pensons pouvoir obtenir. Cela nous donne une fraction dont nos prétentions fournissent le dénominateur et nos succès le numérateur, soit :

$$\text{estime de soi} = \frac{\text{succès}}{\text{prétentions}}$$

(James, éd. fr. 1909, p. 241).

Selon James, il est possible d'accroître l'estime de soi en réussissant davantage *ou* en essayant moins : « Il y a gain égal à renoncer à des prétentions ou à les réaliser » (éd. fr. 1909, p. 241).

> [...] une étrange clarté inonde notre âme quand nous acceptons de bonne foi notre néant dans un ordre quelconque. Il n'y a pas que de l'amertume dans le cœur de l'amoureux renvoyé définitivement avec un

« non » inexorable. Bien des gens de Boston, *experto crede*, et sans doute aussi (j'en ai peur) d'autres villes, augmenteraient dès aujourd'hui leur bonheur s'ils voulaient bien, hommes et femmes, renoncer une fois pour toutes à se développer un moi musicien, et consentir à dire publiquement et sans respect humain qu'une symphonie est une calamité. Quel jour agréable que celui où nous renonçons à être jeunes ou sveltes ! Dieu merci, disons-nous, c'en est fait de *ces* illusions. Tout ce qu'on surajoute au moi est autant un fardeau qu'un ornement. Un homme qui avait perdu jusqu'au dernier penny dans notre guerre civile entra dans un tas de poussière et s'y roula positivement, disant que depuis sa naissance il ne s'était jamais senti si libre ni si heureux. (James, éd. fr. 1909, p. 242)

Les émotions

James prenait à revers la définition traditionnelle d'une émotion voulant qu'elle résulte de la perception d'un événement. Par exemple, il était communément admis que la vue d'un ours déclenche un sentiment de peur, puis l'action de fuir. Selon James, lorsque nous apercevons un ours, nous nous enfuyons d'abord et nous éprouvons *ensuite* de la peur. La perception provoque des réactions physiques qui sont ensuite perçues comme des émotions. En d'autres mots, les émotions ressenties varient en fonction de nos *actions*. James (1890/1950) proposa la théorie suivante :

> Nous considérons naturellement [...] les émotions comme les perceptions mentales de certains faits qui excitent l'affection mentale appelée émotion, et cet état d'esprit donne ensuite naissance à une expression corporelle. Au contraire, je crois que *les changements physiques suivent directement la perception d'une stimulation et la sensation générée par ces changements au moment où ils se produisent EST l'émotion.* Le sens commun nous dit que lorsque nous perdons tout, nous sommes anéantis et nous pleurons ; lorsque nous voyons un ours, nous sommes effrayés et nous nous enfuyons ; lorsqu'un rival nous insulte, nous sommes en colère et nous contre-attaquons. Pourtant, l'hypothèse la plus plausible nous dirait que cet enchaînement est incorrect, qu'un état mental n'est pas immédiatement causé par un autre, qu'une manifestation corporelle doit nécessairement s'interposer entre les deux, et que l'explication rationnelle nous indiquerait que nous pleurons parce que nous sommes désolés, que nous contre-attaquons parce que nous sommes en colère, que nous tremblons parce que nous avons peur. Nous sommes désolés, en colère, apeurés, selon le cas. Sans états corporels qui suivraient la perception, ces émotions ne seraient que de pures

cognitions, pâles, sans couleur, dénuées de chaleur émotionnelle. Nous pouvons voir un ours et juger préférable de prendre nos jambes à notre cou, recevoir une insulte et décider de répliquer, mais sans pour autant nous *sentir* effrayés ou en colère. (Vol. 2, p. 449-450 [notre traduction])

Conjuguée avec la vision du libre arbitre de James, cette théorie des émotions renferme le conseil suivant : *Agissez comme bon vous semble.* Si nous prêtons foi à James, la citation suivante d'Oscar Hammerstein s'applique : « Chaque fois que j'ai peur, je [...] sifflote un air joyeux, et [...] cette joie me persuade que je n'ai pas peur. »

> Siffler pour se donner du courage est plus qu'une simple figure de style. Par ailleurs, rester assis toute la journée le front ruisselant, soupirant et parlant d'une voix à peine audible est la recette infaillible pour que perdure la mélancolie. Il existe un précepte d'éducation morale que connaissent toutes les personnes d'expérience : pour surmonter une tendance émotive indésirable, il faut, avec assiduité et, si possible, avec sang-froid, aller en *sens contraire* de la tendance que nous préférons cultiver. Cette persévérance amènera la disparition de la maussaderie et de la solitude ainsi que l'apparition d'une réelle gaieté et d'une gentillesse salutaire. (James, 1890/1950, vol. 2, p. 463 [notre traduction])

La théorie des émotions de James illustre l'importance du *Zeitgeist* ; le médecin danois **Carl George Lange** (1834-1900) proposa pratiquement la même théorie à peu près au même moment. C'est la **théorie de James-Lange** ou la théorie des émotions. Dès sa présentation, cette théorie essuya de sévères critiques de la part de personnalités comme Wilhelm Wundt et Walter B. Cannon (1871-1945). Pour plus de détails concernant ces critiques et d'autres commentaires, voir Finger, 1994, p. 276-277.

Le libre arbitre

Même si James ne parvint pas à résoudre la controverse entourant la relation entre le libre arbitre et le déterminisme, il en arriva néanmoins à une prise de position acceptable pour lui. Il découvrit que, sans le postulat du déterminisme, on ne pouvait parler de science et dans la mesure où la psychologie aspirait à devenir une science, elle devait donc supposer le déterminisme. Toutefois, la science n'offre pas une réponse à tout et pour divers aspects de l'étude des êtres humains, supposer l'existence d'un libre arbitre reste pertinent :

Il faut [...] constamment rappeler à la science que ses fins ne sont pas les seules fins qui existent et que cette causalité uniforme qu'elle utilise, et qu'elle postule avec raison, appartient à un ordre plus vaste sur lequel elle n'a aucune prise. (James, 1890/1950, vol. 2, p. 576 [notre traduction])

L'analyse du comportement volontaire selon James

Selon la **théorie du comportement idéomoteur** de James, c'est l'idée d'une action qui permet à cette action de se produire. Il croyait que dans la vaste majorité des cas, la transmission des idées d'actions au comportement était immédiate et automatique (par habitude ou par réflexe). Ce processus automatique se poursuit à moins que l'effort mental permette une sélection et retienne volontairement une idée utile dans la conscience. Pour James, on ne pouvait séparer l'action volontaire et l'effort mental. Les idées des diverses possibilités comportementales proviennent des expériences précédentes, et leur remémoration est une condition préalable au comportement volontaire : « *La première condition de la vie volontaire est donc que l'on ait une provision de représentations des divers mouvements possibles, représentations que leur production involontaire a laissées dans la mémoire.* » (James, 1892/1985, éd. fr. 1909, p. 555). L'attention sélectionne une idée parmi diverses actions possibles, puis cette idée amène un comportement qui se poursuivra tant et aussi longtemps qu'elle retient l'attention. Par conséquent, « l'idée qui décide de l'action est tout simplement celle qui retient l'attention » (James, 1892/1985, éd. fr. 1909, p. 597). La volonté entre en action en sélectionnant une idée. Avec le *fiat* (une décision après délibération), la volonté utilise l'énergie pour entretenir l'idée dans la conscience tout en inhibant les autres : « *L'effort d'attention est donc l'acte essentiel de la volonté* » (James, 1892/1985, éd. fr. 1909, p. 599). C'est par le contrôle des idées liées au comportement que nous contrôlons notre comportement présent. Comme les idées sont à la base du comportement, il importe donc de retenir les idées menant au comportement jugé désirable compte tenu des circonstances : « Pour tout dire d'un mot, *le processus psychologique s'achève dans la volition, qui a toujours une idée pour point d'application immédiat* » (James, 1892/1985, éd. fr. 1909, p. 606). En combinant les théories volontaire et émotive de James, ce que nous pensons détermine ce que nous faisons, et ce que nous faisons détermine comment nous nous sentons.

James croyait que les événements physiques suscitaient les pensées et que les pensées provoquaient le comportement. Sur la question de la relation entre le corps et l'esprit, James était un interactionniste. Il ignorait cependant tout du mode d'interaction entre les deux ; pour lui, la nature de cette interaction resterait peut-être à jamais un mystère. Il disait : « Dans son insondable complexité, la nature a mélangé en nous l'argile et le feu, le cerveau et l'esprit, les rendant indissociables, chacun déterminant la nature de l'autre ; il est toutefois possible que nous n'en connaissions jamais le comment et le pourquoi » (1890/1950, vol. 1, p. 182 [notre traduction]).

Le pragmatisme

La foi de James dans le pragmatisme est présente dans tous ses écrits. Selon le pragmatisme, qui est la pierre angulaire du fonctionnalisme, toute croyance, toute pensée ou tout comportement doit être évalué selon ses conséquences. Toute croyance qui contribue à créer une vie plus efficace et plus satisfaisante en vaut la peine, qu'elle soit de nature scientifique ou religieuse. Croire au libre arbitre était une source de satisfaction pour James sur le plan émotionnel, donc il y croyait. D'un point de vue pragmatique, la vérité se trouve « quelque part » sous une forme statique, ne demandant qu'à être découverte comme le prétendaient tant de rationalistes. La vérité est plutôt une chose évaluable à la lumière de circonstances changeantes. Ce qui fonctionne est vrai, et parce que les circonstances changent, la vérité reste constamment dynamique.

Il existe un lien entre la philosophie du « comme si » de Vaihinger (voir le chapitre 9) et le pragmatisme de James. Les deux insistaient sur la nécessité de juger les mots et les concepts en fonction de leurs conséquences pratiques. Pour eux, des concepts comme Dieu, le libre arbitre, la matière et la raison, l'Absolu et l'énergie ne marquaient pas la fin d'une quête de connaissance mais le début. Il fallait déterminer les conséquences pratiques de tels concepts :

> Suivez-vous, au contraire, la méthode pragmatique ? Impossible alors de regarder aucun de ces mots comme mettant fin à votre recherche. Il faut que vous dégagiez de chaque mot la valeur qu'il peut avoir en argent comptant ; il faut lui faire remplir son office dans le champ même de votre expérience. Plutôt qu'une solution, on y voit alors un programme pour un nouveau travail à entreprendre. (James, 1907/1981, éd. fr. 1911, p. 63)

Le pragmatisme de James transparaît dans sa description des méthodes que devait employer la psychologie. Il préconisait l'utilisation de l'introspection et de l'expérimentation ainsi que l'étude des animaux, des enfants, des êtres humains analphabètes, des êtres humains présentant des anomalies. En résumé, il encourageait l'utilisation de toute méthode susceptible d'éclairer les complexités de l'existence humaine ; il pensait que rien d'utile ne méritait d'être négligé.

En 1907, James publia *Pragmatism* (dédié à la mémoire de John Stuart Mill), dans lequel il exposait en détail deux types de personnalité : *introverti* et *extraverti*. Les introvertis sont des personnes rationalistes (orientées vers les principes), intellectuelles, idéalistes, optimistes, religieuses, dogmatiques, et qui croient au libre arbitre. À l'inverse, les extravertis sont empiristes (orientés vers les faits), sensualistes, matérialistes, pessimistes, irréligieux, sceptiques et fatalistes. James voyait le pragmatisme comme un compromis entre les deux, s'alimentant tout simplement à chacune de ces listes en fonction des circonstances du moment.

Encore une fois, pour le pragmatiste, le critère de validité d'une idée est son utilité. Par conséquent, aucune idée, aucune méthode, aucune philosophie ni aucune religion ne devraient être acceptées ou rejetées pour un critère autre que leur utilité :

> Le rationalisme n'entend pas sortir de la logique, quitter l'empyrée. L'empirisme ne jure que par les sens extérieurs. Le pragmatisme accepte tout : il accepte la logique ; il accepte les sens et consent à tenir compte des expériences les plus humbles, les plus particulières. Si les expériences mystiques peuvent avoir des conséquences pratiques, il les acceptera. Et, — s'il se trouvait que Dieu pût se rencontrer là, — le pragmatisme acceptera un Dieu qui habiterait au milieu même de la fange des phénomènes particuliers !

> Comme critérium de la vérité probable, le pragmatisme prend ce qui remplit le mieux l'office de nous guider dans la vie, ce qui s'ajoute à toutes les parties de notre existence et s'adapte à l'ensemble des exigences de l'expérience, sans qu'aucune soit sacrifiée. Si les notions théologiques peuvent donner cela ; si la notion de Dieu, en particulier, se trouve le donner, comment le pragmatisme pourrait-il s'aviser de nier l'existence de Dieu ? Ce qui, pour lui, n'aurait aucune raison d'être, ce serait de ne pas considérer comme « vraie » une notion qui, aux yeux d'un pragmatiste, serait si bien justifiée par son succès[.] (James, 19907/1981, éd. fr. 1911, p. 86-87)

Parce qu'il estimait que toute idée possédait une valeur pragmatique potentielle, James endossa avec enthousiasme la parapsychologie et fut, en 1884, un des fondateurs de l'American Society for Psychical Research. Pour un survol intéressant de la pensée de James sur la parapsychologie, la religion et la guérison spirituelle, voir Murphy et Ballou, 1960/1973.

La contribution de James à la psychologie

James contribua à l'incorporation de la théorie évolutionniste à la psychologie. Par l'importance accordée à l'aspect utilitaire, James se démarquait de la psychologie pure, autant volontariste que structuraliste. En fait, le pragmatisme de la psychologie de James mena tout naturellement au développement de la psychologie appliquée. Pour James et pour tous les fonctionnalistes qui le suivirent, l'utilité définissait à la fois la vérité et la valeur. James étendit la portée des techniques de recherche en psychologie en acceptant non seulement l'introspection, mais en encourageant également toute technique susceptible de fournir une information utile sur les individus. Par l'examen de tous les aspects de l'existence humaine, incluant le comportement, la cognition, les émotions, la volonté et même l'expérience religieuse, James permit l'approfondissement du domaine de la psychologie. Comme nous le verrons au chapitre 21, l'éclectisme de James s'inscrit dans le postmodernisme, qui allait influer de plus en plus sur la psychologie contemporaine.

En 1892, à l'âge de cinquante ans, James décida qu'il avait dit tout ce qu'il avait à dire sur la psychologie. Il préféra consacrer tout son temps aux questions philosophiques ; il quitta donc la direction du laboratoire de psychologie de Harvard. Pour préserver la réputation de l'université comme étant celle ayant le meilleur laboratoire de psychologie au pays, James recruta un psychologue exceptionnel, imaginatif et adepte de l'expérimentation sans pour autant être un adepte de la psychologie de Wundt (à tout le moins comme James l'entendait). Cette personne avait pour nom Hugo Münsterberg.

Hugo Münsterberg

Né le 1er juillet dans la ville portuaire de Danzig dans l'est de la Prusse (aujourd'hui Gdansk, en Pologne),

Hugo Münsterberg

Hugo Münsterberg (1863-1916) était un des quatre fils de parents bien en vue. Son père était un homme d'affaires prospère ; sa mère, une artiste et une musicienne de renom. Ils moururent avant qu'Hugo n'atteigne l'âge de vingt ans. Tout au long de sa vie, Münsterberg s'intéressa à une foule de choses. Enfant, il manifesta un intérêt et un talent certain pour l'art, la littérature, la poésie, les langues étrangères, la musique et l'art dramatique. Puis, pendant ses études à l'université de Leipzig, il assista à une conférence de Wundt et s'intéressa à la psychologie. Münsterberg devint par la suite l'assistant de recherche de Wundt et reçut son doctorat sous sa supervision en 1885, à l'âge de vingt-deux ans. Peut-être sur le conseil de son directeur, Münsterberg étudia ensuite la médecine à l'université de Heidelberg où il reçut son diplôme en 1887. La même année, il commença à enseigner en tant que *Privatdocent* (enseignant non rémunéré) à l'université de Freiburg, où il fonda un laboratoire de psychologie et publia des articles sur la perception du temps, les processus d'attention, l'apprentissage et la mémoire.

Pendant la période où il fut l'assistant de Wundt, Münsterberg étudia notamment les activités volontaires à l'aide de l'introspection. Toutefois, les deux hommes ne s'entendaient pas sur l'utilisation de l'introspection au cours des expériences portant sur la volonté en tant qu'élément conscient de l'esprit. Wundt croyait cette utilisation possible, au contraire de Münsterberg. Il refusait de croire que la volonté participait d'une quelconque façon au comportement volontaire. Pour lui, dès que nous nous préparons à agir d'une certaine manière, nous ressentons consciemment cet état de préparation physique, mais nous le confondons avec la volonté d'agir. Par conséquent, pour Münsterberg, ce que nous ressentons consciemment comme émanant de la volonté n'est qu'un épiphénomène, un sous-produit de l'activité corporelle. Bien entendu, cette idée s'opposait diamétralement à l'interprétation du comportement volontaire de Wundt. Pour ce dernier, ce type de comportement était toujours précédé d'une volonté consciente d'agir. Même si James n'avait jamais éliminé la conscience en tant qu'élément de causalité dans son analyse du comportement (délibéré) volontaire, il voyait dans la position de Münsterberg un certain appui à sa théorie du comportement idéomoteur. Quoi qu'il en soit, chacune de ces analyses établissait un lien étroit et direct entre les pensées et le comportement. Il y avait toutefois une divergence quant aux relations postulées. Pour James, les idées créent le comportement ; pour Münsterberg, c'est le contraire. En fait, il existait une parenté certaine entre la théorie des émotions de James et l'analyse du comportement volontaire de Münsterberg. Comme nous l'avons vu, la théorie de James-Lange explique que les émotions ressenties consciemment sont des sous-produits (épiphénomènes) des réactions corporelles suscitées par une situation. Pour Münsterberg, le sentiment d'action délibérée résulte de la conscience d'un comportement secret, ou d'un empressement à agir ouvertement, provoqué par une situation donnée. Dans les deux cas (l'émotion pour James, le sentiment volontaire pour Münsterberg), l'expérience consciente est un sous-produit (épiphénomène) du comportement. Par rapport à l'aspect volontaire, l'analyse de James se rapprochait davantage de celle de Wundt que de celle de Münsterberg. Quoi qu'il en soit, en 1888, Münsterberg exposa sa théorie dans *Voluntary Action*, un livre qualifié par James de chef-d'œuvre, mais durement critiqué par Wundt. Plusieurs écrits de Münsterberg impressionnèrent James qui les cita souvent dans ses *Principes*. Il rencontra Münsterberg à Paris lors du Ier Congrès international de psychologie en 1889, et les deux hommes se lièrent d'amitié.

Une fois ses *Principes* complétés, James souhaita cesser ses activités en psychologie, plus particulièrement en psychologie expérimentale, pour se consacrer plus activement à la philosophie et aux phénomènes psychiques. Avant de se retirer de Harvard, James devait trouver quelqu'un pour lui succéder au laboratoire de psychologie. En 1892 (année de l'arrivée de Titchener à Cornell), James offrit le poste à Münsterberg malgré le fait que ce dernier ne parlait pas anglais (il pouvait cependant le lire). Münsterberg accepta et apprit à parler anglais si bien et si rapidement que ses cours attirèrent rapidement autant d'élèves que ceux de James. Même s'il s'était bien adapté à son nouveau pays, Münsterberg hésitait à renoncer à sa terre natale (l'Allemagne) en faveur d'un engagement à long terme aux États-Unis. En 1895, on lui accorda un congé afin qu'il puisse retourner à l'université de Freiburg. En deux ans, il ne parvint pas à décrocher le poste qu'il convoitait. Il écrivit à James en 1897 pour accepter de nouveau le poste à Harvard. Cependant, Münsterberg n'abandonna jamais les liens qui l'unissaient à sa terre natale.

Pendant plusieurs années, Münsterberg s'en tira admirablement bien à Harvard. En 1898, il fut élu président de l'American Psychological Association et prit la tête du département de philosophie de Harvard, lequel à l'époque incluait la psychologie. Il dédia à James son livre *Basics of Psychology*, publié en 1900. Toutefois, avec le temps, l'attitude libérale de James envers la philosophie et la psychologie commença à irriter Münsterberg, dont l'approche était davantage positiviste. Il était particulièrement consterné par le fait que James accepte la psychanalyse, les phénomènes psychiques et le mysticisme religieux comme éléments de la psychologie. Pour Münsterberg, « le mysticisme et les médiums sont une chose, la psychologie en est une autre. La psychologie expérimentale et la psychologie abracadabra sont incompatibles » (Bjork, 1983, p. 63-64 [notre traduction]). Malgré cette divergence d'opinions avec James, Münsterberg demeura extrêmement productif. Avec le temps, ses intérêts s'orientèrent de plus en plus vers les applications pratiques des principes psychologiques. Münsterberg avait la ferme conviction que les psychologues devaient s'intéresser à l'information utilisable dans le monde réel. Grâce à ses efforts, Münsterberg contribua énormément à la création de ce qui est devenu aujourd'hui la **psychologie appliquée**.

La psychologie appliquée de Münsterberg

La psychologie clinique   Dans une tentative de comprendre les causes des comportements anormaux, Münsterberg observa plusieurs personnes souffrant de maladie mentale. Comme il les rencontrait à des fins scientifiques, il n'exigeait aucun honoraire. Son « traitement » consistait principalement à amener des patients souffrant d'alcoolisme, de toxicomanie, de phobies et de dysfonction sexuelle à espérer une amélioration. Il ne traitait pas les cas de psychose, car il voyait la psychose comme une maladie causée par une détérioration incurable du système nerveux. En plus de croire que les individus pouvaient s'améliorer grâce à leurs efforts, Münsterberg employa également l'**antagonisme réciproque**. Cette méthode visait à renforcer les pensées opposées à celles qui causaient des problèmes. Même si Münsterberg connaissait les travaux de Freud, il choisit de traiter directement les symptômes sans chercher à en découvrir les causes sous-jacentes. Münsterberg écrivait à propos de la théorie freudienne de la motivation inconsciente : « L'esprit inconscient peut se résumer en [quatre] mots : il n'existe pas » (1909, p. 125 [notre traduction]).

La psychologie juridique   Münsterberg fut le premier à utiliser les principes de psychologie appliquée aux questions juridiques, créant ainsi la **psychologie juridique**. Il démontra que les témoignages rendus par les témoins oculaires risquaient d'être douteux pour diverses raisons : les impressions sensorielles pouvaient créer une illusion, la suggestion et le stress affectaient possiblement la perception, et la mémoire avait ses défaillances. Pendant son cours, Münsterberg reconstituait souvent des événements dramatiques pour montrer que malgré les efforts des témoins pour raconter fidèlement ce qu'ils avaient vu, il subsistait de grandes divergences dans les déclarations sur ce qui s'était réellement produit. Münsterberg préconisait le remplacement des méthodes brutales d'interrogation des prisonniers par des méthodes psychologiques. Il croyait que les interrogatoires sévères ne produisaient que de fausses confessions ; certaines personnes cherchaient à plaire aux enquêteurs, d'autres voulaient se donner un air d'autorité et d'autres, déprimées, souhaitaient tout simplement être punies. Münsterberg exposa ses idées sur la psychologie juridique dans *On the Witness Stand* (1908). Dans ce livre, il décrivait un appareil capable de détecter les mensonges en observant les changements dans le pouls et la respiration. D'autres emboîtèrent le pas à Münsterberg et, plus tard, mirent au point le controversé détecteur de mensonge.

La psychologie industrielle *Vocation and Learning* (1912) et *Psychology and Industrial Efficiency* (1913) de Münsterberg sont habituellement considérés comme la genèse de ce qui allait devenir la **psychologie industrielle**. Dans ses livres, Münsterberg traitait, entre autres, de la sélection du personnel, de l'augmentation de la productivité, de la mise en marché et de la publicité. Par exemple, pour aider à la sélection du personnel, il recommandait de définir les habiletés nécessaires pour accomplir une tâche, puis de déterminer la capacité d'une personne à effectuer cette tâche. De cette façon, il était possible de déterminer si une personne possédait les compétences nécessaires pour effectuer adéquatement un travail. Münsterberg découvrit également qu'il était impossible de déterminer si une tâche était ennuyante en observant le travail des autres. Souvent, une tâche considérée par certains comme ennuyante reste intéressante pour ceux qui l'accomplissent. Il est alors nécessaire de tenir compte des différences individuelles dans la sélection du personnel et dans l'assignation des tâches.

Le sort réservé à Münsterberg

Grâce à ses travaux en psychologie appliquée, Münsterberg était connu du grand public, des intellectuels et de la communauté scientifique. Si William James avait popularisé la psychologie chez les intellectuels, Münsterberg contribua à la faire connaître au grand public en présentant ses applications pratiques. De plus, Münsterberg noua des liens d'amitié avec les grandes personnalités de son époque, comme les présidents Theodore Roosevelt et William Howard Taft ainsi que le philosophe Bertrand Russell. Il fut reçu à la Maison-Blanche ; à son domicile de Cambridge, au Massachusetts, son épouse et lui accueillaient des érudits européens et des membres de la noblesse allemande. Le gouvernement allemand lui décerna plusieurs médailles. Or, à sa mort en 1916, l'attitude à son endroit était devenue négative, et sa disparition passa pratiquement inaperçue. Son impopularité s'expliquait principalement par son désir de créer des liens plus étroits entre les États-Unis et son Allemagne natale. Münsterberg ne reçut jamais la citoyenneté américaine et resta loyal à son pays d'origine. Il croyait que les Américains

et les Allemands entretenaient les uns envers les autres des stéréotypes et il écrivit plusieurs livres pour corriger cette situation, par exemple *The Americans* (1904). Dans un autre ouvrage, *American Problems* (1910), Münsterberg critiquait vertement les Américains, affirmant qu'ils étaient incapables de rester attentifs très longtemps à quelque chose. Il justifiait ce déficit national d'attention par l'influence des femmes dans le développement intellectuel et culturel. La vulnérabilité intellectuelle de celles-ci expliquait également la popularité des lubies psychologiques comme les séances de spiritisme. Alors que James cherchait à vérifier la crédibilité des « médiums », Münsterberg les dénonçait comme de dangereux charlatans.

Comme la Première Guerre mondiale pointait à l'horizon, Münsterberg dut subir la colère américaine suscitée par l'agression militaire allemande. Il fut soupçonné d'espionnage, et beaucoup de ses collègues à Harvard se dissocièrent de lui. Il reçut même des menaces de mort. Peut-être en raison du stress généré par cette situation, Münsterberg décéda le 16 décembre 1916 d'une hémorragie cérébrale, juste au moment où il commençait une conférence ; il n'avait que cinquante-trois ans. (Pour un compte rendu intéressant du parcours de Münsterberg, de sa montée en popularité jusqu'à son déclin, voir Spillmann et Spillmann, 1993.)

Harvard approcha Titchener pour remplacer Münsterberg, mais Titchener refusa. James McKeen Cattell posa sa candidature : elle fut rejetée. Le poste fut finalement accordé à William McDougall que nous présenterons dans le chapitre suivant.

Mary Whiton Calkins

En plus de prendre en charge le laboratoire de psychologie de James, Münsterberg supervisa également les travaux des étudiants en psychologie et dirigea leurs projets de recherche. Une de ses étudiantes était **Mary Whiton Calkins** (1863-1930). Aînée de cinq enfants, Calkins grandit à Buffalo dans l'État de New York, où son père, Wolcott Calkins, était ministre protestant. En 1881, la famille déménagea à Newton, dans le Massachusetts, le révérend y ayant accepté un ministère. Peu après avoir complété ses études secondaires à Newton, Calkins fréquenta le Smith College où elle reçut son diplôme en 1885. Calkins accompagna ensuite sa famille dans un périple d'une année en Europe. À son

Mary Whiton Calkins

retour, elle se vit offrir un poste au Wellesley College pour enseigner le grec. Ainsi commença une association de plus de quarante ans entre Calkins et Wellesley.

Calkins était professeure depuis un an lorsque les dirigeants de Wellesley se mirent à la recherche d'une femme capable de donner des cours de psychologie expérimentale. N'en trouvant aucune, les dirigeants de Wellesley décidèrent d'en former une. Calkins fut choisie en raison de ses talents de pédagogue et de son intérêt pour la philosophie. La nomination prévoyait que Calkins étudierait la psychologie expérimentale pendant une année. Il y avait cependant un problème, car à l'époque, aucune institution n'acceptait d'étudiante. En 1890, Calkins entra en contact avec Josiah Royce et William James, deux philosophes de Harvard, pour leur demander l'autorisation d'assister à leurs séminaires. Royce et James acceptèrent, mais Charles W. Eliot, le président de Harvard, opposa son veto. Après d'intenses pressions de Royce, de James et du père de Calkins, Eliot renversa sa décision et permit à Calkins de venir à Harvard. Toutefois, il stipula qu'elle pouvait assister aux séminaires, mais sans être officiellement inscrite comme étudiante de Harvard. Eliot craignait en effet qu'une inscription officielle ouvrirait la porte à l'enseignement mixte, ce à quoi il s'opposait fortement. Lorsque la présence de Calkins au séminaire de James s'ébruita, les étudiants masculins quit-

tèrent immédiatement, vraisemblablement en signe de protestation. Calkins se retrouva donc seule avec James pour discuter de son fameux livre qu'il venait tout juste de publier. Calkins (1930) décrivit ainsi son expérience :

> J'ai commencé à étudier sérieusement la psychologie avec William James. Fort malheureusement pour eux et fort heureusement pour moi, il semble que les autres membres de son séminaire en psychologie ont abandonné dès les premières semaines de l'automne 1890 ; James et moi nous sommes retrouvés […] de chaque côté du foyer de la bibliothèque. Son livre *Principles of Psychology* était tout chaud sorti des presses, et ma lecture attentive de ces volumes brillants, érudits et provocateurs en compagnie de leur auteur m'a servi d'introduction à la psychologie. (p. 31 [notre traduction])

Tout en assistant aux séminaires de Harvard, Calkins travaillait également au laboratoire de l'université Clark sous la supervision d'Edmund C. Sanford qui allait devenir président de l'American Psychological Association. Là encore, Calkins bénéficia d'une entente particulière. Ses recherches sur les rêves, sous la supervision de Sanford, furent présentées lors de la première rencontre annuelle de cette association en décembre 1892 et furent publiées en 1893. En 1892, Calkins, stimulée par le séminaire de James, fit paraître également un article sur l'association d'idées.

À l'automne 1891, Calkins retourna à Wellesley pour y fonder un laboratoire de psychologie (le premier dans un collège de femmes) et introduisit la psychologie expérimentale dans le programme d'études. Au bout d'un an, Calkins sentit le besoin de poursuivre ses études de manière formelle et retourna à Harvard, encore une fois en tant qu'étudiante non inscrite. Comme James se consacrait exclusivement à la philosophie, c'était Münsterberg qui dirigeait le laboratoire de psychologie. Pendant la première année et demie, tout en travaillant avec Münsterberg, Calkins continua d'enseigner à Wellesley. Puis, pendant l'année scolaire 1894-1895, elle prit un congé sabbatique pour se consacrer à temps plein au travail de laboratoire avec Münsterberg. Calkins, qui était de deux mois l'aînée de Münsterberg, s'entendait bien avec lui ; le fait que Calkins parlait couramment l'allemand y contribua certainement. Münsterberg fut le mentor et le défenseur de Calkins pendant plusieurs années. Étrangement, tous deux partageaient une vision commune des femmes professionnelles. Calkins, qui ne se maria jamais, « plaignait » et « condamnait » les femmes qui refusaient le mariage pour embrasser une carrière. Elle désavouait également le féminisme, le jugeant incompatible avec la famille : « Je ne peux endosser quelque chose qui nuit à la famille » (Scarborough et Furumoto, 1987, p. 43 [notre traduction]). Münsterberg endossait cette position, mais reconnaissait de rares exceptions où des femmes exceptionnelles pouvaient renoncer à la maternité pour poursuivre une carrière. De toute évidence, il considérait Calkins comme une de ces exceptions.

Tout en travaillant dans le laboratoire de Münsterberg, Calkins entreprit sa propre recherche sur les facteurs qui influencent la mémoire. C'est dans le cadre de cette recherche que Calkins utilisa le **test de comparaison par paires**, technique encore fréquemment utilisée aujourd'hui pour étudier l'influence de la fréquence, de la récence et de la vivacité de la mémoire. Calkins montrait à ses sujets une série de couleurs associées par deux avec des nombres. Au bout de plusieurs expositions aux couleurs, celles-ci étaient présentées seules ; les sujets devaient se rappeler les nombres correspondants. Calkins découvrit, entre autres choses, que la fréquence de l'occurrence facilitait davantage la mémoire que la vivacité de la récence. Outre son travail sur l'apprentissage par paires, Calkins fit un travail de pionnière dans le domaine de la mémoire à court terme (Madigan et O'Hara, 1992).

Münsterberg fut si impressionné par les résultats qu'obtint Calkins qu'il la qualifia d'étudiante la plus douée parmi ceux qu'il a supervisés à Harvard et fit des pressions auprès des dirigeants de Harvard pour qu'elle soit acceptée comme étudiante au doctorat. Après examen, sa requête fut rejetée. En avril 1895, Calkins demanda d'être soumise à un examen de doctorat non officiel, examen qu'elle réussit haut la main. James, qui était membre du comité d'évaluation, décrivit sa performance comme une des meilleures qu'il ait jamais vues à Harvard. Selon lui, celle-ci surpassait même celle de George Santayana qui, jusqu'alors, avait la réputation d'avoir réalisé la performance la plus remarquable lors d'un examen de doctorat. Encore une fois, Harvard refusa d'accorder un doctorat à Calkins sous prétexte qu'elle était une femme.

En 1894, Harvard accorda une charte au collège Radcliffe en tant que maison d'enseignement pour femmes. Radcliffe n'offrait aucun programme d'études supérieures et ne possédait aucun laboratoire. En fait, celles qui s'inscrivaient officiellement à Radcliffe étudiaient et faisaient leurs recherches à Harvard. En avril 1902, le conseil d'établissement de Radcliffe décerna un doctorat à Calkins même si celle-ci ne s'y était jamais inscrite. Münsterberg l'encouragea à l'accepter, mais elle refusa.

Après son examen non officiel de doctorat à Harvard, Calkins retourna à Wellesley à l'automne 1895 comme professeure agrégée. En 1898, elle devint professeure à plein titre. Malgré sa formation en psychologie expérimentale, elle en vint à détester la nature froide et impersonnelle de ce type de psychologie. Son attention se tourna vers l'autopsychologie, montrant ainsi l'influence exercée par James sur elle. Selon Heidbreder (1972), Calkins en vint à considérer « les psychologues expérimentaux classiques comme étant déconnectés [...] des pans entiers [...] de la discipline [psychologie] telle que révélée par les expériences, ce qu'elle avait pu constater d'elle-même et qui lui avait été confirmé par des personnes qui avaient eux-mêmes observé le même phénomène » (p. 63 [notre traduction]). Calkins (1930) déplorait que la psychologie, dans son effort pour se débarrasser de la spéculation métaphysique, avait essentiellement ignoré la notion du moi, la jugeant inutile :

> La psychologie moderne s'est débarrassée, à juste titre, du moi des métaphysiciens — le moi que l'on disait souvent libre, responsable et [immortel] — et de là, a naïvement supposé qu'elle s'était coupée du moi. Or, le moi en psychologie ne possède aucune de ces supposées caractéristiques ; il y a le moi directement ressenti et réalisé en reconnaissance, en sympathie, en vanité, en autorité, bref en toutes les expériences. (p. 54 [notre traduction])

Furumoto (1991) avance l'hypothèse selon laquelle les circonstances entourant la vie de Calkins avaient alimenté son intérêt si marqué pour l'autopsychologie :

> Il n'est guère étonnant de constater [...] que l'alternative à la vision expérimentale classique endossée par Calkins était directement liée à une chose primordiale pour elle et pour les autres femmes qu'elle côtoyait à Wellesley, c'est-à-dire l'existence et l'importance du moi dans l'expérience quotidienne. (p. 70 [notre traduction])

Wentworth (1999) prétend que l'intérêt de Calkins pour l'autopsychologie reflétait ses profondes convictions religieuses :

> J'en suis venu à la conclusion que le lien entre sa vie intellectuelle et personnelle s'explique par son intérêt

non pas dans l'étude du moi pris isolément, mais dans l'étude de tous ces moi qui vivent en relation avec les autres êtres humains, avec un être divin, ou avec les deux. (p. 128 [notre traduction])

Même à l'apogée du béhaviorisme, alors que l'autopsychologie était devenue un sujet quasiment tabou, Calkins continua à en faire la promotion. Sa ténacité mena finalement à la création d'une filière américaine de la théorie de la personnalité centrée sur le concept du moi. Selon Woodward (1984), il existe deux pionniers de la théorie de la personnalité — Calkins et Gordon Allport — et Calkins fut la première.

Calkins resta à Wellesley jusqu'à sa retraite en 1929. Pendant sa carrière, elle écrivit quatre livres et plus d'une centaine d'articles. Ce fut également Calkins, montrant encore une fois son don pour les langues étrangères, qui traduisit en anglais *L'Homme-Machine* (*Man a Machine*) de La Mettrie. Sa principale contribution à la psychologie fut sa version de l'autopsychologie qu'elle élabora sur une période de trente ans. Son apport fut si significatif que, bien qu'elle ne détenait pas de diplôme d'études supérieures, elle fut la première femme élue présidente de l'American Psychological Association (1905). Elle fut également la première femme présidente de l'American Philosophical Association (1918). Elle reçut des diplômes honorifiques de Columbia (1909) et de son alma mater, Smith (1910). En 1928, elle devint membre honoraire de la British Psychological Association. Calkins mourut en 1930 à l'âge de soixante-sept ans. (Pour des esquisses biographiques intéressantes de Calkins, voir Furumoto, 1991 ; Scarborough et Furumoto, 1987.)

Granville Stanley Hall

Concernant son influence sur la psychologie américaine, **Granville Stanley Hall** (1844-1924) arrive tout juste derrière James. Comme nous le verrons, Hall était un théoricien dans la tradition darwiniste, mais pardessus tout, il était un organisateur. Le nombre de premières associées au nom de Hall est sans égal parmi les autres psychologues américains.

Hall naquit le 1ᵉʳ février dans la petite ville agricole d'Ashfield, dans le Massachusetts. En 1863, il entra au Williams College pour se préparer à une carrière de ministre du culte et il s'initia à l'associationnisme, à la philosophie écossaise du sens commun et à la théorie évolutionniste. Après l'obtention de son diplôme en 1867, à l'âge de vingt-trois ans, il s'inscrivit à l'Union Theological Seminary de New York. Ce fut à ce moment-là que Hall manifesta des signes qu'il n'était peut-être pas destiné à la vie cléricale.

> Pendant son séjour à New York, il explora la ville avec entrain, arpentant les rues, visitant les postes de police et fréquentant les églises. Il joignit les rangs d'un club de discussion intéressé par l'étude du positivisme, assista à des pièces de théâtre et des comédies musicales, donna des leçons particulières aux jeunes filles de l'élite new-yorkaise, visita un phrénologue. Il passa une année excitante. Il ne fit pas preuve d'orthodoxie religieuse. Après avoir fait sa prêche devant les membres de la faculté et les étudiants, il alla au bureau du doyen pour une évaluation. Au lieu de discuter de son sermon, le président s'agenouilla et pria pour que Hall reconnaisse les erreurs dans sa démarche. (R.I. Watson, 1978, p. 398 [notre traduction])

En 1868, une petite aide pécuniaire permit à Hall de se rendre en Allemagne pour y étudier la théologie et la philosophie. Il passa également beaucoup de temps dans les brasseries et les théâtres et entretint plusieurs liaisons amoureuses.

En 1871, Hall accepta un poste au collège Antioch, dans l'Ohio, où non seulement il enseigna les littéra-

Granville Stanley Hall

tures anglaise, française, allemande ainsi que la philosophie, mais où il travailla comme bibliothécaire, dirigea une chorale et prononça quelques sermons. À Antioch, Hall lut *Principles of Psychological Psychology* de Wundt. En 1876, il se vit offrir un poste de moniteur d'anglais à Harvard. Pendant son séjour à Harvard, Hall se lia d'amitié avec William James, de deux ans seulement son aîné. Hall effectua des travaux de recherche à l'école médicale de Harvard et consigna ses résultats dans « The Muscular Perception of Space », qu'il déposa comme thèse de doctorat en 1878. Harvard fut la première institution à offrir un doctorat en psychologie, et en 1878, Hall devint le premier étudiant à décrocher un tel diplôme dans ce domaine (Ross, 1972, p. 79). Après l'obtention de son doctorat, Hall retourna en Allemagne où il étudia d'abord avec Wundt, puis avec Helmholtz. Hall fut le premier étudiant américain de Wundt. Dans une lettre à James, Hall avoua avoir appris davantage de Helmholtz que de Wundt.

En 1880, à l'âge de trente-six ans, Hall retourna aux États-Unis où, après avoir donné une série de conférences, il accepta un poste à l'université Johns Hopkins. En 1883, Hall mit sur pied un laboratoire de psychologie. Si on dit en général que Wundt fonda le premier laboratoire de psychologie à Leipzig en 1879, Hall, lui, ouvrit le premier laboratoire de psychologie aux États-Unis à Johns Hopkins (Boring, 1965). (Comme nous le mentionnions précédemment, le laboratoire de James, fondé en 1875, n'est généralement pas considéré comme étant le premier, car il avait été conçu à des fins pédagogiques plutôt que pour la recherche.) À cette université, en plus du laboratoire, Hall créa le premier journal américain consacré aux questions psychologiques, l'*American Journal of Psychology*, publié pour la première fois en 1887. Pendant son passage dans cet établissement, Hall enseigna à James McKeen Cattell et John Dewey qui allaient devenir des figures de proue du fonctionnalisme. En outre, parmi ses autres étudiants se trouvait un certain Thomas Woodrow Wilson (1856-1924), qui fut le vingt-huitième président des États-Unis. Sous l'influence de Hall, Wilson songea un moment à abandonner la politique et l'histoire pour la psychologie (Pruette, 1926, p. 91).

Le président de l'université Clark

En 1888, Hall quitta Johns Hopkins pour devenir le premier président de l'université Clark à Worcester, dans le Massachusetts, tout en conservant son titre de professeur en psychologie. À Clark, Hall exerça une grande influence sur l'orientation et l'évolution de la psychologie américaine : « Hall fut un grand directeur de thèse pour la psychologie américaine. En 1893, onze des quatorze doctorats accordés par des universités américaines furent supervisés par lui ; en 1898, ce nombre est passé de trente à cinquante-quatre » (R.I. Watson, 1978, p. 403 [notre traduction]).

À l'université Clark, Hall invita 26 psychologues parmi les plus éminents des États-Unis et du Canada à Worcester dans le but de former une association de psychologues. La rencontre eut lieu le 8 juillet 1892 et marqua la fondation de l'American Psychological Association (APA). Certains invités ne se présentèrent pas (dont William James et John Dewey), mais ils furent néanmoins considérés comme membres fondateurs parce qu'ils avaient été invités à se joindre au groupe et qu'ils appuyaient l'association. Le groupe nouvellement formé décida également d'accepter dans ses rangs cinq autres personnes, incluant deux oubliés par Hall et trois récents détenteurs de doctorat de Leipzig (dont Münsterberg et Titchener). L'APA comptait alors trente et un membres (Sokal, 1992, p. 111). Hall fut le premier président de l'APA ; au cours des années subséquentes, William James et John Dewey occupèrent également le poste. En plus d'avoir été le premier président, Hall fut l'un des deux seuls à avoir été élus à deux reprises ; James fut le second. Malheureusement, Hall décéda en 1924 avant de pouvoir entreprendre son deuxième mandat. De ses 31 membres du début, l'APA compte aujourd'hui 150 000 membres et membres affiliés. Michael Wertheimer disait à la blague que « si l'APA continue de croître au rythme où elle l'a fait au cours des trois premiers quarts de siècle de son existence, il y aura éventuellement plus de psychologues que d'habitants sur cette terre » (1987, p. 92 [notre traduction]).

En 1891, Hall fonda un deuxième journal de psychologie, le *Pedagogical Seminary*, devenu aujourd'hui le *Journal of Genetic Psychology*. En 1904, il créa le *Journal of Religious Psychology*, et treize ans plus tard, le *Journal of Applied Psychology*. Hall conservait un intérêt pour la religion ; en 1917, il publia *Jesus, the Christ, in the Light of Psychology*, dans lequel Jésus était décrit comme une création mythique symbolisant les meilleures tendances humaines. Pour Hall, les répercussions de ce personnage mythique sur la vie humaine étaient beaucoup plus importantes que ses répercussions théologiques :

> L'histoire de sa mort et de sa résurrection incarne le rythme fondamental de la vie psychique, de la douleur au bonheur ; ressentir et comprendre ce rythme à l'intérieur d'une conversion fut la leçon suprême de vie. Le message laissé par Jésus ne consistait pas à ce qu'on le projette « au-dessus des nuages », ni qu'on cherche à le transformer en culte de l'immortalité, mais plutôt qu'il puisse se réaliser à l'intérieur de chaque individu, ici en ce bas monde, au bénéfice de son prochain. (Ross, 1972, p. 418 [notre traduction])

Un critique écrivit à propos de ce livre : « Il est probable que le président Hall n'avait pas suffisamment étudié les Évangiles et il est plus que probable encore qu'il n'avait pas étudié avec suffisamment de respect la personne de Jésus-Christ » (Kemp, 1992, p. 294 [notre traduction]). De façon générale, les autorités religieuses reçurent mal le livre de Hall.

Les autres intérêts de Hall incluaient notamment l'histoire de la philosophie et de la psychologie auxquels il fit d'importantes contributions (voir Bringmann, Bringmann et Early, 1992).

Le principe biogénétique

Hall endossait la théorie évolutionniste. Il écrivit dans son autobiographie : « Dès que je l'ai entendu durant ma jeunesse, j'ai eu l'impression d'avoir été hypnotisé par le mot "évolution", qui résonnait comme de la musique à mes oreilles et qui s'adaptait bien dans ma bouche plus que tout autre » (1923, p. 357 [notre traduction]). Hall aimait tellement la théorie évolutionniste qu'il croyait la voir un jour remplacer la physique comme modèle pour la science. Il pensait que l'évolution expliquait non seulement le développement phylogénétique de l'espèce humaine, mais également le développement de chaque individu. En fait, il était persuadé que chaque individu traverse toutes les étapes de l'évolution de l'espèce humaine au cours de sa vie. Cette idée est appelée **principe biogénétique** du développement : « Chaque enfant, du moment de la conception à celui de la maturité, récapitule très rapidement au début puis de plus en plus lentement chaque étape de développement vécue par la race humaine depuis ses débuts les plus modestes » (Hall, 1923, p. 380 [notre traduction]).

Au cours du développement prénatal, un organisme unicellulaire devient un enfant nouveau-né dont les capacités sont égales à bon nombre de mammifères inférieurs aux humains sur l'échelle phylogénétique. Pendant l'enfance, il se manifeste encore des signes d'impulsivité, de cruauté et d'immoralité appartenant aux étapes précédentes, moins civilisées, du développement humain. Selon Hall, ces impulsions primitives ne sont pas une expression propre à l'enfance, mais peuvent se poursuivre durant l'âge adulte. Par conséquent, Hall encourageait les parents et les enseignants à créer des situations propices à l'expression de ces instincts.

En 1904, à l'âge de soixante ans, Hall publia un ouvrage en deux tomes intitulé *Adolescence : Its Psychology and Its Relations to Physiology, Anthropology, Sociology, Sex, Crime, Religion and Education*, qui abordait une grande variété de sujets incluant les critères de croissance, le développement du langage, les maladies infantiles, l'hygiène, la criminalité juvénile, le mensonge, la vantardise, la timidité, la peur, la curiosité et l'amitié. Ce livre se concentrait aussi sur le rôle important joué par la différentiation des sexes dans le développement psychologique. Hall définissait l'adolescence comme la période allant de quatorze ou quinze ans à vingt-cinq ans. Pour Hall, les femmes représentaient un élément essentiel pour l'évolution future de l'espèce humaine, et l'adolescence devait être une période durant laquelle elles se préparaient pour la maternité. Pendant ce temps, les jeunes hommes ressentaient encore le besoin de satisfaire leurs instincts primitifs : c'est pourquoi le mélange des deux sexes dans le même système éducatif n'avait aucun sens :

> Les prémisses de l'opposition de Hall à l'enseignement mixte reposaient sur les trois arguments suivants : a) l'adolescence était une période cruciale du développement des organes reproducteurs chez la femme ; b) l'adolescent de sexe masculin avait besoin de liberté pour s'engager dans l'expression cathartique de ses instincts sauvages ; c) la différentiation sexuelle naturelle pendant l'adolescence était le fondement de l'attraction subséquente entre les sexes. (Diehl, 1986, p. 871 [notre traduction])

Se souciant du développement de la capacité reproductrice de la femme, Hall (1906) était préoccupé par l'impact de la présence des mâles dans la « normalisation » de la période menstruelle :

> Au moment où son avenir tout entier repose sur la normalisation de son mois lunaire, l'association quotidienne

avec les garçons au sein d'une école est non seulement contre nature et non hygiénique, voire un peu monstrueuse, alors qu'elle doit supprimer et contenir ses instincts et ses émotions au moment où ses propres envies lui suggèrent de prendre un recul ou d'attendre que mère Nature accomplisse son magnifique travail de floraison. (p. 590 [notre traduction])

Dans une allocution prononcée devant l'American Academy of Medicine en 1906, Hall précisait ainsi son opposition à l'éducation mixte :

L'[éducation mixte] viole une coutume si universelle qu'elle semble exprimer un instinct humain fondamental. […] [L]es filles […] sont attirées par les connaissances communes à tous, par les modes et les conventions, tandis que les garçons manifestent un désir intense de savoir, d'être, de faire des choses originales qui font grandir et mettent en valeur l'individu. Ne compter que sur ses propres ressources dans les sports, en classe, dans l'étude de la nature, dans le travail en laboratoire fait ressortir ce qu'il y a de mieux chez un garçon, mais rend une fille confuse et l'épuise. (Denmark, 1983, p. 38 [notre traduction])

L'idée que Hall se faisait des femmes, même si elle était largement acceptée à l'époque, était néanmoins contestée. Par exemple, Martha Carey Thomas, une féministe qui était aussi la présidente du Bryn Mawr College, disait : « Rien ne m'a autant heurtée dans ma condition de femme que les chapitres sept et dix-sept sur les femmes et l'éducation des femmes du livre *Adolescence* du président G. Stanley Hall » (Denmark, 1983, p. 38 [notre traduction]). Malgré son sexisme, *Adolescence* de Hall resta un classique dans le domaine jusqu'à son remplacement par *The Psychology of the Adolescent* de Leta Stetter Hollingworth (1928).

Diehl (1986) souligne le paradoxe présent dans les opinions de Hall sur les femmes (comme c'était aussi le cas pour Titchener et Münsterberg). D'une part, Hall s'opposait catégoriquement à l'éducation mixte et croyait que le rôle premier de la femme était d'enfanter. D'autre part, au début du XXe siècle, l'université Clark, sous le leadership de Hall, était considérée comme l'une des institutions les plus ouvertes aux étudiantes (Cornell en était une autre). De plus, Hall semblait avoir offert son soutien aux étudiantes autant en psychologie que dans d'autres champs d'études.

En général, Hall accordait une grande importance à l'étude de l'adolescence, car il croyait qu'à cette étape,

les habitudes acquises pendant l'enfance laissaient place à de nouvelles habitudes adultes non encore acquises. Comme les individus devaient se fier à leurs instincts pendant cette période transitoire, l'adolescence était un moment propice pour l'étude de l'instinct humain.

Même si la plupart des idées de Hall sur le développement s'avérèrent erronées, il stimula énormément la psychologie pédagogique et lança le mouvement sur le développement de l'enfance aux États-Unis. Hall manifesta un intérêt soutenu envers la psychologie du développement tout au long de sa vie. Son ouvrage *Senescence : The Last Half of Life* (1922) est souvent considéré comme une œuvre avant-gardiste dans la psychologie de l'espérance de vie et comme le prolongement du travail amorcé dans *Adolescence* (1904). Il est habituellement vu comme un classique dans l'étude du vieillissement. L'ouvrage propose notamment une analyse transculturelle du traitement réservé aux aînés, des sources de plaisir, de la croyance dans la vie après la mort, de l'anxiété entourant la mort, des croyances sur la longévité et de la reconnaissance des signes du vieillissement. Hall passa également en revue les régimes de pension offerts aux aînés dans divers pays et découvrit que les États-Unis étaient en retard sur plusieurs autres à cet égard. C'était, bien sûr, avant la Loi sur la sécurité sociale de 1935.

Son autobiographie, *Life and Confessions of a Psychologist*, parut en 1923 ; Hall décéda d'une pneumonie une année plus tard, le 24 avril. Ross (1972) commenta ainsi l'incident survenu à l'occasion de ses funérailles : « Le pasteur local provoqua un petit scandale en accusant Hall d'avoir sous-évalué l'importance de l'Église institutionnelle, ce qui aurait sans aucun doute fait sourire Hall » (p. 436 [notre traduction]).

Francis Cecil Sumner

La dernière thèse supervisée par Hall fut celle de **Francis Cecil Sumner** (1895-1954), un Afro-Américain. Hall montrait ainsi son désir d'accepter des étudiants qui avaient été, ou auraient été, rejetés ailleurs à l'époque. Sumner naquit un 7 décembre à Pine Bluff, en Arkansas, à peine trente ans après l'abolition de l'esclavage aux États-Unis (1863). Étant donné que la plupart des Afro-Américains ayant été esclaves ne portaient pas de nom de famille, les parents de Sumner en

Francis Cecil Sumner

choisirent un en l'honneur d'un ancien sénateur du Massachusetts, le sénateur Charles Sumner (Guthrie, 2000, p. 182). Francis fréquenta les écoles élémentaires de Virginie, du New Jersey et du district de Columbia. À l'époque, il existait peu de possibilités d'éducation de niveau secondaire pour les Afro-Américains et celle qui leur était offerte restait de piètre qualité ; Francis compensa en lisant abondamment sous la supervision de ses parents. Après avoir réussi l'examen d'entrée écrit, Sumner put s'inscrire, à l'âge de quinze ans, à l'université Lincoln, une institution afro-américaine de Pennsylvanie. En 1915, à l'âge de vingt ans, il reçut un baccalauréat ès arts avec la mention bien, récoltant aussi des honneurs en anglais, en langues modernes, en grec, en latin et en philosophie (Guthrie, 2000, p. 182). Il poursuivit ensuite ses études à Clark, où il obtint un deuxième baccalauréat en 1916. Avec ses diplômes en poche, il retourna ensuite à l'université Lincoln et y donna des cours en psychologie et en allemand. Il compléta une maîtrise en arts en 1917.

Sumner fit une demande d'admission au doctorat à l'université de l'Illinois et à l'université American, mais sa candidature fut rejetée. Il achemina sa demande directement à G. Stanley Hall, alors président de l'université Clark, qui l'accepta dans le programme de doctorat en psychologie. Sumner commença son doctorat, mais en 1918, il dut interrompre ses travaux pour faire son service militaire. À vingt-deux ans, il participa aux combats en France avec le grade de sergent. Pendant son service militaire, Sumner et Hall s'écrivirent fréquemment et, à sa démobilisation en 1919, Sumner reprit ses études doctorales à Clark. Le 11 juin 1920, Sumner défendit sa thèse : « Psychoanalysis of Freud and Adler ». Le 14 juin, ce vétéran de la Première Guerre mondiale devint, à vingt-quatre ans, le premier Afro-Américain à obtenir un doctorat en psychologie. En 1920, Sumner accepta un poste à l'université Wilberforce, dans l'Ohio, et enseigna pendant l'été 1921 à l'université Southern. À l'automne de la même année, Sumner accepta le poste de doyen des départements de psychologie et de philosophie du West Virginia Collegiate Institute (WVCI ; maintenant le West Virginia State College).

Lors de son séjour à WVCI, Sumner publia deux articles (1926, 1927) où il affirmait que la ségrégation dans les études supérieures entre les Afro-Américains et les Blancs était fondée sur l'idée que les Afro-Américains « étaient d'un niveau culturel inférieur à celui de la race blanche » (1926, p. 43 [notre traduction]). Sumner endossait l'opinion de Booker T. Washington, fondateur du Tuskegee Institute en Alabama, à l'effet que les études supérieures pour les Afro-Américains devaient porter davantage sur l'agronomie et des domaines comme la menuiserie, la plomberie et la maçonnerie. L'article de Sumner en 1927 réitérait la prétendue « infériorité culturelle des Noirs » et la nécessité de limiter l'accès aux études supérieures aux domaines « industriels et moraux » (p. 168 [notre traduction]). Toutefois, Sawyer (2000) démontra que les déclarations publiques de Sumner sur la ségrégation raciale en éducation ne reflétaient pas ses croyances personnelles. Selon Sawyer, Sumner disait publiquement ce qui pouvait être dit compte tenu des circonstances de l'époque afin d'accroître l'appui à l'éducation des Afro-Américains. La déclaration faite en octobre 1921 par le doyen Warren Harding sur l'impossibilité d'une égalité sociale entre les Afro-Américains et les Blancs en raison de « différences de race fondamentales, incontournables et éternelles », illustre bien ce contexte social (Eisenberg, 1960, p. 194 [notre traduction]). Sawyer soupçonnait Sumner d'avoir un « programme caché », et ses déclarations publiques indiquaient un pragmatisme adapté aux circonstances.

En 1928, Sumner démissionna de WVCI pour accepter un poste à l'université Howard à Washington, District de Columbia, avec comme mandat d'améliorer le département de psychologie. Même si, pendant le mandat de Sumner, le diplôme le plus élevé que l'on pouvait obtenir était une maîtrise, Howard devint un centre de formation majeur pour les psychologues afro-américains.

Ses anciens étudiants décrivaient Sumner comme « un psychologue consciencieux au style réservé ; comme un homme brillant mais simple et tranquille, doté d'une prodigieuse capacité d'analyse de la personnalité d'un individu, et comme l'intellectuel le plus stimulant de Howard » (Guthrie, 2000, p. 192 [notre traduction]). Sumner adhéra aux associations suivantes : American Psychological Association, American Association for the Advancement of Science, American Educational Research Association, Eastern Psychological Association, Southern Society for Philosophy Psychology et District of Columbia Psychological Association.

Le 12 janvier 1954, Sumner pelletait la neige à sa maison de Washington lorsqu'il succomba à une crise cardiaque. À titre de vétéran de la Première Guerre mondiale, il reçut des funérailles militaires avec garde d'honneur au cimetière d'Arlington, en Virginie. Des personnalités, comme Mordecai Johnson, doyen de l'université d'Howard (Guthrie, 2000, p. 193), firent son éloge.

En 1972, l'année où Howard offrit pour la première fois un doctorat en psychologie, trois cents Afro-Américains avaient complété un doctorat dans les collèges et universités américaines. De ce nombre, soixante avaient obtenu leur baccalauréat ou leur maîtrise à l'université Howard. L'influence de cet établissement dans la formation des psychologues afro-américains lui valut le surnom de « Black Harvard » (Phillips, 2000, p. 150 [notre traduction]). Un des meilleurs diplômés du programme de psychologie de Howard avait pour nom Kenneth Clark.

Kenneth Bancroft Clark (1914-2005) entra à Howard à l'automne 1931 avec le projet d'étudier la médecine.

Après avoir assisté au cours d'introduction à la psychologie de Sumner, Clark déclara : « Au diable la faculté de médecine […] [La psychologie] est une discipline pour moi » (Hentoff 1982, p. 45 [notre traduction]). Clark obtint un baccalauréat et une maîtrise de Howard, il y resta en tant qu'enseignant pendant que sa femme, Mamie Phipps Clark (1917-1983), complétait ses études à Howard. Clark disait à propos de l'influence exercée par Sumner sur lui :

> Le professeur Sumner exigeait de la rigueur de ses étudiants. Son enseignement ne se limitait pas à la psychologie. Il enseignait aussi l'intégrité. Et même s'il était un modèle à suivre pour les Noirs dans le domaine de la psychologie, Sumner dénonçait les absurdités comme l'existence d'une « psychologie noire », tout comme il rejetait une absurdité comme l'« astronomie noire ». En ce sens, et sur beaucoup d'autres aspects, Sumner fut un modèle pour moi. En fait, il a toujours été mon étalon de mesure pour ma propre évaluation (Hentoff, 1982, p. 45 [notre traduction])

Sawyer (2000) utilise les propos de Clark pour démontrer que Sumner ne croyait pas vraiment ses propres déclarations publiques sur la nécessité d'une ségrégation dans les études supérieures.

Clark et sa femme obtinrent leur doctorat de l'université Columbia. Ils firent par la suite un travail de pionniers dans l'étude des effets du préjugé, de la discrimination et de la ségrégation sur le développement des enfants (par exemple Clark et Clark, 1939, 1940, 1947, 1950). (Pour un compte rendu de la vie et des réalisations de Mamie Phipps Clark, voir Lal, 2002.) Le cas *Brown vs Board of Education* débattu à la Cour suprême en 1954 contient un extrait de cette recherche. Cette décision éliminait le fondement juridique de la ségrégation en éducation aux États-Unis et « pavait la voie à l'adoption de lois interdisant la ségrégation fondée sur la race dans les endroits publics » (Guthrie, 2000, p. 181 [notre traduction]). L'étude la plus célèbre utilisée dans le jugement *Brown* est celle de Clark et Clark de 1947, dans laquelle on présentait à un groupe d'enfants noirs âgés de deux à sept ans deux séries de poupées identiques à l'exception de la couleur de la peau et des cheveux. La majorité de ces enfants estimaient que les poupées blanches « avaient une belle couleur » et disaient les préférer comme compagnes de jeu. De même, lorsqu'on demandait à ces derniers de « choisir la poupée qui leur ressemblait le plus », 39 % d'entre eux choisissaient la poupée blanche. Une autre

Kenneth Clark et Mamie Phipps Clark

2002, p. 40). Il est ironique de penser que trente ans auparavant, le mentor de Clark, Sumner, préconisait la ségrégation dans les écoles. Toutefois, Sawyer (2000) conclut : « On peut affirmer que les efforts de Sumner ont en quelque sorte préparer la voie aux contributions de Clark et au changement du climat social provoqué par la décision de la Cour suprême en 1954 » (p. 137 [notre traduction]). Sumner mourut quatre mois avant l'arrêt *Brown*, mais il savait imminent l'effondrement du cadre juridique de la ségrégation scolaire et il était fier du rôle significatif joué par un de ses élèves dans cet effondrement (Sawyer, 2000, p. 137).

Au sujet de l'importance du jugement *Brown*, le juriste Michael Klarman a déclaré : « Les constitutionalistes et les historiens considèrent généralement *Brown vs Board of Education* comme la décision la plus importante de la Cour suprême des États-Unis au XXe siècle, et possiblement, de tous les temps » (1994, p. 81 [notre traduction]). Peut-être en raison de la contribution clé des psychologues dans ce jugement, on aurait pu s'attendre à ce que l'American Psychological Association endosse cette décision et ses répercussions avec enthousiasme, mais ce ne fut pas le cas. Après *Brown*, l'APA fut lente à réagir aux enjeux raciaux à la fois en son sein et dans la société américaine en général. Finalement, en raison surtout des efforts de Clark, ces enjeux retinrent l'attention (Benjamin et Crouse, 2002 ; Pickren et Tomes, 2002). En fait, Clark fut et demeure à ce jour le seul président afro-américain de l'APA (1970). Un des héritages de la présidence de Clark fut la création en 1971 du Board of Social and Ethical Responsibility in Psychology (BSERP), lequel fournissait à l'APA un puissant outil pour aborder les questions sociales et éthiques (Pickren et Tomes, 2002). En 1978, l'APA offrit à Clark son tout premier Award for Distinguished Contributions to the Public Interest. En 1994, 40 ans après le jugement *Brown*, l'APA présenta à Clark son Award for Outstanding Lifetime Contribution to Psychology : il était le sixième psychologue à recevoir cette prestigieuse récompense.

étude retenue par la Cour suprême fut celle de Deutscher et Chein (1948), dans laquelle on examinait les opinions de sociologues sur les effets des politiques ségrégationnistes. Les résultats étaient quasiment unanimes quant aux effets néfastes de ces politiques sur les enfants noirs et très majoritaires (83 %) quant aux effets négatifs sur les enfants blancs. On peut supposer que l'information présentée dans des études comme celle de Clark et Clark (1947), ainsi que celle de Deutscher et Chein (1948), a mené la Cour suprême à conclure que la « ségrégation causait des dommages psychologiques autant aux enfants de la minorité qu'à ceux de la majorité » (Jackson, 1998, p. 152 [notre traduction]).

Même si de nombreux psychologues, sociologues et autres chercheurs participèrent à la campagne contre la ségrégation dans les écoles, on estime que l'impact le plus important vint de Clark (Benjamin et Crouse,

Les recherches, les idées et l'étendue de l'influence de Clark n'attirèrent pas que des éloges. La rigueur scientifique de la recherche soumise à la Cour suprême par ses collègues et lui fut critiquée presque immédiatement (voir, par exemple, Cahn, 1955 ; van den Haag, 1960). Kendler (2002) écrit : « Un nouvel examen de la preuve [fournie à la Cour suprême par Clark et ses collègues] nous montre [...] la fragilité des données utilisées pour soutenir les conclusions de la commission » (p. 79 [notre traduction]). Certains prétendirent que la déségrégation dans les années 1950 et 1960 était déjà en cours avant le jugement *Brown* et que sa progression aurait été plus facile sans l'acrimonie et le ressac provoqués par la décision de la cour (par exemple, Klarman, 1994). De même, Kendler (2002) émet l'hypothèse que le *Zeitgeist* qui suivit la Deuxième Guerre mondiale influença davantage le jugement *Brown* que l'information fournie par Clark et ses collègues.

On reprocha à Clark d'avoir escamoté l'objectivité scientifique à des fins politiques. Phillips (2000) note que Clark utilisa une perspective centrée sur l'afro-américanisme dans ses recherches et ne s'en cacha pas (par exemple, Clark, 1965/1989, p. xxxv, p. 78-80). Bien entendu, une telle attitude rebutait les psychologues qui estimaient que les observations scientifiques devaient toujours reposer sur l'objectivité, c'est-à-dire être exemptes de jugements de valeur (voir, par exemple, Kendler, 2002). Jackson (2003) réfute l'analyse de Kendler quant au manque d'objectivité scientifique de Clark et de ses collègues. Kendler (2003) rejette à son tour les arguments de Jackson et précise les raisons qui l'amènent à croire que Clark et ses collègues violèrent l'objectivité scientifique.

Quoi qu'il en soit, Clark lui-même considéra les efforts de toute une vie en faveur de l'égalité raciale comme un échec (par exemple, Clark, 1965/1989, p. 18; 1986, p. 21). Phillips (2000) rejette l'autocritique de Clark et conclut, après avoir passé en revue ses réalisations : « Le poids des arguments historiques indique le contraire » (p. 164 [notre traduction]). Par ailleurs, Keppel (2002) endosse dans l'ensemble l'évaluation de Clark sur ses efforts et conclut aujourd'hui que les relations raciales « s'éloignent de plus en plus de la vision et des valeurs véhiculées dans l'arrêt *Brown* et dans les travaux de Kenneth B. Clark » (p. 36 [notre traduction]). Par exemple, Daryl Michael Scott, un historien afro-américain, affirmait récemment que si les politiques ségrégationnistes peuvent être nuisibles pour la communauté noire, cela n'est pas nécessairement le cas avec la ségrégation volontaire. Les écoles noires, dit-il, « peuvent offrir aux élèves noirs un environnement psychologique plus positif et produire des résultats pédagogiques plus stables » (1997, p. 129 [notre traduction]).

La psychologie à l'université Clark

Les trente et une années de Hall comme doyen de l'université furent, c'est le moins que l'on puisse dire, hautes en couleur. Sous sa direction, la psychologie domina Clark qui rivalisait avec Harvard pour recruter les meilleurs étudiants. En 1908, Hall invita des psychologues européens de renom pour célébrer le vingtième anniversaire de Clark. Hall envoya des invitations à Wundt et à Freud, mais il essuya deux refus. Wundt déclina l'invitation « tentante », car la date coïncidait avec le 500e anniversaire de l'université de Leipzig, événement dont il était le conférencier d'honneur. Freud refusa en raison du cachet jugé insuffisant et de la date qui coïncidait avec un autre engagement. Hall envoya une deuxième invitation avec une date plus compatible avec son emploi du temps et un cachet plus substantiel ; cette fois, Freud accepta (Rosenzweig, 1985). Il est intéressant de noter que Hall n'avait aucune préférence entre Wundt et Freud : il éprouvait un profond respect pour les deux. Hall s'intéressait depuis longtemps aux idées de Freud et se trouva parmi les premiers à promouvoir l'éducation sexuelle aux États-Unis. Auparavant, conformément au principe biogénétique qu'il défendait, Hall suggérait que les souvenirs d'expériences antérieures influençaient souvent de manière inconsciente les fantasmes des adolescents. Il existait donc une affinité sur le plan théorique entre Freud et lui, ainsi qu'entre Carl Jung, également invité à Clark, et lui. Freud et Jung arrivèrent le 5 septembre 1909, et selon Freud, cette visite facilita la propagation de ses idées dans le monde. (Pour des détails intéressants sur la visite de Freud et de Jung aux États-Unis, voir Rosenzweig, 1992.)

Le fonctionnalisme à l'université de Chicago

John Dewey

Malgré le fait que le fonctionnalisme ne fut jamais une école de pensée bien définie comme l'était le structuralisme par exemple, on considère généralement **John Dewey** (1859-1952) comme son fondateur, bien que James, Münsterberg et Hall en avaient jeté les bases. Même si, comme nous le verrons plus loin, Dewey fut fortement influencé par James, Shook (1995) indique néanmoins que plusieurs idées fonctionnalistes de

Dewey avaient pour origine le volontarisme de Wundt (voir le chapitre 9) ; quant à l'influence de James, elle lui permit surtout de confirmer ses idées et de les approfondir davantage. Dewey naquit à Burlington, dans le Vermont, le 20 octobre. Son père, Archibald Sprague Dewey, était épicier. C'est à l'université du Vermont que Dewey développa un intérêt pour la philosophie. Une fois son diplôme en poche, il enseigna à l'école secondaire pendant trois ans avant d'entrer à Johns Hopkins en 1882 pour poursuivre ses études en philosophie. Dewey eut Hall comme professeur, mais fut aussi grandement influencé par le philosophe George S. Morris (1840-1889). À part la psychologie, Dewey s'intéressa aux philosophies de Hegel et de Kant ; il rédigea même un essai sur la philosophie du second. Le premier poste de professeur universitaire qu'il occupa fut à l'université du Michigan, où il donna des cours en philosophie et en psychologie. Il y écrivit *Psychology* (1886), un étrange mélange de philosophie hégélienne et de psychologie fonctionnaliste. Ce livre précéda de quatre ans le *Principles of Psychology* de James. Dewey passa dix ans au Michigan (1884-1894), à l'exception d'une année passée à l'université du Minnesota.

En 1894, Dewey accepta le poste de doyen du département de philosophie de l'université de Chicago nouvel-lement fondée (à l'époque, la philosophie incluait la psychologie et la pédagogie). C'est à Chicago que Dewey écrivit « The Reflex Arc Concept in Psychology » (1896), que plusieurs considèrent comme le point de départ formel du fonctionnalisme. Boring (1953) qualifiait l'article de Dewey de « déclaration d'indépendance de la psychologie fonctionnaliste américaine » (p. 146 [notre traduction]).

La critique de Dewey de l'analyse du comportement en fonction des réflexes Selon Dewey, la division des éléments d'un réflexe en processus sensoriels, en processus cérébraux et en réactions motrices était superficielle et trompeuse. Pour lui, séparer le comportement en ses divers éléments n'était guère plus justifiable que de diviser la conscience. Influencé par les *Principes* de James, Dewey prétendait qu'il existait un courant de comportement semblable au courant de conscience. Selon Dewey, les trois éléments du réflexe doivent être considérés comme un système coordonné orienté vers un but, et ce but se rattache habituellement à la survie de l'organisme. Dewey utilisait l'exemple d'un enfant qui touche une flamme. L'analyse de ce comportement lié aux réflexes indique que lorsque l'enfant aperçoit la flamme d'une chandelle (S), il essaie de la toucher (R). La douleur qui en résulte (S) amène un geste de retrait (R). Selon cette analyse, rien ne change et rien n'est appris. En réalité, l'expérience de brûlure modifie la perception de l'enfant qui évitera de toucher de nouveau la flamme. Selon Dewey, ce comportement ne pouvait se produire que si l'enfant continuait d'observer la flamme pendant qu'il se brûlait, puis retirait sa main. Par conséquent, les prétendues réactions et stimuli n'étaient pas distincts, mais formaient une suite étroitement liée d'événements fonctionnels. En fait, pour l'enfant, la flamme de la chandelle ne produit plus le même stimulus ; elle provoque dorénavant un geste d'évitement. Dewey prétendait que tous les comportements devaient être considérés selon leur fonction, c'est-à-dire l'adaptation de l'organisme à son environnement. Analyser isolément les éléments du processus d'adaptation masque son aspect le plus important : son intentionnalité. « Il existe une suite ordonnée et continue d'actions, chacune adaptée par rapport à elle-même et à l'ordre qu'elle occupe dans la suite afin d'atteindre un objectif : reproduction de l'espèce, préservation de la vie, déplacement » (Dewey, 1896, p. 366 [notre traduction]).

John Dewey

Dewey était un évolutionniste et voyait le changement social comme inévitable, mais il estimait également possible de l'influencer favorablement en posant les gestes appropriés. Dewey exerça une grande influence dans la création de ce qu'on appelle aux États-Unis l'éducation « progressive ». Il croyait que l'éducation devait être centrée sur l'enfant, et non sur la matière à apprendre, et que la meilleure façon d'apprendre quelque chose consistait à le mettre en pratique, d'où son précepte célèbre : *apprendre en le faisant*. Dewey jugeait inutiles la mémorisation, les exercices répétitifs et la vision d'une éducation servant uniquement à la transmission de connaissances traditionnelles. Il ne faudrait jamais présenter une matière comme une chose immuable et rigide. Celle-ci devrait être amenée de manière à stimuler l'intérêt personnel et le développement de compétences en résolution de problème :

> Il faut présenter les matériaux de telle sorte qu'ils stimulent l'intérêt sans finalité ni rigidité dogmatique. S'il vient à l'esprit des élèves qu'un champ d'étude quelconque a été épuisé, qu'ils le connaissent à fond, ils peuvent encore être des élèves dociles, mais ils cessent d'être des étudiants (*students*). (Dewey, 1910/1997, éd. fr. 2004, p. 262)

De toute évidence, Dewey avait la conviction que l'éducation devait favoriser la créativité et préparer les enfants à vivre dans une société complexe.

Comme James, Dewey était un pragmatiste. Autant pour l'un que pour l'autre, les concepts philosophiques abstraits n'avaient de sens que dans la mesure où ils offraient une valeur pratique. Dewey croyait que le concept de démocratie devait être intégré dans tous les aspects de la vie d'un individu, par exemple dans leurs expériences éducatives. Plusieurs de ses livres décrivaient comment les idéaux démocratiques pouvaient et devaient se traduire en actions concrètes (*The School and Society*, 1899 ; *Interest and Effort in Education*, 1913 ; *Democracy and Education*, 1916 ; *Individualism : Old and New*, 1929 ; *Liberalism and Social Action*, 1935 ; *Experience and Education*, 1938 ; *Freedom and Culture*, 1939).

Dewey militait activement pour les causes libérales au sein d'organismes comme la New York Teacher's Union, l'American Association of University Professors, et l'American Civil Liberties Union. Il appuyait également le droit de suffrage pour les femmes :

> On raconte qu'un jour où Dewey participait à une manifestation pour le droit de vote des femmes, on lui tendit une pancarte. Comme il n'avait pas vu le message qui y était inscrit : « Les hommes ont le droit de vote ! Pourquoi pas moi ? », il se demandait pourquoi les gens le regardaient d'un œil amusé. (Hilgard, 1987, p. 673 [notre traduction])

En 1904, des frictions avec la faculté de l'éducation provoquèrent le départ de Dewey de l'université de Chicago. Il accepta un poste au Teachers College de l'université Columbia, où il poursuivit ses travaux en éducation et en philosophie pragmatique. Il mourut le 1er juin 1952 à l'âge de quatre-vingt-treize ans.

James Rowland Angell

James Rowland Angell (1869-1949) naquit le 8 mai à Burlington, au Vermont (dans la même ville que Dewey). Son père fut recteur de l'université du Michigan. Angell suivit les cours de Dewey au Michigan et, après l'obtention de son diplôme en 1890, il y resta pendant une autre année. Ce fut au cours de cette période qu'il assista à une conférence de Dewey sur l'œuvre *Principles of Psychology* de James, qui venait alors de paraître. L'année suivante, Angell entra à Harvard et se lia d'amitié avec James. L'année 1892-1893 fut consacrée à des voyages et à des études en Allemagne. Il assista à des conférences à Ebbinghaus et commença la préparation de sa thèse de doctorat sous la supervision du célèbre philosophe Hans Vaihinger, thèse qu'il ne termina jamais. Ses études supérieures se limitèrent à deux maîtrises, une qu'il fit au Michigan en 1891 et l'autre, à Harvard en 1892.

En 1893, Angell accepta un poste à l'université du Michigan, mais il n'y resta qu'une seule année. En 1894, il accepta le poste à l'université de Chicago que lui avait offert son ancien professeur, Dewey. Angell était alors âgé de vingt-cinq ans et Dewey était de dix ans son aîné. À Chicago, Angell, Dewey et leurs collègues furent très productifs et exercèrent une grande influence. En 1896, Dewey publia son célèbre article sur l'arc réflexe et, en 1904, Angell publia son très populaire *Psychology : An Introduction Study of the Structure and Functions of Human Consciousness*. Autant Dewey qu'Angell occupèrent le poste de président de l'APA (Dewey en 1899 et Angell en 1906). Dans son discours inaugural « The Province of Functional Psychology », Angell faisait une distinction entre la

James Rowland Angell

- Les processus mentaux font le lien entre les besoins de l'organisme et l'environnement. Les fonctions mentales aident l'organisme à survivre. Les habitudes comportementales permettent à un organisme de s'adapter aux situations familières ; mais lorsque l'organisme est confronté à l'inconnu, les processus mentaux facilitent le processus d'adaptation.

- L'esprit et le corps ne sont pas séparés ; ils agissent comme une seule entité dans un organisme en lutte pour sa survie.

À l'époque du discours d'Angell, le fonctionnalisme était une école bien établie et en expansion qui opposait une forte concurrence au structuralisme. En soulignant davantage son lien avec la théorie évolutionniste, le fonctionnalisme encourageait l'étude non seulement de la conscience, mais également du comportement animal, de la psychologie de l'enfant, de la formation des habitudes et des différences individuelles. De plus, avec sa forte orientation pragmatique, le fonctionnalisme encourageait l'application des principes psychologiques dans les domaines de l'éducation, des affaires et de la psychologie clinique.

Angell occupa le poste de doyen de la faculté de psychologie de l'université de Chicago pendant vingt-cinq ans. Sous sa direction, l'université de Chicago devint le centre du fonctionnalisme. Parmi les étudiants célèbres d'Angell, on retrouve Harvey Carr, que l'on présente ici, et John B. Watson, dont on parlera dans le chapitre suivant. En 1921, Angell quitta Chicago pour devenir recteur de l'université Yale, poste qu'il occupa jusqu'à sa retraite en 1937. Il mourut le 4 mars 1949 à New Haven, au Connecticut. Pour en savoir plus long sur la vie et les réalisations d'Angell, voir Dewsbury, 2003.

Harvey Carr

Harvey Carr (1873-1954), né en Indiana un 30 avril, obtint sa licence et sa maîtrise de l'université du Colorado, puis entra à l'université de Chicago où il obtint son doctorat en 1905 sous la supervision d'Angell. Carr demeura à Chicago pendant toute sa carrière et, en 1927, il fut élu président de l'APA.

En 1925, Carr écrivit *Psychology : A Study of Mental Activity*. L'activité mentale était liée à « l'acquisition, la fixation, la rétention, l'organisation et l'évaluation des expériences et à leur utilisation subséquente dans le

psychologie fonctionnaliste et la psychologie structuraliste (une distinction d'abord faite par Titchener en 1898). Dans son discours, Angell présentait les trois points suivants :

- La psychologie fonctionnaliste s'intéresse davantage aux opérations mentales qu'aux éléments conscients ; prises isolément, les opérations mentales n'offrent pas le même intérêt :

  Le psychologue fonctionnaliste [...] s'intéresse non seulement aux processus des opérations mentales en tant que tels, mais aussi et de plus en plus à l'activité mentale en tant qu'élément d'un ensemble plus large des forces biologiques à l'œuvre quotidiennement, à chaque heure devant nos yeux, et qui constitue la partie la plus importante et la plus fascinante de notre monde. Cette psychologie prend exemple sur la conception de base du mouvement évolutionniste, c'est-à-dire que, dans l'ensemble, les structures et les fonctions organiques possèdent leurs propres caractéristiques en fonction de l'efficacité dans leur adaptation aux conditions de vie existantes de l'environnement. (Angell, 1907, p. 68 [notre traduction])

comportement » (Carr, 1925, p. 1 [notre traduction]). Cette définition illustre l'intérêt du fonctionnalisme pour le processus d'apprentissage. L'apprentissage était une préoccupation importante pour les fonctionnalistes, car il est un outil majeur d'adaptation à l'environnement. L'**acte adaptatif** représente un élément central dans la psychologie de Carr et comporte trois composantes : 1) une motivation qui sert de stimulus au comportement (comme la faim ou la soif) ; 2) l'environnement ou la situation dans laquelle l'organisme se retrouve ; 3) une réaction en réponse à la motivation (comme manger ou boire). Encore une fois, nous voyons l'influence de la théorie évolutionniste sur le fonctionnalisme : l'organisme doit combler ses besoins pour survivre. Le besoin motive le comportement jusqu'au moment où un acte le comble, et c'est alors que l'apprentissage se produit ; lorsque l'organisme se retrouve de nouveau dans la même situation et ressent le même besoin, l'organisme aura tendance à répéter le comportement qui s'était avéré précédemment efficace. Pour Carr, la perception et le comportement sont nécessaires à l'adaptation à l'environnement, car la façon dont l'organisme perçoit l'environnement détermine comment il réagira. Voir un animal sauvage dans un zoo et voir un animal se promener dans la nature sauvage provoquera deux réactions différentes.

En plus de l'acte adaptatif, Carr (1925) aborda les questions du système nerveux humain et des organes sensoriels, de l'apprentissage, de la perception, du raisonnement, de l'affection, de la volition, des différences individuelles et de la mesure de l'intelligence. Carr s'intéressait particulièrement à la perception spatiale et y consacra un livre (Carr, 1935). Même si Carr, comme les autres fonctionnalistes, considérait l'introspection et l'expérimentation comme des méthodes légitimes, il privilégia l'expérimentation comme méthode. La popularité croissante de l'expérimentation sur les animaux, laquelle rendait évidemment l'introspection impossible, en était une des raisons. Faisant preuve à la fois du pragmatisme caractéristique du fonctionnalisme et d'une remarquable similitude avec Wundt, Carr considérait que la littérature, l'art, le langage, les institutions sociales et politiques devaient être étudiés pour qu'on en apprenne davantage sur la nature de l'esprit dont ils sont les produits.

Heidbreder divisait le mouvement fonctionnaliste en trois phases : « ses débuts avec Dewey, son évolution sous la direction d'Angell et sa consolidation par Carr » (1933, p. 208-209 [notre traduction]).

Harvey Carr

Le fonctionnalisme à l'université Columbia

James McKeen Cattell

Le fonctionnalisme prit une teinte légèrement différente sous la direction de **James McKeen Cattell** (1860-1944) qui, comme nous le mentionnions au chapitre 10, fut fortement influencé par Galton.

En 1891, Cattell accepta un poste à l'université Columbia où il resta pendant vingt-six ans. Les travaux en recherche fondamentale de Cattell portèrent sur des domaines comme le temps de réaction, la psychophysique et les tests mentaux. Cattell, comme Galton, supposait que l'étude des capacités sensorielles et motrices permettrait de mesurer l'intelligence. En fait, il utilisa plusieurs tests utilisés auparavant par Galton, dont la pression du dynamomètre, la plus petite différence de masse observable et le temps de réaction. Nous avons vu au chapitre 10 que les tests de Cattell ne produisirent pas les résultats escomptés.

Cattell et la psychologie appliquée Cattell affirmait que «les sciences ne sont pas des espèces immuables, mais des organismes en évolution» (1904, p. 176 [notre traduction]). Si cela est vrai, pourquoi ne pas expérimenter avec des idées et des méthodes? Comment savoir à l'avance ce qui donnera des résultats? «Gardons l'esprit ouvert et soyons généreux dans notre évaluation; acceptons les variations et les anormalités; si cela engendre à l'occasion des monstruosités, veillons à ce qu'elles ne survivent pas» (Cattell, 1904, p. 180 [notre traduction]). Toutefois, fidèle à l'esprit pragmatiste, Cattell croyait qu'il fallait toujours évaluer les idées et les méthodes en fonction de leur utilité:

> Si je ne crois pas que la psychologie ait un impact sur la conduite et devrait être utilisée à des fins utilitaires, je devrais alors considérer ma profession comme se rapprochant davantage de celle du joueur d'échecs ou de l'avaleur de sabre que celle de l'ingénieur ou du médecin. (p. 185 [notre traduction])

Selon Cattell, presque tous les gens essaient d'appliquer des principes psychologiques dans ce qu'ils font: «Tous nos systèmes d'éducation, nos églises, nos lois, nos gouvernements, tout relève de la psychologie appliquée» (1904, p. 186 [notre traduction]). Il ne s'agit donc pas de savoir si le comportement devrait être contrôlé ou non. Il s'agit d'appliquer tout ce que nous connaissons de valable sur les principes psychologiques à l'exercice de ce contrôle. La psychologie peut s'avérer ici d'une grande utilité:

> Il n'est certainement pas nécessaire ni même souhaitable pour chaque mère, chaque enseignant ou même chaque homme d'État d'étudier la psychologie, surtout le type de psychologie en vogue actuellement. L'homme n'a pas besoin d'être soit un psychologue soit un fou à quarante ans; il peut, par exemple, être les deux. Il est néanmoins possible de déterminer s'il est préférable ou non de nourrir un bébé à chaque fois qu'il pleure, d'infliger à un garçon un châtiment corporel à chaque fois qu'il désobéit, ou encore de jeter un homme en prison lorsqu'il enfreint la loi. Si on confiait à chaque homme le travail pour lequel il est le plus compétent et pour lequel il s'est préparé de la meilleure façon possible, tout ce que nous accomplissons dans le monde, de la manifestation la plus ultime de génie jusqu'à la tâche quotidienne la plus

modeste, se verrait doublé. Je ne vois pas pourquoi l'application d'une connaissance systématique dans le contrôle de la nature humaine ne constituerait pas pour le présent siècle l'équivalent, en terme de résultats accomplis, des applications de la science physique au monde matériel du XIXᵉ siècle. (Cattell, 1904, p. 186 [notre traduction])

En 1895, Cattell, âgé de trente-cinq ans seulement, succéda à William James comme président de l'APA. Cette année-là, Cattell fit également l'acquisition du journal *Science*, qui connaissait alors des difficultés financières. Sous la direction de Cattell, *Science* surmonta ses difficultés et devint la publication officielle de l'American Association for the Advancement of Science (AAAS) en 1900. En 1894, Cattell fonda avec James Mark Baldwin le journal *Psychological Review*. De 1894 à 1904, Cattell en fut le copropriétaire et le rédacteur en chef. Comme Cattell consacrait de plus en plus de temps à la direction éditoriale et à la gestion, il finit par fonder sa propre maison d'édition, Science Press. Il devint rapidement l'unique propriétaire, l'éditeur et le rédacteur en chef de plusieurs publications, notamment *Psychological Review*, *Science*, *Popular Science Monthly*, *The American Naturalist*, et *School and Society*. En 1921, Cattell, Thorndike et Woodworth fondèrent la Psychological Corporation, destinée à offrir une variété de services éducatifs et industriels. La Psychological Corporation existe encore aujourd'hui.

En 1917, les relations entre Cattell et le président de Columbia n'étaient pas au beau fixe. Cattell avait joué un rôle clé dans la fondation de l'American Association of University Professors (AAUP), qui préconisait la liberté de l'enseignement. Il fut élu président de cette association en 1925. Toutefois, ce fut le pacifisme de Cattell qui provoqua son renvoi de Columbia:

> [Le recteur de l'université Columbia] le congédia de son poste à la faculté de Columbia en raison d'une lettre écrite sur du papier à en-tête de l'université où il demandait aux conscrits de ne pas aller outre-mer contre leur gré. Ce congédiement aurait été motivé par l'accusation de pacifisme et d'autres membres de la faculté [...] démissionnèrent en guise de protestation. (Hilgard, 1987, p. 748 [notre traduction])

Néanmoins, sous l'influence de Cattell, Columbia devint un bastion du fonctionnalisme, surpassant même l'université de Chicago.

Cattell fut très actif à Columbia entre 1891 et 1917, époque où Columbia devint l'université qui délivrait le plus de doctorats en psychologie. En 1929, des sept cent quatre membres de l'APA qui possédaient un doctorat, cent cinquante-cinq venaient de Columbia, Chicago arrivant en deuxième avec quatre-vingt-onze. [...] Si nous considérons Columbia et Chicago comme étant essentiellement des centres de psychologie fonctionnaliste, leurs diplômés représentaient 35 % des détenteurs de doctorat de l'APA. Le fonctionnalisme était de toute évidence le courant dominant de la psychologie américaine, car les psychologues formés à Columbia et à Chicago étendirent leur influence aux autres institutions d'enseignement partout dans le pays. (Hilgard, 1987, p. 84 [notre traduction])

Cattell mourut le 20 janvier 1944.

Peu après l'arrivée de Cattell à Columbia en 1891, Robert Woodworth et Edward Thorndike devinrent ses étudiants, avant de devenir des chefs de file du fonctionnalisme.

Robert Sessions Woodworth

Robert Sessions Woodworth (1869-1962) vit le jour le 17 octobre à Belchertown, au Massachusetts. Il étudia au collège Amherst de cet État. Une fois son diplôme en main, il enseigna les mathématiques et la science à l'école secondaire pendant deux ans, puis les mathématiques au collège Washburn pendant deux autres années. Après avoir lu les *Principes* de James, il décida d'entrer à Harvard pour étudier avec lui. Il reçut son diplôme de maîtrise en 1897 et travailla au laboratoire de physiologie de Harvard. Woodworth alla ensuite à Columbia où il obtint son doctorat en 1899 sous la direction de Cattell. Il enseigna ensuite la physiologie à l'hôpital de New York, puis passa une année en Angleterre pour étudier avec le célèbre physiologiste Sir Charles Sherrington. En 1903, il retourna à Columbia et y demeura tout le temps de sa carrière.

Comme tous les autres psychologues fonctionnalistes, Woodworth s'intéressait au comportement et aux motivations qui le déclenchent, en particulier aux causes. Il portait une attention particulière à la motivation et appela cette branche de la psychologie la **psychologie dynamique**. Comme Dewey, Woodworth rejetait l'idée que les ajustements à l'environnement étaient liés aux stimuli, aux processus cérébraux et aux réactions. Certains psychologues ignorèrent même les mécanismes

du cerveau pour parler uniquement de relations S-R (stimulus-réponse). Woodworth utilisait les symboles S-O-R (stimulus-organisme-réponse) pour désigner sa théorie, soulignant ainsi l'importance de l'organisme. Il utilisait le mot *mécanisme* un peu comme Carr utilisait le mot *acte adaptatif*, se référant ainsi à la façon dont l'organisme interagit avec l'environnement pour satisfaire un besoin. Ces mécanismes, ou modèles de comportement adaptatif, demeurent latents à moins d'être activés par un quelconque besoin (pulsion). De cette manière, dans un *même* environnement physique, un organisme se comporte différemment dépendamment du besoin, ou de la *pulsion*, en cause. Selon Woodworth, c'est la condition interne d'un organisme qui stimule son comportement.

Même si nous avons rangé Woodworth parmi les fonctionnalistes, ce dernier gardait l'esprit ouvert aux autres idées et ne se montrait pas doctrinaire. Il enseigna la psychopathologie, la psychologie sociale, les tests et la statistique, et il donna des séminaires sur le mouvement, la vision, la mémoire, la pensée et la motivation. Parmi ses œuvres, on retrouve *Elements of Physiological*

Robert Sessions Woodworth

Psychology (avec Edward Trumbull Ladd, 1911); *Contemporary Schools of Psychology* (1931); *Experimental Psychology* (1938); et son dernier livre *Dynamics of Behavior* (1958), écrit à l'âge de quatre-vingt-neuf ans. Le texte de Woodworth, *Experimental Psychology* (réédité en 1954 avec Harold Schlosberg), resta le texte de base de la psychologie expérimentale pendant plus de deux décennies.

Woodworth croyait que les psychologues devaient accepter toute information recevable sur les êtres humains, peu importe sa provenance, et il croyait également que la plupart des psychologues, comme lui-même d'ailleurs, adoptaient une attitude modérée, ou éclectique :

> Supposons que nous devions organiser une coupe du monde ou des jeux olympiques pour les psychologues et que nous devions réunir entre deux et trois mille d'entre eux sur un grand terrain. Nous installerions des bannières ici et là comme points de rassemblement des adeptes des différentes écoles — une bannière pour Freud, une bannière pour Adler, une pour Jung, une pour McDougall, une pour l'école de la psychologie de la forme, une pour les béhavioristes et une pour les existentialistes, en plus de deux ou trois autres bannières réservées aux écoles non mentionnées ici. Par la suite, une fois les loyaux adeptes de chaque école rassemblés sous leur bannière respective, il resterait un grand groupe au milieu du terrain ou dans les estrades, prêt à assister aux combats. Combien n'auraient aucune bannière sous laquelle se ranger ? Une majorité ? Une vaste majorité, selon moi. (Woodworth, 1931, p. 205 [notre traduction])

Woodworth ne se souciait guère des critiques dont il était souvent l'objet. En réaction aux reproches l'accusant de rester sur les lignes de côté au lieu de sauter dans la mêlée pour participer à la controverse du jour, Woodworth (1931) rétorquait : « Je peux en effet confirmer qu'il fait plus frais sur les lignes de côté et que la vue de l'action sur le terrain est meilleure » (p. 216 [notre traduction]).

Woodworth fut le premier récipiendaire de la médaille d'or de l'American Psychological Foundation, en 1956. L'inscription indiquait que cette récompense était décernée « pour une exceptionnelle contribution à l'édification de la psychologie moderne ».

L'association de six décennies entre Woodworth et l'université Columbia prit fin au moment de son décès, le 4 juillet 1962. Il avait quatre-vingt-douze ans.

Edward Lee Thorndike

Edward Lee Thorndike (1874-1949) naquit à Williamsburg, dans l'État du Massachusetts. Il était le fils d'un ministre méthodiste. Il entra à l'université Wesleyan, au Connecticut, en 1891 et obtint son baccalauréat en 1895. À Wesleyan, Thorndike s'intéressait peu aux cours de psychologie, et ce furent les *Principes* de James qui éveillèrent son intérêt. Il prétendait n'avoir jamais entendu le mot *psychologie* avant sa première année à Wesleyan. Thorndike alla par la suite à Harvard où il décrocha une maîtrise en 1897. Il suivit les cours de James, et les deux devinrent bons amis. Lorsqu'il arriva à Cambridge, Thorndike éleva des poulets dans sa chambre pour les utiliser comme animaux de laboratoire. Après que la propriétaire des lieux eut interdit formellement à Thorndike de continuer cette pratique, James essaya de lui trouver de l'espace au laboratoire à Harvard. Ses efforts échouèrent, et Thorndike poursuivit ses recherches dans le sous-sol du domicile de James.

Edward Lee Thorndike

Ayant reçu son diplôme de maîtrise de Harvard, Thorndike accepta une bourse de Columbia où, comme Woodworth, il travailla sous la supervision de Cattell. (Woodworth et Thorndike furent amis durant toute leur vie.) Sa thèse de doctorat, intitulée « Animal Intelligence : An Experimental Study of the Associative Processes in Animals », fut publiée en 1898, puis de nouveau en 1911 sous le titre *Animal Intelligence*. Cette thèse était la première pour laquelle on avait pris des sujets non humains en psychologie (Galef, 1998, p. 1128).

Après l'obtention de son doctorat en 1898, Thorndike enseigna au College for Women de la Western Reserve University ; toutefois, après un an, il retourna à Columbia où il demeura jusqu'à sa retraite en 1940. Il continua à écrire jusqu'à sa mort en 1949 à l'âge de soixante-quatorze ans. Pendant toute sa carrière, Thorndike fut extrêmement productif et, à sa mort, sa bibliographie comprenait cinq cent sept livres, monographies et articles de journaux. Il fut un pionnier non seulement dans la théorie d'apprentissage (ce qui l'a rendu célèbre), mais également dans d'autres secteurs : les pratiques pédagogiques, le comportement linguistique, les épreuves d'intelligence, l'entraînement au transfert et la mesure des phénomènes sociologiques. Dans *Your City* (1939), il tenta de quantifier la « qualité de vie » dans diverses villes. Comme Galton, Thorndike avait tendance à tout mesurer et croyait que l'intelligence avait une forte composante héréditaire. Thorndike estimait que les expériences pédagogiques devaient être stratifiées en fonction de la capacité intellectuelle initiale de l'élève. Quant aux tentatives d'offrir une éducation de niveau égal à tous les enfants, il disait : « Présumer des capacités et des intérêts qui sont accordés ou niés à un individu au moment de sa naissance est vain, voire insensé » (1903, p. 44 [notre traduction]). Toutefois, Thorndike ne pensait pas que les différences entre les sexes sur le plan des capacités intellectuelles étaient suffisamment substantielles pour appuyer les dires des opposants à l'éducation mixte. Après avoir passé en revue les données, il concluait : « Les différences sur le plan des capacités [sont] insuffisantes pour avoir un impact sur les discussions entourant la différenciation du programme ou des méthodes d'enseignement en fonction des différences de sexe » (1903, p. 118 [notre traduction]).

Le travail de Thorndike allait avoir une influence significative sur la psychologie et peut être considéré comme représentatif de la transition entre le fonctionnalisme et le béhaviorisme. Nous en passerons brièvement en revue les raisons, mais nous examinerons d'abord la nature de la recherche animale avant Thorndike.

La recherche animale avant Thorndike   La psychologie comparée commença avec les travaux de Darwin, plus précisément avec son livre *Expression of Emotions in Man and Animals* (1872). **George John Romanes** (1848-1894), un ami de Darwin, poussa un peu plus loin l'œuvre de ce dernier ; il écrivit *Animal Intelligence* en 1882 et *Mental Evolution in Animals* en 1884. Dans un troisième ouvrage, *Mental Evolution in Man* (1888), Romanes tenta de retracer l'évolution de l'esprit humain. La preuve qu'il utilisa reste cependant anecdotique et pèche souvent par *anthropomorphisme*, c'est-à-dire qu'elle attribue des processus de pensée humaine à des animaux non humains. Par exemple, Romanes attribuait aux poissons des émotions comme la colère, la peur et la jalousie ; aux oiseaux, l'affection, la sympathie et la fierté ; aux chiens, l'espièglerie et le zèle. L'exemple suivant montre comment Romanes prêtait des motivations humaines aux animaux non humains :

George John Romanes

Un jour, le chat et le perroquet eurent une dispute. Le chat chaparda de la nourriture au perroquet ou quelque chose du genre ; ils semblèrent toutefois se réconcilier. Environ une heure après, le perroquet se plaça debout sur le bout de la table ; il lança avec son ton le plus affectueux : « Minet, minet, viens ici. Viens ici, minet. » Le minet s'approcha, puis leva les yeux d'un air innocent. Avec son bec, le perroquet attrapa un bol de lait et renversa tout son contenu sur le chat qui faillit presque se noyer ; puis en éclatant d'un rire diabolique, le perroquet fracassa le bol. (Sargent et Stafford, 1965, p. 149 [notre traduction])

Romanes mourut le 23 mai 1894, à l'âge de quarante-six ans.

Conwy Lloyd Morgan (1852-1936) chercha à corriger les excès de Romanes en appliquant le principe qu'il établit et qui est connu sous le nom de **règle de Morgan** : « En aucun cas nous ne pouvons interpréter une action comme la manifestation d'une faculté psychique supérieure si cette action peut être interprétée comme la manifestation d'une faculté inférieure sur l'échelle psychologique » (Morgan, 1894, p. 53 [notre traduc-

Conwy Lloyd Morgan

tion]). On interprète souvent à tort la règle de Morgan en la voyant comme un argument contre la spéculation sur l'existence de pensées et de sentiments chez les animaux non humains. Or, Morgan croyait que les comportements humains et non humains sont intentionnels et que ces intentions sont ressenties mentalement. Plutôt que d'escamoter le mentalisme, il prétendait que la *psychologie* comparée serait impossible sans la présence de processus mentaux autant chez les humains et que chez les autres espèces animales. Comme Darwin, Morgan considérait que les événements mentaux facilitent la survie et qu'il existe une gradation de ces événements à travers les espèces. On jugeait également à tort que la règle de Morgan s'opposait à l'anthropomorphisme. Au contraire, Morgan disait que les processus cognitifs des animaux non humains ne pouvaient être compris *uniquement* qu'en fonction de nos propres processus :

> Notre interprétation de l'intelligence animale est nécessairement fondée sur un processus d'observation double : premièrement, les activités des animaux doivent être observées attentivement en tant que phénomène objectif ; deuxièmement, nos propres processus mentaux doivent être observés attentivement afin que nous puissions ensuite faire des inductions conservatrices. Finalement, le phénomène objectif observé pendant le premier processus doit être interprété en fonction des conclusions obtenues pendant le second. (Costall, 1993, p. 120 [notre traduction])

Quel est l'objectif visé par la règle de Morgan ? Celle-ci visait principalement à éviter le piège de *l'anthropomorphisme*, c'est-à-dire d'éviter de se reposer sur la croyance dans la similitude entre les processus cognitifs non humains et humains. Les preuves anecdotiques utilisées par Romanes et d'autres posaient problème, car elles mettaient sur un pied d'égalité les intelligences humaines et les autres. Avec sa règle, Morgan montrait qu'il fallait éviter d'imputer des pensées réflexives et rationnelles à des attributs non humains si on peut les expliquer à l'aide d'un processus cognitif plus simple. En un sens, Morgan cherchait à donner à l'anthropomorphisme une « base scientifique solide » (Costall, 1993, p. 120 [notre traduction]).

Pour Morgan (1894), il était impossible que les animaux non humains possèdent la plupart des attributs que leur reconnaissaient Romanes et d'autres : « L'idée de beauté, l'idée de ridicule, l'idée de justice, l'idée de bien et de mal, ainsi que toutes les autres émotions et sentiments abstraits sont de toute évidence hors de portée de la brute » (p. 403 [notre traduction]).

Dans l'extrait suivant, Morgan (1894) décrivait comment son chien acquit la capacité d'ouvrir la porte de son jardin :

> La façon dont mon chien soulève le loquet de la porte de jardin pour sortir dans la rue est un bon exemple de comportement intelligent. Cette porte est retenue par un loquet, mais s'ouvre sous la poussée de son propre poids une fois qu'il est levé. Chaque fois que mon chien veut sortir, il soulève le loquet avec le derrière de sa tête, puis la porte s'ouvre automatiquement. La question à se poser est la suivante : comment a-t-il appris ce geste ? L'observation nous aide à répondre à cette question. Une fois sorti à l'extérieur de la maison, le chien veut naturellement aller dans la rue, où il y a tant à faire : courir, jouer avec d'autres chiens, pourchasser les chats. Il se promène frénétiquement le long du petit mur qui entoure le jardin puis par hasard, il se retrouve sous le loquet. Dès qu'il lève involontairement la tête, un geste naturel pour cette espèce, la porte s'ouvre. L'association entre l'extérieur et la porte qui s'ouvre est d'une certaine façon indirecte. La combinaison en une même situation consciente des éléments de présentation et de représentation, combinaison qui oriente le comportement, ne s'est pas produite du premier coup. Après dix ou quinze expériences où à chaque fois, le chien sortait plus rapidement et regardait moins en direction d'endroits menant à des impasses, il a finalement appris à aller droit devant et sans hésitation vers le bon endroit. *Dans cet exemple, soulever le loquet était de toute évidence le fruit du hasard, et le geste n'est devenu une habitude que grâce à l'association répétée entre le fruit du hasard et la promenade inespérée.* Une fois fermement enraciné, le comportement restera constant pour le reste de la vie du chien, c'est-à-dire cinq ou six ans. (p. 144 [notre traduction])

Même si le compte rendu de Morgan sur le comportement du chien dénote une subjectivité évidente, il décrivait néanmoins le processus par essais et erreurs qui allait prendre une si grande importance dans la recherche de Thorndike. Incidemment, Bain avait décrit essentiellement le même type d'apprentissage que Morgan en 1855 (voir le chapitre 5).

En 1908, **Margaret Floy Washburn** (1871-1939) écrivit *The Animal Mind*, qui fut publié à quatre reprises, la dernière édition datant de 1936. Cependant, le deuxième livre de Washburn, *Movement and Mental Imagery : Outline of a Motor Theory of Consciousness* (1916) n'attira guère l'attention (Carpenter, 1997,

Margaret Floy Washburn

p. 188). Comme nous le mentionnions au chapitre 9, Washburn fut la première candidate au doctorat de Titchener et en 1894, elle fut la première femme titulaire d'un doctorat en psychologie. Washburn rejoignit, comme membre, l'American Psychological Association (APA), laquelle comptait déjà deux femmes, Christine Ladd-Franklin et Mary Calkins. Après de brefs séjours au collège Wells, au collège Sage et à l'université de Cincinnati, Washburn accepta un poste à son alma mater, le collège Vassar, en 1903. Pendant sa carrière à Vassar qui s'étendit sur plus de trois décennies, elle publia plus de soixante-dix articles — principalement sur la psychologie animale — et participa activement aux activités administratives de l'APA et des autres associations en psychologie. En 1921, en reconnaissance de ses nombreux accomplissements, Washburn devint la deuxième femme élue à la présidence de l'APA, après Calkins. Dans son discours présidentiel (1922), Washburn critiqua le béhaviorisme de Watson et louangea la psychologie de la forme (ou gestaltiste) pour son ouverture à l'étude de la conscience. En 1931, elle devint membre de la National Academy of Sciences ; elle était la deuxième femme à adhérer à cette prestigieuse association, après Florence Sabin.

Dans *The Animal Mind*, Washburn, comme Morgan, s'intéressa surtout à l'inférence de la conscience chez les animaux, à tous les niveaux phylogénétiques. Pour ce faire, elle fit la synthèse de plusieurs centaines d'expériences dans des domaines comme la discrimination sensorielle, la perception de l'espace et la capacité d'apprentissage. Même si sa préoccupation première était la conscience animale, son utilisation du comportement contrôlé pour répertorier les événements mentaux s'apparentait à l'approche adoptée par bon nombre de psychologues cognitifs contemporains. (Pour un survol de la vie et des accomplissements de Washburn, voir Viney et Burlingame-Lee, 2003.)

Les efforts de Morgan et de Washburn rendirent la psychologie comparée plus objective qu'à l'époque de Romanes, mais les problèmes persistèrent. Avec les observations naturalistes de Morgan, le nombre de variables qui se produisaient simultanément était tel qu'il s'avérait impossible de les observer toutes, et encore moins de déterminer laquelle était responsable du comportement sous observation. Washburn étudia le comportement animal dans un environnement contrôlé, mais dans une optique visant à comprendre la conscience animale. Il restait à étudier, de manière expérimentale, l'apprentissage chez les animaux non pas comme moyen indirect d'étudier la conscience animale, mais comme sujet d'étude en soi. Ce fut Thorndike qui franchit ce pas important.

La boîte à puzzle de Thorndike Pour analyser de manière systématique l'apprentissage par essais et erreurs décrit par Morgan, Thorndike utilisa une **boîte à puzzle** comme celle présentée à la figure 11.1. Même si, pendant sa carrière, Thorndike utilisa des poulets, des rats, des chiens, des poissons, des singes et des êtres humains comme sujets de recherche, il choisit des chats pour sa boîte à puzzle. La boîte était disposée de telle façon que si l'animal réagissait d'une manière précise, la porte s'ouvrait et l'animal pouvait s'échapper ; il recevait en plus une récompense, par exemple un morceau de poisson.

À partir de ses nombreuses expériences avec la boîte à puzzle, Thorndike en arriva aux conclusions suivantes.

- L'apprentissage est incrémentiel, c'est-à-dire qu'il se produit graduellement, et non d'un seul coup. À

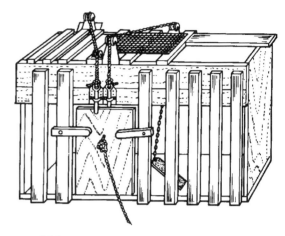

Figure 11.1
La boîte à puzzle de Thorndike, utilisée dans son expérience avec des chats (Thorndike, 1898).

chaque évasion réussie, la suivante s'effectue plus rapidement.

- L'apprentissage est automatique, c'est-à-dire que la pensée ne sert pas d'intermédiaire.

- Les mêmes principes d'apprentissage s'appliquent à tous les mammifères, c'est-à-dire que les êtres humains apprennent de la même manière que les animaux.

Les observations de Thorndike se rapprochaient beaucoup du béhaviorisme. Si la pensée ne participait pas à l'apprentissage, l'introspection pouvait-elle être utilisée pour analyser ce processus ? Et si les animaux et les êtres humains apprennent de la même manière, pourquoi ne pas simplifier la situation en analysant uniquement les animaux non humains ?

Le connexionnisme Selon Thorndike, des liens neuraux relient les impressions et les réactions sensorielles. Thorndike pensait également que la probabilité d'une réaction faite en présence d'un événement sensoriel particulier (stimulus) est déterminée par la force de la connexion neurale entre le stimulus et la réaction. Thorndike s'intéressait moins à la manière dont les *idées* s'associent qu'à la façon dont les connexions ou les liens neuraux entre les impressions sensorielles et les réponses changent de force en fonction de l'expérience. C'est pour cette raison que la théorie de Thorndike est souvent appelée **connexionnisme**.

Les lois de l'exercice et de l'effet Pour expliquer les résultats découlant de ses découvertes, Thorndike formula la première théorie majeure sur l'apprentissage. Si cette théorie combinait l'associationnisme et l'hédonisme qui avaient dominé pendant des siècles, Thorndike énonça ses principes avec précision et utilisa une expérimentation ingénieuse pour les étayer. En fait, ses propres découvertes l'amenèrent à apporter des correctifs majeurs à sa théorie. La première version de sa théorie se résumait essentiellement aux lois de l'exercice et de l'effet. La **loi de l'exercice** comporte deux parties : la loi de l'utilisation et la loi de la désuétude. Avec la **loi de l'utilisation**, plus une association (connexion neurale) est utilisée, plus elle se renforce. Il s'agissait essentiellement d'une nouvelle formulation de la loi de la fréquence d'Aristote. En revanche, avec la **loi de la désuétude**, plus une association reste inutilisée pendant une longue période de temps et plus elle s'affaiblit. Ensemble, les lois de l'utilisation et de la désuétude indiquent que nous apprenons ce que nous faisons et que nous oublions ce que nous ne mettons pas en pratique.

La première **loi de l'effet** de Thorndike disait qu'une association suivie par un « état satisfaisant de la situation » se renforcera alors qu'une association suivie d'un « état de la situation défavorable » s'affaiblira. Si on utilise une terminologie plus moderne, la première loi de l'effet de Thorndike énonçait que le renforcement consolide le comportement tandis que la punition l'affaiblit.

L'abandon de la loi de l'exercice et la révision de la loi de l'effet   En septembre 1929, Thorndike commença son allocution qu'il prononça lors du Congrès international de psychologie avec une déclaration choc : « Je me suis trompé ». Il faisait référence à sa première théorie de l'apprentissage. Ses recherches l'avaient contraint à renoncer complètement à la loi de l'exercice, car il avait découvert que la répétition ne pouvait *à elle seule* renforcer une association et que le passage du temps (désuétude) ne pouvait *à lui seul* l'affaiblir. En plus de renoncer complètement à la loi de l'exercice, Thorndike abandonna en partie la loi de l'effet, concluant que si un état de la situation satisfaisant renforce une association, un état de la situation défavorable ne l'affaiblit pas nécessairement. Si on utilise une terminologie plus moderne, Thorndike découvrit que le renforcement est un moyen efficace de modifier le comportement, mais non la punition.

Grâce à l'influence de la théorie évolutionniste, Thorndike ajouta une composante béhavioriste à l'associationnisme. Plutôt que de s'intéresser uniquement à l'association d'une *idée* à une autre, il explora l'association entre l'environnement et les réactions comportementales. Même si le type de psychologie de Thorndike est généralement analysé à l'intérieur d'un cadre fonctionnaliste (Thorndike croyait que seules les associations utiles sont choisies et retenues), son insistance à dire que l'apprentissage se produisait sans idéation le rapprochait énormément du béhaviorisme.

Le transfert des apprentissages   En 1901, Thorndike et Woodworth combinèrent leurs efforts pour examiner l'affirmation de certains psychologues des facultés quant à la possibilité de consolider les facultés de l'esprit en répétant les attributs qui leur étaient associés. Par exemple, on estimait que l'étude d'une manière exigeante comme le latin était susceptible d'améliorer l'intelligence d'une manière générale. On nommait cette façon de penser « musculation mentale » en pédagogie et dans d'autres disciplines formelles. L'étude de Thorndike et Woodworth, qui se basait sur 8564 élèves de niveau secondaire, ne trouva aucune preuve pour appuyer cette thèse. Pourquoi alors les cours plus difficiles semblaient-ils produire les élèves les plus brillants ? Thorndike résuma ainsi ses premiers travaux avec Woodworth :

> Pour être en mesure de tirer une interprétation raisonnable des résultats, la valeur des recherches sur le plan intellectuel devrait être déterminée principalement par les habitudes, les intérêts, les attitudes et les idées qu'elles révèlent de manière évidente. Les attentes soulevées par certaines études quant à une amélioration notable de l'esprit nous apparaissent trompeuses. Comment aurait-on obtenu de tels résultats ? S'agit-il de la tendance naturelle du plus doué à s'améliorer davantage que le moins doué, peu importe l'étude ? Lorsque dans certaines études, on soumet les plus doués à l'apprentissage du latin et du grec, les résultats *semblent* indiquer une amélioration des capacités intellectuelles. Lorsqu'on soumet les plus doués à l'étude de la physique et de la trigonométrie, les résultats semblent indiquer une amélioration des capacités intellectuelles. Si on soumettait tous les élèves doués à l'étude de l'éducation physique et à l'art dramatique, ces matières favoriseraient-elles, elles aussi, une amélioration des capacités intellectuelles ? [...] Établir ainsi une corrélation positive entre le gain et la capacité initiale amenuise considérablement la crédibilité de toute étude de la sorte. (p. 98 [notre traduction])

Thorndike répondit à l'approche pédagogique de la « musculation mentale » avec sa **théorie du transfert**

des éléments identiques. Cette théorie montre que le transfert de l'information apprise dans un contexte différent de celui où elle est apprise au départ est déterminé par les similitudes entre les deux contextes. Si les deux contextes sont absolument identiques, l'information apprise dans l'un se transférera complètement dans l'autre. S'il n'existe aucune ressemblance, l'information apprise dans un contexte n'aura aucune valeur dans l'autre contexte. La conséquence pédagogique de cette théorie apparaît évidente : il faudrait enseigner aux élèves les habiletés qui leur serviront une fois qu'ils auront quitté l'école. Au lieu d'essayer de renforcer les facultés de l'esprit en imposant l'étude de matières exigeantes, les écoles devraient mettre l'accent sur l'enseignement de connaissances pratiques. Les travaux de Thorndike ne mirent pas fin au débat entre ceux pour qui l'éducation a pour but de renforcer les facultés de l'esprit et ceux (comme Thorndike) qui prétendent que l'objectif est le transfert de compétences spécifiques. Encore aujourd'hui, certains chercheurs jugent prématuré de conclure, comme Thorndike, au rejet des disciplines formelles (par exemple Lehman, Lempert et Nisbett, 1988).

Parmi les nombreux honneurs reçus par Thorndike, on peut compter les doctorats honorifiques de l'université Columbia (1929), de l'université de Chicago (1932), de l'université d'Athènes (1937), de l'université de l'Iowa (1923), de l'université d'Édimbourg (1936) ; il fut élu président de la New York Academy of Science (1919-1920), de l'American Association for Advancement of Sciences (1934), de l'American Psychological Association (1912), et de la Psychometric Society (1936-1937). Il fut membre honoraire de la British Psychological Society et de la Lenningrad Scientific-Medical Pedagogical Society.

Beaucoup considèrent Thorndike comme le plus grand théoricien de l'apprentissage de tous les temps et plusieurs de ses idées sont encore présentes aujourd'hui grâce aux travaux de B. F. Skinner, dont nous parlerons au chapitre suivant. Thorndike est habituellement considéré comme un fonctionnaliste et Skinner, comme un béhavioriste. Thorndike ne peut être vu comme un béhavioriste pour deux raisons, bien qu'il ait des inclinations pour cette école. Premièrement, il employait des expressions du vocabulaire des mentalistes comme « état de la situation satisfaisant ». Deuxièmement, il refusait de renoncer complètement à l'analyse par introspection. Il croyait que ce type d'analyse pouvait jouer dans certains cas un rôle utile dans l'étude de la conscience humaine (Samelson, 1981).

L'évolution du fonctionnalisme

Comment le fonctionnalisme a-t-il évolué ? Contrairement au structuralisme, il ne disparut pas en tant qu'école, mais fut plutôt absorbé. Chaplin et Krawiec (1979) résument ainsi le phénomène :

> En tant que point de vue systématique, le fonctionnalisme connut un succès retentissant. Toutefois, précisément en raison de ce succès, il ne représente plus une école distincte en psychologie. Il s'est fondu dans le courant principal de la psychologie. C'est d'ailleurs ce qui pouvait lui arriver de mieux. (p. 53 [notre traduction])

De la même manière, Hilgard (1987) disait : « Le déclin du [fonctionnalisme] s'explique autant par son trop grand succès que par le succès de son héritier, le béhaviorisme » (p. 88 [notre traduction]). Le prochain chapitre portera sur cette approche.

Résumé

Au cours de la période qui a précédé le fonctionnalisme, la psychologie américaine traversa trois étapes. Durant la première étape (1640-1776), la psychologie s'apparentait à la religion et à la philosophie morale, même si certains éléments de la philosophie de Locke étaient enseignés. Pendant la deuxième étape (1776-1886), la philosophie écossaise du sens commun

domina, quoique la relation avec la religion restait encore forte. À cette étape, des manuels commencèrent à apparaître et contenaient des chapitres sur des sujets proches de la psychologie moderne, comme la perception, la mémoire, le langage et la pensée. Au cours de la troisième étape (1886-1896), la psychologie se distingua complètement de la religion, jetant ainsi les bases d'une psychologie objective et pratique. C'est pendant cette période que James publia ses *Principles of Psychology* (1890), ouvrage qui allait mener au fonctionnalisme, et que Titchener fonda l'école du structuralisme à Cornell (1892). La quatrième étape de la psychologie américaine (de 1896 à aujourd'hui) vit l'émergence du fonctionnalisme, période qui débuta avec la publication d'un article de Dewey sur l'arc réflexe. Toutefois, beaucoup croient que cet honneur devrait revenir aux *Principes* de James. Même s'il ne fut jamais une école de pensée en tant que telle, le fonctionnalisme possédait les caractéristiques suivantes : il s'opposait à l'élémentisme ; il s'intéressait aux fonctions de l'esprit et aux processus comportementaux ainsi qu'aux applications pratiques de ses principes ; il acceptait le modèle darwinien de l'être humain plutôt que le modèle newtonien ; il englobait une grande variété de sujets et de méthodes ; il s'intéressait énormément à la motivation ; il se penchait davantage sur les différences entre les individus que sur les ressemblances.

Comme Darwin, James croyait que les phénomènes mentaux et les comportements manifestes ont toujours une fonction. Plutôt que d'étudier la conscience en tant que combinaison d'un groupe d'éléments régis par une loi, comme c'était le cas avec les éléments physiques, James voyait la conscience comme un courant d'événements mentaux en perpétuel changement qui permettaient à l'individu de s'adapter à son environnement. Pour James, l'utilité est le principal critère pour évaluer une idée et il appliquait ce pragmatisme à l'idée de libre arbitre. Pour James, le travail dans une optique scientifique et l'acceptation du déterminisme étaient possibles ; dans le cas contraire, il fallait accepter le libre arbitre et assumer la responsabilité de ses propres actions au lieu de se sentir victime des circonstances. James voyait le comportement comme étant en grande partie instinctif et acquis. Il aborda le moi empirique, lequel comprend le moi matériel (tous les biens matériels qu'une personne peut faire siens), le moi social (le moi perçu par les autres personnes) et le moi spirituel (tout ce dont une personne est consciente). Selon James, il existait également le moi en tant qu'outil de connaissance ou le « Je » de la personnalité. Le moi en charge de la connaissance, ou « ego pur », transcende le moi empirique. L'estime de soi repose sur le rapport entre ce qui est tenté et ce qui est accompli. On peut accroître l'estime de soi en accomplissant davantage ou

en tentant moins. En vertu de la théorie des émotions ou théorie de James-Lange, un individu réagit d'abord sur le plan comportemental, puis ensuite sur le plan émotionnel. Comme tout ce que nous ressentons est en lien avec la manière dont nous agissons, nous pouvons déterminer nos sensations en choisissant nos actions. James croyait que les pensées déterminent le comportement et que nous pouvons agir sur nos pensées. Derrière tout acte de volition se trouve l'attention sélective, car c'est l'objet de notre attention qui détermine notre comportement. Le pragmatisme est présent dans l'ensemble de l'œuvre de James : les idées sont évaluables uniquement en fonction de leur utilité. À maints égards, la psychologie moderne ressemble à la psychologie anticipée par James : une psychologie capable d'englober tous les aspects de l'existence humaine et d'employer toutes les techniques jugées efficaces.

James choisit Münsterberg pour le remplacer à la direction du laboratoire de psychologie de Harvard. Au début, Münsterberg concentra ses efforts sur les expériences contrôlées en laboratoire, puis il s'intéressa de plus en plus à l'application des principes psychologiques aux problèmes hors du laboratoire. Dans le développement de la psychologie appliquée, Münsterberg fit un travail de pionnier dans les domaines clinique, juridique et industriel. Même si Münsterberg était un des psychologues les plus populaires de son époque, il mourut dans l'anonymat, en raison de ses efforts pour améliorer les relations entre les États-Unis et l'Allemagne, efforts qui coïncidèrent avec la montée du ressentiment au sein de la population américaine envers le militarisme et la politique d'agression allemands. Mary Whiton Calkins mit au point le test de comparaison par paires tout en travaillant sur l'apprentissage verbal sous la supervision de Münsterberg. Elle fit également des recherches de pointe sur la mémoire à court terme. Même si elle répondait à tous les critères de Harvard pour l'obtention d'un doctorat, ce diplôme lui fut refusé parce qu'elle était une femme. Elle devint néanmoins la première femme présidente de l'APA (1905) et, avec l'autopsychologie, elle influença l'évolution de la branche américaine de la théorie de la personnalité.

Tout comme James et Münsterberg, Hall exerça une grande influence sur l'évolution du fonctionnalisme. Première personne à obtenir un doctorat spécialisé en psychologie, Hall fut également le premier étudiant américain de Wundt ; en 1883, il mit sur pied le premier laboratoire fonctionnel de psychologie aux États-Unis et fonda le premier journal consacré exclusivement aux questions psychologiques. À titre de président de l'université Clark, il invita Freud à donner une série de conférences qui permirent à la psychanalyse d'obtenir une reconnaissance et de s'attirer le respect sur le plan international. Hall fonda également l'American Psychological Association et en fut le premier président. Selon le principe biogénétique qu'il avança, le développement humain reflète toutes les étapes d'évolution traversées par les êtres humains. Les travaux de Hall stimulèrent la psychologie infantile et il fut un des premiers à promouvoir l'éducation sexuelle. Combinant ses travaux sur les enfants, les adolescents et les aînés, Hall fut à l'avant-garde dans le domaine de la psychologie de l'espérance de vie. Avec James et Münsterberg, Hall intégra la théorie darwinienne dans la psychologie et, ce faisant, pava la voie au fonctionnalisme. C'est sous sa supervision que Francis Cecil Sumner devint le premier Afro-Américain à obtenir un doctorat en psychologie (1920). À l'université Howard, Sumner créa un centre réputé de formation pour les psychologues afro-américains. Un de ses étudiants fut Kenneth B. Clark dont les travaux influencèrent le jugement *Brown vs Board of Education* (1954), qui mit fin à la ségrégation scolaire sur le plan légal. Clark devint le premier président afro-américain de l'APA (1970).

Une fois lancé, le fonctionnalisme se développa à l'université de Chicago et à l'université Columbia. À Chicago, Dewey écrivit « The Reflex Arc Concept in Psychology », un article considéré par plusieurs comme le début officiel du fonctionnalisme. *Psychology* (1886) de Dewey fut le premier livre consacré au fonctionnalisme. Angell, qui travailla également à l'université de Chicago, étudia, lui aussi, avec James. Pendant ses vingt-cinq ans à Chicago, Angell, en tant que doyen du département de psychologie, participa au développement de la psychologie fonctionnaliste. Carr fut un de ceux qui poursuivirent le développement de la psychologie fonctionnaliste à Chicago. Cattell, une figure clé du fonctionnalisme issue de l'université Columbia, encouragea les psychologues à élargir leurs horizons et à s'intéresser à la valeur pratique des principes psychologiques. Un autre chef de file à Columbia fut Woodworth, dont la psychologie dynamique portait sur la motivation. Woodworth adopta une approche éclectique pour expliquer le comportement.

Thorndike fut peut-être le fonctionnaliste le plus influent sorti de l'université Columbia. Il étudia le comportement animal de manière objective, car la théorie de Darwin avait démontré que les différences entre les humains et les autres animaux étaient uniquement de nature quantitative. Romanes effectua une recherche rudimentaire sur les animaux, mais ses observations étaient farcies d'anecdotes prêtant aux animaux non humains des processus de pensée de niveau supérieur. Le travail de Morgan sur les animaux fut de meilleure qualité, car il appliqua le principe qui allait devenir la règle de Morgan : on ne devrait jamais expliquer une action animale à l'aide d'un processus de niveau supérieur (réflexion, pensée rationnelle) si elle peut être explicable par un processus de niveau inférieur (intention simple). La règle de Morgan permit de rejeter la preuve anecdotique avancée par Romanes et d'autres. Même si les travaux de Morgan marquaient une amélioration par rapport à ceux de Romanes, ils se résumaient surtout à des observations naturalistes non contrôlées. Washburn utilisa le comportement animal généré dans des conditions contrôlées pour inférer des processus mentaux utilisés par des animaux non humains. Même si elle voulait aller au-delà des observations naturalistes, son principal objectif était la compréhension de la conscience animale. Thorndike analysa également le comportement animal dans des conditions contrôlées, mais sa recherche réduisit grandement l'importance de la conscience, à la fois chez les humains et les animaux non humains. À partir de ses recherches avec la boîte à puzzle, Thorndike en arriva à la conclusion que l'apprentissage se produit graduellement plutôt que d'un seul coup, qu'il se produit sans la participation des processus mentaux et que les mêmes principes d'apprentissage s'appliquent à tous les mammifères, incluant les êtres humains. Étant donné que Thorndike s'intéressait à la force des connexions ou des liens neuraux entre les stimuli et les réactions, force qui varie avec l'expérience, sa théorie est souvent surnommée connexionnisme.

Thorndike fit une synthèse de ses observations avec ses célèbres lois de l'exercice et de l'effet. Selon la loi de l'exercice, le renforcement d'une association varie avec la fréquence de son occurrence. Sa première version de la loi de l'effet voulait qu'une association suivie par une expérience positive était renforcée, alors qu'une association suivie par une expérience négative était affaiblie. En 1929, Thorndike révisa sa théorie en rejetant la loi de l'exercice et en conservant uniquement la partie de la loi de l'effet portant sur le renforcement d'une association provoqué par des conséquences positives. Les conséquences négatives, disait-il, n'avaient aucun impact sur l'association. Thorndike rejeta la vieille règle de la « musculation mentale » sur le transfert de l'apprentissage, laquelle était un prolongement de la psychologie des facultés. Thorndike prétendit que l'apprentissage se transférait d'une situation à une autre jusqu'à un point où les deux situations étaient similaires ou possédaient des éléments communs. On trouve aujourd'hui beaucoup d'idées de Thorndike dans les travaux des adeptes de Skinner.

Contrairement au structuralisme qui avait disparu en tant qu'école de pensée en raison du rejet de ses découvertes et de ses méthodes, le fonctionnalisme disparut également en tant qu'école distincte, mais cette fois en raison de l'intégration de l'essentiel de sa doctrine dans les autres formes de psychologie.

Des questions à débattre

1. Présentez brièvement les quatre étapes de la psychologie américaine.

2. Nommez les principaux thèmes associés à la psychologie fonctionnaliste.

3. Quelle crise personnelle James traversa-t-il, et comment l'a-t-il résolue ?

4. Pourquoi appelait-on « empirisme radical » l'approche de James en psychologie ?

5. Définissez le pragmatisme.

6. Selon James, quelles sont les principales caractéristiques de la conscience ?

7. Selon vous, les critiques de James à l'endroit de l'élémentisme s'appliquaient-elles davantage à la vision de la psychologie de Titchener ou à celle de Wundt ?

8. Selon James, comment acquiert-on des habitudes ? Que voulait-il dire lorsqu'il comparait les habitudes à une « gigantesque grande roue de la société » ? Quels conseils donnait-il pour acquérir une bonne habitude ?

9. Comment James faisait-il la distinction entre le moi empirique et le moi en tant qu'outil de connaissance ? Donnez une définition du moi matériel, du moi social et du moi spirituel.

10. Quel sens James donnait-il à l'estime de soi ? Qu'est-ce qui peut être fait, selon lui, pour augmenter l'estime de soi d'un individu ?

11. Résumez la théorie des émotions ou théorie de James-Lange. Selon James, comment peut-on éviter les émotions négatives comme la dépression ?

12. Selon James, que signifiait le comportement volontaire ? Comment pouvait-il évaluer un tel comportement ?

13. Selon James, quelles sont les différences entre les individus introvertis et extravertis ? Comment le pragmatisme pouvait-il servir à résoudre les différences entre les deux types d'individus ?

14. Comparez l'analyse du comportement volontaire de James avec celle de Münsterberg.

15. Décrivez brièvement le travail de Münsterberg en psychologie clinique, juridique et industrielle.

16. Quelle fin a connue Münsterberg ?

17. Décrivez les difficultés rencontrées par Calkins pour accéder aux études supérieures. Décrivez brièvement ses réalisations en dépit de ces difficultés.

18. Décrivez le principe biogénétique de Hall.

19. Pourquoi Hall s'opposait-il à l'éducation mixte aux niveaux secondaire et collégial ?

20. Pourquoi est-ce que les sentiments de Titchener, Münsterberg et Hall à l'égard des femmes étaient-ils considérés comme paradoxaux ?

21. Énumérez les « premières » de Hall en psychologie.

22. Décrivez brièvement les efforts de Kenneth B. Clark pour éliminer l'inégalité raciale aux États-Unis et expliquez pourquoi ces efforts ont soulevé une controverse.

23. Que reprochait Dewey à l'analyse du comportement en fonction des réflexes ? Que proposait-il en guise de remplacement ? Quel rôle Dewey joua-t-il dans le développement du fonctionnalisme ?

24. Dans son discours intitulé « The Province of Functional Psychology », quelles distinctions importantes Angell faisait-il entre le structuralisme et le fonctionnalisme ?

25. Selon Carr, que signifiait l'expression « comportement adaptatif » ? Quelle est sa contribution au développement du fonctionnalisme ?

26. De quelle(s) façon(s) l'approche de Cattell en psychologie diffère-t-elle de celle des autres fonctionnalistes ?

27. Pourquoi appelait-on psychologie dynamique l'approche de Woodworth en psychologie ? Pourquoi préférait-il une explication S-O-R à l'explication S-R ?

28. Quelle était la règle de Morgan, et pourquoi la proposait-il ?

29. Quel était l'objectif principal de Washburn lorsqu'elle analysait le comportement animal ? De quelle manière son approche constituait-elle un progrès par rapport à celle de Romanes et de Morgan ?

30. Pourquoi les travaux de Thorndike représentaient-ils un changement de cap majeur par rapport à la psychologie comparée ?

31. À quelles conclusions majeures Thorndike en est-il arrivé au sujet de la nature du processus d'apprentissage ?

32. Pourquoi appelait-on connexionnisme la théorie de Thorndike ?

33. Décrivez la loi de l'exercice de Thorndike avant et après 1929.

34. Comment la théorie du transfert d'apprentissage de Thorndike diffère-t-elle de sa première théorie fondée sur la psychologie des facultés ?

35. Expliquez pourquoi Thorndike est considéré comme une figure transitoire entre le fonctionnalisme et le béhaviorisme.

36. Quel sort a connu le fonctionnalisme ?

Des suggestions de lecture

Backe, A. (2001). John Dewey and early Chicago functionalism. *History of Psychology, 4*, 323-340.

Benjamin, L. T., Jr. (2000). Hugo Münsterberg : Portrait of an applied psychologist. Dans G. A. Kimble et M. Wertheimer (dir.), *Portraits of pioneers in psychology* (vol. 4, p. 113-129). Washington, DC : American Psychological Association.

Campbell, J. (1995). *Understanding John Dewey : Nature and cooperative intelligence*. La Salle, IL : Open Court.

Dewsbury, D. A. (2003). James Rowland Angell : Born administrator. Dans G. A. Kimble et M. Wertheimer (dir.), *Portraits of pioneers in psychology* (vol. 5, p. 57-71). Washington, DC : American Psychological Association.

Diehl, L. A. (1986). The paradox of G. Stanley Hall : Foe of coeducation and educator of women. *American Psychologist, 41*, 868-878.

Donnelly, M. E. (dir.). (1992). *Reinterpreting the legacy of William James*. Washington, DC : American Psychological Association.

Guthrie, R. V. (2000). Francis Cecil Sumner : The first African American pioneer in psychology. Dans G. A. Kimble et M. Wertheimer (dir.), *Portraits of pioneers in psychology* (vol. 4, p. 181-193). Washington, DC : American Psychological Association.

Hogan, J. D. (2003). G. Stanley Hall : Educator, organizer and pioneer developmental psychologist. Dans G. A. Kimble et M. Wertheimer (dir.), *Portraits of pioneers in psychology* (vol. 5, p. 19-36). Washington, DC : American Psychological Association.

James, W. (1962 [1899]). *Talks to teachers on psychology and to students on some of life's ideals*. Mineola, NY : Dover.

James, William. *Le pragmatisme*, traduit par E. Le Brun, Paris, Ernest Flammarion, 1920.

Johnson, M. G., et Henley, T. B. (dir.). (1990). *Reflections on the principles of psychology : William James's after a century*. Hillsdale, NJ : Erlbaum.

Joncich, G. (1968). *The sane positivist : A biography of Edward L. Thorndike*. Middletown, CT : Wesleyan University Press.

Myers, G. E. (1986). *William James : His life and thought*. New Haven, CT : Yale University Press.

Simon, L. (1998). *Genuine reality : A life of William James*. New York : Harcourt Brace.

Viney, W. (2001). The racial empiricism of William James and philosophy of history. *History of Psychology, 4*, 211-227.

Viney, W., et Burlingame-Lee, L. (2003). Margaret Floy Washburn : A quest for the harmonies in the context of a rigorous scientific framework. Dans G. A. Kimble et M. Wertheimer (dir.), *Portraits of pioneers in psychology* (vol. 5, p. 73-88). Washington, DC : American Psychological Association.

Woodward, W. R. (1984). William James's psychology of will : Its revolutionary impact on American psychology. Dans J. Brožek (dir.), *Explorations in the history of psychology in the United States* (p. 148-195). Cranbury, NJ : Associated University Presses.

Glossaire

Acte adaptatif Expression utilisée par Carr pour désigner un comportement possédant trois caractéristiques : un besoin, un environnement et une réponse à ce besoin.

Angell, James Rowland (1869-1949) Président de l'American Psychological Association et président du département de psychologie de l'université de Chicago pendant vingt-cinq ans, il contribua à l'essor du fonctionnalisme.

Antagonisme réciproque Technique utilisée par Münsterberg pour traiter des individus mentalement perturbés, elle consiste à renforcer les pensées qui sont le contraire de celles qui ont mené au problème.

Boîte à puzzle Appareil utilisé par Thorndike pour analyser de manière systématique le comportement animal.

Calkins, Mary Whiton (1863-1930) Malgré le fait qu'elle remplissait toutes les exigences pour l'obtention d'un doctorat de Harvard, elle se vit refuser qu'on lui en décerne un sous prétexte qu'elle était une femme. Malgré ces contraintes, Calkins fit une contribution significative à l'étude de l'apprentissage verbal, de la mémoire et de l'autopsychologie. Elle fut, entre autres honneurs, la première femme élue présidente de l'American Psychological Association en 1905.

Carr, Harvey (1873-1954) Il fut un des premiers psychologues fonctionnalistes de l'université de Chicago.

Cattell, James McKeen (1860-1944) Il fut un des représentants de la psychologie fonctionnaliste à l'université Columbia.

Clark, Kenneth Bancroft (1914-2005) Avec d'autres collègues, il mena des travaux qui montrèrent les effets négatifs de la ségrégation sur les enfants. Une partie de cette recherche est citée dans le jugement de la Cour suprême qui mit un terme, en 1954, à la ségrégation dans les écoles aux États-Unis, laquelle était fondée sur des arguments juridiques. Clark devint le premier président afro-américain de l'APA en 1970.

Connexionnisme Terme souvent utilisé pour décrire la théorie de l'apprentissage de Thorndike en vertu de son lien avec les connexions ou liens neuraux qui associent l'action aux impressions sensorielles et aux impulsions.

Courant de la conscience Expression utilisée par James pour expliquer le fonctionnement de l'esprit. James décrivait l'esprit comme un courant continu de pensées reliées entre elles, et non comme un ensemble d'éléments statiques isolés les uns des autres tel que le suggéraient les structuralistes.

Dewey, John (1859-1952) Personne clé dans le développement du fonctionnalisme. Pour plusieurs, la publication en 1896 de l'article de Dewey intitulé « The Reflex Arc Concept in Psychology » marqua formellement les débuts du fonctionnalisme.

Empirisme radical Affirmation de James à l'effet que tous les aspects de l'expérience humaine valent la peine d'être étudiés, qu'ils soient observables ou non par des méthodes scientifiques.

Estime de soi Selon James, ce que ressent une personne en fonction du rapport entre les succès et les échecs. Il est possible d'accroître l'estime de soi en accomplissant davantage ou en essayant moins.

Fonctionnalisme Influencé par les théories de Darwin, le fonctionnalisme insista sur le rôle de la conscience dans l'adaptation à l'environnement.

Habitudes Modèles de comportement acquis que James et d'autres jugeaient essentiels pour le bon fonctionnement de la société.

Hall, Granville Stanley (1844-1924) Il fut le fondateur du premier laboratoire de psychologie expérimentale aux États-Unis ainsi que le fondateur et le premier président de l'American Psychological Association. Il invita Freud à l'université Clark pour y donner une série de conférences. Hall contribua à donner à la psychanalyse, de même qu'au principe biogénétique, une reconnaissance internationale. Hall fut parmi les premiers à promouvoir l'éducation sexuelle dans les écoles.

James, William (1842-1910)   Il joua un rôle clé dans la création de la psychologie fonctionnaliste. James s'intéressa au rôle joué par la conscience et le comportement. Pour lui, l'efficacité était le seul critère valable pour l'évaluation d'une théorie, d'une pensée ou d'un acte. Adepte du pragmatisme, il prétendait que la psychologie devait utiliser autant les méthodes scientifiques que non scientifiques. Sur le plan individuel, il jugeait parfois nécessaire de croire tantôt au libre arbitre, tantôt au déterminisme.

Lange, Carl George (1834-1900)   Avec James, il proposa une théorie selon laquelle l'expérience émotive d'une personne est tributaire de son comportement.

Loi de la désuétude   Affirmation de Thorndike sur l'affaiblissement des associations qui sont peu utilisées. Thorndike abandonna cette loi en 1929.

Loi de l'effet   Affirmation de Thorndike sur le renforcement des associations par des récompenses et leur affaiblissement par des punitions. Thorndike révisa cette loi par la suite pour préciser que même si les récompenses renforcent les associations, les punitions ne les affaiblissent pas.

Loi de l'exercice   Affirmation de Thorndike sur la variation de la force d'une association en fonction de sa fréquence d'utilisation. Thorndike abandonna cette loi en 1929.

Loi de l'utilisation   Affirmation de Thorndike à l'effet que l'utilisation répétée d'une association renforce celle-ci. Thorndike abandonna cette loi en 1929.

Moi empirique   Selon James, le moi consiste en tout ce qu'une personne peut faire sienne. Dans le moi empirique, il y a le moi matériel (tous les biens matériels d'une personne), le moi social (le moi connu des autres) et le moi spirituel (tout ce dont la personne est consciente).

Moi en tant qu'outil de connaissance   Selon James, l'ego pur qui explique la conscience qu'une personne a de son moi empirique.

Morgan, Conwy Lloyd (1852-1936)   Un des premiers adeptes de la psychologie comparée, Morgan croyait qu'il existait une gradation des niveaux de conscience chez les espèces. Il observa le comportement de divers animaux dans un milieu naturel pour faire des inférences sur les processus cognitifs utilisés.

Münsterberg, Hugo (1863-1916)   Il s'intéressa à l'application des principes psychologiques dans des domaines comme la psychologie clinique, juridique et industrielle. Münsterberg créa la psychologie appliquée.

Pragmatisme   Croyance selon laquelle l'utilité d'une idée peut servir de critère pour déterminer sa validité.

Principe biogénétique   Affirmation de Hall à l'effet que l'existence de tout individu répète chacune des étapes de l'évolution humaine.

Psychologie appliquée   Psychologie appliquée à la résolution de problèmes pratiques. Les structuralistes s'y opposaient, mais Münsterberg et d'autres fonctionnalistes l'utilisèrent.

Psychologie dynamique   Type de psychologie, suggéré par Woodworth, qui insistait sur les variables internes poussant l'organisme à agir.

Psychologie industrielle   Application des principes psychologiques à des domaines comme la sélection du personnel ; l'augmentation de la productivité des employés, la conception du matériel ; la mise en marché, la publicité et l'emballage des produits. Münsterberg est habituellement considéré comme le père de la psychologie industrielle.

Psychologie juridique   Application des principes psychologiques aux questions juridiques. Münsterberg est considéré comme le premier psychologue juridique.

Règle de Morgan   Règle disant que l'explication la plus simple possible sur le comportement d'un animal est celle qu'il faut retenir. L'attribution d'activités mentales supérieures à un animal est donc à proscrire lorsque des activités mentales inférieures permettent d'expliquer adéquatement ce comportement.

Romanes, George John (1848-1894) Adepte de Darwin et de l'étude du comportement animal, il poursuivit des recherches qui étaient subjectives et reposaient principalement sur des preuves anecdotiques.

Sumner, Francis Cecil (1895-1954) En 1920, il devint, sous la supervision de Hall, le premier Afro-Américain à obtenir un doctorat en psychologie. Par la suite, sous sa direction, l'université Howard devint un centre réputé de formation pour les psychologues afro-américains.

Test de comparaison par paires Méthode mise au point par Calkins et encore largement utilisée pour l'étude de l'apprentissage verbal. Le sujet est d'abord soumis à des stimuli présentés par paires. Après plusieurs expositions, un seul élément de chaque paire est présenté, puis le sujet est invité à se remémorer le second.

Théorie de James-Lange Théorie voulant que les gens réagissent d'abord, puis vivent ensuite une expérience émotive. Par exemple, nous nous enfuyons et ensuite nous avons peur. Cette théorie implique que nous devons agir en fonction de ce que nous ressentons.

Théorie du comportement idéomoteur Selon James, comme les idées entraînent le comportement, il est donc possible de contrôler notre comportement en contrôlant nos idées.

Théorie du transfert des éléments identiques Affirmation de Thorndike selon laquelle le degré de transfert de l'apprentissage d'une situation à une autre est déterminé par la similitude entre les deux situations.

Thorndike, Edward Lee (1874-1949) Il agit comme la figure transitoire entre le fonctionnalisme et le béhaviorisme. À partir de ses recherches sur les animaux, Thorndike en arriva à la conclusion que l'apprentissage est graduel, qu'il est indépendant de la conscience et qu'il est identique pour tous les mammifères. Sa théorie finale sur l'apprentissage était que la pratique à elle seule n'avait pas d'impact sur une association (lien neural) et que si les conséquences positives renforcent une association, les conséquences négatives ne l'affaiblissent pas.

Washburn, Margaret Floy (1871-1939) Elle fut la première femme à obtenir un doctorat en psychologie et la deuxième femme à être élue présidente de l'APA (1921). Washburn apporta une contribution significative à la psychologie comparée avec l'étude du comportement animal dans des conditions contrôlées et l'inférence des attributs mentaux expliquant les comportements observés.

Woodworth, Robert Sessions (1869-1962) Ce fonctionnaliste influent de l'université Columbia s'intéressa au rôle de la motivation dans le comportement.

CHAPITRE 12

Le béhaviorisme

Le contexte du béhaviorisme

Il est rare qu'une percée majeure dans le domaine de la psychologie soit le fait d'une seule personne. Sans nier la valeur du travail individuel, son importance est davantage déterminée par la capacité d'un chercheur à mener à terme ou à faire la synthèse des travaux réalisés précédemment que par la découverte d'une seule idée. La création de l'école du **béhaviorisme** en est un bon exemple. Si l'on attribue habituellement à John Broadus Watson la *création* du béhaviorisme, nous verrons que ses idées étaient tellement « dans l'air du temps » que ce mot indique en réalité davantage un développement de théories existantes qu'une avancée réelle. La psychologie objective (celle qui porte uniquement sur les choses directement mesurables) était déjà bien établie en Russie avant l'avènement du béhaviorisme, et plusieurs fonctionnalistes avançaient des idées qui s'apparentaient étrangement aux déclarations de Watson.

Comme nous l'avons vu dans les chapitres précédents, l'école du structuralisme utilisait abondamment l'introspection comme outil d'analyse des processus mentaux; celle du fonctionnalisme, quant à elle, avait recours à la fois à l'introspection et à l'étude directe du comportement. Alors que la première était à la recherche d'une science pure dénuée d'applications pratiques, la seconde s'intéressait davantage à ces dernières qu'à la science pure. Certains fonctionnalistes, impressionnés par la quantité d'informations sur l'être humain accessibles sans introspection, commencèrent alors à se tourner vers ce qui allait devenir le béhaviorisme. Parmi eux, James McKeen Cattell, l'un des fonctionnalistes dont il a été question dans les deux chapitres précédents. Neuf ans avant la création officielle du béhaviorisme par Watson, Cattell (1904) écrivait à propos de la psychologie:

> Je ne suis pas convaincu que la psychologie devrait se limiter à l'étude de la conscience […] [L]a notion large-

ment répandue qu'il n'y a pas de psychologie sans introspection est contredite par l'argument brut du fait accompli.

> Il me semble que la plupart des recherches effectuées par moi ou dans mon laboratoire n'ont pas plus à voir avec l'introspection que s'il s'agissait de travaux en physique ou en zoologie. Le moment où se déroule le processus mental, la précision de la perception et du mouvement, l'étendue de la conscience, la fatigue et la répétition, les accompagnements moteurs de la pensée, la mémoire, l'association d'idées, la perception de l'espace, la vision des couleurs, les préférences, les jugements, les différences individuelles, le comportement des animaux et des enfants, ces sujets et bien d'autres, je les ai explorés sans le moindre recours à l'introspection de la part du sujet ou de moi-même en cours d'expérience […] S'il est difficile de pénétrer par analogie la conscience des animaux inférieurs, des sauvages et des enfants, l'étude de leur comportement en a déjà révélé beaucoup et promet d'en révéler davantage. (p. 179-180 [notre traduction])

Cette citation de Cattell se situe clairement à l'intérieur du cadre fonctionnaliste, car si elle insiste sur l'étude à la fois de la conscience et du comportement, elle s'intéresse aussi au caractère pratique de la connaissance; elle met également l'accent sur la possibilité d'obtenir une *grande* quantité d'informations sans introspection.

Walter Pillsbury (1911) offrait un autre exemple du *Zeitgeist*:

> On a défini la psychologie comme la « science de la conscience » ou comme la « science de l'expérience examinée de manière subjective ». Chacune de ces définitions a ses avantages, mais aucune n'est exempte d'inconvénients […] L'esprit se manifeste à travers les activités humaines. *La psychologie peut être définie adéquatement comme la science du comportement humain* [l'italique est de nous].

> L'être humain est analysable de manière tout aussi objective que n'importe quel phénomène physique. Il peut être analysé uniquement en fonction de ses actions. Vue de cette perspective, notre science a pour objectif de

comprendre les actions humaines. (p. 1-2 [notre traduction])

Le succès remporté par la recherche sur les animaux, en même temps qu'une tendance à une étude objective du comportement, sont étroitement liés au développement du béhaviorisme. Par exemple, Thorndike, qui était techniquement un fonctionnaliste parce qu'il reconnaissait une certaine utilité à l'analyse introspective de la conscience et utilisait des éléments de terminologie mentaliste dans ses travaux, constata dans quelle mesure les lois de l'apprentissage découvertes grâce aux recherches sur les animaux s'appliquaient également aux humains. Le succès remporté par les chercheurs qui, comme lui, travaillaient avec des animaux creusa un fossé entre eux et les psychologues de renom qui insistaient pour limiter la psychologie aux données introspectives. Le fossé qui se créa entre les chercheurs qui utilisaient des animaux et les adeptes de l'introspection permit au béhaviorisme de prendre sa place tout en se donnant des allures révolutionnaires.

Comme nous le verrons plus loin, John Broadus Watson fut l'un des chercheurs dont le nom restera associé à la recherche animale. Avant d'examiner les solutions qu'il a proposées, nous passerons en revue les travaux des chercheurs russes, travaux qui ont précédé les siens et étaient dans le même esprit.

Ivan Mikhaïlovitch Setchenov

La psychologie objective russe

Ivan Mikhaïlovitch Setchenov

Le fondateur de la psychologie objective russe, **Ivan Mikhaïlovitch Setchenov** (1829-1905), entama des études en génie à l'université de Moscou, mais se réorienta rapidement, s'inscrivant en médecine et recevant son diplôme en 1856. Il travailla par la suite à Berlin avec Johannes Peter Müller, Emil Du Bois-Reymond et Hermann von Helmholtz. C'est à cette époque qu'il découvrit la pensée évolutionniste de Spencer et de Darwin. Sa carrière universitaire débuta à l'Académie de médecine militaire de Saint-Pétersbourg et se termina à l'université de Moscou.

Setchenov utilisa l'associationnisme et le matérialisme pour expliquer les phénomènes psychiques, montrant ainsi l'influence exercée sur lui par les psychologues positivistes berlinois. Il s'opposait fermement à l'asso-

ciation entre pensées et comportement. Il croyait plutôt que la stimulation externe était le fondement de *tous* les comportements :

> Parce qu'on présume l'existence d'un lien de causalité entre deux actes successifs [...] *la pensée est généralement considérée comme la cause de l'action.* Lorsque l'influence externe, c'est-à-dire le stimulus sensoriel, est indétectable — ce qui se produit très souvent —, *la pensée est même considérée comme la cause initiale de l'action.* Ajoutez à cela la nature subjective très prononcée de la pensée et on comprend dans quelle mesure l'homme doit croire ce que lui chuchote la voix de sa propre conscience. Pourtant, rien n'est plus faux : *la cause initiale de toute action se trouve dans la stimulation sensorielle externe, sans laquelle cette pensée est inconcevable.* (Setchenov, 1863/1965, p. 88-89 [notre traduction])

Setchenov ne niait ni la conscience ni son importance, mais il insistait sur le fait qu'il n'y avait là rien de mystérieux et il cherchait à le démontrer à l'aide de processus psychologiques provoqués par des événements externes. Pour lui, autant les comportements manifestes que les comportements cachés (les processus mentaux) étaient de nature réflexive en ce sens qu'ils étaient causés par une stimulation externe. De plus, les deux résultaient des processus physiologiques du cerveau.

L'importance de l'inhibition Le concept le plus important introduit par Setchenov dans *Reflexes of the Brain* (1863/1965) était celui de l'**inhibition**. Sa découverte des mécanismes inhibitoires dans le cerveau l'amena à en conclure à l'utilité de la physiologie dans l'étude de la psychologie. En fait, avant que le titre de son livre ne soit modifié par un censeur de Saint-Pétersbourg, *Reflexes of the Brain* s'intitulait *An Attempt to Bring Physiological Bases into Mental Processes* (Boakes, 1984). En 1845, Eduard Weber (le frère d'Ernst Weber, auteur de la célèbre loi portant son nom) découvrit qu'en stimulant le nerf pneumogastrique d'une grenouille (un nerf important qui relie le cerveau à divers organes internes), le cœur de l'animal battait plus *lentement*. On observait ainsi, pour la première fois, qu'une activité accrue (stimulation) de la part d'un élément du système neuromusculaire avait pour effet une diminution de l'activité dans un autre élément, par exemple, l'inhibition du battement cardiaque par la stimulation du nerf pneumogastrique. Weber nota également que les réflexes rachidiens sont souvent plus lents chez les animaux dont le cortex cérébral est intact que chez ceux ayant subi une ablation de ce dernier. Il émit donc l'hypothèse qu'une des fonctions du cortex était d'inhiber le comportement réflexe.

Ses observations et ses intuitions passèrent pratiquement inaperçues, sauf pour Setchenov qui y vit une explication possible du contrôle volontaire que nous exerçons souvent sur un comportement habituellement involontaire. Par exemple, il nous est parfois possible de retarder ou de supprimer l'impulsion d'éternuer ou de tousser. Setchenov vit également dans l'inhibition une explication de la fluidité et de la coordination des mouvements qui faisaient abstraction des concepts subjectifs et métaphysiques comme l'esprit ou l'âme. En d'autres termes, il pouvait expliquer les soi-disant volition et comportement volontaire tout en demeurant objectif.

Setchenov découvrit qu'il pouvait inhiber le réflexe de retrait de la patte d'une grenouille mise en contact avec une solution acide en déposant des cristaux de sel dans certaines zones de son cerveau. Une fois le sel enlevé avec de l'eau, le réflexe retrouvait toute sa vigueur. Même si Setchenov constata que le centre inhibitoire d'une grenouille se trouvait à un endroit différent de celui estimé par Weber, il confirma que certaines zones du cerveau, une fois stimulées, inhibent le comportement réflexe. Ses observations résolurent un problème qui empêchait d'expliquer le comportement en fonction des réflexes : pourquoi y a-t-il souvent un écart entre l'intensité d'un stimulus et celle de la réaction qu'elle provoque ? On avait observé, par exemple, qu'un stimulus de faible intensité pouvait générer une réaction intense alors qu'un stimulus intense ne générait qu'une réaction légère. La réponse fournie par Setchenov était que parfois, une réaction à un stimulus est partiellement ou même totalement inhibée et que d'autres fois, elle ne l'est pas du tout. Cet obstacle majeur éliminé, il était maintenant possible, selon lui, d'expliquer tous les comportements, y compris le comportement humain, par les comportements réflexes. Setchenov présenta le développement humain comme un lent établissement du contrôle inhibitoire sur le comportement réflexe. Un tel contrôle permet une action ou une inaction d'ordre contemplatif ainsi qu'une endurance passive aux expériences douloureuses. Setchenov postula qu'il existait un mécanisme permettant à une expérience antérieure d'influencer une expérience et un comportement présents :

> Voici un ajout inédit et extrêmement important à la théorie des réflexes. Les réflexes étaient non seulement directement liés à un stimulus présent, mais également à la somme des influences des expériences antérieures ayant laissé une trace dans le système nerveux. (Yaroshevski, 1968, p. 91 [notre traduction])

Dans *Reflexes of the Brain*, Setchenov tenta d'expliquer l'ensemble des comportements par l'excitation ou l'inhibition des réflexes. Il est à noter qu'il limitait le sens du mot « réflexe » au mouvement musculaire causé par un événement antérieur. Il rejetait donc l'idée d'un comportement spontané ou non désiré.

L'étude de la psychologie par des méthodes physiologiques Setchenov était fermement convaincu que l'approche traditionnelle qui consistait à utiliser l'analyse introspective pour comprendre les phénomènes psychologiques ne menait nulle part. Pour lui (1935/1973), la seule approche valide pour l'étude de la psychologie se limitait aux méthodes objectives de la physiologie :

D'abord, la physiologie séparera la réalité psychologique de la masse de la fiction psychologique qui encombre encore l'esprit humain. Par une adhésion stricte au principe d'induction, la physiologie procédera à une étude détaillée des aspects plus simples de la vie psychique en évitant de se précipiter d'un seul coup dans la sphère du phénomène strictement psychologique. Ce que cette progression perdra en rapidité, elle le gagnera en fiabilité. Parce qu'elle est une science expérimentale, la physiologie n'élèvera pas au rang de vérité immuable tout ce qui ne peut être confirmé par des expériences minutieuses : elle tracera une frontière nette entre hypothèse et connaissance avérée. La psychologie perdra alors ses brillantes théories universelles ; il apparaîtra des écarts énormes dans l'approvisionnement en données scientifiques ; beaucoup d'explications seront remplacées par un « nous l'ignorons ». [...] C'est la psychologie qui en sortira gagnante, car elle sera fondée sur des données scientifiques vérifiables et non sur des suggestions trompeuses transmises par la voix de notre conscience. Les généralisations et les conclusions se limiteront aux analogies existantes sans être soumises à l'influence des préférences personnelles du chercheur, tendance qui a mené si souvent la psychologie à un absurde transcendantalisme ; elles se transformeront alors en hypothèses scientifiques réellement objectives. Le subjectif, l'arbitraire et le fantastique céderont le pas à une approche plus ou moins proche de la vérité. En un mot, *la psychologie deviendra une science positive. Seule la physiologie peut le permettre, car c'est elle qui détient les clés de l'analyse scientifique du phénomène psychique.* (p. 350-351 [notre traduction])

Même si Setchenov ne profita guère du soutien de son gouvernement ou de ses collègues au cours de sa carrière, il exerça une influence certaine sur la génération de neuropsychologues qui allait suivre. Par la suite, l'étude de l'inhibition devint incontournable et fut largement reconnue comme le meilleur moyen d'analyser les phénomènes psychologiques à l'aide des méthodes objectives de la physiologie. On croyait généralement que le comportement pouvait être mieux compris par le biais de sa nature réflexive.

Ivan Petrovitch Pavlov

Ivan Petrovitch Pavlov (1849-1936) naquit un 14 septembre dans la ville de Riazan, située à environ 400 km au sud de Moscou. Son père enseigna d'abord les langues mortes (grec et latin), avant de devenir pope. Les deux oncles paternels de Pavlov étaient également des popes, mais d'un genre plutôt indiscipliné : « Ils étaient souvent rappelés à l'ordre par les autorités ecclésiastiques en raison de leur comportement désordonné et de leur penchant pour la bouteille » (Windholz, 1991, p. 52 [notre traduction]). L'aîné des deux mourut d'une maladie pulmonaire à un âge peu avancé. Le plus jeune, malgré sa popularité au sein du clergé, en fut chassé en raison de « ses pitreries et de ses moqueries envers la famille, la mort et Dieu » (Windholz, 1991, p. 52 [notre traduction]). Des villageois en colère le rouaient souvent de coups pour le punir de ses farces. Une fois, au beau milieu de la nuit, il attacha un veau à la cloche du village à l'aide d'une longue corde, puis jubila en voyant les villageois en panique courir dans tous les sens au son déchaîné de la cloche. Voir son oncle subir de telles raclées et être forcé « de rester dehors, ivre, dans la pluie et le froid » désolait Pavlov (Windholz, 1991, p. 56 [notre traduction]). La mère de Pavlov était la fille d'un prêtre et Pavlov garda d'elle le souvenir d'une mère aimante, mais « qui confondait la surprotection et l'amour » (Windholz, 1991, p. 55 [notre traduction].

À l'âge de 10 ans, Pavlov fit une grave chute qui retarda d'une année son entrée à l'école secondaire. Pendant sa convalescence, il passa beaucoup de temps avec son parrain, un abbé qui vivait dans un monastère près de Riazan. Le peu d'intérêt manifesté par celui-ci pour les questions matérielles ainsi que l'attention qu'il prêtait au moindre détail allaient profondément marquer Pavlov. C'est ainsi qu'il s'inscrivit au séminaire local pour y poursuivre ses études secondaires, puis qu'il fut admis à celui de Riazan. Comme son père, Pavlov voulait alors devenir pope. Toutefois, en 1870, à l'âge de 21 ans, il changea d'idée et s'enrôla à l'Académie de médecine militaire de Saint-Pétersbourg pour y étudier les sciences naturelles. Il parcourut à pied les centaines de kilomètres qui séparent Riazan de Saint-Pétersbourg où son arrivée coïncida avec le départ de Setchenov. Il découvrit alors la physiologie avec le successeur de ce dernier, Elias Cyon.

Pavlov obtint son diplôme en sciences naturelles en 1879, mais demeura à l'Académie pour y poursuivre des études de médecine. Il était un étudiant si brillant qu'on lui offrit de diriger un petit laboratoire où il aida plusieurs de ses camarades à obtenir leur doctorat avant même qu'il ne reçoive le sien en 1883. Après avoir obtenu son diplôme en médecine, Pavlov approfondit ses connaissances en physiologie en Allemagne pendant deux ans. Au cours de cette période, il étudia avec Carl Ludwig à l'université de Leipzig. Nous avons vu au chapitre 8 que Ludwig avait fait le serment, en compagnie de Helmholtz, de Du Bois-Reymond et de von Brücke, de se vouer à une science strictement matérialiste, à l'abri de toutes spéculations métaphysiques. Ce positivisme allait avoir un impact durable sur Pavlov : « Pavlov estimait que les faits étaient plus importants que les théories, car les premiers pouvaient être jugés selon leur mérite alors que les secondes étaient des constructions faciles à proposer et tout aussi faciles à démolir » (Windholz, 1990, p. 69 [notre traduction]). À son retour en Russie, il occupa une série d'emplois mal rémunérés jusqu'en 1890, année où il fut finalement nommé professeur de physiologie à l'Académie de médecine militaire de Saint-Pétersbourg. Il avait alors 41 ans et allait passer la majeure partie de sa carrière à cette académie.

Setchenov, comme Hartley et Bain avant lui, avait suggéré que la psychologie devait être étudiée à l'aide de concepts et de techniques physiologiques. Pavlov adhérait complètement à cette position et alla même plus loin. Contrairement à Setchenov, il expliqua en détail comment une telle approche était possible. De plus, il jouissait d'une grande réputation à la fois auprès du gouvernement et de ses collègues. En 1921, Lénine lui accorda divers privilèges et le nomma « héros de la Révolution ». Ces honneurs lui furent rendus alors qu'il était déjà parvenu à un âge avancé. Avant de manifester un quelconque intérêt pour la psychologie, il se consacra d'abord, durant plusieurs années, à l'étude du système digestif.

La recherche sur la digestion   Pendant ses 10 premières années à Saint-Pétersbourg, Pavlov poursuivit ses travaux sur le système digestif. À l'époque, l'état des connaissances sur la digestion se limitait aux expériences faites sur des animaux que l'on opérait pour examiner leurs organes internes. Souvent, ils étaient déjà morts au moment de procéder à leur examen ; et s'ils ne l'étaient pas encore, ils étaient à tout le moins traumatisés par l'opération. Étant donné que l'utilisation d'animaux morts ou traumatisés ne permettait pas d'apprendre énormément de choses sur le fonctionnement normal du système digestif, Pavlov était à la recherche d'une procédure plus efficace. Il connaissait une personne qui avait subi une grave blessure par balle à l'estomac, et dont le traitement pour guérir sa

blessure avait laissé un trou dans son corps d'où l'on pouvait observer ses organes internes. Pavlov put ainsi étudier les processus internes du patient — avec sa bénédiction —, y compris son système digestif. Malgré ses déficiences sur le plan scientifique, ce premier essai fournit à Pavlov l'information dont il avait besoin pour perfectionner sa technique d'étude de la digestion. Utilisant les plus récentes techniques chirurgicales antiseptiques ainsi que ses remarquables talents de chirurgien, Pavlov installa une *fistule gastrique* — un passage — reliant les organes digestifs d'un chien à l'extérieur de son corps. Cette méthode permettait à l'animal de se rétablir complètement du traumatisme chirurgical avant que l'on procède à l'examen de son système digestif. Pavlov effectua des centaines d'expériences pour déterminer dans quelle mesure la quantité des sécrétions qui transitaient dans la fistule variait selon les différents types de stimulation du système digestif. Son travail avant-gardiste lui valut, en 1904, le prix Nobel de physiologie.

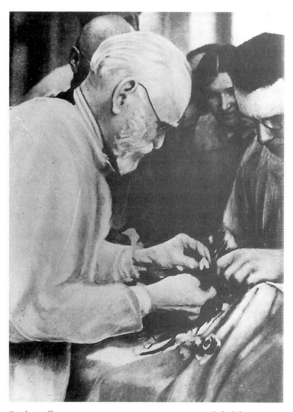

Pavlov effectuant une opération sur un animal de laboratoire.

La découverte du réflexe conditionné   C'est pendant ses travaux sur la digestion que Pavlov découvrit le **réflexe conditionné**. Comme nous le mentionnions, la méthode qu'il utilisait pour étudier la digestion comportait un dispositif chirurgical qui permettait aux sucs gastriques du chien de s'écouler à l'extérieur de son corps afin d'être recueillis. Pendant qu'il examinait les sécrétions du chien produites en réaction à des substances comme la poudre de viande, Pavlov remarqua que les objets et les événements qui y étaient associés provoquaient également des sécrétions chez l'animal, au même titre que la vue du chercheur ou le fait d'entendre le bruit de ses pas. Pavlov qualifia ces réactions de « conditionnelles », car elles dépendaient d'autre chose, par exemple de poudre de viande. Dans une des premières traductions des travaux de Pavlov, *conditional* (conditionnel) fut traduit par erreur par *conditionné*, et c'est cette formulation qui resta dans le langage courant. À la lumière des événements survenus depuis, il est intéressant de noter le peu d'attention qu'attira à l'époque l'annonce de la découverte du réflexe conditionné.

> Le réflexe conditionné découvert par Pavlov fut mentionné pour la première fois à l'occasion d'une conférence prononcée en 1899 devant la Société des médecins russes à Saint-Pétersbourg. Cependant, cette conférence qui réunissait des médecins locaux eut peu d'écho. Le travail de Pavlov reçut une reconnaissance internationale, le 12 décembre 1904, lors de son discours d'acceptation du prix Nobel de physiologie et de médecine où il présenta le phénomène du réflexe conditionné tout en décrivant ses recherches sur le système digestif. (Windholz, 1983, p. 394 [notre traduction])

Pavlov comprit qu'on pouvait utiliser les principes associatifs de contiguïté et de fréquence pour expliquer les réflexes conditionnés. Il saisit également qu'en étudiant lesdits réflexes (qu'il avait d'abord appelés « réflexes psychiques »), il entrait dans le domaine de la psychologie. Comme Setchenov avant lui, Pavlov ne tenait pas la psychologie en très haute estime en raison du recours systématique de cette dernière à l'introspection. Il résista longtemps à l'idée d'étudier plus à fond les réflexes conditionnés en raison de leur apparente nature subjective. Toutefois, après avoir lu le travail de Setchenov, il en arriva à la conclusion que les réflexes conditionnés, comme les réflexes naturels, étaient explicables à l'aide des circuits neuraux et de la physiologie du cerveau. C'est donc à l'âge de 50 ans qu'il com-

mença l'étude du réflexe conditionné, une étude qui allait durer 30 ans.

La personnalité de Pavlov   Comme Setchenov, Pavlov était un positiviste qui se consacrait exclusivement à son travail en laboratoire. Il ne dirigea aucune publication, ne participa à aucun comité et publia très peu. Les deux seuls livres qu'il fit paraître sont des versions manuscrites de ses conférences. Le premier, intitulé *Work of the Principal Digestive Glands* (1897), mentionnait brièvement les « sécrétions psychiques » tandis que le second, *Conditioned Reflexes* (1926, traduit en anglais en 1927/1960), traitait exclusivement de ce sujet. Le gros de l'information dont on dispose au sujet de Pavlov se retrouve dans les thèses de doctorat des étudiants dont il supervisa le travail. En fait, la première recherche formelle sur le réflexe conditionné fut réalisée en 1897 par un de ses étudiants du nom de Stefan Wolfsohn. Pavlov était très apprécié d'eux qui le considéraient comme un homme exigeant, mais juste. Pavlov encouragea autant les femmes que les étudiants juifs à travailler dans son laboratoire, une attitude rare à l'époque. Toutefois, une des choses pour lesquelles il n'avait aucune tolérance était le mentalisme. Il mettait à l'amende ses collaborateurs s'ils utilisaient une terminologie mentaliste pour décrire leurs découvertes. Fancher (1990) décrit la façon dont Pavlov dirigeait son laboratoire :

> Il ne négligeait aucun détail dans ses travaux de recherche. S'il vivait de manière frugale chez lui, il luttait férocement pour s'assurer que son laboratoire était bien équipé et que les animaux destinés aux expériences étaient bien nourris. D'une ponctualité sans faille au travail et d'un grand perfectionnisme dans sa technique expérimentale, il exigeait la même chose de ses collaborateurs. À une occasion pendant la Révolution, il réprimanda un chercheur arrivé en retard au laboratoire alors que celui-ci avait dû se protéger des balles perdues et des escarmouches qui faisaient rage dans les rues. (p. 279 [notre traduction])

Dans sa vie privée, Pavlov était une personne complètement différente. Fancher (1990) raconte l'histoire suivante :

> À l'extérieur de son laboratoire, Pavlov était une personne de nature sentimentale, dénuée de tout sens pratique et distraite, ce qui intriguait et amusait fort ses amis. Il se fiança alors qu'il était encore étudiant et dépensa son maigre pécule en cadeaux extravagants comme des bonbons, des fleurs ou des places de théâtre

pour sa fiancée. Une seule fois, il lui offrit un cadeau pratique, une nouvelle paire de chaussures, avant qu'elle ne parte en voyage. Une fois arrivée à destination, elle s'aperçut qu'il y avait une seule chaussure dans sa valise accompagnée d'une note de Pavlov : « Ne cherchez pas l'autre chaussure. Elle est sur mon bureau. Je l'ai gardée en souvenir de vous. » Une fois marié, Pavlov oubliait souvent de réclamer sa paie. Une fois, il prêta la totalité de la somme à une connaissance irresponsable qui ne pourrait jamais le rembourser. À l'occasion d'un voyage à New York, il emporta son argent en une seule liasse de billets qui pendaient de sa poche ; lorsqu'il entra dans le métro à l'heure de pointe, il fut victime d'un vol et ses hôtes américains durent organiser une collecte pour le renflouer. (p. 279 [notre traduction])

(Pour d'autres versions sur l'agression de Pavlov à New York, voir Thomas, 1994.)

Pendant les premières années de leur mariage, Pavlov et sa femme Sara vécurent dans une extrême pauvreté. Leur situation semblait en voie de s'améliorer après que des collègues eurent amassé une petite somme d'argent destinée à dédommager Pavlov pour quelques conférences qu'il devait prononcer. Or celui-ci utilisa l'argent pour acheter d'autres animaux de laboratoire (Boakes, 1984). La femme de Pavlov toléra la situation et lui accordera un soutien indéfectible tout au long de leur mariage :

Ce qui permettait à Sara de ne pas désespérer était la conviction que son mari était un génie et que ses travaux étaient d'une extrême importance. Pendant les premières années de leur mariage, ils conclurent un pacte qu'ils respecteraient tout au long de leur vie commune. Elle devait se consacrer uniquement à son mieux-être afin que rien ne puisse le distraire de ses recherches tandis qu'il organiserait sa vie de manière conséquente ; elle lui fit promettre de s'abstenir de boire de l'alcool, d'éviter le jeu et de limiter leur vie mondaine aux visites chez des amis le samedi soir et aux sorties au concert ou au théâtre le dimanche soir. (Boakes, 1984, p. 116 [notre traduction])

En de rares occasions, Pavlov se préoccupa de questions de nature financière. Par exemple, lorsque les animaux du laboratoire où il travaillait produisirent de la salive en abondance, il décida de la vendre.

À une certaine période, les sucs gastriques devinrent très populaires à Saint-Pétersbourg comme médicaments contre les maux d'estomac. Étant donné que Pavlov pouvait fournir une salive d'excellente qualité en quantités relativement importantes en utilisant une préparation de

fausse nourriture, les profits gonflèrent au point de quasiment doubler les revenus du laboratoire, revenus qui excédaient déjà ceux de laboratoires comparables en Russie. (Boakes, 1984, p. 119 [notre traduction])

Les réflexes conditionnés et inconditionnés Selon Pavlov, les organismes utilisent les réflexes conditionnés et inconditionnés pour réagir à l'environnement. Un **réflexe inconditionné** est inné et est provoqué par un **stimulus inconditionné** (SI). Par exemple, placer de la poudre de nourriture dans la gueule d'un chien affamé augmentera la quantité de salive qu'il produit. La poudre de nourriture est un stimulus inconditionné et le surplus de salive, la **réaction inconditionnée** (RI). Le lien entre les deux est déterminé par la biologie de l'organisme. En vertu des lois de la contiguïté et de la fréquence, le réflexe conditionné dérive de l'expérience. Avant l'expérience de Pavlov, des stimuli comme la *vue* de la poudre de nourriture, celle du chercheur ou le bruit de ses pas étaient biologiquement neutres en ce sens qu'ils ne provoquaient pas automatiquement une réaction spécifique chez les chiens. Pavlov appelait **stimulus conditionné** (SC) un stimulus biologiquement neutre. Étant donné sa contiguïté avec un stimulus inconditionné (dans le cas présent, la nourriture), le processus neural antérieur développait la capacité de produire en partie la réaction inconditionnée (dans le cas présent, la salive). Lorsqu'un stimulus neural antérieur (un stimulus conditionné) produisait en partie une réaction inconditionnée, cette réaction était appelée **réaction conditionnée** (RC). Par conséquent, la salivation chez le chien provoquée par le bruit des pas du chercheur est un exemple de réaction conditionnée.

Grâce au processus de conditionnement, le stimulus qui dicte le comportement d'un organisme augmente graduellement, de quelques stimuli inconditionnés au début jusqu'à un nombre illimité de stimuli qui s'associent au stimulus inconditionné par contiguïté.

L'excitation et l'inhibition Montrant ainsi l'influence exercée sur lui par Setchenov, Pavlov croyait que toute l'activité du système nerveux central oscillait entre l'**excitation** et l'inhibition. Tout comme lui, Pavlov croyait que le comportement est de nature réflexive, c'est-à-dire causé par une stimulation préalable. S'ils ne sont pas modifiés par l'inhibition, le stimulus inconditionné et le stimulus conditionné provoqueront respectivement des réflexes inconditionnés et conditionnés. Toutefois, au fil des expériences, l'organisme apprend à inhiber le comportement réflexe. Nous verrons un exemple d'inhibition acquise lorsque nous examinerons l'extinction. Il importe ici de constater que nous ressentons de manière constante un vaste éventail de stimuli ; de ce nombre, certains provoquent un comportement et d'autres une inhibition du comportement. Ces deux « processus fondamentaux » sont toujours présents et la façon dont l'organisme se comporte à un moment donné varie en fonction de leur interaction. La structure des points d'excitation et d'inhibition qui caractérisent le cerveau est ce que Pavlov appelait la **mosaïque corticale**. Cette dernière détermine la réaction ponctuelle d'un organisme à son environnement.

L'extinction, la guérison spontanée et la désinhibition Si on expose continuellement un organisme à un stimulus conditionné sans qu'il soit suivi d'un stimulus inconditionné, la réaction conditionnée diminuera graduellement et finira par disparaître ; on parlera alors d'**extinction**. Si on laisse un certain laps de temps s'écouler après l'extinction et que l'on présente de nouveau le stimulus conditionné, celui-ci provoquera une réaction conditionnée. C'est ce qu'on appelle la **guérison spontanée**. Par exemple, si un son (SC) est constamment suivi par la présentation de poudre de viande (SI), l'organisme salivera en présence du son (RC). Si le son est émis, mais sans être suivi par la présentation de poudre de viande, la magnitude de la réaction conditionnée diminuera graduellement ; éventuellement, le son ne provoquera plus de réaction conditionnée (extinction). Toutefois, au bout d'un moment, même si le son n'est plus associé à la poudre de viande, il provoquera de nouveau une réaction conditionnée (guérison spontanée).

Selon Pavlov, le phénomène de la guérison spontanée montrait bien que le processus d'extinction n'éliminait pas la réaction conditionnée, mais l'inhibait. Ainsi, présenter le stimulus conditionné sans le stimulus inconditionné amenait l'animal à inhiber la réaction conditionnée. La **désinhibition** est une autre preuve de l'extinction en tant que processus inhibitoire. Ce phénomène se produit lorsque, une fois l'extinction complétée, un stimulus intense et sans lien apparent provoque en retour chez l'animal une réaction conditionnée. On suppose alors que la peur causée par l'intensité du stimulus supplante le processus inhibitoire, permettant ainsi le retour de la réaction conditionnée.

La névrose expérimentale Supposons que la présentation d'un cercle à un chien est toujours suivie de nourriture, mais pas la présentation d'une ellipse. Selon Pavlov, la vue du cercle provoquera une salivation chez l'animal tandis que celle de l'ellipse déclenchera une inhibition. Supposons maintenant que le cercle prend graduellement la forme d'une ellipse. Que se produira-t-il ? Selon Pavlov, dès qu'il devient impossible de distinguer le cercle de l'ellipse, les tendances excitatrices et inhibitoires entreront en conflit et le comportement de l'animal s'en trouvera perturbé. Étant donné que cette détérioration du comportement s'était produite en laboratoire, on l'appela **névrose expérimentale**.

Il est aussi intéressant de noter que la possibilité de produire en laboratoire un comportement anormal en introduisant des tendances contradictoires s'expliquait par les diverses formes adoptées par le comportement « neurotique » chez différents animaux. Certains chiens réagissaient à cette contradiction en devenant très irritables, jappant avec violence et déchiquetant le dispositif avec leurs crocs. D'autres y réagissaient en sombrant dans la tristesse et la dépression. C'est ce type d'observations qui incita Pavlov à classifier les animaux en fonction des différents types de système nerveux. Selon lui, il existe quatre types d'animaux : ceux dont la tendance excitatrice est très forte ; ceux dont la tendance excitatrice est modérément forte ; ceux dont la tendance inhibitoire est très forte ; ceux dont la tendance inhibitoire est modérément forte. Ainsi, la façon dont les animaux, y compris les êtres humains, réagissent à un conflit est dans une large mesure déterminée par le type de système nerveux qu'ils possèdent. Vers la fin de sa vie, Pavlov se demanda dans quelle mesure les comportements anormaux chez les êtres humains étaient causés par un dérèglement du processus inhibitoire dans le cerveau.

Les recherches de Pavlov sur les conflits et sa typologie du système nerveux eurent une profonde influence sur les travaux subséquents portant sur le comportement anormal, le conflit, la frustration et l'agression.

Les systèmes de premier et de second signal Selon Pavlov, toutes les tendances acquises par un animal au cours de sa vie sont basées sur des processus biologiques innés, c'est-à-dire des stimuli et des réactions inconditionnés acquis pendant son développement phylogénétique. Ces processus innés se développent par conditionnement. Étant donné que les stimuli biologiquement neutres (SC) sont continuellement associés aux stimuli biologiquement signifiants (SI), ces derniers en arrivent à *signaler* des événements biologiquement signifiants. La signification de ces signaux sur le plan de l'adaptation devrait être évidente : si un animal sent qu'un événement qui favorise ou menace sa survie est sur le point de se produire, il aura le temps d'adopter le comportement approprié.

> Pavlov [...] était fermement convaincu de la capacité d'une réaction conditionnée d'agir comme réaction de « signal », ou comme il le disait souvent, comme réaction « d'avertissement ». C'est l'aspect « avertissement » du réflexe conditionné qui lui donne une profonde signification historique. Il permet à l'animal de s'adapter lui-même aux événements qui ne se déroulent pas au moment présent, mais qui auront lieu dans le futur. (Anokhin, 1968, p. 140 [notre traduction])

Pavlov appelait **système de premier signal**, ou « premiers signaux de la réalité », le stimulus (SC) qui accompagnait les événements dont le signal était biologiquement signifiant. Toutefois, les êtres humains apprennent aussi à réagir aux *symboles* des événements physiques. Par exemple, nous apprenons à réagir au mot *incendie* tout comme nous réagissons lorsque nous en voyons un. Pavlov appelait ces mots qui symbolisent la réalité « des signaux de signaux », ou **système de second signal**. Le langage consiste en symboles liés à l'environnement et en expériences sensorielles. Une fois établis, ces symboles peuvent être structurés en concepts abstraits qui guident notre comportement, car ces symboles abstraits représentent des événements du monde physique :

> Le don de la parole chez l'homme est de toute évidence un stimulus tout aussi réel que les autres stimuli. La parole est également un stimulus qui surpasse en richesse et en diversité les autres stimuli et dont on ne retrouve pas l'équivalent, qualitativement ou quantitativement, chez les stimuli conditionnés des animaux. Pendant toute la durée de vie d'un adulte, la parole est liée aux stimuli internes et externes susceptibles d'atteindre le cortex. Elle peut signaler ou remplacer tous les stimuli ; par conséquent, elle peut provoquer toutes les réactions de l'organisme normalement déclenchées par les stimuli eux-mêmes. (Pavlov, 1927 / 1960, p. 407 [notre traduction])

L'attitude de Pavlov envers la psychologie Nous l'avons vu, Pavlov, tout comme Setchenov, ne tenait pas

la psychologie en très haute estime. Il ne s'y opposait pas parce qu'elle avait pour objet la conscience, mais plutôt parce qu'elle utilisait l'introspection. Selon lui :

> Il serait stupide de rejeter le monde subjectif. Bien sûr que ce monde existe. C'est à partir de lui que nous agissons, que nous entrons en contact avec les autres, que nous orientons l'ensemble de notre vie.

> Mes mots ont peut-être dépassé ma pensée lorsque j'ai déclaré que je rejetais la psychologie. Bien sûr qu'elle a le droit d'exister. Toutefois, il importe non pas de rejeter le monde subjectif, mais de l'analyser avec des méthodes éprouvées sur le plan scientifique. (Anokhin, 1968, p. 132 [notre traduction])

Même si Pavlov avait une piètre opinion de la plupart des psychologues, il avait beaucoup d'estime pour Thorndike. Dans l'extrait suivant, Pavlov (1928) lui reconnaît même la paternité de la première recherche objective et systématique du processus d'apprentissage chez les animaux :

> Quelques années après avoir commencé nos travaux avec notre nouvelle méthode, j'ai appris que des expériences similaires sur des animaux avaient eu lieu en Amérique, expériences menées non par des physiologistes, mais par des psychologues. J'ai lu attentivement les publications en provenance des États-Unis et je dois reconnaître que l'honneur d'avoir été le premier en ce domaine revient à Edward Lee Thorndike. Ses travaux ont précédé les miens de deux ou trois ans et son livre doit être considéré comme un classique, autant pour son approche audacieuse face à cet immense champ d'études que pour la précision de ses résultats. (p. 38-40 [notre traduction])

Pavlov et l'associationnisme Pavlov croyait avoir découvert le mécanisme physiologique expliquant l'associationnisme qui, depuis des siècles, avait fait l'objet de discussions parmi les philosophes et les psychologues. En montrant les fondements physiologiques de l'association, il procurait une base objective à l'associationnisme, ce qui mettrait fin, selon lui, aux spéculations sur la manière dont les idées s'associaient les unes aux autres. Pour Pavlov (1955, éd. fr. 1954), les liaisons temporaires créées par le conditionnement étaient précisément ces associations qui avaient été au cœur des spéculations philosophiques et psychologiques.

> Quelle raison aurions-nous à distinguer, à séparer l'un de l'autre ce que le physiologiste appelle une liaison temporaire et le psychologue une association ? Nous sommes en présence ici d'une fusion complète, d'une absorption totale de l'un par l'autre, d'une identité

complète. À ce qu'il me semble, la chose est reconnue des psychologues eux-mêmes, certains d'entre eux ayant déclaré que les expériences sur les réflexes conditionnels avaient donné une base solide à la psychologie associative, c'est-à-dire celle qui considère l'association comme l'élément fondamental de l'activité physique. (éd. fr., p. 270)

Pavlov succomba à une pneumonie le 27 février 1936, à l'âge de 87 ans. Le numéro de septembre 1997 de la revue *American Psychologist* lui est entièrement consacré et explore sa vie, son œuvre et son influence.

Vladimir Mikhaïlovitch Bechterev

Vladimir Mikhaïlovitch Bechterev (1857-1927) naquit un 20 janvier à Sorali. À l'âge de 16 ans, il entra à l'Académie de médecine militaire de Saint-Pétersbourg, celle où Setchenov avait enseigné et où Pavlov étudiait alors. Il reçut son diplôme en 1878 (une année avant Pavlov), mais continua d'étudier dans le domaine des

Vladimir Mikhaïlovitch Bechterev

maladies mentales et nerveuses jusqu'à l'obtention de son doctorat en 1881 à l'âge de 24 ans. Il étudia ensuite avec Wundt à Leipzig, avec Du Bois-Reymond à Berlin et avec Charcot (le célèbre médecin français) à Paris. En 1885, de retour en Russie, il accepta un poste à l'université de Kazan où il créa le premier laboratoire de psychologie expérimentale russe. En 1893, il était de retour à l'Académie de médecine militaire de Saint-Pétersbourg où il occupa une chaire en maladies nerveuses et psychiatriques. En 1904, il publia un important article intitulé « Objective Psychology » qui allait devenir un ouvrage en trois tomes portant ce même titre (1907-1912 ; traduit en français en 1913). Comme Setchenov et Pavlov, Bechterev militait en faveur d'une psychologie complètement objective, mais contrairement à eux, il se concentra presque exclusivement sur la relation entre la stimulation mésologique et le *comportement*.

En 1907, Bechterev et ses collaborateurs quittèrent l'Académie de médecine militaire pour fonder l'Institut de psychoneurologie, plus tard rebaptisé en son honneur « Institut V. M. Bechterev pour la recherche sur le cerveau ».

À sa mort en 1927, sa bibliographie totalisait environ 600 articles et livres portant sur une grande variété de sujets dans les domaines de la biologie, de la psychologie et de la philosophie.

La réflexologie Dans les dernières années de sa vie, Bechterev publia une synthèse de ses idées sur la psychologie dans un ouvrage intitulé *General Principles of Human Reflexology : An Introduction to the Objective Study of Personality* (1917) et dont la quatrième et dernière édition date de 1928. En utilisant le mot **réflexologie**, Bechterev faisait référence à une étude strictement objective du comportement humain qui cherchait à comprendre la relation qui existe entre les influences mésologiques et un comportement manifeste. Selon lui, pour qu'une soi-disant activité psychique existe, il faut qu'elle se manifeste elle-même dans le comportement ; par conséquent, la simple étude de celui-ci permet de court-circuiter la « sphère spirituelle ». Sa réflexologie portait sur la relation entre d'une part, le comportement (comme les expressions du visage, les gestes et l'élocution) et d'autre part, les conditions physiques, biologiques et par-dessus tout sociales.

À la même époque, plusieurs idées de Bechterev trouvaient écho dans le béhaviorisme américain. Toutefois, il faut se rappeler que ses écrits sur la psychologie objective remontent d'aussi loin que 1885 (Bechterev, 1928/1973). Voici un extrait qui illustre bien sa pensée (1928/1973) :

> Pour obtenir [...] un point de vue strictement objectif sur l'être humain, imaginez que vous venez d'un monde différent situé sur une autre planète [...] En observant les êtres humains dans toute la complexité de leurs expressions, le visiteur en provenance d'une autre planète et d'un environnement différent, ignorant tout du langage humain, se livrerait-il à une analyse subjective pour étudier les différents aspects de l'activité humaine et les impulsions qui les commandent et les orientent ? Essaierait-il d'imposer les expériences étrangères d'une autre planète ou examinerait-il la vie humaine et ses multiples manifestations d'un point de vue strictement objectif ? Tenterait-il de comprendre les différentes corrélations entre l'être humain et son environnement, comme nous étudions, par exemple, la vie des microbes ou les formes de vie inférieures ? Je pense que la réponse ne fait aucun doute.
>
> Si nous choisissons cette approche, nous devons reprendre la méthode utilisée en sciences naturelles pour étudier un objet, c'est-à-dire en l'examinant dans son environnement particulier et en explicitant les corrélations des actions, des comportements et des expressions des individus avec les stimuli externes, présents et passés, qui les provoquent ; nous pourrons ainsi découvrir les lois auxquelles ces phénomènes se conforment et déterminer les corrélations entre l'être humain et son environnement physique, biologique et par-dessus tout social.
>
> Il est regrettable que la pensée humaine suive une trajectoire différente — une trajectoire subjective — sur toutes les questions liées à l'étude de l'homme et de ses activités supérieures, et qu'elle étende le point de vue subjectif à tous les aspects de l'activité humaine. Or, ce point de vue est absolument indéfendable, car chaque personne suit sa propre évolution à partir de conditions d'hérédité, d'éducation et d'expériences de vie différentes. Ces conditions établissent un certain nombre de corrélations entre l'être humain et son environnement, particulièrement son environnement social ; ainsi, chaque personne devient véritablement un phénomène distinct, absolument unique et non reproductible. Le point de vue subjectif présuppose une analogie avec soi, laquelle n'existe pas en tant que fait avéré, à tout le moins comme expression la plus noble de l'être humain, et par conséquent la plus précieuse.
>
> Nous utiliserons donc l'analogie en toute chose, car il nous est impossible d'aborder autrement une autre personne dans la vie de tous les jours. Tout cela est vrai

d'une certaine façon, mais la science ne peut s'en satisfaire, car en adoptant la voie de l'interprétation subjective, nous commettons invariablement une faute. Il est vrai que, dans l'évaluation d'une autre personne, nous nous tournons vers une terminologie subjective et répétons sans cesse que telle ou telle personne pense ceci ou cela, raisonne de cette manière ou d'une autre. Or, nous ne devons pas perdre de vue que le langage du quotidien diffère de l'approche scientifique. Par exemple, nous disons que le soleil se lève et se couche, qu'il atteint son zénith, qu'il traverse le ciel, etc., alors que la science nous dit que le Soleil est immobile et que c'est la Terre qui tourne autour de lui. Ainsi, selon le point de vue de la science moderne, il ne doit y avoir qu'une seule façon d'étudier un être humain qui s'exprime dans une intégration des divers phénomènes externes sous la forme de langage, d'expressions du visage, d'activités et de comportement. Cette façon est la méthode habituellement utilisée en sciences naturelles et consiste en l'observation stricte d'un objet, sans interprétation subjective et sans introduction d'état de conscience. (p. 33-36 [notre traduction])

Dès 1928, Bechterev connaissait l'existence d'un mouvement grandissant en faveur de la psychologie objective aux États-Unis et en revendiquait la paternité.

> La littérature sur l'étude objective du comportement animal s'est considérablement enrichie. En Amérique, on tente actuellement d'étudier le comportement humain, une étude dont les fondements scientifiques proviennent de Russie, de mon laboratoire à l'Académie de médecine militaire et à l'Institut de psychoneurologie. (Bechterev, 1928/1973, p. 214 [notre traduction])

Bechterev *versus* Pavlov   Qui a découvert le réflexe conditionné ? Pavlov ou Bechterev ? En fait, ni l'un ni l'autre. Bechterev consacra un temps considérable à montrer que de tels réflexes étaient connus depuis longtemps : « En passant, ces sécrétions "psychiques" attirèrent l'attention dès le XVIIIe siècle. À l'époque, on savait qu'en offrant de l'avoine à un cheval, il sécrétait de la salive avant même que l'avoine n'entre dans sa gueule » (1928/1973, p. 403 [notre traduction]).

Bechterev et Pavlov travaillèrent sur le réflexe conditionné à peu près au même moment. Ce que Pavlov qualifiait de réflexe conditionné était pour Bechterev un **réflexe d'association**. Bechterev connaissait les travaux de Pavlov, travaux dont il jugeait qu'ils comportaient des lacunes majeures. En fait, chaque fois qu'il mentionnait le nom de Pavlov dans son livre publié en 1928, c'était pour dire quelque chose de négatif à son sujet. Il critiquait la « méthode de salivation » de Pavlov pour les raisons suivantes.

- Une intervention chirurgicale est nécessaire pour recueillir les sucs gastriques de l'animal.

- La méthode utilisée par Pavlov se transpose difficilement aux êtres humains.

- L'utilisation de l'acide pour provoquer une réaction inconditionnée déclenche chez l'animal des réactions susceptibles de fausser l'expérience.

- Si on utilise de la nourriture comme stimulus inconditionné, l'animal se sentira éventuellement rassasié et ne réagira plus de la manière désirée.

- Le réflexe de sécrétion est un élément relativement mineur du comportement d'un organisme.

- Le réflexe de sécrétion est imprévisible, ce qui le rend difficile à mesurer.

Au lieu d'étudier la sécrétion, Bechterev (1928/1973) proposait d'analyser les réflexes moteurs pour les raisons suivantes :

> Heureusement, chez tous les animaux et surtout chez l'homme, lequel nous intéresse plus particulièrement eu égard à l'étude de l'activité corrélative, les activités de sécrétion jouent un rôle beaucoup moins important que celui des activités motrices et par conséquent, et pour d'autres raisons également (l'inutilité d'une intervention, l'impossibilité d'une consignation exacte des résultats et d'une répétition fréquente du stimulus [...] ainsi que l'absence de complications causées par une stimulation répétée dans le cadre de l'expérience), nous accordons notre appui inconditionnel, en raison des lacunes exprimées ci-dessus relatives à la méthode de salivation, à la méthode d'analyse de l'association (moteurs réflexes des extrémités et de la respiration), une méthode mise au point dans mon laboratoire. Cette méthode, qui peut s'appliquer autant aux animaux qu'aux hommes et qui consiste en une stimulation électrique du devant de la patte d'un animal et, chez l'homme, de la paume, des doigts de la main ou de la plante des pieds, le tout accompagné de stimulations visuelles, auditives, musculo-cutanées, est, à ma connaissance, sans rivale jusqu'à présent dans la littérature scientifique. (p. 203 [notre traduction])

L'intérêt de Bechterev envers le comportement manifeste des organismes s'apparentait davantage au béhaviorisme américain que les recherches de Pavlov sur la sécrétion. Curieusement, ce fut ce dernier que Watson découvrit et c'est son nom qui devint célèbre au sein de la communauté des psychologues américains. N'eût été

de ce hasard, c'est Bechterev qui aurait bénéficié de la reconnaissance accordée à Pavlov. Comme nous le verrons, Watson, dans son utilisation des procédures de conditionnement, était beaucoup plus proche de Bechterev que de Pavlov.

John Broadus Watson et le béhaviorisme

John Broadus Watson (1878-1958) naquit un 9 janvier dans le village de Travelers Rest près de Greenville, en Caroline du Sud. La religion fut le thème central de son enfance :

> La mère de Watson était une femme « incroyablement dévote ». Elle joua un rôle actif dans l'église baptiste de Reedy River et devint une « organisatrice laïque de premier plan parmi les baptistes de la Caroline du Sud ». Fidèle à son prosélytisme, Emma donna à son fils le prénom de John Broadus en l'honneur de John Albert Broadus, « l'un des fondateurs du séminaire Southern Baptist situé à Greenville, lequel fut relocalisé quelques mois avant la naissance de Watson en 1878 ». John dut faire le serment à sa mère qu'il deviendrait ministre du culte, « investi » par elle d'une mission sacrée dès son plus jeune âge. Emma éleva sa famille selon les préceptes de l'église, veillant à une observance stricte de la prohibition fondamentaliste contre l'alcool, le tabagisme ou la danse. La pureté étant la petite cousine de la divinité, Emma voulait que sa famille reste sous la protection divine. (Karier, 1986, p. 111 [notre traduction])

John Broadus Watson

Si sa mère (Emma Kesiah Roe Watson) était d'une piété extrême, ce n'était pas le cas de son père (Pickens Butler Watson). Celui-ci buvait, jurait et courait les jupons. Cette incompatibilité le força finalement à quitter le domicile conjugal en 1891 alors que John était âgé de 13 ans. Watson était proche de son père et son départ le perturba énormément. Il devint immédiatement un véritable fauteur de troubles et fut arrêté à deux reprises, une fois pour une bagarre et une autre fois pour avoir tiré un coup de feu en plein centre de Greenville. Par la suite, lorsqu'il devint célèbre, son père chercha à le revoir, mais Watson refusa tout net.

On ne peut que spéculer sur les effets des intenses convictions religieuses de sa mère sur Watson, mais l'origine de la peur du noir dont il fut victime toute sa vie est évidente :

> La gouvernante [qu'Emma, la mère de Watson, avait embauchée] lui avait raconté [à Watson] que le diable était caché dans le noir et que s'il venait à Watson l'idée de se lever, Satan lui-même ferait irruption pour s'emparer de lui et l'emmener en enfer. Il semble qu'Emma ne fit rien pour empêcher la gouvernante de causer de telles frayeurs à son fils. Il est même probable qu'elle l'approuva, car avoir peur du diable était une chose réfléchie pour elle. En tant que baptiste fondamentaliste, elle croyait Satan toujours à l'affût. Watson souffrit toute sa vie de la peur du noir et il reconnaissait volontiers qu'il cherchait à savoir si les enfants naissaient avec une peur instinctive du noir, car il ne put jamais lui-même se débarrasser de cette phobie. Il utilisa plusieurs fois les principes béhavioristes pour tenter de se guérir lui-même, mais sans succès. Adulte, Watson souffrait souvent de dépression et lorsqu'il se trouvait dans cet état, il dormait parfois avec la lumière allumée. (Cohen, 1979, p. 7 [notre traduction])

Les années de formation Malgré son penchant naturel à la paresse et son comportement violent à l'école, Watson parvint à se faire admettre à l'université Furman à l'âge de 15 ans. Si on ignore pourquoi il fut accepté, Cohen (1979) pense que Watson usa de son talent de persuasion. Toute sa vie, il sut faire preuve de ténacité, parvenant toujours à obtenir ce qu'il voulait. Pendant ses études, il continua de demeurer chez sa mère tout en travaillant dans un laboratoire pour payer ses frais de scolarité. Le professeur qui eut le plus d'influence sur lui fut Gordon B. Moore, qui enseignait la psychologie et la philosophie. Watson découvrit la psychologie avec les travaux de Wundt et de James. Tout au long de ses études, il eut une relation tendue avec

son frère Edward qui le considérait comme un pécheur à l'image de leur père et de ce fait même, une honte pour la famille.

À Furman, Watson eut de bons résultats, même s'ils ne furent pas exceptionnels. Il aurait dû recevoir son diplôme en 1898, mais un incident stupide l'en empêcha et le retarda d'une année. En effet, Moore, son professeur favori, avait mis en garde ses étudiants qu'il ne tolérerait aucun retard dans la remise des copies d'examen. Or, Watson remit sa copie en retard et fut donc recalé.

> Watson prit alors ce qu'il appela par la suite « un engagement d'adolescence afin [de] montrer à [Moore] son erreur ». Des années plus tard, alors qu'il enseignait à l'université Johns Hopkins, Watson eut l'occasion de prendre sa revanche. À « sa surprise et à sa grande peine », dit-il, il reçut une requête de son ancien professeur pour devenir son assistant de recherche. Malheureusement, Moore perdit la vue avant qu'un arrangement ne puisse être conclu et mourut peu de temps après. (Buckley, 1989, p. 12 [notre traduction])

Cet épisode fut cependant bénéfique pour Watson, car l'année supplémentaire passée à Furman en raison de son échec du cours de Moore lui permit d'obtenir une maîtrise à l'âge de 21 ans.

Une fois son diplôme en poche, il enseigna dans une école ne comportant qu'une salle de classe à Greenville pour un salaire mensuel de vingt-cinq dollars. À la mort de sa mère, il décida de quitter la région de Greenville et de poursuivre ses études ailleurs. Il fit une demande d'inscription à l'université Princeton et à l'université de Chicago. Lorsqu'il apprit que Princeton exigeait une connaissance du grec et du latin, il décida d'opter pour Chicago. Une autre raison qui motiva son choix était que Chicago était l'*alma mater* de son professeur préféré, Moore (celui qui l'avait recalé), et que les souvenirs qu'en avait ce dernier l'avaient intrigué.

En septembre 1900, il partit donc pour Chicago avec cinquante dollars en poche et aucune autre ressource financière. Il loua une chambre dans une pension et travailla comme serveur pour payer son gîte et son couvert. Il gagnait également un dollar par semaine comme concierge dans un laboratoire de psychologie et deux dollars supplémentaires pour s'occuper des rats blancs.

La période de Chicago À Chicago, Watson étudia les empiristes anglais avec A. W. Moore (aucun lien de parenté avec le Gordon B. Moore de Furnam). Il aimait tout particulièrement Hume, car celui-ci enseignait que rien n'est nécessairement immuable ou sacré. Il suivit les cours de philosophie de John Dewey, mais avoua ne pas le comprendre. Même si le fonctionnaliste James Rowland Angell fut celui qui exerça la plus grande influence sur lui, il ne faut pas négliger l'impact du psychologue radical Jacques Loeb (1859-1924). Loeb était célèbre pour ses travaux sur le **tropisme**. Il montra comment on pouvait expliquer le comportement d'organismes simples comme une réaction automatique à un stimulus. Tout comme les plantes s'orientent vers le soleil parce qu'elles ont été conçues ainsi, les animaux réagissent d'une certaine façon à certains stimuli en raison de leur composition biologique. Selon Loeb, ces comportements tropiques ne comportent aucun phénomène mental ; c'est une simple question de stimulation et de structure de l'organisme. Ce point de vue que Loeb appliquait aux plantes, aux insectes et aux petits animaux, Watson le reprendra plus tard dans son étude des êtres humains.

Sous l'influence d'Angell et d'Henry Donaldson, un neurologue, Watson commença à analyser le processus d'apprentissage du rat blanc. En 1901, on savait très peu de choses sur l'apprentissage chez les animaux, même si Thorndike avait fait des recherches objectives à ce sujet à l'époque. La même année, Willard Small avait publié un article sur la capacité du rat blanc à s'orienter dans un labyrinthe, mais ses travaux étaient d'une nature anthropomorphique semblable à celle de George Romanes. Watson disposait donc de peu d'informations à partir desquelles poursuivre ses travaux. Toutefois, dès la fin de 1902, il en savait plus sur les rats blancs que quiconque aux États-Unis. À peu près à la même époque, il commença à réfléchir sur le béhaviorisme : « S'il est possible de comprendre les rats sans emprunter les méandres de l'introspection, pourquoi ne pourrait-on pas comprendre les gens de la même façon ? » (Cohen, 1979, p. 33 [notre traduction])

Même si sa réflexion sur le béhaviorisme le passionnait, il hésita à en parler à son mentor et ami Angell, car il savait que pour celui-ci, la psychologie devait inclure l'étude de la conscience. Lorsqu'il lui présenta finalement ses idées en 1904, ce dernier eut une réaction négative et lui conseilla de s'en tenir à l'étude des animaux. Watson n'abordera plus le sujet pendant les quatre années suivantes.

Malgré la dépression nerveuse dont il souffrit en 1902, il parvint à soumettre sa thèse de doctorat en 1903. Le titre « Animal Education : The Psychical Development of the White Rat » dénote chez lui des relents de la pensée mentaliste. Sa thèse fut acceptée et il obtint son doctorat *magna cum laude* à l'âge de 25 ans, ce qui en fait la plus jeune personne à avoir reçu un doctorat de l'université de Chicago. Donaldson prêta à Watson les trois cent cinquante dollars dont il avait besoin pour publier sa thèse ; il faudra à ce dernier 20 ans pour rembourser sa dette.

L'université de Chicago l'embaucha comme professeur adjoint à un salaire annuel de six cents dollars pour donner des cours sur la psychologie chez les animaux et les humains. Pour son cours sur les humains, il utilisa les manuels du laboratoire de Titchener. À la même époque, Watson épousa une de ses élèves, Mary Ickes. Buckley (1989) décrit ainsi la genèse de leur relation :

> Selon la légende familiale, Mary était inscrite au cours d'introduction à la psychologie de Watson. Elle eut le béguin pour son professeur et lors d'un examen, remplaça les réponses aux questions par un poème d'amour. Lorsque Watson insista pour ramasser sa copie à la fin de l'examen, Mary lui tendit sa feuille en rougissant et sortit en courant de la pièce. Il semble que cet effort littéraire eut l'effet escompté. (p. 49 [notre traduction])

Watson épousa Mary à deux reprises. Une première fois clandestinement, en 1903, en raison de la forte opposition de la famille de Mary à sa relation avec Watson, et une seconde fois publiquement, en 1904. Deux enfants naquirent de ce mariage, Mary (surnommée Polly) et John. Polly fut la mère de l'actrice Mariette Hartley.

Environ à la même époque, Watson débuta une correspondance avec Robert Yerkes. Yerkes (1876-1956) étudiait le comportement des animaux et poursuivait des travaux en psychologie comparée tout suivant des cours à Harvard. Il reçut son doctorat de Harvard en 1902, après quoi l'université lui offrit d'y enseigner la psychologie comparée. Pendant sa carrière, Yerkes s'intéressa aux instincts et aux capacités d'apprentissage de différentes espèces, notamment les souris, les crabes, les tortues, les rats, les vers, les oiseaux, les grenouilles, les porcs et les singes ; il est surtout connu pour ses travaux qu'il effectua aux Yerkes Laboratories of Primate Biology d'Orange Park, en Floride sur les singes anthropoïdes. Au chapitre 10, nous avons vu que Yerkes joua également un rôle clé dans la création des tests d'intelligence alpha et bêta de l'armée américaine. Malgré la nature de ses travaux en recherche animale et son amitié pour Watson, il n'adhéra jamais au béhaviorisme. Tout au long des étapes de création de cette école de pensée, il demeura loyal à Titchener.

En 1906, Watson amorça une recherche visant à déterminer quelles informations sensorielles les rats utilisaient pour apprendre à s'orienter dans des labyrinthes complexes. Il collabora alors avec Harvey Carr, le célèbre fonctionnaliste. Utilisant des rats âgés de six mois qui connaissaient déjà le labyrinthe, Watson commença à leur amputer systématiquement un système sensoriel après l'autre dans l'espoir de découvrir lequel ils utilisaient pour s'y orienter. Un par un, il élimina les sens de la vision, de l'ouïe et de l'odorat. Rien ne semblait faire de différence. Une fois rétablis de l'intervention chirurgicale, les rats étaient en mesure de se déplacer dans le labyrinthe et d'en sortir sans se tromper. Watson et Carr utilisèrent alors un autre groupe de rats qui ne connaissaient pas le labyrinthe ; malgré le fait qu'ils avaient subi les mêmes interventions, ces rats eurent autant de facilité à sortir du labyrinthe que ceux dotés de tous leurs sens. Watson en conclut à ce moment-là que les rats devaient utiliser leurs moustaches. Or, le fait de les leur raser ne fit aucune différence. Même la destruction du sens du goût n'eut aucun impact. Watson et Carr finirent par découvrir que les rats se fiaient à leurs sensations kinesthésiques, c'est-à-dire aux sensations de leurs muscles. Si on raccourcissait ou qu'on rallongeait le labyrinthe après avoir éliminé leurs sens kinesthésiques, les rats devenaient confus et commettaient plusieurs erreurs. Cette découverte de l'importance de la sensation kinesthésique allait jouer un rôle majeur dans la théorie formulée subséquemment par Watson. Celui-ci publia les résultats de ses recherches en 1907 dans un article intitulé « Kinesthetic and Organic Sensations : Their Role in the Reactions of the White Rat to the Maze ».

La même année, la Carnegie Institution lui proposa d'étudier l'instinct migratoire des sternes. Watson fit alors plusieurs séjours dans une île près de Key West, en Floride. Le gros de ses recherches sur le comportement instinctif fut effectué en collaboration avec Karl Lashley qui devait par la suite apporter une contribution significative à la psychologie neurophysiologique (voir le chapitre 19). Un été, Lashley accompagna Watson pour tenter de découvrir si les sternes avaient

réellement la capacité de revenir à leur point de départ. Il fit transporter quelques sternes à Mobile, en Alabama, et quelques autres à Galveston, au Texas, puis les relâcha dans la nature. Les résultats furent étonnants. Sans aucun entraînement, les sternes retrouvèrent leur chemin vers la petite île de Floride située à des milliers de kilomètres de l'endroit où Lashley les avaient relâchées. Watson et Lashley essayèrent en vain d'expliquer comment les sternes y étaient parvenues, puis finirent par y renoncer. Étant donné que Watson est surtout connu pour d'autres accomplissements, on oublie souvent qu'il fut l'un des premiers éthologistes aux États-Unis. (Les éthologistes étudient les espèces animales dans leur milieu naturel pour expliquer leur comportement à l'aide de la théorie évolutionniste.) La première publication de Watson (en collaboration avec Lashley), *Homing and Related Activities of Birds* (1915), offre un contraste saisissant avec le travail subséquent qu'il accomplira.

Il est aussi intéressant de noter que Watson et Lashley collaborèrent dans un domaine aujourd'hui appelé « psychologie sportive ». Sous la supervision de Watson, Lashley tenta d'améliorer la performance des archers. Entre autres choses, il découvrit qu'un entraînement régulier et progressif améliore davantage la performance qu'un entraînement intensif (Lashley, 1915).

L'arrivée à Johns Hopkins Dès 1907, Watson jouissait déjà d'une réputation à l'échelle nationale. Il ne désirait pas vraiment quitter l'université de Chicago, mais l'offre de trois mille dollars par année faite par l'université Johns Hopkins s'avéra irrésistible. Watson arriva à Baltimore au mois d'août 1908. À Johns Hopkins, la psychologie était intégrée au département de philosophie, psychologie et éducation dont le directeur était James Mark Baldwin. Ce dernier, l'un des membres fondateurs de l'American Psychological Association (APA) et son sixième président en 1897, était également le rédacteur en chef de la *Psychological Review*, l'une des plus importantes publications dans le domaine de la psychologie. Les tâches de Watson comprenaient notamment l'enseignement de la psychologie humaine pour lequel il utilisait encore les manuels de Titchener. Watson écrivit à ce dernier pour lui faire part des problèmes qu'il éprouvait dans l'établissement d'un laboratoire à Johns Hopkins. Les deux hommes échangèrent une volumineuse correspondance dans laquelle ils se témoignèrent un respect mutuel sans faille. Lorsque Watson se retrouvera au cœur d'un scandale (dont il sera question un peu plus loin), Titchener sera le seul à lui garder son soutien.

En décembre 1908, un événement transforma radicalement la vie de Baldwin et de Watson : surpris dans un bordel, Baldwin dut remettre sa démission immédiate de Johns Hopkins. (Pour plus de détails sur « l'affaire de Baltimore » et son impact sur la vie et l'œuvre de Baldwin, voir Horley, 2001). Après le départ de Baldwin, Watson devint le rédacteur en chef de la *Psychological Review* et utilisa cette revue spécialisée pour propager ses idées sur le béhaviorisme. Watson travaillait depuis de nombreuses années sur une approche exclusivement béhavioriste, mais lorsqu'il présentait ses idées à ses proches (par exemple, Angell et Yerkes), ceux-ci le décourageaient de s'orienter dans cette voie, en raison de la place que l'étude de la conscience devait, selon eux, occuper en psychologie. Watson présenta publiquement ses idées béhavioristes en 1908 à l'occasion d'un colloque à l'université Yale. Essuyant de nouveau de sévères critiques, il décida d'en rester là. À l'époque, il ne se sentait pas de taille à affronter seul les principes d'une école de psychologie bien établie. Il garda également le silence pour ménager Titchener.

Après avoir rassemblé tout son courage, il décida de faire une nouvelle tentative en 1913. Répondant à une invitation de l'université Columbia à New York pour une série de conférences, il profita de l'occasion pour énoncer publiquement ses opinions sur la psychologie. Il amorça sa désormais célèbre conférence intitulée « Psychology as the Behaviorist Views It » avec la déclaration suivante :

> La psychologie d'un point de vue béhavioriste est une branche expérimentale purement objective des sciences naturelles. Son objectif théorique est de prédire et de contrôler le comportement. L'introspection n'est pas un élément essentiel des méthodes qu'une telle psychologie utilise, pas plus que la valeur scientifique de ses données dépend de leur interprétation possible en relation avec la conscience. Le béhavioriste, dans son effort pour créer un schéma unitaire de la réaction animale, reconnaît qu'il n'existe pas de frontière définie entre l'être humain et la bête. Le comportement de l'être humain avec toute sa complexité et son raffinement n'est qu'un des éléments du schéma d'analyse du béhavioriste. (p. 158 [notre traduction])

Publié en 1913 dans la *Psychological Review* dirigée à l'époque par Watson, le compte rendu de cette confé-

rence est généralement considéré comme l'acte de naissance du béhaviorisme.

La réaction fut immédiate. Titchener ne broncha pas, car il jugeait que Watson avait jeté les bases d'une technique du comportement qui n'entrait pas en conflit avec la psychologie proprement dite ; toutefois, Angell, Cattell et Woodworth le critiquèrent vertement et l'accusèrent d'extrémisme. Même Thorndike, qui éprouvait une certaine sympathie pour le travail de Watson, exprima des réserves en parlant « d'orthodoxie restrictive » (Joncich, 1968, p. 418). Après ses conférences à Columbia, Watson s'engagea publiquement en faveur du béhaviorisme et développa une intolérance envers tous les autres courants de la psychologie. Comme nous le verrons, il tenta même d'expliquer l'ensemble du comportement humain. Les idées de Watson étaient si radicales que leur popularité ne fut pas instantanée. Elles furent plutôt acceptées graduellement sur une période de plusieurs années (Samelson, 1981). En 1914, il fut réélu président de la Southern Society for Philosophy and Psychology. La même année, il devint le 24e président de l'American Psychological Association (APA). Il n'était âgé que de 36 ans et 11 ans à peine s'étaient écoulés depuis l'obtention de son doctorat de l'université de Chicago.

Les réalisations de Watson à Johns Hopkins semblent d'autant plus impressionnantes lorsqu'on sait que ses activités professionnelles furent interrompues par son service militaire qu'il accomplit entre 1917 et 1919. Il fut un soldat aussi iconoclaste qu'il était un psychologue atypique. Il faillit passer en cour martiale pour insubordination et résuma ainsi son expérience au sein de l'armée dans son autobiographie : « Jamais je n'ai été témoin d'une telle incompétence et d'une telle extravagance de la part d'hommes si autoritaires et si inférieurs » (1936, p. 278 [notre traduction]). Néanmoins, il quitta l'armée avec le grade de major et fut démobilisé avec les honneurs.

Le scandale L'influence de Watson se dissipa aussi rapidement qu'elle était apparue. En 1920, la femme de Watson découvrit qu'il avait une liaison amoureuse avec son assistante, Rosalie Rayner, avec qui il faisait des recherches sur le comportement des enfants et demanda le divorce. Le scandale était impossible à étouffer pour la direction de Johns Hopkins : on força donc Watson à démissionner. Dans les faits, cela marqua la fin de sa carrière en psychologie. Au cours des années suivantes, il écrivit et prononça des conférences, fit paraître de nouvelles éditions mises à jour des textes qu'il avait publiés au début de sa carrière; de plus en plus, il s'adressait davantage au grand public qu'aux psychologues. À plusieurs reprises au fil des ans, il tenta de trouver un poste de professeur en psychologie; or, l'opprobre dont il était l'objet depuis le fameux « scandale » fit qu'aucun collège ni aucune université ne voulurent de lui. Ses écrits, au lieu d'être présentés dans des publications spécialisées en psychologie, se retrouvèrent dans des magazines populaires comme *Harper's*, *The New Republic*, *McCall's* et *Cosmopolitan*. Watson participa également à plusieurs émissions de radio. Voici quelques titres de ses articles et conférences radiophoniques: « How We Think » (1926), « The Myth of the Unconscious » (1927), « On Reconditioning People » (1928), « Feed Me On Facts » (1928), « Why 50 Years from Now Men Won't Marry » (1929) « After the Family – What ? » (1929), « Women and Business » (1930), « On Children » (1935).

Son dernier article, intitulé « Why I Don't Commit Suicide », fut proposé au magazine *Cosmopolitan*, qui le refusa, le jugeant trop déprimant.

La publicité En 1921, le divorce de Watson enfin réglé, il put épouser Rosalie Rayner: il était âgé de 42 ans, elle de 21 ans. Ils eurent deux enfants William (« Billy »), né en 1921 et James, en 1924. Brewer (1991) émit l'hypothèse que le choix de ces prénoms montre l'admiration qu'il vouait à William James. Lorsque Watson épousa Rosalie, il était sans travail et sans le sou. Il trouva finalement un emploi auprès de l'agence de publicité J. Walter Thompson. Le poste offert était très différent de ceux qu'il avait occupés auparavant. Cohen (1979) décrit ainsi l'entrevue qu'il passa pour décrocher l'emploi et la nature de ce dernier.

> Si Watson avait eu la possibilité d'éclater de rire à ce moment, il l'aurait sûrement fait. Resor [la personne qui interviewa Watson] était sorti de Yale en 1901 sans grande distinction. Il avait vendu des cuisinières pour son père et dirigé une entreprise de 12 employés à Cincinnati. En 1916, il avait fait l'acquisition de la modeste agence fondée par J. Walter Thompson. Et c'est précisément là que John Broadus Watson, reconnu comme l'un des plus grands psychologues du monde et l'égal intellectuel de Freud, de Russell ou de Bergson, demanda un emploi à Resor. Ce dernier ne lui offrit d'ailleurs qu'un emploi temporaire. Et quel emploi! Resor devait pro-

noncer un discours lors du congrès annuel des marchands de bottes des États-Unis. Pour impressionner son auditoire, il voulait effectuer une recherche rapide sur le marché de la botte. Il confia donc à Watson la mission d'analyser le marché de la botte de caoutchouc de chaque côté des deux rives du Mississipi, de Cairo jusqu'à la Nouvelle-Orléans. Watson accepta cet emploi sans éprouver la moindre gêne, ce qui montre de quel étoffe il était fait. Il se mit à la tâche et ne ressentit aucune amertume d'en être ainsi réduit à accepter pareil poste. Il croyait en l'adaptabilité face aux « petites difficultés de la vie ». La plupart des psychologues auraient considéré cette « petite difficulté » comme une grande humiliation. À maints égards, c'était effectivement humiliant; Watson voulait poursuivre ses recherches sur les enfants; il aimait son statut de professeur émérite. Mais il y avait la réalité et pour lui, la meilleure façon d'y faire face était de faire de son mieux, quelle que soit l'adversité. Il se plongea donc corps et âme dans l'étude du marché de la botte de caoutchouc dans les États baignés par les eaux du Mississipi, ce qui lui procura un certain réconfort. (p. 161 [notre traduction])

Resor demanda à Watson des lettres de recommandation et à sa grande surprise, en reçut une signée par nul autre que Titchener.

> Watson fut très reconnaissant à ce dernier de ce geste et lui écrivit en 1922: « Je sais, dans mon cœur, que je te suis plus redevable qu'envers quiconque. » L'instinct de Watson visait juste. (Cohen, 1979, p. 172 [notre traduction])

Resor embaucha donc Watson en 1921 à un salaire annuel de dix mille dollars. Trois ans plus tard, Watson était devenu un publicitaire de tout premier plan et l'un des vice-présidents de la J. Walter Thompson Company. Titchener lui envoya une lettre pour le féliciter, tout en s'inquiétant du fait que cette promotion risquait d'accaparer son temps, un temps qu'il n'aurait plus à consacrer à la psychologie. En 1928, Watson gagnait un salaire annuel de plus de cinquante mille dollars et en 1930, de plus de soixante-dix mille dollars. Imaginez ce que ce montant représenterait en dollars d'aujourd'hui! Une des raisons du succès de Watson fut son utilisation d'un concept quasi inconnu à l'époque, celui de l'étude de marché. Il découvrit par exemple qu'en soumettant des fumeurs dont les yeux étaient bandés à un test de goût, ceux-ci étaient incapables de différencier les différentes marques de cigarettes. Il en conclut qu'il était possible d'influencer les ventes en manipulant les images associées aux noms de marque. Grâce à cette stratégie, il augmenta les ventes de produits comme la poudre pour bébé Johnson, la pâte dentifrice Pebeco, la pommade Pond, le café Maxwell House et Odorono, l'un des premiers déodorants. En 1935, il quitta la J. Walter Thompson Company pour devenir vice-président de l'agence de publicité William Esty Advertising, où il resta jusqu'à son départ à la retraite en 1945 à l'âge de 67 ans. Pour un survol de sa contribution dans le domaine de la publicité, voir Larson (1979).

Même si ses réalisations en publicité furent importantes, son premier amour resta la psychologie et il regretta jusqu'à la fin de ses jours de n'avoir pu atteindre ses objectifs professionnels, surtout en matière de recherche sur les enfants. Quel visage aurait la psychologie moderne si la direction de Johns Hopkins n'avait pas congédié Watson en 1920 ? Nul ne le sait, mais ce visage aurait sûrement été très différent.

La psychologie directe de Watson

Lorsque Watson découvrit la psychologie objective russe, il y trouva une confirmation de ses propres découvertes. Ce que lui et les psychologues russes avaient en commun était le rejet total de l'introspection et de toute observation du comportement fondée sur le mentalisme. Pour eux, la conscience ne pouvait être la *cause* du comportement ; c'était simplement un phénomène qui accompagnait certaines réactions physiologiques causées par un stimulus, c'est-à-dire un épiphénomène. La plupart des psychologues russes comme Setchenov et Pavlov cherchaient davantage que Watson à expliquer la physiologie sous-jacente au comportement, particulièrement celle du cerveau. Avec le temps, Watson s'intéressa de moins en moins à la corrélation entre les stimuli et les réactions. Pour lui, le cerveau était une « boîte à mystère » qui rendait compte d'un comportement dont la cause réelle était inconnue. En d'autres termes, son approche pour étudier les organismes (y compris ceux des êtres humains) se rapprochait davantage de celle de Bechterev que de celle de Setchenov ou de Pavlov. En fait, les manières d'aborder le problème de Bechterev et de Watson étaient très proches l'une de l'autre, à la fois sur le plan méthodologique et philosophique.

Dans son article-manifeste de 1913 sur le béhaviorisme, Watson ne faisait aucune mention des travaux

des Russes et abordait très succinctement le comportement humain. Même si son premier livre (1914) traitait principalement du comportement animal, il n'y faisait encore là aucune référence aux psychologues russes. Finalement, c'est dans son discours en tant que président de l'APA, prononcé en 1915 (et publié en 1916 sous le titre *The Place of the Conditioned Reflex in Psychology*), qu'il suggéra la possibilité d'utiliser les travaux de Pavlov sur le réflexe conditionné autant pour le comportement des êtres humains que pour celui des animaux. Toutefois, jamais Watson n'accepta ni n'utilisa complètement les concepts de Pavlov dans ses propres recherches. Comme nous le verrons, il avait sa propre conception des notions de *stimulus*, de *réactions* et de processus d'apprentissage.

L'objectif de la psychologie Dans sa principale œuvre, *Psychology from the Standpoint of a Behaviorist* (1919), Watson élabora une psychologie complète fondée sur le rapport stimulus-réaction. Dans son article publié en 1913, il avait décrit l'objectif de la psychologie comme étant la prédiction et le contrôle du comportement. En 1919, il précisa sa pensée :

> S'il disposait de tous les faits et attendu qu'une société organisée décrète de manière spécifique la façon dont devrait se comporter un individu ou un groupe, le béhavioriste devrait être en mesure d'indiquer, après avoir observé un individu, quelle situation a causé son action (prédiction) et reproduire la situation ou le stimulus qui mène à cette action (contrôle). En d'autres termes, *Psychology from the Standpoint of a Behaviorist* s'intéresse à la prédiction et au contrôle de l'action humaine, et non à l'analyse de la « conscience ». (p. vii-ix [notre traduction])

Il ajouta :

> L'objectif de la psychologie est l'utilisation de données et de lois pour prédire, à partir d'un stimulus, une réaction, ou encore, à partir de la réaction, de spécifier la nature du stimulus. (1919, p. 10 [notre traduction])

Toutefois, Watson n'utilisait pas les mots *stimulus* et *réaction* dans un sens aussi étroit que celui des psychologues russes. Pour lui, un stimulus pouvait être une situation mésologique ou une quelconque condition interne de l'organisme. Il pouvait s'agir de tout ce qu'un organisme accomplit, ce qui incluait beaucoup de choses :

> La règle, ou l'étalon de mesure, qu'utilise le béhavioriste est la suivante : puis-je décrire partiellement le compor-

tement que j'observe en fonction «du stimulus et de la réaction »? Par stimulus, j'entends tout objet présent dans l'environnement ou tout changement dans les tissus eux-mêmes provoqué par la condition physiologique de l'animal, comme le changement obtenu en privant l'animal d'activité sexuelle, de nourriture ou en l'empêchant de construire son nid. Par réaction, j'entends tout ce que fait un animal, par exemple se tourner vers la lumière ou y faire dos, sursauter en entendant un son, mais aussi des activités humaines beaucoup plus élaborées comme la construction d'un gratte-ciel, la réalisation de plans, le fait d'avoir des enfants, d'écrire des livres et ainsi de suite. (J. B. Watson, 1924/1930, p. 6-7 [notre traduction])

La position de Watson fut injustement appelée «psychologie du mouvement », c'est-à-dire une psychologie s'intéressant uniquement aux réflexes spécifiques provoqués par des stimuli de même nature.

Les types de comportements et comment les étudier Pour Watson, il existait quatre types de comportements: le *comportement acquis explicite* (manifeste), comme le fait de parler, d'écrire ou de jouer au baseball; le *comportement acquis implicite* (caché) comme une accélération du rythme cardiaque causée par la vue de la fraise du dentiste; le *comportement inné explicite* comme le fait d'attraper quelque chose, de cligner des yeux ou d'éternuer; le *comportement inné implicite* comme la sécrétion glandulaire ou les variations circulatoires. Selon Watson, chaque geste fait par une personne, y compris la pensée, se classe dans l'une ou l'autre de ces catégories.

Pour l'étude du comportement, il proposait quatre méthodes: l'*observation* soit naturaliste, soit expérimentalement contrôlée; la *méthode du réflexe conditionné* proposée par Pavlov et Bechterev; le *testage*, c'est-à-dire, selon lui, la prise d'échantillons du comportement et *non* la mesure de sa «capacité» ou la «personnalité»; enfin, les *rapports verbaux* qu'il mettait sur un pied d'égalité avec les autres types de comportements manifestes. Il est donc évident que Watson *n'utilisait pas* le comportement verbal comme moyen d'étude de la conscience.

Le langage et la pensée L'aspect le plus controversé de la théorie de Watson concernait le langage et la pensée. Pour être cohérent avec sa vision béhavioriste, il avait ramené le langage et la pensée *uniquement* à une forme de comportement. «*Dire*, c'est faire, c'est-à-dire

se comporter. Parler à voix haute ou se parler à soi-même (penser) est un type de comportement tout aussi objectif que le fait de jouer au baseball» (1924/1930, p. 6 [notre traduction]).

Pour Watson, le langage ne posait aucun problème particulier; c'était tout simplement un type de comportement explicite. Il résolut le problème de la pensée en affirmant que celle-ci est un langage implicite ou subvocal. Étant donné que le langage est produit par des mouvements substantiels de la langue et du larynx, Watson supposait que de minuscules mouvements de ces deux organes accompagnaient la pensée. Watson (1924/1930) décrivait l'évolution du langage explicite vers le langage implicite (pensée) de la manière suivante:

> L'enfant parle de manière incessante lorsqu'il est seul. À trois ans, il planifie souvent sa journée à *voix haute*, comme je l'ai si souvent entendu faire en collant mon oreille contre le trou de la serrure de la porte de la chambre d'enfant. Un jour, la société, représentée par la gouvernante ou ses parents, lui dira: «Ne parle pas à voix haute. Papa et maman ne parlent pas comme ça.» Rapidement, le langage explicite se transformera en langage murmuré qu'une personne capable de lire sur les lèvres peut décoder pour comprendre ce que l'enfant pense du monde et de lui-même. Certains individus ne feront jamais cette concession à la société. Lorsqu'ils sont seuls, ils se parlent à eux-mêmes à voix haute. Pourtant, la plupart des gens ne vont jamais au-delà du chuchotement lorsqu'ils sont seuls. Observez les personnes assises dans un tramway; jetez un coup d'œil à travers le trou de la serrure lorsque des gens seuls sont assis et réfléchissent. La plupart d'entre eux passent à la troisième étape sous l'influence d'une pression constante. Ils utilisent sans cesse des phrases du genre «Cesse de marmonner» et «Essaie donc de lire sans bouger tes lèvres». C'est alors que le processus se voit contraint de se dérouler derrière les lèvres. Derrière cette muraille, on peut lancer les pires insultes à une brute tout en restant impassible. Vous pouvez dire à une femme à quel point elle est ennuyeuse et l'instant d'après, lui décrocher un sourire et lui exprimer verbalement le plus flatteur des compliments. (p. 240-241 [notre traduction])

Même si les données expérimentales confirmaient en partie l'affirmation de Watson à l'effet que la pensée consistait uniquement en langage subvocal (voir par exemple Jacobson, 1932), cette affirmation était loin de faire l'unanimité. La réaction de Robert Woodworth (1931) en fut un bon exemple:

> Je pourrais vous résumer en quelques mots les raisons qui m'amènent à rejeter l'équation «pensée = langage».

Une de ces raisons est que j'éprouve souvent de la difficulté à trouver le mot exact qui traduit une chose qui me trotte dans la tête. J'en suis fréquemment incapable, même avec un mot qui m'est familier. Une autre raison est l'impossibilité d'inverser l'équation pour dire que « langage = pensée ». On peut réciter un passage qui nous est familier sans avoir la moindre idée de ce qu'il signifie, tout en pensant à autre chose. En fait, la pensée s'apparente davantage à la vision que la manipulation. C'est voir un point, observer des relations. Les habitudes langagières de Watson qui tenaient lieu et place de manipulation ne montraient pas comment la pensée amène au-delà des habitudes précédentes. Pourquoi la combinaison de mots suivants : « Suppose que nous déplacions le piano à cet endroit » mène-t-elle à la continuation « Mais il surplombera la fenêtre ! » ? Ce ne serait qu'une habitude langagière ? Il doit y avoir autre chose qu'uniquement les mots et cette autre chose se résume à voir ce point. (p. 72 [notre traduction])

Le problème soulevé par la détermination de la nature de la pensée ainsi que de la relation entre la pensée et le comportement est aussi ancien que la psychologie elle-même et se pose avec toujours autant d'acuité aujourd'hui. Watson n'a pu résoudre ce problème, mais il ne fut pas le seul.

Le rôle des instincts dans le comportement   L'opinion de Watson relativement aux instincts évolua radicalement au fil des ans. En 1914, les instincts jouaient un rôle prédominant dans sa théorie. En 1919, il estimait que les instincts étaient présents chez les enfants, mais que les habitudes acquises les remplaçaient rapidement. En 1925, il rejetait complètement l'idée d'instincts chez les êtres humains, prétendant qu'il ne s'agissait que de simples réflexes comme l'éternuement, les larmes, l'élimination, la marche à quatre pattes, la succion et la respiration ; il n'existait donc aucun modèle de comportement appelé instinct. En 1926, il écrivait :

Dans cette liste relativement simple des réactions humaines, on ne retrouve rien qui corresponde à ce que les psychologues et les biologistes modernes appellent « instinct ». Donc, il n'y a pas d'instinct. Ce mot est devenu inutile en psychologie. Tout ce que nous avions l'habitude d'appeler « instinct » est aujourd'hui le résultat en grande partie de l'entraînement et relève du *comportement acquis*. (p. 1 [notre traduction])

Pour Watson, l'*expérience*, et non l'*hérédité*, font des gens ce qu'ils sont. Changer l'expérience, c'est changer la personnalité. La position de Watson (1926) mena à l'**environnementalisme radical**.

Je n'aurais aucune crainte à obtenir le meilleur des résultats en prenant charge de l'éducation d'un *bébé en santé et sans malformation* issu d'une longue lignée d'escrocs, de meurtriers, de voleurs et de prostitués. Quelqu'un peut-il prouver le contraire ? Beaucoup d'enfants qui naissent chaque année dans des foyers stables et d'une bonne moralité deviennent des voyous, des voleurs ou des prostitués en raison d'un travers ou l'autre dans leur éducation. Des milliers encore de filles et de garçons nés de mauvais parents deviennent mauvais eux aussi parce que rien dans leur environnement ne leur permet de grandir autrement. Or, si un seul enfant adopté de mauvaise ascendance tourne mal, il devient une preuve incontestable (*sic*) qu'il a hérité de tendances criminelles et de turpitude morale. (p. 9 [notre traduction])

Finalement, Watson énonça l'une des plus célèbres (ou tristement célèbres) affirmations de l'histoire de la psychologie (1926) :

Ce soir, j'irai même plus loin en affirmant ceci : « Donnez-moi une douzaine d'enfants en santé, sans malformation, laissez-les grandir dans l'environnement que j'aurai préparé pour eux et je vous garantis que je pourrai en choisir un au hasard et le former afin qu'il puisse devenir n'importe quel type de spécialiste — médecin, avocat, artiste, marchand et pourquoi pas aussi mendiant ou voleur — et ce, quels que soient ses talents, ses penchants, ses aptitudes, ses vocations, la race de ses ancêtres. » Je ne dispose pas présentement de faits pour appuyer mes dires, je l'admets volontiers, mais c'est aussi le cas de ceux qui prétendent le contraire, et ce, depuis des milliers d'années. J'ajoute que si on me laisse tenter l'expérience, je dois avoir la liberté de dire comment ils seront éduqués et dans quel environnement ils évolueront. (p. 10 [notre traduction])

Watson (1926) admettait l'existence de différences de *structure* susceptibles d'influencer les caractéristiques personnelles.

Il faut cependant admettre qu'il existe bien des différences héréditaires de forme et de structure. Certaines personnes naissent avec des doigts longs et fins et une structure de gorge délicate ; certaines sont de grande taille, de forte carrure et possèdent de grosses mains ; d'autres ont une peau et une couleur d'yeux délicates. Ces différences se trouvent dans le plasma germinatif et sont transmises de parents à enfants [...] Or, ne laissons pas ces faits liés à l'hérédité nous égarer comme l'ont été certains biologistes. La simple présence de ces structures n'indique rien quant à leur fonction [...] Notre structure héréditaire est prête à évoluer de milliers de façons différentes selon la manière dont l'enfant est éduqué. (p. 4 [notre traduction])

Watson (1926) donnait l'exemple suivant sur l'interaction entre la structure et l'expérience pour produire des modèles de comportement spécifiques :

> Le béhavioriste n'affirmera pas : « Il a hérité de l'aptitude ou du talent de son père pour être un escrimeur doué. » Il dira plutôt : « Cet enfant possède sans nul doute la sveltesse de son père et une vision du même type. Sa carrure est merveilleusement semblable à celle de son père, une carrure d'escrimeur. » Et il ajoutera : « Son père est très fier de lui. Il a placé une petite épée dans sa main lorsqu'il était âgé de un an et quand ils faisaient une promenade ensemble, il lui parlait sans cesse de coups d'épée, d'attaque et de défense, des règles du duel et ainsi de suite. » Un certain type de structure, doublé d'un entraînement précoce, explique la performance à l'âge adulte. (p. 2 [notre traduction])

Les émotions Watson était d'avis qu'en plus de la structure et des réflexes de base, les êtres humains héritent des émotions de peur, de rage et d'amour. Chez les enfants, la peur est déclenchée par des bruits retentissants et la perte d'encadrement (comme dans une chute par exemple), la rage par une restriction de la liberté de mouvement, l'amour par les caresses et les câlins. Avec l'apprentissage, ces émotions en viennent à être provoquées par des stimuli autres que ceux qui leur avaient donné naissance au départ. De plus, toutes les émotions adultes comme la haine, la fierté, la jalousie et la honte dérivent de la peur, de la rage et de l'amour.

Pour Watson, chaque émotion de base possède des caractéristiques de réactions viscérales ou glandulaires déclenchées par un stimulus approprié. De plus, on peut associer à chacune tout un ensemble de réactions. Pour la peur, il y a le souffle court, le serrement des poings, la fermeture des paupières et les larmes. Pour la crainte, il y a le raidissement du corps et les mouvements brusques et saccadés. Pour l'amour, il y a le sourire, le rire et l'extension des bras. Selon Watson, ces trois aspects importants sont des stimuli qui mènent aux émotions, aux réactions internes et aux réactions externes. Les sentiments et les sensations n'ont aucune importance.

L'expérience réalisée avec Albert Pour montrer comment les émotions peuvent être provoquées par des stimuli autres que ceux qui leur ont donné naissance initialement, Watson et Rosalie Rayner effectuèrent en 1920 une expérience avec un bébé de 11 mois prénommé Albert. Ils lui présentèrent un rat blanc devant lequel il n'exprima aucune peur. En fait, il tendit même la main pour essayer de le toucher. Lorsqu'Albert toucha le rat, on donna un coup de marteau sur une barre de fer placée derrière lui. Le bruit soudain et retentissant le fit sursauter et tomber à la renverse. Ensuite, on lui présenta le rat une deuxième fois et au moment où il s'apprêtait à le toucher, on frappa de nouveau sur la barre de fer derrière lui. Encore une fois, Albert sursauta et cette fois, il se mit à pleurer. Pour ne pas le perturber davantage, on repoussa la suite de l'expérience d'une semaine. Une semaine plus tard, lorsqu'on lui présenta de nouveau le rat, Albert manifesta moins d'enthousiasme et chercha à garder ses distances. À cinq reprises, Watson et Rayner placèrent le rat près d'Albert et frappèrent sur la barre de fer ; et Albert, qui avait au début été attiré par le rat, en avait maintenant peur :

> Dès qu'on lui présenta le rat, le bébé commença à pleurer. Presque instantanément, il se retourna brusquement vers la gauche, tomba à la renverse, se mit à quatre pattes et commença à ramper avec difficulté vers le bord de la table. (Watson et Rayner, 1920, p. 5 [notre traduction])

Cinq jours plus tard, Watson et Rayner découvrirent que sa peur du rat était aussi intense qu'elle l'avait été à la fin de l'expérience et qu'elle s'était même manifestée en présence d'autres objets en fourrure comme les

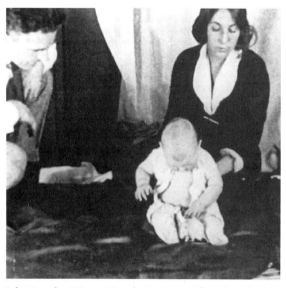

John Broadus Watson, Rosalie Rayner et Albert (avec le rat).

lapins, les chiens, les manteaux de fourrure ou la barbe d'un masque de père Noël. Avec cette expérience, Watson et Rayner montraient clairement qu'il est possible de modifier un stimulus causant des réactions émotionnelles. Ils estimaient que toutes les réactions émotionnelles adultes s'acquièrent grâce à un mécanisme identique à celui de l'expérience réalisée avec Albert : la contiguïté.

Même s'ils connaissaient l'origine des peurs d'Albert, Watson et Rayner (1920) se demandèrent comment les freudiens les interpréteraient plus tard dans sa vie :

> Dans 20 ans, les freudiens, à moins que leur hypothèse ne change au moment d'analyser la peur que provoquent les manteaux de fourrure chez Albert et en supposant qu'il se soumette à une telle analyse à cet âge, soutireront probablement de lui le récit d'un rêve qui montrera après analyse qu'à l'âge de 3 ans, il essaya de jouer avec les poils pubiens de sa mère et subit une violente rebuffade [...] Si l'analyse l'avait suffisamment préparé à accepter qu'un tel rêve explique ses tendances à éviter la fourrure, et si l'analyste possédait la personnalité et l'autorité requises pour s'imposer, Albert pourrait être fermement convaincu que ce rêve était un véritable révélateur des facteurs à l'origine de cette peur. (p. 14 [notre traduction])

Même si Watson se montrait généralement critique envers la psychanalyse, ses analyses contribuèrent à la popularisation des idées psychanalytiques et il fit œuvre de pionnier dans l'effort visant à évaluer scientifiquement les concepts psychanalytiques (Rilling, 2000). Comme nous le verrons, il appréciait le fait que Freud avait contribué à lever le voile du secret sur les questions d'ordre sexuel.

Watson et Rayner découvrirent que la peur du rat était toujours présente chez Albert un mois après l'expérience. Ils tentèrent de dissiper cette peur, mais n'eurent pas le temps d'y parvenir, car il quitta l'hôpital où il se trouvait. On confia à Mary Cover Jones (1896-1987) la tâche de démontrer, sous la supervision de Watson, que la peur d'un enfant pouvait être éliminée de manière systématique. Watson estimait que les recherches effectuées précédemment avec Albert avaient montré le mécanisme de la peur chez l'enfant et il était fermement convaincu de l'inutilité de faire de plus amples recherches à ce sujet. À l'inverse, il voulait trouver un enfant ayant déjà développé une peur pour tenter d'éliminer celle-ci. Les chercheurs en trouvèrent

Mary Cover Jones

effectivement un, un petit garçon âgé de trois ans, prénommé Peter, qui avait une peur bleue des rats blancs, des lapins, des manteaux de fourrure, des grenouilles, des poissons et des jouets mécaniques.

Peter et le lapin   Watson et Jones essayèrent d'abord de présenter à Peter d'autres enfants qui jouaient sans crainte avec les objets qui l'effrayaient et notèrent une certaine amélioration. (Cette technique est appelée *modelage* et est employée aujourd'hui par le psychologue canadien Albert Bandura et son équipe.) À cette étape de l'expérience, Peter contracta la scarlatine et dut être hospitalisé. Après sa convalescence, lui et sa gouvernante furent attaqués par un chien alors qu'ils marchaient sur le chemin entre l'hôpital et la maison et toutes ses peurs réapparurent avec une force décuplée. Watson et Jones décidèrent alors de procéder à un contre-conditionnement. Peter prenait ses repas dans une pièce de 12 mètres de long. Un jour qu'il était à table devant son déjeuner, un lapin enfermé dans une cage fut placé à sa vue, mais suffisamment loin de lui pour ne pas le perturber. Les chercheurs firent une marque sur le plancher à l'endroit où ils avaient placé le lapin. Chaque jour, ils rapprochèrent peu à peu le lapin de Peter jusqu'au moment où ils le placèrent à côté de lui pendant qu'il mangeait. Finalement, Peter fut capable de manger d'une main, tout en caressant le lapin de l'autre. Les résultats se généralisèrent et la plupart des autres peurs de Peter furent éliminées ou réduites. Ce cas est l'un des premiers exemples de ce qui est devenue aujourd'hui la **thérapie béhavioriste**. Jones publia, en 1924, une première version des résultats de la recherche avec Peter et en 1974, une nouvelle version plus détaillée.

L'éducation des enfants   Watson, qui était un écrivain et un conférencier extrêmement populaire, aborda divers domaines, mais son sujet de prédilection, et celui qu'il considérait comme le plus important, était les enfants. Incapable de poursuivre ses recherches en laboratoire après avoir été contraint de quitter le milieu de la psychologie, il décida de diffuser ses idées sur les enfants auprès du grand public en écrivant, avec l'aide de sa femme Rosalie Rayner Watson, *Psychological Care of Infant and Child* (1928), un livre dédié « à la première femme à éduquer un enfant heureux ». Le livre fut extrêmement populaire (des ventes de 100 000 copies en quelques mois) et sous divers aspects, les idées de Watson eurent, dans les années 1920 et 1930, un impact équivalent à celles du Dr Spock dans les années d'après-guerre. Le conseil des époux Watson (1928) était de traiter les enfants comme de véritables adultes :

> Ne les prenez pas dans vos bras, ne les laissez pas s'asseoir sur vos genoux. Si vous devez les embrasser, embrassez-les sur le front lorsque vous leur souhaitez bonne nuit. Serrez-leur la main pour leur dire bonjour. Passez votre main dans leurs cheveux s'ils réussissent une tâche difficile. Essayez cette méthode. En une semaine, vous verrez à quel point il est facile d'être parfaitement objectif avec votre enfant tout en faisant preuve de gentillesse. Vous aurez honte du sentimentalisme exagéré dont vous aviez fait preuve auparavant. (p. 81-82 [notre traduction])

Les époux Watson ajoutaient même : « Lorsque j'entends une mère dire "Bénissez son petit cœur" lorsque son enfant se fait mal en tombant, se cogne l'orteil ou souffre d'une maladie quelconque, je dois habituellement aller prendre l'air pour relâcher la vapeur » (1928, p. 82 [notre traduction]).

Finalement, toujours dans le même ouvrage, ils donnaient l'avertissement suivant :

> En conclusion, lorsque vous aurez envie de couver votre enfant, n'oubliez pas que l'amour maternel est un instrument dangereux. Un instrument capable d'infliger une blessure qui ne guérit jamais, une blessure qui peut rendre l'enfance malheureuse et l'adolescence cauchemardesque, un instrument qui peut gâcher l'avenir de votre garçon ou de votre fille et sa chance de connaître un mariage heureux. (p. 87 [notre traduction])

On peut présumer que ce livre sur l'éducation des enfants reflétait davantage les idées de John que celles de Rosalie. Dans un article publié en 1930 et intitulé : « I Am the Mother of a Behaviorist's Sons », Rosalie Rayner Watson écrivait :

> À maints égards, je m'incline devant la grande sagesse de la science du béhaviorisme et sous d'autres aspects, je me rebelle contre elle […] Je souhaite secrètement que sur le plan de l'affection, ils (les enfants), manifesteront un peu de tendresse une fois adultes et que la poésie, la tragédie de la vie et le romantisme leur feront verser une larme […] J'aime rire, être joyeuse, être gaie. Les béhavioristes considèrent le rire comme un signe de déséquilibre. (Boakes, 1984, p. 227 [notre traduction])

En 1935, Rosalie Rayner Watson décéda subitement des suites d'une pneumonie à l'âge de 35 ans. Watson en fut anéanti et « se coupa définitivement de toute vie sociale » (Buckley, 1989, p. 180 [notre traduction]).

La période qui suivit le décès de Rosalie fut également difficile pour les enfants Watson. Le soutien émotionnel que Rosalie apportait à la famille n'était plus là. James, le benjamin, conserva le souvenir d'un père brillant, charmant et réfléchi, mais froid sur le plan émotif. Il disait de son père qu'il était « incapable d'exprimer et de vivre avec ses propres émotions et déterminé, selon moi, à priver mon frère et moi de tout soutien émotionnel » (Hannush, 1987, p. 138 [notre traduction]).

En dépit de ses périodes dépressives, James compléta des études en psychologie industrielle et devint un gestionnaire compétent. La situation fut moins rose pour son frère aîné Billy. À l'adolescence, sa relation avec son père fut caractérisée par le mépris. Le fossé se creusa après la fin de ses études. Billy voulait devenir psychiatre, ce que Watson considéra comme une « gifle au visage ». Ils en arrivèrent à établir une paix relative, mais le conflit entre les deux ne fut jamais entièrement résolu. D'ailleurs, même si Billy se suicida des années plus tard (Buckley, 1989, p. 181), il faut toutefois s'abstenir de sauter aux conclusions. Son frère, James, reconnaissait qu'il y avait beaucoup de gens dépressifs qui n'avaient pas été éduqués selon les principes béhavioristes (Hannush, 1987, p. 139).

L'éducation sexuelle Watson en avait également long à dire sur l'éducation sexuelle aux enfants et préconisait une information directe et franche en la matière ; il exprimait souvent sa gratitude envers Freud pour avoir brisé les mythes et les tabous entourant le sexe. Nul autre que Bertrand Russell fit l'analyse critique du livre de Watson sur l'éducation des enfants. Même si celui-ci croyait que l'insistance de Watson au sujet de l'environnement était exagérée et qu'il était allé un peu trop loin dans l'interdiction des câlins et des baisers, il louangea l'ouvrage. Cependant, le point de vue libéral de Watson n'impressionna guère la plupart des psychologues de l'époque.

> Russell admirait l'honnêteté face à l'éducation sexuelle préconisée par Watson. Ce dernier reprenait également l'argument de Platon sur le fait qu'il était préférable que les parents et les enfants ne se connaissent pas. Même si pareille idée risquait de choquer le public américain, Russell croyait qu'elle valait la peine d'être débattue. Il conclut en disant que Watson était celui qui, depuis Aristote, avait apporté la contribution la plus substantielle à notre connaissance de nous-mêmes, un immense compliment de la part d'un homme considéré comme l'un des plus grands esprits de son temps ! Toutefois, ces louanges n'impressionnèrent guère les psychologues qui se plaignaient du fait que Watson s'était discrédité lui-même, ce qui était prévisible, mais qu'il avait également discrédité leur science, ce qui était déplorable. (Cohen, 1979, p. 218 [notre traduction])

Le béhaviorisme et l'amélioration de la vie Comme les fonctionnalistes et la plupart des autres béhavioristes qui l'ont suivi, Watson était convaincu que la psychologie devait trouver une utilité dans la vie de tous les jours ; c'est pourquoi il appliqua souvent les théories de son béhaviorisme à lui-même et à ses enfants. Selon lui (1924/1930, éd. fr. 1972), le béhaviorisme, malgré ses lacunes, pouvait améliorer la vie davantage que les croyances traditionnelles :

> Le béhaviorisme doit être une science qui prépare les hommes et les femmes à comprendre les principes de leur propre comportement. Il doit rendre les hommes et les femmes désireux de transformer leur propre vie, et de se préparer à élever leurs enfants d'une manière plus saine. Je voudrais vous montrer quel merveilleux individu

vous pourriez faire de tout enfant sain, si seulement vous pouviez le laisser se former lui-même correctement et lui donner un monde dans lequel il puisse exercer cette organisation—un monde débarrassé du folklore légendaire vieux de plusieurs milliers d'années, débarrassé de l'histoire politique déshonorante, libéré des stupides coutumes et conventions qui n'ont aucune signification par elles-mêmes, mais qui enserrent l'individu dans un étau d'acier. (éd. fr. 1972)

L'apprentissage Même si Watson fut très impressionné par les premières recherches de Thorndike sur les animaux, il jugeait sa loi de l'effet inutilement mentaliste. Après tout, en quoi consistait un « état de la situation satisfaisant » sinon en une émotion ou un état de conscience ? Pour Watson, ce qui importait à propos du conditionnement était ce qui causait l'association dans le temps, c'est-à-dire la cause de la contiguïté. L'emploi du concept de renforcement était inutile. En remplacement de la loi de l'effet de Thorndike, Watson proposait une explication de l'apprentissage selon des principes anciens de contiguïté et de fréquence. En d'autres termes, son explication s'apparentait davantage à celle de Pavlov et de Bechterev qu'à celle de Thorndike.

Watson observa qu'en situation d'apprentissage, un essai se termine souvent au moment où l'animal réagit correctement. Cela signifie que la réaction correcte tend à se produire plus fréquemment que les réactions incorrectes et que plus une réaction se répète, plus la probabilité qu'elle se reproduise est élevée (selon la loi de la fréquence). Cela signifie également que la réaction finale d'un organisme en situation d'apprentissage sera celle que celui-ci aura tendance à répéter lorsqu'il se retrouvera de nouveau dans la même situation ; Watson appelait ce phénomène la **loi de récence**. Dans une situation de conditionnement classique, le stimulus conditionné (SC) et le stimulus inconditionné (SI) deviennent associés (provoquant la même réaction) simplement parce qu'ils se produisent au même moment (loi de la contiguïté). Selon Watson, l'apprentissage résulte de la structure mécanique des stimuli et des réactions ; son explication ne comportait aucun type d'« effet ».

Le problème de la relation du corps et de l'esprit
À l'époque où Watson commença à formuler sa théorie, il existait déjà quatre visions de la relation du corps et de l'esprit. La première était la vision *interactionniste* de

Descartes que William James reprit à son compte à l'occasion. Selon cette vision, l'esprit influence le corps, toute comme le corps influence l'esprit. En d'autres termes, le corps et l'esprit sont en interaction. La deuxième vision était celle du *parallélisme psycho-physique* selon lequel les événements corporels sont parallèles, sans interaction entre eux. Dans une troisième vision, l'*épiphénoménisme*, les événements mentaux sont les sous-produits d'événements corporels, mais non les causes du comportement. Les événements corporels mènent aux événements mentaux, et non l'inverse. À l'époque de Watson, l'épiphénoménisme était la vision la plus communément admise au sujet de la relation du corps et de l'esprit. Une quatrième et dernière vision, appelée *monisme physique* (matérialisme) comportait la négation totale des événements mentaux (conscience). Dans ses premiers écrits, Watson (1913) acceptait la conscience en tant qu'épiphénomène.

> Ne restera-t-il en psychologie qu'un monde de psychisme pur pour utiliser l'expression de Yerkes? Je l'ignore. L'approche que je privilégie en la matière mène pratiquement à ignorer la conscience au sens où ce mot est utilisé par les psychologues aujourd'hui. Pour moi, le domaine du psychisme n'est pas propice à l'investigation expérimentale. Je n'irai pas plus loin dans l'explication de ce problème, car cela nous replonge invariablement dans la métaphysique. Si vous accordez aux béhavioristes le droit d'utiliser la conscience de la même manière que les autres scientifiques — c'est-à-dire sans observer la conscience de manière particulière —, il ne m'en faut pas plus pour soutenir ma thèse. (p. 174 [notre traduction])

Par la suite, dans le débat qui l'opposa à McDougall (présenté un peu plus loin), Watson adoptait la position moniste physique. La conscience, disait-il, « n'a jamais été touchée, sentie, goûtée ou déplacée. C'est une simple supposition, tout aussi improuvable que le vieux concept d'âme » (Watson et McDougall, 1929, p. 14 [notre traduction]). Watson parvint à « résoudre » le problème de la relation du corps et de l'esprit en niant tout simplement l'existence de ce dernier. Selon lui, le fonctionnalisme représentait une tentative timide et peu convaincante d'être une science. Or, toute approche en psychologie qui accepte l'étude de la conscience en tant que telle ne pouvait être une science : « Il est important de comprendre l'ampleur du rejet du concept de conscience [par Watson]. C'était la même chose pour tout ce qui touchait les processus

mentaux, la conscience, l'âme et les fantômes, c'est-à-dire qu'ils n'étaient d'aucune utilité scientifique » (Heidbreder, 1933, p. 235 [notre traduction]).

L'influence de Watson

Comme l'a montré Samelson (1981), le béhaviorisme de Watson finit par être reconnu, même si cela demanda plusieurs années. Le rayonnement de cette école théorique eut deux conséquences à long terme. Premièrement, elle changea l'objectif principal de la psychologie qui passa de la description et de l'explication des états de la conscience à la prédiction et au contrôle du comportement. Deuxièmement, elle fit du comportement manifeste l'objet d'étude presque exclusif de la psychologie. Sur ces questions, l'influence de Watson fut si grande qu'aujourd'hui, la plupart des psychologues peuvent être considérés comme des béhavioristes :

> Certains éléments du béhaviorisme sont actuellement intégrés à un point tel dans la pratique qu'ils sont devenus des normes en matière de psychologie expérimentale. Aujourd'hui, tous les psychologues modernes limitent les *preuves* au comportement observable, tentent de présenter les stimuli et les réactions avec le plus de précisions possible, font preuve de scepticisme face aux théories qui résistent à l'expérimentation empirique et refusent de considérer des rapports subjectifs s'ils ne sont pas étayés comme des preuves scientifiques. Sur ces points, nous sommes tous des béhavioristes. (Baars, 1986, p. viii-ix [notre traduction])

Il existe toutefois différents types de béhavioristes. Les psychologues qui, comme Watson, nient l'existence de phénomènes mentaux ou prétendent que de tels phénomènes, s'ils existent, peuvent et doivent être ignorés, sont de l'école du **béhaviorisme radical**. D'une manière plus générale, les disciples du béhaviorisme radical croient que le comportement ne peut être expliqué à l'aide d'événements internes inobservables. Tout ce qui peut être observé directement se limite aux événements environnementaux et au comportement manifeste ; par conséquent, seuls ces événements peuvent être l'objet d'une analyse scientifique du comportement. Toutefois, après Watson, peu de psychologues adoptèrent une position aussi radicale. Beaucoup d'entre eux, même s'ils admettent que l'objet principal de la psychologie devrait être le comportement manifeste, ne nient pas l'importance des événements cognitifs ou physiologiques inobservables dans leurs analyses du comportement. Pour eux, ce dernier sert à *classifier* les événements cognitifs ou physiologiques que l'on soupçonne se produire à l'intérieur de l'organisme. Ces psychologues sont de l'école du **béhaviorisme méthodologique**, le second courant du béhaviorisme. Celui-ci n'a aucune réticence à postuler des événements cognitifs ou physiologiques, mais insiste sur le fait que de tels événements doivent être validés par l'étude de leurs manifestations dans le comportement observable. Même si le béhaviorisme méthodologique est beaucoup plus populaire dans la psychologie contemporaine que sa version radicale, cette dernière est encore bien vivante.

Bien que Watson aurait probablement apprécié de voir l'amplitude de son influence sur la psychologie contemporaine, il serait désappointé de constater que sa tentative de débarrasser la psychologie de la notion de conscience a clairement échoué. Aujourd'hui, il n'y a jamais eu autant de psychologues qui étudient précisément ce processus cognitif que Watson ignora, déplora ou nia.

En 1957, l'APA accorda à Watson l'une de ses prestigieuses médailles d'or en reconnaissance de ses contributions significatives à la psychologie. Watson se sentit très honoré de cette marque de reconnaissance, mais ne put recevoir son prix en personne en raison de problèmes de santé : c'est son fils Billy qui l'accepta en son nom. Watson s'éteignit à New York le 25 septembre 1958 à l'âge de 80 ans. Passant en revue les accomplissements de Watson, l'influent philosophe des sciences Gustav Bergmann écrivit qu'avec Freud, Watson était « la figure la plus importante de l'histoire de la psychologie de la première moitié du XXᵉ siècle » (1956, p. 265 [notre traduction]).

Même si les théories de Watson allaient devenir extrêmement populaires, plusieurs psychologues de premier plan s'opposèrent à lui. Un de ses adversaires les plus coriaces fut William McDougall.

William McDougall : un autre type de béhaviorisme

William McDougall (1871-1938) naquit un 22 juin à Chadderton dans le Lancashire, en Angleterre, où son père possédait une usine de produits chimiques. Éduqué dans des écoles privées britanniques et allemandes,

William McDougall

McDougall fut admis à l'université de Manchester alors qu'il était seulement âgé de 15 ans. Quatre années plus tard, il commençait sa formation en médecine à Cambridge et obtint finalement son diplôme de l'hôpital St. Thomas de Londres en 1897, à l'âge de 26 ans. Après un voyage en Extrême-Orient, il fit un séjour à l'université de Göttingen en Allemagne pour y étudier la psychologie expérimentale avec le célèbre psychologue allemand Georg Elias Müller (1850-1934). Toutefois, c'est la lecture des travaux de William James qui l'amena à s'intéresser à la psychologie ; d'ailleurs, il se considéra pendant toute sa carrière comme un disciple de James. À son retour d'Allemagne, il accepta un poste au Collège universitaire de Londres pour y enseigner la psychologie expérimentale. Il y joua un rôle clé dans la création de la British Psychological Society et du *British Journal of Psychology*. Il poursuivit ensuite sa carrière à l'université d'Oxford en 1904 et y demeura jusqu'à la Première Guerre mondiale. Pendant la guerre, il servit avec le grade de major et fut responsable du traitement des soldats souffrant de problèmes mentaux. Une fois la paix revenue, il fut psychanalysé par Carl Jung.

En 1920, il accepta une invitation de l'université Harvard pour devenir le doyen de la faculté de psychologie, poste occupé avant lui par William James et Hugo Münsterberg. En fait, même s'il succéda à ce dernier, il se considérait avant tout comme l'héritier de James à qui il dédia son livre *Outline of Psychology* (1923). McDougall resta à Harvard jusqu'à sa démission en 1926. L'année suivante, il s'installa à l'université Duke en Caroline du Nord où il demeura jusqu'à sa mort en 1938. Au cours de sa vie, il écrivit 24 livres et plus de 160 articles.

Huit ans après son arrivée aux États-Unis, il se sentait toujours comme un étranger incompris. Il n'était guère apprécié de ses étudiants, de ses collègues et des médias. Cette situation s'expliquait en partie par le fait que ses efforts pour promouvoir une psychologie davantage axée sur l'instinct étaient à contre-courant de la tendance grandissante opposée à celui-ci, qui régnait au sein de la psychologie américaine. Parmi les autres facteurs qui expliquent le triste sort réservé à McDougall, on retrouve : le sentiment anti-britannique qui avait cours aux États-Unis pendant les années 1920 ; sa tentative de confirmer la théorie du chevalier de Lamarck sur les caractéristiques acquises alors qu'elle avait déjà été discréditée ; sa défense du point de vue vitaliste selon lequel le comportement est causé en réalité par une force ou une énergie qui ne sont pas de nature physique ; son exploration des phénomènes paranormaux comme la télépathie et la clairvoyance ; son tempérament querelleur. R. A. Jones (1987) présente les problèmes qu'il éprouva aux États-Unis, en particulier avec la presse. Innis (2003) utilise les travaux de recherche, la psychologie intentionnelle et la personnalité de McDougall pour expliquer pourquoi la vie de celui-ci fut qualifiée de « tragédie majeure ».

La définition de la psychologie selon McDougall

Malgré le fait que McDougall consacra beaucoup de temps à s'opposer aux théories de Watson, il fut néanmoins l'un des premiers à redéfinir la psychologie comme la *science du comportement*. Par exemple, en 1905, il affirma : « La définition la meilleure et la plus complète de la psychologie est qu'elle est la science du comportement des créatures vivantes » (p. 1 [notre traduction]). Dans son livre à succès, *An Introduction to Social Psychology* (1908), il précisa sa pensée :

Les psychologues ne doivent pas se satisfaire d'une conception stérile et étroite de leur domaine comme étant une science de la conscience et doivent proclamer haut et fort qu'elle est la science affirmative de l'esprit dans tous ses aspects et modes de fonctionnement, ou comme nous préférons le dire, qu'elle est la science affirmative de la conduite ou du comportement. La psychologie ne doit pas se considérer uniquement comme une description introspective du courant de conscience ; en fait, cette description n'est que la partie préliminaire de son champ d'action. Une telle psychologie introspective, une telle « psychologie pure » ne peut jamais constituer en soi une science, ou s'élever à tout le moins au niveau de science explicative ; elle ne peut avoir de grande valeur pour les sciences sociales. Ces dernières ont besoin d'une psychologie comparative et physiologique qui repose principalement sur des méthodes objectives et sur l'observation du comportement de toutes les variétés d'êtres humains et d'animaux dans toutes les conditions de santé et de maladie possibles [...] Heureusement, cette conception plus généreuse de la psychologie commence à prévaloir. (p. 15 [notre traduction])

À peu près au moment même où Watson faisait sa première déclaration publique sur le béhaviorisme, McDougall remettait en question la valeur de l'introspection et préconisait une étude objective du comportement à la fois des êtres humains et des animaux. Toutefois, contrairement à Watson, McDougall ne niait pas l'importance des phénomènes mentaux. Il croyait possible d'analyser objectivement de tels phénomènes en observant leur influence sur le comportement. Selon la distinction faite précédemment entre le béhaviorisme radical et le béhaviorisme méthodologique, McDougall adhérait aux idées de la seconde école.

Le comportement intentionnel

Le type de comportement examiné par McDougall était très différent du comportement réflexe étudié par les Russes et, d'une manière plus générale, par Watson. McDougall (1923) s'intéressa au comportement intentionnel qui différait du comportement réflexe sur les points suivants.

- Le comportement intentionnel est spontané. Contrairement au comportement réflexe, il n'a pas besoin d'être provoqué par un stimulus connu.

- En l'absence de stimulation mésologique, il persiste pendant une période relativement longue.

- Le comportement intentionnel varie. Même si celui-ci vise à demeurer constant, le comportement auquel on a recours pour atteindre un objectif peut varier. En cas d'obstacle, une solution de rechange est utilisée pour atteindre l'objectif.

- Le comportement intentionnel prend fin une fois l'objectif atteint.

- Le comportement intentionnel devient plus efficace avec la répétition. Les aspects inutiles du comportement sont graduellement éliminés. Le comportement d'essais et d'erreurs est intentionnel et non réflexe.

Pour McDougall, le comportement est davantage conditionné et stimulé par une motivation instinctive que par des phénomènes environnementaux. Selon lui, un béhavioriste qui ignore la nature intentionnelle du comportement néglige son aspect le plus important. McDougall appelait sa position théorique **psychologie hormique** (du mot grec *hormê* qui signifie « impulsion »).

L'importance des instincts

Comme nous l'avons vu, selon McDougall, le comportement intentionnel n'était pas stimulé par l'environnement, mais plutôt par l'énergie instinctive. Cette fois dans l'instinct était au cœur de sa théorie et il le définissait ainsi (1908) :

> Une disposition psychophysique héréditaire ou innée qui permet à son détenteur de percevoir les objets d'une même catégorie et de leur prêter attention, de ressentir une sensation émotive d'une qualité particulière au moment de la perception d'un tel objet et d'agir en conséquence ou à tout le moins de ressentir une impulsion en ce sens. (p. 29 [notre traduction])

Selon lui, tous les organismes, y compris les êtres humains, naissent avec des instincts offrant la motivation nécessaire pour agir de diverses manières. Chaque instinct comporte trois éléments.

- *La perception.* Lorsqu'un instinct est actif, la personne sera attentive au stimulus lié à sa satisfaction. Par exemple, une personne affamée sera attentive aux événements liés à la consommation de nourriture dans son environnement.

- *Le comportement.* Lorsqu'un instinct est actif, la personne tentera de faire les gestes qui mènent à sa satisfaction. Elle adoptera un comportement conditionné ou intentionnel jusqu'au moment d'obtenir satisfaction.

- *L'émotion.* Lorsqu'un instinct est actif, la personne réagira aux événements mésologiques avec des émotions correspondantes, liées à la satisfaction ou à la non-satisfaction dudit instinct. Par exemple, une personne qui a faim réagira à la nourriture ou à des événements liés à la consommation de nourriture (par exemple, l'odeur de cette dernière) avec des émotions positives (comme une sensation de joie) et aux événements qui empêchent la satisfaction (comme ne pas avoir d'argent) avec des émotions négatives (tristesse).

Si McDougall considérait les instincts comme les motivations ultimes, il estimait qu'ils opéraient rarement, sinon jamais, de manière isolée. Plus exactement, il croyait qu'un phénomène environnemental ou une simple pensée tend à provoquer plusieurs tendances instinctuelles. Par exemple, dans un couple, un des conjoints peut provoquer simultanément les instincts parental, d'accouplement ou de revendication. D'autres configurations d'instinct peuvent être provoquées par des idées liées au pays, au moi ou au travail. Lorsque deux instincts ou plus s'associent avec un objet ou une pensée, on parle alors de **sentiment**. Selon McDougall, l'ensemble du comportement humain est gouverné par les sentiments, ou configurations de tendances instinctuelles. Il abondait dans le même sens que Freud lorsque celui-ci affirmait qu'en bout de ligne, le comportement humain, quelle que soit sa complexité, est d'abord et avant tout instinctif.

McDougall (1908) était conscient d'un danger majeur lié à l'explication du comportement en fonction des instincts : la tendance à postuler un instinct pour chaque type de comportement, puis de prétendre que cet instinct explique le comportement :

> Postuler trop rapidement qu'il existe une quantité infinie et variée d'instincts humains est un moyen facile et superficiel de résoudre des problèmes psychologiques, mais c'est une erreur moins grave et moins sérieuse que celle qui consiste à ignorer tous les instincts. (p. 88 [notre traduction])

De la même façon, « l'attribution à l'instinct des actions des animaux […] est un exemple frappant du pouvoir des mots de masquer notre ignorance et de nous la cacher à nous-mêmes » (1912, p. 138 [notre traduction]). Même si la liste des instincts de McDougall varia avec les années, voici celle qu'il proposa dans son ouvrage intitulé *Outline of Psychology* (1923, p. 324) :

Instinct	Émotion liée à l'instinct
Fuite	Peur
Combat	Colère
Répulsion	Dégoût
Parental (protecteur)	Amour et tendresse
Appel (à l'aide)	Détresse, sentiment d'impuissance
Accouplement	Désir
Curiosité	Sentiment de mystère, d'étrangeté ou d'inconnu
Soumission	Sentiment de soumission, d'infériorité, de dévotion, d'humilité ; mauvaise opinion de soi
Revendication	Sentiment d'allégresse, de supériorité, de maîtrise, de fierté ; bonne opinion de soi
Grégarisme	Sentiment de solitude, d'isolement ou de nostalgie
Recherche de nourriture	Appétit ou envie
Amassement	Sentiment de propriété
Construction	Sentiment de créativité, de réalisation ou de productivité
Rire	Amusement, décontraction, relaxation

La bataille du béhaviorisme

On se retrouve donc avec deux psychologues de renom qui avaient adopté des points de vue diamétralement opposés. D'un côté, McDougall affirmait que ce sont les instincts qui motivent tous les comportements des êtres vivants, y compris ceux des êtres humains. De l'autre, Watson proclamait que les instincts n'existent pas chez les êtres humains et que les psychologues ne devraient plus utiliser le mot *instinct*. Une autre différence majeure entre Watson et McDougall portait sur leur vision du processus d'apprentissage. Comme nous l'avons vu, Watson rejetait l'importance du renforcement dans l'apprentissage, affirmant que ce dernier était explicable en fonction des principes associatifs de contiguïté, de fréquence et de récence. Tandis que pour McDougall, les habitudes de pensée et de comportement servaient les instincts, c'est-à-dire qu'elles apparaissaient en réaction à ces derniers. McDougall croyait

que le renforcement sous la forme d'une réduction du besoin était un aspect important du processus d'apprentissage.

Le moment était venu d'un débat sur la place publique entre McDougall et Watson et c'est exactement ce qui se produisit. Le 5 février 1924, ils s'affrontèrent au Psychological Club de Washington devant un auditoire de plus de 300 personnes. En 1929, Watson et McDougall publièrent le résultat de leur joute verbale sous le titre de *The Battle of Behaviorism*. Voici de courts extraits de ce débat au cours duquel Watson déclara :

> Celui qui présenterait la conscience comme un épiphénomène ou comme une force active présente dans les processus physiques ou chimiques du corps s'appuierait sur des apprentissages spiritualistes ou vitalistes. Le béhavioriste ne trouvera pas la conscience dans une éprouvette. Il ne trouvera nulle preuve d'un courant de conscience, pas même celle si convaincante décrite par William James. Il trouvera toutefois une preuve éloquente d'un courant toujours plus large de comportement. (Watson et McDougall, 1929, p. 26 [notre traduction])

On peut constater le style polémique de McDougall dans ses remarques préliminaires :

> Je commencerai par avouer que dans cette discussion, j'ai un avantage initial sur le Dr Watson, un avantage que je sens si marqué que je le trouve injuste, c'est-à-dire que dès le début ou dès qu'elles comprendront l'enjeu, toutes les personnes de bon sens se rangeront nécessairement de mon côté.

> Par ailleurs, le Dr Watson peut également revendiquer certains avantages initiaux [...] Tout d'abord, il y a des personnes ainsi faites qu'elles attirent tout ce qui est bizarre, paradoxal, absurde et outrageux [...] bref, tout ce qui est peu orthodoxe ou contraire aux principes généralement acceptés. Celles-ci ne manqueront pas de se ranger dans son camp.

> Ensuite, les idées du Dr Watson sont séduisantes pour un grand nombre de personnes [...] car elles simplifient à l'extrême les problèmes auxquels est confronté l'étudiant en psychologie ; ces idées éliminent d'un trait bon nombre de problèmes épineux qui ont résisté aux plus grandes intelligences depuis plus de deux mille ans ; elles utilisent l'expédient aussi astucieux que simple qui consiste à inviter l'étudiant à fermer les yeux devant ces problèmes, à leur tourner le dos et à oublier qu'ils existent.

> Maintenant, même si je suis désolé pour le Dr Watson, je me dois d'être d'une totale franchise face à sa position. S'il était un être humain ordinaire, je devrais me sentir

obligé de faire preuve d'une certaine réserve, de peur de heurter ses sentiments. Nous savons que le Dr Watson possède des sentiments, comme nous tous d'ailleurs. Toutefois, j'ai la liberté de les piétiner de la manière la plus rude possible, étant donné qu'il nous a assuré (c'est d'ailleurs l'essence même de sa curieuse doctrine) qu'il ne se soucie absolument pas des sentiments, les siens ou ceux des autres. (Watson et McDougall, 1929, p. 40-44 [notre traduction])

McDougall réagissait alors à l'incapacité de Watson de tenir compte des expériences humaines les plus agréables, par exemple, le fait d'écouter de la musique :

J'entre dans cette salle et j'aperçois un homme sur cette scène qui promène un archet en poils de queue de cheval sur des cordes en boyau de chat ; il y a aussi, assises en silence avec une attention soutenue, un millier de personnes qui se mettent ensuite à applaudir à tout rompre. Comment le béhavioriste expliquerait-il cette étrange situation ? Comment expliquerait-il le fait que les vibrations produites par les cordes contraignent ce millier de personnes au silence ? Et que la cessation du stimulus semble provoquer une activité des plus effrénées ? Le sens commun et la psychologie s'entendent pour dire que l'auditoire écoute la musique pour son plus grand plaisir et manifeste sa gratitude et son admiration pour l'artiste en criant des bravos et en applaudissant. Or, le béhavioriste ignore tout du plaisir et de la douleur, de l'admiration et de la gratitude. Il rejette toutes ces « entités métaphysiques », ce qui le force à trouver d'autres explications. Laissons-le chercher. Cela l'occupera pendant les siècles à venir. (Watson et McDougall, 1929, p. 62-63 [notre traduction])

McDougall dénonçait l'utilisation par Watson des mêmes techniques pour faire admettre son béhaviorisme que pour vendre des produits comme les cigarettes ou les déodorants.

Le Dr Watson sait pertinemment que pour vendre des produits, il vous faut affirmer souvent, clairement et fréquemment qu'ils sont les meilleurs sur le marché, ignorer toutes les critiques, éviter tous les arguments et tous les appels à la raison […] La prédisposition du public à être séduit par ces méthodes n'a pas de conséquences sérieuses lors-

qu'elle se confine à la sphère strictement commerciale. Toutefois, lorsque ces mêmes méthodes sont utilisées pour envahir le domaine intellectuel, il devient difficile d'observer le même phénomène avec complaisance. (Watson et McDougall, 1929, p. 95 [notre traduction])

Bien entendu, Watson rétorquait que l'acceptation de la psychologie préconisée par McDougall équivalait à rejeter toutes les percées faites en psychologie au cours des 25 dernières années.

Un vote effectué après le débat donna une victoire serrée à McDougall. Celui-ci était persuadé que sa victoire aurait été encore plus éclatante, n'eût été le vote féminin presque exclusivement accordé à Watson :

Le vote des spectateurs comptés section par section après le débat de Washington m'accorde une victoire serrée contre le Dr Watson. Toutefois, si on tient compte du fait amusant qu'un nombre considérable d'étudiantes votèrent presque unanimement pour le Dr Watson et son béhaviorisme, le vote peut être considéré comme une victoire retentisssante du bon sens au sein d'une assemblée représentative de l'Amérique. (Watson et McDougall, 1929, p. 87 [notre traduction])

On sait que McDougall n'était pas le seul à juger insensée l'exclusion de l'expérience subjective du domaine psychologique. Nelson (1996) note que même si le béhaviorisme radical était l'objet de nombreuses blagues, son influence persistait néanmoins :

On raconte qu'un béhavioriste dit à un autre béhavioriste après avoir fait l'amour : « Tu as eu du plaisir, mais moi, en ai-je eu ? » Malgré le fait qu'il semblait manquer quelque chose, l'approche consistant à ignorer l'introspection des participants sur leurs propres cognitions infiltra le domaine de la psychologie pendant près de 50 ans ! (p. 103 [notre traduction])

Ni la position de Watson ni celle de McDougall ne survécurent intactes. Il n'en demeure pas moins que l'étudiant d'aujourd'hui en psychologie a plus de chances de découvrir Watson que McDougall. En sera-t-il toujours ainsi ? Seul le temps le dira.

Résumé

Plusieurs années avant la naissance officielle de l'école du béhaviorisme par Watson, beaucoup de psychologues américains qui avaient de forts penchants en

faveur du béhaviorisme insistaient pour définir la psychologie comme la science du comportement. De plus, plusieurs Russes, influencés par Setchenov, préconisaient une psychologie entièrement objective et dénuée de spéculation métaphysique. C'est la découverte par Setchenov du processus inhibitoire dans le cerveau qui amena celui-ci à croire que tous les comportements, y compris ceux des êtres humains, pouvaient s'expliquer par le biais des réflexes. Pendant ses travaux de recherche sur la digestion, Pavlov découvrit les « réflexes psychiques » (ou réflexes conditionnés), mais il refusa d'abord de les étudier en raison de leur nature apparemment subjective. Cependant, grâce à l'influence de Setchenov, il fut finalement convaincu qu'il était possible d'étudier lesdits réflexes à l'aide des techniques objectives de la physiologie. Pavlov considérait tous les comportements, innés ou acquis, comme des réflexes. Les associations innées entre les stimuli inconditionnés (SI) et les réactions inconditionnées (RI) furent bientôt remplacées par des associations entre stimuli conditionnés (SC) et réactions conditionnées (RC). Pavlov estimait que certains stimuli excitent le cerveau alors que d'autres l'inhibent. La structure des points d'excitation et d'inhibition du cortex à un moment donné était appelée mosaïque corticale et c'est elle qui modelait le comportement d'un organisme. Si l'on présente à nouveau un stimulus conditionné qui a déjà précédé un stimulus inconditionné, mais qu'on enlève cette fois ce stimulus inconditionné, il y a extinction. Le fait que la guérison spontanée et la désinhibition se produisent indique que l'extinction est causée par l'inhibition. Si les stimuli qui provoquent d'une part l'excitation et d'autre part l'inhibition sont de plus en plus similaires, il en résulte une névrose expérimentale. La prédisposition d'un organisme à pareille névrose est déterminée par son type de système nerveux. Selon Pavlov, les stimuli conditionnés agissent comme des signaux annonçant l'apparition d'événements biologiquement signifiants : c'est le système de premier signal. Par exemple, la vue d'une flamme annonce la possibilité d'une expérience douloureuse à moins d'adopter le comportement approprié. Le langage permet aux symboles (mots) de jouer le même rôle que le stimulus conditionné, par exemple, le mot *feu* qui amène un comportement défensif. Pavlov appelait les mots qui symbolisent les événements physiques le système de second signal. Il était persuadé que ses travaux sur les réflexes conditionnés et inconditionnés offraient une explication objective à cet associationnisme qui fascinait les philosophes depuis des siècles.

Bechterev était un réflexologue dont les travaux portaient sur une psychologie complètement objective. Contrairement à Pavlov qui étudia les réflexes internes comme la salivation, Bechterev se consacra au comportement manifeste. Il jugeait sa technique supérieure à celle de Pavlov, car elle n'exigeait aucune intervention chirurgicale, pouvait facilement être utilisée sur les êtres humains, minimisait les réactions indésirables chez les sujets, facilitait l'observation du comportement manifeste et éliminait le problème de la satiété. Le type de comportement réflexe qui sera repris par la suite par les béhavioristes américains ressemblait davantage à celui de Bechterev qu'à celui de Pavlov.

Plusieurs facteurs influencèrent la perspective béhavioriste de Watson. Premièrement, un grand nombre de fonctionnalistes à Chicago et ailleurs aux États-Unis travaillaient directement sur le comportement sans utiliser l'introspection. Deuxièmement, Loeb avait montré la nature tropique du comportement de certains organismes et de certaines plantes simples (une réaction automatique aux conditions environnementales). Troisièmement, la recherche sur les animaux qui liait le comportement à diverses manipulations expérimentales était devenue très populaire. En fait, avant même la création de l'école du béhaviorisme, Watson était devenu un expert du rat blanc reconnu sur le plan national. Il commença à formuler ses idées béhavioristes dès 1902 et il les présenta à Angell en 1904, mais la réaction de ce dernier fut négative. Watson présenta pour la première fois publiquement ses idées sur le béhaviorisme lors d'un colloque à Yale en 1908 et la réaction fut encore une fois négative. En 1913, il donna une conférence intitulée « Psychology as the Behaviorist Views It » à l'université Columbia. La publication du texte de cette conférence dans la *Psychological Review*, la même année, marqua la naissance officielle de l'école du béhaviorisme. En 1920, un scandale mit fin à sa carrière de psychologue professionnel. Par la suite, sa contribution à la recherche en psychologie se limita à la rédaction d'articles pour des magazines à grande diffusion, à l'animation d'émissions de radio et à la réédition de ses livres.

Watson trouva une confirmation de ses théories dans la psychologie objective russe et fit du conditionnement la pierre angulaire de sa psychologie stimulus-réaction. Pour lui, la psychologie avait pour objectif de prédire et de contrôler le comportement en montrant le lien qui existe entre ce dernier et les événements mésologiques. Watson considérait la pensée comme une forme de comportement fait de mouvements minuscules de la langue et du larynx. Dès le départ, les instincts jouèrent un rôle majeur dans sa théorie pour expliquer le comportement humain. Par la suite, il affirma que les êtres humains possédaient certes des instincts, mais que le comportement appris se substituait rapidement au comportement instinctif. Finalement, il conclut que les instincts n'exerçaient aucune influence sur le comportement humain. Il ajouta toutefois que la structure physique d'une personne est héréditaire et que l'interaction entre la structure et l'expérience mésologique détermine plusieurs caractéristiques de la réalité. De plus, les émotions de peur, de rage et d'amour sont héréditaires et l'expérience accroît énormément les stimuli qui provoquent ces émotions. L'expérience réalisée avec Albert montra le processus par lequel des stimuli auparavant neutres pouvaient provoquer la peur. Par la suite, dans ses travaux en collaboration avec Mary Cover Jones, Watson démontra comment dissocier la peur d'un stimulus.

Les époux Watson conseillèrent aux parents de ne pas dorloter leurs enfants, mais de les traiter comme de véritables adultes. Watson préconisa également une éducation sexuelle franche, honnête et objective pour les enfants. Il reconnaissait deux principes d'apprentissage : la contiguïté et la fréquence. Ainsi, lorsque deux événements ou plus sont souvent associés, l'association entre ces événements se renforce. En ce qui concerne le problème de la relation du corps et de l'esprit, la position finale de Watson tourna autour du monisme physique. Les deux principales influences des idées de Watson sur la psychologie furent : 1) de substituer la description et la compréhension de la conscience à la prédiction et au contrôle du comportement ; 2) de remplacer la conscience par le comportement manifeste comme objet d'étude. Les psychologues qui, comme Watson, rejetaient les événements internes tels que la conscience comme causes du comportement étaient appelés béhavioristes radicaux. Ceux qui, au contraire, les acceptaient comme causes possibles du comportement, mais qui insistaient sur le fait que toute théorie sur les causes inobservables du comportement doit être confirmée par l'étude du comportement manifeste, étaient appelés béhavioristes méthodologiques.

Même à l'époque de Watson, son béhaviorisme n'était pas le seul à avoir voix au chapitre. Un des plus formi-

dables adversaires de Watson fut McDougall qui, tout comme lui, considérait la psychologie comme la science du comportement, mais qui accordait également de l'importance au comportement intentionnel. Cette insistance de McDougall au sujet du comportement axé sur un objectif fit que sa position fut qualifiée de psychologie hormique. Même si McDougall définissait la psychologie comme la science du comportement, il ne niait pas l'importance des événements mentaux et croyait possible de les étudier à travers leur influence sur le comportement. En d'autres termes, il était un béhavioriste méthodologique. Alors que Watson en était arrivé à la conclusion que les instincts ne jouent aucun rôle dans le comportement humain, McDougall avait fait de l'instinct la pierre d'assise de sa théorie. Pour lui, un instinct est une disposition innée qui, une fois activée, pousse une personne à suivre un certain type d'événements, à entrer dans un état d'excitation émotionnelle au moment de percevoir ces événements et à agir relativement à eux de manière à satisfaire un besoin instinctif. Une fois ce besoin satisfait, la chaîne d'événements est bouclée en totalité. Par conséquent, pour McDougall, les instincts et le comportement intentionnel vont de pair. Selon lui, les êtres humains acquièrent des habitudes pour combler leurs besoins. De même, il estimait que les instincts motivent rarement, sinon jamais, le comportement de manière isolée. Il croyait plutôt que les objets, les événements et les idées tendent à provoquer deux ou plusieurs instincts simultanément, ce qui fait apparaître un sentiment. Lors de son célèbre débat avec Watson, McDougall remporta une victoire serrée.

Des questions à débattre

1. Défendez la thèse voulant que la formulation du béhaviorisme selon Watson était déjà « dans l'air du temps » aux États-Unis.

2. Faites la synthèse de l'idée de Setchenov sur l'impossibilité de considérer les pensées comme la cause du comportement.

3. Quelle était la signification du concept d'inhibition dans l'explication du comportement selon Setchenov ?

4. Selon Setchenov, comment devait-on étudier les phénomènes psychologiques ?

5. Dans quelles circonstances Pavlov découvrit-il le réflexe conditionné et pourquoi refusa-t-il initialement de l'étudier ?

6. À quoi Pavlov faisait-il référence lorsqu'il parlait de « mosaïque corticale » et quelle était la nature du lien de causalité entre cette mosaïque et le comportement ?

7. Quelles observations menèrent Pavlov à conclure que l'extinction était causée par l'inhibition ?

8. Comment Pavlov créa-t-il une névrose expérimentale lors de ses recherches sur les animaux et comment expliqua-t-il la prédisposition à cette névrose ?

9. Faites la distinction entre le système de premier signal et le système de second signal, puis expliquez comment ces systèmes facilitent l'adaptation à l'environnement.

10. Comment Pavlov voyait-il le lien entre ses travaux et la philosophie associationniste ?

11. Faites un résumé de la réflexologie de Bechterev. Pourquoi celui-ci se considérait-il comme le premier béhavioriste ?

12. En quoi la méthode de Bechterev pour étudier les réflexes conditionnés différait-elle de celle de Pavlov ? Selon Bechterev, quels étaient les avantages de sa méthode par rapport à celle de Pavlov ?

13. Décrivez les principales expériences qui menèrent Watson au béhaviorisme.

14. Selon Watson, quel était l'objectif de la psychologie ? En quoi différait-il de l'objectif traditionnel de ce domaine ?

15. Résumez brièvement l'explication de la pensée selon Watson.

16. Faites le résumé de la position finale de Watson sur le rôle des instincts dans le comportement humain.

17. À l'aide du concept de structure, expliquez pourquoi Watson croyait que l'hérédité pouvait influencer le comportement humain.

18. Faites la synthèse des idées de Watson sur les émotions. Selon lui, quelles émotions étaient innées ? Comment ces émotions s'associaient-elles aux divers stimuli ou événements ? Quelle recherche Watson utilisa-t-il pour valider ses idées ?

19. Décrivez la méthode utilisée par Watson et Mary Cover Jones pour dissiper la peur qu'éprouvait Peter envers les lapins.

20. Résumez les conseils des époux Watson pour l'éducation des enfants.

21. Comment Watson expliquait-il l'apprentissage ?

22. Quelle fut la position finale de Watson en ce qui concerne le problème de la relation du corps et de l'esprit ?

23. Faites la distinction entre le béhaviorisme radical et le béhaviorisme méthodologique.

24. Faites la synthèse de la psychologie hormique de McDougall. Quel était le lien entre cette approche de la psychologie et le béhaviorisme ? Quel type de comportement McDougall étudia-t-il et quelle était selon lui la cause supposée dudit comportement ?

25. Pour McDougall, quelles étaient les caractéristiques du comportement intentionnel ?

26. Pour McDougall, quels étaient les trois éléments d'un instinct ?

27. Selon McDougall, qu'est-ce qu'un sentiment ?

28. Dans le célèbre débat qui opposa Watson et McDougall, quels étaient leurs principaux points de désaccord ? Si le débat avait lieu aujourd'hui, pour qui voteriez-vous ? Pourquoi ?

Des suggestions de lecture

Buckley, K. W. (1989). *Mechanical man : John Broadus Watson and the beginnings of behaviorism*. New York : Guilford Press.

Harris, B. (1979). Whatever happened to little Albert ? *American Psychologist, 34*, 151-160.

Innis, N. K. (2003). William McDougall : « A major tragedy » ? Dans G. A. Kimble, et M. Wertheimer (dir.), *Portraits of pioneers in psychology* (vol. 5, p. 91-108). Washington, DC : American Psychological Association.

Jones, R. A. (1987). Psychology, history, and the press : The case of William McDougall and the *New York Times*. *American Psychologist, 42*, 931-940.

Kimble, G. A. (1996) Ivan Mikhailovich Setchenov : Pioneer in Russian Reflexology. Dans G. A. Kimble, C. A.

Boneau, et M. Wertheimer (dir.), *Portraits of pioneers in psychology* (vol. 2, p. 33-45). Washington DC : American Psychological Association.

O'Donnell, J. M. (1985). *The origins of behaviorism : American psychology, 1870-1920*. New York : New York University Press.

Samelson, F. (1981). Struggle for scientific authority : The reception of Watson's behaviorism, 1913-1920. *Journal of the History of the Behavioral Sciences, 17*, 399-425.

Glossaire

Bechterev, Vladimir Mikhaïlovitch (1857-1927) Comme Pavlov, ce psychophysiologiste russe considérait que le comportement humain est de nature réflexive. Toutefois, il étudia les réflexes squelettiques plutôt que les réflexes glandulaires examinés par Pavlov.

Béhaviorisme École de psychologie fondée par Watson qui faisait du comportement l'objet d'étude de la psychologie et avait pour objectif de le prédire et de le contrôler.

Béhaviorisme méthodologique Version du béhaviorisme qui admet le comportement manifeste comme objet d'étude de la psychologie, mais qui accepte également de spéculer sur les causes internes du comportement comme les divers états mentaux et physiologiques.

Béhaviorisme radical Version du béhaviorisme qui professe que seuls les événements directement observables comme les stimuli et les réactions devraient être l'objet d'étude de la psychologie. On ne doit, et ne devrait, jamais tenir compte des explications du comportement qui utilisent des événements mentaux inobservés.

Désinhibition Inhibition du processus inhibitoire. Il y a désinhibition lorsque, après extinction, un bruit intense mène à la réapparition d'une réaction conditionnée.

Environnementalisme radical Croyance qui veut qu'une bonne part, sinon la totalité du comportement humain soit causée par l'expérience mésologique.

Excitation Selon Pavlov, activité du cerveau qui mène à un comportement manifeste.

Extinction Élimination ou réduction de la réaction conditionnée (RC) qui se produit lors de la présentation d'un stimulus conditionné (SC) lequel n'est pas suivi par un stimulus inconditionné (SI).

Guérison spontanée Réapparition d'une réaction conditionnée après une période d'extinction.

Inhibition Réduction ou élimination de l'activité causée par la stimulation, par exemple, lorsque l'extinction cause un stimulus conditionné qui inhibe une réaction conditionnée. C'est la découverte des mécanismes inhibiteurs du cerveau par Setchenov qui le mena à croire que l'ensemble du comportement humain était explicable par la physiologie du cerveau.

Loi de récence Observation de Watson selon laquelle la « bonne » réponse met typiquement fin à une expérience d'apprentissage et c'est la réaction finale ou la plus récente qui sera répétée lorsque l'organisme se trouvera de nouveau dans une situation d'apprentissage.

McDougall, William (1871-1938) Psychologue américain, adepte d'un béhaviorisme très différent de celui de Watson. Le béhaviorisme de McDougall insistait sur le comportement intentionnel et instinctif. (Voir aussi *Psychologie hormique*.)

Mosaïque corticale Selon Pavlov, structure des points d'excitation et d'inhibition qui caractérisent le cortex à un moment précis.

Névrose expérimentale Comportement neurotique créé par Pavlov lors de ses travaux sur des animaux qui consiste à créer un conflit entre les tendances à l'excitation et à l'inhibition.

Pavlov, Ivan Petrovitch (1849-1936) Partageant l'objectif de Setchenov de créer une psychologie totalement objective, ce physiologiste russe concentra ses travaux sur les stimuli conditionnés et inconditionnés qui contrôlent le comportement et sur les processus physiologiques qui le provoquent. Pour lui, le comportement humain est de nature réflexive.

Psychologie hormique Nom donné par McDougall à sa version de la psychologie en raison de l'importance accordée au comportement intentionnel.

Réaction conditionnée (RC)   Réaction provoquée par un stimulus conditionné (SC).

Réaction inconditionnée (RI)   Réaction innée provoquée par un stimulus inconditionné (SI) qui y est naturellement associé.

Réflexe conditionné   Réflexe acquis.

Réflexe d'association   Équivalent selon Bechterev de ce que Pavlov appelait un « réflexe conditionné ».

Réflexe inconditionné   Réflexe inné.

Réflexologie   Terme utilisé par Bechterev pour décrire l'approche de l'étude des êtres humains. Étant donné l'importance accordée à l'étude de la relation entre les événements mésologiques et le comportement manifeste, il peut être considéré comme l'un des premiers béhavioristes, sinon le premier.

Sentiment   Selon McDougall, la condition qui se produit lorsque deux ou plusieurs tendances instinctives sont provoquées par le même objet, événement ou pensée.

Setchenov, Ivan Mikhaïlovitch (1829-1905)   Père de la psychologie objective russe, ce physiologiste et naturaliste chercha à expliquer le comportement en fonction des stimuli et des mécanismes physiologiques sans avoir recours aux spéculations métaphysiques.

Stimulus conditionné (SC)   Stimulus antérieurement neutre sur le plan biologique par le biais duquel l'expérience provoque une réaction conditionnée (RC).

Stimulus inconditionné (SI)   Stimulus qui provoque une réaction inconditionnée (RI).

Système de premier signal   Objets ou événements qui deviennent les signaux (SC) pour la répétition d'événements significatifs sur le plan biologique, par exemple, lorsqu'un son annonce l'arrivée de nourriture.

Système de second signal   Symboles d'objets ou d'événements qui signalent la répétition d'événements significatifs sur le plan biologique. Voir du feu et en éloigner sa main est un exemple du système de premier signal, mais s'enfuir en entendant les mots *au feu* est un exemple de système de second signal.

Thérapie béhavioriste   Utilisation des principes d'apprentissage pour traiter les problèmes émotionnels ou comportementaux.

Tropisme   Réaction d'orientation automatique observée par Loeb chez les plantes et les animaux.

Watson, John Broadus (1878-1958)   Fondateur du béhaviorisme selon lequel l'objectif de la psychologie est de prédire et de contrôler le comportement. Ce psychologue américain en vint à nier l'existence d'événements mentaux et conclut que les instincts ne jouaient aucun rôle dans le comportement humain. En ce qui concerne le problème de la relation du corps et de l'esprit, Watson adopta le monisme physique et était persuadé que la pensée n'est pas autre chose que des mouvements musculaires implicites.

CHAPITRE 13

Le néobéhaviorisme

Le positivisme

Nous avons vu au chapitre 5 qu'Auguste Comte était convaincu que seule une forme d'empirisme radical (qu'il ne faut pas confondre avec la forme préconisée par William James) permet d'obtenir de l'information valable sur le monde. Il faut donc s'abstenir de toute spéculation métaphysique, qui fait intervenir des entités non observables. En psychologie, la seule chose qu'on peut connaître de façon certaine au sujet des humains est leur comportement, de sorte, selon Comte, que toute tentative de comprendre le fonctionnement de l'« esprit » au moyen de l'introspection est vaine. Bien qu'on ne puisse examiner l'esprit de manière objective, on peut en étudier les *produits* puisqu'ils se manifestent dans le comportement. Comte affirme que le comportement des individus et des groupes peut, et doit faire l'objet d'études scientifiques ; il a créé le terme *sociologie* pour décrire ce type d'études.

Plusieurs années après Comte, le célèbre physicien autrichien Ernst Mach préconisa une autre forme de **positivisme**. Dans *Contributions to the Analysis of Sensations* (1886/1914, éd. fr. 1996), il dit partager avec les empiristes britanniques Berkeley et Hume la conviction que la seule chose dont on peut être certain, ce sont les sensations. Celles-ci forment donc l'ultime objet d'étude de toutes les sciences, y compris la physique et la psychologie. D'après Mach, l'introspection joue un rôle essentiel dans n'importe quelle science parce que c'est le seul moyen dont on dispose pour analyser les sensations. Il faut toutefois s'abstenir de spéculer à propos de ce qui existe au-delà des sensations ou de chercher à déterminer la signification ultime de celles-ci, car ces opérations appartiennent au royaume interdit de la métaphysique. Cependant, une analyse minutieuse des sensations fournit une évaluation de leur corrélation. Le fait de savoir quelles sensations tendent à être associées permet de faire des prédictions, ce qui facilite l'adaptation au milieu. Donc, selon Mach, un important motif pragmatique justifie l'étude méthodique des sensations. Comte et Mach affirment tous deux que les lois scientifiques sont des énoncés qui résument des expériences. Ils s'efforcent avant tout d'éviter toute spéculation métaphysique et, en ce sens, ce sont deux empiristes radicaux. Nous avons vu qu'un empiriste pense que la connaissance provient entièrement de l'expérience. Comte met l'accent sur les expériences externes, alors que Mach insiste sur les expériences privées, mais ils croient tous deux en l'importance d'adopter une approche factuelle, exempte de toute théorisation sur les observations. Se faisant l'écho de Francis Bacon, ils affirment que la théorisation est généralement une source d'erreur en science. La meilleure façon d'éviter toute erreur consiste donc à fuir la théorie.

John Watson et les physiologistes russes sont des adeptes du positivisme (bien que Pavlov spécule abondamment sur la physiologie du cerveau). Ils mettent tous l'accent sur les données objectives et s'abstiennent de théoriser ou ne le font que le moins possible. Les objectifs de la psychologie fixés par Watson, soit la prédiction et le contrôle du comportement, s'accordent tout à fait avec la philosophie positiviste. Cependant, du fait même de son caractère positiviste, le système de Watson ne permet pas de faire des prédictions, une propriété pourtant si importante à ses yeux. Une grande partie de ses recherches fournissent des faits apparemment sans lien entre eux.

Le positivisme logique

Au début du XXe siècle, les objectifs fixés par Comte et Mach, à savoir que la science ne doit étudier que ce qui est directement observable, étaient considérés comme irréalistes. Les physiciens et les chimistes se rendaient compte que des concepts théoriques tels la gravité, le magnétisme, l'atome, la force, l'électron et la masse sont indispensables même s'il est impossible d'observer directement ces entités. Le problème était de savoir comment la science peut utiliser la théorie tout en échappant aux dangers inhérents à la spéculation métaphysique. Le **positivisme logique**, ou empirisme logique, fournit la solution en divisant la science en deux composantes principales : l'une empirique et l'autre théorique. Autrement dit, cette approche intègre l'empirisme et le rationalisme. Les **termes observables** d'une science se rapportent à des phénomènes empiriques et les **termes théoriques** tentent d'expliquer les observations. En acceptant que la théorie fasse partie de la science, les adeptes du positivisme logique n'ont aucunement diminué l'importance de l'observation empirique. En fait, selon eux, cette dernière est l'autorité ultime, et la théorie est utile seulement si elle contribue à expliquer les observations.

Le positivisme logique est le nom que l'on a donné à la conception de la science élaborée par un petit groupe de philosophes de Vienne, aux environs de 1924. Le Cercle de Vienne (comme on désigne ces philosophes) combina le positivisme désuet de Comte et la rigueur de la logique formelle. Dans cette approche, il est permis d'employer des termes théoriques abstraits seulement si on peut les relier à des observations empiriques au moyen de la logique. Dans *Language, Truth and Logic* (1936/1952, éd. fr. 1996), un ouvrage d'une grande portée, Alfred Ayer (1990-1989) résume comme suit la conception des partisans du positivisme logique.

> Le critérium que nous emploierons pour éprouver l'authenticité des affirmations factuelles apparentes est le critérium de vérifiabilité. Nous disons qu'une énonciation a « factuellement » un sens pour une personne donnée si, et seulement si, elle sait comment vérifier la proposition qu'elle vise à exprimer, c'est-à-dire si elle sait quelles observations la conduiraient, sous certaines conditions, à accepter la proposition comme vraie ou à la rejeter comme fausse. (éd. fr. 1996, p. 42)

> En ce qui concerne les questions, la procédure est la même. Nous nous demandons dans chaque cas quelles observations nous conduiraient à répondre d'une manière ou d'une autre. Et si nous n'en découvrons aucune, nous devons conclure que l'énoncé considéré n'exprime pas, pour autant qu'il s'agit de nous, une question authentique, quelle que soit la force avec laquelle son apparence grammaticale puisse suggérer le contraire. (éd. fr. 1996, p. 43)

Nous allons voir que le positivisme logique exerça une profonde influence en psychologie. Il facilita l'émer-

gence de formes très complexes de béhaviorisme en permettant la théorisation sans avoir à sacrifier l'objectivité. Il en est résulté ce que Koch (1959) appelle l'« âge de la théorie » de la psychologie (qui va environ de 1930 à 1950). Herbert Feigl, qui appartenait au Cercle de Vienne, donna son nom au positivisme logique et s'efforça d'attirer l'attention des psychologues américains sur ce mouvement. S. S. Stevens (1935 a et b) fut l'un des premiers d'entre eux à penser que si la psychologie suivait les préceptes du positivisme logique, qu'il appelait la « science des sciences », elle serait enfin une science au même titre que la physique. Pour que cela devienne possible, la psychologie devait adhérer aux principes de l'opérationnisme, qu'on présente dans la prochaine section.

L'opérationnisme

En 1927, le physicien de Harvard Percy W. Bridgman (1882-1961) publia *The Logic of Modern Physics*, un ouvrage dans lequel il développa la proposition de Mach (voir le chapitre 5) de définir chaque concept abstrait de la physique en fonction du procédé utilisé pour le mesurer. Bridgman appelle cette façon de décrire un concept la **définition opérationnelle**. Ainsi, les concepts tels la force et l'énergie se définissent en fonction des opérations servant à déterminer leur grandeur respective. Autrement dit, une définition opérationnelle établit un lien entre un terme théorique et un phénomène observable. La définition du terme théorique ne comporte plus alors aucune ambiguïté. On a appelé **opérationnisme** l'exigence de définir tout terme scientifique abstrait de façon opérationnelle. Les idées de Bridgman s'accordaient parfaitement avec ce que les adeptes du positivisme logique disaient à peu près à la même époque.

À l'instar du positivisme logique, l'opérationnisme fut adopté presque immédiatement en psychologie. Il est possible d'utiliser des définitions opérationnelles pour transformer des termes théoriques, comme *pulsion, apprentissage, anxiété* et *intelligence*, en phénomènes empiriques, ce qui en élimine toute connotation métaphysique. Cette approche était évidemment en harmonie avec le fait que la psychologie mettait depuis peu l'accent sur le comportement. Par exemple, on peut définir opérationnellement l'apprentissage comme l'exécution de *x* virages successifs dans la bonne direction dans un labyrinthe en T et l'anxiété et l'intelligence, comme les résultats à des tests appropriés. Les définitions de ce type dépendent entièrement de comportements observables par tous ; elles sont exemptes de toute signification « mentaliste ». La majorité des psychologues ont rapidement accepté le positivisme logique, selon lequel un concept est dépourvu de sens sur le plan scientifique s'il ne peut être défini de façon opérationnelle.

Contrairement au positivisme, le positivisme logique ne rejette pas la théorie. En fait, l'un de ses principaux objectifs est de montrer comment la science peut être de nature théorique sans renoncer à l'objectivité. Il est possible d'établir des relations complexes entre les concepts définis de façon opérationnelle, comme dans l'énoncé *F = MA* (la force est égale au produit de la masse et de l'accélération) et *E = mc²* (l'énergie est égale au produit de la masse et du carré d'une constante, soit la vitesse de la lumière). Toutefois, quelle que soit sa complexité, la fonction d'une théorie scientifique est de formuler des énoncés au sujet de phénomènes empiriques. Étant donné qu'on évalue une théorie de ce type selon la précision de ses prédictions, elle est dite auto-corrective. Si les déductions d'une théorie scientifique sont confirmées expérimentalement, alors elle est renforcée ; si on constate que ses déductions sont inexactes, alors elle est affaiblie. Dans ce dernier cas, il faut réviser la théorie ou l'abandonner. Peu importe le degré de complexité qu'elle acquiert, la fonction ultime d'une théorie est de faire des prédictions exactes au sujet de phénomènes empiriques.

Vers la fin des années 1930, aux États-Unis, le positivisme logique occupait une position prépondérante en psychologie expérimentale.

Le physicalisme

Sous l'influence du positivisme logique, toutes les sciences sont considérées comme essentiellement identiques. Puisque toutes respectent les mêmes principes, posent les mêmes hypothèses et tentent d'expliquer des observations empiriques, pourquoi n'utiliseraient-elles pas une terminologie commune ? On a proposé de créer une base de données linguistique dans laquelle tous les termes seraient définis en fonction d'objets et de phénomènes physiques observables par chacun. On

a appelé **physicalisme** l'incitation à l'unification des sciences (y compris la psychologie) et à la création d'un vocabulaire commun. La suggestion que toutes les propositions scientifiques se rapportent à des choses physiques a eu des conséquences très importantes en psychologie.

> Bien qu'elle semble tout à fait banale, cette affirmation au sujet du langage a des implications d'une grande portée en psychologie. En fait, les exemples servant à illustrer le physicalisme semble indiquer que cette doctrine s'attaquait directement à la psychologie, du moins sous la forme colportée par les philosophes. [...] Toutes les phrases se rapportant à un état psychique sont traduisibles en phrases appartenant au langage de la physique. On n'a donc pas besoin de deux langages tout à fait distincts pour décrire la physique et la psychologie. [...] C'est une façon pour le positivisme logique d'affirmer que la psychologie doit être opérationnelle et béhavioriste. (Stevens, 1951, p. 39-40 [notre traduction])

Le mouvement « Unité de la science » et le physicalisme vont de pair.

> Le passage du physicalisme à la thèse de l'*Unité de la science* est en fait évident. Si chaque phrase est traduisible dans le langage de la physique, alors celui-ci est le langage universel de la science. Et si le jargon ésotérique de chacune des autres sciences se réduit, sur demande, à un unique langage cohérent, alors toutes les sciences présentent fondamentalement une unité logique. (Stevens, 1951, p. 40 [notre traduction])

La science que l'on proposait comme modèle de la « science unifiée » était la physique.

Le néobéhaviorisme

Le **néobéhaviorisme** résulte de l'intégration du béhaviorisme et du positivisme logique : « Cela relève à peine de la caricature de représenter le néobéhaviorisme comme le produit du remariage de la psychologie, sous la forme du béhaviorisme, et de la philosophie, sous la forme du positivisme logique » (Toulmin et Leary, 1985, p. 603 [notre traduction]). Ce dernier a permis la naissance de plusieurs formes de béhaviorisme : « L'objectivisme lors de la cueillette de données était une chose, et l'accord quant à des modes particuliers d'objectivisme et aux implications théoriques des données « objectives » en était une autre » (Toulmin et Leary, 1985, p. 603 [notre traduction]). Nous allons voir que, par conséquent, plusieurs variantes du béhaviorisme émergèrent, chacune respectant plus ou moins les principes du positivisme logique et proclamant sa respectabilité d'un point de vue scientifique.

Bien qu'il existait des différences majeures entre les néobéhavioristes, ils s'entendaient tous généralement sur les points suivants.

- Si on fait appel à la théorie, il faut le faire en respectant les principes du positivisme logique.
- Tous les termes théoriques doivent être définis de manière opérationnelle.
- On devrait utiliser des animaux autres que les humains comme sujets de recherche pour deux raisons : 1° Il est alors plus facile de contrôler les variables pertinentes. 2° Les processus de perception et d'apprentissage observés chez les animaux autres que les humains diffèrent seulement de façon quantitative par rapport aux mêmes processus observés chez les humains ; on peut donc généraliser aux humains l'information obtenue à l'aide d'animaux non humains.
- Le processus d'apprentissage est d'une importance cruciale puisque c'est le principal mécanisme d'adaptation d'un organisme face à un milieu changeant.

Tous les psychologues n'adoptèrent pas cette nouvelle approche. Durant la période allant de 1930 à 1950 environ, la psychanalyse (voir le chapitre 16) et la psychologie de la forme (voir le chapitre 14) s'approprièrent une place de plus en plus importante dans la psychologie américaine, et les psychologues qui optaient pour ces points de vue ne voyaient pas vraiment la nécessité de se conformer aux préceptes du positivisme logique. Cependant, à l'exception de ces tendances et de quelques autres, le néobéhaviorisme domina cette période.

Edward Tolman fut le premier à élargir le béhaviorisme en appliquant les principes du positivisme logique et nous allons examiner sa version du néobéhaviorisme dans la prochaine section.

Edward Chace Tolman

Edward Chace Tolman (1886-1959) naquit un 14 avril à West Newton, dans le Massachusetts. Il était le fils d'un homme d'affaires qui avait appartenu au premier groupe de diplômés du Massachusetts Institut of Technology (MIT) et était membre du conseil d'ad-

Edward Chace Tolman

ministration du célèbre institut. Sous l'influence de sa femme, élevée dans le quakerisme, le père d'Edward s'intéressa vivement à la réforme sociale. Ses deux fils, Edward et son frère aîné Richard, obtinrent un baccalauréat en chimie expérimentale et théorique du MIT. Richard devint un physicien réputé après avoir complété son doctorat à la même institution. Après qu'il eût suivi les cours d'été du philosophe Ralph Barton Perry (1876-1957) et du psychologue Robert Yerkes à Harvard, le centre d'intérêt d'Edward se déplaça vers la philosophie et la psychologie, mais c'est la lecture de *The Principles of Psychology* de James qui l'influença le plus. À l'époque, Titchener et James dominaient la psychologie, que l'on définissait encore comme l'étude de l'expérience consciente, ce qui ennuyait Tolman (1922).

> La définition de la psychologie comme l'examen et l'analyse des expériences conscientes privées sonne faux sur le plan logique. Comment *peut*-on construire une science sur des éléments qui, par définition, sont de nature intime et non communicable ? (p. 44 [notre traduction])

Les inquiétudes de Tolman se sont apaisées lorsqu'il suivit un cours de Yerkes dont le manuel de base était *Behavior: An Introduction to Comparative Psychology* (1914) de J. B. Watson.

Mes inquiétudes au sujet de l'introspection sont peut-être l'une des raisons pour lesquelles ma rencontre avec le béhaviorisme de Watson, dans le cours de Yerkes, me stimula et me réconforta considérablement. Si la véritable méthode de la psychologie était la mesure objective du comportement, et non l'introspection, je n'avais plus à m'en faire. (Tolman, 1952, p. 326 [notre traduction])

En 1911, Tolman décida de s'inscrire à des études supérieures de philosophie et de psychologie à Harvard et, avec le temps, son intérêt se centra toujours davantage sur la psychologie. À la fin de la première année, il alla passer l'été en Allemagne afin d'améliorer sa connaissance de l'allemand. Il y étudia avec le jeune spécialiste de la psychologie de la forme Kurt Koffka (dont il sera question dans le prochain chapitre). Bien que ce courant de la psychologie n'ait pas fait une forte impression sur Tolman à l'époque, il exerça plus tard une profonde influence sur son travail de théorisation. De retour à Harvard, Tolman étudia l'apprentissage de matériel dépourvu de sens sous la direction de Hugo Münsterberg, et son mémoire de doctorat porte sur l'inhibition rétroactive (Tolman, 1917).

Après l'obtention de son doctorat à Harvard, en 1915, Tolman accepta un poste à l'université Northwestern. Bien qu'il fût devenu un chercheur compulsif, il avoua avoir été un professeur « timide et inarticulé » en plus d'être effrayé de se trouver face à une classe. Par ailleurs, à peu près au moment où les États-Unis firent leur entrée dans la Première Guerre mondiale, il rédigea un essai où il exprime son pacifisme. En 1918, il fut congédié en raison de son « manque de succès en enseignement », mais il y a lieu de penser que sa position pacifiste y fut pour quelque chose. En quittant l'université Northwestern, il alla travailler à l'université de Californie à Berkeley, où il resta presque sans interruption jusqu'à la fin de sa carrière. Nous avons souligné le fait qu'il fut élevé dans le quakerisme, et le pacifisme est l'un des thèmes dont il traita toute sa vie. Il écrivit un court ouvrage intitulé *Drives Toward War* (1942) afin d'expliquer, d'un point de vue psychanalytique, les motifs pour lesquels les humains se font la guerre. Dans la préface, il donne les raisons qui l'ont poussé à écrire ce livre.

En tant qu'Américain, professeur dans un collège et citoyen élevé dans la tradition pacifiste, j'ai d'énormes préjugés contre la guerre, qui me paraît stupide, perturbante, non nécessaire et incroyablement horrible. C'est dans cet état d'esprit que j'ai rédigé le présent essai. En bref, je sens le besoin d'examiner la psychologie de la guerre et l'abolition possible de cette dernière parce que je souhaite vivement qu'on en soit débarrassé. (p. xi [notre traduction])

Cependant, au moment de la parution de l'ouvrage, les États-Unis participaient déjà à la Deuxième Guerre mondiale. La brutalité de celle-ci amena même Tolman à mettre de côté sa position pacifiste et, avec l'approbation de son frère Richard, il travailla pendant deux ans à l'Office of Strategic Services (1944-1945).

À la fin de la guerre, la conscience sociale de Tolman fut de nouveau mise à l'épreuve. Sous l'influence du maccarthysme du début des années 1950, l'université de Californie demanda à ses professeurs de signer un serment de loyauté. Tolman prit la tête d'un groupe de professeurs qui se disaient prêts à démissionner plutôt que de signer ; ils considéraient cette exigence comme une atteinte à leurs droits civils et à la liberté académique. Tolman fut suspendu et il alla enseigner à l'université de Chicago et à l'université Harvard durant une courte période. Les tribunaux tranchèrent finalement en faveur de Tolman, qui retrouva son poste à l'université de Californie. En 1959, au moment où Tolman prit sa retraite, et peu de temps avant sa mort, les membres du conseil de l'université admirent symboliquement qu'il avait eu raison sur le plan moral en lui accordant un doctorat honorifique.

Tolman était une personne aimable, timide et honnête qui inspirait l'affection et l'admiration chez ses étudiants et ses collègues. Bien qu'il ait toujours été prêt à participer à un débat intellectuel, il ne se prit jamais au sérieux et en fit de même pour son travail. Au cours de la dernière année de sa vie, il réfléchit à son apport sur le plan théorique.

[Ma théorie] ne répond peut-être pas aux canons de la méthode scientifique. Mais cela m'est égal. J'ai eu du plaisir à penser la psychologie d'une façon qui m'était naturelle. Étant donné que toutes les sciences, et la psychologie en particulier, sont encore largement immergées dans le royaume de l'incertitude et de l'inconnu, il semble que le mieux que puisse faire un scientifique, et plus particulièrement un psychologue, soit de suivre sa propre inspiration et sa propre inclination aussi inadéquates soient-elles. En fait, je suppose que c'est ce que nous faisons tous aujourd'hui. En fin de compte, le seul critère sûr est d'avoir du plaisir. Et j'en ai eu ! (Tolman, 1959, p. 159 [notre traduction])

Tolman mourut le 19 novembre 1959 à Berkeley, en Californie.

Le béhaviorisme intentionnaliste

Au début des années 1920, deux explications de l'apprentissage prédominaient : celle de Watson, qui repose sur les principes associatifs de contiguïté et de fréquence, et celle de Thorndike, qui met l'accent sur la loi de l'effet. Tolman (1952) justifie comme suit le fait qu'il ne peut accepter ni l'une ni l'autre.

> C'est le rejet de Watson de la loi de l'effet et l'importance qu'il accorde à la fréquence et à la récence des expériences en tant que principaux déterminants de l'apprentissage animal qui ont d'abord attiré notre attention. Sur ces deux points, nous étions d'accord avec lui. Mais nous nous sommes trouvés—du moins, je me suis trouvé—dans une position en quelque sorte intermédiaire. D'une part, je me rangeais du côté de Watson par mon aversion pour la loi de l'effet ; mais d'autre part les notions de stimulus et de réponse de Watson, simplifiées à l'extrême, ne me plaisaient pas non plus. [...] Selon Thorndike, un animal apprend, non parce qu'il atteint le but visé au moyen d'une série de réponses, mais simplement parce qu'on tire sur lui, pour ainsi dire, comme avec un pistolet à eau, une chose « agréable » ou « désagréable » n'ayant absolument rien à voir avec le but visé, qu'il vient d'atteindre. (p. 329 [notre traduction])

Tolman qualifie (peut-être à tort) la psychologie de Watson de « convulsive » parce que, selon lui, elle est centrée sur des réponses isolées à des stimuli spécifiques. Watson affirme que même les comportements humains les plus complexes s'expliquent en fonction de réflexes S-R. Tolman appelle un réflexe de ce type **comportement moléculaire**. Au lieu de faire de ces « convulsions » l'objet de ses recherches, il décide d'étudier le **comportement intentionnel**. Bien que son approche diffère de celle de Watson sur plusieurs points importants, Tolman est néanmoins un béhavioriste et il s'oppose absolument à l'introspection et aux explications métaphysiques. Autrement dit, il est d'accord avec Watson pour dire que le comportement doit être l'objet d'étude du psychologue, mais il pense que Watson ne s'intéresse pas au bon type de comportements. La question pour Tolman est de savoir comment employer un terme mentaliste comme *intentionnaliste* tout en demeurant béhavioriste.

Alors qu'il était à Harvard, Tolman apprit de deux de ses professeurs, soit Edwin B. Holt et Ralph Barton Perry, qu'il est possible d'étudier les aspects intentionnalistes du comportement sans renoncer à l'objectivité scientifique. Il s'agit d'examiner l'intention *dans* le comportement lui-même en résistant à toute tentative de déduire l'intention *du* comportement. Tolman accepta cette vision. Il pensait qu'elle faisait ressortir une importante différence entre sa conception de l'intentionnalité et celle de McDougall : « La différence fondamentale entre [McDougall] et nous tient à ce que, étant "mentaliste", il *déduit* simplement l'intention de divers aspects du comportement, tandis que, étant béhavioristes, nous *déterminons* l'intention à l'aide des mêmes aspects » (1925, p. 288 [notre traduction]). Tolman allait modifier plus tard sa position et employer plutôt les termes *intention* et *cognition* dans la tradition mentaliste, c'est-à-dire au sens de véritables déterminants du comportement. Il ne pensa toutefois jamais que l'utilisation de concepts tels l'intentionnalité et la cognition allait à l'encontre des principes du béhaviorisme. (On trouve dans L. D. Smith, 1982, un exposé de l'emploi de termes mentalistes par Tolman et de la façon dont l'utilisation de ces termes varie au cours de la carrière du chercheur.)

Tolman appelle le comportement intentionnel **comportement molaire**, par opposition au comportement moléculaire. Étant donné qu'il choisit d'étudier le premier type de comportements, on nomme fréquemment sa vision **béhaviorisme intentionnaliste**. Dans son œuvre maîtresse, *Purpose Behavior in Animals and Men* (1932), Tolman donne des exemples de ce qu'il considère comme un comportement intentionnel (ou molaire).

> Un rat courant dans un labyrinthe, un chat s'échappant d'une boîte à problèmes, un homme se rendant chez lui pour dîner, un enfant se dérobant à la vue d'un étranger, une femme faisant la lessive ou bavardant au téléphone, un élève cochant ses réponses à un test de mesure de l'intelligence, un psychologue répétant une liste de syllabes dépourvues de sens, mon ami et moi partageant nos pensées et nos sentiments, voilà autant de *comportements (considérés comme molaires)*. Et il faut noter qu'en énumérant ces actions, nous n'avons jamais fait référence aux muscles, glandes, ou nerfs sensoriels ou moteurs qui y interviennent ou—cet aveu nous fait rougir—même su exactement quelles parties du corps y interviennent. La raison en est que ces réponses possèdent en elles-mêmes suffisamment d'autres propriétés déterminantes. (p. 8 [notre traduction])

Le travail de Tolman avec des rats

Tolman ne fit aucune recherche sur les animaux durant ses études de troisième cycle à Harvard, pas plus qu'en tant que chargé de cours à l'université Northwestern. Lorsqu'il arriva à l'université de Californie, on lui demanda de suggérer un nouveau cours qu'il aimerait enseigner et, en raison des souvenirs agréables que lui avait laissés le cours de Yerkes, il opta pour la psychologie comparée. C'est le fait de donner ce cours qui éveilla son intérêt pour le rat en tant que sujet d'expérience. Il pensait que l'utilisation de cet animal le prémunirait contre toute introspection, même indirecte, pouvant découler de l'emploi de sujets humains. Il se prit d'affection pour les rats au point de dédier *Purposive Behavior* au rat blanc. Il écrivit ce qui suit en 1945.

> Il est à noter que les rats vivent en cage ; ils ne font pas la fête la veille lorsqu'on planifie une expérience ; ils ne se tuent pas entre eux au cours de guerres ; ils n'inventent pas d'engins de destruction et, même s'il le faisaient, ils ne manqueraient pas d'exercer un contrôle efficace sur ces dispositifs ; ils ne participent pas à des conflits de classes ou de races ; ils ne font pas de politique, ne s'intéressent pas à l'économie et ne rédigent pas d'articles de psychologie. Ils sont merveilleux, purs et forts sympathiques. (p. 166 [notre traduction])

Voici ce que dit Tolman (1938) de ce qu'on peut apprendre en étudiant les rats.

> Je pense qu'on peut essentiellement étudier tout ce qui est important en psychologie (à l'exception peut-être de ce qui concerne des choses comme l'élaboration d'un super-ego, c'est-à-dire sauf ce qui a trait à la société et au langage) au moyen de l'analyse expérimentale et théorique continue des déterminants du comportement du rat à un point de choix d'un labyrinthe. Je crois partager à ce sujet l'avis du professeur Hull et du professeur Thorndike. (p. 34 [notre traduction])

L'emploi de variables intermédiaires

Tolman ne s'en est pas toujours tenu à employer uniquement des concepts mentalistes pour décrire le comportement. Dès 1925, il parle de l'intention et de la cognition à la fois comme des descripteurs et des déterminants du comportement. L. D. Smith (1982) souligne l'indécision de Tolman.

> Au sein d'un même paragraphe de *Purposive Behavior*, Tolman dit des intentions et des cognitions d'une part qu'elles sont « immanentes » au comportement, « inhé-

rentes », « immédiates » et « découvertes » par l'observateur, et d'autre part que ce sont des « déterminants » et des « causes » du comportement, « créés » ou « déduits » par l'observateur. (p. 162 [notre traduction])

Dans la citation suivante, Tolman (1928) semble penser que les intentions se situent dans l'organisme et qu'elles sont liées au comportement par des relations causales.

> Selon notre doctrine, [...] le comportement (sauf dans le cas des réflexes les plus simples) n'est pas régi par de simples relations stimulus-réponse univoques. Il est en fait régi par des ensembles plus ou moins complexes de modèles d'adaptation qui s'élaborent au sein de l'organisme. Et dans la mesure où ces ensembles d'adaptations entraînent uniquement la persistance et l'apprentissage des actes qui mènent l'organisme à des fins données (ou l'en éloignent), ils constituent des intentions. (p. 526 [notre traduction])

Tolman en vint à être de plus en plus convaincu que les processus cognitifs existent réellement et qu'ils jouent un rôle dans la détermination du comportement (comme le pensait McDougall). En 1938, il décida comment il allait procéder : « J'ai l'intention de mener mes prochaines recherches en tentant d'imaginer comment je me comporterais *si j'étais un rat* » (p. 24 [notre traduction]). Il est évident qu'à ce moment Tolman adopte le mentalisme, mais en même temps il désirait vivement demeurer béhavioriste. La solution à ce dilemme consista pour lui à considérer les événements cognitifs comme des **variables intermédiaires**, c'est-à-dire des variables qui se situent entre les événements environnementaux et le comportement. Conformément aux principes du positivisme logique, Tolman relia laborieusement chacune de ses variables intermédiaires à un comportement observable. Autrement dit, il définit tous ses termes théoriques de façon opérationnelle. Il en vint finalement à considérer l'intention et la cognition comme des construits théoriques qu'on peut utiliser pour décrire, prédire et expliquer le comportement.

En employant des variables intermédiaires, Tolman introduisit la théorie scientifique abstraite en psychologie. Il est évident que les événements environnementaux influent sur le comportement ; le problème était de comprendre *pourquoi* ils le font. Il est possible de s'en tenir à des descriptions et de noter simplement ce que font les organismes dans des situations données, mais Tolman ne trouvait pas cette façon de faire satisfaisante. Voici un schéma simple représentant son approche.

Variables indépendantes
(*Événements environnementaux*)

↓

Variables intermédiaires
(*Concepts théoriques*)

↓

Variables dépendantes
(*Comportement*)

Donc, selon Tolman, l'expérience environnementale donne naissance à des événements internes non observables qui provoquent à leur tour le comportement. Si on veut pleinement rendre compte du comportement, il faut connaître à la fois les événements environnementaux *et* les événements internes (ou intermédiaires) qui en découlent. Les variables intermédiaires les plus importantes postulées par Tolman sont de nature cognitive ou mentale. Son béhaviorisme est donc davantage méthodologique que radical. Ce qui distingue Tolman en tant que mentaliste, c'est qu'il insiste sur le fait que les variables intermédiaires, y compris celles qui sont considérées comme mentales, doivent être définies de façon opérationnelle, c'est-à-dire systématiquement reliées à des événements observables.

Les hypothèses, les expectations, les croyances et les cartes cognitives   Bien que Tolman emploie plusieurs variables intermédiaires, nous allons examiner uniquement celles qui ont un lien avec l'élaboration d'une carte cognitive. Chacun sait qu'un rat apprend à sortir d'un labyrinthe ; la question est de savoir comment il y arrive. Tolman en donne une explication mentaliste. Par exemple, si on place un animal pour la première fois dans la case de départ d'un labyrinthe en T, il s'agit pour lui d'une expérience tout à fait nouvelle, et il ne peut utiliser aucune information acquise préalablement. Lorsqu'il parcourt le labyrinthe, il tourne tantôt à droite et tantôt à gauche au point de choix. Si on suppose que l'expérimentateur a fait en sorte qu'un virage à gauche est renforcé par de la nourriture, l'animal en arrive à former une **hypothèse** faible selon laquelle un virage dans une direction lui procure de la nourriture, tandis qu'un virage dans la direction opposée ne lui en procure pas. Aux premiers stades de la formation de l'hypothèse, l'animal s'arrête parfois au point de choix comme s'il « réfléchissait » aux possibilités qui s'offrent à lui. Tolman appelle cette réflexion apparente **essai et erreur auxiliaires** puisque, au lieu d'adopter clairement un comportement de tâtonnement, l'animal

semble absorbé dans un processus mental d'essais et erreurs. Lorsque l'hypothèse initiale : « Si je tourne à gauche, je vais trouver de la nourriture » est confirmée, l'animal acquiert l'**expectation** : « Si je tourne à gauche, alors je vais trouver de la nourriture ». Quand l'expectation est constamment confirmée, l'animal acquiert la **croyance** : « Dans cette situation, chaque fois que je tourne à gauche, je trouve de la nourriture ». Ce processus mène à l'élaboration d'une **carte cognitive** de la situation, c'est-à-dire à la conscience de toutes les possibilités que comporte la situation. Par exemple, si je quitte la case de départ, je vais trouver le point de choix ; si je tourne à gauche au point de choix, je vais trouver de la nourriture ; si je tourne à droite, je n'en trouverai pas ; et ainsi de suite.

Selon Tolman, les hypothèses, les expectations, les croyances et, finalement, la carte cognitive font le pont entre l'expérience et le comportement. Ces variables intermédiaires ne font pas que décrire le comportement d'un organisme, elles l'expliquent. Tolman s'est gardé cependant de mettre à l'épreuve ses suppositions théoriques au moyen d'expériences. Son programme de recherches est l'un des plus créatifs qu'aient jamais conçus des psychologues. (On trouve des détails à ce sujet dans Hergenhahn et Olson, 2005.)

La position de Tolman sur le renforcement

Tolman rejette respectivement les explications de l'apprentissage de Watson et de Thorndike. Autrement dit, il ne pense pas que l'apprentissage soit un processus automatique fondé sur la contiguïté et la fréquence, ni qu'il découle du renforcement (un état de choses agréable). Il affirme plutôt que l'apprentissage est un processus continu, qui se produit en présence ou non de renforcement ou de motivation. Son concept de confirmation est ce qui se rapproche le plus de la notion de renforcement. La **confirmation** d'une hypothèse, d'une expectation et d'une croyance mène à l'élaboration ou au maintien d'une carte cognitive. L'animal apprend ce qui entraîne telle ou telle chose dans le milieu : s'il fait ceci et cela, il arrivera telle et telle chose ; ou encore s'il voit un stimulus (S_1), un second stimulus (S_2) suivra. Étant donné que Tolman met l'accent sur l'apprentissage de relations entre des stimuli, on appelle souvent sa vision « théorie S-S », par opposition à « théorie S-R ».

L'apprentissage et la performance

Selon la théorie de Tolman, un organisme apprend constamment en observant son milieu. Mais le fait qu'il emploie ou non ce qu'il a appris et la façon dont il l'utilise sont déterminés par sa motivation. Par exemple, un rat rassasié ne quittera peut-être pas la case de départ d'un labyrinthe ou il se déplacera au hasard dans celui-ci même s'il a appris ce qu'il doit faire pour obtenir de la nourriture. Donc, Tolman pense que la motivation influe sur la performance mais non sur l'apprentissage. Il définit la **performance** comme la traduction de l'apprentissage dans le comportement. L'importance qu'il accorde à la motivation dans sa théorie est due à l'influence de la psychologie dynamique de Woodworth.

L'apprentissage latent Au cours de ses fameuses expériences d'**apprentissage latent**, Tolman mit en évidence de manière théâtrale la distinction entre apprentissage et performance. Tolman et Honzik (1930) réalisèrent une expérience avec trois groupes de rats. Les sujets du groupe 1 recevaient de la nourriture en guise de renforcement chaque fois qu'ils réussissaient à parcourir entièrement un labyrinthe ; les sujets du groupe 2 parcouraient le labyrinthe sans recevoir de renforcement même s'ils atteignaient la case d'arrivée ; les sujets

du groupe 3 furent traités de la même façon que ceux du groupe 2 jusqu'au 11e jour, puis ils commencèrent à recevoir un renforcement s'ils atteignaient la case d'arrivée. Les sujets des trois groupes avaient été privés de nourriture avant d'être placés dans le labyrinthe. Tolman émit l'hypothèse que les sujets des trois groupes apprendraient à connaître le labyrinthe en s'y déplaçant. Si cette hypothèse était exacte, les sujets du groupe 3 réussiraient aussi bien que ceux du groupe 1 à partir du 12e jour puisqu'ils avaient appris au cours des 10 premiers jours à se rendre à la case d'arrivée, et le fait d'y avoir trouvé de la nourriture le 11e jour devrait les inciter à utiliser cette information. Comme l'indique la figure 13.1, l'expérience confirma l'hypothèse de Tolman : l'apprentissage semble demeurer latent jusqu'à ce que l'organisme a une raison de s'en servir.

L'extinction latente Tolman explique à la fois l'acquisition et l'extinction de la tendance à accomplir une réponse en fonction de la variation des expectations. Dans le cas de l'extinction, le renforcement ne suit plus une réponse de but, ce qui entraîne une modification de l'expectation de l'animal. Dans le cas de l'extinction, cette explication est étayée par plusieurs expériences portant sur l'**extinction latente** (notamment,

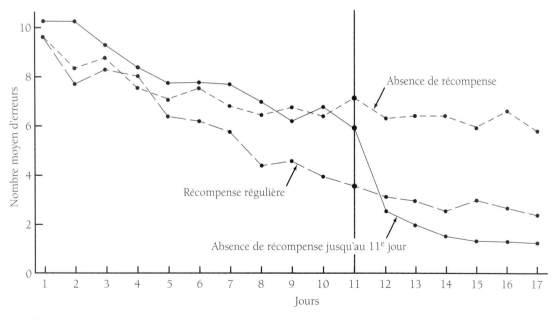

Figure 13.1
Résultats de l'expérience de Tolman et Honzik (1930) sur l'apprentissage latent. Reproduit avec la permission de l'éditeur.

Moltz, 1957, et Seward et Levy, 1949). Au cours d'une expérience typique de ce genre, un groupe d'animaux subit une extinction normale au moyen d'une série de réponses non renforcées menant graduellement à l'extinction. On place à plusieurs reprises, de façon passive, les animaux d'un second groupe dans la case d'arrivée vide avant d'effectuer des expériences sur l'extinction. Celles-ci ont démontré de manière constante que le comportement s'éteint beaucoup plus rapidement chez les sujets du second groupe que du premier groupe. Tolman explique cette observation par le fait que les animaux du second groupe « ont vu » l'absence de renforcement et que cette constatation a influé à la fois sur leurs expectations et leur performance.

L'influence de Tolman

L. D. Smith (1982) résume comme suit l'importance des travaux de Tolman.

> En adoptant et en adaptant les concepts d'intention et de cognition, [...] Tolman contribua à conserver et à modeler la tradition de la psychologie cognitive à une époque où elle était presque éclipsée par la montée du béhaviorisme classique. Il y est arrivé en démontrant que les concepts de ce type sont compatibles avec une version plus sophistiquée du béhaviorisme, de nature nettement non watsonienne. (p. 160 [notre traduction])

Lorsque Tolman introduisit des variables intermédiaires, sa théorie devint extrêmement complexe. Il supposa l'existence de plusieurs variables indépendantes et de plusieurs variables intermédiaires, et le nombre d'interactions possibles entre ces deux groupes était considérable. Il se dit peiné de cette difficulté d'application. L. D. Smith (1982) pense que Tolman proposa sa théorie alors que la technologie permettant de l'évaluer n'avait pas encore été créée.

> Tolman exprima son désespoir au sujet de l'énorme difficulté pratique que représentait la détermination des variables intermédiaires et de leurs interactions. [...] Il me semble que c'est justement ce type de difficulté qu'il devint possible de surmonter lorsque les psychologues se rendirent compte, durant les années 1960, que les programmes informatiques conviennent très bien à l'expression des interactions complexes dans les modèles de processus cognitifs. Si les innovations théoriques de Tolman ont souffert des limites de la technologie de l'époque, il semble que la situation ait changé. (p. 154 [notre traduction])

Il est clair que Tolman considérait les organismes comme des dispositifs actifs de traitement de l'information. Cette conception est tout à fait en accord avec la psychologie cognitive contemporaine. Nous verrons, au chapitre 20, qu'il existe de nombreux points communs entre la théorie de Tolman d'une part et la théorie du traitement de l'information et la théorie de l'apprentissage social de Bandura d'autre part. En outre, Tolman fit œuvre de pionnier dans le domaine, alors très populaire, de la génétique comportementale (mais le cadre du présent ouvrage ne nous permet pas de nous étendre sur ce sujet; voir Innis, 1992). Il fut le premier à publier une étude sur la reproduction sélective de rats en fonction de leur habileté en matière d'apprentissage dans un labyrinthe (1924). Et c'est le nom d'un de ses élèves, Robert C. Tyron, que l'on a associé plus que tout autre à la reproduction sélective à cause de l'étude longitudinale qu'il réalisa sur les rats doués et les rats non doués pour la traversée d'un labyrinthe.

En 1937, Tolman devint le 45e président de l'American Psychological Association (APA) et, en 1957, il reçut le Distinguished Scientific Contribution Award de l'APA avec la mention suivante.

> Pour avoir poursuivi sans relâche, dans un esprit de créativité, l'intégration théorique des données de la psychologie, qui présentent de si multiples aspects, et cela non seulement en ce qui concerne les plus faciles à circonscrire et les plus maniables; pour avoir forcé la théorie à sortir du champ mécanique et de la périphérie de la psychologie et à en occuper le centre, sans pour autant renoncer à l'objectivité et à la discipline; pour avoir ramené [l'être humain] en psychologie en mettant l'accent sur le comportement molaire organisé intentionnellement en unité d'analyse, ce qu'illustre particulièrement sa théorie cognitivo-intentionnaliste de l'apprentissage. (*American Psychologist*, 1958, p. 155 [notre traduction])

Clark Leonard Hull

Clark Leonard Hull (1884-1952) naquit un 24 mai aux environs d'Akron dans l'État de New-York. Son père n'avait jamais fréquenté l'école et sa mère, une femme paisible, s'était mariée à 15 ans. C'est elle qui apprit à son mari à lire. Clark, qui fréquentait une école à classe unique, dut souvent s'absenter pour participer à des corvées sur la ferme familiale. Il réussit l'examen destiné aux enseignants à l'âge de 17 ans et fut engagé dans une école à classe unique mais, au bout d'un an, il

Clark Leonard Hull

reprit ses études et excella en sciences et en mathématiques. C'est alors qu'il contracta la typhoïde en consommant de la nourriture contaminée. Alors que plusieurs camarades d'étude de Hull moururent au cours de cette épidémie, il survécut mais il estimait que sa mémoire avait été affaiblie. Une fois guéri, il alla étudier le génie minier au collège Alma dans le Michigan. Sa formation terminée, il obtint un emploi dans une compagnie minière du Minnesota, où il était chargé d'évaluer la teneur en manganèse du minerai de fer. Deux mois seulement après son entrée en fonction, soit à l'âge de 24 ans, il contracta la poliomyélite et demeura partiellement paralysé. Il dut d'abord s'aider de béquilles pour marcher et utilisa une canne le reste de sa vie. Il fut donc obligé de songer à faire carrière dans un domaine moins astreignant que l'exploitation minière. Il pensa d'abord devenir ministre unitarien, car cette « religion libre, sans Dieu » l'attirait, mais l'idée de devoir « participer à une succession sans fin de thés donnés par des dames » le fit renoncer à ce projet. Ce qu'il désirait vraiment, c'était de travailler dans un domaine où la réussite vient relativement vite et où il aurait à manipuler des appareils.

> [Je voulais] une occupation dans un domaine connexe à la philosophie en ce sens qu'il présenterait un aspect théorique : un domaine assez nouveau pour offrir une possibilité d'avancement rapide, de sorte qu'un jeune homme n'ait pas à attendre que ses aînés meurent pour que son travail soit reconnu, et qui fournirait également l'occasion de concevoir des dispositifs automatiques et

de les utiliser. La psychologie semblait satisfaire cet ensemble particulier d'exigences. (Hull, 1952a, p. 145 [notre traduction])

Même si Hull s'était fixé comme objectif de faire carrière en psychologie, il n'avait pas les moyens financiers d'entreprendre des études. Il devint donc directeur de l'école qu'il avait fréquentée durant son enfance (élargie depuis à deux classes). Durant ses temps libres, il lut *The Principles of Psychology* de James pour se préparer à la profession qu'il avait choisie. En deux ans, il économisa suffisamment d'argent pour s'inscrire à l'université du Michigan, en troisième année. Il suivit notamment un cours en psychologie expérimentale, qu'il adora, et un cours de logique, pour lequel il construisit une machine capable de simuler le raisonnement syllogistique. Lorsqu'il obtint son diplôme, ses fonds étant redescendus à zéro, il accepta un poste dans une école normale du Kentucky. Il commença immédiatement à planifier son mémoire de doctorat sur la formation des concepts même s'il n'était pas encore inscrit au troisième cycle. Il fit une demande à Cornell et à Yale (où il allait finalement passer le plus clair de sa vie professionnelle), mais sa candidature comme étudiant au troisième cycle fut rejetée par les deux institutions. Il fut toutefois accepté à l'université du Wisconsin. Il mit quatre ans à rédiger son mémoire sur l'apprentissage des concepts (1920). Même s'il pensait que ses recherches constituaient une percée en psychologie expérimentale, elles passèrent presque inaperçues. Hilgard (1987) rappelle les réactions de Hull concernant son mémoire.

> Hull avait trimé dur pour rédiger son mémoire ; il avait dû subir les assauts de sa petite fille qui avait barbouillé d'encre les graphiques qu'il avait soigneusement étalés pour les faire sécher, de sorte qu'il avait été obligé de tous les reprendre. Il était fier de son mémoire parce qu'il faisait entrer la psychologie expérimentale dans le domaine des processus cognitifs en examinant l'apprentissage des concepts. [...] Il me raconta à quel point il s'était senti abattu en constatant que les années passaient sans que personne prête attention à son mémoire ni le cite. Il était finalement prêt à accepter le fait que celui-ci était « mort-né » (pour employer ses propres mots). (p. 200 [notre traduction])

Hull obtint son doctorat de l'université du Wisconsin en 1918 et y fut chargé de cours jusqu'en 1929.

Peut-être à cause de la déception qu'il avait éprouvée suite à l'accueil que l'on avait fait à son mémoire sur l'apprentissage des concepts, Hull se tourna vers d'autres domaines de recherche. Par exemple, il accepta une bourse pour étudier les effets de l'usage de la pipe sur la performance mentale et motrice. On lui demanda ensuite d'enseigner un cours sur les tests psychologiques et la mesure de l'intelligence. Il se rendit alors compte que les bases de l'orientation professionnelle n'étaient pas objectives et ses efforts pour améliorer la situation l'amenèrent à publier *Aptitude Testing* (1928). Dans le cadre de ses travaux dans ce domaine, il inventa une machine servant à calculer automatiquement les corrélations entre les résultats à des tests. Ce dispositif, qu'on programmait en perçant des trous dans un ruban, se trouve maintenant à la Smithsonian Institution de Washington, D.C. (Hilgard, 1987). En plus de son apport dans les domaines de l'apprentissage des concepts et de la mesure des aptitudes, Hull donna libre cours à son intérêt pour la suggestibilité et l'hypnose alors qu'il travaillait à l'université du Wisconsin. Durant une période d'environ 10 ans, il publia, en collaboration avec ses étudiants, 32 articles sur ces sujets et ses travaux aboutirent à la publication de *Hypnosis and Suggestibility: An Experimental Approach* (Hull, 1933).

En 1929, Hull accepta une chaire à l'université Yale (soit l'une des institutions qui avait rejeté sa demande d'inscription au troisième cycle). Il y réalisa des travaux sur deux de ses centres d'intérêt: la création de machines capables d'apprendre et de penser (comme la calculatrice de corrélations) et l'étude des processus d'apprentissage. Il s'agissait de deux domaines tout à fait compatibles, car Hull percevait les humains comme des machines qui pensent et apprennent. Il n'est pas étonnant que l'un de ses héros ait été Newton, car ce dernier concevait l'univers comme une immense machine qu'on peut décrire de façon précise à l'aide des mathématiques. Hull appliqua simplement le modèle newtonien aux organismes vivants. Pavlov figurait également au nombre de ses héros. Les œuvres de Pavlov, qu'il avait lues dans la traduction anglaise parue en 1927, l'avaient grandement impressionné. Il commença à étudier les réponses conditionnées chez les humains alors qu'il travaillait encore à l'université du Wisconsin et poursuivit ses recherches à Yale, où toutefois ses sujets étaient des rats plutôt que des humains.

On reconnut finalement les nombreuses contributions de Hull en 1936, lorsqu'il devint le 44e président de l'American Psychological Association (APA). Dans son discours présidentiel, il rappelle son objectif de créer une psychologique théorique qui expliquerait le comportement « intentionnel » en fonction de principes mécanistes apparentés à des lois. Pour ce faire, il se propose d'appliquer les préceptes du positivisme logique (et de la géométrie euclidienne), selon lesquels on déduit les connaissances nouvelles de ce qu'on sait déjà. Dans son autobiographie, il dit: « L'étude de la géométrie fut l'événement le plus important de ma vie intellectuelle; elle m'a fait entrevoir un monde entièrement nouveau, où la pensée peut elle-même générer, et prouver réellement, des relations nouvelles sur la base des éléments qu'elle possède déjà » (1952a, p. 144 [notre traduction]). Il est important de noter que ni Hull ni Tolman n'élaborèrent leurs théories respectives *à cause* de l'existence du positivisme logique; ils formulèrent leurs conceptions de la psychologie théorique indépendamment de cette philosophie des sciences. Lorsqu'ils la découvrirent, durant les années 1930, ils intégrèrent simplement sa terminologie à leur système. Autrement dit, Tolman et Hull employèrent le langage du positivisme logique pour exprimer leurs propres idées, ce qui était possible en raison de la compatibilité des deux visions.

Contrairement à Tolman, Hull ne jugeait pas nécessaire d'utiliser des concepts mentalistes, soit comme des entités réelles ou de simples outils théoriques. Par ailleurs, à l'instar de Watson, Hull pensait que l'intérêt de la psychologie pour la conscience découle de la métaphysique et de la théologie médiévales. Même si son intérêt pour les « machines psychiques » était passé au second plan, il présenta un dispositif de ce type à l'APA et exprima sa conviction que, si on arrivait à construire une machine capable de comportements adaptatifs, cela étayerait sa conception selon laquelle, chez les organismes vivants, les comportements de ce type s'expliquent en fonction de principes mécanistes.

En raison de leurs spéculations sur les causes internes du comportement, Hull et Tolman sont tous deux classés parmi les béhavioristes méthodologiques, et tous deux appliquèrent à un moment ou un autre le positivisme logique dans leurs travaux de théorisation. Toutefois, du point de vue philosophique, Hull est mécaniste et matérialiste, alors que Tolman est dualiste en ce sens qu'il pense que des événements mentaux déterminent le comportement. Les adeptes du béhaviorisme mécaniste de Hull et les partisans du béhaviorisme intentionnaliste de Tolman se sont fait la lutte tout au long des années 1930 et 1940. Ce débat incessant a donné lieu à l'une des périodes les plus productives de l'histoire de la psychologie.

De 1929 à 1950, Hull publia 21 articles de nature théorique dans la *Psychological Review* et, en 1940, il cosigna *Mathematico-Deductive Theory of Rote Learning* (avec Hovland, Ross, Hall, Perkins et Fitch). Cet ouvrage se proposait de montrer que l'apprentissage par cœur s'explique au moyen de principes de conditionnement. En 1943, Hull publia *Principles of Behavior*, l'un des ouvrages les plus influents de l'histoire de la psychologie, et dans *A Behavior System* (1952b) il étend les idées exprimées dans ses *Principles* à des phénomènes plus complexes. En 1948, alors qu'il rédigeait le manuscrit de *A Behavior System*, il fut terrassé par une crise cardiaque qui affaiblit davantage sa santé déjà fragile. Il dut rassembler toutes les forces qui lui restaient pour terminer cet ouvrage, mais il y parvint quatre mois avant son décès. Le 10 mai 1952, il fut victime d'une seconde crise cardiaque qui l'emporta. Peu de temps avant sa mort, il exprima son profond regret de ne pouvoir écrire un troisième livre qu'il avait planifié, car il pensait que c'aurait été le plus important puisqu'il prévoyait y étendre son système au comportement social humain.

La théorie hypothético-déductive de Hull

Hull emprunta à Tolman la technique des variables intermédiaires, dont il fit plus largement usage. Il fut le premier (et le dernier) psychologue à tenter d'appliquer une théorie scientifique exhaustive à l'étude de l'apprentissage, ce qui l'amena à créer sa **théorie hypothético-déductive**, extrêmement complexe, dont il espérait qu'elle soit autocorrective. Il passa d'abord en revue les recherches déjà effectuées sur l'apprentissage, puis il les résuma sous forme d'énoncés généraux, ou postulats. Il déduisit de ces derniers des théorèmes qui constituaient des propositions vérifiables. Il explique pourquoi son système devrait être autocorrectif.

> L'observation empirique, associée à une conjecture perspicace, est la principale source des principes fondamentaux, ou postulats, de la science. Si on les combine de différentes façons avec des conditions antécédentes appropriées, les postulats fournissent des inférences, ou théorèmes, dont certaines s'accorderont peut-être avec les résultats expérimentaux des conditions en question, et d'autres ne s'accorderont peut-être pas. On retient les propositions fondamentales qui mènent à des déductions logiques constamment en accord avec les résultats expérimentaux observés et on rejette, ou modifie, celles qui sont en désaccord avec les résultats. Au cours du tri résultant de ce processus d'essais et erreurs, un ensemble limité de principes fondamentaux émerge graduellement, dont les implications communes s'accordent de plus en plus avec les observations pertinentes. Les déductions tirées des postulats restants, même si elles ne sont jamais absolument certaines, deviennent avec le temps très fiables. Il s'agit là en fait de l'état actuel des principes fondamentaux des principales sciences physiques. (Hull, 1943, p. 382 [notre traduction])

Tandis que Watson pensait que tout comportement s'explique en fonction des associations entre les stimuli et les réponses, Hull en vint à la conclusion qu'il faut tenir compte d'un certain nombre de conditions internes intermédiaires. Tolman affirmait la même chose, mais il pensait que ce sont des événements cognitifs qui jouent le rôle d'intermédiaires entre l'expérience environnementale et le comportement. Du point de vue de Hull, les événements intermédiaires sont principalement de nature physiologique.

Dans la version finale de sa théorie, Hull (1952b) énumère 17 postulats et 133 théorèmes ; nous nous limitons à l'examen de quelques-uns de ses concepts les plus importants.

Le renforcement

Contrairement à Watson et à Tolman, Hull est un théoricien du renforcement. Il pense qu'un besoin physiologique crée une *pulsion* chez l'organisme et que la diminution de celle-ci constitue un **renforcement**. Sa théorie du renforcement est donc du type **pulsion-réduction**. Selon Hull, la pulsion est l'un des événements importants qui jouent le rôle d'intermédiaires entre un stimulus et une réponse.

La force de l'habitude Si, dans une situation donnée, une réponse mène à la réduction d'une pulsion, on dit que la **force de l'habitude** ($_sH_R$) augmente. Hull définit de façon opérationnelle la force de l'habitude, une variable intermédiaire, comme le nombre d'appariements renforcés entre une situation environnementale (S) et une réponse (R). Selon lui, une augmentation de la force de l'habitude constitue un apprentissage.

Le potentiel de réaction

La pulsion n'est pas seulement une condition nécessaire du renforcement ; elle est également un important activateur du comportement. Hull appelle **potentiel de réaction** ($_SA_R$) la probabilité d'une réponse apprise. Ce potentiel est fonction à la fois de l'intensité de la pulsion (P) et du nombre de fois que celle-ci a déjà été renforcée dans la même situation. Hull exprime le potentiel de réaction par la formule :

$$_SA_R = {_SH_R} \times P$$

Donc, si $_SH_R$ ou P est nul, la probabilité d'une réponse acquise est alors également nulle.

Hull postule plusieurs autres variables intermédiaires dont certaines font augmenter le potentiel de réaction et d'autres le font diminuer. La probabilité d'une réponse acquise est l'effet net de toutes ces influences positives et négatives, chaque variable intermédiaire étant rigoureusement définie de façon opérationnelle. (On trouve un compte rendu plus détaillé de la théorie de Hull dans Bower et Hilgard, 1981, et Hergenhahn et Olson, 2005.)

Une vue d'ensemble de la théorie de Hull

On peut considérer que la théorie de Hull résulte du développement du concept S-O-R de Woodworth. En utilisant des définitions opérationnelles, Hull tente de montrer comment l'interaction d'un certain nombre d'événements internes provoque un comportement manifeste. Sa théorie se situe dans la tradition darwinienne, car elle associe le renforcement aux événements qui favorisent la survie d'un organisme. En fait, elle reflète l'influence de Darwin, de Woodworth, de Watson et du positivisme logique.

L'influence de Hull

Dix ans après la publication des *Principles of Behavior* (1943), 40 % de toutes les études expérimentales publiées dans les réputés *Journal of Experimental Psychology* et *Journal of Comparative and Physiological Psychology* faisaient référence à un aspect ou l'autre de la théorie de Hull. Cette proportion augmente à 70 % si on considère uniquement les domaines de l'apprentissage et de la motivation (Spence, 1952). L'influence de Hull s'est toutefois fait sentir au-delà de ces secteurs ;

pour la période allant de 1949 à 1952, on compte 105 références aux *Principles of Behavior* dans *The Journal of Abnormal and Social Psychology*, comparativement à seulement 25 pour le second ouvrage le plus cité (Ruja, 1956).

En 1945, Hull reçut la prestigieuse Warren Medal de la Society of Experimental Psychologists ; elle portait l'inscription suivante.

> À Clark L. Hull, pour avoir minutieusement élaboré une théorie systématique du comportement. Celle-ci a grandement encouragé la recherche et elle est énoncée sous une forme quantitative précise, de sorte qu'elle permet de faire des prédictions vérifiables de façon empirique. Elle renferme donc le germe de sa propre vérification ultime et, peut-être, de sa propre infirmation finale. Il s'agit là d'une réalisation unique dans toute l'histoire de la psychologie. (Kendler, 1987, p. 305 [notre traduction])

Après la mort de Hull, en 1952, l'un de ses anciens étudiants, Kenneth W. Spence (1907-1967), se fit le principal porte-parole de la théorie hullienne (Spence, 1956, 1960). Les extensions et les modifications qu'il y apporta sont à ce point importantes que l'on parle maintenant de la théorie de Hull et Spence. Il réussit tellement bien à perpétuer celle-ci que, comme l'a montré une étude, Spence fut le psychologue le plus cité dans les revues de psychologie expérimentale jusque dans les années 1960, Hull lui-même venant au huitième rang (Myers, 1970).

Bien que la théorie de Hull l'ait finalement emporté sur celle de Tolman et qu'elle ait été très largement acceptée durant les années 1940 et 1950 — et même durant les années 1960 grâce à l'influence de Spence —, on considère généralement aujourd'hui que sa valeur est principalement historique. Hull a tenté de créer une théorie générale du comportement que toutes les sciences sociales pourraient utiliser pour expliquer le comportement humain, et son projet satisfait à toutes les exigences du positivisme logique (par exemple, tous ses concepts théoriques sont définis de façon opérationnelle). Cependant, bien que sa théorie soit scientifiquement acceptable, elle est relativement stérile. Les critiques affirmant que les déductions vérifiables qu'on peut en tirer sont peu utiles pour expliquer le comportement à l'extérieur du laboratoire se sont faites de plus en plus nombreuses. Les psychologues se sentaient freinés par l'obligation de définir leurs concepts de façon opérationnelle et d'établir un lien entre les résultats de leurs expériences et une théorie du type de celle de Hull. Ils se sont rendu compte que la recherche objective peut revêtir plusieurs formes et que la forme proposée par le positivisme logique menait à une impasse. À plusieurs points de vue, l'approche de Hull semble finalement aussi improductive que celle de Titchener.

Edwin Ray Guthrie

Edwin Ray Guthrie (1886-1959) naquit un 9 janvier à Lincoln, dans le Nebraska ; il était l'aîné de cinq enfants. Son père possédait un magasin de pianos à Lincoln, dans lequel il vendait aussi des bicyclettes et des meubles. Sa mère avait été enseignante avant de se marier. Selon son fils Peter, Edwin fit preuve très tôt de talent sur le plan académique.

> Avec un ami, il lut *Origine of Species* et *The Expression of the Emotions in Man and Animals* de Darwin alors qu'ils étaient en 8ᵉ année. Edwin étudia le grec et le latin en plus des autres matières et il lut Xénophon dans le texte. (Prenzel-Guthrie, 1996, p. 138 [notre traduction])

Edwin Ray Guthrie

Guthrie obtint un baccalauréat en mathématiques de l'université du Nebraska en 1907, et il fut admis dans Phi Bêta Kappa (une association d'anciens particulièrement brillants). Il enseigna ensuite les mathématiques dans une école secondaire de Lincoln tout en préparant une maîtrise en philosophie à l'université du Nebraska, qu'il termina en 1910. La même année, il s'inscrivit au doctorat à l'université de Pennsylvanie et, après avoir obtenu son diplôme, en 1912, il retourna à l'enseignement des mathématiques au niveau secondaire. En 1914, il accepta une charge de cours en philosophie à l'université de Washington. En 1919, il entra au département de psychologie de la même université, où il enseigna jusqu'à ce qu'il accepte le poste de doyen du troisième cycle, en 1943. En 1951, il fut nommé professeur émérite mais continua d'enseigner et de participer aux activités de l'université jusqu'à ce qu'il prenne sa retraite, en 1956.

La première édition de l'œuvre maîtresse de Guthrie, *The Psychology of Learning*, parut en 1935 et l'édition révisée, en 1952. Son style n'est pas technique ; son ouvrage est teinté d'humour et émaillé de nombreuses anecdotes du cru de l'auteur. Guthrie était convaincu qu'il fallait présenter n'importe quelle théorie scientifique, y compris la sienne, de manière que les étudiants du premier cycle puissent la comprendre. Il accordait de plus une grande importance à l'application pratique de ses idées. Même s'il avait une perspective et une orientation expérimentales, il réalisa une seule expérience reliée à sa théorie (que nous allons examiner sous peu), en collaboration avec George P. Horton. Guthrie est clairement béhavioriste, mais il reproche aux théories des autres béhavioristes (dont Watson, Tolman, Hull et Skinner) de manquer de concision et d'être trop subjectives. Nous allons voir que Guthrie pense que tous les phénomènes d'apprentissage s'expliquent à l'aide d'une seule des lois aristotéliciennes de l'association, soit la loi de contiguïté.

L'unique loi de l'apprentissage

L'unique loi de l'apprentissage de Guthrie est la **loi de contiguïté**, qu'il énonce comme suit : « Si une combinaison de stimuli accompagne un mouvement, alors toute récurrence de cette combinaison a tendance à être suivie du même mouvement. Il est à noter qu'on ne parle pas dans ce cas d'« ondes de confirmation », de renforcement, ni d'effets agréables » (1952, p. 23 [notre traduction]). Autrement dit, Guthrie pense que la dernière chose qu'on fait dans une situation donnée est ce qu'on tend à refaire si la situation se reproduit. Il accepte donc le principe de récence de Watson.

Dans le dernier ouvrage publié de son vivant, Guthrie (1959) donne une version révisée de sa loi de contiguïté, qui se lit comme suit : « Ce qu'un individu remarque devient un signal pour ce qui est en train de se produire » (p. 186 [notre traduction]). C'est une façon pour Guthrie de reconnaître qu'un organisme est à tout instant exposé à un nombre tellement grand de stimuli qu'il ne peut former des associations avec chacun. Il réagit plutôt de façon sélective à une petite proportion seulement des stimuli présents, et c'est cette fraction qu'il associe à sa réponse, quelle qu'elle soit.

L'apprentissage sans erreurs

Les théoriciens de l'apprentissage ayant précédé Guthrie acceptaient à la fois la loi de contiguïté *et* la loi de fréquence d'Aristote. Par exemple, Pavlov, Watson, Tolman, Hull et (comme nous allons le voir plus loin dans le présent chapitre) Skinner incluent dans leurs théories respectives le fait que la force d'une association augmente en fonction de l'accroissement de l'exposition au milieu d'apprentissage. Ils ne s'entendaient évidemment pas sur la façon d'expliquer ce fait, mais ils étaient tous d'accord qu'il faut tenir compte de la fréquence d'exposition. Le caractère unique de la théorie de l'apprentissage de Guthrie tient à ce qu'il rejette la loi de fréquence ; il pense plutôt qu'« *un modèle de stimuli acquiert toute sa force d'association la première fois qu'il est apparié à une réponse* » (1942, p. 30 [notre traduction]). En d'autres mots, contrairement à tous les théoriciens de l'apprentissage l'ayant précédé, il pose l'hypothèse de l'**apprentissage sans erreurs**. Il savait qu'Aristote avait observé que l'apprentissage peut résulter d'une seule expérience, comme en témoigne l'extrait suivant des *Opuscules*.

> Il y a, du reste, des gens qui, en une seule impression qui les émeut, contractent une habitude plus complète que d'autres par une suite d'émotions nombreuses. Il y a aussi des choses dont nous nous souvenons beaucoup mieux, pour les avoir vues une seule fois, que nous ne nous souvenons de certaines autres que nous avons mille fois vues. (1847, chap. II, § 5)

Aristote pensait toutefois qu'il s'agit là d'une exception et que l'apprentissage est habituellement régi par la loi de fréquence.

Pourquoi l'entraînement améliore la performance

Si l'apprentissage se fait en un seul essai, alors pourquoi l'entraînement améliore-t-il la performance ? Afin de répondre à cette question, Guthrie fait la distinction entre *acte* et *mouvement*. Ce dernier est une réponse spécifique à une configuration donnée de stimuli. C'est cette association qu'on apprend dans toute sa force après une exposition unique. Un acte est une réponse à des configurations de stimuli qui varient. Par exemple, le fait de taper la lettre *a* sur un clavier donné dans des conditions de stimuli données (soit dans des conditions données d'éclairage et de température, dans une position donnée, etc.) est un mouvement. Cependant, le fait de taper la lettre *a* dans des conditions changeantes est un acte. C'est parce que l'apprentissage d'un acte implique l'apprentissage d'une réponse spécifique dans des conditions variables que l'entraînement améliore la performance.

Tout comme un acte est formé de plusieurs mouvements, une *habileté* se compose de plusieurs actes. Donc, une habileté comme taper à la machine, jouer au golf ou conduire une automobile se compose de plusieurs actes dont chacun est lui-même formé de milliers de mouvements. Par exemple, l'habileté qui consiste à jouer au golf se compose d'actes tels le coup de départ, le coup roulé, la sortie d'une trappe de sable et ainsi de suite. C'est encore une fois parce que les actes et les habiletés requièrent l'apprentissage d'un grand nombre d'associations S-R que l'entraînement améliore la performance.

La nature du renforcement

Selon Thorndike, un chat s'échappe de plus en plus facilement d'une boîte à problèmes parce que chaque fois qu'il parcourt le labyrinthe il fait l'expérience d'un « état satisfaisant » (un renforcement). Guthrie rejette cette idée : il explique les effets du « renforcement » en fonction du principe de récence. Il a observé que si la réponse d'un chat placé dans une boîte à problèmes (par exemple déplacer une tige) lui permet d'en sortir, alors la configuration entière des stimuli dans la boîte change. Il existe donc un ensemble de stimuli avant le déplacement de la tige et un autre après le déplacement. Selon Guthrie, étant donné que le déplacement de la tige est la dernière chose que fait le chat dans les conditions précédant le renforcement, c'est cette réponse qu'il répétera si on le place de nouveau dans la boîte. Le « renforcement » modifie les conditions stimulantes et évite ainsi le *désapprentissage*. Autrement dit, le « renforcement » conserve l'association qui le précède immédiatement.

La seule recherche systématique que fit jamais Guthrie, il la réalisa avec Horton ; les chercheurs en publièrent un résumé dans le petit livre intitulé *Cats In a Puzzle Box* (Guthrie et Horton, 1946). Guthrie et Horton notèrent environ 800 réponses d'échappement de chats placés dans un dispositif semblable à celui que Thorndike avait utilisé. Comme ce dernier, les deux chercheurs constatèrent que les chats apprenaient à déplacer une tige pour sortir de l'appareil. Cependant, chaque chat apprenait à déplacer la tige à sa propre façon. Par exemple, un animal la heurtait en reculant dans sa direction, un autre la poussait avec sa tête et un autre encore la déplaçait avec ses pattes. Chacun des chats répétait ce *comportement stéréotypé* chaque fois qu'on le plaçait dans le dispositif. Ces observations appuient évidemment l'affirmation de Guthrie selon laquelle, peu importe la dernière chose que fait un animal dans une situation donnée, il répétera cette chose si la situation se reproduit (principe de récence). Le fait de déplacer la tige modifie les conditions stimulantes, ce qui entraîne la conservation de l'association entre les conditions prévalant avant que l'animal ne s'échappe et sa réponse particulière à ces conditions. L'hypothèse de Guthrie selon laquelle le renforcement est simplement un mécanisme qui prévient le « désapprentissage » était confirmée.

L'oubli

Selon Guthrie, non seulement l'apprentissage se fait en un seul essai, mais il en est de même de l'oubli. Celui-ci se produit lorsqu'une association S-R est remplacée par une autre, plus récente. Ainsi, un nouvel apprentissage intervient dans tous les cas d'oubli, ce dernier ayant lieu seulement si quelque chose vient perturber l'association S-R existante. Voici l'explication de Guthrie lui-même.

> Un enfant qui quitte l'école à la fin de la 7e année se souvient toute sa vie de nombreux détails à propos de sa dernière année d'école. Chez un enfant qui poursuit ses études, des associations nouvelles viennent se superposer à celles de la classe et de la vie à l'école, de sorte qu'à son entrée au collège les associations plus anciennes peuvent être devenues vagues comme les noms et les événements reliés à son expérience de septième année.
>
> Si une personne est d'une façon ou d'une autre protégée contre des indices enregistrés, elle est bien consciente que le lien entre ces derniers et une réponse donnée peut subsister indéfiniment. La femme d'un professeur d'université se rendit récemment en Norvège, le lieu de naissance de ses parents. Elle n'avait pas parlé norvégien depuis la mort de sa grand-mère, survenue lorsqu'elle avait cinq ans, et elle pensait avoir oublié cette langue. Mais durant son séjour en Norvège, elle eut la surprise de constater qu'elle était capable de participer à la conversation. La langue et l'atmosphère de son enfance lui remémorèrent les mots et les phrases qu'elle était incapable de se rappeler lorsqu'elle était chez elle, aux États-Unis. Mais sa parenté fut grandement amusée de constater qu'elle parlait un « langage de bébé », rudimentaire. Si sa famille, aux États-Unis, avait continué à employer le norvégien, elle aurait oublié ce « langage de bébé », car son association à la langue aurait été détruite par d'autres phrases.
>
> L'oubli n'est pas l'effacement passif d'associations stimulus-réponse contingentes à l'écoulement du temps ; il requiert un désapprentissage actif, qui consiste à apprendre à faire autre chose dans une même situation. (1942, p. 29-30 [notre traduction])

La perte d'une habitude

Une habitude est un acte qui en est venu à être associé à un nombre important de stimuli, et elle est d'autant plus forte que ce nombre est grand. Par exemple, l'usage du tabac est souvent une forte habitude parce que l'acte de fumer est à la longue associé à bien des stimuli. Selon Guthrie, il existe une règle générale pour éliminer une habitude indésirable. Il s'agit d'observer les stimuli qui déclenchent cet acte et d'effectuer un acte différent en présence des mêmes stimuli. Ainsi, l'acte de remplacement, qui est désirable, sera déclenché par ces derniers au lieu de l'acte initial, indésirable.

La punition

Selon Guthrie, l'efficacité de la punition dépend non de la douleur qu'elle cause mais de ce qu'elle provoque chez l'organisme lorsqu'il est en présence de stimuli qui déclenchent le comportement indésirable. Si la punition provoque un comportement incompatible avec le com-

portement indésirable en présence des stimuli en question, alors elle est efficace ; autrement, elle ne l'est pas.
Par exemple, si on veut décourager un chien de poursuivre les automobiles, le fait de le frapper sur le
museau pendant qu'il s'adonne à cette activité sera probablement efficace ; par contre, le frapper sur l'arrière-
train sera probablement inefficace et pourrait même
renforcer la tendance à poursuivre les voitures. Pourtant, on peut supposer que la douleur est la même dans
les deux cas.

Les pulsions et les intentions

Selon Guthrie, les pulsions fournissent des **stimuli de
maintien** qui gardent un organisme actif jusqu'à ce
qu'un objectif soit atteint. Ces stimuli sont internes
(telle la faim) ou externes (tel un bruit fort). Si un organisme accomplit un acte qui met fin aux stimuli de
maintien, cet acte devient associé à ces stimuli parce
que, en raison du principe de récence, l'organisme aura
tendance à répéter le dernier acte réalisé en présence
des stimuli de maintien s'ils se produisent de nouveau.
On appelle les actes de ce type *intentions*, car ils semblent avoir comme objectif l'élimination des stimuli de
maintien (ou pulsions). Cependant, Guthrie explique
en fait le comportement « intentionnel » de la même
façon que tous les autres comportements, soit à l'aide
de la loi de contiguïté.

En 1945, Guthrie fut élu président de l'American Psychological Association (APA) et il reçut un doctorat honorifique de son alma mater, l'université du Nebraska.
En 1958, l'American Psychological Foundation lui
attribua une médaille d'or pour son remarquable
apport à la psychologie. Peu de temps après, l'université de Washington nomma le nouvel immeuble destiné
à abriter la faculté de psychologie Edwin Ray Guthrie
Hall. Guthrie mourut en avril 1959, à la suite d'une
crise cardiaque.

La formalisation de la théorie de Guthrie

Guthrie présente souvent sa théorie sous une forme trop
générale pour qu'on puisse la vérifier expérimentalement. Virginia W. Voeks (1921-1989), qui étudia à
l'université de Washington au moment où Guthrie y
était influent, tenta de reformuler la théorie de ce dernier sous une forme scientifiquement plus rigoureuse.

Après avoir obtenu son baccalauréat à l'université de
Washington, en 1943, elle poursuivit ses études à Yale,
où elle fut influencée par Hull. Elle obtint son doctorat à
Yale en 1947. En 1949, elle alla travailler au San Diego
State College, où elle resta jusqu'à sa retraite, en 1971.

La formalisation de Voeks de la théorie de Guthrie
(1950) comprend quatre postulats fondamentaux, huit
définitions et huit théorèmes (ou déductions vérifiables). En mettant à l'épreuve quelques-unes de ces déductions, Voeks constata que ses expériences étayaient
considérablement la théorie de Guthrie (voir notamment Voeks, 1954).

William Kaye Estes (né en 1919) tenta lui aussi de formaliser la théorie de Guthrie. Au début de sa carrière,
il mena d'importantes recherches sur les effets de la
punition (1944). Cependant, il est réputé surtout pour
l'élaboration de sa *théorie d'échantillonnage des stimuli*
(SST, de *stimulus sampling theory*, 1950, 1960, 1964),
dont la pierre angulaire est la loi de contiguïté et l'hypothèse de l'apprentissage sans erreurs de Guthrie. La
théorie d'échantillonnage montre que la théorie de
Guthrie, en apparence simple, est en fait très complexe. Le modèle créé par Estes permit de surmonter
cette complexité et fut à l'origine d'un programme de
recherche hautement heuristique. Estes modifia plus
tard sa théorie pour la rendre plus compatible avec la
psychologie cognitive (voir notamment Estes, 1994).
Néanmoins, la loi de contiguïté de Guthrie reste au
cœur de toutes les versions remaniées de la théorie
d'Estes. Hergenhahn et Olson (2005) présentent une
vue d'ensemble de la théorie d'échantillonnage d'Estes
et de ses versions révisées.

B. F. Skinner

Au moment où les systèmes théoriques complexes de
Tolman et de Hull commencèrent à perdre de leur
popularité et où la théorie de Guthrie survivait principalement grâce à la tentative passablement ésotérique
d'Estes de créer un modèle mathématique de l'apprentissage, une autre forme de béhaviorisme était en pleine
ascension. La version du béhaviorisme préconisée par
B. F. Skinner s'oppose au positivisme logique par son
caractère antithéorique, mais elle est aussi en harmonie
avec celui-ci en ce sens qu'elle insiste sur la nécessité de
définir tous les termes fondamentaux de façon opéra-

B. F. Skinner

tionnelle. Nous allons voir que le béhaviorisme de Skinner est en fait plus proche du positivisme que du positivisme logique. Après la Deuxième Guerre mondiale, la version skinnérienne supplanta pratiquement toutes les autres formes de béhaviorisme.

Burrhus Frederic Skinner (1904-1990) naquit un 20 mars, dans une famille chaleureuse et stable de la classe moyenne de Susquehanna, en Pennsylvanie. Il avait un frère cadet, plus sportif et plus populaire que lui, qui mourut subitement à l'âge de 16 ans. Skinner fut élevé selon des normes morales sévères, mais on ne lui infligea une punition physique qu'une seule fois.

> Mon père ne m'a jamais infligé de correction physique, et ma mère ne l'a fait qu'une seule fois. Elle m'a lavé la bouche avec du savon et de l'eau parce que j'avais employé un gros mot. Mon père n'a cependant jamais raté une occasion de m'informer des punitions qu'on m'infligerait si j'avais un esprit criminel. Il m'a fait visiter la prison du comté et, un été, durant les vacances, il m'a emmené à une conférence où on montrait des diapositives en couleurs illustrant la vie à Sing Sing. J'en ai

gardé une crainte des policiers et j'achète encore trop de billets pour leur danse annuelle. (Skinner, 1967, p. 390-391 [notre traduction])

À l'école secondaire, Skinner réussissait bien en littérature, mais il avait des résultats médiocres en sciences ; il gagnait un peu d'argent en jouant dans un groupe de jazz et un orchestre. Il fréquenta le collège Hamilton, une petite institution de Clinton, dans l'État de New York, spécialisée dans les arts libéraux, où il obtint un diplôme en anglais. La vie de collège ne lui convenait pas vraiment : il était très maladroit dans les sports et se sentait « bousculé » par des exigences comme celle de se rendre chaque jour à la chapelle. La dernière année, il dit avoir été en rébellion ouverte contre le collège. Avec un ami, il décida de jouer un tour à leur professeur de composition anglaise, qu'ils n'aimaient pas parce qu'il émaillait toujours ses propos de noms de gens en vue. Ils firent imprimer des affiches portant l'inscription : « Le célèbre acteur Charles Chaplin donnera une conférence intitulée « Une carrière dans le cinéma » dans la chapelle du collège Hamilton le vendredi 9 octobre » (Skinner, 1967, p. 393 [notre traduction]). La visite de Chaplin était censément sous les auspices du professeur d'anglais antipathique. Les deux étudiants posèrent des affiches dans toute la ville et l'ami de Skinner annonça la nouvelle au journal d'Utica. Dès midi, la farce était hors de contrôle : la police dut ériger des barrages pour retenir la foule. Le lendemain, le professeur d'anglais visé publia un éditorial dans lequel il critiquait sévèrement l'affaire. Selon Skinner, il n'a jamais rien écrit de meilleur. Mais le canular mettant en scène Chaplin ne fut que la première d'une série de frasques dont Skinner se rendit coupable au cours de sa dernière année au collège.

> La plaisanterie, en tant que geste nihiliste, n'était qu'un début. Nous nous mîmes à attaquer le département et diverses vaches sacrées locales dans le journal étudiant. Je publiai une parodie de la façon dont le professeur d'art oratoire passait en revue, en bafouillant, la performance des élèves à la fin du cours. Je rédigeai un éditorial dans lequel je m'en prenais à l'association Phi Bêta Kappa. À la remise des diplômes, [...] je barbouillai les murs de caricatures amères de membres du département [...] et nous [Skinner et ses amis] transformâmes la cérémonie en pagaille ; durant l'intermission, le président nous avertit d'un air sévère que nous n'obtiendrions pas notre diplôme si nous ne nous calmions pas. (Skinner, 1967, p. 393 [notre traduction])

Lorsqu'il quitta le collège Hamilton, Skinner détenait un baccalauréat en littérature anglaise et il avait été admis dans l'association Phi Bêta Kappa, mais il n'avait pas suivi un seul cours de psychologie. Il avait alors la passion d'écrire, encouragée par le fameux poète Robert Frost, qui avait critiqué favorablement trois de ses nouvelles. Il se mit d'abord à la tâche dans le grenier de ses parents : « Les résultats furent désastreux. Je gaspillai mon temps. Je lus un peu n'importe quoi, […] j'écoutai la radio, qu'on venait d'inventer ; je collaborai à la rédaction d'articles humoristiques pour un journal local mais je n'écrivis pratiquement rien d'autre ; je songeai à consulter un psychiatre » (Skinner, 1967, p. 394 [notre traduction]). Skinner essaya ensuite de s'installer dans le quartier new-yorkais de Greenwich Village pour écrire, puis il passa un été à Paris dans le même but ; ces tentatives se soldèrent également par un échec. Il en arriva à détester la plupart des œuvres littéraires : « J'avais échoué en tant qu'écrivain parce que je n'avais rien d'important à dire, mais je ne pouvais pas accepter cette explication. J'avais besoin de rejeter la faute sur la littérature » (Skinner, 1967, p. 395 [notre traduction]).

N'ayant pas réussi à décrire le comportement humain dans une œuvre littéraire, Skinner décida de le décrire d'un point de vue scientifique. Alors qu'il demeurait à Greenwich Village, il avait lu les ouvrages de Pavlov et de Watson, qui l'avaient beaucoup impressionné. De retour d'Europe, en 1928, il s'inscrivit au troisième cycle en psychologie à Harvard. Il eut le sentiment d'avoir enfin trouvé sa voie et se lança à fond dans ses études.

> Je me levais à six heures, j'étudiais jusqu'à l'heure du petit déjeuner, j'assistais aux cours et je fréquentais le laboratoire et la bibliothèque, de sorte que je n'avais pas plus de 15 minutes libres durant la journée, puis j'étudiais de nouveau jusqu'à 21 heures exactement et je me couchais. Je n'allais ni au cinéma ni au théâtre, je n'assistais que rarement à un concert, je n'avais pratiquement jamais de rendez-vous et je ne lisais rien d'autre que des ouvrages de psychologie et de physiologie. (Skinner, 1967, p. 398 [notre traduction])

Cette autodiscipline prononcée caractérisa les habitudes de travail de Skinner sa vie durant.

Skinner compléta sa maîtrise en deux ans (1930), et son doctorat en trois ans (1931), puis il resta encore cinq ans à Harvard, où il poursuivit des études post-doctorales. Il entreprit sa carrière de professeur à l'université du Minnesota en 1937, où il enseigna jusqu'en 1945. Durant cette période, il publia *The Behavior of Organisms* (1938), qui lui valut une renommée nationale en psychologie expérimentale. En 1945, il obtient une chaire en psychologie à l'université de l'Indiana, où il resta jusqu'en 1948, soit l'année où il retourna à Harvard. Il garda des liens avec cette dernière université jusqu'à sa mort, qui survint en 1990. En 1974, il fut nommé professeur émérite,

> mais il continua de parcourir à pied les quelque trois kilomètres qui séparaient sa maison de son bureau au William James Hall, où il s'occupait de sa correspondance, recevait des érudits des quatre coins du monde venus lui rendre visite et, à l'occasion, effectuait des recherches et dirigeait des étudiants de troisième cycle. (Fowler, 1990, p. 1203 [notre traduction])

En plus de la brève autobiographie qu'il rédigea en 1967, Skinner raconte sa vie en détails dans trois ouvrages plus volumineux : *Particulars of My Life* (1976), *The Shaping of a Behaviorist* (1979) et *A Matter of Consequences* (1983).

Le positivisme de Skinner

Il a été question, dans le chapitre 4, du grand penseur de la Renaissance Francis Bacon, pour qui il est fondamental de surmonter les erreurs du passé afin d'atteindre à un savoir libre de toute superstition et de tout préjugé. Sa solution consistait à s'en tenir le plus possible à ce qu'on peut observer de façon empirique et à éviter toute théorisation. Il proposa d'élaborer une science descriptive et inductive, plutôt que théorique et déductive. Selon Bacon, les scientifiques devraient d'abord recueillir des données empiriques, puis inférer des connaissances de ces faits (au lieu d'élaborer d'abord une théorie abstraite, puis d'en déduire des faits). L'une des principales mises en garde de Bacon, c'est que les préjugés, les conceptions erronées, les traditions et les croyances (peut-être fausses) d'un scientifique risquent de se manifester lors de la formulation d'une théorie et de constituer un obstacle dans la recherche d'un savoir objectif. Skinner fut fortement impressionné par ce penseur et il parle souvent de l'influence qu'il exerça sur lui et son œuvre (L. D. Smith, 1992). On peut considérer que Bacon est à l'origine de la tradition positiviste à laquelle se rallièrent par la suite Comte et Mach. Skinner s'est également souvent dit redevable à Mach (voir notamment Skinner, 1931/

1972, 1979). Nous avons déjà souligné que Mach pensait qu'il était important que la science mette de côté les concepts métaphysiques qui, selon lui, comprennent toutes les notions (comme celle de cause) relatives à des événements non directement observables. Mach et les autres positivistes s'intéressent uniquement aux faits et aux liens qui existent entre ceux-ci. Selon Mach, le scientifique détermine ces relations à l'aide de l'analyse fonctionnelle, c'est-à-dire en notant que, si X se produit, alors Y a tendance à se produire aussi. Les réflexions sur les raisons pour lesquelles les relations de ce type existent appartiennent au domaine dangereux et non essentiel de la métaphysique. La tâche de la science est de décrire des relations empiriques, non de les expliquer. Skinner adopte explicitement le positivisme de Mach. En appliquant l'approche fonctionnelle de ce dernier à la science, il (1931/1972) élude le problème complexe de la détermination des causes du comportement humain.

> Nous pouvons maintenant adopter, relativement à l'explication et à la détermination des causes, l'humble point de vue que Mach semble avoir été le premier à proposer, et qui caractérise maintenant la pensée scientifique en général, selon lequel [...] la notion de fonction se substitue à celle de cause. (p. 448-449 [notre traduction])

En ce qui concerne la théorie, Skinner est un adepte du positivisme, non du positivisme logique. Nous reviendrons sur sa vision positiviste lorsque nous examinerons son attitude à l'égard de la théorie.

L'analyse fonctionnelle du comportement

À l'instar de Watson, Skinner nie le fait que les événements conscients appartiennent à un domaine séparé. Il pense que l'expression « événement mental » est simplement une étiquette apposée sur des processus physiologiques : « [Ma] position peut s'exprimer comme suit : ce qui est ressenti ou observé par introspection n'appartient pas à quelque monde non physique de la conscience, de l'esprit ou de la vie mentale, mais au propre corps de l'observateur » (Skinner, 1974, éd. fr. 1979, p. 24). Mais, en supposant qu'il existe des événements mentaux, cela ne donnerait rien de les étudier, dit Skinner : si de tels événements donnent naissance à des événements conscients et que ceux-ci déclenchent à leur tour des comportements, on ne perd rien, et on gagne beaucoup, en effectuant simple-

ment une **analyse fonctionnelle** des événements environnementaux et des événements comportementaux. Ce type d'analyse permet d'éviter les nombreux problèmes associés à l'étude des événements dits mentaux qu'on réussira, selon Skinner, à expliquer le jour où on saura à quels événements physiologiques internes les gens réagissent lorsqu'ils emploient des termes comme *pensée*, *choix* et *volonté* pour rendre compte de leur propre comportement. Skinner est donc un moniste physicaliste (matérialiste) puisqu'il pense que la conscience n'existe pas en tant qu'entité non physique. Étant donné qu'on ne sait pas actuellement à quels événements internes les gens réagissent lorsqu'ils utilisent des termes mentalistes, on doit se contenter d'ignorer ces derniers. Voici ce que dit Skinner (1974) :

> Il n'y a rien dans la science du comportement ou dans sa philosophie qui modifie nécessairement les sentiments ou les observations introspectives. Cette science reconnaît l'existence des états physiques éprouvés ou observés, mais elle met l'accent sur les conditions environnementales avec lesquelles ils sont associés et insiste sur le fait que ce sont les conditions plus que les sentiments qui permettent d'expliquer le comportement. (éd. fr. 1979, p. 247)

Skinner affirme également : « Une science complètement autonome de l'expérience subjective n'aurait pas plus de rapport avec une science du comportement qu'une science de ce que les gens éprouvent vis-à-vis du feu n'en aurait avec une science de la combustion » (éd. fr. 1979, p. 224) et il ajoute : « Il n'y a pas de place, dans une position scientifique, pour un « moi » qui soit la source réelle ou l'initiateur de l'action » (éd. fr. 1979, p. 228). Skinner est donc, comme Watson, un béhavioriste radical puisqu'il refuse de reconnaître quelque rôle causal que ce soit aux événements mentaux, relativement au comportement humain. Il pense que les événements dits mentaux ne sont rien d'autre que des événements neurophysiologiques sur lesquels on a apposé des étiquettes mentalistes.

Skinner n'a jamais cessé de s'en prendre à la psychologie cognitive durant toute sa vie professionnelle et, vers la fin de sa vie, il exprima son profond regret que la science cognitive gagne toujours plus d'adhérents.

Le comportement opérant

Alors que Watson modela sa psychologie sur les physiologistes russes, Skinner prit comme modèle Thorndike.

Watson et Pavlov tentèrent d'établir une corrélation entre le comportement et les stimuli du milieu ; autrement dit, ils s'intéressèrent au comportement réflexe. Skinner appelle un comportement de ce type **comportement répondant** puisqu'il est déclenché par un stimulus connu. Comme Pavlov et Watson étudièrent tous deux la relation entre les stimuli du milieu (S) et les réponses (R), leurs réalisations appartiennent à la **psychologie S-R**. Par ailleurs, Thorndike étudia le comportement contrôlé par ses conséquences ; par exemple, un animal a tendance à répéter le comportement qui lui a servi à s'échapper d'une boîte à problèmes si on le replace dans la boîte. Dans l'installation expérimentale de Thorndike, une réponse joue un rôle dans la production de certaines conséquences, donc le type d'apprentissage étudié par ce chercheur est dit apprentissage ou **conditionnement instrumental**. Thorndike ne connaissait pas, et ne s'intéressait pas, aux origines du comportement contrôlé par ses conséquences. Ce qu'il nomme comportement instrumental, Skinner l'appelle **comportement opérant**, car il agit sur le milieu de manière à produire des conséquences. Contrairement au comportement répondant, déclenché par un stimulus connu, le comportement opérant est simplement *émis* par l'organisme. Ce n'est pas que le comportement opérant n'ait pas de causes, mais celles-ci sont inconnues, et il importe peu de les connaître. L'aspect le plus important du comportement opérant, c'est qu'il est contrôlé par ses conséquences, et non déclenché par un stimulus connu. Le fait que Skinner met l'accent sur le comportement opérant est l'une des caractéristiques qui distingue *nettement* la forme de béhaviorisme qu'il préconise de celle de Watson.

Bien que Skinner et Thorndike aient tous deux étudiés le comportement contrôlé par ses conséquences, leurs *méthodes* d'étude différaient. Thorndike mesurait le temps écoulé avant qu'un animal n'accomplisse une réponse d'échappement en fonction d'essais renforcés successifs. Il a constaté que le temps que met un animal à s'échapper diminue au fur et à mesure que le nombre d'échappements renforcés augmente. La variable dépendante est, dans ce cas, la latence de la réponse d'échappement. Le procédé de Skinner consistait à permettre à l'animal de répondre librement dans un dispositif expérimental (appelé boîte de Skinner) et de noter l'effet du renforcement sur le taux de réponse. Ainsi, la réponse consistant à presser un levier se produit par exemple seulement deux ou trois fois par minute avant qu'elle ne soit renforcée, et 30 ou 40 fois par minute si elle est suivie d'un renforcement. C'est donc le taux de réponse qui est la variable dépendante chez Skinner.

En dépit de ce qui les distingue, Watson et Skinner sont tous deux des représentants du béhaviorisme radical puisqu'ils pensent que le comportement s'explique entièrement en fonction d'événements externes à l'organisme. Selon Watson, des événements environnementaux déclenchent des réponses acquises ou innées ; d'après Skinner, le milieu sélectionne les comportements par l'intermédiaire de contingences de renforcement. Les deux chercheurs pensent que ce qui se passe à l'intérieur de l'organisme est relativement sans importance. Nous avons vu que les théories de Tolman et de Hull illustrent le béhaviorisme méthodologique, car elles postulent un grand nombre d'événements censés intervenir entre l'expérience et le comportement.

La nature du renforcement

Si une réponse opérante mène à un renforcement, la fréquence de cette réponse augmente. Donc, les réponses d'un organisme qui sont suivies d'un renforcement ont davantage tendance à se produire si l'organisme se trouve de nouveau dans la même situation. C'est ce qu'on entend lorsqu'on affirme que le comportement opérant est contrôlé par ses conséquences. Selon Skinner, on détermine le renforcement seulement par ses effets sur le comportement. Le fait qu'une chose agisse comme un renforçateur pour un organisme dans des circonstances données ne signifie pas qu'elle sera un renforçateur pour un autre organisme, ou encore pour le même organisme dans des circonstances différentes.

> Dans nos rapports quotidiens avec nos semblables et aussi dans le cadre thérapeutique ou au laboratoire, nous avons souvent besoin de connaître exactement l'effet renforçant d'un événement précis. Nous commençons souvent par observer ce qui se passe pour nous-mêmes dans le même événement. Cette pratique trompe souvent. Pourtant, il est d'ordinaire admis que les renforçateurs peuvent être identifiés sans considérer leur effet sur un organisme particulier. Mais tel que le terme est utilisé ici, le seul caractère déterminant d'un stimulus renforçant est qu'il renforce. (Skinner, 1953, éd. fr. 2005, p. 80-81)

Donc, selon Skinner, il n'est pas question de réduction des pulsions, d'état de choses satisfaisant ou de tout autre mécanisme de renforcement. Un renforçateur est *toute chose* qui modifie la fréquence d'une réponse lorsqu'on la subordonne à cette réponse. Skinner affirme qu'il n'y a rien d'autre à dire. Il accepte la loi de l'effet de Thorndike, mais non le mentalisme sous entendu dans l'expression « état de choses satisfaisant ».

L'importance du milieu

Le milieu est important pour Watson et les physiologistes russes parce qu'il déclenche le comportement tandis que, selon Skinner, il est important puisqu'il *sélectionne* le comportement. Les contingences de renforcement provenant du milieu déterminent quels comportements sont renforcés et lesquels ne le sont pas. Si on modifie les contingences de renforcement, alors on change aussi le comportement.

> De toute évidence, l'environnement est important, mais son rôle est demeuré obscur. Il ne tire ni ne pousse, il *sélectionne*, et cette fonction est difficile à découvrir et à analyser. Il n'y a qu'une centaine d'années que l'on formula le rôle de la sélection naturelle dans l'évolution. On commence à peine à reconnaître et à étudier le rôle sélectif de l'environnement dans l'élaboration et le maintien du comportement individuel. À mesure que nous comprenons mieux l'interaction entre l'organisme et son environnement, nous pouvons attribuer à des variables accessibles à l'observation des effets jadis attribués aux états d'esprit, aux sentiments, aux traits de caractère. Et une technologie du comportement devient possible. Elle ne résoudra pas nos problèmes, cependant, aussi longtemps qu'elle ne prendra pas la place des conceptions préscientifiques traditionnelles, et celles-ci sont solidement retranchées. (Skinner, 1971, éd. fr. 1972, p. 37-38)

Ainsi, Skinner applique les concepts darwiniens à l'analyse du comportement. Quelle que soit la situation, un organisme accomplit initialement un large éventail de réponses, dont quelques-unes seulement sont fonctionnelles (renforçantes). Ces réponses efficaces survivent et deviennent partie intégrante du répertoire de réponses que l'organisme utilisera si la même situation se reproduit.

Selon Skinner, le fait que le comportement est régi par des contingences de renforcement permet d'espérer la résolution de certains problèmes sociétaux. S'il fallait comprendre l'« esprit » ou le « moi » plutôt que la façon

dont le milieu sélectionne les comportements, on serait réellement en difficulté.

> Par bonheur, le nœud du problème est plus facilement accessible. C'est l'environnement qu'il faut changer. Un type de société qui favorise l'étude du comportement humain dans sa relation avec cet environnement serait la meilleure base possible pour résoudre ces problèmes majeurs. Ceci n'est pas une position partisane, parce que les grands problèmes sont maintenant généralisés. Du point de vue béhavioriste, l'homme peut maintenant contrôler son propre destin, parce qu'il sait ce qu'il faut faire et comment le faire. (Skinner, 1974, éd. fr. 1979, p. 253-254)

Le contrôle positif du comportement

Skinner (1971) constata, à l'instar de Thorndike, que les effets du renforcement et de la punition ne sont pas symétriques : le renforcement intensifie le comportement, tandis que la punition ne l'affaiblit pas.

> L'enfant sévèrement puni dans ses jeux sexuels n'est pas nécessairement moins porté à continuer ; et l'homme emprisonné pour agression à main armée n'est pas pour autant moins enclin à la violence. Le comportement puni risque de refaire son apparition lorsque les contingences punitives auront été suspendues. (éd. fr. 1972, p. 79)

Alors pourquoi l'usage de la punition est-il aussi répandu si elle s'avère à ce point inefficace pour modifier le comportement ? Parce que, selon Skinner (1953, éd. fr. 2005), c'est un renforçateur pour la personne qui punit.

> De toute évidence, un punissement sévère réduit immédiatement une tendance à agir d'une certaine façon. Cet effet explique que son utilisation soit universelle. Nous attaquons « instinctivement » la personne dont la conduite nous contrarie, au moins en la blâmant, désapprouvant, critiquant, ridiculisant. Peu importe s'il y a ou non une tendance innée à l'attaque, l'effet immédiat est suffisamment renforçant pour expliquer cette pratique. Pourtant à long terme, le punissement n'élimine pas réellement un comportement et son coût, réduire l'efficacité globale et le bonheur du groupe, est élevé. (éd. fr. 2005, p. 181)

Le « coût exorbitant » de l'emploi de la punition découle des nombreux « effets secondaires » qui lui sont associés : elle déclenche la peur ; elle suscite souvent des comportements agressifs ; elle justifie qu'on inflige de la douleur à autrui ; elle remplace fréquemment une réponse indésirable par une autre, comme c'est le cas lorsqu'un enfant à qui on donne la fessée pour avoir mal agi se met à pleurer ; etc.

Comment doit-on alors réagir face à un comportement indésirable ? Skinner (1953, éd. fr. 2005) suggère d'ignorer les comportements de ce type.

> Probablement que le processus qui remplace le punissement avec le plus de profit est l'*extinction*. Le temps nécessaire est bien plus court que par l'oubli. Cette technique ne présente pas, semble-t-il, de sous-produits regrettables. Nous la recommandons quand, par exemple, nous suggérons qu'un parent « ne prête pas attention » à tel comportement de son enfant. Si ce comportement n'est vigoureux que parce qu'il fut renforcé « en mettant en colère » le parent, il ne résistera pas longtemps quand cette conséquence ne se produira plus. (éd. fr. 2005, p. 183)

Étant donné l'inefficacité relative de la punition et ses nombreux effets secondaires, Skinner préconise constamment de modifier le comportement positivement par l'intermédiaire des contingences de renforcement, plutôt que négativement au moyen de la punition.

L'attitude de Skinner envers la théorie

La position de Skinner n'étant pas théorique, elle contraste avec les conceptions béhavioristes de Tolman et de Hull et, dans une moindre mesure, de Guthrie. Skinner accepte l'opérationnisme, mais il rejette les aspects théoriques du positivisme logique. Il se limite à la manipulation des événements environnementaux (comme les contingences de renforcement) et note les effets des modifications sur le comportement, car il pense que cette analyse fonctionnelle est suffisante. C'est pourquoi on appelle parfois l'approche skinnérienne **béhaviorisme descriptif**. Selon Skinner, il n'y a pas de raison de chercher « sous la peau » l'explication des relations entre le milieu et le comportement. La recherche d'explications physiologiques du comportement est une perte de temps puisque des comportements se manifestent, qu'on en connaisse ou non les fondements neurophysiologiques. Nous avons décrit plus haut l'attitude de Skinner à l'égard des explications mentalistes du comportement. Étant donné qu'il ne s'intéresse pas à ce qui se passe « sous la peau », que ce soit sur le plan physiologique ou psychique, on parle souvent dans son cas de l'approche de l'organisme vide. Skinner savait évidemment que l'organisme n'est pas vide, mais il pensait qu'on ne perd rien à ignorer les événements survenant entre le milieu et le comportement qu'il sélectionne.

Skinner (1950) s'oppose non seulement aux explications physiologiques ou mentalistes du comportement, mais aussi aux théories abstraites de Tolman et de Hull.

> La recherche conçue en fonction de la théorie risque aussi d'être inutile. Le fait qu'une théorie suscite des recherches n'en prouve pas la valeur à moins que celles-ci ne soient importantes. Une quantité considérable d'expériences inutiles ont une origine théorique et elles consument beaucoup d'énergie et de compétences. On rejette tôt ou tard la majorité des théories, et on met de côté la plupart des recherches qui leur sont associées. Cette pratique serait justifiée s'il était vrai que la recherche productive exige une théorie, comme on le proclame évidemment souvent. On affirme que la recherche n'aurait pas de but et manquerait de structure si elle n'était pas guidée par une théorie. Ce point de vue est étayé par des textes de psychologie qui reposent sur la logique plutôt que la science empirique et affirment que la pensée comporte nécessairement les étapes suivantes : hypothèse, déduction, vérification expérimentale et confirmation. Mais la majorité des scientifiques ne procèdent pas de cette façon. On peut concevoir des expériences importantes pour d'autres raisons et l'une des possibilités à examiner, c'est que de telles recherches mèneront plus directement au type d'informations que la science accumule habituellement. (p. 194-195 [notre traduction])

Dans la description de son approche non théorique, Skinner (1956) affirme que s'il fait un essai et que cela semble mener à quelque chose d'utile, il continue ; mais si cela semble aboutir à une impasse, il abandonne et essaie autre chose.

Certains pensent que l'article « Are Theories of Learning Necessary ? » de Skinner (1950) marque la fin de ce que Koch (1959) appelle l'« âge de la théorie » de la psychologie.

Les applications des principes skinnériens

À l'instar de Watson, Skinner et ses disciples cherchèrent à appliquer leurs principes à la résolution de problèmes pratiques. La règle générale de toutes ces applications est la même : *Si on modifie les contingences de renforcement, alors on change le comportement.* Cette règle a servi à enseigner à des pigeons à jouer à divers jeux, dont le tennis de table et le basket-ball ; plusieurs animaux entraînés selon les principes de Skinner se sont exhibés au cours de spectacles destinés aux touristes, aux États-Unis. Le ministère de la Défense entraîna même des pigeons à guider des missiles dans leur trajectoire vers des cibles ennemies (Skinner, 1960). En 1948, Skinner rédigea un roman utopique intitulé *Walden 2* (éd. fr. 2005), dans lequel il montre comment appliquer ses principes pour concevoir une société modèle. Dans *Par-delà la liberté et la dignité* (1971, éd. fr. 1972), il passe en revue les raisons pour lesquelles la planification culturelle a été largement rejetée, bien qu'elle soit possible.

Dans le domaine de l'éducation, Skinner a élaboré une technique pédagogique appelée *enseignement programmé* (1954, 1958). Cette méthode consiste à présenter la matière à l'élève un élément à la fois, puis à vérifier s'il a assimilé cet élément et à réagir immédiatement à sa réponse, tout en lui permettant de prendre connaissance de la matière à son propre rythme. Skinner a commencé à critiquer le système d'éducation américain en 1953, après avoir visité la classe de sa fille et avoir constaté que l'enseignant ne respectait rien de ce qu'on sait au sujet de l'apprentissage. Skinner (1984) affirme que l'application des principes opérants permettrait de résoudre plusieurs des problèmes auxquels le système d'éducation américain fait face. Il reproche principalement aux pratiques pédagogiques américaines d'employer la menace de la punition afin d'obliger les élèves à apprendre et à bien se comporter, au lieu de modifier soigneusement les contingences de renforcement. Ce contrôle aversif crée une attitude négative à l'égard de l'éducation, dit Skinner.

En 1983, Skinner écrivit, avec la collaboration de Margaret Vaughan, *Bonjour sagesse. Bien vivre après 70 ans* (éd. fr. 1986) dans lequel il traite notamment de régime alimentaire, de retraite, d'exercice, d'oubli, de déficience sensorielle et de peur de la mort. Il est intéressant de noter que, bien qu'il conseille aux personnes âgées d'éviter de se fatiguer, les deux co-auteurs rédigèrent leur ouvrage en trois mois.

Skinner et ses disciples ont appliqué les principes de la modification du comportement pour aider des individus présentant divers problèmes, allant de la psychose à l'usage du tabac, en passant par l'abus d'alcool, l'usage de drogues, le retard mental, la délinquance juvénile, les troubles de langage, la timidité, les phobies, l'obésité et les troubles sexuels. La version skinnérienne de la **thérapie comportementale** suppose que les gens apprennent un comportement anormal de la même façon qu'ils apprennent un comportement normal. Le « traitement » consiste donc à éliminer les renforçateurs qui maintiennent le comportement indésirable et à structurer les contingences de renforcement de manière qu'elles renforcent le comportement souhaité.

Les principes skinnériens ont également servi à créer une **économie de jetons** dans plusieurs établissements, dont des hôpitaux psychiatriques. Dans ce système, si un participant se comporte de façon appropriée, on le renforce en lui donnant des jetons qu'il pourra échanger contre un bonbon, une cigarette, un café ou l'usage exclusif d'une radio ou d'un téléviseur. On a reproché à l'économie de jetons son caractère artificiel mais, selon Masters, et autres (1987), ce sont les institutions sans économie de jetons qui ne sont pas naturelles et relativement inefficaces.

> Les économies de jetons ne sont pas vraiment artificielles. En fait, toute économie nationale dotée d'une devise est à tout point de vue une économie de jetons : chaque devise est par définition un jeton ou un « renforçateur » symbolique qu'on peut échanger contre des choses qui constituent une forme plus directe de renforcement. Alors que, dans la société, l'individu travaille pour gagner des jetons (de l'argent) avec lesquels il se procure un logement, de la nourriture, des loisirs, etc., la plupart des établissements fournissent ces commodités sans condition, de sorte qu'elles cessent d'encourager les comportements adaptatifs qui sont appropriés et efficaces dans le milieu naturel. (p. 222 [notre traduction])

En général, l'application des principes skinnériens au traitement de problèmes de comportement s'est avérée très efficace (voir notamment Ayllon et Azrin, 1968, éd. fr. 1973 ; Craighead, et autres, 1976 ; Kazdin, 1989 ; Kazdin et Wilson, 1978 ; Leitenberg, 1976 ; Masters, et autres, 1987 ; Rimm et Masters, 1974 ; Ulrich, et autres, 1966). En 1971, on offrit à Skinner le Kennedy International Award pour le rôle qu'il a joué dans l'élaboration de procédés de modification du comportement destinés à améliorer la qualité de vie des personnes atteintes de déficience intellectuelle. En 1972, il fut nommé « humaniste de l'année » par l'American Humanist Association. Le 10 août 1990, l'APA offrit à Skinner le Lifetime Contribution to Psychology Award, ce qui constituait une première. Huit jours plus tard, Skinner succomba à la leucémie, à l'âge de 86 ans. L'*American Psychologist* lui rendit un dernier hommage en consacrant la totalité de son numéro de novembre 1992 à ses idées et à son influence.

Le béhaviorisme aujourd'hui

L'œuvre de tous les néobéhavioristes dont il est question dans le présent chapitre continue d'influer sur la psychologie contemporaine. On peut penser que le béhaviorisme de Tolman, qui met l'accent sur le comportement intentionnel et les construits mentaux, explique en bonne partie la popularité dont jouit aujourd'hui la psychologie cognitive. Bien que Hull ait largement contribué à promouvoir l'approche béhavioriste objective, son influence actuelle se rattache principalement à des aspects ésotériques de sa théorie. Cependant, son désir d'élaborer une théorie comportementale exhaustive a été remplacé par l'objectif d'élaborer des théories qui expliqueraient des phénomènes donnés (voir notamment Amsel, 1992, et Rashotte et Amsel, 1999). La théorie de Guthrie a survécu surtout grâce aux tentatives d'Estes de créer des modèles mathématiques de l'apprentissage et de la mémoire.

L'influence de Skinner est toujours importante. En 1974, il rédigea *Pour une science du comportement : le béhaviorisme* (éd. fr. 1979), où il tente de corriger vingt conceptions erronées à propos du béhaviorisme. Selon lui, certaines d'entre elles sont issues des premiers écrits de Watson ; c'est le cas notamment de la dépendance de Watson au comportement réflexe et sa négation du rôle des bases génétiques. La position de Skinner rectifie ces deux « erreurs ». Ce dernier souligne qu'il ne nie pas l'existence des processus soi-disant mentaux, mais il pense qu'on les expliquera un jour en tant qu'étiquettes apposées sur des processus physiologiques. On peut considérer comme une preuve de la popularité actuelle du béhaviorisme skinnérien le fait que les disciples de Skinner ont formé leur propre section de l'APA (soit la section 25, appelée section de l'analyse expérimentale du comportement) et qu'ils ont deux revues dans lesquelles ils publient les résultats de leurs recherches, soit *The Journal of Applied Behavior Analysis* et le *Journal for Experimental Analysis of Behavior.*

Korn, et autres (1991) donnent d'autres indications de la place qu'occupe Skinner en psychologie contemporaine. On a demandé à des historiens de la psychologie et à des doyens de programmes de troisième cycle de nommer les dix psychologues les plus importants de tous les temps et les dix psychologues contemporains les plus importants. Dans la première liste, les historiens ont placé Wundt au premier rang et Skinner au huitième, alors que les doyens ont placé Skinner en première place et Wundt en sixième place. Dans la seconde liste, les historiens et les doyens ont placé Skinner au premier rang. Lors d'une autre enquête, on a demandé à 1725 membres de l'American Psychological Society d'énumérer par ordre d'importance les psychologues les plus éminents du XXᵉ siècle. Ils ont placé Skinner au premier rang, Piaget au second et Freud au troisième (Dittman, 2002, p. 28). Quant à la renommée auprès du grand public, Skinner est peut-être devancé uniquement par Freud. On trouve dans Rutherford (2000) un intéressant compte rendu des réactions de la presse aux idées de Skinner.

Malgré les réalisations actuelles du néobéhaviorisme, la psychologie contemporaine remet en question plusieurs thèmes caractéristiques du béhaviorisme, dont les suivants.

- La majorité des comportements sont acquis ; l'hérédité a donc peu d'influence sur le comportement.
- Le langage n'est pas un cas particulier ; c'est simplement une forme de comportement régie par les principes de l'apprentissage.
- Les principes qui régissent l'apprentissage sont identiques chez les humains et les autres animaux ; l'étude des animaux permet donc d'acquérir des connaissances sur l'apprentissage des humains.
- On peut ignorer les événements mentaux en tant que causes du comportement, ou ne leur accorder que très peu d'importance. (La théorie de Tolman fait exception.)
- Toutes les réponses d'un animal sont également modifiables par l'application des principes de l'apprentissage.
- Les mêmes principes régissent l'apprentissage de l'enfant et de l'adulte.

Les psychologues qui se disent évolutionnistes ont recueilli des données indiquant qu'une grande partie du comportement animal, y compris le comportement social des humains, est influencé par l'hérédité (voir notamment Barash, 1979 ; Buss, 1999 ; E. O. Wilson, 1978, éd. fr. 1979). Plusieurs chercheurs rejettent l'affirmation selon laquelle on peut considérer le langage uniquement comme un comportement acquis ; ils soutiennent au contraire que l'hérédité influe fortement sur le développement du langage (voir entre autres Chomsky, 1957, éd. fr. 1969, 1959, éd. fr. 1990, 1972 ; G. A. Miller, 1965). Un nombre toujours plus grand de données indiquent que l'apprentissage est tellement différent chez les humains et les autres animaux qu'on ne peut apprendre que très peu de choses, et peut-être même rien du tout, sur l'apprentissage humain en étudiant les autres animaux (voir Melton, 1964 ; Rogers, 1969, éd. fr. 1984). L'intérêt prépondérant pour la psychologie cognitive qu'on observe aujourd'hui va à contre-courant de toutes les formes de béhaviorisme, sauf celle de Tolman. Des recherches récentes indiquent que *certaines* réponses animales sont plus facilement modifiables que d'autres et que le bagage génétique d'un animal détermine dans quelle mesure une réponse est modifiable (voir Seligman, 1970). Des recherches ont aussi montré que les principes qui régissent l'apprentissage ne sont pas les mêmes pour tous les animaux (voir Bitterman, 1965), et qu'ils ne sont pas identiques chez l'enfant et l'adulte (voir Hebb, 1959 ; Piaget, 1998). Toutes ces constatations mènent à l'abandon ou à la révision des préceptes du béhaviorisme.

Une autre raison de la diminution de l'influence du néobéhaviorisme tient à ce que celui-ci exige que tous les termes théoriques soient définis de façon opérationnelle. Même les adeptes du positivisme logique ont mis de côté l'opérationnisme strict parce qu'il impose trop de contraintes : il exclut de la science des concepts trop nébuleux pour qu'on puisse les définir de manière opérationnelle, mais qui s'avéraient tout de même utiles parce qu'ils suggéraient des pistes et des méthodes de recherche nouvelles.

Si on a des reproches à faire au béhaviorisme, cela ne concerne pas ce qu'il a tenté d'accomplir, mais ce qu'il a cru nécessaire de *nier*. Fondamentalement, il a nié le besoin de la liberté de théorisation puisqu'il limitait strictement la théorie aux stimuli et aux réponses observables. Il a nié tous les construits relevant du sens commun, sans lesquels personne ne peut vivre : l'expérience consciente, la pensée, le savoir, les images, les sentiments, etc. En réalité, il a rejeté les connaissances associées au sens commun par décret plutôt que de les mettre à l'épreuve et de les transcender comme l'ont fait les autres sciences. (Baars, 1986, p. 82-83 [notre traduction])

Même les suggestions du positivisme logique en matière d'élaboration d'une théorie finirent par être rejetées. La principale raison pour laquelle le positivisme logique se solda en fin de compte par un échec, c'est peut-être la constatation qu'il ne décrit pas de façon exacte la pratique de la science même par les scientifiques les plus efficaces. Des penseurs, dont Thomas Kuhn (voir le chapitre 1), ont montré que le comportement des scientifiques est déterminé autant par leurs croyances, leurs préjugés et leurs émotions que par les axiomes, les postulats, les théories et la logique.

Le béhaviorisme et le néobéhaviorisme ont cependant légué à la psychologie un élément majeur qui la caractérise encore aujourd'hui. Les psychologues s'entendent généralement pour dire que l'objet de la psychologie actuelle est le comportement manifeste. La psychologie cognitive est maintenant très largement acceptée, mais même les psychologues qui étudient des événements cognitifs se servent du comportement pour classer ces événements. On peut dire en ce sens que la majorité des psychologues en psychologie expérimentale sont aujourd'hui des béhavioristes.

Résumé

Le positivisme de Bacon, de Comte et de Mach insiste sur le fait que seulement ce qui est directement observable peut être l'objet de la recherche scientifique. Selon les positivistes, toute spéculation sur des entités abstraites doit être bannie. Watson et les physiologistes russes sont positivistes. Les adeptes du positivisme logique ont une conception moins limitée de l'activité scientifique. Ils acceptent la théorisation à propos d'entités non observables à la condition qu'on établisse un lien

entre celles-ci et des événements observables au moyen de définitions opérationnelles. Ces dernières définissent des concepts abstraits en fonction des procédés employés pour les mesurer. La croyance que tout concept scientifique doit être défini de façon opérationnelle est appelée opérationnisme. Le phycalisme est la vision selon laquelle toutes les sciences devraient partager les mêmes présuppositions, les mêmes principes et la même méthodologie et qu'elles devraient prendre la physique comme modèle. Le néobéhaviorisme est issu de l'intégration du béhaviorisme, qui insiste sur le fait que l'objet de la psychologie doit être le comportement manifeste, et du positivisme logique, qui accepte la théorie et exige que les concepts soient définis de façon opérationnelle. Conformément aux préceptes du positivisme logique, plusieurs néobéhavioristes pensent que l'emploi de concepts théoriques ne nuit pas à l'objectivité.

Indépendamment du positivisme logique, mais conformément à celui-ci, Tolman introduisit les variables intermédiaires en psychologie. Au lieu d'étudier le comportement réflexe, ou moléculaire, il s'intéresse au comportement intentionnel, ou molaire. C'est pourquoi on appelle sa version de la psychologie « béhaviorisme intentionnaliste ». Afin d'éliminer tout recours à l'introspection dans ses recherches, Tolman ne prit que des rats comme sujets d'expérience. Il affirme que l'apprentissage se fait par étapes, depuis la formulation d'une hypothèse sur ce qui mène à telle ou telle chose dans le milieu, en passant par une expectation qui aboutit finalement à une croyance. Un ensemble de croyances constitue une carte cognitive, qui est la variable intermédiaire la plus importante. Dans la théorie de Tolman, la confirmation remplace la notion de renforcement et il existe une distinction essentielle entre l'apprentissage et la performance. L'influence de Tolman sur l'ensemble de la psychologie contemporaine se manifeste par l'acceptation largement répandue de la psychologie cognitive. Les approches contemporaines de la psychologie apparentées au traitement de l'information ont également beaucoup en commun avec la théorie de Tolman.

En faisant des variables intermédiaires un usage plus étendu que ne l'avait fait Tolman, Hull élabora une théorie de l'apprentissage hypothético-déductive autocorrective et ouverte. Si l'expérimentation appuie les déductions tirées de la théorie, celle-ci est renforcée ; autrement, la partie de la théorie sur laquelle repose les déductions doit être révisée ou rejetée. En posant l'équivalence entre renforcement et réduction de la pulsion, Hull définit la force d'une habitude comme le nombre d'appariements renforcés entre un stimulus et une réponse. Il considère que le potentiel de réaction est une fonction de la force de l'habitude et des pulsions en cause. La théorie de Hull fut très influente durant les années 1940 et 1950, et, grâce aux efforts de ses disciples, dont Kenneth Spence, cette influence se

prolongea jusque durant les années 1960. On retrouve certains aspects de la théorie de Hull en psychologie contemporaine, mais non son approche exhaustive de l'élaboration d'une théorie. Les psychologues cherchent aujourd'hui des théories d'une portée plus limitée.

Guthrie créa une théorie de l'apprentissage très concise. Il explique tout apprentissage au moyen de la loi de la contiguïté, selon laquelle un modèle de stimuli et une réponse qui se produisent simultanément deviennent associés. De plus, l'association des deux éléments atteint son intensité maximale dès la première occurrence. En postulant l'apprentissage sans erreurs, Guthrie rejetait du même coup la loi de fréquence. Afin d'expliquer pourquoi l'entraînement améliore la performance, Guthrie fait la distinction entre mouvement, acte et habileté. Un mouvement est une réponse spécifique à un modèle donné de stimuli ; c'est l'association entre un mouvement et un modèle de stimuli qui est l'objet de l'apprentissage sans erreurs. Un acte est un mouvement déjà associé à un certain nombre de modèles de stimuli. Une habileté est quant à elle un ensemble d'actes. C'est parce qu'un acte se compose de plusieurs mouvements et qu'une habileté est formée de plusieurs actes que l'entraînement améliore la performance. Selon Guthrie, le « renforcement » est un mécanisme qui prévient le désapprentissage. L'oubli se produit lorsqu'une relation S-R est remplacée par une autre. Tout comme l'apprentissage, l'oubli se produit en une seule occurrence. On peut mettre fin à une mauvaise habitude en provoquant une réponse, autre que celle qui est indésirable, en présence des stimuli qui déclenchent habituellement la réponse indésirable. À l'instar des autres procédés utilisés pour éliminer une mauvaise habitude, la punition est efficace seulement si elle suscite un comportement incompatible avec le comportement indésirable en présence des stimuli qui déclenchent habituellement ce dernier. Ce que d'autres appellent pulsion, Guthrie le nomme stimulus de maintien. Un stimulus de ce type, qu'il soit interne ou externe, maintient, tant qu'il est présent, un organisme actif. C'est le comportement associé à des stimuli de maintien qui semble intentionnel. Virginia Voeks et William Kaye Estes tentèrent de formaliser la théorie de Guthrie afin d'en faciliter la vérification.

L'approche de la psychologie de Skinner se rattache au positivisme plutôt qu'au positivisme logique. Cependant, on classe toujours ce chercheur parmi les néobéhavioristes parce que, même s'il évite tout recours à la théorie, il accepte l'opérationnisme. Il fait la distinction entre comportement répondant, déclenché par un stimulus connu, et comportement opérant, simplement émis par un organisme, et il s'intéresse presque exclusivement à ce dernier. Selon Skinner, le renforcement est tout ce qui modifie la fréquence, ou la probabilité, d'une réponse. On n'a pas besoin d'en savoir plus au sujet du renforcement et il n'est pas nécessaire de comprendre ce qui se passe sur le plan physiologique pour comprendre le comportement. Sous l'influence de la philosophie positiviste des sciences de Mach, Skinner insiste sur l'importance d'étudier la relation fonctionnelle entre le comportement et le milieu. Étant donné que cette analyse est de nature corrélationnelle, elle élude le problème complexe de la détermination des causes du comportement humain et évite d'avoir à postuler des déterminants physiologiques ou cognitifs non observables du comportement. Watson et Skinner sont des adeptes du béhaviorisme radical puisqu'ils mettent l'accent sur l'influence du milieu sur le comportement et n'attribuent aucun rôle aux événements dits mentaux et aux états physiologiques. Tolman, Hull et Guthrie sont des adeptes du béhaviorisme méthodologique puisqu'ils acceptent la théorisation sur les causes internes du comportement (carte cognitive, pulsion physiologique, etc.). Plusieurs psychologues contemporains se disent skinnériens et s'intéressent activement à la fois à la recherche et aux aspects pratiques de la psychologie. Dans la psychologie skinnérienne, le comportement renforcé s'intensifie (sa probabilité augmente), tandis que le comportement puni ne s'affaiblit pas nécessairement. Il vaut donc mieux modifier les contingences de renforcement de manière que le comportement désirable soit renforcé et que le comportement indésirable ne le soit pas. Quel que soit le type de comportement pris en considération, la règle est toujours la même : si on modifie les contingences de renforcement, alors on change le comportement.

Contrairement à ce que pensaient plusieurs des premiers béhavioristes, de plus en plus de données soutiennent les conclusions suivantes : des tendances héréditaires influent souvent sur le comportement ; le langage est trop complexe pour qu'on puisse l'expliquer simplement comme n'importe quel comportement acquis ; l'apprentissage humain diffère qualitativement de celui des autres animaux ; certaines réponses d'un organisme sont plus facilement modifiables que d'autres au moyen de l'apprentissage ; des événements mentaux agissent sur le comportement, de sorte qu'on ne peut ignorer leur influence ; des principes différents régissent l'apprentissage chez différentes espèces animales ; les principes régissant l'apprentissage sont différents chez l'enfant et chez l'adulte. Ces résultats entraînent la révision des présuppositions du béhaviorisme ou l'adoption d'autres perspectives.

Des questions à débattre

1. Comparez le positivisme et le positivisme logique.

2. Qu'est-ce qu'une définition opérationnelle ? Donnez-en un exemple. Qu'est-ce que l'opérationnisme ?

3. Qu'est-ce que le physicalisme ?

4. Qu'est-ce que le néobéhaviorisme ?

5. Qu'est-ce qui a convaincu Tolman qu'il pouvait étudier le comportement intentionnel tout en demeurant un béhavioriste objectif ?

6. Expliquez comment Tolman emploie des variables intermédiaires sans contrevenir aux principes du positivisme logique.

7. Comment, selon Tolman, les premières hypothèses concernant ce qui mène d'une chose à une autre dans une situation donnée aboutissent-elles à l'élaboration d'une carte cognitive ?

8. Qu'est-ce que Tolman entend par essai et erreur auxiliaires ?

9. Dans la théorie de Tolman, l'apprentissage peut-il se produire en l'absence de renforcement ? Quel terme de la théorie de Tolman désigne une notion apparentée à ce que d'autres appellent renforcement ?

10. Quels faits Tolman met-il en avant pour étayer sa conception selon laquelle le renforcement influe sur la performance mais non sur l'apprentissage ? Comment explique-t-il l'extinction ?

11. Quelle est l'influence de la théorie de Tolman en psychologie contemporaine ?

12. Pourquoi la théorie de Hull est-elle qualifiée d'hypothético-déductive ? Pourquoi Hull considérait-il que sa théorie est autocorrective ?

13. Définissez les expressions suivantes, relativement à la théorie de Hull : *renforcement*, *force de l'habitude* et *potentiel de réaction*.

14. Quelle est selon Guthrie l'unique loi de l'apprentissage ?

15. Guthrie accepte-t-il la loi de fréquence ou la rejette-t-il ? Expliquez votre réponse.

16. Étant donné que Guthrie affirme que l'apprentissage atteint sa pleine intensité en une seule occurrence, comment explique-t-il le fait que l'entraînement améliore la performance ?

17. Quelle est, selon Guthrie, la fonction du « renforcement » ? Quelles observations de Guthrie et de Horton étayent leur conception du « renforcement » ?

18. Résumez l'explication de l'oubli de Guthrie.

19. Selon Guthrie, à quelles conditions une punition est-elle efficace ? Dans quel cas est-elle inefficace ?

20. Dans la théorie de Guthrie, quelle est la fonction du stimulus de maintien ? Par exemple, comment cette notion est-elle employée pour expliquer ce que d'autres théoriciens appellent pulsion et intention ?

21. L'analyse fonctionnelle de la relation entre des événements environnementaux et des événements comportementaux proposée par Skinner est-elle plus conforme à la philosophie positiviste ou au positivisme logique ?

22. Résumez les arguments avancés par Skinner dans sa critique de la psychologie cognitive.

23. Quelle distinction Skinner fait-il entre comportement répondant et comportement opérant ?

24. Qu'est-ce qu'on veut dire lorsqu'on affirme que le comportement opérant est contrôlé par ses conséquences ?

25. Expliquer ce qui distingue le béhaviorisme radical et le béhaviorisme méthodologique.

26. Selon Skinner, qu'est-ce qu'un renforçateur ?

27. De quelle façon Skinner applique-t-il les concepts darwiniens à l'analyse comportementale ?

28. Pourquoi Skinner affirme-t-il qu'on devrait contrôler le comportement au moyen des contingences de renforcement plutôt que de la punition ?

29. Résumez les arguments employés par Skinner lorsqu'il s'oppose à l'utilisation de la théorie en psychologie.

30. Énoncez la règle générale que les skinnériens appliquent pour modifier le comportement. Donnez un exemple d'application de cette règle dans le traitement d'un trouble du comportement.

31. Quelle est l'attitude de la psychologie contemporaine à l'égard du néobéhaviorisme ?

32. Quelles données de la recherche actuelle entraînent un affaiblissement ou une révision de la position béhavioriste ?

Des suggestions de lectures

Bjork, D. W. (1997). *B. F. Skinner : A life*. Washington, DC : American Psychological Association.

Hull, C. L. (1952a). Clark L. Hull. In E. G. Boring, H. S. Langfeld, H. Werner, et R. M. Yerkes (dir.), *A history of psychology in autobiography* (Vol. 4, p. 143-162). Worcester, MA : Clark University Press.

Nye, R. D. (1992). *The legacy of B. F. Skinner : Concepts and perspectives, controversies and misunderstandings*. Pacific Grove, CA : Brooks/Cole.

Prenzel-Guthrie, P. (1996). Edwin Ray Guthrie : Pioneer learning theorist. In G. A. Kimble, C. A. Boneau, et M. Wertheimer (dir.), *Portraits of pioneers in psychology* (Vol. 2, p. 137-149). Washington, DC : American Psychological Association.

Skinner, Burrhus Frederick. (2005) *Science et comportement humain*, traduit de l'américain par André et Rose-Marie Gonthier-Werren, Paris, Éditions In Press.

Skinner, Burrhus Frederick. (1972) *Par-delà la liberté et la dignité*, traduit de l'américain par Anne-Marie et Marc Richelle, Lasalle (Québec), Éditions Hurtubise HMH/Paris, Robert Laffont.

Skinner, Burrhus Frederick. (1979) *Pour une science du comportement : le béhaviorisme*, traduit de l'américain par F. PAROT, Paris, Delachaux et Niestlé.

Skinner, B. F. (1990). Can psychology be a science of mind ? *American Psychologist, 45*, 1206-1210.

Tolman, E. C. (1952). Edward C. Tolman. In E. G. Boring, H. S. Langfeld, H. Werner, et R. M. Yerkes (dir.), *A history of psychology in autobiography* (Vol. 4, p. 323-339). Worcester, MA : Clark University Press.

Wiener, D. N. (1996). *B. F. Skinner : Benign anarchist.* Needham Heights, MA : Allyn & Bacon.

Glossaire

Analyse fonctionnelle Approche skinnérienne de la recherche comportant l'étude de relations constantes entre des événements comportementaux et environnementaux. Une étude de ce type porte principalement sur la relation entre les contingences de renforcement et la fréquence, ou la probabilité, d'une réponse.

Apprentissage latent Selon Tolman, apprentissage qui ne se traduit pas dans le comportement.

Apprentissage sans erreurs Affirmation de Guthrie selon laquelle l'association entre un modèle de stimuli et une réponse atteint sa pleine intensité dès le premier appariement des deux éléments.

Béhaviorisme descriptif Forme de béhaviorisme positiviste en ce sens qu'elle décrit les relations entre des événements environnementaux et le comportement au lieu de tenter d'expliquer ces relations. L'approche de la psychologie de Skinner est un exemple de béhaviorisme descriptif.

Béhaviorisme intentionnaliste Forme de béhaviorisme élaborée par Tolman, qui met l'accent sur le comportement molaire plutôt que moléculaire.

Carte cognitive Selon Tolman, représentation mentale du milieu.

Comportement intentionnel Comportement visant directement un but et qui prend fin lorsque ce but est atteint.

Comportement molaire Voir *Comportement intentionnel*.

Comportement moléculaire Élément d'un comportement, tel un réflexe ou une habitude, qu'on isole afin de l'étudier.

Comportement opérant Comportement émis par un organisme plutôt que déclenché par un stimulus connu.

Comportement répondant Comportement déclenché par un stimulus connu.

Conditionnement instrumental Forme de conditionnement étudiée par Thorndike, dans laquelle un organisme apprend une réponse qui joue un rôle dans la production d'un renforcement.

Confirmation Selon Tolman, vérification d'une hypothèse, d'une expectation ou d'une croyance.

Croyance Selon Tolman, expectation constamment confirmée par l'expérience.

Définition opérationnelle Définition qui établit un lien entre un concept abstrait et le procédé employé pour le mesurer.

Économie de jetons Programme mis en place dans des établissements qui consiste à renforcer les comportements désirables en utilisant des jetons échangeables comme renforçateurs.

Essai et erreur auxiliaires Selon Tolman, réflexion apparente sur les choix comportementaux dans une situation d'apprentissage.

Expectation Selon Tolman, hypothèse ayant fait l'objet de tentatives de confirmation.

Extinction latente Le fait que, chez un animal placé passivement dans une boîte à problèmes ne contenant aucun renforcement, une réponse acquise dans la même boîte s'éteint plus rapidement que chez un animal qui ne fait pas cette expérience.

Force de l'habitude ($_sH_R$) Selon Hull, force d'une association entre un stimulus et une réponse. Cette force dépend du nombre d'appariements renforcés entre les deux éléments.

Guthrie, Edwin Ray (1886-1959) Accepte la loi de contiguïté, mais non la loi de fréquence. Affirme que l'apprentissage atteint sa pleine intensité dès que se produit la première association entre un modèle de stimuli et une réponse. (Voir aussi *Loi de contiguïté.*)

Hull, Clark Leonard (1884-1952) Formula une théorie hypothético-déductive complexe afin de tenter d'expliquer tous les phénomènes d'apprentissage.

Hypothèse Selon Tolman, expectation se produisant au début de l'apprentissage.

Loi de contiguïté Unique loi de l'apprentissage de Guthrie qui s'énonce comme suit : si un organisme fait

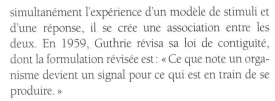

simultanément l'expérience d'un modèle de stimuli et d'une réponse, il se crée une association entre les deux. En 1959, Guthrie révisa sa loi de contiguïté, dont la formulation révisée est : « Ce que note un organisme devient un signal pour ce qui est en train de se produire. »

Néobéhaviorisme Accepte, comme les formes plus anciennes de béhaviorisme, le fait que le comportement manifeste doit être l'objet d'étude de la psychologie, mais ne pense pas qu'il faille éviter toute spéculation à propos d'entités abstraites. Les spéculations de ce type sont acceptables à la condition que les termes théoriques soient définis de façon opérationnelle et qu'elles permettent de faire des prédictions vérifiables au sujet de comportements manifestes.

Opérationnisme Croyance selon laquelle tout concept scientifique abstrait doit être défini de façon opérationnelle.

Performance Traduction de l'apprentissage en comportement.

Physicalisme Croyance issue du positivisme logique selon laquelle toutes les sciences devraient partager les mêmes hypothèses, les mêmes principes et les mêmes méthodes, et prendre la physique comme modèle.

Positivisme Croyance selon laquelle la science devrait étudier seulement les objets ou les événements dont on peut faire directement l'expérience. Autrement dit, on devrait éviter toute spéculation à propos d'entités abstraites.

Positivisme logique Philosophie des sciences selon laquelle les concepts théoriques sont acceptables à la condition d'être reliés à la réalité observable au moyen de définitions opérationnelles.

Potentiel de réaction ($_sA_R$) Selon Hull, probabilité qu'une réponse acquise soit déclenchée dans une situation donnée. Cette probabilité est fonction de l'intensité de la pulsion et de la force de l'habitude.

Psychologie S-R Forme de psychologie qui met l'accent sur le fait que les stimuli environnementaux déclenchent la majorité, sinon la totalité, des comportements. Les physiologistes russes et Watson sont des adeptes de la psychologie S-R.

Pulsion-réduction Mécanisme de renforcement proposé par Hull : tout ce qui réduit une pulsion a un effet de renforcement.

Renforcement Selon Hull, réduction de la pulsion ; selon Skinner, tout ce qui fait augmenter le taux ou la probabilité d'une réponse ; selon Tolman, confirmation d'une hypothèse, d'une expectation ou d'une croyance ; selon Guthrie, mécanisme qui prévient le désapprentissage.

Skinner, Burrhus Frederic (1904-1990) Béhavioriste qui pense que la psychologie doit étudier la relation fonctionnelle entre des événements environnementaux, comme les contingences de renforcement, et le comportement. Les travaux de Skinner sont un exemple de positivisme. (Voir aussi *Positivisme.*)

Stimuli de maintien Selon Guthrie, stimuli internes ou externes qui maintiennent un organisme actif jusqu'à ce qu'il ait atteint un but.

Termes observables Selon le positivisme logique, termes se rapportant à un événement empirique.

Termes théoriques Selon le positivisme logique, termes employés pour expliquer des observations empiriques.

Théorie hypothético-déductive Ensemble de postulats dont on déduit des relations empiriques (prédictions). Si ces relations correspondent aux prédictions, la théorie est renforcée ; autrement, elle s'affaiblit et doit être révisée ou abandonnée.

Thérapie comportementale Application des principes de l'apprentissage au traitement de troubles émotionnels ou comportementaux.

Tolman, Edward Chace (1886-1959) Créa une forme de béhaviorisme dans laquelle interviennent des construits mentaux et qui met l'accent sur le comportement intentionnel. Tolman emploie plusieurs variables intermédiaires, dont la plus importante est la carte cognitive.

Variables intermédiaires Événements qui interviendraient entre des événements environnementaux et des événements comportementaux. Bien qu'une variable intermédiaire ne soit pas directement observable, elle serait liée au comportement par une relation causale. Les concepts de force de l'habitude de Hull et de carte cognitive de Tolman sont des exemples de variables intermédiaires.

CHAPITRE 14

La psychologie de la forme

Au moment même où les béhavioristes rejetaient le structuralisme et le fonctionnalisme aux États-Unis, un groupe de jeunes psychologues allemands s'insurgeaient contre le programme expérimental de Wundt, dont l'objectif consistait à déterminer les éléments de la conscience. Les béhavioristes en avaient surtout contre l'étude de la conscience et la méthode d'introspection employée dans le cadre de cette étude, tandis que les détracteurs allemands critiquaient principalement l'**élémentisme** de Wundt. Selon ces derniers, on ne pouvait réduire la conscience à des éléments sans déformer le sens véritable de l'expérience consciente. Pour eux, l'étude de cette dernière à l'aide de l'introspection était un élément essentiel de la psychologie, alors que le type d'expérience consciente que Wundt et les structuralistes américains étudiaient était artificiel. Ces jeunes psychologues allemands soutenaient que l'être humain n'appréhende pas le monde en éléments isolés mais en fonction de configurations globales porteuses de sens. Ainsi, l'individu ne voit-il pas des taches de vert, de bleu ou de rouge, mais des gens, des voitures, des arbres, des nuages. Ces expériences conscientes globales et porteuses de sens constituent la matière sur laquelle l'introspection devrait porter. En allemand, le mot *Gestalt* signifie « configuration » ou « forme » ; c'est pourquoi on a appelé cette école de psychologie *gestaltisme* ou **psychologie de la forme**.

Les gestaltistes s'opposaient à tout type d'élémentisme en psychologie, tant celui prôné par Wundt et les structuralistes que celui défendu par les béhavioristes à la recherche d'associations stimulus-réponse. L'approche qui consistait à réduire la conscience ou le comportement à des éléments fondamentaux était appelée **approche moléculaire** en psychologie ; elle était utilisée par des psychologues tels que Wundt (comme expérimentaliste), Titchener, Pavlov et Watson. Les gestaltistes prétendaient quant à eux qu'il fallait plutôt adopter une **approche molaire**, laquelle consistait à se concentrer sur l'expérience *phénoménologique* (l'expérience

mentale telle qu'elle se manifestait à l'observateur naïf, sans analyse subséquente). Le terme *phénomène* signifie « ce qui se manifeste » ou « ce qui apparaît ». La **phénoménologie**, utilisée par les gestaltistes, était donc l'étude de ce qui se manifestait naturellement à la conscience. L'approche molaire, ou phénoménologique, pour étudier le comportement consistait à se concentrer sur le comportement motivé (visant une intention). Nous avons vu dans le chapitre précédent que, sous l'influence de la psychologie de la forme, Tolman avait choisi d'étudier ce type de comportement. Comme nous le verrons, les gestaltistes tentèrent de montrer qu'il était préférable, pour chacun des aspects de la psychologie, de se concentrer sur des entiers (*Gestalten*, pluriel de *Gestalt*) plutôt que sur des parties (atomes, éléments). Ceux qui adoptaient une approche molaire pour étudier le comportement ou le phénomène psychologique étaient appelés **holistes** par opposition aux élémentistes ou aux atomistes qui étudiaient les phénomènes complexes en les décomposant. Les gestaltistes étaient donc holistes.

Les origines de la psychologie de la forme

Emmanuel Kant

Le philosophe **Emmanuel Kant** (1724-1804) soutenait que l'expérience consciente naît de l'interaction entre la stimulation sensorielle et les actes des facultés mentales. En d'autres termes, l'esprit ajoute à l'expérience consciente quelque chose que la stimulation sensorielle ne contient pas. Si l'on remplace l'expression *facultés mentales* par *caractéristiques du cerveau*, on constate une profonde unité de vues entre Kant et les gestaltistes. Le premier comme les seconds estimaient qu'on ne pouvait pas réduire l'expérience consciente à la stimulation sensorielle, et que celle-ci était différente des éléments qui la constituaient. Par conséquent, la recherche d'une correspondance biunivoque entre les événements sensoriels et l'expérience consciente était vouée à l'échec. Pour Kant et les gestaltistes, il existait une différence importante entre la perception et la sensation. Cette différence venait du fait que l'esprit (Kant) ou le cerveau (gestaltistes) modifiait l'expérience sensorielle en lui donnant une structure et, donc, un sens qu'initialement, elle n'avait pas. Conséquemment, le monde que l'humain percevait n'était jamais le même que celui qu'il appréhendait par ses sens. Comme cet embellissement de l'information sensorielle était dû à la nature de l'esprit (Kant) ou du cerveau (gestaltistes), il était donc indépendant de l'expérience.

Ernst Mach

Le physicien **Ernst Mach** (1838-1916) postula (1886/1914) qu'il existait deux perceptions apparemment indépendantes des éléments particuliers qui les composaient : la *forme de l'espace* et la *forme du temps*. Par exemple, une personne verra la forme d'un cercle, et ce, quelles que soient sa taille (grand ou petit), sa couleur (rouge ou bleu), ses caractéristiques (brillant ou mat). La « nature du cercle » est un exemple de la forme de l'espace. On peut dire la même chose de toute forme géométrique. De même, une mélodie est reconnaissable quels que soient la clé ou le tempo utilisés. Elle est donc un exemple de la forme du temps. Mach faisait ressortir le fait qu'une grande variété d'éléments sensoriels peuvent donner naissance à la même perception et que, par conséquent, certaines perceptions sont indépendantes de tout regroupement de ces éléments.

Christian von Ehrenfels

Le psychologue **Christian von Ehrenfels** (1859-1932) étudia à Vienne avec Brentano. En 1890, il rédigea un article intitulé « Uber 'Gestaltqualitäten » (« Sur les qualités du gestaltisme »). Au sujet de cet article, Barry Smith (1994) a écrit ceci : « Presque tous les sujets théoriques et conceptuels qui ont été par la suite associés avec la psychologie de la forme sont traités à un moment ou à un autre dans cet article [...] à tout le moins superficiellement » (p. 246-247 [notre traduction]). Max Wertheimer, le fondateur de la psychologie de la forme, suivit plusieurs des cours donnés par

Ehrenfels entre 1898 et 1901, et il ne fait aucun doute que celui-ci l'influença. Lorsqu'il expliquait les notions de la forme de l'espace et du temps, Ehrenfels disait que les perceptions de l'humain présentent des *Gestaltqualitäten* (qualités de forme) absentes des sensations isolées. Par exemple, quelle que soit la configuration d'un ensemble de points, une personne percevra la configuration et non les points individuels. De même, une personne ne perçoit pas une mélodie en prêtant attention aux notes isolées ; c'est seulement en écoutant une succession de notes qu'elle reconnaît la mélodie. Pour Mach et Ehrenfels, la forme est une chose qui *émerge* des éléments sensoriels. Leur point de vue est semblable à celui adopté par John Stuart Mill des années auparavant. À partir de son idée de « chimie mentale », Mill postula que la fusion des sensations engendrait une nouvelle sensation totalement différente de celles dont elle était issue.

À l'instar de Mill, Mach et Ehrenfels estimaient que les éléments sensoriels se combinent souvent et *engendrent* l'expérience de la forme. Toutefois, pour les trois hommes, les éléments sont toujours nécessaires à la détermination de la perception du tout ou de la forme. Comme nous le verrons, les gestaltistes changèrent complètement cette relation en soutenant que le tout dominait les parties, et non l'inverse.

William James

En raison de son désaccord avec l'élémentisme en psychologie, le philosophe américain **William James** (1842-1910) peut également être considéré comme un précurseur de la psychologie de la forme. Il soutenait que la recherche des éléments de la conscience par Wundt relevait d'une vision artificielle et déformée de la vie mentale. James considérait l'esprit comme un courant et non comme un ensemble d'éléments mentaux isolés. Il estimait que ce courant devait être l'objet d'étude de la psychologie et qu'il ne fallait pas le décomposer pour en analyser les parties. Les gestaltistes se rangeaient du côté de James, mais affirmaient qu'il allait trop loin. Selon eux, on pouvait effectivement décomposer l'esprit pour l'étudier ; seulement, Wundt et les structuralistes avaient, toujours selon eux, mal choisi l'élément mental qui constituait leur objet d'étude. Pour les gestaltistes, il fallait étudier les formes mentales.

La psychologie de l'acte

Nous avons vu, au chapitre 9, que Franz Brentano et Karl Stumpf privilégiaient l'introspection axée sur les *actes* de la perception, de la sensation et de la résolution de problèmes. Ils rejetaient l'idée de l'utiliser pour chercher les éléments mentaux. Leur méthode d'introspection, plus libérale, était centrée sur le phénomène mental. Par conséquent, tant les psychologues de l'acte que les gestaltistes étaient phénoménologues. Il n'est pas surprenant que la **psychologie de l'acte** ait influencé la psychologie de la forme, puisque les trois fondateurs de cette dernière (Wertheimer, Koffka et Köhler) étudièrent, à un moment ou un autre de leur vie, avec Karl Stumpf. En 1920, Köhler lui dédicaça même l'un de ses ouvrages.

Les progrès de la physique

Étant donné qu'il était difficile de comprendre les propriétés des champs magnétiques du point de vue mécaniste-élémentiste proposé par Galilée et Newton, certains physiciens durent se tourner vers l'étude des champs de force, où tous les événements sont reliés les uns aux autres. (Tout ce qui se produit dans un champ de force influe sur le reste dudit champ.) Köhler connaissait bien la physique et avait même étudié durant un certain temps avec Max Planck, le père de la mécanique quantique. En fait, on peut dire que la psychologie de la forme est née de l'idée de modeler la psychologie à l'image de la **théorie des champs** plutôt qu'à celle de la physique newtonienne. Nous nous pencherons plus loin sur cet aspect.

La fondation de l'école de la psychologie de la forme

En 1910, Max Wertheimer se trouvait à bord d'un train qu'il avait pris à Vienne pour se rendre en Rhénanie lorsqu'il eut l'idée de la psychologie de la forme. Son idée était la suivante : les perceptions possèdent une structure absente chez la stimulation sensorielle. Autrement dit, les perceptions sont différentes des sensations dont elles sont issues. Pour explorer plus en détail cette notion, Wertheimer descendit du train à Francfort, acheta un stroboscope (appareil rotatif qui donne l'illusion du mouvement par une suite d'images fixes) dans un magasin de jouets et commença à faire des expériences dans sa chambre d'hôtel. Évidemment, il percevait du mouvement alors qu'il n'y en avait pas réellement. Pour étudier ce phénomène de plus près, il se rendit à l'université de Francfort où il se fit prêter un tachistoscope (appareil qui émet des éclairs lumineux à intervalles réguliers d'une seconde). En émettant deux éclairs successifs, Wertheimer détermina que si le temps qui séparait les éclairs était long (200 millisecondes ou plus), l'observateur percevait les deux éclairs qui s'allumaient successivement — ce qui était vraiment le cas ; que si l'intervalle entre les éclairs était très court (30 millisecondes ou moins), les deux éclairs semblaient s'allumer simultanément ; mais que si l'intervalle était d'environ 60 millisecondes, c'était comme si *un seul éclair* passait d'une position à l'autre. Wertheimer appela ce mouvement apparent **phénomène phi**. L'article qu'il rédigea en 1912, intitulé « Experimental Studies of the Perception of Movement » et qui décrit ce phénomène, est habituellement considéré comme la naissance officielle de la psychologie de la forme.

Deux chercheurs collaborèrent aux recherches de Wertheimer à l'université de Francfort : Kurt Koffka et Wolfgang Köhler. Ils venaient tous deux de terminer leur doctorat à Berlin et servirent de sujets aux expériences de Wertheimer sur la perception. Koffka et Köhler contribuèrent si étroitement à l'émergence de la psychologie de la forme qu'on les considère habituellement comme les cofondateurs de cette école.

Max Wertheimer

Le psychologue **Max Wertheimer** (1880-1943) vit le jour un 15 avril à Prague. Il y fréquenta un *Gymnasium* (à peu près l'équivalent d'une école secondaire) jusqu'à l'âge de 18 ans, moment où il fit son entrée à l'université de Prague pour y étudier le droit. C'est à cette époque qu'il commença à s'intéresser à la philosophie et qu'il eut l'occasion d'assister aux cours d'Ehrenfels. Après quelques années à l'université de Berlin (1901-1903), où il étudia auprès de Stumpf, il poursuivit ses études à l'université de Würzburg. Il y reçut en 1904 son doctorat, *summa cum laude*, sous la direction de Külpe. Sa thèse portait sur la détection du mensonge. La pensée de Wertheimer fut sans aucun doute influencée par son passage à Würzburg au moment où Külpe et d'autres débattaient avec Wundt de l'existence des « pensées sans images » et de l'objet sur lequel devait porter l'introspection.

Max Wertheimer

Entre 1904 et 1910, il enseigna aux universités de Prague, Vienne et Berlin. Il travailla ensuite à l'université de Francfort (de 1910 à 1916), à l'université de Berlin (de 1916 à 1929) et de nouveau à l'université de Francfort (de 1929 à 1933). En raison de la situation chaotique provoquée par l'arrivée au pouvoir des nazis en Allemagne, Wertheimer, qui avait 53 ans à l'époque, décida de poursuivre sa carrière à l'étranger. Il avait l'embarras du choix : on lui offrait des postes à Cambridge, Oxford ainsi qu'à l'université de Jérusalem ; mais c'est finalement un poste à la New School for Social Research qu'il accepta en 1933 avant de s'embarquer pour New York avec son épouse Anne, ainsi que leurs trois enfants (Valentin, Michael et Lise). Comme Wertheimer ne parlait que l'allemand, il donna ses premiers cours dans cette langue. Mais au bout de cinq mois à peine, il commença à enseigner et à publier en anglais. Sa langue seconde lui posait problème, car elle

l'empêchait parfois de s'exprimer correctement. Michael Wertheimer et King (1994) ont déjà donné l'exemple suivant : « Il […] avait de la difficulté avec les termes mathématiques ; ses étudiants sont demeurés quelquefois perplexes en l'écoutant parler d'"anges" obtus et aigus, avant de se rendre compte qu'il ne parlait pas de vie céleste mais de trigonométrie » (p. 5-6 [notre traduction]).

Wertheimer s'intéressait à beaucoup de choses. Après son arrivée aux États-Unis, il rédigea (en anglais) des articles sur la vérité (1934), l'éthique (1935), la démocratie (1937) et la liberté (1940). Il espérait pouvoir publier ces articles dans une même collection, dont la préface aurait été écrite par Albert Einstein. La collection ne fut jamais publiée en anglais, mais elle parut plus tard en allemand sous la direction de Hans-Jürgen Walter (1991). Wertheimer écrivit un seul livre, *Productive Thinking*, dont il ne vit jamais la publication puisqu'il mourut soudainement d'une embolie coronarienne le 12 octobre 1943, à son domicile de New Rochelle, dans l'État de New York. L'ouvrage parut deux ans après sa mort en 1945. En octobre 1988, la German Society for Psychology remettait à Wertheimer à titre posthume sa distinction honorifique la plus haute, la Wilhelm Wundt Plaque.

Kurt Koffka

Né un 18 mars à Berlin, le psychologue **Kurt Koffka** (1886-1941) termina sa thèse de doctorat en 1908 à l'université de Berlin sous la direction de Karl Stumpf. Koffka travailla comme assistant de recherche à Würzburg et à Francfort avant d'accepter un poste à l'université de Giessen dans le centre de l'Allemagne, où il demeura jusqu'en 1924. Durant son passage à l'université de Francfort, Koffka commença sa longue collaboration avec Wertheimer et Köhler. En 1924, il partit pour les États-Unis. Après avoir occupé une chaire de professeur invité à l'université Cornell puis à l'université du Wisconsin, il accepta un poste au Smith College de Northampton, dans l'État du Massachusetts, poste qu'il occupa jusqu'à sa mort.

En 1922, Koffka écrivit un article en anglais intitulé « Perception : An Introduction to Gestalt-Theorie » sur la psychologie de la forme qui parut dans le *Psychological Bulletin*. Certains considèrent que cet article amena

Kurt Koffka

la plupart des psychologues américains à conclure, à tort, que les gestaltistes ne se préoccupaient que de perception. En réalité, ces derniers se souciaient également de plusieurs questions philosophiques ainsi que de l'apprentissage et de la pensée. S'ils s'intéressèrent particulièrement à la perception, à leurs débuts, c'est parce que Wundt avait longuement étudié le sujet et qu'il était de ce fait la principale cible de leurs critiques.

En 1921, Koffka publia un ouvrage important sur la psychologie de l'enfant qui sera traduit en 1924 sous le titre : *The Growth of the Mind: An Introduction to Child Psychology*. En 1935, il fit paraître *Principles of Gestalt Psychology*, qui se voulait une présentation systématique et complète de la théorie de la forme. Il dédia ce livre à Köhler et Wertheimer pour les remercier de leur amitié et de leur collaboration.

Wolfgang Köhler

Le psychologue **Wolfgang Köhler** (1887-1967) vit le jour un 21 janvier à Reval (aujourd'hui appelé Tallinn), en Estonie, et termina son doctorat en 1909 à l'université de Berlin. Comme Koffka, Köhler travailla sous la direction de Stumpf. En 1909, il partit pour l'université de Francfort. Un an plus tard, il entamait son travail de

recherche avec Wertheimer et Koffka, un travail qui allait donner naissance à la psychologie de la forme. Il interrompit temporairement sa collaboration avec ses deux collègues en 1913, lorsque l'Académie prussienne des sciences l'invita à venir étudier le comportement des chimpanzés à son centre de recherche anthropoïde de Ténériffe, la plus vaste des îles de l'archipel des Canaries. Peu après son arrivée, la Première Guerre mondiale éclata, ce qui le contraint à demeurer sur place pour un séjour qui durera sept ans au total. Durant ces années, il se concentra sur la nature de l'apprentissage chez les chimpanzés. Il résuma ses observations dans *The Mentality of Apes* (1917/1925).

Le psychologue Ronald Ley (1990) prétend que Köhler n'observa pas seulement les singes à Ténériffe. Selon lui, l'archipel des Canaries était un endroit plutôt improbable pour l'établissement d'un centre de recherche sur les singes, les chimpanzés n'étant pas originaires de cette région du monde. Le Cameroun (une colonie allemande en Afrique) ou un grand zoo en Allemagne auraient été des endroits plus plausibles. Ley croit plutôt que si Köhler se retrouva dans un endroit aussi reculé, c'était en réalité pour observer les manœuvres des navires britanniques pour le compte de l'armée allemande. Au moyen d'une radio savamment camouflée, Köhler informait les officiers de l'armée

Wolfgang Köhler

allemande des allées et venues des navires britanniques dans les eaux environnantes. En l'absence de ces derniers, les vaisseaux de guerre allemands pouvaient se faire réapprovisionner sans danger par les navires de leur flotte. Ces activités d'espionnage furent confirmées par Manuel, le gardien et dresseur des animaux qu'étudiait Köhler, et par deux des enfants du psychologue allemand. Dans son livre, Ley présente également des documents d'archives allemands et britanniques qui confirment la présence d'une organisation d'espionnage active dans les îles Canaries durant la Première Guerre mondiale. De plus, les documents britanniques indiquent que Köhler était fortement soupçonné de faire partie de cette organisation. À plusieurs reprises, les autorités espagnoles fouillèrent le domicile de Köhler sur les ordres du gouvernement britannique. Si ces allégations sont vraies, cela signifie qu'à l'époque, Köhler était un citoyen allemand fidèle à sa patrie. Comme nous le verrons, cette loyauté changea du tout au tout lorsque les nazis arrivèrent au pouvoir.

À son retour en Allemagne, Köhler accepta un poste de professeur à l'université de Göttingen (1921-1922). En 1922, il succéda à Stumpf au poste de directeur de l'Institut psychologique de l'université de Berlin. Il s'agissait d'un poste prestigieux qui donna à la psychologie de la forme une reconnaissance internationale. Köhler interrompit à deux reprises ses fonctions de direction pour se rendre aux États-Unis : à titre de professeur invité à l'université Clark (1925-1926), pour donner des cours sur William James à Harvard (1934-1935) et à titre de professeur invité à l'université de Chicago (1935). Son livre *Gestalt Psychology* (1929/1970), rédigé en anglais, était principalement destiné aux psychologues américains.

Comme James, Köhler critiquait vigoureusement Fechner et citait la psychophysique comme exemple de ce qui pouvait arriver si la mesure précédait la compréhension de l'objet mesuré :

> Selon toute apparence, il était convaincu qu'il suffisait de procéder à des mesures pour faire, de la psychologie, une science. On sait ce qui suivit. [...] Il est aujourd'hui évident que des milliers d'expérimentations quantitatives psychophysiques furent effectuées presque en vain. Nul ne savait précisément ce qu'il mesurait. Personne n'avait étudié les processus mentaux sur lesquels on avait construit toute cette technique. (Köhler, 1929/1970, éd. fr. 1964, p. 47)

Köhler soutenait que les psychologues américains faisaient la même erreur en admettant majoritairement l'opérationnalisme (voir le chapitre 13). Il donnait pour exemple la définition opérationnelle de l'intelligence selon les résultats aux tests d'intelligence. Dans ces tests, disait-il, les mesures sont précises (comme l'étaient celles de Fechner), mais on ne sait pas exactement ce qui est mesuré. Dans la citation qui suit, on remarque une ressemblance entre les critiques de Köhler au sujet de l'utilisation des tests d'intelligence (1929/1970, éd. fr. 1964) et celles de Binet (voir le chapitre 10) :

> Il semble qu'en soumettant des écoliers à de tels tests, on puisse mesurer effectivement leur capacité totale, sommairement définie, d'accomplir certains actes. En effet, dans l'ensemble, les résultats des tests témoignent d'un degré satisfaisant de corrélation entre les résultats obtenus à l'école et ceux qui le furent ensuite. Mais ce succès même recèle un grave danger. Les tests n'indiquent pas quels processus furent réellement à l'œuvre lors de leur accomplissement. Les résultats ne sont que des chiffres qui permettent bien des interprétations différentes. En langage symbolique, un résultat donné peut signifier : degré 3 en « intelligence » associé aux degrés 1 en « précision », 4 en « ambition » et 3 en « rapidité de fatigue ». Mais il peut signifier aussi : « intelligence », 6 ; « précision », 2 ; « ambition », 1 ; « rapidité de fatigue », 4 — etc. Ainsi la combinaison de certaines composantes, dans des proportions variables, peut mener à obtenir précisément le même quotient d'intelligence. Cela compte, évidemment, même s'agissant d'objectifs pratiques. Par exemple, un enfant devrait être traité conformément à la nature et à la teneur des éléments spécifiques qui ont concouru à l'établissement de son quotient total d'intelligence. Certes, la critique n'est pas nouvelle, mais elle doit être répétée, en égard à l'influence que les tests ont pris dans nos écoles. Nous nous satisfaisons à trop bon compte de ces tests : techniques quantitatives, ils revêtent un aspect si agréablement scientifique ! (Köhler, 1929/1970, éd. fr. 1964, p. 47-48)

Devant le comportement des nazis qui harcelaient le personnel des établissements d'enseignement supérieur ainsi que les professeurs, Köhler changea radicalement d'attitude envers sa patrie. Il se plaignit amèrement de la présence des nazis et, le 28 avril 1933, publia le dernier article qui les critiquait ouvertement. Dans l'extrait suivant, tiré de cet article, Köhler, qui n'était pas juif, commente la purge qu'on pratiquait dans les universités et les autres milieux clés de la société :

> Durant notre conversation, un de mes amis sortit les Psaumes et lu : « Le Seigneur est mon berger, je ne man-

que de rien [...] » Il termina la lecture du psaume 90 et dit : « Il est difficile de trouver un Allemand qui ait touché le cœur humain aussi profondément et par le fait même consolé ceux qui souffrent. Et ces mots, nous les avons reçus des Juifs. »

Un autre me rappela qu'aucun homme ne s'était battu plus noblement pour clarifier sa vision du monde que Spinoza, un Juif dont Goethe admirait la hauteur de vue. Mon ami éprouvait du respect pour lui comme Goethe l'avait fait. Lessing, également, n'aurait pas écrit son *Nathan le Sage* si les Juifs avaient été dépourvus de noblesse humaine [...] De même, personne ne peut penser au travail extraordinaire de Heinrich Hertz sans avoir pour lui une admiration presque affectueuse. Or, Hertz aussi avait du sang juif.

Un de mes amis me dit alors : « À l'heure actuelle, le plus grand physicien expérimental allemand est Franck ; plusieurs estiment qu'il est tout simplement le plus grand physicien expérimental de notre époque. Franck est Juif, lui aussi, et c'est un être humain exceptionnellement bon. Il y a quelques jours encore, il était professeur à Göttingen, il faisait honneur à l'Allemagne et l'envie de toute la communauté scientifique internationale ». [Peut-être que le licenciement de Franck] montre la raison profonde pour laquelle ces gens ne joignent pas [les rangs du Parti] : ils sentent l'abus moral. Ils estiment que seule la qualité d'un être humain devrait déterminer sa valeur, que la réussite intellectuelle, le caractère et les contributions manifestes à la culture allemande conservent la même signification, que la personne soit juive ou non. (Henle, 1978, p. 940 [notre traduction])

Au fil des mois, la menace nazie se faisant insoutenable, Köhler finit par immigrer aux États-Unis en 1935. Après avoir enseigné pendant un an à Harvard, il accepta un poste au Swarthmore College, en Pennsylvanie, où il demeura jusqu'à son départ à la retraite en 1958. Durant ses années à Swarthmore, il publia ses exposés sur William James, intitulés *The Place of Value in a World of Facts* (1938) et *Dynamics in Psychology* (1940), dans lesquels il traitait de la relation entre la théorie des champs en physique et la psychologie de la forme. Une fois à la retraite, il déménagea dans le New Hampshire, où il continua d'écrire et de faire des recherches. Il consacra également beaucoup de temps à l'enseignement dans des universités européennes. Il mourut à Enfield, dans l'État du New Hampshire, le 11 juin 1967. Son dernier livre, *The Task of Gestalt Psychology* (1969), fut publié après sa mort.

La psychologie de la forme eut beaucoup d'influence aux États-Unis. Lorsqu'on sait que Koffka enseignait au Smith College (un établissement d'enseignement de premier cycle), que Köhler était à Swarthmore (un établissement d'enseignement de même niveau) et que Wertheimer travaillait à la New School for Social Research (qui n'accordait pas encore de diplômes d'études supérieures), on comprend que la psychologie de la forme ait été aussi populaire. Par ailleurs, le béhaviorisme représentait le courant dominant de la psychologie américaine au moment où la psychologie de la forme se frayait un chemin. Köhler décrivit comme suit une expérience qu'il eut peu après son arrivée aux États-Unis :

> En 1925, peu après mon arrivée dans ce pays que je découvrais pour la première fois, j'ai vécu une drôle d'expérience. Un jour que je m'entretenais avec un étudiant de deuxième cycle en psychologie qui était, évidemment, béhavioriste, je lui fis remarquer que la psychologie de l'effort de McDougall me semblait associée à certaines thèses philosophiques auxquelles j'avais de la difficulté à adhérer ; mais qu'il pouvait tout de même avoir raison de croire que sur le plan de la simple observation, les gens agissent dans le but d'atteindre certains objectifs. N'allait-il pas lui-même parfois au bureau de poste dans le but d'acheter des timbres ? Et n'était-il pas en train de se préparer à des examens pour le jeudi suivant ? Sa réponse fut prompte : « Je ne fais jamais de telles choses ». Il n'y a rien de tel qu'une profonde conviction scientifique. (Henle, 1986, p. 120 [notre traduction])

Köhler reçut plusieurs distinctions, dont l'adhésion à l'American Philosophical Society, à la National Academy of Sciences et à l'American Academy of Arts and Sciences ; plusieurs diplômes honorifiques ; le titre d'*Ehrenbürger* (citoyen honorable) de l'université de Berlin (une distinction antérieurement remise à seulement deux citoyens américains — le président John F. Kennedy et le compositeur Paul Hindemith) ; le prix Distinguished Scientific Contributions de l'American Psychological Association (1956) ; et la présidence de l'APA — American Psychological Association (1959).

L'isomorphisme et la loi de prégnance

Une des questions fondamentales à laquelle Wertheimer devait répondre, c'est comment la présence de deux stimuli pouvait entraîner la perception d'un mouvement. Wertheimer ne découvrit pas le mouvement apparent ; cette notion était connue depuis des années. En fait, la projection animée existait depuis 25 ans déjà lorsque Wertheimer découvrit le phénomène phi. Ce qui était nouveau, c'était l'*explication* que Wertheimer en donnait. Comme nous l'avons vu, si Mach, Ehrenfels et Mill reconnaissaient tous qu'un tout était parfois différent de la somme de ses parties, ils supposaient aussi que le tout (*Gestalt*) était, d'une quelconque manière, issu des caractéristiques des parties. Autrement dit, une fois que l'individu avait appréhendé les parties (les éléments), celles-ci fusionnaient, en quelque sorte, et engendraient l'expérience globale. Par exemple, la vision des couleurs primaires donnait la sensation de blanc, de même que le fait d'écouter des notes de musique engendrait la sensation d'une mélodie. Ce point de vue relève encore d'une forme d'élémentisme et de la théorie de l'association qui lui est rattachée. Par exemple, l'explication que donnait Wundt du mouvement apparent était que la fixation des yeux changeait à chaque présentation successive du stimulus visuel, et que les muscles contrôlaient alors les yeux pour donner lieu à des sensations identiques à celles obtenues en présence d'un mouvement réel. Ainsi, comme la personne avait déjà éprouvé dans le passé de telles sensations (association), elle percevait ce qui lui semblait être un mouvement. Étant donné que, dans le mouvement apparent, la perception du mouvement n'est pas contenue dans les sensations qui la causent, Wundt soutenait qu'elle exemplifiait la synthèse créative. De la même façon, Helmholtz expliquait le phénomène à l'aide de l'inférence inconsciente. Wundt et Helmholtz faisaient tous deux ressortir le rôle de l'apprentissage dans des expériences comme le phénomène phi.

Par une ingénieuse démonstration, toutefois, Wertheimer montra que les explications fondées sur l'apprentissage n'étaient pas plausibles. Au moyen d'un tachistoscope, il démontra que le phénomène phi pouvait se manifester dans deux directions à la fois. Il disposait trois lumières de la façon suivante :

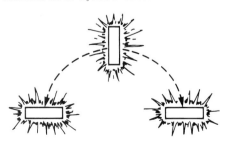

Il faisait clignoter la lumière du centre, puis, peu après, les deux autres lumières en même temps. Wertheimer répétait la séquence plusieurs fois. La fente de la lumière du centre semblait arriver à gauche et à droite simultanément et, étant donné que les yeux ne pouvaient pas bouger dans les deux directions à la fois, on ne pouvait pas donner une explication fondée sur des sensations issues des muscles de l'œil.

L'application de la théorie des champs

Si on ne pouvait pas traduire les phénomènes psychologiques par des processus sensoriels, des inférences ou des fusions, comment alors les expliquer ? Les gestaltistes répondaient à cela que le cerveau contenait des champs structurés de forces électrochimiques qui étaient présents avant la stimulation sensorielle. En entrant dans un champ, l'information sensorielle en modifiait la structure avant d'être à son tour transformée par celui-ci. Ce que l'être humain percevait provenait donc, selon les gestaltistes, de l'interaction entre l'information sensorielle et les champs de force présents dans le cerveau, un peu comme des particules de métal dans un champ magnétique. La nature du champ influencera fortement la façon dont les particules se répartissent, mais les caractéristiques de ces dernières influeront également sur la répartition. Par exemple, des particules plus nombreuses et plus grosses ne se répartiront pas de la même manière que des particules en moins grand nombre et de moindre taille. Dans le cas de l'expérience cognitive, l'important était que les champs de l'activité cérébrale *transformaient* l'information sensorielle et lui conféraient des caractéristiques qu'elle n'avait pas initialement. Selon cette analyse, l'existence du tout (les champs de force électrochimique du cerveau) précédait l'existence des parties (les sensations individuelles), et c'était le tout qui conférait aux parties leur identité ou leur sens.

L'isomorphisme psychophysique

Pour décrire plus en détail la relation qui existe entre l'activité des champs du cerveau et l'expérience consciente, les gestaltistes introduisirent le concept d'**isomorphisme psychophysique**, que Köhler définissait ainsi : « *un ordre expérimenté dans l'espace est toujours structurellement identique à un ordre fonctionnel dans la répartition des processus de base à l'intérieur du cerveau* » (Köhler, 1929/1970, éd. fr. 1964, p. 64).

Ailleurs, il écrivait : « Toutes les caractéristiques structurelles des faits psychologiques ressemblent à celles des événements sous-jacents dans le cerveau » (1969, p. 66 [notre traduction]).

La notion d'isomorphisme de la psychologie de la forme faisait ressortir que les champs de force du cerveau transformaient l'information sensorielle reçue et que c'était cette information transformée que l'être humain percevait consciemment. Le mot *isomorphisme* vient du grec *iso* (« égal ») et *morphê* (« forme »). Les configurations de l'activité cérébrale et celles de l'expérience consciente étaient structurellement équivalentes. Les gestaltistes ne prétendaient pas que les configurations de l'activité électrochimique du cerveau étaient pareilles à celles de l'activité perceptive. Ils affirmaient plutôt que les champs perceptifs étaient toujours causés par des configurations sous-jacentes de l'activité cérébrale. Selon eux, même si les configurations de l'activité perceptive et cérébrale pouvaient se ressembler, les deux représentaient deux domaines totalement différents et ne pouvaient absolument pas être identiques. La relation pouvait se comparer à celle qui existe entre une carte géographique des États-Unis et les États-Unis réels ; les deux ont un lien important, mais ils sont loin d'être identiques.

L'opposition à l'hypothèse de constance

La notion d'isomorphisme des gestaltistes s'opposait à l'**hypothèse de constance**, selon laquelle il existait une correspondance biunivoque entre certains stimuli environnementaux et certaines sensations. Cette correspondance biunivoque ne signifiait pas que les sensations reflétaient nécessairement fidèlement la réalité physique. Les psychophysiciens, Helmholtz, Wundt et les structuralistes admettaient tous l'hypothèse de constance, tout en reconnaissant que de grandes différences pouvaient exister entre les expériences psychologiques et les événements physiques dont elles étaient issues. L'hypothèse de constance énonçait que les événements physiques individuels engendraient des sensations de même nature et que ces dernières demeuraient isolées si elles ne subissaient pas l'influence d'une ou de plusieurs des lois de l'association ou, comme le croyait Wundt, si elles étaient arrangées intentionnellement. La plupart des empiristes britanniques et français admet-

taient cette hypothèse, qui fut aussi la pierre angulaire du structuralisme de Titchener. Les structuralistes, suivant la tradition empiriste, considéraient les événements mentaux comme les réflexions passives d'événements environnementaux spécifiques.

Les gestaltistes, quant à eux, rejetaient totalement la conception du fonctionnement cérébral telle qu'elle est énoncée dans l'hypothèse de constance. Ce faisant, ils réprouvaient la philosophie empiriste sur laquelle reposaient les écoles du structuralisme, du fonctionnalisme et du béhaviorisme. Comme nous l'avons vu, les gestaltistes employèrent plutôt la théorie des champs dans leur analyse du fonctionnement cérébral. Dans tout système physique, l'énergie est distribuée selon certaines lois. Or, il se trouve que le cerveau est un système physique. Köhler disait : « Selon plusieurs physiciens, la distribution de la matière et des processus dans les systèmes physiques a tendance à devenir régulière, simple et souvent symétrique à mesure que ces derniers s'approchent d'un état d'équilibre ou d'un état stable » (1969, p. 64-65 [notre traduction]). Michael Wertheimer (1987) a expliqué cet aspect :

> Les gestaltistes soutiennent que les forces physiques, lorsqu'elles sont libérées, ne produisent pas le chaos, mais leur propre organisation interne. De la même façon, le système nerveux ne se caractérise pas par un assemblage de conduits, de sillons, de câbles ou de tableaux de contrôle typiques d'une quelconque machine ; le cerveau, comme presque tous les autres systèmes physiques, se caractérise par une autodistribution dynamique de forces physiques. (p. 137 [notre traduction])

Par conséquent, au lieu de considérer le cerveau comme un réceptacle passif qui enregistrait l'information sensorielle, les gestaltistes le voyaient comme une configuration dynamique de forces qui transformaient l'information sensorielle. Ils prétendaient que l'information sensorielle d'entrée interagissait avec les champs de force du cerveau, ce qui entraînait des champs d'activité mentale ; et comme les champs physiques sous-jacents du cerveau, ces champs mentaux étaient des configurations dotées d'une structure. La nature des configurations mentales dépendait de l'ensemble de la stimulation d'entrée et de la nature des champs de force du cerveau, et toute configuration qui se manifestait dans les champs de l'activité cérébrale l'était sous la forme de perceptions (isomorphisme psychophysique).

L'analyse : du haut vers le bas, et non l'inverse

Selon les gestaltistes, c'était l'activité cérébrale structurée qui dominait nos perceptions, et *non* les stimuli qui y pénétraient. C'est pourquoi le tout était pour eux plus important que les parties, notion qui allait à l'encontre d'une des plus vieilles traditions de la psychologie. Les gestaltistes disaient que leur analyse se déroulait *du haut vers le bas* plutôt que *du bas vers le haut*, comme c'était traditionnellement le cas. Autrement dit, ils procédaient du tout vers les parties plutôt que des parties vers le tout. Comme Michael Wertheimer (1987) l'a expliqué :

> Cette formulation suppose une réorientation radicale : la nature des parties est déterminée par le tout plutôt que l'inverse; par conséquent, l'analyse devrait se dérouler « du haut vers le bas » et non « du bas vers le haut ». On ne devrait pas partir des éléments pour ensuite essayer de synthétiser le tout, mais plutôt étudier le tout pour déterminer ce que sont ses parties. Les parties d'un tout ne sont pas neutres et inertes, mais structurellement et intimement liées les unes aux autres. Elles ne sont pas indépendantes les unes des autres. On peut illustrer cette idée par une bulle de savon : la modification d'une partie provoque un changement radical dans toute la configuration. Cette approche a été appliquée à la compréhension d'une grande variété de phénomènes de la pensée, de l'apprentissage, de la résolution de problèmes, de la perception et de la philosophie; son développement rapide a entraîné de violentes critiques à son égard venant de l'extérieur, ainsi que de véhémentes attaques des tenants de cette école envers ceux qui n'y adhéraient pas. (p. 136 [notre traduction])

La loi de prégnance

Les gestaltistes soutenaient que les forces qui créaient des configurations comme les bulles de savon et les champs magnétiques créaient également des configurations dans le cerveau. Les configurations d'énergie de tous les systèmes physiques étaient issues de tout le champ des forces interdépendantes, et ces forces physiques se répartissaient toujours de la façon la plus simple et la plus symétrique dans les circonstances. Selon ce principe d'isomorphisme psychophysique, les expériences mentales devaient donc être simples et symétriques. Pour résumer cette relation entre les champs de force du cerveau et l'expérience cognitive, les gestaltistes utilisaient la **loi de prégnance** autour de laquelle la psychologie de la forme s'articulait. Le mot allemand *Prägnanz* (prégnance) fait référence à l'essence ou au sens ultime d'une expérience. Selon cette loi, l'information sensorielle pouvait être fragmentée et incomplète, mais quand elle interagissait avec les champs de force du cerveau, l'expérience cognitive qui en résultait était complète et structurée. La loi de prégnance stipulait que l'organisation psychologique était toujours aussi bonne que les conditions le permettaient parce que les champs d'activité cérébrale se répartissaient de la façon la plus simple possible dans ces conditions, tout comme d'autres champs de forces physiques le faisaient. Selon cette loi, toutes les expériences cognitives avaient tendance à être aussi organisées, aussi symétriques, aussi simples et aussi régulières qu'elles pouvaient l'être, selon la configuration de l'activité cérébrale du moment. C'est ce que signifiait « aussi *bonne* que les conditions le permettaient ».

Il serait tentant de qualifier la psychologie de la forme de nativiste, mais les gestaltistes eux-mêmes rejetaient cette étiquette. Köhler affirmait : « Des concepts tels que les gènes, l'hérédité et l'inné ne devraient jamais être mentionnés lorsqu'on fait référence [...] aux processus [...] dynamiques du système nerveux » (1969, p. 89 [notre traduction]). Selon lui, ce n'était pas des programmes génétiquement contrôlés qui régissaient l'activité cérébrale, mais plutôt des *dynamiques invariantes* qui gouvernaient *tous* les systèmes physiques.

Selon Henle (1986), il est temps que la psychologie s'aligne sur l'idée des gestaltistes et cesse de tenter de tout expliquer en fonction de la dichotomie nativiste-empiriste :

> Je ne sais pas pourquoi nous trouvons si difficile de sortir de la dichotomie nativiste-empiriste. Sommes-nous donc incapables de penser en termes de trichotomie ? Si c'est le cas, nous continuerons à interpréter faussement la psychologie de la forme et —cela est plus grave—, nos explications ne feront pas honneur à notre domaine. (p. 123 [notre traduction])

Les constances perceptives

La **constance perceptive** (à ne *pas* confondre avec l'hypothèse de constance) fait référence à la façon dont nous réagissons aux objets comme s'ils étaient identiques, même si la stimulation réelle que nos sens reçoivent varie considérablement :

L'homme qui s'approche de nous dans la rue ne paraît pas augmenter de taille alors qu'il le devrait pour de simples raisons d'optique ; le cercle qui se trouve sur un plan oblique n'apparaît pas comme une ellipse, il semble demeurer un cercle lors même que son image rétinienne peut être celle d'une ellipse très plate ; l'objet blanc, placé dans l'ombre, demeure blanc, le papier noir en pleine lumière reste noir, bien que le premier puisse refléter beaucoup moins de lumière que le dernier ; manifestement, ces trois phénomènes ont quelque chose de commun. L'objet physique comme tel demeure toujours le même tandis que la stimulation de nos yeux varie lorsque changent la distance, l'orientation ou l'éclairage de cet objet. Or ce que nous avons le sentiment d'éprouver concorde avec l'invariance effective de l'objet physique bien plus qu'avec les diverses stimulations. De là l'emploi des termes constance de taille, constance de forme et constance de luminosité. (Köhler, 1929/1970, éd. fr. 1964, p. 81)

Les empiristes expliquaient que les constances perceptives étaient issues de l'apprentissage. Les sensations que procuraient les objets vus sous différents angles, selon diverses orientations et sous des éclairages variés étaient différentes, mais l'expérience nous apprenait à corriger ces différences et à réagir aux objets comme s'ils demeuraient les mêmes. Woodworth (1931) a décrit ce que les perceptions seraient, selon les empiristes, si on pouvait éliminer l'influence de l'apprentissage :

Si nous pouvons, pendant un instant, faire abstraction de tout ce que nous avons appris et voir notre champ de vision de la même façon que nos yeux le perçoivent, nous distinguerions une simple mosaïque bariolée, dépourvue de sens et constituée d'objets, de formes et de configurations. Telle est la vision associationniste traditionnelle de la matière. (p. 105-106 [notre traduction])

Les gestaltistes n'étaient pas de cet avis. Köhler, par exemple, soutenait que les constances étaient un reflet direct de l'activité cérébrale en cours et *non* le résultat d'une sensation enrichie de l'apprentissage. Si une personne percevait un objet comme étant le même dans des conditions variées, c'était parce que la *relation* entre cet objet et d'autres objets demeurait la même. En conséquence, le champ d'activité cérébrale et l'expérience mentale (la perception) étaient également les mêmes. L'explication des gestaltistes, par conséquent, était simplement une extension de la notion d'isomorphisme psychophysique. Utilisant la constance de la luminosité en guise d'exemple, Bruno (1972) a bien résumé ce point :

[Köhler] disait que la constance de la luminosité est due à l'existence d'une constance réelle qui représente une *Gestalt* présente dans l'environnement. Cette *Gestalt* est physique — c'est-à-dire qu'elle représente une forme qui existe réellement. C'est le *rapport* de l'éclairage de l'objet à celui du sol. Ce rapport demeure constant pour la lumière du soleil et l'ombre. Disons qu'un photomètre donne une valeur de 10 (unité arbitraire) pour un bikini exposé au soleil. Une valeur enregistrée pour l'herbe sous le soleil est de 5. Le rapport de la figure au fond est de 10/5, soit 2. Supposons maintenant que la jeune fille en bikini est à l'ombre, et que le photomètre donne une valeur de 4 pour le bikini. L'herbe éclairée par le soleil donne une valeur de 2. Le rapport de la figure au fond est de 4/2 — soit le même qu'auparavant. Le rapport est donc une constante. Le système nerveux humain réagit directement à ce rapport constant. La présence de ce dernier dans l'environnement donne lieu à une configuration d'excitation dans le système nerveux. Tant que le rapport ne change pas, les caractéristiques de la configuration d'excitation restent inchangées. Köhler considérait donc la constance de la luminosité comme une *Gestalt* perçue directement qui n'était pas issue de l'apprentissage ou de l'association des sensations.

Il expliquait de la même façon d'autres constances perceptives faisant intervenir la couleur, la forme ou les dimensions. (p. 151 [notre traduction])

Les formes perceptives

Au cours des années, les gestaltistes isolèrent plus de 100 configurations (*Gestalten*) dans lesquelles l'information visuelle était structurée. Nous en présenterons quelques-unes ici.

La relation figure-fond

Selon le psychologue danois Edgar Rubin (1886-1951), le type de perception le plus fondamental était la division du champ de perception en deux parties : la *figure*, nette et homogène, sur laquelle portait l'attention ; et le *fond*, diffus, qui contenait tout ce qui n'était pas la figure. Cette division créait ce qu'on appelle la **relation figure-fond**. Ce qui constituait la figure et le fond pouvait donc changer en fonction de l'objet de sa propre attention. La figure 14.1 illustre ce phénomène. Lorsqu'on essaie de concentrer son attention sur les deux profils, on ne peut pas voir le vase, et vice versa. De la même façon, lorsqu'on porte son attention sur la croix noire, on ne peut pas voir la croix blanche, et vice versa.

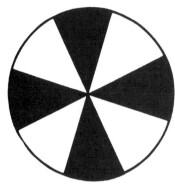

Figure 14.1
Dans chaque illustration ci-dessus, qu'est-ce qui constitue le fond et qu'est-ce qui constitue la figure (adaptation de Rubin, 1915/1921)?

La relation figure-fond occupait une place importante dans le système théorique des gestaltistes.

Les principes gestaltistes de l'organisation perceptive

En plus de décrire la perception de la figure et du fond, les gestaltistes ont énoncé les principes selon lesquels les éléments de perception sont arrangés en configurations. Par exemple, les stimuli qui ont une continuité seront perçus comme une unité perceptive. Pour décrire ce principe, Wertheimer utilisait les termes *proximité*, *nécessité imminente* et *bonne continuité*. La figure 14.2a donne un exemple du **principe de continuité**. Remarquez que la forme qui apparaît ne se retrouve dans aucun point isolé (élément). Étant donné que certains points semblent tendre vers la même direction, on les perçoit comme une forme (*Gestalt*). La plupart des gens décriraient cette figure comme deux lignes courbes.

Lorsque des stimuli sont proches les uns des autres, ils ont tendance à être regroupés et à former une unité perceptive. Cette tendance est appelée **principe de proximité**. Dans la figure 14.2b, on a tendance à voir les X en groupes de deux plutôt qu'individuellement. La même chose est vraie des lignes.

Selon le **principe d'inclusion**, lorsqu'il y a plus d'une figure, nous avons tendance à voir celle qui contient le

plus grand nombre de stimuli. Par exemple, si une petite figure est contenue dans une plus grande, nous verrons probablement la grande figure et non la plus petite. L'utilisation du camouflage est une application de ce principe. Par exemple, les navires peints de la couleur de l'eau ou les chars d'assaut peints de la couleur du terrain sur lequel ils se déplacent se confondent avec l'arrière-plan et sont donc moins susceptibles d'être repérés. Dans la figure 14.2c, le symbole $\sqrt{16}$ est difficile à voir parce que plusieurs de ses composants font partie d'un grand complexe de stimuli. Köhler affirmait que le principe d'inclusion démontrait la fausseté de l'explication empirique de la perception. Il disait que la plupart des gens étaient plus familiers avec le symbole $\sqrt{16}$ qu'avec la figure montrée en 14.2c, mais qu'ils avaient tendance à percevoir la figure la plus inclusive. Il disait la même chose (1969) à propos de la figure suivante:

Köhler soutenait que si la perception était vraiment déterminée par l'expérience antérieure (l'apprentissage), alors la plupart des gens devraient percevoir le mot anglais *men* ainsi que son image renversée dans la figure. Or, c'est le contraire qui se produit, la plupart perçoivent une figure moins familière qui ressemble

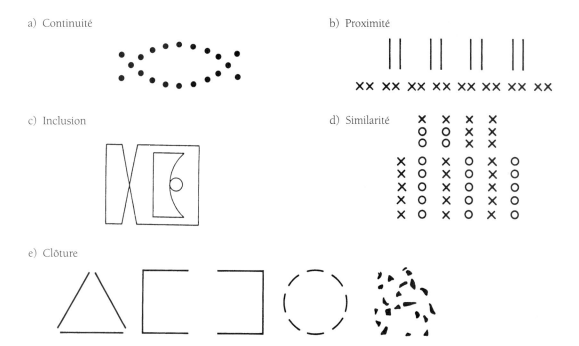

a) Continuité

b) Proximité

c) Inclusion

d) Similarité

e) Clôture

Figure 14.2
Exemples a) du principe de continuité, b) du principe de proximité, c) du principe d'inclusion (Köhler, 1969), d) du principe de similarité et e) du principe de clôture (Sartain, et autres, 1973 ; reproduction autorisée par Prentice-Hall, Inc.).

plutôt à une rangée horizontale de figures en forme de cœurs.

Les objets qui se ressemblent d'une quelconque façon ont tendance à former des unités perceptives. Cette tendance est appelée **principe de similarité**. Les jumeaux, par exemple, se font remarquer dans une foule, de même que des groupes portant des tenues différentes donneront l'idée qu'il y a bien deux équipes sur un terrain de sport. Dans la figure 14.2d, les stimuli qui ont quelque chose en commun ressortent et forment des unités perceptives.

Comme nous l'avons vu, les gestaltistes mettaient l'accent sur l'isomorphisme psychophysique, selon lequel l'expérience consciente est directement liée aux configurations de l'activité cérébrale tandis que cette dernière se structure en configurations, conformément à la loi de prégnance. Dans cette optique, il est probable que les configurations de l'activité cérébrale sont souvent mieux structurées que les stimuli qui s'y intègrent. C'est en tout cas ce qui est clairement démontré dans le **principe de clôture**, suivant lequel les figures incomplètes du monde physique sont perçues comme des figures complètes. Comme le montre la figure 14.2e, même si les figures comportent des trous—et ne sont donc pas vraiment un cercle, un triangle ou un rectangle—elles sont néanmoins perçues comme tels. C'est parce que le cerveau transforme les stimuli en configurations structurées qui sont ensuite perçues de manière cognitive. C'est aussi la raison pour laquelle on voit, dans la figure 14.2e, une personne à cheval.

La réalité subjective et la réalité objective

Étant donné que le cerveau agit à la fois sur l'information sensorielle et la structure en configurations, ce dont nous sommes conscients et ce sur quoi nous agissons à tout moment est davantage un produit du cerveau qu'un produit du monde physique. Koffka utilisait ce fait pour établir la distinction entre les environnements géographique et comportemental. Pour lui, **l'environnement géographique** était l'environnement physique, tandis que l'**environnement comportemental** était la lecture subjective que l'humain faisait de son environnement géographique. Koffka (1935/1963) recourait à une vieille légende allemande pour illustrer l'importante différence entre ces deux environnements :

> Un soir d'hiver, alors qu'une tempête de neige faisait rage, un cavalier parvint à une auberge, heureux de trouver enfin un gîte après avoir chevauché de nombreuses heures dans la plaine balayée par le vent, dont les chemins et les points de repère avaient été effacés par un manteau de neige. Le maître des lieux vint à la porte ; étonné de voir cet étranger, il lui demanda d'où il venait. L'homme fit un signe en direction de la plaine. Sur quoi le maître des lieux, la voix remplie d'effroi et de surprise, lui répondit : « Savez-vous que vous venez de traverser le lac de Constance ? » À ces mots, le cavalier s'écroula aux pieds de l'aubergiste, raide mort.
>
> Dans quel environnement le comportement de l'étranger a-t-il donc pris place ? Sur le lac de Constance ? Assurément, car il est vrai qu'il traversa le lac de Constance. Pourtant, ce n'est pas toute la vérité, puisque le fait qu'il s'y trouvait un lac gelé plutôt qu'un sol ordinaire ne dérangea pas le moindrement son comportement et cette localisation particulière intéresse le géographe. Mais elle ne doit pas retenir l'attention d'un psychologue étudiant le comportement […] car le cavalier aurait agi exactement de la même façon s'il avait traversé une plaine aride. Toutefois, le psychologue comprend quelque chose de plus : puisque l'homme est mort de peur en apprenant ce qu'il avait « réellement » fait, le psychologue se doit de conclure que si le cavalier avait su, il aurait probablement agi très différemment. Car celui-ci doit plutôt dire : au sens second du mot « environnement », notre cavalier n'a pas du tout traversé le lac, puisqu'il a chevauché dans une banale plaine balayée par la neige. Son comportement consistait à « chevaucher dans une plaine » et non pas à « chevaucher sur un lac ».
>
> Ce qui est vrai de l'homme qui chevauche sur un lac est vrai de chaque comportement. Le rat court-il dans le labyrinthe que *l'expérimentateur* a installé ? Oui et non, selon le sens que l'on donne au mot « dans ». Faisons donc la distinction entre un environnement *géographique* et un environnement *comportemental*. Vivons-nous tous dans la même ville ? Oui, si nous faisons référence à l'environnement géographique, non si nous faisons référence à l'environnement comportemental. (p. 27-28 [notre traduction])

Autrement dit, notre propre réalité subjective gouverne davantage nos actions que l'environnement physique dans lequel nous nous trouvons.

L'explication gestaltiste de l'apprentissage

Les essais et erreurs cognitifs

Comme nous l'avons vu, les gestaltistes soutenaient que l'activité cérébrale tend à l'équilibre, conformément à la loi de prégnance. Cette tendance à l'équilibre se poursuit naturellement, à moins d'une perturbation. Selon les gestaltistes, l'existence d'un problème est un exemple de perturbation. En présence d'un problème, il se crée un état de déséquilibre qui persiste jusqu'à sa résolution. L'état de déséquilibre n'étant pas naturel, il crée une tension dotée de propriétés motivationnelles qui tient l'organisme en alerte jusqu'à la résolution du problème. En général, l'organisme résout ses problèmes de manière perceptive en scrutant son environnement et en essayant de manière cognitive une solution possible, puis une autre, jusqu'à la résolution finale. Les gestaltistes faisaient ressortir les essais et erreurs *cognitifs* plutôt que *comportementaux*. Ils soutenaient que les organismes en venaient à *visualiser* les solutions à leurs problèmes.

L'apprentissage par compréhension brusque

Köhler effectua une grande partie de ses travaux sur l'apprentissage entre 1913 et 1917, durant son séjour sur l'île de Ténériffe pendant la Première Guerre mondiale. Dans une expérience typique dont les sujets étaient des singes, Köhler suspendait un objet convoité — par exemple, une banane — dans les airs, hors de portée de l'animal mais suffisamment près de lui. Ensuite, il plaçait dans l'environnement de l'animal des objets comme des boîtes et des bâtons, que celui-ci pouvait utiliser pour attraper la banane. Dans une de ces expériences, l'animal devait abouter deux bâtons pour atteindre la banane. Les photographies de la page suivante montrent les expériences de résolution de problèmes de certains des singes de Köhler.

Pour étudier l'apprentissage, ce dernier utilisait également des problèmes détours, c'est-à-dire des problèmes dans lesquels l'animal pouvait voir son objectif mais ne pouvait pas l'atteindre directement. Pour résoudre son problème, il devait apprendre à emprunter un chemin indirect qui y menait. La figure 14.3 montre un problème détour typique. Köhler découvrit que les poulets avaient beaucoup de difficultés à résoudre ce type de problèmes, alors que les singes les résolvaient avec aisance.

a)

b)

a) Un singe nommé Chica utilise une perche pour attraper la nourriture suspendue (p. 72a). (Toutes les photos sont tirées de *The Mentality of Apes*, de W. Köhler, Londres, Routledge and Kegan Paul Ltd., 1917/1925.)

b) Sultan aboute deux bâtons pour attraper la nourriture (p. 128a).

c) Un singe nommé Grande se sert d'une pile de boîtes pour atteindre la nourriture pendant que Sultan l'observe (p. 138a).

d) Chica frappe la nourriture convoitée avec une perche (p. 146a).

c)

d)

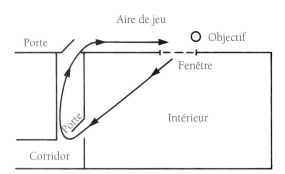

Figure 14.3
Problème détour typique que Köhler utilisa pour étudier le processus d'apprentissage (Köhler, 1917/1925).

Il nota aussi que durant la période qui précède la solution, les animaux semblaient soupeser la situation — c'est-à-dire vérifier différentes hypothèses. (Cette activité correspond à ce que nous avons appelé plus tôt les essais et erreurs cognitifs, ou auxiliaires.) Ensuite, à un moment donné, ils arrivaient à une *compréhension brusque* de la solution et trouvaient le comportement conséquent. Pour les gestaltistes, un problème ne pouvait exister que sous deux formes: soit il était résolu, soit il ne l'était pas; il ne pouvait pas être entre les deux. Toujours selon eux, si Thorndike et d'autres avaient découvert ce qui semblait être un apprentissage graduel (plutôt que brusque), c'était parce que tous les éléments nécessaires à la survenue de la compréhension brusque n'étaient pas à la portée de l'animal. Toutefois, si on présentait un problème à un organisme en même temps que les éléments nécessaires à sa solution, la compréhension brusque survenait. Selon les gestaltistes, l'**apprentissage par compréhension brusque** était beaucoup plus souhaitable que celui obtenu par mémorisation ou par essais et erreurs comportementaux. Hergenhahn et Olson (2005) ont résumé comme suit les conclusions des gestaltistes à son sujet:

> On considère généralement que l'apprentissage par compréhension brusque présente quatre caractéristiques:
> 1) la transition entre la période qui précède la solution et cette dernière est soudaine et complète; 2) la performance issue d'une solution obtenue par compréhension brusque est généralement aisée et dépourvue d'erreurs;
> 3) une solution trouvée par compréhension brusque est gardée en mémoire longtemps; 4) un principe trouvé par compréhension brusque est facilement appliqué à d'autres problèmes. (p. 276 [notre traduction])

La transposition

Pour explorer dans le détail la nature de l'apprentissage, Köhler utilisait des poulets comme sujets d'expé-

rience. Dans l'une de ses expériences, il posait par terre une feuille de papier blanc et une feuille de papier gris et les recouvrait de céréales. Si un poulet picorait un grain de céréale placé sur la feuille blanche, on le chassait; s'il picorait un grain sur la feuille grise, on le laissait manger. Après plusieurs essais, les poulets apprirent à picorer uniquement les grains sur la feuille de papier gris. La question qui se posait alors était la suivante: Qu'est-ce que les poulets avaient appris? Thorndike, Hull et Skinner diraient que le renforcement a accentué la réaction consistant à ne picorer que les grains placés sur la feuille grise. Pour répondre à cette question, Köhler procédait à la seconde phase de son expérience: il remplaçait la feuille blanche par une feuille noire. Les poulets avaient alors le choix entre manger les grains sur la feuille grise pour laquelle il y avait eu renforcement ou manger ceux sur la feuille noire. Compte tenu de ce choix, la plupart des théoriciens du renforcement auraient prédit que les poulets allaient continuer à manger les grains sur la feuille grise. Or, la grande majorité d'entre eux s'approcha de la feuille noire. Köhler expliqua leur réaction en disant que les poulets n'avaient pas appris une association stimulus-réponse ou une réponse spécifique, mais une *relation*. Dans ce cas-ci, les poulets avaient appris à se diriger vers la *plus foncée* des deux feuilles de papier. Si, dans la seconde phase de l'expérience, Köhler avait présenté une feuille de papier d'un gris plus clair que celle vers laquelle les poulets avaient été encouragés à aller, ces derniers auraient continué à se diriger vers la feuille à laquelle ils étaient habitués parce qu'elle était la plus foncée des deux.

Donc, pour les gestaltistes, l'organisme apprend des principes ou des relations, et non des réactions spécifiques à des situations particulières. Une fois qu'il a assimilé un principe, il l'applique à des situations semblables. Ce phénomène s'appelle la **transposition**. La transposition est l'explication que donnent les gestaltistes du transfert d'un apprentissage. La notion de transposition est contraire à la théorie de transfert des éléments identiques, selon laquelle la similarité (éléments communs) entre deux situations détermine l'ampleur du transfert entre les deux.

L'explication béhavioriste de la transposition
Plusieurs critiquèrent la notion de transposition des gestaltistes. Kenneth W. Spence, le principal représentant de la psychologie de Hull, trouva une ingénieuse

explication de rechange. Hergenhahn et Olson (2005) ont résumé ainsi son point de vue :

> Supposons, disait Spence, qu'on incite un animal, par renforcement, à s'approcher d'une boîte dont le couvercle mesure 160 cm², et qu'on n'exerce aucun renforcement pour qu'il s'approche d'une boîte dont le couvercle mesure 100 cm². Rapidement, l'animal apprendra à s'approcher uniquement de la grande boîte. Dans la seconde phase de cette expérience, l'animal doit choisir entre la boîte dont le couvercle mesure 160 cm² et une boîte dont le couvercle mesure 256 cm². L'animal choisira habituellement la boîte la plus grande (celle de 256 cm²), même si on l'a incité à choisir l'autre (celle de 160 cm²) durant la première phase. Ce résultat semble appuyer le point de vue de l'apprentissage de relations.
>
> L'explication béhavioriste de Spence au sujet de la transposition repose sur la généralisation […] Spence supposait que la tendance à s'approcher du stimulus positif (la boîte de 160 cm²) s'appliquait par généralisation à d'autres stimuli associés. De plus, il tenait pour acquis que la tendance à s'approcher du stimulus positif (et sa généralisation) était plus forte que la tendance à éviter le stimulus négatif (et sa généralisation). Le comportement choisi dépend de la somme algébrique des tendances positives et négatives.
>
> [Pour suivre le reste de l'explication de Spence, voir la figure 14.4.]
>
> Chaque fois qu'il y a un choix entre deux stimuli, celui qui suscite la tendance la plus marquée à s'approcher est celui qui prévaut. Dans la première phase de l'expérience de Spence, l'animal choisit la boîte de 160 cm² plutôt que celle de 100 cm² parce que la tendance positive nette est de 51,7 pour la première et de 29,7 pour la seconde. Dans la phase deux, l'animal choisit la boîte de 256 cm² plutôt que celle de 160 cm² parce que la ten-

dance positive nette est de 72,1 pour la première et de 51,7, encore, pour la seconde. (p. 279-280 [notre traduction])

L'explication de Spence avait l'avantage de prédire les circonstances dans lesquelles la transposition n'aurait pas lieu. Dans ce domaine, aujourd'hui, ni les explications des gestaltistes ni celles des béhavioristes ne rendent compte de tous les phénomènes de transposition ; en somme, on cherche toujours une explication susceptible de rendre compte de l'ensemble de ces phénomènes.

La pensée productive

Wertheimer s'intéressa à l'application de la théorie de l'éducation des gestaltistes. Comme nous en avons fait mention auparavant, son livre *Productive Thinking* fut publié après sa mort, en 1945. Sous la direction de son fils Michael, cet ouvrage fut par la suite revu et enrichi, et il fut l'objet d'une deuxième édition en 1959. Les conclusions de Wertheimer au sujet de la **pensée productive** reposaient sur l'expérience personnelle, l'expérimentation ainsi que des entrevues avec des personnes réputées pour leur aptitude à résoudre des problèmes, tel Einstein.

> Ce fut une époque inoubliable qui débuta en 1916. Je me revois encore, savourant le bonheur d'être assis seul aux côtés d'Einstein, dans son bureau, et de l'écouter me raconter pendant des heures et des heures l'histoire des avancées extraordinaires qui ont abouti à la théorie de la relativité. (Max Wertheimer, 1945/1959, p. 213 [notre traduction])

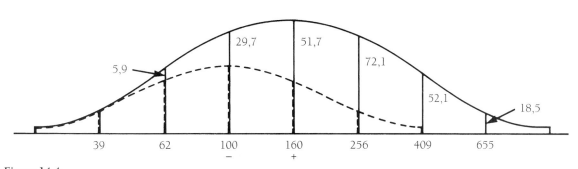

Figure 14.4
Selon Spence, la somme algébrique des influences positives et négatives détermine lequel des deux stimuli d'un problème de discrimination sera choisi (Spence, 1942).

Wertheimer compara l'apprentissage selon les principes gestaltistes avec l'apprentissage par mémorisation, régi par le renforcement extérieur et les lois de l'association. L'apprentissage du premier type relevait d'une compréhension de la nature du problème. Comme nous l'avons vu, le fait qu'il existait créait un déséquilibre cognitif qui persistait tant qu'il n'était pas résolu. La solution rétablissait cet équilibre, et ce rétablissement était l'unique renforcement dont l'apprenant avait besoin. Étant donné que l'apprentissage et la résolution de problèmes étaient personnellement satisfaisants, ils obéissaient à un **renforcement intrinsèque** (interne) plutôt qu'à un **renforcement extrinsèque** (externe). Wertheimer était d'avis que si l'être humain est désireux d'apprendre et de résoudre des problèmes, c'est parce que c'est personnellement satisfaisant de le faire, et non parce qu'une personne ou une chose l'y incitent. Comme l'apprentissage selon les principes gestaltistes repose sur une compréhension de la structure du problème, il est facilement gardé en mémoire et appliqué à d'autres situations pertinentes.

Wertheimer soutenait que certains apprentissages avaient effectivement lieu lorsqu'on utilisait des associations mentales, la mémorisation, le dressage pédagogique ou le renforcement externe, mais que ceux-ci étaient habituellement triviaux. Pour illustrer ce type d'apprentissage, il donnait l'exemple de l'association du nom d'un ami avec son numéro de téléphone, de la prédiction correcte d'une liste de syllabes dépourvues de sens, ou encore de la salivation d'un chien au son d'une clochette. Toujours selon lui, c'était malheureusement le type d'apprentissage que la plupart des écoles préconisaient.

Dans l'analyse de Wertheimer, l'enseignement qui prônait la logique n'avait pas beaucoup plus de succès que l'apprentissage par cœur. On supposait que la logique garantissait l'obtention de conclusions justes. L'enseignement basé sur une telle notion, disait Wertheimer, supposait qu'il y avait une manière de penser correcte et que chacun devait penser de cette manière. Toutefois, tout comme pour l'apprentissage par cœur, l'apprentissage et l'application des règles de logique réprimaient la pensée productive parce qu'aucune de ces activités ne reposait sur le fait que la résolution de problèmes faisait appel à l'ensemble des ressources d'une personne et lui était donc unique :

Selon Wertheimer, comprendre fait intervenir plusieurs aspects de l'individu, comme ses émotions, ses attitudes et ses perceptions, en plus de son intellect. Pour trouver la solution à un problème par compréhension brusque, un étudiant n'a pas besoin d'être logique — et, en fait, il ne devrait pas l'être. Il doit plutôt arranger et réarranger de manière cognitive les éléments du problème jusqu'à ce qu'il trouve une solution basée sur la compréhension. La façon exacte dont ce processus se déroule varie d'un apprenant à l'autre. (Hergenhahn et Olson, 2005, p. 281 [notre traduction])

Le livre de Wertheimer, *Productive Thinking*, déborde d'exemples étonnants sur les façons productives de résoudre des problèmes. Un de ces exemples fait référence à une expérience que Carl Friedrich Gauss, un mathématicien allemand devenu célèbre, a vécu dans son enfance. L'enseignant de Gauss avait demandé aux élèves de la classe d'additionner tous les nombres de 1 à 10 et d'en donner la somme aussitôt qu'ils l'auraient trouvée. Alors que les élèves de sa classe commençaient à peine à se pencher sur le problème, Gauss leva la main et répondit correctement que la somme était 55. Lorsque l'enseignant lui demanda comment il avait obtenu aussi rapidement la réponse, Gauss répondit :

[Si] j'avais additionné 1 et 2, puis ajouté 3 à la somme, puis 4 à la nouvelle somme, et ainsi de suite, cela aurait été trop long ; et, comme j'aurais essayé de calculer rapidement, j'aurais probablement fait des erreurs. Mais vous voyez, 1 et 10 font 11, tout comme 2 et 9 ! Et ainsi de suite ! Comme il y a cinq paires de nombres dont la somme donne 11, on fait 5 fois 11, ce qui donne 55. (Wertheimer, 1945/1959, p. 109 [notre traduction])

La solution de Gauss reposait sur une approche créative et souple plutôt que sur des règles mécaniques courantes. Dans le même ordre d'idées, Michael Wertheimer (1980) a décrit une expérience réalisée initialement en 1940 par George Katona. Celui-ci montrait à ses sujets les 15 chiffres suivants et leur demandait de les étudier pendant 15 secondes :

1 4 9 1 6 2 5 3 6 4 9 6 4 8 1

À partir de ces seules consignes, la plupart des sujets essayaient de mémoriser autant de chiffres que possible pendant la période qui leur était allouée. Katona constata que la plupart d'entre eux ne pouvaient recopier correctement que quelques-uns des chiffres ; et lorsque les mêmes sujets refaisaient l'expérience la semaine suivante, la plupart ne se rappelaient aucun des chiffres.

Katona demanda à un second groupe de sujets de chercher une régularité ou un thème dans les chiffres présentés. Certains d'entre eux se rendirent compte que les 15 chiffres représentaient les carrés des chiffres de 1 à 9. Ils avaient reconnu un principe qu'ils pouvaient appliquer à un problème et furent capables de recopier tous les nombres correctement, non seulement durant l'expérience, mais aussi pendant plusieurs semaines. En fait, ils auraient probablement pu recopier la série plusieurs années après. Les expériences de Gauss et Katona appuyaient l'hypothèse de Wertheimer selon laquelle l'apprentissage et la résolution de problèmes fondés sur les principes gestaltistes avaient beaucoup d'avantages sur l'apprentissage par cœur et sur l'apprentissage axé sur la logique formelle.

La mémoire

Pour expliquer l'apprentissage et la perception, les gestaltistes mettaient l'accent sur la tendance de l'énergie cérébrale à s'organiser en configurations simples et symétriques. Toutefois, ils ne niaient pas l'importance de l'expérience. Ils maintenaient que la tendance à l'organisation perceptive et à l'équilibre cognitif venait du fait que le cerveau est un système physique et qu'en tant que tel, il répartit son activité suivant la configuration la plus simple et la plus concise possible dans toutes les circonstances. L'*objet* d'organisation du cerveau est cependant fourni par l'expérience sensorielle, et cela constitue une des composantes expérientielles de la théorie des gestaltistes. On trouve une autre composante expérientielle dans leur vision du traitement de la mémoire. C'est Koffka, l'un des trois fondateurs de la psychologie de la forme, qui produisit la plus abondante littérature au sujet de la mémoire.

Les processus, traces et systèmes mnémoniques

Koffka prétendait que chaque événement physique perçu par l'être humain donne lieu à une activité spécifique dans le cerveau. Il appelait ainsi **processus mnémonique** cette activité cérébrale engendrée par un événement environnemental donné. Lorsque l'événement environnemental prend fin, l'activité cérébrale s'arrête

du même coup. Cependant, le cerveau garde un souvenir du processus mnémonique, c'est-à-dire une **trace mnémonique**. Une fois cette trace formée, toute expérience associée qui s'ensuit fait intervenir une interaction entre le processus et la trace mnémoniques. Par exemple, lorsqu'une personne voit un chat pour la première fois, cet événement crée une configuration caractéristique de l'activité cérébrale ; c'est le processus mnémonique. Une fois l'expérience terminée, le cerveau enregistre ses effets ; c'est la trace mnémonique. La fois suivante où cette même personne voit un chat, le processus mnémonique suscité interagit avec la trace laissée lors de la première expérience. En somme, l'expérience consciente est constituée du processus mnémonique en cours *et* de la trace laissée lors des expériences apparentées qui ont déjà eu lieu. Koffka expliquait aussi qu'une trace « exerce une influence sur le processus en ce sens qu'elle *le rend semblable à celui qui a initialement produit la trace* » (Koffka, 1935/1963, p. 553 [notre traduction]).

Selon cette analyse, nous sommes conscients des choses et nous nous en rappelons en termes généraux plutôt que dans leurs détails caractéristiques. Au lieu de voir et de nous rappeler des choses comme des chats, des clowns ou des éléphants, nous voyons et nous nous rappelons la nature du chat, du clown, de l'éléphant. Il en est ainsi parce que la trace des classes d'expériences enregistre ce que ces expériences ont en commun — par exemple, les choses qui font qu'un chat est un chat. À mesure que les expériences se multiplient, la trace s'établit plus profondément et influence davantage nos perceptions et nos souvenirs. La trace individuelle est remplacée par un **système de traces** qui représente la consolidation d'un certain nombre d'expériences associées. Autrement dit, un système de traces est un système qui enregistre toutes les expériences que nous avons vécues avec, par exemple, les chats. L'interaction des traces et systèmes de traces avec l'activité cérébrale en cours (processus mnémonique) fait en sorte que les perceptions et souvenirs d'une personne sont uniformes et mieux structurés qu'ils ne le seraient autrement. Par exemple, les expériences irrégulières deviennent régulières dans notre souvenir, les expériences incomplètes, complètes et les expériences étrangères, familières. Les systèmes de traces régissent nos souvenirs de choses particulières de même que des catégories de choses générales. Par exemple, la mémoire de notre propre chien ou de notre propre mère aura tendance à être composée d'expériences vécues sur une longue période et dans une multitude de circonstances.

Pour les gestaltistes, la mémoire est, comme tout autre élément de leur théorie, régie par la loi de prégnance, c'est-à-dire que l'individu a tendance à se rappeler les essences de ses expériences. Selon cette théorie, le cerveau fonctionne de façon à rendre les souvenirs aussi simples et symétriques que possible dans les circonstances.

La théorie des champs de Lewin

Né un 9 septembre à Mogilno, en Allemagne (une ville située aujourd'hui en Pologne), le psychologue **Kurt Lewin** (1890-1947) reçut son doctorat en 1914 de l'université de Berlin, sous la direction de Stumpf. Après plusieurs années passées dans les rangs de l'armée et avoir été décoré de la croix de fer allemande, il retourna à l'université de Berlin où il occupa différents

Kurt Lewin

postes jusqu'en 1932 et travailla avec Wertheimer, Koffka et Köhler. Bien qu'il ne soit pas considéré comme l'un des fondateurs de la psychologie de la forme, il fut l'un des premiers membres de cette école de psychologie, et la majeure partie de son travail représente le prolongement ou l'application des principes gestaltistes dans les domaines de la motivation, de la personnalité et de la dynamique de groupe.

En 1932, il fut professeur invité à l'université Stanford, puis à celle de Cornell de 1933 à 1935. En 1935, il s'associa avec la Child Welfare Station à l'université de l'Iowa à titre de professeur de psychologie de l'enfant. En 1944, il créa et dirigea le Centre de recherches en dynamique de groupe au Massachusetts Institute of Technology (MIT). S'il mourut trois ans à peine après avoir commencé ses recherches sur la dynamique de groupe, l'influence de son travail fut considérable et se fait encore sentir dans la psychologie d'aujourd'hui. (Voir Patnoe, 1988, pour lire des entrevues avec des psychologues sociaux expérimentaux importants qui furent directement ou indirectement influencés par Lewin.)

La science selon Aristote et Galilée

Lewin (1935) fit ressortir la différence qui existe entre la vision qu'Aristote avait de la nature, axée sur les essences intérieures et les catégories, et celle de Galilée, centrée sur la causalité extérieure et les dynamiques des forces. Pour Aristote, les objets naturels se classent dans des catégories en fonction de leur essence, et tout ce que les objets d'une même catégorie ont en commun définit l'essence des membres de cette catégorie. À moins d'une interférence par des forces extérieures, tous les objets d'une même catégorie ont une tendance innée à manifester leur essence. Par exemple, tous les éléphants présentent l'essence de ce qu'est la nature d'un éléphant, à moins d'une interférence issue de circonstances accidentelles. Dans ce monde de catégories distinctes, des forces internes font en sorte que les membres d'une catégorie deviennent ce que leur essence leur dicte de devenir. Aristote considère les différences individuelles comme des distorsions causées par des forces extérieures qui interfèrent avec les tendances de croissance naturelles d'un objet ou d'un organisme. Il met l'accent sur les attributs communs que possèdent les membres d'une même catégorie, et non leurs différences.

Selon Lewin, Galilée a révolutionné la science lorsqu'il a proposé un élargissement de la notion de causalité, jusque-là centrée sur l'intérieur. Pour Galilée, le comportement d'un objet ou d'un organisme est déterminé par les forces totales qui agissent sur l'objet ou l'organisme du moment. Par exemple, le fait qu'un corps tombe ou non — et s'il tombe, à quelle vitesse il le fait — est déterminé par l'ensemble des circonstances dans lesquelles se trouve le corps et non par la tendance naturelle des corps lourds à tomber et des corps légers à monter. Pour Galilée, la causalité vient non pas des essences intérieures mais des forces physiques ; par conséquent, il rejette l'idée des catégories distinctes caractérisées par leurs propres essences et leurs propres forces internes. Selon lui, l'interaction des forces naturelles est à l'origine de tout ce qui arrive ; il n'y a pas d'accident. Même les soi-disant événements uniques sont totalement compréhensibles si on connaît les forces dynamiques qui agissent sur eux.

Pour Lewin (1935), l'influence de la pensée aristotélicienne est encore trop présente dans la psychologie moderne. Les psychologues cherchent encore les déterminants internes du comportement, tel l'instinct, et essaient toujours de classer les personnes dans des catégories distinctes telles que normales et anormales. Lewin considère les théories sur les étapes comme un prolongement de la pensée aristotélicienne — par exemple, une théorie selon laquelle un enfant moyen âgé de deux ans agit d'une certaine façon et celui âgé de trois ans, d'une autre façon. Il voit aussi toute théorie qui tente de classer les gens en types comme des théories représentatives de la vision d'Aristote — par exemple, celle qui classe les gens en types introvertis et extravertis. Selon lui, lorsqu'on utilise la conception que Galilée avait de la causalité, toutes ces catégories distinctes disparaissent pour laisser place à une vision de celle-ci qui est universelle (c'est-à-dire selon laquelle tout ce qui arrive est fonction de toutes les influences qui s'exercent à cet instant).

En psychologie, passer de la perspective d'Aristote à celle de Galilée signifie accorder moins d'importance à des notions comme l'instinct, les types et même, les moyennes (qui supposent l'existence de catégories distinctes) et en accorder plus aux forces dynamiques et complexes qui agissent sur une personne à tout moment. Pour Lewin, ce sont ces forces dynamiques — et

non quelque type d'essence interne — qui expliquent le comportement humain.

L'espace vital

Le concept théorique le plus important de Lewin est celui de l'**espace vital**. Pour lui, l'espace vital d'une personne comprend toutes les influences qui agissent sur elle à un moment donné. Ces influences, appelées **faits psychologiques**, résident dans la conscience d'événements internes (telles la faim, la douleur ou la fatigue), d'événements externes (restaurants, toilettes, autres personnes, panneaux d'arrêt, chiens méchants) et de souvenirs d'expériences passées (le fait de savoir qu'une personne en particulier est agréable ou désagréable, par exemple, ou celui que sa propre mère a tendance à acquiescer à certaines demandes et pas à d'autres). Selon Lewin, une chose constitue un fait psychologique dès lors qu'elle existe dans la conscience de la personne à un moment donné. Une expérience antérieure n'est un fait psychologique que si la personne s'en souvient dans le moment présent. Il résume sa théorie des faits psychologiques dans son **principe de contemporanéité**, suivant lequel seuls les faits présents dans l'espace vital d'une personne peuvent influencer sa pensée et son comportement. Contrairement à Freud et à d'autres, Lewin estime que les expériences de la petite enfance et de l'enfance ne peuvent influencer le comportement adulte que si elles se manifestent dans la conscience présente de la personne.

Toujours selon Lewin, l'espace vital d'une personne reflète non seulement les événements personnels, physiques et sociaux, mais aussi les événements imaginaires. Ainsi, du moment qu'une personne est persuadée que quelqu'un ne l'aime pas, cette croyance, vraie ou fausse, va influencer ses interactions avec cette personne. De même, si une personne se croit incapable d'accomplir telle tâche, elle n'essaiera pas de l'accomplir, et ce, quelles que soient ses capacités réelles. Pour Lewin, c'est la réalité subjective qui régit le comportement, et non la réalité physique. Ainsi peut-on se trouver physiquement dans une salle de classe, mais être absorbé par une rencontre prochaine, auquel cas on n'est absolument pas conscient de ce qui s'y passe. Là encore, il prétend que la pensée et le comportement d'une personne sont gouvernés à tout moment par l'ensemble des faits psychologiques (réels ou imaginés) présents, et que cet ensemble de faits constitue l'espace vital de cette personne.

Selon lui, si un besoin se fait sentir, l'espace vital s'articule autour de faits en rapport avec la satisfaction de ce besoin. Par exemple, si une personne a faim, les faits psychologiques associés à l'obtention et à l'ingestion de nourriture dominent son espace vital. Certains faits facilitent la satisfaction de ce besoin (comme avoir de l'argent pour acheter de la nourriture et connaître un endroit où se la procurer) tandis que certains autres l'inhibent (avoir d'autres obligations urgentes, être au régime). Souvent, plusieurs besoins coexistent, et l'articulation de l'espace vital peut devenir assez complexe. L'espace vital est donc dynamique et représentatif non seulement de besoins changeants, mais aussi d'expériences environnementales dominantes, comme le fait d'entendre quelqu'un frapper à la porte ou crier au secours.

La motivation

Comme les autres gestaltistes, Lewin soutient que l'être humain recherche un équilibre cognitif. Nous avons vu que Köhler utilisait cette hypothèse dans son explication de l'apprentissage. Lewin a recours à la même hypothèse pour expliquer la motivation. Selon lui, tant les besoins biologiques que les besoins psychologiques entraînent une tension dans l'espace vital, et la seule façon de la réduire est de satisfaire ces besoins. Les besoins psychologiques, que Lewin appelle les **quasi-besoins**, comprennent les intentions telles qu'avoir une voiture, assister à un concert ou vouloir faire des études de médecine.

Pendant qu'elle faisait son doctorat sous la direction de Lewin, Bluma Zeigarnik (1927) vérifia l'hypothèse du système de tension de celui-ci en rapport avec la motivation. Selon cette hypothèse, les besoins engendrent des tensions qui persistent jusqu'à leur satisfaction finale. Lewin avait l'habitude d'avoir de longues discussions avec ses étudiants dans un bistrot, tout en buvant du café et en grignotant des amuse-gueule. Apparemment, son hypothèse du système de tension lui vint à la suite d'une expérience qu'il vécut au cours d'une de ces discussions. Marrow (1969) l'a racontée ainsi :

> Une fois, dans ce bistrot, quelqu'un demanda l'addition. Le serveur savait exactement ce que chacun avait commandé. Il n'avait pas noté les commandes, mais l'addi-

tion qu'il présenta aux clients était rigoureusement exacte. Environ une demi-heure après, Lewin appela le même serveur et lui demanda de récrire l'addition. Le serveur se montra indigné : « Je ne me souviens plus de ce que vous avez commandé, répondit-il. De toute façon, vous avez déjà payé l'addition. » En termes psychologiques, cela indiquait qu'un système de tension s'était installé dans l'esprit du serveur au moment de prendre notre commande et qu'une fois l'addition réglée, ce système avait disparu. (p. 27 [notre traduction])

Dans sa vérification formelle de l'hypothèse de Lewin, Zeigarnik (1927) supposa que le fait de donner à un sujet une tâche à accomplir crée une tension et que l'exécution de ladite tâche libère cette tension. Au total, Zeigarnik confia 22 tâches à accomplir à 138 sujets, lesquels avaient le droit d'en terminer certaines mais pas d'autres. Quand vint le moment de vérifier si les sujets se rappelaient leurs tâches, elle constata que ceux-ci se souvenaient beaucoup mieux des tâches *inachevées* que de celles menées à bien. Selon son explication, la tension provoquée par les tâches inachevées ne se relâchait jamais ; par conséquent, ces tâches demeuraient des intentions et subsistaient dans l'espace vital de la personne. La tendance à mieux se rappeler les tâches inachevées que les tâches achevées a plus tard été appelée **effet Zeigarnik**. Selon Leonard Zusne (1995), il est regrettable que le nom de Zeigarnik ait été associé uniquement à cet effet, car, bien que peu de gens le sachent, elle fut la « mère » de la psychologie clinique à l'époque de l'Union soviétique.

Un an après les travaux de Zeigarnik, Maria Ovsiankina (1928), qui avait également travaillé avec Lewin, découvrit que les gens préféraient reprendre les tâches inachevées plutôt que celles menées à bien. Son explication était la même que celle donnée pour définir l'effet Zeigarnik.

Le conflit

Le conflit entre les tendances humaines a été expliqué par Platon (voir le chapitre 2), par Saint-Paul (voir le chapitre 3) et par Spinoza (voir le chapitre 6). Il a constitué la pierre angulaire de la psychanalyse de Freud (voir le chapitre 16), mais Lewin fut le premier à l'étudier expérimentalement (voir, par exemple, Lewin, 1935) en se concentrant sur trois types de conflits. Le **conflit approche-approche** est celui qui se manifeste lorsqu'on est attiré par deux buts à la fois, par exemple, quand on doit choisir entre deux plats appétissants d'un menu ou entre deux universités aussi intéressantes l'une que l'autre après avoir été accepté par les deux. Le **conflit évitement-évitement** se présente lorsqu'on n'est tenté ni par un but ni par l'autre, par exemple, quand on doit choisir entre travailler ou manquer d'argent, ou alors entre étudier et avoir une mauvaise note. Enfin, le **conflit approche-évitement** est souvent le conflit le plus difficile à résoudre, car il fait intervenir un seul but à l'égard duquel on a des sentiments ambivalents, par exemple, être tenté de commander un bifteck d'aloyau tout en sachant que c'est un des plats les plus chers au menu, ou être tenté de se marier tout en sachant que cela signifie renoncer à son indépendance. On peut représenter graphiquement comme suit les trois types de conflits que Lewin étudia (où *p* symbolise une personne) :

But 1   But 2

+ ⟵— *p* ⟶ +   Conflit
                         approche-approche

— ⟶ *p* ⟵ —   Conflit
                         évitement-évitement

± ⟷ *p*   Conflit
                         approche-évitement

Après Lewin, c'est Neal Elgar Miller (1909-2002) qui mena la recherche la plus influente au sujet du conflit, dans le cadre des travaux hautement appréciés qu'il effectua pour définir et évaluer un certain nombre de concepts psychanalytiques dans le contexte de la théorie de l'apprentissage (voir, par exemple, Dollard et Miller, 1950 ; N. E. Miller, 1944, 1959, 1964).

La dynamique de groupe

Vers la fin de sa vie, Lewin appliqua les principes gestaltistes au comportement des groupes. Selon lui, on peut considérer un groupe comme un système physique, au même titre que le cerveau. Dans les deux cas, le comportement des éléments individuels est déterminé par la configuration du champ d'énergie existant. Par conséquent, la nature ou la configuration d'un groupe influence le comportement de ses membres. Parmi les membres de tout groupe, il existe ce que Lewin appelle une interdépendance dynamique. Ses études sur la **dynamique de groupe** débouchèrent sur ce qu'on appelle aujourd'hui les groupes de sensi-

bilité, la formation psychosociale et la formation au commandement.

Lundin (1991) a décrit une des études de Lewin sur la dynamique de groupe :

> Le concept de la dynamique de groupe a débouché sur plusieurs domaines de recherche. Durant la Seconde Guerre mondiale, Lewin a fait un certain nombre d'expériences qui visaient à altérer la prise de décision d'un groupe. À l'époque, on rationnait certains produits alimentaires, par exemple la viande. Dans une des expériences de Lewin, donc, on encourageait les maîtresses de maison à acheter des produits plus accessibles comme la cervelle, le foie, les reins, le cœur ainsi que d'autres abats animaux qui n'étaient généralement pas considérés [comme] comestibles. Lewin utilisait deux méthodes. La première consistait à donner une présentation magistrale sur les avantages de cette nourriture, sa valeur nutritionnelle, la façon de l'apprêter, et ainsi de suite. La deuxième méthode faisait intervenir la discussion de groupe. On présentait le même matériel dans les deux cas. Dans la discussion de groupe, les membres discutaient des avantages et inconvénients qu'il y avait à essayer ces produits, à les préparer et à les manger. Dans une étude subséquente, il fut montré que seulement 3 pour cent du groupe à qui on avait fait la présentation magistrale adoptèrent les suggestions, tandis que 32 pour cent des membres qui en avaient discuté en groupe changèrent leurs habitudes alimentaires en essayant les produits habituellement laissés pour compte. Lewin en a conclu que le groupe de discussion disposait d'un plus grand nombre de forces pouvant engendrer un changement de comportement. (p. 261-262 [notre traduction]

Dans une autre étude, Lewin, Lippitt et White (1939) analysèrent l'influence de différents types de leadership sur la performance de groupe. On regroupait des garçons, puis on les plaçait dans un des trois groupes suivants : 1) un *groupe démocratique*, dans lequel le leader encourageait chacun des membres à participer à la discussion et prenait part à la prise de décision avec les autres garçons ; 2) un *groupe autoritaire*, dans lequel le leader prenait toutes les décisions et disait aux garçons quoi faire ; ou 3) un *groupe de type laisser-faire*, dans lequel aucune décision n'était prise par l'ensemble des garçons et où ces derniers pouvaient faire ce qu'ils voulaient. Les chercheurs constatèrent que le groupe démocratique était très productif et les relations entre garçons amicales, que les membres du groupe autoritaire étaient très agressifs et que celui de type laisser-faire était improductif. Lewin et ses collaborateurs en conclurent que le leadership de groupe influençait la caractérisation gestaltiste de ce groupe et, donc, l'attitude et la productivité de ses membres.

À sa mort prématurée, alors qu'il fut victime d'un infarctus, le 11 février 1947, à l'âge de 57 ans, Lewin était à l'apogée de sa carrière et il jouissait d'une excellente réputation. Il demeurait aux États-Unis depuis 12 ans à peine.

L'impact de la psychologie de la forme

Comme toute école de psychologie, celle de la psychologie de la forme a subi sa part de critiques. Ses détracteurs ont prétendu que plusieurs de ses termes et de ses concepts centraux étaient vagues et, donc, difficiles à cerner expérimentalement. Même le terme *Gestalt* n'avait, selon eux, jamais été défini de manière précise. Même chose au sujet de la loi de prégnance en rapport avec la compréhension brusque, le déséquilibre et l'équilibre cognitifs. Comme on pouvait s'y attendre, les béhavioristes critiquèrent la vision gestaltiste de la conscience en disant que son importance dans la psychologie de la forme représentait un retour en arrière et se rapprochait de l'ancienne position métaphysique qui avait tant nui à la psychologie. Après une discussion

avec Köhler sur la psychologie de la forme, le célèbre neuropsychologue Karl Lashley déclara : « Excellent travail—mais la religion n'est-elle pas derrière tout cela ? » (Henle, 1971b, p. 117 [notre traduction]). Malgré ces critiques et d'autres encore, l'école des gestaltistes a manifestement influencé la plupart des aspects de la psychologie moderne. Sokal (1984) a dit ce qui suit au sujet de l'influence de la psychologie de la forme :

> [La psychologie de la forme] a considérablement enrichi la psychologie américaine et contribué à contrer les positions du béhaviorisme extrême. Si elle a aujourd'hui perdu son identité en tant qu'école de pensée—et très peu des élèves de Koffka, de Köhler, de Wertheimer ou de Lewin se disent gestaltistes—, ce n'est pas parce que le courant dominant de la psychologie américaine a étouffé leurs idées. C'est plutôt parce que le travail des gestaltistes a contribué à réorienter ce courant dominant, qui a ensuite intégré plusieurs de leurs positions. Peu d'autres écoles scientifiques migrantes ont connu un tel succès. (p. 1263 [notre traduction])

Dans un chapitre très articulé intitulé « Rediscovering Gestalt Psychology » (« Redécouvrir la psychologie de la forme »), Henle (1985) explique quelques-unes des relations importantes qui existent entre la psychologie de la forme et la psychologie cognitive moderne. Murray (1995) traite également de ces relations. Nous approfondirons au chapitre 20 l'influence de la psychologie de la forme sur la psychologie cognitive moderne.

Résumé

Détracteurs à la fois des structuralistes et des béhavioristes en raison de leur vision élémentiste, les gestaltistes soutenaient qu'il existe des configurations cognitives et comportementales qu'on ne peut pas décomposer sans en détruire le sens. *Gestalt* est un mot allemand qui signifie « intégrité », « totalité » ou « configuration ». Parmi les idées qui contribuèrent à la naissance de la psychologie de la forme, notons l'hypothèse de Kant suivant laquelle l'expérience sensorielle est structurée par les facultés mentales ; celle de Mach pour qui la perception de la forme de l'espace et du temps est indépendante de tout élément sensoriel isolé ; l'observation d'Ehrenfels, qui soutient que des qualités de forme viennent de l'expérience sensorielle, mais qu'elles sont différentes de cette expérience ; la notion de

chimie mentale de Mill ; l'hypothèse de James selon laquelle la conscience ressemble à un courant en constant mouvement qu'on ne peut diviser en éléments séparés sans en perdre le sens ; la psychologie de l'acte, qui met l'accent sur les actes conscients tels que percevoir, ressentir et résoudre des problèmes plutôt que les éléments de la pensée ; et l'émergence de la théorie des champs en physique.

On considère généralement que la publication, en 1912, d'un article de Wertheimer au sujet du phénomène phi marque la naissance de l'école de la psychologie de la forme. Ce phénomène est la preuve que l'expérience consciente ne se réduit pas à l'expérience sensorielle. Koffka et Köhler qui collaborèrent aux premières expériences de Wertheimer sur la perception sont habituellement considérés comme les cofondateurs de la psychologie de la forme. Wertheimer supposait que des forces se répartissent dans le cerveau comme elles le font dans tout système physique (symétriquement et uniformément) et que ces champs de force interagissent avec l'information sensorielle et déterminent ainsi l'expérience consciente. L'hypothèse selon laquelle les champs de force du cerveau déterminent la conscience est appelée isomorphisme psychophysique, tandis que celle qui veut que l'activité cérébrale se répartit toujours de la façon la plus simple, la plus symétrique et la plus organisée est appelée loi de prégnance. Le terme *constance perceptive* fait référence à la façon dont l'être humain réagit aux objets ou aux événements comme s'ils étaient semblables, et ce, même lorsqu'il les appréhende dans une multitude de circonstances.

Selon les gestaltistes, la perception la plus fondamentale est celle de la relation figure-fond. Les principes de perception qui font que les éléments perceptifs s'organisent en configurations sont les suivants : le principe de continuité, selon lequel les stimuli suivant une certaine régularité forment une unité perceptive ; le principe de proximité, qui fait que les stimuli qui sont proches les uns des autres forment une unité perceptive ; le principe de similarité, selon lequel les stimuli semblables forment une unité perceptive ; le principe d'inclusion, suivant lequel la configuration la plus grande masquera les configurations plus petites ; et le principe de clôture, qui fait que les objets physiques incomplets sont perçus psychologiquement comme étant complets. Les gestaltistes faisaient la distinction entre l'environnement géographique (physique) et l'environnement comportemental (subjectif). Ils prétendaient que c'est l'environnement comportemental qui dicte le comportement.

Ils considéraient l'apprentissage comme un phénomène perceptif. Pour eux, l'existence d'un problème crée un déséquilibre psychologique, ou une tension, qui persiste jusqu'à la résolution finale. Tant que cette tension existe, la personne poursuit les essais et erreurs cognitifs dans le but de trouver la solution au problème. Ce dernier demeure à l'état irrésolu jusqu'à ce qu'une compréhension brusque survienne. L'apprentissage par compréhension brusque est soudain et entier ; il permet de résoudre un problème avec aisance et sans erreur. Aussi, la personne retient le contenu d'apprentissage pendant longtemps et peut facilement l'appliquer à des problèmes semblables. La transposition consiste à appliquer un principe, appris dans une situation de résolution de problèmes, à une autre situation semblable.

La pensée productive fait référence à la compréhension de principes plutôt qu'à la mémorisation ou à l'utilisation de la logique formelle. Les gestaltistes soutenaient que le renforcement par la pensée productive vient de la satisfaction personnelle, et non d'événements extérieurs à la personne. Ils prétendaient que la mémoire, comme d'autres phénomènes psychologiques, est gouvernée par la loi de prégnance. L'expérience déclenche une activité cérébrale appelée processus mnémonique, lequel dure aussi longtemps que l'expérience elle-même. Une fois le processus mnémonique terminé, une trace demeure, et cette trace mnémonique influence les souvenirs subséquents des objets ou événements semblables. À la longue, un système de traces se construit et consigne les caractéristiques que les souvenirs d'un certain type ont en commun. Une fois établie la trace mnémonique — et dans une plus large mesure, le système de traces —, la mémoire d'un événement particulier est déterminée par ladite trace et le système de traces des expériences semblables ainsi que par l'expérience immédiate de l'individu.

Lewin fut l'un des premiers gestaltistes à soutenir que la psychologie ne devait pas catégoriser les personnes en types ou selon des essences internes. Selon lui, la psychologie devrait plutôt essayer de comprendre les champs de forces dynamiques qui motivent le comportement humain. Il disait que ce changement de vision éloignerait la psychologie du modèle scientifique aristotélicien et la ferait se modeler plutôt sur la conception galiléenne de la science. Pour lui, tout ce qui influençait une personne à tout moment était un fait psychologique, et l'ensemble des faits psychologiques qui existaient à ce moment constituait l'espace vital. Lewin prétendait que tant les besoins biologiques que les besoins psychologiques créent une tension qui persiste jusqu'à leur satisfaction finale. L'effet Zeigarnik, c'est-à-dire la tendance à se rappeler les tâches inachevées plus longtemps que celles menées à bien, appuyait la théorie de Lewin sur la motivation. Ce dernier observa que les intentions d'un individu étaient souvent conflictuelles, par exemple, lorsque celui-ci est tenté par deux buts à la fois, lorsqu'il n'est tenté ni par un but ni par l'autre, ou lorsqu'il est ambivalent face à un même but. Grâce à ses travaux sur la dynamique de groupe, Lewin a démontré que différents types de groupe créaient différentes *Gestalten* qui influençaient le rendement des membres d'un groupe.

La psychologie de la forme a incité les psychologues à voir autrement le comportement et la conscience, c'est-à-dire à accorder moins d'importance aux éléments isolés dépourvus de sens pour en accorder davantage aux aspects holistiques. Comme dans le cas du fonctionnalisme, la psychologie moderne a assimilé plusieurs des caractéristiques fondamentales de la psychologie de la forme, qui a ainsi perdu son statut distinctif d'école de pensée.

Des questions à débattre

1. Résumez les désaccords que les gestaltistes ont eus à l'égard du programme expérimental de Wundt, des structuralistes et des béhavioristes.

2. Décrivez la différence entre l'approche moléculaire et l'approche molaire.

3. Décrivez les similarités et les différences entre, d'un côté, le point de vue de Kant, Mach, Ehrenfels, James et les psychologues de l'acte, et de l'autre côté, celui des gestaltistes.

4. Expliquez ce qu'on veut dire lorsqu'on affirme que la théorie gestaltiste utilisait le modèle de la théorie des champs, tandis que la psychologie empiriste-associationniste utilisait celui de la physique newtonienne.

5. Qu'est-ce que le phénomène phi ? Quelle a été son importance dans la formation de l'école de la psychologie de la forme ?

6. Que veut-on dire lorsqu'on affirme que l'analyse gestaltiste procède du haut vers le bas plutôt que du bas vers le haut ?

7. Établissez la différence entre la notion gestaltiste de l'isomorphisme psychophysique et l'hypothèse de constance.

8. Qu'est-ce que la loi de prégnance ? Décrivez son importance dans la psychologie de la forme.

9. Qu'est-ce que la constance perceptive ? Donnez un exemple. Comment les gestaltistes expliquaient-ils les constances perceptives ?

10. Définissez brièvement chacune des notions suivantes : relation figure-fond, principe de continuité, principe de proximité, principe de similarité, principe d'inclusion et principe de clôture.

11. Établissez la distinction entre la réalité objective et la réalité subjective. Selon les gestaltistes, laquelle des deux est la plus déterminante dans le comportement ? Donnez un exemple.

12. Comment les gestaltistes expliquaient-ils l'apprentissage ? Dans votre réponse, résumez les caractéristiques de l'apprentissage par compréhension brusque.

13. Qu'est-ce que la transposition ? Résumez les explications gestaltistes et béhavioristes de ce phénomène.

14. Pour Wertheimer, quel est le meilleur type de résolution de problèmes ? Comparez cette façon de résoudre des problèmes avec l'apprentissage par cœur et l'utilisation de la logique formelle.

15. Résumez l'explication gestaltiste de la mémoire. Dans votre réponse, définissez le processus mnémonique, la trace mnémonique et le système de traces. Que veut-on dire quand on affirme que la mémoire est régie par la loi de prégnance ?

16. Pour Lewin, en quoi différaient la psychologie fondée sur la vision aristotélicienne de la nature et celle basée sur la vision galiléenne de cette dernière ? Donnez un exemple de chacune.

17. Comment Lewin définissait-il l'espace vital ? Dans votre réponse, définissez le fait psychologique.

18. Résumez la théorie de la motivation de Lewin. Dans votre réponse, faites la distinction entre les besoins et les quasi-besoins.

19. Qu'est-ce que l'effet Zeigarnik ? Décrivez l'expérience qui démontra cet effet.

20. Décrivez les trois types de conflits proposés par Lewin et donnez un exemple de chacun.

21. Résumez le travail de Lewin sur la dynamique de groupe.

22. Résumez l'incidence de la psychologie de la forme sur la psychologie moderne.

Des suggestions de lecture

Gold, M. (dir.) (1999). *The complete social scientist: A Kurt Lewin reader*. Washington, DC : American Psychological Association.

Henle, M. (dir.) (1971b). *The selected papers of Wolfgang Köhler*. New York : Liveright.

Henle, M. (1978). One man against the Nazis — Wolfgang Köhler. *American Psychologist, 33*, 939-944.

Henle, M. (1986). 1879 et autres : *Essays in the theory and history of psychology*. New York : Columbia University Press.

Köhler, W. (1966 [1938]). *The place of value in a world of facts*. New York : Liveright.

Lewin, K. (1997 [1948 et 1951]). *Resolving social conflicts and Field theory in social science*. Washington, DC : American Psychological Association.

Ley, R, (1990). *A whisper of espionage : Wolfgang Köhler and the apes of Tenerife*. Garden City, NY : Avery.

Murray, D. J. (1995). *Gestalt psychology and the cognitive revolution*. New York : Harvester Wheatsheaf.

Sokal, M. M. (1984). The Gestalt psychologists in behaviorist America. *American Historical Review, 89*, 1240-1263.

Glossaire

Apprentissage par compréhension brusque Apprentissage qui consiste à percevoir la solution à un problème après une période d'essais et d'erreurs cognitifs.

Approche molaire Approche qui consiste à analyser les phénomènes mentaux et comportementaux sans division aucune de ces phénomènes.

Approche moléculaire Approche qui consiste à réduire les phénomènes complexes en petites unités pour les étudier en détail. Une telle approche est dite élémentiste.

Conflit approche-approche Selon Lewin, type de conflit qui se présente quand l'individu est tenté par deux buts à la fois.

Conflit approche-évitement Selon Lewin, type de conflit qui se présente quand l'individu est à la fois tenté et repoussé par le même but.

Conflit évitement-évitement Selon Lewin, type de conflit qui se présente quand l'individu n'est tenté ni par un but, ni par l'autre.

Constance perceptive Tendance à réagir à des objets comme s'ils étaient les mêmes dans une grande diversité de circonstances.

Dynamique de groupe Application, par Lewin, des principes gestaltistes à l'étude du comportement de groupe.

Effet Zeigarnik Tendance à se rappeler des tâches inachevées plus longtemps que de celles qui ont été menées à bien.

Ehrenfels, Christian von (1859-1932) Il prétendit que les formes mentales étaient issues de diverses expériences sensorielles et que ces formes étaient différentes des éléments sensoriels dont elles étaient composées.

Élémentisme Croyance selon laquelle les processus mentaux ou comportementaux complexes sont composés ou issus d'éléments simples et que la meilleure façon de les comprendre est d'étudier d'abord leurs éléments constitutifs.

Environnement comportemental Selon Koffka, réalité subjective.

Environnement géographique Selon Koffka, réalité physique.

Espace vital Selon Lewin, ensemble des faits psychologiques qui existent dans la conscience de l'individu à tout moment. (Voir aussi *Faits psychologiques*.)

Faits psychologiques Selon Lewin, choses dont une personne est consciente à tout moment.

Gestalt Mot allemand qui signifie « forme », « configuration », « entier ».

Holistes Tenants de la croyance selon laquelle on doit analyser les processus mentaux ou comportementaux complexes dans leur intégrité et non en les décomposant. (Voir aussi *Phénoménologie*.)

Hypothèse de constance Hypothèse suivant laquelle il existe une correspondance biunivoque entre les stimuli physiques et les sensations, en ce sens que la même stimulation donnera toujours la même sensation, quelles que soient les circonstances. Les gestaltistes n'étaient pas d'accord avec cette hypothèse et soutenaient plutôt que la sensation issue d'un stimulus était déterminée par les configurations existantes de l'activité cérébrale et par l'ensemble des conditions de stimulation.

Isomorphisme psychophysique Hypothèse des gestaltistes suivant laquelle l'expérience mentale n'est pas issue de l'expérience sensorielle brute, mais des configurations d'activité produites par le cerveau.

James, William (1842-1910) Comme les autres précurseurs de la psychologie de la forme, il s'est opposé à la division de la conscience en éléments. Pour lui, la conscience devait être vue comme un tout ayant une intention.

Kant, Emmanuel (1724-1804) Il a dit que ce que l'être humain percevait consciemment était déterminé par l'interaction entre l'information sensorielle et les catégories de pensée.

Koffka, Kurt (1886-1941) Il a collaboré aux premières expériences de Wertheimer sur la perception. Koffka est considéré comme l'un des cofondateurs de l'école de la psychologie de la forme.

Köhler, Wolfgang (1887-1967) Il a collaboré aux premières expériences de Wertheimer sur la perception. Il est considéré comme l'un des cofondateurs de l'école de la psychologie de la forme.

Lewin, Kurt (1890-1947) Un des premiers gestaltistes à avoir tenté d'expliquer le comportement humain en fonction de l'ensemble des influences qui agissent sur l'individu plutôt qu'en fonction de la manifestation des essences internes. Il est celui qui appliqua les principes gestaltistes à la motivation et à la dynamique de groupe.

Loi de prégnance Loi qui stipule que les tendances des champs de force du cerveau font en sorte que les événements mentaux sont toujours portés à s'organiser de façon structurée, simple et régulière. Selon cette loi, l'expérience cognitive reflétera toujours l'essence de l'expérience d'un individu plutôt que ses aspects désorganisés et segmentés.

Mach, Ernst (1838-1916) Il a observé que certaines expériences mentales étaient identiques, et ce, même si elles étaient issues d'une grande diversité d'expériences sensorielles. La perception des formes géométriques (formes de l'espace) et des mélodies (formes du temps) en sont des exemples.

Pensée productive Selon Wertheimer, type de pensée qui repose sur des principes plutôt que sur des faits isolés et qui vise la compréhension des solutions aux problèmes plutôt que la mémorisation d'une stratégie ou l'utilisation de la logique.

Phénomène phi Illusion qu'une lumière se déplace d'un point à un autre. Le phénomène phi se manifeste lorsqu'on fait clignoter deux lumières à une certaine vitesse.

Phénoménologie Étude des phénomènes mentaux pourvus de sens, dans leur intégrité.

Principe de clôture Tendance à percevoir comme complets des objets incomplets.

Principe de contemporanéité Hypothèse de Lewin selon laquelle seuls les faits présents peuvent influencer la pensée et le comportement. Les expériences passées ne peuvent exercer d'influence que si une personne en est consciente dans le présent.

Principe de continuité Tendance à percevoir comme une unité perceptive des stimuli qui suivent un modèle prévisible.

Principe de proximité Tendance à regrouper ensemble des stimuli qui sont physiquement proches.

Principe de similarité Tendance à percevoir comme une unité perceptive des stimuli physiquement semblables les uns aux autres.

Principe d'inclusion Tendance à percevoir seulement la figure la plus grande même quand une petite figure se trouve à l'intérieur de cette dernière.

Processus mnémonique Activité cérébrale causée par la perception d'un événement environnemental.

Psychologie de l'acte École de psychologie qui met l'accent sur l'étude des actes mentaux dans leur intégrité, comme percevoir et juger, plutôt que celle de la segmentation de la conscience.

Psychologie de la forme École de psychologie qui étudie les segments intacts et entiers de l'expérience comportementale et cognitive.

Quasi-besoins Selon Lewin, besoins psychologiques plutôt que biologiques.

Relation figure-fond Type de perception le plus fondamental, où le champ de perception se divise en deux : la figure (objet d'attention) et le fond (arrière-plan de la figure).

Renforcement extrinsèque Renforcement qui vient d'une source autre que soi-même.

Renforcement intrinsèque Autosatisfaction issue de la résolution d'un problème ou de l'apprentissage. Selon les gestaltistes, sentiment de satisfaction qui survient lorsque la résolution d'un problème ou un apprentissage rétablit l'équilibre cognitif de la personne.

Système de traces Consolidation des caractéristiques essentielles et durables des souvenirs des objets individuels ou des classes d'objets.

Théorie des champs Branche de la physique qui étudie la façon dont l'énergie se répartit dans les systèmes physiques. Dans certains systèmes (le système solaire, par exemple), l'énergie peut se répartir librement. Dans d'autres systèmes (un circuit électrique, par exemple), elle doit passer par des câbles, des condensateurs, des résistances, et ainsi de suite. Dans ces deux types de systèmes, cependant, elle se répartira toujours de la façon la plus simple et la plus symétrique *dans les circonstances*. Pour les gestaltistes, le cerveau est un système physique dont l'activité se décrit en fonction de la théorie des champs.

Trace mnémonique Souvenir d'une expérience qui demeure dans le cerveau une fois cette dernière terminée.

Transposition Application d'un principe, appris lors d'une situation d'apprentissage ou de résolution de problèmes, à d'autres situations semblables.

Wertheimer, Max (1880-1943) Fondateur de l'école de la psychologie de la forme, à la suite de la publication, en 1912, de son article sur le phénomène phi.

CHAPITRE 15

Les débuts du diagnostic, de la définition et du traitement de la maladie mentale

Qu'est-ce que la maladie mentale ?

Ce qu'on appelle aujourd'hui **maladie mentale** existe depuis au moins le début des premiers textes, mais les termes employés pour la décrire ont varié au cours de l'histoire. De nos jours, outre l'expression *maladie mentale*, on emploie des termes comme *psychopathologie* ou *comportement anormal*. Autrefois, on utilisait des mots comme *fou*, *aliéné*, *maniaque* ou *retardé*. Les termes ont changé, mais tous font plus ou moins référence au même type de comportement. Comme W. B. Maher et B. A. Maher (1985) l'ont expliqué :

> Les termes qu'on utilisait autrefois signifiaient à peu près la même chose que ceux qui les remplacent aujourd'hui. Le mot anglais *mad*, par exemple, est un vieux mot qui signifie « émotionnellement perturbé », lequel mot vient à son tour d'un mot plus ancien signifiant « infirme, blessé » ; le mot anglais *insanity* vient du mot latin *sanus* qui signifie « libre de blessure ou de maladie » ; donc, le mot *insane* signifie « blessure ou maladie » ; *lunacy* fait référence à la nature périodique de plusieurs états psychopathologiques et était peut-être utilisé initialement pour distinguer les états de folie périodiques des états de folie chroniques et constants ; *mania* fait référence à un excès de passion ou à un comportement échappant au contrôle de la raison. (p. 251 [notre traduction])

Lorsqu'on examine les comportements et les processus de la pensée qui sont censés caractériser la maladie mentale, plusieurs thèmes récurrents ressortent. Pour les décrire, nous suivons le modèle de W. B. Maher et B. A. Maher (1985).

Le comportement nuisible Les personnes normales possèdent un fort instinct de survie ; par conséquent, tout comportement allant à l'encontre de cet instinct, tels l'automutilation ou le suicide, est considéré comme anormal. Dans le passé cependant, dans certains contextes culturels, on pouvait juger souhaitable de se faire mal à soi-même ou de se tuer, par exemple au Japon, lorsque se faire hara-kiri était considéré comme une façon de sauver son honneur ou celui de sa famille. Dans d'autres contextes, on acceptait la mutilation : en Italie, par exemple, au XVIIe et XVIIIe siècles, lorsqu'on castrait de jeunes garçons pour préserver leur voix de soprano et les préparer à une carrière de chanteur. De même, durant une guerre, on encourage à tuer l'ennemi. En général, cependant, un comportement jugé dangereux pour soi ou les autres est considéré comme anormal.

Les pensées et les perceptions irréalistes Si les croyances ou les perceptions d'une personne diffèrent profondément de ce qui est considéré comme normal à un certain endroit et à une certaine époque, ces croyances et perceptions sont considérées comme des signes de maladie mentale. Dans la terminologie d'aujourd'hui, lorsqu'une personne a des croyances que ne partagent pas les autres membres de sa communauté, on dit qu'elle a des *idées délirantes*. Par exemple, si une personne croit qu'elle peut se transformer en tel ou tel animal, comme un loup ou un chat, on considère qu'elle a des idées délirantes. De la même façon, une personne sera vue comme anormale si ses perceptions ne concordent pas avec celles des autres. Aujourd'hui, on appelle ces perceptions *hallucinations*. Par exemple, une personne hallucine si elle voit une récolte abondante là où les autres ne voient qu'un tas de poussière ou de terre. Tant les fausses croyances (idées délirantes) que les fausses perceptions (hallucinations) ont toujours représenté un contact irréaliste avec la réalité et sont, par conséquent, vues comme anormales.

Les émotions inopportunes Lorsqu'une personne rit constamment alors qu'elle devrait, conformément aux mœurs de sa communauté, pleurer, ou si elle pleure alors qu'elle devrait rire, elle sera probablement qualifiée de malade mentale. De même, si ses réactions émotionnelles sont extrêmes, ou qu'elle manifeste de la peur, de la tristesse ou de la joie à l'extrême dans des situations qui provoquent habituellement des réactions beaucoup plus modérées, elle sera considérée comme perturbée mentalement. Les réactions émotionnelles exagérées ou inopportunes ont fait et font encore partie des critères retenus pour diagnostiquer la maladie mentale.

Le comportement imprévisible   Le changement soudain des croyances ou des émotions d'une personne a toujours été considéré comme un signe de psychopathologie. Par exemple, une personne qui est heureuse un moment et malheureuse l'instant d'après, ou qui adhère à une croyance pour la remplacer presque aussitôt par une autre, a toujours été considérée comme émotionnellement instable, à tout le moins. Si des changements aussi rapides d'humeur ou de croyance persistent, on posera souvent le diagnostic de maladie mentale.

Les critères mentionnés ci-dessus sur la maladie mentale ont un point commun : ils servent à définir les anomalies du comportement et des processus de pensée de l'individu moyen au sein de sa communauté. Évidemment, les caractéristiques de l'individu moyen varient en fonction des us et coutumes, mais ses croyances et ses comportements ont toujours servi de cadre de référence pour définir la maladie mentale.

Que ce soit juste ou non, de nos jours comme depuis le début des temps, on a toujours utilisé les expériences des individus moyens d'une communauté comme cadre de référence pour définir la maladie mentale. Cela signifie qu'il existe deux catégories de personnes susceptibles d'être diagnostiquées malades mentales : celles qui, pour une raison ou une autre, n'arrivent pas à se conformer aux règles et aux usages de leur communauté, et celles qui choisissent de leur plein gré de ne pas le faire. (Pour plus d'information sur la tendance à considérer les nonconformistes extrêmes comme des malades mentaux, voir Szasz, 1960/1974 ; Vatz et Weinberg, 1983.)

Les premières explications de la maladie mentale

On peut diviser en trois grandes catégories les différentes explications de la maladie mentale qui ont été proposées au cours de l'histoire : les explications biologiques, les explications psychologiques et les explications surnaturelles.

Les explications biologiques

En général, les explications biologiques du comportement anormal constituent le **modèle médical de la maladie mentale**. Dans ce modèle, *toute* maladie est causée par le dysfonctionnement d'une partie du corps, principalement le cerveau. Les anomalies physiques responsables de la maladie mentale peuvent être liées directement à l'hérédité, comme on le supposait pour les « idiots », ou provenir d'une prédisposition héréditaire dont certaines expériences pouvaient provoquer la manifestation. Dans les deux cas, on a presque toujours proposé des facteurs génétiques pour expliquer les causes de la maladie mentale.

Les nombreux événements pouvant interférer avec le fonctionnement normal du corps font également partie des explications biologiques de la maladie mentale. Parmi ces événements figurent les lésions ; les tumeurs et obstructions ; l'ingestion de toxines ; le contact avec de l'air ou de l'eau pollués ; l'ingestion de nourriture impropre à la consommation ; la maladie ; le stress physique excessif ; et les déséquilibres physiologiques tels ceux causés par un régime alimentaire inadéquat.

Les explications psychologiques

Selon le **modèle psychologique de la maladie mentale**, le comportement anormal est causé par des événements psychologiques comme le chagrin (deuil), l'anxiété, la peur, la déception, la frustration, la culpabilité ou le conflit. Le stress mental qui accompagne la vie en société organisée a toujours été considéré comme une explication possible de la maladie mentale ; la quantité de stress varie selon l'époque et le lieu où l'on vit. Tout comme aujourd'hui, les explications biologiques et psychologiques de la maladie mentale ont le plus souvent coexisté dans le passé. Plus souvent qu'autrement, on croyait que les événements psychologiques influaient sur les événements biologiques, et vice versa. Depuis une époque plus récente, toutefois, une certaine controverse est apparue entre les tenants du modèle médical et ceux qui adhèrent au modèle psychologique. Nous reviendrons sur cette controverse plus loin dans ce chapitre.

Les explications surnaturelles

Aux temps primitifs, les gens attribuaient la plupart des problèmes de santé dont la cause était inconnue (par exemple, le fait de tomber, de se faire attaquer par un animal ou un ennemi, de trop manger ou de s'enivrer) à des forces mystérieuses qui s'étaient immiscées dans le corps. Les gens ne faisaient pas la distinction entre les affections mentales et physiques ; ils croyaient plutôt que celles-ci étaient infligées à une personne par un être mortel ou immortel. Les explications surnaturelles de toute maladie (y compris mentale) ont prévalu jusqu'à l'époque des médecins grecs de l'Antiquité, comme Alcméon de Crotone et Hippocrate. L'approche naturaliste des Anciens Grecs à l'égard de la médecine fut très influente jusqu'à l'effondrement de l'Empire romain, en 476 de notre ère à partir duquel les explications surnaturelles de toutes sortes prévalurent, et ce, jusqu'au XVIIIe siècle.

Le **modèle surnaturel de la maladie mentale** fut populaire pendant le Moyen Âge, mais il ne faut pas en conclure qu'il était le seul :

> Au Moyen Âge, si les idées de démonologie florissaient dans les explications religieuses, laïques et même médicales, les théories rationnelles et naturalistes ne continuaient pas moins d'exercer leur influence. On peut le constater dans la littérature historique, biographique, médicale, juridique et les ouvrages de fiction de l'époque. Les explications des comportements psychopathologiques ne se limitaient pas à la possession par des démons ; plusieurs provenaient d'idées issues du sens commun, de la médecine classique et de la philosophie, du folklore et de la religion. Dans les descriptions médiévales de la maladie mentale, on retrouvait habituellement un salmigondis d'idées où s'entremêlaient les causes naturelles (biologiques et psychologiques) ainsi que les causes surnaturelles. Il est difficile de déterminer celles auxquelles on accordait le plus d'importance, de même que de discerner ce qui devait s'interpréter littéralement et métaphoriquement. (W. B. Maher et B. A. Maher, 1985, p. 283 [notre traduction])

Les explications biologiques, psychologiques et surnaturelles de la maladie mentale ont presque toujours existé sous une forme ou une autre ; ce qui a changé, au fil du temps, c'est la façon dont les unes ont pris le dessus sur les autres.

Les premiers traitements de la maladie mentale

La **psychothérapie** est un traitement dont l'objectif est d'aider une personne aux prises avec des troubles mentaux. Comme nous l'avons déjà mentionné, des thèmes communs caractérisent les comportements considérés comme anormaux. Ces thèmes sont également communs à toutes les formes de psychothérapie :

> Quels que soient sa forme, son coût ou son environnement, la psychothérapie consiste toujours en un service qu'un être humain, un aidant, rend à un autre, une personne souffrante, dans le but de favoriser le bien-être de cette dernière. Les éléments communs aux formes anciennes et modernes de la psychothérapie sont la personne souffrante, la personne aidante et le rituel systématisé par lequel l'aide est donnée. Même si les raisons de consulter un psychothérapeute sont aussi nombreuses et uniques que les personnes qui font appel à ses services, les principales motivations ont toujours été d'obtenir de l'aide pour : 1) éliminer, modifier ou contrôler l'anxiété, la dépression, l'aliénation et d'autres états psychologiques douloureux ; 2) modifier des types de comportement indésirables tels que la timidité, l'agressivité, l'alcoolisme, les dysfonctionnements sexuels et autres troubles semblables ; ou 3) promouvoir la croissance personnelle et le développement du sens de sa propre vie par un fonctionnement plus efficace ou par la poursuite de nouveaux objectifs sur le plan éducationnel, professionnel, récréatif ou autres, qui permettront à l'individu de pleinement se réaliser. (Matarazzo, 1985, p. 219 [notre traduction])

S'il est vrai que toutes les formes de psychothérapie se donnent pour objectif de répondre aux besoins de la personne « souffrante », il n'en est pas moins vrai que ce ne sont pas toutes les formes de psychothérapie qui réussissent à le faire. Par ailleurs, les personnes atteintes d'une maladie mentale ont souvent été traitées ou enfermées pour le bien-être de leur communauté davantage que pour le leur propre :

> Tout au long de l'histoire, on trouve une liste toujours récurrente de traitements pour la maladie mentale, où chaque traitement est basé sur les symptômes ou sur les causes présumées de la maladie. Les thérapies sont toutes censées favoriser le traitement, mais elles ne sont souvent que palliatives et visent à soulager les symptômes pendant que le processus morbide suit ou non son cours. Et même si les thérapies viennent souvent de théories sur la causalité, ces dernières ont précisément été élaborées pour rationaliser le traitement utilisé. Ce sont des médecins, des prêtres, des spécialistes de la psychiatrie et de la psychologie, des néophytes s'intéressant au domaine, ainsi que des charlatans, qui ont élaboré des thérapies, d'où leur diversité. En général, les traitements sont entrepris dans le but de répondre aux besoins du patient, de sa famille ou de ses amis, pour l'aider au sein de sa communauté ou pour résoudre les problèmes sociaux découlant

de son état. L'objectif premier du traitement n'est donc pas de guérir. Certains patients doivent recevoir des soins en milieu surveillé pour les protéger contre eux-mêmes, contre leurs propres comportements de négligence, d'abus ou des conséquences de l'exercice d'un piètre jugement ; pour leur donner le temps de se reposer ou pour les libérer de leurs responsabilités, pour leur fournir une diète susceptible d'améliorer leur état ; pour protéger les autres de leurs comportements violents, nuisibles, embarrassants ou inopportuns—ou de l'ensemble de ces comportements. (W. B. Maher et B. A. Maher, 1985, p. 266 [notre traduction])

Dans tous les cas, le traitement utilisé dépendait en grande partie des croyances qu'on entretenait sur les causes de la maladie mentale. Si l'on croyait que celle-ci était causée par des facteurs psychologiques, ce sont ces facteurs qu'on traitait dans le cadre de la thérapie. Si l'on était persuadé que c'était plutôt des facteurs surnaturels ou biologiques qui causaient la maladie mentale, la thérapie était établie en conséquence.

L'approche psychologique

Lorsqu'on considérait que la maladie mentale était due à des facteurs psychologiques tels que la peur, l'anxiété, la frustration, la culpabilité ou le conflit, le traitement était axé sur ces facteurs. Parmi les méthodes utilisées à travers l'histoire pour traiter les facteurs psychologiques jugés responsables de la maladie mentale, il y avait celle où l'on demandait à la personne d'observer l'expérience traumatisante (par le biais d'une pièce de théâtre, par exemple) ou de la revivre personnellement afin de provoquer une *catharsis* (censée purger l'esprit des émotions dérangeantes) ; celle où on lui demandait d'écouter de la musique relaxante ; celle où l'on s'assurait qu'elle reçoive soutien, réconfort et affection de la part des personnes chères de son entourage ou de celle de personnes qui étaient des figures d'autorité ; celle où l'on analysait ses rêves, ses pensées et ses motivations ; et enfin, celle où l'on essayait de lui enseigner des stratégies d'adaptation nouvelles et plus efficaces pour l'aider à composer avec ses problèmes personnels ou interpersonnels. De nos jours, cette dernière méthode est encore utilisée en thérapie comportementale.

Entre les explications psychologiques et les explications surnaturelles de la maladie mentale, on pouvait trouver au XVIIIᵉ siècle une croyance en la **loi naturelle**. En général, la loi naturelle est la croyance suivant laquelle on a ce qu'on mérite dans la vie :

Au XVIIIᵉ siècle, les idées philosophiques sur la société humaine étaient dominées par le concept de la « loi naturelle ». Selon cette loi, le comportement avait certaines conséquences naturelles qui faisaient que les actions jugées scandaleuses, comme le fait de s'enivrer, de jouer à des jeux d'argent ou de s'adonner à la prostitution, menaient tout naturellement à la folie, à la maladie et à la pauvreté. Ainsi l'alcoolique en crise de *delirium tremens* ou le patient en phase terminale d'une parésie due à la syphilis étaient-ils considérés comme des personnes souffrant de l'issue fatale et naturelle de leurs propres comportements. Par ailleurs, la richesse, la santé et la prospérité découlaient d'habitudes compatibles avec l'assiduité, la sobriété et ainsi de suite ; les bienfaits obtenus n'étaient pas vus comme des « récompenses » reçues en échange de ces comportements, mais plutôt comme des effets naturels de ces derniers. (B. A. Maher et W. B. Maher, 1985, p. 303 [notre traduction])

Ce que cela impliquait pour la psychothérapie est évident : pour alléger sa souffrance, le malade devait modifier ses comportements, et il appartenait au thérapeute de l'aider à y parvenir.

L'approche surnaturelle

Si l'on croyait que c'était les forces du mal qui entraient dans le corps et causaient la maladie, alors le traitement consistait à faire sortir ces forces du corps de la personne possédée. Pour ce faire, le sorcier des époques primitives utilisait la supplication, la corruption, la vénération et l'intimidation — et parfois aussi l'exorcisme, la magie ou les incantations.

Dans son célèbre livre *The Golden Bough* (1890/1963), l'ethnologue britannique Sir James George Frazer (1854-1941) expliquait la **magie sympathique** qui, chez les premiers humains, était extrêmement importante dans l'explication et le traitement des maladies. Frazer faisait la distinction entre deux types de magie sympathique : la magie homéopathique et la magie contagieuse. La **magie homéopathique** reposait sur le principe de similarité. Par exemple, on croyait que ce que l'on faisait à l'image ou à la représentation d'une personne affectait cette dernière. La **magie contagieuse**, basée sur le principe de contiguïté, consistait à croire que les objets qui avaient été proches d'une personne ou qui lui avaient appartenu continuaient d'exercer une influence sur elle. Par exemple, la possession d'un vêtement qui appartenait à une personne dont quelqu'un voulait contrôler les actions augmentait les chances de succès. Par conséquent, si deux choses étaient semblables ou liées à un certain moment, on croyait qu'elles pouvaient s'influencer l'une l'autre par sympathie. À partir de ces principes, un sorcier pouvait simuler les symptômes d'un patient puis représenter son rétablissement à partir de ces derniers. Frazer (1890/1963, éd. fr. 1981) a expliqué que ces techniques de magie devaient sembler très efficaces aux personnes qui les pratiquaient :

> Une cérémonie dont le but est de faire souffler le vent, tomber la pluie, ou amener la mort d'un ennemi, a toujours le bonheur providentiel d'être suivie, tôt ou tard, de l'événement qu'elle doit produire ; on peut donc excuser l'homme primitif d'envisager le phénomène comme le résultat direct du rite accompli, ainsi que la preuve irréfutable de son efficacité. De même, les rites observés à l'aube pour aider le soleil à se lever, et les rites printaniers destinés à éveiller la terre endormie de son sommeil hivernal, seront infailliblement couronnés de succès, du moins dans les zones tempérées ; chaque matin, le soleil allumera sa lampe d'or à l'Orient ; du renouveau l'haleine caressante parera la terre d'un manteau de verdure. (éd. fr., p. 155)

Les humains primitifs considéraient que la plupart des maladies étaient causées par les forces du mal ou par des esprits maléfiques qui s'introduisaient dans le corps. Cette vision de la maladie découlait tout simplement de la façon dont les gens voyaient le monde aux premiers temps de l'humanité :

> Le vent était destructeur ; il [l'homme primitif] tenait donc pour acquis qu'un être en colère soufflait le vent pour l'attaquer. La pluie, elle, était envoyée par des esprits qui voulaient le récompenser ou le punir. La maladie était une calamité envoyée par des êtres surnaturels invisibles ou le résultat de rituels de magie effectués par ses ennemis. Il donnait vie à son monde en attribuant aux événements naturels les motivations humaines qu'il connaissait si bien de par ses propres expériences subjectives. Il était donc logique pour lui d'essayer d'influencer les événements naturels avec les mêmes méthodes que celles employées pour influencer les êtres humains : l'incantation, la prière, la menace, la soumission, la corruption, le châtiment et l'expiation. (Alexander et Selesnick, 1966, p. 9 [notre traduction])

Il était également de pratique courante de saigner un malade ou de lui enlever une partie de la boîte crânienne pour permettre aux mauvais esprits de s'échapper de son corps. Un peu partout à travers le monde, on a trouvé des milliers de crânes d'hommes et de femmes préhistoriques présentant des ouvertures pratiquées par des humains. Ces ouvertures étaient faites au moyen d'une pierre pointue, une technique appelée **trépanation**. La photographie de la page suivante montre deux crânes ainsi trépanés. À ce sujet, Finger (1994) écrit : « Le contour de ces trous est souvent lisse, et les signes de cicatrisation sont évidents ; on peut en déduire que ce type de "chirurgie" était pratiqué sur des sujets vivants et n'était pas réservé à des rites sacrificiels ou funéraires » (p. 4 [notre traduction]). La raison pour laquelle on pratiquait la trépanation sur des personnes vivantes il y a des milliers d'années soulève encore beaucoup de questions. Certains croient qu'elle était utilisée pour traiter des fractures du crâne ou pour soulager la pression causée par des tumeurs cérébrales. Dans certains cas, il est évident que le crâne était déjà fracturé avant la trépanation. Toutefois, on croit qu'elle servait surtout à traiter les maux de tête, les convulsions et les maladies mentales. Finger (1994) ajoute : « Ces maladies étaient probablement attribuées à des démons, et on peut penser que la trépanation visait à permettre aux mauvais esprits de s'échapper du corps » (p. 5 [notre traduction]).

L'approche biologique

Dès 3000 av. J.-C., les Égyptiens pouvaient, très efficacement, traiter les blessures superficielles et réduire les fractures (Sigerist, 1951). Même pour les maladies de cause inconnue, ils utilisaient des traitements « naturels » comme les bains de vapeur, les massages et les remèdes à base de plantes médicinales. Cependant, ils étaient persuadés que l'influence de ces traitements naturels, s'il y en avait une, provenait de leur effet sur les mauvais esprits. De toute évidence, leur approche était axée sur les forces mystérieuses et la magie. Même les Grecs de l'Antiquité, avant l'arrivée de médecins comme Hippocrate, croyaient que c'était un dieu qui infligeait la maladie mentale aux personnes impies. La Bible perpétua cette croyance et influença considérablement la façon dont on traita les malades mentaux jusqu'aux temps modernes.

Hippocrate (v. 460 – v. 377 av. J.-C.) fut l'un des premiers à libérer la médecine et la psychiatrie de son bagage magico-religieux. Comme nous l'avons vu au chapitre 2, les Grecs, à commencer par Thalès de Milet, eurent tendance à préférer les explications naturalistes aux explications mystiques. Hippocrate appliqua

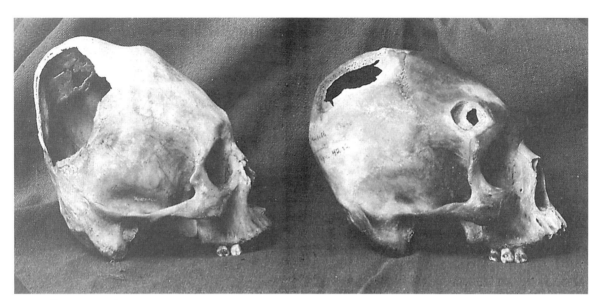

Crânes d'hommes préhistoriques trépanés

l'approche naturaliste au fonctionnement du corps humain. En plus de soutenir que la santé physique résidait dans l'équilibre entre les quatre humeurs du corps (voir le chapitre 2), Hippocrate supposait que la santé mentale et la maladie mentale pouvaient dépendre de l'état du cerveau :

> Il faut savoir que, d'une part, les plaisirs, les joies, les rires et les jeux, d'autre part, les chagrins, les peines, les mécontentements et les plaintes ne nous proviennent que de là [le cerveau]. C'est par là surtout que nous pensons, comprenons, voyons, entendons, que nous connaissons le laid et le beau, le mal et le bien, l'agréable et le désagréable [...] C'est encore par là que nous sommes fous, que nous délirons, que des craintes et des terreurs nous assiègent, soit la nuit, soit après la venue du jour, des songes, des erreurs inopportunes, des soucis sans motifs, l'ignorance du présent, l'inhabitude, l'inexpérience. Tout cela, nous l'éprouvons par le cerveau quand il n'est pas sain, c'est-à-dire quand il est trop chaud, ou trop froid, ou trop humide, ou trop sec, ou quand il a éprouvé quelque autre lésion contre nature à laquelle il n'est pas habitué. (Hippocrate, éd. fr., 1979, p. 387, 389)

C'était donc l'état du cerveau qui déterminait si une personne était mentalement normale ou anormale. Et comme les anomalies mentales apparaissaient quand le cerveau était trop chaud, trop froid, trop sec ou trop humide, le traitement consistait à proposer aux patients des expériences qui permettaient à leur cerveau de retrouver son état normal.

En plus de soutenir que toutes les maladies avaient des causes naturelles, que c'était la nature qui guérissait et non les médecins, et qu'il fallait donc prescrire des traitements tels que les bains, l'air pur et une diète adéquate, les disciples d'Hippocrate isolèrent plusieurs maladies mentales, dont l'hystérie, qui occupa une grande place dans les travaux de Freud. L'*hystérie* est un terme employé pour désigner une grande variété d'affections comme la paralysie, la perte de sensation, ainsi que certains troubles de la vision et de l'audition. Les médecins hippocratiques admettaient le point de vue de leurs prédécesseurs grecs et égyptiens, selon lequel l'hystérie était une affection qui touchait exclusivement les femmes. Le mot « hystérie » vient du grec *hustera* qui signifie « utérus » parce que l'on croyait que les symptômes de l'hystérie étaient causés par le déplacement de l'utérus dans différentes parties du corps. Même si l'on démontra par la suite que cela était faux, cette définition de l'hystérie demeure représentative de l'explication biologique de la maladie mentale.

Le traitement humain et naturaliste des patients continua jusqu'à l'époque de Claude Galien (v. 131 – v. 201), qui perpétua et approfondit la vision hippocratique de la médecine. Par ailleurs, comme nous l'avons vu au chapitre 2, celui-ci se basa sur la théorie hippocratique des humeurs pour élaborer une des premières théories de la personnalité. À l'époque de la chute de l'Empire romain (en 476), le traitement humain et rationnel des maladies physiques et mentales avait pratiquement disparu.

Le retour de l'approche surnaturelle

Lorsque les Romains établirent leur Empire, ils accordèrent, comme l'avaient fait les Grecs à leur époque, une grande importance à la connaissance et à la raison, même s'ils se souciaient plus qu'eux de la loi, de la technologie et des questions militaires. La chute de leur Empire donna lieu à une régression presque complète de la pensée rationnelle, qui céda la place à la pensée irrationnelle caractéristique de l'époque ayant précédé celle des naturalistes grecs :

> L'effondrement du système de sécurité des Romains causa une régression généralisée et favorisa un retour à la magie, au mysticisme et à la démonologie dont les hommes s'étaient pourtant libérés sept siècles auparavant grâce au génie grec [...] La psychiatrie du Moyen Âge se distingue à peine de la démonologie préscientifique, et le traitement de la maladie mentale était alors synonyme d'exorcisme [...] Dans l'exorcisme médiéval, la mythologie chrétienne et la démonologie préhistorique formaient une curieuse union. (Alexander et Selesnick, 1966, p. 50, 52 [notre traduction])

W. B. Maher et B. A. Maher (1985) ont dit que les pratiques thérapeutiques du Moyen Âge étaient éclectiques, mais que la majorité d'entre elles étaient axées sur l'exorcisme de démons. Malgré cette tendance, plusieurs hôpitaux un peu partout en Europe traitaient les personnes âgées, les malades et les pauvres. Tout porte à croire également que, dans de nombreux cas, les personnes atteintes de maladie mentale côtoyaient celles souffrant d'une maladie physique (Alldéridge, 1979). Cependant, c'est l'explication surnaturelle de la maladie mentale qu'on préférait au Moyen Âge, et le traitement préconisé prenait souvent la forme d'un exorcisme. Malgré cette obsession des démons et de l'exorcisme, les chasses aux sorcières n'étaient pas choses courantes à cette époque. Elles eurent lieu principalement durant la Renaissance et la Réforme (Kirsch, 1978).

La chasse aux sorcières La magie et la sorcellerie existent depuis la nuit des temps. Dans l'Europe chrétienne, peu avant le XIVe siècle, ces activités étaient généralement considérées comme des vestiges du paganisme et punies de sanctions relativement mineures. Durant cette période, l'existence des sorcières (celles qui frayaient avec le Diable) et de la sorcellerie (les œuvres maléfiques des sorcières) allait de soi pour presque tout le monde en Europe, et plus particulièrement en Europe de l'Est. Plus tard, cependant, l'Église devint si préoccupée de l'influence des sorcières et des mauvais sorts qu'elles jetaient qu'elle entreprit une vaste campagne de persécution pour systématiquement les éliminer. Il s'ensuivit un règne de terreur qui dura environ trois siècles. Selon Zusne et Jones (1989), la persécution des sorcières en Europe eut principalement lieu entre 1450 et 1750, et atteignit son apogée vers 1600.

Le 9 décembre 1484, Innocent VIII publia une bulle papale (un document officiel) qui autorisait la persécution systématique des sorcières. Dans sa bulle, le Pape autorisait Heinrich Kramer et Jakob Sprenger, tous deux prêtres dominicains et professeurs de théologie, à agir comme inquisiteurs dans le nord de l'Allemagne. Pour faciliter leur travail, Kramer et Sprenger rédigèrent un manuel, le *Malleus Maleficarum* (*Le marteau des sorcières*, 1486/1971). La bulle papale de 1484 qui figurait en préface, lui conféra de ce fait beaucoup d'autorité. Était également incluse une lettre d'appui signée par les membres de la Faculté de théologie de l'université de Cologne ; cette lettre renforçait encore l'autorité du *Marteau des sorcières*. En fait, ce dernier devint le manuel officiel de l'Inquisition. Dans son introduction, Montague Summers écrivait : « Le *Marteau* est entre les mains de chaque juge, de chaque magistrat. Il est l'ultime autorité, inattaquable. Il est implicitement accepté non seulement par la législature catholique mais par la protestante » (1971, p. viii [notre traduction]). Traduit en plusieurs langues, le *Marteau* a été réédité 30 fois jusqu'en 1669, et ce, à une époque où l'imprimerie était encore très laborieuse et la plupart des gens, analphabètes. De toute évidence, ce fut l'un des ouvrages les plus populaires et influents de l'époque.

Dans la première partie du *Marteau*, les auteurs tentent de prouver l'existence des démons et de leurs servantes, les sorcières. Ils précisent aussi que si leurs arguments ne convainquent pas le lecteur, c'est que celui-ci est forcément victime de sorcellerie ou alors hérétique. La deuxième partie du livre contient une description de la façon de passer des pactes avec le

Diable et de les consommer, des diverses formes que la sorcellerie peut prendre et de la manière de guérir les personnes ensorcelées. En général, on présumait que toutes les maladies de cause inconnue (elles l'étaient pour la plupart), tant mentales que physiques, étaient d'origine surnaturelle, c'est-à-dire causées par des actes de sorcellerie. Ces maladies incluaient la perte de fonctions sensorielles ou motrices, les dysfonctions sexuelles (y compris l'impuissance, la stérilité, la luxure et la prostitution), les hallucinations, les visions, le mutisme, les apparitions, l'ivrognerie, la mélancolie (dépression) et le somnambulisme. Les traitements proposés aux personnes ensorcelées comprenaient l'exorcisme, la confession, la prière, la récitation des Saintes Écritures, les visites de sanctuaires et la participation à des cérémonies religieuses.

Une grande partie du *Marteau* traite de questions sexuelles. On y décrit en détail comment les sorcières (bien plus nombreuses que les sorciers) copulent avec des incubes (démons mâles) et comment les sorciers copulent avec des succubes (démons femelles). Le *Marteau* insiste sur la façon dont les sorcières interfèrent avec la procréation humaine et s'attarde particulièrement à celle dont elles privent les hommes de leur pénis ou en empêchent le bon fonctionnement. On croyait que les personnes vivant dans le péché étaient beaucoup plus sujettes que les autres à la sorcellerie et que les comportements anormaux étaient le signe qui les trahissait. Un des plus graves péchés était la luxure, propice à la possession par un démon ou à l'influence d'une sorcière. Étant donné que les femmes avaient, selon les auteurs du *Marteau*, des désirs charnels plus forts que les hommes, elles étaient beaucoup plus susceptibles d'être des sorcières ou d'être ensorcelées. Il n'est donc pas surprenant que le *Marteau* fut aussi dur à leur égard. Selon Ruiz (2002, exposé 17), la chasse aux sorcières revêtait également un aspect politique : la plupart des personnes accusées de sorcellerie dans les villages protestants étaient catholiques et la plupart de celles accusées dans les villages catholiques étaient protestantes. Il y avait peut-être aussi un aspect économique à la chose, puisqu'on confisquait et revendait tous les biens des personnes accusées de sorcellerie.

La troisième et dernière partie du *Marteau* prévenait qu'on forcerait les sorcières à se confesser, qu'on les jugerait et qu'on les punirait. Si un interrogatoire et une légère sanction ne suffisaient pas à recueillir une confession, on prendrait des mesures plus sévères, comme l'application de fers chauffés au rouge ou l'utilisation d'eau bouillante (Kramer et Sprenger, 1971, p. 233). Dans un tel contexte, la plupart des personnes accusées de sorcellerie avouèrent avoir passé un pacte avec le Diable ou copulé avec lui, mangé des enfants, assisté aux sabbats des sorcières. Après s'être confessées, certaines sorcières se suicidaient. On considérait alors ces suicides comme une preuve supplémentaire de leur culpabilité (Kramer et Sprenger, 1971, p. 224). Ces confessions, bien entendu, renforçaient les croyances sur lesquelles reposait la chasse aux sorcières. J. B. Russell (1980) a conclu que « seules 10 % [des personnes accusées] persistèrent à nier leur culpabilité jusqu'au moment de leur mort » (p. 79-80 [notre traduction]). La plupart des personnes inculpées furent brûlées, d'autres furent pendues ou décapitées.

C. W. Clark (1997) a estimé qu'en Europe, entre 1450 et 1750, on accusa de sorcellerie environ 200 000 personnes, dont la moitié furent exécutées. Sur ce nombre, de 80 à 85 % étaient des femmes. Il faut se rappeler, cependant, qu'il est extrêmement difficile, voire impossible, de faire le compte exact des personnes exécutées pour sorcellerie. En fait, certains documents donnent à penser que les chiffres sont souvent très exagérés (Trevor-Roper, 1967). Par exemple, Harris (1974) estime à environ 500 000 le nombre d'exécutions. Ce que l'on sait avec certitude, c'est qu'il n'y a pas si longtemps, en 1692, 20 personnes furent accusées de sorcellerie et condamnées à mort à Salem, dans le Massachusetts, et que la dernière exécution légale d'une sorcière en Europe eut lieu à Glaris, en Suisse, en 1782 (Trevor-Roper, 1967). Cette persécution des sorcières et de la sorcellerie durant la Renaissance et la Réforme illustre bien à quel point l'approche adoptée à l'égard de la maladie mentale a varié selon l'esprit de l'époque. De nos jours, c'est la chasse aux sorcières qui serait vue comme un signe de maladie mentale.

Durant la Renaissance, alors même qu'on faisait des progrès dans de nombreux domaines, la chasse aux sorcières était très répandue, de même que l'astrologie, la chiromancie et la magie. En outre, les personnes aux prises avec une maladie mentale ne vivaient pas dans de bonnes conditions. Comme nous l'avons vu, on les considérait généralement comme ensorcelées. Livrées à elles-mêmes, elles erraient dans les rues ou vivaient enfermées dans des asiles de fous, par exemple, l'hôpital Sainte-Marie-de-Bethléem, situé à Londres. Fondé en 1247 pour servir de prieuré, il fut converti en asile en 1547 sur ordre d'Henri VIII. Connu sous le nom de Bedlam en raison de la prononciation *cockney* du mot Bethléem, cet établissement était typique des asiles de l'époque. Les pensionnaires étaient enchaînés, battus, sous-alimentés, soumis à la saignée et exposés publiquement aux visiteurs.

L'amélioration graduelle du traitement de la maladie mentale

Même au XVIᵉ siècle, lorsque les chasses aux sorcières et les procès qui les accompagnaient étaient très populaires, quelques courageux individus osèrent affirmer que les « sorcières » n'étaient pas possédées par des démons, des esprits ou le Diable. Ils soutenaient que leur comportement était dû à des troubles affectifs ou physiques. Un de ces individus était Philippe Paracelse (1493-1541), un médecin suisse extravagant, réputé pour son mauvais caractère. Paracelse prétendait que pour comprendre la nature, il fallait se baser sur l'expérience et non obéir aveuglément à une philosophie dépassée comme l'avaient souvent fait les scolastiques. Selon lui, les remèdes à base de plantes médicinales que les gens ordinaires utilisaient étaient souvent efficaces pour guérir les maladies. Lui-même alchimiste, il affirmait que c'était la composition chimique de ces remèdes qui expliquait leur efficacité, et il effectua des études empiriques pour déterminer quelles substances chimiques pouvaient guérir quelle maladie. Soit dit en passant, dans une des nombreuses expériences chimiques qu'il fit, Paracelse mélangea de l'acide sulfurique et de l'alcool, créant ainsi un des premiers anesthésiques inoffensifs (Finger, 1994, p. 160-161). Paracelse rejetait la démonologie, mais il croyait en un « esprit universel » qui imprégnait la nature. Lorsque les gens étaient en harmonie avec cet esprit, ils étaient bien portants ; dans le cas contraire, ils avaient des problèmes de santé. Paracelse prétendait que des éléments tels que les substances chimiques, les aimants ou les alignements de corps lourds pouvaient influer sur l'harmonie d'une personne avec la nature et, par conséquent, sur sa santé. Aussi bizarre que cela puisse paraître, ces hypothèses tendaient vers l'approche biologique des maladies mentales et s'éloignaient de l'approche surnaturelle. Une

des maximes de Paracelse était : « Ne contaminez pas la médecine avec la sorcellerie » (Webster, 1982, p. 80 [notre traduction]). Il dénonçait également le traitement cruel infligé aux femmes accusées par le tribunal de l'Inquisition : « On trouve plus de superstitions dans l'Église romaine que chez toutes ces femmes » (Ehrenwald, 1991, p. 195 [notre traduction]). Si on remplace le terme « spirituel » par « psychologique », la déclaration suivante de Paracelse a une connotation tout à fait moderne : « Il existe deux sortes de maladies chez les hommes : l'une est matérielle, l'autre spirituelle […] Contre les maladies matérielles, il faut donner des remèdes matériels. Contre les maladies spirituelles, des remèdes spirituels » (Ehrenwald, 1991, p. 195-196 [notre traduction]).

Selon Alexander et Selesnick (1966), Paracelse fut le deuxième médecin, après Agrippa, à rejeter l'idée qu'il existait des sorcières ou des sorciers. Non seulement Heinrich Cornelius Agrippa (1486-1535) s'opposa à la chasse aux sorcières, mais il sauva plusieurs personnes des griffes du tribunal de l'Inquisition. En 1563, l'un de ses élèves, Johann Weyer (1515-1588), publia *The Deception of Demons*, ouvrage dans lequel il affirmait que les soi-disant sorcières ou personnes ensorcelées étaient en fait des gens mentalement perturbés. Le livre de Weyer, bien rédigé et bien documenté, réfutait point par point l'argumentation des auteurs du *Marteau*. Il qualifiait le supplice du bûcher d'acte « impie » et condamnait les théologiens, les juges et les médecins qui le toléraient. Weyer devint connu de ses contemporains pour sa croisade contre la chasse aux sorcières, un fait suffisant pour qu'on le considérât lui-même comme un homme bizarre ou fou, ou même comme un sorcier.

Cette idée que les « sorcières » étaient plutôt des personnes atteintes d'une maladie mentale trouva un écho chez Reginald Scot (1538-1599), l'auteur de *Discovery of Witchcraft* (1584/1964), ainsi que chez le psychiatre suisse Félix Plater (1536-1614). Dans son livre *Practice of Medicine*, ce dernier définit plusieurs types de maladies mentales, y compris la consternation, la stupidité, la manie, le délire, les hallucinations, les convulsions, l'ivrognerie, l'hypochondrie, les troubles du sommeil et les rêves insolites. Les arguments de Scot et de Plater finirent par être entendus. En 1682, par exemple, le roi de France Louis XIV décida d'abolir la peine de mort pour les sorcières. On commença à prendre conscience que la maladie mentale pouvait avoir des causes naturelles plutôt que surnaturelles, même si on la comprenait encore mal. Les personnes atteintes recevaient des traitements inadéquats ou n'étaient pas traitées du tout. La saignée restait le remède le plus courant pour traiter toutes les maladies, y compris les troubles mentaux, et on employait certaines méthodes qui visaient à provoquer un choc chez les patients. Une de ces méthodes consistait à faire tourner le patient assis sur une chaise très rapidement ; une autre consistait à lancer plusieurs seaux d'eau froide sur le patient enchaîné. Souvent, le médecin faisait part d'une amélioration spectaculaire de l'état du patient après ce genre de traitement. Les personnes atteintes d'une maladie mentale seront traitées dans ces conditions lamentables jusqu'à la fin du XVIIIᵉ siècle.

Philippe Pinel

Philippe Pinel (1745-1826) vint au monde dans une famille de médecins et reçut son diplôme de médecine de l'université de Toulouse en 1773. Dès qu'il com-

mença à pratiquer, Pinel fut tellement bouleversé par la cupidité et l'insensibilité de ses collègues médecins qu'il déménagea à Paris afin de s'y consacrer au traitement des défavorisés de la ville. Il fut amené à s'intéresser à la maladie mentale lorsqu'un de ses amis intimes manifesta les signes d'un trouble mental et qu'il se rendit compte qu'il ne pouvait pas le traiter. Il dévora la littérature existante sur le sujet et consulta les soi-disant spécialistes de son époque. Il constata que l'information disponible sur la maladie mentale ne valait pas grand-chose à part celle qu'il trouva dans les travaux de Joseph Daquin (1732-1815). Pour celui-ci, la maladie mentale était un phénomène naturel qu'il fallait étudier et traiter au moyen des méthodes utilisées en sciences naturelles. Pinel et Daquin devinrent très proches au point que ce dernier lui dédicaça la seconde édition de son livre *Philosophie de la folie* (1804).

Pinel commença à rédiger des articles très remarqués dans lesquels il préconisait l'humanisation du traitement des personnes atteintes de maladies mentales. En

Pinel libère de leurs chaînes les pensionnaires de l'asile.

1793, il fut nommé directeur de l'hospice Bicêtre à Paris, un établissement pour aliénés qui existait depuis 1660. Lorsqu'il fit pour la première fois le tour des bâtiments, Pinel découvrit que la plupart des pensionnaires étaient enchaînés et qu'il y avait des gardiens affectés à la surveillance des murs extérieurs pour les empêcher de s'évader. Il demanda aussitôt aux autorités l'autorisation de libérer les malades de leurs chaînes, autorisation qui lui fut accordée, malgré les réticences, et même si l'on jugeait Pinel lui-même légèrement fou de prendre pareil risque. Pinel agît avec prudence. Il commença par faire enlever les chaînes à un petit nombre de patients en 1793 et observa les effets de cette libération.

Le premier patient qu'il libéra était un soldat anglais, considéré comme violent, et qui avait déjà fracassé le crâne d'un gardien à coups de chaînes. Une fois libéré de ses chaînes, l'homme se montra totalement inoffensif, et il aida même Pinel à soigner les autres pensionnaires. Deux ans plus tard, il était libéré de Bicêtre. Pinel libéra progressivement de leurs chaînes un plus grand nombre de patients, améliora leur alimentation, fit cesser la saignée et interdit tout mauvais traitement (par exemple, faire tourner un patient sur une chaise). Dans son livre *Traité médico-philosophique sur l'aliénation mentale ou la manie*, Pinel écrivit ce qui suit au sujet de la saignée : « On saigne ces patients si abondamment et avec si peu de discernement qu'il faut se demander lequel, du patient ou du médecin, se qualifie le mieux au titre de fou » (1801/1962, p. 251 [notre traduction]).

En plus de libérer les patients de leurs chaînes et de faire cesser la saignée ainsi que les mauvais traitements, Pinel proposa plusieurs méthodes nouvelles pour le traitement de la maladie mentale. Il regroupa les patients selon leur état, encouragea l'ergothérapie, favorisa les bains et les purgatifs légers pour traiter les malaises physiques, et s'opposa vigoureusement à toute forme de châtiment ou d'exorcisme. De plus, il fut le premier à tenir des dossiers détaillés et des statistiques sur ses patients, y compris un registre précis des taux de guérison.

Sous sa direction, le nombre de décès diminua considérablement chez les patients, et le nombre de guérisons et de libérations connut une forte augmentation. Son succès à Bicêtre lui valut d'être nommé, en 1795, directeur de la Salpêtrière, qui était alors le plus grand asile pour femmes d'Europe et où se trouvaient 8000 pen-

sionnaires atteintes de maladie mentale. Procédant de la même façon qu'à Bicêtre, Pinel eut autant de succès. Lorsqu'il mourut d'une pneumonie en 1826, on lui fit des funérailles dignes d'un héros national auxquelles assistèrent non seulement les personnalités les plus influentes d'Europe, mais également des centaines de citoyens ordinaires, parmi lesquels bon nombre d'anciens patients de Bicêtre et de la Salpêtrière.

Grâce notamment au succès de Pinel et à l'esprit qui dominait à l'époque, des sommités de partout en Europe et aux États-Unis se mirent à revendiquer l'humanisation du traitement des personnes aux prises avec la maladie mentale. En Grande-Bretagne, William Tuke (1732-1822), un quaker prospère commerçant de thé et de café à la retraite, qui n'avait aucune formation médicale, décida, après avoir visité un asile d'aliénés et avoir été horrifié par ce qu'il y vit, de consacrer les 30 dernières années de sa vie à l'amélioration du sort des malades mentaux et fonda, en 1796, la York Retreat. Dans cet établissement qui tenait plus de la ferme que de la prison, les patients étaient libres et respectés, recevaient de la nourriture, des traitements médicaux et une instruction religieuse, et s'adonnaient à des activités récréatives. Tuke vécut suffisamment longtemps pour voir son établissement devenir un modèle dans le monde entier pour les asiles d'aliénés. Après sa mort, son fils puis son petit-fils dirigèrent l'établissement. Son arrière-petit-fils, Daniel Hack Tuke (1827-1895) fut le premier de la famille à recevoir une formation médicale, et devint un psychiatre renommé durant l'époque victorienne.

En 1788, le médecin italien Vincenzo Chiarugi (1759-1820) fut nommé directeur de l'Ospidale di Bonifazio, un hôpital qu'on venait d'ouvrir à Florence pour les malades mentaux. Avant même Pinel, Chiarugi s'était opposé à la contention et aux mauvais traitements infligés aux personnes atteintes d'une maladie mentale. Il donnait à ses patients du travail à faire, mais les laissait s'adonner à des activités récréatives, et tenait sur eux des dossiers détaillés. Son approche vis-à-vis de la maladie mentale était particulièrement moderne pour l'époque :

> C'est une obligation médicale et un devoir moral suprême que de respecter les malades mentaux et de les considérer comme des personnes à part entière. Il est tout particulièrement essentiel pour la personne qui traite ces malades de gagner leur confiance. Il est donc préférable de faire preuve de tact et de compréhension et d'essayer d'amener le patient vers la vérité et de lui instiller la

raison petit à petit, avec bonté [...] L'attitude des médecins et des infirmières doit faire autorité et impressionner,
mais elle doit également être agréable et adaptée à l'esprit
troublé du patient [...] En général, il est préférable de
suivre les dispositions du patient et de l'accommoder
autant qu'il est permis de le faire d'un point de vue médical et pratique. (Mora, 1959, p. 431 [notre traduction])

Il est intéressant de noter que si Pinel et Chiarugi se
sont opposés vigoureusement aux mauvais traitements
des malades mentaux, c'est surtout le modèle psychologique de la maladie mentale qui guida le travail du
premier, et le modèle médical qui orienta celui du second (Gerard, 1997).

Benjamin Rush

Benjamin Rush (1745-1813) comptait, dans son
cercle d'amis, les présidents Thomas Jefferson et John
Adams, et il servit à titre de chirurgien dans l'armée
sous George Washington. En tant que membre du
Congrès continental, il fut l'un des premiers signataires
de la Déclaration d'indépendance. Rush défendit plusieurs convictions profondes : il prôna l'abolition de
l'esclavage, s'opposa à la peine de mort, au châtiment
public et au traitement inhumain des prisonniers ; il
préconisa l'instruction des femmes ; et il revendiqua un
plus grand apport d'information pratique dans les programmes d'études.

En 1812, celui qu'on considère souvent comme le premier psychiatre américain, publia un ouvrage intitulé
*Medical Inquiries and Observations upon the Diseases of
the Mind* dans lequel il déplorait que les personnes
atteintes d'une maladie mentale soient souvent traitées
comme des criminels ou des bêtes sauvages. Il revendiquait qu'on libère ces patients de leurs chaînes et qu'on
ne leur administre plus de châtiments. Selon lui, les
malades mentaux devaient prendre l'air et le soleil et
avoir le droit de faire des promenades agréables dans
les limites de leur établissement. En outre, il ajoutait
qu'on ne devait pas les exposer pour satisfaire la curiosité inhumaine du public et son goût du divertissement. Malgré ses idées progressistes, il préconisait la
saignée et l'utilisation de chaises tournantes pour tran-
quilliser les patients. Il pensait que la saignée soulageait
la congestion vasculaire, que les chaises tournantes
réduisaient la congestion cérébrale et que la contention
des bras et des jambes dans une chaise « tranquilli-
sante » calmait le patient.

Dorothea Lynde Dix

Dorothea Lynde Dix

Également d'origine américaine, **Dorothea Lynde Dix**
(1802-1887) entreprit, en 1841, une campagne qui
revendiquait l'amélioration des conditions de vie des
malades mentaux. Des problèmes familiaux l'obligèrent
à quitter sa famille dès l'âge de 10 ans. À 14 ans, elle
commençait sa carrière d'enseignante. Par la suite, des
problèmes de santé l'obligèrent à abandonner son poste
à temps plein et à accepter d'enseigner à des femmes
détenues à la maison de correction de Boston. Dix se
rendit rapidement compte que plusieurs des femmes
considérées comme des criminelles et emprisonnées
étaient en fait atteintes de maladie mentale. Elle entreprit donc une campagne qui allait durer 40 ans et lui
permettre d'améliorer le sort des personnes mentalement perturbées. Elle voyagea dans tous les États américains pour dénoncer les mauvais traitements infligés à
ces malades. En l'espace de 3 ans, elle se rendit dans
18 États et ses arguments provoquèrent une réforme
institutionnelle dans la plupart d'entre eux. En 1841,
au tout début de sa campagne, seules 15 % environ des
personnes atteintes d'une maladie mentale étaient
prises en charge par les hôpitaux psychiatriques ; en

1890, ce chiffre atteignait environ 70 %. Cette amélioration était en grande partie due aux efforts de Dix.

Durant la guerre de Sécession, on lui confia le poste d'infirmière en chef. Une fois la paix revenue, elle partit en Europe pour étudier des méthodes de traitement destinées aux personnes atteintes de maladie mentale. Au cours de son séjour là-bas, elle rencontra la reine Victoria et le pape Pie IX et s'évertua à les convaincre que ces patients avaient cruellement besoin d'installations et de traitements. Pour plus de détails sur sa vie et son travail, voir Viney (1996).

Grâce aux efforts d'individus déterminés comme Pinel, Tuke, Chiarugi, Rush et Dix, les patients atteints de maladie mentale commencèrent à recevoir des traitements plus appropriés que ceux proposés au Moyen Âge et à la Renaissance. Cependant, ces traitements touchaient seulement à l'environnement physique et à la protection du patient. Il n'existait toujours pas de traitement efficace pour la maladie mentale comme telle. Selon Alexander et Selesnik (1966), trois raisons expliquent l'absence de traitement même *après* qu'on eut cessé de croire que les malades mentaux étaient possédés par des démons : l'ignorance de la nature de la maladie mentale, la peur des personnes atteintes de maladie mentale et la croyance répandue que cette dernière était incurable. Ce sont des personnes comme Kraepelin, Witmer et les premiers hypnotiseurs qui améliorèrent considérablement la connaissance et le traitement de la maladie mentale. C'est le sujet de la prochaine section.

Emil Kraepelin

Le psychiatre allemand **Emil Kraepelin** (1855-1926) étudia avec Wundt et tenta d'apporter au domaine des maladies mentales la même contribution que celle de son maître et ses collègues à celui des sensations, en essayant de les classifier. En 1883, il publia une liste de troubles mentaux si détaillée et si complète qu'elle fut reconnue dans le monde entier et utilisée jusqu'à tout récemment. Kraepelin classifia les maladies mentales selon leurs causes, leur incidence sur le cerveau et le système nerveux, leurs symptômes et leur traitement. Certaines catégories de troubles mentaux définies par Kraepelin, comme la manie et la dépression, avaient été mentionnées pour la première fois par Hippocrate 2300 ans auparavant. Parmi d'autres catégories figu-

Emil Kraepelin

raient la démence précoce, qui se manifeste par le retrait de la réalité, la rêverie excessive et les réactions émotionnelles inopportunes ; la paranoïa, qui se traduit par des idées de grandeur ou un délire de la persécution ; le trouble bipolaire, par des cycles de débordements émotionnels et d'états dépressifs passifs ; et la névrose, par des troubles mentaux et émotionnels relativement mineurs. Le neurologue Alois Alzheimer (1864-1915), ami de Kraepelin, observa que la perte générale de la mémoire, des facultés de raisonnement et de la compréhension apparaissaient parfois avec le vieillissement. Ce fut Kraepelin qui nomma cette affection « maladie d'Alzheimer ». Il soutenait que la plupart des maladies mentales importantes telles que la démence précoce étaient incurables parce qu'elles étaient causées par des facteurs constitutionnels. Lorsque le psychiatre suisse Eugen Bleuler (1857-1939) découvrit qu'on pouvait traiter efficacement la démence précoce, il remplaça le nom de cette maladie par « schizophrénie », qui signifie littéralement « dédoublement de la personnalité ».

La liste des catégories de maladies mentales que beaucoup de cliniciens, psychanalystes et psychiatres utilisent actuellement comme référence se trouve dans le *Manuel diagnostique et statistique des maladies mentales,* publié par l'American Psychiatric Association (2000). Ce manuel, qu'on appelle simplement DSM, découle directement des travaux de Kraepelin. S'il est vrai que les classifications de ce dernier ont permis d'ordonner la masse chaotique d'observations cliniques qui existaient, on considère aujourd'hui que son travail fait obstacle au progrès thérapeutique. C'est qu'on ne peut pas toujours faire correspondre l'état des patients avec les catégories qu'il a créées, pas plus qu'on ne peut affirmer que les causes de leurs maladies sont toujours de nature physique comme Kraepelin le supposait. Il n'en reste pas moins que cet éminent psychiatre a contribué à standardiser les catégories de maladies mentales et, par conséquent, à rendre la communication plus précise à leur sujet.

Pour mieux comprendre les problèmes associés à la classification des maladies mentales, voir Sadler, Wiggins et Schwartz (1994). Pour connaître les sources d'insatisfaction à l'égard du DSM et les changements proposés, voir Beutler et Malik (2002).

Lightner Witmer

Le psychologue américain **Lightner Witmer** (1867-1956) vit le jour un 28 juin dans une famille influente de Philadelphie. À l'instar de Kraepelin, il fit son doctorat sous la direction de Wundt. Après avoir obtenu son baccalauréat de l'université de Pennsylvanie en 1888, il enseigna l'histoire et l'anglais à la Rugby Academy, une école secondaire de Philadelphie. Il travailla dans cet établissement durant deux ans, tout en suivant des cours de droit et de sciences politiques à l'université de Pennsylvanie. Après avoir suivi un cours de James McKeen Cattell, Witmer quitta son poste à Rugby et entreprit des études supérieures qui lui permirent d'examiner les différences individuelles dans les temps de réaction. Il souhaitait faire son doctorat sous la direction de Cattell, mais comme celui-ci déménageait à Columbia, il partit pour Leipzig afin d'y terminer ses études supérieures. La formation que Witmer reçut à Leipzig coïncida avec celle de Titchener.

De retour aux États-Unis à l'automne 1892, il accepta un poste à l'université de Pennsylvanie, où il enseigna et fit de la recherche comme psychologue expérimental selon la tradition de Wundt. Il y demeura durant 45 ans. C'est également en 1892 que fut fondée l'APA (American Psychiatric Association), dont Witmer fut l'un des membres fondateurs (avec William James, G. Stanley Hall et James McKeen Cattell) et qui sera le dernier d'entre eux à mourir. En 1894, l'université créa des cours spéciaux destinés aux enseignants des écoles publiques, auxquels Witmer participa. Un jour, la description qu'un enseignant donna de la difficulté qu'un de ses élèves avait à épeler renforça la conviction de Witmer que la psychologie devait générer des informations pratiques. L'élève en question était un garçon de 14 ans qui, de nos jours, serait probablement considéré comme dyslexique. Witmer décida de travailler avec cet élève, inaugurant ainsi sa carrière de psychologue clinicien. Bientôt, il donnait un cours particulier sur la façon de travailler avec les élèves « déficients mentaux, aveugles ou criminels aliénés » (McReynolds, 1987, p. 851 [notre traduction]).

En 1896, il publia un article intitulé « Practical Work in Psychology ». La même année, il fonda la première clinique psychologique du monde à l'université de Pennsylvanie, 17 ans seulement après l'ouverture du laboratoire expérimental de Wundt. En 1897, au congrès de l'APA à Boston, il donna un exposé dans lequel il employa pour la première fois le terme *clinique psychologique*. En 1907, il fonda la revue *Psychological Clinic*, qui contribua à promouvoir et à définir la profession de psychologue clinicien. Cette revue fut publiée jusqu'en 1935. Pour Witmer et d'autres, il était évident qu'une nouvelle profession émergeait et qu'il fallait lui donner

Lightner Witmer

un nom. Dans le texte d'introduction du premier numéro de sa revue, Witmer nomme cette profession **psychologie clinique** et la décrit comme suit :

Même si la psychologie clinique est manifestement proche de la médecine, elle est aussi étroitement liée à la sociologie et à la pédagogie [...] Une grande quantité de matériel propice à l'étude scientifique est inutilisée actuellement parce que les psychologues s'intéressent à d'autres sujets, tandis que les professionnels qui sont en contact permanent avec le phénomène concret ne possèdent pas la formation nécessaire pour faire les expériences et les observations qui pourraient avoir une valeur scientifique [...] La branche de la psychologie clinique est dans une certaine mesure occupée par le médecin, particulièrement le psychiatre, et même si je compte surtout me fier aux éducateurs et aux travailleurs sociaux pour apporter des contributions importantes à cette branche de la psychologie, il n'en reste pas moins vrai que ni les premiers ni les seconds n'ont la formation nécessaire pour ce genre de travail. Par ailleurs, le psychologue n'a pas lui non plus cette formation, à moins qu'il l'ait acquise ailleurs que dans le programme d'études ordinaire en psychologie [...] Les termes « psychologie clinique » et « clinique psychologique » en surprendront peut-être plusieurs parce qu'ils juxtaposent deux sujets apparemment distincts [...] J'ai emprunté le mot « clinique » à la médecine parce que c'est le terme le plus approprié que j'ai trouvé pour indiquer la nature de la méthode que je juge nécessaire pour accomplir ce travail [...] On doit recourir aux méthodes de psychologie clinique chaque fois qu'on détermine l'état de l'esprit d'un individu par observation et expérimentation et chaque fois qu'on applique un traitement pédagogique pour provoquer un changement, c'est-à-dire le développement dudit esprit. Que le sujet soit un enfant ou un adulte, on peut procéder à l'examen et instaurer le traitement ainsi qu'exprimer les résultats en fonction de la méthode clinique. (McReynolds, 1987, p. 852 [notre traduction])

En 1908, Witmer fonda un premier internat dont la mission était de soigner et de traiter des enfants attardés et perturbés, bientôt suivi par plusieurs autres du même genre. Au cours de la même année, il commença à publier des articles très critiques au sujet des méthodes de traitement de la maladie mentale qu'il jugeait non scientifiques ou même frauduleuses. Il se montra particulièrement dur envers William James parce que celui-ci s'intéressait aux phénomènes surnaturels.

Selon McReynolds, on peut considérer Witmer comme le fondateur ou le « père » de la psychologie clinique, même si d'autres préféreraient voir cet honneur revenir à Freud, Binet ou Rogers. Voici comment McReynolds (1987) a défendu la contribution de Witmer :

Le rôle de Witmer dans la fondation de la psychologie clinique ressemble sensiblement à celui de Wundt dans celle de la psychologie expérimentale, en ce sens que, comme Wundt, Witmer a défini de manière intentionnelle et consciente l'existence d'un nouveau domaine et favorisé son émergence, même si ce sont ses successeurs qui ont approfondi ce domaine et qui lui ont donné sa véritable orientation. Dans le cas de Witmer, le titre de fondateur repose principalement sur les six réalisations suivantes.

1. Il a été le premier à énoncer l'idée que la psychologie scientifique émergente pouvait être la base d'une nouvelle profession d'assistance à autrui.

2. Il a fondé et développé le premier établissement visant à mettre en pratique ses idées : une « clinique psychologique » dirigée par un psychologue et dont le personnel était composé principalement de psychologues.

3. Il a proposé le terme *psychologie clinique* pour désigner cette nouvelle profession et en a défini la principale mission.

4. Il a conceptualisé, organisé et mis sur pied le premier programme de formation en psychologie clinique telle qu'il la définissait.

5. Il a fondé une revue (*The Psychological Clinic*) qu'il a longtemps dirigée et qui se voulait expressément l'organe de la nouvelle profession ; grâce à cela, il a pu continuer à définir la psychologie clinique, à la faire connaître et à y intéresser la relève.

6. De par ses propres activités professionnelles qu'il souhaitait voir imitées par les psychologues cliniques, il a offert un modèle à cette relève. (p. 855-856 [notre traduction])

Nous avons surtout parlé des contributions de Witmer à la psychologie clinique, mais son apport fut également considérable en matière de psychologie scolaire et d'éducation spécialisée (voir, par exemple, Fagan, 1992, 1996 ; McReynolds, 1996, 1997). En ce qui concerne le domaine de la psychologie clinique, Witmer y apporta trois contributions durables :

a) l'idée que la psychologie scientifique, dans son sens rigoureusement expérimental, puisse, si on l'utilise de manière appropriée, servir à aider les gens ; b) l'idée qu'il soit préférable de donner cette aide par le biais d'une profession spécialisée (la psychologie clinique) indépendante à la fois de la médecine et de l'éducation ; et c) un engagement à considérer la psychologie clinique comme un domaine axé sur la recherche et qu'on devrait associer étroitement à la psychologie fondamentale. (McReynolds, 1987, p. 857 [notre traduction])

Il est important de noter que Witmer reçut une formation en psychologie expérimentale et qu'il ne perdit jamais sa conviction selon laquelle les cliniciens devraient recevoir une formation rigoureuse en méthodologie scientifique, du type de celle qui mène au doctorat en philosophie. Ce n'est que tout récemment qu'on a remis en question cette vision traditionnelle du clinicien considéré à la fois comme un praticien et un scientifique. En 1973, l'APA a convenu que la formation scientifique poussée du doctorat n'était pas nécessaire pour les psychologues cliniciens, et elle a mis sur pied un programme d'études menant au doctorat en psychologie pour ceux qui souhaitent recevoir une formation axée sur les applications professionnelles plutôt que sur la méthodologie de la recherche. Au chapitre 21, nous traiterons du débat qui a lieu actuellement au sujet de la nécessité que les cliniciens aient un doctorat en philosophie ou en psychologie. Witmer, quant à lui, estimait que les cliniciens devraient être des scientifiques — des scientifiques qui appliquent leur savoir au soutien des personnes perturbées.

La controverse entre le modèle psychologique et le modèle médical de la maladie mentale

À mesure que les sciences naturelles prirent leur essor, on appliqua leurs principes à tous les domaines de la connaissance, y compris aux comportements humains. L'application du mécanisme, du déterminisme et du positivisme aux humains consista à chercher la cause naturelle de tous les comportements humains, dont les comportements anormaux. Après 2000 ans, on revenait donc à cette vision hippocratique qui accordait une grande importance au cerveau en tant que siège de l'intellect et des émotions.

Ce retour au naturalisme fut à la fois bénéfique et nuisible à la psychologie. Il fut bénéfique parce qu'il décourageait le mysticisme et la superstition (les gens ne se servaient plus des démons, des esprits ou des forces du mal pour expliquer la maladie mentale), mais il fut nuisible parce qu'il décourageait la recherche des

facteurs psychologiques de la maladie mentale (l'étude de tels facteurs représentait pour les naturalistes un retour à la démonologie). Vers le milieu du XIXe siècle, la croyance populaire était que la cause de toute maladie, y compris la maladie mentale, résidait dans une dysfonction physiologique ou un déséquilibre de la chimie cérébrale. Cette croyance retarda la recherche des causes psychologiques de la maladie mentale telles que le conflit, la frustration, les troubles émotionnels et autres facteurs d'ordre cognitif. Selon le modèle organique, c'est-à-dire médical, de la maladie mentale, les explications psychologiques paraissaient suspectes. Comme on considérait généralement que toutes les maladies avaient une cause organique, il était normal de classifier les maladies « mentales » de la même façon qu'on avait classifié les maladies organiques, et c'est ce que Kraepelin tenta de faire.

La controverse existe encore entre ceux qui cherchent à expliquer tous les comportements humains en fonction de la physiologie ou de la chimie (ceux qui adhèrent au modèle médical) et ceux qui accordent davantage d'importance aux variables psychologiques comme le conflit, la frustration, l'anxiété, la peur et les motivations inconscientes (les tenants du modèle psychologique). Cette controverse ressort dans les explications qu'on donne aujourd'hui des causes de l'alcoolisme. Les personnes qui adhèrent au modèle médical soutiennent que l'alcoolisme est soit une maladie héréditaire (ne serait-ce que sous la forme d'une prédisposition), soit une maladie causée par un déséquilibre biochimique, une anomalie métabolique ou quelque autre trouble biologique. Ceux qui lui préfèrent le modèle psychologique ont plutôt tendance à mettre l'accent sur les conditions de vie de l'alcoolique pour expliquer sa maladie — c'est-à-dire sur les circonstances qui causent le stress, la frustration, le conflit ou l'anxiété auxquels l'alcoolique essaie d'échapper.

Certains croient qu'une maladie n'est une maladie que si elle a une cause neurophysiologique. Autrement dit, il serait possible que le cerveau soit perturbé et cause alors différents troubles du comportement ; dans un tel cas, cependant, il n'y a pas de maladie « mentale », seulement une maladie ou un dysfonctionnement *physique*. Par exemple, dans son important ouvrage *The Myth of Mental Illness* (1960/1974), Thomas Szasz, lui-même psychiatre, affirme que ce qu'on a appelé et appelle encore « maladie mentale » reflète un mal de vivre ou des problèmes de non-conformité, mais pas une véritable maladie. Par conséquent, pour lui, le diagnostic de la maladie mentale repose sur un jugement social, politique ou moral, et non sur un jugement médical. Évidemment, le mal de vivre est très réel et peut être dévastateur au point de nécessiter une aide professionnelle. Selon Szasz, la psychiatrie et la psychologie clinique sont des professions valables si ceux qui les exercent considèrent ceux qu'ils aident comme des clients plutôt que comme des patients et s'ils ont pour objectif d'aider ces derniers à mieux se connaître et à mieux connaître les autres et la vie. Pour lui, ces professions ne sont pas valides, ou ne sont que des « pseudosciences », si on leur donne pour objectif d'aider les patients à se rétablir d'une maladie mentale.

Selon Szasz, la croyance selon laquelle la maladie mentale est une maladie réelle a nui à beaucoup plus de gens qu'elle n'en a aidés. Tout d'abord, soutient-il, considérer le mal de vivre comme une maladie suppose que la personne n'est pas responsable de la résolution de ce mal, que des circonstances extérieures contribuent à sa maladie. Szasz et d'autres ont également observé qu'une personne à qui on avait diagnostiqué une maladie mentale risquait de laisser le diagnostic dicter ses pensées et ses actions :

> Ces diagnostics posés par des professionnels de la santé mentale influent autant sur le patient que sur ses proches, et personne ne s'étonnera que le diagnostic puisse agir sur ces personnes comme une prophétie qui s'exauce (effet Pygmalion). Le patient finit par accepter le diagnostic, y compris les significations et les attentes en trop, et se comporte en conséquence. (Rosenhan, 1973, p. 254 [notre traduction])

Kutchins et Kirk (1997) ont appuyé plusieurs des points de vue défendus par Rosenhan (1973).

La plupart des tenants du modèle psychologique acceptent d'employer le terme *maladie mentale*, mais pas Szasz ; lui préfère appeler ces anomalies « mal de vivre » ou « problèmes d'adaptation ». Farber (1993) a décrit les difficultés de sept personnes pour lesquelles on a posé un diagnostic de maladie mentale plutôt qu'un diagnostic de mal de vivre comme le ferait Szasz.

Comme nous le verrons dans le chapitre suivant, Freud a reçu sa formation médicale selon la tradition positiviste de Helmholtz et a d'abord tenté d'expliquer la personnalité en fonction du modèle médical. Insatisfait par ce modèle, il a fini par emprunter le modèle psychologique. C'est en grande partie en raison des travaux des premiers hypnotiseurs que Freud a changé son fusil d'épaule, travaux qui seront précisément le sujet de la section suivante.

L'utilisation de l'hypnose

Franz Anton Mesmer

Ironiquement, les travaux de **Franz Anton Mesmer** (1734-1815) contribuèrent à éloigner la psychologie de la démonologie pour mieux comprendre la maladie mentale. Même si ses travaux ne furent pas d'abord considérés comme scientifiques, sa théorie sur le magnétisme animal représentait une nette amélioration par rapport aux superstitions qui avaient prévalu jusque-là. Mesmer reçut son diplôme de médecine de l'université de Vienne en 1766. Dans sa thèse, qui s'intitulait « De l'influence des planètes sur le corps humain », il soutenait que les planètes influençaient les humains par une force appelée *gravitation animale*. Si l'on pense à la théorie de Newton sur la gravitation

Thomas Szasz

Franz Anton Mesmer

universelle, on peut voir que l'hypothèse de Mesmer n'était pas si farfelue.

Au début des années 1770, il rencontra un prêtre jésuite du nom de Maximilian Hell (1720-1792), qui lui parla des guérisons qu'il avait réalisées grâce à des aimants. Ce n'était pas la première fois qu'on utilisait des aimants pour traiter des affections. Paracelse et d'autres avaient employé la même technique plusieurs années auparavant. Un jour, Mesmer lui-même utilisa un aimant pour traiter l'un de ses patients, toutes les autres formes de traitement conventionnel ayant échoué. Le traitement réussit. Il essaya alors le traitement magnétique sur d'autres patients et obtint le même succès. Il est important de noter ici que ce traitement était toujours donné après avoir expliqué au patient les résultats escomptés.

Grâce à la réussite de son traitement magnétique, Mesmer disposait des preuves dont il avait besoin pour contester l'autorité de l'un des plus célèbres exorciseurs de la fin du XVIIIe siècle, un prêtre autrichien du nom de Johann Joseph Gassner (1727-1779), qui prétendait guérir ses patients en « faisant sortir les démons ». Mesmer avança que les « guérisons » de Gassner étaient tout simplement dues à une réorganisation de la « gravitation animale », et non à l'exorcisme de démons. La vive controverse qui s'ensuivit donna raison à Mesmer, et l'exorcisme comme forme de « psychothérapie » perdit beaucoup de sa crédibilité. Comme nous l'avons mentionné, cela constituait une nette amélioration dans le traitement de la maladie mentale puisque le « traitement » de Mesmer était naturel (bien qu'erroné), alors que celui de Gassner était surnaturel.

Au début, Messmer supposa que le corps de chaque personne renfermait un champ de forces magnétiques. Chez l'individu bien portant, ce champ de forces était réparti de manière égale dans tout le corps ; chez l'individu mal en point, sa répartition était inégale et causait des symptômes physiques. En utilisant des aimants, il était possible, selon lui, de provoquer une redistribution du champ de forces et de rétablir la santé du patient.

Bientôt, Mesmer en vint à la conclusion qu'il n'était pas nécessaire d'utiliser des aimants puisque tout ce qu'il touchait devenait aimanté :

> Le métal n'est pas le seul objet qui puisse absorber et libérer la force magnétique. Au contraire, le papier, le pain, la laine, la soie, le cuir, la pierre, le verre, l'eau, divers métaux, le bois, les chiens, les êtres humains, chaque chose que je touche devient si magnétique que ces objets exercent une influence aussi grande sur la maladie que l'aimant lui-même. Je remplis des flacons de matériaux magnétiques tout comme on peut le faire avec l'électricité. (Goldsmith, 1934, p. 64 [notre traduction])

En fin de compte, Mesmer trouva qu'il n'avait besoin d'aucun objet pour guérir ses patients ; le seul fait de tenir sa main près du corps de ses patients suffisait pour que sa propre force magnétique exerce une influence. Il en tira la conclusion que tous les êtres humains possédaient un champ de forces magnétiques, mais que ce dernier était plus fort chez certains que chez d'autres. Ceux qui étaient dotés d'un champ particulièrement fort étaient des guérisseurs naturels et lui, bien entendu, faisait partie de ce groupe.

Lorsque la thérapie magnétique devint populaire, le père Hell prétendit avoir été le premier à l'utiliser. Un débat s'ensuivit, dont les journaux de l'époque parlèrent abondamment. Dans ce débat, que Mesmer remporta (probablement injustement), on utilisa pour la première fois le terme **magnétisme animal**.

En 1777, Mesmer accepta de traiter Maria Theresa Paradies, une pianiste de 17 ans qui était aveugle depuis l'âge de 3 ans. Mesmer prétendit que son traitement lui avait rendu la vue mais qu'elle pouvait voir uniquement lorsqu'elle était seule en sa présence. La communauté médicale l'accusant de charlatanisme, il dut quitter Vienne en toute hâte. Il s'enfuit à Paris où, presque immédiatement, il attira des partisans enthousiastes. Il devint alors si populaire qu'il décida de traiter ses patients en groupes plutôt qu'individuellement, avec toujours la même efficacité. Les patients entraient dans une pièce à l'éclairage tamisé, dont le sol était couvert d'un épais tapis et les murs recouverts de miroirs. De la musique douce ajoutait à l'ambiance ainsi créée, et un parfum de fleurs d'oranger embaumait l'air. Les patients prenaient dans leurs mains des tiges de métal qui sortaient d'un baquet, une baignoire remplie d'eau « magnétisée ». C'est alors qu'apparaissait Mesmer, vêtu d'une cape lilas et agitant de la main une baguette de couleur jaune. Tout ce rituel était censé produire une « crise » chez les patients. Une crise typique se déroulait ainsi : le patient criait, avait des sueurs froides et des convulsions. Mesmer remarqua que dès qu'un patient faisait une crise, d'autres ne tardaient pas à l'imiter. La thérapie de groupe augmenta non seulement les profits de Mesmer (il ne demandait toutefois rien aux patients indigents), mais aussi son efficacité. En raison de ce qu'on appela plus tard l'**effet de contagion**, plusieurs patients qui n'auraient pas répondu à une suggestion seuls avec leur médecin y réagissaient après avoir vu d'autres patients le faire. Sans doute comme dans le cas de l'exorcisme et du fidéisme thérapeutique, plusieurs des patients de Mesmer se disaient ensuite guéris de leurs maux. Dans tous ces cas, les symptômes éliminés étaient probablement de nature hystérique — c'est-à-dire d'origine psychologique. Comme nous l'avons vu, l'hystérie désigne un certain nombre de symptômes tels que la cécité, la paralysie et les troubles convulsifs. Les exorciseurs, les guérisseurs par la foi ainsi que Mesmer bénéficièrent probablement tous du fait que, après un épisode émotionnel violent, les symptômes du patient (surtout si ces symptômes étaient hystériques) finissaient par s'atténuer. Les traitements de Mesmer baignaient alors dans toutes sortes de rituels.

Mesmer devenant de plus en plus populaire, des milliers de personnes venant le consulter, les critiques se firent de plus en plus nombreuses. Le clergé français lui reprocha d'être de mèche avec le Diable, tandis que le milieu médical l'accusa de charlatanisme. En réaction aux critiques des médecins, Mesmer proposa de choisir 20 patients au hasard, de lui en confier 10 qu'il traiterait lui-même, et de confier les 10 autres à des membres de l'Académie française de médecine. Les résultats seraient ensuite comparés. On rejeta son intéressante proposition. En 1781, la reine Marie-Antoinette, qui faisait partie du cercle de ses amis influents, lui offrit un château et une rente à vie s'il lui révélait le secret de sa réussite. Mesmer refusa tout net.

La popularité ne suffisait pas à le combler. Il voulait désespérément la reconnaissance de la profession médicale, qui le considérait comme un charlatan. En 1784, la Société de l'harmonie (un groupe qui se consacrait à la promotion du magnétisme animal) persuada le roi de France de mettre sur pied une commission d'enquête qui étudierait objectivement les effets du magnétisme animal. Cette commission royale se composait du physicien américain Benjamin Franklin (qui en était le président), d'Antoine Lavoisier, le célèbre chimiste ; et de Joseph Guillotin, qui allait donner son nom à la guillotine, cet appareil qui permettait d'exécuter les condamnés à mort de façon « humaine ». La commission effectua plusieurs expériences pour vérifier les affirmations de Mesmer. Au cours de l'une d'entre elles, on avait dit à une femme qu'elle allait être hypnotisée (*mesmerized*, du nom de la doctrine de Mesmer, le mesmérisme) par un hypnotiseur (*mesmerist*) caché derrière une porte. Elle fit une crise alors qu'il n'y avait personne derrière cette porte. Au cours d'une autre expérience, on offrit à une patiente cinq verres d'eau, dont l'un était magnétisé. La patiente choisit et but un verre contenant de l'eau ordinaire, mais fit tout de même une crise.

Au grand désarroi de Mesmer, le rapport que la commission soumit, en août 1784, concluait que le magnétisme animal n'existait pas et que tout résultat positif d'un traitement soi-disant basé sur le magnétisme n'était dû qu'à l'imagination. La commission qualifia Mesmer de mystique et de fanatique. Plusieurs personnes, dont certaines très influentes, l'incitèrent à poursuivre son travail et ses publications, mais les conclusions de la commission avaient pratiquement détruit sa réputation. Il tomba dans l'oubli.

Marquis de Puységur

Le rapport de la commission fit taire Mesmer, mais d'autres membres de la Société de l'harmonie continuèrent à utiliser ses techniques tout en les modifiant quelque peu. L'un d'entre eux, le **marquis de Puységur** (1751-1825), découvrit que le magnétisme ne nécessitait pas les crises violentes que l'approche de Mesmer préconisait. En faisant simplement entrer une personne dans une transe paisible, proche du sommeil, Puységur put démontrer un certain nombre de phénomènes. Même si la personne semblait dormir, elle continuait à réagir à sa voix et à faire ce qu'il lui demandait. Lorsque Puységur disait au patient hypnotisé de parler de tel sujet, de faire tel geste ou même de danser sur une musique imaginaire, celui-ci s'exécutait, mais ne gardait aucun souvenir des événements à son réveil. Étant donné que cette transe semblable au sommeil remplaçait les crises, Puységur donna un nom nouveau à cet état : le **somnambulisme provoqué**. Il constata que les résultats thérapeutiques du sommeil induit étaient aussi bons que ceux obtenus par Mesmer avec des crises.

Cette nouvelle approche permit à Puységur de faire de nombreuses découvertes, dont la plupart des phénomènes d'hypnose que l'on connaît aujourd'hui. Il apprit notamment que dans un état de somnambulisme, le patient était très sensible à la suggestion. S'il lui disait qu'une chose était vraie, il agissait alors comme si cette chose l'était réellement. Il constata aussi que les paralysies et diverses autres sensations, telles que la douleur, pouvaient être déplacées d'une partie à l'autre du corps, par simple suggestion. Lorsqu'il disait à une personne qu'une partie de son corps était anesthésiée, celle-ci arrivait à tolérer sur cette partie du corps des stimuli normalement douloureux comme des brûlures ou des piqûres sans montrer aucun signe de détresse. Puységur pouvait aussi commander l'expression d'une grande variété d'émotions, comme le rire et les pleurs. Il observa également que la personne ne gardait aucun souvenir de ce qui s'était passé durant la transe, un phénomène appelé plus tard **amnésie posthypnotique**. Il observa de même ce que nous appelons aujourd'hui **suggestion posthypnotique** : pendant que la personne est en transe, on lui demande de faire quelque chose comme se gratter le nez quand elle entend son nom ; lorsqu'elle sort de sa transe, elle refera le même geste si elle entend son nom, sans toutefois savoir exactement pourquoi elle le fait.

John Elliotson, James Esdaile et James Braid

Étant donné que l'hypnose pouvait, par simple suggestion, rendre une personne insensible à la douleur, quelques médecins se mirent à explorer la possibilité de l'utiliser comme anesthésique. John Elliotson (1791-1868) proposa de l'utiliser pour la chirurgie, mais la profession médicale le lui interdit, même s'il n'existait pas alors d'autres anesthésiques. En 1842, W. S. Ward pratiqua une amputation de la jambe sur un patient hypnotisé, mais certains médecins accusèrent ce dernier d'être un imposteur. D'autres médecins rétorquèrent que les patients devaient éprouver de la douleur durant une opération parce que celle-ci les aidait à mieux se rétablir (Fancher, 1990). En Inde, James Esdaile (1808-1859), un chirurgien au service de l'armée britannique à Calcutta, pratiqua plus de 250 interventions sur des prisonniers indiens, mais on discrédita ses résultats sous prétexte qu'il avait opéré des autochtones et que, par conséquent, ces résultats n'étaient pas pertinents pour l'Angleterre. À peu près à cette époque, on découvrit les gaz anesthésiants, et l'intérêt pour l'hypnose en tant qu'anesthésique disparut presque complètement. L'utilisation de gaz était beaucoup plus conforme à la formation médicale de l'époque que les forces mystérieuses qui intervenaient dans le magnétisme ou le somnambulisme.

James Braid (1795-1860), un éminent chirurgien britannique, était sceptique au sujet du magnétisme, mais, après avoir examiné un sujet hypnotisé, fut convaincu que plusieurs des effets étaient réels. Il décida donc d'étudier le phénomène systématiquement et publia, en 1843, *Newypnology : or the Rationale of Nervous Sleep*, un ouvrage dans lequel il expliquait que le magnétisme était un état de concentration prolongé auquel succédait un épuisement physique. Il insistait sur le fait que les résultats s'expliquaient par la suggestibilité du sujet plutôt que par le pouvoir de l'hypnotiseur. Il renomma l'étude du phénomène « neurohypnologie », qu'on abrégea ensuite pour dire *hypnose* (du mot grec *hupnos* qui signifie « sommeil »). Braid fit tout ce qui était en son pouvoir pour donner de la respectabilité à ce phénomène auparavant connu sous le nom de magnétisme, mesmérisme ou somnambulisme au sein de la profession médicale.

L'école de Nancy

Convaincu de la valeur de l'hypnose, **Ambroise-Auguste Liébeault** (1823-1904) voulut l'utiliser dans sa pratique, mais ne trouva aucun patient acceptant de s'y prêter. Il décida donc d'offrir le traitement gratuitement à tout patient qui accepterait de se faire hypnotiser. Quelques-uns acceptèrent, et Liébeault eut tellement de succès que sa pratique fut rapidement menacée par le trop grand nombre de patients qui se faisaient traiter gratuitement. Il décida alors de continuer à les traiter par hypnose en échange de ce que chacun pouvait se permettre. Une « école » s'érigea autour de son travail. Comme il pratiquait dans un village français jouxtant la ville de Nancy, on appela cette école, **école de Nancy**.

L'école attira un certain nombre de médecins, parmi lesquels **Hippolyte Bernheim** (1840-1919), qui en devint le principal porte-parole. Bernheim soutenait que *tous* les êtres humains étaient suggestibles, mais que certains l'étaient plus que d'autres, et que les personnes très suggestibles étaient plus faciles à hypnotiser que celles qui l'étaient peu. Il découvrit en outre que tout ce qu'une personne très suggestible jugeait bon pour atténuer ses symptômes l'était habituellement.

L'explication proposée par Charcot au sujet de l'hypnose et de l'hystérie

Lorsque **Jean Martin Charcot** (1825-1893) fut nommé directeur de la Salpêtrière (l'établissement où Pinel avait libéré ses patients de leurs chaînes), en 1862, il transforma immédiatement l'endroit en un centre de recherche. Charcot était un homme flamboyant, considéré comme l'un des plus brillants médecins de toute l'Europe. Nous ne pouvons faire ici une liste exhaustive de ses contributions impressionnantes à la neurologie, mais en voici quelques-unes : il observa consciencieusement les symptômes de ses patients et établit, à leur mort, des corrélations entre ces symptômes et certaines anomalies du cerveau et de la moelle épinière ; lui et ses collègues identifièrent certaines caractéristiques de la moelle épinière en rapport avec la poliomyélite et la sclérose en plaques ; il décrivit une maladie des neurones moteurs qu'on appelle encore aujourd'hui « maladie de Charcot » ; il aida à identifier des structures cérébrales associées à certaines fonctions comportementales et physiologiques ; et il institua la prise de température comme procédure de routine dans les hôpitaux. Grâce à ses réalisations et à plusieurs autres, l'hôpital de la Salpêtrière devint, sous sa direction, un véritable lieu de pèlerinage pour les médecins du monde entier, la « Mecque de la neurologie » (E. Jones, 1953, p. 207). Alfred Binet, William James et Sigmund Freud, qui étudièrent avec Charcot du 13 octobre 1885 au 28 février 1886, furent parmi ceux qui assistèrent à ses conférences et à ses leçons.

Charcot s'intéressa de plus en plus à l'hystérie, une affection que la plupart des médecins considéraient comme une simple simulation parce qu'ils ne trouvaient pas les causes organiques de ses symptômes. Charcot discrédita cette hypothèse de la simulation, très répandue, et soutint que les patients hystériques souffraient plutôt d'une maladie réelle. Conformément au modèle médical, toutefois, il conclut que l'hystérie était causée par une dégénération neurologique héréditaire de nature progressive et irréversible. Comme l'hystérie et l'hypnose produisaient toutes deux les mêmes symptômes (paralysie et anesthésie), Charcot en arriva à la conclusion que l'hypnotisabilité dénotait la présence de l'hystérie. La position de Charcot pour qui seules les personnes hystériques pouvaient être hypnotisées causa une vive controverse auprès des membres de l'école de Nancy : Charcot soutenait que l'hypnotisabilité était un signe de pathologie mentale, tandis que les tenants de cette école prétendaient qu'elle était parfaitement normale. Le débat, qui fut vif, dura des années. Vers la fin de sa vie, Charcot admit que sa théorie sur la suggestibilité était incorrecte et que c'était les tenants de l'école de Nancy qui avaient raison.

Lorsqu'il essayait d'expliquer les phénomènes de l'hystérie et de l'hypnose, Charcot, habituellement positiviste, devenait très spéculatif. Il faisait remarquer que plusieurs de ses patients hystériques avaient subi une expérience traumatisante (comme un accident) avant l'apparition de leurs symptômes. Souvent, ces accidents n'étaient pas assez graves pour causer des lésions neurologiques, mais Charcot supposa qu'ils pouvaient donner aux patients des *idées*, lesquelles causaient les symptômes associés à l'hystérie. Parmi ceux les plus graves figuraient la paralysie de différentes parties du corps et l'insensibilité à la douleur. Plus précisément,

Charcot supposa que le traumatisme pouvait engendrer des idées qui se dissociaient de la conscience et qui, par conséquent, franchissaient les limites de la pensée rationnelle. Ainsi, une idée causée par un traumatisme «échappait à toute influence, se renforçait et, finalement, devenait assez puissante pour se réaliser elle-même objectivement par la paralysie» (Webster, 1995, p. 67 [notre traduction]). Contrairement à la médecine positiviste qu'il avait précédemment admise, Charcot supposait maintenant que les symptômes de l'hystérie (telle la paralysie) avaient une origine psychologique plutôt qu'organique. En ce qui concerne les paralysies qu'il observait chez ses patients hystériques, Charcot disait «que ces paralysies remarquables relevaient d'une idée, de l'imagination» (Webster, 1995, p. 68 [notre traduction]).

Selon lui, la séquence des événements qui se produisaient depuis le moment du traumatisme jusqu'à l'apparition d'idées pathogènes (idées qui produisent les symptômes physiques), puis jusqu'à la manifestation des symptômes proprement dits, ne pouvait avoir lieu que chez les personnes dotées d'une prédisposition à l'hystérie. Aussi, comme nous l'avons vu, était-il persuadé que seules les personnes prédisposées à l'hystérie pouvaient être hypnotisées. Par l'hypnose, les suggestions de l'hypnotiseur créaient la même «annihilation de l'ego» qu'une expérience traumatisante. Par conséquent, l'explication que Charcot donnait de l'hystérie et du phénomène de l'hypnose alliait la biologie (la prédisposition héréditaire à l'hystérie) et la psychologie (les idées pathogènes causées par le traumatisme ou la suggestion). Contrairement à son habitude, il considéra ses hypothèses comme des faits: «Dès que Charcot formula cette solution parfaitement spéculative à deux problèmes scientifiques importants [l'hystérie et l'hypnose], il les considéra comme des faits scientifiques» (Webster, 1995, p. 67 [notre traduction]).

Charcot démontrant différents phénomènes d'hypnose.

Par pure coïncidence, Freud étudiait avec lui lorsque ce dernier formula sa théorie. Freud adhéra à celle-ci sans aucune réserve et retourna à Vienne, convaincu que des idées pouvaient se loger dans la partie inconsciente de l'esprit, où elles pouvaient alors causer des symptômes physiques :

> L'expérience [de Freud] à Paris […] eut un profond effet sur lui, et il repartit davantage comme un zélote revenant d'une conversion religieuse que comme un étudiant rapportant les résultats d'un voyage d'études. Ce nouvel évangile qu'il ramenait avec lui […] c'était […] l'idée que les maladies physiques pouvaient avoir une origine purement psychologique. (Webster, 1995, p. 100 [notre traduction])

(Libbrecht et Quackelbeen, 1995, et Webster, 1995, exposent en détail la théorie de Charcot sur l'hystérie ainsi que son impact sur la pensée de Freud.)

Le neurologue et psychologue français **Pierre Janet** (1859-1947) qui fut l'un des étudiants de Charcot, était d'accord avec son mentor pour affirmer que certains aspects individuels de la personnalité peuvent se dissocier, ou « se séparer », et que ces aspects dissociés de la personnalité peuvent se manifester eux-mêmes sous la forme de symptômes d'hystérie ou du phénomène de l'hypnose. Janet, comme Charcot, supposait que l'hystérie et l'hypnose relevaient de l'influence « incons-

ciente » des aspects dissociés de la personnalité. Il constata que les aspects dissociés de la personnalité d'un patient consistaient assez souvent en souvenirs traumatisants ou déplaisants, et que c'était au thérapeute qu'il incombait de découvrir ces souvenirs et d'en rendre conscient le patient. L'hypnose servait à révéler ces souvenirs dissociés et, lorsque le patient en devenait conscient, ses symptômes d'hystérie avaient tendance à disparaître. (Pour un exposé plus détaillé des travaux de Janet, voir Ellenberger, 1970.)

De la même façon qu'avec Charcot, on remarque des similarités entre les travaux de Janet et ceux que Freud fera plus tard. Même les noms employés pour décrire leurs méthodes sont semblables : Janet appelait sa méthode « analyse psychologique », tandis que Freud appela la sienne « psychanalyse ». En fait, les idées de Janet et de Freud se ressemblaient tellement qu'il y eut un conflit entre les deux pour déterminer qui avait préséance (R. I. Watson, 1978).

Notons ici que la section réservée à l'hypnose dans ce chapitre ne l'est pas pour son seul intérêt historique. La nature de l'hypnose continue à susciter la controverse au sein de la psychologie moderne. Pour avoir un aperçu de la situation actuelle à l'égard de l'hypnose, voir, par exemple, Kirsch et Lynn (1995).

Résumé

Même si on a donné différents noms à la maladie mentale au cours de l'histoire, tous semblent désigner les mêmes types de comportements ou de processus mentaux : des comportements nuisibles à soi ou aux autres, des pensées et des perceptions irréalistes, des émotions inopportunes et un comportement imprévisible. Les premières explications de la maladie mentale se classent en trois catégories : les explications biologiques (modèle médical), les explications psychologiques (modèle psychologique) et les explications surnaturelles ou magiques (modèle surnaturel). La façon de traiter la maladie mentale variait principalement selon l'idée que l'on se faisait de ses causes, mais toutes les formes de psychothérapie avaient cela en commun qu'elles faisaient intervenir une personne souffrante, une personne aidante et une forme de rituel. Si c'était le

modèle psychologique de la maladie mentale qui prévalait, alors le traitement était axé sur des aspects comme l'analyse des rêves, l'encouragement et le soutien, ou l'enseignement d'habiletés d'adaptation plus efficaces. Si c'était le modèle surnaturel qu'on lui préférait, le traitement portait sur l'exorcisme, l'incantation ou la magie. Si on retenait le modèle médical, le traitement consistait à proposer de l'exercice, une diète appropriée, des massages, des saignées, des purgatifs ou des médicaments. Hippocrate fut l'un des premiers à adhérer au modèle médical de la maladie (tant physique que mentale). Il considérait que la santé physique résidait dans un équilibre entre les quatre humeurs du corps et que la maladie était due à un déséquilibre de ces humeurs. Il soutenait que la maladie mentale provenait principalement de conditions anormales dans le cerveau. Pour aider une personne à recouvrer la santé, aussi bien physique que mentale, les médecins hippocratiques prescrivaient des remèdes naturalistes comme des bains minéraux, de l'air pur et une diète appropriée. Ils identifièrent également un certain nombre de maladies mentales, dont l'hystérie.

La médecine et la psychiatrie naturalistes caractérisèrent le traitement des problèmes mentaux et physiques jusqu'à la chute de l'Empire romain, laquelle fut suivie d'un retour à la démonologie et à la magie. Durant le Moyen Âge, et particulièrement durant la Renaissance, comme on croyait que les personnes atteintes d'une maladie mentale étaient possédées par de mauvais esprits, on leur faisait subir de mauvais traitements. Toutefois, au cours de cette époque qui fut particulièrement sombre pour ces personnes, certains individus refusèrent de croire que c'était la possession par des démons, des esprits ou le Diable qui causait les comportements anormaux. Paracelse, Agrippa, Weyer, Scot et Plater étaient d'avis que les personnes atteintes de maladie mentale devaient être traitées humainement. Même lorsque l'explication surnaturelle de la maladie mentale fut enfin discréditée, on continua à faire subir de mauvais traitements aux malades dans les « asiles d'aliénés » comme Bedlam. Ce ne fut que vers la fin du XVIIIᵉ siècle que Pinel, Tuke, Chiarugi, Rush, Dix et d'autres contribuèrent à améliorer radicalement les conditions de vie des personnes atteintes de maladie mentale. Grâce aux revendications de ces pionniers, beaucoup de patients connurent un meilleur sort : on les libéra de leurs chaînes ; on leur donna une meilleure alimentation ; on leur permit d'avoir des loisirs, de prendre de l'air et du soleil ; on leur administra des traitements médicaux ; et on les traita avec respect.

En 1883, Kraepelin dressa une liste détaillée de toutes les catégories de maladies mentales connues à l'époque ; il tenta d'expliquer les origines de ces maladies et la façon dont on devait les traiter. Un des membres fondateurs de l'APA, Lightner Witmer, reçut sa formation de psychologue expérimental auprès de Wundt, mais s'intéressa peu à peu à l'utilisation des principes psychologiques pour aider les malades. Il fut le premier à employer le terme de *psychologie clinique*, il fonda la première clinique psychologique du monde en 1896 (et d'autres cliniques du même genre par la suite), il développa le premier programme de formation en psychologie clinique, et fonda la première revue

consacrée au diagnostic et au traitement de la maladie mentale. À partir du milieu du XIXᵉ siècle, le modèle médical de la maladie (physique et mentale) prévalut comme il l'avait fait avant la chute de l'Empire romain. Cette prédominance du modèle médical n'incita pas à chercher les causes psychologiques de la maladie mentale, car une telle recherche aurait été perçue comme un retour à la démonologie. Les explications psychologiques de la maladie mentale furent de plus en plus populaires, mais un débat subsiste encore aujourd'hui entre ceux qui adhèrent au modèle médical et ceux qui lui préfèrent le modèle psychologique. Szasz prétend que la maladie mentale est un mythe parce qu'elle n'a pas de cause organique. Selon lui, ce qu'on appelle maladie mentale relève davantage d'un mal de vivre, et les personnes atteintes de ce mal doivent assumer la responsabilité de résoudre leur difficulté à vivre plutôt que l'attribuer à une maladie.

Les travaux de Mesmer incitèrent à chercher les causes psychologiques objectives de la maladie mentale. Celui-ci croyait que les maladies physiques et mentales sont liées à une distribution inégale du magnétisme animal dans le corps des patients. Il pensait aussi que certaines personnes possèdent des champs de forces magnétiques plus forts que d'autres et qu'elles sont de ce fait, comme lui-même, des guérisseuses naturelles. Mesmer prétendait que ses pouvoirs extraordinaires lui permettaient de redistribuer les champs magnétiques de ses patients et, par conséquent, de les guérir. En raison d'un effet qu'on appellera plus tard l'effet de contagion, certains des clients de Mesmer « guérissaient » plus facilement en groupe qu'individuellement.

Le marquis de Puységur découvrit que le fait de faire entrer des patients dans un état de transe semblable à celui du sommeil, qu'il appelait somnambulisme provoqué, était aussi efficace que la méthode de traitement de Mesmer, axée sur les crises. Il expliqua que l'état de transe résultait de la suggestibilité. Il découvrit également le phénomène de suggestion posthypnotique et d'amnésie posthypnotique. Comme le « mesmérisme » rendait les patients insensibles à la douleur, plusieurs médecins l'employèrent comme anesthésique. Cette technique était controversée, toutefois, et les médecins la délaissèrent lorsqu'on découvrit des gaz anesthésiques tels que l'éther. En étudiant systématiquement l'hypnose et en tentant de l'expliquer en tant que phénomène biologique, Braid lui redonna de la respectabilité aux yeux de la profession médicale. Certains membres de l'école de Nancy, comme Liébeault et Bernheim, soutenaient que les humains étaient plus ou moins sujets à l'hypnose selon qu'ils étaient plus ou moins suggestibles. Charcot, de son côté, avançait que seuls les hystériques pouvaient être hypnotisés. Contrairement à la plupart des médecins de son époque, il traitait l'hystérie comme une maladie réelle plutôt que comme une maladie imaginaire. Il théorisa que les expériences traumatisantes séparaient les idées de la conscience et, donc, de la pensée rationnelle. Une fois isolées, les idées dissociées devenaient assez fortes pour causer les symptômes physiques de l'hystérie. Chez les patients hystériques, l'hypnose causait également une dissociation. Selon Charcot, le phénomène de l'hypnose et les symptômes de l'hystérie se ressemblaient donc beaucoup. Son hypothèse suivant laquelle les idées inconscientes pouvaient causer des symptômes physiques joua un rôle important dans les travaux subséquents de Freud. À l'instar de Charcot, Janet croyait que certains aspects de la personnalité, comme les souvenirs traumatisants, pouvaient se dissocier du reste de la personnalité et que cette dissociation expliquait à la fois les symptômes hystériques et le phénomène de l'hypnose. Janet découvrit que souvent, lorsqu'un patient prenait conscience d'un souvenir dissocié et qu'il y faisait face, ses symptômes hystériques s'amélioraient.

Des questions à débattre

1. Qu'est-ce que la maladie mentale? Dans votre réponse, indiquez les différents critères utilisés au cours de l'histoire pour la définir.

2. Résumez les modèles médical, psychologique et surnaturel de la maladie mentale et donnez un exemple de chacun.

3. Qu'est-ce que les trois modèles de psychothérapie ont en commun, si tant est qu'ils aient quelque chose en commun?

4. Décrivez à quoi ressemblerait une thérapie basée sur le modèle psychologique de la maladie mentale, une deuxième basée sur le modèle surnaturel et une troisième sur le modèle médical.

5. Définissez la magie homéopathique et la magie contagieuse, et donnez un exemple de chacune.

6. Comment Hippocrate définissait-il la santé et la maladie? Quels traitements prescrivait-il pour aider ses patients à recouvrer leur santé?

7. À quel moment la chasse aux sorcières atteignit-elle son apogée en Europe? Comment la publication du *Malleus Maleficarum* facilita-t-elle la chasse aux sorcières? Nommez quelques-uns des signes que l'on considérait comme des preuves de sorcellerie ou d'ensorcellement. Pourquoi présumait-on que les femmes étaient plus susceptibles que les hommes d'être des sorcières ou d'être ensorcelées?

8. De quelles façons des sommités comme Paracelse, Agrippa, Weyer, Scot et Plater ont-elles contribué à l'amélioration du sort des malades mentaux?

9. Quelle fut l'importance de Pinel dans l'histoire du traitement de la maladie mentale? Quelle fut celle de Rush? De Dix?

10. Pourquoi la liste des catégories de maladies mentales que Kraepelin élabora fut-elle considérée à la fois positivement et négativement?

11. Résumez les raisons pour lesquelles Witmer est considéré comme le fondateur de la psychologie clinique.

12. Décrivez la controverse qui existe entre les explications de la maladie mentale fondées sur le modèle médical et celles fondées sur le modèle psychologique. Donnez un exemple.

13. Pourquoi Szasz affirme-t-il que la maladie mentale est un mythe? Pourquoi estime-t-il qu'on ne rend pas service à un patient en lui disant qu'il souffre d'une maladie mentale?

14. Selon Mesmer, qu'est-ce qui causait la maladie mentale et physique? Quelles méthodes utilisait-il pour traiter ces maladies? Quel fut le sort de Mesmer?

15. Pourquoi pourrait-on dire que les techniques de Mesmer constituèrent une amélioration par rapport aux autres méthodes de traitement de la maladie mentale qui existaient à l'époque?

16. Quel important phénomène le marquis de Puységur observa-t-il durant ses recherches sur le somnambulisme provoqué?

17. Décrivez le débat qui opposa les membres de l'école de Nancy à Charcot et ses collègues au sujet de la disposition à l'hypnose. Qui remporta ce débat?

18. Résumez la théorie avancée par Charcot pour expliquer l'hystérie et le phénomène de l'hypnose.

Des suggestions de lecture

Ehrenwald, J. (dir.) (1991). *The history of psychotherapy.* Northvale, NJ : Jason Aronson.

Farber, S. (1993). *Madness, heresy, and the rumor of angels : The revolt against the mental health system.* Chicago : Open Court.

Kramer, H., et Sprenger, J. (1971 [1486]). *The malleus maleficarum* (M. Summers, trad.). New York : Dover.

Maher, B. A., et Maher, W. B. (1985). Psychopathology : II. From the eighteenth century to modern times. Dans G. A. Kimble, et K. Schlesinger (dir.), *Topics in the history of psychology* (vol. 2, p. 295-329). Hillsdale, NJ : Erlbaum.

Maher, W. B., et Maher, B. A. (1985). Psychopathology : I. From ancient times to the eighteenth century. Dans G. A. Kimble, et K. Schlesinger (dir.), *Topics in the history of psychology* (vol. 2, p. 251-294). Hillsdale, NJ : Erlbaum.

McReynolds, P. (1987). Lightner Witmer : Little-known founder of clinical psychology. *American Psychologist, 42,* 849-858.

McReynolds, P. (1997). *Lightner Witmer : His life and times.* Washington, DC : American Psychological Association.

Porter, R. (2002). *Madness : A brief history.* New York : Oxford University Press.

Roccatagliata, G. (1986). *A history of ancient psychiatry.* New York : Greenwood Press.

Szasz, T. S. (1960 [1974]). *The myth of mental illness : Foundations of a theory of personal conduct* (éd. rév.). New York : Harper et Row.

Viney, W. (1996). Dorothea Dix : An intellectual conscience for psychology. Dans G. A. Kimble, C. A. Boneau, et M. Wertheimer (dir.), *Portraits of pioneers in psychology* (vol. 2, p. 15-31). Washington, DC : American Psychological Association.

Glossaire

Amnésie posthypnotique   Tendance d'une personne à oublier ce qui lui est arrivé pendant qu'elle était sous hypnose.

Bernheim, Hippolyte (1840-1919)   Membre de l'école d'hypnotisme de Nancy persuadé que tout ce qu'une personne très suggestible croyait bonne pour son rétablissement le serait.

Charcot, Jean Martin (1825-1893)   Contrairement à la plupart des médecins de son époque, Charcot prétendait que l'hystérie était une maladie réelle. Il théorisa que la prédisposition héréditaire à l'hystérie pouvait s'exprimer lorsqu'une expérience traumatisante ou une suggestion hypnotique séparait de la conscience une idée ou un complexe d'idées. Ainsi isolées du contrôle rationnel, ces idées dissociées étaient assez puissantes pour provoquer les symptômes associés à l'hystérie (par exemple, la paralysie).

Dix, Dorothea Lynde (1802-1887)   Elle amena plusieurs États américains (et quelques pays étrangers) à réformer leurs établissements pour malades mentaux en rendant ces endroits plus humains et plus accessibles.

École de Nancy   Groupe de médecins qui croyaient que tous les êtres humains peuvent être hypnotisés puisqu'ils sont tous suggestibles.

Effet de contagion   Tendance d'une personne à être plus sensible à la suggestion en groupe qu'individuellement.

Hippocrate   (v. 460 – v. 377 av. J.-C.) Médecin grec qui prétendit que toutes les maladies physiques et mentales avaient des causes naturelles et que le traitement de ces maladies incluait le repos, une diète appropriée et de l'exercice.

Janet, Pierre (1859-1947)   À l'instar de Charcot, il théorisa que certains aspects de la personnalité, comme les souvenirs traumatisants, pouvaient se dissocier du reste de la personnalité et que ces aspects dissociés étaient responsables des symptômes de l'hystérie et du phénomène de l'hypnose.

Kraepelin, Emil (1855-1926)   Il publia une liste détaillée des catégories de maladies mentales en 1883.

Jusqu'à tout récemment, beaucoup de cliniciens utilisaient encore cette liste pour diagnostiquer la maladie mentale. Aujourd'hui, c'est du *Manuel diagnostique et statistique des maladies mentales* (American Psychiatric Association, 2000) dont ils se servent couramment.

Liébeault, Ambroise-Auguste (1823-1904) Fondateur de l'école d'hypnotisme de Nancy.

Loi naturelle   Croyance qui prévalait au XVIIIe siècle et selon laquelle les comportements indésirables et répréhensibles avaient des conséquences négatives comme la maladie mentale ou physique ou la pauvreté, tandis que les comportements vertueux avaient des conséquences positives comme la santé et la prospérité.

Magie contagieuse   Type de magie sympathique où l'on croyait que ce que l'on faisait à une chose ayant appartenu à une personne ou ayant été proche de celle-ci l'influencerait.

Magie homéopathique   Type de magie sympathique où l'on croyait qu'on pouvait influencer une personne en faisant quelque chose à une représentation de cette dernière.

Magie sympathique   Croyance selon laquelle on peut exercer une influence sur une personne en faisant des choses à une représentation de cette personne ou à une chose ayant été proche d'elle. (Voir aussi *Magie homéopathique* et *Magie contagieuse*.)

Magnétisme animal   Forces magnétiques que Mesmer et d'autres considéraient comme réparties également chez les personnes bien portantes mais inégalement chez celles qui étaient malades.

Maladie mentale   État qui existe lorsque les émotions, les pensées ou le comportement d'un sujet dévient considérablement de ce qui est considéré comme normal pour l'époque et le lieu.

Mesmer, Franz Anton (1734-1815)   Il utilisa ses soi-disant puissants pouvoirs magnétiques pour redistribuer les champs magnétiques de ses patients et les guérir ainsi de leurs maux.

Modèle médical de la maladie mentale   Modèle selon lequel la maladie mentale provient de causes biolo-giques comme une lésion cérébrale, une perturbation de la conduction neurale ou une anomalie biochimique.

Modèle psychologique de la maladie mentale   Modèle selon lequel la maladie mentale provient de causes psychologiques comme le conflit, l'anxiété, les croyances erronées, la frustration ou une expérience traumatisante.

Modèle surnaturel de la maladie mentale   Modèle selon lequel la maladie mentale est causée par des esprits maléfiques qui se sont immiscés dans le corps ou par la volonté de Dieu.

Pinel, Philippe (1745-1826)   Il fut parmi les premiers, dans les temps modernes, à considérer les personnes atteintes de maladie mentale comme des personnes malades plutôt que comme des criminels, des bêtes ou des individus possédés. Dans les asiles qu'il dirigea, il demanda que les patients soient libérés de leurs chaînes et traités avec respect dans une atmosphère paisible. Il fut également responsable de nombreuses innovations dans le traitement et la compréhension de la maladie mentale.

Psychologie clinique   Profession fondée par Witmer, qui consiste à appliquer les principes issus de la recherche en psychologie au diagnostic et au traitement des personnes mentalement perturbées.

Psychothérapie   Traitement dont l'objectif est d'aider une personne mentalement perturbée. Au cours de l'histoire, toutes les formes de psychothérapie ont eu en commun les éléments suivants : une personne souffrante, une personne aidante et une forme de rituel.

Puységur, marquis de (1751-1825)   Il trouva que faire entrer des patients dans un état de transe était aussi efficace pour traiter les maladies que l'approche de Mesmer, qui nécessitait la survenue d'une crise. Il découvrit également un certain nombre de phénomènes hypnotiques.

Rush, Benjamin (1745-1813)   Souvent considéré comme le premier psychiatre américain, Rush a préconisé l'humanisation du traitement des malades mentaux tout en continuant d'appuyer l'utilisation de certains traitements tels que la saignée et les chaises tournantes.

Somnambulisme provoqué   État de transe semblable au sommeil que le marquis de Puységur provoquait pour traiter ses patients. On l'appela par la suite « transe hypnotique ».

Suggestion posthypnotique   Suggestion qu'une personne reçoit lorsqu'elle est sous hypnose et sur laquelle elle agit après son réveil.

Trépanation   Technique qui consiste à pratiquer des ouvertures dans la boîte crânienne d'une personne ; utilisée par les humains primitifs pour permettre aux esprits maléfiques de s'échapper du corps possédé.

Witmer, Lightner (1867-1956)   Considéré comme le fondateur de la psychologie clinique.

CHAPITRE 16

La psychanalyse

Au moment où la psychologie obtint le statut de discipline scientifique, elle était la science de l'expérience consciente, puis elle devint la science du comportement. Les représentants des premières écoles de psychologie, dont Wundt, Titchener et James, connaissaient l'existence de processus inconscients mais ils ne leur accordaient aucune importance. Les béhavioristes méthodologiques, tels Tolman et McDougall, postulaient des construits cognitifs conscients, mais rejetaient les construits inconscients. Les béhavioristes radicaux, en particulier Watson et Skinner, allaient jusqu'à refuser tout rôle à l'inconscient dans leur approche, de sorte qu'il n'était pas du tout question de l'étudier. Bien que la psychologie de la forme ait été mentaliste, elle s'intéressait uniquement à l'expérience consciente phénoménologique.

Alors comment une psychologie centrée sur l'inconscient a-t-elle pu émerger? La réponse, c'est qu'elle n'est issue ni de la psychologie universitaire ni de la psychologie expérimentale. En fait, elle ne découle en rien de la tradition empiriste et associationniste comme bien d'autres courants : elle est née de la pratique clinique. Les individus qui ont élaboré la psychologie de l'inconscient ne s'intéressaient pas à la conception d'expériences ou à la philosophie de la science, et ils ne tentaient pas non plus de rassembler des faits étayant les affirmations des associationnistes. Ils voulaient découvrir les causes de la maladie mentale et se servir de leurs connaissances pour aider les personnes qui en étaient atteintes.

En soulignant l'importance des processus inconscients en tant que causes de la maladie mentale (et, plus tard, d'une grande partie du comportement humain), le groupe de penseurs s'est isolé non seulement de leurs contemporains psychologues mais aussi des professionnels de la santé. Ces derniers avaient été profondément influencés par la philosophie mécano-positiviste selon laquelle toutes les maladies sont attribuables à des phénomènes physiologiques. Par exemple, les médecins expliquaient le comportement anormal par des lésions cérébrales ou un déséquilibre biochimique. S'il leur arrivait d'employer l'expression *maladie mentale*, c'était uniquement comme terme descriptif, car ils pensaient que toute maladie mentale a une origine physiologique.

L'insistance sur les causes *psychiques* de la maladie mentale isola le petit groupe de médecins à la fois de leurs collègues et de la psychologie universitaire. Ils durent soutenir une lutte difficile, mais ils tinrent bon et finirent par convaincre les professionnels de la santé, les représentants de la psychologie universitaire et le grand public de la nécessité de prendre en compte les processus inconscients pour comprendre pourquoi les gens font ce qu'ils font. Sigmund Freud fut l'âme dirigeante de ce groupe de rebelles. Mais avant d'étudier son œuvre, nous allons examiner ce qui en a préparé l'émergence.

Les préliminaires à la psychanalyse

Nous avons vu dans le dernier chapitre que les phénomènes hypnotiques et l'explication de l'hystérie proposée par Charcot ont joué un rôle important dans l'élaboration de la théorie de Freud, mais ce dernier fut également soumis à plusieurs autres influences. En fait, on peut montrer que tous les éléments qui allaient former la psychanalyse existaient avant même que Freud ne commence à élaborer sa doctrine. Certaines composantes faisaient partie de la culture germanique, dans laquelle Freud fut éduquée, et il prit connaissance d'autres notions lorsqu'il étudia la médecine conformément à la tradition de Helmholtz. Nous allons brièvement passer en revue les acquis de Freud en philosophie, en sciences et en littérature qu'on retrouve sous une forme ou une autre dans sa formulation de la psychanalyse.

Dans la monadologie de Leibniz (1646-1716), le nombre de monades présentes à un instant donné détermine le degré de conscience, qui va de la perception claire (aperception) à des expériences dont on ne se rend pas compte (petites perceptions ou perceptions minuscules). Goethe (1749-1832) était l'un des auteurs préférés de Freud et le principal courant psychanalytique s'accorde de toute évidence avec la description de l'existence humaine de Goethe, pour qui la vie est une lutte incessante entre des émotions et des penchants conflictuels. Herbart (1776-1841) suggère l'existence d'un seuil au-dessus duquel toute idée est consciente et au-dessous duquel toute idée est inconsciente. Il propose également un modèle conflictuel de l'esprit dans lequel seules des idées compatibles peuvent coexister dans la conscience. Si deux idées incompatibles s'y trouvent simultanément, l'une d'elle est repoussée sous le seuil, dans l'inconscient. Herbart emploie le terme *refoulement* pour désigner la force d'inhibition qui maintient les idées incompatibles dans l'inconscient. Voici ce que dit Boring : « Leibniz a laissé entrevoir l'ensemble de la doctrine de l'inconscient, mais Herbart en a vraiment posé les premiers jalons » (1950, p. 257 [notre traduction]).

Schopenhauer (1788-1860) pense que les humains sont davantage régis par des désirs irrationnels que par la raison. Étant donné que ce sont les instincts qui déterminent le comportement, les êtres humains oscillent continuellement entre un état de besoin et un état de satisfaction. Schopenhauer annonce le concept de sublimation de Freud lorsqu'il dit que l'individu peut obtenir un certain réconfort ou échapper aux forces irrationnelles qui l'habitent en s'immergeant dans la musique, la poésie ou une autre forme d'art. Il peut aussi tenter de s'opposer à ces forces irrationnelles, et en particulier aux pulsions sexuelles, en adoptant un mode de vie ascétique. Schopenhauer parle aussi du refoulement des pensées indésirables dans l'inconscient et de la résistance observée lorsqu'on tente de rappeler à la conscience des idées refoulées. Bien que Freud reconnaisse que Schopenhauer fut le premier à décrire les processus de sublimation, de refoulement et de résistance, il affirme avoir fait les mêmes découvertes de façon indépendante.

Nietzsche (1844-1900), comme Freud plus tard, considérait que les humains sont le siège d'une lutte perpétuelle entre leurs tendances irrationnelles (ou dionysiaques) et leurs tendances rationnelles (ou apolliniennes). Selon Nietzsche, il revient à chacun de créer une combinaison unique de ces tendances au sein de sa propre personnalité, même s'il lui faut pour cela contrevenir à la morale traditionnelle. Fechner (1801-1887) emploie, à l'instar de Herbart, le concept de seuil ; cependant, le plus important pour Freud, c'est qu'il compare l'esprit à un iceberg : la conscience en représente la plus petite portion (soit environ le dixième), ou la pointe, et l'inconscient forme le reste (soit environ les neuf dixièmes). En plus d'avoir emprunté l'analogie de l'iceberg à Fechner, Freud marche dans les pas de ce dernier lorsqu'il tente d'appliquer le principe de la conservation de l'énergie (découvert depuis peu) aux organismes vivants. Il dit : « Je fus toujours accessible aux idées de G. Th. Fechner et j'ai aussi pris appui en des points importants aux idées de ce penseur » (Freud, éd. fr. 1950, p. 74). Le fait que Darwin (1809-1882) avait mis en évidence la continuité existant entre les humains et les autres animaux a renforcé la conviction de Freud que les humains sont motivés, tout comme les autres animaux, par leurs instincts plutôt que leur raison. Selon Freud, ce sont les puissants instincts animaux, telles la pulsion sexuelle et la pulsion d'agression, qui jouent le rôle de force motrice de la personnalité, et ce sont ces mêmes instincts que l'on doit inhiber au moins en partie pour que la civilisation existe. La conception freudienne de l'évolution, comme celle de la majorité des scientifiques de cette époque, résultait de la combinaison des principes de Darwin et de Lamarck.

Helmholtz (1821-1894), qui représente l'approche positiviste en médecine et en psychologie, n'acceptait aucune spéculation métaphysique dans l'étude des organismes vivants, y compris les humains. Sa vision, dont était imprégnée une grande partie de la médecine et la psychologie de son époque, eut d'abord une profonde influence sur Freud. Cependant, ce dernier rejeta rapidement le matérialisme de Helmholtz ; il passa d'un modèle médical (biologique) à un modèle psychologique hautement spéculatif lors de ses tentatives d'explication du comportement humain. Le concept de la conservation de l'énergie de Helmholtz fut également important pour Freud. Selon Helmholtz, tout organisme est un système énergétique entièrement explicable à l'aide de principes physiques. Il affirme que la quantité d'énergie émise par un organisme dépend de la quantité d'énergie qui y entre : il n'y a pas de force vitale immanente. En appliquant à l'esprit la notion de la conservation de l'énergie de Helmholtz, Freud suppose que seulement une quantité donnée d'énergie psychique est disponible à tout instant, mais cette énergie peut être distribuée dans l'esprit de maintes façons, et c'est la manière dont elle est distribuée qui explique tous les comportements et toutes les pensées des humains. Brentano (1838-1917) enseigna à Freud à l'université de Vienne, alors que ce dernier était au début de la vingtaine. Brentano affirmait que les facteurs motivationnels interviennent de façon essentielle dans la détermination du flux des pensées et qu'il existe des différences majeures entre les réalités objective et subjective. Cette distinction allait jouer un rôle capital dans la théorie de Freud. Sous l'influence de Brentano, Freud vint près d'abandonner la médecine pour se tourner vers la philosophie (qui était le principal centre d'intérêt de son professeur), mais l'influence de Ernst Brücke (1819-1892), physiologiste positiviste, fut encore plus forte, de sorte que Freud poursuivit ses études de médecine.

L'ouvrage de Karl Eduard von Hartmann (1842-1906), intitulé *Philosophie des Unbewussten* (paru en français sous le titre *Philosophie de l'inconscient*, 1877), fit l'objet de 11 éditions du vivant de l'auteur. Alors que Freud étudiait la médecine et, plus tard, pendant qu'il élaborait sa théorie, la notion d'inconscient était très répandue en Europe et il ne fait aucun doute que ce concept était familier à toute personne passablement instruite. Hartmann fut profondément influencé à la fois par la philosophie de Schopenhauer et le mysticisme juif. Selon lui, il existe trois sortes d'inconscient : les processus qui gouvernent tous les phénomènes naturels de l'Univers ; l'inconscient physiologique, qui régit les processus physiologiques ; l'inconscient psychique, qui est la source de la totalité du comportement. Bien que la vision de Hartmann soit avant tout mystique, on retrouve certains de ses éléments dans la théorie de Freud, en particulier la notion d'inconscient psychique. (Capps, 1970, propose un exposé de l'influence de Hartmann sur Freud.)

Il est donc clair que le concept d'esprit dynamique et actif comportant une puissante composante inconsciente était partie intégrante de l'héritage philosophique dont bénéficia Freud. Nous allons voir que d'autres aspects de la théorie freudienne, dont la sexua-

lité infantile, l'insistance sur la nature psychologique des causes de la maladie mentale, les phases libidinales du développement et même l'analyse du rêve, ne sont pas de pures créations de Freud, ce dernier ayant réussi à élaborer une théorie exhaustive de la personnalité en faisant la synthèse de tous ces éléments : « Une bonne partie des idées dont on attribue le mérite à Freud étaient des idées courantes, existant à l'état diffus ; son rôle consista essentiellement à cristalliser ces idées et à leur conférer une forme originale » (Ellenberger, 1970, éd. fr. 1994, p. 588).

Sigmund Freud

Sigmund Freud (1856-1939) naquit un 6 mars ou un 6 mai à Freiberg (aujourd'hui Příbor), en Moravie (qui fait maintenant partie de la République tchèque). Son père, Jacob, était drapier et il eut dix enfants. Freud, dont le grand-père et l'arrière-grand-père étaient tous deux rabbins, a considéré toute sa vie qu'il était juif même s'il avait une attitude fondamentalement négative envers le judaïsme et, aussi d'ailleurs, le christianisme. La première femme de Jacob, Sally Kanner, qu'il

Sigmund Freud

épousa à 17 ans, lui donna deux enfants, Emanuel et Philipp. Jacob n'eut apparemment pas d'enfant avec sa deuxième épouse, mais sa troisième femme, Amalia Nathanson, donna naissance à huit enfants, dont le premier était Sigmund. En 1968, l'examen des registres de la ville de Freiberg révéla que la deuxième épouse de Jacob se prénommait Rebecca, mais on ne sait à peu près rien à son sujet. Plus tôt, le registre d'état civil local indiquait que Freud était né le 6 mars 1856, et non le 6 mai comme l'affirmait la famille et comme on l'avait toujours rapporté. Ernest Jones, le biographe officiel de Freud, pense que cette différence est due à une erreur de transcription d'un fonctionnaire, mais d'autres proposent diverses interprétations. Balmary (éd. fr. 1979) avance que les parents de Freud ont déclaré qu'il était né le 6 mai, au lieu du 6 mars, pour cacher le fait que sa mère était déjà enceinte lorsqu'elle s'est mariée. Selon Balmary, les deux « secrets de famille » (soit que la mère de Freud était la troisième femme de Jacob et non sa deuxième femme, comme l'a toujours affirmé la famille, et qu'Amalia était enceinte lorsqu'elle s'est mariée) ont eu une influence importante sur les premières conceptions de Freud et, par conséquent, sur son travail ultérieur de théorisation. « Mais Renée Gicklhorn et Sajner ont démontré que la date authentique était indiscutablement le 6 mai 1856 » (Ellenberger, 1994, p. 448). Quoi qu'il en soit, au moment de la naissance de Freud, son père avait 40 ans et était déjà grand-père, alors que sa mère était une jeune femme de 20 ans. Le fait qu'il avait des demi-frères du même âge que sa mère et un neveu plus âgé que lui compte au nombre des paradoxes auxquels le jeune Freud dut faire face. Il était néanmoins le plus vieux des enfants de la seconde famille de Jacob et clairement le favori d'Amalia. Freud et sa mère entretenaient une relation positive, solide et intime, et Freud a toujours eu l'impression que le fait d'avoir été le préféré de sa jeune mère avait joué un rôle dans sa réussite. Étant donné que sa mère pensait qu'il était exceptionnel, il en vint à partager cette conviction, ce qui l'amena à considérer qu'une grande partie de ses réalisations découlait d'une prophétie autoréalisatrice. Le père de Freud mourut à 81 ans et sa mère vécut jusqu'en 1930, soit jusqu'à l'âge de 95 ans ; elle mourut seulement huit ans avant son fils Sigmund.

Comme les affaires de Jacob périclitaient, la famille Freud déménagea à Leipzig puis, alors que Sigmund était âgé de quatre ans, à Vienne. Sigmund manifesta très tôt de grandes capacités intellectuelles. Pour l'aider à étudier, on lui donna une lampe à l'huile et sa propre chambre ; il était le seul de la famille nombreuse à bénéficier de ces privilèges. Sa mère lui servait souvent ses repas dans sa chambre et on retira son piano à l'une de ses sœurs parce que la musique le dérangeait. Sigmund commença dès l'âge de huit ans à lire Shakespeare, et il conserva toute sa vie une profonde admiration pour la puissance d'expression et la profonde compréhension de la nature humaine du dramaturge. Freud avait aussi un étonnant don pour les langues. Durant son enfance, il apprit plus ou moins par lui-même le latin, le grec, le français, l'espagnol, l'italien et l'anglais et, plus tard, il fut réputé pour sa parfaite maîtrise de la prose allemande. Il entra au *gymnasium* (l'équivalent du lycée français) à l'âge de neuf ans (soit un an plus tôt que la normale) et il fut toujours le premier de sa classe ; à 17 ans, il obtint son diplôme d'études secondaires avec la mention très bien.

Jusqu'à la dernière année de ses études secondaires, Freud fut attiré par une carrière en droit ou en politique, ou même dans l'armée ; mais la lecture, au cours d'une conférence, de l'essai « La nature », attribué à Goethe, et la lecture de la théorie de l'évolution de Darwin éveillèrent son intérêt pour la science, de sorte qu'il décida de s'inscrire à la faculté de médecine de l'université de Vienne à l'automne 1873, soit à l'âge de 17 ans. Sa décision s'explique aussi en partie par le fait que, dans la Vienne antisémite, la médecine et le droit étaient les seules professions que pouvaient exercer les Juifs. Freud prit huit ans pour compléter le programme de médecine : il avait des intérêts tellement diversifiés, qu'il mit souvent ses études de côté. Par exemple, Brentano l'intéressa à la philosophie et il traduisit même un ouvrage de John Stuart Mill en allemand.

Freud lui-même affirme que la personne qui l'a le plus influencé durant ses études de médecine est Ernst Brücke, qui fonda avec quelques amis, dont Helmholtz et Du Bois-Reymond, le mouvement positivo-matérialiste en physiologie (voir le chapitre 8). Dans le laboratoire de Brücke, Freud étudia le système reproducteur de l'anguille mâle et il rédigea plusieurs articles sur l'anatomie et la neurologie, qui eurent une certaine influence. Freud obtint son diplôme en médecine en 1881 et poursuivit ses travaux dans le laboratoire de Brücke. Même s'il s'intéressait principalement à la recherche en physiologie, il se rendait compte que les emplois dans ce domaine étaient rares et mal rémunérés et qu'ils n'étaient généralement pas offerts aux Juifs. Il commença à avoir de graves préoccupations financières lorsque, en 1882, il se fiança avec Martha Bernays. En raison des circonstances et sur les conseils de Brücke, Freud modifia son plan de carrière et se tourna vers la pratique de la médecine. Pour s'y préparer, il alla étudier à l'Hôpital général de Vienne avec Theodor Meynert (1833-1892), l'un des plus grands anatomistes du cerveau de l'époque ; il fut en peu de temps reconnu comme un expert du diagnostic de divers types de lésions cérébrales. Il considérait Meynert comme l'individu le plus brillant qu'il ait jamais connu.

Plusieurs événements importants se produisirent à ce moment de la vie de Freud : en plus d'avoir décidé de se tourner vers la pratique de la médecine, il acquit une certaine renommée en tant que neuroanatomiste ; il venait de faire la connaissance de Josef Breuer, qui lui fit connaître, comme nous le verrons sous peu, plusieurs des phénomènes qui allaient accaparer son attention au cours des 50 années suivantes ; on lui accorda une bourse pour aller étudier à Paris avec Charcot. Tous ces événements influèrent grandement sur la carrière de Freud. Il se produisit toutefois une chose moins heureuse, soit la rencontre de Freud avec la « substance magique » que fut d'abord pour lui la cocaïne.

L'épisode de la cocaïne

Au printemps 1884, après avoir appris qu'un médecin militaire avait utilisé avec succès la cocaïne pour accroître la résistance et l'endurance des soldats, Freud fit des expériences avec cette substance. Il songea à abandonner son projet lorsque la compagnie pharmaceutique l'informa que le prix d'un gramme de cocaïne était de 3 florins 33 kreutzers, et non de 33 kreutzers comme il le pensait (E. Jones, 1953, éd. fr. 1982, vol. 1, p. 88). Freud poursuivit cependant ses recherches et, en prenant lui-même régulièrement de la cocaïne, il constata qu'elle réduisait ses sentiments de dépression et soulageait ses malaises gastriques, augmentait sa capacité de travail et ne semblait avoir aucun effet secondaire. Il en donna également à ses sœurs, à ses amis et collègues et à ses patients, et il en envoya à sa fiancée, Martha Bernays, « pour lui procurer des forces et donner à ses joues une teinte rose » (E. Jones, 1953, éd. fr. 1982, vol. 1, p. 88). L'amélioration apparente qu'il

observa chez ses patients à la suite de l'administration de la cocaïne lui donna l'impression, pour la première fois, qu'il était réellement médecin. Il se fit un ardent défenseur de cette substance et, au cours des deux années suivantes, il publia six articles où il en décrivait les bienfaits. Carl Koller (1857-1944), un collègue de Freud plus jeune que lui, avait entendu ce dernier dire que la cocaïne pourrait être employée comme anesthésique. Koller s'intéressait à l'ophtalmologie et il appliqua l'observation de Freud à la chirurgie de l'œil. Quelques mois plus tard, il rédigea un article où il décrit comment on peut, en utilisant la cocaïne comme anesthésique, réaliser facilement des chirurgies oculaires impossibles autrement. L'article fit sensation et valut du jour au lendemain une renommée internationale à son auteur. Freud regretta amèrement d'avoir raté l'occasion d'obtenir lui-même cette reconnaissance professionnelle.

On ne tarda pas à montrer que toutes les croyances de Freud au sujet de la cocaïne, à l'exception de ses propriétés anesthésiantes, étaient fausses. En 1884, il en administra à son collègue et ami Ernst von Fleischl-Marxow (1846-1891), qui était morphinomane. Freud souhaitait amener cet éminent médecin et physiologiste à remplacer la morphine par la cocaïne, car il pensait que cette dernière est inoffensive. En fait, lorsque Fleishl-Marxow mourut, il était devenu cocaïnomane. On se mit bientôt à émettre un peu partout dans le monde des communiqués affirmant que la cocaïne crée une dépendance et la communauté médicale s'opposa vivement à son utilisation comme médicament. Freud fut l'objet de critiques sévères pour avoir manqué de discernement en faisant la promotion de la cocaïne, qu'on qualifiait alors de « troisième fléau de l'humanité » (les deux premiers étant la morphine et l'alcool). La réputation médicale de Freud souffrit considérablement de ce qu'il ait été étroitement associé à cette drogue. C'est l'épisode de la cocaïne qui explique dans une large mesure le scepticisme de la communauté médicale à l'égard des idées émises plus tard par Freud.

La dépendance de Freud à la nicotine Bien que Freud ne soit jamais devenu cocaïnomane, il fut dépendant de la nicotine durant la plus grande partie de sa vie adulte : il fumait en moyenne 20 cigares par jour. À 38 ans, on découvrit qu'il souffrait d'arythmie cardiaque et son médecin lui conseilla d'arrêter de fumer, mais il conserva néanmoins cette habitude. Étant lui-même médecin, il connaissait bien les risques associés à l'usage du tabac et il essaya à plusieurs reprises de cesser de fumer, mais sans succès. En 1923, soit à l'âge de 67 ans, il fut atteint d'un cancer du palais et de la mâchoire. Il dut subir 33 opérations, à la suite de quoi il dut finalement utiliser une prothèse inconfortable (qu'il appelait « le monstre ») qui remplaçait les portions de la mâchoire qu'on avait retirées. Il éprouva presque constamment des douleurs durant les 16 dernières années de sa vie, mais cela ne l'empêcha pas de continuer à fumer le cigare.

Les premières influences sur l'élaboration de la psychanalyse

Josef Breuer et le cas d'Anna O.

Peu avant d'obtenir son diplôme de médecine, Freud se lia d'amitié avec **Josef Breuer** (1842-1925), qui était aussi un ancien étudiant de Brücke. Breuer avait 14 ans de plus que Freud et bénéficiait d'une solide réputation en tant que médecin et chercheur. Il avait fait une importante découverte à propos des réflexes intervenant dans la respiration, et il fut l'un des premiers à décrire le rôle des canaux semi-circulaires dans l'équilibre. Breuer prêta de l'argent à Freud et, après le mariage de ce dernier, en avril 1886, les deux familles se visitèrent fréquemment. (Il est intéressant de noter que Breuer était le médecin de la famille Brentano.)

C'est ce que Freud apprit de Breuer au sujet du traitement d'une femme, auquel on donna le nom fictif d'Anna O., qui fut essentiellement à l'origine de l'élaboration de la psychanalyse. Étant donné que Breuer commença à traiter Anna O. en 1880, alors que Freud était encore étudiant en médecine, ce dernier lui attribue le mérite d'avoir créé la psychanalyse.

> Ce n'est pas à moi que revient le mérite — si c'en est un — d'avoir mis au monde la psychanalyse. Je n'ai pas participé à ses premiers commencements. J'étais encore étudiant, absorbé par la préparation de mes derniers examens, lorsqu'un médecin de Vienne, le Dr Joseph Breuer, appliqua pour la première fois ce procédé au traitement d'une jeune fille hystérique (cela remonte aux années 1880 à 1882). (Freud, 1910/1949, éd. fr. 1966, p. 9)

Anna O. était une femme de 21 ans, intelligente et séduisante, qui présentait plusieurs symptômes associés à l'hystérie. À un moment ou l'autre, elle avait souffert de

Josef Breuer

paralysie des bras ou des jambes, de troubles de la vue ou de la parole, de nausées, de pertes de mémoire et de désorientation psychique généralisée. Breuer hypnotisa la jeune femme, puis lui demanda de se rappeler les circonstances prévalant au moment où un symptôme particulier s'était manifesté pour la première fois. Par exemple, elle clignait constamment les yeux. Alors qu'elle était sous hypnose, Breuer découvrit qu'on avait exigé qu'elle reste au chevet de son père mourant. En raison de sa profonde inquiétude, elle avait les larmes aux yeux et, lorsque son père affaibli lui demanda quelle heure il était, elle avait dû cligner les yeux pour voir distinctement les aiguilles de l'horloge.

Breuer découvrit que chaque fois qu'il arrivait à retracer l'origine d'un symptôme, qui était habituellement une expérience traumatique, ce symptôme disparaissait temporairement ou de façon permanente. Ainsi, il soulagea graduellement Anna O. de chacun de ses symptômes. Il semblait que des idées chargées d'émotions, ne pouvant s'exprimer directement, se manifestaient par des symptômes physiques. Lorsque de telles **idées pathogènes** s'exprimaient de façon consciente, l'énergie qui leur était associée se dissipait, et les symptômes causés par ces idées disparaissaient. Étant donné que l'expression d'une idée pathogène libérait des émotions et que cela provoquait un soulagement, Breuer appela cette forme de traitement **méthode cathartique**. Aristote avait employé le terme *catharsis* (du grec *katharsis*, qui signifie purification) pour décrire la libération d'émotions et le sentiment de purification qu'éprouvent les spectateurs d'une pièce de théâtre. Anna O. appelait, quant à elle, la méthode « cure par la parole » ou « ramonage ». Breuer constata que la catharsis se produisait soit pendant que sa patiente était sous hypnose ou lorsqu'elle était très détendue.

Breuer traita Anna O. de décembre 1880 à juin 1882. Durant cette période, il passait habituellement plusieurs heures par jour avec elle. Peu de temps après le début du traitement, Anna O. commença à se comporter envers lui comme s'il était son père, un phénomène qu'on appela plus tard **transfert**. Toutes les émotions, positives ou négatives, qu'Anna avait déjà exprimées à l'égard de son père, elle les manifestait envers Breuer. Ce dernier se mit à éprouver lui-même des sentiments pour Anna, un phénomène qu'on nommerait plus tard **contre-transfert**. Étant donné le temps considérable qu'il consacrait au traitement et en raison des effets négatifs que celui-ci commençait à avoir sur son mariage et ses autres obligations professionnelles, Breuer décida d'y mettre fin. Freud donne diverses descriptions des réactions d'Anna O., ce qui a donné naissance à une histoire plus ou moins légendaire mais largement acceptée comme réelle. Selon Freud, Breuer rendit visite à Anna O. le lendemain du jour où il lui avait annoncé qu'il mettait un terme au traitement. Il constata alors qu'elle avait développé une grossesse nerveuse (ou imaginaire) et qu'elle était en proie aux douleurs d'un accouchement hystérique. En la questionnant, il découvrit qu'il était en train d'assister à la naissance imaginaire de son propre enfant. Ernest Jones (1953, éd. fr. 1982), le biographe de Freud, rapporte la description de Freud de la suite des événements.

> Bien que profondément bouleversé, [Breuer] la calma en l'hypnotisant puis, pris de sueurs froides, s'enfuit de cette maison. Le jour suivant, sa femme et lui partirent pour Venise afin d'y passer une seconde lune de miel dont le résultat fut la conception d'une fille. (éd. fr., vol. 1, p. 248)

Freud affirme que le cas d'Anna O. avait bouleversé Breuer au point où il ne traita plus jamais de patiente atteinte d'hystérie. Le récit de Freud est divertissant, mais Hirschmüller (1989, éd. fr. 1991) remet les pendules à l'heure : Breuer ne mit pas brusquement un terme au traitement d'Anna O., mais planifia au contraire soigneusement la fin de celui-ci avec la mère de sa patiente ; il n'y a jamais eu de grossesse nerveuse, de sorte que Breuer n'a pas hypnotisé Anna O. et il n'a pas quitté la maison couvert de « sueurs froides » ; la famille Breuer alla en vacances à Gmunden et non à Venise ; la fille des Breuer est née le 11 mars 1882, soit bien avant qu'ils ne partent pour leur « seconde lune de miel » ; enfin, Breuer traita d'autres cas d'hystérie par la suite, mais il renonça probablement à la méthode cathartique.

Le sort d'Anna O. L'histoire d'Anna O. se termine habituellement par la révélation de son vrai nom, Bertha Pappenheim (1859-1936), et l'affirmation que le traitement avait dû être efficace puisque la patiente de Breuer devint une travailleuse sociale renommée en Allemagne. Cependant, Ellenberger (1972, éd. fr. 1978, 343 p.) a découvert qu'Anna O. fut hospitalisée après avoir cessé de voir Breuer. Des documents indiquent qu'elle fut admise dans un sanatorium en 1882, car elle souffrait encore de plusieurs des troubles pour lesquels Breuer l'avait traitée. Les dossiers montrent qu'on lui administra des doses importantes de morphine alors qu'elle était au sanatorium et qu'on continua à lui faire des injections par la suite. On sait peu de choses de sa vie entre son congé du sanatorium et le moment où elle commença à s'adonner au travail social, vers la fin des années 1880. On sait toutefois qu'elle devint finalement un chef de file du mouvement féministe européen ; elle écrivit des pièces de théâtre et des livres pour enfants ; elle fonda plusieurs écoles et clubs pour les personnes défavorisées, les enfants illégitimes et les jeunes femmes rebelles ; elle milita contre la traite des blanches et l'avortement. Elle fait preuve d'un féminisme radical dans la déclaration suivante, qui date de 1922 : « S'il existe une justice, dans une autre vie, les femmes feront les lois et les hommes enfanteront » (E. Jones, 1953, éd. fr. 1982, vol. 1, p. 248, note 1). Il est intéressant de noter que, tout au long de sa vie professionnelle, elle manifesta une attitude négative envers la psychanalyse et ne permit jamais qu'aucune des filles confiées à ses soins ne soit psychanalysée (Edinger, 1968, p. 15).

Lorsque Pappenheim mourut, en 1936, des personnalités de tous les coins d'Europe lui rendirent hommage, dont Martin Buber, le célèbre philosophe et éducateur. En 1954, le gouvernement allemand émit en son honneur un timbre d'une série dédiée aux « bienfaiteurs de l'humanité ». L'efficacité du traitement de Breuer dans le cas d'Anna O. et, s'il a été efficace, dans quelle mesure la réussite de cette dernière est attribuable à ce traitement font encore l'objet de débats (voir notamment Borch-Jacobsen, 1996, éd. fr. 1995 ; Kimble, 2000 ; Rosenbaum et Muroff, 1984). Breuer et Freud publièrent en 1895 *Sudien über Hysterie* (éd. fr. 2003), où le premier cas présenté est celui d'Anna O., de sorte qu'on considère généralement que l'école de la psychanalyse fut officiellement fondée en 1895.

La visite de Freud à Charcot

Nous avons signalé dans le dernier chapitre que Freud étudia avec le célèbre Charcot d'octobre 1885 à février 1886. Jusque-là, bien que Freud ait été au courant du travail de Breuer avec Anna O., il était toujours un physiologiste positivo-matérialiste : il tentait d'expliquer toutes les affections, y compris l'hystérie, uniquement en fonction de la neurophysiologie. Comme la majorité des médecins de son époque, Freud pensait que les explications *psychologiques* de la maladie ne sont pas scientifiques. Nous avons vu que Charcot considérait l'hystérie comme une maladie réelle, susceptible d'être déclenchée par des idées dissociées. Le fait d'étudier sérieusement l'hystérie et d'en proposer une explication en partie psychologique isola Charcot de la plupart de ses collègues. De plus, Charcot maintenait que l'hystérie s'observe aussi bien chez les hommes que les femmes. Cette affirmation provoqua de vives réactions car, depuis les Grecs de l'Antiquité, on avait toujours associé l'hystérie à un trouble de l'utérus.

Freud affirma avoir entendu Charcot dire au sujet de l'hystérie : « Mais les cas de ce genre sont toujours imputables à la chose génitale. Toujours, toujours, toujours » (Boring, 1950, p. 709 [notre traduction]). Ce fait est important relativement au développement ultérieur de la psychanalyse. Bien que Charcot ait nié avoir tenu ces propos, Freud n'en maintint pas moins que c'est Charcot qui lui avait laissé entrevoir la relation entre des facteurs sexuels et l'hystérie. La dernière leçon que Freud retint de Charcot c'est qu'il était possible de s'opposer à la communauté médicale établie si on possédait suffisamment de prestige. Nous allons voir que Freud s'opposa effectivement à la communauté médicale mais, comme il n'avait pas le prestige d'un Charcot, il dut en payer le prix. Freud avait été tellement impressionné par ce dernier qu'il donna son pré-

nom, Jean-Martin, à son fils aîné (E. Jones, 1953, éd. fr. 1982, vol. 1, p. 167).

De retour à Vienne, Freud prononça le 15 octobre 1886 devant la Société médicale de Vienne une conférence intitulée « De l'hystérie masculine », dans laquelle il présenta la conception de l'hystérie de Charcot avec laquelle il se disait d'accord. Cet exposé fut mal accueilli parce que, selon Freud, il était trop radical. Sulloway (1979, éd. fr. 1981) affirme que la véritable raison en est que la vision de Charcot de l'hystérie, y compris le fait que ce trouble n'est pas l'apanage des femmes, était déjà bien connue du monde médical. De plus, les médecins pensaient que Freud présentait les idées de Charcot d'un point de vue excessivement favorable et qu'il ne faisait pas suffisamment preuve de sens critique ; trop de choses restaient incertaines à propos de la vision et des techniques de Charcot pour faire preuve d'une telle assurance. D'après Sulloway, le compte rendu de Freud des réactions suscitées par son exposé sur l'hystérie fut transmis par ses disciples pour entretenir l'image d'un Freud innovateur et courageux, ayant lutté contre les autorités médicales de son époque.

Le 25 avril 1886, Freud ouvrit un cabinet privé de neurologie à Vienne et, le 13 septembre de la même année, il épousa finalement Martha Bernays, mettant ainsi fin à des fiançailles qui avaient duré quatre ans. Le couple eut six enfants : trois garçons et trois filles. Nous verrons dans le prochain chapitre que la cadette, Anna (1895-1982), allait devenir une psychanalyste pour enfants de réputation internationale et qu'elle allait prendre la tête du mouvement freudien après la mort de son père. Freud se rendit très vite compte qu'il n'aurait jamais un revenu décent s'il traitait uniquement des patients atteints de troubles neurologiques, de sorte qu'il prit la décision fatidique de recevoir en consultation des personnes souffrant d'hystérie, alors que très peu de médecins de Vienne acceptaient de le faire. Il appliqua d'abord les méthodes traditionnelles de traitement des troubles neurologiques, soit les bains, les massages, l'électrothérapie et les cures de repos, mais il constata qu'elles étaient inefficaces. C'est à ce moment que tout ce qu'il avait appris de Breuer sur la méthode cathartique et de Charcot sur l'hypnose s'avéra utile. Lorsqu'il employa l'hypnose dans le cadre du traitement de l'hystérie, il rencontra plusieurs problèmes : il n'arrivait pas à hypnotiser certains patients ; s'il éliminait un symptôme pendant que le patient était sous hypnose, souvent, le même symptôme revenait ou un autre apparaissait plus tard ; certains patients refusaient de croire qu'ils avaient révélé telle ou telle chose pendant qu'ils étaient sous hypnose, de sorte qu'il était impossible de discuter des souvenirs qui avaient resurgi ou d'essayer de les comprendre avec eux. En 1889, Freud rendit visite à Liébeault et à Bernheim de l'École de Nancy dans l'espoir de parfaire ses connaissances en matière d'hypnose. Auprès d'eux, il apprit la *suggestion posthypnotique* et eut l'occasion d'observer qu'une idée suggérée à une personne sous hypnose peut influer sur son comportement ultérieur même si elle n'en est pas consciente. Cette constatation, soit que des idées intactes dont une personne n'est pas consciente peuvent jouer un rôle important dans son comportement, confirma ce que Freud avait appris de Charcot et allait devenir une composante fondamentale de la psychanalyse. Freud appris également de Liébeault et de Bernheim que, même si les patients ont tendance à oublier ce qui s'est produit alors qu'ils étaient sous hypnose (un phénomène appelé *amnésie posthypnotique*), ils peuvent s'en rappeler si on les incite fortement à le faire. Cette observation joua aussi un rôle important dans l'élaboration de la psychanalyse.

La naissance de l'association libre

Lorsqu'il reprit sa pratique, Freud constata de nouveau que l'hypnose n'était pas efficace et il chercha une solution de remplacement. Il se rappela alors que, à l'École de Nancy, il avait noté que l'hypnotiseur rappelait à la mémoire du patient ce qui s'était passé durant la séance d'hypnose en lui posant la main sur le front tout en disant : « Maintenant, souvenez-vous ». En gardant ce fait à l'esprit, Freud demanda à ses patients, qu'il n'hypnotisait pas, de s'allonger sur un divan et de fermer les yeux. Il leur enjoignait ensuite de se rappeler à quel moment ils avaient éprouvé un symptôme donné pour la première fois, et les patients se souvenaient alors de diverses expériences, mais ils s'arrêtaient généralement avant d'avoir atteint le but. Autrement dit, quand ils étaient sur le point de se rappeler une expérience traumatique, ils présentaient de la **résistance**. C'est à ce moment que Freud posait sa main sur le front du patient et lui disait que d'autres informations allaient lui venir à l'esprit et, dans bien des cas, c'est ce qui se produisait. Freud constata que cette *technique de pression* était aussi efficace que l'hypnose et il se rendit rapidement compte qu'il n'avait même pas besoin de toucher le patient : il obtenait d'aussi bons résultats en l'incitant simplement à parler librement au sujet de quoi que ce soit qui lui venait à l'esprit. C'est ainsi que la méthode de l'**association libre** prit naissance.

Les phénomènes importants de résistance, de transfert et de contre-transfert se produisent aussi quand on utilise l'association libre mais le principal avantage de cette méthode, c'est que le patient est conscient de ce qui se passe. De plus, même si en employant l'association libre il est souvent plus difficile de mettre à jour l'expérience traumatique initiale, quand on réussit, le patient peut y faire face de façon rationnelle. Selon Freud, la psychothérapie a comme objectif d'aider le patient à surmonter sa résistance et à examiner rationnellement une expérience traumatique remontant à son enfance. C'est pour cette raison que Freud affirme que la véritable psychanalyse débuta seulement après qu'il eut renoncé à l'emploi de l'hypnose (Heidbreder, 1933). Il compare l'emploi de l'association libre au travail de l'archéologue qui met à jour une cité enfouie. Il faut alors déduire de quelques fragments d'artéfacts la structure et la nature de la cité ancienne. De façon analogue, la libre association laisse seulement entrevoir l'inconscient et le psychanalyste doit déterminer, à l'aide du peu qu'il en a perçu, la structure et la nature de l'inconscient d'une personne.

Lors d'une séance de thérapie, Freud faisait allonger le patient sur un divan et il s'asseyait derrière lui, hors de son champ de vision. Il fournit deux raisons de cette façon de procéder : 1° cela facilitait l'association libre, notamment en évitant que ses expressions faciales et ses gestes n'influent sur le flot de pensée du patient ; 2° il ne supportait pas qu'on le dévisage huit heures par jour, ou même davantage (Storr, 1989, p. 96).

Il est intéressant de noter qu'il arrivait à Freud d'avoir une attitude cavalière durant ses séances de thérapie. Au début de sa carrière, il écrivit une lettre à son ami Wilhelm Fliess (1858-1928) pendant que son patient était sous hypnose (Masson, 1985, p. 21), et il avoua plus tard avoir fait la sieste alors que ses patients s'adonnaient à l'association libre (Masson, 1985, p. 303).

Les études sur l'hystérie

Dans *Études sur l'hystérie* (1895, éd. fr. 2003), Breuer et Freud énoncent quelques-uns des principes fondamentaux de la psychanalyse. Ils notent que l'hystérie est causée par une expérience traumatique que la personne est incapable d'exprimer adéquatement et qui se manifeste, par conséquent, sous forme de symptômes physiques. On peut donc considérer ces symptômes comme des *représentations symboliques* de l'expérience traumatique sous-jacente à laquelle le patient n'a plus consciemment accès. En raison de sa nature traumatique, l'expérience est *refoulée*, c'est-à-dire activement maintenue dans l'inconscient, parce que le fait de l'examiner provoquerait de l'angoisse. Ainsi, la résistance indique que le thérapeute est sur la bonne voie. Le **refoulement** résulte aussi souvent d'un **conflit**, c'est-à-dire de la tendance à la fois à rechercher et à éviter une chose considérée comme mauvaise.

L'idée fondamentale, c'est qu'une expérience refoulée ou un conflit *ne disparaissent pas*. Ils continuent au contraire d'exercer une profonde influence sur la personnalité. La seule façon adéquate de procéder en présence de matériel refoulé est de le rendre conscient afin d'y faire face sur un plan rationnel. Selon Freud, l'association libre est le moyen le plus efficace pour faire prendre conscience d'éléments refoulés à une personne. L'analyse minutieuse du contenu des associations libres, des gestes et du transfert permet à l'analyste de déterminer la nature de l'expérience refoulée et d'aider le patient à prendre conscience de celle-ci et à y faire face. Ainsi, dans *Études sur l'hystérie*, Freud expose très clairement sa croyance en l'importance de la **motivation inconsciente**. Freud et Breuer rédigèrent chacun leurs propres conclusions pour cet ouvrage, où Freud met l'accent sur le rôle de la sexualité dans la motivation inconsciente. À cette époque, il affirma qu'une personne ayant une vie sexuelle normale ne pouvait pas être névrosée. Breuer n'était pas d'accord avec lui : il affirmait que n'importe quel souvenir traumatique (de nature sexuelle ou autre) peut être refoulé et provoquer des symptômes névrotiques. Les deux hommes finirent par couper les liens qui les unissaient.

L'esquisse d'une psychologie scientifique

En 1895, soit l'année même où Breuer et Freud publièrent *Études sur l'hystérie*, Freud acheva son *Esquisse d'une psychologie scientifique*. Dans ce texte, il se proposait d'expliquer des phénomènes psychologiques uni-

quement en fonction de la neurophysiologie. Autrement dit, il voulait appliquer les principes de la physiologie de Helmholtz, qu'il avait appris au cours de ses études de médecine, à l'étude de l'esprit. Il ne fut pas satisfait des résultats, de sorte que son *Esquisse* ne fut pas publiée de son vivant. (L'édition allemande parut en 1950, l'édition anglaise en 1954 et l'édition française en 1956.) N'ayant pas réussi à créer un modèle neurophysiologique (médical) de l'esprit, Freud tenta d'en concevoir un modèle psychologique, et c'est ainsi qu'il posa les premiers jalons de la psychanalyse. Cependant, Sirkin et Fleming (1982) soulignent que, même si Freud n'a pas atteint son objectif en rédigeant l'*Esquisse*, celle-ci contient plusieurs concepts qu'on retrouve dans ses ouvrages sur la psychanalyse. (Parisi, 1987, présente une intéressante analyse des raisons pour lesquelles Freud n'a pas atteint son but avec l'*Esquisse*.)

La théorie de la séduction

Le 21 avril 1896, Freud prononça une conférence intitulée « L'étiologie de l'hystérie » devant la Société de psychiatrie et de neurologie de Vienne. Dans cette communication, Freud affirme que tous ses patients hystériques, sans exception, lui ont raconté avoir été victimes d'abus sexuels durant leur enfance. Il en a conclu que ce genre d'événements est à la base de tous les cas d'hystérie, ce qu'il exprime en termes vigoureux :

> de quelque cas et de quelque symptôme que l'on soit parti, *on finit toujours immanquablement par arriver au domaine du vécu sexuel*. Ici, pour la première fois, nous aurions découvert une condition étiologique des symptômes hystériques. (Freud, éd. fr. 1985, p. 91)

Freud ajoute plus loin : « Dans la totalité des dix-huit cas (soit d'hystérie pure, soit d'hystérie combinée d'obsessions : six hommes et douze femmes), je suis arrivé [...] à retrouver ces expériences sexuelles infantiles » (Freud, éd. fr. 1985, p. 99).

Richard von Krafft-Ebing (1840-1902), le célèbre médecin et directeur du département de psychiatrie de l'université de Vienne, présidait la séance lors de laquelle Freud prononça sa conférence. Dans une lettre adressée à son ami intime Wilhelm Fliess, Freud rapporte la façon dont on avait accueilli sa communication.

> Une conférence sur l'étiologie de l'hystérie à la Société Psychiatrique a rencontré un accueil glacial de la part

des imbéciles et a provoqué cette singulière remarque de Krafft-Ebing : « On dirait un conte de fées scientifique » [*Es klingt wie en wissenschaftliches Märchen*]. Et cela après qu'on leur ait indiqué la solution d'un problème plusieurs fois millénaire — une source du Nil. (Masson, éd. fr. 1984, p. 28, 30)

Masson (1984) suggère que l'hostilité avec laquelle la communauté médicale accueillit la communication de Freud explique en partie le fait qu'il renonça par la suite à sa théorie de la séduction. Cependant, selon Esterson (2002a), qui a examiné les documents historiques, Freud exagéra nettement l'hostilité manifestée par ses collègues. Quoi qu'il en soit, Freud abandonna sa **théorie de la séduction** le 21 septembre 1897 pour des raisons qu'on n'a jamais vraiment élucidées. Il affirma que, dans la majorité des cas, il n'y avait pas eu réellement de séduction : les patients avaient plutôt *imaginé* des scènes de séduction. Freud en vint à la conclusion que les événements imaginaires semblaient très réels à ses patients et qu'ils étaient donc tout aussi traumatiques que s'ils s'étaient réellement produits. Il conserva sa vision initiale : la base des névroses est le refoulement de pensées de nature sexuelle, que celles-ci reposent sur une expérience réelle ou imaginaire.

Bien que Freud ait affirmé par la suite que le passage de la séduction réelle à la séduction imaginaire marque vraiment le début de la psychanalyse, Masson (1984) pense que la profession psychanalytique se porterait mieux aujourd'hui si Freud n'avait pas révisé sa théorie :

> En détournant son intérêt d'un monde réel de tristesse, de misère et de cruauté, au profit d'une scène intérieure où des acteurs jouent des drames inventés pour un public invisible issu de leur propre création, Freud commençait à s'éloigner du monde réel, éloignement qui est, me semble-t-il, à l'origine de la stérilité actuelle de la psychanalyse et de la psychiatrie à travers le monde. (éd. fr., p. 158)

Masson affirme que la principale erreur de Freud fut de rejeter le fait que les séductions sont réelles et de déclarer qu'il s'agit de simples fantasmes. Nous allons voir plus loin, dans le présent chapitre, que plusieurs spécialistes de la pensée freudienne et plusieurs chercheurs sont d'avis que l'erreur de Freud est plus fondamentale. Selon eux, ce dernier aurait inventé les souvenirs de séduction qu'il prête à ses patients, de sorte qu'il n'y a pas lieu de se demander si la séduction est réelle ou imaginaire.

L'autoanalyse de Freud

Étant donné le caractère très complexe du processus thérapeutique, Freud se rendit rapidement compte qu'il ne pouvait être un bon analyste sans se faire analyser lui-même. Freud (1927, éd. fr. 1950) insista plus tard sur le fait qu'il n'est pas nécessaire d'être médecin pour être un psychanalyste compétent, mais qu'il est essentiel d'avoir été analysé. Il faut de plus que le psychanalyste travaille au moins deux ans sous supervision. Comme personne ne pouvait analyser Freud, il s'attela lui-même à la tâche. Mis à part diverses craintes, comme une peur intense de voyager en train, l'un des principaux motifs qui l'ont incité à s'analyser lui-même a été sa réaction à la mort de son père, survenue à l'automne 1896. Même si son père avait été très malade, de sorte que sa mort ne prit personne par surprise, Freud se rendit compte que ce décès l'affectait profondément : pendant des mois, il souffrit d'une grave dépression et ne put travailler. Sa réaction fut assez importante pour qu'il décide de se considérer lui-même comme un patient.

L'analyse des rêves

Il est évident que Freud ne pouvait pas utiliser l'association libre pour s'analyser lui-même, de sorte qu'il dut trouver un autre moyen. Il supposa que le contenu des rêves se compare à des symptômes hystériques, en ce sens qu'on peut considérer aussi bien les premiers que les seconds comme des manifestations symboliques de pensées traumatiques refoulées. En analysant adéquatement les symboles des rêves ou des symptômes hystériques, on peut déterminer la source du problème. C'est ainsi que l'**analyse du rêve** devint la seconde technique d'exploration de l'inconscient (la première étant l'association libre) et cette méthode convenait à l'autoanalyse de Freud, qui dit à ce sujet : « *L'interprétation des rêves est la voie royale qui mène à la connaissance de l'inconscient dans la vie psychique* » (1900/1953, éd. fr. 1967, p. 517). Il résulta de l'autoanalyse de Freud ce que lui-même et d'autres considèrent comme son œuvre maîtresse, soit *L'interprétation des rêves* (1900/1953, éd. fr. 1967).

Tout comme les symptômes physiques de l'hystérie, les rêves exigent une interprétation éclairée. Pendant le sommeil, les défenses d'une personne sont affaiblies mais toujours présentes, de sorte qu'une expérience refoulée atteint la conscience seulement sous une forme *déguisée*. Il existe donc une différence fondamentale entre l'objet apparent d'un rêve et son objet réel. On appelle le premier **contenu manifeste** du rêve et le second, **contenu latent**. Freud en vint à la conclusion que tout rêve est un **accomplissement hallucinatoire de désir**, c'est-à-dire une représentation symbolique d'un désir que le rêveur ne peut exprimer ou satisfaire directement sans éprouver de l'angoisse. Les désirs représentés sous forme symbolique durant le sommeil sont suffisamment déguisés pour permettre au rêveur de continuer à dormir, tandis qu'une expression directe des mêmes désirs provoquerait tellement d'angoisse que le rêveur s'éveillerait.

Selon Freud, l'interprétation du rêve est une tâche complexe que seule une personne possédant une excellente connaissance de la théorie psychanalytique peut accomplir. Il faut comprendre le **travail du rêve**, qui déguise le désir réellement exprimé par le rêve et comprend plusieurs opérations. La **condensation** consiste à représenter plusieurs éléments de la vie à l'état de veille par un symbole unique; par exemple, le chien d'une famille représente la famille tout entière. Le **déplacement** consiste à rêver à une chose présentant une ressemblance symbolique avec un objet ou un événement anxiogène plutôt que de rêver à l'objet ou à l'événement lui-même; par exemple, une personne rêve à une caverne plutôt qu'à un vagin.

Freud pense que, même si les symboles oniriques les plus importants proviennent de l'expérience du rêveur lui-même, il existe également des symboles universels ayant la même signification pour tous. Ainsi, le voyage symbolise la mort; la chute symbolise le fait de céder à un attrait de nature sexuelle; une boîte, un jardin, une porte et un balcon symbolisent le vagin; un canon, un serpent, un arbre, une épée, un clocher d'église et une chandelle symbolisent le pénis.

Après avoir employé l'interprétation du rêve pour s'analyser lui-même, Freud l'intégra à la psychanalyse.

Les rêves, l'originalité et Freud   En 1914, Freud dit au sujet des rêves: «Autant que je sache, nulle influence n'a orienté mon intérêt ni ne m'a gratifié d'espérances fécondes» (1914/1966c, éd. fr. 1991, p. 35). Il ajoute ailleurs que, avant qu'il ne réalise ses travaux, on aurait considéré comme «tout à fait inconvenant»

qu'un médecin suggère que l'interprétation des rêves a une valeur scientifique et que, s'il y en avait eu un qui avait osé le faire, il aurait été «excommunié» par la communauté médicale. Ces affirmations relèvent du mythe freudien. Le recours à l'interprétation du rêve pour le diagnostic de troubles physiques ou psychiques remonte au moins à Hippocrate. Rosemarie Sand (1992) indique que, bien avant Freud, des médecins européens parmi les plus éminents, dont Charcot, Janet et Krafft-Ebing, étaient convaincus de l'importance de l'interprétation du rêve d'un point de vue scientifique. Ils indiquèrent que cette technique est souvent l'*unique* moyen de vérifier des informations significatives au sujet d'un patient. Par exemple, Krafft-Ebing observa que certains homosexuels rêvent de relations hétérosexuelles et il en conclut que dans ce cas l'homosexualité est acquise et non congénitale. Ces individus ont des tendances hétérosexuelles inconscientes qu'on peut mettre au jour seulement par l'analyse du rêve. Freud avait dans sa bibliothèque quatre éditions de l'ouvrage où Krafft-Ebing explique comment utiliser les rêves pour explorer l'inconscient. Sand (1992) décrit l'utilisation de l'interprétation du rêve par Charcot, Janet et Krafft-Ebing, dont les contributions sont toutes antérieures à celle de Freud.

Le complexe d'Œdipe

Aucune percée importante d'ordre théorique ne résulta de l'autoanalyse de Freud, mais elle servit à confirmer plusieurs des notions théoriques que ce dernier avait formulées auparavant.

> L'autoanalyse de Freud ne lui a pas servi, comme les spécialistes le prétendent généralement, d'engin de reconnaissance pour la découverte par le héros du monde caché de la sexualité infantile spontanée. Il est clair qu'il était déjà à la recherche de preuves d'une activité sexuelle, spontanée ou autre, dans sa propre enfance, lorsqu'il finit par se tourner vers cette autoanalyse.

> Quel a été, alors, l'intérêt scientifique de l'autoanalyse de Freud? Elle lui a permis finalement de confirmer, par sa propre expérience, combien les occasions d'une activité sexuelle aussi bien traumatique que spontanée étaient monnaie courante dans toute enfance *normale*. En même temps, l'autoanalyse permettait à Freud d'élargir sensiblement son intelligence des divers corrélats psychologiques de ces expériences sexuelles précoces. Il fut en mesure de se remémorer les sentiments de jalousie et de haine à la naissance d'un petit frère, d'un an son cadet (et qui mourut à l'âge de huit mois). Il vérifia aussi que

l'attachement à la mère et la jalousie éprouvée pour le père marquaient les premières années de son enfance, et en conclut que ces sentiments doivent faire partie intrinsèque de cette période de la vie [...]. Il se souvint également que la « libido envers *matrem* avait été excitée » lorsque, à l'âge de deux ans, il avait vu sa mère toute nue. (Sulloway, 1979, éd. fr. 1981, p. 199)

Ainsi, en analysant ses propres rêves, Freud confirma sa croyance que les garçons ont tendance à aimer leur mère et à détester leur père. Il nomma cette tendance **complexe d'Œdipe**, d'après le héros de la tragédie grecque *Œdipe roi*, de Sophocle, qui tua son père et épousa sa mère sans savoir qui ils étaient.

Étant donné que les garçons ont une relation physique étroite avec leur mère (qui leur donne le bain, les caresse, les berce et les embrasse), Freud pense qu'il est naturel qu'ils éprouvent un désir sexuel envers elle. Il est toutefois important de noter que Freud utilise le terme *sexuel* dans un sens très général. Il serait peut-être préférable d'employer en français le mot « attrayant » puisque Freud qualifiait de « sexuel » tout ce qui est lié au plaisir. Heidbreder (1933) résume comme suit l'emploi freudien du mot *sexe*.

> Freud donne au mot « sexe » un sens très général qui englobe non seulement les intérêts et les activités spécifiquement sexuels mais aussi toute la vie affective d'un être humain, et on pourrait presque dire tout ce qu'il associe au plaisir. La liste des activités qui, pour Freud et ses disciples, ont une connotation sexuelle est quasi interminable ; toutefois, l'indication qu'elle comprend des pratiques aussi simples que la marche, le fait de fumer et de prendre un bain et des éléments plus complexes comme la création artistique, les rites religieux et les institutions politiques et sociales, et jusqu'au développement de la civilisation elle-même, donne une idée de sa portée et sa diversité. (p. 389 [notre traduction])

Cependant, dans le cas du complexe d'Œdipe, il semble que lorsque Freud emploie le mot sexuel il veut réellement dire sexuel. Quand le garçon touche ses organes sexuels, il pense à sa mère et devient ainsi son amant :

> il [...] souhaite la posséder physiquement de la manière que ses observations d'ordre sexuel et son intuition lui ont permis de deviner. Il cherche à la séduire en exhibant son pénis dont la possession le remplit de fierté. En un mot, sa virilité tôt éveillée l'incite à vouloir remplacer auprès d'elle son père qui, jusqu'à ce moment, avait été un modèle envié à cause de son évidente force physique et de l'autorité dont il était investi. Maintenant l'enfant

considère son père comme un rival qu'il voudrait évincer. (Freud, 1940/1969, éd. fr. 2001, p. 60)

Le garçon est maintenant en compétition avec le père, qui désire aussi la mère, mais dans cette situation la réalité (soit que le père est beaucoup plus puissant que l'enfant) amène l'enfant à refouler ses désirs amoureux pour la mère et son hostilité envers le père. Toutefois, selon Freud, les idées refoulées ne disparaissent pas : elles continuent de se manifester dans les rêves, des symptômes ou un comportement inhabituel. Par exemple, il était devenu clair pour Freud que sa réaction excessive à la mort de son père était due, au moins en partie, à la culpabilité inspirée par le fait d'avoir souhaité la mort de son père.

Freud pensait que le conflit œdipien est universel chez les garçons et que ses vestiges à l'âge adulte expliquent une bonne partie du comportement normal ou anormal. L'un des éléments du comportement « normal » dont ce conflit permet de rendre compte est que les hommes épousent fréquemment une femme ressemblant beaucoup à leur mère. (Nous examinerons ce qui se passe chez la fille à ce moment de sa vie lorsque nous étudierons, plus loin dans le présent chapitre, les phases libidinales du développement.)

Freud disposait alors du moyen dont il avait besoin pour expliquer les fantasmes de séduction qu'il disait avoir observés chez un grand nombre de ses patients. Il considérait à l'époque que les fantasmes de ce genre représentent le désir refoulé de posséder le parent de sexe opposé et d'évincer le parent de même sexe. Il en vint à la conclusion que de tels désirs sont aussi naturels et universels que le besoin de les refouler, ce qui explique que la *sexualité infantile* ait pris une place importante dans sa théorie générale de la motivation inconsciente.

Selon l'histoire de la psychanalyse vue par Freud et ses disciples, le fait d'attribuer des désirs sexuels aux enfants et d'affirmer que ces désirs sont naturels allait à l'encontre de la morale victorienne de cette époque, de sorte qu'il s'aliéna encore davantage les autorités médicales. Mais cette affirmation semble être, elle aussi, un mythe. Krafft-Ebing, Albert Moll (1862-1939) et Havelock Ellis (1859-1939) avaient déjà exprimé chacun de leur côté des conceptions de la sexualité infantile très similaires à celles que Freud proposa, et la sexologie était très en vogue au moment où Freud élabora sa théorie. (Pour un exposé plus détaillé, voir Sulloway, 1979, éd. fr. 1981.)

La psychopathologie de la vie quotidienne

Parmi les ouvrages les plus importants de Freud, celui qui suit chronologiquement *L'interprétation des rêves* est *Psychopathologie de la vie quotidienne* (1901/1960b, éd. fr. 1967), dans lequel il est question des **actes manqués**, qui sont des erreurs relativement banales relevant de la vie quotidienne, telles que le lapsus verbal ou écrit, le fait d'oublier ou d'égarer une chose et les accidents sans conséquence. Selon Freud, il y a une motivation à tout comportement ; on est donc justifié de chercher les causes de n'importe quel comportement « normal » ou « anormal ». Freud pense également que, les causes du comportement étant habituellement inconscientes, les gens savent rarement pourquoi ils agissent comme ils le font. Il souligne que les actes manqués reposent fréquemment sur une motivation inconsciente.

> Pour asseoir ses théories, Freud ne manque jamais de découvrir des faits dans les événements courants auxquels on ne prête pas d'importance ou qu'on attribue au hasard. Le lapsus verbal ou écrit, l'oubli d'un nom ou d'un rendez-vous, le fait de perdre un cadeau ou d'égarer un objet sont autant d'incidents qui indiquent le rôle du désir ou de la motivation. Freud insiste sur le fait que les événements de ce type n'arrivent pas du tout par hasard. Une femme qui perd son alliance souhaite ne l'avoir jamais reçue ; le médecin qui oublie le nom de son rival souhaite que ce nom soit effacé à jamais ; le journal qui imprime « Clown Prince » au lieu de « Crown Prince » et qui corrige son erreur en écrivant qu'il avait évidemment voulu dire « Clown Prince » pense effectivement ce qu'il a imprimé. Le simple bon sens laisse deviner que l'oubli est significatif : il est rare qu'on ne se sente pas embarrassé quand on doit avouer qu'on ne s'est pas rendu à un rendez-vous parce qu'on l'a oublié. Les événements de ce type sont toujours déterminés, et même surdéterminés. Plusieurs relations causales expliquent une même erreur et les déterminants sont de nature autant physique que psychique. Le lapsus est en partie attribuable, par exemple, à un trouble de coordination musculaire, à l'inversion de lettres, à la similitude de deux mots, etc., mais ces faits ne rendent pas compte de tout. Ils n'expliquent pas pourquoi la personne a fait tel lapsus plutôt que tel autre, c'est-à-dire pourquoi elle a prononcé telle combinaison de sons plutôt qu'une autre. Par exemple,

un jeune homme d'affaires s'efforçant de se montrer généreux envers un rival et voulant dire : « Oui. Il est très compétent. », dira plutôt : « Oui. Il est très condescendant. ». Il a évidemment inversé deux mots similaires, mais il exprimait en fait sa véritable opinion. Le comportement « normal » ou « anormal » repose sur le désir et la satisfaction indirecte, et la motivation détermine même les événements qu'on attribue au hasard. (Heidbreder, 1933, p. 391-392 [notre traduction])

Dans cette citation, Heidbreder qualifie de *surdéterminés* des actes comme l'oubli et le lapsus. Le concept de **surdétermination** est très important dans la théorie de Freud. En général, il signifie que bon nombre d'actes comportementaux et psychologiques ont plus d'une cause. Par exemple, un rêve peut satisfaire en partie et simultanément plusieurs besoins, et il en est de même pour un symptôme d'hystérie. De plus, nous venons de voir qu'un lapsus peut être causé (ou déterminé) par un trouble de coordination musculaire, la tendance à inverser des lettres ou un motif inconscient quelconque. Si un phénomène est déterminé par plus d'une cause, on dit qu'il est surdéterminé.

L'humour Selon Freud (1905/1960a, éd. fr. 1988), les gens font souvent des mots d'esprit pour exprimer des tendances sexuelles ou agressives inacceptables. Tout comme les rêves, les mots d'esprit représentent la satisfaction d'un désir, de sorte qu'ils constituent un moyen socialement acceptable de se montrer obscène, agressif ou hostile, cynique, critique, sceptique ou blasphématoire. De ce point de vue, le mot d'esprit est un moyen de donner libre cours à des pensées anxiogènes refoulées. Il ne faut donc pas s'étonner que les gens trouvent une chose d'autant plus amusante qu'elle leur cause plus d'angoisse. Cependant, tout comme un rêve, un mot d'esprit est efficace seulement s'il déguise les vrais motifs sous-jacents, de nature sexuelle ou agressive ; autrement, il serait trop angoissant. Freud pense qu'un mot d'esprit tombe souvent à plat parce que les motifs exprimés sont trop évidents, au même sens qu'un cauchemar est un rêve raté qui réveille le dormeur parce que les motifs exprimés sont trop puissants pour que le travail du rêve les déguise.

Donc, dans sa recherche du contenu de l'inconscient, Freud emploie l'association libre et l'analyse du rêve, les lapsus, les oublis, les « accidents », les gestes et les manies, ce qu'une personne trouve amusant et, littéralement, toute autre chose qu'elle fait ou dit.

Le voyage de Freud aux États-Unis

Freud attirait de plus en plus de disciples au fur et à mesure que sa renommée grandissait. En 1902, il commença à organiser, les mercredis soirs, des rencontres avec un petit groupe formé de ses adeptes, dans la salle d'attente de son bureau. Ce groupe, appelé d'abord Société psychologique du mercredi, devint la Société psychanalytique de Vienne en 1908. Freud lui-même rapporte que la psychanalyse est restée plus ou moins dans l'ombre jusqu'à ce que, en 1909, il soit invité, de même que Carl Jung (dont il est question dans le prochain chapitre) et Sandor Ferenczi, par G. Stanley Hall à se rendre à l'université Clark. À bord du bateau, « ayant un jour trouvé son steward en train de lire la *Psychopathologie de la vie quotidienne*, il eut, pour la première fois, l'idée qu'il pourrait devenir célèbre » (E. Jones, 1955, éd. fr. 1979, vol. 2, p. 58). Il avait alors 53 ans.

Après avoir passé quelques jours à visiter la ville, Freud commença une série de cinq conférences. Il prépara chacune seulement une demi-heure avant de la prononcer et cette préparation consistait à discuter avec Ferenczi tout en marchant. Freud s'adressa à l'auditoire en allemand sans utiliser de notes. À la fin de la série de causeries, on lui décerna un doctorat honorifique et, dans son discours de remerciement, il dit : « C'est la première reconnaissance officielle de nos efforts » (E. Jones, 1955, éd. fr. 1979, vol. 2, p. 60). Bien que ses conférences aient suscité des critiques négatives, elles furent généralement bien accueillies. Ernest Jones, ami, collègue et plus tard biographe de Freud, affirme que nul autre que William James, alors atteint d'une maladie mortelle, lui aurait dit : « L'avenir de la psychologie dépend de votre travail » (E. Jones, 1955 , éd. fr. 1979, vol. 2, p. 60). Il est toutefois possible que ce souvenir de Jones constitue une autre déformation de l'histoire. Simon (1998, p. 362-364) soutient que James pensait que la psychanalyse avait peu de valeur et qu'elle était peut-être même dangereuse. Dans une lettre à un ami psychologue, James exprime comme suit son ambivalence à l'égard de Freud et de ses idées.

> J'espère que Freud et ses disciples pousseront leurs idées jusqu'au terme qui en révélera la véritable nature. Ils nous éclaireront forcément sur la nature humaine, mais j'avoue que, personnellement, il m'a fait l'impression d'un obsédé mené par quelques idées fixes. Sa théorie du rêve me laisse froid. La « méthode symbolique » est vraiment trop risquée. (Hale, 1971, éd. fr. 2002, p. 37)

Freud développa plus tard sa série de cinq conférences en un ouvrage influent intitulé *Métapsychologie* (1915-1917/1966a, éd. fr. 1968).

Freud était très reconnaissant que sa visite à l'université Clark ait eu comme conséquence la reconnaissance internationale de la psychanalyse mais, en rentrant en Allemagne, il gardait une impression négative des États-Unis. Il dit à Ernest Jones : « L'Amérique est une erreur ; une erreur gigantesque, il est vrai, mais néanmoins une erreur » (E. Jones, 1955, éd. fr. 1979, vol. 2, p. 63). Hale (1971, éd. fr. 2002) résume comme suit ce que Freud aimait et n'aimait pas des États-Unis.

> Quelques jours lui suffirent pour croire à l'essor de la psychanalyse aux États-Unis et y nouer des amitiés durables. Ni sa perplexité ni sa méfiance ne se dissipèrent pour autant : Worcester, les Adirondacks, Coney Island et sa première séance de cinéma lui parurent plus divertissants qu'agréables. Trop d'espace, trop de lubies ! Estomaqué par les chutes du Niagara, charmé par le porc-épic des Antiquités grecques du Metropolitan Museum [sic !], peu à peu, il se laissa gagner par l'agacement. La cuisine américaine était aussi indigeste que la décontraction de citoyens dont le sans-gêne froissait son formalisme et son goût de la dignité. Lorsqu'on lui rapporta l'enthousiasme du peuple pour les « cures mentales » d'ordre religieux, il se demanda si ces ivresses profanes constituaient vraiment le terreau idéal pour les découvertes qui lui avaient tant coûté. (éd. fr., p. 20)

(On trouve dans Rosenzweig, 1992, un compte rendu détaillé du voyage de Freud aux États-Unis, de même que des copies de sa correspondance avec Hall au sujet du voyage et plusieurs photos intéressantes.)

La renommée de la psychanalyse et de son fondateur s'accrut rapidement après le voyage de Freud aux États-Unis. En 1910, on créa le Comité international de formation afin de normaliser la formation des psychanalystes. Cependant, tout n'allait pas pour le mieux du point de vue de Freud. En 1911, Alfred Adler, l'un de ses premiers disciples, prit ses distances et élabora sa propre théorie, et la défection de Carl Jung suivit de peu celle d'Adler. Freud s'inquiétait de ce qu'il puisse en résulter une contamination de la doctrine psychanalytique ; en 1912, il mit donc sur pied un comité de disciples loyaux afin d'assurer la pureté de la théorie psychanalytique. Ce petit cercle était formé de Karl Abraham, Sandor Ferenzci, Ernest Jones, Otto Rank et Hans Sachs. Mais avec le temps même des membres de ce groupe en viendraient à marquer leur désaccord avec Freud.

Un aperçu des composantes fondamentales de la théorie de la personnalité de Freud

Étant donné qu'on connaît généralement bien les composantes de la théorie de la personnalité de Freud, nous allons nous contenter d'en donner un bref aperçu.

Le ça, le moi et le surmoi

Au début de son travail de théorisation, Freud fit la distinction entre le conscient, le préconscient et l'inconscient. Le conscient comprend tout ce dont on se rend compte à tout moment ; le *préconscient* est formé de ce dont on ne se rend pas compte mais dont on pourrait facilement devenir conscient ; l'inconscient consiste en souvenirs activement refoulés hors de la conscience et qui ne deviennent conscients qu'au prix d'un grand effort. Freud résuma et élargit plus tard ce point de vue en élaborant les concepts du ça, du moi et du surmoi.

Le ça   Le **ça** (traduction de l'allemand *das es*) est la force motrice de la personnalité. Il renferme toutes les **pulsions**, telles que la faim, la soif et les désirs sexuels ; il est entièrement inconscient et régi par le *principe de plaisir*. Si un besoin naît, le ça veut qu'il soit immédiatement satisfait. La totalité de l'énergie associée aux pulsions est appelée **libido** (mot latin signifiant « désir ») et l'énergie libidinale est responsable de la plus grande partie du comportement humain. Chaque pulsion a : une *source*, soit un besoin physiologique quelconque ; un *but*, qui est de satisfaire le besoin ; un *objet*, soit tout ce qui peut satisfaire le besoin ; une *poussée* dont l'intensité est déterminée par la grandeur du besoin.

Le ça ne dispose que de deux moyens pour satisfaire un besoin. Le premier est l'*action réflexe*, qui se déclenche automatiquement lorsqu'un certain inconfort apparaît ; l'éternuement et l'éloignement d'un stimulus douloureux sont des exemples d'actions réflexes. Le second est l'accomplissement hallucinatoire du désir qui consiste pour le ça à rappeler une image d'un objet susceptible de satisfaire un besoin présent. Mais, le ça n'étant jamais directement en contact avec le milieu, d'où viennent donc ces images ?

> Freud parle du Ça comme d'une réalité psychique authentique. Il veut dire par là que le Ça est la réalité primaire subjective, l'univers intérieur qui existe dès avant que l'individu ait fait l'expérience du monde extérieur. Non seulement sont innés les réflexes et les instincts, mais les images produites par l'état de tension peuvent tout aussi bien être innées. Cela signifie que le bébé affamé est à même de posséder l'image de la nourriture sans avoir besoin de faire l'apprentissage de l'association existant entre la nourriture et la faim. Freud croit que les expériences qui ont été fréquemment répétées par un grand nombre d'individus à travers des générations successives deviennent des acquisitions permanentes du Ça. (Calvin S. Hall, 1954, éd. fr. 1957, p. 33-34)

Freud accepte donc la théorie lamarckienne de l'hérédité des caractères acquis dans son explication de la capacité du ça à rappeler l'image de choses du monde extérieur susceptibles de satisfaire un besoin.

Étant donné que les activités du ça ne dépendent nullement de l'expérience de l'individu et qu'elles fournissent la base de la personnalité tout entière, Freud les appelle *processus primaires*. Ceux-ci sont irrationnels puisqu'ils sont directement déterminés par l'état de besoin de la personne ; ils ne supportent aucun délai entre l'apparition d'un besoin et sa satisfaction et ils se situent en totalité dans l'inconscient. En outre, les processus primaires peuvent tout au plus fournir une satisfaction temporaire d'un besoin, de sorte que la personnalité doit comporter un autre élément pour que l'individu survive.

Le moi   Le **moi** (traduction de l'allemand *das ich*) se rend compte *à la fois* des besoins du ça et du monde physique, et sa principale fonction consiste à coordonner les deux. Autrement dit, la tâche du moi est d'apparier les désirs (ou images) du ça et ce qui leur correspond dans le milieu physique. C'est pour cette raison qu'on dit que les agissements du moi sont au service du ça. On dit également du moi qu'il est régi par le *principe de réalité*, car les objets qu'il fournit doivent assurer la satisfaction *réelle* et non imaginaire des besoins.

Lorsque le moi trouve dans le milieu un objet ou un processus susceptible de satisfaire un besoin, il charge la pensée de cet objet ou de ce processus d'énergie libidinale, et crée ainsi une association entre le besoin et l'objet. On dit qu'il y a **investissement** d'énergie psychique dans la pensée de l'objet ou du processus qui satisfait un besoin. Les activités réelles du moi sont appelées *processus secondaires*, par opposition aux processus primaires imaginaires du ça.

Si le ça et le moi étaient les deux seules composantes de la personnalité, les humains se distingueraient à peine des autres animaux. Mais il existe une troisième composante qui rend les choses beaucoup plus complexes.

Le surmoi Bien que le nouveau-né soit complètement dominé par le ça, l'enfant doit rapidement apprendre que la satisfaction d'un besoin ne peut généralement pas être immédiate. Mais ce qui est encore plus important, c'est qu'il doit apprendre que certaines choses sont « bonnes » et d'autres, « mauvaises ». Par exemple, le garçon doit inhiber ses désirs sexuels envers sa mère et ses tendances agressives à l'égard de son père. L'enseignement de ce qu'il faut faire et ne pas faire est ce qu'on entend généralement par socialisation d'un enfant.

Au fur et à mesure que l'enfant intériorise ce qui est permis et ce qui est interdit, il élabore un **surmoi** (traduction de l'allemand *das überich*), qui est la branche morale de la personnalité. Une fois pleinement développé, le surmoi comprend deux parties. La *conscience* résulte de l'intériorisation des expériences pour lesquelles l'enfant a été constamment puni ; il se sent ensuite coupable s'il s'adonne ou même pense simplement à des activités du même type. L'*idéal du moi* résulte de l'intériorisation des expériences pour lesquelles l'enfant a été récompensé ; il est satisfait de lui-même lorsqu'il s'adonne ou songe simplement à s'adonner à des activités du même type. Bien que Freud pense que le surmoi, comme le ça, renferme des vestiges archaïques, il met l'accent sur le rôle de l'expérience personnelle, en matière de récompense et de punition, dans le développement de cette instance. Une fois que le surmoi est développé, le comportement et les pensées de l'enfant sont régis par les valeurs intériorisées, qui sont habituellement celles des parents, et on dit que l'enfant est socialisé.

À ce stade, la fonction du moi devient beaucoup plus complexe. Il doit non seulement trouver des objets ou des processus qui satisfassent les besoins du ça, mais

ces objets et ces processus doivent recevoir l'aval du surmoi. Il arrive qu'un investissement acceptable pour le ça et le moi provoque de la culpabilité ; l'énergie libidinale est alors déplacée pour inhiber l'investissement. Ce déplacement visant à inhiber une association entre un besoin et un objet est appelé **désinvestissement**. Dans les cas de désinvestissement, le surmoi inhibe l'association pour échapper à des sentiments de culpabilité et le moi, pour ajourner la satisfaction du besoin jusqu'à ce qu'il trouve un objet ou processus acceptable. Le désinvestissement implique un déplacement d'un objet ou d'un processus provoquant de la culpabilité ou de l'angoisse vers un objet ou un processus qui n'en provoque pas.

La pulsion de vie et la pulsion de mort Freud (1920/1955b, éd. fr. 1981) fait la distinction entre la pulsion de vie et la pulsion de mort. Il désigne l'ensemble des **pulsions de vie** par le terme *Eros* (du nom du dieu grec de l'amour), et l'énergie associée à ces pulsions par le terme libido. Freud avait précédemment posé l'équivalence entre la libido et l'énergie sexuelle mais, en raison de l'accumulation de faits allant à l'encontre de cette conception et des critiques sévères de la part même de ses collègues les plus proches, il élargit la notion de libido de manière à y inclure l'énergie associée à toutes les pulsions de vie, y compris le désir sexuel, la faim et la soif. Dans la vision finale de Freud, si un besoin apparaît, de l'énergie libidinale est émise afin de satisfaire celui-ci, ce qui entretient la vie. Lorsque tous les besoins sont satisfaits, l'individu est dans un état de tension minimale. L'un des buts fondamentaux de la vie est d'atteindre cet état d'absence de besoin, qui correspond à une satisfaction totale.

Que se passe-t-il si on pousse le raisonnement décrit plus haut un peu plus loin ? Il existe un état physiologique qui représente l'état stable ultime ou l'état de non-tension : c'est ce qu'on appelle la mort. La vie, dit Freud, est issue de la matière inorganique et une partie de soi souhaite retourner à cet état originel parce que c'est le seul état dans lequel la lutte incessante pour la satisfaction des besoins prend fin. Cette vision reflète l'influence de Schopenhauer qui affirme que chaque repas que l'on ingurgite, chaque bouffée d'air que l'on inspire ne fait qu'ajourner la mort, qui finit toujours par vaincre. Pour Schopenhauer, « la mort est bien "le propre résultat" de la vie et, dans cette mesure, son but » (Freud, 1920/1955b, éd. fr. 1981, p. 97). Il y a donc, à côté des pulsions de vie, une **pulsion de mort**, appelée *Thanatos* (du nom du dieu grec de la mort). Les pulsions de vie tendent à prolonger la vie, tandis que la pulsion de mort tend à y mettre fin. Ainsi, à tous les autres conflits entre le ça, le moi et le surmoi, Freud ajouta une lutte entre les pulsions de vie et la pulsion de mort. Si elle est dirigée contre soi, la pulsion de mort s'exprime par le suicide ou le masochisme ; si elle est dirigée vers l'extérieur, elle se manifeste par la haine, le meurtre, la cruauté et l'agression en général. Donc, selon Freud, l'agressivité est partie intégrante de la nature humaine.

Il n'est pas étonnant qu'on ait qualifié le moi de principe directeur de la personnalité. Il doit non seulement faire face aux problèmes réels issus du milieu mais également satisfaire les besoins du ça sans pourtant s'aliéner le surmoi. Une autre des tâches du moi consiste à réduire au maximum l'angoisse suscitée chaque fois qu'on va *à l'encontre* des valeurs intériorisées. Pour lutter contre cette angoisse, le moi dispose de mécanismes de défense, dont il est question dans le prochain paragraphe.

L'angoisse et les mécanismes de défense du moi

L'angoisse L'angoisse est un signal de l'existence d'un danger imminent et Freud en distingue trois types. L'*angoisse réelle* est déclenchée par une menace réelle au bien-être de l'individu. Par exemple, le fait d'être attaqué physiquement par une autre personne ou un animal provoque une angoisse réelle. L'*angoisse névrotique* apparaît lorsque le moi a le sentiment qu'il est sur le point d'être submergé par le ça, c'est-à-dire quand les besoins du ça deviennent tellement pressants que le moi se sent incapable de les maîtriser, de sorte que l'irrationalité du ça risque de se manifester dans les pensées et le comportement de l'individu. L'*angoisse de conscience morale* apparaît quand l'individu contrevient ou est sur le point de contrevenir à une valeur intériorisée. Ce type d'angoisse s'apparente à la honte et à la culpabilité ; c'est l'autopunition résultant du non-respect des valeurs intériorisées par le surmoi.

Toute forme d'angoisse est désagréable et la personne qui en éprouve cherche à en réduire l'intensité ou à l'éliminer, exactement de la même façon qu'elle chercherait à réduire la faim, la soif ou la douleur. C'est la fonction du moi de faire face à l'angoisse. Afin de réduire l'angoisse réelle, le moi doit réagir efficacement par rapport au milieu. En présence d'angoisse névrotique ou d'angoisse de conscience morale, le moi doit employer des processus que Freud appelle **mécanismes de défense du moi**. Freud pense que tous les mécanismes de ce type ont deux choses en commun : ils déforment la réalité et agissent au niveau inconscient, c'est-à-dire que l'individu ne se rend pas compte qu'il emploie de tels mécanismes.

Les mécanismes de défense du moi Le *refoulement* est le mécanisme de défense fondamental puisqu'il joue un rôle dans tous les autres mécanismes du même type. Les idées refoulées pénètrent dans le conscient seulement sous une forme déguisée qui ne provoque pas d'angoisse. Les idées refoulées modifiées se manifestent dans les rêves, l'humour, des symptômes physiques, l'association libre et les actes manqués. Étant donné sa quasi-omniprésence dans la théorie psychanalytique, le *déplacement* est un autre mécanisme de défense très important. Il consiste généralement à remplacer un objet ou un but qui cause de l'angoisse par un autre qui n'en provoque pas. Si le déplacement consiste à remplacer un but sexuel par un but non sexuel, le processus est appelé *sublimation*. Freud considère que celle-ci est la base de la civilisation. Étant donné qu'il est souvent impossible d'exprimer directement ses pulsions sexuelles, on est forcé de les exprimer indirectement par la poésie, d'autres formes d'art, la religion, le football, le baseball, la politique, l'éducation et tout ce qui caractérise la civilisation. Freud voit donc celle-ci comme un compromis : elle peut exister seulement si les humains inhibent la satisfaction directe de leurs pulsions fondamentales. Selon Freud, les humains sont des animaux frustrés par la civilisation même qu'ils ont créée pour se protéger d'eux-mêmes. Il dit : « La sublimation pulsionnelle est un trait particulièrement saillant du développement de la culture, elle permet que des activités psychiques supérieures, scientifiques, artistiques, idéologiques, jouent dans la vie de culture un rôle tellement significatif » (Freud, 1930/1961b, éd. fr. 2002, p. 40).

Une autre façon de faire face à une pensée angoissante est de l'attribuer à quelqu'un d'autre ou à quelque chose. Ce processus est appelé *projection*. On voit les causes d'un échec, d'une pulsion indésirable ou d'un désir secret « à l'extérieur de soi » plutôt qu'en soi parce que le fait de considérer ces causes comme partie intégrante de soi suscite de l'angoisse. De façon analogue, lorsqu'on se sent frustré et angoissé d'avoir à vivre conformément à des valeurs intériorisées, on peut emprunter symboliquement la réussite de quelqu'un d'autre au moyen d'un processus appelé *identification*. Ainsi, une personne qui s'habille, se comporte et parle de la même façon qu'un individu reconnu pour avoir réussi s'approprie une partie du succès de ce dernier. La *rationalisation* consiste à fournir un motif rationnel ou logique mais faux pour expliquer un échec ou un défaut, plutôt que le motif réel. Il arrive que des gens désirant faire une chose qui provoquerait de l'angoisse fassent exactement le contraire ; c'est ce qu'on appelle une *formation réactionnelle*. Par exemple, un homme ayant de fortes tendances homosexuelles adopte l'attitude d'un don Juan ; la mère qui déteste son enfant se montre trop indulgente ; une personne fortement opposée au gouvernement manifeste un patriotisme fervent ; un individu ayant de fortes pulsions sexuelles fait une lutte acharnée à la pornographie, à la promiscuité et aux mœurs soi-disant dépravées de la jeunesse actuelle.

On trouve notamment dans Cramer (2000) un exposé de la place des mécanismes de défense du moi dans la psychologie contemporaine.

Les phases libidinales du développement

Même si Freud considère que la totalité du corps est une source de plaisir sexuel, il pense que le plaisir de ce type se concentre dans différentes parties du corps à divers stades du développement. Quel que soit le stade, la partie du corps où se concentre le plaisir sexuel est appelée *zone érogène*, et ce sont les zones érogènes qui donnent leur nom aux phases du développement. Selon Freud, les expériences d'un enfant durant chaque stade déterminent dans une large mesure sa personnalité à l'âge adulte. C'est pourquoi Freud pense que les bases de la personnalité sont déjà établies au moment où l'enfant atteint l'âge de cinq ans.

La phase orale La *phase orale* correspond à peu près à la première année de la vie et la zone érogène est alors la bouche. Le plaisir vient principalement des lèvres, de la langue et d'activités telles la succion, la mastication et la déglutition. Si une *satisfaction excessive* ou un

manque de satisfaction (frustration) des besoins oraux entraîne une *fixation* à cette phase, l'individu présentera à l'âge adulte des traits de *caractère oral*. Une fixation survenant au début de la phase orale donne des traits de *caractère avide-oral* : la personne a tendance à écouter les autres, à manger, boire et fumer avec excès et à accorder une importance exagérée au baiser ; elle a aussi tendance à être dépendante et crédule. Une fixation survenant vers la fin de la phase orale, lorsque les dents ont commencé à percer, donne des traits de *caractère sadique-oral* : la personne est sarcastique, cynique et généralement agressive.

La phase anale La *phase anale* correspond approximativement à la seconde année de la vie et la zone érogène est alors formée de l'anus et des fesses. S'il y a fixation à ce stade, la personne présentera des traits de *caractère anal*. Durant la première partie de la phase anale, le plaisir vient principalement d'activités telles l'expulsion des fèces et, si la fixation survient à ce moment, l'adulte présentera des traits de *caractère prodigue-anal*, c'est-à-dire qu'il aura tendance à être généreux, malpropre et désordonné, et à gaspiller. Durant la seconde partie de la phase anale, après que l'enfant ait appris à être propre, le plaisir vient de la capacité à retenir les fèces. Une fixation à ce stade donne des traits de *caractère avare-anal* : la personne a tendance à collectionner les objets et à être avare, ordonnée et parfois perfectionniste.

La phase phallique La *phase phallique* va approximativement du début de la troisième année de la vie à la fin de la cinquième année, et la zone érogène est alors la région génitale du corps. Puisque Freud pense que le clitoris est un petit pénis, la phase phallique fait autant partie du développement de la fillette que du garçon. L'événement le plus important de ce stade est le complexe d'Œdipe, sous sa forme féminine ou masculine. Selon Freud, aussi bien le garçon que la fillette éprouvent des sentiments positifs intenses, et même de nature érotique, envers la mère parce qu'elle satisfait leurs besoins. Ces sentiments persistent chez le garçon, mais en général ils se modifient chez la fillette. Le garçon éprouve un intense désir pour sa mère et une forte hostilité envers son père, qu'il perçoit comme un rival dans la quête de l'amour de la mère. Étant donné qu'à ce stade la source du plaisir est le pénis et que le garçon considère que son père est beaucoup plus puissant que lui, il commence à éprouver de l'*angoisse de castration*, ce qui l'incite à réprimer ses tendances sexuelles et agressives. Selon Freud, il n'est pas nécessaire qu'on menace ouvertement un garçon de le castrer pour qu'il ressente cette forme d'angoisse. Il peut simplement avoir l'occasion de se rendre compte que les filles n'ont pas de pénis et supposer qu'elles en ont déjà eu un. L'angoisse de castration peut aussi résulter de la mémoire phylogénétique de castrations réelles ayant eu lieu dans un lointain passé :

> ce n'est pas que la castration soit réellement pratiquée ; ce qui est décisif, c'est que le danger menace de l'extérieur et que l'enfant y croit. Et il y a quelque sujet de le faire, car on le menace bien souvent de lui couper le membre pendant sa phase phallique, à l'époque de son onanisme infantile, et des allusions à cette punition ont bien pu trouver chez lui un renforcement phylogénétique. (Freud, 1933/1964a, éd. fr. 1984, p. 74)

Quoi qu'il en soit, le garçon résout le problème en s'identifiant au père, ce qui permet deux choses : en devenant symboliquement son père (par identification), le garçon partage au moins la mère avec lui ; le père ne représente plus une menace, ce qui réduit l'angoisse de castration du garçon.

La situation de la fillette est très différente de celle du garçon. Comme lui, elle est d'abord fortement attirée par la mère pour qui elle éprouve un profond attachement, mais elle apprend rapidement qu'elle est dépourvue de pénis et en rejette le blâme sur la mère. Elle éprouve alors à la fois des sentiments positifs et négatifs envers cette dernière. À peu près au même moment, elle apprend que son père possède l'organe auquel elle attribue de la valeur et souhaite le partager avec lui. Il en résulte une attraction sexuelle pour le père, mais le fait que son père possède une chose précieuse dont elle est dépourvue l'amène à éprouver l'*envie du pénis*. La fillette fait donc elle aussi l'expérience de sentiments ambivalents envers le père. Pour résoudre sainement le complexe d'Œdipe sous sa forme féminine, la fillette doit refouler son hostilité pour la mère et son attraction sexuelle pour le père. Elle « devient » donc la mère et partage ainsi le père.

Le refoulement et la forte identification, nécessaires durant la phase phallique, mènent au plein développement du surmoi, et il résulte de l'identification de l'enfant avec le parent de même sexe une introjection des préceptes moraux et des valeurs de ce parent. Ce sont ces préceptes et ces valeurs qui contrôleront l'enfant

tout le reste de sa vie. C'est pourquoi on dit que la formation complète du surmoi va de pair avec la résolution du complexe d'Œdipe.

L'une des principales raisons pour lesquelles Freud pense que les expériences respectives de la fillette et du garçon durant la phase phallique ne sont pas symétriques, c'est que l'angoisse de castration joue un rôle crucial chez ce dernier. Étant donné que la fillette a déjà été castrée (symboliquement), elle n'éprouve jamais une intense motivation à s'identifier au parent castrateur dans un but défensif. Cette identification aboutissant à l'élaboration du surmoi, Freud en vint à la conclusion très controversée que le surmoi (ou la moralité) est plus fort chez les êtres de sexe masculin que chez ceux de sexe féminin.

Il est évident que les femmes étaient plus énigmatiques que les hommes pour Freud. Il dit un jour à son amie intime la princesse Marie Bonaparte : « La grande question restée sans réponse et à laquelle moi-même n'ai jamais pu répondre malgré mes trente années d'étude de l'âme féminine est la suivante : "que veut la femme ?" » (Jones, 1955, éd. fr. 1982, vol. 2). Après avoir mis à l'épreuve diverses approches dans le but de comprendre la psychologie féminine, Freud baissa les bras. Voici les derniers propos qu'il a tenus sur le sujet.

> Voilà tout ce que j'avais à vous dire sur la féminité. C'est assurément incomplet et fragmentaire, cela ne rend pas toujours non plus un son agréable. [...] Si vous voulez en savoir plus sur la féminité, interrogez vos propres expériences de la vie, ou adressez-vous aux poètes, ou bien attendez que la science puisse vous donner des renseignements plus approfondis et plus cohérents. (Freud, 1933/1966b, éd. fr. 1984, p. 181)

On a critiqué avec raison le point de vue de Freud sur les femmes, mais on lui reproche souvent par ailleurs des choses qu'il n'a jamais dites. Afin d'évaluer aussi objectivement que possible la vision freudienne de la psychologie féminine, Young-Bruehl (1990) a rassemblé tous les écrits de Freud sur le sujet et les a classés par ordre chronologique afin de constater l'évolution du point de vue du psychanalyste au cours de sa carrière.

La période de latence La *période de latence* va approximativement du début de la sixième année jusqu'à la puberté. À cause de l'intense refoulement requis durant la phase phallique, l'activité sexuelle est presque éliminée de la conscience pendant la période de latence, caractérisée par de nombreuses activités de remplacement, dont le travail scolaire et les activités avec les pairs, de même qu'une immense curiosité envers le monde extérieur.

La phase génitale   La *phase génitale* va de la puberté jusqu'à la fin de la vie. Au début de la puberté, les désirs sexuels sont trop intenses pour être complètement refoulés, de sorte qu'ils commencent à se manifester. L'attention est alors centrée sur les individus de sexe opposé. Si tout s'est passé normalement durant les phases antérieures, le point culminant de la phase génitale est la fréquentation de personnes du sexe opposé et, finalement, le mariage.

La satisfaction excessive ou le manque de satisfaction, de même que la fixation, que vit (ou ne vit pas) une personne durant les diverses phases libidinales déterminent sa personnalité à l'âge adulte. Si elle présente alors des problèmes d'adaptation, le psychanalyste cherche la solution dans les expériences de son enfance. Du point de vue psychanalytique, ces expériences constituent la matière dont sont issues les névroses ou la normalité. Les psychanalystes pensent en fait que l'enfant est « le père de l'adulte » (Freud, 1940/1969, éd. fr. 2001, p. 57).

La conception freudienne de la nature humaine

Il devrait maintenant être clair que Freud faisait preuve d'un profond pessimisme à l'égard de la nature humaine. Voici comment il réagit au commandement biblique « Tu aimeras ton prochain comme toi-même ».

> À quoi bon un précepte à l'allure si solennelle, si son accomplissement ne peut se recommander de la raison ?
>
> [...] Non seulement cet étranger n'est pas, en général, digne d'être aimé, mais, je dois le confesser honnêtement, il a davantage droit à mon hostilité, voire ma haine. Il ne semble pas avoir le moindre amour pour moi, ne me témoigne pas le plus infime égard. Quand cela lui apporte un profit, il n'a aucun scrupule à me nuire, sans se demander non plus si le degré de son profit correspond à l'ampleur du dommage qu'il m'inflige. D'ailleurs, il n'a même pas besoin d'en tirer un profit ; pour peu qu'il puisse satisfaire par là tel ou tel désir, il n'hésite pas à me railler, m'offenser, me calomnier, faire montre envers moi de sa puissance ; plus il ressent d'as-

surance, plus je suis en désaide, plus je puis m'attendre avec assurance à ce qu'il se conduise ainsi envers moi. [...] D'ailleurs, si ce commandement grandiose disait : Aime ton prochain comme ton prochain t'aime, je ne contesterais pas. [...]

> La part de réalité effective cachée derrière tout cela et volontiers déniée, c'est que l'homme n'est pas un être doux, en besoin d'amour, qui serait tout au plus en mesure de se défendre quand il est attaqué, mais qu'au contraire il compte aussi à juste titre parmi ses aptitudes pulsionnelles une très forte part de penchant à l'agression. En conséquence de quoi, le prochain n'est pas seulement pour lui une aide et un objet sexuel possibles, mais aussi une tentation, celle de satisfaire sur lui son agression, d'exploiter sans dédommagement sa force de travail, de l'utiliser sexuellement sans son contentement, de s'approprier ce qu'il possède, de l'humilier, de lui causer des douleurs, de le martyriser et de le tuer. *Homo homini lupus.* [L'homme est un loup pour l'homme.] (Freud, 1930/1961b, éd. fr. 2002, p. 52-54)

Malgré son pessimisme, Freud (1917/1955a, éd. fr. 1985) pense que les gens pourraient, et devraient, adopter un mode de vie plus rationnel, mais il faudrait qu'ils comprennent d'abord comment fonctionne leur propre esprit.

> Tu peux te bercer de l'illusion que tu apprends tout ce qui revêt une certaine importance. [...] Mais dans tous les cas, ces renseignements de ta conscience sont incomplets et souvent peu sûrs [...] Qui saurait évaluer, même si tu n'es pas malade, tout ce qui s'agite dans ton âme et dont tu n'apprends rien, ou dont tu es mal informé ? Tu te comportes comme un souverain absolu, qui se contente des renseignements que lui apportent les hauts fonctionnaires de sa cour, et qui ne descend pas dans la rue pour écouter la voix du peuple. Entre en toi-même, dans tes profondeurs, et apprends d'abord à te connaître [...]. (éd. fr., p. 186)

La religion   Le pessimisme de Freud se manifeste aussi dans *L'avenir d'une illusion* (1927, éd. fr. 1989), son principal texte sur la religion. Dans cet ouvrage, Freud affirme que la religion repose sur le sentiment d'impuissance et d'insécurité des humains qui, dans l'espoir de surmonter celui-ci, créent une figure paternelle puissante, supposément capable de les protéger, symbolisée par le concept de Dieu. Le recours à cette solution a le désavantage, selon Freud, de maintenir les humains à un niveau de fonctionnement irrationnel, plus ou moins infantile. Les enseignements dogmatiques de la religion inhibent toute approche réaliste, plus rationnelle, de la vie. Voici ce que dit Freud dans *Le malaise dans la culture* (1930/1961b, éd. fr. 2002).

> Tout cela [la religion] est si manifestement infantile, si étranger à la réalité effective, que si l'on est porté à aimer les hommes il est douloureux de penser que la grande majorité des mortels ne s'élèvera jamais au-dessus de cette conception de la vie. (éd. fr., p. 16)

Selon Freud, l'unique espoir des humains est d'arriver à maîtriser les forces refoulées qui les motivent, car c'est à cette seule condition qu'ils pourront adopter un mode de vie rationnel : « Peut-être celui qui ne souffre d'aucune névrose n'a-t-il pas besoin d'ivresse pour étourdir celle-ci » (1927/1961a, éd. fr. 1989, p. 70). La religion est donc, d'après lui, un « doux et amer » poison. Tout comme il refusa de prendre des sédatifs durant les 16 années où il souffrit d'un cancer, il pensait que les humains pourraient et devraient faire face à la réalité sans avoir recours à la religion ni à aucune autre forme d'illusion.

Freud espérait qu'un jour les gens se laisseraient guider par des principes scientifiques au lieu d'illusions religieuses dans la conduite de leur vie. De tels principes ne sont pas toujours réconfortants mais ils sont au moins rationnels.

> Aucune dépréciation de la science ne pourra rien changer au fait qu'elle essaie de tenir compte de notre dépendance du monde extérieur réel, alors que la religion est illusion et tire sa force de sa complaisance envers nos motions de désirs pulsionnelles. (Freud, 1933/1966b, éd. fr. 1984, p. 233-244)

Freud ajoute ailleurs : « Non, notre science n'est pas une illusion. Mais ce serait une illusion de croire que nous puissions trouver ailleurs ce qu'elle ne peut nous donner » (1927/1961a, éd. fr. 1989, p. 80).

Les dernières années de Freud

Durant les dernières années de sa vie, Freud continua d'être très productif même s'il souffrait d'un cancer. Toutefois, lorsque les nazis occupèrent l'Autriche, en 1936, sa situation devint de plus en plus précaire. La psychanalyse avait déjà été déclarée « science juive » en Allemagne, où les œuvres de Freud étaient bannies. À Vienne, les nazis détruisirent sa bibliothèque personnelle et brûlèrent en public tous les livres de Freud qui se trouvaient dans la bibliothèque municipale. Voici ce

que dit Freud : « Quels progrès nous faisons. Au Moyen Âge ils m'auraient brûlé ; à présent ils se contentent de brûler mes livres » (E. Jones, 1957, éd. fr. 1975, vol. 3, p. 209). Freud tint le coup le plus longtemps possible, mais il dut finalement se résigner à quitter Vienne. Avant de partir, il fut contraint de signer un document attestant qu'il avait été traité avec beaucoup de respect et de considération par les nazis, mais il y ajouta le commentaire suivant (évidemment sarcastique) : « Je puis cordialement recommander la Gestapo à tous » (E. Jones, vol. 3, p. 258). Au moment de quitter Vienne, il laissa derrière lui quatre de ses sœurs qui périrent dans les camps de concentration après la mort de Freud lui-même (E. Jones, 1957, éd. fr. 1975, vol. 3, p. 263).

Freud se rendit d'abord à Paris, avec sa fille Anna, où les attendaient leur amie intime la princesse Marie Bonaparte et l'un des fils de Freud. Ils partirent peu après pour Londres et emménagèrent au 20, Maresfield Gardens dans le faubourg Hampstead, au nord de Londres. Freud fut bien accueilli en Angleterre et, même s'il était très souffrant, il continua d'écrire, de

Sigmund et Anna Freud

recevoir des patients et d'assister, à l'occasion, à des réunions de la London Psychoanalytic Society. Le 28 juin 1938, trois secrétaires de la London Royal Society se rendirent chez lui pour lui faire signer le « livre officiel des membres de la Société », où Newton et Darwin notamment avaient déjà apposé leur signature. Freud en fut *ravi*. C'est à Londres qu'il compléta son dernier ouvrage, *Moïse et le monothéisme* (1939/1964b, éd. fr. 1948). Il mourut la même année, à l'âge de 83 ans. Sa femme, Martha, décéda 12 ans plus tard, soit le 2 novembre 1951, à l'âge de 90 ans.

Freud avait conclu une entente avec son médecin, Max Shur, selon laquelle, lorsque son état serait désespéré, ce dernier l'aiderait à mourir. Voici comment Peter Gay (1988, éd. fr. 1991) décrit les derniers jours de Freud.

> Schur est bouleversé. Il n'a jamais vu une telle dignité face à la mort. Le 21 septembre, il lui fait une piqûre de trois centigrammes de morphine—la dose sédative normale étant de deux centigrammes. Freud s'endormit d'un sommeil paisible. Schur répéta la piqûre lorsqu'il commença à s'agiter, et le lendemain, 22 septembre, lui administra une dernière dose. Freud sombra dans un coma dont il ne s'éveilla plus. Il mourut à trois heures du matin, le 23 septembre 1939. (éd. fr., p. 746-747)

Le corps de Freud fut incinéré et ses cendres furent déposées dans une urne grecque dont lui avait fait présent Marie Bonaparte. Il laissait un legs de 20 000 £ anglaises (Roazen, 1992, éd. fr. 1986, p. 464).

La légende freudienne révisée

Nous avons déjà examiné deux mises au point de la légende freudienne : les circonstances nébuleuses dans lesquelles Freud abandonna sa théorie de la séduction et le fait que plusieurs de ses idées (concernant notamment la sexualité infantile, l'analyse du rêve et l'hystérie masculine) n'étaient pas aussi audacieuses et originales que lui-même et ses émules ne l'avaient affirmé. Selon Ellenberger (1970, éd. fr. 1994), Freud et ses disciples ont tenté à dessein de créer une image du maître héroïque et solitaire, victime de discrimination parce qu'il était juif et que ses idées étaient trop révolutionnaires pour être acceptées par les autorités médicales. Toujours selon Ellenberger (1970, éd. fr. 1994), la légende freudienne comprend deux traits essentiels.

Le premier est le thème du héros solitaire, en butte à une armée d'ennemis, subissant, comme Hamlet, les « coups d'un destin outrageant », mais finissant par en triompher. La légende exagère considérablement la portée et le rôle de l'antisémitisme, de l'hostilité des milieux universitaires et des prétendus préjugés victoriens. En second lieu, la légende freudienne passe à peu près complètement sous silence le milieu scientifique et culturel dans lequel s'est développée la psychanalyse, d'où le thème de l'originalité absolue de tout ce qu'elle a apporté : on attribue ainsi au héros le mérite des contributions de ses prédécesseurs, de ses associés, de ses disciples, de ses rivaux et de ses contemporains en général. (éd. fr., p. 588)

Ellenberger affirme que les faits contredisent les deux aspects de la légende. Premièrement, Freud fut victime de peu d'antisémitisme et il fit face à beaucoup moins d'hostilité que bien des médecins plus éminents. Deuxièmement, la majorité des idées émises par Freud étaient moins originales que ne l'ont proclamé ses disciples. À propos de la tendance des psychanalystes à déformer l'histoire de leur propre discipline, Sulloway (1992) note : « Étant donné que les psychanalystes ont à maintes reprises censuré et déformé l'histoire de leur propre discipline, ils peuvent très bien en avoir fait autant lors de la reconstruction de la psychanalyse de leurs patients » (p. 159 [notre traduction]). Nous allons voir dans la prochaine section que de plus en plus de spécialistes de Freud partagent l'avis de Sulloway.

Freud et ses émules supportaient très mal la critique et avaient l'habitude d'accuser leurs détracteurs de faire preuve de résistance, d'un manque de compréhension et même de bigoterie. Sulloway (1979, éd. fr. 1981) souligne néanmoins que la majorité des critiques de la psychanalyse étaient justifiées.

> En plus des critiques qui avaient été faites à Freud avant qu'il eût une école de quelque conséquence, on commençait à reprocher communément à la psychanalyse les choses suivantes : 1. que les psychanalystes commençaient toutes leurs prises de position par la formule : « L'expérience de la psychanalyse nous apprend que ... », laissant à d'autres le soin d'établir les preuves ; 2. que les disciples de Freud refusaient de prêter l'oreille aux opinions qui ne cadraient pas avec les leurs ; 3. qu'ils ne publiaient jamais de statistiques sur le succès de leurs méthodes ; 4. qu'ils s'obstinaient à dire que seuls ceux qui avaient pratiqué la méthode psychanalytique avaient le droit de contester Freud ; 5. qu'ils voyaient dans toute critique une forme de « résistance névrotique » ; 6. que

les psychanalystes avaient tendance à ignorer ce qui avait été fait avant eux pour faire ensuite des déclarations injustifiées sur leur propre originalité ; 7. qu'ils se présentaient souvent aux profanes comme si leurs théories étaient déjà chose prouvée, ce qui faisait paraître leurs adversaires ignorants et d'esprit étroit ; 8. que des analystes dits sauvages ou des individus sans formation appropriée analysaient des malades de façon irresponsable ; 9. enfin, que les disciples de Freud devenaient une secte, avec toutes ses caractéristiques principales, notamment une foi portée jusqu'au fanatisme, un jargon particulier, un complexe de supériorité morale, une intolérance marquée à l'égard des contradictions. Dans le contexte de l'époque, ces critiques avaient beaucoup plus de sens et de fondement que les historiens de la psychanalyse n'ont bien voulu l'admettre. (éd. fr., p. 438-439)

La réalité des souvenirs refoulés

Freud pensait que l'erreur qu'il avait commise relativement à sa théorie de la séduction avait été de considérer que les récits de séduction de ses patients étaient véridiques. Nous avons vu que Jeffrey Masson affirme tout le contraire. Selon lui, l'erreur de Freud est d'avoir nié que ces récits étaient conformes à la réalité et de les avoir considérés comme des fantasmes. Mais qu'en est-il des cas où le patient ne rapportait aucune scène de séduction ? Est-il possible que les récits de séduction aient été créés par Freud et non par ses patients ? Une lecture attentive de « L'étiologie de l'hystérie » (1896) et de deux autres articles sur la théorie de la séduction que Freud rédigea la même année révèle qu'*aucun* patient de ce dernier ne lui parla de quelque forme de séduction que ce soit. On a rassemblé des faits démontrant qu'au moment où Freud commença à appliquer son procédé thérapeutique il était fortement convaincu de l'origine sexuelle de l'hystérie et qu'il orientait le cours de la thérapie de manière à confirmer sa vision : « La prise en compte de tous les faits […] mène à la conclusion que la majorité des premiers patients de Freud n'ont *jamais* raconté de scène de séduction infantile, les récits de ce type étant en réalité des reconstructions analytiques que le psychanalyste refila à ses patients » (Esterson, 1993, p. 28-29 [notre traduction] ; voir également Esterson 1998 et 2001).

Freud fait remarquer qu'un médecin n'a pas besoin que son patient connaisse la nature de son ou de ses troubles pour être en mesure de le soigner adéquatement. De même, le psychanalyste suppose que son patient ignore l'origine de ses symptômes. Il revient à l'analyste de définir le trouble, d'en déterminer la cause et le traitement, puis d'*informer* le patient à ce sujet. Freud postulait que la séduction faisait partie des antécédents de ses patients hystériques qu'ils en soient conscients ou non ; la maladie elle-même l'exigeait ! Dans « La psychothérapie de l'hystérie » (un essai des *Études sur l'hystérie*, 1895, éd. fr. 2003), Freud affirme :

> il peut être utile de deviner par quels canaux les choses sont liées entre elles, et de le dire au patient avant que nous l'ayons mis au jour. […] Nous n'avons donc rien à craindre […] de dire au patient ce que va être, selon nous, sa prochaine association d'idées. Cela ne fera pas de mal. (Webster, 1995, éd. fr. 1998, p. 180-181)

Dans « L'étiologie de l'hystérie » (1896/1984, éd. fr. 1985), Freud examine l'idée que l'analyste suggère des idées à ses patients ou que ces derniers inventent des scènes de séduction.

> [Des personnes] pourront se demander s'il n'est pas possible que le médecin impose de telles scènes, comme prétendus souvenirs, au malade complaisant ? Ou bien que le malade rapporte des choses délibérément inventées, et des fantasmes gratuits au médecin qui les tiendra pour vrais ? (*Névrose, psychose et perversion*, éd. fr. 1985, p. 95-96)

Freud (1896, éd. fr. 1985) rejette lui-même cette idée pour les raisons suivantes.

> D'abord le comportement des malades lorsqu'ils reproduisent ces expériences infantiles est à tous égards incompatible avec l'idée que les scènes sont autre chose qu'une réalité ressentie douloureusement et remémorée avec le plus grand déplaisir. *Les malades ne savent rien de ces scènes avant l'application de l'analyse. Il est de règle qu'ils s'indignent lorsqu'on leur annonce que de telles scènes risquent de faire surface. C'est seulement sous la puissante contrainte du traitement qu'ils sont amenés à s'engager dans le processus de reproduction. En rappelant à leur conscience ces expériences infantiles, ils endurent les sensations les plus violentes, dont ils ont honte et qu'ils cherchent à cacher. Et même après qu'ils ont revécu ces expériences d'une manière si convaincante, ils essaient encore de refuser d'y ajouter foi en insistant sur le fait qu'ici ils n'ont pas le sentiment propre au souvenir, comme il arrive dans le cas d'autres choses oubliées.*
>
> Cette dernière attitude me paraît absolument concluante. *Pourquoi les patients m'assureraient-ils aussi catégoriquement de leur incrédulité, si ce qu'ils désirent discréditer était quelque chose qu'ils auraient, pour on ne sait quel motif, inventé eux-mêmes ?* [L'italique est de nous.]

Que le médecin impose au malade de telles réminiscences, qu'il use de suggestion pour que celui-ci se les représente et les reproduise, cela est moins facile à réfuter, mais me paraît néanmoins tout aussi indéfendable. Il ne m'est encore jamais arrivé d'imposer à un malade une scène que j'attendais, au point qu'il paraisse la revivre avec toutes les émotions qui pouvaient s'y rattacher. (éd. fr., p. 96)

Donc, même lorsque Freud suggérait des scènes de séduction à ses patients, ces derniers manifestaient une grande résistance et de la dénégation, que l'analyste interprétait comme des signes de confirmation. Le caractère suggestif de la technique de Freud était bien connu de plusieurs de ses contemporains. Le psychologue et psychothérapeute français Pierre Janet (1925, éd. fr. 1986, vol. 1) dit : « Le grand défaut de la psychoanalyse c'est [...] qu'elle commence toujours une enquête à la recherche d'un souvenir traumatique *avec la décision* d'en trouver toujours un [...] leurs méthodes [celles des psychanalystes] leur permettent de trouver ce qu'ils cherchent. » [L'italique est de nous.] En 1899, le psychiatre allemand Leopold Lowenfeld rapporta ce qui est arrivé lorsqu'un ancien patient de Freud alla le consulter.

Le hasard a voulu que j'aie l'occasion d'observer l'un des patients avec lesquels Freud avait utilisé la méthode analytique. Il m'a dit être certain que la scène de sexualité infantile que l'analyse avait prétendument fait ressurgir était une pure fantaisie et qu'elle ne lui était jamais arrivée. Il est difficile de comprendre qu'un chercheur de la trempe de Freud, qui se montre habituellement très critique, continue d'affirmer à ses patients que les images qui leur viennent à l'esprit sont des souvenirs d'événements réels. Il est cependant encore plus difficile de comprendre que Freud puisse considérer cette hypothèse comme entièrement prouvée pour chaque cas d'hystérie. (Israëls et Schatzman, 1993, p. 44 [notre traduction])

Il est aussi important de noter que, même lorsqu'il appliquait sa théorie de la séduction, Freud n'a jamais fait participer les parents aux scènes de séduction. Il s'agissait toujours d'une bonne d'enfants, d'une gouvernante, d'un domestique, d'un étranger adulte, d'un enseignant, d'un tuteur et, dans la majorité des cas, d'un frère légèrement plus âgé que la sœur qu'il avait séduite. Immédiatement après avoir abandonné sa théorie de la séduction, Freud déclara que les récits de séduction étaient créés par les patients dans le but de masquer des souvenirs d'expériences sexuelles réelles

de leur enfance, telle la masturbation. Ce n'est que plus tard, lorsqu'il élabora la notion de complexe d'Œdipe, qu'il commença à attribuer les fantasmes de séduction à des désirs incestueux infantiles pour le parent de sexe opposé. La version de Freud des événements ayant mené d'abord à son acception, puis à son abandon, de la théorie de la séduction présentée dans *Ma vie et la psychanalyse* (1925/1952, éd. fr. 1950) diffère considérablement de celle qu'il avait donnée en 1896.

Sous la pression de mon procédé technique d'alors, la plupart de mes patients reproduisaient des scènes de leur enfance, scènes dont la substance était la séduction par un adulte. Chez les patientes, le rôle du séducteur était presque toujours dévolu au père. [...] Je ne crois pas encore aujourd'hui avoir imposé, « suggéré » à mes patients ces fantasmes de séduction. J'avais rencontré ici, pour la première fois, le *complexe d'Œdipe*, qui devait par la suite acquérir une signification dominante [...]. (éd. fr., p. 43-44)

Esterson (1993) note que la méthode clinique de Freud lui permettait de corroborer toute notion théorique qu'il développait à ce moment-là. En ce qui a trait à sa théorie de la séduction et à l'abandon ultérieur de celle-ci, Esterson dit : « Il est difficile de ne pas en venir à la conclusion que l'aveuglement et la malhonnêteté ont joué tous les deux un rôle dans cette histoire, bien qu'il soit parfois presque impossible de distinguer l'un de l'autre » (p. 31 [notre traduction]). Le philosophe Ludwig Wittgenstein (1889-1951) fait les observations suivantes dans une lettre à un ami.

Il emploie plein de raisonnements douteux, mais il a énormément de charme et [son] sujet en a tout autant, de sorte qu'on peut facilement se laisser duper [...] À moins de penser *très* clairement, la psycho-analyse est une pratique dangereuse et une tricherie qui a fait considérablement plus de tort que de bien. [...] *Ne perdez donc pas la tête.* (Malcolm, 2001, p. 39 [notre traduction])

Wittgenstein dit ailleurs : « Les pseudo-explications fantaisistes de Freud font du tort du fait même qu'elles sont brillantes. Maintenant, n'importe quel imbécile dispose de ces images pour "expliquer" les symptômes de maladies » (Cioffi, 1998, p. 79 [notre traduction]).

Il devrait être clair que le fait que les souvenirs refoulés se rapportent à des événements réels ou imaginaires ne change rien aux questions soulevées par la méthode clinique de Freud, dont la principale est de savoir si les psychanalystes découvrent des éléments réels au sujet de leur patient ou des produits de leur propre imagination lorsqu'ils font ressurgir des souvenirs refoulés. Selon Webster (1995, éd. fr. 1998), la réponse à cette question est ambiguë : « Rien n'indique qu'une seule des patientes venues voir Freud sans souvenirs d'abus sexuels ait jamais souffert de tels abus » (éd. fr., p. 476).

Les exposés récents de l'élaboration de la théorie freudienne de la séduction et de son abandon ultérieur ne sont pas tous négatifs. On trouve dans Gleaves et Hernandez (1999) un compte rendu relativement positif et une réfutation de la majorité des critiques exposées ci-dessus. Esterson (2002b) réfute les affirmations de Gleaves et Henandez, qui réfutent à leur tour dans leur article de 2002 les arguments d'Esterson.

Il nous est impossible de présenter dans le cadre de cet ouvrage d'autres problèmes associés à l'explication des souvenirs refoulés et à divers autres concepts théoriques de Freud. Si on désire en savoir plus sur ces sujets, on peut consulter notamment : Cioffi, 1974 et 1998 ; Crews, 1995 ; Esterson, 1993, 1998, 2001 ; Gelfand et Kerr, 1992 ; Israëls et Schatzman, 1993 ; Powell et Boer, 1994 ; Schatzman, 1992 ; Webster, 1998 ; Wilcocks, 1994.

Le débat actuel sur les souvenirs refoulés Durant les années 1980 et 1990, on a observé une augmentation dramatique du nombre de personnes rapportant des souvenirs d'abus sexuels durant l'enfance, souvenirs qu'elles disaient avoir refoulés pendant des années. Plusieurs chercheurs reconnaissent la validité du concept de souvenir refoulé (et c'est le cas notamment de Erdelyi, 1985, Frawley, 1990, Rieker et Carmen, 1986, Schuker, 1979, et M. Williams, 1987), mais bien d'autres le rejettent. Dans son article « The Reality of Repressed Memories » (1993), Elizabeth Loftus reconnaît que les cas d'abus sexuels chez les enfants sont dramatiquement fréquents et que ces abus constituent un problème social important. Elle remet cependant en question le refoulement d'expériences de ce type suivi de leur remémoration. En se fondant sur ses propres recherches et sur l'examen de la littérature sur le sujet, Loftus en est venue à la conclusion que presque tous les comptes rendus de souvenirs *refoulés*, sinon tous, sont faux. Si ses constatations sont exactes, pourquoi autant d'individus déclarent-ils avoir de tels souvenirs ? Il est possible que la création de ceux-ci satisfasse un besoin personnel.

La pulsion interne qui pousse à fabriquer un souvenir d'abus peut être un moyen de créer un écran qui protège d'expériences infantiles douloureuses peut-être plus prosaïques mais, ironiquement, moins tolérables. Le fait d'inventer un fantasme d'abus comportant une distinction relativement nette entre ce qui est bien et ce qui est mal satisfait peut-être le besoin d'une explication logique d'expériences et de sentiments qui suscitent de la confusion. Le noyau dont sont issus les faux souvenirs peut être le récit d'une personne de l'entourage ou une histoire présentée dans la littérature, au cinéma ou à la télévision. (Loftus, 1993, p. 525 [notre traduction])

Selon Loftus, la littérature populaire regorge de matériel qui suggère et même incite à croire aux souvenirs refoulés. La « bible » dans ce domaine est *The Courage to Heal* (Bass et Davis, 1988), dont on avait déjà vendu plus de 750 000 exemplaires, aux États-Unis seulement, en 1995 (Webster, 1995, éd. fr. 1998, p. 483). Ce livre indique que les gens qui ont une faible estime de soi, des pensées suicidaires ou autodestructrices, ou qui souffrent de dépression ou de dysfonction sexuelle ont probablement été victimes d'abus sexuel durant leur

Elizabeth Loftus

enfance, même s'ils n'en gardent aucun souvenir. Voici ce que dit Loftus (1993) de cet ouvrage : « Les lecteurs n'ayant aucun souvenir d'avoir été eux-mêmes victimes d'abus ne peuvent faire autrement que d'entendre le message qu'il est fort probable qu'ils en aient été victimes même s'ils n'en ont aucun souvenir » (p. 525 [notre traduction]). D'autres « listes de contrôle » suggèrent qu'une personne a probablement été victime d'abus durant son enfance s'il lui est difficile de savoir ce qu'elle veut, si elle a peur de faire de nouvelles expériences, si elle est incapable de se rappeler de pans de son enfance, si elle a le sentiment qu'il lui est arrivé quelque chose de malsain ou si les figures d'autorité l'intimident (Loftus et Ketcham, 1994, éd. fr. 1997). On a suggéré qu'une diminution de la performance scolaire, incluant par exemple la baisse des notes, une perte d'intérêt et de la difficulté à se concentrer, est aussi un signe d'abus (Davies et Frawley, 1994). D'après ces critères, chacun ou presque peut penser qu'il a été victime d'abus durant son enfance. Loftus (1994) affirme : « Si tout est un signe d'abus sexuel durant l'enfance, alors plus rien n'est un signe » (p. 444 [notre traduction]).

Selon Loftus, le fait qu'un grand nombre d'individus n'ayant pas de souvenirs d'abus au moment d'entreprendre une thérapie en ont à la fin de la thérapie devrait inciter à se demander ce qui se passe durant la thérapie. Loftus (1993) donne de nombreux exemples de la façon dont les thérapeutes suggèrent des souvenirs d'abus à leurs clients et elle en vient à la conclusion suivante :

> Si les thérapeutes posent des questions ayant tendance à mettre à jour des comportements et des expériences considérés comme caractéristiques d'une personne ayant vécu un événement traumatique durant son enfance, ne pourraient-ils pas également créer cette réalité sociale ?
>
> Quelles que soient les bonnes intentions des thérapeutes, les exemples prouvés de suggestion insistante devraient au moins nous forcer à nous demander si certains thérapeutes ne suggèrent pas des souvenirs illusoires à leurs clients au lieu de faire resurgir d'authentiques souvenirs éloignés. […] Ce qu'on suppose présent dans l'inconscient du client existe peut-être seulement dans l'esprit du thérapeute. (p. 530 [notre traduction])

Les chercheurs, dont Loftus, ne nient pas que plusieurs individus ont vécu des expériences traumatiques durant l'enfance, ni que la thérapie peut les aider à surmonter le souvenir de telles expériences. Ce qu'ils remettent en question, c'est le prétendu refoulement et les procédés employés pour faire resurgir les « souvenirs refoulés ».

> Beaucoup d'individus maltraités vivent longtemps avec le sombre secret de leurs abus passés et ne trouvent le courage de discuter de leurs traumatismes d'enfance que dans l'environnement encourageant et « empathique » de la thérapie. Nous ne remettons aucunement en question la vérité de ces souvenirs. Nous questionnons uniquement la validité des souvenirs que l'on appelle « refoulés », c'est-à-dire ceux qui n'existaient pas jusqu'à ce que quelqu'un se lance à leur recherche. (Loftus et Ketcham, 1994, éd. fr. 1997, p. 193)

Loftus (1993) pense que plusieurs questions liées au refoulement restent essentiellement sans réponse et qu'il faut examiner ces questions de façon objective.

> Est-il possible que l'interprétation du thérapeute provoque le trouble du patient plutôt qu'elle n'en découle ? […] Est-il nécessairement vrai que les gens incapables de se rappeler avoir été victimes d'abus durant leur enfance en refoulent le souvenir ? Est-il nécessairement vrai qu'une personne qui rêve d'abus ou imagine être victime d'abus soit en fait en train de retrouver un souvenir réel ? (p. 534 [notre traduction])

Loftus (1993) met en garde contre le fait que, tant qu'on n'aura pas trouvé de réponse à des questions comme celles qu'on vient d'énumérer, « il est dangereux de faire preuve d'une conviction enthousiaste au lieu de garder l'esprit ouvert » (p. 534 [notre traduction]). Elle dit ailleurs (2003) :

> J'ai écrit sur la puissance de la suggestion dans la création de faux souvenirs dans l'espoir de susciter des modifications des procédés et des pratiques. […] Des tentatives agressives de faire resurgir des souvenirs prétendument récalcitrants peuvent mener à la déclaration de faux souvenirs. L'acceptation sans esprit critique de tout compte rendu de souvenir traumatique peut nuire aux fausses victimes et, de plus, banaliser, ce qui est triste, les expériences des vraies victimes. (p. 871 [notre traduction])

De façon analogue, Powell et Boer (1994) conseillent de faire un usage très modéré de la récupération des souvenirs tant qu'on ne disposera pas de plus d'informations sur la fiabilité, les risques et l'efficacité thérapeutique de cette technique. L'une des principales raisons pour faire preuve de prudence, c'est que la vie des personnes accusées à tort d'abus, sur la base de « souvenirs retrouvés », est souvent pratiquement détruite (voir notamment Pendergrast, 1995).

En 2003, l'American Psychological Association (APA) octroya à Loftus sa Distinguished Scientific Contribution for the Applications of Psychology Award pour récompenser presque trente années de recherches sur les faux souvenirs.

L'évaluation de la théorie de Freud

Les critiques

Il n'est pas étonnant qu'une théorie aussi exhaustive que celle de Freud, qui touche un grand nombre d'aspects de l'existence humaine, fasse l'objet de critiques sévères. Voici ce qu'on reproche le plus souvent à Freud et à sa théorie.

- *La méthode de cueillette de données*   Freud employa ses propres observations sur ses propres patients comme source de données. Aucune expérience témoin ne fut effectuée. Non seulement ses patients n'étaient pas représentatifs de l'ensemble de la population, mais ses propres besoins et attentes influencèrent probablement ses observations.

- *La définition des termes*   À l'époque où la théorie de Freud commença à être largement acceptée, la psychologie accordait beaucoup d'importance aux définitions opérationnelles, mais la majorité, sinon la totalité, des concepts freudiens étaient trop nébuleux pour qu'on puisse les mesurer. Par exemple, comment peut-on quantifier l'énergie psychique, l'angoisse de castration, l'envie du pénis ou le complexe d'Œdipe ? Comment peut-on déterminer si l'interprétation des symboles latents d'un rêve est valable ? La science exige la prise de mesures, mais plusieurs des concepts de Freud n'étaient pas et ne sont toujours pas mesurables.

- *Le dogmatisme*   Nous avons vu que Freud se considérait comme le fondateur et le chef du mouvement psychanalytique et qu'il n'acceptait aucune idée entrant en conflit avec les siennes. Si un membre de son groupe persistait à marquer son désaccord, alors Freud l'expulsait.

- *L'importance excessive attribuée à la sexualité*   L'une des principales raisons pour lesquelles plusieurs des premiers collègues de Freud ont rompu avec lui, c'est qu'ils pensaient que ce dernier accordait trop d'importance à la sexualité en tant que motivation du comportement humain. Certains jugeaient que l'omniprésence de la motivation sexuelle était exagérée et non nécessaire. Les théories de la personnalité élaborées par d'autres théoriciens d'orientation psychanalytique montrent qu'on peut tout aussi bien, et peut-être mieux, expliquer le comportement humain en employant des motifs de nature non sexuelle.

- *Les prophéties autoréalisatrices*   N'importe quel théoricien, et pas seulement Freud, risque d'être accusé de faire des prophéties autoréalisatrices. Il s'agit de savoir si Freud a trouvé ce qu'il a trouvé simplement parce que c'est cela qu'il cherchait. Par exemple, l'association libre n'est pas vraiment libre. L'analyste la dirige, au moins dans une certaine mesure, par ses commentaires et ses gestes. De plus, une fois qu'on a « expliqué » au patient comment fonctionne la thérapie, il peut dire à l'analyste exactement ce que ce dernier veut entendre. La même critique s'applique à l'interprétation du rêve.

- *La durée, le coût et l'efficacité limitée de la psychanalyse*   Comme une psychanalyse dure habituellement plusieurs années, la majorité des personnes souffrant d'un trouble psychique n'y ont pas accès. Seules les personnes aisées peuvent y avoir recours. En outre, uniquement les individus passablement intelligents et légèrement névrotiques peuvent tirer profit d'une psychanalyse parce que le patient doit être capable d'exprimer ses expériences intérieures et comprendre l'interprétation qu'en donne l'analyste. La psychanalyse n'est pas efficace dans le cas de patients psychotiques.

- *Le manque de vérifiabilité*   Nous avons vu au chapitre 1 que, selon Karl Popper, la théorie de Freud n'est pas scientifique parce qu'elle contrevient au principe de vérifiabilité. Popper affirme qu'une théorie est scientifique seulement si elle précise quelles observations la réfuteraient. S'il est impossible de décrire de telles observations, alors la théorie n'est pas scientifique. D'après Popper, étant donné que la théorie de Freud peut expliquer *tout* ce que fait une personne, rien de ce que fait n'importe quel individu ne contredit les prédictions de la théorie. Si, par exemple, un ensemble d'expériences infantiles rendra, selon la théorie freudienne, un individu méfiant à l'égard des relations hétérosexuelles à l'âge adulte, mais qu'on observe que cet adulte recherche les relations hétérosexuelles et en tire apparemment du plaisir, on peut dire, toujours selon la théorie de Freud, que cette personne manifeste une formation réactionnelle. Donc, n'importe quelle observation étaie la théorie. Dans le même ordre d'idées, on reproche aussi aux psychanalystes de faire des *post*dictions plutôt que des *prédic*tions, c'est-à-dire qu'ils tentent d'expliquer ce qui s'est passé au lieu de prédire ce qui va se passer. Les premières sont évidemment plus faciles à faire que les secondes.

Les apports de Freud

En dépit des critiques qu'on lui a adressées, bien des gens pensent que la contribution de Freud à la psychologie est vraiment exceptionnelle. On lui reconnaît habituellement entre autres les apports suivants.

- *L'expansion du domaine de la psychologie* Freud a, mieux que personne avant lui, attiré l'attention sur l'importance d'étudier les relations entre la motivation inconsciente, la sexualité infantile, les rêves et l'angoisse. Il a élaboré la première théorie exhaustive de la personnalité et on peut considérer que toutes les théories de la personnalité créées depuis sont des réactions à la sienne ou à certains aspects de sa théorie.

- *La psychanalyse* Freud a créé une nouvelle approche des troubles mentaux ayant existé de tout temps. Plusieurs pensent que la psychanalyse demeure la meilleure méthode pour comprendre et traiter les névroses.

- *La compréhension du comportement normal* Freud a fourni un moyen de mieux comprendre non seulement une bonne partie du comportement anormal mais aussi du comportement normal. Les rêves, l'oubli, les erreurs, le choix d'un partenaire, l'humour et l'emploi des mécanismes de défense du moi sont des éléments caractéristiques de la vie de chacun, que l'analyse freudienne rend moins mystérieux aux yeux de tous.

- *La généralisation de la psychologie à d'autres domaines* En montrant l'utilité de la psychologie pour expliquer des phénomènes de la vie quotidienne, dont la religion, les sports, la politique, l'art, la littérature, la philosophie, Freud a élargi le domaine d'application de la psychologie à pratiquement tous les secteurs de l'existence humaine.

Malgré son immense influence, la théorie de Freud n'a pas résisté à un examen scientifique rigoureux ; en fait, une grande partie de cette théorie n'est pas vérifiable. Pourquoi alors considère-t-on souvent sa création comme un événement marquant de l'histoire de l'humanité ? Il semble que la raison en soit que la méthodologie scientifique n'est pas le seul critère en fonction duquel on juge une théorie. Le structuralisme, par exemple, est une théorie tout à fait scientifique qui exige la réalisation systématique d'expériences de contrôle afin de vérifier les hypothèses. Pourtant, le structuralisme s'est éteint alors que la psychanalyse est toujours vivante.

> Il est éclairant de comparer la psychologie psychanalytique et le structuralisme, qui est, de ce point de vue, son antithèse. Le structuralisme, qui est doté d'une méthode scientifique très élaborée et qui rejette tout sujet auquel il est impossible d'appliquer cette méthode, illustre admirablement l'exigence de précision et d'exactitude au moyen de laquelle la science discipline la curiosité du néophyte. La psychanalyse, que caractérise une curiosité apparemment insatiable, manque actuellement de moyen, et parfois, semble-t-il, du désir de vérifier ses spéculations exubérantes par des épreuves rigoureuses. Mais ce qu'elle perd en exactitude, elle le gagne en vitalité, dans l'exhaustivité de sa vision et dans la relation étroite entre ses problèmes et les préoccupations de la vie quotidienne. (Heidbreder, 1933, p. 410-411 [notre traduction])

Robinson (1985) dit de même :

> L'explication psychanalytique est un récit, une histoire, non scientifique. C'est plutôt un récit historique, une sorte de saga plus ou moins « bonne » selon son degré de correspondance aux propres expériences et pensées du lecteur. Tout ce qu'on demande à ce genre d'explications, c'est d'être sensées, car on reconnaît qu'il s'agit uniquement d'une explication possible entre bien d'autres ayant autant (ou aussi peu) de sens. (p. 123 [notre traduction])

Il faut ajouter l'intuition à la liste des moyens utilisés pour évaluer une théorie. Si elle a notamment du sens du point de vue individuel, une théorie peut survivre plus longtemps qu'une autre qui a été élaborée et mise à l'épreuve conformément à des normes scientifiques.

Résumé

Bien que la majorité, sinon la totalité des conceptions qui allaient caractériser la psychanalyse faisaient partie de l'héritage philosophique et scientifique de Freud, son importance du point de vue historique vient de ce qu'il a synthétisé ces conceptions disparates en une théorie exhaustive de la personnalité. Freud fut formé selon la tradition du physiologisme positiviste et il tenta d'abord d'expliquer l'hystérie comme un problème physiologique, mais les événements l'amenèrent à essayer de formuler plutôt une explication psychologique de ce trouble. Breuer lui apprit que, lorsque sa patiente Anna O. se détendait complètement ou était sous hypnose et qu'il l'amenait à se rappeler les circonstances dans lesquelles l'un de ses nombreux symptômes était apparu pour la première fois, ce symptôme disparaissait au moins temporairement. Cette forme de traitement fut appelée méthode cathartique. Freud apprit également du travail de Breuer avec Anna O. que le patient réagit parfois face au thérapeute comme s'il s'agissait d'une personne significative dans sa vie, et il désigna ce processus par le terme transfert. Il arrive aussi que le thérapeute établisse une relation émotionnelle avec le patient, un processus nommé contre-transfert. On considère généralement que *Études sur l'hystérie* (1895/1955, éd. fr. 2003) l'ouvrage que Freud cosigna avec Breuer, marque le début officiel de l'école psychanalytique. Auprès de Charcot, Freud apprit que l'hystérie est un trouble réel dont souffrent autant les hommes que les femmes, que des idées dissociées de la conscience suite à un traumatisme sont susceptibles de provoquer des symptômes physiques chez les personnes génétiquement prédisposées à l'hystérie et que les symptômes de cette maladie peuvent être d'origine sexuelle.

L'année qui a précédé sa visite à Charcot, Freud avait commencé à faire des expériences avec la cocaïne. Il pensa d'abord qu'il s'agissait d'une « substance magique » susceptible de guérir un large éventail d'affections. On se rendit toutefois rapidement compte que la cocaïne provoquait une forte dépendance et qu'elle avait plusieurs effets secondaires. La carrière médicale de Freud souffrit considérablement de son association étroite avec cette drogue et de son plaidoyer en sa faveur. Bien que Freud ne soit jamais devenu lui-même cocaïnomane, il avait une dépendance à la nicotine et on pense généralement que l'habitude qu'il a conservée jusqu'à sa mort de fumer environ 20 cigares par jour est la cause du cancer de la bouche et de la mâchoire dont il souffrit vers la fin de sa vie.

Peu de temps après avoir commencé à traiter des patients hystériques, Freud employa l'hypnose, mais il constata qu'il lui était impossible d'hypnotiser certains patients et que ceux qu'il avait réussi à hypnotiser n'étaient soulagés de leurs symptômes que temporairement. Il se rendit également compte que plusieurs patients refusaient de croire ce qu'ils avaient révélé alors qu'ils étaient sous hypnose et qu'il était donc impossible de les faire bénéficier de l'examen rationnel de choses jusque-là refoulées. Après avoir mis à l'épreuve diverses techniques, Freud opta finalement pour celle de l'association libre, qui consistait à inciter ses patients à dire tout ce qui leur venait à l'esprit, sans se censurer. En analysant les symptômes d'un patient et en examinant minutieusement ses associations libres, Freud espérait découvrir les souvenirs refoulés responsables des troubles. Les patients résistent à l'entrée de ces pensées pathologiques dans la conscience parce qu'elles provoquent de l'angoisse. Freud pensa d'abord que l'hystérie est due à un épisode de séduction sexuelle durant l'enfance, mais il en vint plus tard à la conclusion que les épisodes de ce type qu'il avait découverts étaient habituellement des fantasmes du patient.

Au cours de son autoanalyse, Freud constata que les rêves renferment les mêmes indices sur les origines d'un problème psychologique que les symptômes physiques ou les associations libres. Il fait la distinction entre le contenu manifeste d'un rêve, soit le sujet apparent du rêve, et son contenu latent, c'est-à-dire le sujet réel du rêve. Il pense que le contenu latent représente l'accomplissement hallucinatoire d'un désir auquel la personne ne peut faire face consciemment sans éprouver de l'angoisse. Le travail du rêve déguise le véritable sens de celui-ci. Il comprend diverses opérations dont la condensation, par laquelle plusieurs éléments de la vie de la personne sont exprimés au moyen d'un symbole unique, et le déplacement, qui consiste à rêver à une chose, une personne ou un événement ayant un lien symbolique avec une chose, une personne ou un événement anxiogène plutôt que de rêver à l'élément anxiogène lui-même. Au cours de son autoanalyse, Freud confirma plusieurs de ses notions théoriques, dont le complexe d'Œdipe.

Selon Freud, le psychisme d'un adulte se compose du ça, du moi et du surmoi. Le ça est entièrement inconscient et exige une satisfaction immédiate de ses besoins; c'est pourquoi on dit qu'il est régi par le principe de plaisir. Il renferme toutes les pulsions et l'énergie qui leur est associée. Pour satisfaire ses besoins, il dispose uniquement des processus primaires d'action réflexe et d'accomplissement hallucinatoire des désirs. La fonction du moi est de trouver dans le milieu des objets réels susceptibles de satisfaire les besoins; on dit donc qu'il est régi par le principe de réalité. Les processus rationnels du moi sont dit secondaires par opposition aux processus primaires irrationnels du ça. La troisième composante du psychisme est le surmoi, formé de la conscience, résultant de l'intériorisation des expériences pour lesquelles l'enfant a été puni, et de l'idéal du moi, résultant de l'intériorisation des expériences pour lesquelles l'enfant a été récompensé.

La fonction du moi est de trouver des moyens de satisfaire adéquatement les besoins sans aller à l'encontre des valeurs du surmoi. Quand il découvre un moyen répondant à ces critères, le moi le charge d'énergie, un processus appelé investissement. Si un moyen susceptible de satisfaire un besoin contrevient aux valeurs de la personne, il y a décharge d'énergie afin d'inhiber l'emploi de ce moyen, un processus appelé désinvestissement. Celui-ci consiste à déplacer l'objet ou l'événement anxiogène vers un objet ou un événement qui ne l'est pas. Freud fait la distinction entre les pulsions de vie, appelées *Eros*, et la pulsion de mort, appelée *Thanatos*. Freud emploie le concept de pulsion de mort pour expliquer entre autres le suicide, le masochisme, le meurtre et l'agression en général.

Freud distingue: l'angoisse réelle, ou la peur d'événements environnementaux; l'angoisse névrotique, ou le sentiment d'un risque imminent d'être submergé par le ça; l'angoisse de conscience morale, ou le sentiment résultant du non-respect d'une ou de plusieurs valeurs intériorisées. L'une des principales fonctions du moi consiste à réduire ou à éliminer l'angoisse; pour ce faire, il a recours aux mécanismes de défense du moi qui agissent au niveau inconscient et déforment la réalité.

Tous les mécanismes de défense dépendent du refoulement, qui consiste à maintenir les pensées perturbantes dans l'inconscient. Le déplacement, la sublimation, la projection, l'identification, la rationalisation et la formation réactionnelle sont également des mécanismes de défense du moi.

Les zones érogènes, c'est-à-dire les parties du corps qui procurent le plus de plaisir, changent en fonction des diverses phases libidinales du développement. Freud nomme ces phases d'après les zones érogènes qui leur sont associées. Durant la phase orale, une satisfaction excessive ou un manque de satisfaction des besoins oraux entraîne une fixation qui provoque elle-même le développement d'une personnalité avide-orale ou sadique-orale. Une fixation à la phase anale entraîne le développement d'une personnalité prodigue-anale ou avare-anale. On observe les complexes d'Œdipe masculin et féminin durant la phase phallique. Freud pense que la psychologie des hommes et celle des femmes sont qualitativement différentes principalement à cause de la différence de leurs expériences œdipiennes. Après s'être colleté avec la difficulté de comprendre les femmes, il baissa finalement les bras. La période de latence se caractérise par le refoulement des désirs sexuels et l'importance de la sublimation. La personne émerge de la phase génitale avec les traits distinctifs résultant de ses expériences au cours des phases précédentes du développement.

Freud tira de la vie quotidienne de nombreux faits étayant sa théorie. Selon lui, les oublis, la perte d'objets, les accidents et les lapsus sont souvent attribuables à une motivation inconsciente. Il pense également que les mots d'esprit fournissent des informations sur les expériences refoulées puisque, habituellement, les gens trouvent amusant seulement ce qui provoque de l'angoisse chez eux. D'après Freud, bien que l'être humain et les autres animaux ont les mêmes pulsions, les humains sont capables de comprendre et de maîtriser leurs pulsions au moyen de la pensée rationnelle. Il est toutefois extrêmement difficile d'amener la rationalité à confronter l'inconscient et, par conséquent, Freud n'est pas très optimiste quant à la possibilité que le rationalisme l'emporte sur la nature animale. Il critique fortement la religion qui est, selon lui, une illusion qui maintient chez les gens un mode de pensée infantile. Il espérait que les humains en viennent à adopter les principes de la science, ce qui les amènerait à faire preuve de plus d'objectivité dans leur rapport à eux-mêmes et au monde.

Depuis un certain temps, on déploie beaucoup d'efforts pour corriger plusieurs conceptions erronées à propos de Freud et de la psychanalyse. Des historiens, dont Ellenberger et Sulloway, ont montré que Freud n'était pas le héros courageux et innovateur que lui-même et ses disciples ont décrit. Les faits indiquent qu'il a été victime d'antisémitisme à un degré considérablement moindre qu'il ne le déclare, qu'il n'a pas souffert de discrimination manifeste de la part des autorités médicales et que ses idées n'étaient pas aussi originales que lui-même et ses disciples le prétendent. Plusieurs spécialistes et chercheurs suggèrent aujourd'hui que, lorsqu'il entreprenait une thérapie, Freud supposait qu'un traumatisme sexuel infantile était la cause des troubles de son patient. Il manipulait ensuite les faits de manière qu'ils confirment ses attentes. Il existe des preuves qu'aucun des premiers patients de Freud ne raconta spontanément de scène de séduction (réelle ou imaginaire) et que, dans chaque cas, c'est Freud qui leur suggéra des récits de ce type. D'autres spécialistes, dont Loftus, remettent en question l'existence même des souvenirs refoulés et suggèrent qu'une recherche de tels souvenirs risque de faire plus de mal que de bien. On reproche aussi à Freud d'avoir utilisé des données tirées de l'analyse de ses patients pour élaborer et confirmer sa théorie, d'avoir employé des termes tellement nébuleux qu'il est difficile, voire impossible, de mesurer quoi que ce soit, de ne pas avoir supporté la critique, d'avoir accordé trop d'importance à la motivation sexuelle et d'avoir créé une méthode de psychothérapie qui demande tellement de temps et est si onéreuse qu'elle est inaccessible à la majorité des gens qui pourraient en avoir besoin. De plus, la théorie de Freud viole le principe de vérifiabilité de Popper. Au nombre des apports de Freud, on note l'élargissement considérable du champ de la psychologie, une nouvelle méthode de psychothérapie et une théorie qui explique une bonne partie du comportement normal et anormal, et traite de presque tous les aspects de l'existence humaine.

Des questions à débattre

1. Énumérez des faits indiquant que plusieurs composantes utilisées par Freud pour élaborer sa psy-

chanalyse faisaient partie de son bagage philosophique et scientifique.

2. Décrivez l'épisode de la cocaïne dans la carrière de Freud.

3. Donnez une brève définition des termes : *idée pathogène*, *catharsis*, *transfert* et *contre-transfert*.

4. Quelle influence sur l'élaboration de la psychanalyse a eue la visite de Freud à Charcot ?

5. Qu'est-ce que Freud apprit sur l'hypnose de Liébeault et de Bernheim de l'école de Nancy dont il s'est servi lors de l'élaboration de sa psychanalyse ?

6. Expliquez l'importance de la résistance en psychanalyse.

7. Que veut dire Freud lorsqu'il affirme que la *véritable* psychanalyse a débuté seulement après qu'il ait renoncé à utiliser l'hypnose ?

8. Qu'est-ce que la théorie de la séduction de Freud ? Quelle erreur Freud a-t-il admis avoir commise relativement à cette théorie ?

9. Expliquez l'importance de l'analyse du rêve pour Freud. Quelle est la première utilisation qu'il en a faite ? Quelle différence y a-t-il entre le contenu manifeste et le contenu latent d'un rêve ? Qu'est-ce qu'on entend par travail du rêve ?

10. Qu'est-ce que le complexe d'Œdipe et quelle place occupe-t-il dans la théorie de Freud ?

11. Définissez l'expression *acte manqué* et indiquez quel rôle cette notion joue dans l'affirmation de Freud selon laquelle, dans la vie quotidienne, une grande partie du comportement est attribuable à des motivations inconscientes.

12. Qu'est-ce qu'on veut dire lorsqu'on affirme qu'un acte comportemental ou psychologique est surdéterminé ?

13. Donnez un exemple illustrant les interactions entre le ça, le moi et le surmoi.

14. Énoncez des arguments appuyant l'affirmation que la théorie de Freud est compatible avec la théorie de l'évolution de Lamarck, selon laquelle les caractères acquis sont héréditaires.

15. Pourquoi Freud a-t-il senti le besoin de postuler l'existence de la pulsion de mort ? Quels types de comportements cette pulsion explique-t-elle ?

16. Définissez l'angoisse réelle, l'angoisse névrotique et l'angoisse de conscience morale, et donnez des exemples de chacune.

17. Quelle est, selon Freud, la fonction des mécanismes de défense du moi? Pourquoi considère-t-on le refoulement comme le mécanisme de défense du moi le plus fondamental? Expliquez ce que veut dire Freud lorsqu'il affirme que la civilisation repose sur la sublimation.

18. Pourquoi Freud désigne-t-il par l'expression *complexe d'Œdipe* autant les expériences du garçon que de la fille durant la phase phallique? Quelles sont les différences importantes entre les formes masculine et féminine de ce complexe? Comment se sont terminés les efforts de Freud pour comprendre les femmes?

19. Quelle est la vision freudienne de la nature humaine? de la religion? Qu'est-ce que Freud espérait pour l'humanité?

20. Quels sont les principaux mythes concernant Freud que l'on expose actuellement et que tentent de corriger des auteurs comme Ellenberger, Esterson et Sulloway?

21. Résumez les faits qui laissent supposer que Freud suggérait à ses patients les souvenirs refoulés qu'il affirmait avoir mis à jour?

22. Expliquez pourquoi Esterson et d'autres auteurs affirment que les psychanalystes mettent souvent au jour des souvenirs refoulés de séduction infantile chez leurs patients parce que leurs propres croyances exigent qu'ils découvrent de tels souvenirs. Expliquez également pourquoi, selon ces auteurs, il n'y a pas lieu de chercher à savoir si les souvenirs de ce type sont réels ou imaginaires.

23. Pourquoi des chercheurs, dont Loftus, remettent-ils en question l'existence des souvenirs refoulés? Expliquez pour quelle raison ces chercheurs pensent que la recherche de souvenirs de ce type est susceptible de faire plus de mal que de bien.

24. Résumez les principaux reproches dont est l'objet la théorie de Freud et les principaux apports qu'on lui attribue.

Des suggestions de lectures

Cioffi, F. (1998). *Freud and the question of pseudoscience.* La Salle, IL: Open Court.

Esterson, A. (1993). *Seductive mirage: An exploration of the work of Sigmund Freud.* La Salle, IL: Open Court.

Gay, Peter (1991). *Freud, une vie*, traduit de l'américain par Tina Jolas, Hachette.

Loftus, E. (1993). The reality of repressed memories. *American Psychologist*, 48, 518-537.

Roazen, Paul (1986). *La saga freudienne*, traduit de l'américain par Anne ZOUBOFF, Paris, Presses universitaires de France.

Segal, H. (1974). *Introduction to the work of Melanie Klein* (2ᵉ éd.). New York: Basic Books.

Sulloway, Frank J. (1981) *Freud, biologiste de l'esprit*, traduit de l'américain par Jean Lelaidier, Fayard.

Webster, Richard (1998). *Le Freud inconnu*, traduit de l'anglais par Raoul de Claunet et Laurent Guyénot, Éditions Exergue.

Glossaire

Accomplissement hallucinatoire de désir Dans sa recherche de la satisfaction d'un besoin physiologique, rappel par le ça d'images d'objets ou d'événements susceptibles de combler ce besoin.

Actes manqués Erreurs relativement banales se produisant dans la vie quotidienne, tels le fait d'oublier une chose, le lapsus verbal ou écrit, et les accidents bénins. Freud pense que les erreurs de ce type ont souvent une motivation inconsciente.

Analyse du rêve L'un des principaux moyens utilisés par Freud pour étudier le contenu de l'inconscient. Freud pense que les symboles contenus dans un rêve, tout comme les symptômes hystériques, peuvent fournir de l'information sur les souvenirs refoulés.

Angoisse Sentiment d'un danger imminent. Freud distingue trois formes d'angoisse: l'angoisse réelle, causée par un danger physique; l'angoisse névrotique, due au sentiment du risque imminent d'être submergé par le ça ; l'angoisse de conscience morale, provoquée par le non-respect d'une ou de plusieurs valeurs intériorisées par le surmoi.

Association libre Principal moyen utilisé par Freud pour étudier le contenu de l'inconscient. Dans l'association libre, le thérapeute incite le patient à exprimer librement tout ce qui lui vient à l'esprit.

Breuer, Josef (1842-1925) Celui à qui Freud attribue la création de la psychanalyse. Il découvrit que si une personne se rappelle un événement traumatique alors qu'elle est sous hypnose, il se produit une libération d'énergie émotionnelle (catharsis) et les symptômes causés par le souvenir refoulé de cet événement disparaissent au moins temporairement.

Ça Selon Freud, portion complètement inconsciente et puissante de la personnalité qui renferme toutes les pulsions et constitue de ce fait la force motrice de la personnalité tout entière.

Complexe d'Œdipe Selon Freud, processus qui se manifeste généralement durant la phase libidinale phallique du développement et par lequel un enfant éprouve du désir sexuel pour le parent de sexe opposé tout en étant hostile au parent de même sexe.

Condensation L'une des opérations par lesquelles s'accomplit le travail du rêve et qui consiste à représenter plusieurs personnes, objets ou événements intervenant dans un rêve par un symbole unique.

Conflit Selon Freud, tendance à rechercher et à éviter un objet, un événement ou une personne.

Contenu latent Objet *réel* du rêve.

Contenu manifeste Objet *apparent* du rêve.

Contre-transfert Processus par lequel un thérapeute établit une relation émotionnelle avec un patient.

Déplacement Mécanisme de défense du moi dont la fonction est de remplacer un but anxiogène par un autre qui ne l'est pas. Également, l'une des opérations par lesquelles s'accomplit le travail du rêve et qui amène le dormeur à rêver à une chose symboliquement reliée à un événement anxiogène plutôt qu'à l'événement lui-même.

Désinvestissement Décharge d'énergie psychique visant à prévenir l'association entre un besoin et l'idée d'un objet ou d'un événement anxiogène.

Études sur l'hystérie Ouvrage de Breuer et Freud, publié en 1895, qui marque selon l'opinion générale le début officiel de l'école psychanalytique.

Freud, Sigmund (1856-1939) Fondateur de la psychanalyse, une école de psychologie qui met l'accent sur le conflit entre les pulsions animales des humains et le désir de ces derniers de vivre dans une société civilisée.

Idées pathogènes Idées susceptibles de provoquer des troubles physiologiques.

Investissement Le fait de charger d'énergie psychique la représentation mentale d'une chose qui satisfait un besoin.

Libido Selon Freud, la totalité de l'énergie associée aux pulsions de vie.

Mécanismes de défense du moi Moyens utilisés par le moi pour déguiser les aspects anxiogènes de la réalité de manière à les rendre plus acceptables.

Méthode cathartique Méthode visant à soulager les symptômes de l'hystérie en permettant l'expression consciente des idées pathogènes auxquelles ils sont associés.

Moi Selon Freud, composante de la personnalité qui est responsable de trouver dans le milieu ce qui peut satisfaire les besoins du ça sans contrevenir aux valeurs du surmoi.

Motivation inconsciente Cause du comportement dont la personne ne se rend pas compte.

Pulsion de mort Pulsion dont le but est la mort (aussi parfois appelée *désir de mort*).

Pulsions Selon Freud, forces motivationnelles de la personnalité. Chaque pulsion a : une source, correspondant à un manque somatopsychique quelconque ; un but, qui consiste à éliminer le manque ; un objet, qui est une chose susceptible de pallier au manque ; une poussée dont la force dépend de l'importance du manque. (Voir aussi *Pulsions de vie* et *Pulsion de mort.*)

Pulsions de vie Pulsions dont le but est la conservation de la vie.

Refoulement Maintien de souvenirs traumatiques dans l'inconscient, dû au fait que leur examen conscient provoquerait trop d'angoisse.

Résistance Tendance d'un patient à inhiber la remémoration d'expériences traumatiques.

Surdétermination Dans la théorie freudienne, le fait qu'un phénomène comportemental ou psychologique a fréquemment plusieurs causes.

Surmoi Selon Freud, ensemble des valeurs intériorisées qui guide la conduite d'une personne.

Théorie de la séduction Vision de Freud selon laquelle l'hystérie est causée par un abus sexuel : une personne de l'entourage du patient hystérique, membre ou non de la parenté, a abusé de ce dernier alors qu'il était enfant. Freud en est venu plus tard à la conclusion que l'abus est, dans la majorité des cas, imaginaire et non réel.

Transfert Processus par lequel un patient réagit face au thérapeute comme si ce dernier était une personne signifiante dans sa vie.

Travail du rêve Mécanisme qui déguise le sens d'un rêve de manière à le rendre plus acceptable au rêveur. (Voir aussi *Condensation* et *Déplacement*.)

CHAPITRE 17

Les premiers substituts possibles à la psychanalyse

Bien que la plupart des travaux psychanalytiques d'Anna Freud reflète les opinions de son père, certaines de ses contributions représentent des prolongements importants de l'orthodoxie psychanalytique, ou des substituts possibles. Nous commencerons donc par traiter de ces contributions.

Anna Freud

Anna Freud (1895-1982), la plus jeune des six enfants de Freud, est née le 3 décembre de l'année de la sortie du livre de Breuer et Freud, *Studies on Hysteria*, qui marque la création de la psychanalyse. Selon Young-Bruehl, « pour Anna, la psychanalyse était comme une sœur jumelle, à laquelle elle devait disputer l'attention de leur père » (1988, éd. fr. 1991). Dès l'enfance, Anna commence à décrire ses rêves à son père, et on en retrouve plusieurs dans *L'interprétation des rêves* de Freud (1900/1953). Vers treize ou quatorze ans, Anna reçoit l'autorisation d'assister aux rencontres de la Société psychanalytique de Vienne qui se déroulaient le mercredi. Elle s'asseyait sur l'échelle de la bibliothèque dans un coin de la pièce. Vers dix-sept ans, elle avait lu certains livres de son père et discutait souvent avec lui de la signification des termes psychanalytiques.

Bien qu'elle soit devenue une enseignante accomplie au niveau primaire, son intérêt pour la psychanalyse a augmenté, et malgré son refus habituel d'analyser ses propres amis ou les membres de sa famille, Freud commence à la psychanalyser en 1918. Il continue jusqu'en 1922 et recommence pendant un an en 1925. En 1922, Anna présente un article à la Société psychanalytique de Vienne sur les fantasmes de l'enfance (probablement les siens) et, deux semaines plus tard, elle est reconnue comme psychanalyste.

La découverte du cancer de Freud en 1923 (Anna avait alors vingt-sept ans) les rapproche davantage. Pour Anna,

sa mère (Martha) n'a jamais été aussi importante que son père, et quand l'état de ce dernier se détériore, Anna rivalise avec sa mère et réussit à devenir la principale personne à soigner son père. La relation était réciproque. Avec Anna, Freud pouvait avoir des discussions significatives sur la psychanalyse, ce qu'il n'avait jamais pu faire avec sa femme, qui considérait les idées psychanalytiques comme une forme de pornographie (Gay, 1988, p. 61). Au début des années 1920, Freud et Anna étaient inséparables. Anna est devenue la porte-parole de son père auprès des sociétés psychanalytiques à travers le monde, elle a livré les articles de son père, dactylographié sa correspondance quotidienne et, avec son ami médecin Max Schur, s'est occupée de ses besoins personnels et médicaux. À la mort de son père, elle a hérité de sa bibliothèque, de ses antiquités qu'il aimait tant et de ses idées, idées qu'elle a non seulement préservées et perpétuées, mais aussi élargies à de nouveaux domaines comme l'analyse de l'enfant (1928), l'éducation en général et celle des enfants en

Anna Freud

particulier (1935). Comme nous le verrons, elle a aussi apporté des contributions originales à la littérature psychanalytique.

Les opinions conflictuelles d'Anna Freud et de Melanie Klein sur l'analyse des enfants

Anna Freud a commencé à avoir une opinion sur l'analyse des enfants et s'est retrouvée en conflit avec celle de **Melanie Klein** (1882-1960). Klein fréquentait l'université de Vienne et a été analysée par deux membres du petit groupe freudien, Sandor Ferenczi et Karl Abraham. Peu de temps après être devenue analyste, Klein a commencé à étendre les concepts psychanalytiques aux enfants. Elle a résumé ses idées dans *The Psycho-Analysis of Children* (1932). Klein s'est écartée de la psychanalyse traditionnelle en insistant sur le développement préœdipien. Elle a aussi réduit l'importance accordée aux pulsions biologiques (comme le plaisir sexuel) et souligné celle des relations interpersonnelles.

La relation mère-enfant était particulièrement importante pour Klein. Les premières étapes de cette relation étaient centrées sur les seins de la mère, que le nourrisson considérait comme bons (satisfaisants) ou mauvais (frustrants). Les bons seins satisfont les instincts de vie et stimulent les sentiments d'amour et de créativité. Les mauvais seins satisfont les instincts de mort et stimulent les sentiments de haine et de destruction. Selon Klein, les émotions causées par l'interaction entre les expériences infantiles, les seins de la mère et les instincts de vie et de mort fournissent le prototype servant à évaluer toutes les expériences subséquentes.

Pour Klein, les notions de bon et mauvais et de bien et de mal se développent pendant le stade oral, et non pendant le stade phallique, comme les freudiens (y compris Anna) le supposaient. Selon la théorie de Klein, le surmoi se développe très tôt dans la vie, et est largement déterminé par l'interaction entre les instincts de vie et de mort. Gay a dit de l'importance de cet instinct dans la théorie de Klein (1988) : « Si quelqu'un prenait la pulsion de mort de Freud et toutes ses implications au sérieux, c'est bien Melanie Klein » (p. 468 [notre traduction]).

Klein croyait aussi que l'analyse de l'enfant pouvait commencer beaucoup plus tôt que ne le pensaient les psychanalystes traditionnels si l'on analysait ses activités de jeu au lieu de ses associations libres. Elle croyait que le jeu libre, non dirigé, qui révélait des conflits inconscients, permettait de commencer dès l'âge de deux ans. Pour une vue d'ensemble de la vision de Klein sur la psychanalyse, voir Segal, 1974.

Anna Freud était en désaccord avec la plupart des idées de Klein sur l'analyse des enfants, et continuait à souligner l'importance des stades génital et phallique du développement et à analyser les fantasmes et les rêves des enfants au lieu de leurs activités de jeu pendant la thérapie. Bien que les opinions de Klein aient eu un impact considérable sur l'analyse des enfants, ce sont celles d'Anna Freud qui ont généralement prévalu. (Pour des détails sur les controverses entre Klein et Anna Freud, voir Donaldson, 1966 ; King et Steiner, 1991 ; Viner, 1996.)

La psychologie du moi

L'analyse des enfants et des adultes est considérablement différente, ce qui a conduit Anna à insister davantage sur le moi lors de l'analyse des enfants que lors du traitement des adultes. La différence principale est que les enfants ne se souviennent pas des expériences traumatisantes précoces comme le font les adultes. Au contraire, ils manifestent les expériences développementales au fur et à mesure qu'elles se produisent. Les problèmes des enfants reflètent les obstacles à leur croissance normale. Plutôt que de considérer les problèmes de l'enfance comme un reflet des conflits entre le ça, le moi et le surmoi, comme avec les adultes, on pensait que les enfants reflétaient les nombreuses vulnérabilités qu'ils éprouvaient pendant la transition entre l'enfance et l'adolescence et le début de l'âge adulte.

Anna Freud (1965) a utilisé les mots **axe développemental** pour décrire la transition progressive de l'enfant entre la dépendance envers les contrôles externes et la maîtrise de la réalité interne et externe. Les axes développementaux représentent les tentatives de l'enfant de s'adapter aux exigences de la vie, qu'elles soient situationnelles, personnelles ou impersonnelles. Ils décrivent le développement normal et peuvent donc servir de cadre de référence pour représenter l'inadaptation. Selon Anna Freud (1965), chaque axe développemental comprend plusieurs composantes. La liste suivante contient uniquement les principales caractéristiques de chaque axe. L'enfant passe :

- de la dépendance à l'autonomie affective ;
- de la succion à l'alimentation rationnelle ;
- de l'incontinence au contrôle de la vessie et des sphincters anaux ;
- de l'irresponsabilité à la responsabilité en matière de gestion du corps ;
- de l'égocentrisme à la camaraderie ;
- du jeu au travail.

Bien qu'Anna Freud pensait que ces axes développementaux complétaient les stades psychosexuels de son père, nous y voyons des fonctions du moi qui sont relativement exemptes de conflits entre le moi et le surmoi.

Dans son livre influent *The Ego and the Mechanisms of Defense* (publié en allemand en 1936 et en anglais en 1937), Anna Freud souligne aussi les fonctions autonomes du moi. Elle y explique en détail les défenses du moi décrites par son père et par d'autres, et elle associe chaque mécanisme avec un type particulier d'anxiété (objective, névrotique, morale). Alors que les analystes traditionnels — y compris son père — considéraient les défenses du moi comme des obstacles à la compréhension de l'inconscient, Anna pensait que chacune d'elles était importante. Elle a montré la façon dont les mécanismes sont normalement utilisés pour s'adapter aux besoins sociaux et biologiques. Quand on comprend l'utilisation normale, il est plus facile de déterminer celle qui ne l'est pas. Anna Freud a ajouté deux mécanismes de défense à la liste traditionnelle. La **soumission altruiste** a lieu quand une personne abandonne ses propres ambitions et vit par procuration en s'identifiant à la satisfaction et aux frustrations d'un autre individu. L'**identification à l'agresseur** se produit quand une personne adopte les valeurs et les manières d'un individu qu'elle craint. Selon Anna Freud, ce dernier mécanisme explique le développement du surmoi : « Le surmoi est-il autre chose que de l'identification avec l'agresseur ? » (Young-Bruehl, 1988, éd. fr. 1991, p. 197). L'identification à l'agresseur explique aussi pourquoi certains otages développent une affection envers leur ravisseur.

Il est clair qu'Anna Freud a surmonté son conflit avec sa « jumelle » psychanalyse :

À trente ans, psychanalyste elle-même, enseignant à l'Institut psychanalytique de Vienne et spécialisée dans l'analyse d'enfants, Anna ne voyait plus dans la psychanalyse une rivale. Les deux sœurs avaient fusionné. En 1936, pour le quatre-vingtième anniversaire de son père, elle lui offrit un livre dont elle était l'auteur, *Le Moi et les mécanismes de défense*, qui marqua un tournant dans leurs vies : Anna était devenue l'héritière, la mère de la psychanalyse. C'est à elle qu'il revenait d'en préserver l'esprit et d'en assurer l'avenir. Vieux, fatigué, confronté à l'imminence de l'occupation de sa patrie par les nazis et à la perspective de l'exil, Sigmund Freud surnomma sa fille « Anna Antigone ». (Young-Bruehl, 1988, éd. fr. 1991)

Pourquoi Antigone ? Parce que, dans la pièce de Sophocle, *Œdipe à Colone*, c'est la dévouée et courageuse Antigone qui conduit sont père aveugle et malade (Œdipe) par la main. Comme Anna, elle était brave et loyale envers son père : « C'est Anna Freud qui s'est fermement installée comme secrétaire, confidente, représentante, collègue et infirmière auprès de son père blessé. Elle est devenue son bien le plus précieux, son alliée contre la mort » (Gay, 1988, p. 442 [notre traduction]).

En 1950, Anna Freud a reçu un diplôme honorifique de l'université Clark, comme son père en 1909. C'était son tout premier diplôme universitaire. Ensuite, d'autres universités comme Harvard, Yale et Vienne lui en ont aussi décerné. Après avoir consacré près de 60 ans à l'analyse des enfants et des adolescents, elle a été victime d'une crise cardiaque le 1ᵉʳ mars 1982 et est décédée le 9 octobre.

D'autres ont poursuivi l'analyse du moi commencée par Anna Freud, et cette analyse est devenue la **psychologie du moi**. Par exemple, Heinz Hartmann (1894-1970) a écrit *Ego Psychology and the Problem of Adaptation* (1939/1958), où il introduit le concept de « sphère non conflictuelle du moi ». Selon lui, les problèmes sont souvent résolus de façon ouverte et adaptée, sans égard aux séquelles des expériences infantiles. Erik Erikson (1902-1994), dans son livre influent intitulé *Childhood and Society* (1950/1985), a décrit le renforcement du moi au fur et à mesure qu'il passe à travers les huit étapes de développement psychosocial (et non psychosexuel) de la vie d'une personne. D'ailleurs, c'est Anna Freud qui a analysé Erikson et qui lui a permis d'acquérir le titre d'analyste.

Carl Jung

Carl Jung (1875-1961) est né un 26 juillet dans le village de Kesswil, en Suisse. Il a étudié la médecine de 1895 à 1901 à Bâle puis a travaillé comme résident sous la responsabilité d'Eugen Bleuler (qui a inventé le terme *schizophrénie*). Jung a passé l'hiver 1902-1903 à étudier avec Janet. Comme le lui conseillait Bleuler, Jung a fait passer le test d'association de mots de Galton à des psychotiques afin de découvrir la nature de leurs processus de pensée inconsciente. Cette recherche a plutôt bien réussi et a permis à Jung d'acquérir une notoriété précoce. Il s'est familiarisé avec la théorie de Freud en lisant *L'interprétation des rêves*. Il a testé les idées de Freud dans sa propre pratique et les a trouvées efficaces. Il a commencé à correspondre avec Freud et ils se sont finalement rencontrés chez ce dernier à Vienne. Leur première rencontre a duré treize heures et ils sont devenus des amis proches.

Quand G. Stanley Hall a invité Freud à donner une série de conférences à l'université Clark en 1909, Jung l'a accompagné aux États-Unis et a fait quelques exposés (sur sa recherche sur les associations de mots). Environ à la même époque, Jung a commencé à exprimer des doutes concernant l'insistance de Freud sur la motivation sexuelle. Ces doutes sont devenus si forts que, en 1912, les deux ont cessé de correspondre et, en 1914, ils ont mis un terme à leur relation, bien que

Carl Jung

Freud ait nommé Jung premier président de l'Association internationale de la psychanalyse. La rupture a beaucoup perturbé Jung, qui a alors entamé ce qu'il a appelé ses « années sombres », une période de trois ans pendant laquelle il était si déprimé qu'il ne pouvait même pas lire un livre scientifique. Il a alors analysé ses pensées les plus intimes et a développé sa propre théorie de la personnalité, qui était radicalement différente de celle de Freud. Jung a continué à développer sa théorie jusqu'à sa mort, le 6 juin 1961.

La libido

La nature de la **libido** était la source majeure des difficultés entre Freud et Jung. Lors de son association avec Jung, Freud a défini la libido comme l'énergie sexuelle qu'il considérait comme l'élément moteur principal de la personnalité. Ainsi, pour Freud, la plupart des comportements humains sont motivés par la sexualité. Jung n'était pas d'accord, il disait que l'énergie libidinale était une force de vie créatrice qui pouvait s'appliquer à la croissance psychologique continue de l'individu. Selon lui, plusieurs tentatives humaines autres que sexuelles utilisent l'énergie libidinale, notamment pour satisfaire des besoins biologiques *et* philosophiques ou spirituels. En fait, quand la personne devient experte à satisfaire ses besoins biologiques, elle peut utiliser davantage d'énergie libidinale pour s'occuper des autres besoins. En résumé, la motivation sexuelle était *beaucoup* moins importante pour Jung que pour Freud.

Le moi

Jung et Freud avaient une conception similaire du **moi**. Le moi est le mécanisme qui nous permet d'interagir avec l'environnement physique. C'est tout ce dont nous sommes conscients et qui touche la pensée, la résolution de problème, les souvenirs et la perception.

L'inconscient personnel

L'inconscient personnel de Jung combine les notions freudiennes du préconscient et de l'inconscient et consiste en des expériences qui ont été soit réprimées, soit simplement oubliées—des éléments de la vie d'une personne qui, pour une raison ou une autre, ne sont pas présents dans la conscience. Certains éléments peuvent être facilement remémorés et d'autres, non.

L'inconscient collectif et les archétypes

L'inconscient collectif était le concept de Jung le plus mystique, le plus controversé et le plus important. Jung pensait que l'inconscient collectif était la composante la plus profonde et la plus puissante de la personnalité, qui reflétait les expériences cumulatives des humains tout au long de l'évolution de leur passé. Selon Jung, c'est « l'accumulation des expériences ancestrales non dites qui datent de millions d'années, l'écho des événements mondiaux préhistoriques auquel chaque siècle ajoute une quantité infinitésimale de variation et de différenciation » (1928, p. 162 [notre traduction]). L'inconscient collectif enregistre les expériences *communes* que les humains possèdent grâce aux éons. Ces expériences constituent un enregistrement, un héritage, et deviennent des prédispositions à réagir émotionnellement à certaines catégories d'expériences. Pour Jung, chaque prédisposition était un **archétype**.

Ainsi, selon lui, l'esprit n'est pas une « étagère vide » à la naissance. Il contient une structure qui s'est développée de façon lamarckienne. C'est-à-dire que les expériences des générations précédentes se transmettent aux nouvelles générations. On peut considérer les archétypes comme des images génériques avec lesquelles les événements de la vie interagissent. Ils n'enregistrent pas que les expériences perceptuelles, mais aussi les émotions qui leur sont généralement associées. En réalité, Jung pensait que les caractéristiques les plus importantes des archétypes étaient les composantes émotives. Quand une expérience « communique » avec un archétype ou « s'identifie » à lui, l'émotion suscitée est typique de la réaction affective que les personnes ont eue envers ce type d'expérience par l'intermédiaire des éons. Par exemple, à la naissance, chaque enfant a une conception générique de la mère qui résulte des expériences cumulatives des générations précédentes. Il tentera de projeter dans sa vraie mère les caractéristiques de l'image générique de la mère. Cet archétype influencera non seulement sa façon de voir sa mère, mais aussi de réagir émotionnellement face à elle. Pour Jung, les archétypes fournissent à chacun un cadre d'expérience perceptuelle et émotionnelle. Ils prédisposent les gens à voir les choses d'une certaine façon, à vivre certaines expériences émotionnelles et à adopter certaines catégories de comportement. L'une d'entre elles est la construction du mythe :

> Les humains primitifs réagissaient à toutes leurs expériences émotionnelles en fonction des mythes, et c'est cette tendance à construire les mythes qui est enregistrée dans l'inconscient collectif et transmise aux générations futures. Ce dont nous héritons, c'est donc la tendance à refaire l'expérience de certaines manifestations de ces mythes primordiaux quand nous devons affronter des événements associés à ces mythes pour les éons. Chaque archétype peut être considéré comme une tendance héréditaire à réagir émotionnellement et au plan mythique à certains types d'expériences —, par exemple lorsqu'on fait face à un enfant, une mère, un amoureux, un cauchemar, un décès, une naissance, un tremblement de terre ou un étranger. (Hergenhahn et Olson, 2003, p. 77-78 [notre traduction])

Bien que Jung reconnaissait un grand nombre d'archétypes, il a davantage développé les suivants. La *persona* fait en sorte que les gens présentent uniquement une partie de leur personnalité au public. C'est un masque dans le sens où les aspects les plus importants de la personnalité se cachent derrière lui. L'*anima* apporte la composante femelle à la personnalité mâle et un cadre dans lequel les mâles peuvent interagir avec les femelles. L'*animus* apporte la composante masculine à la personnalité femelle et un cadre dans lequel les femelles peuvent interagir avec les mâles. L'*ombre*, l'archétype dont nous héritons de nos ancêtres préhumains, nous donne tendance à être immoraux et agressifs. Nous projetons symboliquement cet aspect de notre personnalité sur les diables, les démons, les monstres et les esprits malfaisants. Le *soi* fait en sorte que les individus tentent de synthétiser toutes les composantes de leur personnalité. Il représente le besoin humain d'unité et de globalité de toute la personnalité. Le but de la vie est d'abord de découvrir et de comprendre les diverses parties de la personnalité puis de les synthétiser en une unité harmonieuse. Jung appelait cette unité l'*individuation*.

Les attitudes

Jung a décrit deux orientations ou attitudes principales envers le monde, soit l'**introversion** et l'**extroversion**. Il pensait que chaque personne manifeste les deux attitudes, mais que l'une domine généralement l'autre. La personne introvertie a tendance à être calme, imaginative, et à s'intéresser davantage aux idées qu'aux inter-actions avec les autres. La personne extrovertie est so-ciable et va vers les autres. Bien que la plupart des in-dividus aient une tendance à l'introversion ou à l'extroversion, Jung pensait que les deux attitudes se retrouvent de façon égale dans la personnalité adulte saine et mature.

La causalité, la téléologie et la synchronicité

Comme Freud, Jung était déterministe. Tous deux pen-saient que les causes importantes de la personnalité d'un individu se trouvaient dans ses expériences pas-sées. Cependant, Jung croyait que, pour vraiment saisir cet individu, il fallait comprendre ses expériences anté-rieures — y compris celles enregistrées dans l'incons-cient collectif — *et* ses objectifs. Ainsi, contrairement à la théorie de Freud, celle de Jung englobait la **téléolo-gie** (le but). Pour lui, les individus sont à la fois poussés par leur passé et tirés par leur avenir.

L'autre déterminant important de la personnalité est la **synchronicité**, ou les coïncidences significatives. La synchronicité a lieu quand deux événements ou plus, dont chacun a une causalité indépendante, se rassem-blent de façon significative. Progoff (1973) donne les exemples suivants :

> Une personne [...] fait un rêve ou une série de rêves, et ils coïncident avec un événement extérieur. Un individu demande une faveur spéciale, souhaite ou espère forte-ment quelque chose, et, sans qu'on puisse l'expliquer, il obtient satisfaction. Une personne croit en quelqu'un, ou en un symbole spécial, et pendant qu'elle prie ou mé-dite à la lueur de sa foi, il se produit une guérison phy-sique ou une autre forme de « miracle ». (p. 122 [notre traduction])

Progoff (1973, p. 170-171) décrit une expérience synchrone dans la vie d'Abraham Lincoln. Dans sa jeunesse, celui-ci rêvait de faire quelque chose de significatif dans le monde. Le fait que, dans son envi-ronnement, il y avait peu d'outils disponibles pour contribuer à son développement intellectuel, contre-carrait ce rêve. Il désespérait de le réaliser un jour. Puis un étranger apparut. Il désirait vendre un ton-neau contenant des babioles pour un dollar. Il dit à Lincoln que le contenu de ce tonneau ne valait pas grand-chose, mais qu'il avait désespérément besoin

d'un dollar. Avec sa gentillesse habituelle, Lincoln lui donna un dollar en échange du tonneau. Plus tard, il découvrit que le tonneau contenait une édition presque complète des *Commentaires* de Blackstone. Ces livres lui procurèrent l'information et la stimula-tion intellectuelle dont il avait besoin pour devenir avocat et se lancer en politique.

Les rêves

Les rêves étaient importants pour Jung, mais il les interprétait très différemment de Freud. Ce dernier pensait que les expériences traumatisantes réprimées se révélaient dans les rêves parce que, pendant le som-meil, les défenses de l'individu diminuaient. Pendant l'éveil, ces expériences seraient activement maintenues dans l'inconscient parce que, sinon, elles provoque-raient une angoisse extrême. Jung pensait que tout le monde avait le même inconscient collectif, mais que les habiletés de chacun à reconnaître et exprimer les archétypes étaient différentes. Comme nous l'avons vu, il croyait aussi que tout le monde avait une ten-dance innée à reconnaître, exprimer et synthétiser les diverses composantes de la personnalité et, ce faisant, à se réaliser. Cependant, malgré cette tendance, la plu-part des gens ne se réalisent pas. Pour eux, certaines composantes de la personnalité restent méconnues et sous-développées. Selon Jung, les rêves sont un moyen d'exprimer les aspects de la psyché qui sont sous-développés. Si une personne n'exprime pas adéquate-ment l'ombre, par exemple, elle aura tendance à faire des cauchemars impliquant divers monstres. En conséquence, l'**analyse des rêves** pourrait déterminer les aspects de la psyché qui s'expriment correctement, et les autres.

L'importance de l'âge mûr

Selon Jung, le but de la vie est de se réaliser, ce qui implique un mélange harmonieux de tous les aspects de la personnalité. La façon dont ces divers aspects se manifestent chez une personne s'appelle l'*individuation*. Le travail qui consiste à reconnaître et à exprimer toutes les forces qui nous habitent est monumental parce que ces forces sont généralement conflictuelles. La raison est en conflit avec l'irrationnel, les sentiments avec la raison, les tendances masculines avec les ten-dances féminines, l'introversion avec l'extroversion, et les processus conscients avec ceux qui sont inconscients. Nous passons la plus grande partie de l'enfance, de l'adolescence et du début de l'âge adulte à tenter de comprendre ces forces conflictuelles. Ce n'est généralement que vers la fin de la trentaine ou le début de la quarantaine qu'une transformation majeure se produit. Quand la personne a reconnu les diverses forces conflictuelles de sa personnalité, elle peut les synthétiser et les harmoniser. La réalisation de soi se produit quand tous les éléments discordants de la personnalité peuvent s'exprimer de façon égale. Chez un individu sain et accompli, chaque système de personnalité est différencié, développé et exprimé. Bien que Jung pensait que tout le monde a une tendance innée à se réaliser, il croyait aussi que les gens atteignent rarement cet état.

Les critiques et les contributions

On a reproché à la théorie de Jung d'englober l'occultisme, le spiritualisme, le mysticisme et la religion. Plusieurs considéraient qu'il n'était pas scientifique ou même qu'il était antiscientifique parce qu'il utilisait entre autres des symboles trouvés dans les arts, la religion et l'imagination humaine pour développer et vérifier sa théorie. Le concept de l'archétype, qui occupe une place majeure dans sa théorie, a été critiqué parce qu'on le jugeait métaphysique et invérifiable. Certains ont globalement qualifié sa théorie d'obscure, d'incompréhensible, d'incohérente et parfois de contradictoire. Enfin, on a désapprouvé son usage de la notion lamarckienne de l'héritage des caractéristiques acquises.

Malgré ces critiques, les théories jungiennes restent populaires dans le domaine de la psychologie. Il a des partisans influents dans le monde entier, et des instituts jungiens développent et diffusent ses idées dans plusieurs villes importantes (DeAngelis, 1994 ; Kirsch, 2000). Les notions d'introversion et d'extroversion ont donné lieu à de nombreuses recherches et font partie de plusieurs tests de personnalité populaires, par exemple, l'inventaire de personnalité multiphasique du Minnesota et l'indicateur de types psychologiques Myers-Briggs. Ces deux concepts font aussi partie des composantes principales de la théorie influente de la personnalité de Hans J. Eysenck (1916-1997). (Voir par exemple Eysenck et Eysenck, 1985.) Enfin, c'est Jung qui a introduit la notion aristotélicienne de la réalisation de soi dans la psychologie moderne.

Alfred Adler

Né un 17 février en banlieue de Vienne, **Alfred Adler** (1870-1937) eut une enfance qu'il qualifia plus tard de misérable. C'était un enfant chétif qui se trouvait petit et laid. Il entretenait également une rivalité féroce avec son frère plus âgé. Tous ces souvenirs ont probablement influencé le type de théorie de la personnalité qu'il a développée.

Comme Jung, Adler s'est familiarisé avec la psychologie freudienne en lisant *L'interprétation des rêves*. Adler a rédigé un article défendant la théorie de Freud et a été invité à adhérer à la Société psychanalytique de Vienne qu'il a présidée en 1910. Cependant, des différences entre lui et Freud ont commencé à apparaître, et, vers 1911, elles étaient si prononcées qu'Adler a démissionné de son poste de président. Après une association qui avait duré neuf ans, son amitié avec Freud se désagrégea et les deux hommes ne se revirent jamais. Freud accusait Adler de devenir célèbre en réduisant la psychanalyse au bon sens des profanes. Freud a dit d'Adler : « J'ai transformé un pygmée en un grand homme » (Wittels, 1924, p. 255 [notre traduction]).

Alfred Adler

L'histoire montre que Freud et Adler n'ont jamais eu grand-chose en commun, et que ce dernier fit probablement une erreur en se joignant aux freudiens. Ernest Jones (1955, éd. fr. 1961) résume les principales divergences entre Freud et Adler :

> Les facteurs sexuels et particulièrement les facteurs sexuels infantiles sont réduits au minimum ; d'après lui, le désir incestueux d'intimité qu'éprouve le petit garçon à l'égard de sa mère n'est plus que le désir mâle, déguisé en désir sexuel, de conquérir une femelle. Les concepts de refoulement, de sexualité infantile, celui même d'inconscient, sont écartés, de sorte que la psychanalyse se trouve vraiment réduite à peu de choses. (éd. fr., p. 139)

En 1926, lors de sa visite aux États-Unis, Adler reçoit un accueil chaleureux. Il y élit domicile en 1935, en partie à cause de la menace nazie en Europe. Il meurt le 28 mai 1937 alors qu'il donne une série de conférences à Aberdeen, en Écosse. Le commentaire suivant de Freud adressé à une personne bouleversée par la mort d'Adler révèle bien son animosité :

> Je ne comprends pas votre sympathie pour Adler. Pour un garçon juif d'un faubourg viennois, une mort à Aberdeen est une carrière inhabituelle en elle-même et une preuve de son avancement. Le monde l'a réellement généreusement récompensé pour le service qu'il lui a rendu en s'opposant à la psychanalyse. (E. Jones, 1957, éd. fr. 1969, p. 238)

Fiebert (1997) donne des détails sur l'implication professionnelle initiale d'Adler auprès de Freud, sur les sources de leurs dissensions et sur leur relation après « l'excommunication » d'Adler.

L'infériorité des organes et la compensation

Comme Freud, Adler était formé selon la tradition médicale matérialiste positiviste d'après laquelle tout trouble physique ou mental est d'origine physiologique. Adler (1907/1917) a émis l'opinion suivante : les individus sont particulièrement sensibles aux maladies des organes « inférieurs » à d'autres organes. Par exemple, certaines personnes naissent avec une vue faible, d'autres avec un cœur faible, ou encore des membres faibles, etc. Comme l'environnement impose une pression à ces faibles parties du corps, l'individu développe une faiblesse qui inhibe le fonctionnement normal.

La **compensation** est l'une des façons de s'adapter à une faiblesse. C'est-à-dire que l'individu s'adapte en développant des forces dans d'autres parties du corps. Par exemple, un aveugle peut développer une très grande sensibilité auditive. Une autre façon serait la **surcompensation**, soit de transformer une faiblesse en une force. Les exemples habituels sont celui de Teddy Roosevelt, un enfant fragile qui s'est transformé en grand et solide amateur de plein air ; et celui de Démosthène, qui est devenu un grand orateur malgré son défaut d'élocution. Au moment où Adler fait part de son point de vue, il est médecin, et ses observations sont clairement conformes à la médecine matérialiste positiviste de l'époque.

Le sentiment d'infériorité

En 1910, Adler intègre le domaine de la psychologie quand il remarque que la compensation et la surcompensation peuvent être dirigées vers les infériorités *psychologiques* ainsi que physiques. Il s'est aperçu que, à la naissance, *tous* les êtres humains sont totalement dépendants des autres pour survivre et qu'ils ont donc un **sentiment d'infériorité**, ou une faiblesse. Dans leur enfance puis à l'âge adulte, cela les pousse à acquérir du pouvoir afin de surmonter ce sentiment. Au début de sa théorie, Adler souligne la conquête du pouvoir comme moyen de surmonter le sentiment d'infériorité ; plus tard, il suggère que les individus recherchent la perfection ou la supériorité à cette fin.

Bien que le sentiment d'infériorité stimule toute croissance personnelle et qu'il soit donc bon, il peut aussi handicaper les individus. Certains sont tellement submergés par un tel sentiment qu'ils n'accomplissent pas grand-chose, voire rien du tout, et ont un **complexe d'infériorité**. Ainsi, le sentiment d'infériorité peut être un stimulus de croissance positive ou une force handicapante, selon l'attitude que l'individu adopte envers lui.

La vision du monde, les buts imaginaires et les habitudes de vie

La philosophie de la pensée propositionnelle de Hans Vaihinger a influencé la théorie d'Adler. Au chapitre 9, nous avons vu que Vaihinger cherchait surtout à démontrer que la fiction scientifique, mathématique, religieuse, philosophique et jurisprudentielle permet une vie sociétale complexe. Cependant, Adler a appliqué le concept de fiction de Vaihinger à la vie des individus. Comme ce dernier, il pensait que la vie était dénuée de sens par nature, et que, en conséquence, c'était à l'individu de lui en donner un, quel qu'il soit.

La vision du monde de l'individu se développe à partir des premières expériences de l'enfance. Selon leur nature, un enfant peut en venir à considérer le monde comme un endroit dangereux et maléfique ou comme un endroit chaleureux et aimant. La première invention de sens est donc la création d'une vision du monde. Ensuite, l'enfant réfléchit à la façon de vivre dans le monde tel qu'il le perçoit. Il commence à planifier son avenir en créant ce qu'Adler a tantôt appelé le « finalisme fictionnel », tantôt la « fiction directrice » ou les « idées directrices ». Ce sont des objectifs raisonnables étant donné la vision du monde de l'enfant. Si elle est positive, l'enfant peut tenter d'envisager de devenir médecin, enseignant, artiste ou scientifique. Si sa vision est négative, il peut devenir agressif et planifier une vie de crime et de destruction.

Les fictions directrices découlent de la vision du monde (des objectifs) et le **style de vie** émane de ces fictions. Le style de vie comprend principalement les activités quotidiennes effectuées lorsqu'un individu poursuit ses objectifs. Cependant, le style de vie détermine aussi les aspects de la vie sur lesquels l'individu va se concentrer et la manière dont il va procéder, la façon de résoudre les problèmes et ce qu'il perçoit ou qu'il ignore.

Selon Adler, pour que le style de vie soit réellement efficace, il doit contenir un **intérêt social** considérable, c'est-à-dire que l'individu doit consacrer une partie de son objectif à tenter de constituer une société qui serait meilleure pour tous. Adler disait de tout style de vie exempt d'intérêt social qu'il était erroné. Comme le névrotique a généralement un **style de vie erroné**, le travail du psychothérapeute est de le remplacer par un style de vie qui contient une quantité saine d'intérêt social.

Le soi créatif

Adler s'est radicalement écarté des théories de Freud et de Jung en affirmant que les humains ne sont pas victimes de leur environnement ni de leur héritage biologique. Bien que l'environnement et l'hérédité fournissent les matières premières de la personnalité, l'individu est libre de les assembler comme il le souhaite. Par exemple, il choisit que le sentiment d'infériorité facilite la croissance ou la handicape. Et bien que la

vie soit par nature absurde, chacun est libre d'inventer une signification et ensuite d'agir « comme si » elle était vraie. Le concept du **soi créatif** allait de pair avec la croyance existentielle selon laquelle les êtres humains sont libres de choisir leur propre destinée.

Avec ce concept, Adler a rejeté le fondement même de la psychanalyse de Freud — les souvenirs réprimés des expériences traumatisantes. Adler a dit : « Nous ne subissons pas le choc [des expériences traumatisantes], nous faisons simplement correspondre celles-ci à nos objectifs » (1931/1958, p. 14 [notre traduction]). Quand l'individu a créé sa vision du monde, développé ses buts finaux et son style de vie, il interprète toutes les expériences en conséquence. Ces créations, qui procurent les composantes de base de la personnalité, permettent de comprendre certaines expériences, mais pas toutes. Pour Adler, les expériences qui se rapprochent de la personnalité de l'individu sont comprises, mais pas les autres. Selon lui, ce que Freud et d'autres appelaient l'inconscient signifiait simplement l'incompris.

Ainsi, bien qu'Adler ait fait partie des tout premiers membres du cercle intime de Freud, la théorie qu'il a développée avait très peu de choses en commun, voire aucune, avec celle de Freud. En effet, contrairement à celle-là, la théorie d'Adler soulignait l'esprit conscient, les motifs sociaux plutôt que sexuels, et le libre arbitre. La plus grande partie des réflexions d'Adler allait apparaître plus tard dans les théories de Rollo May, de George Kelly, de Carl Rogers et d'Abraham Maslow. Toutes ont en commun le thème existentiel sur lequel porte le chapitre suivant.

Karen Horney

Karen Horney (qui se prononce « horn-eye » (1885-1952) est née Karen Danielson un 16 septembre, dans un petit village proche d'Hambourg, en Allemagne. Son père était capitaine de navire norvégien, et sa mère, qui avait dix-huit ans de moins que lui, appartenait à une importante famille hollando-allemande. Le père de Karen était un fondamentaliste qui craignait Dieu, qui pensait que les femmes étaient inférieures aux hommes et qu'elles étaient la source du mal dans le monde.

Karen avait des sentiments contradictoires envers son père. Elle détestait ses fréquentes déclarations

Karen Horney

désobligeantes sur son apparence et son intelligence, mais elle l'aimait parce qu'il ajoutait du piquant à sa vie, par exemple en l'amenant avec lui lors d'au moins trois longs voyages en mer. Sa famille comprenait aussi quatre enfants du mariage précédent de son père, et son frère plus âgé qui s'appelait Berndt. La famille appelait le père « le lanceur de Bible » (Rubins, 1978, p. 11 [notre traduction]) parce que, souvent, après avoir longuement lu la Bible, il explosait de colère et la jetait sur sa femme. Ces expériences ont conduit Karen à développer une attitude négative envers la religion et les symboles d'autorité en général. Après avoir été traitée par un médecin à l'âge de douze ans, elle décida de devenir docteure. Son père s'opposait à sa décision alors que sa mère l'appuyait.

En 1906, à l'âge de vingt et un ans, elle commence à fréquenter la faculté de médecine de Freiberg, en Allemagne. En octobre 1909, elle épouse Oskar Horney, un avocat avec lequel elle aura trois enfants (dont deux suivront une psychanalyse avec Melanie Klein). Elle obtient son diplôme de médecine en 1913 à l'université de Berlin où elle excelle. Elle suit ensuite une formation psychanalytique à l'Institut de psychanalyse de Berlin

où elle suit une psychanalyse d'abord avec Karl Abraham, puis avec Hans Sachs, deux des plus importants analystes freudiens de cette époque (tous les deux membres du cercle intime de Freud). En 1918, à l'âge de trente-trois ans, elle commence à pratiquer la psychanalyse et à enseigner à l'Institut jusqu'en 1932, tout en continuant sa pratique privée.

En 1923, son mariage commence à se désintégrer, et presque au même moment, son frère meurt de pneumonie. Ces événements déclenchent un des nombreux accès de dépression qu'elle aura au cours de sa vie et, pendant des vacances en famille, elle tente de se suicider. Son mariage est de plus en plus difficile et, en 1926, elle déménage dans un appartement avec ses trois enfants. Ce n'est qu'en 1936 qu'elle entreprend officiellement les procédures de divorce, qu'elle obtient en 1939 (l'année du décès de Freud).

En 1932, l'important analyste Franz Alexander l'invite à aller aux États-Unis pour devenir directrice associée du nouvel Institut de psychanalyse de Chicago, et elle accepte. Deux ans plus tard, elle déménage à New York où elle forme des analystes à l'Institut de psychanalyse de New York et où elle ouvre un bureau d'analyste privé. C'est à cette époque qu'apparaissent les principales différences entre ses idées et celles des freudiens traditionnels. À cause de ces différences, les thèses de ses étudiants sont constamment rejetées et, finalement, ses tâches d'enseignement sont réduites. En 1941, elle démissionne de l'Institut et, peu après, elle fonde sa propre organisation appelée l'Institut américain de psychanalyse, où elle continue à développer ses propres idées jusqu'à sa mort, en 1952.

Les divergences générales avec la théorie freudienne

Horney pensait que les notions freudiennes comme l'inconscient, la motivation sexuelle, le complexe d'Œdipe et la division de l'esprit entre le ça, le moi et le surmoi étaient peut-être appropriées au contexte culturel de Freud à l'époque, mais qu'elles étaient peu adaptées aux problèmes des gens pendant la Grande Dépression aux États-Unis. Elle a découvert que les problèmes de ses clients concernaient la perte de leur emploi et le manque d'argent nécessaire au paiement du loyer, de la nourriture et des soins médicaux de leur famille. Elle a rarement trouvé que les conflits sexuels étaient la cause de leurs problèmes. Elle en a conclu que ce sont les expériences d'une personne au plan social qui déterminent si elle aura ou non des problèmes psychologiques, et non le conflit intrapsyché (entre le ça, le moi et le surmoi) décrit par Freud. Pour Horney, les causes de la maladie mentale résidaient dans la société et dans les interactions sociales, et c'était ces facteurs sur lesquels portait le processus thérapeutique.

L'hostilité et l'angoisse basiques

Horney (1937) a élaboré sa vision selon laquelle les relations humaines perturbées causent des problèmes psychologiques et, de toutes les relations humaines, celles qui unissent les parents et l'enfant sont les plus importantes. Elle pensait que l'enfant a deux besoins de base : être à l'abri de la douleur, de la peur et du danger, et satisfaire ses besoins biologiques. Deux possibilités existent : les parents peuvent satisfaire systématiquement et tendrement les besoins de l'enfant, ou faire preuve d'indifférence, d'inconstance, ou même haïr leur enfant. Dans le premier cas, l'enfant deviendra un adulte sain et normal. Dans le deuxième, il vivra le **mal basique** et deviendra névrotique.

L'enfant qui vit une forme ou une autre du mal basique développe une **hostilité basique** envers les parents. Comme la relation avec ses parents est tellement fondamentale, son hostilité se transforme en vision du monde. C'est-à-dire qu'il considère le monde comme un endroit dangereux et imprévisible. Toutefois, comme il n'est pas en mesure d'agresser ses parents ni le monde, l'hostilité basique qu'il ressent doit être réprimée. Elle devient alors de l'**angoisse basique**. L'angoisse basique est « le sentiment envahissant de solitude et d'impuissance devant un monde hostile » (Horney, 1937, éd. fr. 1953, p. 62) et est une condition préalable au développement de la névrose.

Les adaptations à l'angoisse basique

La personne qui se sent seule et impuissante dans un monde hostile vit de l'angoisse basique et doit trouver un moyen de faire face à ces sentiments et à ce monde. Horney (1945) décrit les trois principaux modèles d'adaptation dont disposent les névrotiques, c'est-à-dire ceux qui ressentent de l'angoisse basique.

L'un est d'**aller vers les autres**, et l'individu devient ainsi le *type obéissant*. Celui-ci semble dire : « si je cède,

on ne me fera pas de mal » (Horney, 1937, éd. fr. 1953, p. 67).

> En somme, les individus de ce type ont besoin d'être aimés, désirés, adulés ; de se sentir acceptés, accueillis, approuvés, appréciés ; d'être nécessaires, d'être importants pour les autres, notamment pour telle personne particulière ; d'être aidés, protégés, choyés, guidés. (Horney, 1945, éd. fr. 1955, p. 40)

Le deuxième modèle d'adaptation important est d'**aller à l'encontre des autres**, et l'individu devient ainsi le *type hostile*. Ce type-là semble dire : « si je suis puissant, nul ne pourra me faire de mal » (Horney, 1937, éd. fr. 1953, p. 67).

> Le névrosé envisage toute situation, toute relation, en se demandant : « Que puis-je bien en retirer ? » — qu'il s'agisse d'argent, de prestige, de connaissances ou d'idées. Lui-même est consciemment ou à demi consciemment persuadé que tout le monde agit de cette manière, et qu'il importe donc d'opérer de façon plus efficace que les autres. (Horney, 1945, éd. fr. 1955, p. 52)

Le troisième modèle est de **se détourner des autres**, et l'individu devient ainsi le *type détaché*, qui semble dire : « si je m'abstiens, personne ne pourra me faire de mal » (Horney, 1937, éd. fr. 1953, p. 68).

> Ce qui est crucial, c'est leur besoin intérieur d'établir une distance émotionnelle entre elles [les personnes] et les autres. Plus précisément, c'est leur détermination consciente et inconsciente, de ne se trouver affectivement engagées en aucune manière, que ce soit dans l'amour, la lutte, la coopération ou la compétition. Elles tracent autour d'elles comme un cercle magique où nul ne saurait pénétrer. (Horney, 1945, éd. fr. 1955, p. 59)

Horney pensait que les individus psychologiquement sains utilisent les trois modèles d'adaptation selon les circonstances. Cependant, les névrotiques n'en utilisent qu'un seul et tentent de l'appliquer à toutes les circonstances de la vie.

La psychologie féminine

Au début, Horney était d'accord avec l'affirmation de Freud selon laquelle l'**anatomie fait partie de la destinée**, c'est-à-dire que le genre détermine les principaux traits de la personnalité. Cependant, selon elle, ce sont les mâles qui envient l'anatomie des femelles, et non l'inverse :

> Mais du point de vue biologique, la femme a, dans la maternité ou dans l'aptitude à la maternité, une supériorité psychologique indiscutable et non des moindres.

Cela est clairement reflété dans l'inconscient de la psyché masculine, par l'envie de maternité qu'éprouve le garçon. [...] Quand on commence (comme je l'ai fait) à analyser des hommes après une assez longue expérience d'analyses de femmes, on éprouve une étonnante impression devant l'intensité de cette envie de grossesse, d'accouchement et de maternité, aussi bien que devant l'envie des seins et de l'acte d'allaiter. (Horney, 1945, éd. fr. 1971, p. 54-55)

(Pour une discussion sur l'évolution de l'opinion d'Horney concernant l'anatomie et le destin, voir Hergenhahn et Olson, 2003, p. 148-149 ; Paris, 2000, p. 166-168.)

À la fin, Horney pensait que les traits de personnalité sont davantage déterminés par les facteurs culturels que par les facteurs biologiques. Dès 1923, elle commence à rédiger des articles sur l'influence de la culture sur le développement de la personnalité féminine, et continue à le faire jusqu'en 1937. Ces articles sont regroupés dans *Feminine Psychology* (Horney et Kelman, 1967).

Horney était d'accord avec Freud sur le fait que les femmes se sentent souvent inférieures aux hommes, mais, pour elle, ce sentiment n'a rien à voir avec l'envie de posséder un pénis. Selon elle, les femmes sont effectivement inférieures à l'homme sur le plan culturel, mais pas biologique. Elle décrit comment les stéréotypes culturels freinent les femmes :

Les efforts de la femme pour parvenir à l'indépendance et l'accroissement de son champ d'intérêts et d'activités rencontrent continuellement un scepticisme qui insiste sur le fait que de tels efforts ne devraient être accomplis que du point de vue économique et qu'ils vont à l'encontre de son caractère inhérent et ses tendances naturelles. En conséquence, tous les efforts de ce genre sont considérés comme étant sans importance vitale pour la femme, dont en fait chaque pensée devrait être exclusivement centrée sur l'homme ou sur la maternité. (Horney et Kelman, 1967, éd. fr. 1971, chapitre 12)

Quand les femmes semblent souhaiter être masculines, ce qu'elles cherchent en réalité, c'est l'égalité culturelle. Comme la culture est un produit masculin, une des façons d'acquérir du pouvoir est de devenir masculine : « Notre civilisation tout entière est une civilisation de l'homme. L'État, les lois, la moralité, la religion et les sciences sont des créations de l'homme » (Horney et Kelman, 1967, éd. fr. 1971, p. 49-50).

Le désir d'être un homme [...] peut être l'expression du désir de toutes les qualités ou privilèges qui, dans notre culture, sont regardés comme masculins, tels que la force, le courage, l'indépendance, le succès, la liberté sexuelle, le droit de choisir le partenaire. (Horney, 1939, éd. fr. 1951, p. 86-87)

Comme nous l'avons vu, Freud était essentiellement déconcerté par les femmes et il a cessé de tenter de les comprendre. C'est peut-être pour ça que la psychanalyse a toujours semblé mieux comprendre les hommes que les femmes et avoir une meilleure opinion d'eux que d'elles. Selon Horney, on ne devrait pas en être surpris :

La raison en est évidente. La psychanalyse est la création d'un génie masculin et presque tous ceux qui ont développé ses idées ont été des hommes. Il est donc juste et raisonnable qu'ils dégagent plus aisément une psychologie masculine et qu'ils comprennent mieux le développement des hommes que celui des femmes. (Horney et Kelman, éd. fr. 1971, chapitre 2)

Horney était d'accord avec Freud sur l'importance des expériences pendant la petite enfance et sur les motivations inconscientes, mais elle était en désaccord avec son insistance sur la motivation biologique et soulignait plutôt la motivation culturelle. Pour ce qui est du processus thérapeutique, Horney avait recours à l'association libre et à l'analyse des rêves. De plus, elle pensait que le transfert et la résistance apportent des informations importantes. Elle était beaucoup plus optimiste que Freud sur la capacité des gens à modifier leur personnalité et, contrairement à lui, elle pensait qu'ils sont capables de résoudre beaucoup de leurs problèmes. Son livre *L'auto-analyse* (1942/1968) fut l'un des premiers livres d'auto-assistance en psychologie et fut controversé, entre autres parce que Freud avait affirmé que tous les analystes doivent avoir suivi une psychanalyse avant d'être qualifiés pour traiter des patients.

En conclusion, nous pouvons dire que Horney était fortement influencée par la théorie freudienne et qu'elle l'acceptait en grande partie. Cependant, elle a fini par être en désaccord avec presque toutes les conclusions de Freud au sujet des femmes. À l'époque, être en désaccord avec ce personnage demandait beaucoup de courage :

Il faut réaliser que s'écarter du dogme freudien n'était pas chose aisée à l'époque. En fait, ceux qui osaient le faire étaient excommuniés comme s'ils avaient violé un dogme religieux. Horney a été excommuniée parce qu'elle a osé contredire le maître. [...] En observant son père quand elle était enfant, elle avait appris à quel point la croyance aveugle en un dogme religieux pouvait être dévastatrice ; c'est peut-être en partie à cause de cela qu'elle a décidé de défier Freud. (Hergenhahn et Olson, 2003, p. 156 [notre traduction])

Chodorow (1989) reconnaît Horney comme la première psychanalyste féministe.

Comme Freud a été le premier à s'efforcer d'expliquer la personnalité et à tenter de comprendre et de traiter les individus aux prises avec des maladies mentales, toutes les théories de la personnalité et les techniques thérapeutiques subséquentes lui sont redevables. Le nombre de personnages importants qu'il a influencés représente un des plus grands hommages qui lui aient été rendus et, dans ce chapitre, nous n'en avons abordé que quelques-uns. (Pour un échantillon plus complet, voir Roazen, 1992.)

Résumé

Anna Freud est devenue la porte-parole de la psychanalyse à la mort de son père. Elle a aussi appliqué la psychanalyse aux enfants, ce qui a entraîné un conflit avec Melanie Klein, qui avait des opinions très différentes. Dans son analyse des enfants, Anna Freud se concentrait sur les axes développementaux qui décrivaient les tentatives de l'enfant de régler les problèmes situationnels, personnels et interpersonnels. Son approche soulignait les fonctions du moi et minimisait les fonctions du ça. Son intérêt pour la psychologie du moi s'est manifesté dans son analyse des mécanismes de défense du moi, auxquels elle a ajouté la soumission altruiste et l'identification à l'agresseur.

Jung, qui a d'abord été partisan de Freud, se détourna de lui parce qu'il insistait sur les motivations sexuelles. Jung pensait que la libido est un pool d'énergie qui peut contribuer à une croissance positive, alors que Freud la considérait plutôt comme une énergie purement sexuelle. Jung distinguait l'inconscient personnel, qui consiste en des expériences dont la personne n'est pas consciente, de l'inconscient collectif, qui représente l'enregistrement de l'expérience humaine universelle grâce aux éons de l'histoire humaine. Selon Jung, l'inconscient collectif contient des archétypes, ou des prédispositions à réagir émotionnellement à certaines expériences et à créer des mythes autour d'elles. Les archétypes les plus développés sont l'anima, l'animus, l'ombre et le soi. Jung établissait une distinction entre les attitudes introverties et extraverties. Il soulignait l'importance de l'âge mûr pour le développement de la personnalité, parce que, avant de pouvoir se réaliser, il faut comprendre les nombreuses forces conflictuelles de la psyché. C'est un processus long et compliqué qui se déroule généralement pendant l'enfance, l'adolescence et le début de l'âge adulte. Jung pensait que le comportement humain était à la fois poussé par le passé et le présent (causalité) et tiré par le futur (téléologie). Il croyait aussi que la synchronicité, ou les coïncidences significatives, jouaient un rôle important dans la détermination du cours de la vie. Il pensait que les rêves permettaient aux parties de la personnalité qui ne pouvaient pas s'exprimer adéquatement de le faire. En conséquence, l'analyse des rêves pouvait servir à déterminer les aspects de la personnalité correctement développés et ceux qui ne le sont pas.

Comme Jung, Adler fut un des premiers partisans de Freud et il a fini par suivre sa propre voie. Sa théorie était très différente de celles de Freud et de Jung. Au début de sa carrière, Adler a remarqué qu'une personne souffrant d'un handicap physique pouvait soit compenser cette faiblesse en renforçant d'autres capacités, soit, en surcompensant, transformer cette faiblesse en force. Plus tard, il a découvert que tous les êtres humains souffraient d'un sentiment d'infériorité au début de leur vie parce qu'ils étaient des nourrissons impuissants. Il pensait que la plupart des gens adoptaient un style de vie qui leur permettait d'acquérir du pouvoir ou de s'approcher de la perfection, et donc de surmonter ce sentiment. Certaines personnes sont toutefois dépassées par ce sentiment et développent un complexe d'infériorité. Influencé par la philosophie propositionnelle de Vaihinger, Adler pensait que l'unique signification de la vie était celle que l'individu lui attribuait. L'enfant crée sa vision du monde à partir de ses toutes premières expériences. Cette vision conditionne les fictions directrices ou les buts, et l'individu crée un style de vie pour les atteindre. Selon Adler, les styles de vie sains impliquent une quantité significative d'intérêt social, alors que ce n'est pas le cas des styles de vie erronés. Le soi créatif permet de contrôler sa destinée.

Horney a été formée à l'analyse freudienne, mais elle a finalement développé sa propre théorie. Elle pensait que les problèmes psychologiques résultaient davantage des conditions sociétales et des relations interpersonnelles que des conflits sexuels, comme le soutenaient les freudiens. Parmi ces relations, celle parents-enfants est la plus importante. Horney pensait qu'elle pouvait être de deux types : le premier satisfait les besoins biologiques et de sécurité de l'enfant de façon cohérente et aimante, et le deuxième les frustre. Horney appelait ce deuxième type de relation le mal basique et, pour elle, c'était la graine de la névrose. Le mal basique fait en sorte que l'enfant ressent de l'hostilité envers le parent et le monde, mais il doit la réprimer parce qu'il est impuissant. Quand cette hostilité est réprimée, elle se transforme en angoisse basique, qui est le sentiment de solitude et d'impuissance dans un monde hostile. L'enfant qui ressent de l'angoisse basique envisage généralement la réalité à partir d'un des trois modèles d'adaptation : aller vers les autres, ce qui accentue l'amour, aller à l'encontre des autres, ce qui accroît l'hostilité, et se détourner des autres, ce qui souligne le retrait. Les personnes normales utilisent ces trois techniques d'adaptation au besoin, alors que les névrotiques tentent de faire face à la vie en n'en utilisant qu'une.

Contrairement à Freud, Horney ne pensait pas que l'anatomie fait partie de la destinée ; elle croyait plutôt que la culture détermine les différences de personnalité entre les genres. Elle disait que les femmes se sentent souvent inférieures aux hommes parce qu'elles le sont souvent au plan culturel. Dans sa pratique, elle a découvert que c'était plutôt les hommes qui enviaient la biologie des femmes que le contraire. Elle affirmait que la psychanalyse semblait plus adaptée aux hommes et plus flatteuse envers eux parce qu'elle avait été créée par des hommes. Bien qu'elle utilisait plusieurs techniques et concepts freudiens dans sa pratique, son pronostic concernant le changement de personnalité était plus optimiste que celui de Freud. Contrairement à lui, elle pensait que plusieurs personnes sont capables de résoudre leurs propres problèmes psychologiques, et elle a rédigé un livre visant à les aider à y parvenir.

Des questions à débattre

1. Quelles ont été les contributions d'Anna Freud à la psychanalyse ? Pourquoi est-elle considérée comme une pionnière de la psychologie du moi ?

2. Définissez les termes suivants de la théorie de Jung : *inconscient collectif*, *archétype*, *persona*, *anima*, *animus*, *ombre* et *soi*.

3. Définissez les termes suivants de la théorie d'Adler : *compensation*, *surcompensation*, *sentiment d'infériorité*, *complexe d'infériorité*, *vision du monde*, *fiction directrice*, *style de vie*, *intérêt social*, *style de vie erroné* et *soi créatif*.

4. Résumez les principales différences entre les théories de la personnalité de Freud et d'Adler.

5. De quelle façon la philosophie propositionnelle de Vaihinger a-t-elle influencé celle d'Adler ?

6. Définissez les termes suivants de la théorie d'Horney : *mal basique*, *hostilité basique* et *angoisse basique*.

7. Selon Horney, quels sont les trois principaux modèles d'adaptation utilisés par les névrotiques dans leurs interactions avec les autres. En quoi est-ce différent pour les gens normaux ?

8. Pourquoi, selon Horney, les femmes se sentent-elles parfois inférieures aux hommes ?

9. Horney était-elle d'accord avec l'affirmation de Freud selon laquelle l'anatomie fait partie du destin ? Expliquez.

10. Quelles sont les différences entre Horney et Freud pour ce qui est de leurs explications des origines des problèmes psychologiques ? du pronostic de changement de personnalité ? de leur croyance en la capacité des gens à résoudre leurs propres problèmes psychologiques ?

Des suggestions de lecture

Alexander, I. E. (1991). « C. G. Jung : The man and his work, then, and now ». Dans G. A. Kimble, M. Wertheimer, et C. L. White (dir.), *Portraits of pioneers in psychology*, (p. 153-196). Washington, DC : American Psychological Association.

Borch-Jacobsen, M. (1996). *Remembering Anna O.: A century of mystification* (trad. par K. Olson). New York : Routledge.

Hannah, B. (1976). *Jung, his life and work: A biographical memoir.* New York : Putnam.

Horney, K. et Kelman, H. (dir.). (1967). *Feminine psychology.* New York : Norton.

Paris, B. J. (1994). *Karen Horney: A psychoanalyst's search for self-understanding.* New Haven, CT : Yale University Press.

Paris, B. J. (2000). « Karen Horney : The three phases of her thought ». Dans G. A. Kimble et M. Wertheimer (dir.), *Portraits of pioneers in psychology* (vol. 4, p. 163-179). Washington, DC : American Psychological Association.

Quinn, S. (1988). *A mind of her own: The life of Karen Horney.* Reading, MA : Addison-Wesley.

Rubins, J. L. (1978). *Karen Horney: Gentle rebel of psychoanalysis.* New York : Dial.

Segal, H. (1974). *Introduction to the work of Melanie Klein* (2ᵉ éd.). New York : Basic Books.

Stern, P. J. (1976). *C. G. Jung: The haunted prophet.* New York : Dell.

Young-Bruehl, E. *Anna Freud,* trad. par Jean-Pierre Ricard, Paris, Payot, 1991.

Glossaire

Adler, Alfred (1870-1937)   Un des premiers partisans de Freud qui a quitté le camp freudien et créé sa propre théorie de la personnalité, qui mettait l'accent sur l'esprit conscient et la création individuelle d'une vision du monde, de fictions directrices et d'un style de vie, démarche qui permet de surmonter les sentiments d'infériorité et de chercher la perfection.

Aller à l'encontre des autres   Le modèle d'adaptation névrotique suggéré par Horney où une personne parvient à s'adapter à un monde perçu comme hostile en acquérant du pouvoir sur les autres et sur les événements.

Aller vers les autres   Le modèle d'adaptation névrotique suggéré par Horney où une personne réussit à s'adapter à un monde perçu comme hostile en devenant obéissante.

Analyse des rêves   Pour Jung, les rêves étaient un mécanisme qui permettait aux parties inhibées de la psyché de s'exprimer. En conséquence, l'analyse des rêves indiquait les aspects de la psyché qui étaient sous-développés.

Anatomie fait partie de la destinée (L')   L'affirmation freudienne selon laquelle le genre détermine plusieurs traits de personnalité.

Angoisse basique   Selon Horney, le sentiment de solitude et d'impuissance dans un monde hostile ressenti par l'enfant quand il réprime son hostilité basique. (Voir aussi *Hostilité basique.*)

Archétype   Selon Jung, une prédisposition héréditaire à réagir émotionnellement à certaines catégories d'expériences.

Axe développemental   Un concept inventé par Anna Freud pour décrire les adaptations majeures qui illustrent parfaitement la transition entre l'enfance, l'adolescence et le début de l'âge adulte.

Compensation   Selon Adler, compenser une faiblesse en développant des forces dans d'autres domaines.

Complexe d'infériorité   Selon Adler, l'état dans lequel se trouve une personne quand les sentiments d'infériorité la dépassent au lieu de la motiver à réussir.

Extroversion   Selon Jung, l'attitude grégaire envers la vie, caractérisée par la volonté de prendre des risques.

Freud, Anna (1895-1982)   Est devenue la porte-parole officielle de la psychanalyse après le décès de son père. En plus de perpétuer les concepts psychanalytiques traditionnels, elle les a élargis à de nouveaux domaines comme la psychologie de l'enfant, l'éducation en général et celle des enfants. En développant le thème des fonctions autonomes du moi, elle a encouragé le développement de la psychologie du moi. (Voir aussi *Psychologie du moi.*)

Horney, Karen (1885-1952)   Formée à la tradition freudienne, elle s'en est ensuite détournée et a créé sa propre théorie des troubles mentaux, qui soulignait davantage les causes culturelles que biologiques (sexuelles, entre autres).

Hostilité basique   Selon Horney, la colère que l'enfant ressent quand il subit le mal basique. (Voir aussi *Mal basique*.)

Identification à l'agresseur   Un mécanisme de défense du moi postulé par Anna Freud qui permet de diminuer la peur en adoptant les valeurs de la personne que l'on craint.

Inconscient collectif   Terme de Jung désignant la partie de l'esprit inconscient qui reflète l'expérience humaine universelle à travers les âges. Pour lui, l'inconscient collectif est la composante la plus puissante de la personnalité.

Inconscient personnel   Terme utilisé par Jung pour définir le lieu où sont stockées les données de la vie d'une personne dont elle n'a pas conscience.

Intérêt social   La préoccupation envers les autres humains et la société qui, selon Adler, caractérise un style de vie sain.

Introversion   Selon Jung, l'attitude envers la vie caractérisée par l'isolement social et la nature introspective.

Jung, Carl (1875-1961)   Un des premiers partisans de Freud qui s'est détourné de lui à cause de son insistance sur la motivation sexuelle. Jung a développé sa théorie qui soulignait l'inconscient collectif et la réalisation de soi.

Klein, Melanie (1882-1960)   Une analyste de jeunes enfants dont la théorie portait sur l'importance de la relation mère-enfant et le développement du surmoi pendant la phase orale du développement. Klein pensait que l'analyse pouvait commencer dès l'âge de deux ans grâce à la thérapie par le jeu. Ses idées sur la psychologie des enfants étaient souvent opposées à celles d'Anna Freud.

Libido   Pour Jung, la force créatrice qui procure l'énergie nécessaire à la croissance personnelle.

Mal basique   Selon Horney, tout ce que les parents font pour contrecarrer les besoins de base de leur enfant et saper ainsi son sentiment de sécurité.

Moi   Selon Jung, l'aspect de la psyché chargé de résoudre les problèmes, et duquel émanent les souvenirs et la perception.

Psychologie du moi   Psychologie qui souligne les fonctions autonomes du moi et qui minimise les conflits entre le moi, le ça et le surmoi.

Se détourner des autres   Le modèle d'adaptation névrotique suggéré par Horney où une personne réussit à s'adapter à un monde perçu comme hostile en créant une distance entre elle, les autres et les événements.

Sentiment d'infériorité   Selon Adler, sentiment auquel tous les êtres humains tentent d'échapper en devenant puissants ou supérieurs.

Soi créatif   Selon Adler, la composante de la personnalité qui accorde aux individus la liberté de choisir leur destin.

Soumission altruiste   Un mécanisme de défense du moi postulé par Anna Freud, où une personne évite l'anxiété personnelle en vivant indirectement la vie de quelqu'un d'autre.

Style de vie   Selon Adler, la façon de vivre qu'une personne choisit pour atteindre les objectifs dérivés de sa vision du monde.

Style de vie erroné   Selon Adler, tout style de vie qui manque d'intérêt social.

Surcompensation   Selon Adler, la transformation d'une faiblesse en force.

Synchronicité   Selon Jung, ce qui se produit quand des événements non reliés convergent de façon significative dans la vie d'une personne.

Téléologie   La doctrine selon laquelle au moins certains comportements humains sont intentionnels, c'est-à-dire dirigés vers des buts.

CHAPITRE 18

La psychologie humaniste (la troisième force)

La manière de penser, le corps et l'esprit

De façon générale, la nature humaine est formée de trois composantes principales : la manière de penser (notre intelligence), le corps (notre composition biologique) et l'esprit (nos traits affectifs). Différentes philosophies, et plus récemment, diverses écoles de psychologie, ont tenté de souligner un de ces aspects au dépend des autres. Le *Zeitgeist* semble avoir largement déterminé la philosophie ou la psychologie dominante. Les années 1960 ont été difficiles aux États-Unis. On pense notamment à la participation croissante à l'impopulaire guerre du Vietnam et au mouvement d'opposition qu'elle a déclenché, aux assassinats de Martin Luther King, de John Fitzgerald Kennedy et de Robert Kennedy et aux violentes manifestations raciales qui ont eu lieu dans plusieurs grandes villes. Les « hippies » se révoltaient ouvertement contre les valeurs de leurs parents et de leur nation. Comme les sceptiques de l'Antiquité, ils ne croyaient pas en grand-chose, et comme les cyniques, ils ont décroché de la société pour adopter un mode de vie simple et proche de la nature. Il n'est donc pas surprenant que pendant cette Ère du Verseau, la philosophie rationnelle (centrée sur l'intelligence) et la philosophie empirique (centrée sur le corps) n'aient pas suscité beaucoup d'enthousiasme.

Pendant les années 1920 et 1930, les écoles de la psychologie structuraliste, fonctionnaliste, béhavioriste, gestaltiste et la psychanalyse ont coexisté et ont poursuivi leurs objectifs respectifs. Cependant, vers la fin du 20e siècle, le structuralisme a disparu en tant qu'école de pensée, et les écoles fonctionnalistes et gestaltistes ont perdu leur particularité lorsqu'elles ont été intégrées à d'autres perspectives. Dans les années 1950 et au début des années 1960, seuls le behaviorisme et la psychanalyse ont survécu et ont maintenu leur influence. Pendant la période trouble décrite plus haut, plusieurs considéraient que ces deux écoles de pensée apportaient une connaissance incomplète ou biaisée de l'être humain, ou les deux. Une nouvelle psychologie était nécessaire : une psychologie qui ne mettrait pas l'accent sur la manière de penser ni sur le corps, mais plutôt sur l'esprit humain.

Au début des années 1960, un groupe de psychologues dirigés par Abraham Maslow a créé un mouvement appelé la **troisième force**. Ces psychologues affirmaient que les deux autres forces, soit le béhaviorisme et la psychanalyse, négligeaient de nombreux attributs humains. Ils déclaraient qu'en appliquant les techniques utilisées en sciences naturelles à l'étude des humains, le béhaviorisme comparait ces derniers aux robots, aux animaux inférieurs et aux ordinateurs. Les béhavioristes ne considéraient pas les humains comme des êtres uniques. L'argument principal contre la psychanalyse était qu'elle se concentrait principalement sur les personnes émotionnellement perturbées et sur le développement de techniques pour rendre les anormaux normaux. Ce qui manquait, d'après les psychologues de la troisième force, c'était l'information qui aiderait les individus sains à devenir plus sains encore, c'est-à-dire à atteindre leur plein potentiel. Les psychologues de la troisième force ont tenté de fournir un modèle qui soulignait le caractère unique de l'être humain et ses aspects positifs plutôt que négatifs.

La troisième force était très en vogue pendant les années 1960 et 1970, mais sa popularité a commencé à décliner dans les années 1980. Cependant, tout comme le béhaviorisme et la psychanalyse, la troisième force reste influente dans la psychologie contemporaine (voir Clay, 2002). Elle contraste nettement avec la plupart des autres types de psychologie parce qu'elle ne se base pas sur le déterminisme pour expliquer le comportement humain. Elle présume plutôt que les êtres humains sont libres de choisir leur propre type d'existence. Au lieu d'attribuer les causes du comportement aux stimuli, à un état de pulsion, à la génétique ou aux expériences précoces, la troisième force affirme que la **réalité subjective** est la cause la plus importante du comportement. Comme ces psychologues ne présupposent pas le déterminisme, ils ne sont pas des scientifiques au sens traditionnel du terme, et ils ne s'en excusent pas. Ils disent que sous sa forme actuelle, la science n'est pas équipée pour étudier, expliquer ni comprendre la nature humaine. Une nouvelle science doit naître, il s'agit d'une science humaine qui n'analyserait pas les êtres humains comme le fait la science physique avec les objets physiques. Au contraire, cette science étudierait les humains comme des êtres habitant l'univers, conscients, uniques, émotifs, capables de choisir et d'évaluer. La science traditionnelle ne le faisant pas, il faut la rejeter.

Les antécédents de la troisième force en psychologie

Comme presque tout en psychologie moderne, la troisième force n'est pas nouvelle. Elle remonte aux philosophies romantiques et aux existentialistes, dont l'origine date des premiers Grecs. Au chapitre 7, nous avons vu que les romantiques (comme Rousseau) insistaient sur le fait que les humains étaient supérieurs aux machines, ainsi que les décrivaient les empiristes et les sensationnalistes à l'époque, et qu'ils étaient plus que des êtres logiques et rationnels comme l'affirmaient les rationalistes. Tout comme les cyniques de l'Antiquité, les romantiques ne faisaient pas confiance à la raison, aux dogmes religieux, à la science et aux lois de la société pour guider la conduite humaine. Pour eux, le seul guide valable du comportement de la personne était ses sentiments honnêtes. Les romantiques (particulièrement Rousseau) croyaient que les êtres humains étaient naturellement bons et grégaires, et que si on le leur permettait, ils deviendraient heureux, comblés et soucieux de la société. C'est-à-dire que laissés libres, les individus feraient ce qui serait le mieux pour eux et ce qui conviendrait le plus aux autres. S'ils se comportaient de façon autodestructrice ou antisociale, c'était parce que les forces sociétales avaient contrarié leurs pulsions naturelles. Les individus ne peuvent jamais être mauvais, contrairement aux systèmes sociaux, qui le sont souvent. Au chapitre 7, nous avons aussi vu que

les existentialistes (comme Kierkegaard et Nietzsche) soulignaient l'importance du sens de l'existence humaine et la capacité des êtres humains à choisir ce sens. C'était également contraire aux philosophies de l'empirisme et du rationalisme. Pour Kierkegaard, la subjectivité était la vérité. C'est-à-dire que ce sont les croyances des individus qui guident leur vie et qui déterminent la nature de leur existence. La vérité n'est pas une chose extérieure à la personne, qui attend d'être découverte grâce à des processus de pensée logique et rationnelle ; elle se trouve à l'intérieur de chacun et en réalité, chacun la crée. Selon Nietzsche, Dieu est mort, donc les hommes sont laissés à eux-mêmes. Les individus ont le choix entre deux approches : ils peuvent accepter la moralité conventionnelle comme guide de vie, participer à la conformité de la masse, ou expérimenter les croyances, les valeurs et la vie et développer leurs propres vérités, croyances et moralités, et devenir des surhommes. Nietzsche a clairement encouragé les individus à adopter la seconde approche.

La troisième force combine les philosophies du romantisme et de l'existentialisme et cette combinaison s'appelle la psychologie humaniste. La troisième force et la psychologie humaniste sont synonymes, mais la psychologie humaniste est devenue l'appellation favorite. Il est cependant important de ne pas confondre le terme *humaniste* avec les termes *humain*, *compatissant* ou *humanitaire*.

> La confusion fréquente des termes *humain*, *compatissant* et *humaniste* indique que de nombreuses personnes ne comprennent pas clairement la signification de l'attitude humaniste. Pour être qualifiée d'humaniste, il ne suffit pas qu'une chose concerne les êtres humains. Le jeu, le travail, la construction, le voyage, les activités qui consistent à organiser sont des activités *humaines*. Cependant, cela ne les rend pas humanistes. De la même façon, quand ces activités sont entreprises à des fins caritatives ou philanthropiques, elles ont un statut de compassion, ou *humanitaire*, qui peut revêtir une importance vitale, mais qui ne les rend toujours pas humanistes. Pour qu'une entreprise ou un point de vue puisse être adéquatement qualifié d'humaniste, ils doivent être centrés sur un certain concept de l'être humain—un concept qui reconnaît son statut en tant que personne, qui ne peut se réduire à des niveaux plus élémentaires, et qui reconnaît sa valeur unique en tant qu'être humain potentiellement capable de jugement et d'action. Un exemple pertinent de la différence entre la perspective humaine et humaniste se trouve dans le contrôle du com-

portement qui repose entièrement sur le renforcement positif. Cette approche est humaine (ou humanitaire) puisqu'elle met en pratique des attitudes généreuses et compatissantes. Mais elle n'est pas humaniste, parce que la logique qui sous-tend la modification systématique du comportement grâce à des forces purement externes est incompatible avec le concept de l'homme qui agit intentionnellement et de façon proactive, plutôt que purement réactive.

La psychologie humaniste est centrée sur la spécificité de l'homme, sur ce qui le différencie des autres espèces. Elle est différente des autres types de psychologies parce qu'elle ne considère pas l'homme uniquement comme un organisme biologiquement modifié par l'expérience et par la culture, mais comme une personne, une entité symbolique capable de réfléchir à son existence, de lui conférer un sens et une orientation. (Kinget, 1975, p. v [notre traduction])

Bien que l'existentialisme soit réellement une composante majeure de la psychologie humaniste, il y a des différences importantes avec la psychologie existentialiste. Après avoir traité de la phénoménologie, une technique utilisée par les psychologues existentialistes et humanistes, nous aborderons la psychologie existentialiste, puis humaniste, et nous conclurons le chapitre par une comparaison des deux.

La phénoménologie

Tout au long de ce livre, nous avons qualifié diverses méthodologies de phénoménologiques. Dans sa forme la plus générale, la **phénoménologie** fait référence à toute méthodologie centrée sur l'expérience cognitive en soi, sans tenter de réduire l'expérience à ses composantes. Ainsi, on peut étudier la conscience sans être phénoménologue, comme l'ont fait Wundt et Titchener quand ils ont tenté de réduire l'expérience consciente à ses éléments de base. Cependant, une fois cette distinction établie, la phénoménologie peut prendre plusieurs formes. Celle de Johann Goethe et Ernst Mach était centrée sur les sensations complexes comprenant des images rémanentes et des illusions. La phénoménologie de **Franz Brentano** (1838-1917) et ses collègues était axée sur les actes psychologiques comme le jugement, le souvenir, l'attente, le doute, la peur, l'espoir ou l'amour. Comme on l'a vu au chapitre 9, dans la phénoménologie de Brentano, le concept de l'**intentionnalité** était très important. Brentano croyait que chaque acte

mental référait à (signifiait) quelque chose d'extérieur, par exemple « Je vois un arbre », « J'aime ma mère », ou « C'était un bon morceau de tarte ». Le contenu d'un acte mental peut être réel ou imaginaire, mais selon Brentano, l'acte réfère toujours à (signifie) quelque chose. Le chapitre 14 explique l'influence de la phénoménologie de Brentano sur les psychologues gestaltistes. Ensuite, nous avons vu l'aspect instrumental de sa phénoménologie dans le développement de l'existentialisme moderne, principalement par son influence sur Edmund Husserl.

L'objectif d'**Edmund Husserl** (1859-1938) était d'utiliser le type de phénoménologie décrite par Brentano pour créer une base objective et rigoureuse d'enquête philosophique et scientifique. Comme Brentano, Husserl croyait que la phénoménologie pouvait servir à bâtir un pont objectif entre le monde physique extérieur et le monde intérieur subjectif. Pour Husserl, il était primordial que la phénoménologie soit libre de toute opinion préconçue. C'est à dire qu'il croyait qu'il fallait rapporter exactement ce qui apparaissait à la conscience, pas ce qui *aurait dû* apparaître d'après certains modèles, théories ou croyances.

Cependant, comme nous l'avons vu au chapitre 9, Husserl pensait que la phénoménologie pouvait aller plus loin que l'analyse de l'intentionnalité. L'étude de l'intentionnalité a déterminé la façon dont l'esprit interagit avec le monde physique, étude essentielle en sciences physiques. Mais en plus de cette analyse, Husserl a proposé un type de phénoménologie centrée sur les travaux de la pensée indépendamment du monde physique. C'est ce qu'il appelle la **phénoménologie pure** et son objectif est de découvrir l'essence de l'expérience consciente. Alors que le type de phénoménologie centrée sur l'intentionnalité suppose que la personne se tourne vers l'extérieur, la phénoménologie pure implique que la personne soit tournée vers l'intérieur. L'objectif de cette dernière est de cataloguer avec exactitude tous les actes et les processus mentaux par lesquels on interagit avec les objets ou les événements environnementaux. Husserl pensait qu'un tel inventaire devait précéder toute philosophie, science ou psychologie adéquate, parce qu'il répertorie les actes et les processus mentaux sur lesquels repose la connaissance humaine.

La phénoménologie pure d'Husserl s'est rapidement transformée en existentialisme moderne. Alors qu'Husserl s'intéressait principalement à l'épistémologie et à l'essence du phénomène mental, les existentialistes se penchaient sur la nature de l'existence humaine. En philosophie, l'**ontologie** est l'étude de l'existence, ou de ce qu'elle est censée être. Les existentialistes se préoccupent de deux questions ontologiques : 1) Quelle est la nature de la nature humaine ? et 2) Que signifie être un individu particulier ? Ainsi, les existentialistes utilisent la phénoménologie pour étudier soit les expériences importantes communes aux individus, soit celles qu'ils ont au cours de leur vie, des expériences comme la peur, la frayeur, la liberté, l'amour, la haine, la responsabilité, la culpabilité, l'étonnement, l'espoir et le désespoir.

Martin Heidegger, que nous aborderons ensuite, était l'étudiant d'Husserl. C'est principalement lui qui a transformé la phénoménologie de ce dernier en psychologie existentielle.

La psychologie existentialiste

Bien que l'on soit capable de retracer les origines de la philosophie existentielle en remontant jusqu'aux premiers grands philosophes comme Socrate, qui incitait vivement les individus à se comprendre et qui a dit « Une vie que l'on n'examine pas ne mérite pas d'être vécue », traditionnellement, les écrits de Kierkegaard et de Nietzsche marquent le début de la philosophie existentialiste. On a souvent dit que le grand romancier russe Fédor Dostoïevski faisait partie des premiers penseurs existentiels. Tous ces individus ont sondé la signification de l'existence humaine et ont tenté de restaurer l'importance des émotions, des choix et de l'individualité chez les humains, qui avait été minimisée par les philosophes rationnels comme Kant et Hegel, et par les conceptions basées sur les concepts newtoniens, comme ceux proposés par l'empire britannique et les sensationnalistes français.

Martin Heidegger

Martin Heidegger est né le 26 septembre 1889 et il a vécu jusqu'en 1976. Il a été l'étudiant d'Husserl puis son assistant, et il lui a dédié son fameux livre *Être et temps* (1927). Ses travaux sont généralement considérés comme un pont entre la philosophie existentialiste et la **psychologie existentialiste**. Beaucoup, voire la plupart des termes et des concepts qui apparaissent dans les écrits des psychologues existentialistes actuels remontent aux origines des écrits de Heidegger. Comme Husserl, Heidegger était un phénoménologue ; mais contrairement à lui, il employait la phénoménologie pour examiner la totalité de l'existence humaine. En 1933, Heidegger est devenu recteur de l'université de Fribourg. Dans son discours inaugural intitulé « Le rôle de l'université dans le nouveau Reich », il a fortement appuyé le parti nazi. Bien qu'il ait démissionné quelques mois après la prise du pouvoir par les nazis, il ne s'est jamais fermement opposé à eux (Langan, 1961, p. 4). En réalité, Farias (1989) laisse planer peu de doutes sur l'engagement de Heidegger dans le mouvement nazi et sur sa participation aux activités du régime. Il est ironique de penser qu'une personne aux penchants politiques aussi malheureux a pu avoir une telle influence sur la psychologie humaniste.

Dasein   Heidegger utilisait le terme ***Dasein*** pour indiquer que le monde et la personne étaient inséparables.

Martin Heidegger

Littéralement, *Dasein* signifie « être » (*sein*) « là » (*Da*), et Heidegger décrivait généralement la relation entre le monde et la personne comme « être-dans-le-monde ». Une façon plus dramatique d'énoncer cette relation est de dire que sans le monde, les humains n'existeraient pas, et que sans les humains, le monde n'existerait pas. L'esprit humain illumine le monde physique et le fait ainsi exister.

Cependant, le concept *Dasein* de Heidegger est encore plus compliqué. « Être » signifie exister, et exister est un processus dynamique. Exister en tant qu'être humain signifie exister différemment de toute autre chose. Dans le processus qui consiste à exister, les êtres humains choisissent, évaluent, acceptent, rejettent et se développent. Les humains ne sont pas statiques, ils sont toujours en train d'évoluer. Exister, c'est devenir différent ; exister, c'est changer. La personne choisit sa façon d'exister, mais pour tous les individus, l'existence est un processus actif. Le *Da*, ou « là » dans le *Dasein*, réfère au lieu dans l'espace et dans le temps où l'existence se déroule ; mais peu importe où et quand cela se produit, l'existence (être) est un phénomène complexe, dynamique et exclusivement propre à l'humain. Contrairement à tout le reste dans l'univers, les êtres humains choisissent la nature de leur propre existence.

L'authenticité et l'inauthenticité   Pour Heidegger, il était très important que les êtres humains puissent réfléchir à la finitude de leur existence. Selon lui, le préalable d'une **vie authentique** est de confronter le fait suivant : « Je vais mourir un jour. » Une fois que la personne l'a réalisé, elle peut utiliser sa liberté pour vivre une existence significative qui permet une croissance personnelle presque constante, ou un **devenir**.

Cependant, étant donné que la finitude provoque de l'anxiété, les individus refusent souvent de la reconnaître et ne se permettent donc pas de se comprendre totalement ni de comprendre leurs possibilités. Selon Heidegger, ceci entraîne une **vie inauthentique**. La personne qui mène une telle vie éprouve un sens de l'excitation ou même de l'urgence, parce qu'elle réalise que son existence est limitée. En fonction du temps qui lui est alloué, l'individu doit explorer les possibilités de la vie et devenir tout ce qu'il peut devenir. La vie inauthentique n'entraîne pas la même urgence, puisque la personne n'accepte pas le côté inéluctable de la mort.

Elle prétend, et prétendre est inauthentique. Les autres modes d'existence inauthentique comprennent la vie traditionnelle conventionnelle, conforme aux dictats de la société, et la focalisation sur les activités présentes sans soucis de l'avenir. La personne inauthentique abandonne sa liberté et laisse les autres choisir sa vie. Généralement, le discours et le comportement des individus authentiques reflètent précisément leurs sentiments intérieurs, alors que ce n'est pas le cas chez les personnes inauthentiques.

La culpabilité et l'anxiété   Heidegger pensait que si l'individu n'exerce pas sa liberté, il expérimente la **culpabilité**. Comme la plupart des gens n'exercent pas pleinement leur libre arbitre, ils ressentent au moins une certaine culpabilité. Tout ce que les humains peuvent faire pour réduire la culpabilité est de tenter de vivre une vie authentique, c'est-à-dire de reconnaître leur capacité de choisir leur propre existence et vivre en accord avec cette capacité.

Le fait d'accepter qu'un jour nous ne serons plus rien provoque de l'**anxiété** et demande du **courage**. Heidegger pense que choisir sa propre existence plutôt que se conformer aux dictats de la société, de la culture ou d'une autre personne demande aussi du courage. Et de façon générale, vivre une vie authentique en acceptant toutes les conditions de l'existence et en faisant des choix entraîne de l'anxiété. Pour Heidegger, l'anxiété fait nécessairement partie de la vie authentique. Une des raisons en est que les personnes authentiques expérimentent toujours la vie, prennent toujours des risques, et sont toujours en devenir. Le fait d'entrer dans l'inconnu cause en partie l'anxiété associée à la vie authentique.

L'autre raison qui explique que la liberté cause de l'anxiété est qu'elle rend la personne responsable des conséquences de ces choix. L'individu libre ne peut blâmer Dieu, les parents, les circonstances, les gènes ni autre chose pour ce qu'il est devenu. Il est responsable de sa vie. Liberté et **responsabilité** vont de pair.

L'être-jeté   Cependant, Heidegger impose des limites à la liberté personnelle. Il dit que l'individu est jeté dans le *Da,* ou le là, un aspect de sa vie particulière qui dépend de circonstances qu'il ne contrôle pas. Cet état d'**être-jeté** détermine par exemple son sexe, sa taille, ce qui le rend attirant, sa richesse ou sa pauvreté, sa nationalité américaine ou russe, le moment de sa naissance dans l'histoire humaine, etc. L'état d'être-jeté détermine les conditions d'exercice de sa liberté. Selon Heidegger, tous les humains sont libres, mais les conditions d'exercice de cette liberté varient. L'état d'être-jeté correspond au contexte de l'existence de chacun. Cet état a aussi été appelé la facticité en référence aux faits qui caractérisent l'existence humaine.

Ludwig Binswanger

Ludwig Binswanger (1881-1966) a obtenu son diplôme de médecin à l'université de Zurich en 1907 et a ensuite étudié la psychiatrie avec Eugen Bleuler et la psychanalyse avec Carl Yung. Binswanger a été l'un des premiers psychanalystes freudiens suisses et son amitié avec Freud s'est poursuivie toute leur vie. Sous l'influence de Heidegger, Binswanger a appliqué la phénoménologie à la psychiatrie et il est devenu plus tard analyste existentialiste. Son objectif était d'intégrer les travaux de Husserl et de Heidegger à la théorie psychanalytique. Il a adopté la notion de *Dasein* de Heidegger

Ludwig Binswanger

et a appelé son approche de la psychothérapie l'**analyse du *Dasein*** (analyse existentialiste).

Comme la plupart des psychologues existentialistes, Binswanger a mis l'accent sur l'ici et maintenant, tenant compte du passé ou du futur uniquement s'ils se manifestaient dans le *présent*. Selon lui, pour comprendre et aider un individu, il faut apprendre comment il voit sa vie à ce moment-là. De plus, le thérapeute doit tenter de comprendre les angoisses, les peurs, les valeurs, les processus de la pensée, les relations sociales et les significations *personnelles de l'individu* au lieu de ces notions en général. Chaque personne habite son propre monde privé et subjectif, et ce monde n'est pas généralisable.

Les modes d'existence   Binswanger examine trois modes d'existence auxquels les individus accordent une signification par l'intermédiaire de leur conscience. Il s'agit du *Umwelt* (« monde autour »), le monde des choses et des événements ; le *Mitwelt* (« monde avec »), soit les interactions avec les autres humains ; et le *Eigenwelt* (« monde propre »), une expérience intérieure, subjective et privée. Si l'on veut comprendre entièrement une personne, il faut comprendre ses trois modes d'existence.

Un des concepts les plus importants de Binswanger était le *Weltanschauung*, ou la représentation du monde. Généralement, la **représentation du monde** est la façon dont un individu considère et comprend le monde. Cette représentation peut être ouverte ou fermée, expansive ou constructive, positive ou négative, simple ou complexe ou être dotée d'autres caractéristiques. Dans tous les cas, l'individu vit en fonction de sa représentation du monde, donc cette représentation concerne tout ce qu'il fait. Si elle est inefficace, c'est-à-dire si elle entraîne trop d'angoisse, de peur ou de culpabilité, le travail du thérapeute consiste à aider le client à réaliser qu'il existe d'autres façons d'envisager le monde, les autres et soi-même.

Le domaine d'existence   Binswanger était d'accord avec Heidegger sur le fait que l'état d'être-jeté limitait la liberté. Pour le premier, les circonstances dans lesquelles nous sommes plongés déterminent le **domaine d'existence**, défini comme les conditions d'exercice de la liberté personnelle. Quelles que soient les circonstances, l'individu aspire à les transcender, c'est-à-dire à ne pas en être victime ou à subir leur contrôle. Chacun cherche à transcender la contingence du monde. Pour Binswanger, **transcender la contingence du monde** ne réfère pas à la vie après la mort ni à quoi que ce soit de surnaturel, mais plutôt à la façon de tenter de transformer les circonstances en exerçant son libre arbitre.

L'importance du sens de la vie Les individus peuvent être amenés à vivre des circonstances négatives comme la pauvreté, l'inceste, le viol ou la guerre, mais ces expériences ne les détruisent pas nécessairement. La plupart des existentialistes acceptent l'affirmation de Nietzsche : « Ce qui ne me détruit pas me rend plus fort » (Nietzsche, 1889/1998 [notre traduction]). Cette force vient du sens que l'individu trouve même à une expérience négative, et qui le fait grandir. Dans son fameux livre *Découvrir un sens à sa vie avec la logothérapie* (1946/1984, éd. fr. 1988), Viktor E. Frankl (1905-1997) décrit ses expériences dans un camp de concentration nazi. Une de ses observations majeures est que les prisonniers qui, malgré ces circonstances extrêmes, trouvaient un sens à leur vie et une raison de vivre, continuaient à vivre :

> Ceux qui ont vécu dans les camps se souviennent de ces prisonniers qui allaient, de baraque en baraque, consoler leurs semblables, leur offrant les derniers morceaux de pain qui leur restaient. Même s'il s'agit de cas rares, ceux-ci nous apportent la preuve qu'on peut tout enlever à un homme excepté une chose, la dernière des libertés humaines : celle de décider de sa conduite, quelles que soient les circonstances dans lesquelles il se trouve. (éd. fr., p. 81)

Selon Frankl (1946/1984), « La souffrance cesse de faire mal au moment où elle prend une signification » (éd. fr. 1988, p. 121-122).

En choisissant, nous modifions le sens et la valeur de ce que nous vivons. Bien que les circonstances physiques soient similaires, les individus choisissent la façon dont ils les envisagent, les interprètent, les apprécient, leur accordent une symbolique et y réagissent. En exerçant sa liberté, l'individu grandit en tant qu'être humain ; et parce qu'exercer son libre arbitre est un processus infini, le processus développemental n'est jamais terminé. Le devenir caractérise la vie authentique qui, à son tour, est caractérisée par l'anxiété. Le non-devenir ou la stagnation caractérisent la vie inauthentique — tout comme la culpabilité — parce que la personne ne tente pas de réaliser pleinement son potentiel humain.

Rollo May

Rollo May (1909-1994) a introduit l'existentialisme de Heidegger dans la psychologie américaine grâce à ses livres : *Existence : A New Dimension in Psychiatry and Psychology* (avec Angel et Ellenberger, 1958) et *Psychologie existentielle* (1961). Parce que les travaux de Binswanger venaient d'être traduits en anglais, May a tout d'abord été chargé d'intégrer la philosophie existentialiste européenne (surtout celle de Heidegger) à la psychologie américaine.

May est né le 22 avril à Ada, en Ohio. Ses parents n'étaient pas très scolarisés et il a reçu peu de stimulation intellectuelle à la maison. Quand sa sœur aînée est devenue psychotique, son père a attribué ce trouble à un surcroît d'éducation. May n'était pas proche de ses parents, mais il ressentait une aversion particulière pour sa mère (Rabinowitz, Good et Cozad, 1989). Il a

Rollo May

obtenu son baccalauréat ès arts en 1930 du collège Oberlin et son baccalauréat en théologie du Union Theological Seminary en 1938. C'est dans cette institution qu'il a rencontré le philosophe existentialiste Paul Tillich avec qui il a entretenu une amitié toute sa vie. En 1973, il a écrit *Paulus : Reminiscences of a Friendship* en hommage à Tillich décédé en 1965. Après son diplôme de théologie, il a exercé comme pasteur pendant deux ans à Montclair, au New Jersey. Il a étudié la psychanalyse dans les années 1940 au William Alanson White Institute of Psychiatry, Pyschoanalysis and Psychology et il a commencé à pratiquer comme psychanalyste en 1946. Il s'est inscrit à l'université Columbia pour faire un doctorat, mais il a attrapé la tuberculose et a failli mourir. Pendant cette période déprimante, il a étudié les opinions de Kierkegaard et de Freud sur l'anxiété, et à son retour à Columbia, il a soumis sa thèse de doctorat intitulée « The Meaning of Anxiety ». En 1949, il obtient le premier doctorat en psychologie clinique attribué par l'université Columbia. Il a publié le livre *La signification de l'anxiété*, qui est une version modifiée de sa thèse (1950). Ses autres livres sont *The Art of Couseling : How to Give and Gain Mental Health* (1939), *The Springs of Creative Living : A Study of Human Nature and God* (1940), *Man's Search for Himself* (1953), *Psychology and the Human Dilemna* (1967), *Love and Will* (1969), *Power and Innocence : A Search for the Sources of Violence* (1972), *Le courage de créer : de la nécessité de se remettre au monde* (1975), *Freedom and Destiny* (1981), *The Discovery of Being : Writings in Existential Psychology* (1983) et *The Cry or Myth* (1991). Il est décédé le 22 octobre 1994 de causes multiples.

Comme plusieurs autres penseurs existentialistes, May a été fortement influencé par Kierkegaard, qui avait rejeté la croyance de Hegel selon laquelle la vie d'un individu n'a de sens que de par sa relation à la globalité des choses, ce qu'Hegel appelait l'Absolu. Kierkegaard suggère que la vie de chaque individu est une entité séparée et possède son propre sens autodéterminé. Encore une fois, pour Kierkegaard, la subjectivité équivaut à la vérité, c'est-à-dire que les croyances d'un individu définissent sa réalité.

Le dilemme humain   May (1967) a souligné que les humains étaient à la fois objets et sujets d'expériences. Nous sommes des objets parce que nous existons physiquement, et en conséquence, des choses nous arrivent. En tant qu'objets, nous ne nous distinguons pas des autres objets physiques étudiés par les sciences naturelles. Les méthodes scientifiques traditionnelles étudient les humains en tant qu'objets — l'hypothèse étant que le comportement humain est provoqué de la même façon que celui de tout objet physique. Cependant, nous sommes aussi des sujets. C'est-à-dire que nous ne nous contentons pas seulement *de vivre* des expériences, nous les interprétons, nous les évaluons et nous faisons des choix par rapport à celles-ci. Nous leur donnons un sens. Ce double aspect de la nature humaine, que May appelle le **dilemme humain**, rend l'humain unique au sein de l'univers. Le mot dilemme ne signifie pas problème insoluble pour May, mais plutôt le paradoxe de l'existence humaine.

L'anxiété normale et névrotique   Comme les autres existentialistes, May pensait que le fait le plus important concernant les humains était leur liberté. Cependant, comme nous l'avons vu, la liberté ne conduit pas à une vie tranquille. Elle entraîne des responsabilités, de l'incertitude et donc de l'anxiété. La personne saine (authentique) exerce son libre arbitre, envisage la vie de façon globale et s'approche de son plein potentiel. Exercer son libre arbitre signifie dépasser ce que l'on était antérieurement, ignorer les attentes (rôles) imposées par les autres par rapport à son comportement et donc souvent agir à l'encontre des traditions, des mœurs ou des conventions. Tout ceci cause de l'anxiété, mais c'est une anxiété normale et saine parce qu'elle génère une croissance personnelle (devenir). L'**anxiété névrotique** n'entraîne pas de croissance personnelle parce qu'elle résulte de la peur de la liberté. La personne qui éprouve ce type d'anxiété vit en réduisant sa liberté ou en l'éliminant. Cette personne se conforme à la tradition, au dogme religieux, aux attentes des autres ou à tout ce qui limite sa nécessité de choisir. Kierkegaard appelle la situation névrotique le **repli sur soi**. Le névrosé est coupé de lui-même et des autres, il s'est éloigné de son vrai moi. L'**autoaliénation** se produit quand l'individu fait siennes les valeurs dictées par la société plutôt que celles qui lui sont propres. L'autoaliénation entraîne la culpabilité, l'apathie et le désespoir. Le livre d'Erich Fromm *La peur de la liberté* (1941) traite des aspects effrayants de la liberté humaine et des nombreuses façons dont les gens cherchent à l'éviter.

Selon Kierkegaard, May et la plupart des autres existentialistes, l'individu peut exercer son libre arbitre et vivre une angoisse normale ou ne pas le faire et se sentir coupable. Évidemment, ce n'est pas facile d'être humain, parce que ce conflit entre l'angoisse et la culpabilité est un thème constant dans l'existence humaine : « Il y a un conflit entre le besoin de chaque être humain de devenir plus conscient de soi, plus mature, plus responsable et plus libre d'une part et sa tendance à rester enfant et à s'accrocher à la protection de ses parents ou de leur substitut d'autre part » (May, 1953, p. 193 [notre traduction]).

L'importance du mythe   Selon May, les mythes sont le principal véhicule du sens dans la vie ; « Le mythe est une façon d'accorder un sens à un monde insensé. Les mythes sont les modèles narratifs qui donnent un sens à notre existence » (1991, p. 15 [notre traduction]). Après sa longue carrière de psychanalyste célèbre, May est parvenu à la conclusion suivante sur les individus qui cherchent de l'aide professionnelle : « En tant que psychanalyste, je pense que la thérapie contemporaine, après avoir tout examiné, traite presque entièrement des problèmes de la quête du mythe chez l'individu » (1991, p. 9 [notre traduction]). Le développement récent de la « thérapie narrative » appuie son observation selon laquelle une vie efficace dépend de l'efficacité des mythes. Cette thérapie étudie les histoires qui permettent aux individus de vivre et de comprendre leur vie, ainsi que l'efficacité de ces histoires (voir Lieblich, McAdams et Josselson, 2004 ; McLeod, 1997 ; White et Epston, 1990). De plus, Bruner (2002) explore le rôle omniprésent de la narration dans la vie personnelle et sociétale.

Dans son analyse du mythe, May (1991) emploie des arguments proches de Jung : « Les mythes individuels sont généralement une variation sur le thème central d'un mythe classique… Les mythes sont les modèles par excellence de la conscience humaine [et donc], là où il y a conscience, il y a mythe » (pp. 33, 37 [notre traduction]).

Comme Nietzsche, Freud et Jung, May pensait que les tendances positives et négatives coexistaient chez tous les êtres humains et que la tension entre elles était la principale source de créativité. Pour May, c'est le **daïmonique** qui est responsable de la grande littérature, de l'art dramatique et de l'art, et c'est le *daïmonique* qui est au centre de plusieurs mythes ; par exemple ceux qui décrivent le conflit entre le bien et le mal ou entre Dieu et Satan. May (1969, éd. fr. 1971) définit le *daïmonique* comme :

> *toute fonction naturelle qui possède le pouvoir de prendre en charge la personne entière. Le sexe et l'éros, la colère et la rage, l'ardent désir de puissance, en sont des exemples. Le daïmonique peut être ou bien créateur, ou bien destructeur, et il est normalement les deux. […] Le daïmonique est le besoin chez tout être de s'affirmer, de se perpétuer et de croître. Le daïmonique devient un mal quand il usurpe le soi total, sans tenir compte de l'intégration de ce soi, ni des formes et désirs uniques des autres et de leur besoin d'intégration. Le daïmonique apparaît alors en tant qu'excessive agressivité, hostilité, cruauté — caractères en nous qui nous font le plus horreur, et que nous refoulons toutes les fois que nous le pouvons, ou, plus vraisemblablement, projetons sur autrui. Mais il s'agit là de l'autre face de l'assertion même qui donne puissance à notre créativité. Toute vie est un flux entre ces deux aspects du daïmonique. (éd. fr., p. 147)*

May avait peu de patience pour ceux qui décrivent les êtres humains uniquement comme bons ou mauvais. Pour lui, nous sommes potentiellement bons et mauvais, c'est le drame de l'existence humaine.

Selon cet auteur, les mythes ont quatre fonctions principales : ils procurent un sens de l'identité, de la communauté, soutiennent nos valeurs morales et offrent un moyen de composer avec les mystères de la création. Cependant, ce qui est plus important encore, « La soif du mythe est la soif de la communauté… Appartenir à une communauté, c'est en partager les mythes » (1991, p. 45 [notre traduction]). Pour May, les meilleurs mythes sont ceux qui encouragent le sens de la parenté entre les êtres. Le mythe de l'individualiste acharné, si longtemps populaire aux États-Unis, encourage les individus à vivre isolés et conduit à la solitude et à la violence. La survie dépend de la substitution des mythes qui isolent les individus par ceux qui les relient. Par exemple :

> Nous nous réveillons plusieurs siècles plus tard pour nous retrouver, d'une façon nouvelle et irréfutable, dans le mythe de l'humanité. Nous nous trouvons dans une nouvelle communauté mondiale ; il est impossible de détruire les parties sans détruire le tout. Dans cette vive solitude, nous savons maintenant que nous sommes vraiment frères et sœurs, ou tout du moins de la même famille. (May, 1991, p. 302 [notre traduction])

La science humaine   Contrairement à plusieurs penseurs existentialistes, May ne s'opposait pas à l'étude scientifique des êtres humains. Cependant, il était contre l'emploi des méthodes utilisées en science physique pour les étudier. D'après lui, elles négligeaient les attributs uniquement humains. Il suggère au contraire de créer une nouvelle science spécifiquement conçue pour les étudier.

> Les contours de la science de l'homme que nous suggérons traiteront de l'homme en tant que sujet symbole, être doté de raisonnement, mammifère historique qui peut participer à sa communauté et qui détient un potentiel de liberté et d'action éthique. Cette science ne demandera pas moins de rigueur de pensée et de discipline inconditionnelle que la poursuite des sciences expérimentales et naturelles à leur meilleur, mais elle placera l'entreprise scientifique dans un contexte plus large. Il sera peut-être de nouveau possible d'étudier l'homme de façon scientifique et de continuer à le considérer comme un tout. (p. 199 [notre traduction])

Schneider (1998) raffine la science humaine imaginée par May et traite de sa pertinence pour la psychologie contemporaine. Le nouveau domaine de la psychologie positive (dont nous traitons plus loin dans ce chapitre) va dans le sens suggéré par May.

George Kelly

George Kelly (1905-1967) est né le 28 avril dans une ferme près de Perth, au Kansas. Il est le fils unique d'un prêtre presbytérien et d'une mère ancienne maîtresse d'école. À la naissance de George, son père abandonne la prêtrise et se tourne vers l'agriculture. En 1909, quand Kelly a quatre ans, son père ajoute un toit à sa charrette de bois et déménage au Colorado avec sa famille, où il revendique un terrain offert gratuitement aux colons. Incapable de trouver suffisamment d'eau sur ce terrain, la famille retourne au Kansas. Là, Kelly fréquente une école à classe unique et ses parents lui donnent des cours particuliers. Les efforts de pionnier de sa famille l'inspirent et lui permettent de développer un esprit pragmatique qui l'accompagnera toute sa vie ; le critère principal qu'il utilise pour juger une idée ou un appareil est leur capacité à fonctionner.

À l'âge de 13 ans, il est envoyé à Wichita, où il fréquente quatre écoles secondaires en quatre ans. Après son diplôme, il suit des cours à la Friends University de Wichita pendant trois ans, puis à Park College, à Parkville, dans le Missouri, où il obtient son baccalauréat en 1926, avec une majeure en physique et en mathéma-

George Kelly

tiques. Kelly n'est pas du tout impressionné par son premier cours de psychologie. Pendant plusieurs cours, il attend en vain d'entendre quelque chose d'intéressant. Un jour, le professeur écrit au tableau « S ➔ R » et Kelly pense que cela va enfin se produire. Il se souvient de sa déception :

> Bien que j'ai écouté intensément pendant plusieurs cours, après ça, tout ce que je comprenais, c'est que le « S » était ce que vous deviez avoir pour expliquer le « R » et que le « R » était là pour que le « S » puisse avoir quelque chose à expliquer. Je n'ai jamais compris à quoi correspondait la flèche et j'ai cessé d'essayer de comprendre. (p. 47 [notre traduction])

Ensuite, Kelly va à l'université du Kansas où il obtient sa maîtrise en 1928 avec une majeure en psychopédagogie et une mineure en relations de travail. Il décide alors de se familiariser avec les travaux de Freud. Freud ne l'a pas davantage impressionné que la psychologie S ➔ R : « Je ne me souviens pas du livre de Freud que j'essayai de lire, mais je me rappelle du sentiment d'incrédulité qui montait en moi à l'idée que quelqu'un puisse écrire de telles absurdités et plus encore, les publier » (1969, p. 47 [notre traduction]).

L'année suivante, Kelly est très occupé : il enseigne à mi-temps dans un collège du travail à Minneapolis, dispense des cours d'orthophonie à l'Association américaine des banquiers et un cours d'américanisation à des immigrants qui désiraient devenir citoyens américains. À l'hiver 1928, il déménage à Sheldon, en Iowa où il enseigne dans un collège préuniversitaire. Entre autres tâches, il donne des leçons particulières d'art dramatique et cette expérience semble avoir influencé sa théorie ultérieure. C'est là qu'il rencontre sa future femme, Gladys Thompson, qui enseigne l'anglais dans la même école. Un an et demi plus tard, il retourne au Minnesota où il enseigne quelque temps à l'université du Minnesota. Il retourne ensuite à Wichita pour travailler pendant un certain temps comme ingénieur aéronautique. En 1929, il obtient une bourse d'échange pour étudier un an à l'université d'Édimbourg en Écosse. C'est au moment où il termine son diplôme d'études supérieures sous la supervision de l'illustre statisticien et psychologue Sir Godfrey Thomson qu'il commence à s'intéresser à la psychologie. Sa thèse porte sur la prédiction du succès en éducation.

En 1930, à son retour d'Écosse, Kelly s'inscrit au programme d'études supérieures en psychologie à l'université d'État de l'Iowa, où il obtient son doctorat en 1931. Sa thèse porte sur les facteurs communs des déficiences dans l'apprentissage de la parole et de la lecture. Il commence sa carrière universitaire à Fort Hays Kansas State College pendant la Grande dépression. Beaucoup de personnes éprouvaient des problèmes alors, et Kelly voulait désespérément les aider. Malheureusement, sa formation en psychologie physiologique ne l'avait pas préparé à ce type de travail. Il décide de devenir psychothérapeute. Son manque de formation en psychologie clinique ainsi que son attitude pragmatique lui confèrent une grande latitude pour traiter les problèmes affectifs, et ses observations l'ont conduit à développer sa théorie unique de la personnalité.

Peu après son arrivée à Fort Hays, Kelly met sur pied des cliniques ambulantes pour desservir le secteur scolaire, ce qui l'expose à plusieurs types de problèmes affectifs d'étudiants et d'enseignants. Il fait bientôt une observation remarquable. Comme il n'était pas formé à une approche thérapeutique particulière, il commence

à en expérimenter plusieurs et découvre que *tout ce qui permet à ses clients de porter un regard différent sur eux-mêmes ou sur leurs problèmes améliore la situation*. La « logique » ou l'« adéquation » d'une explication proposée semblait avoir peu de rapport avec son efficacité :

> J'ai commencé à fabriquer des « intuitions ». J'ai délibérément offert des « interprétations absurdes » à mes clients. Certaines étaient aussi peu freudiennes que possible — au début, je faisais preuve de prudence, puis en voyant ce qui se produisait, j'y allais plus franchement. Mon seul critère était que l'explication devait représenter les faits cruciaux de la façon dont le client les voyait, et entraîner une approche différente de l'avenir. (Kelly, 1969, p. 52 [notre traduction])

Cette déclaration décrit la pierre angulaire de sa position : le problème psychologique de la personne dépend principalement de sa façon de voir les choses.

Au début de la Deuxième Guerre mondiale, Kelly s'enrôle dans la marine et devient responsable d'un programme de formation de pilotes civils locaux. Après la guerre, il enseigne à l'université du Maryland pendant un an, et en 1946, il devient professeur de psychologie et directeur de psychologie clinique à l'université d'État de l'Ohio. Il y passe 19 ans, au cours desquels il raffine sa théorie de la personnalité et son approche de la psychothérapie. En 1955, il publie son travail le plus important *Les construits personnels. De la théorie à l'application clinique*, en deux volumes.

En 1960, Kelly et sa femme reçoivent une bourse du Human ecology fund qui leur permet de voyager autour du monde pour discuter de la relation entre la théorie de Kelly et les problèmes internationaux. En 1965, il accepte un poste à l'université Brandeis où il côtoie Maslow pendant un petit moment. Il décède le 6 mars 1967 à l'âge de 62 ans. Il a entre autres été président des départements clinique et conseil de l'APA et directeur de l'American Board of Examiners in Professional Psychology, une organisation vouée à l'amélioration de la qualité de la psychologie clinique.

L'alternativisme constructif Kelly remarque que l'objectif principal des scientifiques est de diminuer l'incertitude, et comme il pense que c'est aussi celui de tous les êtres humains, il dit que ces derniers sont comme les scientifiques. Mais alors que les scientifiques élaborent des théories afin de tenter de prédire les événements, les non scientifiques créent des **systèmes de**

construits pour ce faire. Si une théorie scientifique ou un construit personnel sont efficaces, ils prédisent adéquatement l'avenir et donc réduisent l'incertitude. Les théories scientifiques comme les construits personnels sont empiriquement testés. C'est-à-dire qu'ils sont comparés à la réalité et révisés jusqu'à ce que leur capacité de prédire les événements ou les expériences soit satisfaisante. Pour Kelly, un construit, c'est une étiquette verbale. Par exemple :

> Quand un individu en rencontre un autre pour la première fois, il peut lui appliquer le construit « ami ». Si l'attitude de cet individu est conforme à ce construit, ce construit sera utile pour prévoir le comportement de cette personne. Si cette nouvelle connaissance agit de façon inamicale, d'autres construits devront lui être appliqués ou il faudra utiliser l'autre extrémité du construit amical-inamical. Ce qui est important, c'est que les construits servent à prévoir l'avenir, ils doivent donc correspondre à la réalité. Le développement d'un système de construits assez proche de la réalité est en grande partie une question d'essai et d'erreur. (Hergenhahn et Olson, 2003, p. 433 [notre traduction])

Kelly accorde une importance relative à l'aspect physiquement agréable ou désagréable d'une expérience. Pour lui, ce qui compte davantage, c'est le fait de valider les prédictions générées par le système de construits personnels. En 1970, il déclare : « La confirmation et l'infirmation des prédictions [ont] plus de signification psychologique que les récompenses, les punitions ou... la réduction des pulsions » (p. 11 [notre traduction]).

Kelly, avec son concept d'**alternativisme constructif**, appuie directement les existentialistes. Il soutient que les individus sont libres de choisir les construits qu'ils utilisent quand ils interagissent avec le monde. Ceci signifie qu'ils peuvent considérer et interpréter les événements de façon presque infinie, parce que chacun les construit à sa manière. Il n'est pas nécessaire d'être victime des circonstances ni du passé ; tout le monde peut considérer les choses comme il l'entend :

> Nous affirmons que nous pouvons toujours choisir d'autres interprétations quand nous abordons le monde. Il n'est pas nécessaire de se mettre dans une impasse ni d'être totalement opprimé par les circonstances ; d'être victime de sa propre biographie. (Kelly, 1955, Vol. 1, p. 15 [notre traduction])

Selon Kelly, ce n'est pas l'expérience commune qui rend les individus semblables, mais plutôt leur façon d'interpréter la réalité. Deux individus qui utilisent plus ou moins les mêmes construits personnels pour aborder le monde sont semblables, peu importe à quel point leurs expériences physiques se ressemblent. Kelly a aussi déclaré que pour réellement comprendre une personne, il faut savoir comment elle interprète les choses. En d'autres mots, il faut connaître ses attentes et agir ou non en fonction d'elles. Le type d'interaction sociale la plus profonde a lieu quand ce processus est mutuel.

Kelly et Vaihinger Bien que la pensée de Kelly soit de nature existentielle, rien ne prouve qu'il ait été influencé par des philosophes ou des psychologues existentialistes. Cependant, il connaissait la philosophie des concepts « fictifs » de Vaihinger. Malgré des différences importantes, cette philosophie et la théorie de Kelly (voir Hermans, Kempen et van Loon, 1992) insistaient sur la **pensée propositionnelle**, ou sur l'expérimentation des idées pour voir où elles pouvaient mener. Kelly dit de Vaihinger (1964) :

> Vers la fin du siècle dernier, le philosophe allemand Hans Vaihinger a commencé à développer un système philosophique appelé la philosophie des concepts « fictifs ». Il présente un système de pensée dans lequel la meilleure façon de représenter Dieu et la réalité consiste à énoncer des [propositions]. Cela ne signifie pas que Dieu ou la réalité soient moins certains que quoi que ce soit d'autre dans le domaine de la conscience humaine, mais que la meilleure façon de considérer toutes les questions auxquelles l'homme est confronté, c'est la façon hypothétique. Je suppose que je suggère que la position de Vaighinger est particulièrement utile pour la psychologie. Poursuivons tout du moins le sujet, ce qui correspond probablement au souhait de ce philosophe. (p. 139 [notre traduction])

La déclaration suivante résume bien la croyance de Kelly sur l'importance de la pensée propositionnelle et illustre son affinité avec la philosophie existentialiste : « Peu importe la nature ou l'issue de la quête de vérité, les événements auxquels nous sommes confrontés aujourd'hui sont sujets à autant de constructions que ce que notre intelligence nous permet d'inventer » (1970, p. 1 [notre traduction]).

La thérapie du rôle déterminé L'approche thérapeutique de Kelly reflète sa croyance selon laquelle les problèmes psychologiques sont d'ordre *perceptuel*, et en conséquence, le travail du thérapeute consiste à aider le client à *considérer* les choses sous un autre angle. Kelly amorce souvent le processus thérapeutique en demandant au client de rédiger une **autocaractéri-sation**, afin de savoir comment le client se considère, envisage le monde et les autres personnes. Ensuite, Kelly crée un rôle que le client doit jouer pendant environ deux semaines. Le personnage du nouveau rôle diffère nettement de l'autocaractérisation du client. Ce dernier devient un acteur, et le thérapeute joue un rôle de soutien. Kelly appelle cette approche **thérapie du rôle déterminé**. Il espère que cette procédure aidera le client à découvrir d'autres façons de voir la vie.

> Ce que je dis, c'est que ce qui compte, ce n'est pas tant ce que l'homme est, mais ce qu'il se risque à faire lui-même. Pour faire le saut, il ne lui suffit pas de se divulguer ; il doit risquer une certaine confusion. Ensuite, quand il a une idée de ce que pourrait être un type de vie différent, il doit trouver le moyen de surmonter le moment de peur paralysante, parce que c'est à ce moment-là qu'il se demande ce qu'il est réellement—s'il est ce qu'il vient d'être ou ce qu'il s'apprête à devenir. (Kelly, 1946, p. 147 [notre traduction])

Le rôle de soutien du thérapeute consiste à aider le client à traverser ce moment menaçant et ensuite à lui fournir des expériences qui valident son nouveau système de construits personnels. D'après Kelly, les personnes qui éprouvent des problèmes psychologiques ont perdu leur capacité à « faire semblant » et le thérapeute doit les aider à la récupérer.

Dans les années 1960, on parlait beaucoup d'être « soi-même » ; Kelly conseillait le contraire :

> Ces derniers temps, on parle beaucoup d'être soi-même. C'est censé être sain. Bien que j'aie un peu de difficulté à comprendre comment on pourrait être quelqu'un d'autre, je suppose que cela veut dire que l'on ne devrait pas s'efforcer de devenir qui que ce soit d'autre que soi-même. Cela me semble être une façon de vivre très ennuyeuse ; en réalité, j'aurais tendance à argumenter que l'on se sentirait bien mieux si l'on s'efforçait d'être quelqu'un d'autre. En réalité, je n'en suis pas sûr, il serait peut-être *plus* juste de dire que la vie serait bien plus *intéressante*. (Kelly, 1964, p. 147 [notre traduction])

Il est devenu une personne importante dans le domaine de la psychologie clinique après la guerre, mais la popularité de ses idées a diminué aux États-Unis. Cependant, en Angleterre, le contraire s'est produit, même après sa mort, surtout grâce aux efforts de son disciple Donald Bannister. La plupart des programmes cliniques approuvés par l'Association des psychologues britanniques requièrent une exposition à la théorie de Kelly (Jankowicz, 1987, p. 483). Cette théorie recommence à devenir populaire aux États-Unis, surtout dans le domaine de la psychologie industrielle et organisationnelle (Jankowicz, 1987). Les autres domaines d'application de la théorie de Kelly sont ceux de la formation de l'amitié, la psychologie développementale, la perception, les sciences politiques et la psychologie environnementale (Adams-Webber, 1979 ; Mancuso et Adams-Webber, 1982) ; la dépression et le suicide (Neimeyer, 1984 ; Parker, 1981) ; les troubles obsessifs compulsifs (Rigdon et Epting, 1983) ; l'abus de drogue et d'alcool (Dawes, 1985 ; Rivers et Landfield, 1985) ; les troubles infantiles (Agnew, 1985) ; la peur de la mort et de la maladie physique (Robinson et Wood, 1984 ; Viney, 1983, 1984) ; les conflits au sein du couple (Neimeyer et Hudson, 1984) ; et les autres troubles relationnels (Leitner, 1984 ; Neimeyer et Neimeyer, 1985).

Neimeyer et Jackson (1997) fournissent un bref aperçu instructif de la vie de Kelly, du développement de ses idées et de leur pertinence pour la psychologie contemporaine.

La psychologie humaniste

Abraham Maslow

Certains disent qu'Alfred Adler devrait être considéré comme le premier psychologue humaniste parce que, selon sa définition, un style de vie sain se traduit par un grand intérêt social, et parce que son concept du moi créatif souligne que le devenir de l'individu découle largement de ses choix. Il est certain que la théorie d'Adler a beaucoup de points communs avec celles que l'on a qualifiées plus tard d'humanistes. Toutefois, **Abraham Maslow** (1908-1970) est généralement reconnu comme le principal responsable de l'officialisation de la **psychologie humaniste**.

Maslow est né le 1ᵉʳ avril à Brooklyn, dans l'État de New York. Il était l'aîné de sept enfants et ses parents étaient des immigrants juifs russes. Il se souvient que son père Samuel aimait le whisky, les femmes et la bagarre (Wilson, 1972, p. 131). Il n'aimait pas son père, mais il a fini par faire la paix avec lui. Cependant, il n'en a pas fait autant avec sa mère, qu'il a haïe toute sa vie.

Abraham Maslow

[Maslow] a grandi avec une haine permanente contre sa mère et ne s'est jamais réconcilié avec elle. Il a même refusé d'assister à son enterrement. Il a qualifié Rose Maslow de femme cruelle, ignorante et hostile, tellement froide qu'elle a presque rendu fous ses enfants. Parmi toutes ses références à sa mère — dont certaines prononcées publiquement alors qu'elle était encore en vie — aucune n'exprime de chaleur ni d'affection (Hoffman, 1988, p. 7 [notre traduction])

Fait intéressant, Maslow dit puiser sa motivation pour ses travaux en psychologie humaniste dans sa haine envers sa mère. Peu avant sa mort, il inscrit ce commentaire dans son journal personnel :

Je me suis toujours demandé d'où venaient mon utopisme, mon humanisme, mon insistance sur l'éthique, la gentillesse, l'amour, l'amitié et tout le reste. Je connaissais évidemment les conséquences directes du manque d'amour maternel. Mais toute l'idée maîtresse de ma philosophie de vie, de toute ma recherche et de toutes mes hypothèses est ancrée dans une haine et une révulsion envers tout ce que ma mère représentait. (Lowry, 1979, p. 958 [notre traduction])

Comme il n'est pas proche de ses parents et qu'il est le seul garçon juif du quartier, Maslow se sent très seul ; il est très timide et se réfugie dans les livres et les projets scolaires. Il obtient d'excellents résultats à l'école secondaire Boys High School de Brooklyn et fréquente ensuite le City College of New York. Tout en suivant ses cours dans ce collège, il s'efforce de satisfaire le désir de son père de le voir devenir avocat et commence à étudier en droit. Cependant, l'enseignement qu'il reçoit ne le satisfait pas et un soir, il quitte le cours en y abandonnant ses livres. Il a des notes médiocres au City College et décide de changer pour l'université Cornell où il suit un cours d'introduction à la psychologie avec Edward Titchener. Son approche n'impressionne pas Maslow, et après un premier semestre à Cornell, il retourne au City College, en partie pour se rapprocher de sa cousine au premier degré, Bertha Goodman, qu'il aime beaucoup. Il l'épouse en 1928. Il a alors 20 ans, et sa femme est âgée de 19 ans. Ils ont deux enfants ensemble. Avant leur mariage, il s'inscrit à l'université du Wisconsin où Bertha le rejoint. Selon ses propres dires, sa vie a réellement commencé quand ils ont tous les deux déménagé au Wisconsin.

Cela peut sembler ironique de nos jours, mais Maslow s'enthousiasme d'abord pour le béhaviorisme de John Watson, dans lequel il voit une façon de résoudre les problèmes humains et d'améliorer le monde. Son enthousiasme prend fin à la naissance de son premier enfant.

Notre premier enfant a changé ma vision de la psychologie. Il a tellement ridiculisé le béhaviorisme qui m'enthousiasmait tant que je ne pouvais plus le sentir. C'est comme le coup de tonnerre qui a remis les choses à leur place. J'ai été assommé par le mystère et par l'impression de ne plus rien contrôler. Je me suis senti petit et faible devant tout ça. À mon avis, toute personne qui a eu un enfant ne peut pas être béhavioriste. (M. H. Hall, 1968, p. 55 [notre traduction])

En 1930, il obtient son baccalauréat de l'université du Wisconsin, sa maîtrise en 1931 et son doctorat en 1934. Pendant ses études supérieures dans cette université, il devient le premier doctorant à étudier sous la supervision du célèbre psychologue expérimental Harry Harlow. Sa thèse porte sur l'instauration d'une dominance dans une colonie de singes. Il observe que la dominance dépend davantage du type de « confiance intérieure » que de la force physique, ce qui a pu influencer sa théorie ultérieure. Il observe aussi qu'il dans la colonie, le comportement sexuel est relié à la dominance et à la soumission, et se demande si c'est aussi le cas de l'activité sexuelle chez les humains, une possibilité qu'il explore brièvement. Après avoir obtenu son doctorat, il enseigne à l'université du Wisconsin pendant un certain temps avant de rejoindre l'université Columbia où il devient l'assistant de recherche d'Edward Thorndike. Il entreprend aussi sa recherche sur la sexualité humaine en interviewant des étudiants et des étudiantes sur leur comportement en la matière, mais abandonne assez rapidement les mâles parce qu'ils ont tendance à trop mentir sur leurs activités (Hoffman, 1988). Il a grandement contribué à nos connaissances sur la sexualité humaine plusieurs années avant la fameuse recherche de Kinsey. De plus, ses talents d'interviewer lui ont bien servi plus tard pour étudier les caractéristiques des individus psychologiquement sains.

Il passe un an et demi à Columbia, puis va travailler au Brooklyn College où il reste jusqu'en 1951. Le fait de vivre à New York dans les années 1930 et 1940 lui donne l'occasion d'entrer en contact avec plusieurs éminents psychologues européens qui sont venus aux États-Unis pour fuir la terreur nazie : Erich Fromm, Max Wertheimer, Karen Horney et Alfred Adler. Adler a commencé à organiser des séminaires chez lui les vendredis soirs, et Maslow y participait fréquemment. Il s'est aussi lié d'amitié avec la célèbre anthropologue Ruth Benedict à peu près au même moment. Maslow a obsessionnellement essayé de comprendre Ruth Benedict et Max Wertheimer, qu'il considérait comme des personnes vraiment exceptionnelles, et cette obsession s'est transformée en sa version de la psychologie humaniste.

En 1951, il accepte le poste de directeur du département de psychologie de l'université Brandeis à Waltham, au Massachussetts, et il devient alors une figure dominante de la troisième force. En 1968, de plus en plus déçu par la vie universitaire et à cause de sa santé défaillante, il accepte une bourse de la Saga Administrative Corporation. Hoffman (1988) décrit l'offre qui lui est faite :

> Laughlin [président et directeur général de la Saga Administrative Corporation] a informé Maslow avec joie que la bourse était prête. Il était d'accord pour lui offrir un engagement de deux à quatre ans aux conditions sui-

vantes : un bon salaire, une nouvelle automobile, et un bureau privé décoré ainsi que tous les services de secrétariat dans les beaux bureaux de Saga semblables au siège social du campus de l'université Stanford à l'extérieur de la ville. Et que devait faire Maslow en retour ? Rien. (p. 316 [notre traduction])

Maslow accepte et tel qu'annoncé, il est libre de penser et d'écrire ce qu'il veut. Cette liberté lui plaît énormément. Le 8 juin 1970, il décède d'une crise cardiaque en faisant son jogging. Il est alors âgé de 62 ans.

Le *Journal of Humanistic Psychology* est fondé en 1961 principalement grâce aux efforts de Maslow. Cette même année naît l'Association américaine de la psychologie humaniste et James F. T. Bugental en est le premier président. En 1971, la branche dédiée à la psychologie humaniste de l'Association des psychologues américains voit le jour.

La doctrine de base de la psychologie humaniste

Les psychologues qui travaillent dans le cadre du paradigme humaniste partagent les croyances suivantes.

- L'étude des animaux ne permet pas d'apprendre beaucoup de choses utiles sur les êtres humains.

- La réalité subjective est le principal guide du comportement humain.

- L'étude des individus est plus instructive que celle de leurs points communs.

- On devrait réellement s'efforcer de découvrir ce qui élargit l'expérience humaine et ce qui l'enrichit.

- La recherche devrait se pencher sur l'information qui aidera à résoudre les problèmes humains.

- L'objectif de la psychologie devrait être de formuler une description complète de ce que signifie être un humain. Cette description devrait inclure l'importance du langage, le processus d'appréciation, toute la gamme des émotions humaines et la façon dont les êtres humains cherchent et trouvent un sens à leur vie.

Charlotte Bühler (1893-1974) a été membre fondatrice de l'Association des psychologues humanistes et l'a présidée en 1965-1966. Dans son influente déclaration de principes concernant la psychologie humaniste (1971), elle développe plusieurs éléments de la doctrine listés ci-dessus et démontre leur pertinence dans les domaines de la créativité, de l'éducation et de la psychothérapie.

La psychologie humaniste, qui rejette la notion selon laquelle la psychologie devrait être entièrement scientifique, considère les êtres humains comme un tout indivisible. Toute tentative visant à les réduire à des habitudes, à des structures cognitives ou à des liens S-R entraîne une distorsion de la nature humaine. Selon Maslow (1966), les psychologues emploient souvent des méthodes scientifiques pour se couper des aspects poétiques, romantiques et spirituels de la nature humaine :

> Brièvement, il me semble que la science et tout ce qui est scientifique peut être un outil au service d'une vision (Weltanschauung) déformée, réduite, sans humour, sans érotisme, sans émotion, désacralisée et profanée. Cette désacralisation peut être utilisée comme défense pour éviter d'être envahi par les émotions, surtout par l'humilité, le respect, la maîtrise, l'étonnement et la crainte. (p. 139 [notre traduction])

Les psychologues humanistes rejettent catégoriquement le but de contrôler et de prédire le comportement humain, ce que tant de psychologues qui ont un penchant pour la science acceptent :

> Si la science humaniste avait d'autres objectifs que la fascination pure pour le mystère humain et son appréciation, ils seraient de soulager la personne des contrôles externes et de la rendre *moins* prévisible pour l'observateur (de la rendre plus libre, plus créative et plus déterminé intérieurement) et peut-être même plus prévisible à ses propres yeux. (Maslow, 1966, p. 40 [notre traduction])

Donc les humains sont bien plus que des objets physiques et les méthodes utilisées par les sciences physiques ne sont pas pertinentes pour étudier ces êtres. De la même façon, la psychanalyse, en se concentrant sur l'étude des individus psychologiquement perturbés, a créé une psychologie « infirme » : « Il devient de plus en plus clair que l'étude des spécimens infirmes, chétifs, immatures et malsains ne peut conduire qu'à une psychologie et une philosophie infirmes » (Maslow, 1954/1970, p. 180 [notre traduction]). Pour Maslow, il existe des individus exceptionnels dont la vie ne peut être uniquement comprise comme l'absence de trouble mental. Si l'on veut comprendre ces personnes, il faut les étudier directement :

> La santé est bien plus que l'absence de maladie ou même le contraire. Toute théorie de la motivation digne d'intérêt doit aborder les capacités supérieures des individus forts et en bonne santé ainsi que les manœuvres des

esprits infirmes. (Maslow, 1954/1987, p. 14 [notre traduction])

Maslow ne prétend pas que la psychologie doive cesser d'être scientifique, d'étudier ou d'aider ceux qui ont des problèmes psychologiques, mais que ces tentatives ne divulguent qu'une partie de l'histoire. La psychologie doit tenter de comprendre les êtres humains qui sont en train d'atteindre leur plein potentiel. Il est nécessaire de savoir ce qu'ils pensent et ce qui les motive. Ainsi, Maslow a consacré la plus grande partie de son énergie à essayer de comprendre les êtres exceptionnels.

La hiérarchie des besoins Selon Maslow, les besoins des êtres humains sont organisés de façon hiérarchique. Plus les besoins sont bas dans la hiérarchie, plus ils sont fondamentaux et plus ils sont semblables à ceux des autres animaux. Plus ils sont élevés, plus ils sont clairement humains.

Les besoins sont organisés de la façon suivante : quand l'individu a comblé son besoin le plus élémentaire, il peut passer au suivant. Quand les besoins physiologiques (comme la faim, la soif et le sexe) sont comblés d'une manière prévisible, l'individu peut s'occuper de son besoin de sécurité (la protection contre les intempéries, la douleur et les dangers imprévus) ; puis une fois ces besoins raisonnablement comblés, il est libre de se consacrer aux besoins d'amour et d'appartenance (le besoin d'aimer et d'être aimé, de partager sa vie avec un être important) ; ensuite, l'individu est libre de réfléchir au besoin d'estime de soi (contribuer de façon reconnue au bien-être des autres), et ensuite, l'individu est capable de se réaliser. Le diagramme de la **hiérarchie des besoins** proposée par Maslow est le suivant :

Réalisation de soi

↑

Estime de soi

↑

Appartenance

↑

Sécurité

↑

Besoins physiologiques

La réalisation de soi Par **réalisation de soi**, Maslow veut dire atteindre son plein potentiel humain :

> Un homme en bonne santé a suffisamment gratifié ses besoins de base : sécurité, propreté, amour, respect et

estime de soi pour se permettre d'être motivé par le désir de réalisation de soi (défini comme mise en œuvre de ses capacités, de ses qualités, comme accomplissement de sa vocation, de sa destinée, comme un approfondissement de la prise de conscience de ce qu'il est et l'acceptation de sa nature profonde, un effort vers l'unité, l'intégration, la mise en œuvre de toute son énergie personnelle. (Maslow, 1968, éd. fr. 1986)

Les musiciens doivent faire de la musique, les artistes doivent peindre, les poètes doivent écrire s'ils veulent finir par être en paix avec eux-mêmes. L'être humain doit suivre son destin. Il doit être fidèle à sa propre nature. C'est ce que nous appelons la réalisation de soi. (Maslow, 1954/1987, p. 22 [notre traduction])

Le concept de réalisation de soi remonte au moins à Aristote, mais ce qu'il entendait par là, c'était la tendance innée à présenter les caractéristiques ou l'essence de son espèce. Par exemple, un gland a une tendance innée à devenir un chêne et à en présenter les caractéristiques. Jung a réintroduit le concept de réalisation de soi dans la psychologie moderne, et ce que lui et Maslow voulaient dire par ce terme était très différent de ce qu'Aristote entendait. Pour Jung, Maslow et Rogers (que nous étudions plus loin), les termes réalisation de soi renvoyaient à la réalisation du potentiel de l'*individu*, pas de l'espèce, comme le croyait Aristote.

Parce qu'aucun individu ne peut atteindre totalement son plein potentiel, Maslow dit de ceux qui ont comblé leurs besoins hiérarchisés qu'ils se sont réalisés. (Une liste des caractéristiques de ces individus est fournie plus loin.)

Plus on s'élève dans la hiérarchie, plus les besoins deviennent fragiles. En d'autres termes, les besoins physiologiques et de sécurité ont une longue histoire et sont donc très puissants ; les besoins plus élevés d'amour, d'estime et de réalisation de soi sont « plus nouveaux » et se distinguent par leur caractère humain ; leur base biologique n'est donc pas aussi solide. Cela signifie que leur satisfaction est facilement perturbée. Plus on s'élève dans la hiérarchie, plus la satisfaction du besoin de réalisation—bien qu'il s'agisse d'un besoin inné—est donc facilement perturbée. À propos de la réalisation de soi, Maslow déclare : « Les structures intérieures n'ont pas la force, la puissance, l'infaillibilité des instincts des animaux. Elles sont délicates, fragiles, subtiles. Elles peuvent être affaiblies par les habitudes, les pressions culturelles, les attitudes mauvaises » (1968, éd. fr. 1986).

Ainsi, bien que tous les êtres humains aient une pulsion innée d'autoréalisation (atteindre leur plein potentiel en tant qu'être humain), ceux qui y parviennent sont rares. Une autre raison majeure pour laquelle la réalisation de soi est si peu fréquente, c'est qu'elle exige de se connaître sincèrement et profondément et que la plupart des individus ont peur d'une telle connaissance :

La connaissance que nous craignons le plus est celle de nous-même, parce qu'elle peut transformer notre estime de soi et notre image… Bien que les êtres humains aiment la connaissance et cherchent à en acquérir — ils sont curieux, ils la craignent. Plus elle est personnelle et plus ils en ont peur. (Maslow, 1966, p. 16 [notre traduction])

Le **complexe de Jonas** est relié à la peur de se connaître et que Maslow définit (1971) comme « la peur de sa propre grandeur… la fuite de sa propre destinée… se détourner de ses meilleurs talents » (p. 34 [notre traduction]). Selon lui, les êtres humains ont souvent autant peur du succès que de l'échec, et cette peur, tout comme celle de se connaître, va à l'encontre de la réalisation de soi.

Les caractéristiques des individus qui se réalisent

Comme nous l'avons vu, Maslow pense que pendant trop longtemps, la psychologie a insisté sur l'étude des animaux inférieurs et des individus perturbés. Pour remédier à la situation, il a étudié un certain nombre de personnes qui s'étaient réalisées selon lui, comme Albert Einstein, Albert Schweitzer, Sigmund Freud, Jane Addams, William James et Abraham Lincoln. Il en a conclu qu'elles possédaient les caractéristiques suivantes.

- Leur perception de la réalité est juste et globale.
- Elles s'acceptent et acceptent pleinement les autres.
- Elles sont spontanées et naturelles.
- Elles ont besoin d'intimité.
- Elles ont tendance à être indépendantes par rapport à leur environnement et leur culture.
- Elles apprécient les choses de façon toujours nouvelle.
- Elles ont tendance à vivre des expériences mystiques ou paroxystiques, qu'il décrit ainsi (1954/1987) :

Un sentiment d'horizons illimités ouverts à la vision, d'être à la fois plus fort et plus impuissant que jamais, le sentiment d'une grande extase, d'un étonnement et d'une crainte, la perte du sentiment d'espace et de temps et enfin la conviction que quelque chose de très important et très utile s'est produit, que ces expériences ont en quelque sorte transformé et renforcé le sujet jusque dans sa vie quotidienne. (p. 137 [notre traduction])

- Elles se préoccupent de tous les individus, pas juste de leurs amis, parents ou connaissances.
- Elles n'ont généralement qu'un petit nombre d'amis.
- Elles possèdent un grand sens moral, mais n'acceptent pas nécessairement la morale conventionnelle.
- Leur sens de l'humour est très développé, mais pas hostile.
- Elles sont créatives.

Bien que Maslow (1954/1987) conclut que son groupe d'individus qui se sont réalisés étaient des êtres humains extraordinaires, il précise qu'ils avaient aussi des défauts.

Nos sujets manifestent plusieurs défauts humains de moindre importance. Ils ont aussi des habitudes idiotes, inutiles ou maladroites. Ils peuvent être ennuyeux, têtus et irritants. Ils ne sont en aucun cas exempts de vanité superficielle, d'orgueil. Ils font preuve de partialité envers leurs propres productions, leur famille, leurs amis et leurs enfants. Les crises de colère ne sont pas rares.

Nos sujets sont parfois capables d'une extraordinaire cruauté inattendue. On doit se souvenir que ce sont des personnes très fortes. En cas de nécessité, ceci leur permet de faire preuve d'une froideur chirurgicale supérieure à la moyenne. Un homme qui a découvert qu'une personne à qui il faisait confiance depuis longtemps était malhonnête a mis abruptement fin à cette amitié sans aucun remords observable. Une autre femme qui était mariée à un homme qu'elle n'aimait pas a décidé de divorcer avec une détermination qui ressemblait presque à de la cruauté. Certains se remettent tellement rapidement de la mort de leurs proches qu'ils paraissent sans cœur. (p. 146 [notre traduction])

La motivation et la perception sous-tendues par le manque et l'essence des choses　On dit d'un individu dont le niveau de fonctionnement est autre que la réalisation de soi qu'il est motivé par le manque. C'est-à-dire qu'il cherche des choses particulières afin de combler ses besoins et que ce sont ces besoins qui orientent sa perception. Jouard décrit la **perception sous-tendue par le besoin** (aussi appelée perception sous-tendue par le manque ou perception D) comme suit : « la perception sous-tendue par un besoin est une recherche très ciblée qui porte sur les objets qui com-

bleront les besoins et qui ignore tout le reste » (1974, p. 68 [notre traduction]). La **motivation sous-tendue par le manque** (motivation D) conduit à la perception sous-tendue par un besoin.

Contrairement à la plupart des psychologues, Maslow s'intéresse principalement à ce qui arrive à l'individu *quand* ses besoins de base sont comblés. Il explique que l'individu qui comble ses besoins fondamentaux et qui se réalise adopte un mode de vie différent. Au lieu d'être motivé par le manque, il est motivé par l'essence des choses (motivation B). La **motivation sous-tendue par l'essence des choses** englobe les valeurs supérieures de la vie comme la beauté, la vérité et la justice. Les personnes motivées par l'essence des choses sont aussi capables d'amour motivé par l'essence des choses, qui contrairement à l'amour motivé par le manque n'est ni possessif ni insatiable. Inversement à la perception motivée par le manque, la **perception sous-tendue par l'essence des choses** ne signifie pas la recherche d'éléments particuliers dans l'environnement. En conséquence, l'individu qui interagit avec le monde en fonction de sa perception motivée par l'essence des choses est ouvert à une gamme d'expériences plus étendue que celui dont la perception est motivée par le manque.

La psychologie transpersonnelle　Vers la fin de sa vie, Maslow commence à réfléchir à une nouvelle forme de psychologie qui dépasse l'expérience personnelle. Cette **psychologie transpersonnelle** constitue la quatrième force et est centrée sur les aspects mystiques, extatiques ou spirituels de la nature humaine. Dans la préface de son livre *Vers une psychologie de l'être* (1968), il décrit sa vision de la quatrième force :

Je considère que la psychologie humaniste, ou la troisième force, est transitoire. C'est un exercice préparatoire pour une quatrième force plus « élevée » en psychologie, transpersonnelle, transhumaine, centrée sur le cosmos plutôt que sur les besoins et les intérêts humains, qui va au delà de la condition humaine, de l'identité, de la réalisation de soi, et ainsi de suite… Ces nouveaux développements peuvent très bien satisfaire efficacement, concrètement et utilement l'« idéalisme frustré » de plusieurs personnes silencieuses, mais désespérées, surtout les jeunes. Ces psychologies sont prometteuses pour ce qui est des développements en matière de philosophie de vie, de substitut à la religion, de système de valeurs et de programme de vie qui manquent à ces personnes. Sans le transcendant et le transpersonnel, nous tombons malades, nous devenons violents et nihilistes, ou bien désespérés et apathiques. Nous avons besoin de quelque chose de «supérieur à nous», qui nous intimide et envers lequel nous nous engageons d'une façon nouvelle, naturaliste, empirique et non religieuse.(p. iii-iv [notre traduction])

Maslow a vécu suffisamment longtemps pour connaître Anthony J. Sutich (1907-1976), qui était aussi fondateur et directeur de publication du *Journal of Humanistic Psychology*. En 1969, il fonde le *Journal of Tanspersonal Psychology*. L'article de Marslow intitulé «The Farther Reaches of Human Nature» apparaît à la une de la revue (article à ne pas confondre avec le livre du même titre publié après sa mort en 1971). La psychologie transpersonnelle a beaucoup de points communs avec la psychologie, la philosophie et la religion non occidentales. Par exemple, toutes reconnaissent que la méditation permet d'accéder aux états supérieurs de la conscience. Plusieurs personnes qui s'intéressent à l'occultisme et à la parapsychologie ont été attirées par la psychologie humaniste et surout par la psychologie transpersonnelle. Peut-être parce que ces sujets sont souvent considérés comme non scientifiques, l'APA a ignoré les pétitions visant à créer une branche de la psychologie transpersonnelle.

Maslow reçoit de nombreux honneurs, comme l'élection à la présidence de l'Association des psychologues américains pour l'année 1967-1968. À sa mort en 1970, ses idées influencent non seulement la psychologie, mais aussi la médecine, le marketing, la théologie, l'éducation et les soins infirmiers.

Carl Rogers

Carl Rogers (1902-1987) est né le 8 janvier à Oak Park, en banlieue de Chicago, dans l'Illinois. Il est le quatrième d'une famille de six enfants et se sent plus proche de sa mère que de son père, un ingénieur civil accompli qui était souvent en déplacement à l'extérieur. Dans la communauté fortunée de Oak Park, il fréquente l'école en compagnie d'Hemingway et des enfants du célèbre architecte Frank Lloyd Wright. Rogers décrit sa famille comme étant très unie et très religieuse. Les amitiés en dehors de la famille étaient découragées.

Je pense que les attitudes envers les personnes extérieures à notre famille élargie peuvent se résumer schématiquement ainsi : les autres se conduisent d'une façon

Carl Rogers

douteuse que notre famille n'approuve pas. Plusieurs d'entre elles jouent aux cartes, vont au cinéma, fument, boivent et s'adonnent à d'autres activités —dont certaines sont taboues. En conséquence, la meilleure chose à faire est de les tolérer puisqu'elles ne savent pas se conduire autrement, et d'éviter toute communication étroite avec eux, de vivre notre vie au sein de la famille. (Rogers, 1973, p. 3 [notre traduction])

Il n'est pas surprenant que Rogers soit isolé à l'école et que comme Maslow, il trouve refuge dans les livres, lisant tout ce qui lui tombe sous la main, y compris des encyclopédies et des dictionnaires. À 12 ans, il déménage avec sa famille dans une ferme, 40 kilomètres à l'ouest de Chicago. L'objectif est de vivre dans une ambiance plus saine et plus propice à la religion. Comme son père insistait pour que la ferme soit gérée de façon scientifique, Rogers s'intéresse intensément à la science et lit tout ce qu'il peut trouver sur les expériences agricoles. Il continue à s'intéresser à la science pendant toute sa carrière, bien que son travail porte sur un des aspects les plus subjectifs de la psychologie. Après avoir obtenu son diplôme d'études secondaires, il tente de devenir fermier, et à son entrée à l'université du Wisconsin en 1919, il choisit de s'inscrire en agriculture. Pendant ses premières années collégiales, il participe activement aux activités religieuses et en 1922, il est sélectionné pour assister à la conférence de la Fédération mondiale des étudiants chrétiens à Pékin (Beijing), en Chine. Son voyage de six mois le met pour la première fois en contact avec des personnes de culture et de religion différentes. Il écrit à ses parents pour déclarer son indépendance par rapport à leur religion et développe presque immédiatement un ulcère qui lui vaut une hospitalisation de plusieurs semaines.

À son retour à l'université du Wisconsin, il choisit de faire une majeure en histoire. Il obtient son baccalauréat en 1924. Peu après, il épouse son amour de jeunesse, Helen Elliot, avec qui il a deux enfants. Carl et Helen déménagent à New York et il s'inscrit au Liberal Union Theological Seminary tout en suivant des cours de psychologie et d'éducation à l'université Columbia toute proche. Après deux ans au séminaire, il doute que l'approche religieuse soit la plus efficace pour aider les individus et s'inscrit à temps plein à l'université Columbia. Il y obtient sa maîtrise en psychologie clinique en 1928 et son doctorat en 1931. Sa thèse porte sur l'évaluation de l'adaptation de la personnalité chez les enfants.

Après son doctorat, il travaille pour le service d'études sur les enfants de la Société pour la prévention de la cruauté envers les enfants à Rochester, New York, où il œuvre comme attaché d'enseignement pendant ses études doctorales. Plusieurs expériences le conduisent à développer sa propre branche de la psychothérapie. Par exemple, la Société était dominée par des thérapeutes formés à la tradition psychanalytique, c'étaient des individus qui pensaient que leur travail consistait à développer une « intuition » de la cause du problème, puis à la partager avec le client. Au début, Rogers suit cette procédure. Dans un cas, il conclut que le rejet de l'enfant par la mère est la cause du comportement délinquant de ce dernier, mais ses tentatives de partager son intuition avec la mère échouent totalement. Il décrit ce qui se produit ensuite (1961).

> Je finis par renoncer. Je lui dis que nous avions tous deux fait de notre mieux, mais en vain, [...] Elle fut d'accord. Nous mettions fin à l'entretien en nous serrant la main, et elle se dirigeait vers la porte de mon cabinet lorsqu'elle revint pour poser cette question : « Est-ce que vous faites des consultations d'adultes ? » Sur ma réponse affirmative, elle dit : « Dans ce cas, j'aimerais que vous m'aidiez. » Elle reprit le siège qu'elle avait quitté, et se mit à donner libre cours à son désespoir au sujet de son mariage, des difficultés de ses relations avec son mari, de ses sentiments d'échec et de confusion, tout cela dans une veine toute autre que celle de « l'histoire d'un cas » qu'elle m'avait raconté jusque là. C'est alors que commença la thérapie, qui aboutit à une guérison très satisfaisante.

> Cet incident fut l'un de ceux qui me permirent de ressentir — ce que je ne perçus complètement que plus tard — que c'est le *client* lui-même qui sait ce dont il souffre, dans quelle direction il faut chercher, ce que sont les problèmes cruciaux et les expériences qui ont été profondément refoulées. Je commençai à comprendre que si je voulais faire plus que démontrer mon habileté et mon savoir, j'aurais à m'en remettre au client pour la direction et le mouvement du processus thérapeutique. (éd. fr. 1967, p. 10-11)

Il écrit son premier livre *The Clinical Treatment of the Problem Child* (1939) alors qu'il travaille pour le service d'études sur les enfants, et sa publication entraîne l'offre d'un poste à l'université d'État de l'Ohio. Rogers est réticent à l'idée de quitter le cadre clinique, mais quand l'université lui accorde le titre de professeur titulaire, il décide, à l'âge de 38 ans, de commencer une nouvelle carrière dans ce milieu. Il consigne ses propres idées sur le processus thérapeutique dans le désormais célèbre livre *Counseling and Psychotherapy : Newer Concepts in Practice* (1942). Il est généralement admis que ce livre décrit pour la première fois une option différente de la psychanalyse. Son approche de la psychothérapie est considérée comme révolutionnaire parce qu'elle élimine le besoin de faire un diagnostic, de rechercher les causes des perturbations et tout type de cataloguage des troubles. Il refuse aussi d'appeler les individus perturbés des « patients », comme le font les psychanalystes. Pour lui, les individus qui cherchent de l'aide sont des « clients ». Gendlin (1988) qualifie ses propositions de choix de « guerre contre l'autorité monolithique » (p. 127 [notre traduction]).

Il participe à l'effort de guerre en 1944 en prenant congé de l'Ohio State pour devenir directeur des services de counseling de la United Services Organization à New York. Un an plus tard, il travaille à l'université de

Chicago comme professeur de psychologie et directeur du counseling. Il y reste douze ans, et rédige ce que plusieurs considèrent comme son oeuvre la plus importante : *Client-Centered Therapy : Its Current Practice, Implications, and Theory* (1951). Ce livre marque un changement dans son approche de la psychologie. À l'origine, son approche était qualifiée de non directive et reposait sur le postulat selon lequel dans une ambiance thérapeutique positive, le client résoudrait automatiquement ses problèmes. La thérapie commence à être centrée sur le client quand Rogers réalise que le thérapeute doit activement tenter de comprendre et d'accepter la réalité subjective du client pour qu'il progresse. C'est aussi à Chicago que Rogers et ses collègues tentent pour la première fois de mesurer objectivement l'efficacité de la psychothérapie.

Pour ce faire, il utilise la méthode appelée triage des citations[1] mise au point par le chercheur britannique William Stephenson (1953). Dans la version de Rogers, les clients se décrivent tels qu'ils sont (leur moi réel), puis tels qu'ils aimeraient être (moi idéal). Les deux mois sont évalués de façon à permettre une corrélation entre eux. Normalement, au début de la thérapie, la corrélation est très faible, mais elle s'accroît si la thérapie est efficace. C'est-à-dire que le vrai moi se rapproche davantage du moi idéal. À l'aide de cette technique, le thérapeute peut déterminer l'efficacité de son intervention à n'importe quel moment de la thérapie, soit pendant ou après (voir Rogers, 1954 ; Rogers et Dymond, 1955).

En 1957, Rogers retourne à l'université du Wisconsin, où il enseigne la psychologie et la psychiatrie, et il contribue énormément à réduire les différences entre les deux disciplines. En 1963, il commence à travailler au Western Behavioral Science Institute (WBSI) à La Jolla, en Californie. Il s'intéresse de plus en plus aux groupes de rencontres et à la formation psychosociale et de moins en moins à la thérapie individuelle. Vers la fin de sa vie, il s'intéresse aussi à la promotion de la paix dans le monde. En 1968, lui et 75 de ses collègues démissionnent du WBSI et forment le Center for the Studies of the Person à La Jolla. Il continue ses travaux sur les groupes de rencontres tout en élargissant son intérêt à l'éducation et à la politique internationale. En 1985, il organise le Vienna Peace Project qui réunit des

dirigeants de 13 pays et en 1986, il dirige des ateliers sur la paix à Moscou. Il continue à travailler sur ces projets et sur d'autres jusqu'à sa mort le 4 février 1987, causée par un arrêt cardiaque consécutif à une chirurgie pour une fracture de la hanche.

Il a reçu beaucoup d'honneurs. Il a présidé l'APA en 1946-1947 et en 1965, il est corécipiendaire du premier Distinguished Scientific Contribution Award de l'APA avec Kenneth Spence et Wolfgang Köhler. Ce prix l'a ému jusqu'aux larmes, parce qu'il croyait que ses collègues psychologues pensaient que ses travaux n'étaient pas scientifiques : « Ma voix s'est étranglée et les larmes ont afflué quand j'ai été appelé… pour recevoir [le prix] » (Rogers, 1974, p. 117 [notre traduction]). En 1972, il reçoit le Distinguished Professional Contribution Award de l'APA et devient la première personne à recevoir ces deux prix.

La théorie de la personnalité de Rogers Sur l'insistance des autres, Rogers développe une théorie de la personnalité pour expliquer le phénomène observé pendant le processus thérapeutique. Il en présente tout d'abord les rudiments lors de son discours présidentiel (Rogers, 1947) puis la développe dans son livre *Client-Centered Therapy* (1951). On retrouve l'énoncé le plus complet de sa théorie dans le chapitre intitulé « Théorie de la thérapie, de la personnalité et des relations interpersonnelles telle que développée dans le cadre centré sur le client » (Rogers, 1959 [notre traduction]).

Comme Maslow, Rogers postule l'existence d'une pulsion humaine tournée vers la réalisation de soi. Il énonce que si l'individu en fait son *cadre de référence*, il aura fort probablement une vie épanouissante et atteindra son plein potentiel. On dit de ces individus qu'ils vivent selon le **processus d'évaluation organismique**, c'est-à-dire qu'ils abordent les expériences et continuent à les vivre conformément à leur tendance à la réalisation de soi, et qu'ils mettent fin à celles qui n'y sont pas conformes, ou les évitent. Ces individus sont motivés par leurs sentiments authentiques et mènent ce que les existentialistes appellent une vie authentique, c'est-à-dire motivée par ses sentiments intérieurs réels plutôt que par les mœurs, les croyances, les traditions ou les conventions imposées par les autres. Ici nous constatons que Rogers réaffirme les croyances des cyniques de l'Antiquité et de Rousseau sur la primauté des sentiments personnels pour orienter l'action. Dans

---

1. NDT : ou *Q-sort technique*, de *quotation sort* en anglais.

la citation suivante (Rogers, 1961, éd. fr. 1967), on observe une grande similitude entre le cynisme de l'Antiquité, la philosophie romantique de Rousseau et la psychologie humaniste de Rogers :

> Un des principes fondamentaux que j'ai mis longtemps à reconnaître et que je continue à découvrir est que lorsque je *sens* qu'une de mes activités est bonne et qu'il vaut la peine de la poursuivre, c'est la preuve qu'il *faut* la poursuivre. Autrement dit, j'ai appris que mon appréciation organismique d'une situation est plus digne de confiance que mon intellect.
>
> Tout au long de ma vie professionnelle, je me suis engagé dans des voies qui paraissaient ridicules aux autres, et qui soulevaient des doutes en moi-même ; mais je n'ai jamais regretté de m'être orienté vers ce que je « sentais être juste », bien que j'aie parfois éprouvé un sentiment d'isolement ou de ridicule. [...] *qu'à mes yeux, l'expérience est l'autorité suprême.* [...] Ni la Bible, ni les prophètes—ni Freud, ni la recherche—ni les révélations émanant de Dieu ou des hommes—ne sauraient prendre le pas sur mon expérience directe et personnelle. (éd. fr., p. 20-22)

Malheureusement, d'après Rogers, la plupart des individus ne vivent pas en accord avec leurs sentiments profonds (le processus d'évaluation organismique). Notre **besoin de considération positive**, qui remonte à l'enfance, pose problème. La considération positive signifie que l'enfant reçoit de l'amour, de la chaleur, de l'empathie de la part des personnes significatives qui l'entourent, et que ces personnes l'acceptent comme il est. Si cette considération était gratuite, il n'y aurait pas de problème, mais elle ne l'est généralement pas. Les parents (ou les autres personnes significatives) portent un regard positif sur l'enfant uniquement quand il agit ou pense d'une certaine façon. Cela instaure des **conditions de valorisation**. Les enfants apprennent rapidement que pour recevoir de l'amour, ils doivent penser et agir conformément aux valeurs des personnes significatives qui les entourent. Graduellement, ils intériorisent ces valeurs qui remplacent le processus d'évaluation organismique pour guider leur vie. Tant que les individus vivront selon les valeurs des autres au lieu de se baser sur leurs propres sentiments authentiques, les expériences seront modifiées et celles qui sont conformes au processus d'évaluation organismique seront écartées :

> Pour conserver l'amour du parent, l'enfant introjecte les valeurs et les perceptions qu'il ne ressent pas réellement. Il nie à la conscience les expériences organismiques qui

contredisent ces introjections. Ainsi, son concept de soi contient des éléments faux qui ne reposent pas sur ce qu'il est, dans ses expériences. (Rogers, 1966, p. 192 [notre traduction])

Selon Rogers, il n'y a qu'une façon d'empêcher d'imposer des conditions de valorisation aux individus : leur offrir une **considération positive inconditionnelle**. Ce type de considération permet d'aimer et de respecter la personne pour ce qu'elle est réellement ; et donc, il n'est pas nécessaire de biaiser ni de refuser certaines expériences. Seul l'**individu** qui est objet de considération positive inconditionnelle peut devenir **pleinement fonctionnel** :

> Si l'individu recevait uniquement une *considération positive inconditionnelle*, aucune *condition de valorisation* ne se développerait, l'estime de soi serait inconditionnelle, les besoins de *considération positive* et d'*estime de soi* ne différeraient jamais de l'*évaluation organismique*, l'individu continuerait à s'adapter *psychologiquement* et serait pleinement fonctionnel. (Rogers, 1959, p. 224 [notre traduction])

Quand les conditions de valorisation remplacent le processus d'évaluation organismique en tant que guide de vie, l'individu devient incongruent. Ce que Rogers appelle un **individu incongruent** est essentiellement la même chose que ce que les existentialistes qualifient de personne inauthentique. Dans les deux cas, la personne cesse d'être authentique envers ses propres sentiments. Rogers considère le manque de congruence comme la cause des troubles mentaux et il pense donc que le but de la psychothérapie est d'aider les individus à vaincre les conditions de valorisation et à vivre de nouveau en accord avec leurs processus d'évaluation organismique. Rogers (1959) décrit cet objectif comme suit :

> Ceci est donc la rupture de base chez l'homme. Il n'a pas été authentique envers lui-même, envers sa propre évaluation organismique naturelle. Pour préserver la considération positive des autres, il en est venu à falsifier certaines de ses valeurs et à les percevoir uniquement d'après les valeurs des autres. Il ne s'agit pourtant pas d'un choix conscient, mais d'un développement naturel—et tragique—qui s'est opéré pendant l'enfance. La trajectoire de développement vers la maturité psychologique et la trajectoire de la thérapie consistent à défaire cette rupture du fonctionnement chez l'homme, à dissoudre les conditions de valorisation, à réaliser un moi congruent avec l'expérience et à restaurer un processus d'évaluation organismique en tant que régulateur du comportement. (pp. 226-227 [notre traduction])

Quand les individus vivent en accord avec leurs processus d'évaluation organismique, ils sont pleinement fonctionnels. Ces individus envisagent la vie pratiquement de la même façon que la personne qui cherche à se réaliser, à laquelle renvoie Maslow.

Rogers comprend parfaitement que les relations autres que celles qui unissent le client et le thérapeute facilitent la croissance humaine. Il (1980) décrit les conditions qui doivent caractériser *toute* relation pour ce faire :

> Certaines conditions doivent être présentes pour que le climat soit propice à la croissance. Ces conditions s'appliquent, qu'il s'agisse d'une relation entre le thérapeute et son client, le parent et l'enfant, le leader et le groupe, l'enseignant et l'étudiant ou le gestionnaire et son personnel. Elles s'appliquent en fait à toute situation dont le but est le développement de la personne […] Le premier élément pourrait s'appeler *authenticité*, réalité, ou congruence […] La deuxième attitude importante lorsque l'on souhaite créer un climat de changement, c'est l'acceptation, le souci de l'autre, l'estime — ce que j'ai appelé « *considération positive inconditionnelle* » […] Le troisième aspect qui facilite la relation, c'est la *compréhension empathique* […] Ce type d'écoute active et sensible est extrêmement rare dans la vie. Nous pensons écouter, mais nous le faisons rarement avec une réelle compréhension, une sincère empathie. Pourtant, ce type d'écoute très spéciale est une des forces de changement les plus puissantes que je connaisse. (p. 115-116 [notre traduction])

La psychologie centrée sur la personne de Rogers a été appliquée à des domaines aussi variés que la religion, la médecine, le maintien de l'ordre, les relations ethniques et culturelles, la politique, les conflits internationaux, le développement organisationnel (Levant et Schlien, 1984); l'éducation (Rogers, 1969, 1983); le mariage (Rogers, 1972); le pouvoir personnel (Rogers, 1977); et l'avenir (Rogers, 1980).

Nous aborderons la contribution de Rogers à la psychologie clinique de façon plus détaillée au chapitre 21.

Une comparaison des psychologies existentialiste et humaniste

Les psychologies existentialiste et humaniste ont suffisamment de points communs pour qu'on les réunisse sous le vocable « psychologie existentielle humaniste » ou simplement psychologie humaniste. Voici une liste de croyances communes.

- Les êtres humains sont dotés du libre arbitre et sont donc responsables de leurs actions.
- La méthode la plus adéquate pour étudier les êtres humains est la phénoménologie, l'étude de l'expérience subjective intacte.
- Pour comprendre l'être humain, il faut l'étudier dans sa globalité. Tout type d'élémentisme offre une vision biaisée de la nature humaine.
- L'être humain est unique, donc tout ce qu'on apprend sur les autres animaux n'est pas pertinent pour la compréhension de l'humain.
- L'être humain est unique, donc tout ce qu'on apprend sur un être n'est pas pertinent pour la compréhension des autres.
- L'hédonisme n'est pas une motivation importante du comportement humain. Au lieu de rechercher le plaisir et d'éviter la douleur, les humains cherchent à vivre une vie pleine de sens et caractérisée par la croissance personnelle.
- Il vaut mieux vivre une vie authentique qu'une vie qui ne l'est pas.
- Les humains ne peuvent être efficacement étudiés en employant des méthodes scientifiques traditionnelles parce qu'ils possèdent des attributs uniques comme le libre arbitre. On pourrait peut-être les étudier objectivement, mais pour ce faire, il faudrait créer une science nouvelle qui se rapporterait uniquement aux humains.

La principale différence entre la psychologie existentielle et la psychologie humaniste réside dans leurs présupposés sur la nature humaine. Les humanistes supposent que les êtres humains sont bons, et que donc, s'ils se trouvent dans un environnement sain, ils vivront naturellement en harmonie avec les autres. Pour les humanistes, la principale motivation est la tendance à la réalisation de soi, qui est innée et qui continuera à entraîner l'individu vers les activités et les événements qui lui permettent de se réaliser. Pour leur part, les existentialistes considèrent la nature humaine comme essentiellement neutre. Pour eux, la seule chose dont on dispose à la naissance, c'est la liberté de choisir la nature de notre existence. C'est ce que voulait dire Jean-Paul Sartre par son célèbre énoncé « *L'existence précède l'essence* ». Pour Sartre (1905-1980) et pour la majorité des philosophes existentialistes, il n'y a pas d'essence humaine à la naissance. En tant qu'être humain unique, l'individu est libre de choisir sa propre essence. Il devient ce qu'il choisit de devenir. « L'homme n'est rien d'autre que ce qu'il fait. Tel est le premier principe de l'existentialisme » (Sartre, 1957, éd. fr. 1966, p. 22). L'individu peut profiter de sa liberté pour définir la vie qu'il choisit, qu'elle soit bonne ou mauvaise. Selon les existentialistes, la principale motivation de l'individu est de *donner* un sens à sa vie en faisant réellement des choix. Plusieurs penseurs existentialistes sont parvenus à la conclusion suivante : si la vie n'a aucun sens, elle ne mérite pas d'être vécue, mais si elle en a un, l'individu peut tolérer presque n'importe quelles conditions. Frankl citait Nietzsche : « Celui qui a un *pourquoi* qui lui tient lieu de but, de finalité, peut vivre avec n'importe quel *comment* » (Frankl, 1946/1984, éd. fr. 1988, p. 91). Frankl affirmait qu'il n'existait qu'une force motivationnelle pour les êtres humains, et c'est ce qu'il appelait la « recherche d'un sens à la vie » (éd. fr. 1988, p. 110).

Généralement, les humanistes ont une opinion de la nature humaine qui les amène à être optimistes par rapport aux êtres humains et à leur avenir. Ils prétendent que si on pouvait rendre les sociétés compatibles avec leur nature, les individus pourraient vivre en paix et en harmonie. Les existentialistes sont plus pessimistes. Pour eux, les individus ne disposent pas d'un système inné de direction, mais uniquement du libre arbitre. Comme ils sont libres, ils ne peuvent pas rejeter la faute de leurs malheurs sur Dieu, leurs parents, la génétique ou les circonstances, ils ne peuvent s'en prendre qu'à eux-mêmes. Cette responsabilité fait en sorte que la liberté est plus une calamité qu'une bénédiction, que les individus choisissent souvent de ne pas l'exercer et qu'ils se conforment plutôt aux valeurs édictées par les autres. Dans son fameux livre *La peur de la liberté* (1941), Erich Fromm (1900-1980) écrit que souvent, la première chose que fait l'individu quand il reconnaît l'existence de sa liberté, c'est chercher à la fuir en s'associant à quelqu'un ou à quelque chose qui limitera ou qui empêchera ses choix.

Une autre différence importante entre les psychologues existentialistes et humanistes est que pour les premiers, le fait de réaliser que la mort est inévitable est extrêmement important. Avant de mener une vie riche et pleine, l'individu doit réaliser que la vie est limitée. Les psychologues humanistes n'insistent pas autant sur la signification de la mort dans l'existence humaine. Pour plus d'explications sur les différences entre la philosophie existentielle et la psychologie humaniste, voir De Carvalho (1990).

Au chapitre 21, nous soulignerons les similitudes entre la troisième force et le postmodernisme contemporain.

L'évaluation

La psychologie humaniste moderne a commencé par un mouvement de protestation contre le béhaviorisme et la psychanalyse. Le béhaviorisme voyait trop de similitudes entre l'être humain et les autres animaux. Ses détracteurs prétendaient que le béhaviorisme se concentrait sur les types de comportements superficiels et ignorait ou minimisait les processus mentaux et émotifs qui rendent les humains uniques. La psychanalyse se concentrait sur les individus anormaux et soulignait les motivations sexuelles ou inconscientes et ignorait les individus sains dont la motivation principale était la croissance personnelle et l'amélioration de la société. Les psychologues humanistes critiquaient la psychologie scientifique en général parce qu'elle prenait modèle sur les sciences physiques en endossant le déterminisme et en cherchant la légalité dans une catégorie d'événements. La psychologie scientifique considérait aussi le caractère unique de l'individu — très important aux yeux de la psychologie humaniste — comme une nuisance. Selon elle, seules les lois générales étaient dignes d'intérêt. Également, parce que la science et les mesures fiables allaient de pair, la psychologie scientifique excluait plusieurs attributs humains de la recherche simplement à cause des difficultés propres à leur évaluation. Les processus comme la volonté, l'appréciation et la quête du sens en sont des exemples, comme les émotions suivantes : l'amour, la culpabilité, le désespoir, le bonheur et l'espoir.

Les critiques

Il n'est pas surprenant que la psychologie humaniste ait fait l'objet de critiques. Voici quelques-unes de ses faiblesses.

- La psychologie humaniste se compare au béhaviorisme avec les travaux de Watson et Skinner. Les deux hommes ont souligné que les événements environnementaux étaient la cause du comportement humain et ont nié l'importance des événements mentaux. Cependant, d'autres béhavioristes comme McDougall et Tolman ont insisté sur les événements et les objectifs mentaux dans leur analyse du comportement.

■ La psychologie humaniste néglige la nature cumulative des sciences en insistant sur le fait que la psychologie scientifique ne se préoccupe pas des attributs humains supérieurs. Le problème est que nous ne sommes pas encore prêts à les étudier. Avant de composer des poèmes, il faut apprendre la langue. Le type de psychologie scientifique que les psychologues humanistes critiquent fournit une base permettant l'étude future de caractéristiques humaines plus complexes.

■ La description des humains offerte par les psychologues humanistes ressemble aux descriptions les plus favorables que l'on trouve dans la poésie, la littérature ou la religion à travers les siècles. Elle représente un type d'idées chimériques qui ne reposent sur aucun des faits accumulés par la psychologie plus objective. On ne devrait pas ignorer les faits sous prétexte qu'ils ne nous conviennent pas.

■ La psychologie humaniste critique le béhaviorisme, la psychanalyse et la psychologie scientifique en général, qui ont pourtant largement contribué à améliorer la condition humaine. En d'autres mots, ces trois courants ont réalisé un des principaux objectifs de la psychologie humaniste.

■ Si la psychologie humaniste rejette la méthodologie scientifique comme méthode d'évaluation des propositions sur les êtres humains, que faut-il utiliser à la place ? Si l'on se sert uniquement de l'intuition ou du raisonnement, il ne s'agit plus de psychologie, il faudrait plutôt employer le terme philosophie ou même religion. L'approche humaniste de l'étude des êtres humains est souvent considérée comme un rejet du passé préscientifique de la psychologie.

■ En rejetant la recherche sur les animaux, les psychologues humanistes tournent le dos à une source de connaissances extrêmement valables portant sur les autres humains. Le fait de ne pas utiliser les intuitions de la théorie de l'évolution est, au mieux, régressif.

■ Beaucoup des termes et des concepts utilisés par les psychologues humanistes sont si nébuleux qu'ils ne peuvent être ni définis clairement, ni vérifiés. La définition des termes *psychologie humaniste* est elle-même confuse. Michael Wertheimer (1978) en a cherché la définition dans le *Journal of Humanistic Psychology*, dans divers livres sur ce sujet et dans les programmes du département de psychologie humaniste de l'APA et est parvenu à la conclusion suivante :

Il est difficile de s'opposer aux objectifs d'authenticité, d'actualisation du potentiel inhérent à tous les êtres humains, de création de relations humaines réellement significatives, d'être pleinement en contact avec nos sentiments les plus intimes et d'élargir notre conscience. Mais en réalité, qu'est-ce que la psychologie humaniste ? Pour paraphraser une vieille plaisanterie juive, si vous demandez à deux humanistes de définir ce type de psychologie, vous risquez d'obtenir au moins trois définitions incompatibles… Il est très peu probable qu'une définition explicite parvienne à satisfaire ne serait-ce qu'une petite fraction de ceux qui se disent « psychologues humanistes ». (p. 739, 743 [notre traduction])

Les contributions

Pour être juste envers les psychologues humanistes, il faut souligner qu'ils ne reprochent jamais au béhaviorisme, à la psychanalyse et à la psychologie scientifique de ne pas avoir contribué à la compréhension de l'être humain. Ils affirment plutôt que le béhaviorisme et la psychanalyse ne relatent qu'une partie de l'histoire, et que les méthodes et les hypothèses scientifiques traditionnelles ne peuvent pas être utilisées pour étudier certains attributs humains importants. Comme l'a dit William James, si les méthodes existantes sont inefficaces pour étudier certains aspects de la nature humaine, ce sont ces méthodes qu'il faut rejeter plutôt que les attributs en question. Les psychologues humanistes ne veulent pas écarter les enquêtes scientifiques, ils veulent élargir notre conception de la science et utiliser ces enquêtes pour étudier les attributs humains plus élevés.

L'expansion du domaine de la psychologie est la contribution principale de la psychologie humaniste à la discipline. En psychologie, on a de plus en plus tendance à étudier l'individu dans sa globalité. On se préoccupe non seulement de la façon dont il apprend, pense et se développe biologiquement et intellectuellement, mais aussi de sa manière de faire des projets pour atteindre des objectifs et des raisons pour lesquelles il rit, pleure et donne du sens à sa vie. Selon l'opinion de plusieurs, le paradigme humaniste a apporté un souffle nouveau à la psychologie. Récemment, on a vu apparaître un nouveau domaine appelé **psychologie positive**, qui tout comme la psychologie humaniste traditionnelle, explore les attributs humains positifs. Cependant, selon Seligman et Csikszentmihalyi (2000), bien que les aspirations de la psychologie humaniste soient admirables, ses réalisations ne le sont généralement pas.

Malheureusement, la psychologie humaniste n'a pas accumulé une grande base empirique, et elle a engendré une kyrielle de mouvements d'entraide thérapeutique. Dans certaines de ses incarnations, elle a souligné le moi et a encouragé un égocentrisme qui a minimisé les préoccupations envers le bien-être collectif. Les débats futurs détermineront si cela s'est produit parce que Maslow et Rogers étaient en avance sur leur temps, parce que ces défauts étaient inhérents à leur vision originale, ou à cause de partisans trop enthousiastes. Cependant, un des héritages légué par les humanistes des années 1960 se trouve bien en vue dans toute grande librairie. En effet, dans la section « Psychologie », pour une étagère qui tente de respecter certaines normes universitaires, il y en a au moins 10 qui traitent de la guérison grâce au cristal, de l'aromathérapie et de la façon de retrouver l'enfant en soi. (p. 7 [notre traduction])

Seligman et Csikszentmihalyi (2000) décrivent les similitudes et les différences entre la psychologie positive et la psychologie humaniste traditionnelle.

L'objectif de la psychologie positive est de rappeler que la psychologie ne se limite pas à l'étude de la pathologie, de la faiblesse et des dommages ; c'est aussi l'étude des forces et des qualités. Le traitement ne consiste pas seulement à réparer ce qui est brisé ; mais aussi à nourrir ce qu'il y a de meilleur. La psychologie n'est pas qu'une branche de la médecine préoccupée par la maladie ou la santé ; c'est une discipline bien plus grande. Il s'agit de travail, d'éducation, de perspicacité, d'amour, de croissance et de jeu. Et dans cette quête de ce qu'il y a de meilleur, la psychologie positive ne repose pas sur la pensée magique, la confiance, l'aveuglement face à soi-même, les lubies ou un signe de la main. Elle tente d'adapter le meilleur de la méthode scientifique aux problèmes uniques que le comportement humain représente pour ceux qui veulent le comprendre dans toute sa complexité. (p. 7 [notre traduction])

Pour des explications sur plusieurs sujets relatifs à la psychologie positive, voir Aspingwall et Staulinger, 2003 ; Keyes et Haidt, 2003 ; Lopez et Snyder, 2003.

Résumé

Les années 1960 ont été difficiles aux États-Unis. C'est pendant cette période qu'est apparu un groupe de psychologues qui pensaient que le béhaviorisme et la psychanalyse, qui à l'époque étaient les deux principales forces en psychologie, négligeaient des aspects importants de l'existence humaine. Une troisième force était nécessaire et devait souligner les aspects positifs, créatifs et émotifs des individus. Cette troisième force en psychologie est une combinaison de la philosophie existentialiste et des notions romantiques sur les êtres humains, et s'appelle psychologie humaniste ou troisième force en psychologie. Les psychologues humanistes sont des phénoménologues. À l'époque contemporaine, Brentano et Husserl ont développé la phénoménologie qui est l'étude des expériences conscientes intactes telles qu'elles se produisent, sans notions préconçues quant à leur nature. Selon Brentano, tous les actes conscients signifient (réfèrent à) quelque chose qui leur est extérieur. La déclaration suivante en est un exemple : « Je vois cette fille. » Husserl pensait qu'une étude attentive et objective du phénomène mental pouvait bâtir un pont entre la philosophie et la science. Husserl a proposé le type de phénoménologie

centrée sur l'intentionnalité, ainsi qu'un second type, une phénoménologie pure qui étudie l'essence de l'expérience subjective. Ainsi, pour lui, la phénoménologie pouvait étudier l'esprit tourné vers l'intérieur ou vers l'extérieur.

Les existentialistes ont utilisé la phénoménologie pour étudier la totalité de l'existence humaine. Cette étude est centrée sur toute la gamme de l'expérience humaine cognitive et émotive, y compris l'anxiété, la frayeur, la peur, la joie, la culpabilité et l'angoisse. Heidegger, un étudiant de Husserl, a élargi la phénoménologie à l'enquête existentialiste. Il a étudié le *Dasein*, ou l'être-dans-le-monde. *Dasein* signifie « être là », mais pour les humains, cela signifie « exister ici », et l'existence est un processus complexe qui implique d'évaluer ses expériences et de faire des choix. Heidegger pensait que les humains, malgré leur libre arbitre, étaient renversés par des événements qu'ils ne contrôlaient pas. L'état d'être-jeté détermine si la personne est un homme ou une femme, si elle est riche ou pauvre, attirante ou pas, etc. Il revient à chacun de tirer le meilleur parti de sa vie, quelles que soient les circonstances. La croissance positive se produit quand l'individu explore les possibilités de vivre selon ses choix. Cependant, choisir signifie entrer dans l'inconnu, ce qui cause de l'anxiété. Pour Heidegger, l'exercice du libre arbitre demande du courage, mais c'est seulement en l'exerçant que l'on peut vivre de façon authentique — choisir sa vie et en être donc pleinement responsable. L'individu qui vit en fonction des valeurs des autres mène une vie inauthentique. Pour Heidegger, la première étape de la vie authentique est de comprendre le caractère inéluctable de la mort (le non-être). Quand l'individu a compris la finitude et est capable de s'y faire, il peut se consacrer à mener une vie riche, pleine et authentique.

Binswanger a appliqué les idées philosophiques de Heidegger à la psychiatrie et à la psychologie. Il appelle cette approche l'analyse du *Dasein*, ou l'étude de l'approche de l'être-dans-le-monde. Binswanger divise le *Dasein* entre le *Umwelt* (le monde physique), le *Mitwelt* (le monde social) et le *Eigenwelt* (les perceptions que l'individu a de lui-même). Selon lui, chaque personne envisage les expériences de la vie à travers une *Weltanschauung*, ou une représentation du monde qui est une orientation générale vers la vie. Binswanger a tenté de comprendre les représentations du monde de ses patients, et s'il constatait qu'elles étaient inefficaces, il en proposait d'autres potentiellement meilleures. Comme Heidegger, il pensait que les circonstances dans lesquelles l'individu était placé limitaient la liberté personnelle. L'être-jeté crée ce que Binswanger appelait le domaine d'existence, à partir duquel l'individu devait entreprendre le processus du devenir en exerçant son libre arbitre. Selon lui, chaque personne tente de s'élever au-dessus du fondement de son existence et d'atteindre l'au-delà du monde, c'est-à-dire de s'élever au-dessus des circonstances actuelles en les transformant grâce au libre arbitre.

May a été le principal responsable de l'introduction de la psychologie existentialiste aux États-Unis. Comme les autres psychologues existentialistes, il pensait que tout être normal et sain ressentait de l'angoisse, parce que l'authenticité signifie nécessairement s'aventurer dans l'inconnu. Si l'individu ne peut pas faire face à l'anxiété normale, il développe une anxiété névrotique et se détourne de la vie authentique pour adopter une vie de conformité ou de restrictions exagérées. De plus, comme l'individu qui ressent de l'anxiété névrotique n'exerce pas sa capacité humaine de choisir, il vit de la

culpabilité. Ainsi, une vie authentique est caractérisée par une anxiété normale et par de la culpabilité, et une vie inauthentique par de l'anxiété névrotique et par de la culpabilité May pensait que les individus sains adoptaient des mythes qui donnaient un sens de l'identité et de la communauté, qui appuyaient les valeurs morales et qui procuraient une façon d'aborder les mystères de la vie. Les individus qui ne possèdent pas ces mythes se sentent isolés, ont peur et cherchent souvent l'aide d'un professionnel. Les mythes reflètent souvent le *daïmonique*, qui est le potentiel de toute fonction ou tout attribut humain de devenir négatif s'il s'exprime de façon excessive. May pensait que les aspects les plus uniques des individus éludaient la méthodologie scientifique traditionnelle et qu'en conséquence, si l'on voulait procéder à une étude scientifique des êtres humains, il fallait inventer une nouvelle science humaine.

Kelly, qui n'était pas formé en psychologie clinique, a tenté diverses approches pour aider les individus émotionnellement perturbés. Il a découvert que tout ce qui faisait en sorte que ses clients portent un regard différent sur eux-mêmes et sur leurs problèmes apportait une amélioration. Il en a conclu que les problèmes mentaux étaient en réalité des problèmes perceptuels, et a affirmé que les êtres humains étaient libres de se construire et de construire le monde selon leur choix. Ils y parviennent en créant un système de construits qui est ou qui devrait être empiriquement testé. Un certain nombre de construits peut être utilisé pour construire une situation. C'est-à-dire que l'individu peut envisager le monde de différentes façons, le choix lui en revient. Comme Vaihinger, Kelly encourageait la pensée propositionnelle — l'expérimentation des idées pour voir où elles menaient. Dans la thérapie du rôle déterminé, Kelly demandait à ses clients de rédiger une caractérisation de leur moi. Il créait ensuite un rôle très différent de la personnalité du client, et ce client devait l'adopter. Kelly devenait ainsi acteur de soutien et permettait au client de se percevoir différemment. Quand le client constatait qu'il y avait d'autres façons d'envisager sa vie, ses problèmes et sa propre personne, sa situation s'améliorait souvent. Selon Kelly, les névrotiques avaient perdu leur capacité à « faire semblant », et c'était au thérapeute de les aider à la retrouver.

Contrairement aux psychologues existentialistes, les humanistes pensaient que les humains étaient fondamentalement bons, une croyance qui remonte aux anciens cyniques et au romantisme de Rousseau. Selon Maslow, le fondateur de la troisième force, les besoins humains sont hiérarchisés. Si l'individu comble ses besoins physiologiques, de sécurité, d'appartenance, d'amour et d'estime de soi, il peut se réaliser. Celui qui mène une vie pleine, spontanée et créative se réalise et est un être motivé par l'essence des choses plutôt que par le manque. C'est-à-dire qu'il n'a pas besoin de rechercher des éléments spécifiques dans son environnement parce qu'il a comblé ses besoins de base. Il peut envisager le monde pleinement, de façon ouverte, et se pencher sur les valeurs supérieures de la vie. Vers la fin de sa vie, Maslow a proposé une quatrième force ou une psychologie transpersonnelle, qui explore la relation de l'individu à l'univers et souligne les aspects mystiques et spirituels de la nature humaine.

Rogers a conclu que la seule façon de comprendre un individu était de déterminer comment il concevait les choses, c'est-à-dire sa réalité subjective. Il a transformé cette opinion en thérapie centrée sur le client. Cette forme de thérapie a représenté une importante option par rapport à la psychanalyse. Rogers a aussi été le premier clinicien à tenter de quantifier l'efficacité de la thérapie. Il l'a fait en employant la technique de triage des citations (ou *Q-sort technique*), qui permet de comparer le moi réel de l'individu et son moi idéal à différents moments au cours du processus thérapeutique. Comme Maslow, Rogers postulait une tendance innée à l'actualisation. Pour que cette actualisation ait lieu, l'être humain doit utiliser le processus d'évaluation organismique comme cadre de référence de la vie, c'est-à-dire qu'il doit se baser sur ses propres sentiments intérieurs pour déterminer la valeur de diverses expériences. Si l'individu vit conformément à ce processus, il est congruent et il mène une vie authentique. Malheureusement, comme les êtres humains ont besoin de considération positive, ils permettent souvent aux personnes significatives de leur attribuer des conditions de valorisation. Quand cette valorisation remplace le processus d'évaluation organismique comme cadre de référence, l'individu devient incongruent et mène une vie non authentique. Selon Rogers, la seule façon d'éviter l'incongruité est de recevoir une considération positive inconditionnelle de la part des personnes qui sont significatives pour lui.

Les psychologies existentialiste et humaniste partagent les croyances suivantes : les êtres humains disposent d'un libre arbitre et sont donc responsables de leurs actions ; la phénoménologie est la méthode la plus appropriée pour étudier les êtres humains ; ces derniers doivent être étudiés dans leur globalité et non divisés de quelconque façon ; comme les êtres humains constituent une espèce unique, la recherche animale n'est pas utile pour les comprendre ; il n'y a pas deux êtres humains semblables ; la quête du sens est la motivation humaine la plus importante ; tous les êtres humains devraient aspirer à une vie authentique ; et comme les êtres humains sont uniques, la méthodologie scientifique traditionnelle n'est pas efficace pour les étudier. La plus grande différence entre la psychologie existentielle et humaniste est que la première considère la nature humaine comme neutre alors que la seconde la considère comme fondamentalement bonne. Selon les psychologues existentialistes, comme nous ne disposons pas d'un système d'orientation ni d'une nature innée, nous devons choisir notre existence. Les psychologues existentialistes considèrent la liberté à la fois comme une bénédiction et une malédiction que la plupart des êtres humains cherchent à fuir.

La psychologie humaniste a été critiquée parce qu'elle comparait le béhaviorisme aux formulations de Watson et Skinner et ignorait les travaux d'autres béhavioristes qui soulignaient l'importance des événements mentaux et des comportements guidés par des buts ; parce qu'elle ne comprenait pas que les efforts scientifiques de la psychologie devaient d'abord se concentrer sur les aspects les plus simples des êtres humains avant de procéder à l'étude d'aspects plus complexes ; parce que sa description de l'être humain était plus positive que ce que les faits démontraient, parce qu'elle minimisait ou ignorait les contributions positives du béhaviorisme et de la psychanalyse, parce qu'elle suggérait des méthodes d'enquête qui datent de l'histoire préscientifique de la psychologie, parce qu'elle avait davantage de points communs avec la philosophie et la religion qu'avec la psychologie ; parce qu'elle ignorait une source d'information valable en rejetant la validité de la recherche animale, et parce qu'elle utilisait des termes et des concepts si nébuleux qu'il est impossible de les définir clairement et de les vérifier. La principale contribution de la psychologie humaniste a été d'élargir le domaine en insistant vivement sur l'étude de tous les aspects humains et sur la nécessité de modifier la conception de la science pour permettre l'étude objective des attributs propres aux êtres humains. Récemment, le domaine de la psychologie positive est apparu. Son étude des attributs humains positifs est plus rigoureuse au plan scientifique et moins centrée sur elle-même que la psychologie humaniste.

Des questions à débattre

1. Qu'est-ce que la troisième force en psychologie ? D'après les psychologues de la troisième force, quelles étaient les limites des deux autres forces ?

2. Décrivez la phénoménologie de Brentano. Qu'entendait-il par intentionnalité ? Qu'entendait Husserl par pure phénoménologie ?

3. Comment Heidegger a-t-il élargi le concept de la phénoménologie ? Débattez des termes et concepts suivants de la théorie de Heidegger : *Dasein*, *authenticité*, *devenir*, *responsabilité* et *être-jeté*.

4. Décrivez la méthode de Binswanger d'analyse du *Dasein*. Débattez des termes et des concepts suivants de la théorie de Binswanger : *Umwelt*, *Mitwelt*, *Eigenwelt*, *représentation du monde*, *domaine d'existence*, et *transcender la contingence du monde*.

5. Selon la théorie de May, quel rapport y a-t-il entre l'anxiété et la culpabilité ? Quelle est la différence entre l'anxiété normale et l'anxiété névrotique ?

6. Selon May, qu'est-ce que le dilemme humain ?

7. Pour May, quelles sont les fonctions des mythes dans l'existence humaine ? Qu'est-ce qui détermine le contenu des mythes classiques ? Est-ce que certains sont meilleurs que d'autres ?

8. Décrivez le type de science qui selon May avait besoin d'être créé pour étudier efficacement l'être humain.

9. Pourquoi Kelly affirmait-il que tous les êtres humains étaient comme les scientifiques ?

10. Décrivez les concepts d'*alternativisme constructif* et de la *pensée prépositionnelle* de Kelly.

11. Décrivez l'approche de la psychothérapie de Kelly. Que voulait-il dire par « les problèmes psychologiques sont des problèmes perceptuels » ? Quelles techniques utilisait-il pour aider ses clients à retrouver leur capacité à faire semblant ?

12. Quelles sont les principales doctrines de la psychologie humaniste ?

13. Résumez la hiérarchie des besoins de Maslow.

14. Pourquoi, selon Maslow, les personnes qui se réalisent sont-elles si rares ?

15. Énumérez les caractéristiques des personnes qui se réalisent selon Maslow.

16. Quelle est la différence entre la motivation suscitée par le manque et la motivation suscitée par l'essence des choses ? Donnez un exemple de chacun.

17. Décrivez ce que Maslow entendait par psychologie transpersonnelle ou quatrième force.

18. Comment Rogers a-t-il tenté d'évaluer l'efficacité de la psychothérapie ?

19. Pour Rogers, qu'est-ce qui rend un individu incongruent ? Dans votre réponse, abordez le processus d'évaluation organismique, le besoin de considération positive et les conditions de valorisation.

20. Selon Rogers, quelle est la seule façon d'éviter l'incongruité ?

21. Selon Rogers, quelles sont les trois principales composantes de toute relation qui facilite la croissance personnelle ?

22. Quelles sont les similitudes et les différences entre les psychologies humaniste et existentialiste ?

23. Résumez les critiques et les contributions de la psychologie humaniste.

24. Comparez le domaine contemporain de la psychologie positive avec la psychologie humaniste traditionnelle.

Des suggestions de lecture

Hoffman, E. (1988). *The right to be human : A biography of Abraham Maslow*. Los Angeles : Tarcher.

Inwood, M. (2000). *Heidegger : A very short introduction*. New York : Oxford University Press.

Jankowicz, A. D. (1987). *Whatever happened to George Kelly ? Applications and implications*. American Psychologist, 42, 481-487.

Kelly, G. A. (1964). *The language of hypotheses : Man's psychological instrument*. Journal of Individual Psychology, 20, 137-152.

Kirschenbaum, H. (1979). *On becoming Carl Rogers*. New York : Dell.

Maslow, A. H. *Vers une psychologie de l'Être*, traduit et adapté de l'anglais par Mesrie-Hadesque, Paris, Fayard, 1986.

Maslow, A. H. (1971). *The farther reaches of human nature*. New York : Penguin Books.

Maslow, A. H. (1987 [1954]). *Motivation and personality* (3ᵉ éd.). New York : Harper & Row.

May, R. (1991). *The cry for myth*. New York : Norton.

Rogers, C. R. (1980). *A way of being*. Boston : Houghton Mifflin.

Royce, J. R., et Mos, L. P. (dir.). (1981). *Humanistic psychology : Concepts and criticisms*. New York : Plenum.

Schneider, K. J. (1998). *Toward a science of the heart : Romanticism and the revival of psychology*. American Psychologist, 53, 277-289.

Seligman, M. E. P. et Csikszentmihalyi, M. (2000). *Positive psychology : An introduction*. American Psychologist, 55, 5-14.

Glossaire

Alternativisme constructif La notion de Kelly selon laquelle il y a toujours diverses façons de considérer le monde et sa propre personne.

Analyse du *Dasein* La méthode psychothérapeutique de Binswanger qui nécessite que le thérapeute comprenne la vision du monde du client. L'analyse du *Dasein* examine le mode d'existence de l'individu.

Anxiété Le sentiment que l'individu éprouve quand il est confronté à l'inconnu, comme lorsqu'on envisage la mort ou quand un choix entraîne de nouvelles circonstances de vie. Selon les existentialistes, on ne peut pas mener une vie authentique sans ressentir de l'anxiété.

Anxiété névrotique La peur anormale de la liberté qui se traduit par une vie dans laquelle la personne minimise ses choix.

Autoaliénation Selon les existentialistes, la condition qui résulte du fait d'accepter les valeurs autres que celles que l'individu a créées librement et personnellement et qui lui servent de guide de vie.

Autocaractérisation L'autodescription que Kelly demandait à plusieurs de ses clients avant de commencer leur programme thérapeutique.

Besoin de considération positive Selon Rogers, le besoin de réactions positives de la part des personnes significatives dans la vie d'un individu.

Binswanger, Ludwig (1881-1966) A appliqué la philosophie existentialiste de Heidegger à la psychiatrie et à la psychologie. Selon lui, il faut déterminer la façon dont la personne émotionnellement perturbée se considère et envisage le monde avant de pouvoir l'aider. (Voir aussi *Analyse du Dasein* et *Conception du monde*.)

Brentano, Franz (1838-1917) Un adepte moderne de la phénoménologie. Sa psychologie de l'acte nécessitait l'analyse attentive du phénomène mental intact et significatif. (Voir aussi *Intentionnalité*.)

Complexe de Jonas Selon Maslow, la peur que l'individu a de son potentiel de grandeur.

Conditions de valorisation Selon Rogers, les conditions que les personnes significatives nous imposent et auxquelles nous devons nous conformer pour qu'elles nous considèrent de façon positive.

Considération positive inconditionnelle Selon Rogers, le fait de considérer l'individu de façon positive sans conditions préalables.

Courage Selon les existentialistes, cet attribut est nécessaire pour mener une vie authentique puisque ce type de vie est caractérisé par l'incertitude.

Culpabilité Le sentiment qui résulte du fait de mener une vie inauthentique.

Daïmonique Selon May, toute fonction ou attribut humain qui est positif en quantité modérée, mais négatif dans l'excès.

Dasein Terme employé par Heidegger pour « être-dans-le-monde ». Le monde n'existe pas sans les êtres humains, et ces derniers n'existent pas sans le monde. Puisque les humains existent dans le monde, c'est là qu'ils doivent exercer leur libre arbitre. Être-dans-le-monde signifie exister dans le monde, et exister signifie interpréter et évaluer les expériences personnelles et choisir ces expériences.

Devenir Une caractéristique de la vie authentique puisque l'individu authentique évolue constamment. Le devenir est la croissance psychologique saine et normale de l'être humain.

Dilemme humain Selon May, le paradoxe qui résulte de la nature duale des êtres humains en tant qu'objets auxquels des choses arrivent et en tant que sujets qui accordent du sens à leurs expériences.

Domaine d'existence Terme utilisé par Binswanger pour décrire les circonstances dans lesquelles une personne est placée et qui l'obligent à faire des choix (aussi appelé facticité). (Voir aussi *Être-jeté*.)

Eigenwelt Terme utilisé par Binswanger pour décrire les expériences intérieures, privées d'un individu.

Être-jeté Selon Heidegger et Binswanger, les circonstances qui caractérisent l'existence d'une personne et qu'elle ne contrôle pas. (Voir aussi *Domaine d'existence*.)

Heidegger, Martin (1889-1976) A élargi la phénoménologie de Husserl pour y inclure l'examen de la totalité de l'existence humaine.

Hiérarchie des besoins Affirmation de Maslow selon laquelle les besoins humains sont hiérarchisés. L'individu doit combler adéquatement ceux qui sont situés plus bas dans la hiérarchie avant d'être capable d'accorder de l'attention aux besoins supérieurs. Les besoins les plus fondamentaux et puissants sont d'ordre physiologique, puis viennent les besoins de sécurité, d'appartenance et d'amour, et d'estime de soi. Quand tous les besoins inférieurs sont comblés, l'individu se réalise.

Husserl, Edmund (1859-1938) A proposé deux types de phénoménologie. L'une soulignait l'intentionnalité et cherchait à déterminer la relation entre les actes mentaux et les événements dans le monde physique. La seconde impliquait une analyse des contenus et des processus de l'esprit qui sont indépendants des événements physiques. (Voir aussi *Phénoménologie pure*.)

Individu incongruent Terme utilisé par Rogers pour décrire la personne dont le guide de vie est basé sur les conditions de valorisation plutôt que sur le processus d'évaluation organismique.

Individu pleinement fonctionnel Terme de Rogers pour décrire une personne qui mène une vie congruente ou authentique.

Intentionnalité Affirmation de Brentano selon laquelle chaque acte mental réfère à quelque chose qui est extérieur à cet acte.

Kelly, George (1905-1967) A souligné le fait qu'il est toujours possible de construire le moi et le monde de différentes façons. Pour Kelly, les problèmes psychologiques sont essentiellement d'ordre perceptuel.

Maslow, Abraham (1908-1970) Psychologue humaniste qui a souligné la tendance humaine innée à la réalisation de soi. Il affirmait que le béhaviorisme et la psychanalyse n'apportaient qu'une compréhension partielle de l'existence humaine et que la psychologie humaniste ou la troisième force devait être ajoutée pour compléter notre compréhension.

May, Rollo (1909-1994) Psychologue qui a joué un rôle en introduisant la philosophie et la psychologie existentialiste aux États-Unis.

Mitwelt Terme de Binswanger décrivant le domaine des interactions sociales.

Motivation sous-tendue par le manque Selon Maslow, la motivation qui est orientée vers la satisfaction de certains besoins particuliers (aussi appelé la motivation D).

Motivation sous-tendue par l'essence des choses Pour Maslow, le type de motivation qui caractérise l'individu qui se réalise. Comme cette motivation n'est pas suscitée par le besoin, elle englobe les valeurs supérieures de l'existence humaine comme la beauté, la vérité et la justice (aussi appelée la motivation B).

Ontologie L'étude de la nature de l'existence.

Pensée propositionnelle Selon Kelly, expérimenter avec les idées pour voir où elles mènent.

Perception sous-tendue par le besoin La perception qui a pour objectif de localiser des éléments dans l'environnement afin de satisfaire un besoin (aussi appelée perception sous-tendue par le manque ou perception D).

Perception sous-tendue par l'essence des choses La perception qui englobe totalement « ce qui est là » parce qu'elle ne cherche pas à localiser les éléments particuliers qui satisferont les besoins (aussi appelée perception B).

Phénoménologie L'étude introspective des expériences mentales intactes.

Phénoménologie pure La méthodologie proposée par Husserl pour découvrir l'essence des actes et des processus mentaux qui permettent d'acquérir des connaissances.

Processus d'évaluation organismique Selon Rogers, le système interne inné qu'un individu peut utiliser pour « rester sur la voie » de la réalisation de soi.

Psychologie existentialiste Le type de psychologie contemporaine influencée par la philosophie existentialiste. Les concepts clés de la psychologie existentialiste comprennent la liberté, l'individualité, la responsabilité, l'anxiété, la culpabilité, l'être-jeté et l'authenticité.

Psychologie humaniste La branche de la psychologie qui est étroitement alignée sur la psychologie existentialiste. Contrairement à cette dernière, la psychologie humaniste suppose que les êtres humains sont fondamentalement bons. C'est-à-dire que si les facteurs environnementaux négatifs ne réprimaient pas le développement humain, les individus mèneraient des vies humaines. La psychologie humaniste se préoccupe d'examiner les aspects plus positifs de la nature humaine négligés par le béhaviorisme et la psychanalyse (aussi appelée troisième force).

Psychologie positive Domaine de la psychologie contemporaine qui explore les attributs positifs des êtres humains de façon scientifique plus rigoureuse et moins centrée sur elle-même que la psychologie humaniste traditionnelle.

Psychologie transpersonnelle La quatrième force proposée par Maslow. Elle souligne la relation entre l'individu et le cosmos (l'univers) et insiste, ce faisant, sur les aspects mystiques et spirituels de la nature humaine.

Réalisation de soi Selon Rogers et Maslow, la tendance humaine innée à la complétude. La personne qui se réalise est ouverte à l'expérience et envisage les valeurs supérieures de l'existence humaine.

Réalité subjective La conscience d'une personne.

Repli sur soi Terme utilisé par Kierkegaard pour décrire le type de vie vécue par une personne défensive et inauthentique.

Représentation du monde (*Weltanschauung*) Terme de Binswanger pour l'orientation fondamentale de l'individu vers le monde et la vie.

Responsabilité Un sous-produit nécessaire de la liberté. Si l'on est libre de choisir sa propre existence, on en est donc complètement responsable.

Rogers, Carl (1902-1987) Un psychologue humaniste dont la psychothérapie non directive puis centrée sur le client a été considérée par plusieurs comme le premier choix viable autre que la psychanalyse comme traitement des individus perturbés. Comme pour Maslow, la théorie sur la personnalité de Rogers soulignait la tendance innée à la réalisation de soi. Selon Rogers, une personne continue à tenter de se réaliser à moins que les conditions de valorisation ne remplacent son processus d'évaluation organismique comme guide de vie. La seule façon d'éviter les conditions de valorisation est d'accorder une considération positive à l'individu. (Voir aussi *Conditions de valorisation, Processus d'évaluation organismique, Réalisation de soi et Considération positive inconditionnelle*.)

Systèmes de construits L'ensemble de construits personnels qui permettent à l'individu de prédire les événements.

Thérapie du rôle déterminé Le type de thérapie de Kelly où il donne un rôle à jouer à ses clients et où ce rôle est très différent de la façon dont le client se caractérise. Avec ce type de thérapie, le thérapeute joue le rôle d'acteur de soutien. (Voir aussi *Autocaractérisation*.)

Transcender la contingence du monde Termes employés par Binswanger pour devenir. Les individus sains tentent toujours de transcender ce qu'ils sont.

Troisième force Voir *Psychologie humaniste*.

Umwelt Terme utilisé par Binswanger pour décrire le monde physique.

Vie authentique Selon les existentialistes, le type de vie librement choisie et non dictée par les valeurs des autres. Les sentiments, les valeurs et les interprétations de l'individu lui servent de guide de conduite.

Vie inauthentique Une vie menée selon les valeurs autres que celles que l'individu choisit librement. Ce type de vie est caractérisé par la culpabilité.

CHAPITRE 19

La psychobiologie

La **psychobiologie** tente d'expliquer les phénomènes psychologiques à partir de leurs fondements biologiques. La quête des fondements biologiques des événements mentaux est un thème récurrent dans l'histoire de la psychologie et elle a été menée par des personnes comme Hippocrate, Aristote, Galen, Hartley, Bain, Weber, Fechner, Helmholtz, Pavlov et Freud. Comme le béhaviorisme radical a découragé la recherche des causes internes du comportement, et quand son influence a diminué, il y a eu un regain d'intérêt non seulement pour la psychologie cognitive (voir le chapitre 20), mais aussi pour la psychobiologie. Notre petit échantillon de recherches psychobiologiques comprend les travaux de pointe de Karl Lashley et de deux célèbres psychobiologistes qu'il a influencés — Donald Hebb et Roger Sperry.

Karl S. Lashley

Karl Spencer Lashley (1890-1958) naît un 7 juin à Davis, à l'ouest de la Virginie, et est fils unique. Son père est homme d'affaires et politicien et sa mère, enseignante. Il fait ses études préuniversitaires à l'université de la Virginie Ouest. Ensuite, il fréquente l'université de Pittsburgh puis Johns Hopkins, où il obtient un doctorat en 1914. Pendant ses études à Johns Hopkins, Lashley est influencé par J. B. Watson, et la plupart de ses travaux révèlent cette influence. Comme nous l'avons vu au chapitre 12, c'est avec lui que Lashley fait sa recherche éthologique de pointe. En 1916, sa collaboration avec Watson prend fin parce qu'il veut faire de la recherche sur les bases neurophysiologiques des réflexes conditionnés, ce qui n'intéresse pas Watson. Bien que les deux aient suivi des voies professionnelles différentes, ils sont restés bons amis. En 1917, Lashley fréquente l'université du Minnesota puis, en 1926, l'université de Chicago. En 1935, il déménage à Harvard et, en 1942, il devient directeur des Laboratoires

Karl S. Lashley

Yerkes de biologie des primates à Orange Park, en Floride (étant donné que ces laboratoires étaient supervisés par Harvard, Lashley est resté affilié à cette université). Bien que Lashley ait pris sa retraite de ce poste en 1955, il est demeuré au conseil d'administration jusqu'à son décès soudain le 7 août 1958, pendant ses vacances en France.

Tel que mentionné, à l'origine, Lashley soutenait le béhaviorisme watsonien, et il cherchait à utiliser des données neurophysiologiques pour appuyer l'associationnisme sur lequel il était fondé. Mais après cette période, Lashley s'est senti frustré par ses efforts visant à démontrer que le cerveau fonctionnait comme un standard téléphonique complexe qui reliait les impulsions sensorielles aux réactions motrices. Contrairement à son intention originale, Lashley a graduellement montré que l'activité du cerveau ressemblait davantage à la description gestaltiste qu'à celle des béhavioristes. Il n'a pas découvert de preuve indiquant un lien entre la stimulation de zones particulières du cerveau et des réponses particulières.

L'action de masse et l'équipotentialité

Lashley a fait deux observations majeures qui allaient à l'encontre de la conception du cerveau comme un standard téléphonique. L'une était que la perte de capacités après la destruction de certaines parties du cortex était davantage liée à la *quantité* de tissu détruit qu'à l'*emplacement* de la destruction. Cette découverte, appelée **action de masse**, indiquait que le cortex fonctionne comme un tout unifié, comme l'avaient affirmé les gestaltistes. Cependant, il est important de souligner que Lashley constata que le principe d'action de masse ne pouvait se vérifier que dans le cas de l'ablation du tissu cortical après un apprentissage complexe (comme l'apprentissage du labyrinthe). On suppose que les lésions corticales localisées après un tel apprentissage ont peu d'effet sur la rétention de la tâche parce que plusieurs indices sensoriels et réponses motrices différents sont impliqués et correspondent à diverses zones corticales. Dans le cas d'un apprentissage plus simple, comme la distinction de la luminosité, les lésions du cortex postérieur perturbent la rétention.

La seconde observation était que n'importe quelle zone fonctionnelle du cerveau pouvait accomplir la fonction associée à cette zone. Par exemple, n'importe quelles cellules situées dans la zone visuelle du cortex permettent de voir. En conséquence, pour détruire une fonction cérébrale, il faut détruire toute la zone qui lui est associée. Si une partie de cette zone est épargnée, la fonction est maintenue. L'**équipotentialité**, appelée ainsi par Lashley, a aussi appuyé l'affirmation selon laquelle le cerveau agit comme un tout intégré et non comme un standard téléphonique mécanique. Beach, Hebb, Morgan et Nissen (1960) ont résumé la recherche à partir de laquelle ont été tirés les principes de l'action de masse et de l'équipotentialité, ainsi qu'une grande partie des autres recherches créatives de Lashley.

À la recherche de l'engramme

L'**engramme** est l'emplacement neurophysiologique de la mémoire et de l'apprentissage. Lashley a passé des dizaines d'années à le chercher et il a fini par exprimer sa frustration :

> Cette série d'expériences a apporté pas mal d'informations sur ce que la trace de la mémoire n'est pas et sur le lieu où elle ne se situe pas. Elle n'a pas permis de découvrir quoi que ce soit sur la nature réelle de l'engramme. Quand je révise les données sur l'emplacement de la trace de la mémoire, je pense souvent que la conclusion inévitable est que l'apprentissage est tout simplement impossible. (1950, p. 477-478 [notre traduction])

Cette frustration n'était pas nouvelle. Comparez-la à celle de Cicéron (106-43 av. J.-C.) :

> Pour ma part, je m'interroge encore plus profondément sur la mémoire. Qu'est-ce qui nous permet de nous souvenir, quelles sont ses caractéristiques et ses origines ? [...] Croyons-nous qu'il existe [...] une sorte de logeabilité dans laquelle les choses dont nous nous souvenons peuvent être versées comme s'il s'agissait d'un récipient ? [...] Ou alors [...] est-ce que la mémoire est constituée de traces de choses enregistrées dans le cerveau ? Que pourraient être les traces des mots, des objets réels ? À quoi ressemblerait l'énorme espace approprié à la représentation d'une telle masse d'éléments ? (King, 1927, p. 80 [notre traduction])

La recherche de l'engramme a-t-elle connu plus de succès depuis les efforts de Lashley ? Pas vraiment selon Finger (1994) :

> Malgré les meilleurs efforts de certains des plus grands scientifiques, la nature et l'emplacement de l'engramme sont restés aussi mystérieux et indéfinissables pour les chercheurs du XXᵉ siècle que pour Cicéron et les autres philosophes et naturalistes qui se sont interrogés sur les traces de la mémoire il y a longtemps. (p. 346 [notre traduction])

Concernant la place de Lashley dans l'histoire de la psychologie, D. N. Robinson dit : « S'il fallait résumer le rôle [de Lashley] dans les développements de la psychologie physiologique au XXᵉ siècle, on pourrait dire que sa relation avec les pavloviens est identique à celle qui existe entre la recherche de Flourens et les phrénologistes » (1986, p. 421 [notre traduction]). Au chapitre 8, nous avons vu que la recherche de Flourens a démontré que le cortex n'est pas caractérisé par l'emplacement de la fonction, tel que le supposaient les phrénologistes, mais qu'il fonctionne comme une unité.

Les pavloviens (et Watson) imaginaient un différent type d'emplacement—une association entre certains centres sensoriels et moteurs dans le cerveau—, et les travaux de Lashley ont montré que ce type d'emplacement n'existe pas non plus.

En 1929, Lashley, qui présidait alors l'APA, a prononcé une conférence traitant de la recherche sur le fonctionnement du cerveau, au congrès international de psychologie qui se déroulait à New Heaven. Cette même année, il a aussi publié son livre influent *Brain Mechanisms and Intelligence*. Grâce à son prestige et parce que ses découvertes appuyaient généralement la théorie gestaltiste, son discours a énormément contribué à faire accepter la psychologie gestaltiste, bien que Lashley n'ait pas réussi à trouver de preuves concernant les champs électriques de l'activité du cerveau, qui étaient si importants pour cette théorie (Lashley, Chow et Semmes, 1951).

Donald O. Hebb

Donald Olding Hebb (1904-1985) est né un 22 juillet à Chester, en Nouvelle-Écosse. Ses deux parents étaient médecins. Il a obtenu de justesse son baccalauréat de l'université Dalhousie. Après avoir enseigné pendant un certain temps, il s'est inscrit aux études de deuxième cycle à l'université McGill malgré la faiblesse de ses notes au baccalauréat (probablement parce que le directeur du département de psychologie de McGill était un ami de sa mère). Hebb y a étudié la psychologie pavlovienne et était convaincu de sa valeur. Après avoir obtenu sa maîtrise en 1932, il a poursuivi ses études à l'université de Chicago où il a travaillé avec Lashley et suivi un séminaire offert par Köhler. Sa convergence de vues avec la psychologie pavlovienne s'est transformée en opposition pure : « J'avais la ferveur d'un ivrogne converti dans une rencontre anti-alcoolique ; après avoir été un pavlovien entièrement convaincu, j'étais désormais un fervent gestaltiste lashleyen » (Hebb, 1959, p. 625 [notre traduction]). En 1935, Lashley accepte une chaire à Harvard et invite Hebb à se joindre à lui. En 1936, Hebb obtient son doctorat de Harvard et y reste pendant un an comme professeur et assistant de recherche.

En 1937, il travaille à l'Institut neurologique de Montréal avec le célèbre chirurgien du cerveau Wilder Penfield.

Son travail consistait à évaluer les patients du Dr Penfield après leur opération. Hebb a systématiquement trouvé qu'il n'y avait pas de perte d'intelligence, même si une grande partie des lobes frontaux du cerveau manquait. Après avoir procédé à ces observations pendant cinq ans (1937-1942), il est parvenu à une conclusion sur l'intelligence qui a orienté la plupart de ses travaux ultérieurs : « L'expérience pendant l'enfance permet normalement de développer des concepts, des modes de pensée et des façons de percevoir qui constituent l'intelligence. Les blessures au cerveau du nourrisson perturbent ce processus, mais la même blessure à la maturité ne l'inverse pas » (1980, p. 292 [notre traduction]).

En 1942, quand Lashley accepte d'être nommé comme directeur des Laboratoires Yerkes, Hebb le rejoint et y reste cinq ans. En 1948, Hebb accepte un poste de professeur de psychologie à l'université McGill, où il reste jusqu'à sa retraite. Ensuite, il retourne vivre dans une petite ferme près de Chester, en Nouvelle-Écosse, là où il est né. Il est resté physiquement et psychologiquement actif jusqu'à sa mort, le 20 août 1985, après une chirurgie courante de la hanche (Beach, 1987, p. 187).

Il a reçu plusieurs honneurs dont huit doctorats honorifiques, il a présidé l'Association canadienne de psychologie (1952), l'APA (1959), et a reçu le prix *Distinguished Scientific Contribution Award* de l'APA (1961).

Donald O. Hebb

L'assemblage cellulaire et les phases séquentielles

Selon Hebb, les interconnexions neuronales dans le cerveau du nouveau-né s'effectuent principalement au hasard. C'est l'expérience qui organise ce réseau de neurones et qui permet d'interagir efficacement avec l'environnement. Hebb suppose que chaque objet environnemental dont nous faisons l'expérience excite un groupe complexe de neurones appelé **assemblage cellulaire**. Quand on regarde un crayon, par exemple, notre attention va de la pointe au bâtonnet de bois et du bâtonnet à la gomme. Chaque objet d'attention excite différents neurones et, au départ, ces neurones sont excités indépendamment les uns des autres. À la fin, cependant, comme les neurones stimulés par la présence d'un crayon s'excitent soit simultanément soit en succession rapprochée, ils deviennent un groupe neurologique qui correspond à l'expérience du crayon. Selon Hebb, c'est l'*activité neuronale réverbérante* qui permet aux neurones qui étaient temporairement séparés de s'associer. Par exemple, les neurones activés par l'observation de la pointe du crayon s'associent à ceux qui observent la gomme, bien que ces observations ne se produisent pas exactement au même moment. Hebb pensait que l'activité neuronale causée par la stimulation continuait pendant un petit moment après la fin de la stimulation (activité neuronale réverbérante), permettant ainsi le développement d'associations neuronales successives. Une fois qu'un assemblage cellulaire existe, la stimulation interne ou externe, ou encore la combinaison des deux, peut l'exciter. Quand cela se produit, nous pensons à l'objet environnemental ou à l'événement auquel il correspond. Pour Hebb, l'assemblage cellulaire est la base neurologique d'une pensée ou d'une idée. C'est ainsi qu'il explique pourquoi il n'est pas nécessaire que les objets environnementaux soient présents pour qu'on pense à eux.

Tout comme les divers neurones stimulés par un objet deviennent neurologiquement interreliés pour former un assemblage cellulaire, ces assemblages s'interrelient et forment des **phases séquentielles**. Hebb (1959) définit la phase séquentielle comme «une série provisoirement intégrée d'activités d'assemblage; cela équivaut à un courant dans le flot des pensées» (p. 629 [notre traduction]). Comme l'assemblage cellulaire, une phase séquentielle peut être excitée par la stimula-tion interne ou externe ou par une combinaison des deux; quand un assemblage ou plus de la phase séquentielle est excité, toute la phase séquentielle a tendance à l'être. Dans ce cas, un flot de pensées—une série d'idées organisées selon un ordre logique—se produit. Hebb (1972, éd. fr. 1974) donne l'exemple suivant:

> [...] les ensembles de cellules qui sont activés simultané-ment deviennent reliés les uns aux autres. Les événe-ments ordinaires faisant partie de l'environnement de l'enfant suscitent la formation d'ensembles et, quand ces événements se déroulent en même temps, les ensembles deviennent reliés entre eux (parce qu'ils sont activés ensemble). Si le bébé entend des pas, par exemple, un ensemble se trouve activé; alors que celui-ci est encore en marche, il voit un visage et sent des mains qui le prennent: ceci met en branle d'autres ensembles—si bien que l'ensemble «pas» devient relié à l'ensemble «visage» et à l'ensemble «être pris». Après ceci, quand l'enfant n'entend que des pas, les *trois* ensembles sont activés simultanément; l'enfant éprouve alors quelque chose comme la perception du visage de sa mère et le contact de ses mains avant qu'elle ne soit apparue— mais puisque les stimulations sensorielles ne sont pas encore présentes, il s'agit d'idéation ou d'imagerie et non de perception. (éd. fr. 1974, p. 75)

Selon Hebb, les apprentissages effectués pendant l'en-fance impliquent une lente accumulation d'assem-blages cellulaires et de phases séquentielles, et la termi-nologie associationniste permet d'expliquer ce type d'apprentissage. Cependant, l'apprentissage à l'âge adulte s'explique mieux à l'aide des principes de la ges-talt. Comme nous le verrons au prochain chapitre, l'af-firmation de Hebb selon laquelle les neurones qui sont actifs ensemble s'associent s'appelle la règle de Hebb et a été déterminante dans le développement de la forme d'intelligence artificielle la plus nouvelle et la plus influente: le nouveau connexionnisme.

L'espace ne nous permet de mentionner que quelques-uns des autres efforts novateurs de Hebb en psychobio-logie. En 1946, il publie un article résumant sa re-cherche sur la nature de la peur. En 1949, il décrit les résultats d'une étude dans laquelle les animaux étaient élevés dans un environnement sensoriel pauvre ou riche. Il a découvert que ceux qui étaient élevés dans un environnement riche apprenaient relativement mieux à l'âge adulte. Une série d'expériences conduites sous sa supervision a permis d'étudier les effets de la privation sensorielle sur les processus cognitifs (voir

Heron, 1957). En 1955, Hebb fait état de recherches montrant la relation entre le niveau d'activité dans la petite structure du cerveau, appelée système d'activation réticulaire (RAS), et la performance cognitive et comportementale. L'examen de cette relation a été appelé la *théorie de l'éveil*. James Olds et Peter Milner ont découvert des centres de renforcement dans le cerveau en effectuant des recherches sur cette théorie (Olds et Milner, 1954). Henry Buchtel (1982) fournit un excellent exemple des articles influents de Hebb sur des sujets psychologiques, et on retrouve dans son livre, en annexe, une liste complète des quatre-vingts et quelques publications de Hebb.

Roger W. Sperry

Roger Wolcott Sperry (1913-1994) naît un 20 août à Harfort, dans le Connecticut. Il obtient son baccalauréat en anglais du collège Oberlin en 1935 et son doctorat en zoologie à l'université de Chicago en 1941, où il apprend les techniques neurochirurgicales auprès de l'éminent neuro-embryologue Paul Weiss. Après son doctorat, il étudie avec Lashley aux Laboratoires Yerkes en Floride (1942-1946). En 1946, il retourne à l'université de Chicago, tout d'abord comme chargé de cours en anatomie puis, en 1952, en psychologie. En 1954, Sperry déménage en Californie, à l'Institut de technologie de Pasaneda (Caltech), et devient professeur de psychobiologie à la prestigieuse chaire Hixon.

La préparation du cerveau dédoublé

À Caltech, Sperry a continué à s'intéresser aux voies par lesquelles l'information est transférée d'un côté du cortex cérébral à l'autre. Dans une série d'expériences désormais célèbres, Sperry et ses collègues ont découvert deux voies possibles de transfert interhémisphérique — le corps calleux (une grande masse de fibres qui relie les deux moitiés du cortex) et le chiasma du nerf optique. Ce chiasma est le lieu situé dans le nerf optique où l'information provenant d'un œil est projetée sur le côté du cortex opposé à cet œil. Sperry enseignait aux chats et aux singes à effectuer une distinction visuelle avec un cache sur un œil. Il a ensuite testé le transfert en mettant le cache sur l'autre œil et a décelé un transfert interoculaire complet. Puis il a commencé à chercher le mécanisme qui permettait de transférer

Roger W. Sperry

l'information d'un côté du cortex à l'autre. Il s'est rendu compte que l'ablation du corps calleux ou du chiasma du nerf optique soit individuellement soit ensemble *après* l'entraînement ne perturbait pas le transfert. Il a aussi découvert que l'ablation de l'un ou de l'autre *avant* la formation ne le perturbait pas non plus. Cependant, l'ablation des deux avant la formation éliminait le transfert entre les hémisphères. Ainsi, l'ablation des deux avait essentiellement créé deux cerveaux séparés qui n'échangeaient aucune information. Par exemple, quand un animal dont le cerveau était dédoublé de la façon qui vient d'être décrite apprenait à faire une distinction avec un cache sur un œil, il ne se souvenait pas de cet apprentissage quand on lui cachait l'autre œil (Sperry, 1961, 1964). Quand le corps calleux et le chiasma du nerf optique du cerveau ont subi une ablation, on parle de **préparation du cerveau dédoublé**.

Sperry et ses collègues, Joseph Bogen et Philip Vogel, ont découvert que les êtres humains qui souffraient de grave épilepsie incurable résistante aux médicaments pouvaient tirer parti de ce dédoublement du cerveau. Probablement, grâce à la préparation du cerveau dédoublé, une crise qui commencerait dans un hémisphère ne disposerait pas du mécanisme qui étendrait son influence à l'autre hémisphère, augmentant ainsi son intensité. Dans plusieurs cas, l'état des patients traités de cette façon s'est suffisamment amélioré pour qu'ils puissent quitter l'hôpital. Dans la vie de tous les jours, ces patients au « cerveau dédoublé » ne manifestaient pratiquement aucune anomalie malgré leur chirurgie radicale. Sperry et ses collègues ont mis au point plusieurs tests permettant d'étudier la fonction de chaque hémisphère cérébral indépendamment de l'autre. Bien que Paul Broca et d'autres aient fourni de l'information sur l'existence de la spécificité hémisphérique dès 1831 (voir le chapitre 8) et que la spéculation à ce sujet ait été assez populaire vers la fin du XIXᵉ siècle (voir par exemple Brown-Séquart, 1874a, 1874b, 1890), on en savait alors très peu. Cette connaissance supplémentaire fournie par Sperry et ses collègues était spectaculaire. Ils ont découvert que chaque hémisphère possédait ses propres caractéristiques en matière de cognition, d'émotion et de conscience (voir par exemple Gazzaniga, 1970). Sous la direction de Sperry, la recherche sur le « cerveau droit » et sur le « cerveau gauche » est devenue très populaire (voir par exemple Springer et Deutsch, 1985). La déclaration de Dalia Zaidel (collègue de Sperry) au début du livre *Neuropsychology* (1994) illustre cette popularité : « La spécialisation hémisphérique est au cœur de la neuropsychologie et tout sujet traité dans ce volume suppose sa présence dans le cerveau » (p. xviii [notre traduction]).

Malheureusement, certaines spéculations ont commencé à dépasser les faits. Par exemple, on a avancé que certains individus présentent une dominance du cerveau droit et d'autres, du cerveau gauche, et qu'on pouvait inventer des tests pour la révéler. On supposait aussi qu'il était possible d'améliorer particulièrement les fonctions du cerveau droit ou gauche grâce à des méthodes éducatives. La croyance selon laquelle les deux hémisphères corticaux pouvaient être éduqués indépendamment remonte aussi loin qu'à Brown-Séquart (1874a, 1874b) et a été entretenue sous une forme ou une autre depuis. Jerre Levy, un autre ancien

collègue de Sperry, a tenté de dissiper la confusion dans son article « Right Brain, Left Brain : Fact and Fiction » (1985). Levy souligne que, chez les personnes qui ont un cerveau normal, la contribution des deux hémisphères à la pensée et au comportement est indissociable. Levy conclut que « les mythes populaires sont des mauvaises interprétations et des souhaits, pas des observations scientifiques. Les personnes normales n'ont pas une moitié de cerveau ni deux cerveaux, mais un cerveau glorieusement différencié où chaque hémisphère apporte ses habiletés particulières. [...] Nous avons un seul cerveau qui génère une seule vie mentale » (1985, p. 44 [notre traduction]).

Sperry s'est intéressé toute sa vie au problème corps-esprit (cerveau) et à son rapport avec les valeurs humaines. Plusieurs de ses publications, surtout ses dernières, reflètent cet intérêt (voir par exemple Sperry, 1970, 1972, 1980, 1982, 1988, 1991, 1992, 1993). Il croyait que la conscience provenait des processus cérébraux et que, lorsqu'elle apparaissait, elle avait une relation causale avec le comportement. Ainsi, Sperry était un interactionniste pour ce qui est de la relation corps-esprit. Il pensait (certains disaient à tort, comme nous le verrons au chapitre 20) que, en faisant correspondre directement les événements mentaux et les processus cérébraux, il évitait le dualisme. Dans son discours lors de la remise du prix Nobel (1982), il disait :

> Il faut mentionner brièvement qu'un des résultats indirects les plus importants du cerveau dédoublé est la révision du concept de la nature de la conscience et sa relation fondamentale avec le traitement par le cerveau. [...] Le développement clé est la transformation de l'opinion précédente non causale, paralléliste, en interprétation nouvelle, causale ou interactionniste, qui attribue un rôle de contrôle causal à l'expérience intime du fonctionnement du cerveau et du comportement. En réalité, et sans recourir au dualisme, le cerveau de la science objective retrouve les forces mentales de l'esprit conscient qui avaient longtemps été exclues selon des principes matérialistes et béhavioristes. (p. 1126 [notre traduction])

Au cours de sa vie, Sperry a publié presque 300 articles dans les revues les plus prestigieuses, dont plusieurs ont été traduits en plusieurs langues (Puente, 1995, p. 941). Parmi les nombreux honneurs qu'il a reçus, il y a le prix Karl Lashley décerné par la Société des philosophes américains (1976), le prix Wolfe de médecine (1979), le prix Ralph Gerard décerné par la

Société des neurosciences (1979), le prix Nobel de médecine et de physiologie (qu'il a partagé avec les neuroscientifiques de Harvard, David H. Hubel et Torsten N. Wiesel, en 1981) et le prix Lifetime Achievement de l'APA (1993).

Sperry est mort le 17 avril 1994, à Pasadena, en Californie, à l'âge de 80 ans, d'un trouble dégénératif neuromusculaire (Puente, 1995).

La génétique comportementale

La **génétique comportementale** est une branche de la psychobiologie qui étudie l'influence génétique sur la cognition et le comportement. Dans l'ancienne controverse sur le nativisme et l'empirisme, les généticiens comportementaux penchaient vers le nativisme parce qu'ils pensaient qu'au moins certains processus de pensée ou modèles comportementaux étaient fortement influencés par l'hérédité. Ce qui suit n'est qu'un petit exemple de la recherche sur la génétique comportementale.

L'éthologie

Le comportementalisme radical déconseillait fortement de faire référence à tous les événements internes pour expliquer le comportement. Cette philosophie positiviste décourageait non seulement l'étude des processus cognitifs et physiologiques, mais aussi celle du comportement instinctif. Cependant, comme dans le cas des explications cognitives ou physiologiques du comportement, les explications instinctives étaient déconseillées, mais pas éliminées. Même pendant l'époque bénie du béhaviorisme, un groupe d'éthologues étudiait le comportement animal instinctif. L'**éthologie** (*éthos* = habitude, coutume, caractère; *logie* = l'étude de) est une branche de la zoologie développée principalement par Karl von Frish (1886-1982) et Konrad Lorenz (1903-1989), en Allemagne, et Nikolaas Tinbergen (1907-1988), en Angleterre. Tinbergen, Frish et Lorenz ont reçu le prix Nobel de physiologie et de médecine pour leurs efforts.

Les éthologues étudient généralement une catégorie particulière de comportements (comme l'agressivité, la migration, la communication, la territorialité) dans l'environnement naturel de l'animal et tentent de l'expliquer par la théorie évolutionniste. Le **comporte-ment particulier à l'espèce**, ou la façon dont les membres de diverses espèces se comportent généralement dans certaines conditions environnementales, est très important pour les éthologues. Leur position nativiste les oppose directement aux béhavioristes, surtout à ceux qui sont radicaux:

> Dans les années 1950, on opposait principalement les Européens aux Américains, les biologistes aux psychologues, les partisans des théories de l'instinct à ceux des théories de l'apprentissage, les ornithologues aux observateurs de rats. La ligne était claire. Les Européens, qui se qualifiaient d'*éthologues*, se sont rassemblés derrière le flamboyant Lorenz qui rejetait les Américains en les qualifiant « d'observateurs de rats qui ne sont pas prêts à poser des questions importantes ». Les éthologues ont catégoriquement déclaré que la question la plus importante était: quelle est la proportion du comportement tributaire de l'instinct (la génétique) et de l'apprentissage? Ils soupçonnaient que l'instinct était beaucoup plus important que ce qu'on avait imaginé. (Wallace, 1979, p. 2 [notre traduction])

Les éthologues ont efficacement combattu les béhavioristes, et le déclin de la popularité du béhaviorisme radical tient beaucoup à leur succès.

L'éthologie reste un domaine d'étude actif, mais sa principale influence sur la psychologie contemporaine vient de la sociobiologie. Edward Wilson, le fondateur de la sociobiologie, a suivi un cours avec Lorenz pendant ses études à Harvard en 1953. L'influence de l'éthologie sur la sociobiologie est considérable. Une des différences majeures est que les éthologues ont tendance à se concentrer sur des réactions automatiques plutôt stéréotypées et caractéristiques de plusieurs espèces animales, et les sociobiologistes sur le comportement social qui résulte des interactions complexes entre la biologie de l'organisme et son environnement. Plutôt que d'étudier le comportement stéréotypé, les sociobiologistes emploient des termes comme *stratégie* et *analyse de rentabilité*, indiquant que les organismes évaluent différents choix avant de décider d'un plan d'action. Ils pensent que l'organisme choisira le plan d'action qui augmentera sa probabilité de perpétuer une copie de ses gènes dans les générations futures.

La sociobiologie

Bien que, au chapitre 10, nous ayons analysé brièvement la **sociobiologie** comme exemple du néodarwinisme, nous revenons sur cette discipline parce qu'elle illustre bien le domaine de la génétique comportementale en psychologie contemporaine. Selon David Barash (1979, p. 10), les humains possèdent une **grammaire biologique** qui structure leur comportement social, tout comme les règles naturelles de la grammaire structurent leur comportement verbal. Nous créons une culture, protégeons notre territoire et apprenons certaines choses (comme les phobies, les règlements sociétaux, la langue) plus facilement que les autres grâce à nos dispositions génétiques. De la même façon, les mâles recherchent un grand nombre de femelles pour perpétuer des copies de leurs gènes, alors que la stratégie des femelles est la sélection soigneuse du mâle adéquat. Selon les sociobiologistes, la différence entre les sexes provient du fait que le mâle s'investit minimalement dans la reproduction, alors que l'investissement de la femelle est substantiel. Wallace (1979) décrit ironiquement la copulation du point de vue des hommes : « Un mâle peut compenser l'énergie dépensée dans une relation sexuelle en mangeant du raisin. Son implication est faible et, qui sait, il en résultera peut-être un enfant » (p. 74 [notre traduction]). Cependant, si la grossesse résulte de la copulation, pour la femme, le coût est beaucoup plus élevé. Comme Barash l'explique (1979) :

> Le spermatozoïde fertilise l'ovule, et non l'inverse. Ce sont les femmes qui tombent enceintes, pas les hommes. C'est la femme qui doit produire un placenta et nourrir le fœtus ; qui doit subir le stress hormonal et métabolique de la grossesse ; porter un embryon qui croît en taille et en poids, et qui la rend de plus en plus disgracieuse au fur et à mesure que la grossesse avance ; et qui doit nourrir l'enfant une fois qu'il est né. (p. 47 [notre traduction])

En conséquence, les femelles sont génétiquement prédisposées à rechercher des mâles qui sont porteurs de bons gènes (qui améliorent la santé, qui produiront une descendance qui aura le potentiel de survivre et de se reproduire), qui ont de bonnes ressources (par exemple la nourriture, le territoire, l'abri et la protection) et un comportement sûr (une volonté d'investir une partie de leurs ressources dans la femme et dans sa progéniture).

Certains ont accusé les sociobiologistes d'être des déterministes biologiques rigides, mais cette évaluation n'est pas juste. Par exemple, dans le cas de la sélection du compagnon, les sociobiologistes ne décrivent que les dispositions génétiques générales. Ils disent que les mâles ont une prédisposition génétique à rechercher des partenaires sexuelles multiples mais, en réalité, ils vont plus loin. Dans les cultures qui pratiquent la polygamie (où les mâles sont autorisés à s'accoupler avec plus qu'une femelle), les mâles n'ont pas besoin d'inhiber cette tendance. Cependant, dans les cultures monogames, un tel comportement est jugé adultère et est découragé. Le comportement social de tout individu résulte donc toujours des influences combinées de la biologie *et* de la culture. Quand ils expliquent le comportement humain, les sociobiologistes évitent le « tout ou rien », c'est-à-dire de proclamer que le comportement est causé *uniquement* par des facteurs soit biologiques soit environnementaux (culturels). Pour eux, il s'agit toujours des deux. Barash (1979) a déclaré : « Pendant trop longtemps, la science sociale et la science biologique ont employé des approches extrémistes. La sociobiologie peut juste aider à rééquilibrer les choses » (p. 45 [notre traduction]).

Le **principe de la laisse** de Wilson illustre bien l'approche interactive qui vient d'être décrite. Selon Wilson, les êtres humains sont biologiquement (génétiquement) prédisposés à créer une culture parce que cela facilite leur survie. Par conséquent, il y a, ou il devrait y avoir, une relation étroite entre la culture et la satisfaction des besoins biologiques. Si la culture s'écartait trop de la biologie, la laisse qui relie les deux deviendrait trop tendue, et on observerait alors « la perte rapide des personnalités individuelles, la désintégration des relations et l'arrêt de la reproduction » (Wilson, 1978, éd. fr. 1979, p. 53). Évidemment, si cela continuait, la culture disparaîtrait. Cependant, les cultures s'adaptent généralement en fonction de la biologie avant que cela ne se produise.

Donc, selon la sociobiologie, notre grammaire biologique nous procure des *tendances* à participer à certaines activités sociales. Pour le titre de son livre *The Whisperings Within* (1979), Barash a choisi le terme *whisperings* (« murmure ») parce qu'un murmure est un murmure, pas un cri ni un hurlement. Nous sommes peut-être prédisposés à agir d'une certaine façon, mais nous ne sommes pas « câblés » pour le faire. Barash (1986) fait cette remarque :

> Heureusement, il y a de bonnes nouvelles. Les êtres humains, en primates intelligents, peuvent choisir. Nous pouvons surmonter nos limites primitives et notre manque de perspicacité. Nous pouvons apprendre toute

sorte de choses difficiles une fois que nous sommes convaincus de leur importance ou de leur inéluctabilité. Nous pouvons même apprendre à faire des choses contre nature. On pourrait même un jour enseigner à un primate auquel on a appris à être propre à aller sur une planète. (p. 254 [notre traduction])

Tel que mentionné au chapitre 10, ce que Wilson appelait la sociobiologie est désormais généralement appelé psychologie évolutionniste. Ce type de psychologie est devenu un des sujets les plus populaires de la psychologie contemporaine (voir Buss, 1999). Cependant, elle n'échappe pas aux critiques. On lui a par exemple reproché d'accepter l'adaptationnisme. Selon les adaptationnistes, toute structure corporelle ou tendance comportementale existante doit avoir contribué à la survie des ancêtres d'une espèce. Gould et Lewontin (1979) ont découvert trois erreurs concernant l'adaptationnisme : 1) des facteurs autres que l'adaptation causent des modifications évolutionnaires (les dérives et les mutations génétiques en sont deux exemples) ; 2) ce n'est pas parce qu'un trait psychologique était adaptatif dans les environnements antérieurs qu'il l'est dans l'environnement actuel ; et 3) un trait psychologique peut avoir évolué dans un but particulier dans le passé, mais peut fonctionner totalement différemment dans le présent. Buss, Haselton, Shackelford, Bleske et Wakefield (1998), ainsi que Gould (1991) ont précisé le dernier argument de Gould et Lewontin (1979). C'est-à-dire, le fait qu'une caractéristique soit actuellement utilisée d'une certaine façon par une espèce ne signifie pas nécessairement qu'elle a évolué à cette fin. Par exemple, les plumes de l'oiseau ont évolué en tant que mécanisme de régulation de la température mais, plus tard, elles ont été récupérées pour voler. Il est donc faux de dire que les plumes ont évolué parce qu'elles permettaient aux oiseaux de voler. La récupération d'une adaptation originelle pour une fonction utile, mais sans lien avec elle, s'appelle *exaptation*. De plus, une adaptation originelle peut avoir plusieurs effets secondaires imprévus. Par exemple, la capacité croissante du cerveau humain a doté nos ancêtres de plusieurs bienfaits adaptatifs, comme de meilleures habiletés pour résoudre des problèmes et fabriquer des outils, et une plus grande mémoire des endroits où se trouvent l'eau, la nourriture et les prédateurs. Cependant, les effets secondaires d'un cerveau plus grand peuvent comprendre le développement du langage, de la musique et d'une variété de règles sociétales complexes. Les effets secondaires imprévus des adaptations originelles sont appelés des *écoinçons*. Il est faux de considérer les écoinçons comme des adaptations qui augmentent la bonne santé de nos ancêtres.

Étant donné que la sociobiologie explique le comportement social humain par ses influences innées, elle a connu la même opposition que celle déployée lors du scandale de Burt et de la publication du *Bell Curve* en 1994 (voir le chapitre 10). Dans son autobiographie, Wilson (1995) décrit plusieurs réactions négatives à la publication de son livre *Sociobiology : The New Synthesis* (1975). Il est clair que beaucoup de ces réactions reposaient davantage sur des considérations politiques ou morales que scientifiques.

L'influence de Noam Chomsky

On dit souvent que la révision de **Noam Chomsky** du livre de Skinner paru en 1957, *Verbal Behavior*, a grandement contribué à diminuer l'influence du béhaviorisme radical. Dans cette révision, Chomsky (1959) soutient fermement que le langage est trop complexe pour être expliqué par des principes opérants, et que le

Noam Chomsky

cerveau humain est génétiquement programmé pour générer le langage. Selon lui, chaque enfant naît avec les structures cérébrales qui lui permettent d'apprendre les règles du langage relativement facilement. Il soutient que les enfants ne peuvent pas apprendre ces règles s'ils doivent uniquement se baser sur des principes d'association (comme la fréquence ou la contiguïté) et sur le renforcement. Cette attaque nativiste réussie contre le béhaviorisme empirique a beaucoup contribué à affaiblir son influence. Bien que Chomsky soit linguiste et non psychologue, son avis sur l'acquisition du langage a bientôt remplacé l'opinion fondée sur les principes opérants. Leahey décrit l'impact de Chomsky sur la psychologie contemporaine : « L'attaque de Chomsky contre le béhaviorisme radical a commencé par sa longue révision de *Verbal Review* en 1959, peut-être l'article le plus influent traitant de psychologie publié depuis le "Behaviorist Manifesto of 1913" de Watson » (2000, p. 497).

L'inconduite des organismes

L'autre coup porté à la position antinativiste des béhavioristes provient des travaux de Keller et Marian Breland (plus tard Marian Breland Bailey), deux anciens associés de Skinner. Les Breland ont mis sur pied une entreprise appelée Animal Behavior Entreprises, qui utilisait des principes opérants pour enseigner divers tours à plusieurs animaux différents. Les animaux entraînés étaient ensuite exposés dans des foires, des conventions, des parcs d'amusement et à la télévision. Au début, les Breland trouvaient que leurs animaux étaient très conditionnables, mais au fur et à mesure que le temps passait, le comportement instinctif a commencé à perturber le comportement appris ou à le remplacer. Par exemple, les cochons qui avaient appris à mettre de grandes pièces de bois dans une « tirelire » ont commencé à être plus lents et, à la fin, à creuser le sol pour y enfouir la pièce au lieu de la mettre dans la tirelire, même si cela retardait ou empêchait le renforcement. La perturbation ou le remplacement du comportement appris par le comportement instinctif a été appelé **propension instinctive**. Les Breland ont résumé leurs découvertes : « Il semble évident que ces animaux sont piégés par de forts comportements instinctifs, et nous avons clairement la démonstration ici de la prépotence de ces modèles de comportements sur ceux qui ont été conditionnés » (1961, p. 684 [notre traduction]).

Les Breland pensaient que leurs observations contredisaient trois hypothèses béhavioristes : 1) avant son apprentissage, l'animal est comme une table rase — c'est-à-dire sans prédispositions génétiques ; 2) les différences entre les diverses espèces d'animaux ne sont pas importantes ; et 3) chez un animal, toute réaction peut être conditionnée par n'importe quel stimulus que cet animal peut détecter. Toutes ces hypothèses béhavioristes nient ou minimisent l'importance du comportement instinctif. Bien que, au début de leur carrière, les Breland étaient des béhavioristes skinnériens, ils sont parvenus à la conclusion suivante :

> Après quatorze ans de conditionnement et d'observation continus de milliers d'animaux, nous concluons à contrecœur qu'il est impossible de comprendre, de prédire ni de contrôler adéquatement le comportement de toute espèce sans connaître ses modèles instinctifs, son histoire évolutionnaire et sa niche écologique. (1961, p. 684 [notre traduction])

Depuis l'article des Breland sur l'inconduite des organismes, plusieurs autres chercheurs ont trouvé de quoi étayer leurs conclusions. Par exemple, Seligman (1970) a découvert que, avec toutes les espèces animales, certaines associations sont plus faciles à établir, et qu'une espèce peut faire des associations facilement, alors que, pour d'autres, c'est extrêmement difficile, voire impossible. Selon Seligman, la raison de cette disparité est que, au sein d'une espèce, les animaux sont biologiquement (génétiquement) préparés à effectuer certaines associations et contre-préparés à en faire d'autres, et cela s'applique à plusieurs espèces. L'endroit où est située l'association dans le **continuum du niveau de préparation** détermine la facilité avec laquelle l'animal l'apprendra. (On trouve plusieurs exemples de l'influence de la composition génétique d'un organisme et de sa facilité à apprendre dans Hergenhahn et Olson, 2005, Seligman et Hager, 1972).

Les influences de la génétique sur l'intelligence et sur la personnalité

Partiellement à cause des travaux des éthologues, Wilson, Chomsky, les Breland et Seligman, les explications nativistes du comportement sont de nouveau respectées en psychologie contemporaine. La popularité actuelle de la psychologie évolutionniste en est un exemple. Enfin, notre dernière section portera sur les travaux de **Thomas Bouchard** et ses collègues. Comme

Thomas Bouchard

nous l'avons vu au chapitre 10, c'est Francis Galton qui a défini le problème inné–acquis, ou nature–culture, et il a été le premier à utiliser des jumeaux dans ses recherches. Voici les conclusions auxquelles il est parvenu (1875) sur les contributions relatives de la nature et de la culture :

> On ne peut échapper à la conclusion selon laquelle la nature l'emporte énormément sur la culture quand les différences de culture n'excèdent pas ce que l'on trouve en commun chez les personnes appartenant à la même classe sociale dans le même pays. Ma seule crainte est que mes données semblent apporter trop de preuves et qu'elles risquent donc d'être discréditées, puisqu'elles iraient à l'encontre de toutes les expériences indiquant que la culture compte si peu. (p. 576 [notre traduction])

La recherche récente de Bouchard et d'autres suggère que Galton avait raison sur ces deux points : la culture compte très peu comparée à la nature, et les gens ont de la difficulté à le croire. Bouchard a étudié l'influence de la génétique sur les caractéristiques physiques, l'intelligence et la personnalité en utilisant quatre principaux groupes de comparaison :

- Des jumeaux dizygotes élevés ensemble (DZT)
- Des jumeaux dizygotes élevés séparément (DZA)

- Des jumeaux monozygotes élevés ensemble (MZT)
- Des jumeaux monozygotes élevés séparément (MZA)

Les jumeaux dizygotes sont génétiquement identiques aux frères et sœurs non jumeaux, et les monozygotes ont les mêmes gènes. Si l'expérience (la culture) détermine l'intelligence et la personnalité, la corrélation entre les DZT et les MZT devrait être élevée pour ces deux éléments, contrairement aux DZA et aux MZA. Si la génétique (la nature) détermine grandement l'intelligence et la personnalité, la corrélation entre les DZT et les DZA devrait être faible et celle entre les MZT et les MZA devrait être élevée. Comme tous les jumeaux monozygotes de l'étude de Bouchard ont été séparés à la naissance, toute similitude entre eux doit être attribuée à l'influence de la génétique.

Bouchard (1984) a d'abord confirmé le fait bien connu que les jumeaux monozygotes présentent une grande diversité de caractéristiques physiques presque identiques, par exemple les empreintes digitales et la taille. Bouchard s'est ensuite intéressé à la question de l'intelligence et a conclu : « Des preuves irréfutables indiquent que l'héritabilité du QI est bien supérieure à zéro et qu'elle se situe probablement entre 0,50 et 0,80 » (1984, p. 170 [notre traduction]). L'**héritabilité** indique le niveau de variation d'un trait ou d'un attribut imputable à la génétique. Dans une étude, Bouchard (1984) a rapporté certaines corrélations entre les résultats de QI de 0,14 pour les DZT, de 0,78 pour les MZT et de 0,71 pour les MZA, ce qui entraîne une mesure d'héritabilité de l'intelligence d'environ 0,70 ; c'est-à-dire que la génétique contribue pour environ 70 % aux résultats de QI. Bien que l'héritabilité soit généralement une mesure complexe dérivée des coefficients de corrélation, dans le cas des jumeaux MZA, ces corrélations sont une estimation directe. C'est parce que les jumeaux MZA sont génétiquement identiques, mais qu'ils ne partagent pratiquement aucune influence environnementale. Ainsi, la corrélation de 0,71 des mesures de l'intelligence de jumeaux MZA indique que l'héritabilité de l'intelligence est d'environ 70 %.

Ensuite, Bouchard s'est intéressé aux caractéristiques de la personnalité et en a dit ceci : « La plupart des psychologues croient que les facteurs environnementaux familiaux communs et l'apprentissage social jouent un rôle très important dans la détermination des différences individuelles en matière de personnalité »

(1984, p. 170 [notre traduction]). C'est là que Bouchard a obtenu les résultats les plus surprenants : l'environnement familial commun n'a pratiquement aucun impact sur la personnalité. C'est-à-dire que les individus ont des traits de personnalité similaires à cause de leur lien génétique, pas de leurs expériences communes. Les chercheurs ont découvert que les parents ne ressemblent pratiquement pas à leurs enfants adoptifs, et que ceux-ci ne ressemblent pas à leurs frères et sœurs avec lesquels ils n'ont aucun lien biologique. Les parents ressemblent un peu à leurs enfants biologiques, et c'est aussi le cas entre frères et sœurs biologiques. Le degré de similitude est presque le même entre jumeaux dizygotes et frères et sœurs biologiques, et plus élevé dans le cas des jumeaux monozygotes, qu'ils aient été élevés ensemble ou séparément. Bouchard s'est demandé s'il était « possible que l'environnement familial commun n'ait au mieux qu'un effet mineur sur la personnalité » (1984, p. 172 [notre traduction]), et la réponse fut positive. Bouchard a poursuivi : « Les corrélations [des caractéristiques de la personnalité] entre individus génétiquement non reliés ne font que refléter les influences environnementales et suggèrent un effet environnemental familial commun d'environ 5 % » (1984, p. 173 [notre traduction]).

Tellegen, Lykken, Bouchard, Wilcox, Segal et Rich (1988) ont utilisé le Questionnaire multidimensionnel de personnalité pour mesurer l'héritabilité de onze traits de personnalité dont le bien-être, la puissance sociale, la réussite, l'agressivité et le traditionalisme. Ils ont découvert que l'héritabilité des traits de personnalité étudiés se situait entre 0,50 et 0,60, ce qui signifie que la génétique à elle seule contribue le plus à ces traits. Peut-être plus surprenant encore, les chercheurs ont trouvé que les attitudes, les valeurs et les intérêts en matière de religion sont aussi fortement influencés par la génétique. D'après Waller, Kojetin, Bouchard, Lykken et Tellegen (1990), l'héritabilité de la religiosité est presque la même que celle des traits de personnalité (environ 0,50). Comme pour les traits de personnalité, les expériences familiales communes ont peu d'impact

sur les valeurs, les attitudes et les intérêts religieux. Waller et ses coauteurs ont conclu : « Les scientifiques sociaux devront écarter l'hypothèse selon laquelle les différences individuelles en matière de religion et d'autres attitudes sociales sont uniquement influencées par les facteurs environnementaux » (1990, p. 141 [notre traduction]).

Il ne faudrait pas en déduire que les influences environnementales sur la personnalité ne sont pas importantes. La plupart des études génétiques de la personnalité suggèrent que le facteur génétique représente environ 50 % de la variation dans les inventaires de personnalité, et que l'autre 50 % s'explique par les facteurs environnementaux, comme les expériences familiales communes (environ 5 %), et par les expériences idiosyncrasiques (non partagées), comme les occurrences accidentelles et les expériences avec des groupes de pairs (environ 45 %). Ainsi, selon la recherche citée ici, la génétique contribue principalement à l'intelligence et à la personnalité, mais elle n'est pas la seule à le faire.

Au chapitre 10, nous avons vu que les études montrant que l'intelligence est hautement héréditaire étaient très controversées et qu'elles continuent à l'être. Les études comme celles de Bouchard, qui démontrent que les traits de personnalité sont très héréditaires, sont également controversées, peut-être même davantage. Le recours aux jumeaux identiques séparés à la naissance est cependant une puissante méthode d'étude des contributions relatives de l'inné et de l'acquis, et cette méthode fait l'objet d'énormément d'attention actuellement.

Nous constatons donc que, malgré la tentative du béhaviorisme radical de favoriser l'acquis, la controverse entre l'inné et l'acquis est toujours très présente en psychologie contemporaine (pour davantage d'exemples de la recherche sur la génétique comportementale dans la psychologie contemporaine, voir par exemple Buss, 1988, 1999 ; Plomin, 1990 ; Plomin, DeFries, Craig, et McGuffin, 2003 ; et Zuckerman, 1991).

Résumé

La psychobiologie explore les bases biologiques des phénomènes psychologiques au moins depuis Hippocrate. Karl Lashley fut un pionnier moderne en psychobiologie. Il a été un des premiers partisans du béhaviorisme watsonien, sans toutefois réussir à trouver un appui neurophysiologique à la conception de Watson (et de Pavlov) selon laquelle l'esprit humain fonctionne comme un central téléphonique. Il a découvert plutôt que la mémoire nécessaire à un apprentissage complexe (comme le labyrinthe) est répartie dans tout le cortex. Si le tissu cérébral est détruit après cet apprentissage, la perturbation de la performance est davantage reliée à la quantité de tissu détruit qu'à son emplacement. Lashley appelait cette observation l'action de masse. Il a aussi découvert que, dans une zone fonctionnelle du cerveau, tous les tissus sont capables d'assurer cette fonction. Il a appelé cela l'équipotentialité. Il a cherché en vain l'emplacement neurophysiologique de la mémoire et de l'apprentissage, tout comme d'autres chercheurs après lui. Ses conclusions sur le fonctionnement du cerveau étaient davantage en accord avec la théorie gestaltiste qu'avec la conception du cerveau comme un central téléphonique, mais toutes ses observations n'appuyaient pas la théorie gestaltiste.

Donald Hebb a été l'un des nombreux psychologues influencés par Lashley. Hebb était d'accord pour spéculer sur la psychobiologie même au moment où le béhaviorisme radical était le plus influent. Selon lui, les neurones du cerveau qui sont systématiquement actifs en même temps ou en succession rapprochée deviennent un assemblage cellulaire. Les assemblages qui sont systématiquement actifs en même temps ou en succession rapprochée deviennent des phases séquentielles. De cette façon, les événements environnementaux qui se produisent systématiquement acquièrent une représentation neurologique. Ensuite, quand un assemblage cellulaire ou une phase séquentielle sont stimulés, les individus ont des pensées, ou des flots de pensées, concernant les objets ou les événements de l'environnement qui ont causé leur développement. Les autres sujets de recherche novateurs de Hebb portent sur la peur, les environnements riches, la privation sensorielle et la théorie de l'éveil.

L'autre psychologue célèbre influencé par Lashley est Robert Sperry. Lui et ses collègues ont créé des cerveaux dédoublés chez des animaux en procédant à l'ablation de leur corps calleux et de leur chiasma du nerf optique. Ainsi dédoublés, les deux hémisphères du cerveau apprennent de façon indépendante l'un de l'autre. On a découvert que la séparation du cerveau d'individus souffrant de grave épilepsie améliorait souvent considérablement leur état. Les individus au cerveau dédoublé ont permis d'étudier la fonction des deux hémisphères du cortex d'une nouvelle façon, ce qui n'était pas possible antérieurement. Sperry et ses collègues ont découvert une spécificité hémisphérique considérable concernant plusieurs phénomènes cognitifs et émotifs. L'étude de cette spécificité est restée populaire en psychobiologie contemporaine.

La génétique comportementale est une branche de la psychobiologie qui étudie les influences génétiques sur la cognition ou le comportement. Même pendant l'époque bénie du béhaviorisme, un groupe d'éthologues expliquait divers comportements particuliers d'une espèce grâce à la théorie évolutionniste. Le succès de ce programme de recherche a contribué au déclin de la popularité du béhaviorisme. Les sociobiologistes ont étendu l'éthologie à l'étude des comportements sociaux complexes. Les êtres humains ont hérité d'une grammaire biologique qui les prédispose à participer à une grande diversité d'activités culturelles. Cependant, la culture est créée pour améliorer la survie, et si elle n'y parvient pas, elle se détériorera et finira peut-être par disparaître. On dit donc de la biologie qu'elle tient la culture en laisse. Bien que les humains héritent de dispositions comportementales, le comportement doit toujours être expliqué par la biologie et par la culture. Les tendances biologiques peuvent être, et sont souvent, inhibées par les influences culturelles.

Ce que l'on appelait antérieurement la sociobiologie s'appelle désormais la psychologie évolutionniste. Les psychologues évolutionnistes ont été critiqués parce qu'ils pensaient que si une caractéristique actuelle était adaptative chez une espèce, elle l'avait obligatoirement été pour ses ancêtres lointains. Noam Chomsky a offert une explication hautement nativiste du langage qui s'oppose à l'explication empirique de Skinner fondée sur les principes opérants. Les travaux de Marian et Keller Breland ont montré que les comportements appris tendent généralement vers des comportements instinctifs, ce qui transgresse plusieurs hypothèses béhavioristes radicales. De la même façon, Seligman a découvert que l'endroit où est située l'association dans le continuum du niveau de préparation détermine la facilité avec laquelle elle sera apprise. Enfin, Thomas Bouchard et ses collègues, grâce à des études sur les jumeaux identiques élevés séparément, ont démontré la grande influence de la génétique sur l'intelligence et les traits de personnalité.

Des questions à débattre

1. Faites état de données qui indiquent que la psychobiologie est un thème persistant tout au long de l'histoire de la psychologie.

2. Débattez les principes d'action de masse et d'équipotentialité de Lashley. De quelle façon ces principes contrastent-ils avec la vision béhavioriste du fonctionnement du cerveau? En quoi ces principes appuient-ils la vision gestaltiste du fonctionnement cérébral?

3. Qu'est-ce qu'un engramme? Lashley a-t-il réussi à le trouver? Les autres chercheurs y sont-ils parvenus?

4. Selon Hebb, que sont les assemblages cellulaires et les phases séquentielles et comment se développent-ils? Donnez un exemple de la façon dont Hebb employait les concepts d'assemblage cellulaire et de phase séquentielle pour expliquer l'expérience cognitive.

5. Décrivez la préparation du cerveau dédoublé. Qu'a découvert Sperry sur le processus d'apprentissage grâce à cette préparation? Pourquoi l'a-t-on expérimentée sur les humains? Qu'a-t-on appris sur la spécificité hémisphérique en étudiant les humains au cerveau dédoublé?

6. Expliquez le rôle fondamental des éthologues dans la diminution de l'influence du béhaviorisme radical.

7. Dans le domaine de la sociobiologie, que signifient les termes *grammaire biologique* et *tout ou rien*? Qu'est-ce que le principe de la laisse?

8. Pourquoi les psychologues évolutionnistes ont-ils été critiqués pour avoir insisté sur l'adaptationnisme? Incluez dans votre réponse les définitions d'*exaptations* et d'*écoinçons*.

9. Que signifie la révision que Chomsky a faite du livre de Skinner *Verbal Behavior* pour le développement de la psychologie contemporaine cognitive?

10. De quelle façon l'observation des Breland de la propension instinctive contredit-elle les hypothèses des béhavioristes? Pourquoi le continuum du niveau de préparation de Seligman contredit-il aussi ces hypothèses?

11. Quelle était l'explication de Bouchard à propos du développement de jumeaux identiques élevés séparément depuis la naissance, dans son étude des contributions relatives de la nature et de la culture à l'intelligence et à la personnalité? Quelles conclusions sa recherche a-t-elle appuyées?

Des suggestions de lecture

Bruce, D. (1991). « Integrations of Lashley ». Dans G. A. Kimble, M. Wertheimer, et C. L. White (dir.), *Portraits of pioneers of psychology* (p. 307-323). Washington, DC : American Psychological Association.

Buss, D. M. (1999). *Evolutionary psychology : The new science of the mind.* Boston : Allyn & Bacon.

Churchland, P. S. (1986). *Neurophilosophy : Toward a unified science of the mind-brain.* Cambridge, MA : MIT Press.

Crawford, C., et Krebs, D. L. (dir.). (1998). *Handbook of evolutionary psychology : Ideas, issues, and applications.* Mahwah, NJ : Lawrence Erlbaum Associates.

Finger, S. (1994). *Origins of neuroscience : A history of explorations into brain functions.* New York : Oxford University Press.

Hardcastle, V. G. (dir.). (1999). *Where biology meets psychology : Philosophical essays.* Cambridge, MA : MIT Press.

Kalat, J. W. (1998). *Biological psychology* (6ᵉ éd.). Pacific Grove, CA : Brooks/Cole.

McCarthy, R. A., et Warrington, E. K. (1990). *Cognitive neuropsychology : A clinical introduction.* San Diego, CA : Academic Press.

Plomin, R., DeFries, J. C., Craig, I. W., et McGuffin, P. (dir.). (2003). *Behavioral genetics in the postgenomic era*. Washington, DC: American Psychological Association.

Puente, A. E. (2000). « Roger W. Sperry : Nobel laureate, neuroscientist, and psychologist ». Dans G. A. Kimble et M. Wertheimer (dir.), *Portraits of pioneers in psychology* (vol. 4, p. 321-336). Washington, DC: American Psychological Association.

Wilson, Edward O. *L'humaine nature*, traduit par Roland Bauchot, Paris, Stock, 1979.

Zaidel, D. W. (dir.). (1994). *Neuropsychology*. San Diego, CA: Academic Press.

Glossaire

Action de masse Observation de Lashley selon laquelle si le tissu cortical est détruit après l'apprentissage d'une tâche complexe, la détérioration de la performance de cette tâche est davantage déterminée par la quantité de tissu détruit que par son emplacement.

Assemblage cellulaire Selon Hebb, système de neurones interreliés qui reflètent les événements environnementaux récurrents. Quand ils sont stimulés, les assemblages cellulaires évoquent l'idée de ces événements.

Bouchard, Thomas (1937) A dirigé un programme de recherche dans lequel figurait une étude de jumeaux identiques et de faux jumeaux élevés ensemble et séparément. Les résultats indiquaient que l'intelligence et plusieurs traits de personnalité sont très héréditaires.

Chomsky, Noam (1928) Linguiste dont l'explication nativiste du langage a été fondamentale dans l'affaiblissement de l'influence du béhaviorisme radical.

Comportement particulier à l'espèce Comportement qu'adoptent normalement tous les membres d'une espèce dans certaines circonstances environnementales. Très proche de ce que d'autres appellent le comportement instinctif.

Continuum du niveau de préparation Observation selon laquelle le degré de préparation biologique détermine la facilité d'apprentissage d'une association.

Engramme Lieu neurophysiologique supposé de la mémoire et de l'apprentissage. Lashley l'a cherché en vain, comme d'autres chercheurs après lui.

Équipotentialité Observation de Lashley selon laquelle, dans une zone fonctionnelle du cerveau, tout tissu peut réaliser la fonction qui lui est associée. En conséquence, pour qu'une fonction soit détruite, il faut détruire tout le tissu de la zone fonctionnelle correspondante.

Éthologie Étude des comportements spécifiques à l'espèce dans l'habitat naturel de l'animal. L'éthologue tente généralement d'expliquer ces comportements par la théorie évolutionniste. (Voir aussi *Comportement particulier à l'espèce*.)

Génétique comportementale Branche de la psychobiologie qui étudie l'influence génétique sur la cognition ou le comportement.

Grammaire biologique Selon les sociobiologistes, structure héréditaire qui prédispose les organismes à certains types d'activités sociales.

Hebb, Donald Olding (1904-1985) Influencé par Lashley, il a effectué des recherches de pointe en psychobiologie. (Voir aussi *Assemblage cellulaire* et *Phase séquentielle*.)

Héritabilité L'héritabilité indique le niveau de variation d'un trait ou d'un attribut imputable à la génétique.

Lashley, Karl Spencer (1890-1958) Un des premiers partisans du béhaviorisme watsonien qui a fini par quitter ce camp devant l'échec de ses recherches neurologiques à appuyer sa conception selon laquelle le cerveau fonctionnait comme un standard téléphonique, et sur laquelle était fondé le béhaviorisme. (Voir aussi *Équipotentialité* et *Action de masse*.)

Phases séquentielles Selon Hebb, systèmes d'assemblages cellulaires interreliés qui se forment à cause de l'activation simultanée ou séquentielle de ces assemblages. Quand une phase séquentielle est activée, elle provoque un courant d'idées interreliées.

Préparation du cerveau dédoublé Un cerveau dont le corps calleux et le chiasma du nerf optique ont été enlevés.

Principe de la laisse Affirmation de Wilson selon laquelle les êtres humains créent la culture parce qu'elle améliore leur survie. Il y a donc, ou il devrait y avoir, une relation étroite entre la culture et la satisfaction des besoins biologiques. Dans ce sens, on peut dire que la biologie tient la culture en laisse.

Propension instinctive La tendance du comportement appris à être perturbé ou remplacé par le comportement instinctif.

Psychobiologie Le domaine d'étude qui tente d'expliquer les phénomènes psychologiques d'après leurs fondements biologiques.

Sociobiologie Discipline, fondée par Edward Wilson, qui tente d'expliquer le comportement social complexe d'après la théorie évolutionniste (aussi appelée psychologie évolutionniste).

Sperry, Roger Wolcott (1913-1994) Le psychobiologiste qui a utilisé la préparation du cerveau dédoublé pour étudier la spécificité hémisphérique chez les humains et chez les animaux. Grâce à cette technique, Sperry et ses collègues ont découvert que plusieurs phénomènes cognitifs et émotionnels sont propres à l'hémisphère droit ou gauche du cortex. (Voir aussi *Préparation du cerveau dédoublé.*)

CHAPITRE 20

La psychologie cognitive

La psychologie cognitive porte sur des sujets comme la mémoire, la formation de concepts, l'attention, le raisonnement, la résolution de problèmes, le jugement et le langage. Il est clair que ce type de psychologie est très populaire de nos jours. Pourtant, au cours de la longue histoire de cette discipline, on a presque toujours mis l'accent sur une certaine forme de cognition. Les quelques exceptions sont les philosophies matérialistes ou la psychologie de Démocrite, Hobbes, Gassendi, La Mettrie, Watson et Skinner, qui reniaient l'existence des événements mentaux. Les philosophes qui ont le plus influencé le développement de la psychologie en tant que science (par exemple, John Stuart Mill) ont tous cherché à expliquer la cognition humaine (Wilson, 1990, p. 295). Il est clair que les écoles du volontarisme et du structuralisme se sont concentrées sur l'étude expérimentale de la cognition, et que l'école du fonctionnalisme a étudié la cognition et le comportement. C'est la soi-disant aseptisation de la recherche sur la cognition effectuée par les membres de ces écoles de pensée qui a poussé Watson à créer celle du béhaviorisme. Ainsi, il est faux de dire, comme on l'entend souvent, que la psychologie s'oriente de plus en plus vers la cognition, parce que, à quelques exceptions près, ça a toujours été le cas. Mais entre les années 1930 et 1950, le béhaviorisme radical était très influent, et on pensait généralement que les événements cognitifs n'existaient pas, ou qu'ils n'étaient que des sous-produits (des épiphénomènes) de l'activité cérébrale, et qu'on pouvait les ignorer. Tant que ces croyances ont dominé, l'étude des processus cognitifs était impossible.

L'espace qui nous est imparti nous permet d'établir uniquement une liste partielle des personnes et des événements qui ont contribué à diminuer l'emprise du béhaviorisme radical et, par la même occasion, à accroître la popularité, toujours actuelle, de la psychologie cognitive. (Pour une liste plus complète de ces antécédents, voir par exemple Mahoney, 1991, p. 69-75.)

Les développements antérieurs à 1950

Les attributs humains ont été étudiés sous l'angle philosophique presque tout au long de l'histoire de la psychologie. C'est J. S. Mill (1843/1988) qui a préparé le terrain pour la psychologie en tant que science expérimentale et qui a encouragé son développement. Fechner (1860/1966) a suivi ses traces et a étudié les événements cognitifs (sensations) de façon *expérimentale*. Ebbinghaus (1885/1964), influencé par Fechner, a procédé à des études expérimentales sur l'apprentissage et sur la mémoire. Le livre de William James, *The Principles of Psychology* (1890/1950) a cité de nombreuses recherches sur la cognition et a suggéré davantage de possibilités de recherche. Sir Frederic Charles Bartlett (1886-1969), dans son livre *Remembering: A Study in Experimental and Social Psychology* (1932), a démontré que les lois mécaniques de l'association influencent davantage la mémoire que les thèmes ou les schémas personnels cognitifs. En d'autres mots, il a découvert que les attitudes et les opinions préconçues de l'individu influencent toujours sa façon d'encoder, de classer et de se remémorer l'information. Au fur et à mesure que la psychologie cognitive se développait, il était courant de reconnaître une dette envers certains aspects des travaux précédents de Barlett (Johnston, 2001).

Dès 1926, Jean Piaget (1896-1980) a commencé à publier des recherches sur le développement intellectuel. Au cours de sa longue vie, il a publié plus de 50 livres et monographies sur l'épistémologie génétique ou l'intelligence développementale. De façon générale, il a démontré que les interactions d'un enfant avec l'environnement se complexifient et s'adaptent au fur et à mesure que la maturation et l'expérience clarifient sa structure cognitive. Selon Piaget, la structure cognitive comprend des schémas qui déterminent la qualité des interactions de l'individu avec son environnement.

Pour le jeune enfant, ces schémas sont des réflexes sensorimoteurs qui permettent uniquement les interactions les plus rudimentaires avec l'environnement. Grâce à la maturation et l'expérience, les schémas deviennent plus cognitifs et permettent des interactions de plus en plus complexes (intelligentes) avec l'environnement. Pour Piaget, ce sont toujours les schémas contenus dans la structure cognitive qui déterminent les types d'interactions possibles avec l'environnement. La théorie de Piaget suivait la tradition rationaliste plutôt que la tradition empirique. Comme elle soulignait l'importance des schémas dans la détermination de la réalité d'une personne, elle suivait surtout la tradition kantienne. Piaget a rédigé des livres sur les conceptions enfantines de la causalité, de la réalité, du temps, de la morale et de l'espace, qui démontraient toutes l'influence des catégories de pensées proposées par Kant. Il est intéressant de noter que Piaget a été encore plus prolifique que Wundt. Au chapitre 9, nous avons mentionné que ce dernier avait publié 53 735 pages dans sa vie, soit 2,2 pages par jour (Boring, 1950); Zusne et Blakely (1985) ont rapporté que Piaget en avait publié 62 935, soit 2,46 par jour. Au chapitre 13, nous avons souligné que lorsque les 1 725 membres de la Société américaine de psychologie ont dû classer les psychologues les plus remarquables du XXᵉ siècle, Skinner est arrivé premier, Piaget deuxième et Freud troisième (Dittman, 2002).

Comme nous l'avons vu, la psychologie gestaltiste et le béhaviorisme radical ont été créés à peu près en même temps (1912 et 1913 respectivement). Les gestaltistes dont l'orientation était cognitive représentaient une source d'irritation constante pour les béhavioristes. Également, dans les années 1930 et 1940, les béhavioristes méthodologiques comme Hull et Tolman désiraient parvenir à concevoir les événements qui intervenaient entre les stimuli (S) et les réponses (R). Pour Hull, ces variables étaient principalement physiologiques, mais pour Tolman, elles étaient surtout cognitives.

En 1942, Carl Rogers (1902-1987) a publié le livre *Counseling and Psychotherapy : Newer Concepts in Practice*, qui a représenté un défi pour les béhavioristes radicaux et pour la psychanalyse parce qu'il soulignait l'importance de l'expérience consciente dans la situation thérapeutique. En 1943, Abraham Maslow (1908-1970) a été le premier à proposer sa théorie de la motivation humaine fondée sur la hiérarchie des besoins. Malgré les efforts de personnes comme Rogers et la popularité du

béhaviorisme entre les années 1920 et 1940, la psychanalyse est demeurée très influente, surtout chez les psychologues et psychiatres cliniques. Donald Hebb (1904-1985) a été l'un des premiers critiques du béhaviorisme radical et a beaucoup contribué à diminuer son influence. Dans son livre *The Organization of Behavior* (1949), il n'a pas seulement cherché des explications biologiques du comportement, il a aussi fortement encouragé l'étude des processus cognitifs. Comme nous l'avons vu au chapitre 19, Hebb a continué à encourager le développement de la psychologie physiologique et cognitive dans les années 1950 et 1960. En 1949, Harry Harlow (1905-1981) a publié « The Formation of Learning Sets », qui prouvait que les singes employaient des stratégies mentales pour résoudre les problèmes de discrimination. Cette découverte était clairement en conflit avec la psychologie béhavioriste de l'époque.

En 1948, Norbert Wiener (1894-1964) a défini la *cybernétique* comme l'étude de la structure et du fonctionnement des systèmes de traitement de l'information. Ce qui l'intéressait particulièrement, c'était la façon dont les systèmes mécaniques ou biologiques pouvaient atteindre un but ou conserver un équilibre en utilisant automatiquement une rétroaction de leurs activités. Les pilotes automatiques d'avion et les thermostats en sont des exemples. On a rapidement réalisé que le comportement humain délibéré pouvait aussi s'expliquer en ces termes mécaniques, constat qui défaisait ainsi l'argument selon lequel l'étude du comportement délibéré (orienté vers des buts) devait nécessairement être subjective. En 1949, Claude E. Shannon, qui travaillait pour la compagnie Bell Telephone Laboratories, et Warren Weaver, qui était au service de la fondation Rockefeller, cherchaient à améliorer la pureté des messages entre le moment où ils étaient envoyés et reçus. Les travaux de Shannon et Weaver ont été appelés la *théorie de l'information*. Cette théorie souligne les diverses transformations que subit l'information quand elle entre dans un système de communication, quand elle fonctionne dans ce système, et quand elle le quitte. Comme nous le verrons plus loin dans ce chapitre, la psychologie du traitement de l'information ainsi que la théorie de l'information tentent de comprendre les structures, les processus et les mécanismes qui déterminent ce qui arrive à l'information à partir du moment où elle est reçue jusqu'au moment où elle est prise en compte.

Les développements au cours des années 1950

Selon Bernard Baars (1986), « il y a peu de doutes que **George A. Miller** [...] soit le leader le plus efficace en ce qui a trait à l'émergence de la psychologie cognitive » (p. 198 [notre traduction]). Miller se souvient que, pendant les années 1950, « "la cognition" était un mot sale parce que les psychologues cognitifs étaient considérés comme des individus confus et imprécis qui ne faisaient jamais rien de vérifiable » (p. 254 [notre traduction]). Miller soutenait que la psychologie cognitive moderne avait commencé lors d'un symposium sur la théorie de l'information financé par le Massachusetts Institute of Technology, les 10, 11 et 12 septembre 1956. Pendant ce symposium, Allen Newell (1927-1992) et Herbert Simon (1916-2001) avaient présenté des conférences sur la logique informatique, Noam Chomsky avait exposé ses opinions sur le langage en tant que système hérité et gouverné par des règles, et Miller avait décrit sa recherche démontrant que les individus ne peuvent distinguer que sept aspects différents d'une chose — par exemple, les nuances des couleurs, ou les tonalités sonores. Ils ne peuvent que retenir environ sept unités d'expérience significatives (fragments), comme les nombres, les mots et les phrases courtes. Miller a résumé sa recherche dans son influent article « The Magical Number Seven, Plus or Minus Two : Some Limits on Our Capacity for Proces-

George A. Miller

sing Information » (1956). Les participants au symposium du MIT ont beaucoup contribué au rapprochement entre la terminologie et les concepts de la théorie de l'information et de la cybernétique d'une part, et la psychologie d'autre part. Environ au même moment, le psychologue anglais Donald Broadbent (1957, 1958) faisait la même chose. Crowther-Heyck (1999) traite de l'importance des travaux de Miller pour le développement précoce de la psychologie cognitive.

En 1951, Karl Lashley (1890-1958) soutenait que l'explication du comportement sériel, ou chaîne de comportement, avancée par les béhavioristes qui insistaient sur l'importance de la stimulation externe, était insuffisante. Au contraire, selon lui, un comportement aussi organisé ne pouvait émaner que de l'organisme. Dans sa publication influente « Drives and the C.N.S. (Conceptual Nervous System) » (1955), Hebb a continué à manifester sa volonté de traiter les processus cognitifs de façon physiologique et donc d'entreprendre un combat contre les béhavioristes. Leon Festinger (1919-1989) a souligné que les idées d'un individu peuvent être compatibles ou incompatibles. Par exemple, l'incompatibilité existe si une personne procède à une tâche évidemment ennuyeuse tout en étant encouragée à la décrire comme enthousiasmante, ou si celui qui fume est d'avis que la cigarette cause le cancer. Quand les idées sont incompatibles, cela entraîne un état de dissonance qui motive une personne à modifier ses croyances ou son comportement. Dans les cas décrits, la personne pourrait diminuer la dissonance cognitive en disant la vérité sur la tâche ennuyeuse ou en se convainquant qu'elle est réellement enthousiasmante. Le fumeur pourrait réduire sa dissonance cognitive en mettant fin à son habitude ou en établissant qu'il n'y a pas de rapport probant entre la consommation de tabac et le cancer. Le livre influent de Festinger, *A Theory of Cognitive Dissonance* (1957), ne faisait aucune référence aux idées béhavioristes. Au début des années 1950, Jerome Bruner s'est intéressé à la réflexion et à la formation de concepts, et, en 1955, il a aidé Sir Frederic Barlett à organiser une des premières conférences sur la psychologie cognitive à Cambridge (Bruner, 1980). En 1956, Bruner (avec Jacqueline Goodnow et George Austin) a publié *A Study of Thinking*, qui soulignait l'apprentissage de concepts. Bien que Hull et Thorndike eussent déjà étudié cet apprentissage, leurs explications avaient été qualifiées de principes associationnistes passifs. Les explications de Bruner et ses collègues insistaient sur l'utilisation active des stratégies cognitives. En 1959, Tracy et Howard Kendler ont analysé l'apprentissage discriminatif sous l'angle de l'utilisation de concepts plutôt que de principes béhavioristes. La même année, Chomsky a publié son influente révision du livre de Skinner *Verbal Learning* (1957). Comme nous l'avons vu au chapitre 19, l'explication nativiste de Chomsky à propos du langage a beaucoup contribué à réduire la dominance du béhaviorisme radical.

De plus, au cours des années 1950, les théoriciens humanistes, tels Maslow, Kelly, Rogers et May, ont continué à développer leurs idées, comme l'ont fait les gestaltistes et les psychanalistes.

Les développements après les années 1950

En 1960, Miller et ses collègues Eugène Galanter et Karl Pribram ont publié le livre *Plans and the Structure of Behavior*, dans lequel ils soutenaient que les concepts cybernétiques (comme le contrôle par retour de l'information) expliquaient mieux, ou du moins aussi objectivement, les comportements humains orientés vers des buts que les concepts S-R. Au cours de ces mêmes années, Miller et Jerome Bruner ont fondé le Center for Cognitive Studies à Harvard. En plus de promouvoir la recherche sur les processus cognitifs, le centre a beaucoup contribué à populariser les idées de Piaget parmi les psychologues américains. En 1962, Miller a publié un article intitulé « Some Psychological Studies of Grammar » (1962a), qui introduisait l'analyse nativiste du langage de Chomsky dans la psychologie. En 1890, William James définissait la psychologie comme « la science de la vie mentale » ; et, en 1962, Miller a délibérément utilisé la définition de James pour le titre de son livre *Psychology : The Science of Mental Life* (1962b).

En 1963, preuve que la psychologie cognitive avait progressé, l'APA a décerné à Miller, en reconnaissance de son travail, le prix Distinguished Scientific Contribution. Miller a présidé l'APA en 1969 ; il a reçu la médaille d'or pour le Life Achievement in Psychological Science de l'American Psychological Foundation (APF) en 1990, et une médaille nationale scientifique de la part du président George Bush en 1991 ; en 2000, l'As-

sociation of Neuroscience Departments and Programs lui a remis son prix du millénaire ; en 2003, il a reçu le prix Outstanding Lifetime Contribution to Psychology de l'APA. Il est actuellement professeur émérite de psychologie à l'université Princeton.

En 1959, Donald Hebb a présidé l'APA, et son discours intitulé « La révolution américaine » a été publié en 1960. Il faisait référence non pas à une révolution politique aux États-Unis, mais à la révolution en matière psychologique au pays. Selon lui, cette révolution n'était passée qu'à travers une seule phase. Il s'agissait de la phase béhavioriste, qui avait produit des connaissances précises, factuelles, et une rigueur scientifique qui n'existaient pas auparavant en psychologie. Cependant, dans leurs efforts d'objectivité totale, les béhavioristes avaient minimisé ou banni des sujets comme la pensée, l'imagination, la volition et l'attention. Hebb a exhorté la deuxième phase de la révolution à utiliser la rigueur scientifique promue par les béhavioristes pour étudier les processus cognitifs longtemps négligés. Il a dit ceci à propos de cette deuxième phase (1960) : « Il n'y a pas moyen d'arrêter la roue » (p. 741 [notre traduction]). Il a indiqué que les travaux de Festinger, Broadbent, les Kendler, Miller, Glanter, et Pribram constituaient un bon début pour la psychologie cognitive rigoureuse. Il était particulièrement impressionné par la possibilité que l'ordinateur serve de modèle pour étudier les processus cognitifs. Il a prédit que ce modèle deviendrait un « fervent candidat à la première place » (1960, p. 741 [notre traduction]). L'approche préférée de Hebb pour étudier les processus cognitifs était de spéculer sur leurs fondements biologiques. Nous avons recensé certaines de ses spéculations au chapitre 19.

En 1962 et 1963, M. D. Egger et Neal Miller ont démontré, contrairement à la tradition, que les principes associatifs ne pouvaient expliquer à eux seuls le phénomène du conditionnement classique. C'est plutôt l'information transmise par les stimuli impliqués qui doit être considérée. En 1967, Ulric Neisser, qui a étudié avec George Miller, a publié son livre influent intitulé *Cognitive Psychology*, dans lequel il a défini le terme cognition ainsi : « tous les processus par lesquels […] les données d'entrée sensorielles sont transformées, réduites, élaborées, classées, remémorées et utilisées » (p. 4 [notre traduction]). Dans son livre, Neisser a tenté d'intégrer la recherche sur des sujets comme la perception, la formation de concepts, la signification, le langage et la réflexion en utilisant des concepts principalement issus de la théorie de l'information. Selon Roediger (2000), plusieurs idées avancées par Neisser dans *Cognitive Psychology* provenaient des travaux antérieurs de Barlett, et Neisser a reconnu sa dette envers lui.

À partir du moment où le béhaviorisme — surtout radical — a perdu de sa vigueur, plusieurs efforts antérieurs en psychologie cognitive ont commencé à être appréciés. Michael Wertheimer (1987) commente les influences d'Ebbinghaus : « Ses expériences fondamentales peuvent être considérées [...] comme le début de ce qui allait devenir le domaine populaire actuel de la psychologie cognitive » (p. 78 [notre traduction]). À propos du rôle de de la psychologie gestaltiste, Hearst disait (1979) : « La psychologie cognitive contemporaine — avec son insistance sur l'organisation, la structure, les relations, le rôle actif du sujet et l'importance de la perception pour l'apprentissage ou la mémoire — reflète l'influence de ses antécédents gestaltistes » (p. 32 [notre traduction]). Dans une entrevue, Neisser décrit comment la psychologie gestaltiste a déteint sur lui :

> Je me suis particulièrement intéressé à la psychologie gestaltiste. Son idéalisme m'attirait. Les psychologues gestaltistes considéraient que la nature humaine était merveilleuse, qu'elle valait la peine d'être explorée et connue. Ils se battaient constamment contre les béhavioristes qui semblaient considérer la nature humaine comme une simple collection de réactions conditionnées ou d'associations aveugles. Du point de vue de la gestalt, l'esprit est beau, bien structuré et en harmonie avec l'univers. (Baars, 1986, p. 274 [notre traduction])

Et concernant l'importance de Piaget, Jerome Kagan (1980) a dit : « Piaget et Freud sont des personnages fondamentaux pour les sciences du développement humain » (p. 246 [notre traduction]).

Une des théories cognitives les plus populaires en psychologie contemporaine est celle d'Albert Bandura sur la théorie sociale cognitive. On peut considérer que la théorie de Bandura émane directement de celle de Tolman :

> S'il fallait choisir la théorie de l'apprentissage qui se rapproche le plus de celle de Bandura, ce serait celle de Tolman. Bien qu'il soit béhavioriste, il utilisait des concepts mentalistes pour expliquer les phénomènes comportementaux. Bandura faisait la même chose. Tolman pensait que l'apprentissage était un processus constant qui

ne nécessitait pas de renforcement, et c'était aussi l'opinion de Bandura. Les théories de Tolman et de Bandura sont de nature cognitive, et aucune des deux ne porte sur le renforcement. Enfin, les deux hommes s'intéressaient aussi au concept de la motivation. Tolman pensait que l'apprentissage était constant, mais, selon lui, l'individu utilisait l'information acquise grâce à l'apprentissage uniquement quand il avait une raison de le faire, quand le besoin s'en faisait sentir. Par exemple, une personne sait très bien où se trouve la fontaine, mais elle utilisera cette information uniquement si elle a soif. Pour Tolman, la distinction entre l'apprentissage et la performance était très importante, comme dans la théorie de Bandura. (Hergenhahn et Olson, 2005, p. 341 [notre traduction])

(Voir Bandura, 1986, pour un excellent résumé de sa vaste recherche sur la théorie sociale cognitive.)

La revue *Cognitive Psychology* a été fondée en 1969. Dans les vingt années qui ont suivi, quinze revues ont été créées, consacrées à des articles de recherche sur des sujets comme l'attention, la résolution de problèmes, la mémoire, la perception, le langage et la formation de concepts. L'intérêt pour la psychologie cognitive était devenu si grand que plusieurs pensaient qu'une révolution (ou un changement de paradigme) s'était produite en psychologie (par exemple, Baars, 1986 ; Gardner, 1985 ; Sperry, 1993). Cependant, d'autres ont suggéré que la psychologie cognitive contemporaine représentait un *retour* à un type de psychologie antérieur à la domination du béhaviorisme. En fait, il s'agit plutôt d'une contre-révolution (voir Hergenhahn, 1994). Même George Miller, qui, comme nous l'avons vu, était tout aussi responsable que les autres de la popularité de la psychologie cognitive, rejette l'idée d'une révolution :

> Apparemment, plusieurs psychologues expérimentalistes qui étudiaient l'apprentissage, la perception ou la pensée humaine ont commencé à se qualifier de psychologues cognitifs sans modifier de façon évidente ce qu'ils avaient toujours pensé ou fait, comme s'ils avaient soudainement découvert qu'ils avaient toujours parlé de psychologie cognitive. Notre victoire a donc été plus modeste que ce que les écrits pourraient laisser croire. (Bruner, 1983, p. 126 [notre traduction])

Robins, Gosling et Craik (1999) soulignent que la popularité de cette psychologie a considérablement augmenté au cours des trente dernières années. Ils sont cependant d'accord avec Miller sur le fait qu'il serait faux de qualifier cette popularité croissante de révolution cognitive.

Dans tous les cas, l'approche de la psychologie du traitement de l'information domine tous les types de psychologie cognitive antérieurs aux années 1970. Cette approche est celle qui a utilisé le programme informatique comme métaphore du fonctionnement du cerveau. Avant de l'aborder, nous examinerons le domaine de l'intelligence artificielle qui a influencé son développement.

L'intelligence artificielle

Les développements combinés de la cybernétique, de la théorie de l'information et de la technologie informatique constituent le domaine de l'intelligence artificielle. Fetzer (1991) définit l'**intelligence artificielle (IA)** comme « la branche particulière des sciences informatiques qui cherche à déterminer si les pouvoirs mentaux des humains peuvent être enregistrés par des machines » (p. xvi [notre traduction]). En 1950, le brillant mathématicien Alan M. Turing (1912-1954) a fondé le domaine de l'intelligence artificielle dans un article intitulé « Computing Machinery and Intelligence », dans lequel il soulève la question suivante : les machines peuvent-elles penser ? Comme le terme *penser* est si ambigu, Turing propose une façon objective de répondre à sa propre question.

Le test de Turing

Turing a proposé de jouer à un « jeu d'imitation » pour répondre à la question suivante : les machines (par exemple, les ordinateurs) peuvent-elles penser ? Il demande d'imaginer un interrogateur qui pose des questions qui nécessitent un approfondissement à un être humain et à un ordinateur sans que ni l'un ni l'autre ne puisse le voir. Les questions et les réponses sont dactylographiées et montrées à l'écran. La seule information dont dispose l'interrogateur est celle qui est procurée pendant la séance de questions-réponses. L'être humain est invité à répondre honnêtement et à tenter de convaincre l'interrogateur qu'il est vraiment l'humain. L'ordinateur est programmé pour répondre comme s'il était un être humain. Si, après une série de tests, l'interrogateur est incapable d'identifier systématiquement le sujet humain, l'ordinateur réussit le **test de Turing**, et on peut dire qu'il pense.

L'intelligence artificielle forte ou faible

Si l'ordinateur réussit le test, qu'est-ce que cela signifie pour certaines fonctions humaines cognitives ? Par exemple, si un interrogateur ne peut pas distinguer un humain d'un ordinateur pour ce qui est de la pensée, du raisonnement et de la résolution de problèmes, est-ce que cela signifie que l'ordinateur possède les mêmes attributs mentaux que les êtres humains ? Non, disent les tenants de l'**intelligence artificielle faible**, qui clament que l'ordinateur peut au mieux simuler ces attributs. Oui, rétorquent les tenants de l'**intelligence artificielle forte**, qui déclarent que l'ordinateur n'est pas simplement un outil utilisé pour étudier l'esprit (comme le pensent les défenseurs de l'intelligence artificielle faible). Un ordinateur adéquatement programmé *est* en réalité un esprit capable de comprendre et d'éprouver des états mentaux. Selon le camp de l'IA forte, les esprits humains sont des programmes informatiques, et rien n'empêche d'autres programmes non biologiques de les reproduire ; les ordinateurs ne *simulent* pas les processus cognitifs humains, mais ils les *reproduisent*.

L'argument de Searle contre l'intelligence artificielle forte

John Searle (1980, 1990) décrit sa fameuse réfutation de « la chambre chinoise » auprès des partisans de l'intelligence artificielle forte. Selon cette école de pensée, la réflexion est la manipulation des symboles d'après des règles, et comme les programmes informatiques manipulent les symboles en suivant des règles, ils pensent : « [...] la pensée est au cerveau ce que le programme est à l'ordinateur » (Searle, 1990, éd. fr. 1990, p. 38). Pour réfuter cette affirmation, Searle vous demande de penser à une langue que vous ne comprenez pas, par exemple le chinois. Ensuite, il vous propose de supposer que vous vous trouvez dans une pièce contenant des paniers remplis de symboles chinois, ainsi que des instructions rédigées en anglais vous indiquant comment faire correspondre les symboles chinois. Les instructions portent uniquement sur la correspondance des formes, vous n'avez donc pas besoin de comprendre ces symboles. Imaginez encore que des personnes situées à l'extérieur de la pièce comprennent le chinois et glissent des séries de symboles dans cette pièce, que vous manipulez conformément aux instructions. Ensuite, vous glissez les résultats hors

John Searle

de la pièce. Searle relie ces instructions au programme informatique. Les personnes qui les ont écrites sont les « programmeurs » et vous êtes l'« ordinateur ». Les paniers remplis de symboles sont la « base de données », les petites séries de symboles introduites dans la pièce sont des « questions », et enfin les petites séries de symboles transformées que vous avez fait sortir de la pièce sont des « réponses ».

Finalement, imaginez que votre livre d'instructions soit rédigé de telle façon que vos « réponses » sont impossibles à distinguer de celles d'une personne d'origine chinoise. En d'autres mots, et sans que vous le sachiez, les symboles introduits dans la pièce peuvent correspondre à la question « Quelle est la capitale de la France ? », et votre réponse, encore une fois à votre insu, peut être « Paris ». Après plusieurs questions et réponses, vous réussissez le test Turing, qui indique que vous connaissez le chinois, bien que ce ne soit pas du tout le cas. De plus, dans votre situation, vous ne

parviendrez jamais à comprendre le chinois parce que vous n'avez jamais pu apprendre la signification des symboles. Comme un ordinateur, vous les manipulez sans leur accorder de signification. Searle conclut (1990) :

> La leçon de cette expérience est la suivante : si je ne comprends pas le chinois en exécutant un programme de compréhension du chinois (c'est-à-dire en appliquant les règles du mode d'emploi), alors un ordinateur ne comprend pas plus le chinois que moi, s'il fonctionne dans les mêmes conditions. Les ordinateurs numériques ne font que manipuler des symboles formels selon les instructions des programmes.
>
> Ce qui est vrai pour le chinois l'est aussi pour d'autres facultés intellectuelles. La manipulation de symboles ne confère pas les facultés de compréhension, de perception, de réflexion, de connaissance, etc. Et comme les ordinateurs — en tant que systèmes — sont des machines à manipuler des symboles, l'exécution des programmes ne leur assure pas la connaissance. (éd. fr. 1990, p. 39)

Tout problème qui peut être énoncé en termes de symboles formels et résolu en suivant des règles particulières peut être résolu par un ordinateur, comme calculer le solde d'un compte bancaire ou jouer aux échecs ou aux dames. La manipulation de symboles en suivant des règles spécifiques s'appelle la *syntaxe*. Pour sa part, la *sémantique* implique d'attribuer une signification aux symboles. Selon Searle, les programmes informatiques possèdent une syntaxe, mais pas de sémantique. Les pensées, les perceptions ainsi que les compréhensions humaines ont un contenu mental et peuvent se rapporter à des objets ou à des événements dans le monde ; ils ont une signification ou, selon le terme de Brentano, ils ont une *intentionnalité*. Un programme informatique (ou vous, enfermé dans la pièce chinoise) se contente simplement de manipuler des symboles sans savoir ce qu'ils signifient. Encore une fois, bien que l'ordinateur soit capable de réussir le test de Turing, il ne pense pas réellement comme le font les humains, donc l'intelligence artificielle forte est fausse. « La manipulation des symboles (la syntaxe) ne donne pas la sémantique » (Searle, 1990, éd. fr. 1990, p. 39). Nos cerveaux sont construits de façon à causer des événements mentaux : « Le cerveau est un organe biologique particulier, dont les propriétés biochimiques lui permettent d'engendrer la conscience et les autres phénomènes mentaux » (Searle, 1990, éd. fr. 1990, p. 41). Les programmes informatiques peuvent offrir des simulations utiles des aspects formels des processus cérébraux, mais il ne faut pas confondre simulation et duplication. « Personne ne s'attend à être mouillé dans une piscine pleine de balles de ping-pong, même si l'on simule avec elles les molécules d'eau. Pourquoi croit-on qu'un modèle informatique de la pensée peut penser » (Searle, 1990, éd. fr. 1990, p. 43) ?

Les humains sont-ils des machines ?

L'argument des machines capables de réfléchir (dans ce cas-ci, l'ordinateur) réintroduit plusieurs questions qui ont persisté pendant toute l'histoire de la psychologie. Par exemple, quelle est l'essence de la nature humaine ? Comme nous l'avons vu, une des réponses est que les hommes sont des machines. La plupart des tenants anglais et français de l'approche newtonienne du cerveau ont repris la conception de Newton selon laquelle l'univers est une machine et l'ont appliquée aux humains. Pour tous ceux qui pensent que les humains ne sont que des machines complexes — nombreux sont les philosophes et les psychologues qui le croient —, rien n'empêche de construire une machine inhumaine pour *reproduire* toute fonction humaine. Pour ce faire, il faudrait mettre l'ordinateur dans un robot sophistiqué, mais, en principe, rien n'empêche la machine inhumaine de reproduire toutes les fonctions humaines, puisque les êtres humains aussi ne sont que des machines. Par exemple, les matérialistes ne se préoccupent pas de la controverse entourant la possibilité de fabriquer des machines identiques à des robots qui reproduiraient toutes les fonctions humaines. D'après eux, les humains ne sont que des systèmes physiques. Cependant, ils sont d'avis qu'il n'y a pas de « fantôme dans la machine » (c'est-à-dire un cerveau) ; il n'y a donc pas de raison de se demander si une machine inhumaine peut penser ou pas. Ni les machines inhumaines ni les humains ne peuvent penser. Les pensées, les idées, les concepts, les perceptions et la compréhension ne peuvent pas exister si on considère que leur nature n'est pas physique ; seules les choses physiques existent. D'après les matérialistes, suggérer le contraire reviendrait à adopter le dualisme. Les béhavioristes radicaux étaient matérialistes, ils ne niaient donc pas qu'on pouvait construire des machines et reproduire le *comportement* humain. Cependant, une telle machine n'est pas plus capable de penser que les

humains, il est donc absurde de parler de reproduire les processus de la pensée humaine. Pour les matérialistes, les concepts d'intelligence artificielle faible et forte sont inutiles.

Les psychologues et les philosophes qui acceptent le dualisme peuvent trouver l'intelligence artificielle utile ou non. Le fait de supposer que la nature humaine a une composante cognitive ne signifie pas que celle-ci est illégitime. La plupart des empiristes anglais et des sensualistes français étaient partisans du mentalisme, mais les événements mentaux qu'ils concevaient étaient gouvernés par les lois de l'association. Le fait d'être un rationaliste n'empêche pas d'être déterministe, pour ce qui est des événements mentaux. Par exemple, Spinoza croyait que la pensée était légitime, et il n'aurait donc pas trouvé bizarre l'analogie entre la machine et l'esprit. De la même façon, les philosophes qui, comme Kant, divisaient l'esprit en différentes facultés étaient dualistes. Cependant, ils pensaient que ces facultés transformaient l'information sensorielle de façon automatique, mécanique et légitime, et donc que les aspects physiques et mentaux des êtres humains étaient semblables à ceux d'une machine. Plus récemment, les béhavioristes méthodologiques comme Tolman, suivant la tradition des psychologues universitaires, émettaient l'hypothèse selon laquelle les événements cognitifs servent d'intermédiaire entre les stimuli et les réponses. Donc, le fait d'être dualiste n'empêche pas de considérer les êtres humains comme des machines et d'accepter une certaine forme d'intelligence artificielle. Comme nous le verrons, la psychologie du traitement de l'information est une forme de psychologie cognitive qui a suivi la tradition de la psychologie des facultés et du béhaviorisme méthodologique, et qui a donc trouvé beaucoup de choses utiles dans l'intelligence artificielle.

Tous les philosophes rationnels ou les psychologues qui croyaient en l'existence d'un libre arbitre (comme Descartes) s'opposaient fermement à l'utilisation de toute forme d'intelligence artificielle comme modèle de compréhension de l'esprit humain. C'était également le cas des philosophes romantiques et existentiels et des psychologues humanistes modernes. À part ce postulat, les psychologues humanistes clamaient qu'il y avait tant d'importants attributs exclusivement humains (comme la créativité et la tendance innée à la réalisation de soi) que l'idée même d'une machine simulant ces attributs était ridicule, voire dangereuse. Dangereuse parce que, si on considère les humains comme des machines, on peut les traiter comme tels, et eux peuvent se conduire comme des machines. Selon les psychologues humanistes, c'est ce qui a tendance à se produire quand on applique les méthodes et les hypothèses des sciences naturelles à l'étude des humains. Les humains sont alors traités comme des objets physiques (des machines) et sont donc désacralisés. La plupart des psychologues humanistes trouvent l'idée même de l'intelligence artificielle répugnante.

La psychologie du traitement de l'information

Il n'y a pas de meilleur exemple de la façon dont les développements extérieurs à la psychologie peuvent influencer celle-ci que l'émergence de la **psychologie du traitement de l'information**. Bien que des personnes comme George Miller (1956) et Donald Broadbent (1957, 1958) aient déjà utilisé la métaphore de l'ordinateur pour étudier la cognition humaine, il est généralement admis que l'article publié en 1958 par Allen Newell, J. C. Shaw et Herbert Simon a marqué la transition entre l'intelligence artificielle et la psychologie du traitement de l'information. Dans cet article, les auteurs affirment que les programmes d'ordinateur qu'ils ont développés résolvent les problèmes de la même façon que les humains. C'est-à-dire que le cerveau humain et les programmes informatiques sont des dispositifs généraux de résolution de problèmes. Cette affirmation a été très influente, et un nombre croissant de psychologues a commencé à remarquer les similitudes entre l'humain et l'ordinateur. Les deux reçoivent des données d'entrée, les traitent, possèdent une mémoire et produisent des données de sortie. Pour les psychologues du traitement de l'information, les termes *données d'entrée* remplacent le terme *stimulus*, *données de sortie* remplacent *réponse* et *comportement*, et des mots comme *stockage*, *encodage*, *traitement*, *capacité*, *récupération*, *décisions conditionnelles* et *programmes* décrivent les événements de traitement de l'information qui se produisent entre les données d'entrée et de sortie. La plupart de ces termes proviennent du vocabulaire de la technologie informatique. Le psychologue du traitement de l'information concentre généralement sa recherche sur les raisonnements et les comportements normaux et rationnels et considère que les humains cherchent et utilisent activement l'information.

Comme nous l'avons vu tout au long de ce livre, les hypothèses sur la nature humaine influencent fortement la façon d'étudier les humains. L'hypothèse selon laquelle l'esprit ou le cerveau est un ordinateur ou agit comme tel témoigne de cet argument :

> Les ordinateurs utilisent des données d'entrée symboliques, les recodent et s'en servent pour prendre des décisions. Ils forment de nouvelles expressions à partir de ces données, en stockent une partie ou la totalité et fournissent des données de sortie symboliques. Par analogie, c'est en gros ce que fait la psychologie cognitive. Elle s'occupe de la façon dont les gens absorbent l'information, la recodent, s'en souviennent, prennent des décisions, transforment leur état intérieur de connaissance en des données de sortie comportementales. L'analogie est importante. Il y a une grande différence entre le scientifique qui considère les humains comme des animaux de laboratoire et celui qui les perçoit comme des ordinateurs. Les analogies influencent le choix des questions de recherche et orientent la façon de construire une théorie. Elles colorent le langage du scientifique, et le choix de la terminologie est significatif. Les termes révèlent une infrastructure conceptuelle qui définit l'approche d'un sujet. Un comportement qualifié de *réponse* n'est pas le même que celui qu'on qualifie de *donnée de sortie*. Cela implique différentes croyances sur l'origine du comportement, son histoire et son explication. De la même façon, les termes *stimulus* et *donnée d'entrée* comportent des implications très différentes quant à la façon dont les gens les utilisent. (Lachman, Lachman et Butterfield, 1979, p. 99 [notre traduction])

Le traitement de l'information suit la tradition rationaliste, et comme la plupart des théories de cette école de pensée, celle du traitement de l'information a une forte composante nativiste :

> Nous ne croyons pas au postulat des instincts mystérieux pour expliquer les comportements autrement inexplicables, mais nous pensons que tout ce que font les humains est résultat des capacités innées ainsi que de l'apprentissage. Nous accordons à ces capacités davantage de signification que les béhavioristes. Nous sommes d'avis qu'une partie de l'explication de la cognition humaine consiste à identifier la combinaison des capacités innées et des résultats des expériences qui forme la performance cognitive. Ceci nous amène à supposer que

certains aspects de la cognition ont évolué principalement ou exclusivement chez les humains, surtout dans le domaine du langage. (Lachman, Lachman et Butterfield, 1979, p. 118 [notre traduction])

Remarquez la similitude entre la vision gestaltiste et l'affirmation suivante de Lachman, Lachman et Butterfield : « Le cerveau humain est composé de parties qui sont interreliées comme un *système naturel* » (1979, p. 128 [notre traduction]). Remarquez aussi la similitude entre la philosophie de Kant et une autre déclaration des mêmes auteurs : « Le système cognitif de l'homme est constamment actif ; il ajoute à ses données environnementales et *construit* littéralement sa réalité » (1979, p. 128 [notre traduction]). En fait, il existe des ressemblances considérables entre la philosophie rationaliste de Kant et la psychologie du traitement de l'information. Plusieurs considèrent Kant comme le père fondateur de ce type de psychologie. « Quand les scientifiques cognitifs discutent de leurs ancêtres philosophiques, Emmanuel Kant est le plus souvent cité » (Flanagan, 1991, p. 181 [notre traduction]). Comme nous l'avons vu au chapitre 6, Kant a conçu plusieurs catégories de pensée (facultés de l'esprit) qui agissent sur l'information sensorielle en lui conférant une structure et une signification qu'elle n'aurait pas autrement. En d'autres mots, selon Kant, les facultés de l'esprit traitent l'information. C'est la philosophie de Kant qui a créé une affinité entre la théorie de Piaget sur le développement intellectuel, la psychologie gestaltiste et la psychologie du traitement de l'information.

Le retour de la psychologie des facultés

Principalement à cause de sa relation avec la phrénologie, la psychologie des facultés est tombée en disgrâce chez les scientifiques qui l'ont essentiellement écartée comme ils l'ont fait avec la phrénologie. Pour certains, cela équivalait à jeter le bébé avec l'eau du bain. Nous venons de voir que la psychologie du traitement de l'information marquait le retour de la psychologie des facultés. La récente découverte indiquant que l'esprit est organisé en plusieurs « modules » (groupes de cellules), chacun associé à des fonctions particulières comme la reconnaissance des visages, marque aussi le retour à la psychologie des facultés. Comme le souligne Jerry Fodor (1983) :

La psychologie des facultés est en train de redevenir respectable après avoir traîné pendant des siècles en compagnie de phrénologues et d'autres individus louches. Par psychologie des facultés, j'entends en gros le point de vue selon lequel il faut postuler beaucoup de mécanismes psychologiques fondamentalement différents pour expliquer les faits de la vie mentale. La psychologie des facultés prend au sérieux l'hétérogénéité apparente du mental et avoue être frappée par les différences évidentes qui existent, par exemple, entre la sensation et la perception, la volition et la cognition, l'apprentissage et la mémoire, le langage et la pensée. Puisque, pour le psychologue des facultés, les causes mentales du comportement mettent en jeu l'activité simultanée d'un ensemble de mécanismes psychologiques différents, la meilleure stratégie de recherche semblerait être de diviser pour régner : étudions d'abord les caractéristiques intrinsèques de chacune des facultés présumées et ensuite leurs différentes interactions. Du point de vue du psychologue des facultés, le comportement manifeste, observable, est un effet d'interaction par excellence. (éd. fr. 1986)

Dans son livre influent *How the Mind Works* (1997), Steven Pinker tient compte aussi de la psychologie des facultés. « J'affirme que l'esprit n'est pas un organe simple, mais plutôt un système composé d'organes, que nous pouvons considérer comme des facultés psychologiques ou des modules mentaux » (p. 27 [notre traduction]).

Le retour du problème corps-esprit

La popularité actuelle des diverses psychologies cognitives, y compris le traitement de l'information, réintègre le problème corps-esprit dans la psychologie, bien qu'il ne l'ait jamais totalement quittée. Les béhavioristes radicaux ont « résolu » le problème en niant l'existence de l'esprit. Pour eux, les soi-disant événements mentaux ne sont que des expériences physiologiques auxquelles nous attribuons des étiquettes cognitives. C'est-à-dire que les béhavioristes radicaux ont « résolu » le problème corps-esprit en présumant le matérialisme ou le monisme physique. Cependant, la psychologie cognitive suppose l'existence des événements cognitifs. Ces événements sont parfois considérés comme des sous-produits de l'activité cérébrale (épiphénoménisme), quelquefois comme des processeurs automatiques et passifs de l'information sensorielle (mécanisme), et dans certains cas comme des causes importantes du comportement (interactionnisme).

Dans chaque cas, les événements du corps et les événements cognitifs sont imaginés, il faut donc expliquer la relation entre les deux. Plusieurs psychologues cognitifs contemporains pensent qu'ils ont évité le dualisme en soulignant la relation étroite entre certaines activités du cerveau et certains événements cognitifs (par exemple, Sperry, 1993). La possibilité de découvrir bientôt cette relation pour tous les événements mentaux est parfois avancée pour appuyer le matérialisme. D. N. Robinson (1986) explique pourquoi ce raisonnement est fallacieux :

> Ceci justifie à peine le monisme matérialiste, puisque le *dualisme* ne demande pas qu'il n'y ait pas de cerveau ! En effet, le dualisme ne requiert même pas que les événements mentaux ne soient pas des effets des causes neuronales. Le dualisme moderne affirme seulement que ce *sont* des événements mentaux. Donc, la démonstration selon laquelle ces événements sont en quelque sorte causés par des événements matériels, loin d'établir la validité de la position moniste, garantit virtuellement celle de l'opinion dualiste. (p. 435-436 [notre traduction])

Le fait de remplacer le terme *corps-esprit* par *esprit-cerveau* ne résout pas le problème de savoir comment le matériel (le cerveau) peut provoquer le mental (les idées, les pensées).

Dans les années 1970, plusieurs psychologues du traitement de l'information qui tentaient de comprendre la cognition ont combiné leurs efforts à ceux des philosophes, des anthropologues, des linguistes, des neuroscientifiques, des ingénieurs et des informaticiens et ont créé la **science cognitive**. Comme ces psychologues, les scientifiques cognitifs cherchent à comprendre les processus mentaux qui interviennent entre les stimuli et les réponses, mais à partir d'une base d'étude plus large. Cependant, malgré le développement de la science cognitive, ou peut-être à cause de ce développement, il était de plus en plus évident que la psychologie du traitement de l'information et l'intelligence artificielle à partir de laquelle elle s'était formée devenaient stériles. Même Ulric Neisser, dont le livre *Cognitive Psychology* publié en 1967 a tellement contribué à promouvoir la psychologie du traitement de l'information, a fini par perdre ses illusions sur ce type de psychologie. En 1976, Neisser a publié le livre *Cognition and Reality*, dans lequel il proposait de remplacer la psychologie du traitement de l'information par la *psychologie écologique*. Cette psychologie s'éloigne du modèle informatique de la cognition humaine et des limites de l'expérimentation en laboratoire, et se tourne vers l'étude de la cognition telle qu'elle se produit naturellement dans les situations de la vie réelle. Neisser (1982) a procédé à un ensemble d'études écologiques pertinentes sur la mémoire. Ces études portent sur les souvenirs semblables à des flashes (souvenirs très nets d'événements importants comme l'assassinat de John F. Kennedy), les mnémoniques (les stratégies qui améliorent la récupération efficace des souvenirs), les personnes qui ont une mémoire exceptionnelle et l'exactitude du témoignage des témoins oculaires. L'approche nouvelle de Neisser envers la psychologie cognitive a été marquante, mais l'influence de l'intelligence artificielle sur l'étude des processus cognitifs était loin d'être terminée. Un nouvel événement saisissant utilisant le cerveau au lieu de l'ordinateur comme modèle du fonctionnement cognitif, soit le nouveau connexionnisme, a ravivé l'enthousiasme envers l'intelligence artificielle.

Le nouveau connexionnisme

Les spéculations de Hebb concernant le développement des assemblages cellulaires et des phases séquentielles (voir le chapitre 19) sont réapparues dans le domaine de recherche le plus populaire de la psychologie contemporaine — le **nouveau connexionnisme**. Il s'agit d'une forme d'intelligence artificielle (IA) qui contraste avec le *connexionnisme* de Thorndike (voir le chapitre 11). Les deux ont en commun l'hypothèse des connexions neuronales entre les stimuli (données d'entrée) et les réponses (données de sortie). Cependant, comme nous le verrons ensuite, les connexions neuronales postulées par le nouveau connexionnisme sont beaucoup plus complexes que celles de Thorndike.

Les antécédents

La pierre angulaire d'un type de modèle populaire de nouveau connexionnisme est la **règle de Hebb**, qui affirme que si les neurones sont simultanément ou successivement actifs, la solidité de leurs connexions augmente. Bien que cette règle ait fortement influencé le nouveau connexionnisme, Hebb n'en est pas l'auteur. Elle se base sur les lois associatives de la contiguïté et de la fréquence, qui remontent au moins à Aristote, et, comme nous l'avons vu au chapitre 5, David Hartley a devancé Hebb d'environ 200 ans pour ce qui est de l'application de ces principes associatifs à l'activité neuronale. William James (1890/1950, vol. 1, p. 566) a aussi devancé la règle de Hebb, et l'explication neurophysiologique de Pavlov sur le développement de réflexes conditionnés a suivi de près Hartley et James.

Warren McCulloch et Walter Pitts (1943) ont aussi précédé Hebb en tentant de démontrer la relation entre les modèles d'activité neuronale et les processus cognitifs. D'une certaine façon, leur approche était plus étroitement liée au nouveau connexionnisme que celle de Hebb. McCulloch et Pitts cherchaient principalement à montrer comment les neurones et les réseaux de neurones procédaient à des opérations logiques qui pouvaient s'exprimer de façon mathématique. Ils utilisaient les termes « réseaux neurologiques » pour traduire leur intérêt envers l'expression mathématique de l'activité neuronale. Le nouveau connexionnisme tente essentiellement de décrire ainsi cette activité et de la relier au fonctionnement intellectuel humain.

Hebb était bien conscient de ne pas être l'auteur de l'idée exprimée dans ce qui est devenu la règle de Hebb. Dans *Organization of Behavior* (1949), il a dit :

> L'idée générale est ancienne : deux cellules ou systèmes de cellules qui sont actifs au même moment de façon répétée auront tendance à s'associer, de manière que l'activité dans l'un facilite l'activité dans l'autre. Les détails spéculatifs qui suivent tentent de montrer comment réactiver cette vieille idée. (p. 70 [notre traduction])

Bien que l'idée d'une activité neuronale simultanée ou temporellement rapprochée ne provienne pas de Hebb, c'est sa version qui a le plus influencé le nouveau connexionnisme.

> Il n'en reste pas moins que c'est Hebb qui a exposé plusieurs idées fondamentales pour le connexionnisme. À un niveau très général, son engagement à essayer d'expliquer les processus psychologiques en tenant compte de certaines contraintes neurophysiologiques a perduré. À un niveau spécifique, l'apprentissage hebbien, tel que véhiculé par la règle de Hebb, continue à s'appliquer, même aux systèmes les plus récents. (Quinlan, 1991, p. 6 [notre traduction])

Les réseaux neuronaux

Le nouveau connexionnisme utilise pour modèle un système complexe de neurones artificiels appelé **réseau neuronal**. Il y a normalement trois types de « neurones » (parfois appelés unités ou processeurs) dans un tel réseau : unité d'entrée, unité cachée et unité de sortie. Comme dans le cerveau, dans le réseau neuronal, l'expérience modifie les associations entre les neurones. Pour Hebb, les neurones s'associent quand l'anatomie ou la biochimie des synapses se modifie. Dans les réseaux neuronaux, les changements synaptiques sont simulés par des poids mathématiques modifiables, ou des charges, dans les unités du réseau. Le réseau neuronal est conçu pour détecter les unités du réseau qui sont actives chaque fois qu'une donnée d'entrée se présente, et pour se réorganiser selon la règle de Hebb. C'est-à-dire que, en augmentant mathématiquement le poids des connexions entre les unités simultanément actives, on accroît leur force. Après chaque présentation, le réseau se réorganise de façon similaire. C'est l'exécution mathématique de ce qui est censé se produire biochimiquement dans les neurones. C'est-à-dire que les unités du réseau neuronal qui sont systématiquement actives en même temps s'associent, et, ensuite, une donnée d'entrée systématique produit une donnée de sortie systématique.

Dans un réseau neuronal, les influences sont organisées hiérarchiquement. Les unités cachées convertissent mathématiquement les modèles d'activité entrante qu'ils reçoivent des unités de données d'entrée en modèles individuels de sortie, que les unités cachées diffusent ensuite aux unités de sortie. Au début, les données d'entrée dans le réseau produisent une activité générale, et les données de sortie ne sont pas prévisibles. Cependant, avec l'expérience, les poids des connexions au sein du réseau se modifient conformément à la règle de Hebb, et finalement, tel que mentionné, il y a une corrélation entre les données de sortie et d'entrée. La figure 20.1 montre un réseau neuronal très simplifié.

Le nouveau connexionnisme déroge radicalement de ce que John Haugeland (1985) appelle la *bonne vieille intelligence artificielle* (GOFAI[1]). La GOFAI traite une séquence d'information à la fois selon une règle conditionnelle (si… alors) ; et les réseaux neuronaux traitent

---

1. Note de la traductrice : Good-Old-Fashioned-Artificial-Intelligence.

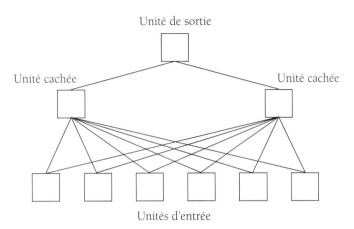

Figure 20.1
Réseau neuronal très simplifié.

plusieurs séquences simultanément. Dans ce deuxième cas, on parle de *traitement parallèle réparti*. La GOFAI traite l'information symbolique selon les règles ; les réseaux neuronaux traitent uniquement les modèles d'excitation et d'inhibition exprimés en poids mathématique au sein du système. Contrairement à la GOFAI, l'apprentissage et la mémoire ne se limitent plus au stockage et à la récupération de représentations symboliques. « L'utilisation de la connaissance dans le traitement ne se limite plus à trouver l'information pertinente dans la mémoire et à l'appliquer ; elle fait partie intégrante du traitement lui-même » (McClelland, Rumelhart et Hinton, 1992, p. 281 [notre traduction]). Le défaut de la GOFAI et de son traitement séquentiel de l'information est que toute perturbation du flux d'information provoque l'échec complet du système. Dans les réseaux neuronaux, le traitement de l'information se produit dans tout le système, donc d'importantes portions doivent être détruites pour qu'une perturbation se produise. C'est pour cette raison que le principe de Lashley de l'action de masse (voir le chapitre 19) s'applique aux réseaux neuronaux ainsi qu'aux vrais cerveaux. La distinction la plus importante entre la GOFAI et le nouveau connexionnisme est que ce dernier peut simuler ou reproduire plusieurs capacités humaines comme l'apprentissage, alors que la GOFAI n'en est pas capable.

Au sein du nouveau connexionnisme, l'apprentissage s'explique par le changement des modèles d'excitation et d'inhibition (représenté par les poids mathématiques) au sein du réseau neuronal. Par exemple, disons que nous voulons qu'un réseau neuronal apprenne à reconnaître un objet particulier. Le fait de présenter cet objet (par exemple le chiffre 3) fournit des données d'entrée au système, mais, au début, les données de sortie ne ressembleront pas au chiffre 3. Cependant, après chaque présentation, le système est programmé pour se réorganiser selon la règle de Hebb, c'est-à-dire en augmentant les forces associatives des unités qui étaient simultanément actives quand le chiffre 3 a été présenté. Ainsi, les données de sortie du réseau neuronal « apprennent » progressivement à correspondre aux données d'entrée. Comme le cerveau du nourrisson, les réseaux neuronaux apprennent à représenter les événements environnementaux récurrents. Quinlan (1991) décrit comment l'apprentissage se produit dans le cerveau et dans les réseaux neuronaux :

> Il est simple de voir comment la totalité des chaînes et les hiérarchies d'association pourraient être bâties dans le temps grâce à l'application récursive des principes généraux de l'apprentissage hebbien. Deux cellules simultanément actives sont assignées à une troisième et la rendent co-active avec une quatrième. Les troisième et quatrième cellules sont assignées à une cinquième dont le comportement en vient à représenter un modèle complet d'associations. (p. 5 [notre traduction])

Les modèles du connexionnisme existaient dans les années 1950 et 1960 (par exemple, Rosenblatt, 1958), et ils étaient en compétition avec la GOFAI. Cependant, après la publication de la critique approfondie de Marvin Minsky et Seymour Papert (1969) d'un type de modèle de connexionnisme (celui de Rosenblatt), l'intérêt pour les réseaux de neurones a considérablement diminué. Dans les années 1980, de nouveaux développements en science cognitive et en informatique ont ravivé l'intérêt pour les ordinateurs à architecture parallèle. On s'est détourné davantage de la GOFAI quand, en 1986, David Rumelhart, James McClelland et d'autres membres du groupe du traitement parallèle réparti (PDP[2]) ont publié leur livre en deux volumes intitulé *Parallel Distributed Processing: Explorations in the Microstructure of Cognition*. Dreyfus (1992) décrit l'enthousiasme que ce livre a suscité :

> Le jour de leur sortie, en 1986, on avait 6000 commandes en retard des deux volumes *Parallel Distributed Processing* de Rumelhart, McClelland et du groupe de recherche sur le PDP, et plus de 45 000 exemplaires sont en impression. Comme la dissolution de l'Union soviétique, la rapidité avec laquelle le programme de recherche sur la GOFAI s'est effondré a pris tout le monde par surprise, même ceux qui s'attendaient à ce que cela se produise un jour ou l'autre. (p. xiv [notre traduction])

Peu à peu, le nouveau connexionnisme s'est mis à élucider des problèmes que la GOFAI ne pouvait résoudre, ou seulement très difficilement. Les réseaux neuronaux ont montré leur capacité à reconnaître des modèles, des objets, des phonèmes et des mots ; à traiter des phrases ; à apprendre des concepts ; à généraliser, et même à parler (nous en verrons un exemple plus loin). Rumelhart (1992) pense que, très bientôt, le nouveau connexionnisme expliquera la capacité humaine cognitive la plus élevée, soit le raisonnement : « Je suis de plus en plus convaincu que la plupart de ce que nous appelons le raisonnement peut […] s'expliquer par des processus […] qui sont tous réalisés par des modèles PDP » (p. 70 [notre traduction]).

Soulignons que plusieurs des spéculations neurophysiologiques sur lesquelles sont basés les réseaux neuronaux (comme la règle de Hebb) ont été confirmées en observant le fonctionnement des neurones réels (voir par exemple Cleary, Hammer et Byrne, 1989 ; Glanzman, 1995).

Les systèmes de rétropropagation

Les réseaux neuronaux programmés selon la règle de Hebb sont autocorrecteurs, c'est-à-dire que les modèles

de données de sortie correspondent progressivement aux modèles de données d'entrée en se fondant uniquement sur l'expérience. Mais tous les systèmes connexionnistes ne sont pas programmés de cette façon. Certains sont des **systèmes de rétropropagation** qui ont besoin d'un « enseignant » pour rétroagir sur la performance du programme. L'exemple le plus célèbre d'un système de rétropropagation est NETtalk (voir par exemple Sejnowski et Rosenberg, 1987). Des mots sont entrés dans le système et leur influence voyage à travers les unités cachées jusqu'à leur encodage en phonèmes. Le phonème est la plus petite unité de son discernable dans une langue. Ces données de sortie (phonèmes codés) sont ensuite entrées dans un synthétiseur vocal qui produit des sons conversationnels réels (phonèmes). Au début, les poids sont arbitrairement attribués dans le système et les données de sortie sont du charabia phonémique. La formation consiste à ajuster les poids au sein du réseau pour systématiquement diminuer la divergence entre les données d'entrée et les données de sortie désirées (prononciation correcte). C'est cette rétroaction correctrice qui fait de NETtalk un système de rétropropagation et non un système qui apprend automatiquement selon la règle de Hebb. Andy Clark (1990) résume la façon dont NETtalk a appris à parler de façon cohérente :

> Le réseau a commencé par une distribution aléatoire de poids d'unités cachées et de connexions (selon des paramètres choisis), c'est-à-dire qu'il n'avait aucune « idée » de ce qu'était une conversion de texte en phonèmes. Sa tâche consistait à apprendre, grâce à une exposition répétée aux instances formatrices, à trouver son chemin dans ce domaine cognitif particulièrement embêtant (à cause des irrégularités, des sous-régularités et de la sensibilité au contexte du texte → la conversion phonémique). L'apprentissage se déroulait de façon standard, c'est-à-dire selon la règle d'apprentissage par rétropropagation. Ceci fonctionne en introduisant des données dans le système, en vérifiant (un « superviseur » informatisé s'en charge automatiquement) les données de sortie et en lui disant quelles données de sortie (c'est-à-dire quel code phonémique) il *aurait dû* produire. La règle d'apprentissage fait en sorte que le système ajuste minutieusement les poids sur les unités cachées afin de tendre vers des données de sortie correctes. Cette procédure se répète des milliers de fois. Étrangement, le système apprend lentement et clairement à prononcer un texte en anglais, passant du babillage à des mots semi-reconnaissables puis à une performance finale très honnête. (p. 299 [notre traduction])

2. Note de la traductrice : Parallel Distributed Processing.

Le nouveau connexionnisme est un domaine diversifié et complexe et nous l'abordons de façon très simplifiée. Pour un aperçu plus complet du domaine et surtout de son rapport avec la psychologie, voir Quinlan, 1991.

Malgré sa popularité, le nouveau connexionnisme n'échappe pas aux critiques. Par exemple, Hubert Dreyfus (1992), qui, à cause de ses critiques constantes, est qualifié de « chevalier noir de l'intelligence artificielle », n'est pas impressionné par la soi-disant capacité d'apprentissage du réseau neuronal :

> Les réseaux neuronaux dépendent presque autant que les systèmes de GOFAI de l'intelligence humaine, et leur habileté d'apprentissage tant vantée est presque illusoire. Ce dont nous avons réellement besoin, c'est d'un système qui apprend tout seul à s'adapter à l'environnement et qui modifie ses propres réponses quand ce dernier change. (p. xxxix [notre traduction])

Searle (1992) n'est pas impressionné non plus par les modèles informatiques de l'intelligence humaine :

> Tel l'ivrogne qui perd les clefs de sa voiture dans les fourrés obscurs mais va les chercher sous le réverbère « parce que la lumière y est meilleure », nous essayons de découvrir comment les humains pourraient ressembler à nos modèles computationnels au lieu d'essayer de deviner comment l'esprit humain conscient fonctionne vraiment. (éd. fr. 1995, p. 328)

Searle (1998, conférence numéro 5) affirme que le nouveau connexionnisme, bien que beaucoup plus puissant que les versions linéaires antérieures de l'intelligence artificielle, a pourtant uniquement recours à la syntaxe (la manipulation des symboles). Donc, dit-il, le nouveau connexionnisme ne résout pas le problème de la sémantique (la signification des symboles) qui se pose dans l'expérience de la chambre chinoise sur la pensée.

Même Jerry Fodor, qui a largement soutenu ce qu'il appelle la théorie computationnelle de l'esprit (TCE), se rend compte que cette théorie est très limitée pour expliquer la cognition humaine :

C'est pourquoi, lorsque j'ai écrit des livres pour dire tout le bien que je pensais de la TCE, j'ai mis un point d'honneur, en règle générale, à inclure une section pour dire qu'à mon avis, il ne fallait pas l'entendre autrement que comme un fragment de ce que pourrait être une psychologie cognitive complète et satisfaisante ; et qu'il y a peu de chances pour qu'une théorie computationnelle du genre de celles que nous sommes actuellement capables d'imaginer apporte un éclairage immense sur les problèmes les plus intéressants qui se posent à nous — et qui sont assurément les plus difficiles —, à savoir les problèmes relatifs à la pensée. Je tenais, je suppose, pour un fait en quelque sorte acquis que nous-mêmes, ardents admirateurs de la psychologie computationnelle, étions plus ou moins d'accord là-dessus. (2000, éd. fr. 2003, p. 10)

Enfin, Jerome Bruner (1990) qui, comme nous l'avons vu, a contribué à renouveler l'intérêt pour la psychologie cognitive à la fin des années 1950 et au début des années 1960, affirme que les tentatives de la science cognitive d'expliquer la cognition humaine ont été vaines, parce que cette science a négligé l'aspect le plus important de la vie mentale — sa signification :

> La science cognitive nous a sans aucun doute permis de mieux comprendre comment l'information se transmet et comment elle est traitée. Mais on ne peut cacher qu'elle laisse inexpliqués (si elle ne les a pas obscurcis) des problèmes extrêmement vastes qu'elle s'était d'abord proposé d'élucider. Cela nous ramène au problème central : comment construire une science mentale qui permette de traiter de la signification et du processus par lequel, au sein d'une communauté, elle est créée et négociée. (éd. fr. 1991, p. 26)

Malgré les critiques comme celles qui viennent d'être décrites, certains pensent que la théorie des réseaux neuronaux (le nouveau connexionnisme) synthétisera les nombreux schismes de la psychologie contemporaine pour la transformer en une science mature et unifiée (voir par exemple Tryon, 1995). Pour les pour et contre des divers aspects de la science cognitive, y compris le nouveau connexionnisme, voir Johnson et Erneling, 1997.

Résumé

Tout au long de la majeure partie de l'histoire de la psychologie, la cognition humaine a été étudiée d'un point de vue philosophique. C'est J. S. Mill qui a fourni le cadre d'étude scientifique de la cognition humaine.

Fechner, Ebbinghaus, James, Barlett et Piaget ont été les premiers psychologues à démontrer qu'on pouvait étudier la cognition humaine de façon expérimentale. Les autres pionniers de la psychologie cognitive étaient les gestaltistes Rogers, Hebb, Wiener, Shannon et Weaver. Pendant les années 1950, l'intérêt pour la psychologie cognitive expérimentale s'est accru principalement grâce aux efforts de George Miller, Broadbent, Lashley, Festinger, Bruner, Tracy et Howard Kendler, Chomsky, des psychologues humanistes et des psychanalystes. En 1960, Hebb a exhorté les béhavioristes à utiliser des méthodes scientifiques rigoureuses visant à étudier le comportement, et à les appliquer à l'étude de la cognition humaine. Également en 1960, Miller et Burner ont fondé le Center for Cognitive Studies à Harvard. En 1962 et 1963, Egger et Miller ont démontré que les principes associatifs ne pouvaient expliquer à eux seuls le conditionnement classique. Il fallait au contraire prendre en compte l'information véhiculée par les stimuli impliqués. En 1967, Neisser a synthétisé les diverses découvertes de la psychologie cognitive expérimentale en utilisant quelques principes de base appartenant principalement à la théorie de l'information. En 1969, Miller a présidé l'APA, ce qui illustre le chemin parcouru par la psychologie cognitive expérimentale basée sur l'information.

En 1950, Alan Turing a créé le domaine de l'intelligence artificielle (IA). L'IA tente de simuler ou de reproduire l'intelligence humaine à l'aide de machines comme les ordinateurs. Turing a proposé le « jeu d'imitation » pour déterminer si une machine peut penser comme un humain. Si la machine (comme l'ordinateur) donne les mêmes réponses que les humains, on dit qu'elle pense. Les partisans de l'intelligence artificielle forte croient que les machines peuvent reproduire l'intelligence humaine, et les tenants de l'intelligence artificielle faible sont d'avis qu'elles ne peuvent que la simuler. Searle avance que son expérience sur la pensée, appelée la « chambre chinoise », démontre que les ordinateurs manipulent les symboles sans leur attribuer de signification, et que, en conséquence, l'intelligence artificielle forte doit être rejetée. L'opinion sur l'utilité de l'IA comme modèle d'étude des humains dépend de la vision de chacun sur la nature humaine. Selon les matérialistes comme les béhavioristes radicaux, aucune raison n'empêche les machines de reproduire le comportement humain. Cependant, les efforts visant à construire des machines qui peuvent simuler ou reproduire les processus de pensée humaine doivent

échouer, parce que ces processus n'existent pas. Quant à la perspective dualiste, elle n'empêche pas nécessairement l'IA d'être utile, parce que plusieurs dualistes sont aussi mécanistes. Seules les perspectives dualistes qui considèrent les traits de l'esprit humain comme uniques (tel le libre arbitre) jugent l'IA très peu utile, voire pas du tout.

La psychologie cognitive du traitement de l'information s'est développée à partir de l'IA. Tout comme l'ordinateur, l'humain reçoit des données d'entrée, les traite en utilisant divers programmes, stratégies, schémas, souvenirs et plans, puis produit des données de sortie. L'objectif principal des psychologues du traitement de l'information était de déterminer les mécanismes employés par les humains pour traiter l'information. Ces psychologues suivaient la tradition rationaliste, et leurs travaux et hypothèses étaient similaires à la philosophie de Kant, à la psychologie gestaltiste, à la théorie de Piaget sur le développement intellectuel, et au béhaviorisme méthodologique. La psychologie des facultés et le problème corps-esprit sont apparus quand la psychologie cognitive est devenue populaire. À la fin des années 1970, les psychologues du traitement de l'information se sont regroupés avec des chercheurs d'autres disciplines pour former la science cognitive. Les hypothèses de Hebb concernant la base neurologique de l'apprentissage ont influencé la plus récente version de l'intelligence artificielle, le nouveau connexionnisme. Le nouveau connexionnisme emploie des réseaux neuronaux artificiels qui consistent en des unités d'entrée, de sortie, et des unités cachées. Un type de réseau neuronal « apprend » en suivant la règle de Hebb. C'est-à-dire que les poids mathématiques entre les unités simultanément actives augmentent. Il en résulte que les modèles logiques de données d'entrée dans le réseau produisent généralement des modèles logiques de données de sortie. Les réseaux de rétropropagation n'appliquent pas la règle de Hebb; ils utilisent plutôt un modèle ou un enseignant. NETtalk est l'exemple célèbre d'un système de rétropropagation. Bien que les réseaux neuronaux fonctionnent davantage comme des cerveaux que la GOFAI et soient capables d'apprendre, plusieurs doutent que toute forme d'IA puisse raisonnablement reproduire ou même simuler l'intelligence humaine.

Des questions à débattre

1. Justifiez l'affirmation selon laquelle la psychologie s'est presque toujours intéressée à l'étude de la cognition humaine. À travers la plus grande partie de l'histoire de la psychologie, comment a-t-on étudié la cognition ? Quel philosophe a fourni le cadre permettant l'étude expérimentale de la cognition ?

2. Donnez des exemples des premiers efforts (avant 1950) visant l'étude expérimentale de la cognition.

3. Donnez des exemples de ce qui, dans les années 1950, a contribué au développement de la psychologie cognitive expérimentale.

4. Décrivez les événements clés des années 1960 qui ont contribué à la popularité actuelle de la psychologie cognitive expérimentale.

5. Définissez les termes suivants : *science cognitive*, *intelligence artificielle (IA)*, *IA forte*, et *IA faible*.

6. Qu'est-ce que le test de Turing et à quoi sert-il ?

7. Décrivez l'expérience de la pensée de Searle impliquant la « chambre chinoise ». Selon lui, que prouve-t-elle ?

8. Quelles philosophies ont tendance à soutenir la position de l'IA forte, de l'IA faible ? Laquelle nierait l'utilité de ces types d'intelligence ?

9. Quels sont les principaux partisans de la psychologie du traitement de l'information ? Quel est son rapport avec l'IA ?

10. Pourquoi peut-on dire que la psychologie du traitement de l'information suit la tradition de la philosophie kantienne ? En quoi indique-t-elle un retour à la psychologie des facultés ou au problème corps-esprit ?

11. Qu'est-ce que le nouveau connexionnisme et en quoi se compare-t-il à la GOFAI ?

12. Décrivez un réseau neuronal artificiel et expliquez comment ce réseau apprend en appliquant la règle de Hebb.

13. Qu'appelle-t-on le modèle de rétropropagation dans le domaine du nouveau connexionnisme ? Donnez un exemple.

14. Quelles critiques de la GOFAI demeurent valables quand elles portent sur le nouveau connexionnisme ? Lesquelles ne le sont pas ?

Des suggestions de lecture

Baars, B. J. (1986). *The cognitive revolution in psychology.* New York : Guilford Press.

Beakley, B., et Ludlow, P. (dir.). (1992). *The philosophy of mind : Classical problems / contemporary issues.* Cambridge, MA : MIT Press.

Block, N., Flanagen, O., et Güzeldere, G. (dir.) (1997). *The nature of consciousness.* Cambridge, MA : MIT Press.

Boden, M. A. (dir.) (1990). *The philosophy of artificial intelligence.* New York : Oxford University Press.

Churchland, P. S., et Sejnowski, T. J. (1994). *The computational brain.* Cambridge, MA : MIT Press.

Dreyfus, H. L. (1992). *What computers still can't do : A critique of artificial reason.* Cambridge, MA : MIT Press.

Fodor, J. (2000). *The mind doesn't work that way : The scope and limits of computational psychology.* Cambridge, MA : MIT Press.

Franklin, S. (1995). *Artificial minds.* Cambridge, MA : MIT Press.

Johnson, D. M., et Erneling, C. E. (dir.) (1997). *The future of the cognitive revolution.* New York : Oxford University Press.

Pinker, S. (1997). *How the mind works.* New York : Norton.

Quinlan, P. (1991). *Connectionism and psychology : A psychological perspective on new connectionist research.* Chicago : University of Chicago Press.

Roediger, H. L. (2000). « Sir Frederic Charles Bartlett : Experimental and applied psychologist », dans G. A. Kimble et M. Wertheimer (dir.), *Portraits of pioneers in psychology* (vol. 4, p. 149-161). Washington, DC : American Psychological Association.

Rychlak, J. F. (1997). *In defense of human consciousness.* Washington, DC : American Psychological Association.

Simon, H. A. (1996). *The sciences of the artificial* (3ᵉ éd.). Cambridge, MA : MIT Press.

Von Eckart, B. (1993). *What is cognitive science ?* Cambridge, MA : MIT Press.

von Neumann, J. (2000 [1958]). *The computer and the brain* (2ᵉ éd.). New Haven, CT : Yale University Press.

Glossaire

Intelligence artificielle (IA) Une branche de la science informatique qui cherche à savoir à quel point les machines peuvent simuler ou reproduire le comportement intelligent des organismes vivants. (Voir aussi *Intelligence artificielle forte* et *Intelligence artificielle faible*.)

Intelligence artificielle faible L'affirmation selon laquelle les machines (comme les ordinateurs) peuvent simuler les processus cognitifs humains, mais pas les reproduire.

Intelligence artificielle forte L'affirmation selon laquelle les machines (comme les ordinateurs) peuvent reproduire les processus cognitifs humains.

Miller, George A. (1920) A fait de la recherche de pointe sur le traitement de l'information dans les années 1950 et 1960, ce qui a considérablement augmenté la popularité de la psychologie cognitive.

Nouveau connexionnisme Le plus récent type d'intelligence artificielle qui utilise les systèmes artificiels de neurones appelés réseaux neuronaux. Contrairement à la GOFAI, qui employait le traitement séquentiel de l'information selon des règles particulières, le nouveau connexionnisme utilise le modèle du cerveau. C'est-à-dire que le traitement d'information au sein d'un réseau neuronal est distribué à l'intérieur de tout le réseau. Comme le cerveau, les réseaux neuronaux sont capables d'apprendre, ce qui n'était pas le cas de la GOFAI. (Voir aussi *Règle de Hebb* et *Réseau neuronal*.)

Psychologie du traitement de l'information L'approche visant à étudier la cognition, qui suit la tradition de la psychologie des facultés et le béhaviorisme méthodologique (intermédiaire), et qui emploie normalement l'ordinateur comme modèle de traitement humain de l'information.

Règle de Hebb L'affirmation de Hebb selon laquelle les neurones du cerveau qui sont simultanément ou successivement actifs s'associent. Un type de réseau neuronal applique cette règle en adaptant les poids mathématiques des unités qui sont actives simultanément ou consécutivement. Le résultat est qu'une entrée de données systématiques produit une sortie de données systématiques. (Voir aussi *Réseau neuronal*.)

Réseau neuronal Un système d'unités d'entrée, de sortie et cachées capable d'apprendre si les poids mathématiques des unités sont systématiquement modifiés soit selon la règle de Hebb, soit par la rétropropagation. (Voir aussi *Règle de Hebb* et *Systèmes de rétropropagation*.)

Science cognitive Une approche multidisciplinaire pour étudier la cognition chez les humains, les animaux et les machines.

Searle, John (1932) Grâce à sa célèbre « chambre chinoise » sur l'expérience de la pensée, il a cherché à démontrer que les programmes informatiques pouvaient simuler les processus de la pensée humaine, mais pas les reproduire. Selon lui, ces programmes peuvent seulement manipuler des symboles en suivant des règles (syntaxe), alors que les humains attribuent une signification aux symboles (sémantique). Il accepte donc l'intelligence artificielle faible et rejette l'intelligence artificielle forte. (Voir aussi *Intelligence artificielle faible* et *Intelligence artificielle forte*.)

Systèmes de rétropropagation Les réseaux neuronaux qui sont programmés pour apprendre en réduisant systématiquement la différence entre leurs données de sortie et certaines données de sortie attendues et représentées par un modèle ou par un « enseignant ». Ces systèmes apprennent grâce à la rétroaction correctrice plutôt qu'en appliquant la règle de Hebb.

Test de Turing Un test conçu par Turing (1950) pour déterminer si une machine peut réfléchir. Des questions sont posées à un humain et à une machine. Si les réponses de la machine sont identiques à celles de l'humain, on en conclut que la machine peut réfléchir.

CHAPITRE 21

La psychologie contemporaine

La psychologie contemporaine reflète la longue histoire diversifiée de cette discipline. Dans le présent ouvrage, nous avons vu qu'à différentes époques on a eu recours aux conceptions empiriste, sensualiste, positiviste, rationaliste, romantique et existentialiste pour tenter de comprendre les humains. Nous avons vu aussi que les diverses écoles de pensée en psychologie ont choisi une ou plusieurs de ces philosophies comme base; ce fut le cas du volontarisme, du structuralisme, du fonctionnalisme, du béhaviorisme, de la psychologie de la forme, de la psychanalyse et de la psychologie humaniste. Les méthodes les plus fréquemment employées pour étudier les humains au cours de l'histoire de la psychologie ont été l'introspection, l'observation naturelle et l'expérimentation. La psychologie contemporaine contient encore des vestiges de toutes ces philosophies, écoles et méthodes.

La diversité de la psychologie contemporaine

Aujourd'hui, la psychologie présente une grande diversité, mais ce fut le cas presque tout au long de son histoire. Il n'y a pas d'époque où tous les psychologues ont accepté un même paradigme. C'est peut-être au Moyen Âge que la psychologie s'est approchée le plus d'une discipline à paradigme unique, alors qu'on ne tolérait pas que quiconque s'éloigne de la voie tracée par les dogmes religieux, qu'il s'agisse de la vision de l'être humain ou de toute autre chose. Certains sont peut-être d'avis que le béhaviorisme a dominé la psychologie durant la période allant approximativement de 1930 à la fin des années 1950, mais ce n'est pas tout à fait le cas. Même si cette école était très largement acceptée, des personnages influents ont toujours critiqué le béhaviorisme et il a toujours existé de nombreuses autres visions auxquelles se rallier.

Ce qui distingue la psychologie moderne de ce qu'elle était lorsque des écoles de pensée dominaient, c'est la coexistence relativement paisible de psychologues ayant des visions différentes. Durant les années 1920 et 1930, on assistait souvent à des manifestations d'hostilité entre les membres d'écoles rivales. Aujourd'hui, il n'existe plus d'écoles; nous sommes à l'ère de l'**éclectisme**, ce qui rappelle la vision fonctionnelle de la psychologie proposée par William James. L'éclectique tire de diverses sources les idées et les techniques qui lui semblent les plus efficaces pour aborder un problème. Selon Sternberg et Grigorenko (2001), l'approche éclectique de la résolution de problèmes de psychologie parviendra peut-être à réaliser l'unification de cette discipline. Le postmodernisme adopte par ailleurs lui aussi l'éclectisme. Il sera de nouveau question de Sternberg et Grigorenko (2001), de même que du postmodernisme, plus loin dans le présent chapitre.

Les divisions de l'American Psychological Association

La liste des 53 divisions de l'APA (voir le tableau 21.1) reflète bien la diversité de la psychologie contemporaine. (Il est à noter que la dernière division porte le numéro 55, mais il n'existe pas de divisions 4 et 11, d'où le total de 53.) On remarque que les spécialités comprennent la psychologie expérimentale (3), la psychologie de l'art (10), la psychologie militaire (19), la psychopharmacologie et l'abus de substances (28), la psychologie humaniste (32), la psychologie de la femme (35) et la psychanalyse (39), la dernière division créée étant la Société américaine pour l'avancement de la pharmacothérapie (55). On trouve aussi dans ce tableau le nombre de membres de chaque division, ce qui indique quels domaines de la psychologie attirent actuellement le plus d'adeptes. Aucune division de l'APA ne porte le nom de psychologie cognitive, mais s'il y en avait une, elle serait certainement parmi celles qui ont vu le nombre de leurs membres croître le plus depuis les années 1960 (voir notamment Robins, et autres, 1999). Il est à noter qu'un grand nombre de

Tableau 21.1

Divisions de l'American Psychological Association et nombre de membres de chacune.

Division	N^bre de membres	N^bre d'hommes	N^bre de femmes	Hommes (%)	Femmes (%)
1. Société de psychologie générale	2104	1447	657	68,8 %	31,2 %
2. Société pour l'enseignement de la psychologie	2007	1124	883	56,0 %	44,0 %
3. Psychologie expérimentale	1087	833	254	76,6 %	23,4 %
5. Évaluation, mesure et statistique	1341	958	383	71,4 %	28,6 %
6. Neurosciences comportementales et psychologie comparée	606	466	140	76,9 %	23,1 %
7. Psychologie génétique	1328	554	774	41,7 %	58,3 %
8. Société de psychologie de la personnalité et de psychologie sociale	3104	1964	1140	63,3 %	36,7 %
9. Société pour l'étude psychologique de questions sociales	2271	1285	986	56,6 %	43,4 %
10. Société de psychologie de l'esthétique, de la créativité et des arts	524	277	247	52,9 %	47,1 %
12. Société de psychologie clinique	5277	3432	1845	65,0 %	35,0 %
13. Société de psychologie conseil	1079	741	338	68,7 %	31,3 %
14. Société de psychologie industrielle et organisationnelle	3026	1954	1072	64,6 %	35,4 %
15. Psychologie de l'enseignement	1657	995	662	60,0 %	40,0 %
16. Psychologie scolaire	1905	936	969	49,1 %	50,9 %
17. Société de psychologie de l'orientation	2560	1465	1095	57,2 %	42,8 %
18. Psychologues fonctionnaires	1031	720	311	69,8 %	30,2 %
19. Psychologie militaire	386	308	78	79,8 %	20,2 %
20. Développement à l'âge adulte et vieillissement	1530	799	731	52,2 %	47,8 %
21. Psychologie expérimentale et ergonomie appliquées	320	257	63	80,3 %	19,7 %
22. Psychologie de la réhabilitation	1364	841	523	61,7 %	38,3 %
23. Société de psychologie du consommateur	241	204	37	84,6 %	15,4 %
24. Psychologie théorique et philosophique	554	450	104	81,2 %	18,8 %
25. Division de l'analyse comportementale	620	477	143	76,9 %	23,1 %
26. Société d'histoire de la psychologie	694	553	141	79,7 %	20,3 %
27. Société pour la recherche et l'action communautaires : division de psychologie communautaire	717	445	272	62,1 %	37,9 %
28. Psychopharmacologie et abus de substances	792	591	201	74,6 %	25,4 %
29. Psychothérapie	3866	2439	1427	63,1 %	36,9 %
30. Société d'hypnose psychologique	1092	803	289	73,5 %	26,5 %

(Suite page suivante)

Tableau 21.1

(Suite)

Division	N^bre de membres	N^bre d'hommes	N^bre de femmes	Hommes (%)	Femmes (%)
31. Défense des intérêts des associations de psychologie fédérales et provinciales	453	286	167	63,1 %	36,9 %
32. Psychologie humaniste	603	411	192	68,2 %	31,8 %
33. Déficience mentale et troubles du développement	692	440	252	63,6 %	36,4 %
34. Psychologie des populations et de l'environnement	345	213	132	61,7 %	38,3 %
35. Société de psychologie de la femme	2675	85	2590	3,2 %	96,8 %
36. Psychologie de la religion	1108	774	334	69,9 %	30,1 %
37. Services à l'enfance, à l'adolescence et à la famille	973	472	501	48,5 %	51,5 %
38. Psychologie de la santé	2709	1,473	1236	54,4 %	45,6 %
39. Psychanalyse	3295	1,375	1920	41,7 %	58,3 %
40. Neuropsychologie clinique	4132	2,485	1647	60,1 %	39,9 %
41. Psychologie américaine et ordre des avocats	2220	1,469	751	66,2 %	33,8 %
42. Division des psychologues indépendants	5637	3,440	2197	61,0 %	39,0 %
43. Psychologie de la famille	1548	952	596	61,5 %	38,5 %
44. Société pour l'étude psychologique de questions touchant les lesbiennes, les homosexuels et les bisexuels	924	492	432	53,2 %	46,8 %
45. Société pour l'étude psychologique de questions touchant les minorités ethniques	1033	448	585	43,4 %	56,6 %
46. Psychologie des médias	492	236	256	48,0 %	52,0 %
47. Psychologie de l'activité physique	903	642	261	71,1 %	28,9 %
48. Société pour l'étude de la paix, du conflit et de la violence : division de la psychologie de la paix	510	281	229	55,1 %	44,9 %
49. Psychologie des collectivités et psychothérapie de groupe	729	462	267	63,4 %	36,6 %
50. Division de la toxicomanie	1114	732	382	65,7 %	34,3 %
51. Société pour l'étude psychologique de l'homme et de la masculinité	531	426	105	80,2 %	19,8 %
52. Psychologie internationale	750	408	342	54,4 %	45,6 %
53. Société de psychologie clinique de l'enfant et de l'adolescent	1734	743	991	42,8 %	57,2 %
54. Société de psychopédiatrie	976	396	580	40,6 %	59,4 %
55. Société américaine pour l'avancement de la pharmacothérapie	706	449	257	63,6 %	36,4 %
Nombre de membres affiliés à une division	79 875	46 908	32 967	58,7 %	41,3 %
Nombre de membres non affiliés à une division	48 493	20 934	27 559	43,2 %	56,8 %

Source : APA Membership Directory, 2003, p. 1-2. Reproduit avec l'autorisation de l'éditeur.

membres de l'APA (soit 48 493) ne sont affiliés à aucune division en particulier et que si on ajoute ce chiffre au total du nombre de membres de toutes les divisions (soit 79 875), on obtient un nombre supérieur à celui de tous les membres de l'association (soit 88 826). Cela s'explique du fait que plusieurs membres sont affiliés à plus d'une division. Si on ajoute les membres associés (psychologues résidant à l'étranger, enseignants de psychologie au niveau secondaire, et étudiants du premier au troisième cycle en psychologie) aux membres réguliers de l'APA, on obtient un chiffre supérieur à 150 000. Entre parenthèses, la psychologie demeure l'un des domaines des sciences pures et appliquées où le nombre de doctorats décernés à des femmes est le plus élevé. En 1990, 58 % des nouveaux titulaires de doctorat étaient des femmes, dont la majorité avait étudié en psychologie clinique ; en 1999, cette proportion avait augmenté à 66 % (Kohout, 2001).

Depuis qu'une poignée d'individus ont fondé l'APA, en 1892, à Worcester dans l'État du Massachusetts, sous la direction de G. Stanley Hall, l'association a vu le nombre de ses membres grimper à plus de 88 000. Le nombre actuel de divisions de l'association (53) est supérieur au nombre total de membres fondateurs (31) en 1892. L'acceptation et la diversité de la psychologie se sont de toute évidence considérablement accrues et elles continuent de le faire.

Les tensions entre psychologie pure, scientifique et appliquée

Nous avons vu au chapitre 8 que la découverte de différences individuelles entre les observations réalisées par différents astronomes éveilla l'intérêt pour la physiologie des sens. Les recherches qui en découlèrent portaient toutefois sur les sensations et les perceptions en général, et non sur les différences individuelles dans ce domaine. Ce fut le cas des travaux de Johannes Müller, Helmholtz, Weber, Fechner et Donders, qui eurent tous une influence importante sur Wundt. Quand ce dernier fit de la psychologie une discipline indépendante, en 1879, il considérait que l'objet de la psychologie était l'explication du psychisme humain en général ; les différences individuelles et la psychologie appliquée ne l'intéressaient pas, ou alors très peu. Il en fut toutefois autrement pour les étudiants américains de Wundt. La

majorité de ceux qui obtinrent un doctorat sous la direction de Wundt (dont G. S. Hall et Witmer) rentrèrent aux États-Unis, où ils s'intéressèrent aux différences individuelles et à la psychologie appliquée. Cattell réussit à faire des recherches sur les différences individuelles alors même qu'il étudiait avec Wundt, mais c'est là une exception. Il poursuivit évidemment ses travaux sur les différences individuelles et sur la psychologie appliquée à son retour aux États-Unis. Münsterberg était allemand mais il finit par émigrer aux États-Unis et sa contribution au développement de la psychologie appliquée est comparable à celle de plusieurs autres. Il avait fait lui aussi son doctorat sous la direction de Wundt. On voit qu'il a existé, dès les origines de la psychologie, une tension entre ceux qui (à l'instar de Wundt) souhaitaient faire de celle-ci une science pure, exempte de toute préoccupation pratique, et ceux qui (comme G. S. Hall, Cattell, Witmer et Münsterberg) désiraient appliquer les principes de la psychologie à des sujets pratiques. Il est à noter qu'on peut s'intéresser aux différences individuelles d'un point de vue purement scientifique, sans s'interroger sur leurs implications pratiques (comme le fit Darwin) mais, au sein de la psychologie américaine, il a toujours existé un lien étroit entre l'intérêt pour les différences individuelles et pour la psychologie appliquée.

Le fait que James, Münsterberg, Cattell, Witmer et Dewey comptent au nombre des membres fondateurs de l'APA démontre clairement l'importance de l'attention accordée à la psychologie appliquée. De plus, deux de ces individus, soit James et Dewey, font partie de ceux qu'on considère généralement comme les fondateurs de l'école du fonctionnalisme. Ce courant s'intéressa vivement aux différences individuelles, sous l'influence de la théorie de l'évolution, et la plupart des fonctionnalistes œuvraient en psychologie appliquée.

Quant à Titchener, l'un des membres fondateurs de l'APA, il avait encore plus de mépris pour la psychologie appliquée que Wundt, son maître. La place grandissante que l'APA faisait à la psychologie appliquée le dérangeait au point où il refusa de participer à toute activité de l'association. En fait, il créa sa propre société, The Experimentalists, qui incitait ses membres à poursuivre des recherches en psychologie scientifique pure, selon les termes de Titchener. La tension entre psychologie pure et psychologie appliquée continua donc d'exister après la fondation de l'APA.

Il est à noter qu'aucun des premiers psychologues ne militait en faveur du *remplacement* de la psychologie scientifique pure par la psychologie appliquée. Ils étaient tous conscients de la lutte qui avait été nécessaire pour différencier la psychologie de la philosophie et de la religion, et pensaient que tout ce qui a une certaine valeur en psychologie appliquée est issu de la psychologie scientifique. De leur point de vue et selon tous les psychologues d'orientation scientifique depuis cette époque, la science vient en premier et les applications suivent. C'est pour cette raison qu'à ses débuts l'APA s'est donnée comme objectif de « faire valoir la psychologie en tant que science ». Donc, au moment de la fondation de l'APA, en 1892, on accordait plus de valeur à la psychologie scientifique pure qu'à la psychologie appliquée, mais les deux branches étaient considérées comme importantes.

En 1896, soit quatre ans seulement après la fondation de l'APA, Witmer ouvrit la première clinique de psychologie et, peu de temps après, il inventa l'expression *psychologie clinique*. La psychologie clinique de Witmer a toutefois peu de choses en commun avec la psychologie clinique moderne. Witmer travaillait presque uniquement avec des enfants atteints de troubles de la parole, de troubles moteurs et de troubles de l'apprentissage. Il employait les quelques tests rudimentaires et principes expérimentaux dont il disposait pour poser un diagnostic, puis tenter de résoudre le problème ; il « cherchait des techniques adéquates à tâtons au fur et à mesure qu'il avançait » (McReynolds, 1987, p. 854 [notre traduction]). Il avait l'habitude de créer des conditions particulières d'enseignement pour « traiter » le trouble qu'il avait diagnostiqué. Nous avons vu au chapitre 15, qu'en plus de ses apports à la psychologie clinique naissante, Witmer a contribué de façon importante à la psychologie scolaire et à l'éducation spécialisée. Malgré tout, ni Witmer ni aucun autre psychologue de son époque ne s'est adonné à la psychothérapie ; tous s'entendaient pour dire que le traitement des maladies, physiques ou mentales, était du ressort des médecins. Nous allons voir sous peu que les psychologues cliniciens ont rarement pratiqué la psychothérapie jusque dans les années 1950. Witmer illustre bien l'attitude des premiers psychologues américains à l'égard de la psychologie appliquée. Il importait d'abord de recevoir une formation scientifique rigoureuse, puis on pouvait tenter d'appliquer ses connaissances scientifiques à la résolution de problèmes pratiques ; c'est ce que fit Witmer en essayant d'aider des individus atteints de divers troubles.

La Première Guerre mondiale a grandement favorisé l'essor de la psychologie, qui commençait alors à être plus largement acceptée. En décembre 1916, peu de temps après l'entrée en guerre des États-Unis, G. Stanley Hall s'adressa aux participants à une séance conjointe de l'APA et de l'Association américaine pour l'avancement des sciences (AAAS). Il affirma qu'on pourrait utiliser la psychologie appliquée pour accroître l'efficacité de l'armée. On pourrait même employer la psychanalyse pour prédire quels soldats ne tiendraient pas le coup au front. Son exposé fut bien accueilli autant par les scientifiques que par la presse populaire (Ross, 1972, p. 420). En mars 1917, Hall fonda le *Journal of Applied Psychology*, qui fut le premier périodique américain consacré aux problèmes des entreprises et à la mesure des aptitudes professionnelles. L'une des formes de mesure allait constituer la principale contribution de la psychologie à l'effort de guerre. Nous avons vu au chapitre 10 que, sous la direction de Yerkes, la psychologie a joué un rôle important dans l'évaluation des soldats au moyen des épreuves de mesure de l'intelligence Army Alpha et Army Bêta.

Au cours des années 1930, les psychologues en psychologie appliquée poursuivirent essentiellement les mêmes activités que durant la décennie précédente : ils administraient des tests pour évaluer les délinquants juvéniles, les enfants en difficulté et les personnes désireuses de connaître leur quotient intellectuel, leur personnalité et leurs aptitudes professionnelles. Les tests psychologiques se développèrent bien au-delà de l'échelle de Binet et des quelques épreuves mises au point par Terman et d'autres. L'administration de tests devint une industrie importante, ce qui ne plaisait pas à bon nombre de psychologues d'orientation scientifique, dont la majorité considérait que ces épreuves étaient inférieures à la recherche en laboratoire. On avait toujours associé la psychologie scientifique aux collèges et aux universités (d'où l'emploi fréquent de *psychologue universitaire* et *psychologue en psychologie expérimentale* en tant que synonymes). Les tests permirent aux psychologues en psychologie appliquée de travailler à l'extérieur du cadre universitaire, soit dans les industries, les écoles et les cliniques, et ils purent aussi être indépendants. La tension s'accroissait.

Au fur et à mesure que le nombre de psychologues en psychologie expérimentale, y compris les psychologues cliniciens, augmentait, ils demandaient plus de reconnaissance et un meilleur statut au sein de l'APA. Leurs demandes n'étant pas exhaussées, ils commencèrent à créer leurs propres associations. La première, soit l'American Association of Clinical Psychologists (AACP), fut fondée en 1917, mais elle fut abolie en 1919 lorsque l'APA créa sa première division, consacrée à la psychologie clinique. Une paix relative régna jusqu'en 1930, lorsqu'un groupe de psychologues en psychologie appliquée de New York fonda l'Association of Consulting Psychologists (ACP). Cette dernière voulait établir des normes professionnelles et éthiques pour les praticiens et elle fonda le *Journal of Consulting Psychology* en 1937. Les membres de la division clinique de l'APA tentèrent sans succès de convaincre leur association de définir et d'appliquer des normes pour les psychologues praticiens ; ils quittèrent donc l'APA en 1937 et créèrent, conjointement avec les membres de l'ACP, l'American Association of Applied Psychology (AAAP), qui comprenaient quatre divisions correspondant respectivement à la psychologie conseil, à la psychologie clinique, à la psychologie de l'enseignement et à la psychologie industrielle et des affaires. En 1938, l'AAAP prit en charge la publication du *Journal of Consulting Psychology*.

En 1925, l'APA avait créé la catégorie membre *associé*, sans droit de vote, pour les psychologues détenteurs d'un doctorat mais qui n'avaient publié rien d'autre que leur mémoire. La majorité des psychologues en psychologie appliquée appartenaient à cette catégorie parce qu'ils ne faisaient généralement pas de recherche et ils étaient mécontents de leur statut de second ordre. En 1941, dans l'espoir de réunifier la psychologie, l'APA abolit l'exigence d'avoir publié autre chose qu'un mémoire de doctorat pour être accepté comme membre à part entière, et posa plutôt comme condition soit d'avoir publié un compte rendu de recherche scientifique *ou bien* de détenir un doctorat et d'avoir été membre associé pendant cinq ans. La possibilité de devenir membre à part entière en raison de son expérience pratique fut considérée par la majorité comme une étape importante dans la reconnaissance de l'égalité des psychologues en psychologie appliquée et en psychologie scientifique pure.

En 1944, l'APA se structura en 18 divisions, dotées chacune d'un président et d'un comité directeur, dans l'espoir d'unifier les intérêts disparates des psychologues. De plus, l'objectif de l'APA devint et est resté jusqu'à aujourd'hui : « Pour l'avancement de la psychologie en tant que science, profession et moyen de favoriser le bien-être de l'humanité. » Enfin, le premier numéro de l'*American Psychologist* parut en janvier 1946. Ce périodique se voulait le porte-parole de la nouvelle psychologie unifiée. La restructuration de l'APA en divisions relativement indépendantes avait satisfait les psychologues en psychologie appliquée, de sorte qu'en 1944 l'AAAP avait été dissoute en se fusionnant avec l'APA. La paix régnait de nouveau au sein de la psychologie, mais cela n'allait pas durer.

Après la Deuxième Guerre mondiale, les psychiatres et les psychanalystes n'arrivaient pas du tout à satisfaire les besoins des vétérans en matière de psychothérapie. Selon Rogers (1944), jusqu'à 80 % des vétérans avaient besoin d'aide psychologique à leur retour au pays. Il fit remarquer qu'ils avaient de la difficulté à se réadapter à la vie civile ; ils étaient souvent amers de constater que peu de leurs concitoyens restés sur place se rendaient compte des horreurs qu'ils avaient vécues au combat ; ils disaient être agités, avoir des problèmes de sommeil, être excessivement émotifs et avoir des problèmes conjugaux et familiaux. De plus, bon nombre des vétérans ayant reçu une blessure invalidante avaient besoin non seulement de physiothérapie mais aussi de psychothérapie. En 1946, la Veteran's Administration (VA) répondit à cette urgence en subventionnant des programmes, donnés dans les principales universités, qui visaient à former des psychologues cliniciens dont les fonctions comprendraient la psychothérapie et l'établissement de diagnostics. L'APA dut alors faire face à une tâche qu'elle avait négligé d'accomplir pendant des décennies, soit d'énoncer une définition du psychologue professionnel et des normes concernant sa formation et sa pratique. Nous allons voir sous peu qu'on n'a pas encore apporté de réponse à la question de la formation du psychologue clinicien qui satisfasse tous et chacun.

Quand les psychologues cliniciens ont commencé à s'adonner à la psychothérapie, ils avaient très peu d'expérience. La majorité avaient quelques connaissances de la théorie freudienne et ce sont les idées de Freud qu'on appliqua généralement. Garfield (1981) fait le commentaire suivant sur la prédominance de la psychanalyse après la Deuxième Guerre mondiale.

Durant les années 1940, l'orientation psychanalytique était la plus importante et la plus influente. La théorie psychanalytique était la force dominante en psychiatrie durant l'après-guerre et bon nombre de psychologues cliniciens optaient pour cette théorie. Il n'y avait, dans une large mesure, pas d'orientation rivale, et cela dans tous les domaines d'application. (p. 176 [notre traduction])

Une enquête a montré que, jusqu'en 1960, 41 % des psychologues cliniciens étaient d'orientation psychanalytique (E. L. Kelly, 1961). En dépit de vives controverses (voir le chapitre 16), la psychanalyse est toujours une profonde influence autant en psychologie contemporaine qu'en psychologie clinique.

En 1942, Rogers élabora sa thérapie centrée sur le client, qui devint rapidement une solution de remplacement à la psychanalyse comme technique thérapeutique. D'autres psychologues, dont George Kelly, inventèrent simplement leurs propres techniques au fil de leur pratique. Les techniques thérapeutiques employées actuellement par les psychologues cliniciens reflètent au moins les perspectives suivantes, chacune comprenant elle-même plusieurs catégories : perspective psychanalytique, comportementale, cognitive, humaniste et existentielle.

Avant la fin de la Deuxième Guerre mondiale, les psychologues cliniciens étaient subordonnés aux psychiatres, qui dominaient le secteur de la santé mentale. Quand ils ont commencé à s'adonner à la psychothérapie, les psychologues cliniciens entrèrent en compétition avec les psychiatres et, par conséquent, avec les professionnels de la santé mentale. Il s'ensuivit des luttes empreintes d'émotivité (dont plusieurs se déroulèrent devant les tribunaux) à propos du type de services que les psychologues avaient le droit d'offrir. Par exemple, un psychologue peut-il faire admettre un patient dans un établissement psychiatrique, puis lui donner son congé ? Peut-il agir comme témoin expert en matière de santé mental devant un tribunal ? Peut-il recevoir des honoraires d'un tiers payeur (tel une compagnie d'assurances ou un organisme gouvernemental) pour ses services ? Peut-il être reconnu légalement comme fournisseur de services en santé mentale par un État ? Est-il autorisé par la loi à administrer des médicaments ? Jusqu'à maintenant les psychologues cliniciens ont gagné toutes leurs luttes contre les psychiatres, à l'exception d'une seule : les psychiatres peuvent prescrire des médicaments, mais non les psychologues cliniciens. Toutefois, l'État du Nouveau Mexique est devenu, en 2002, le premier État à octroyer aux psychologues le droit de prescrire des médicaments et il existe actuellement des projets de loi à cet effet en Géorgie, dans l'Illinois, à Hawaï et dans le Tennessee. De plus, 31 associations provinciales de psychologie ont mis sur pied des comités chargés d'amener les États à voter des lois en la matière. L'American Society for the Advancement of Pharmacotherapy, une division de l'APA créée récemment, favorise l'extension inévitable du droit de prescrire aux psychologues cliniciens et elle s'y prépare. Étant donné la situation actuelle, on peut s'attendre à ce que les psychologues cliniciens disposent bientôt exactement des mêmes droits que les psychiatres. On considère comme particulièrement importante l'élimination des restrictions en matière de prescription de médicaments en raison des préoccupations actuelles concernant les coûts de santé. Des recherches ont montré que les médicaments sont souvent au moins aussi efficaces que la psychothérapie pour le traitement des troubles mentaux. Par exemple, on peut traiter efficacement certaines formes de dépression, peut-être le trouble mental le plus répandu actuellement, au moyen d'antidépresseurs (voir notamment Klein, et autres, 1980, et Morris et Beck, 1974). De même, Baster, et autres (1992) ont montré que les médicaments sont aussi efficaces que la thérapie comportementale pour le traitement de la névrose obsessionnelle. Enfin, Reisman (1991) affirme : « Il n'est pas exagéré de dire que le traitement de la schizophrénie a été considérablement modifié par l'emploi de médicaments. Il est devenu réaliste de se fixer comme objectif le retour et le maintien du patient dans la communauté » (p. 318 [notre traduction]). La question importante, c'est que si on peut démontrer qu'il est possible de traiter certains troubles mentaux efficacement et à moindre coût au moyen de médicaments, alors les psychologues cliniciens seront désavantagés s'ils n'ont pas le droit de prescrire ces médicaments.

On assiste toutefois actuellement à de vifs débats entre ceux qui préconisent l'utilisation de médicaments pour le traitement des troubles mentaux (comme la dépression), ceux qui prônent l'emploi de la psychothérapie et ceux qui déclarent qu'il faut avoir conjointement recours aux deux méthodes. (On peut se rendre compte de la teneur de ce débat en consultant : Antonuccio, 1995 ;

Antonuccio, et autres, 1994; DeNelsky, 1996; Hayes et Heiby, 1996; Karon et Teixeria, 1995; Lorion, 1996; Muñoz, et autres, 1994.) Cette controverse est une manifestation moderne de l'ancienne tension entre les modèles médical et psychologique de traitement de la maladie mentale. Les médecins ont tendance à voir les troubles tels que la dépression comme des maladies, qu'ils suggèrent de traiter au moyen de médicaments (modèle médical). Les psychologues ont plutôt tendance à penser que les troubles mentaux découlent de circonstances de la vie (tels une faible situation économique, des conflits conjugaux et des pertes personnelles); ils proposent donc de les traiter au moyen de la psychothérapie (modèle psychologique). Il existe évidemment des spécialistes (notamment Muñoz, et autres, 1994) qui acceptent les deux modèles et suggèrent d'offrir au patient de choisir l'une ou l'autre méthode, ou une combinaison des deux. On trouve dans Sammons, et autres (2003) un exposé historique des efforts déployés par les psychologues pour obtenir le droit de prescrire des médicaments, une description de la formation requise pour appliquer ce privilège et un compte rendu des débats portant sur l'utilité d'accorder ce droit.

Antonuccio, et autres (2003) disent craindre que, si on accorde le droit aux psychologues de prescrire des médicaments, les compagnies pharmaceutiques vont tenter d'envahir le champ de la psychologie comme elles l'ont fait en médecine. Conscients que si cela se produisait, la science psychologique devrait faire preuve d'une totale intégrité, les auteurs suggèrent des moyens de prévenir cette invasion.

La controverse au sujet de la formation des psychologues cliniciens

La controverse entre la psychologie pure et la psychologie appliquée est actuellement centrée sur la question suivante: quelle est la meilleure formation pour les psychologues cliniciens? Nous avons vu que Witmer a créé une tradition dans laquelle la psychologie clinique s'inspire fortement de la psychologie scientifique et expérimentale. Dans cette situation, celui qui effectue la recherche et celui qui applique les connaissances qui en découlent est souvent la même personne, comme c'était le cas pour Witmer. Cette tradition du scientifique praticien fut reconfirmée, en 1949, au cours de la Conference on Training in Clinical Psychology de Boulder, tenue sous les auspices de l'APA. Le modèle Boulder perpétue la tradition selon laquelle les cliniciens doivent détenir un Ph.D. en psychologie, ce qui signifie qu'ils suivent la même formation en méthodologie de la recherche que tous les autres psychologues.

Cependant, les cliniciens et les étudiants en psychologie clinique remettaient de plus en plus en question la nécessité d'avoir une formation en méthodologie scientifique pour être un bon clinicien. Dès 1925, Loyal Crane plaida en faveur de la création d'un diplôme réservé aux psychologues en psychologie appliquée, par opposition aux psychologues d'orientation scientifique, mais «personne ne daigna répondre à Crane» (Reisman, 1991, p. 161 [notre traduction]). Le diplôme qu'il avait suggéré de créer fut plus tard appelé **Psy.D.** L'université de l'Illinois fut la première à offrir ce programme, en 1968, et la California School of Professional Psychology (CSPP) fut fondée en 1969. Il s'agit d'un événement important, non seulement parce que cette école offrait le Psy.D., mais parce qu'elle ne dépendait d'aucun collège ni d'aucune université. Il fallait s'occuper des problèmes associés à la création du Psy.D. et d'écoles professionnelles indépendantes, de sorte qu'une seconde conférence sur la formation des psychologues cliniciens eut lieu en 1973, à Vail dans le Colorado. On prit, au cours de cette conférence, deux décisions qui représentaient une rupture radicale avec la tradition des cliniciens qui étaient des scientifiques praticiens: 1° on accepta l'existence d'écoles professionnelles (telle la CSPP) capables d'offrir des diplômes de troisième cycle en psychologie clinique, qui seraient indépendantes des départements de psychologie des universités sur le plan administratif; 2° on reconnut le Psy.D. Ce programme assure une formation professionnelle des psychologues cliniciens mais il ne comprend pas la formation traditionnelle en méthodologie de la recherche incluse dans les autres doctorats. Les partisans du Psy.D. firent remarquer que ce diplôme est analogue au doctorat en médecine (M.D.), détenus par des praticiens qui appliquent les principes de la biologie, de la chimie, de la pharmacologie et d'autres disciplines scientifiques au traitement de personnes souffrant de troubles physiologiques. Les détenteurs d'un Psy.D. feraient un usage similaire de la psychologie scientifique, c'est-à-dire qu'ils appliqueraient les principes découverts par les psychologues en psychologie expérimentale au traitement des troubles mentaux. Après la décision de Vail, les écoles professionnelles de psychologie connurent une expansion : dès 1979, il en existait 24 en Californie seulement (Perry, 1979) ; en 2000, le nombre d'établissements offrant le Psy.D. s'élevait à plus de 50 et ils avaient décerné environ 9000 diplômes (Murray, 2000, p. 52). Même si le Psy.D. est de plus en plus recherché, la formation de cliniciens comme scientifiques praticiens domine toujours les programmes en psychologie clinique (Baker et Benjamin, 2000 ; O'Sullivan et Quevillon, 1992). Une conférence ayant comme objectif de clarifier les aspects du modèle du scientifique praticien restés obscurs après la conférence de Boulder eut lieu en 1990, à Gainesville en Floride. Les participants réaffirmèrent leur conviction que le modèle de Boulder était le plus approprié en matière de formation des psychologues professionnels (Belar et Perry, 1992).

La décision de créer le Psy.D., de même que des écoles professionnelles indépendantes des départements de psychologie des universités, suscite encore beaucoup de controverse. (Des arguments sont exposés dans Fox, 1980 et 1994 ; Meehl, 1971 ; Peterson, 1976 ; Shapiro et Wiggins, 1994.) Selon Shapiro et Wiggins (1994), le système actuel de diplômes en psychologie est une source de confusion autant pour les professionnels que pour le grand public. Par exemple, certains détenteurs d'un doctorat sont des scientifiques tandis que d'autres sont des praticiens, mais presque tous les détenteurs d'un Psy.D. sont des praticiens. Les deux auteurs proposent donc que « tous les praticiens en psychologie soient clairement désignés par l'appellation docteur en psychologie et qu'ils soient détenteurs d'un Psy.D. […] Le Ph.D. en psychologie […] devrait être réservé à ceux qui ont les qualifications requises pour entreprendre une carrière en recherche et obtenir des bourses à cette fin » (p. 209 [notre traduction]). (On trouve des arguments contre le Psy.D. notamment dans Belar et Perry, 1991, et Perry, 1979. Des tentatives pour concilier les différences entre les psychologues scientifiques et les praticiens sont décrites notamment dans Beutler, et autres, 1995 ; Peterson, 1995 ; Stricker, 1997 ; Stricker et Trierweiler, 1995.) Des préoccupations concernant la qualité de la formation assurée par le programme du Psy.D. sont exposées notamment dans Peterson, 2003, et Kenkel, et autres, 2003.

Quelle que soit la façon dont on résout finalement la question de la formation des cliniciens, il est claire que les praticiens en psychologie constituent maintenant la majorité des membres de l'APA. En 1940, environ 70 % des membres de l'APA étaient rattachés à une université et étaient donc associés à la psychologie scientifique ; en 1985, cette catégorie ne représentait plus que 33 % des membres. Aujourd'hui, la très grande majorité des divisions de l'APA ont un lien avec la psychologie appliquée (principalement la psychologie clinique), alors qu'une minorité seulement a un lien avec la psychologie universitaire, orientée vers la recherche. Shapiro et Wiggins (1994) indiquent que près de 70 % des membres de l'APA se considèrent eux-mêmes comme des professionnels de la santé. Il est donc naturel que l'APA consacre énormément de ressources pour répondre aux besoins des praticiens en psychologie. Le cours de l'histoire est inversé : ce ne sont plus les praticiens qui se disent membres de second ordre de l'APA, mais les psychologues d'orientation scientifique. Dès 1959, un groupe de psychologues scientifiques considérant que l'APA ne représentait plus convenablement leurs intérêts fondèrent leur propre association, soit la Psychonomic Society, sous la direction de Clifford T. Morgan. Cette société tint sa première conférence en 1960 et elle publia peu de temps après le premier numéro de son périodique, intitulé *Psychonomic Science*. En 1988, un groupe de psychologues scientifiques fonda l'American Psychological Society (APS), dont la présidence fut d'abord confiée à Janet Taylor Spence (qui avait été présidente de l'APA en 1984). Cette association nationale, dédiée à la psychologie scientifique, tint sa première conférence en 1989, à Alexandria en Virginie et le premier numéro de son périodique, *Psychological Science*, parut en 1990. Le nombre de membres de l'APS, qui était initialement de 500, s'élevait à 13 500 en 2003.

Il est clair que la tension entre la psychologie scientifique pure et la psychologie appliquée, qui a marqué les débuts de la psychologie, est toujours bien présente. Il serait peut-être trop optimiste d'espérer qu'elle disparaisse complètement un jour. Ce genre de désaccord est peut-être inévitable puisque la psychologie comprend au moins deux cultures fondamentales incompatibles.

Les deux cultures de la psychologie

La psychologie étant très diversifiée, qu'est-ce qui amène un psychologue à opter pour une perspective plutôt qu'une autre ? Des faits indiquent que c'est la personnalité ou les expériences de vie d'un psychologue qui déterminent dans une large mesure son choix.

James (1907/1981, éd. fr. 1968) dit partager l'opinion de G. K. Chesterton qui affirme que la chose la plus importante à connaître d'une personne est sa **Weltan-schauung**, ou vision du monde. Selon James, c'est le tempérament d'un philosophe qui détermine sa vision du monde et, par conséquent, le type de philosophie qui l'attirera. Nous avons vu au chapitre 11, que James (1907/1981, éd. fr. 1968) distingue deux groupes de philosophes, selon leur tempérament : les « tendres » ou « délicats », et les « rustres » ou « barbares ». Il pense que la tension entre les uns et les autres a existé de tout temps : « Les philosophes du type « barbare » reprochent au « délicat » sa sentimentalité, son manque de vigueur intellectuel. Le « délicat » se plaint que le « barbare » soit si peu raffiné, si peu sensible et si brutal » (éd. fr. 1968, p. 29). En 1923, Karl Lashley examina la raison pour laquelle des psychologues (comme Watson) adoptent une perspective mécaniste en psychologie, tandis que d'autres optent pour une perspective intentionnaliste (comme McDougall). Il en vint à peu près à la même conclusion que celle qu'avait exprimée James au sujet des philosophes : « C'est entièrement une affaire de tempérament ; il s'agit d'un choix émotionnel et non rationnel » (1923, p. 344 [notre traduction]).

Le britannique C. P. Snow (1964), romancier et scientifique, fut à ce point frappé de la différence entre la vision du monde des scientifiques et celle des intellectuels littéraires (dont les romanciers) qu'il en conclut qu'ils représentent en fait deux cultures distinctes, à la manière des deux tempéraments opposés que James distingue dans le cas des philosophes. Snow fait remarquer que l'un de ces tempéraments (le « délicat ») caractérise les spécialistes des lettres et des sciences humaines, et l'autre (le « barbare ») les scientifiques, de sorte qu'une réelle communication entre les deux groupes est quasi impossible. Thomas Kuhn (1996, éd. fr. 1983) dit à propos des scientifiques : « les adeptes de paradigmes concurrents se livrent à leurs activités dans des mondes différents » (éd. fr., p. 207). Selon des données présentées par Gregory Kimble (1984), les deux tempéraments de James, les deux cultures de Snow et l'incommensurabilité entre les paradigmes scientifiques concurrents de Kuhn caractérisent toujours la psychologie contemporaine.

Kimble (1984) a administré une échelle visant à déterminer dans quelle mesure des psychologues et des étu-

diants en psychologie acceptaient les valeurs scientifiques rigoureuses comparativement aux valeurs humanistes. L'échelle fut administrée à des étudiants de premier cycle inscrits à un cours d'introduction à la psychologie et à des membres du comité directeur de chacune des divisions de l'APA, de même qu'à des membres des divisions 3 (psychologie expérimentale), 9 (Société pour l'étude psychologique des questions sociales), 29 (psychothérapie) et 32 (psychologie humaniste). L'étude montre que les étudiants ont un léger penchant pour les valeurs humanistes et que les membres de tous les comités directeurs des divisions de l'APA ont un penchant encore moins marqué pour les valeurs scientifiques. Les résultats de l'analyse des données provenant des membres des différentes divisions de l'APA sont toutefois plus spectaculaires. Les membres de la division 3 (psychologie expérimentale) manifestent une inclination marquée pour les valeurs scientifiques, alors qu'on peut dire le contraire au sujet des membres de toutes les autres divisions ayant participé à l'étude. Les membres de la division 9 (questions sociales) ont un penchant modéré pour les valeurs humanistes, alors que les membres des divisions 29 (psychothérapie) et 32 (psychologie humaniste) ont une forte inclination pour les valeurs humanistes. Selon la terminologie de James, les psychologues en psychologie expérimentale sont des « barbares », tandis que les psychologues humanistes et les psychothérapeutes sont en général des « délicats ». Kimble (1984) en vint à la conclusion qu'il existe deux cultures incommensurables en psychologie. Si cette constatation est exacte, elle pourrait expliquer en partie la tension observée de tout temps entre les partisans de la psychologie scientifique pure et les adeptes de la psychologie appliquée. Si les deux groupes adhèrent à des valeurs fondamentalement incompatibles, alors le seul moyen de résorber la tension est peut-être que chaque groupe suive sa propre voie.

Cependant, on fait preuve de simplification abusive en divisant les philosophes, les psychologues et les gens instruits en seulement deux groupes. Snow s'en rend très bien compte lorsqu'il dit : « Le chiffre 2 est un chiffre très dangereux [...]. Toute tentative en vue de diviser quoi que ce soit par deux devrait, à priori, nous inspirer une extrême méfiance » (1964, éd. fr. 1968, p. 21-22). Kimble se dit d'accord avec Snow ; il affirme que s'il semble n'exister que deux cultures en psychologie, c'est dû au choix minutieux des divisions de l'APA auxquelles il a administré son échelle. Bien que des psychologues se situent à l'une ou l'autre extrémité du continuum scientifique-humaniste, la majorité se situe en des points intermédiaires. Il serait donc plus exact de décrire la psychologie en fonction de plusieurs cultures au lieu de seulement deux cultures. En réalité, il existe probablement autant de « cultures » en psychologie qu'il y a de conceptions de la nature humaine.

Il semble que l'histoire de la psychologie et l'esprit du temps ont créé en se combinant un « smorgasbord » psychologique et que c'est la personnalité du psychologue qui détermine ce qui lui paraîtra appétissant dans ce buffet. On peut évidemment en dire autant des étudiants en psychologie.

Le statut scientifique de la psychologie

Voici ce que dit James, (1892/1985, éd. fr. 1946) au sujet de la psychologie.

> Que trouve-t-on en ces livres [d'histoire de la psychologie] ? Une enfilade de faits grossièrement observés, quelques discussions querelleuses et bavardes de théories, quelques classifications et descriptions, le préjugé puissant de l'existence des états de conscience et de leur conditionnement par le cerveau : mais pas une seule loi, au sens où nous parlons des lois de la physique, pas une seule formule dont nous puissions déduire une conséquence, comme on déduit un effet de sa cause. Nous ignorons jusqu'aux termes entre lesquels les lois fondamentales […] devraient établir des relations. Est-ce là une science ? C'en est tout juste l'espoir. (éd. fr., p. 622-623)

Et voici la description de la psychologie présentée par Heidbreder (1933) plus de 40 ans plus tard.

> La psychologie est en fait intéressante ne serait-ce que parce qu'elle offre le spectacle d'une science en voie de construction. La curiosité scientifique, qui a permis d'expliquer tellement de phénomènes naturels, s'observe dans ce cas en train de chercher à tâtons son chemin dans une région qu'elle commence tout juste à explorer ; elle abat des barrières, avance à l'aveuglette au milieu de confusions et s'attaque, parfois maladroitement, parfois avec adresse, parfois dans l'excitation, parfois avec lassitude, à un problème toujours en grande partie non résolu. Car la psychologie est une science qui n'a pas encore fait sa grande découverte. Elle n'a rien trouvé qui aurait pour elle le même effet que la théorie atomique a

eu pour la chimie, le principe de l'évolution organique pour la biologie, les lois du mouvement pour la physique. On n'a encore rien découvert ou reconnu qui lui fournirait un principe unificateur. On présente généralement une science, aussi bien en ce qui a trait à son objet qu'à son évolution, à la lumière de ses grandes réussites. Les hypothèses vérifiées de la psychologie forment les lignes selon lesquelles elle classe les faits accumulés et structure ses recherches. Mais la psychologie n'a pas encore remporté de grande victoire unificatrice. Elle a eu des inspirations et détient quelques indices, mais elle n'a pas encore accompli une synthèse ou élaboré une vision à la fois convaincante et plausible. (p. 425-426 [notre traduction])

Même si James et Heidbreder ont exprimé ces opinions à plus de 40 ans d'intervalle, elles sont remarquablement similaires. Les choses se sont-elles améliorées au cours de la période de plus d'un demi-siècle qui s'est écoulée depuis que Heidbreder a noté ses pensées ? Nous avons vu au chapitre 1, après nous être demandé si la psychologie est une science, que Koch (1981, 1993) en est venu à la conclusion que la psychologie n'est pas une discipline unique, mais un ensemble de disciplines, dont certaines sont scientifiques alors que la majorité ne l'est pas. Koch pense qu'il serait plus réaliste de parler d'études psychologiques plutôt que de la science de la psychologie. L'appellation *études psychologiques* reflète la diversité de la psychologie et la volonté d'utiliser tout un éventail de méthodes pour l'étude des humains.

Enfin, voici comment Staats (1989) voit la psychologie contemporaine.

> Les diverses branches de la psychologie se sont développées sous la forme d'entités séparées, sans qu'on ait planifié, ou alors très peu, leurs relations mutuelles. Des domaines de recherche se développent isolément sans même qu'on exige qu'ils aient un lien avec le reste de la psychologie. Il existe plusieurs positions dualistes — inné et acquis, situationnisme et personnalité, psychologie scientifique et humaniste — qui divisent les travaux dans les nombreux domaines de recherche en psychologie. On emploie différentes méthodes d'étude et les psychologues se distinguent par la méthodologie qu'ils connaissent, emploient et acceptent. Il existe un nombre incalculable de théories, petites et grandes — on dit qu'il y en aurait de 100 à 400 seulement en psychothérapie —, et chacun est libre de construire sa propre théorie sans faire de lien entre les éléments de celle-ci et les éléments des autres théories. Plusieurs structures théoriques, qui forment la base de travaux empiriques, sont

tirées du langage courant et non de théories résultant de recherches systématiques. Le fait de construire de petites structures conceptuelles issues du sens commun pour en faire la base de ses propres travaux spécialisés en psychologie produit une infinité d'éléments de savoir sans lien, et les structures méthodologiques et théoriques qui leur sont associées. (p. 149 [notre traduction])

Il est rare de rencontrer un psychologue qui pense que la psychologie *est* une discipline unifiée. Par exemple, Matarazzo (1987) affirme qu'un ensemble de connaissances et de processus et principes fondamentaux forment le cœur de la psychologie et que cet ensemble n'a pas changé essentiellement au cours du dernier siècle. Il maintient également que diverses formes de psychologie (clinique, industrielle, sociale, expérimentale et comportementale) appliquent simplement les mêmes contenus, processus et principes fondamentaux à des problèmes de nature différente. Bien que Kimble ait affirmé en 1984 que la psychologie est constituée de deux cultures fondamentalement irréconciliables, il a exprimé récemment l'espoir que la psychologie devienne une discipline unifiée. Sa vision de l'unification penche toutefois du côté de la culture de la psychologie scientifique : « Ce qui fait le plus espérer en l'unité, c'est la vérité toute simple que les différentes versions de la discipline sont toutes apparentées aux sciences de la nature » (Kimble, 1994, p. 510 [notre traduction]). En 1999, Kimble élabora la pensée selon laquelle il serait possible de réconcilier les divers éléments de la psychologie en employant un modèle apparenté aux sciences de la nature. Edward Wilson (1981, éd. fr. 2000) affirme qu'il est possible de concilier dans le cadre de la théorie de l'évolution les différences existant en psychologie. Il serait toutefois étonnant que l'autre ou les autres cultures de la psychologie acceptent les prémisses de l'unification de Kimble ou de Wilson. L'approche de l'unification, suggérée par Sternberg et Grigorenko (2001) semble plus prometteuse.

Nous pensons qu'on obtiendrait un mode d'organisation de la psychologie en tant que discipline, dans les départements et les études du troisième cycle, plus sensible et plus facile à justifier du point de vue de la psychologie si on prenait comme base les phénomènes psychologiques, qui n'ont rien d'arbitraire, plutôt que les soi-disant branches de la psychologie qui sont, elles, dans une large mesure arbitraires. Dans cette approche, un individu pourrait choisir de se spécialiser dans un ensemble de phénomènes apparentés, tels l'apprentissage et la

mémoire, les stéréotypes et les préjugés ou la motivation et l'émotion, puis étudier les phénomènes en question de multiples points de vue. L'individu acquerrait ainsi une meilleure compréhension des phénomènes étudiés puisqu'il ne serait pas limité par un ensemble d'hypothèses ou de méthodes associé à une branche unique de la psychologie. (p. 1075 [notre traduction])

Selon Sternberg et Grigorenko, les psychologues ont tendance à s'identifier à une perspective ou à une méthodologie donnée, ce qui crée une diversité inutile et improductive au sein de la psychologie. On éliminerait ce problème si on se rendait compte que la façon la plus efficace d'étudier des phénomènes psychologiques est de le faire de plusieurs points de vue. Les deux auteurs donnent l'exemple de l'apprentissage.

Si on prend un phénomène psychologique fondamental, comme l'apprentissage, on se rend compte qu'il est possible de l'étudier en fonction d'un paradigme évolutionniste, d'un paradigme biologique portant sur le cerveau, d'un paradigme cognitiviste, d'un paradigme béhavioriste, d'un paradigme psychanalytique, d'un paradigme épistémo-génétique, etc. Il n'existe pas de perspective appropriée unique. Chaque perspective offre une façon différente de comprendre le problème de l'apprentissage. (p. 1075 [notre traduction])

Force est de constater qu'au cours du siècle qui s'est écoulé depuis que James a exprimé son opinion sur la psychologie, incluant l'intervalle de plus d'un demi-siècle depuis que Heidbreder a fait connaître son point de vue, la situation n'a pas vraiment changé. La plupart s'entendent pour dire que la psychologie est encore un amalgame de faits, de théories, d'hypothèses, de méthodes et d'objectifs. Il n'est pas encore clair dans quelle mesure la psychologie est une science, ou si elle pourra jamais en être une, et même ceux qui croient qu'elle peut devenir une science discutent du type de science qu'elle devrait être.

Certains psychologues considèrent que la diversité de la psychologie est inévitable en raison de la complexité des humains ; d'autres pensent que cette diversité résulte du fait que la psychologie n'a pas appliqué rigoureusement la méthode scientifique ; enfin, d'autres encore attribuent la diversité de la psychologie à ce qu'elle en est encore au stade préparadigmatique, caractéristique de toute science à ses débuts. La psychologie se caractérise donc par sa diversité même relativement aux opinions sur ce que pourrait être finalement son statut. Voici quelques réponses apportées à la question à savoir si la psychologie est une science : non, c'est une discipline préparadigmatique ; non, son objet d'étude est trop subjectif pour se prêter à une étude scientifique ; non, mais elle pourrait devenir une science ; oui et non, une partie de la psychologie est scientifique, mais l'autre ne l'est pas ; oui, la psychologie est une discipline scientifique qui possède un contenu de base et une méthodologie scientifique unique. La réponse dépend donc de celui qui répond à la question et de l'aspect de la psychologie qu'on prend en compte.

Le statut de la psychologie en tant que science est au cœur d'un débat actuel entre les partisans du modernisme et les adeptes du postmodernisme, deux courants dont on traite dans la prochaine section.

Le postmodernisme

Le **prémodernisme** est la croyance, prévalant au Moyen Âge, que toute chose, y compris le comportement humain, s'explique en fonction des dogmes religieux. La remise en question de l'autorité de l'Église a débuté à la Renaissance et a donné finalement naissance à des modes d'étude plus objectifs. Des individus, dont Newton, Bacon et Descartes, ont mis en évidence la puissance d'explication de la raison lorsqu'elle n'est pas entravée par les autorités et les préjugés. Il en est résulté le siècle des lumières, durant lequel on a mis l'accent sur l'expérience et la raison dans la recherche du savoir (voir le chapitre 7). On en est venu à employer les termes **modernisme** et siècle des lumières comme des synonymes (Norris, 1995, p. 583). Des philosophes, dont Hume et Kant (voir les chapitres 5 et 6), ont commencé plus tard à remettre en question les idéaux du siècle des lumières et ont montré que la raison humaine a des limites. On peut aussi considérer le romantisme et l'existentialisme (voir le chapitre 7) comme des réactions à la croyance, issue du siècle des lumières, selon laquelle le comportement humain s'explique en fonction de lois ou de principes abstraits universels. L'affirmation de Kierkegaard, « La subjectivité est la vérité », et le « perspectivisme » de Nietzsche sont deux exemples probants d'opposition au siècle des lumières. Les concepts ultérieurs d'empirisme radical et de pragmatisme de William James (voir le chapitre 11) manifestent un mépris similaire envers l'universalisme.

En fait, James dit de l'absolutisme que c'est « la grande maladie de la pensée philosophique » (1890/1950, vol. 1, p. 353 [notre traduction]).

Depuis le milieu des années 1960, c'est au tour du **postmodernisme** (aussi appelé constructivisme social ou déconstructivisme) de s'en prendre aux idéaux du siècle des lumières. En gros, les postmodernes pensent que ce sont des individus ou des groupes qui créent la « réalité » dans divers contextes personnels, historiques et culturels, ce qui s'oppose à la croyance des modernes (siècle des lumières) selon laquelle la réalité est une sorte de Vérité immuable qui attend simplement d'être découverte au moyen de l'expérience, de la raison exempte de préjugés ou des méthodes de la science. Le postmodernisme a beaucoup de points communs, non seulement avec le romantisme, l'existentialisme et certains aspects de la psychologie de James, mais aussi avec les philosophies sophiste et sceptique de l'Antiquité. Nous avons signalé au chapitre 2 que les sophistes pensent qu'il n'existe pas de vérité unique mais plusieurs vérités, et que celles-ci dépendent de l'expérience individuelle. Lorsqu'il a dit : « l'homme est la mesure de toutes choses », Protagoras devançait les postmodernes. Roochnik (2000, lecture 7) affirme qu'en fait « [o]n appelle postmoderne le sophiste contemporain ». Nous avons noté au chapitre 3 que les sceptiques s'opposent à tous les dogmatismes, c'est-à-dire à toute prétention à une vérité irréfutable. Cette remise en question de l'existence d'une vérité universelle, qui prend sa source dans la philosophie de l'Antiquité, a connu un regain dans les philosophies romantique et existentialiste, et elle est perpétuée en psychologie contemporaine par la psychologie humaniste, aussi appelée « troisième force » (voir le chapitre 18). Ce que les postmodernes partagent avec les sophistes, les sceptiques, les romantiques, les existentialistes, et les psychologues humanistes, c'est la conception selon laquelle la « vérité » est toujours relative à des perspectives culturelles, collectives ou personnelles. En fait, on appelle parfois le postmodernisme « relativisme radical » (Smith, 1994, p. 408 [notre traduction]). Fishman (1999) donne un aperçu du postmodernisme.

> Une idée fondamentale du postmodernisme, c'est qu'on voit toujours la réalité à travers des lunettes conceptuelles, représentant des facteurs comme les objectifs d'un individu à un instant donné et dans une situation donnée, ses expériences passées, ses valeurs et ses

attitudes, l'ensemble de ses connaissances, la nature du langage, les tendances actuelles de la culture contemporaine, etc. Il n'est jamais possible de retirer ces lunettes de manière à voir le monde tel qu'il est « vraiment », en toute objectivité. Tout ce qu'on peut faire, c'est de changer de lunettes et de se rendre compte que chaque paire fournit des images et des perspectives différentes du monde. (p. 5 [notre traduction])

Le concept de **jeux de langage** du célèbre philosophe **Ludwig Wittgenstein** (1889-1951) appuie le relativisme des postmodernes. Dans ses *Investigations philosophiques* (1953/1997, éd. fr. 1961), publiées après sa mort, Wittgenstein affirme que tous les termes et les concepts ont une seule signification, soit celle que leur assigne une communauté donnée. Le langage est un outil utilisé par les membres d'une communauté pour communiquer entre eux. Chaque communauté détermine le sens de son propre langage, de même que les règles régissant l'emploi de celui-ci. Autrement dit, chaque communauté crée ses propres *jeux de langage*, qui eux-mêmes donnent naissance à leur propre « forme de vie ». Il est évident que Wittgenstein n'emploie pas le terme « jeu » au sens de divertissement ou

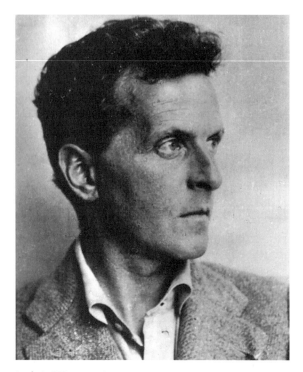

Ludwig Wittgenstein

de banalité. Comprendre une communauté, c'est comprendre ses jeux de langage. Wittgenstein (1953/1997, éd. fr. 1961) donne une liste de jeux de langage susceptibles de caractériser une communauté :

> Commander, et agir d'après des commandements. Décrire un objet d'après son aspect, ou d'après des mesures prises. [...] Rapporter un événement. Faire des conjectures au sujet d'un événement. Former une hypothèse et l'examiner. [...] Inventer une histoire ; et lire. Jouer du théâtre. Chanter des « rondes ». [...] Faire un mot d'esprit ; raconter. Résoudre un problème d'arithmétique pratique. [...] Solliciter, remercier, maudire, saluer et prier. (éd. fr., p. 125)

Il est donc faux, selon Wittgenstein, de considérer que le langage reflète la réalité. En fait, le langage *crée* la réalité. On rencontre des problèmes de communication lorsqu'on mélange les jeux de langage de différentes communautés ou si on fait un mauvais usage des jeux de langage au sein d'une communauté. Wittgenstein ne nie pas l'existence d'un monde physique ni le fait que nos sens nous permettent d'être en contact avec ce monde. Il affirme au contraire que les gens prêtent effectivement à leurs expériences une large gamme de significations. Sluga et Stern (1996) donnent l'exemple suivant : « Une pièce de monnaie est une devise, mais cela n'empêche pas que ce soit aussi un disque métallique dont l'existence ne dépend pas du fait qu'on y croie ou non » (p. 359 [notre traduction]). De plus, certains jeux de langage ont un sens seulement si notre expérience du monde physique présente une certaine régularité. Wittgenstein donne comme exemple la pesée d'un bien dans le but d'en déterminer le prix d'achat ou de vente : « Le procédé qui consiste à placer un morceau de fromage sur une balance et à en fixer le prix suivant le trait de la balance perdrait de son intérêt s'il arrivait fréquemment à de tels morceaux de croître ou de se rétrécir sans raison évidente » (1953/1997, éd. fr. 1961, p. 175).

Selon Wittgenstein la majorité, sinon la totalité, des controverses entre philosophes et psychologues seraient résolues si on comprenait que les différents paradigmes philosophiques et psychologiques reflètent leurs propres jeux de langage. Autrement dit, il faut comprendre un paradigme dans le contexte de sa propre signification et de son propre programme. Les grands débats philosophiques qui ont eu lieu au cours des siècles ne portaient pas sur des réalités contradictoires, mais sur des jeux de langage contradictoires. Par exemple, « Wittgenstein attire notre attention sur le fait que l'explication [du comportement] en fonction de ses causes et l'explication en fonction de ses raisons correspondent à deux jeux de langage différents » (Bouveresse, 1995, p. 73 [notre traduction]). De façon analogue, les débats traditionnels opposant matérialisme et idéalisme, libre arbitre et déterminisme, rationalisme et empirisme, nominalisme et réalisme, science et non-science, de même que les débats sur les relations entre l'esprit et le corps, portent en fait, d'après Wittgenstein, sur des pratiques linguistiques. Quel est donc alors le rôle de la philosophie ? Wittgenstein affirme : « La philosophie est la lutte contre l'ensorcellement de notre entendement par les moyens de notre langage » (1953/1997, éd. fr. 1961, p. 165). Gergen (2001) va dans le même sens en affirmant ceci : « Les explications théoriques du monde ne sont pas des reflets du monde, mais des actions discursives au sein d'une communauté » (p. 811 [notre traduction]). Il devrait être évident que la philosophie des sciences de Kuhn (voir le chapitre 1 et ce qui suit) présente de nombreux points communs avec philosophie de Wittgenstein. En fait, Kuhn termine son célèbre ouvrage *La structure des révolutions scientifiques* (1996, éd. fr. 1983) par l'affirmation suivante, tout à fait wittgensteinienne : « Comme le langage, la connaissance scientifique est intrinsèquement la propriété commune d'un groupe, ou bien elle n'est pas. Pour la comprendre, il nous faudra connaître les caractéristiques spéciales des groupes qui la créent et l'utilisent » (éd. fr., p. 284).

Wittgenstein et les postmodernes s'entendent pour dire que ce qu'une communauté considère comme « vrai » n'est pas nécessairement valide à l'extérieur de la communauté qui le définit ainsi. Gergen (1994) donne l'exemple suivant :

> Il nous semble important d'examiner les effets sur la culture de termes comme *dépression*, celle-ci étant définie comme un trouble psychologique, réifié et traité au moyen de substances chimiques. Comment se fait-il que les peuples ayant une culture différente réussissent à se passer d'un tel concept, et que les gens des siècles passés ont fait de même, alors que les psychologues contemporains voient la dépression dans tous les secteurs de la société (même chez les enfants maintenant) et que plus de six millions d'Américains ont « absolument » besoin de Prozac ? Quelles professions tirent profit de cet ensemble particulier de constructions et de pratiques ? Est-il possible que le public soit victime sans le savoir ? (p. 414 [notre traduction])

Autrement dit, selon Gergen notamment (voir aussi Szasz, 1974, éd. fr. 1977), il est possible qu'une communauté psychologique ait créé le concept de dépression, et ceux de divers autres « troubles mentaux », parce que cela avait un sens pour les membres de cette communauté et qu'ils en tiraient des avantages. Il ne faudrait toutefois pas considérer que cette initiative démontre l'existence de telles maladies d'un point de vue objectif. Il s'agit d'un jeu de langage créé et utilisé par une communauté psychologique donnée pour répondre à ses propres objectifs. Il est clair qu'il existe de nombreux points communs entre le concept de jeu de langage de Wittgenstein et le relativisme des postmodernes.

On observe toujours une tension entre le modernisme et le postmodernisme au sein de la psychologie contemporaine. Quand la psychologie est devenue une science, à la fin du XIXe siècle, elle cherchait les lois qui régissent l'esprit humain afin de comprendre celui-ci en général, et non en particulier. Les techniques et les théories ont changé au cours des ans, mais la recherche des lois générales régissant le comportement humain n'a pas perdu de son intensité. La croyance que la science peut dévoiler la vérité sur la nature humaine a été, et est encore, l'un des principaux thèmes de l'histoire de la psychologie. Les méthodes employées par les psychologues d'orientation scientifique pour comprendre le comportement humain sont identiques à celles qu'utilisent les spécialistes des sciences de la nature pour comprendre le monde physique. Le postmodernisme rejette par contre le modèle des sciences de la nature.

On peut aussi essayer de comprendre les différences culturelles en psychologie dont il a été question dans le présent chapitre en fonction du modernisme et du postmodernisme. Les psychologues adeptes du modernisme optent pour les méthodes des sciences de la nature dans leur quête des lois générales régissant le comportement humain, tandis que les psychologues adeptes du postmodernisme pensent que la science représente seulement une approche parmi bien d'autres pour comprendre les humains. Quoi qu'il en soit, un débat parfois très animé oppose toujours le modernisme et le postmodernisme en psychologie contemporaine. Gergen (1991, 1994, 2001), entre autres, présente des arguments en faveur du postmodernisme, tandis que M. B. Smith (1994), par exemple, propose des arguments contre le postmodernisme.

Comme cela s'est produit dans la majorité des cas de dichotomie dans l'histoire de la psychologie, on a proposé des compromis pour concilier le modernisme et le postmodernisme. Parmi les auteurs dont les suggestions renferment des éléments des deux tendances, Fishman (1999) fait intervenir le pragmatisme dans son compromis, alors que Schneider (1998) a recours au romantisme. En outre, l'approche de l'unification de la psychologie présentée par Sternberg et Grigorenko (2001, dont il a été question plus haut) ressemble à l'approche de l'étude de la psychologie proposée par le postmodernisme. Selon ces points de vue, la meilleure façon de résoudre les problèmes de la psychologie est de les examiner en fonction de plusieurs perspectives.

Y a-t-il du nouveau en psychologie?

Il ne fait aucun doute que certains aspects de la psychologie comportent des éléments nouveaux et se portent mieux que jamais. On a mis au point plusieurs techniques qui facilitent considérablement l'étude du fonctionnement du cerveau, dont l'électroencéphalographie (EEG), l'imagerie par résonance magnétique (IRM), la tomographie par ordinateur et la tomographie par émission de positrons (TEP). En outre, de nouveaux médicaments constituent des outils de recherche puissants pour les psychobiologistes. Les ordinateurs sont non seulement utilisés pour la recherche en biologie et comme modèles pour la compréhension des processus cognitifs, mais ils permettent l'analyse de données complexes qu'on n'aurait pu faire il y a à peine quelques années. La réponse à la question à savoir s'il y a du nouveau en psychologie est donc oui, mais il est à noter que les exemples présentés ci-dessus sont tous de nature technologique, et non conceptuelle. Si on examine les questions plus générales, la réponse semble être non. Tout au long de l'histoire de la psychologie, on a observé un déplacement des centres d'intérêt et une amélioration des outils de recherche, mais la psychologie s'intéresse apparemment aux mêmes sujets depuis ses débuts. Comme nous avons déjà traité des questions toujours actuelles en psychologie au chapitre 1, nous nous contentons ici de les énumérer.

- Qu'est-ce que la nature humaine?

- Quels liens unissent l'esprit et le corps?

- Dans quelle mesure le comportement humain est-il déterminé par l'hérédité et dans quelle mesure l'est-il par l'expérience?

- Jusqu'à quel point le comportement humain découle-t-il du libre arbitre (si celui-ci existe) et dans quelle mesure est-il déterminé?

- La nature humaine comporte-t-elle une force vitale (non matérielle) en raison de laquelle il est impossible d'expliquer complètement le comportement humain d'un point de vue mécaniste?

- Dans quelle mesure les aspects irrationnels de la nature humaine (émotions, intuitions, pulsions, etc.) déterminent-ils le comportement humain comparativement aux aspects rationnels?

- Quels liens existe-t-il entre les humains et les autres animaux?

- Quelle est l'origine du savoir humain?

- Dans quelle mesure la réalité objective (physique) détermine-t-elle le comportement humain comparativement à la réalité subjective (mentale)?

- À quoi est attribuable l'unité et la continuité de l'expérience?

- Existe-t-il des vérités universelles à propos du monde en général ou des gens en particulier, ou la vérité dépend-elle nécessairement de la perspective d'un individu ou d'une collectivité?

Les questions toujours actuelles en psychologie sont essentiellement de nature philosophique, de sorte que les solutions proposées ne peuvent représenter que des tentatives de réponse entachées d'incertitude. Les propos suivants de Bertrand Russell (1945, éd. fr. 1953) ont trait aux principales questions que se posent autant les philosophes que les psychologues.

> La science nous dit ce que nous pouvons savoir mais ce que nous pouvons savoir est peu de chose et, si nous oublions tout ce que nous ne pouvons pas savoir, nous devenons insensibles à beaucoup de choses qui ont une grande importance. D'autre part, la théologie apporte la croyance dogmatique en une connaissance là où, en fait, nous sommes ignorants et, en agissant ainsi elle crée une sorte d'attitude insolente ou impertinente envers l'univers. L'incertitude, devant les espérances et les craintes, est pénible mais doit être supportée si nous désirons vivre sans nous appuyer sur de jolis contes de fée encourageants. Il n'est pas bon, non plus, d'oublier les questions que pose la philosophie ni de nous persuader que

nous leur avons trouvé des réponses qui ne laissent plus subsister aucun doute. (éd. fr., p. 10-11)

Dans *The Limits of Science* (1985), Peter Medawar se dit d'accord avec Russell lorsque ce dernier affirme que la science n'a pas d'égal pour répondre à certaines questions, mais qu'il existe par ailleurs des questions cruciales auxquelles elle ne peut fournir de réponse. Medawar affirme que les questions de ce type sont davantage du ressort de la philosophie ou, et là il s'oppose à Russell, de la théologie.

Il n'est toutefois pas nécessaire de qualifier de philosophiques les questions psychologiques toujours actuelles pour démontrer qu'il est impossible d'y apporter des réponses certaines. Nous avons vu au chapitre 1 que Popper affirme qu'il n'existe pas de vérité ultime, même en science. Le mieux qu'on puisse dire d'une explication scientifique, c'est qu'elle n'est « pas encore infirmée ». Même si Popper et Kuhn ont fondamentalement des conceptions différentes de la science, ils croient tous deux en la nature dynamique de la « vérité scientifique ». Kuhn affirme : « Toutes les croyances passées au sujet de la nature se sont révélées fausses tôt ou tard. Donc, selon les faits, la probabilité que n'importe quelle croyance proposée aujourd'hui connaisse un meilleur sort est presque nulle » (Kuhn, 2000b, p. 115 [notre traduction]). Toute explication, même de nature scientifique, se révèle tôt ou tard être fausse ; la quête de la vérité n'a pas de fin. Ainsi, les questions importantes demeurent nécessairement actuelles, qu'on les aborde d'un point de vue philosophique ou scientifique.

Il semble en outre qu'au cours des siècles les philosophes, les théologiens et les psychologues aient découvert des vérités partielles à propos des humains et qu'ils aient confondu celles-ci avec la vérité tout entière. Si ces individus étaient convaincants et que le moment était approprié, leurs idées ont été assez largement acceptées pour donner naissance à des écoles. On ne se pose peut-être pas la bonne question quand on se demande si les volontaristes, les structuralistes, les fonctionnalistes, les béhavioristes, les gestaltistes, les psychanalystes et les psychologues humanistes ont tort ou raison. Il vaudrait peut-être mieux se demander quelle proportion de la vérité au sujet des humains chacun de ces points de vue a saisi. Ils ont peut-être tous en partie raison et il existe peut-être bien d'autres vérités à propos des humains qu'aucun de ces points de vue n'a encore mises à jour. Voici ce qu'en dit Jung (1921/1971, éd. fr. 1958) :

> Supposer qu'il n'existe qu'*une seule* psychologie, ou *un seul* principe psychologique fondamental, c'est accepter l'insupportable tyrannie du préjugé scientifique de l'homme normal. [...] Même quand on procède aussi scientifiquement que possible, on ne doit pas oublier que la science n'est pas la *somme* de la vie ; elle n'est qu'une [...] forme de la pensée humaine. (éd. fr., p. 42)

À quoi doit donc s'en tenir l'étudiant en psychologie par rapport à tout cela ? La psychologie ne convient pas aux gens qui supportent mal l'ambiguïté. La diversité de points de vue, parfois contradictoires, qui caractérise la psychologie contemporaine caractérisera certainement aussi la psychologie de demain. On reconnaît de plus en plus cette discipline ne peut faire autrement que d'être aussi diversifiée que les humains dont elle tente d'expliquer le comportement. Cet état de choses est décourageant pour ceux qui sont en quête de la Vérité, mais la psychologie est un domaine exaltant, et elle continuera de l'être, pour ceux qui acceptent d'examiner des vérités multiples. Si Héraclite avait raison de penser que « toute chose naît du mouvement », la psychologie contemporaine est en excellente position pour avoir de nombreux rejetons.

Résumé

La psychologie contemporaine est une discipline diversifiée qui reflète un large éventail d'influences historiques. Elle fait preuve d'un esprit éclectique, c'est-à-dire de la volonté d'employer n'importe quelle méthode efficace pour étudier les différents aspects de l'être humain. Les 53 divisions de l'APA témoignent bien de la diversité de la psychologie. Depuis ses débuts, il existe au sein de la psychologie une tension entre ceux qui désirent en faire une discipline purement scientifique et ceux qui cherchent à en appliquer les principes à la résolution de problèmes pratiques. Au moment de sa création, en 1892, l'APA s'était donné comme objectif de faire valoir la psychologie en tant que science, mais la majorité des membres fondateurs regardaient également la psychologie appliquée d'un bon œil. Titchener faisait toutefois exception : à l'instar de son maître Wundt, il méprisait la psychologie appliquée.

La psychologie clinique fondée par Witmer en 1896 avait peu de points communs avec la psychologie clinique moderne. Jusqu'à la Deuxième Guerre mondiale, la principale fonction des psychologues cliniciens était d'administrer des tests psychologiques et d'évaluer la performance à des tests. Au fur et à mesure qu'on accordait plus d'importance aux épreuves de ce type, la tension augmentait entre les psychologues d'orientation scientifique pure et les psychologues en psychologie appliquée. Étant donné qu'un grand nombre de vétérans de la Deuxième Guerre mondiale avaient besoin de psychothérapie, la Veteran's Administration créa des programmes de formation à l'intention des psychologues qui désiraient pratiquer la psychothérapie. Celle-ci est petit à petit devenue la principale fonction des psychologues cliniciens. Les psychologues en psychologie appliquée (dont les cliniciens) étant de plus en plus nombreux, ils se mirent à fonder leurs propres associations, indépendantes de l'APA, afin de défendre leurs intérêts professionnels. L'APA finit par réagir en créant des divisions qui reflètent les aspects scientifiques et appliqués de la psychologie. Il en est résulté une paix temporaire, jusqu'à ce que la psychologie appliquée en vienne à dominer l'APA. Comme l'avaient fait plus tôt les psychologues en psychologie appliquée, les psychologues d'orientation scientifique commencèrent à se percevoir comme des membres de second ordre au sein de l'APA, ce qui les amena à créer leurs propres associations. La tension entre les deux groupes se manifeste également par la controverse dont fait actuellement l'objet la formation des psychologues cliniciens. Certains pensent que ces derniers devraient recevoir la même formation rigoureuse que tout candidat au Ph.D. en psychologie, c'est-à-dire que les cliniciens devraient être des scientifiques praticiens. D'autres soutiennent que les psychologues cliniciens devraient apprendre à appliquer les principes scientifiques dans le cadre de leur profession, et qu'ils n'ont pas besoin de formation en méthodologie scientifique, c'est-à-dire qu'ils devraient suivre le programme du Psy.D. Quand ils ont fait leur entrée dans le domaine de la psychothérapie, les psychologues cliniciens se sont trouvés en conflit avec les psychiatres, et il en est résulté plusieurs luttes devant les tribunaux concernant les droits des premiers. Depuis que l'État du Nouveau-Mexique a octroyé, récemment, aux psychologues cliniciens le droit de prescrire des médicaments, les psychologues et les psychiatres peuvent légalement offrir essentiellement les mêmes services dans cet État. D'autres États imiteront fort probablement le Nouveau-Mexique dans un proche avenir en ce qui a trait au droit de prescrire des médicaments.

James affirme qu'un philosophe est attiré par la philosophie subjective ou objective selon qu'il a un tempérament de type « délicat » ou « barbare ». Le romancier et scientifique C. P. Snow fait observer que les valeurs des scientifiques et celles des spécialistes des lettres et des sciences humaines sont à ce point différentes qu'elles reflètent deux mondes distincts. Kimble fournit des faits appuyant la thèse qu'il existe en psychologie contemporaine quelque chose de similaire aux deux tempéraments de James et aux deux cultures de Snow. La tension entre les psychologues d'orientation scientifique pure et ceux qui œuvrent en psychologie appliquée s'explique peut-être par l'existence en psychologie de deux cultures incommensurables.

En 1892, James affirma que la psychologie en était encore à espérer devenir une science. En 1933, Heidbreder en vint plus ou moins à la même conclusion. Et plus récemment Koch soutint que, même si certains aspects de la psychologie sont de nature scientifique, la majorité ne l'est pas. Staats fait remarquer par ailleurs que la psychologie est une discipline manquant d'unité, mais qu'elle pourrait être unifiée au prix d'un effort considérable. Rares sont ceux qui déclarent, à l'instar de Matarazzo, que la psychologie est une science unifiée. Les suggestions ne manquent pas quant aux moyens de faire de la psychologie une telle science, mais la psychologie contemporaine demeure une science hautement diversifiée. Le statut de la psychologie en tant que science est aussi difficile à déterminer aujourd'hui qu'il l'a été tout au cours de son histoire.

On appelle prémodernisme la croyance, prévalant au Moyen Âge, selon laquelle les dogmes religieux expliquent tout. Les humanistes de la Renaissance ont commencé à remettre en question l'autorité de l'Église et il en est résulté le modernisme, ou siècle des lumières. Sous l'impulsion des travaux notamment de Newton, de Bacon et de Descartes, on se mit à chercher les lois et les principes universels régissant le comportement humain. Cette recherche fut stimulée par le fait que Newton réussit à expliquer la plupart des phénomènes physiques en fonction de quelques principes scientifiques. Le modernisme appliqua la rationalité objective et l'observation empirique à la recherche de la vérité et il atteignit sa pleine maturité dans l'empirisme et le positivisme français et britanniques. Des philosophes, dont Hume et Kant, montrèrent les limites de la capacité des humains à comprendre la réalité physique, et on commença à mettre en doute les idéaux du modernisme. Ainsi, les philosophes romantiques et existentialistes mirent en doute qu'il soit possible d'expliquer le comportement humain en fonction de principes abstraits universels. Ils optèrent plutôt pour le perspectivisme, affirmant que la « vérité » est déterminée par les circonstances personnelles et collectives. Les psychologues humanistes, désignés collectivement par l'appellation troisième force, rejettent eux aussi l'universalisme. La croyance selon laquelle la vérité est relative marque les débuts du postmodernisme. Le concept de jeux de langage de Wittgenstein soutient la position relativiste. Selon ce philosophe, chaque communauté crée la signification de son propre langage ; on ne peut donc pas comprendre un langage si on ne comprend pas comment il est employé au sein de la communauté qui l'a élaboré. Selon Wittgenstein, les débats philosophiques reflètent des jeux de langage incompatibles et il revient à la philosophie de clarifier ce fait. En psychologie contemporaine, la psychologie humaniste (troisième force) et le postmodernisme présentent de nombreux points communs avec les philosophies sophiste et sceptique de l'Antiquité.

La psychologie a fourni une quantité considérable d'informations notamment sur l'apprentissage, la mémoire, le fonctionnement du cerveau et la pensée chez l'enfant et l'adulte, et elle a raffiné plusieurs de ses outils de recherche grâce aux progrès de la technique. Toutefois, dans un sens plus large, elle s'occupe encore de questions que se sont posées les Grecs de l'Antiquité. Bien que ses centres d'intérêts, de même que ses outils de recherche et sa terminologie, aient changé, la psychologie étudie les mêmes questions et sujets depuis ses débuts. Cela vient peut-être de ce que ces questions sont de nature philosophique et qu'il n'existe donc pas de réponse ultime. Selon Popper, même si les objets

d'étude de la psychologie ont un caractère scientifique plutôt que philosophique, il n'y a pas de solution définitive, et Popper et Kuhn s'entendent sur ce point. Il est également possible que différentes philosophies et écoles psychologiques aient fourni seulement des vérités partielles au sujet de la nature humaine et qu'on en découvrira bien d'autres dans l'avenir. La psychologie est, et continuera d'être, une discipline exaltante pour ceux qui tolèrent bien l'ambiguïté.

Des questions à débattre

1. Quels faits témoignent de la grande diversité de la psychologie contemporaine ? Qu'est-ce qui explique cette diversité ?

2. Résumez l'histoire de la controverse opposant deux visions de la psychologie, soit comme discipline scientifique pure ou appliquée.

3. Quelle était la principale fonction des psychologues cliniciens avant la Deuxième Guerre mondiale ? Quelle est-elle depuis la Deuxième Guerre mondiale ?

4. Décrivez les mesures adoptées par l'APA au cours des ans afin de réduire la tension entre la psychologie scientifique pure et la psychologie appliquée.

5. Comment les conflits entre les psychologues cliniciens et les psychiatres se sont-ils résolus ? Quel différend reste-t-il à régler ?

6. Résumez les arguments pour et contre le Psy.D.

7. Énoncez des arguments étayant ou infirmant la thèse de Kimble selon laquelle la psychologie contemporaine comporte au moins deux cultures incommensurables.

8. La psychologie est-elle une science ? Résumez les diverses réponses à cette question présentées dans le présent chapitre.

9. Qu'est-ce qui caractérise la philosophie et la psychologie prémodernes ?

10. Qu'est-ce que le modernisme ? Qui s'en sont faits les champions et quels en sont les idéaux ?

11. Définissez le postmodernisme et donnez des exemples de la manifestation de la pensée postmoderne dans l'histoire de la psychologie.

12. Dites en quoi le concept de jeux de langage de Wittgenstein est relié au postmodernisme.

13. Quelle est, selon Wittgenstein, la meilleure façon de comprendre et de résoudre les débats philosophiques traditionnels?

14. Montrez qu'on peut répondre à la question à savoir s'il y a du nouveau en psychologie seulement par oui et par non.

15. Pourquoi les questions toujours actuelles en psychologie ont-elles une pareille longévité?

Des suggestions de lectures

Fishman, D. B. (1999). *The case for pragmatic psychology.* New York: New York University Press.

Gergen, K. J. (2001). Psychological science in a postmodern context. *American Psychologist, 56*, 803-813.

Grayling, A. C. (2001). *Wittgenstein: A very short introduction.* New York: Oxford University Press.

Hacker, Peter Michael S. (2000). *Wittgenstein: sur la nature humaine*, traduit de l'anglais par Jean-Luc Fidel, Paris, Seuil.

Powell, J. (1998). *Postmodernism for beginners.* New York: Writers and Readers Publishing.

Schulte, J. (1993). *Experience and expression: Wittgenstein's philosophy of psychology.* New York: Oxford University Press.

Sternberg, R. J. et Grigorenko, E. L. (2001). Unified psychology. *American Psychologist, 56*, 1069-1079.

Viney, W. (1989). The cyclops and the twelve-eyed toad: William James and the unity-disunity problem in psychology. *American Psychologist, 44*, 1261-1265.

Glossaire

Éclectisme   Volonté d'employer les méthodes les plus efficaces pour résoudre un problème.

Jeux de langage   Selon Wittgenstein, conventions linguistiques qui guident une communauté dans ses activités. L'ensemble de ses jeux de langage décrit la « forme de vie » d'une communauté.

Modernisme   Croyance selon laquelle l'amélioration de la condition humaine passe nécessairement par la compréhension et l'application des principes universels abstraits qui régissent l'Univers (et, notamment, le comportement humain). Le modernisme met l'accent sur la rationalité exempte de préjugés et l'observation empirique dans la recherche de ces principes. La période où ce courant fut dominant est appelée siècle des lumières.

Postmodernisme   S'oppose à la recherche de lois ou de principes abstraits universels qui soi-disant gouverneraient le comportement humain. Les postmodernes affirment que le comportement n'est pas régi par des lois ou principes de ce type et qu'on peut le comprendre seulement dans le contexte de la culture, de la collectivité ou de l'individu dont il émane.

Prémodernisme   Croyance, prévalant au Moyen Âge, selon laquelle toute chose, y compris le comportement humain, s'explique en fonction des dogmes religieux.

Psy.D.   Doctorat en psychologie clinique visant une formation où l'application professionnelle des principes de la psychologie prime sur la méthodologie scientifique.

Weltanschauung   Vision du monde.

Wittgenstein, Ludwig (1889-1951)   Affirme que les débats philosophiques portent sur la signification des mots plutôt que sur la vérité ou des vérités existant indépendamment des conventions linguistiques. Autrement dit, les débats philosophiques portent sur des jeux de langage. (Voir aussi *Jeu de langage*.)

Des personnages et des événements importants de l'histoire de la psychologie

Thalès (v. 625-547 av. J.-C.) Est le premier à remplacer les explications surnaturelles de l'Univers par des explications naturelles. Il encourage la critique et l'amélioration de ses enseignements.

Héraclite (v. 540-480 av. J.-C.) Affirme que tout dans le monde empirique change constamment et que, par conséquent, rien ne peut être connu avec certitude.

Anaxagore (v. 500-428 av. J.-C.) Propose un univers composé d'un nombre infini d'éléments, ou « germes ». Chaque germe contient tous les autres, et tous les objets se différencient en fonction de leur germe dominant. L'esprit fait exception parce qu'il ne contient aucun germe et qu'il est responsable de la vie.

Protagoras (v. 485-410 av. J.-C.) Prétend que la « vérité » existe uniquement en fonction des perceptions et des croyances d'un individu.

Hippocrate (v. 460-377 av. J.-C.) Affirme que les désordres mentaux et physiques ont des causes naturelles ; la tâche première d'un médecin est de faciliter la capacité du corps à guérir naturellement.

Démocrite (v. 460-370 av. J.-C.) Propose un univers complètement matérialiste dont tous les éléments sont composés d'atomes.

Antisthène (v. 445-365 av. J.-C.) Prêche le cynisme ou une philosophie du retour à la nature dans laquelle la vie serait libérée des désirs, des passions et des conventions de la société.

Platon (v. 427-347 av. J.-C.) Postule un univers dualiste contenant des formes et de la matière abstraites. Les formes, parce qu'elles ne changent pas, sont les seules choses que nous pouvons connaître avec certitude.

Aristote (v. 384-322 av. J.-C.) Prétend que la compréhension de la nature commence par un examen direct. Tout dans la nature comporte un but inhérent qui cherche à se manifester.

Pyrrhon d'Élis (v. 360-270 av. J.-C.) Affirme que le scepticisme ou l'absence de croyance envers toute chose est la seule voie raisonnable, car tous les arguments pour ou contre une croyance sont également valides.

Épicure de Samos (v. 341-270 av. J.-C.) Encourage l'adoption d'un mode de vie simple fait de modération et libre de toute superstition. Cette philosophie est appelée épicurisme.

Zénon de Citium (v. 335-263 av. J.-C.) Découvre que la philosophie du stoïcisme est dictée par un plan divin et que vivre conformément à ce plan avec courage et dignité est le bien suprême.

Philon (v. 25 av. J.-C. – 50 apr. J.-C.) Adepte du néoplatonisme, prêche que Dieu révélerait la vérité aux âmes prêtes à la recevoir.

Galien (v. 131-201) Perpétue dans l'Empire romain la médecine naturaliste des médecins grecs comme Hippocrate et étend la théorie des quatre humeurs à une philosophie rudimentaire de la personnalité.

Constantin (v. 272-337) Signe, en 313, les édits de Milan qui font du christianisme une religion tolérée dans l'Empire romain.

Augustin, saint (v. 347-430) Combine le stoïcisme, le néoplatonisme et le judaïsme pour créer une puissante théologie chrétienne en vertu de laquelle le mal existe parce que les gens le choisissent et que l'expérience personnelle de Dieu est possible grâce à l'introspection.

■ **400-1000** Le Moyen Âge. L'Europe est principalement dominée par le mysticisme et la superstition.

Avicenne (980-1037) Philosophe et médecin arabe, il applique la philosophie d'Aristote à une grande variété de sujets et tente de la rendre compatible avec la théologie musulmane.

Anselme, saint (v. 1033-1109) Ajoute la raison aux moyens de connaître Dieu grâce à son argument ontologique sur l'existence de Dieu.

Pierre Lombard (v. 1095-1160) Affirme qu'on peut connaître Dieu par les Écritures, par la raison ou par l'étude de la nature.

Maïmonide (1135-1204) Intellectuel et médecin juif, il tente de réconcilier le judaïsme avec la philosophie d'Aristote.

Thomas d'Aquin, saint (1225-1274) Impose la philosophie d'Aristote comme fondement de la théologie chrétienne.

Guillaume d'Occam (v. 1285-1349) Prétend que les explications devraient toujours être les plus parcimonieuses possible (rasoir d'Occam). Dans le débat entre les réalistes et les nominalistes, il se range du côté de ces derniers et encourage l'empirisme.

Pétrarque (1304-1374) Parfois considéré comme le père de la Renaissance, il milite en faveur de l'exploration et de la manifestation du potentiel humain.

Didier Érasme (1466-1536) S'oppose au fanatisme, aux rites religieux et à la superstition. Affirme que les « fous » sont dans une meilleure position que les « sages », car les fous vivent en conformité avec leurs sentiments véritables.

Nicolas Copernic (1473-1534) Écrit *De Revolutionibus Orbium Coelestium* (*Les Révolutions des sphères célestes* ; publié en 1543), ouvrage dans lequel il propose la théorie héliocentrique du système solaire.

Cornelius Agrippa (1486-1535) Premier médecin à plaider en faveur de l'arrêt de la chasse aux sorcières parce que les personnes accusées de sorcellerie ou soupçonnées d'être ensorcelées souffrent en fait de troubles mentaux.

■ **1486** Heinrich Kramer et Jakob Sprenger publient *Malleus Maleficarum* (*Le marteau des sorcières*).

Paracelse (1493-1541) Est parmi les premiers médecins à suggérer que le comportement inhabituel manifesté par les « sorcières » et les personnes ensorcelées a des origines naturelles, et non surnaturelles.

■ **1517** Martin Luther (1483-1546) affiche ses quatre-vingt-quinze thèses sur les portes de l'église du château de Wittenberg, ce qui marque le début de la Réforme.

Michel de Montaigne (1533-1592) Réintroduit le scepticisme radical à la fin de la Renaissance.

Francis Bacon (1561-1626) Milite en faveur d'une science de l'induction fondée sur l'examen direct de la nature et sur une généralisation prudente des observations faites. La théorisation est à éviter, car elle introduit un biais dans les observations. Partisan d'une science productrice d'informations utiles.

Galilée (1564-1642) À l'aide de l'expérimentation, prouve que plusieurs croyances au sujet de la nature sont fausses. Il s'oppose à l'Église, car plusieurs faussetés qu'il dénonce sont des dogmes ecclésiastiques. Rejette l'étude scientifique de l'expérience cognitive, et inhibe ainsi le développement de la psychologie expérimentale.

Thomas Hobbes (1588-1679) Considère l'être humain comme une matière en mouvement ; il affirme que l'ensemble de la connaissance dérive de l'expérience sensorielle et que toutes les motivations et les émotions humaines relèvent de l'hédonisme. Les gouvernements ont pour mission de protéger les gens les uns des autres.

Pierre Gassendi (1592-1655) Comme Hobbes, affirme que les êtres humains ne sont rien d'autre que de la matière, rejetant ainsi le dualisme en faveur du monisme physique.

René Descartes (1596-1650) Utilise la méthode du doute pour confirmer la validité de ses expériences subjectives. Arrive à la conclusion que plusieurs idées importantes sont innées et que les êtres humains sont constitués d'un corps physique et d'un esprit non physique. L'esprit humain est le siège de la conscience, du libre arbitre et de la rationalité.

■ **1600** Giordano Bruno (1548-1600) est reconnu coupable d'hérésie et condamné au bûcher.

John Locke (1632-1704) S'oppose vigoureusement au concept d'idées innées, affirme plutôt que ces idées dérivent de l'expérience. Toutefois, lorsqu'elles existent, ces idées peuvent être restructurées de manière infinie par la réflexion. Fait aussi une distinction entre qualités premières et qualités secondaires.

Baruch Spinoza (1632-1677) Place Dieu et la nature sur un pied d'égalité et affirme que l'esprit et la matière sont indissociables. Toutes les choses présentes dans la nature, y compris les êtres humains, sont gouvernées par la loi naturelle et, par conséquent, le libre arbitre n'existe pas.

Isaac Newton (1642-1727) Décrit l'Univers comme une machine complexe gouvernée par la loi de la gravité et descriptible de façon précise en termes mathématiques. Les explications de la nature doivent être parcimonieuses et dénuées de considérations théologiques.

Gottfried Wilhelm von Leibniz (1646-1716) Affirme que le rôle de l'expérience se limite à une mise au jour des idées qui existent déjà en nous. Tout dans la nature est fait de monades dont la capacité de penser avec clarté varie. Pour que l'expérience devienne consciente, l'agrégat de monades doit dépasser un certain seuil, sinon elle demeure inconsciente.

George Berkeley (1685-1753) Nie l'existence d'un monde matériel, affirme plutôt que seules les perceptions (idées) existent. Par conséquent, « être, c'est être perçu ».

David Hartley (1705-1757) Ajoute des spéculations d'ordre neurophysiologique à l'associationnisme.

Julien de La Mettrie (1709-1751) Publie *L'Homme-Machine* en 1748 ; dans ce livre, il endosse le monisme physique et affirme que les différences entre les êtres humains et les animaux sont quantitatives, et non qualitatives.

Thomas Reid (1710-1796) Affirme que la réalité physique existe telle que nous la percevons, car cette perception relève du bon sens. Les facultés innées de l'esprit assurent une perception fidèle du monde physique.

David Hume (1711-1776) Prétend que les êtres humains ne peuvent jamais connaître le monde physique avec certitude, car tout ce que nous expérimentons se limite aux idées créées par ce monde (par exemple, la causalité est une habitude mentale qui peut correspondre ou ne pas correspondre aux éléments du monde physique).

Jean-Jacques Rousseau (1712-1778) Lance le mouvement romantique moderne en affirmant que pour vivre, les sentiments humains sont de meilleurs guides que les délibérations rationnelles.

Étienne Bonnot de Condillac (1714-1780) Démontre qu'une statue dotée uniquement de perception sensorielle, de mémoire et des capacités de plaisir et de douleur peut posséder toutes les facultés et les compétences humaines.

Emmanuel Kant (1724-1804) Affirme qu'on ne peut jamais connaître la réalité externe avec certitude, car l'expérience consciente résulte invariablement de l'interaction entre l'expérience sensorielle et les catégories innées de pensée. Soutient que la psychologie ne peut être une science parce que l'introspection n'est pas une méthode fiable pour étudier l'esprit.

Franz Anton Mesmer (1734-1815) Prétend qu'il est possible de guérir les problèmes de santé en redistribuant le magnétisme animal de ses patients.

Jean Lamarck (1744-1829) Publie *Philosophie zoologique* en 1809, livre dans lequel il élabore la théorie du caractère héréditaire des caractéristiques acquises.

Benjamin Rush (1746-1813) Parfois considéré comme le premier psychiatre aux États-Unis, il dénonce l'esclavage, la peine capitale, les châtiments infligés publiquement et le traitement inhumain réservé aux prisonniers et aux personnes souffrant de maladie mentale.

Philippe Pinel (1745-1826) Nommé directeur de l'asile Bicêtre en 1793, il est le premier à libérer les patients de leurs chaînes. Il établit une classification des différents types de patients, encourage l'ergothérapie, met fin aux châtiments corporels et à l'exorcisme et documente en détail les cas et les statistiques sur les taux de guérison des patients.

Franz Joseph Gall (1758-1828) Affirme que l'étendue des facultés possédées par chacun peut être déterminée par l'examen des bosses et des renfoncements du crâne. Le collègue de Gall, **Johann Kasper Spurzheim** (1776-1832) baptise cette méthode examen phrénologique.

Georg Wilhelm Friedrich Hegel (1770-1831) Considère l'Univers comme un ensemble où tout est relié, appelé l'Absolu, et affirme que, pour comprendre une chose, il faut comprendre sa relation avec cet Absolu.

La compréhension de celui-ci s'effectue par le processus dialectique.

James Mill (1773-1836) Soutient que toutes les idées, peu importe leur degré de complexité, sont décomposables en idées simples.

Johann Friedrich Herbart (1776-1841) Prétend que toutes les idées s'affrontent pour obtenir une expression consciente ; les idées qui y parviennent entrent dans la masse aperceptive ; les idées qui n'y parviennent pas demeurent inconscientes.

Arthur Schopenhauer (1788-1860) Affirme que le seul moyen de mettre un terme au cycle sans fin des besoins et de la satisfaction des besoins est la sublimation, le déni ou la répression de ces besoins. Seul un fort instinct de survie empêche la plupart des gens de se suicider.

Pierre Flourens (1794-1867) Effectue des expériences qui présentent les fonctions du cortex cérébral comme un ensemble interconnecté et non divisé en facultés comme l'affirme la phrénologie.

Ernst Heinrich Weber (1795-1878) Note que les différences juste perceptibles de stimuli variables correspondent à une fraction constante d'un stimulus standard (loi de Weber).

Auguste Comte (1798-1857) Fait la promotion d'une philosophie positiviste en vertu de laquelle seuls les phénomènes directement observables peuvent être tenus pour certains ; la spéculation métaphysique est à proscrire.

Johannes Müller (1801-1858) Formule les doctrines de l'énergie nerveuse spécifique et de la stimulation adéquate.

Gustav Theodor Fechner (1801-1887) Observe que la magnitude du stimulus doit augmenter géométriquement pour que les sensations augmentent arithmétiquement, créant un champ psychophysique. Crée le champ d'étude de l'esthétique expérimentale.

Dorothea Lynde Dix (1802-1887) Milite pendant plus de quarante ans pour l'amélioration des conditions de vie des personnes souffrant de maladie mentale aux États-Unis et en Europe.

John Stuart Mill (1806-1873) Affirme que les idées simples peuvent se combiner pour former des idées différentes des idées simples qui les composent (chimie mentale). Juge possible de créer une science de la psychologie qui décrirait de manière générale la nature humaine et affirme que la discipline de l'éthologie peut expliquer les différences individuelles.

Charles Darwin (1809-1882) Publie *De l'origine des espèces au moyen de la sélection naturelle* en 1859 ; dans cet ouvrage, il décrit comment les animaux dotés de la capacité d'adaptation survivent et se reproduisent, contrairement à ceux qui ne possèdent pas cette capacité.

Søren Kierkegaard (1813-1855) Préconise un retour à la religion personnelle et introspective décrite par Augustin. La vérité doit être comprise en fonction de ce qui est admis sur les plans privé et émotionnel par l'individu ; par conséquent, la « vérité est subjective ».

Alexander Bain (1818-1903) Cherche une corrélation sur le plan biologique entre la cognition et le comportement. Son analyse du comportement volontaire s'apparente à celles de Thorndike et de Skinner. Marque la transition entre la psychologie philosophique et scientifique. Fonde la revue *Mind* en 1876.

Herbert Spencer (1820-1903) Généralise de manière erronée les principes de Darwin et les applique à la société, créant ainsi le darwinisme social.

Hermann von Helmholtz (1821-1894) Fait la promotion de la médecine positiviste, mesure le taux de conduction nerveuse et apporte une contribution significative à la compréhension de la vision des couleurs, à l'ouïe et à la perception en général.

Francis Galton (1822-1911) Publie, en 1869, *Hereditary Genius : Inquiry into its Laws and Consequences* ; dans cet ouvrage, il avance que l'intelligence est en grande partie héréditaire et que, par conséquent, il faut recourir à l'eugénisme. L'intérêt soutenu de Galton pour les différences individuelles l'incite à créer diverses méthodologies devenues par la suite des normes en psychologie (par exemple les questionnaires, les tests d'association de mots, les études doubles et les techniques corrélationnelles).

Paul Broca (1824-1880) Fait la démonstration qu'une zone de l'hémisphère gauche du cortex est spécialisée dans le langage (aire de Broca). En arrive à la conclusion peut-être erronée qu'il existe une corrélation positive entre la taille du cerveau et l'intelligence.

Jean Martin Charcot (1825-1893) Spécule que chez les individus prédisposés à l'hystérie, un traumatisme peut causer une dissociation entre certaines idées et la conscience ainsi qu'une croissance suffisante pour provoquer des symptômes associés à l'hystérie. Les spéculations de Charcot influent Freud de manière significative.

Ivan M. Sechenov (1829-1905) Jette les bases de la psychologie objective russe avec la publication, en 1863, des *Réflexes du cerveau*.

Wilhelm Maximilian Wundt (1832-1920) Crée le volontarisme, la première école de psychologie. Cette école est alors de forte tradition rationaliste en raison de l'importance accordée à la volonté et à la motivation. Fonde en 1881 la revue *Philosophische Studien* (*Études philosophiques*).

Ewald Hering (1834-1918) Offre une explication nativiste de la perception de l'espace et de la vision des couleurs.

Ernst Mach (1838-1916) Fait la promotion d'une philosophie positiviste axée sur les sensations, seules choses que les êtres humains peuvent connaître avec certitude ; par conséquent, les scientifiques doivent s'intéresser aux relations entre les sensations. Comme Comte, Mach rejette la spéculation.

Franz Clemens Brentano (1838-1917) Étudie le lien entre les actes mentaux et les événements extérieurs à nous-mêmes. En accordant de l'importance aux actes mentaux et à l'intentionnalité, il crée la psychologie de l'acte.

Hippolyte Bernheim (1840-1919) Sous l'influence d'**Ambroise-Auguste Liébeault** (1823-1904), devient un des principaux porte-parole de l'école de l'hypnose de Nancy selon laquelle il est possible d'hypnotiser n'importe qui, étant donné que toutes les personnes sont suggestibles.

William James (1842-1910) Publie, en 1910, *Les principes de psychologie*. Ce texte est souvent considéré comme le début de l'école du fonctionnalisme.

Friedrich Wilhelm Nietzsche (1844-1900) Considère la vie comme une lutte entre les aspects apolloniens (rationnels) et les dionysiens (irrationnels) de la nature humaine, et la personnalité d'un individu comme un mélange artistique de ces deux aspects.

Granville S. Hall (1844-1924) Fonde l'APA en 1892 et en est le premier président. Apporte une contribution significative à la psychologie du développement, mais s'oppose à l'éducation mixte chez les adolescents et les jeunes adultes. Invite Freud et Jung à l'université Clark en 1909. Fonde l'*American Journal of Psychology* en 1887.

Christine Ladd-Franklin (1847-1930) Propose une théorie de la vision des couleurs fondée sur la théorie évolutionniste.

George John Romanes (1848-1894) Est l'un des pionniers dans le domaine de la psychologie comparée, mais ses conclusions s'appuient uniquement sur des preuves anecdotiques.

Ivan Petrovitch Pavlov (1849-1936) Reçoit le prix Nobel en 1904 pour ses travaux sur la digestion qui lui permettent de découvrir le réflexe conditionné. Considère le réflexe conditionné comme une explication physiologique et objective de ce que les psychologues et les philosophes appellent l'associationnisme.

Hermann Ebbinghaus (1850-1909) Publie, en 1885, *On Memory : An Investigation in Experimental Psychology*, première étude expérimentale de l'apprentissage et de la mémoire.

Hans Vaihinger (1852-1933) Affirme que se comporter « comme si » certains concepts erronés étaient vrais est essentiel pour la vie en société (par exemple, le concept de libre arbitre).

Conwy Lloyd Morgan (1852-1936) Affirme que l'explication du comportement animal doit éviter de postuler des facultés qui vont au-delà de celles requises pour expliquer le comportement en question (canon de Morgan).

Emil Kraepelin (1856-1926) Publie en 1883 une liste des troubles mentaux si complète qu'elle fut utilisée à l'échelle mondiale jusqu'à tout récemment.

Sigmund Freud (1856-1939) En collaboration avec **Josef Breuer** (1842-1925), publie en 1895 *Études sur l'hystérie*, fondant ainsi l'école de la psychanalyse.

Alfred Binet (1857-1911) et **Théodore Simon** (1873-1961), mettent au point, en 1905, le test de quotient intellectuel Binet-Simon. Ce test sera mis à jour en 1908 et de nouveau en 1911.

Vladimir M. Bechterev (1857-1927) Affirme que le comportement humain est de nature réflexive et qu'il peut et doit être analysé et expliqué sans référence à la conscience. Anticipe plusieurs éléments du béhaviorisme watsonien.

Edmund Husserl (1859-1938) Propose une phénoménologie pure qui décrit tous les processus mentaux offerts aux êtres humains dans leurs tentatives de comprendre le monde.

John Dewey (1859-1952) Publie, en 1896, « The Reflex Arc Concept in Psychology », article souvent considéré comme le début de l'école du fonctionnalisme.

James McKeen Cattell (1860-1944) Utilise, en 1890, l'expression *test mental*; il est une figure de proue de l'école du fonctionnalisme et du développement de la psychologie appliquée.

Hugo Münsterberg (1863-1916) Remplace William James à la direction du laboratoire de psychologie de Harvard en 1892. Apporte une contribution significative à des domaines comme la psychologie clinique, la psychologie juridique et la psychologie industrielle.

Mary Whiton Calkins (1863-1930) Effectue un travail de pionnière dans la recherche sur la mémoire et crée une version de l'auto-psychologie qui aura une grande influence. En 1905, devient la première femme présidente de l'APA.

Charles Spearman (1863-1945) Est l'un des premiers à s'intéresser à la technique statistique, rebaptisée par la suite analyse factorielle. Affirme que l'intelligence comporte deux facteurs : des habiletés spécifiques (s) et une intelligence générale (g); g est en grande partie de nature héréditaire.

Henry Herbert Goddard (1866-1957) Traduit en anglais le test de quotient intellectuel Binet-Goddard, mais contrairement à Binet, en arrive à la conclusion que l'intelligence est principalement héréditaire et par conséquent, que les faibles d'esprit ne devraient pas être encouragés à se reproduire.

Edward Bradford Titchener (1867-1927) Fonde l'école du structuralisme qui cherche à décrire les éléments fondamentaux de la pensée et à expliquer la combinaison de ces éléments en fonction des lois associationnistes.

Lightner Witmer (1867-1956) Crée la première clinique de psychologie en 1896. En 1907, fonde la publication *The Psychological Clinic* et propose dans le premier numéro l'expression *psychologie clinique*.

Robert Sessions Woodworth (1869-1962) Fonctionnaliste de premier plan à l'université Columbia, il fait la promotion d'une psychologie dynamique axée sur la motivation.

Alfred Adler (1870-1937) Après sa rupture avec Freud, développe sa propre théorie de la personnalité qui comporte des concepts comme le complexe d'infériorité, les visions du monde, les buts imaginaires, les habitudes de vie et le soi créatif.

William Stern (1871-1938) Introduit l'expression *âge mental* (déterminé à partir du résultat obtenu avec le test Binet-Simon) et suggère de diviser l'âge mental (AM) par l'âge chronologique (AC) pour obtenir le quotient intellectuel (QI).

William McDougall (1871-1938) Définit dès 1905 la psychologie comme la science du comportement. S'intéresse au comportement intentionnel qui est de nature instinctive et qui comporte des éléments perceptuels et émotionnels.

Margaret Floy Washburn (1871-1939) Devient en 1894 la première femme à recevoir un doctorat en psychologie. Publie, en 1908, *The Animal Mind*. En 1921, devient la deuxième femme présidente de l'APA (Calkins est la première).

Edward Lee Thorndike (1874-1949) Figure de transition entre le fonctionnalisme et le béhaviorisme, il étudie de manière expérimentale l'apprentissage par essai et erreur et tente d'expliquer l'absence de lien entre l'apprentissage et la conscience. Avec Woodworth, teste l'approche pédagogique de la « musculation mentale » et découvre qu'elle est incorrecte.

Carl Jung (1875-1961) Après sa rupture avec Freud en 1914, formule sa propre théorie de la personnalité axée sur de puissantes dispositions héritées (archétypes) et développées tout au long de l'évolution humaine.

Robert Yerkes (1876-1956) Est responsable en grande partie du programme de test utilisé par l'armée pendant la Première Guerre mondiale ; il appuie l'idée de Goddard et de Terman à l'effet que beaucoup de maux dont la nation souffre sont causés par des gens de faible intelligence.

Lewis Madison Terman (1877-1956) Apporte des modifications significatives à l'échelle de Binet et Simon, créant ainsi l'échelle Stanford-Binet, utilisée pour identifier les enfants doués. Les premiers résultats des recherches de Terman sur la douance sont publiés sous le titre *Genetic Studies of Genius*, en 1926 ; ces recherches se poursuivent encore aujourd'hui.

John Broadus Watson (1878-1958) Publie, en 1913, « Psychology as the Behaviorist Views It », créant ainsi l'école du béhaviorisme.

■ **1879** Wilhelm Wundt fonde le premier laboratoire de psychologie expérimentale.

Max Wertheimer (1880-1943) Publie, en 1912, « Experimental Studies of the Perception of Movement », fondant ainsi l'école de la psychologie de la forme.

Ludwig Binswanger (1881-1966) Intègre la théorie de la psychanalyse aux écrits de Husserl et de Heidegger.

Clark Leonard Hull (1884-1952) Formule une théorie hypothético-déductive de l'apprentissage, car il croit en l'autocorrection. La plupart des variables qui interviennent dans sa théorie sont physiologiques.

Karen Horney (1885-1952) Crée une vision de la psychanalyse dans laquelle les causes des troubles mentaux sont liées aux relations sociales dysfonctionnelles, et non aux conflits intrapsychiques de Freud. En 1923, commence à écrire une série d'articles s'adressant aux femmes. Publie en 1942 *Self-Analysis*, considéré comme un des premiers livres d'auto-analyse.

Leta Stetter Hollingworth (1886-1939) Est considérée comme une pionnière dans la pédagogie de la douance. Son livre, *Gifted Children* (1926), devient alors l'ouvrage de référence dans les facultés des sciences de l'éducation.

Edward Chace Tolman (1886-1959) Publie, en 1932, *Purposive Behavior in Animals and Men* qui dépeint l'apprentissage comme un processus cognitif.

Edwin Ray Guthrie (1886-1959) Formule une théorie extrêmement parcimonieuse de l'apprentissage qui englobe la loi de la contiguïté, mais rejette la loi de la fréquence.

Frederic Charles Bartlett (1886-1969) Publie, en 1932, *Remembering : A Study in Experimental and Social Psychology*.

■ **1894** Création de *The Psychological Review* par James McKeen Cattell et James Mark Baldwin.

Martin Heidegger (1889-1976) Introduit en psychologie des concepts existentiels comme le *Dasein* et l'authenticité.

Kurt Lewin (1890-1947) Applique les principes de la psychologie de la forme à des domaines comme la personnalité, la motivation, le conflit et la dynamique de groupe.

Karl S. Lashley (1890-1958) Fait, en 1929, la synthèse de ses travaux sur le fonctionnement du cerveau dans son discours inaugural en tant que président de l'APA. Publie également *Brain Mechanisms and Intelligence*, en 1929.

■ **1892** L'American Psychological Association (APA) est fondée par G. Stanley Hall.

Percy W. Bridgman (1892-1961) Publie, en 1927, *The Logic of Modern Physics* où il proposa une définition opérationnelle des concepts abstraits.

Norbert Wiener (1894-1964) Publie *Cybernetics* en 1948.

Anna Freud (1895-1982) Étend les principes de psychanalyse au traitement et à la compréhension des enfants, apporte une contribution significative au développement de la psychologie de l'ego et devint la porte-parole officielle de la psychanalyse après la mort de son père.

Jean Piaget (1896-1980) Commence la publication, en 1926, d'une série d'articles et de livres sur le développement intellectuel (épistémologie génétique).

Carl Rogers (1902-1987) Publie, en 1942, *Counseling and Psychotherapy : Newer Concepts in Practice*, créant ce que plusieurs considèrent comme la première alternative viable à la psychanalyse. Crée une théorie de la personnalité axée sur des concepts comme le processus d'évaluation organismique, le besoin de considération positive, les conditions de valorisation, la considération positive inconditionnelle et l'incongruence.

Karl Popper (1902-1994) Publie, en 1935, *The Logic of Scientific Discovery*.

▮ **1904** Edward Titchener fonde The Experimentalists.

Donald Hebb (1904-1985) Publie, en 1949, *The Organization of Behavior*; décrit ses hypothèses sur le rassemblement des cellules et la séquence de phases et fait la promotion de la psychologie cognitive et physiologique.

Burrhus Frederic Skinner (1904-1990) Propose une théorie positiviste du comportement axée sur la modification du comportement par ses conséquences.

▮ **1905** Mary Whiton Calkins devient la première femme présidente de l'American Psychological Association.

George Kelly (1905-1967) Crée une théorie en grande partie existentielle de la personnalité selon laquelle les gens construisent des systèmes pour faciliter une anticipation précise d'événements futurs; les prétendus désordres mentaux sont en fait des problèmes de perception et, par conséquent, la tâche du thérapeute est d'aider ses clients à voir la vie de manière différente.

Abraham Maslow (1908-1970) Habituellement considéré comme le père de la psychologie humaniste (troisième force); il crée une théorie de la personnalité fondée sur une hiérarchie des besoins allant des besoins physiologiques à la réalisation de soi.

Rollo May (1909-1994) Introduit la philosophie et la psychologie existentielles aux États-Unis.

Roger Wolcott Sperry (1913-1994) Effectue dans les années 1950 une série d'expériences sur le fonctionnement hémisphérique à l'aide d'une préparation du cerveau dédoublé.

▮ **1917** G. Stanley Hall fonde le *Journal of Applied Psychology*.

▮ **1917** L'American Association of Clinical Psychologists (AACP) est créée.

▮ **1919** L'APA crée la Division of Clinical Psychology.

▮ **1920** Le 14 juin, Francis Cecil Sumner devient le premier Afro-Américain à obtenir un doctorat en psychologie.

▮ **1929** Edwin G. Boring (1886-1968) publie *A History of Experimental Psychology*.

▮ **1941** L'APA n'exige plus que, pour être membre en titre, un candidat doit avoir publié une recherche différente de sa thèse de doctorat.

▮ **1943** Warren McCulloch et Walter Pitts anticipent le nouveau connexionnisme en spéculant sur les « réseaux neurologiques ».

▮ **1944** L'APA se réorganise en 18 filiales.

▮ **1946** L'APA publie le premier numéro d'*American Psychologist*.

▮ **1946** La Veterans Administration finance des programmes de formation pour les psychologues cliniques dont les fonctions incluent la psychothérapie.

▮ **1949** La Boulder Conference on Training in Clinical Psychology endosse le modèle praticien-scientifique.

▮ **1949** Claude Shannon et Warren Weaver publient *The Mathematical Theory of Communication*, créant ainsi la théorie de l'information.

▮ **1950** Edwin G. Boring publie la deuxième édition de *A History of Experimental Psychology*.

▮ **1950** Alan Turning (1912-1954) crée le domaine de l'intelligence artificielle avec son article « Computing Machinery and Intelligence ».

▮ **1956** Jerome Bruner, Jacqueline Goodnow et George Austin publient *A Study of Thinking*.

▮ **1956** George Miller publie « The Magical Number Seven, Plus or Minus Two : Some Limits on Our Capacity for Processing Information ».

▮ **1958** Allen Newell, J.C. Shaw et Herbert Simon marquent la transition entre l'intelligence artificielle et la psychologie du traitement de l'information avec leur article « Elements of a Theory of Problem Solving ».

▮ **1958** Frank Rosenblatt décrit un réseau neural.

▮ **1959** La Psychonomic Society est fondée.

▮ **1959** Noam Chomsky publie sa critique de *Verbal Learning* (1957) de Skinner.

∎ **1960** Donald Hebb publie sa conférence prononcée à l'APA en 1959 et intitulée « The American Revolution » dans laquelle il préconise l'application par les béhavioristes de méthodes scientifiques rigoureuses à l'étude des processus cognitifs.

∎ **1960** George Miller et Jerome Bruner créent à Harvard le Center for Cognitive Studies.

∎ **1961** Marian et Keller Breland publient « The Misbehavior of Organisms ».

∎ **1962** Thomas Kuhn publie *The Structure of Scientific Revolutions*.

∎ **1967** Ulric Neisser publie *Cognitive Psychology*.

∎ **1968** L'université de l'Illinois offre le premier diplôme Doctor of Psychology (PsyD).

∎ **1969** La California School of Professional Psychology est créée et offre un PsyD indépendant de celui des collèges et universités.

∎ **1969** La revue *Cognitive Psychology* est créée.

∎ **1969** Marvin Minsky et Seymour Papert critiquent les réseaux neuraux, ce qui réduit significativement l'intérêt à leur endroit.

∎ **1973** Karl von Frisch, Konrad Lorenz et Nikolaas Tinbergen reçoivent le prix Nobel pour leur travail en éthologie.

∎ **1973** Vail Conference on Training in Clinical Psychology endosse les écoles professionnelles indépendantes et les PsyD.

∎ **1975** Edward Wilson publie *Sociobiology : The New Synthesis*, créant le domaine de la sociobiologie.

∎ **1976** Ulrich Neisser publie *Cognition and Reality*.

∎ **1977** Albert Bandura publie *Social Learning Theory*.

∎ **1980** John Searle présente sa réfutation « Chinese Room » aux adeptes de l'intelligence artificielle.

∎ **1981** Robert Sperry partage son prix Nobel de médecine/physiologie avec David Hubel et Torsten Wiesel pour son travail sur la spécialisation hémisphérique à l'aide de sa préparation du cerveau dédoublé.

∎ **1984** Gregory Kimble publie « Psychology's Two Cultures ».

∎ **1986** David Rumelhart, James McClelland et d'autres membres du Parallel Distributed Processing (PDP) publient *Parallel Distributed Processing : Explorations in the Microstructure of Cognition*.

∎ **1986** Albert Bandura publie *Social Foundations of Thought and Action : A Social Cognitive Theory*.

∎ **1988** L'American Psychological Society (APS) est fondée.

∎ **1994** Richard J. Hernstein et Charles Murray publient *The Bell Curve : Intelligence and Class Structure in American Life*, qui redonne une nouvelle vie aux vieux débats scientifiques, moraux et politiques en lien avec la nature de l'intelligence.

∎ **2002** Le Nouveau-Mexique devient le premier État qui permet aux psychologues cliniques de faire des ordonnances.

∎ **2003** Le nombre de membres de l'American Psychological Society dépasse 13 500.

∎ **2003** Le nombre de membres et de membres associés de l'APA dépasse 150 000.

Chronologie des personnages et des événements importants de l'histoire de la psychologie de v. -700 à 2004

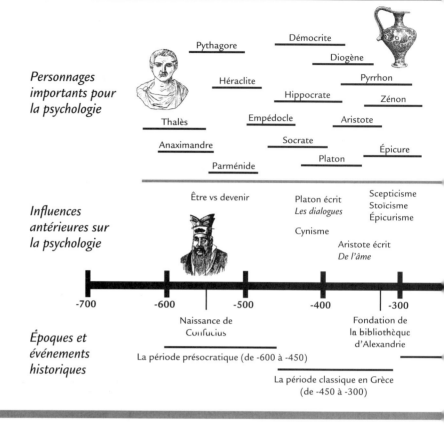

Personnages importants pour la psychologie

Pythagore
Démocrite
Diogène
Héraclite
Pyrrhon
Hippocrate
Zénon
Empédocle
Aristote
Thalès
Socrate
Épicure
Anaximandre
Platon
Parménide

Influences antérieures sur la psychologie

Être vs devenir
Platon écrit *Les dialogues*
Scepticisme
Stoïcisme
Épicurisme
Cynisme
Aristote écrit *De l'âme*

-700   -600   -500   -400   -300

Époques et événements historiques

Naissance de Confucius
Fondation de la bibliothèque d'Alexandrie
La période présocratique (de -600 à -450)
La période classique en Grèce (de -450 à -300)

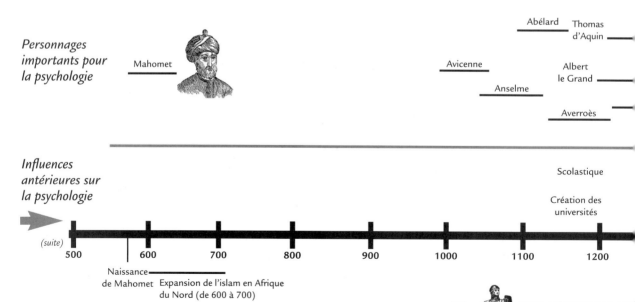

Personnages importants pour la psychologie

Mahomet
Abélard
Thomas d'Aquin
Avicenne
Albert le Grand
Anselme
Averroès

Influences antérieures sur la psychologie

Scolastique
Création des universités

(suite)
500   600   700   800   900   1000   1100   1200

Naissance de Mahomet
Expansion de l'islam en Afrique du Nord (de 600 à 700)

Époques et événements historiques

L'âge des ténèbres (de 400 à 1000)
Le Moyen Âge (de 1000 à 1450)
Les Croisades (de 1096 à 1290)

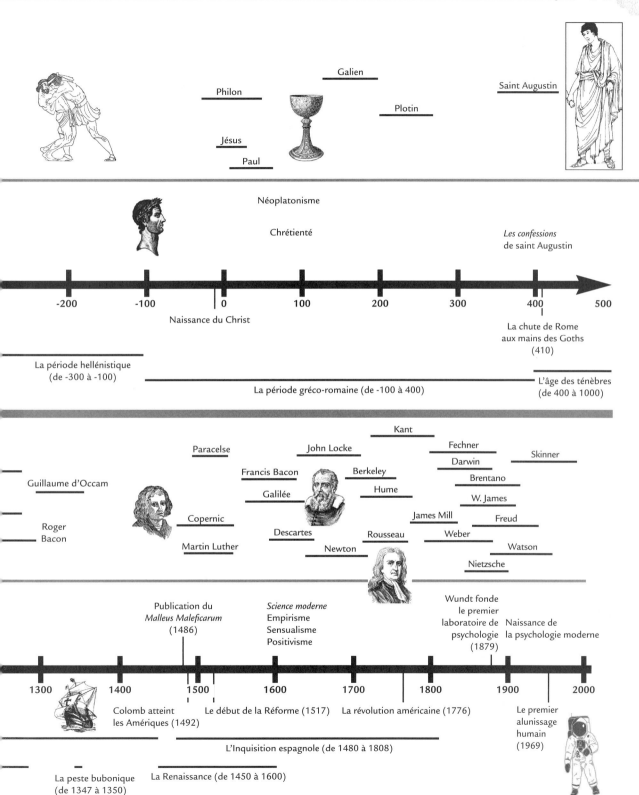

Galien

Philon

Saint Augustin

Plotin

Jésus

Paul

Néoplatonisme

Chrétienté

Les confessions
de saint Augustin

-200   -100   0   100   200   300   400   500

Naissance du Christ

La chute de Rome
aux mains des Goths
(410)

La période hellénistique
(de -300 à -100)

La période gréco-romaine (de -100 à 400)

L'âge des ténèbres
(de 400 à 1000)

Kant

Paracelse   John Locke   Fechner

Darwin   Skinner

Francis Bacon   Berkeley

Guillaume d'Occam   Galilée   Hume   Brentano

Copernic   W. James

Roger   James Mill   Freud
Bacon   Descartes   Rousseau   Weber

Martin Luther   Newton   Watson

Nietzsche

Publication du
Malleus Maleficarum
(1486)

Science moderne
Empirisme
Sensualisme
Positivisme

Wundt fonde
le premier
laboratoire de   Naissance de
psychologie   la psychologie moderne
(1879)

1300   1400   1500   1600   1700   1800   1900   2000

Colomb atteint
les Amériques (1492)

Le début de la Réforme (1517)   La révolution américaine (1776)

Le premier
alunissage
humain
(1969)

L'Inquisition espagnole (de 1480 à 1808)

La peste bubonique
(de 1347 à 1350)

La Renaissance (de 1450 à 1600)

Chronologie détaillée des personnages et des événements importants de l'histoire de la psychologie de 1840 à 2004

Écoles et paradigmes en psychologie avec leurs figures clés (et les dates approximatives de leur émergence)

Psychologie de la forme (1912)
Wertheimer (1880-1943)
Kofka (1896-1941)
Köhler (1887-1967)

Structuralisme (1893)
Titchener (1867-1927)

Fonctionnalisme (1896)
James (1842-1910)
Dewey (1859-1952)
Angell (1869-1949)
Carr (1873-1954)
Thorndike (1874-1949)

Béhaviorisme (1913)
Pavlov (1849-1936)
Watson (1878-1958)
Tolman (1886-1959)
Hull (1884-1952)
Skinner (1904-1990)

Psychanalyse (1895)
Breuer (1842-1925)
Freud (1856-1939)
Adler (1870-1937)
Jung (1875-1961)

Volontarisme (1879)
Wundt (1832-1920)

Événements importants de l'histoire de la psychologie

Ouverture du premier hôpital psychiatrique fédéral aux États-Unis (3 mars 1855)

Fechner publie *Flements of Psychophysics* (1860)

Bain fonde *Mind*, le premier périodique de psychologie en anglais

Hall publie l'*American Journal of Psychology* (1887)

William James publie *Principles of Psychology* (1890)

Calkins devient la première femme présidente de l'APA (1905)

Binet et Simon développent le premier test d'intelligence

G. S. Hall fonde le *Journal of Applied Psychology*

Fondation de la Psi Chi

1840 1850 1860 1870 1880 1890 1900 1910 1920

Naissance de William James (11 janvier 1842)

Helmholtz publie sur la vitesse de conduction nerveuse (1854)

Wundt fonde le premier laboratoire scientifique de psychologie, un événement marquant la naissance de la psychologie scientifique (1879)

Création de l'APA

Witmer ouvre la première clinique de psychologie (1896)

Washburn devient la première femme à obtenir un doctorat en psychologie (1894)

Visite de Freud et de Jung aux États-Unis (1909)

Freud publie *L'interprétation des rêves* (1900)

Création de la Corporation de psychologie (1921)

Début de la publication de *Psychological Abstracts* (1927)

Époques et événements historiques

Darwin publie *On the Origin of Species* (1859)

L'invention du téléphone (1876)

Naissance d'Adolf Hitler (1889)

Einstein développe la théorie de la relativité (1905)

John Scopes est arrêté et est jugé pour avoir enseigné l'évolution (1925)

Le développement de la première ampoule électrique (1879)

Orville et Wilbur Wright effectuent leur premier vol (1903)

H. G. Wells publie *The Time Machine* (1895)

La révolution russe (1917)

Fleming découvre la pénicilline (1928)

La guerre de Sécession (de 1861 à 1865)

La Première Guerre mondiale (de 1914 à 1918)

Psychologie humaniste (1961)
Maslow (1908-1970)
Rogers (1902-1987)

Psychologie évolutionniste
Buss (1953-)

Psychobiologie (1929)
Lashley (1890-1958)
Hebb (1904-1985)
Sperry (1913-1994)

Neuropsychologie
Gazzaniga (1939-)

Psychologie cognitive (1967)
Piaget (1896-1980)
Miller (1920-)
Neisser (1928-)

Psychologie positive
Seligman (1942-)

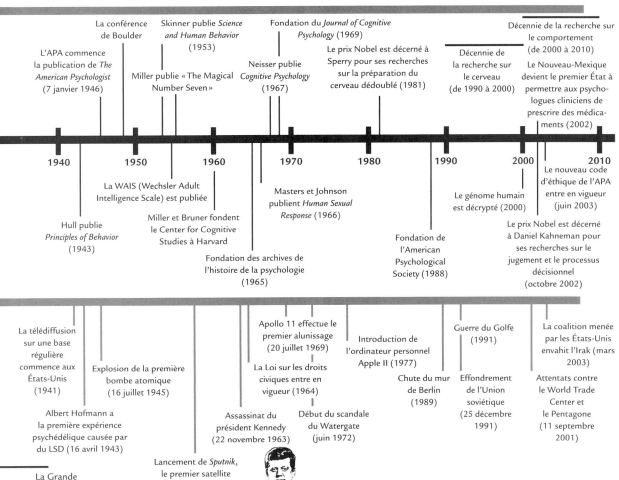

La conférence de Boulder

Skinner publie *Science and Human Behavior* (1953)

Fondation du *Journal of Cognitive Psychology* (1969)

Décennie de la recherche sur le comportement (de 2000 à 2010)

L'APA commence la publication de *The American Psychologist* (7 janvier 1946)

Le prix Nobel est décerné à Sperry pour ses recherches sur la préparation du cerveau dédoublé (1981)

Décennie de la recherche sur le cerveau (de 1990 à 2000)

Le Nouveau-Mexique devient le premier État à permettre aux psychologues cliniciens de prescrire des médicaments (2002)

Miller publie « The Magical Number Seven »

Neisser publie *Cognitive Psychology* (1967)

1940   1950   1960   1970   1980   1990   2000   2010

La WAIS (Wechsler Adult Intelligence Scale) est publiée

Masters et Johnson publient *Human Sexual Response* (1966)

Le nouveau code d'éthique de l'APA entre en vigueur (juin 2003)

Hull publie *Principles of Behavior* (1943)

Miller et Bruner fondent le Center for Cognitive Studies à Harvard

Le génome humain est décrypté (2000)

Le prix Nobel est décerné à Daniel Kahneman pour ses recherches sur le jugement et le processus décisionnel (octobre 2002)

Fondation des archives de l'histoire de la psychologie (1965)

Fondation de l'American Psychological Society (1988)

La télédiffusion sur une base régulière commence aux États-Unis (1941)

Apollo 11 effectue le premier alunissage (20 juillet 1969)

Guerre du Golfe (1991)

La coalition menée par les États-Unis envahit l'Irak (mars 2003)

Explosion de la première bombe atomique (16 juillet 1945)

Introduction de l'ordinateur personnel Apple II (1977)

La Loi sur les droits civiques entre en vigueur (1964)

Chute du mur de Berlin (1989)

Effondrement de l'Union soviétique (25 décembre 1991)

Attentats contre le World Trade Center et le Pentagone (11 septembre 2001)

Albert Hofmann a la première expérience psychédélique causée par du LSD (16 avril 1943)

Assassinat du président Kennedy (22 novembre 1963)

Début du scandale du Watergate (juin 1972)

La Grande Dépression (de 1929 à 1939)

Lancement de *Sputnik*, le premier satellite opérationnel (4 octobre 1957)

La Seconde Guerre mondiale (de 1939 à 1945)

La guerre de Corée (de 1950 à 1953)

Participation américaine à la guerre du Vietnam (de 1961 à 1973)

Références bibliographiques

Adams-Webber, J. R. (1979). *Personal construct theory: Concepts and applications*. New York: Wiley.

Adler, A. (1917 [1907]). *Study of organ inferiority and its physical compensation: A contribution to clinical medicine* (trad. par S. E. Jeliffe). New York: Nervous and Mental Diseases Publishing.

Adler, A. (1958 [1931]). *What life should mean to you*. New York: Capricorn.

Adler, H. E. (1996). Gustav Theodor Fechner: A German *Gelehrter*. Dans G. A. Kimble, C. A. Boneau, et M. Wertheimer (dir.), *Portraits of pioneers in psychology* (vol. 2). Washington, DC: American Psychological Association.

Adler, H. E. (2000). Hermann Ludwig Ferdinand von Helmholtz: Physicist as psychologist. Dans G. A. Kimble et M. Wertheimer (dir.), *Portraits of pioneers in psychology* (vol. 4). Washington, DC: American Psychological Association.

Agnew, J. (1985). Childhood disorders. Dans E. Button (dir.), *Personal construct theory and mental health: Theory, research, and practice*. Beckenham, England: Croom Helm.

Albrecht, F. M. (1970). A reappraisal of faculty psychology. *Journal of the History of the Behavioral Sciences*, 6.

Alexander, F. G., et Selesnick, S. T. (1966). *The history of psychiatry: An evaluation of psychiatric thought and practice from prehistoric times to the present*. New York: Harper & Row.

Alexander, I. E. (1991). C. G. Jung: The man and his work, then, and now. Dans G. A. Kimble, M. Wertheimer, et C. L. White (dir.), *Portraits of pioneers in psychology*. Washington, DC: American Psychological Association.

Alland, A., Jr. (1985). *Human nature: Darwin's view*. New York: Columbia University Press.

Allderidge, P. (1979). Hospitals, madhouses and asylums: Cycles in the care of the insane. *British Journal of Psychiatry*, 134.

Allen, R. E. (dir.). (1991). *Greek philosophy from Thales to Aristotle* (3e éd.). New York: Free Press.

Allport, G. W. (1964). The open system in personality theory. Dans H. M. Ruitenbeek (dir.), *Varieties of personality theory*. New York: E. P. Dutton.

American Psychiatric Association. (2000). *Diagnostic and statistical manual of mental disorders* (4e éd.). Washington, DC.

American Psychologist. (1958). American Psychological Association Distinguished Scientific Contribution Awards: 1957. *American Psychologist*, 13.

American Psychologist. (1990). Citation for outstanding lifetime contribution to psychology. Presented to B. F. Skinner, August 10, 1990. *American Psychologist*, 45.

American Psychologist. (1992). Reflections on B. F. Skinner and psychology. *American Psychologist*, 47, n° de nov.

American Psychologist. (1997). History of psychology: Pavlov's contributions. *American Psychologist*, 52, n° de sept.

American Psychologist. (2001). One big idea: Koch on psychology. *American Psychologist*, 56, n° de mai.

Amsel, A. (1992). *Frustration theory: An analysis of dispositional learning and memory*. New York: Cambridge University Press.

Angell, J. R. (1904). *Psychology: An introductory study of the structure and functions of human consciousness*. New York: Holt.

Angell, J. R. (1907). The province of functional psychology. *Psychological Review*, 14.

Angus, S. (1975). *The mystery-religions*. New York: Dover Publications.

Annas, J. E. (1994). *Hellenistic philosophy of mind*. Berkeley: University of California Press.

Annas, J. E. (2003). *Plato: A very short introduction*. New York: Oxford University Press.

Anokhin, P. K. (1968). Ivan P. Pavlov and psychology. Dans B. B. Wolman (dir.), *Historical roots of contemporary psychology*. New York: Harper & Row.

Antonuccio, D. O. (1995). Psychotherapy for depression: No stronger medicine. *American Psychologist*, 50.

Antonuccio, D. O., Danton, W. G., et DeNelsky, G. Y. (1994). Psychotherapy for depression: No stronger medicine. *Scientist Practitioner*, 4.

Antonuccio, D. O., Danton, W. G., et McClanahan, T. M. (2003). Psychology in the prescription era: Building a firewall between marketing and science. *American Psychologist*, 58.

APA Membership Directory. (2003). Washington, DC: American Psychological Association.

Armstrong, D. M. (dir.). (1965). *Berkeley's philosophical writings*. New York: Macmillan.

Arnheim, R. (1985). The other Gustav Theodor Fechner. Dans S. Koch et D. E. Leary (dir.), *A century of psychology as a science*. New York: McGraw-Hill.

Aspinwall, L. G., et Staudinger, U. M. (dir.). (2003). *A psychology of human strengths: Fundamental questions and future directions for a positive psychology*. Washington, DC: American Psychological Association.

Atherton, M. (1990). *Berkeley's revolution in vision*. Ithaca, NY: Cornell University Press.

Atwell, J. E. (1990). *Schopenhauer: The human character*. Philadelphia: Temple University Press.

Augustijn, C. (1991). *Erasmus: His life, works, and influence*. (trad. par J. C. Grayson). Toronto: University of Toronto Press.

Ayer, A. J. (1952 [1936]). *Language, truth and logic*. New York: Dover.

Ayllon, T., et Azrin, N. (1968). *The token economy: A motivational system for therapy and rehabilitation*. New York: Appleton-Century-Crofts.

Azar, B. (décembre 1994). Psychology weighs in on "Bell Curve" debate. *APA Monitor*, 25.

Azar, B. (janvier 1995a). Searching for intelligence beyond "g." *APA Monitor*, 26.

Azar, B. (janvier 1995b). "Gifted" label stretches, it's more than high IQ. *APA Monitor*, 26.

Baars, B. J. (1986). *The cognitive revolution in psychology*. New York: Guilford Press.

Backe, A. (2001). John Dewey and early Chicago functionalism. *History of Psychology*, 4.

Bacon, F. (1878 [1605]). Of the proficience and advancement of learning divine and human. Dans *The works of Francis Bacon* (vol. 1). Cambridge: Hurd & Houghton.

Bacon, F. (1994 [1620]). *Novum organum* (dir. et trad. par P. Urbach et J. Gibson). La Salle, IL: Open Court.

Bacon, F. (2001 [1605]). *The advancement of learning*. New York: Modern Library.

Bain, A. (1875 [1873]). *Mind and body: The theories of their relations*. New York: Appleton.

Bain, A. (1977a [1855]). *The senses and the intellect*. Washington, DC: University Publications of America.

Bain, A. (1977b [1859]). *The emotions and the will*. Washington, DC: University Publications of America.

Bakan, D. (1966). The influence of phrenology on American psychology. *Journal of the History of the Behavioral Sciences*, 2.

Baker, D. B., et Benjamin, L. T., Jr. (2000). The affirmation of the scientist-practitioner: A look back at Boulder. *American Psychologist*, 55.

Balmary, M. (1979). *Psychoanalyzing psychoanalysis: Freud and the hidden fault of the father*. Baltimore: Johns Hopkins University Press.

Bandura, A. (1977). *Social learning theory*. Englewood Cliffs, NJ: Prentice-Hall.

Bandura, A. (1982). The psychology of chance encounters and life paths. *American Psychologist*, 37.

Bandura, A. (1986). *Social foundations of thought and action: A social cognitive theory*. Englewood Cliffs, NJ: Prentice-Hall.

Bandura, A. (1989). Human agency in social cognitive theory. *American Psychologist*, 44.

Barash, D. P. (1979). *The whisperings within: Evolution and the origin of human nature*. New York: Viking Press/Penguin Books.

Barash, D. P. (1986). *The hare and the tortoise: Culture, biology, and human nature*. New York: Penguin.

Barnes, J. (1982). *The presocratic philosophers*. London: Routledge & Kegan Paul.

Barnes, J. (dir.). (1984). *The complete works of Aristotle* (vol. 1 et 2). Princeton, NJ: Princeton University Press.

Barnes, J. (2001). *Early Greek philosophy* (éd. revue). New York: Penguin Putnam.

Bartlett, F. C. (1932). *Remembering: A study in experimental and social psychology*. New York: Macmillan.

Bass, E., et Davis, L. (1988). *The courage to heal*. New York: Harper & Row.

Baxter, R., Jr., Schwartz, J., Bergman, K., Szuba, M., Guze, B., Mazziotta, J., Alazraki, A., Selin, C., Ferng, H., Munfort, P., et Phelps, J. (1992). Caudate glucose metabolic rate changes with both drug and behavior therapy for obsessive-compulsive disorder. *Archives of General Psychiatry*, 49.

Beach, F. A. (1987). Donald Olding Hebb (1904–1985). *American Psychologist*, 42.

Beach, F. A., Hebb, D. O., Morgan, C. T., et Nissen, H. W. (dir.). (1960). *The neuropsychology of Lashley*. New York: McGraw-Hill.

Beakley, B., et Ludlow, P. (dir.). (1992). *The philosophy of mind: Classical problems/contemporary issues*. Cambridge: MIT Press.

Beanblossom, R. E., et Lehrer, K. (dir.). (1983). *Thomas Reid's inquiry and essays*. Indianapolis: Hackett.

Bechterev, V. M. (1913 [1907-1912]). *La psychologie objective*. Paris: Alcan.

Bechterev, V. M. (1973 [1928]). *General principles of human reflexology: An introduction to the objective study of personality* (4ᵉ éd.). New York: Arno Press.

Belar, C. D., et Perry, N. W., Jr. (dir.). (1991). Proceedings: National conference on scientist-practitioner education. Sarasota, FL: Resource Exchange.

Belar, C. D., et Perry, N. W., Jr. (1992). National conference on scientist-practitioner education and training for the professional practice of psychology. *American Psychologist*, 47.

Bencivenga, E. (1993). *Logic and other nonsense: The case of Anselm and his god. Princeton*, NJ: Princeton University Press.

Benjamin, L. T., Jr. (1975). The pioneering work of Leta Hollingworth in the psychology of women. *Nebraska History*, 56.

Benjamin, L. T., Jr. (2000). Hugo Münsterberg: Portrait of an applied psychologist. Dans G. A. Kimble et M. Wertheimer (dir.), *Portraits of pioneers in psychology* (vol. 4). Washington, DC: American Psychological Association.

Benjamin, L. T., Jr., et Crouse, E. M. (2002). The American Psychological Association's response to Brown v. Board of Education. *American Psychologist*, 57.

Benko, S. (1984). *Pagan Rome and the early Christians*. Bloomington: Indiana University Press.

Bentham, J. (1988 [1781]). *An introduction to the principles of morals and legislation*. New York: Prometheus Books.

Bergmann, G. (1956). The contribution of John B. Watson. *Psychological Review*, 63.

Berman, D. (1999) Berkeley. New York: Routledge.

Berkeley, G. (1954 [1709]). An essay towards a new theory of vision. Dans *Berkeley: A new theory of vision and other writings*. London: Dent.

Bernard, W. (1972). Spinoza's influence on the rise of scientific psychology: A neglected chapter in the history of psychology. *Journal of the History of the Behavioral Sciences*, 8.

Bernfeld, S. (1949). Freud's scientific beginnings. *American Imago*, 6.

Beutler, L. E., et Malik, M. L. (2002). *Rethinking the DSM: A psychological perspective*. Washington, DC: American Psychological Association.

Beutler, L. E., Williams, R. E., Wakefield, P. J., et Entwistle, S. R. (1995). Bridging scientist and practitioner perspectives in clinical psychology. *American Psychologist*, 50.

Binet, A. (1903). *L'Étude experimentale de l'intelligence*. Paris: Schleicher.

Binet, A. (1975 [1909]). *Modern ideas about children* (trad. par S. Heisler). Albi, France: Presses de L'Atelier Graphique.

Birx, H. J. (1998). Introduction to Darwin's *The Descent of Man*. Amherst, NY: Prometheus Books.

Bitterman, M. E. (1965). Phyletic differences in learning. *American Psychologist*, 20.

Bjork, D. W. (1983). *The compromised scientist: William James in the development of American psychology*. New York: Columbia University Press.

Bjork, D. W. (1997). *B. F. Skinner: A life*. Washington, DC: American Psychological Association.

Blackburn, S. (1994). *The Oxford dictionary of philosophy*. New York: Oxford University Press.

Block, N., Flanagen, O., et Güzeldere, G. (dir.). (1997). *The nature of consciousness*. Cambridge: MIT Press.

Blumenthal, A. L. (1970). *Language and psychology: Historical aspects of psycholinguistics*. New York: Wiley.

Blumenthal, A. L. (1975). A reappraisal of Wilhelm Wundt. *American Psychologist*, 30. Blumenthal, A. L. (1979). The founding father we never knew. *Contemporary Psychology*, 24.

Blumenthal, A. L. (1980). Wilhelm Wundt and early American psychology. Dans R. W. Rieber (dir.), *Wilhelm Wundt and the making of a scientific psychology*. New York: Plenum.

Blumenthal, A. L. (1998). Leipzig, Wilhelm Wundt, and psychology's gilded age. Dans G. A. Kimble et M. Wertheimer (dir.), *Portraits of pioneers in psychology* (vol. 3) Washington, DC: American Psychological Association.

Boakes, R. (1984). *From Darwin to behaviourism: Psychology and the minds of animals*. New York: Cambridge University Press.

Boden, M. A. (1990). *The philosophy of artificial intelligence*. New York: Oxford University Press.

Borch-Jacobsen, M. (1996). *Remembering Anna O.: A century of mystification* (trad. par K. Olson). New York: Routledge.

Boring, E. G. (1950). *A history of experimental psychology* (2ᵉ éd.). New York: Appleton-Century-Crofts.

Boring, E. G. (1953). John Dewey: 1859–1952. *American Journal of Psychology*, 66.

Boring, E. G. (1961). *Psychologist at large: An autobiography and selected essays*. New York: Basic Books.

Boring, E. G. (1963). *History, psychology, and science: Selected papers*. New York: Wiley.

Boring, E. G. (1965). On the subjectivity of important historical dates: Leipzig, 1879. *Journal of the History of the Behavioral Sciences*, 1.

Bouchard, T. J., Jr. (1984). Twins reared together and apart: What they tell us about human diversity. Dans S. W. Fox (dir.), *Individuality and determinism: Chemical and biological bases*. New York: Plenum.

Boudewijnse, G-J. A., Murray, D. J., et Bandomir, C. A. (1999). Herbart's mathematical psychology. *History of Psychology*, 2.

Boudewijnse, G-J. A., Murray, D. J., et Bandomir, C. A. (2001). The fate of Herbart's mathematical psychology. *History of Psychology*, 4.

Bourke, V. J. (1993). *Augustine's quest of wisdom: His life, thought and works*. Albany, NY: Magi Books.

Bouveresse, J. (1995). *Wittgenstein reads Freud: The myth of the unconscious* (trad. par C. Cosman). Princeton, NJ: Princeton University Press.

Bowen, C. D. (1993). *Francis Bacon: The temper of a man*. New York: Fordham University Press.

Bower, G. H., et Hilgard, E. R. (1981). *Theories of learning* (5ᵉ éd.). Englewood Cliffs, NJ: Prentice-Hall.

Bowlby, J. (1991). *Charles Darwin: A new life*. New York: Norton.

Bowra, C. M. (1957). *The Greek experience*. New York: New American Library.

Braid, J. (1843). *The rationale of nervous sleep considered in relation to animal magnetism*. London: Churchill.

Branham, R. B. (1996). Defacing the currency: Diogenes' rhetoric and the invention of Cynicism. Dans R. B. Branham et M-O. Goulet-Cazé (dir.), *The Cynics: The Cynic movement in antiquity and its legacy*. Berkeley: University of California Press.

Branham, R. B., et Goulet-Cazé, M-O. (dir.). (1996). *The Cynics: The Cynic movement in antiquity and its legacy*. Berkeley: University of California Press.

Breland, K., et Breland, M. (1961). The misbehavior of organisms. *American Psychologist*, 16.

Bremmer, J. N. (1993). The early Greek concept of the soul. Princeton, NJ: Princeton University Press.

Brentano, F. (1973 [1874]). *Psychology from an empirical standpoint* (trad. par A. C. Rancurello et D. B. Terrel). New York: Humanities Press.

Bretall, R. (dir.). (1946). *A Kierkegaard anthology*. Princeton, NJ: Princeton University Press.

Brett, G. S. (1965 [1912–1921]). *A history of psychology* (2ᵉ éd. revue). (dir. et abr. par R. S. Peters). Cambridge: MIT Press.

Breuer, J., et Freud, S. (1955 [1895]). *Studies on hysteria*. Dans *The standard edition* (vol. 2). London: Hogarth Press.

Brewer, C. L. (1991). Perspectives on John B. Watson. Dans G. A. Kimble, M. Wertheimer, et C. L. White (dir.), *Portraits of pioneers in psychology*. Washington DC: American Psychological Association.

Bricke, J. (1974). Hume's associationist psychology. *Journal of the History of the Behavioral Sciences*, 10.

Bridgman, P. W. (1927). *The logic of modern physics*. New York: Macmillan.

Bridgman, P. W. (1955). *Reflections of a physicist*. New York: Philosophical Library.

Bringmann, W. G., Bringmann, M. W., et Balance, W. D. G. (1992). Gustav Theodor Fechner: Columbus of the new psychology. *Journal of Pastoral Counseling: An Annual*, 27.

Bringmann, W. G., Bringmann, M. W., et Early, C. E. (1992). G. Stanley Hall and the history of psychology. *American Psychologist*, 47.

Bringmann, W. G., Bringmann, N. J., et Ungerer, G. A. (1980). The establishment of Wundt's laboratory: An archival and documentary study. Dans W. G. Bringmann et R. D. Tweney (dir.), *Wundt studies: A centennial collection*. Toronto: Hogrefe.

Bringmann, W. G., Lück, H. E., Miller, R., et Early, C. E. (dir.). (1997). *A pictorial history of psychology*. Carol Stream, IL: Quintessence Publishing.

Bringmann, W. G., et Tweney, R. D. (dir.). (1980). *Wundt studies: A centennial collection*. Toronto: Hogrefe.

Bringmann, W. G., Voss, U., et Balance, W. D. G. (1997). Goethe as an early behavior therapist. Dans W. G. Bringmann, H. E. Lück, R. Miller, et C. E. Early (dir.), *A pictorial history of psychology*. Carol Stream, IL: Quintessence Publishing.

Broadbent, D. E. (1957). A mechanical model for human attention and immediate memory. *Psychological Review*, 64.

Broadbent, D. E. (1958). *Perception and communication*. Elmsford, NY: Pergamon Press.

Brooks, G. P. (1976). The faculty psychology of Thomas Reid. *Journal of the History of the Behavioral Sciences*, 12.

Brown-Séquard, C. -E. (1874a). Dual character of the brain. *Smithsonian Miscellaneous Collections*, 15.

Brown-Séquard, C. -E. (1874b). The brain power of man: Has he two brains or has he only one? *Cincinnati Lancet and Observer*, 17.

Brown-Séquard, C. -E. (1890). Have we two brains or one? *Forum*, 9.

Brožek, J. (dir.). (1984). *Explorations in the history of psychology in the United States*. Cranbury, NJ: Associated University Presses.

Bruce, D. (1991). Integrations of Lashley. Dans G. A. Kimble, M. Wertheimer, et C. L. White (dir.), *Portraits of pioneers in psychology*. Washington, DC: American Psychological Association.

Bruner, J. S. (1980). Jerome S. Bruner. Dans G. Lindzey (dir.). *A history of psychology in autobiography* (vol. 7). San Francisco: Freeman.

Bruner, J. S. (1983). *In search of mind: Essays in autobiography*. New York: Harper & Row.

Bruner, J. S. (1990). *Acts of meaning*. Cambridge: Harvard University Press.

Bruner, J. (2002). *Making stories: Law, literature, life*. Cambridge: Harvard University Press.

Bruner, J. S., Goodnow, J. J., et Austin, G. A. (1956). *A study of thinking*. New York: Wiley.

Bruno, F. J. (1972). *The story of psychology*. New York: Holt, Rinehart & Winston.

Buchtel, H. A. (dir.). (1982). *The conceptual nervous system*. New York: Pergamon Press.

Buckley, K. W. (1989). *Mechanical man: John Broadus Watson and the beginnings of behaviorism*. New York: Guilford Press.

Bühler, C. (1971). Basic theoretical concepts of humanistic psychology. *American Psychologist*, 26.

Burt, C. (1972). Inheritance of general intelligence. *American Psychologist*, 27.

Burtt, E. A. (1932). *The metaphysical foundations of modern physical science*. Garden City, NY: Doubleday.

Bury, R. G. (trad.). (1990). *Sextus Empiricus: Outlines of Pyrrhonism*. Buffalo, NY: Prometheus Books.

Buss, A. H. (1988). *Personality: Evolutionary heritage and human distinctiveness*. Hillsdale, NJ: Lawrence Erbaum.

Buss, D. M. (1999). *Evolutionary psychology: The new science of the mind*. Boston: Allyn & Bacon.

Buss, D. M., Haselton, M. G., Shackelford, T. K., Bleske, A. L., et Wakefield, J. C. (1998). Adaptations, exaptations, and spandels. *American Psychologist*, 53.

Cahan, D. (dir.). (1994). *Hermann von Helmholtz and the foundations of nineteenth-century science*. Berkeley: University of California Press.

Cahan, D. (dir.). (1995). *Hermann von Helmholtz: Science and culture*. Chicago: University of Chicago Press.

Cahn, E. (1955). Jurisprudence. *New York University Law Review*, 30.

Caldwell, C. (1824). *Elements of phrenology*. Lexington, KY: T. T. Skillman.

Caldwell, C. (1827). *Elements of phrenology* (2e éd.). Lexington, KY: A. G. Meriweather.

Calkins, M. W. (1892). A suggested classification of cases of association. *Philosophical Review*, 1.

Calkins, M. W. (1893). Statistics of dreams. *American Journal of Psychology*, 5.

Calkins, M. W. (1930). Mary Whiton Calkins. Dans C. Murchison (dir.), *A history of psychology in autobiography* (vol. 1). Worcester, MA: Clark University Press.

Campbell, J. (1995). *Understanding John Dewey: Nature and cooperative intelligence*. La Salle, IL: Open Court.

Candland, D. K. (1993). *Feral children and clever animals: Reflections on human nature*. New York: Oxford University Press.

Capps, D. (1970). Hartmann's relations to Freud: A reappraisal. *Journal of the History of the Behavioral Sciences*, 6.

Carpenter, R. J. (1997). Margaret Floy Washburn. Dans W. G. Bringmann, H. E. Lück, R. Miller, et C. E. Early, *A pictorial history of psychology*. Carol Stream, IL: Quintessence Publishing.

Carr, H. (1925). *Psychology: A study of mental activity*. New York: Longmans, Green.

Carr, H. (1935). *An introduction to space perception*. New York: Longmans, Green.

Cartledge, P. (1999). *Democritus*. New York: Routledge.

Cattell, J. M. (1890). Mental tests and measurements. *Mind*, 15.

Cattell, J. M. (1904). The conceptions and methods of psychology. *Popular Science Monthly*, 66.

Cattell, J. M. (1929). Psychology in America. Dans *Proceedings and papers: Ninth International Congress of Psychology*. Princeton, NJ: Psychological Review Company.

Cattell, R. B. (1982). *The inheritance of personality and ability*. New York: Academic Press.

Chadwick, H. (2001). *Augustine: A very short introduction*. New York: Oxford University Press.

Chaplin, J. P., et Krawiec, T. S. (1979). *Systems and theories of psychology* (4e éd.). New York: Holt, Rinehart & Winston.

Chodorow, N. (1989). *Feminism and psychoanalytic thought*. New Haven, CT: Yale University Press.

Chomsky, N. (1957). *Syntactic structures*. The Hague: Mouton.

Chomsky, N. (1959). Review of Skinner's *Verbal Learning*. *Language*, 35.

Chomsky, N. (1972). Language and mind (éd. augmentée). New York: Harcourt Brace Jovanovich.

Chomsky, N., et Miller, G. A. (1958). Finite-state languages. *Information and Control*, 1.

Churchland, P. M. (1988). *Matter and consciousness: A contemporary introduction to the philosophy of mind* (éd. revue). Cambridge: MIT Press.

Churchland, P. S. (1986). *Neurophilosophy: Toward a unified science of the mind-brain*. Cambridge: MIT Press.

Churchland, P. S., et Sejnowski, T. J. (1994). *The computational brain*. Cambridge: MIT Press.

Cioffi, F. (1974). Was Freud a liar? *The Listener*, 91.

Cioffi, F. (1998). *Freud and the question of pseudoscience*. La Salle, IL: Open Court.

Clark, A. (1990). Connectionism, competence, and explanation. Dans M. A. Boden (dir.), *The philosophy of artificial intelligence*. New York: Oxford University Press.

Clark, C. W. (1997). The witch craze in 17th century Europe. Dans W. G. Bringmann, H. E. Lück, R. Miller, et C. E. Early (dir.), *A pictorial history of psychology*. Carol Stream, IL: Quintessence Publishing.

Clark, K. B. (1986). A personal view of the background and development since the *Brown* decision. Dans L. P. Miller (dir.), *Brown plus thirty: Perspectives on desegregation*. New York: Metropolitan Center for Educational Research, Development, and Training, New York University.

Clark, K. B. (1989 [1965]). *Dark ghetto: Dilemmas of social power*. New York: Harper & Row.

Clark, K. B., et Clark, M. P. (1939). Segregation as a factor in the racial identification of Negro pre-school children: A preliminary report. *Journal of Experimental Education*, 11.

Clark, K. B., et Clark, M. P. (1940). Skin color as a factor in racial identification of Negro pre-school children. *Journal of Social Education*, 11.

Clark, K. B., et Clark, M. P. (1947). Racial identification and preference in Negro children. Dans T. M. Newcomb et E. L. Hartley (dir.), *Readings in social psychology*. New York: Holt.

Clark, K. B., et Clark, M. P. (1950). Emotional factors in racial identification in Negro children. *Journal of Negro Education*, 19.

Clark, K. B., Cook, T., et Chein, I. (trimestre d'octobre 1952). The effects of segregation and the consequences of desegregation: A social science statement. *Brown v. Board of Education of Topeka, Shawnee County, Kansas: Appendix to Appellant's Briefs*. Washington, DC: Supreme Court of the United States.

Clark, R. W. (1980). *Freud: The man and the cause — A biography*. New York: Random House.

Clatterbaugh, K. (1999). *The causation debate in modern philosophy: 1637–1739*. New York: Routledge.

Clay, R. A. (2002). A renaissance for humanistic psychology. *Monitor on Psychology*, 33.

Cleary, L. J., Hammer, M., et Byrne, J. H. (1989). Insights into the cellular mechanisms of short-term sensitization in *Aplysia*. Dans T. J. Carew et D. B. Kelley (dir.), *Perspectives in neural systems and behavior*. New York: Alan R. Liss.

Cohen, D. (1979). *J. B. Watson: The founder of behaviourism*. London: Routledge & Kegan Paul.

Comte, A. (1896). *A positive philosophy* (trad. par H. Martineau). London: Bell.

Conant, J. et Haugeland, J. (dir.) (2000). *The road since "Structure": Thomas S. Kuhn*. Chicago: University of Chicago Press.

Condillac, E. B. de. (1930 [1754]). *Treatise on the sensations* (trad. par G. Carr). Los Angeles: University of Southern California School of Philosophy.

Condillac, E. B. de. (2001 [1746]) *Essay on the origin of human knowledge* (trad. par H. Aarsell) New York: Cambridge University Press.

Copleston, F. C. (2001 [1952]). *Medieval philosophy: An introduction*. Mineola, NY: Dover.

Cornford, F. M. (1957). *From religion to philosophy: A study of the origins of Western speculation*. New York: Harper & Row.

Cornford, F. M. (trad.). (1968 [1941]). *The "Republic" of Plato*. New York: Oxford University Press.

Costall, A. (1993). How Lloyd Morgan's canon backfired. *Journal of the History of the Behavioral Sciences*, 29.

Cottingham, J. (dir.) (1992). *The Cambridge companion to Descartes*. New York: Cambridge University Press.

Craighead, W. E., Kazdin, A. E., et Mahoney, M. J. (1976). *Behavior modification: Principles, issues, and applications*. Boston: Houghton Mifflin.

Cramer, P. (2000). Defense mechanisms in psychology today: Further processes for adaptation. *American Psychologist*, 55.

Crane, L. (1925). A plea for the training of professional psychologists. *Journal of Abnormal and Social Psychology*, 20.

Cranefield, P. F. (1974). *The way in and the way out: François Magendie, Charles Bell and the roots of the spinal nerves*. New York: Futura.

Crawford, C., et Krebs, D. L. (dir.). (1998). *Handbook of evolutionary psychology: Ideas, issues, and applications*. Mahwah, NJ: Lawrence Erlbaum Associates.

Crew, H., et de Salvio, A. (trad.). (1991[1638]). *Galileo Galilei: Dialogues concerning two new sciences*. Buffalo, NY: Prometheus Books.

Crews, F. (1995). *The memory wars: Freud's legacy in dispute*. New York: The New York Review of Books.

Crombie, A. C. (1961). *Augustine to Galileo* (2ᵉ éd.). Cambridge: Harvard University Press.

Crosby, J. R., et Hastorf, A. H. (2000). Lewis Terman: Scientist of mental measurement and product of his time. Dans G. A. Kimble et M. Wertheimer (dir.), *Portraits of pioneers in psychology* (vol. 4). Washington, DC: American Psychological Association.

Crowther-Heyck, H. (1999). George A. Miller, language, and the computer metaphor of mind. *History of Psychology*, 2.

Dancy, J. (1987). *Berkeley: An introduction*. New York: Basil Blackwell.

Danziger, K. (1980a). Wundt and the two traditions of psychology. Dans R. W. Rieber (dir.), *Wilhelm Wundt and the making of a scientific psychology*. New York: Plenum.

Danziger, K. (1980b). Wundt's theory of behavior and volition. Dans R. W. Rieber (dir.), *Wilhelm Wundt and the making of a scientific psychology*. New York: Plenum.

Danziger, K. (1980c). The history of introspection reconsidered. *Journal of the History of the Behavioral Sciences*, 16.

Daquin, J. (1793). *Philosophie de la folie*. Paris: Alican.

Darwin, C. (1859). *On the origin of species by means of natural selection*. London: Murray.

Darwin, C. (1871). *The descent of man*. London: Murray.

Darwin, C. (1877). A biographical sketch of an infant. *Mind*, 2.

Darwin, C. (1998a [1874]). *The descent of man*. (2ᵉ éd.). Amherst, NY: Prometheus Books.

Darwin, C. (1998b [1872]). *The expression of emotions in man and animals*. New York: Oxford University Press.

Darwin, F. (dir.). (1958 [1892]). *The autobiography of Charles Darwin and selected letters*. New York: Dover.

Davies, J. M., et Frawley, M. G. (1994). *Treating the adult survivor of incest: A psychoanalytic perspective*. New York: Basic Books.

Dawes, A. (1985). Drug dependence. Dans E. Button (dir.), *Personal construct theory and mental health: Theory, research, and practice*. Beckenham, England: Croom Helm.

Deane, S. N. (trad.). (1962). *St. Anselm: Basic writings*. (2ᵉ éd.). La Salle, IL: Open Court.

DeAngelis, T. (1994, July). Jung's theories keep pace and remain popular. *APA Monitor*, 25.

DeAngelis, T. (1995). Psychologists question findings of "Bell Curve." *APA Monitor*, 10.

Deary, I. J. (2001). *Intelligence: A very short introduction*. New York: Oxford University Press.

DeCarvalho, R. J. (1990). A history of the "third force" in psychology. *Journal of Humanistic Psychology*, 30.

Delahunty, R. J. (1985). *Spinoza*. Boston: Routledge & Kegan Paul.

Denelsky, G. (1996). The case against prescription privileges. *American Psychologist*, 51.

Denmark, F. L. (1983). Integrating the psychology of women into introductory psychology. Dans The G. Stanley Hall Lecture Series (vol. 3). Washington, DC: American Psychological Association.

Descartes, R. (1956 [1637]). *Discourse on method* (dir. et trad. par L. J. Lafleur). Indianapolis: Bobbs-Merrill.

Descartes, R. (1992 [1642]). *Meditations on first philosophy* (2ᵉ éd.). (trad. par G. Heffernan). Notre Dame, IN: University of Notre Dame Press.

Desmond, A. (1997). *Huxley: From devil's disciple to evolution's high priest*. Reading, MA: Perseus Books.

Deutscher, M., et Chein, I. (1948). The psychological effects of enforced segregation: A survey of social science opinion. *Journal of Psychology*, 26.

Dewey, J. (1886). *Psychology*. New York: American Book.

Dewey, J. (1896). The reflex arc concept in psychology. *Psychological Review*, 3.

Dewey, J. (1899). *The school and society*. Chicago: University of Chicago Press.

Dewey, J. (1913). *Interest and effort in education*. New York: Houghton Mifflin.

Dewey, J. (1916). *Democracy and education: An introduction to the philosophy of education*. New York: Macmillan.

Dewey, J. (1929). *Individualism: Old and new*. New York: Capricorn.

Dewey, J. (1935). *Liberalism and social action*. New York: Capricorn.

Dewey, J. (1938). *Experience and education*. New York: Macmillan.

Dewey, J. (1939). *Freedom and culture*. New York: G. P. Putnam's Sons.

Dewey, J. (1997 [1910]). *How we think*. Mineola, NY: Dover.

Dewsbury, D. A. (2003). James Rowland Angell: Born administrator. Dans G. A. Kimble et M. Wertheimer (dir.), *Portraits of pioneers in psychology* (vol. 5). Washington, DC: American Psychological Association.

Diamond, S. (1980). Wundt before Leipzig. Dans R. W. Rieber (dir.), *Wilhelm Wundt and the making of a scientific psychology*. New York: Plenum.

Diehl, L. A. (1986). The paradox of G. Stanley Hall: Foe of coeducation and educator of women. *American Psychologist*, 41.

Dittman, M. (2002). Study ranks the top 20th century psychologists. *Monitor on Psychology*, 33.

Dollard, J., et Miller, N. E. (1950). *Personality and psychotherapy: An analysis in terms of learning, thinking, and culture*. New York: McGraw-Hill.

Donaldson, G. (1996). Between practice and theory: Melanie Klein, Anna Freud, and the development of child analysis. *Journal of the History of the Behavioral Sciences*, 32.

Donnelly, M. E. (dir.). (1992). *Reinterpreting the legacy of William James*. Washington, DC: American Psychological Association.

Drake, S. (1994). *Galileo: Pioneer scientist*. Toronto: University of Toronto Press.

Drever, J. (1968). Some early associationists. Dans B. B. Wolman (dir.), *Historical roots of contemporary psychology*. New York: Harper & Row.

Dreyfus, H. L. (1992). *What computers still can't do: A critique of artificial reason.* Cambridge: MIT Press.

Driver-Linn, E. (2003). Where is psychology going? Structural fault lines revealed by psychologists' use of Kuhn. *American Psychologist,* 58.

Durant, W. (1961 [1926]). *The story of philosophy.* New York: Washington Square Press.

Ebbinghaus, H. (1897). *Grundzüge der Psychologie* [Principes de psychologie]. Leipzig, Germany: Veit.

Ebbinghaus, H. (1902). *Outline of psychology.* Leipzig, Germany: Veit.

Ebbinghaus, H. (1964 [1885]). *Memory: A contribution to experimental psychology* (trad. par H. A. Ruger et C. E. Bussenius). New York: Dover.

Edinger, D. (1968). *Bertha Pappenheim: Freud's Anna O.* Highland Park, IL: Congregation Solel.

Egger, M. D., et Miller, N. E. (1962). Secondary reinforcement in rats as a function of information value and reliability of the stimulus. *Journal of Experimental Psychology,* 64.

Egger, M. D., et Miller, N. E. (1963). When is a reward reinforcing? An experimental study of the information hypothesis. *Journal of Comparative and Physiological Psychology,* 56.

Ehrenfels, C. v. (1890). *Über 'Gestaltqualitäten'* [Sur les qualités du gestaltisme]. *Vierteljahrsschrift für wissenschaftliche Philosophie,* 14.

Ehrenwald, J. (Dir.). (1991). *The history of psychotherapy.* Northvale, NJ: Jason Aronson.

Ehrman, B. D. (2002). *Lost Christianities: Christian scriptures and battles over authentication* (24 cours). Chantilly, VA: The Teaching Company.

Eisenberg, B. (1960). Kelly Miller: The Negro leader as a marginal man. *Journal of Negro History,* 45.

Ekman, P. (1998). Introduction. Dans C. Darwin, *The expression of the emotions in man and animals.* New York: Oxford University Press.

Ellenberger, H. F. (1970). *The discovery of the unconscious: The history and evolution of dynamic psychiatry.* New York: Basic Books.

Ellenberger, H. F. (1972). The story of "Anna O": A critical review with new data. *Journal of the History of the Behavioral Sciences,* 8.

Elwes, R. H. M. (trad.). (1955). *Benedict de Spinoza: On the improvement of the understanding; The ethics; and Correspondence.* New York: Dover.

Emerson, R. W. (1981[1841]). *Selected writings of Emerson* (D. McQuade, dir.) New York: The Modern Library.

Erasmus, D. (1994 [1512]). *The praise of folly* (trad. par J. Wilson). Amherst, NY: Prometheus.

Erdelyi, M. H. (1985). Psychoanalysis: Freud's cognitive psychology. New York: Freeman.

Erikson, E. H. (1977). *Toys and reasons: Stages in the ritualization of experience.* New York: Norton.

Erikson, E. H. (1985 [1950]). *Childhood and society.* New York: Norton.

Esper, E. A. (1964). *A history of psychology.* Philadelphia: Saunders.

Esterson, A. (1993). *Seductive mirage: An exploration of the work of Sigmund Freud.* La Salle, IL: Open Court.

Esterson, A. (1998). Jeffrey Masson and Freud's seduction theory: A new fable based on old myths. *History of the Human Science,* 11.

Esterson, A. (2001). The mythologizing of psychoanalytic history: Deception and self-deception in Freud's accounts of the seduction theory episode. *History of Psychiatry,* 12.

Esterson, A. (2002a). The myth of Freud's ostracism by the medical community: Jeffrey Masson's assault on truth. *History of Psychology,* 5.

Esterson, A. (2002b). Misconceptions about Freud's seduction theory: Comment on Gleaves and Hernandez (1999). *History of Psychology,* 5.

Estes, W. K. (1944). An experimental study of punishment. *Psychological Monographs,* 47 (n° 263).

Estes, W. K. (1950). Toward a statistical theory of learning. *Psychological Review,* 57.

Estes, W. K. (1960). Learning theory and the new "mental chemistry." *Psychological Review,* 67.

Estes, W. K. (1964). All-or-none processes in learning and retention. *American Psychologist,* 19.

Estes, W. K. (1994). *Classification and cognition.* New York: Oxford University Press.

Evans, R. B. (1972). E. B. Titchener and his lost system. *Journal of the History of the Behavioral Sciences,* 8.

Evans, R. B. (1984). The origins of American academic psychology. Dans J. Brozek, (dir.), *Explorations in the history of psychology in the United States.* Cranbury, NJ: Associated University Presses.

Evans, R. B. (1991). E. B. Titchener on scientific psychology and technology. Dans G. A. Kimble, M. Wertheimer, et C. L. White (dir.), *Portraits of pioneers in psychology.* Washington DC: American Psychological Association.

Eysenck, H. J., et Eysenck, M. W. (1985). *Personality and individual differences.* New York: Plenum Press.

Fagan, G. G. (1999). *The history of ancient Rome* (48 cours). Springfield, VA: The Teaching Company.

Fagan, T. K. (1992). Compulsory schooling, child study, clinical psychology, and special education: Origins of school psychology. *American Psychologist,* 47.

Fagan, T. K. (1996). Witmer's contributions to school psychological services. *American Psychologist*, 51.

Fancher, R. E. (1985). *The intelligence men: Makers of the IQ controversy*. New York: Norton.

Fancher, R. E. (1990). *Pioneers of psychology* (2ᵉ éd.). New York: Norton.

Fancher, R. E. (1998). Alfred Binet, general psychologist. Dans G. A. Kimble et M. Wertheimer (dir.), *Portraits of pioneers in psychology*. Washington, DC: American Psychological Association.

Fancher, R. E., et Schmidt, H. (2003). Gottfried Wilhelm Leibniz: Underappreciated pioneer of psychology. Dans G. A. Kimble et M. Wertheimer (dir.), *Portraits of pioneers in psychology* (vol. 5). Washington, DC: American Psychological Association.

Farber, S. (1993). *Madness, heresy, and the rumor of angels: The revolt against the mental health system*. Chicago: Open Court.

Farias, V. (1989). *Heidegger and Nazism*. Philadelphia: Temple University Press.

Fay, J. W. (1939). *American psychology before William James*. New Brunswick, NJ: Rutgers University Press.

Fechner, G. T. (1871). *Zur experimentalen aesthetik* [Au sujet de l'esthétique expérimental]. Leipzig: Hirzel.

Fechner, G. T. (1876). *Vorschule der aesthetik* [Introduction à l'esthétique]. Leipzig: Breitkopf & Härtel.

Fechner, G. T. (1879). *Die tagesansicht gegenuber der nachtansicht* [la vue de jour comparée à la vue de nuit]. Leipzig: Breitkopf & Härtel.

Fechner, G. T. (1966 [1860]). *Elements of psychophysics*. New York: Holt, Rinehart & Winston.

Fechner, G. T. (1992 [1836]). The little book of life after death. *Journal of Pastoral Counseling: An Annual*, 27.

Festinger, L. (1957). *A theory of cognitive dissonance*. Evanston, IL: Row, Peterson.

Fetzer, J. H. (1991). *Philosophy and cognitive science*. New York: Paragon House.

Feyerabend, P. K. (1975). *Against method: Outline of an anarchistic theory of knowledge*. London: New Left Books.

Fiebert, M. S. (1997). In and out of Freud's shadow: A chronology of Adler's relationship with Freud. *Individual Psychology*, 53.

Finger, S. (1994). *Origins of neuroscience: A history of explorations into brain functions*. New York: Oxford University Press.

Fishman, D. B. (1999). *The case for pragmatic psychology*. New York: New York University Press.

Fitzek, H. (1997). Johannes Müller and the principle of sensory metamorphosis. Dans W. G. Bringmann, H. E. Lück, R. Miller, et C. E. Early (dir.), *A pictorial history of psychology*. Carol Stream, IL: Quintessence Publishing.

Flanagan, O. (1991). *The science of the mind* (2ᵉ éd.). Cambridge: MIT Press.

Fletcher, R. (1991). *Science, ideology, and the media: The Cyril Burt scandal*. New Brunswick, NY: Transaction Publishers.

Flew, A. (dir.). (1962). *David Hume: On human nature and the understanding*. New York: Macmillan.

Fodor, J. (1983). *The modularity of mind*. Cambridge: MIT Press.

Fodor, J. (2000). *The mind doesn't work that way: The scope and limits of computational psychology*. Cambridge: MIT Press.

Fowler, R. D. (1990). In memoriam: Burrhus Frederic Skinner, 1904–1990. *American Psychologist*, 45.

Fox, R. E. (1980). On reasoning from predicates: The PhD is not a professional degree. *Professional Psychology*, 11.

Fox, R. E. (1994). Training professional psychologists for the twenty-first century. *American Psychologist*, 49.

Frankel, C. (dir.). (1947). *Rousseau: The social contract*. New York: Macmillan.

Frankl, V. E. (1984). *Man's search for meaning* (éd. revue). New York: Washington Square Press. (1ʳᵉ éd. parue sous le titre *Experiences in a concentration camp*, 1946)

Franklin, S. (1995). *Artificial minds*. Cambridge: MIT Press.

Frawley, M. G. (1990). From secrecy to self-disclosure: Healing the scars of incest. Dans G. Stricker et M. Fisher (dir.), *Self-disclosure in the therapeutic relationship*. New York: Plenum Press.

Frazer, J. G. (1963 [1890]). *The golden bough*. New York: Macmillan.

Freud, A. (1928). *Introduction to the technique of child analysis*. New York: Nervous and Mental Disease Publishing Company.

Freud, A. (1935). *Psychoanalysis for teachers and parents*. (trad. par B. Low). New York: Emerson Books.

Freud, A. (1937). *The ego and the mechanisms of defense*. New York: International Universities Press.

Freud, A. (1965). *Normality and pathology in childhood*. New York: International Universities Press.

Freud, S. (1927). *The problem of lay-analyses*. New York: Brentano.

Freud, S. (1949 [1910]). *The origins and development of psychoanalysis*. Chicago: Regnery.

Freud, S. (1952 [1925]). *An autobiographical study*. New York: Norton.

Freud, S. (1953 [1900]). *The interpretation of dreams*. Dans J. Strachey (dir. et trad.), *The standard edition* (vol. 4 et 5). London: Hogarth Press.

Freud, S. (1954 [1950]). Project for a scientific psychology. Dans M. Bonaparte, A. Freud, et E. Kris (Eds.) et E. Mossbacher et J. Strachey (trad.), *The origins of psychoanalysis, letters to Wilhelm Fliess, drafts, and notes: 1887-1902*. New York: Basic Books.

Freud, S. (1955a [1917]). A difficulty in the path of psychoanalysis. Dans J. Strachey (dir. et trad.), *The standard edition* (vol. 17). London: Hogarth Press.

Freud, S. (1955b [1920]). Beyond the pleasure principle. Dans J. Strachey (dir. et trad.), *The standard edition* (vol. 18). London: Hogarth Press.

Freud, S. (1960a [1905]). Jokes and their relation to the unconscious. Dans J. Strachey (dir. et trad.), *The standard edition* (vol. 8). London: Hogarth Press.

Freud, S. (1960b [1901]). Psychopathology of everyday life. Dans J. Strachey (dir. et trad.), *The standard edition* (vol. 6). London: Hogarth Press.

Freud, S. (1961a [1927]). *The future of an illusion*. New York: Norton.

Freud, S. (1961b [1930]). *Civilization and its discontents*. New York: Norton.

Freud, S. (1963 [1925]). *An autobiographical study* (J. Strachey, dir. et trad.). New York: Norton.

Freud, S. (1964a [1933]). New introductory lectures on psychoanalysis. Dans J. Strachey (dir. et trad.), *The standard edition* (vol. 22). London: Hogarth Press.

Freud, S. (1964b [1939]). Moses and monotheism. Dans J. Strachey (dir. et trad.), *The standard edition* (vol. 23). London: Hogarth Press.

Freud, S. (1966a [1915–1917]). Introductory lectures on psychoanalysis (dir. et trad. par J. Strachey). New York: Norton.

Freud, S. (1966b [1933]). *The complete introductory lectures on psychoanalysis* (dir. et trad. par J. Strachey). New York: Norton.

Freud, S. (1966c [1914]). *On the history of the psychoanalytic movement*. New York: Norton.

Freud, S. (1969 [1940]). *An outline of psychoanalysis* (éd. revue). New York: Norton.

Friedländer, M. (trad.). (1956). *Moses Maimonides: The guide for the perplexed* (2ᵉ éd.). New York: Dover.

Friedman, H. S., Tucker, J. S., Schwartz, J. E., Tomlinson-Keasey, C., Martin, L. R., Wingard, D. L., et Criqui, M. H. (1995). Psychosocial and behavioral predictors of longevity: The aging and death of the "Termites." *American Psychologist, 50*.

Fritz, H. (1997). Johannes Müller and the principle of sensory metamorphosis. Dans W. G. Bringmann, H. E. Lück, R. Miller, et C. E. Early (dir.), *A pictorial history of psychology*. Carol Stream, IL: Quintessence Publishing.

Fromm, E. (1941). *Escape from freedom*. New York: Holt, Rinehart & Winston.

Furumoto, L. (1988). Shared knowledge: The Experimentalists, 1904–1929. Dans J. G. Morawski (dir.), *The rise of experimentation in American psychology*. New Haven, CT: Yale University Press.

Furumoto, L. (1991). From "paired associates" to a psychology of self: The intellectual odyssey of Mary Whiton Calkins. Dans G. A. Kimble, M. Wertheimer, et C. L. White (dir.), *Portraits of pioneers in psychology*. Washington DC: American Psychological Association.

Furumoto, L. (1992). Joining separate spheres—Christine Ladd-Franklin, woman-scientist (1847-1930). *American Psychologist, 47*.

Galef, B. G., Jr. (1998). Edward Thorndike: Revolutionary psychologist, ambiguous biologist. *American Psychologist, 53*.

Galton, F. (1853). *Narrative of an explorer in tropical South Africa*. London: Murray.

Galton, F. (1855). *The art of travel*. London: Murray.

Galton, F. (1869). *Hereditary genius: An inquiry into its laws and consequences*. London: Macmillan.

Galton, F. (1874). *English men of science: Their nature and nurture*. London: Macmillan.

Galton, F. (1875). The history of twins as a criterion of the relative powers of nature and nurture. *Fraser's Magazine, 92*.

Galton, F. (1883). *Inquiries into human faculty and its development*. London: Macmillan.

Galton, F. (1888). Co-relations and their measurement, chiefly from anthropological data. *Proceedings of the Royal Society, 45*.

Galton, F. (1889). *Natural inheritance*. London: Macmillan.

Gardiner, P. (2002). *Kierkegaard: A very short introduction*. New York: Oxford University Press.

Gardner, H. (1985). *The mind's new science: A history of the cognitive revolution*. New York: Basic Books.

Garfield, S. L. (1981). Psychotherapy: A 40-year appraisal. *American Psychologist, 36*.

Gaskin, J. C. A. (1998). *David Hume: Principal writings on religion*. New York: Oxford University Press.

Gay, P. (1988). *Freud: A life for our time*. New York: Norton.

Gazzaniga, M. S. (1970). *The dissected brain*. New York: Appleton-Century-Crofts.

Gelfand, T., et Kerr, J. (dir.). (1992). *Freud and the history of psychoanalysis*. Hillsdale, NJ: Analytic Press.

Gendlin, E. T. (1988). Carl Rogers (1902–1987). *American Psychologist, 43*.

Gerard, D. L. (1997). Chiarugi and Pinel considered: Soul's brain/person's mind. *Journal of the History of the Behavioral Sciences*, 33.

Gergen, K. J. (1991). *The saturated self: Dilemmas of identity in contemporary life*. New York: Basic Books.

Gergen, K. J. (1994). Exploring the postmodern: Perils or potentials. *American Psychologist*, 49.

Gergen, K. J. (2001). Psychological science in a postmodern context. *American Psychologist*, 56.

Gillie, O. (1977). Letter. *Bulletin of the British Psychological Society*, 30.

Glanzman, D. L. (1995). The cellular basis of classical conditioning in Aplysia Californica: It's less simple than you think. *Trends in Neurosciences*, 18(1).

Gleaves, D. H., et Hernandez, E. (1999). Recent reformulations of Freud's development and abandonment of his seduction theory: Historical/scientific clarification or a continued assault on truth? *History of Psychology*, 2.

Gleaves, D. H., et Hernandez, E. (2002). Wethinks the author doth protest too much: A reply to Esterson (2002). *History of Psychology*, 5.

Goddard, H. H. (1912). *The Kallikak family, a study in the heredity of feeble-mindedness*. New York: Macmillan.

Goddard, H. H. (1914). *Feeble-mindedness: Its causes and consequences*. New York: Macmillan.

Goddard, H. H. (1920). *Human efficiency and levels of intelligence*. Princeton, NJ: Princeton University Press.

Goethe, J. W. (1952 [1774]). *Sorrows of young Werther*. Chapel Hill: University of North Carolina Press.

Gold, M. (dir.). (1999). *The complete social scientist: A Kurt Lewin reader*. Washington, DC: American Psychological Association.

Goldsmith, M. (1934). *Franz Anton Mesmer*. New York: Doubleday.

Golomb, J. (1989). *Nietzsche's enticing psychology of power*. Ames: Iowa State University Press.

Goodman, L. E. (1992). *Avicenna*. New York: Routledge.

Gould, S. J. (1976). Darwin and the captain. *Natural History*, 85(1).

Gould, S. J. (1981). *The mismeasure of man*. New York: Norton.

Gould, S. J. (1991). Exaptation: A crucial tool for evolutionary psychology. *Journal of Social Issues*, 47.

Gould, S. J., et Lewontin, R. C. (1979). The spandrels of San Marco and the Panglossian paradigm: A critique of the adaptationist programme. *Proceedings of the Royal Society of London*, 205.

Goulet-Cazé, M-O. (1996). Religion and the early Cynics. Dans R. B. Branham et M-O Goulet-Cazé (dir.), *The Cynics: The Cynic movement in antiquity and its legacy*. Berkeley: University of California Press.

Grane, L. (1970). *Peter Abelard: Philosophy and Christianity in the Middle Ages* (trad. par F. Crowley et C. Crowley) New York: Harcourt, Brace & World.

Grayling, A. C. (1986). *Berkeley: The central arguments*. La Salle, IL: Open Court.

Grayling, A. C. (2001). *Wittgenstein: A very short introduction*. New York: Oxford University Press.

Green, B. F. (1992). Exposé or smear? *Psychological Science*, 6.

Greenway, A. P. (1973). The incorporation of action into associationism: The psychology of Alexander Bain. *Journal of the History of the Behavioral Sciences*, 9.

Gregory, J. (trad.). (1991). *The Neoplatonists*. London: Kyle Cathie.

Gregory, R. L. (dir.). (1987). *The Oxford companion to the mind*. Oxford: Oxford University Press.

Guilford, J. P. (1967). *The nature of human intelligence*. New York: McGraw-Hill.

Guthrie, E. R. (1935). *The psychology of learning*. New York: Harper & Row.

Guthrie, E. R. (1938). *The psychology of human conflict*. New York: Harper & Row.

Guthrie, E. R. (1942). Conditioning: A theory of learning in terms of stimulus, response, and association. Dans N. B. Henry (dir.), *The forty-first yearbook of the National Society for the Study of Education: Part II. The psychology of learning*. Chicago: University of Chicago Press.

Guthrie, E. R. (1952). *The psychology of learning* (éd. revue). New York: Harper & Row.

Guthrie, E. R. (1959). Association by contiguity. Dans S. Koch (dir.), *Psychology: A study of a science* (vol. 2). New York: McGraw-Hill.

Guthrie, E. R., et Horton, G. P. (1946). *Cats in a puzzle box*. New York: Rinehart.

Guthrie, K. S. (comp. et trad.) (1987). *The Pythagorean sourcebook and library*. Grand Rapids: Phanes Press.

Guthrie, R. V. (2000). Francis Cecil Sumner: The first African American pioneer in psychology. Dans G. A. Kimble et M. Wertheimer (dir.), *Portraits of pioneers in psychology* (vol. 4). Washington, DC: American Psychological Association.

Guyer, P. (dir.). (1992). *The Cambridge companion to Kant*. New York: Cambridge University Press.

Hacker, P. M. S., (1999). *Wittgenstein on human nature*. New York: Routledge.

Hadden, A. W. (Trad.). (1912). St. Augustine's "On the Trinity." Dans B. Rand (dir.), *The classical psychologists*. Boston: Houghton Mifflin.

Hale, N. G., Jr. (1971). *Freud and the Americans: The beginnings of psychoanalysis in the United States, 1876–1917*. New York: Oxford University Press.

Hall, C. S. (1954). *A primer of Freudian psychology*. Cleveland: World.

Hall, C. S., et Lindzey, G. (1978). *Theories of personality* (3ᵉ éd.). New York: Wiley.

Hall, G. S. (1904). *Adolescence: Its psychology and its relation to physiology, anthropology, sociology, sex, crime, religion and education* (vol. 1 et 2). New York: Appleton.

Hall, G. S. (1906). The question of coeducation. *Munsey's Magazine*, 34.

Hall, G. S. (1917). *Jesus, the Christ, in the light of psychology*. Garden City, NJ: Doubleday.

Hall, G. S. (1922). *Senescence: The last half of life*. New York: Appleton.

Hall, G. S. (1923). *Life and confessions of a psychologist*. New York: Appleton.

Hall, M. B. (1994). *The scientific renaissance: 1450–1630*. New York: Dover.

Hall, M. H. (1968, July). A conversation with Abraham Maslow. *Psychology Today*.

Hamilton, E., et Cairns, H. (1961). *Plato: The collected dialogues, including the letters*. Princeton, NJ: Princeton University Press.

Hankinson, R. J. (1995). *The Sceptics*. New York: Routledge.

Hannah, B. (1976). *Jung, his life and work: A biographical memoir*. New York: Putnam.

Hannush, M. J. (1987). John B. Watson remembered: An interview with James B. Watson. *Journal of the History of the Behavioral Sciences*, 23.

Hardcastle, V. G. (dir.). (1999). *Where biology meets psychology: Philosophical essays*. Cambridge: MIT Press.

Harlow, H. (1949). The formation of learning sets. *Psychological Review*, 56.

Harris, B. (1979). Whatever happened to little Albert? *American Psychologist*, 34.

Harris, M. (1974). *Cows, pigs, wars and witches: The riddles of culture*. New York: Vintage.

Hartley, D. (1834 [1749]). *Observations on man, his frame, his duty, and his expectations*. London: Tegg.

Hartmann, H. (1958 [1939]). *Ego psychology and the problem of adaptation* (trad par D. Rapaport). New York: International Universities Press.

Hartmann, K. E. von (1869). *Philosophie des Unbewussten* [Philosophie de l'inconscient]. Berlin: Duncker.

Hartshorne, C. (1965). *Anselm's discovery: A re-examination of the ontological proof for God's existence*. La Salle, IL: Open Court.

Haugeland, J. (1985). *Artificial intelligence: The very idea*. Cambridge: MIT Press.

Hayes, S. C., et Heiby, E. (1996). Psychology's drug problem: Do we need a fix or should we just say no? *American Psychologist*, 51.

Hayman, R. (1999). *Nietzsche*. New York: Routledge.

Hearnshaw, L. S. (1979). *Cyril Burt, psychologist*. Ithaca, NY: Cornell University Press.

Hearst, E. (dir.). (1979). *The first century of experimental psychology*. Hillsdale, NJ: Erlbaum.

Hebb, D. O. (1946). On the nature of fear. *Psychological Review*, 53.

Hebb, D. O. (1949). *The organization of behavior: A neuropsychological theory*. New York: Wiley.

Hebb, D. O. (1955). Drives and the C.N.S. (conceptual nervous system). *Psychological Review*, 62.

Hebb, D. O. (1959). A neuropsychological theory. Dans S. Koch (dir.), *Psychology: A study of science* (vol. 1). New York: McGraw-Hill.

Hebb, D. O. (1960). The American revolution. *American Psychologist*, 15.

Hebb, D. O. (1972). *Textbook of psychology* (3ᵉ éd.). Philadelphia: Saunders.

Hebb, D. O. (1980). [Autobiography]. Dans G. Lindzey (dir.), *A history of psychology in autobiography* (vol. 7). San Francisco: Freeman.

Hegel, G. W. F. (1973 [1817]). *The encyclopedia of the mind* (trad. par W. Wallace). Oxford: Oxford University Press.

Heidbreder, E. (1933). *Seven psychologies*. New York: Appleton-Century.

Heidbreder, E. (1972). Mary Whiton Calkins: A discussion. *Journal of the History of the Behavioral Sciences*, 8.

Heidegger, M. (1927). *Being and time*. Halle, Germany: Niemeyer.

Henle, M. (1971a). Did Titchener commit the stimulus error? The problem of meaning in structural psychology. *Journal of the History of the Behavioral Sciences*, 7.

Henle, M. (dir.). (1971b). *The selected papers of Wolfgang Köhler*. New York: Liveright.

Henle, M. (1978). One man against the Nazis—Wolfgang Köhler. *American Psychologist*, 33.

Henle, M. (1985). Rediscovering Gestalt psychology. Dans S. Koch et D. E. Leary (dir.), *A century of psychology as science*. New York: McGraw-Hill.

Henle, M. (1986). *1879 and all that: Essays in the theory and history of psychology*. New York: Columbia University Press.

Hentoff, N. (le 23 août 1982). Profiles: The integrationist. *The New Yorker*, 58.

Herbart, J. F. (1824–1825). *Psychology as a science, newly based upon experience, metaphysics, and mathematics* (vol. 1 et 2). Königsberg, Germany: Unzer.

Herbart, J. F. (1888 [1812]). Über die dunkle seite der pädagogik [Le côté sombre de la pédagogie]. Dans K. Kehrback et O. Flügel (dir.), *Jon. Fr. Herbart's sämtliche Werke in chronologisher reihenfolge* (vol. 3). Langensalza, Germany: Hermann Beyer und Söhne.

Herbert, G. B. (1989). *Thomas Hobbes: The unity of scientific and moral wisdom*. Vancouver: University of British Columbia Press.

Hergenhahn, B. R. (1994). Psychology's cognitive revolution. *American Psychologist*, 49.

Hergenhahn, B. R., et Olson, M. H. (2003). *An introduction to theories of personality* (6ᵉ éd.). Englewood Cliffs, NJ: Prentice-Hall.

Hergenhahn, B. R., et Olson, M. H. (2005). *An introduction to theories of learning* (7ᵉ éd.). Englewood Cliffs, NJ: Prentice-Hall.

Hermans, H. J. M., Kempen, H. J. G., et van Loon, R. J. P. (1992). The dialogical self: Beyond individualism and rationalism. *American Psychologist*, 47.

Heron, W. (1957, janvier). The pathology of boredom. *Scientific American*.

Herrnstein, R. J., et Murray, C. (1994). *The bell curve: Intelligence and class structure in American life*. New York: Free Press.

Hicks, R. D. (Trad.). (1991). *Aristotle: De anima*. Buffalo, NY: Prometheus Books.

Hilgard, E. R. (1987). *Psychology in America: A historical survey*. Orlando, FL: Harcourt Brace Jovanovich.

Hirschmüller, A. (1989). *The life and work of Josef Breuer: Physiology and psychoanalysis*. New York: New York University Press.

Hobbes, T. (1962 [1651]). *Leviathan*. New York: Macmillan.

Hoffman, E. (1988). *The right to be human: A biography of Abraham Maslow*. Los Angeles: Tarcher.

Hoffman, R. R., Bringmann, W., Bamberg, M., et Klein, R. (1986). Some historical observations on Ebbinghaus. Dans D. Gorfein et R. Hoffman (dir.), *Memory and learning: The Ebbinghaus centennial conference*. Hillsdale, NJ: Erlbaum.

Hofstadter, R. (1955). *Social Darwinism in American thought*. Boston: Beacon Press.

Hogan, J. D. (2003). G. Stanley Hall: Educator, organizer, and pioneer developmental psychologist. Dans G. A. Kimble et M. Wertheimer (dir.), *Portraits of pioneers in psychology* (vol. 5). Washington, DC: American Psychological Association.

Holland, J. G. (1986). George Henry Lewes and "stream of consciousness": The first use of the term in English. *South Atlantic Review*, 51.

Hollingdale, R. J. (1969). *Introduction. In F. Nietzsche, Thus spoke Zarathustra* (trad. par R. J. Hollingdale). New York: Viking Press/Penguin Books.

Hollingworth, L. S. (1914). Functional periodicity. *Contributions to education*, nᵒ. 69. New York: Columbia University Press.

Hollingworth, L. S. (1920). *The psychology of subnormal children*. New York: Macmillan.

Hollingworth, L. S. (1923). *Special talents and defects: Their significance for education*. New York: Macmillan.

Hollingworth, L. S. (1926). *Gifted children*. New York: Macmillan.

Hollingworth, L. S. (1928). *The psychology of the adolescent*. New York: Appleton.

Hollingworth, L. S. (1940). *Public addresses*. Lancaster, PA: Science Press.

Hollingworth, L. S. (1942). *Children above 180 IQ*. Yonkers, NY: World Book.

Honderich, T. (1993). *How free are you? The determinism problem*. New York: Oxford University Press.

Honderich, T. (dir.) (1995). *The Oxford companion to philosophy*. New York: Oxford University Press.

Hong, H. V., et Hong, E. H. (1985). Introduction. Dans S. Kierkegaard, *Philosophical fragments* [et] *Johannes Climacus* (dir. et trad. par H. V. Hong et E. H. Hong,). Princeton, NJ: Princeton University Press.

Horley, J. (2001). After "The Baltimore Affair": James Mark Baldwin's life and work, 1908–1934, *History of Psychology*, 4.

Horney, K. (1937). *The neurotic personality of our time*. New York: Norton.

Horney, K. (1939). *New ways in psychoanalysis*. New York: Norton.

Horney, K. (1945). *Our inner conflicts*. New York: Norton.

Horney, K. et Kelman, H. (dir.) (1967). *Feminine psychology*. New York: Norton.

Horney, K. (1968 [1942]). *Self-analysis*. New York: Norton.

Hubben, W. (1952). *Dostoevsky, Kierkegaard, Nietzsche, and Kafka*. New York: Macmillan.

Hulin, W. S. (1934). *A short history of psychology*. New York: Holt.

Hull, C. L. (1920). Quantitative aspects of the evolution of concepts: An experimental study. *Psychological Monographs*, 28(123).

Hull, C. L. (1928). *Aptitude testing*. Yonkers-on-Hudson, NY: World Book.

Hull, C. L. (1933). *Hypnosis and suggestibility: An experimental approach*. New York: Appleton-Century.

Hull, C. L. (1943). *Principles of behavior*. New York: Appleton-Century.

Hull, C. L. (1952a). Clark L. Hull. Dans E. G. Boring, H. S. Langfeld, H. Werner, et R. M. Yerkes (dir.), *A history of psychology in autobiography* (vol. 4). Worcester, MA: Clark University Press.

Hull, C. L. (1952b). *A behavior system*. New Haven, CT: Yale University Press.

Hull, C. L., Hovland, C. I., Ross, R. T., Hall, M., Perkins, D. T., et Fitch, F. B. (1940). *Mathematico-deductive theory of rote learning*. New Haven, CT: Yale University Press.

Hulse, M. (1989). Introduction. Dans J. *Goethe, The sorrows of young Werther* (trad. par M. Hulse). London: Penguin Books.

Hurvich, D. J. (1971). Christine Ladd-Franklin. Dans E. T. James (dir.), *Notable American women* (vol. 2). Cambridge: Harvard University Press.

Husserl, E. (1900–1901). *Logical investigations*. Halle, Germany: Niemeyer.

Innis, N. K. (1992). Tolman and Tryon: Early research on the inheritance of the ability to learn. *American Psychologist*, 47.

Innis, N. K. (2003). William McDougall: "A major tragedy"? Dans G. A. Kimble et M. Wertheimer (dir.), *Portraits of pioneers in psychology* (vol. 5). Washington, DC: American Psychological Association.

Inwood, M. J. (1995). Enlightenment. Dans T. Honderich (dir.), *The Oxford companion to philosophy*. New York: Oxford University Press.

Inwood, M. J. (2000). *Heidegger: A very short introduction*. New York: Oxford University Press.

Israëls, H., et Schatzman, M. (1993). The seduction theory. *History of Psychiatry*, 4.

Jackson, J. P., Jr. (1998). Creating a consensus: Psychologists, the Supreme Court, and school desegregation, 1952–1955. *Journal of Social Issues*, 54.

Jackson, J. P., Jr. (2003). Facts, values, and policies: A comment on Howard H. Kendler (2002). *History of Psychology*, 6.

Jacobson, E. (1932). The electrophysiology of mental activities. *American Journal of Psychology*, 44.

Jacoby, R., et Glauberman, N. (dir.). (1995). *The "Bell Curve" debate: History, documents, opinions*. New York: Random House.

Jahnke, J. (1997). Physiognomy, phrenology, and nonverbal communication. Dans W. G. Bringmann, H. E. Lück, R. Miller, et C. E. Early (dir.), *A pictorial history of psychology*. Carol Stream, IL: Quintessence Publishing.

James, W. (1884). On some omissions of introspective psychology. *Mind*, 9.

James, W. (1902). *The varieties of religious experience*. New York: Longmans, Green.

James, W. (1920). Letters. Dans H. James (dir.), *Letters of William James* (vol. 1 et 2). Boston: Atlantic Monthly Press.

James, W. (1950 [1890]). *The principles of psychology* (vol. 1 et 2). New York: Dover.

James, W. (1956 [1884]). The dilemma of determinism. Dans W. James, *The "Will to Believe" and other essays in popular philosophy*. New York: Dover.

James, W. (1962 [1899]). *Talks to teachers on psychology and to students on some of life's ideals*. Mineola, NY: Dover.

James, W. (1981 [1907]). *Pragmatism: A new name for some old ways of thinking*. Indianapolis: Hackett.

James, W. (1985 [1892]). *Psychology: The briefer course* (G. Allport, dir.). Notre Dame, IN: University of Notre Dame Press.

Janaway, C. (1994). Schopenhauer. New York: Oxford University Press.

Janaway, C. (2002). Schopenhauer: A very short introduction. New York: Oxford University Press.

Janet, P. (1925). *Psychological healing: A historical and clinical study*, vol. 1. (trad. par E. Paul et C. Paul). New York: Macmillan.

Jankowicz, A. D. (1987). Whatever happened to George Kelly? Applications and implications. *American Psychologist*, 42.

Jennings, J. L. (1986). Husserl revisited: The forgotten distinction between psychology and phenomenology. *American Psychologist*, 41.

Jensen, A. R. (2000). Charles E. Spearman: The discoverer of g. Dans G. A. Kimble et M. Wertheimer (dir.), *Portraits of pioneers in psychology* (vol. 4). Washington, DC: American Psychological Association.

Johnson, D. M., et Erneling, C. E. (dir.). (1997). *The future of the cognitive revolution*. New York: Oxford University Press.

Johnson, M. G., et Henley, T. B. (dir.). (1990). *Reflections on the principles of psychology: William James after a century*. Hillsdale, NJ: Erlbaum.

Johnson, R. C., McClearn, G. E., Yuen, S., Nagoshi, C. T., Ahern, F. M., et Cole, R. E. (1985). Galton's data a century later. *American Psychologist*, 40.

Johnston, E. B. (2001). The repeated reproduction of Barlett's Remembering. *History of Psychology*, 4.

Joncich, G. (1968). The sane positivist: A biography of Edward L. Thorndike. Middletown, CT: Wesleyan University Press.

Jones, E. (1953, 1955, 1957). *The life and work of Sigmund Freud* (vol. 1–3). New York: Basic Books.

Jones, M. C. (1924). A laboratory study of fear: The case of Peter. *Pedagogical Seminary*, 31.

Jones, M. C. (1974). Albert, Peter, and John B. Watson. *American Psychologist*, 29.

Jones, R. A. (1987). Psychology, history, and the press: The case of William McDougall and the New York Times. *American Psychologist*, 42.

Jones, W. H. S. (1923). Hippocrates (vol. 1 et 2). New York: Putnam.

Jourard, S. M. (1974). *Healthy personality: An approach from the viewpoint of humanistic psychology*. New York: Macmillan.

Jowett, B. (trad.). (1942). *Plato*. Rosyln, NY: Black.

Jowett, B. (trad.). (1986). *The "Republic" of Plato*. Buffalo, NY: Prometheus Books.

Jowett, B. (trad.). (1988). *Plato: Euthyphro, apology, crito, and phaedo*. Amherst, NY: Prometheus Books.

Joynson, R. B. (1989). *The Burt Affair*. London: Routledge.

Jung, C. G. (1928). *Contributions to analytical psychology*. New York: Harcourt Brace Jovanovich.

Jung, C. G. (1933). *Modern man in search of a soul*. New York: Harcourt Brace Jovanovich.

Jung, C. G. (1953 [1917]). Two essays on analytic psychology. Dans *The collected works of C. G. Jung* (vol. 7). Princeton, NJ: Princeton University Press.

Jung, C. G. (1963). *Memories, dreams, reflections*. New York: Pantheon Books.

Jung, C. G. (1971 [1921]). Psychological types. Dans H. Read, M. Fordham, G. Adler, et W. McGuire (dir.), *The collected works of C. G. Jung* (vol. 6). Princeton, NJ: Princeton University Press.

Kagan, J. (1980, December). Jean Piaget's contributions. *Phi Delta Kappan*.

Kagan, J. (1994). *Galen's prophecy: Temperament in human nature*. New York: Basic Books.

Kalat, J. W. (1998). *Biological psychology* (6e éd.). Pacific Grove, CA: Brooks/Cole.

Kamin, L. J. (1974). *The science and politics of IQ*. New York: Wiley.

Kamin, L. J. (1977). Letter. *Bulletin of the British Psychological Society*, 30, 259.

Kahl, R. K. (dir.). (1971). *Selected writings of Hermann von Helmholtz*. Middletown, CT: Wesleyan University Press.

Kant, I. (1912 [1798]). *Anthropologie in pragmatischer hinsicht* [L'anthropologie d'un point de vue pragmatique]. Berlin: Bresser Cassiner.

Kant, I. (1977 [1783]). *Prolegomena to any future metaphysics*. (trad. par J. W. Ellington). Indianapolis: Hackett Publishing.

Kant, I. (1981 [1785]). *Grounding for the metaphysics of morals* (trad. par J. W. Ellington). Indianapolis: Hackett Publishing Company.

Kant, I. (1990 [1781]). *Critique of pure reason* (trad. par J. M. D. Meiklejon). Buffalo, NY: Prometheus Books.

Kant, I. (1996 [1788]). *Critique of practical reason* (trad. par T. K. Abbott). Amherst, NY: Prometheus Books.

Karier, C. J. (1986). *Scientists of the mind: Intellectual founders of modern psychology*. Chicago: University of Illinois Press.

Karon, B. P., et Teixeira, M. A. (1995). "Guidelines for the Treatment of Depression in Primary Care" and the APA response. *American Psychologist*, 50.

Kaufmann, W. (trad.). (1961). *Goethe's "Faust."* New York: Doubleday.

Kaufmann, W. (dir. et trad.). (1982). *The portable Nietzsche*. New York: Viking Press/Penguin Books.

Kazdin, A. E. (1989). *Behavior modification in applied settings* (4e éd.). Pacific Grove, CA: Brooks/Cole.

Kazdin, A. E., et Wilson, G. T. (1978). *Evaluation of behavior therapy*. Cambridge: Bollinger.

Keller, F. S. (1973). *The definition of psychology* (2e éd.). Englewood Cliffs, NJ: Prentice-Hall.

Kelly, E. L. (1961). Clinical psychology — 1960: Report of survey findings. *American Psychological Association, Division of Clinical Psychology Newsletter*, 14(1), 1–11.

Kelly, G. A. (1955). *The psychology of personal constructs: A theory of personality* (vol. 1 et 2). New York: Norton.

Kelly, G. A. (1964). The language of hypotheses: Man's psychological instrument. *Journal of Individual Psychology*, 20.

Kelly, G. A. (1969). The autobiography of a theory. Dans B. Maher (dir.), *Clinical psychology and personality: Selected papers of George Kelly*. New York: Wiley.

Kelly, G. A. (1970). A brief introduction to person construct theory. Dans D. Bannister (dir.), *Perspectives in personal construct theory*. New York: Academic Press.

Kemp, S. (1998). Medieval theories of mental representation. *History of Psychology*, 1.

Kemp, V. H. (1992). G. Stanley Hall and the Clark School of Religious Psychology. *American Psychologist*, 47.

Kendler, H. H. (1987). *Historical foundations of modern psychology*. Chicago: Dorsey Press.

Kendler, H. H. (2002). A personal encounter with psychology (1937–2002). *History of Psychology*, 5, 52–84.

Kendler, H. H. (2003). Political goals versus scientific truths: A response to Jackson (2003). *History of Psychology*, 6.

Kendler, T. W., et Kendler, H. H. (1959). Reversal and non-reversal shifts in kindergarten children. *Journal of Experimental Psychology*, 58.

Kenkel, M. B., DeLeon, P. H., Albino, J. E. N., et Porter, N. (2003). Challenges to professional psychology education in the 21st century: Response to Peterson. *American Psychologist*, 58.

Kennedy, G. (trad.). (1972). Gorgias. Dans R. W. Sprague (dir.), *The older Sophists*. Columbia: University of South Carolina Press.

Kenny, A. (dir. et trad.). (1970). *Descartes's philosophical letters*. Oxford: Clarendon Press.

Keppel, B. (2002). Kenneth B. Clark in patterns of American culture. *American Psychologist*, 57.

Keyes, C. L. M., et Haidt, J. (dir.). (2003). *Flourishing: Positive psychology and the life well-lived*. Washington, DC: American Psychological Association.

Kierkegaard, S. (1985 [1844]). *Philosophical fragments* [et] *Johannes Climacus* (trad. par H. V. Hong et E. H. Hong). Princeton, NJ: Princeton University Press.

Kierkegaard, S. (1990 [1851]). *For self-examination* [et] *Judge for yourselves* (trad. par H. V. Hong et E. H. Hong). Princeton, NJ: Princeton University Press.

Kimble, G. A. (1984). Psychology's two cultures. *American Psychologist*, 39.

Kimble, G. A. (1994). A frame of reference for psychology. *American Psychologist*, 49.

Kimble, G. A. (1996). Ivan Mikhailovich Sechenov: Pioneer in Russian reflexology. Dans G. A. Kimble, C. A. Boneau, et M. Wertheimer (dir.), *Portraits of pioneers in psychology* (vol. 2). Washington, DC: American Psychological Association.

Kimble, G. A. (1999). Functional behaviorism: A plan for unity in psychology. *American Psychologist*, 54.

Kimble, M. M. (2000). From "Anna O." to Bertha Pappenheim: Transforming private pain into public action. *History of Psychology*, 3.

King, J. E. (trad.). (1927). *Cicero's Tusculan disputations*. London: Heinemann.

King, P., et Steiner, R. (dir.). (1991). *The Freud-Klein controversies: 1941–1945*. London: Tavistock/ Routledge.

Kinget, G. M. (1975). *On being human: A systematic view*. New York: Harcourt Brace Jovanovich.

Kirsch, I. (1978). Demonology and the rise of science: An example of the misperception of historical data. *Journal of the History of the Behavioral Sciences*, 14.

Kirsch, I., et Lynn, S. J. (1995). The altered state of hypnosis: Changes in the theoretical landscape. *American Psychologist*, 50.

Kirsch, T. B. (2000). *The Jungians: A comparative and historical perspective*. Philadelphia: Routledge.

Kirschenbaum, H. (1979). *On becoming Carl Rogers*. New York: Dell.

Klarman, M. (1994). How "Brown" changed race relations: The backlash thesis. *Journal of American History*, 81.

Klein, D. F., Gittelman, R., Quitkin, F., et Rifkin, A. (1980). *Diagnosis and drug treatment of psychiatric disorders: Adults and Children* (2ᵉ éd.). Baltimore: Williams & Wilkins.

Klein, M. (1932). *The psycho-analysis of children*. New York: Norton.

Klemke, E. D., Hollinger, R., et Kline, A. D. (dir.). (1988). *Introductory readings in the philosophy of science*. Buffalo, NY: Prometheus Books.

Koch, S. (dir.). (1959). *Psychology: A study of science* (vol. 3). New York: McGraw-Hill.

Koch, S. (1981). The nature and limits of psychological knowledge: Lessons of a century qua "science." *American Psychologist*, 36.

Koch, S. (1993). "Psychology" or "the psychological studies"? *American Psychologist*, 48.

Koffka, K. (1922). Perception: An introduction to Gestalt-Theorie. *Psychological Bulletin*, 19.

Koffka, K. (1924). *The growth of the mind*: An introduction to child psychology (trad. par R. M. Ogden). New York: Harcourt, Brace.

Koffka, K. (1963 [1935]). *Principles of Gestalt psychology*. New York: Harcourt, Brace & World.

Köhler, W. (1920). *Die physischen Gestalten in Rule und im stationären Zustand* [Configurations physiques statiques et stationnaires]. Braunschweig, Germany: Vieweg.

Köhler, W. (1925 [1917]). *The mentality of apes*. London: Routledge & Kegan Paul.

Köhler, W. (1940). *Dynamics in psychology*. New York: Liveright.

Köhler, W. (1966 [1938]). *The place of value in a world of facts*. New York: Liveright.

Köhler, W. (1969). *The task of Gestalt psychology*. Princeton, NJ: Princeton University Press.

Köhler, W. (1970 [1929]). *Gestalt psychology: An introduction to new concepts in modern psychology*. New York: Liveright.

Kohout, J. (2001). Who's earning those psychology degrees? *Monitor on Psychology*, 31, 42.

Korn, J. H., Davis, R., et Davis, S. F. (1991). Historians' and chairpersons' judgments on eminence among psychologists. *American Psychologist*, 46.

Kramer, H., et Sprenger, J. (1971[1487]). *The malleus maleficarum* (trad. par M. Summers). New York: Dover.

Krueger, D. (1996). The bawdy and society: The shamelessness of Diogenes in Roman imperial culture. Dans R. B. Branham et M-O. Goulet-Cazé (dir.), *The Cynics: The Cynic movement in antiquity and its legacy*. Berkeley: University of California Press.

Kuhn, T. S. (1957). *The Copernican revolution: Planetary astronomy in the development of Western thought*. New York: MJF Books.

Kuhn, T. S. (1962). *The structure of scientific revolutions*. Chicago: University of Chicago Press.

Kuhn, T. S. (1970). *The structure of scientific revolutions* (2ᵉ éd.). Chicago: University of Chicago Press.

Kuhn, T. S. (1996). *The structure of scientific revolutions* (3ᵉ éd.). Chicago: University of Chicago Press.

Kuhn, T. S. (2000a). The road since " Structure." Dans J. Conant et J. Haugeland (dir.). Thomas S. Kuhn: *The road since "Structure"*. Chicago: University of Chicago Press.

Kuhn, T. S. (2000b). The trouble with the historical philosophy of science. Dans J. Conant et J. Haugeland (dir.). *Thomas S. Kuhn: The road since "Structure"*. Chicago: University of Chicago Press.

Külpe, O. (1909 [1893]). *Outlines of psychology: Based upon the results of experimental investigation* (3ᵉ éd.). New York: Macmillan.

Kurtz, P. (1992). The new Skepticism: Inquiry and reliable knowledge. Buffalo, NY: Prometheus Books.

Kutchins, H. et Kirk, S. A. (1997). *Making us crazy: DSM: The psychiatric bible and the creation of mental disorders*. New York: Free Press.

Lachman, R., Lachman, J. L., et Butterfield, E. C. (1979). *Cognitive psychology and information processing*. Hillsdale, NJ: Erlbaum.

Ladd, E. T., et Woodworth, R. S. (1911). *Elements of physiological psychology*. New York: Scribner.

Lafleur, L. J. (1956). *Introduction to Descartes's "Discourse on Method"*. Indianapolis: Bobbs-Merrill.

Lal, S. (2002). Giving children security: Mamie Phipps Clark and the racialization of child psychology. *American Psychologist*, 57.

Lamarck, J. B. (1914 [1809]). Philosophie zoologique (trad. par H. Elliot). London: Macmillan.

La Mettrie, J. O. de. (1912 [1748]). *L'homme machine* (trad. par M. W. Calkins). La Salle, IL: Open Court.

La Mettrie, J. O. de. (1960 [1748]). L'Homme-Machine. Dans Vartanian. L'Homme Machine : a Study in the Origins of an Idea. Princeton, NJ: Princeton University Press.

Land, E. H. (1964). The retinex. *American Scientist*, 52.

Land, E. H. (1977). The retinex theory of color vision. *Scientific American*, 237(6).

Langan, T. (1961). *The meaning of Heidegger: A critical study of an existentialist phenomenology*. New York: Columbia University Press.

Larson, C. A. (1979). Highlights of Dr. John B. Watson's career in advertising. *Journal of Industrial/Organizational Psychology*, 16.

Larson, E. J. (2001). *The theory of evolution: A history of controversy* (12 cours). Chantilly, VA: The Teaching Company.

Lashley, K. S. (1915). The acquisition of skill in archery. *Papers from the Department of Marine Biology of the Carnegie Institution of Washington*, 7.

Lashley, K. S. (1923). Behavioristic interpretation of consciousness. *Psychological Review*, 30.

Lashley, K. S. (1929). *Brain mechanisms and intelligence*. Chicago: University of Chicago Press.

Lashley, K. S. (1950). In search of the engram. *Symposia of the Society for Experimental Biology*, 4.

Lashley, K. S. (1951). The problem of serial order in behavior. Dans L. Jeffress (dir.), *Cerebral mechanisms in behavior*. New York: Wiley.

Lashley, K. S., Chow, K. L., et Semmes, J. (1951). An examination of the electrical field theory of cerebral integration. *Psychological Review*, 40.

Leahey, T. H. (1981). The mistaken mirror: On Wundt's and Titchener's psychologies. *Journal of the History of the Behavioral Sciences*, 17.

Leahey, T. H. (1992). The mythical revolutions of American psychology. *American Psychologist*, 47.

Leahey, T. H. (2000). *A history of psychology: Main currents in psychological thought*. (5ᵉ éd.) Englewood Cliffs, NJ: Prentice-Hall.

Leary, D. E. (1982). The fate and influence of John Stuart Mill's proposed science of ethology. *Journal of the History of Ideas*, 43.

Lehman, D. R., Lempert, R. O., et Nisbett, R. E. (1988). The effects of graduate training on reasoning: Formal discipline and thinking about everyday-life events. *American Psychologist*, 43.

Leibniz, G. W. (1982 [1765]). New essays on human understanding (dir. et trad. par P. Remnant et J. Bennett). Cambridge: Cambridge University Press.

Leitenberg, H. (dir.). (1976). *Handbook of behavior modification and behavior therapy*. Englewood Cliffs, NJ: Prentice-Hall.

Leitner, L. (1984). The terrors of cognition. Dans D. Bannister (dir.), *Further perspectives in personal construct theory*. New York: Academic Press.

Levant, R. F., et Schlien, J. M. (dir.). (1984). *Client-centered therapy and the person-centered approach: New directions in theory, research, and practice.* New York: Praeger.

Levy, J. (1985, May). Right brain, left brain: Fact and fiction. *Psychology Today.*

Lewes, G. H. (1880). *Problems of life and mind.* Boston: Houghton, Osgood.

Lewin, K. (1935). *A dynamic theory of personality: Selected papers.* New York: McGraw-Hill.

Lewin, K. (1997 [1948 et 1951]). *Resolving social conflicts* et *Field theory in social science.* Washington, DC: American Psychological Association.

Lewin, K., Lippitt, R., et White, R. K. (1939). Patterns of aggressive behavior in experimentally created "social climates." *Journal of Social Psychology, 10.*

Ley, R. (1990). *A whisper of espionage: Wolfgang Köhler and the apes of Tenerife.* Garden City, NY: Avery.

Libbrecht, K., et Quackelbeen, J. (1995). On the early history of male hysteria and psychic trauma: Charcot's influence on Freudian thought. *Journal of the History of the Behavioral Sciences, 31.*

Lieblich, A., McAdams, D. P., et Josselson, R. (dir.). (2004). *Healing plots: The narrative basis of psychotherapy.* Washington, DC: American Psychological Association.

Lippman, W. (le 3 janvier 1923). *The great confusion.* New Republic.

Lloyd, G. E. R. (dir.). (1978). *Hippocratic writings* (trad. par J. Chadwick, W. N. Mann, I. M. Lonie, et E. T. Withington). New York: Penguin Books.

Locke, J. (1974 [1706]). *An essay concerning human understanding* (A. D. Woozley, dir.). New York: New American Library.

Locke, J. (2000 [1693]). *Some thoughts concerning education.* J. W. Yolton et J. S. Yolton (dir.). New York: Oxford University Press.

Loftus, E. (1993). The reality of repressed memories. *American Psychologist, 48.*

Loftus, E. (1994). The repressed memory controversy. *American Psychologist, 49.*

Loftus, E. (2003). Make-believe memories. *American Psychologist, 58.*

Loftus, E., et Ketcham, K. (1994). *The myth of repressed memory: False memories and allegations of sexual abuse.* New York: St. Martin's Press.

Long, A. A. (1996). The Socratic tradition: Diogenes, Crates, and Hellenistic ethics. Dans R. B. Branham et M-O. Goulet-Cazé (dir.), *The Cynics: The Cynic movement in antiquity and its legacy.* Berkeley: University of California Press.

Lopez, S. J., et Snyder, C. R. (dir.). (2003). *Positive psychological assessment: A handbook of models and measures.* Washington, DC: American Psychological Association.

Lorion, R. P. (1996). Applying our medicine to the psychopharmacology debate. *American Psychologist, 51.*

Losee, J. (2001). *A historical introduction to the philosophy of science* (4e éd.). New York: Oxford University Press.

Lowry, R. J. (1979). *The journals of A. H. Maslow* (vol. 1 et 2). Pacific Grove, CA: Brooks/Cole.

Luddy, A. J. (1947). *The case of Peter Abelard.* Westminster, MD: Newman Bookshop.

Lundin, R. W. (1991). *Theories and systems of psychology* (4e éd.). Lexington, MA: Heath.

Maccoby, H. (1986). The mythmaker: Paul and the invention of Christianity. New York: Harper Collins.

Mach, E. (1914 [1886]). *Contributions to the analysis of sensations.* La Salle, IL: Open Court.

Mach, E. (1960 [1883]). *The science of mechanics: A critical and historical account of its development* (trad. par T. J. McCormack). La Salle, IL: Open Court.

MacLeod, R. B. (1975). *The persistent problems of psychology.* Pittsburgh: Duquesne University Press.

Madigan, S., et O'Hara, R. (1992). Short-term memory at the turn of the century: Mary Whiton Calkins's memory research. *American Psychologist, 47.*

Magee, B. (1997). *The philosophy of Schopenhauer* (éd. revue). New York: Oxford University Press.

Maher, B. A., et Maher, W. B. (1985). Psychopathology: II. From the eighteenth century to modern times. Dans G. A. Kimble et K. Schlesinger (dir.), *Topics in the history of psychology* (vol. 2). Hillsdale, NJ: Erlbaum.

Maher, W. B., et Maher, B. A. (1985). Psychopathology: I. From ancient times to the eighteenth century. Dans G. A. Kimble et K. Schlesinger (dir.), *Topics in the history of psychology* (vol. 2). Hillsdale, NJ: Erlbaum.

Mahoney, M. J. (1991). *Human change processes: The scientific foundations of psychotherapy.* New York: Basic Books.

Malcolm, N. (2001). *Ludwig Wittgenstein: A memoir.* New York: Oxford University Press.

Malthus, T. (1914 [1798]). *Essay on the principle of population.* New York: Dutton.

Mancuso, J. C., et Adams-Webber, J. R. (dir.). (1982). *The construing person.* New York: Praeger.

Marrow, A. J. (1969). The practical theorist: The life and work of Kurt Lewin. New York: Basic Books.

Marshall, M. E. (1969). Gustav Fechner, Dr. Mises, and the comparative anatomy of angels. *Journal of the History of the Behavioral Sciences, 5.*

Martin, S. (octobre 1994). Music lessons enhance spatial reasoning skill. *APA Monitor, 25, 5.*

Martineau, H. (1893 [1853]). *The positive philosophy of Auguste Comte* (vol. 1). London: Kegan Paul, Trench, Trubner.

Marx, M. H., et Goodson, F. E. (1976). *Theories in contemporary psychology* (2ᵉ éd.). New York: Macmillan.

Maslow, A. H. (1943). A theory of human motivation. *Psychological Review*, 50.

Maslow, A. H. (1966). *The psychology of science: A reconnaissance*. South Bend, IN: Gateway Editions.

Maslow, A. H. (1968). *Toward a psychology of being* (2ᵉ éd.). New York: Van Nostrand Reinhold.

Maslow, A. (1969). The farther reaches of human nature. *Journal of Transpersonal Psychology*, 1.

Maslow, A. H. (1970 [1954]). *Motivation and personality* (2ᵉ éd.). New York: Harper & Row.

Maslow, A. H. (1971). *The farther reaches of human nature*. New York: Penguin Books.

Maslow, A. H. (1987 [1954]). *Motivation and personality* (3ᵉ éd.). New York: Harper & Row.

Masson, J. M. (1984). *The assault on truth: Freud's suppression of the seduction theory*. New York: Farrar, Straus, and Giroux.

Masson, J. M. (trad. et dir.). (1985). *The complete letters of Sigmund Freud to Wilhelm Fliess*. Cambridge: Harvard University Press.

Masters, J. C., Burish, T. G., Hollon, S. D., et Rimm, D. C. (1987). *Behavior therapy: Techniques and empirical findings* (3ᵉ éd.). Orlando, FL: Harcourt Brace Jovanovich.

Masterton, R. R. (1998). Charles Darwin: Father of evolutionary psychology. Dans G. A. Kimble et M. Wertheimer (dir.), *Portraits of pioneers in psychology* (vol. 3). Washington, DC: American Psychological Association.

Matarazzo, J. D. (1985). Psychotherapy. Dans G. A. Kimble et K. Schlesinger (dir.), *Topics in the history of psychology* (vol. 1). Hillsdale, NJ: Erlbaum.

Matarazzo, J. D. (1987). There is one psychology, no specialties, but many applications. *American Psychologist*, 42.

May, R. (1939). *The art of counseling: How to give and gain mental health*. New York: Abingdon-Cokesbury.

May, R. (1940). *The springs of creative living: A study of human nature and God*. New York: Abingdon-Cokesbury.

May, R. (1950). *The meaning of anxiety*. New York: Ronald Press.

May, R. (1953). *Man's search for himself*. New York: Norton.

May, R. (dir.). (1961). *Existential psychology*. New York: Random House.

May, R. (1967). *Psychology and the human dilemma*. New York: Van Nostrand.

May, R. (1969). *Love and will*. New York: Norton.

May, R. (1972). *Power and innocence: A search for the sources of violence*. New York: Norton.

May, R. (1973). *Paulus: Reminiscences of a friendship*. New York: Harper & Row.

May, R. (1975). *The courage to create*. New York: Norton.

May, R. (1981). *Freedom and destiny*. New York: Norton.

May, R. (1983). *The discovery of being: Writings in existential psychology*. New York: Norton.

May, R. (1991). *The cry for myth*. New York: Norton.

May, R., Angel, E., et Ellenberger, H. F. (dir.). (1958). *Existence: A new dimension in psychiatry and psychology*. New York: Basic Books.

Mayr, E. (1994). The advance of science and scientific revolutions. *Journal of the History of the Behavioral Sciences*, 30.

McCarthy, R. A., et Warrington, E. K. (1990). *Cognitive neuropsychology: A clinical introduction*. San Diego, CA: Academic Press.

McClelland, J. L., Rumelhart, D. E., et Hinton, G. E. (1992). The appeal of parallel distributed processing. Dans B. Beakley et P. Ludlow (dir.), *The philosophy of mind: Classical problems/contemporary issues*. Cambridge: MIT Press.

McCulloch, W. S., et Pitts, W. (1943). A logical calculus of the ideas immanent in nervous activity. *Bulletin of Mathematical Biophysics*, 5.

McDougall, W. (1905). *Physiological psychology*. London: Dent.

McDougall, W. (1908). *Introduction to social psychology*. London: Methuen.

McDougall, W. (1912). *Psychology: The study of behavior*. London: Williams & Norgate.

McDougall, W. (1923). *Outline of psychology*. New York: Scribner.

McInerny, R. (1990). *A first glance at St. Thomas Aquinas: A handbook for peeping Thomists*. Notre Dame, IN: University of Notre Dame Press.

McLeish, K. (1999). *Aristotle*. New York: Routledge.

McLeod, J. (1997). *Narrative and psychotherapy*. London: Sage.

McReynolds, P. (1987). Lightner Witmer: Little-known founder of clinical psychology. *American Psychologist*, 42.

McReynolds, P. (1996). Lightner Witmer: A centennial tribute. *American Psychologist*, 51.

McReynolds, P. (1997). *Lightner Witmer: His life and times*. Washington, DC: American Psychological Association.

Medawar, P. (1985). *The limits of science*. New York: Oxford University Press.

Meehl, P. (1971). A scientific, scholarly, nonresearch doctorate for clinical practitioners: Arguments pro and con. Dans R. Holt (dir.), *New Horizons for Psychotherapy*. New York: International Universities Press.

Melton, A. W. (dir.). (1964). *Categories of human learning*. New York: Academic Press.

Mill, J. S. (1874 [1843]). *A system of logic, ratiocinative and inductive, being a connected view of the principles of evidence, and the methods of scientific investigation* (8ᵉ éd.). New York: Harper & Brothers.

Mill, J. S. (dir.). (1967 [1869]). *Analysis of the phenomena of the human mind by James Mill* (vol. 1). New York: Augustus M. Kelly, Publishers.

Mill, J. S. (1969 [1873]). *Autobiography*. Boston: Houghton Mifflin.

Mill, J. S. (1979 [1861]). *Utilitarianism*. Indianapolis: Hackett Publishing Company.

Mill, J. S. (1986 [186]). *The subjection of women*. Buffalo, NY: Prometheus Books.

Mill, J. S. (1988 [1843]). *The logic of the moral sciences*. La Salle, IL: Open Court.

Miller, E. F. (1971). Hume's contribution to behavioral science. *Journal of the History of the Behavioral Sciences, 7.*

Miller, G. A. (1956). The magical number seven, plus or minus two: Some limits on our capacity for processing information. *Psychological Review, 63.*

Miller, G. A. (1962a). Some psychological studies of grammar. *American Psychologist, 17.*

Miller, G. A. (1962b). *Psychology: The science of mental life*. New York: Harper & Row.

Miller, G. A. (1965). Some preliminaries to psycholinguistics. *American Psychologist, 20.*

Miller, G. A. (1969). Psychology as a means of promoting human welfare. *American Psychologist, 24.*

Miller, G. A., Galanter, E., et Pribram, K. H. (1960). *Plans and the structure of behavior*. New York: Holt.

Miller, N. E. (1944). Experimental studies of conflict. Dans J. M. Hunt (dir.), *Personality and Behavior Disorders* (vol. 1). New York: Ronald Press.

Miller, N. E. (1959). Liberalization of basic S-R concepts: Extensions to conflict behavior, motivation, and social learning. Dans S. Koch (dir.), *Psychology: A study of a science* (vol. 2). New York: McGraw-Hill.

Miller, N. E. (1964). Some implications of modern behavior theory for personality change and psychotherapy. Dans P. Worchel et D. Bryne (dir.), *Personality change*. New York: Wiley.

Minsky, M., et Papert, S. (1969). *Perceptrons: An introduction to computational geometry*. Cambridge: MIT Press.

Minton, H. L. (1988). *Lewis M. Terman: Pioneer in psychological testing*. New York: New York University Press.

Moles, J. L. (1996). Cynic cosmopolitanism. Dans R. B. Branham et M-O. Goulet-Cazé (dir.), *The Cynics: The Cynic movement in antiquity and its legacy*. Berkeley: University of California Press.

Moltz, H. (1957). Latent extinction and the fractional anticipatory response mechanism. *Psychological Review, 64.*

Monte, C. F. (1975). *Psychology's scientific endeavor*. New York: Praeger.

Mora, G. (1959). Vincenzo Chiarugi (1759–1820) and his psychiatric reform in Florence in the late eighteenth century. *Journal of the History of Medicine, 14.*

Morgan, C. L. (1894). *An introduction to comparative psychology*. London: Scott.

Morgan, C. L. (1900 [1891]). *Animal life and intelligence* [titre révisé *Animal behavior*]. London: Edward Arnold.

Morris, J. B., et Beck, A. T. (1974). The efficacy of antidepressant drugs: A review of research (1958–1972). *Archives of General Psychiatry, 30.*

Mossner, E. C. (dir.). (1969 [1739–1740]). *David Hume: A treatise of human nature*. New York: Viking Press/Penguin Books.

Müller, J. (1842 [1833–1840]). *Handbuch der Physiologie des Menschen* [Manuel de psychologie humaine] (vol. 1 et 2). London: Taylor and Walton.

Muñoz, R. F., Hollon, S. D., McGrath, E., Rehm, L. P., et Vander Bos, G. R. (1994). On the AHCPR depression in primary care guidelines: Further considerations for practitioners. *American Psychologist, 49.*

Münsterberg, H. (1888). *Voluntary action*. Freiburg, Germany: Mohr.

Münsterberg, H. (1900). *Grundzüge der Psychologie* [L'essentiel de la psychologie]. Leipzig, Germany: Barth.

Münsterberg, H. (1904). *The Americans* (trad. par E. B. Holt). New York: McClure, Phillips.

Münsterberg, H. (1908). *On the witness stand*. New York: Clark Boardman.

Münsterberg, H. (1909). *Psychotherapy*. New York: Moffat, Yard.

Münsterberg, H. (1910). *American problems*. New York: Moffat, Yard.

Münsterberg, H. (1912). *Vocation and learning*. St. Louis: People's University.

Münsterberg, H. (1913). *Psychology and industrial efficiency*. New York: Houghton Mifflin.

Murphy, G., et Ballou, R. O. (dir.). (1973 [1960]). *William James on physical research*. Clifton, NJ: Augustus M. Kelley, Publishers.

Murray, B. (2000, January). *The degree that almost wasn't: The PsyD comes of age*. APA Monitor, 31.

Murray, D. J. (1995). *Gestalt psychology and the cognitive revolution*. New York: Harvester Wheatsheaf.

Murray, G. (1955). *Five stages of Greek religion.* New York: Doubleday.

Myers, C. R. (1970). Journal citations and scientific eminence in psychology. *American Psychologist, 25.*

Myers, G. E. (1986). *William James: His life and thoughts.* New Haven, CT: Yale University Press.

Neimeyer, G. J., et Hudson, J. E. (1984). Couples' constructs: Personal systems in marital satisfaction. Dans D. Bannister (dir.), *Further perspectives in personal construct theory.* New York: Academic Press.

Neimeyer, R. A. (1984). Toward a personal construct conceptualization of depression and suicide. Dans F. R. Epting et R. A. Neimeyer (dir.), *Personal meanings of death: Applications of personal construct theory to clinical practice.* New York: McGraw-Hill.

Neimeyer, R. A., et Jackson, T. T. (1997). George A. Kelly and the development of personal construct theory. Dans W. G. Bringmann, H. E. Lück, R. Miller, et C. E. Early (dir.), *A pictorial history of psychology.* Carol Stream, IL: Quintessence.

Neimeyer, R. A., et Neimeyer, G. J. (1985). Disturbed relationships: A personal construct view. Dans E. Button (dir.), *Personal construct theory and mental health: Theory, research, and practice.* Beckenham, England: Croom Helm.

Neisser, U. (1967). *Cognitive psychology.* New York: Appleton-Century-Crofts.

Neisser, U. (1976). *Cognition and reality: Principles and implications of cognitive psychology.* San Francisco: Freeman.

Neisser, U. (dir.). (1982). *Memory observed: Remembering in natural contexts.* San Francisco: Freeman.

Neisser, U., Boodoo, G., Bouchard, T. J., Jr., Boykin, A. W., Brody, N., Ceci, S. J., Halpern, D. F., Loehlin, J. C., Perloff, R., Sternberg, R. J., et Urbina, S. (1996). Intelligence: Knowns and unknowns. *American Psychologist, 51.*

Nelson, T. D. (1996). Consciousness and metacognition. *American Psychologist, 51.*

Newell, A., Shaw, J. C., et Simon, H. A. (1958). Elements of a theory of problem solving. *Psychological Review, 65.*

The New Republic (le 31 octobre 1994). Race and IQ.

Newton, I. (1952 [1704]). *Opticks or a treatise of the reflections, refractions, inflections and colours of light.* New York: Dover.

Newton, I. (1995 [1687]). *The mathematical principles of natural philosophy.* Amherst, NY: Prometheus.

Niehues-Pröbsting, H. (1996). The modern reception of Cynicism: Diogenes in the Enlightenment. Dans R. B. Branham et M-O Goulet-Cazé (dir.), *The Cynics: The Cynic movement in antiquity and its legacy.* Berkeley: University of California Press.

Nietzsche, F. (1969 [1883–1885]). *Thus spoke Zarathustra* (trad. par R. J. Hollingdale). New York: Viking Press/ Penguin Books.

Nietzsche, F. (1974 [1882]). *The gay science* (trad. par W. Kaufmann). New York: Random House.

Nietzsche, F. (1998a [1886]). *Beyond good and evil* (trad. par M. Faber). New York: Oxford University Press.

Nietzsche, F. (1998b [1889]). *Twilight of the idols, or how to philosophize with a hammer* (trad. par D. Large). New York: Oxford University Press.

Norris, C. (1995). Modernism. Dans T. Honderich (dir.), *The Oxford companion to philosophy.* New York: Oxford University Press.

Notturno, M. A. (dir.). (1996). *Karl R. Popper: Knowledge and the body-mind problem.* New York: Routledge.

Nye, R. D. (1992). *The legacy of B. F. Skinner: Concepts and perspectives, controversies and misunderstandings.* Pacific Grove, CA: Brooks/Cole.

O'Brien, M. J. (trad.). (1972). Protagoras. Dans R. K. Sprague (dir.), *The older Sophists.* Columbia: University of South Carolina Press.

O'Connor, E. (trad.). (1993). *The essential Epicurus: Letters, principal doctrines, Vatican sayings, and fragments.* Buffalo, NY: Prometheus Books.

O'Donnell, J. M. (1985). *The origins of behaviorism: American psychology, 1870–1920.* New York: New York University Press.

Okasha, S. (2002). *Philosophy of science: A very short introduction.* New York: Oxford University Press.

Olds, J., et Milner, P. (1954). Positive reinforcement produced by electrical stimulation of septal area and other regions of rat brain. *Journal of Comparative and Physiological Psychology, 47.*

O'Sullivan, J. J., et Quevillon, R. P. (1992). 40 years later: Is the Boulder model still alive? *American Psychologist, 47.*

Ovsiankina, M. (1928). Die Wiederaufnahme von Interbrochenen Handlungen [La reprise des activités interrompues]. *Psychologische Forschung, 2.*

Paris, B. J. (1994). *Karen Horney: A psychoanalyst's search for self-understanding.* New Haven, CT: Yale University Press.

Paris, B. J. (2000). Karen Horney: The three phases of her thought. Dans G. A. Kimble et M. Wertheimer (dir.), *Portraits of pioneers in psychology* (vol. 4). Washington, DC: American Psychological Association.

Parisi, T. (1987). Why Freud failed: Some implications for neurophysiology and sociobiology. *American Psychologist, 42.*

Parker, A. (1981). The meaning of attempted suicide to young parasuicides: A repertory grid study. *British Journal of Psychiatry, 139.*

Patnoe, S. (1988). *A narrative history of experimental social psychology: The Lewin tradition.* New York: Springer-Verlag.

Pavlov, I. P. (1897). *Work of the principal digestive glands.* St. Petersburg, Russia: Kushneroff.

Pavlov, I. P. (1928). *Lectures on conditioned reflexes.* New York: Liveright.

Pavlov, I. P. (1955). *Selected works.* Moscow: Foreign Languages.

Pavlov, I. P. (1960 [1927]). *Conditioned reflexes: An investigation of the activity of the cerebral cortex* (trad. par G. V. Anrep). New York: Dover.

Pearson, K. (1914). *The life, letters, and labours of Francis Galton* (vol. 1). London: Cambridge University Press.

Pearson, K. (1924). *The life, letters, and labours of Francis Galton. vol. 2: Researches of middle life.* London: Cambridge University Press.

Pendergrast, M. (1995). *Victims of memory: Incest accusations and shattered lives.* Hinesberg, VT: Upper Access.

Perry, N. W., Jr. (1979). Why clinical psychology does not need alternative training models. *American Psychologist, 34.*

Peters, R. C. (1962). *Introduction to Hobbes's Leviathan.* New York: Macmillan.

Peterson, D. R. (1968). The doctor of psychology program at the University of Illinois. *American Psychologist, 23.*

Peterson, D. R. (1976). Need for the doctor of psychology degree in professional psychology. *American Psychologist, 31.*

Peterson, D. R. (1992). The doctor of psychology degree. Dans D. K. Freedheim (dir.), *History of psychotherapy: A century of change.* Washington, DC: American Psychological Association.

Peterson, D. R. (1995). The reflective educator. *American Psychologist, 50.*

Peterson, D. R. (2003). Unintended consequences: Ventures and misadventures in the education of professional psychologists. *American Psychologist, 58.*

Phillips, L. (2000). Recontextualizing Kenneth B. Clark: An Afrocentric perspective on the paradoxical legacy of a model psychologist-activist. *History of Psychology, 3.*

Piaget, J. (1926). *The language and thought of the child.* London: Routledge.

Piaget, J. (1966). *Psychology of intelligence.* Totowa, NJ: Littlefield, Adams.

Piaget, J. (1970). *Piaget's theory.* Dans P. H. Mussen (dir.), Carmichael's manual of child psychology (vol. 1). New York: Wiley.

Pickren, W. E., et Tomes, H. (2002). The legacy of Kenneth B. Clark to the APA: The Board of Social and Ethical Responsibility for Psychology. *American Psychologist, 57.*

Pillsbury, W. B. (1911). *Essentials of psychology.* New York: Macmillan.

Pinel, P. (1962 [1801]). *A treatise on insanity. Academy of Medicine — The History of Medicine Series.* New York: Hafner.

Pinker, S. (1997). *How the mind works.* New York: Norton.

Plomin, R. (1990). *Nature and nurture: An introduction to human behavioral genetics.* Pacific Grove, CA: Brooks/Cole.

Plomin, R., DeFries, J. C., Craig, I. W., et McGuffin, P. (dir.). (2003). *Behavioral genetics in the postgenomic era.* Washington, DC: American Psychological Association.

Popkin, R. H. (1967). Michel Eyquem de Montaigne. Dans Paul Edwards (dir.), *The encyclopedia of philosophy* (vol. 5). New York: Macmillan.

Popkin, R. H. (1979). *The history of skepticism from Erasmus to Darwin.* (éd. revue). Berkeley: University of California Press.

Popkin, R. H. (dir.). (1980 [1779]). David Hume: Dialogues concerning natural religion. Indianapolis: Hackett Publishing.

Popper, K. (1958). The beginnings of rationalism. Dans D. Miller (dir.), *Popper selections.* Princeton, NJ: Princeton University Press.

Popper, K. (1982). *Unended quest: An intellectual autobiography.* La Salle, IL: Open Court.

Popper, K. (2002a [1963]). *Conjectures and refutations: The growth of scientific knowledge.* New York: Routledge.

Popper, K. (2002b [1935]). *The logic of scientific discovery.* New York: Routledge.

Porter, N. (1868). *The human intellect: With an introduction upon psychology and the soul.* New York: Scribner.

Porter, R. (2002). *Madness: A brief history.* New York: Oxford University Press.

Powell, J. (1998). *Postmodernism for beginners.* New York: Writers and Readers Publishing.

Powell, R. A., et Boer, D. P. (1994). Did Freud mislead patients to confabulate memories of abuse? *Psychological Reports, 74.*

Prenzel-Guthrie, P. (1996). Edwin Ray Guthrie: Pioneer learning theorist. Dans G. A. Kimble, C. A. Boneau, et M. Wertheimer (dir.), *Portraits of pioneers in psychology* (vol. 2). Washington, DC: American Psychological Association.

Priestley, J. (1775). *Hartley's theory of the human mind, on the principle of the association of ideas.* London: Johnson.

Progoff, I. (1973). *Jung, synchronicity, and human destiny.* New York: Dell.

Pruette, L. (1926). *G. Stanley Hall: A biography of a mind.* Freeport: NY: Books for Libraries Press.

Puente, A. E. (1995). Roger Wolcott Sperry (1913– 1994). *American Psychologist*, 50.

Puente, A. E. (2000). Roger W. Sperry: Nobel laureate, neuroscientist, and psychologist. Dans G. A. Kimble et M. Wertheimer (dir.), *Portraits of pioneers in psychology* (vol. 4). Washington, DC: American Psychological Association.

Pusey, E. B. (trad.). (1961). *The confessions of St. Augustine*. New York: Macmillan.

Quinlan, P. (1991). *Connectionism and psychology: A psychological perspective on new connectionist research*. Chicago: University of Chicago Press.

Quinn, S. (1988). *A mind of her own: The life of Karen Horney*. Reading, MA: Addison-Wesley.

Rabinowitz, F. E., Good, G., et Cozad, L. (1989). Rollo May: A man of meaning and myth. *Journal of Counseling and Development*, 67.

Radice, B. (trad.). (1974). *The letters of Abelard and Heloise*. New York: Penguin Books.

Raphael, F. (1999). *Popper*. New York: Routledge.

Rashotte, M. E., et Amsel, A. (1999). Clark L. Hull's behaviorism. Dans W. O'Donohue et R. Ketchener (dir.), *Handbook of behaviorism*. San Diego, CA: Academic Press.

Reed, J. (1987). Robert M. Yerkes and the mental testing movement. Dans M. M. Sokal (dir.), *Psychological testing and American society*. New Brunswick, NJ: Rutgers University Press.

Reid, T. (1969 [1785]). *Essays on the intellectual powers of man* (intro. par B. A. Brody). Cambridge: MIT Press.

Reisman, J. M. (1991). *A history of clinical psychology* (2ᵉ éd.). New York: Hemisphere.

Remnant, P., et Bennett, J. (1982 [1765]). Introduction. Dans *G. W. Leibniz, New essays on human understanding*. (dir. et trad. par P. Remnant et J. Bennett). New York: Cambridge University Press.

Reston, J., Jr. (1994). *Galileo: A life*. New York: HarperCollins.

Rieker, P. P., et Carmen, E. H. (1986). The victim-to-patient process: The disconfirmation and transformation of abuse. *American Journal of Orthopsychiatry*, 56.

Rigdon, M. A., et Epting, F. R. (1983). A personal construct perspective on an obsessive client. Dans J. Adams-Webber et J. C. Mancuso (dir.), *Applications of personal construct theory*. New York: Academic Press.

Rilling, M. (2000). John Watson's paradoxical struggle to explain Freud. *American Psychologist*, 55.

Rimm, D. C., et Masters, J. C. (1974). *Behavior therapy: Techniques and empirical findings*. New York: Academic Press.

Rivers, P., et Landfield, A. W. (1985). Alcohol abuse. Dans E. Button (dir.), *Personal construct theory and mental health: Theory, research, and practice*. Beckenham, England: Croom Helm.

Roazen, P. (1992). *Freud and his followers*. New York: Da Capo Press.

Roback, A. A. (1952). *History of American psychology*. New York: Library.

Robins, R. W., Gosling, S. D., et Craik, K. H. (1999). An empirical analysis of trends in psychology. *American Psychologist*, 54.

Robinson, D. N. (dir.). (1977 [1855]). *Alexander Bain: The senses and the intellect*. Washington, DC: University Publications of America.

Robinson, D. N. (1982). *Toward a science of human nature: Essays on the psychologies of Mill, Hegel, Wundt and James*. New York: Columbia University Press.

Robinson, D. N. (1985). *Philosophy of psychology*. New York: Columbia University Press.

Robinson, D. N. (1986). *An intellectual history of psychology* (éd. revue). Madison: University of Wisconsin Press.

Robinson, D. N. (1989). *Aristotle's psychology*. New York: Columbia University Press.

Robinson, D. N. (1997). *The great ideas of philosophy* (50 cours). Springfield, VA: The Teaching Company.

Robinson, D. N. (2000). Philosophy of psychology at the turn of the century. *American Psychologist*, 55.

Robinson, P. J., et Wood, K. (1984). Fear of death and physical illness: A personal construct approach. Dans F. R. Epting et R. A. Neimeyer (dir.), *Personal meanings of death: Applications of personal construct theory to clinical practice*. Washington, DC: Hemisphere.

Robinson, T. M. (1995). *Plato's psychology* (2ᵉ éd.). Toronto: University of Toronto Press.

Robinson, V. (1943). *The story of medicine*. New York: New Home Library.

Roccatagliata, G. (1986). *A history of ancient psychiatry*. New York: Greenwood Press.

Roediger, H. L. (2000). Sir Frederic Charles Bartlett: Experimental and applied psychologist. Dans G. A. Kimble et M. Wertheimer (dir.), *Portraits of pioneers in psychology* (vol. 4). Washington, DC: American Psychological Association.

Rogers, C. R. (1939). *The clinical treatment of the problem child*. Boston: Houghton Mifflin.

Rogers, C. R. (1942). *Counseling and psychotherapy: Newer concepts in practice*. Boston: Houghton Mifflin.

Rogers, C. R. (1944). Psychological adjustment of discharged service personnel. *Psychological Bulletin*, 41.

Rogers, C. R. (1947). Some observations on the organization of personality. *American Psychologist, 2.*

Rogers, C. R. (1951). *Client-centered therapy: Its current practice, implications, and theory.* Boston: Houghton Mifflin.

Rogers, C. R. (1954). The case of Mrs. Oak: A research analysis. Dans C. R. Rogers et R. F. Dymond (dir.), *Psychotherapy and personality change.* Chicago: University of Chicago Press.

Rogers, C. R. (1959). A theory of therapy, personality, and interpersonal relationships, as developed in the client-centered framework. Dans S. Koch (dir.), *Psychology: A study of a science* (vol. 3). New York: McGraw-Hill.

Rogers, C. R. (1961). *On becoming a person: A therapist's view of psychotherapy.* Boston: Houghton Mifflin.

Rogers, C. R. (1966). Client-centered therapy. Dans S. Arieti (dir.), *American handbook of psychiatry.* New York: Basic Books.

Rogers, C. R. (1969). *Freedom to learn.* Columbus, OH: Merrill.

Rogers, C. R. (1972). *Becoming-partners: Marriage and its alternatives.* New York: Delacorte.

Rogers, C. R. (1973). My philosophy of interpersonal relationships and how it grew. *Journal of Humanistic Psychology, 13.*

Rogers, C. R. (1974). In retrospect: Forty-six years. *American Psychologist, 29.*

Rogers, C. R. (1977). *Carl Rogers on personal power.* New York: Delacorte.

Rogers, C. R. (1980). *A way of being.* Boston: Houghton Mifflin.

Rogers, C. R. (1983). *Freedom to learn for the 80s.* Columbus, OH: Merrill.

Rogers, C. R., et Dymond, R. F. (1955). *Psychotherapy and personality change.* Chicago: University of Chicago Press.

Romanes, G. J. (1882). *Animal intelligence.* London: Kegan Paul, Trench.

Romanes, G. J. (1884). *Mental evolution in animals.* New York: Appleton.

Romanes, G. J. (1888). *Mental evolution in man.* London: Kegan Paul.

Roochnik, D. (2002). *An introduction to Greek philosophy* (24 cours). Chantilly, VA: The Teaching Company.

Rosenbaum, M., et Muroff, M. (dir.). (1984). *Anna O.: Fourteen contemporary reinterpretations.* New York: Free Press.

Rosenblatt, F. (1958). The perceptron: A probabilistic model for information storage and organization in the brain. *Psychological Review, 65.*

Rosenhan, D. L. (1973). On being sane in insane places. *Science, 179.*

Rosenthal, R. (1966). *Experimenter effects in behavioral research.* New York: Appleton-Century-Crofts.

Rosenthal, R. (1967). Covert communication in the psychology experiment. *Psychological Bulletin, 67.*

Rosenzweig, S. (1985). Freud and experimental psychology: The emergence of idiodynamics. Dans S. Koch et D. E. Leary (dir.), *A century of psychology as science.* New York: McGraw-Hill.

Rosenzweig, S. (1992). *Freud, Jung and Hall the king-maker: The expedition to America (1909).* Kirkland, WA: Hogrefe & Huber.

Ross, David. (trad.). (1990). *Aristotle: The Nicomachean ethics.* New York: Oxford University Press.

Ross, Dorothy. (1972). *G. Stanley Hall: The psychologist as prophet.* Chicago: University of Chicago Press.

Rousseau, J. J. (1947 [1762]). *The social contract* (trad. par C. Frankel). New York: Macmillan.

Rousseau, J. J. (1974 [1762]). *Emile* (trad. par B. Foxley). London: Dent.

Rousseau, J. J. (1996 [1781]). *The confessions* (trad. anon.). Hertfordshire, England: Wordsworth Editions.

Rowe, F. B., et Murray, F. S. (1979). A note on the Titchener influence on the first psychology laboratory in the south. *Journal of the History of the Behavioral Sciences, 15.*

Royce, J. R. (1975). Psychology is multi-methodological, variate, epistemic, world view, systemic, paradigmatic, theoretic, and disciplinary. Dans W. Arnold (dir.), *Nebraska Symposium on Motivation.* Lincoln: University of Nebraska Press.

Royce, J. R., et Mos, L. P. (dir.). (1981). *Humanistic psychology: Concepts and criticisms.* New York: Plenum.

Rubin, E. J. (1921 [1915]). *Visuell wahrgenommene Figuren. Studien in psychologischer analyse* [Visually perceived figures. Studies in psychological analysis Perception visuelle des images. Études en analyse psychologique]. (1ʳᵉ partie). Copenhagen: Gyldendal.

Rubins, J. L. (1978). *Karen Horney: Gentle rebel of psychoanalysis.* New York: Dial Press.

Ruiz, T, F. (2002). *The terror of history: Mystics, heretics, and witches in the western tradition* (24 cours). Chantilly, VA: The Teaching Company.

Ruja, H. (1956). Productive psychologists. *American Psychologist, 11.*

Rumelhart, D. E. (1992). Towards a microstructural account of human reasoning. Dans S. Davis (dir.), *Connectionism: Theory and practice.* New York: Oxford University Press.

Rumelhart, D. E., et McClelland, J. L., et the PDP Research Group. (1986). *Parallel distributed processing: Explorations in the microstructure of cognition* (2 vol.) Cambridge: MIT Press.

Rummel, E. (dir.). (1996). *Erasmus on women*. Toronto: University of Toronto Press.

Rush, B. (1812). *Medical inquiries and observations upon the diseases of the mind*. Philadelphia: Kimber and Richardson.

Russell, B. (1945). *A history of Western philosophy*. New York: Simon & Schuster.

Russell, B. (1959). *Wisdom of the West*. Garden City, NJ: Doubleday.

Russell, J. B. (1980). *A history of witchcraft*. London: Thames and Hudson.

Rutherford, A. (2000). Radical behaviorism and psychology's public: B. F. Skinner in the popular press, 1934–1990. *History of Psychology*, 3.

Rychlak, J. (1975). Psychological science as a humanist views it. Dans W. Arnold (dir.), *Nebraska Symposium on Motivation*. Lincoln: University of Nebraska Press.

Rychlak, J. F. (1997). *In defense of human consciousness*. Washington, DC: American Psychological Association.

Sadler, J. Z., Wiggins, O. P., et Schwartz, M. A. (dir.). (1994). *Philosophical perspectives on psychiatric diagnostic classification*. Baltimore: The Johns Hopkins University Press.

Sahakian, W. S. (1975). *History and systems of psychology*. New York: Wiley.

Sahakian, W. S. (1981). *History of psychology: A source book in systematic psychology* (éd. revue). Itasca, IL: Peacock.

Samelson, F. (1977). World War I intelligence testing and the development of psychology. *Journal of the History of the Behavioral Sciences*, 13.

Samelson, F. (1981). Struggle for scientific authority: The reception of Watson's behaviorism, 1913– 1920. *Journal of the History of the Behavioral Sciences*, 17.

Samelson, F. (1992, June). *On resurrecting the reputation of Sir Cyril* [Burt]. Paper presented at the meeting of Cheiron, Windsor, ON.

Samelson, F. (1993, June). *Grappling with fraud charges in science, or: Will the Burt affair ever end?* Paper presented at the meeting of Cheiron, Durham, NH.

Sammons, M. T., Paige, R. U., et Levant, R. F. (dir.). (2003). *Prescriptive authority for psychologists: A history and guide*. Washington, DC: American Psychological Association.

Sand, R. (1992). Pre-Freudian discovery of dream meaning: The achievements of Charcot, Janet, and Kraftt-Ebing. Dans T. Gelfand et J. Kerr (dir.), *Freud and the history of psychoanalysis*. Hillsdale, NJ: Atlantic Press.

Santayana, G. (1920). *Character and opinion in the United States*. New York: Scribner.

Sargent, S. S., et Stafford, K. R. (1965). *Basic teachings of the great psychologists*. Garden City, NY: Doubleday.

Sartain, J., North, J., Strange, R., et Chapman, M. (1973). *Psychology: Understanding human behavior*. New York: McGraw-Hill.

Sartre, J-P. (1957). *Existentialism and human emotions*. New York: Wisdom Library.

Saunders, J. L. (dir.). (1966). *Greek and Roman philosophy after Aristotle*. New York: Free Press.

Sawyer, T. E. (2000). Francis Cecil Sumner: His views and influence on African American higher education. *History of Psychology*, 3.

Scarborough, E., et Furumoto, L. (1987). *Untold lives: The first generation of American women psychologists*. New York: Columbia University Press.

Scarre, C. (1995). *Chronicle of the Roman emperors: The reign-by-reign record of the rulers of imperial Rome*. London: Thames and Hudson.

Schatzman, M. (le 21 mars 1992). Freud: Who seduced whom? *New Scientist*.

Schneider, K. J. (1998). Toward a science of the heart: Romanticism and the revival of psychology. *American Psychologist*, 53.

Schoedinger, A. B. (dir.). (1996). *Readings in medieval philosophy*. New York: Oxford University Press.

Schopenhauer, A. (1966a [1818]). *The world as will and representation* (vol. 1 et 2) (trad. par E. F. J. Payne). New York: Dover.

Schopenhauer, A. (1995 [1851]). *The wisdom of life [a] and Counsels and maxims [b]* (trad. par T. B. Saunders). Amherst, NY: Prometheus Books.

Schuker, E. (1979). Psychodynamics and treatment of sexual assault victims. *Journal of the American Academy of Psychoanalysis*, 7.

Schulte, J. (1993). *Experience and expression: Wittgenstein's philosophy of psychology*. New York: Oxford University Press.

Schwartz, B., et Lacey, H. (1982). *Behaviorism, science and human nature*. New York: Norton.

Scot, R. (1964 [1584]). *Discovery of witchcraft*. Carbondale: Southern Illinois University Press.

Scott, D. M. (1997). *Contempt and pity: Social policy and the image of the damaged Black psyche*. Chapel Hill: University of North Carolina Press.

Scruton, R. (2001). *Kant: A very short introduction*. New York: Oxford University Press.

Scruton, R. (2002). *Spinoza: A very short introduction*. New York: Oxford University Press.

Searle, J. R. (1980). Minds, brains, and programs. *The Behavioral and Brain Sciences*, 3.

Searle, J. R. (janvier 1990). Is the brain's mind a computer program? *Scientific American*.

Searle, J. R. (1992). *The rediscovery of the mind*. Cambridge: MIT Press.

Searle, J. R. (1998). *The philosophy of mind* (12 cours). Springfield, VA: The Teaching Company.

Sechenov, I. M. (1965 [1863]). *Reflexes of the brain*. Cambridge: MIT Press.

Sechenov, I. M. (1973). *I. M. Sechenov: Biographical sketch and essays*. New York: Arno Press. (réimprimé à partir de I. Sechenov, *Selected works*, 1935)

Segal, H. (1974). *Introduction to the work of Melanie Klein* (2ᵉ éd.). New York: Basic Books.

Sejnowski, T. J., et Rosenberg, C. R. (1987). Parallel networks that learn how to pronounce English text. *Complex Systems*, 1.

Seligman, M. E. P. (1970). On the generality of the laws of learning. *Psychological Review*, 77.

Seligman, M. E. P., et Csikszentmihalyi, M. (2000). Positive psychology: An introduction. *American Psychologist*, 55.

Seligman, M. E. P., et Hager, J. L. (1972). *Biological boundaries of learning*. New York: Appleton-Century-Crofts.

Seward, J. P., et Levy, N. J. (1949). Sign learning as a factor in extinction. *Journal of Experimental Psychology*, 39.

Shannon, C. E., et Weaver, W. (1949). *The mathematical theory of communication*. Urbana: University of Illinois Press.

Shapiro, A. E., et Wiggins, J. G., Jr. (1994). A PsyD degree for every practitioner: Truth in labeling. *American Psychologist*, 49.

Sharp, S. E. (1899). Individual psychology: A study in psychological method. *The American Journal of Psychology*, 10.

Shields, S. A. (1975). Ms. Pilgrim's progress: The contributions of Leta Stetter Hollingworth to the psychology of women. *American Psychologist*, 30.

Shields, S. A. (1991). Leta Stetter Hollingworth: "Literature of opinion" and the study of individual differences. Dans G. A. Kimble, M. Wertheimer, et C. L. White (dir.), *Portraits of pioneers in psychology*. Washington DC: American Psychological Association.

Shook, J. R. (1995). Wilhelm Wundt's contribution to John Dewey's functional psychology. *Journal of the History of the Behavioral Sciences*, 31.

Sigerist, H. E. (1951). *A history of medicine*. New York: Oxford University Press.

Simon, H. A. (1996). *The sciences of the artificial* (3ᵉ éd.). Cambridge: MIT Press.

Simon, L. (1998). *Genuine reality: A life of William James*. New York: Harcourt Brace.

Singer, P. (2001). *Hegel: A very short introduction*. New York: Oxford University Press.

Sirkin, M., et Fleming, M. (1982). Freud's "project" and its relationship to psychoanalytic theory. *Journal of the History of the Behavioral Sciences*, 18.

Skinner, B. F. (1938). *The behavior of organisms: An experimental analysis*. New York: Appleton-Century.

Skinner, B. F. (1948). *Walden two*. New York: Macmillan.

Skinner, B. F. (1950). Are theories of learning necessary? *Psychological Review*, 57.

Skinner, B. F. (1953). *Science and human behavior*. New York: Macmillan.

Skinner, B. F. (1954). The science of learning and the art of teaching. *Harvard Educational Review*, 24.

Skinner, B. F. (1956). A case study in scientific method. *American Psychologist*, 11.

Skinner, B. F. (1957). *Verbal behavior*. Englewood Cliffs, NJ: Prentice-Hall.

Skinner, B. F. (1958). *Teaching machines*. Science, 128.

Skinner, B. F. (1960). Pigeons in a pelican. *American Psychologist*, 15.

Skinner, B. F. (1967). B. F. Skinner. Dans E. G. Boring et G. Lindzey (dir.), *A history of psychology in autobiography* (vol. 5). New York: Appleton-Century-Crofts.

Skinner, B. F. (1968). *The technology of teaching*. New York: Appleton-Century-Crofts.

Skinner, B. F. (1971). *Beyond freedom and dignity*. New York: Knopf.

Skinner, B. F. (1972 [1931]). The concept of reflex in the description of behavior. Dans B. F. Skinner, *Cumulative record: A selection of papers* (3ᵉ éd.). Des Moines: Meredith.

Skinner, B. F. (1974). *About behaviorism*. New York: Knopf.

Skinner, B. F. (1976). *Particulars of my life*. New York: Knopf.

Skinner, B. F. (1978). *Reflections on behaviorism and society*. Englewood Cliffs, NJ: Prentice-Hall.

Skinner, B. F. (1979). *The shaping of a behaviorist*. New York: Knopf.

Skinner, B. F. (1983). *A matter of consequences*. New York: Knopf.

Skinner, B. F. (1984). The shame of American education. *American Psychologist*, 39.

Skinner, B. F. (1987). *Upon further reflection*. Englewood Cliffs, NJ: Prentice-Hall.

Skinner, B. F. (1990). Can psychology be a science of mind? *American Psychologist*, 45.

Skinner, B. F., et Vaughan, M. E. (1983). *Enjoy old age: Living fully in your later years*. New York: Warner.

Sluga, H., et Stern, D. G. (dir.). (1996). *The Cambridge companion to Wittgenstein*. New York: Cambridge University Press.

Small, W. S. (1901). Experimental study of the mental processes of the rat. *American Journal of Psychology*, 12.

Smith, B. (1994). *Austrian philosophy: The legacy of Franz Brentano*. Chicago: Open Court.

Smith, L. D. (1982). Purpose and cognition: The limits of neorealist influence on Tolman's psychology. *Behaviorism*, 10.

Smith, L. D. (1992). On prediction and control: B. F. Skinner and the technological ideal of science. *American Psychologist*, 47.

Smith, M. B. (1994). Selfhood at risk: Postmodern perils and the perils of postmodernism. *American Psychologist*, 49.

Smith, P. (1911). The life and letters of Martin Luther. New York: Houghton Mifflin.

Smith, S. (1983). *Ideas of the great psychologists*. New York: Harper & Row.

Snow, C. P. (1964). *The two cultures and a second look*. London: Cambridge University Press.

Snyderman, M., et Rothman, S. (1990). *The IQ controversy, the media and public policy*. New Brunswick, NJ: Transaction.

Sokal, M. M. (1971). The unpublished autobiography of James McKeen Cattell. *American Psychologist*, 26.

Sokal, M. M. (1984). The Gestalt psychologists in behaviorist America. *American Historical Review*, 89.

Sokal, M. M. (dir.). (1987). Psychological testing and American society: 1890–1930. New Brunswick, NJ: Rutgers University Press.

Sokal, M. M. (1992). Origins and early years of the American Psychological Association, 1890–1906. *American Psychologist*, 47.

Sorell, T. (2000). *Descartes: A very short introduction*. New York: Oxford University Press.

Spearman, C. (1904). "General intelligence," objectively determined and measured. *American Journal of Psychology*, 15.

Spence, K. W. (1942). The basis of solution by chimpanzees of the intermediate size problem. *Journal of Experimental Psychology*, 131.

Spence, K. W. (1952). Clark Leonard Hull: 1884–1952. *American Journal of Psychology*, 65.

Spence, K. W. (1956). *Behavior theory and conditioning* (Silliman lectures). New Haven, CT: Yale University Press.

Spence, K. W. (1960). *Behavior theory and learning: Selected papers*. Englewood Cliffs, NJ: Prentice-Hall.

Spencer, H. (1864). *Social statics*. New York: Appleton.

Spencer, H. (1870). *Principles of psychology* (2e éd.). London: Longman.

Sperry, R. W. (1961). Cerebral organization and behavior. *Science*, 133.

Sperry, R. W. (1964). The great cerebral commissure. *Scientific American*, 210.

Sperry, R. W. (1970). An objective approach to subjective experience: Further explanation of a hypothesis. *Psychological Review*, 77.

Sperry, R. W. (1972). Science and the problem of values. *Perspectives in Biology and Medicine*, 16.

Sperry, R. W. (1980). Mind-brain interaction: Mentalism, yes; dualism, no. *Neuroscience*, 5.

Sperry, R. W. (1982). Some effects of disconnecting the cerebral hemispheres. *Science*, 217.

Sperry, R. W. (1988). Psychology's mentalist paradigm and the religion/science tension. *American Psychologist*, 43.

Sperry, R. W. (1991). In defense of mentalism and emergent interaction. *The Journal of Mind and Behavior*, 12.

Sperry, R. W. (1992). Turnabout on consciousness: A mentalist view. *The Journal of Mind and Behavior*, 13.

Sperry, R. W. (1993). The impact and promise of the cognitive revolution. *American Psychologist*, 48.

Spillmann, J., et Spillmann, L. (1993). The rise and fall of Hugo Münsterberg. *Journal of the History of the Behavioral Sciences*, 29.

Springer, S. P., et Deutsch, G. (1985). *Left brain, right brain* (éd. revue). New York: Freeman.

Sprung, H. et Sprung, L. (2000). Carl Stumpf: Experimenter, theoretician, musicologist, and promoter. Dans G. A. Kimble et M. Wertheimer (dir.), *Portraits of pioneers of psychology* (vol. 4). Washington, DC: American Psychological Association.

Spurzheim, G. (1834). *Phrenology, or the doctrine of mental phenomena*. Boston: Marsh, Capen, & Lyon.

Staats, A. W. (1981). Paradigmatic behaviorism, unified theory, unified theory construction methods, and the Zeitgeist of separatism. *American Psychologist*, 36.

Staats, A. W. (1989). Unificationism: Philosophy for the modern disunified science of psychology. *Philosophical Psychology*, 2.

Staats. A. W. (1991). Unified positivism and unification psychology: Fad or new field? *American Psychologist*, 46.

Steinberg, E. (dir.). (1977 [1748]). *David Hume: An enquiry concerning human understanding*. Indianapolis: Hackett Publishing.

Stephenson, W. (1953). *The study of behavior: Q-technique and its methodology*. Chicago: University of Chicago Press.

Stern, P. J. (1976). *C. G. Jung: The haunted prophet*. New York: Dell.

Sternberg, R. J., et Detterman, D. K. (dir.). (1986). *What is intelligence? Contemporary viewpoints on its nature and definition.* Norwood, NJ: Ablex.

Sternberg. R. J., & Grigorenko, E. L. (2001). Unified psychology. *American Psychologist, 56.*

Stevens, S. S. (1935a). The operational basis of psychology. *American Journal of Psychology, 43.*

Stevens, S. S. (1935b). The operational definition of psychological concepts. *Psychological Review, 42.*

Stevens, S. S. (1951). Psychology and the science of science. Dans M. H. Marx (dir.), *Psychological theory: Contemporary readings.* New York: Macmillan.

Stevenson, L., et Haberman, D. L. (1998). *The theories of human nature* (3ᵉ éd.). New York: Oxford University Press.

Stewart, D. (1792). *Elements of the philosophy of the human mind.* London: Straham & Caddell.

Stocking, G. S., Jr. (1965). On the limits of "presentism" and "historicism" in the historiography of the behavioral sciences. *Journal of the History of the Behavioral Sciences, 1.*

Stricker, G. (1997). Are science and practice commensurable? *American Psychologist, 52.*

Stricker, G., et Trierweiler, S. J. (1995). The local scientist: A bridge between science and practice. *American Psychologist, 50.*

Storr, A. (1989). *Freud.* New York: Oxford University Press.

Stumpf, C. (1883, 1890). *Psychology of tone* (vol. 1 et 2). Leipzig, Germany: Hirzel.

Sulloway, F. J. (1979). *Freud, biologist of the mind: Beyond the psychoanalytic legend.* New York: Basic Books.

Sulloway, F. J. (1992). Reassessing Freud's case histories: The social construction of psychoanalysis. Dans T. Gelfand et J. Kerr (dir.), *Freud and the history of psychoanalysis.* Hillsdale, NJ: Analytic Press.

Summers, M. (trad.). (1971). *The malleus maleficarum of Heinrich Kramer and James Sprenger.* New York: Dover.

Sumner, F. C. (1926). Philsophy of Negro education. *Educational Review, 71.*

Sumner, F. C. (1927). Morale and the Negro college. *Educational Review, 73.*

Szasz, T. S. (1974). *The myth of mental illness: Foundations of a theory of personal conduct* (éd. revue). New York: Harper & Row.

Tanner, M. (2000). *Nietzsche: A very short introduction.* New York: Oxford University Press.

Taub, L.C. (1993). *Ptolemy's universe: The natural philosophical and ethical foundations of Ptolemy's astronomy.* La Salle, IL: Open Court.

Taylor, C. C. W. (1998). *Socrates.* New York: Oxford University Press.

Taylor, R. (1963). *Metaphysics.* Englewood Cliffs, NJ: Prentice-Hall.

Taylor, R. (1967). Determinism. Dans P. Edwards (dir.), *The encyclopedia of philosophy.* New York: Macmillan.

Tellegen, A., Lykken, D. T., Bouchard, T. J., Jr., Wilcox, K. J., Segal, N. L., et Rich, S. (1988). Personality similarity in twins reared apart and together. *Journal of Personality and Social Psychology, 54.*

Terman, L. M. (1916). *The measurement of intelligence.* Boston: Houghton Mifflin.

Terman, L. M. (1917). The intelligence quotient of Francis Galton in childhood. *American Journal of Psychology, 28.*

Terman, L. M. (1926). *Genetic studies of genius.* vol. 1: *Mental and physical traits of a thousand gifted children.* Stanford, CA: Stanford University Press.

Theissen, G. (1987). *Psychological aspects of Pauline theology* (trad par J. P. Galvin). Edinburgh: T & T Clark.

Thomas, R. K. (1994). Pavlov was "mugged." *History of Psychology Newsletter, 26.*

Thorndike, E. L. (1898). Animal intelligence: An experimental study of the associative processes in animals. *Psychological Review,* Monograph Suppl., 2(8).

Thorndike, E. L. (1903). *Educational psychology.* New York: Lemcke & Buechner.

Thorndike, E. L. (1911). *Animal intelligence.* New York: Macmillan.

Thorndike, E. L. (1924). Mental discipline in high school studies. *Journal of Educational Psychology, 15.*

Thorndike, E. L. (1939). *Your city.* New York: Harcourt, Brace.

Thorndike, E. L., et Woodworth, R. S. (mai, juillet, novembre 1901). The influence of improvement in one mental function upon the efficiency of the other. *Psychological Review, 8.*

Tibbetts, P. (1975). An historical note on Descartes' psychophysical dualism. *Journal of the History of the Behavioral Sciences, 9.*

Titchener, E. B. (1896). *An outline of psychology.* New York: Macmillan.

Titchener, E. B. (1898). The postulates of a structural psychology. *Philosophical Review, 7.*

Titchener, E. B. (1899). Structural and functional psychology. *Philosophical Review, 8.*

Titchener, E. B. (1910). *A textbook of psychology.* New York: Macmillan.

Titchener, E. B. (1914). On "psychology as the behaviorist views it." *Proceedings of the American Philosophical Society, 53.*

Titchener, E. B. (1915). *A beginner's psychology*. New York: Macmillan.

Tolman, E. C. (1917). Retroactive inhibition as affected by conditions of learning. *Psychological Monographs, 25* (107).

Tolman, E. C. (1922). A new formula for behaviorism. *Psychological Review, 29*.

Tolman, E. C. (1924). The inheritance of maze-learning ability in rats. *Journal of Comparative Psychology, 4*.

Tolman, E. C. (1925). Purpose and cognition: The determiners of animal learning. *Psychological Review, 32*.

Tolman, E. C. (1928). Purposive behavior. *Psychological Review, 35*.

Tolman, E. C. (1932). *Purposive behavior in animals and men*. New York: Naiburg.

Tolman, E. C. (1938). The determiners of behavior at a choice point. *Psychological Review, 45*.

Tolman, E. C. (1942). *Drives toward war*. New York: Appleton-Century-Crofts.

Tolman, E. C. (1945). A stimulus-expectancy need-cathexis psychology. *Science, 101*.

Tolman, E. C. (1948). Cognitive maps in rats and men. *Psychological Review, 55*.

Tolman, E. C. (1952). Edward C. Tolman. Dans E. G. Boring, H. S. Langfeld, H. Werner, et R. M. Yerkes (dir.), *A history of psychology in autobiography* (vol. 4). Worcester, MA: Clark University Press.

Tolman, E. C. (1959). Principles of purposive behavior. Dans S. Koch (dir.), *Psychology: A study of a science* (vol. 2). New York: McGraw-Hill.

Tolman, E. C., et Honzik, C. H. (1930). Introduction and removal of reward, and maze performance in rats. *University of California Publications in Psychology, 4*.

Tomlinson-Keasey, C., et Little, T. D. (1990). Predicting educational attainment, occupational achievement, intellectual skill, and personal adjustment among gifted men and women. *Journal of Educational Psychology, 82*.

Toulmin, S., et Leary, D. E. (1985). The cult of empiricism in psychology, and beyond. Dans S. Koch et D. E. Leary (dir.), *A century of psychology as science*. New York: McGraw-Hill.

Trevor-Roper, H. R. (1967). *The European witch-craze of the 16th and 17th centuries*. Harmondsworth, England: Penguin.

Tryon, W. W. (1995). Synthesizing psychological schisms through connectionism. Dans F. D. Abraham et A. R. Gilgen (dir.), *Chaos theory in psychology*. Westport, CT: Praeger.

Tuck, R. (2002). *Hobbes: A very short introduction*. New York: Oxford University Press.

Tucker, W. H. (1997). Re-reconsidering Burt: Beyond a reasonable doubt. *Journal of the History of the Behavioral Sciences, 33*.

Turing, A. M. (1950). Computing machinery and intelligence. *Mind, 59*.

Turner, R. S. (1977). Hermann von Helmholtz and the empiricist vision. *Journal of the History of the Behavioral Sciences, 13*, 48–58.

Ulrich, R., Stachnik, T., et Mabry, J. (dir.). (1966). *Control of human behavior* (vol. 1 et 2). Glenview, IL: Scott, Foresman.

Urbach, P. (1987). *Francis Bacon's philosophy of science: An account and a reappraisal*. La Salle, IL: Open Court.

Urban, W. J. (1989). The black scholar and intelligence testing: The case of Horace Mann Bond. *Journal of the History of the Behavioral Sciences, 25*.

Vaihinger, H. (1952 [1911]). *The philosophy of "as if": A system of the theoretical, practical and religious fictions of mankind* (trad. par C. K. Ogden). London: Routledge & Kegan Paul.

van den Haag, E. (1960). *Social science testimony in the desegregation cases—a reply to Professor Kenneth Clark*. Villanova Law Review, 6.

Vatz, R. E., et Weinberg, L. S. (dir.). (1983). *Thomas Szasz: Primary values and major contentions*. Buffalo, NY: Prometheus.

Viner, R. (1996). Melanie Klein and Anna Freud: The discourse of the early dispute. *Journal of the History of the Behavioral Sciences, 32*.

Viney, L. L. (1983). *Images of illness*. Miami: Krieger.

Viney, L. L. (1984). Concerns about death among severely ill people. Dans F. R. Epting et R. A. Neimeyer (dir.), *Personal meanings of death*. Washington, DC: Hemisphere.

Viney, W. (1989). The cyclops and the twelve-eyed toad: William James and the unity-disunity problem in psychology. *American Psychologist, 44*.

Viney, W. (1996). Dorothea Dix: An intellectual conscience for psychology. Dans G. A. Kimble, C. A. Boneau, et M. Wertheimer (dir.), *Portraits of pioneers in psychology* (vol. 2). Washington, DC: American Psychological Association.

Viney, W. (2001). The radical empiricism of William James and philosophy of history. *History of Psychology, 4*.

Viney, W., et Burlingame-Lee, L. (2003). Margaret Floy Washburn: A quest for the harmonies in the context of a rigorous scientific framework. Dans G. A. Kimble et M. Wertheimer (dir.), *Portraits of pioneers in psychology* (vol. 5). Washington, DC: American Psychological Association.

Voeks, V. W. (1950). Formalization and clarification of a theory of learning. *Journal of Psychology, 30*.

Voeks, V. W. (1954). Acquisition of S-R connections: A test of Hull's and Guthrie's theories. *Journal of Experimental Psychology*, 47.

Von Eckart, B. (1993). *What is cognitive science?* Cambridge: MIT Press.

von Neumann, J. (2000 [1958]). *The computer and the brain* (2e éd.). New Haven, CT: Yale University Press.

Wallace, R. A. (1979). *The genesis factor*. New York: Morrow.

Waller, N. G., Kojetin, B. A., Bouchard, T. J., Jr., Lykken, D. T., et Tellegen, A. (1990). Genetic and environmental influences on religious interests, attitudes, and values. *Psychological Science*, 1.

Walter, H.-J. (dir.). (1991). Max Wertheimer: Zur gestalt-psychologie menschlicher werte [Max Wertheimer: psychologie de la forme des valeurs humaines]. Opladen, Germany: Westdeutscher Verlag.

Washburn, M. F. (1908). *The animal mind: A text-book of comparative psychology*. New York: Macmillan.

Washburn, M. F. (1916). *Movement and mental imagery: Outline of a motor theory of consciousness*. Boston: Houghton Miffin.

Washburn, M. F. (1922). Introspection as an objective method. *Psychological Review*, 29.

Waterfield, R. (2000). *The first philosophers: The Presocratics and the Sophists*. New York: Oxford University Press.

Watkin, J. (1997). *Kierkegaard*. New York: Geoffrey Chapman.

Watson, J. B. (1907). Kinesthetic and organic sensations: Their role in the reactions of the white rat to the maze. *Psychological Review, Monograph Supplements*, 8 (33).

Watson, J. B. (1913). Psychology as the behaviorist views it. *Psychological Review*, 20.

Watson, J. B. (1914). *Behavior: An introduction to comparative psychology*. New York: Holt, Rinehart & Winston.

Watson, J. B. (1916). The place of the conditioned reflex in psychology. *Psychological Review*, 23.

Watson, J. B. (1919). *Psychology from the standpoint of a behaviorist*. Philadelphia: Lippincott.

Watson, J. B. (1926). What the nursery has to say about instincts. Dans C. Murchison (dir.), *Psychologies of 1925*. Worcester, MA: Clark University Press.

Watson, J. B. (1930 [1924]). *Behaviorism* (éd. revue). New York: Norton.

Watson, J. B. (1936). John Broadus Watson. Dans C. Murchison (dir.), *A history of psychology in autobiography* (vol. 3). Worcester, MA: Clark University Press.

Watson, J. B., et Lashley, K. S. (1915). *Homing and related activities of birds* (vol. 7). Carnegie Institution, Department of Marine Biology.

Watson, J. B., et McDougall, W. (1929). *The battle of behaviorism*. New York: Norton.

Watson, J. B., et Rayner, R. (1920). Conditioned emotional reactions. *Journal of Experimental Psychology*, 3.

Watson, J. B., et Watson, R. R. (1928). *The psychological care of the infant and child*. New York: Norton.

Watson, J. S. (trad.). (1997). *Lucretius: On the nature of things*. Amherst, NY: Prometheus Books.

Watson, R. I. (1978). *The great psychologists* (2e éd.). Philadelphia: Lippincott.

Watson, R. I., et Evans, R. B. (1991). *The great psychologists: A history of psychological thought* (5e éd.). New York: Harper Collins.

Weber, I., et Welsch, U. (1997). Lou Andreas-Salomé: Feminist and Psychoanalyst. Dans W. G. Bringmann, H. E. Lück, R. Miller, et C. E. Early (dir.), *A pictorial history of psychology*. Carol Stream, IL: Quintessence.

Webster, C. (1982). *From Paracelsus to Newton: Magic and the making of modern science*. New York: Barnes & Noble.

Webster, R. (1995). *Why Freud was wrong: Sin, science, and psychoanalysis*. New York: Basic Books.

Weidman, N. (1997). Heredity, intelligence, and neuropsychology; or, why "The Bell Curve" is good science. *Journal of the History of the Behavioral Sciences*, 33.

Wells, G. A. (1991). *Who was Jesus: A critique of the New Testament record*. La Salle, IL: Open Court.

Wells, G. A. (1996). *The Jesus legend*. La Salle, IL: Open Court.

Wentworth, P. A. (1999). The moral of her story: Exploring the philosophical and religious commitments in Mary Whiton Calkin's self-psychology. *History of Psychology*, 2.

Wertheimer, Max. (1912). Experimentelle studien über das sehen von bewegung [Études expérimentales sur la perception du mouvement]. *Zeitschrift für Psychologie*, 61.

Wertheimer, Max. (1934). On truth. *Social Research*, 1.

Wertheimer, Max. (1935). Some problems in the theory of ethics. *Social Research*, 2.

Wertheimer, Max. (1937). On the concept of democracy. Dans M. Ascoli et F. Lehmann (dir.), Political and economic democracy. New York: Norton.

Wertheimer, Max. (1940). A story of three days. Dans R. N. Anshen (dir.), *Freedom: Its meaning*. New York: Harcourt, Brace.

Wertheimer, Max. (1959 [1945]). *Productive thinking* (éd. augmentée) (Michael Wertheimer, dir.). New York: Harper.

Wertheimer, Michael. (1978). Humanistic psychology and the humane but tough-minded psychologists. *American Psychologist*, 33.

Wertheimer, Michael. (1980). Gestalt theory of learning. Dans G. M. Gazda et R. J. Corsini (dir.), *Theories of learning: A comparative approach*. Itasca, IL: Peacock.

Wertheimer, Michael. (1987). *A brief history of psychology* (3ᵉ éd.). New York: Holt, Rinehart & Winston.

Wertheimer, Michael, et King, B. D. (1994). Max Wertheimer's American sojourn: 1933–1943. *History of Psychology Newsletter*, 26.

Weyer, J. (1563). De praestigiis daemonum [La déception des démons]. Basel, Switzerland: Per Joannem Oporinum.

White, M., et Epston, D. (1990). *Narrative means to therapeutic ends*. New York: Norton.

White, M., et Gribbin, J. (1995). *Darwin: A life in science*. New York: Dutton.

Wiener, D. N. (1996). *B. F. Skinner: Benign anarchist*. Needham Heights, MA: Allyn & Bacon.

Wiener, N. (1948). *Cybernetics*. New York: Wiley.

Wilcocks, R. (1994). *Maelzel's chess player: Sigmund Freud and the rhetoric of deceit*. Savage, MD: Rowand and Littlefield.

Wilken, R. L. (2003). *The Christians as the Romans saw them* (2ᵉ éd.). New Haven: Yale University Press.

Williams, M. (1987). Reconstruction of an early seduction and its aftereffects. *Journal of the American Psychoanalytic Association*, 15.

Wilson, C. (1972). *New pathways in psychology*. New York: Taplinger.

Wilson, E. O. (1975). *Sociobiology: The new synthesis*. Cambridge: Harvard University Press.

Wilson, E. O. (1978). *On human nature*. Cambridge: Harvard University Press.

Wilson, E. O. (1995). *Naturalist*. New York: Warner Books.

Wilson, E. O. (1998). *Consilience*: The unity of knowledge. New York: Knopf.

Wilson, F. (1990). *Psychological analysis and the philosophy of John Stuart Mill*. Toronto: University of Toronto Press.

Wilson, J. (1994 [1512]). Introduction. Dans D. Erasmus, *The praise of folly* (trad. par J. Wilson). Amherst, NY: Prometheus.

Windholz, G. (1983). Pavlov's position toward American behaviorism. *Journal of the History of the Behavioral Sciences*, 19.

Windholz, G. (1990). Pavlov and the Pavlovians in the laboratory. *Journal of the History of the Behavioral Sciences*, 26.

Windholz, G. (1991). I. P. Pavlov as a youth. *Integrative Physiological and Behavioral Science*, 26.

Witmer, L. (1896). Practical work in psychology. *Pediatrics*, 2.

Wittels, F. (1924). *Sigmund Freud: His personality, his teaching, and his school*. London: Allen and Unwin.

Wittgenstein, L. (1997 [1953]). *Philosophical investigations* (trad. par G. E. M. Anscombe). Malden, MA: Blackwell.

Wokler, R. (1995). *Rousseau*. New York: Oxford University Press.

Wolf, T. H. (1973). *Alfred Binet*. Chicago: University of Chicago Press.

Wolff, C. von. (1732). *Psychologia empirica* [Psychologie empirique]. Frankfurt: Rengeriana.

Wolff, C. von. (1734). *Psychologia rationalis* [Psychologie rationnelle]. Frankfurt: Rengeriana.

Wolman, B. B. (1968a). Immanuel Kant and his impact on psychology. Dans B. B. Wolman (dir.), *Historical roots of contemporary psychology*. New York: Harper & Row.

Wolman, B. B. (1968b). The historical role of Johann Friedrich Herbart. Dans B. B. Wolman (dir.), *Historical roots of contemporary psychology*. New York: Harper & Row.

Woodward, W. R. (1984). William James's psychology of will: Its revolutionary impact on American psychology. Dans J. Brožek (dir.), *Explorations in the history of psychology in the United States*. Cranbury, NJ: Associated University Presses.

Woodworth, R. S. (1931). *Contemporary schools of psychology*. New York: Ronald Press.

Woodworth, R. S. (1938). *Experimental psychology*. New York: Holt.

Woodworth, R. S. (1958). *Dynamics of behavior*. New York: Holt, Rinehart & Winston.

Woozley, A. D. (dir.). (1974). Introduction. Dans J. Locke, *An essay concerning human understanding*. New York: New American Library.

Wundt, W. (1862a). *Contributions to a theory of sense perception*. Leipzig, Germany: Winter.

Wundt, W. (1862b). *Die geschwindigkeit des gedankens* [La vitesse de la pensée]. Gartenlaube, 2.

Wundt, W. (1863). *Vorlesungen über die menschen-und thierseele* [Cours sur la psychologie humaine et animale]. Leipzig, Germany: Voss.

Wundt, W. (1897). *Outlines of psychology* (trad. par C. H. Judd). Leipzig, Germany: Engelmann.

Wundt, W. (1900–1920). *Völkerpsychologie* [Psychologie collective] (vol. 1–10). Leipzig, Germany: Engelmann.

Wundt, W. (1904 [1874]). *Principles of physiological psychology* (trad. par E. Titchener). London: Swan Sonnenschein.

Wundt, W. (1973 [1912]). *An introduction to psychology*. New York: Arno Press.

Yandell, K. E. (1990). *Hume's "inexplicable mystery": His views on religion*. Philadelphia: Temple University Press.

Yaroshevski, M. G. (1968). I. M. Sechenov — The founder of objective psychology. Dans B. B. Wolman (dir.), *Historical roots of contemporary psychology*. New York: Harper & Row.

Yates, F. A. (1964). *Giordano Bruno and the hermetic tradition*. Chicago: University of Chicago Press.

Yerkes, R. M. (1923). Testing the human mind. *Atlantic Monthly*, 121.

Yonge, C. D. (trad.). (1997). *Cicero: The nature of the gods and On divination*. Amherst, NY: Prometheus Books.

Young-Bruehl, E. (1988). *Anna Freud: A biography*. New York: Norton.

Young-Bruehl, E. (1990). *Freud on women: A reader*. New York: Norton.

Zaidel, D. W. (dir.). (1994). *Neuropsychology*. San Diego, CA: Academic Press.

Zeigarnik, B. (1927). *Über behalten von erledigten und unerledigten handlungen* [Au sujet de la rétention des tâches terminées et non terminées]. *Psychologische Forschung*, 9.

Zenderland, L. (1997). "The Bell Curve" and the shape of history. *Journal of the History of the Behavioral Sciences*, 33.

Zenderland, L. (2001). *Measuring minds: Henry Herbert Goddard and the origins of American intelligence testing*. New York: Cambridge University Press.

Zuckerman, M. (1991). *Psychobiology and personality*. New York: Cambridge University Press.

Zusne, L. (1995). Letter to author, le 11 octobre.

Zusne, L., et Blakely, A. S. (1985). Contributions to the history of psychology: XXXVI. The comparative prolificacy of Wundt and Piaget. *Perceptual Motor Skills*, 61, 50.

Zusne, L., et Jones, W. H. (1989). *Anomalistic thinking: A study of magical thinking* (2ᵉ éd.). Hillsdale, NJ: Erlbaum.

Ouvrages français cités

Augustin, saint. *Confessions*, trad. par Dom Louis Gougaud, Paris, Les Éditions Crès et cie., 1924.

Aristote. *Métaphysique*, trad. par J. Tricot, Paris, Librairie philosophique J. Vrin, 1933, tome I, livre A.

Aristote, *Opuscules* dans *De la mémoire et de la réminiscence*, trad. par J. Barthélemy-Saint-Hilaire, Paris, Dumont, 1847.

Aristote. *Petit traité d'histoire naturelle*, trad. par René Mugnier, Paris, Les belles lettres, 1953.

Aristote. *Politique*, trad. par Jean Aubonnet, Paris, Les belles lettres, 1989.

Aristote. *Traité de l'âme* dans *Psychologie d'Aristote*, trad. par J. Barthélemy-Saint-Hilaire, Paris, Librairie philosophique de Ladrange, 1846.

Ayer, Alfred. *Langage, vérité et logique*, trad. par Joseph Ohana, Paris, Flammarion, 1996.

Ayllon et Azrin. *Traitement comportemental en institution psychiatrique*, trad. par Michel Graulich, Bruxelles, C. Dessart, 1973.

Bacon, Francis. *Novum Organum*, trad. par Michel Malherbe et Jean-Marie Pousseur, Presses Universitaires de France, 1986.

Bain, Alexandre. *L'esprit et le corps*, Bibliothèque scientifique internationale, 1880.

Bain, Alexandre. *Les sens et l'intelligence*, trad. par M. E. Cazelles, Paris, Librairie Germer Baillière, 1874.

Balmary, Marie. *L'homme aux statues: Freud et la faute cachée du père*, Paris, Grasset, 1979.

Barlow, Nora. *Darwin 1809-1882. L'autobiographie*, trad. par Jean-Michel Goux, Paris, Belin, 1985.

Berkeley, George. *Des Principes de la connaissance humaine*, trad. par D. Berlioz, G.-F. Flammarion, 1991.

Binet, Alfred. *Les idées modernes sur les enfants*, Paris, Flammarion, 1909.

Borch-Jacobsen, *Souvenirs d'Anna O.: une mystification centenaire*, Paris, Aubier, 1995.

Bowlby, John. *Charles Darwin. Une nouvelle biographie*, trad. par Pierre-Emmanuel Daukat, Paris, Presses Universitaires de France, 1995.

Bowra, C. M. *L'expérience grecque*, trad. par Georges et Françoise Chevassus, Paris, Fayard 1969.

Breuer, Josef, et Sigmund Freud. *Anna O.: études sur l'hystérie*, trad. par Anne Berman, Paris, Hatier, 2003 [1895].

Burner, Jerome. *…Car la culture donne forme à l'esprit*, trad. par Yves Bonin, Paris, Éditions Eshel, 1991.

Chomsky, Noam. *Le langage et la pensée*, trad. par Louis-Jean Clavet, Paris, Payot, 1990.

Chomsky, Noam. *Structures syntaxiques*, trad. par Michel Brandeau, Paris, Éditions du Seuil, 1969.

Churchland, Paul M. *Matière et conscience*, trad. par Gérard Chazal, Seyssel, Éditions Champ Vallon, 1999.

Condillac. Traité des sensations, François Picavet dir., Paris Librairie Ch. Delagrave, 1983.

Darwin, Charles. *La descendance de l'homme et la sélection naturelle*, trad. par Edmond Barbier, 3ᵉ éd., Paris, Reinwald, 1891 [1871].

Darwin, Charles. *L'expression des émotions chez l'homme et les animaux*, trad. par Samuel Pozzi et René Benoît, Paris, Reinwald, 1890.

Darwin, Charles. *L'origine des espèces*, trad. par J.-J. Moulinié, Paris, Reinwald, 1873. Gallimard, 1953.

Descartes, René. *Discours de la méthode* dans *Descartes. Œuvres et lettres*, Paris,

Dewey, John. *Comment nous pensons*, trad. par Ovide Decroly, Paris, Éditions du Seuil, 2004.

Durant, Will. *Vies et doctrines des philosophes*, Paris, Payot, 1938.

Ellenberger, Henri F. *Histoire de la découverte de l'inconscient*, trad. par J. Feisthauer, Fayard, 1994.

Ellenberger, Henri F. «L'histoire d'Anna O. Étude critique avec des documents nouveaux» dans *Les mouvements de libération mythique et autres essais sur l'histoire de la psychiatrie*, Montréal, Quinze, 1978.

Empiricus, Sextus. *Esquisses pyrrhoniennes*, trad. par Pierre Pellegrin, Paris, Points, 1997.

Érasme, Didier. *Éloge de la folie*, trad. par Claude Blum, Paris, Slatkine, 1995 [1512].

Feyerabend, Paul. *Contre la méthode*, Paris, Éditions du Seuil, 1979.

Fodor, Jerry. *La modularité de l'esprit*, trad. par Abel Gerschenfeld, Paris les Éditions de minuit, 1986.

Fodor, Jerry. *L'esprit, ça ne marche pas comme ça*. Paris, Odile Jacob, 2003.

Frankl, Viktor. *Découvrir un sens à sa vie avec la logothérapie*, trad. par Clifford J. Bacon, Montréal, Les éditions de l'homme, 1988.

Frazer, James George. *Le Rameau d'Or*, trad. par Pierre Sayn et Henri Peyre, Paris, Robert Lafond, 1981.

Freud, Sigmund. *Abrégé de psychanalyse*, trad. par Anne Berman, Paris, Presses universitaires de France, 14ᵉ éd., 2001.

Freud, Sigmund. *Au-delà du principe du plaisir*, trad. par Jean Laplanche et J.-B. Pontalis, dans *Essais de psychanalyse*, Paris, Payot, 1981.

Freud, Sigmund. *Cinq leçons sur la psychanalyse*, trad. de l'allemand par Yves Le Lay, Payot, 1966 [1910].

Freud, Sigmund. *Études sur l'hystérie*, 2003 dans Webster, *Le Freud inconnu. L'invention de la psychanalyse*, trad. par Raoul de Claunet et Laurent Guyénot, Éditions Exergue, 1998.

Freud, Sigmund. *L'Avenir d'une illusion*, trad. par Marie Bonaparte, Paris, Presses universitaires de France, 8ᵉ éd, 1989 [1927].

Freud, Sigmund. *Le malaise dans la culture*, trad. par Pierre Cotet, et autres, Paris, Quadrige/Presses universitaires de France, 5ᵉ éd., 2002 [1930].

Freud, Sigmund. *Le mot d'esprit et sa relation à l'inconscient*, trad. par Denis Messier, Paris, Gallimard, 1988.

Freud, Sigmund «L'étiologie de l'hystérie», trad. par J. Bissery et J. Laplanche, dans *Névrose, psychose et perversion*, Paris, Presses universitaires de France, 5ᵉ éd., 1985.

Freud, Sigmund. *L'interprétation des rêves*, trad. par I. Meyerson, Paris, Presses universitaires de France, 1967.

Freud, Sigmund. *Métapsychologie*, trad. par Jean Laplanche et J.-B. Pontalis, Paris, Gallimard, 1968.

Freud, Sigmund. *Moïse et le monothéisme*, trad. par Anne Berman, Paris, Gallimard, 1948.

Freud, Sigmund. *Nouvelles conférences d'introduction à la psychanalyse*, trad. par Rose-Marie Zeitlin, Paris, Gallimard, 1984 [1933].

Freud, Sigmund. *Psychanalyse et médecine* dans *Ma vie et la psychanalyse*, trad. par Marie Bonaparte, Gallimard 1950.

Freud, Sigmund. *Psychopathologie de la vie quotidienne*, trad. par Serge Jankélévitch, Payot, 1967.

Freud, Sigmund. *Sur l'histoire du mouvement psychanalytique*, trad. par Cornélius Heim, Paris, Gallimard, 1991 [1914].

Freud, Sigmund. «Une difficulté de la psychanalyse» dans *L'inquiétante étrangeté*, trad. de l'allemand par Bertrand Féron, Paris, Gallimard, 1985 [1917].

Galilée. *Dialogues sur les deux grands systèmes du monde*, trad. par René Fréreux et François de Gandt, Paris, Éditions du Seuil, 1992 [1632].

Galton, Francis. *Petit manuel de survie*, trad. de l'anglais par Monique Bégot, Paris, Rivages poche, 2004.

Gay, Peter. *Freud, une vie*, trad. par Tina Jolas, Paris, Hachette, 1991, tome 1.

Goddard, Henry Herbert, 1914, p. 561, dans Gould, Stephen Jay. *La Mal-mesure de l'homme*, trad. par Jacques Chabert et Marcel Blanc, Paris, Odile Jacob, 1997.

Gould, Stephen, Jay. *La mal-mesure de l'homme*, trad. par Jacques Chabert, Paris, Éditions Ramsay, 1983.

Gould, Stephen Jay. *La mal-mesure de l'homme*, trad. par Jacques Chabert et Marcel Blanc, Paris, Éditions Odile Jacob, 1997.

Gregory, Richard L. *Le cerveau inconnu*, trad. par Jean Doubvetzky, Paris, Robert Laffont, 1993.

Hacker, Peter Michael S. *Wittgenstein: sur la nature humaine*, trad. par Jean-Luc Fidel, Paris, Éditions du Seuil, 2000.

Hale, *Freud et les américains: l'implantation de la psychanalyse aux États-Unis (1876-1917)*, trad. par Paul Rozenberg, Paris, Éditions du Seuil, 2002.

Hall, Calvin S. *A.B.C. de la psychologie freudienne*, trad. par Ignace Lepp, Paris, Aubier, Éditions Montaigne, 1957.

Hartmann, Karl Eduard von. *Philosophie de l'inconscient,* trad. par D. Nolen, Paris, Baillère, 1877.

Hayman, Ronald. *Nietzsche,* trad. par Christian Cler, Paris, Éditions du Seuil, 2000.

Hebb, Donald O. *Psychologie, science moderne,* trad. par D. Bélanger, Montréal, Les Éditions HRW, 1974.

Hippocrate. *Œuvres complètes,* trad. par Émile Littré, Paris, Ballière, 1844, vol. 4.

Hippocrate. *Œuvres complètes,* trad. par Émile Littré, Paris, Ballière 1861, vol. 9.

Hippocrate. *Œuvres complètes d'Hippocrate,* trad. par É. Littré, Amsterdam, Hakkert Éditeur, 1979.

Hirschmüller, A. *Josef Breuer,* trad.par Marielène Weber, Paris, Presses universitaires de France, 1991.

Hobbes, Thomas. *Léviathan,* Paris, Libraire Philosophique J. Vrin et éditions Dalloz, 2004.

Horney, Karen. *La personnalité névrotique de notre temps,* trad. par Jean Paris, Paris, L'Arche, 1953.

Horney, Karen. *La psychologie de la femme,* trad. par Georgette Rintzler, Paris, Payot, 1971.

Horney, Karen. *Les voies nouvelles de la psychologie,* trad. par Jean Paris, Paris, L'Arche, 1951.

Horney, Karen. *Nos conflits intérieurs,* trad. par Jean Paris, Paris, L'Arche, 1955.

Hume, David. *Enquête sur l'entendement humain,* trad. par Philippe Foliot, Chicoutimi, Les classiques des sciences sociales, 2002 [1748].

James, William. *Extraits de sa correspondance,* trad. par Floris Delattre et Maurice Le Breton, Paris, Payot, 1924.

James, William. *La volonté de croire,* trad. par Loÿs Moulin, Paris, Flammarion, 1920.

James, William. *Le pragmatisme,* trad. par E. Le Brun, Paris, Flammarion, 1968.

James, William. *Le pragmatisme,* trad. par E. Le Brun, Paris, Ernest Flammarion, Éditeur, 1911.

James, William. *Précis de psychologie,* trad. par E. Baudin et G. Bertier, Paris Marcel Rivière, Éditeur, 1909.

James, William. *Précis de psychologie,* 10e éd., trad. par E. Baudin et G. Berthier, Paris, Librairie Marcel Rivière, 1946.

Janet, Pierre. *Les médications psychologiques,* Paris, Alcan, 1986, vol. 1.

Jones, Ernest. *La vie et l'œuvre de Sigmund Freud,* trad. par Anne Berman, Paris, Presses universitaire de France, 1961, tome II.

Jones, Ernest. *La vie et l'œuvre de Sigmund Freud,* trad. par Anne Berman, Paris, Presses Universitaire de France, 1982, vol. 1 et 2.

Jones, Ernest. *La vie et l'œuvre de Sigmund Freud,* trad. par Liliane Flournoy, Paris, Presses universitaire de France, 1969, tome III.

Jung, Carl. G. *Ma vie: souvenirs, rêves et pensées,* trad. par Roland Cahen et Yves Le Lay, Gallimard, 1973.

Jung, Carl. *Types psychologiques,* trad. par Y. Le Lay, Genève, Librairie de l'université Georg & cie, 1958.

Kant, Emmanuel. *Anthropologie d'un point de vue pragmatique,* trad. par Michel Foucault, Paris, Librairie philosophique J. Vrin, 1994.

Kant, Emmanuel. *Critique de la raison pure,* trad. par A. Tremesaygues et B. Pacaud, Paris, Presses universitaires de France, 1944.

Kant, Emmanuel. *Fondements de la perception métaphysique des mœurs,* trad. Par Victor Delbos, Paris, Librairie philosophique J. Vrin, 1980.

Kierkegaard, Søren. *Journal (extraits), 1834-1846,* trad. par Knud Perlov et Jean-J. Gateau, 1942.

Kierkegaard, Søren. *Pour un examen de conscience* dans *Œuvres complètes,* trad. par Paul-Henri Tisseau et Else-Marie Jacquet-Tisseau, Paris, Éditions de l'Orante, 1966, tome XVIII.

Köhler, Wolfgang. *Psychologie de la forme,* trad. par Serge Bricianer, Paris, Éditions Gallimard, 1964.

Kuhn, Thomas S. *La révolution copernicienne,* trad. par Avram Hayli, Paris, Fayard, 1973.

Kuhn, Thomas S. *La structure des révolutions scientifiques,* trad. par Laure Meyer, Flammarion, 1983.

Leibniz, Gotefried Wilhelm. *Nouveaux essais sur l'entendement humain,* Paris, G-F Flammarion, 1990.

Locke, John. *Essai philosophique concernant l'entendement humain,* trad. par Coste, Paris, Librairie philosophique J. Vrin, 1972.

Locke, John. *Pensées sur l'éducation des enfants,* trad. Coste, Paris, Librairie Ch. Delagrave, 1882.

Loftus et Ketcham. *Le syndrome des faux souvenirs et le mythe des souvenirs refoulés,* trad. par Yves Champollion, Éditions Exergue, 1997.

Mach, Ernst. *L'analyse des sensations,* trad. par F. Eggeres et J.-M. Monnoyer, Nîmes, Éditions J. Chambon, 1996.

Magee, Bryan. *Histoire illustrée de la philosophie,* trad. par Christian Molinier, et autres, Paris, Le Pré aux Clercs, 2001.

Maslow, Abraham H. *Vers une psychologie de l'Être,* trad. par Mesrie-Hadesque, Paris, Fayard, 1986.

Masson, *Le réel escamoté. Le renoncement de Freud à la théorie de la séduction,* trad. par Claude Monod, Paris, Aubier, 1984.

May, Rollo. *Amour et volonté,* trad. par Léo Dilé, Paris, Éditions Stock, 1971.

Mill, J.S. *L'asservissement des femmes*, trad. par Marie-Françoise Cachin, Paris, Payot, 1975.

Mill, J.S., *Système de logique déductive et inductive. Exposé des principes de la preuve et des mémoires de recherche scientifique,* trad. par Louis Peisse, Paris, Librairie philosophie de Ladrange, 1866, Bruxelles, Mardaga, 1988, tome II.

Newton, Isaac. *Principes mathématiques de philosophie naturelle*, trad. par Madame la marquise du Chastellet, Sceaux, Éditions Jacques Gabay, 1990 [1759], Livre III.

Nietzsche, Friedrich, *Œuvres*, dir. par M. de Launay, Paris, Flammarion, 2000.

Paicheler, Geneviève. *L'invention de la psychologie moderne*, Paris, L'Harmattan 1992.

Pavlov, Ivan. *I. Pavlov. Œuvres choisies*, dir. Kh. Kochatoïantz, Moscou, Éditions en langues étrangères. 1954.

Piaget, Jean. *La psychologie de l'intelligence*, Paris, Pocket, 1998.

Platon. *Gorgias Ménon*, trad. Léon Robin, Paris, Gallimard, 1999.

Platon. *La République*, traduction de Robert Baccou, Paris, Garnier-Flammarion, 1966.

Popkin, Richard. *Histoire du scepticisme d'Érasme à Spinoza*, trad. par Christine Hivet, Paris, Presses universitaires de France, 1995.

Popper, Karl R. *Conjectures et réfutations : la croissance du savoir scientifique,* trad. par Michelle-Irène et Marc B. de Launay, Paris, Payot, 1985.

Popper, Karl R. *La logique de la découverte,* trad. par Nicole Thyssen-Rutten et Philippe Devaux, Paris, Payot, 1982 [1935].

Popper, Karl R. *La quête inachevée : autobiographie intellectuelle,* trad. par Renée Bouveresse, Paris, Calman-Lévy, 1989.

Roazen, Paul. *La saga freudienne,* trad. par Anne Zouboff, Paris, Presses universitaires de France, 1986.

Rogers, Carl R. *Le développement de la personne*, Paris, Dunod, 1967.

Rogers, Carl R. *Liberté pour apprendre?,* trad. par Daniel Le Bon, Paris, Dunod, 1984.

Russell, Bertrand. *Histoire de la Philosophie occidentale,* 5e édition, trad. par Hélène Keren, Paris, Gallimard, 1953.

Russell, Bertrand. *L'aventure de la pensée occidentale*, trad. par Claude Saunier, dir. Paul Foulkes, Paris, Hachette, 1961.

Scarre, Chris. *Chronique des empereurs romains*, [s.l.], Casterman, 1995.

Sartre, Jean-Paul. *L'existentialisme est un humanisme*, Paris, Les Éditions Nagel, 1966.

Schopenhauer, Arthur. *Le monde comme représentation et comme volonté,* trad. par A. Bureau, Paris, Quadrige/Presses Universitaires de France, 2e éd., 2004, tome I.

Searle, John. *La redécouverte de l'esprit,* trad. par Claudine Tiercelin, Paris, Gallimard, 1995.

Searle, John. « L'esprit est-il un programme d'ordinateur ? », *Pour la science*, N° 149, mars 1990.

Skinner, B. F. *Par-delà la liberté et la dignité,* trad. de l'américain par Anne-Marie et Marc Richelle, Lasalle (Québec), Éditions Hurtubise HMH/Paris, Robert Laffont, 1972.

Skinner, B.F. *Pour une science du comportement: le behaviorisme,* trad. par F. Parot, Paris, Delachaux et Niestlé, 1979.

Skinner, B.F. *Walden 2, communauté expérimentale,* trad. par André et Rose-Marie Gonthier-Warren, et autres, Paris, In Press, 2005.

Snow. *Les deux cultures,* trad. par Claude Noël, [s.l.] Jean-Jacques Pauvert éditeur, 1968.

Spencer, Herbert. *Principes de psychologie*, tome I, trad. par Th. Bibot et A. Espinas, Paris, Librairie Félix Alcan, 1892.

Sulloway, Frank J. *Freud, biologiste de l'esprit,* trad. par Jean Lelaidier, Fayard 1981.

Szasz. *Le mythe de la maladie mentale,* trad. par Denise Berger, Paris, Payot, 1977.

Titchener, E.B. *Manuel de psychologie,* trad. par H. Lesage, Paris, Librairie Félix Alcan, 1922.

Watson, John. *Le behaviorisme,* trad. par Simone Deflandre, Paris, Centre d'étude et de promotion de la lecture, 1972.

Wilson, Edward. *La sociobiologie,* trad. par Paul Couturiau, Monaco, Éditions du Rocher, 1987.

Wilson, Edward. *L'humaine nature,* trad. par R. Bauchot, Paris, Stock, 1979.

Wilson, Edward. *L'unicité du savoir,* trad. par Constant Winter, Paris, Robert Laffont, 2000.

Wittgenstein, Ludwig. *Investigations philosophiques* dans *Tractatus logico-philosophicus,* trad. par Pierre Klossowsli, Gallimard, 1961.

Young-Bruehl, Elisabeth. *Anna Freud,* trad. par Jean-Pierre Ricard, Paris, Payot, 1991.

Crédits photographiques

Page 8 : avec la permission de la succession de Karl Popper.

Page 9 : avec l'aimable autorisation du MIT.

Pages 40, 46, 64, 72, 105, 110, 133, 135, 146, 159, 177, 183, 190, 200, 205, 211, 226, 271, 476, 484, 537, 540, 550 : Corbis-Bettmann.

Pages 77, 78, 107, 121, 142, 150, 154, 158, 162, 172, 203, 225 droite, 235, 238, 239, 259, 284 droite, 287, 288, 311, 355, 370, 378, 441 gauche et droite, 479, 500 : avec l'aimable autorisation de la National Library of Medicine.

Page 83 : Rosenwald Collection. © 2000 Board of Trustees, National Gallery of Art, Washington, D.C. c. 1450 gravure sur bois coloriée à la main en brun foncé, orange et jaune; inscription à la plume (Schreiberr IX 1700 cm).

Pages 99, 102, 187 : Archive Photos-Getty Images.

Pages 124, 255 gauche, 232, 268, 284 gauche, 350, 355 : la collection de la Library of Congress.

Pages 208, 212 : Mary Evans Picture Library.

Pages 227, 234, 241, 242, 255, 249, 270, 260, 273, 276, 291, 296, 298, 304, 306, 310, 326, 335, 338, 340, 344, 348, 351, 337, 353, 356, 357, 373, 380, 389, 390, 394, 408, 419, 478, 480, 531, 560, 570 : Archives of the History of American Psychology, University of Akron, Akron, Ohio 44325-4302.

Page 346 : Ken Heyman/Woodfin Camp & Associates.

Page 415 : Deane Keller, Dr. Clark Leonard Hull (1884–1952), M.A. (Hon.) 1929. Yale University Art Gallery, cadeau de collègues, amis et étudiants.

Page 423 : B. F. Skinner.

Pages 440, 456 : American Psychological Association.

Page 451 (toutes les photos) : photos de *Mentality of Apes*, par W. Kohler, 1917/1925, London : Routledge and Kegan Paul Ltd.

Page 472 : avec l'aimable autorisation du University of Pennsylvania Museum.

Page 483 : avec l'aimable autorisation de Thomas Szasz.

Page 488 : Culver Pictures, Inc.

Page 497 : Austrian Press and Information Services.

Page 516 : Popperfoto/Archive Photos/Getty Images.

Page 520 : Elizabeth Loftus.

Page 534 : Ringier Dokumentationszentrum.

Page 552 : John Wiley & Sons, Inc.

Page 553 : Rollo Reese May.

Page 556 : Brandeis University.

Page 565 : Landmark Photo, avec l'aimable autorisation de Carl Rogers.

Page 581 : Chris Payne, avec l'aimable autorisation de Donald O. Hebb.

Page 583 : Ronald Meyers, avec l'aimable autorisation de Roger Sperry.

Page 587 : Photo par Donna Coveney, avec l'aimable autorisation du MIT.

Page 589 : Thomas Bouchard.

Page 597 : George A. Miller.

Page 601 : John Searle.

Page 626 : avec l'aimable autorisation de l'Austrian Ludwig Wittgenstein Society.

Index